Maria Helena Diniz

Mestre e Doutora em Teoria Geral do Direito e Filosofia do Direito pela PUCSP. Livre-docente e Titular de Direito Civil da PUCSP por concurso de títulos e provas. Professora de Direito Civil no curso de graduação da PUCSP. Professora de Filosofia do Direito, de Teoria Geral do Direito e de Direito Civil Comparado nos cursos de pós-graduação (mestrado e doutorado) em Direito da PUCSP. Coordenadora da Linha de Pesquisa em Direito Civil Comparado nos cursos de pós-graduação em Direito da PUCSP. Professora Emérita da Faculdade de Direito de Itu. Membro benemérito do Instituto Silvio Meira. Sócia honorária do IBDFAM. Membro honorária da Federação dos Advogados de Língua Portuguesa (FALP). Membro da Academia Paulista de Direito (cadeira 62 – patrono Oswaldo Aranha Bandeira de Mello) e da Academia Notarial Brasileira (cadeira 16 – patrono Francisco Cavalcanti Pontes de Miranda), do Instituto dos Advogados de São Paulo e do Instituto de Direito Comparado Luso-Brasileiro. Presidente do Instituto Internacional de Direito.

DICIONÁRIO JURÍDICO universitário

Sobre a autora

Detentora de inúmeros prêmios desde os tempos de seu bacharelado na PUCSP, Maria Helena Diniz tem brilhante carreira acadêmica, com cursos de especialização em Filosofia do Direito, Teoria Geral do Direito, Direito Administrativo, Tributário e Municipal.

Além de parecerista, é autora de mais de trinta títulos publicados pela Editora Saraiva, tendo traduzido consagradas obras do direito italiano e escrito mais de

150 artigos em importantes revistas jurídicas nacionais e internacionais. Todas as suas obras têm alcançado excelente aceitação do grande público profissional e universitário, como a consagrada coleção *Curso de direito civil brasileiro* (8 volumes), que é maciçamente adotada nas faculdades de Direito de todo o País. Igual caminho têm seguido seus outros títulos:

- *A ciência jurídica*
- *As lacunas no direito*
- *Atualidades jurídicas* (em coordenação — 7 volumes)
- *Código Civil anotado*
- *Código Civil comentado* (em coautoria)
- *Comentários ao Código Civil*, v. 22
- *Compêndio de introdução à ciência do direito*
- *Conceito de norma jurídica como problema de essência*
- *Conflito de normas*
- *Dicionário jurídico* (4 volumes)
- *Dicionário jurídico universitário*
- *Lei de Introdução às Normas do Direito Brasileiro interpretada*
- *Lei de Locações de Imóveis Urbanos comentada*
- *Lições de direito empresarial*
- *Manual de direito civil*
- *Norma constitucional e seus efeitos*
- *O estado atual do biodireito*
- *Sistemas de registro de imóveis*
- *Tratado teórico e prático dos contratos* (5 volumes)
- *Sucessão do cônjuge e do companheiro e outras histórias* (em coordenação)
- *O direito civil no século XXI* (em coordenação — esgotado)
- *Direito fundacional*
- *Direito à integridade físico-psíquica: novos desafios — e-book*
- *Função social e solidária da posse* (em coautoria)
- *Desconsideração da personalidade jurídica: uma análise interdisciplinar* (em coautoria)

É incontestável a importância do trabalho desta autora, sem dúvida uma das maiores civilistas do nosso tempo.

A Editora

Maria Helena Diniz

DICIONÁRIO JURÍDICO
universitário

5ª edição

gen | saraiva jur

- A autora deste livro e a editora empenharam seus melhores esforços para assegurar que as informações e os procedimentos apresentados no texto estejam em acordo com os padrões aceitos à época da publicação, *e todos os dados foram atualizados pela autora até a data de fechamento do livro*. Entretanto, tendo em conta a evolução das ciências, as atualizações legislativas, as mudanças regulamentares governamentais e o constante fluxo de novas informações sobre os temas que constam do livro, recomendamos enfaticamente que os leitores consultem sempre outras fontes fidedignas, de modo a se certificarem de que as informações contidas no texto estão corretas e de que não houve alterações nas recomendações ou na legislação regulamentadora.

- Data do fechamento do livro: *12.09.2025*

- A autora e a editora se empenharam para citar adequadamente e dar o devido crédito a todos os detentores de direitos autorais de qualquer material utilizado neste livro, dispondo-se a possíveis acertos posteriores caso, inadvertida e involuntariamente, a identificação de algum deles tenha sido omitida.

- **Atendimento ao cliente: (11) 5080-0751 | faleconosco@grupogen.com.br**

  Publicada pelo selo **Saraiva JUR**
  Uma editora integrante do GEN | Grupo Editorial Nacional
  Travessa do Ouvidor, 11
  Rio de Janeiro – RJ – 20040-040

- Capa: Deborah Mattos

CIP – BRASIL. CATALOGAÇÃO NA FONTE.
SINDICATO NACIONAL DOS EDITORES DE LIVROS, RJ.

D612d
5. ed.

Diniz, Maria Helena, 1956-
Dicionário jurídico universitário / Maria Helena Diniz. – 5. ed. atual. e aum. – Rio de Janeiro: Saraiva Jur, 2026.

Inclui bibliografia
ISBN 9788553623587

1. Direito – Dicionários. 2. Direito – Brasil – Dicionários. I. Título.

25-100046.0 CDU: 34(81)(038)

Carla Rosa Martins Gonçalves – Bibliotecária – CRB-7/4782

Aos meus queridos e sempre lembrados
avós maternos, Lica e Mário,
por todo o amor que recebi em momentos
inesquecíveis dos anos dourados
da minha vida.

Este *Dicionário jurídico universitário* tem por escopo tornar mais acessível aos estudantes a compreensão de vocábulos constantes na linguagem legal, jurisprudencial e científico-jurídica e possibilitar o aprimoramento do conhecimento sobre o direito.

Para tanto selecionamos, dentre os 70 mil verbetes por nós indicados no nosso *Dicionário jurídico* (4 v.), os mais expressivos e usuais, e procuramos delimitar clara e objetivamente o significado de cada um deles.

Com a esperança de que esta obra possa servir de instrumento didático de consulta na prática cotidiana dos que iniciam a descoberta do maravilhoso mundo do direito, a entregamos ao mercado editorial do Brasil.

Maria Helena Diniz

ABAIXO-ASSINADO. 1. *Direito civil.* Subscrição. Alude à assinatura, de próprio punho, de uma pessoa firmada num documento público ou particular, imprimindo uma presunção *juris tantum* de autenticidade, assumindo a paternidade do ato e reforçando, assim, a veracidade do declarado. A subscrição vincula o signatário do papel ao que foi por ele firmado, salvo os vícios de consentimento, sujeitando-o a responder pelo seu teor, uma vez que exprime sua vontade e constitui elemento probatório do querer manifestado. 2. *Direito constitucional.* Meio individual ou coletivo do exercício de uma ação política dirigida a órgãos do Estado, principalmente ao Congresso e Assembleias Legislativas, para que estudem os problemas apresentados, as reivindicações ou os protestos. 3. *Direito administrativo* e *direito do trabalho.* Documento assinado por várias pessoas, geralmente uma classe, dirigido a uma autoridade competente, para que esta decida a solicitação feita, manifestando a vontade coletiva sobre certo assunto, reivindicando ou solicitando a concessão de certa medida útil ou proveitosa à coletividade.

ABAIXO DA AVALIAÇÃO. *Direito civil, direito comercial* e *direito processual civil.* Preço que se atribui a determinada coisa por valor inferior ao constante da avaliação anteriormente feita. Nas vendas em hasta pública, o menor preço é o da avaliação.

ABALO DE CRÉDITO. *Direito civil* e *direito comercial.* Efeito decorrente da prática de um ato ou da ocorrência de um fato que provoque desconfiança quanto à idoneidade moral ou econômico-financeira da pessoa, comprometendo sua atividade social, mercantil ou empresarial, por trazer a diminuição ou a eliminação total de sua boa fama e, consequentemente, de seu crédito, podendo, por exemplo, paralisar seus negócios, provocar a retração de fornecedores ou de clientela ou impedir o auxílio a recursos bancários. Isto é assim porque o abalo de crédito porá em dúvida a sua capacidade de cumprir os compromissos assumidos.

ABANDONO COLETIVO DE TRABALHO. *Direito penal.* Enquadra-se entre os delitos contra a organização trabalhista, por ser a paralisação do trabalho causada por empregados, perturbando a ordem social e a vida econômica, prejudicando a organização trabalhista e os direitos dos indivíduos, por ser levada a efeito pela violência contra pessoas ou coisas, ou por provocar a interrupção de obra ou serviço público, lesando interesses da coletividade. Trata-se da greve injusta ou irregular.

ABANDONO DA CAUSA. *Direito processual civil.* Ocorre quando o autor deixa de promover os atos e diligências que lhe incumbir para o andamento de sua causa por mais de trinta dias. Com isso, operar-se-á a extinção do processo sem resolução do mérito, havendo, então, por ordem do juiz, o arquivamento dos autos, desde que a parte intimada processualmente não venha a suprir a falta em 5 dias.

ABANDONO DE CÔNJUGE. 1. *Direito civil.* Violação do dever de vida em comum no domicílio conjugal, durante um ano contínuo, por culpa exclusiva de um dos cônjuges, sem que haja qualquer motivo justo. Esse abandono voluntário e injustificado é causa de reparação civil por dano moral e de *separação judicial litigiosa (cujas normas perderão eficácia social)* ou de *divórcio extrajudicial ou judicial (consensual, ou litigioso)*, mesmo que não haja separação de fato por mais de dois anos, indicação do motivo da falência do casamento e apuração de culpabilidade. Logo, se o abandono for justificado por motivos relevantes, não há qualquer razão conducente à dissolução da sociedade conjugal por via judicial. 2. *Direito canônico.* Ato que, apesar de não atentatório ao vínculo matrimonial, é contrário à integridade da vida conjugal, podendo ser, se injustificado e malicioso, uma das causas admitidas pela Igreja Católica para pleitear separação temporária. Percebe-se que o *abandono malicioso* não é suficiente para uma separação definitiva, de sorte que o cônjuge abandonado não poderá obstar o restabelecimento conjugal se o outro retornar ao lar. O *abandono legítimo*, quando fundamentado em causa justa (adultério, filiação a uma seita acatólica, sevícias) que escuse um dos consortes ao cumprimento de seus deveres, permite a separação por autoridade própria.

ABANDONO DE EMPREGO. *Direito do trabalho.* 1. Falta grave do empregado, consistente na intencional ausência prolongada e ininterrupta ao trabalho, por mais de trinta dias, sem comunicação, causa justificada ou autorização do empregador, com o firme propósito de não mais retornar ao emprego. Tem-se, nesta hipótese, *abandono de emprego objetivo*, no qual compete ao empregado faltoso o ônus da prova de sua intenção de deixar o emprego. 2. Ausência de um empregado ao serviço, pelo fato de registrar-se em outra empresa, onde permanece trabalhando, ainda que por um dia, uma vez que não se exige, nesta hipótese, o decurso do prazo de trinta dias, competindo ao empregador a demonstração do *animus* do empregado de não continuar mais no emprego. Tem-se, neste caso, *abandono de emprego subjetivo*. O abandono de emprego, em qualquer das modalidades acima apontadas, acarretará perda do direito à indenização, ao aviso-prévio, ao 13º salário proporcional, às férias proporcionais e à movimentação do *quantum* depositado no Fundo de Garantia do Tempo de Serviço.

ABANDONO DE INCAPAZ. *Direito penal.* Crime que consiste em abandonar pessoa que está sob seu cuidado, guarda, vigilância ou autoridade, e, por qualquer motivo, incapaz de defender-se dos riscos resultantes do abandono. Tal incapacidade poderá ser física ou mental, permanente ou temporária, fazendo com que a vítima não possa proteger-se, diante de um perigo concreto, se for abandonada ou deixada sem assistência pela pessoa que, em razão de lei (curador, por exemplo), de contrato (enfermeiro, diretor de escola etc.) ou de ato lícito (monitor num *camping*, por exemplo) ou ilícito (sequestrador, quem mantiver outrem em cárcere privado), tem sua custódia.

ABANDONO DE RECÉM-NASCIDO. *Direito penal.* Crime cometido pela mãe que, por ter concebido *extra matrimonium*, pretende, dolosamente, para ocultar desonra própria, advinda, por exemplo, de adultério ou incesto, expor o filho recém-nascido, removendo-o para local diverso daquele em que lhe seria prestada assistência, ou abandoná-lo, privando-o da necessária proteção. A pena de detenção cabível na hipótese em tela agravar-se-á se, do fato, advier grave lesão corporal ou morte. A consumação desses delitos ocorrerá se houver perigo concreto para o recém-nascido.

ABANDONO INTELECTUAL DA FAMÍLIA. 1. *Direito penal.* Crime cometido pelos pais que, injustificadamente, deixarem de fornecer a filho em idade escolar, ou seja, entre seis e catorze anos, a educação a que tem direito. Se os pais, dolosamente e sem justa causa, não tomarem as providências necessárias para que seu filho, qualquer que seja a natureza civil da filiação, receba a instrução de primeiro grau, deverão ser punidos com detenção ou multa. 2. *Direito civil.* É causa justificativa da perda do poder familiar, pois os pais que privarem filho de instrução obrigatória estarão omitindo-se de um dever legal e constitucional.

ABANDONO MATERIAL DA FAMÍLIA. 1. *Direito penal.* Consiste no crime doloso de: a) deixar de prover, injustificadamente, a subsistência de cônjuge, de filho menor de dezoito anos ou inapto para o trabalho ou de ascendente inválido ou valetudinário, não providenciando os recursos que lhes forem necessários; b) faltar, sem razão plausível, ao pagamento de pensão alimentícia fixada provisória ou definitivamente pelo juiz; c) omitir socorro, sem justa causa, a descendente ou ascendente gravemente enfermo; d) elidir, de qualquer modo, inclusive por abandono injustificado do emprego ou função, sendo solvente, o pagamento de pensão alimentícia judicialmente estabelecida, acordada ou majorada. Se se configurar qualquer uma dessas figuras típicas, o infrator poderá receber a pena de detenção ou multa. 2. *Direito civil.* a) É caso de destituição de poder familiar, operada por sentença judicial, por constituir grave violação de dever legal e constitucional privar filho menor de condições imprescindíveis à sua subsistência; b) é violação da obrigação de prestar alimentos, que é recíproca entre ascendentes e descendentes e colaterais de segundo grau, dando origem à ação de alimentos, podendo chegar até mesmo à decretação de prisão civil. Tanto na seara penal como na cível, o bem jurídico tutelado é a preservação ou proteção da família, no que tange ao aspecto material, sem o qual ela não poderia subsistir nem viver com dignidade, ante a sonegação de provimentos necessários à habitação, à alimentação, ao vestuário, aos medicamentos etc.

ABANDONO MORAL DA FAMÍLIA. 1. *Direito penal.* Crime contra a assistência familiar por parte dos pais, do tutor ou da pessoa a quem tenha sido confiada a guarda ou vigilância de menor de dezoito anos, que redunda no aviltamento do caráter do incapaz, por permitir-lhe, expressa ou tacitamente, a prática de atos atentatórios à moral ou aos bons costumes, como: frequência habitual em casa de jogo ou mal-afamada, em espetáculos idôneos para pervertê-lo, participação em representações ofensivas ao pudor, convivência com pessoa viciada (jogador, toxicômano etc.) ou de má vida (prostituta, criminoso), residência ou trabalho em casa de prostituição ou de comércio sexual, mendicância ou prestação de serviço, gratuito ou oneroso, a mendigo para excitar a comiseração pública. Quem assim agir poderá sofrer pena de detenção ou multa. 2. *Direito civil.* a) Constitui motivo de perda ou suspensão do poder familiar ou de remoção da tutela. Haverá abandono moral sempre que o responsável pelo menor o deixar em estado habitual de vadiagem, libertinagem, criminalidade etc., permitindo que exerça qualquer atividade contrária à moralidade. Urge lembrar, ainda, que se terá abandono moral se a pessoa (pais ou tutor) em cuja companhia vive o menor for dada a práticas imorais, como: prostituição, lenocínio, uso de entorpecentes, alcoolismo, vida desregrada, perversão sexual ou abusos de ordem sexual etc.

ABATIMENTO. 1. Ato de abater. 2. *Medicina legal.* Depressão; enfraquecimento; sensação geral de fraqueza do corpo e do ânimo; alquebramento; prostração; desfalecimento; desânimo. 3. *Direito marítimo.* a) Ângulo que faz a quilha do navio com a esteira, indicando desvio para o través; b) desvio do rumo; deriva. 4. *História do direito.* Castigo humilhante infligido, na época do feudalismo, ao cavaleiro infrator de um dever militar, que consistia em colocar sinais em seu escudo indicativos do abaixamento de dignidade. Tratava-se do "abatimento de honra". 5. *Direito comercial.* a) Redução de preço de mercadoria ou serviço ou desconto efetuado em qualquer quantia ou conta, por praxe mercantil ou convenção entre as partes; b) bonificação pelo pagamento à vista de uma fatura comercial. **6.** *Direito civil.* a) Benevolência do credor pela redução de parte de uma dívida; b) redução ou desconto feito em um débito, em virtude de pagamento antecipado; c) redução de preço de coisa vendida, por apresentar vício ou defeito oculto que a torne imprópria ao seu uso ou lhe diminua o valor, mediante a *actio quanti minoris* ou ação estimatória. Esta ação pressupõe do comprador ou adquirente o intuito de conservar a coisa, reclamando que seu preço seja reduzido proporcionalmente à depreciação causada pelo defeito oculto; d) direito de o comprador pedir, na venda *ad mensuram*, a redução do preço se o imóvel adquirido não corresponder às dimensões dadas; e) direito de o credor de coisa certa, deteriorada sem culpa do devedor, exigir a diminuição proporcional do preço; f) justa redução do valor de obra encomendada e executada com inobservância das instruções recebidas; g) direito de o inquilino, se os reparos ou reformas urgentes no prédio locado durarem mais de dez dias, pleitear a redução proporcional do aluguel; se durarem mais de um mês e tolherem o uso regular do bem, o locatário poderá rescindir o contrato. **7.** *Direito alfandegário.* Redução de direitos alfandegários em razão de avarias, ocasionadas por força maior, sofridas pelas mercadorias que estão sujeitas à fiscalização aduaneira. Tal redução está autorizada nos casos legais e na hipótese de perda de mercadorias frágeis, suscetíveis de quebra, como vidros, louças etc. **8.** *Direito tributário.* É, *stricto sensu*, a diminuição da base de cálculo dos impostos. Em *lato sensu*, é uma diminuição, um desconto. Por exemplo, no imposto de renda, o abatimento abrange um gasto necessário, de cunho pessoal, que reduz seu pagamento.

ABERRATIO ICTUS. *Locução latina.* **1.** Desvio do golpe ou da pontaria. **2.** *Direito penal.* Dá-se quando o agente, por acidente ou erro no uso dos meios de execução do crime, vem a atingir pessoa diversa da que tinha em mente ofender. O criminoso pratica um ato no qual, pretendendo acertar determinada pessoa, alcança terceira por ele não visada. É o erro acidental na execução do crime quanto à pessoa da vítima. Por exemplo, desejando matar "A", ao atirar contra ele, o disparo, por erro na execução, atinge, indiretamente, "B", ferindo-o ou matando-o.

ABERRATIO PERSONAE. *Direito penal.* Trata-se do erro de representação quanto à pessoa (*error in persona*) cometido pelo agente ao interpretar falsamente a realidade. Por exemplo, agride "A", pensando que é "B", que costuma passar sempre àquela hora naquela praça deserta.

ABERTURA DE CONTA CORRENTE. *Direito bancário.* **1.** Contrato pelo qual o banco abre a uma pessoa um crédito para ser usado de uma só vez ou paulatinamente, conforme as condições estipuladas. Firma-se a obrigação de inscrever, em contas especiais de débito e crédito, os valores monetários correspondentes às suas remessas, sem que um credor ou devedor do outro se julgue, senão no instante do encerramento da conta. **2.** *Vide* CONTA CORRENTE BANCÁRIA.

ABERTURA DE CRÉDITO. **1.** *Direito bancário.* Contrato pelo qual o banco (creditador) se obriga a colocar à disposição do cliente (creditado) ou de terceiro, por prazo certo ou indeterminado, sob cláusulas convencionadas, uma importância até um limite estipulado, facultando-se a sua utilização no todo ou parceladamente, sendo que, ao se extinguir o contrato, a quantia deverá ser restituída, nos termos ajustados, acrescida de juros e comissões. **2.** *Direito comercial.* a) Ato de colocar à disposição de alguém mercadorias para serem usadas pelo creditado, que se obriga ao reembolso dentro do prazo avençado; b) ato por meio do qual um estabelecimento comercial autoriza freguês a efetuar transações a prazo ou a descoberto. **3.** *Direito administrativo.* Ato pelo qual o governo estabelece verbas necessárias para custear certos serviços públicos.

ABERTURA DE FALÊNCIA. *Direito comercial.* Declaração do estado falimentar do devedor, sociedade empresária ou empresário, por meio de sentença judicial, que fixa o termo legal de falência, nomeia administrador judicial, marca prazo para os credores do falido comprovarem seus créditos e ordena que sejam tomadas todas as providências imprescindíveis aos interesses da massa falida.

ABERTURA DE INQUÉRITO POLICIAL. *Direito processual penal.* Comunicação de crime de ação pública ou privada para que a autoridade policial possa apurar o fato. Se o crime for de ação pública, a autoridade policial poderá iniciar o inquérito de ofício, assim que dele tiver conhecimento, ou mediante requisição de autoridade judiciária ou do Ministério Público, ou, ainda, a requerimento do ofendido ou de quem tiver qualidade para representá-lo. Tal requerimento, por sua vez, deverá narrar, minudentemente, o fato ocorrido, descrever o indiciado na medida do possível e arrolar testemunhas, com indicação de sua profissão e residência. Se o crime for de ação privada, o inquérito só poderá ser instaurado a requerimento de quem tiver qualidade para intentá-lo. Assim que tiver ciência do crime cometido, a autoridade policial deverá tomar todas as medidas necessárias para sua apuração.

ABERTURA DE SUCESSÃO. *Direito civil.* Operar-se-á no momento do falecimento do *de cujus*, transmitindo-se, *ipso iure* e sem solução de continuidade, a propriedade e a posse dos bens do finado aos seus herdeiros sucessíveis, legítimos ou testamentários, que estejam vivos, naquele instante, independentemente de qualquer ato. É preciso lembrar que o legatário, em relação ao herdeiro legítimo ou testamentário, tem uma situação diferente, pois só entra na posse dos bens após a partilha, adquirindo a propriedade dos bens infungíveis desde a abertura da sucessão e dos fungíveis somente depois da partilha, tendo em vista que é sucessor a título singular, já que seu direito sucessório se refere a bens determinados e precisos. Adota, como se pode ver, nosso direito o *droit de saisine*, princípio que determina a transmissão do domínio e da posse da herança ao herdeiro no momento da morte do *de cujus*, independentemente de quaisquer formalidades, ante a necessidade de não se dar ao acervo hereditário a natureza de *res derelicta* ou de *res nullius*, sujeita à dominação do primeiro ocupante.

AB INTESTATO. ***Locução latina.*** Usada para designar o *de cujus* que faleceu sem deixar testamento.

ABOLITIO CRIMINIS. ***Locução latina.*** Abolição do crime pelo advento de uma nova lei que deixar de considerar delito a figura típica prevista pela norma por ela revogada.

ABONO. **1.** ***Direito do trabalho.*** a) Ato de relevar faltas, não se descontando os dias de ausência do trabalho; b) gratificação paga ao empregado, em razão de disposição legal ou por ato de liberalidade do empregador, que não constitui salário, uma vez que não corresponde a qualquer contraprestação de serviço; c) apresentação ou recomendação de uma pessoa, para que esta consiga emprego. **2.** ***Direito civil.*** a) Ato pelo qual alguém, outrora, garantia a solvência do fiador, constituindo uma subfiança ou fiança de segundo grau; b) ato em que uma pessoa se responsabiliza pelo cumprimento de uma obrigação ou pelo pagamento de uma dívida, por exemplo, efetuando fiança, dando alguma garantia real; c) ato de provar a identidade de outrem, sem assumir qualquer responsabilidade pelo cumprimento das obrigações por ele assumidas; d) ato de reconhecer a assinatura ou firma alheia, por exemplo, abono de assinatura ou firma. **3.** ***Direito comercial.*** Contrato acessório da fiança mercantil, havendo responsabilidade solidária entre os cofiadores, sendo que as testemunhas da abonação, nas fianças prestadas judicialmente, também ficariam solidariamente obrigadas na falta do fiador principal. **4.** ***Direito tributário.*** Possível redução de imposto, por exemplo, bonificação e abono percentual. **5.** ***Direito administrativo.*** a) Direito do funcionário público de receber diárias ou proventos alusivos a serviços extraordinários ou em comissão (por exemplo, abono de comissões); b) gratificação concedida a funcionário público que seja chefe de numerosa família em aumento mensal de seu vencimento ou saldo. Trata-se do abono familiar. **6.** ***Direito processual.*** Aprovação feita por advogado, que apõe sua assinatura nas despesas apresentadas por auxílio da justiça, autorizando seu constituinte a pagá-las. É o abono de despesa judicial.

ABORTAMENTO. ***Medicina legal.*** **1.** Técnica interruptiva da gestação antes de seu termo, provocando ou não a expulsão do feto morto ou vivo, sem condições de viabilidade. **2.** Expulsão, espontânea ou não, do embrião ou do feto não vital. **3.** Ato de abortar, de impedir nascimento.

ABORTO. ***Medicina legal.*** **1.** Produto do abortamento de embrião ou feto não vital. **2.** Interrupção da gravidez, antes de seu termo normal, seja ela espontânea ou provocada, tenha havido ou não expulsão do feto.

ABORTO *HONORIS CAUSA*. ***Medicina legal.*** É o criminosamente praticado por gestante que, para preservar sua honra, aniquila o feto, ocultando sua gravidez da sociedade, evitando escândalo e mantendo sua reputação social. É comum em gestante solteira ou adúltera que teve relações sexuais com outro homem na ausência do marido etc., e pode ser efetuado pela própria pessoa ou por outra, com o seu consenso. Trata-se de aborto por motivo de honra.

ABORTO HUMANITÁRIO. ***Direito penal.*** **1.** Interrupção, permitida por lei, de gravidez resultante de estupro, desde que provocada com prévia anuência da gestante ou, se incapaz, de seu representante legal, por médico, independentemente de autorização judicial, desde que comprovada a violência ou o delito sexual. Visa tutelar a liberdade sexual da mulher. **2.** O mesmo que ABORTO NO CASO DE ESTUPRO ou ABORTO SENTIMENTAL

ABORTO LEGAL. ***Direito penal.*** É o autorizado por lei, de modo que, se ocorrer, nenhuma sanção haverá. Trata-se do aborto necessário e do aborto em caso de estupro, praticados por médico, sem necessidade de autorização judicial.

ABORTO NECESSÁRIO. ***Direito penal.*** É o admitido por lei, desde que praticado por médico, com ou sem o consenso da gestante, quando não houver outro meio ou recurso para salvar sua vida em perigo, independentemente de autorização judicial ou policial. Há quem ache que, nessa hipótese, o médico, antes de proceder à intervenção cirúrgica, deve obter autorização do Poder Judiciário, enquanto outros, com razão, asseveram que seria de bom-senso apenas uma confirmação de colegas de reconhecida idoneidade do sério risco de vida que corre a gestante.

ABORTO NO CASO DE ESTUPRO. **1.** ***Direito penal.*** O mesmo que ABORTO HUMANITÁRIO ou ABORTO SENTIMENTAL. **2.** ***Medicina legal.*** É aquele em que seu único árbitro é o médico, que correrá dois riscos: deixar-se levar pelas informações dos interessados (gestante e seu marido, pai ou amante) ou retardar a intervenção cirúrgica aguardando decisão da justiça. Mas, como a norma permissiva dessa prática abortiva não exige audiência do Ministério Público ou da autoridade policial, nem autorização judicial, deverá o médico, na ausência de inquérito policial, processo criminal, peças informativas etc., certificar-se da ocorrência do delito sexual, baseando-se nos indícios que encontrar e que estiverem ao seu alcance, tais como marcas de violência e presença de espermatozoides na vagina. Havendo dúvidas é melhor que ele se abstenha.

ABORTO PRETERDOLOSO. *Medicina legal* e *direito penal.* É também denominado aborto preterintencional. Crime qualificado pelo resultado culposo, advindo de aborto dolosamente provocado, que pode ser morte ou lesão corporal de natureza grave causado na gestante. Ter-se-á, portanto, essa figura penal quando: a) houver provocação do aborto, com ou sem consenso da gestante, em consequência do qual ela venha a morrer ou a sofrer lesão corporal grave; b) o aborteiro empregar meios para provocar aborto, consentido ou não, que, todavia, não vem a ocorrer, causando o falecimento da gestante ou lesão corporal de natureza grave. Logo, se, em razão do aborto ou das técnicas abortivas utilizadas, a gestante sofrer lesão corporal leve, o agente responderá tão somente pelo aborto que provocou. Se advier morte, a pena cominada pelo aborto será duplicada. Se operar-se lesão corporal grave, aquela pena será aumentada de um terço.

ABORTO SENTIMENTAL. *Vide* ABORTO HUMANITÁRIO e ABORTO NO CASO DE ESTUPRO.

ABORTO *VULNERANDI ANIMUS*. *Direito penal.* Interrupção da gravidez, sem que o agente a queira, oriunda de lesões corporais dolosas ou culposas que causou na gestante. O agente tem tão somente a intenção de ferir a vítima, não visando a morte do produto da concepção. O aniquilamento fetal dá-se independentemente da vontade do agente, resultando de uma agressão feita por ele à gestante.

ABRIR VISTA. *Direito processual.* Concessão, no processo em curso, feita pelo escrivão, ou escrevente autorizado, aos procuradores, ao órgão do Ministério Público que funcione no feito ou aos representantes da Fazenda Pública, para examinarem os autos, dentro ou fora do cartório. Se tais autos não forem devolvidos dentro do prazo legal, aquele que os retirou "com vista" será intimado a restituí-los, e, se deixar de fazer essa devolução dentro de 3 dias, perderá o direito de vista fora do cartório, e incorrerá em multa correspondente à metade do salário mínimo.

AB-ROGAÇÃO DA LEI. *Teoria geral do direito.* Supressão ou revogação total da lei anterior, que pode ser *expressa*, se a nova norma contiver dispositivo declarando a extinção da lei anterior em todos os seus preceitos, ou *tácita*, se houver total incompatibilidade entre a nova lei e a antiga, fato em que a novel passará a reger inteiramente a matéria tratada na anterior. Louvável é a ab-rogação expressa, por isso a cláusula de revogação deverá enumerar, expressamente, as leis ou disposições legais revogadas. Assim, evitar-se-iam antinomias e obscuridades.

ABSOLUTAMENTE INCAPAZ. *Direito civil.* É aquele que tem capacidade de gozo ou de direito para adquirir direitos e contrair obrigações na vida civil, mas não possui *capacidade de fato* ou *de exercício*, porque há proibição total do exercício daqueles direitos, não podendo exercê-los direta e pessoalmente, devendo ser representado. Em suma, é a pessoa que não pode exercer sozinha os atos da vida civil, que geram direitos e deveres, como o menor de dezesseis anos.

ABSOLVIÇÃO. **1.** Ato ou efeito de absolver. **2.** *Direito processual civil.* Ato judicial que declara a improcedência da ação, por considerar o autor carecedor do direito em que funda seu pedido, liberando o réu. **3.** *Direito processual penal.* Ato judicial que reconhece a improcedência da acusação ou da ação penal intentada, isentando o acusado de toda pena, por considerá-lo inocente ante as provas apresentadas. **4.** *Direito canônico.* Ato do juiz eclesiástico que isenta de culpa o indiciado.

ABSTENÇÃO. **1.** Na *linguagem comum*, é o ato ou efeito de deixar, voluntariamente, de cumprir um dever ou de exercer um direito. **2.** Na *linguagem jurídica* em geral: a) renúncia a um direito; b) não exercício de um direito ou de uma função; c) obrigação negativa em que se assume o dever de não praticar certo ato; d) dever jurídico, pois há um dever geral de abstenção sempre que a efetivação de um ato violar direito ou causar dano moral ou patrimonial a outrem; e) crime, como a omissão de socorro, ou ato ilícito, como a ocultação pelo alienante de vícios redibitórios por ele conhecidos da coisa vendida. **3.** *Direito processual.* a) Declaração de suspeição ou de impedimento para julgar a causa, feita por um magistrado; b) recusa do órgão do Ministério Público de exercer as obrigações que lhe competem na atuação da função jurisdicional, por se encontrar suspeito ou impedido legalmente. **4.** *Ciência política.* Renúncia do eleitor ao direito de votar.

ABUSO DA INEXPERIÊNCIA. *Direito penal.* **1.** Ato de tirar proveito próprio ou alheio, utilizando-se da inexperiência, simplicidade, ingenuidade e deficiência intelectual de outrem, induzindo-o dolosamente a efetivar atos que podem lesá-lo ou arruiná-lo, tais como prática de jogo ou aposta, especulação com títulos e mercadorias. **2.** Crime de induzimento à especulação bolsista.

ABUSO DE AUTORIDADE. 1. ***Direito administrativo.*** a) Ato praticado por órgão ou funcionário público no exercício de sua função além dos limites das atribuições que lhe foram conferidas por determinação legal; b) desvio de poder. **2.** ***Direito civil.*** Excesso cometido no exercício do poder familiar. **3.** ***Direito penal.*** a) O mesmo que ABUSO DE PODER; b) delito praticado por funcionário público (carcereiro, responsável por prisão ou estabelecimento destinado à execução de medida de segurança detentiva), no exercício de suas funções, em razão de: recebimento e recolhimento ilegal de alguém à prisão; prolongamento ilegal de execução de medida privativa de liberdade por tempo juridicamente relevante, por deixar, intencionalmente, de expedir ou executar a ordem de liberdade; submissão da pessoa que está sob sua custódia a vexames e constrangimentos ilegais; diligência abusiva, seja ela civil, penal ou judicial. **4.** ***Direito do trabalho.*** Ato abusivo e ilegal praticado pelo patrão contra o empregado.

ABUSO DE CONFIANÇA. 1. Na ***linguagem jurídica*** em geral, é o ato de alguém prevalecer-se, para fins diversos ou ilícitos, da confiança que lhe foi dada. **2.** ***Direito penal.*** a) Circunstância subjetiva agravante no crime de furto, pelo fato de ter sido praticado por uma pessoa contra outra que nela confiou, justificando aumento de pena. O agente furta coisa que, apesar de estar na posse e sob a vigilância do seu dono, encontra-se a sua disposição, em razão de confiança nele depositada pelo ofendido. Por exemplo, há abuso de confiança suscetível de configurar furto qualificado o praticado por vigia; o mesmo se diga do ato de empregado que furta coisas de patrão, em sua casa, e do comportamento de hóspede que subtrai bens daquele que o hospeda; b) elemento do crime de apropriação indébita, em que o agente tem posse ou detenção desvigiada do objeto apropriado, por ser sócio, coerdeiro ou coproprietário.

ABUSO DE DIREITO. ***Direito civil.*** Exercício anormal ou irregular de um direito, ou seja, além de seus limites e fins sociais, causando prejuízo a outrem, sem que haja motivo legítimo que o justifique. É um ato ilícito *sui generis*, que gera o dever de ressarcir o dano causado.

ABUSO DE INCAPAZ. ***Direito penal.*** Ato pelo qual se procura, aproveitando-se da inexperiência, necessidade ou paixão do menor de dezoito anos ou da alienação ou deficiência intelectual de alguém, por sugestão ou persuasão, induzi-lo à prática de um ato suscetível de produzir efeito jurídico em prejuízo próprio ou de terceiro. A consumação desse delito penal não requer a efetividade do dano patrimonial, bastando que haja sua iminência, ou melhor, o perigo do dano, sendo por tal motivo um crime formal. Se o agente abusar de menor que já atingiu dezoito anos, ter-se-á "estelionato"; se tirar proveito da ingenuidade, falta de cultura ou simplicidade, configurar-se-á "induzimento à especulação".

ABUSO DE PODER. 1. ***Direito administrativo.*** Ato em que o funcionário público excede ou desvia, no exercício de suas funções, os poderes legais que lhe foram conferidos, em detrimento do direito alheio ou da administração pública. Trata-se do "excesso de poder", ou "desvio de poder", que pode ser sanado pelos *writs* constitucionais: *habeas corpus, habeas data,* mandado de segurança individual ou coletivo, mandado de injunção, ação de inconstitucionalidade e ação popular. **2.** ***Direito penal.*** Crime contra a administração da justiça que consiste em ordenar ou executar medida privativa de liberdade individual sem as formalidades legais. **3.** *Vide* ABUSO DE AUTORIDADE, n. 3.

ABUSO DE PODER ECONÔMICO. ***Direito penal.*** **1.** Crime contra a economia popular que ocorre quando, para monopolizar o mercado, elimina-se a concorrência com o intuito de obter lucros arbitrários e excessivos. Redunda em desvio do poder econômico. **2.** *Vide* AÇAMBARCAMENTO.

AÇAMBARCAMENTO. ***Direito penal.*** **1.** Crime contra a economia popular praticado por comerciante (pessoa natural ou jurídica) ao reter, em suas mãos, comprando em grande quantidade, matéria-prima, meios de produção ou produtos necessários ao consumidor, em regra gêneros de primeira necessidade, com o escopo de obter, esporadicamente, o monopólio, dominando o mercado, diminuindo a disponibilidade de certas mercadorias, e provocando, assim, uma precipitada e arbitrária elevação do preço, da qual se locupletará numa posterior revenda, uma vez que eliminou a concorrência, abarcando uma parcela bastante significativa do mercado. **2.** *Vide* ABUSO DE PODER ECONÔMICO.

AÇÃO. 1. ***Direito comercial.*** a) Documento ou título representativo de uma fração ou cota do capital de uma sociedade anônima, ou de uma em comandita por ações, que confere ao seu titular um direito de crédito perante aquela a que pertence. O valor nominal da ação é aferido mediante a divisão do capital social pelo número das ações. Tal valor nominal, em regra, está consignado no *certificado da ação*. O valor real é o resultante da divisão do patrimônio líquido da sociedade pelo número de ações; b) cota ou capital de uma pessoa numa sociedade empresária. **2.** ***Direito processual.*** a) Direito legítimo de pessoa natural ou jurídica pleitear em juízo, perante os tribunais, o reconhecimento do que lhe é devido ou a proteção contra a violação do que lhe é reconhecido por lei. É o meio para preservar um direito contra violação de terceiro ou para exigir seu reconhecimento ou respeito pela sociedade. Nesses casos tem-se *ação privada*. É, em suma, o direito de invocar a tutela jurisdicional do Estado para satisfazer uma pretensão tutelada por lei; b) demanda ou processo intentado em juízo com o escopo de pedir o cumprimento de uma obrigação, de cessar a violação ou o desconhecimento de um direito por parte de terceiro; c) ato por meio do qual o representante do Ministério Público ou particular requer, judicialmente, a aplicação de uma sanção contra o infrator de norma penal. Ato pelo qual o órgão do Ministério Público (promotores de justiça, procuradores da República etc.) pede justiça ante o interesse público do direito violado. É o que ocorre, por exemplo, nos delitos contra a vida, na lesão ao patrimônio da Fazenda Pública etc. Trata-se nesses casos de *ação pública*. Todavia, na seara penal, pode haver ação privada, movida por particular, como a de injúria. **3.** ***Direito militar.*** Combate; batalha. **4.** ***Filosofia geral*** e ***filosofia do direito.*** Acidente indicativo da modificação produzida pela própria substância.

AÇÃO ACESSÓRIA. ***Direito processual civil.*** É a que se liga a uma ação principal, sendo proposta perante o juiz competente para decidir da ação principal. Constituem ações acessórias: a tutela provisória de urgência antecipada; a sobrepartilha; a nulidade de partilha; a ação cautelar preparatória de ação rescisória; a tutela provisória de urgência de natureza cautelar; a ação para evitar os azares do *periculum in mora*, desde que haja *fumus boni iuris*; a efetuada mediante arrolamento de bens; o registro de protesto contra alienação de bens; o arresto; o sequestro; a sustação de protesto; o depósito preparatório da ação; a interpelação; a habilitação incidente etc.

AÇÃO AO PORTADOR. ***Direito comercial.*** Título representativo do valor da cota com que sócio entra para a formação do capital social, sem conter inscrição do nome do seu possuidor, circulando livremente e transferindo-se pela simples tradição.

AÇÃO À ORDEM. ***Direito comercial.*** É a transmissível por endosso, que está autorizado em cláusula expressa contida no título.

AÇÃO BENEFICIÁRIA. ***Direito comercial.*** É a que confere ao sócio direito de participação nos lucros e no ativo societário, somente depois de pagos o dividendo ou o valor das ações privilegiadas ou ordinárias.

AÇÃO CAUTELAR. ***Direito processual civil.*** É a que visa prevenir qualquer lesão de direito ou a eficácia futura do processo principal. Constitui ação cautelar: a tutela provisória de urgência de natureza cautelar, efetuada mediante arresto, caução, sequestro, busca e apreensão, arrolamento de bens, registro de protesto contra alienação de bens, e qualquer outra medida idônea para assegurar direito, como por ex. produção antecipada de provas, alimentos provisionais, apreensão de títulos etc.

AÇÃO CIVIL. 1. ***Direito processual civil.*** É aquela pela qual se pleiteia, judicialmente, uma pretensão fundada em direitos de natureza civil, ou seja, pertencentes à área familiar, sucessória, obrigacional ou real. **2.** ***Direito processual penal.*** É a proposta pela vítima de uma infração à norma penal, para obter o ressarcimento do dano sofrido, ou seja, é aquela em que o ofendido, seu representante legal ou seu herdeiro pleiteiam, em juízo, os efeitos civis do delito contra eles perpetrado, ou melhor, a reparação do prejuízo que lhes foi causado.

AÇÃO CIVIL PÚBLICA. ***Direito constitucional*** e ***direito processual civil.*** É aquela pela qual o órgão do Ministério Público ou outros legitimados ativos (as pessoas jurídicas, públicas ou privadas) ingressam em juízo com o intuito de proteger o patrimônio público e social, o meio ambiente, o consumidor, ou, ainda, quaisquer interesses difusos e coletivos, pleiteando a fixação da responsabilidade e, consequentemente, a reparação pelos danos causados (Hugo Nigro Mazzilli).

AÇÃO *COMMUNI DIVIDUNDO.* ***Direito processual civil.*** É a que tem por fim promover, em juízo, a divisão de coisa comum, ou seja, é o meio pelo qual um condômino poderá obrigar os outros coproprietários a partilhar a coisa comum, assegurando assim, por meio da declaração judicial, o quinhão que lhe é cabível na propriedade comum.

AÇÃO CONDENATÓRIA. ***Direito processual civil.*** É a que tem por escopo a obtenção de uma sentença judicial que, além de declarar a existência da relação jurídica, ou melhor, do direito subjetivo violado, aplique uma sanção a réu, condenando-o a satisfazer uma prestação de dar, de fazer ou de não fazer. O réu condenado a cumprir a prestação assumirá, em caso de inadimplemento voluntário, o risco de ser executado pelo autor, que, para tanto, proporá uma ação executiva, pois a sentença prolatada na condenatória servirá como título executivo contra o réu.

AÇÃO CONEXA. ***Direito processual civil.*** É a movida, simultânea ou cumuladamente, com outra quando, apesar de terem fins diversos, lhes for comum o objeto ou a causa de pedir, por ser necessário que haja um único julgamento. Evita-se, assim, decisões conflitantes. Tal conexão poderá ocorrer, por exemplo, se houver ação proposta contra o devedor principal e o fiador, uma vez que o objeto do pedido é comum, e o julgamento de uma importará o da outra.

AÇÃO CONFESSÓRIA. *Direito processual civil.* **1.** É a movida pelo dono do prédio dominante, na hipótese de servidão predial, contra o dono do prédio serviente, que vem dificultando o uso da servidão, desde que, na petição inicial, se prove a existência daquela servidão e os prejuízos sofridos. **2.** É a proposta pelo usufrutuário, usuário ou titular do direito real de habitação para assegurar o exercício de seu direito.

AÇÃO CONTINENTE. *Direito processual civil.* Modalidade de ação conexa, que ocorre quando entre duas ou mais ações houver identidade quanto às partes e à causa de pedir, mas o pedido de uma (causa continente) é mais ampla, visto que abrange o da outra (causa contida). Há uma reunião de ações para uma decisão conjunta.

AÇÃO CONSTITUTIVA. *Direito processual civil.* É a ação de conhecimento que tem por fim a criação, a modificação ou a extinção de uma relação jurídica, sem estatuir qualquer condenação do réu ao cumprimento de uma prestação, produzindo efeitos *ex tunc* ou *ex nunc*. Por exemplo, são ações desse tipo as que visam a anulação de um negócio jurídico, por apresentar vício de consentimento (erro, dolo, coação, lesão ou estado de perigo) ou vício social (fraude), ou a separação judicial litigiosa, dissolvendo a sociedade conjugal.

AÇÃO CONTROLADA. *Direito penal.* Consiste em retardar a intervenção policial ou administrativa relativamente a ação praticada por organização criminosa, desde que mantida a vigilância para que a medida legal se efetive no momento oportuno.

AÇÃO CRIMINAL. 1. *Direito processual penal.* É a ação que, movida pela prática de crime, visa determinar a responsabilidade penal por um fato, apurando sua autoria, absolvendo ou condenando o imputado, em conformidade com as provas constantes nos autos. **2.** *Direito canônico.* É a reservada ao fiscal, ou melhor, ao promotor de justiça incumbido da acusação penal. Contudo, qualquer fiel poderá pleitear a reparação dos prejuízos ou de algum escândalo ocorrido.

AÇÃO CUMULADA. *Direito processual civil.* É a que ocorre quando duas lides são apensadas, podendo ser propostas concomitantemente. Por exemplo, poder-se-á ter cumulação da ação de demarcação com queixa de esbulho ou de turbação de posse com a de divisão e demarcação de terras particulares. Com isso o autor, além de requerer a demarcação, instruída com título de propriedade, formulará não só o pedido de reintegração ou de manutenção da posse do terreno invadido como também o de divisão total ou parcial da coisa, citando-se confinantes e condôminos. Com a cumulação, o órgão judicante poderá proferir um só julgamento.

AÇÃO DE ADJUDICAÇÃO COMPULSÓRIA. *Direito civil* e *direito processual civil.* É a proposta pelo compromissário-comprador munido de promessa devidamente registrada, nos casos de recusa da entrega de imóvel comprometido, da outorga de escritura definitiva, ou, ainda, na hipótese de o imóvel ter sido alienado a terceiro, havendo pago totalmente o preço estipulado, para obter sentença judicial que ordene a incorporação do referido imóvel ao seu patrimônio, servindo de título para o assento imobiliário.

AÇÃO DE CAUÇÃO ÀS CUSTAS. *Direito internacional privado* e *direito processual civil.* É a proposta pelo réu para garantir o pagamento das custas processuais pelo autor, nacional ou estrangeiro, que residir fora do País ou dele se ausentar no curso da demanda, sem possuir imóveis que o assegurem, exigindo que preste caução suficiente para aquele pagamento. Não se confunde com a *cautio judicatum solvi* ou *cautio pro expensis*, porque a caução às custas não se apresenta como uma restrição imposta à capacidade processual do estrangeiro, mas como uma garantia para o pagamento das custas processuais, sem atenção à nacionalidade dos litigantes, aplicando-se tanto a nacionais como a estrangeiros. Na *cautio judicatum solvi* limita-se a capacidade processual do estrangeiro para subordinar a certa condição o seu direito de ação. Em nosso país proscreve-se a fiança às custas do processo por consideração de nacionalidade, não se exigindo que estrangeiro a preste ao invocar a intervenção de tribunal brasileiro para a solução de um conflito jurídico, por constituir uma restrição à proteção jurídica que o Estado oferece aos indivíduos e uma limitação à capacidade do estrangeiro de estar em juízo.

AÇÃO DECLARATÓRIA. *Direito processual civil.* É a que visa obter imediata declaração da existência ou da inexistência de uma relação jurídica, da autenticidade ou falsidade de um documento ou, excepcionalmente, da ocorrência ou não de uma situação fática, solucionando a dúvida em que se encontram os litigantes, tornando certo o que estava incerto.

AÇÃO DECLARATÓRIA DE CONSTITUCIONALIDADE. *Direito constitucional* e *direito processual.* É aquela que visa a declaração em tese da constitucionalidade de uma norma por estar conforme à Carta Magna. Podem propor a ação declaratória de constitucionalidade de lei ou ato normativo federal: a) o Presidente da República; b) a Mesa do Senado Federal; c) a Mesa da Câmara dos Deputados; d) a Mesa da Assembleia Legislativa ou da Câmara Legislativa do Distrito Federal; e) o Governador de

Estado ou do Distrito Federal; f) o Procurador-geral da República; g) o Conselho Federal da Ordem dos Advogados do Brasil; h) o partido político com representação no Congresso Nacional; e i) a confederação sindical ou entidade de classe de âmbito nacional. A petição inicial indicará: a) o dispositivo da lei ou do ato normativo questionado e os fundamentos jurídicos do pedido; b) o pedido, com suas especificações; c) a existência de controvérsia judicial relevante sobre a aplicação da disposição objeto da ação declaratória.

AÇÃO DECLARATÓRIA DE INCONSTITUCIONALIDADE. *Vide* AÇÃO DE INCONSTITUCIONALIDADE.

AÇÃO DECLARATÓRIA INCIDENTAL. *Direito processual civil.* É a proposta pelo litigante, no curso do processo, requerendo ao magistrado que declare, por sentença, a existência, ou não, de uma relação jurídica, da qual dependerá o julgamento final. Por exemplo, se estiver em andamento uma ação de alimentos a filho não reconhecido, sendo negada a paternidade pelo réu, o autor poderá mover a ação declaratória incidental para que se declare a existência, ou não, daquela paternidade, que constitui pressuposto necessário para o julgamento da lide atinente aos alimentos pleiteados.

AÇÃO DE CONHECIMENTO. *Direito processual civil.* É a que intenta que o magistrado tome conhecimento da pretensão do autor e da resistência que lhe opõe o réu, inteirando-se do conflito de interesses, a fim de que profira uma sentença fundada na convicção que teve da legitimidade da pretensão do autor, declarando a lei reguladora do caso *sub judice* ou o direito a ele aplicável. Na ação de conhecimento podem se agrupar as ações meramente declaratórias, as condenatórias e as constitutivas.

AÇÃO DE CONTESTAÇÃO DE MATERNIDADE. *Direito civil* e *direito processual civil.* É a proposta pela mulher para negar a maternidade de quem se inculca, no registro de nascimento, ser seu filho.

AÇÃO DE CONTESTAÇÃO DE PATERNIDADE. *Direito civil* e *direito processual civil.* É a movida pelo marido para impugnar a paternidade de filho nascido de sua mulher, apresentando as provas cabíveis. Isto porque a presunção de paternidade é *juris tantum*, no que concerne ao pai, que poderá ilidi-la provando o contrário se demonstrar que: houve adultério (ilícito civil), pois se achava fisicamente impossibilitado de coabitar com a mulher nos primeiros cento e vinte e um dias ou mais dos trezentos que houverem precedido ao nascimento do filho, porque, por exemplo, acometido de doença grave geradora de impotência *coeundi* absoluta, que o impedia de manter relações sexuais, acarretando, destarte, impotência *generandi* absoluta; não houve inseminação artificial homóloga, nem fertilização *in vitro*, visto que não doou sêmen para isso ou que houve troca de material germinativo, ou nem mesmo inseminação artificial heteróloga, já que não a autorizou ou que ela se deu por vício de consentimento. Essa ação de contestação de paternidade é proposta contra o filho, que, sendo menor, não pode ser representado pelo próprio autor, que seria seu representante legal; o juiz da causa deverá nomear um curador *ad hoc*, cuja intervenção não se dispensa, por oficiar, no feito, o Ministério Público. A mãe, embora não seja parte na lide, poderá intervir para assistir o filho. A sentença proferida deverá ser averbada à margem do registro de nascimento para competente ratificação; sendo oponível *erga omnes*, produz efeito em relação aos outros membros da família.

AÇÃO DE DANO. *Direito processual civil.* É a proposta pelo lesado contra o lesante pelos danos morais e/ou patrimoniais que culposamente lhe foram causados, comissiva ou omissivamente, pleiteando o reconhecimento do dano e a sua reparação *in natura*, ou seja, a reconstituição do *statu quo ante* e, se impossível for, o pagamento de uma indenização consistente em certa soma em dinheiro, cujo valor deverá ser estabelecido por lei, pelo consenso entre as partes ou pelo juiz.

AÇÃO DE *HABEAS CORPUS*. *Direito processual* e *direito constitucional.* É a proposta por qualquer pessoa em seu favor ou de outrem ou pelo Ministério Público para assegurar a liberdade pessoal violada ou ameaçada, seja por ato ilegal ou constitucional de autoridade pública ou de particulares (cárcere privado, mantença, sem necessidade, em clínica, por exemplo). É remédio específico destinado não só à libertação daqueles que estiverem presos sem justa causa, mas também à defesa dos que tiverem sua liberdade pessoal ameaçada. Todavia, não terá cabimento *habeas corpus* nas hipóteses de punição disciplinar e prisão administrativa atual ou iminente dos responsáveis por dinheiro ou valor pertencente à Fazenda Pública. Ter-se-á *habeas corpus* preventivo ou cautelar se proposto para evitar ou impedir violência ou coação contra o indivíduo, assegurando sua liberdade, e *habeas corpus* suspensivo ou constitutivo se movido para sanar a violência ou coação já cometida por uma autoridade contra a pessoa, protegendo sua liberdade, que foi atentada, desfazendo a situação oriunda de ato constritivo daquele direito. Visa, portanto, tutelar o direito de liberdade do indivíduo.

AÇÃO DE *HABEAS DATA*. *Direito processual civil.* É a ação sumária e especial que visa assegurar o conhecimento de informações relativas à pessoa do impetrante constantes em registros ou bancos de dados de entidades governamentais ou de caráter público (*habeas data* preventivo); ou retificar dados inverídicos ou incorretos existentes nos registros informativos, quando não se preferir fazê-lo por processo sigiloso, judicial ou administrativo; ou anotar, nos assentamentos do interessado, contestação ou explicação sobre dado verdadeiro, mas justificável e que esteja sob pendência judicial ou amigável (*habeas data* corretivo). Trata-se de remédio para tutelar certos direitos garantidos constitucionalmente, como os relativos à honra, à tranquilidade, ao patrimônio, à privacidade contra atos praticados por órgãos públicos ao anotarem e registrarem informações sobre a pessoa, uma vez que todos aqueles valores poderão ser vulnerados por informação errônea. A petição inicial deverá ser instruída com prova: a) da recusa ao acesso às informações ou do decurso de mais de dez dias sem decisão; b) da recusa em fazer a retificação ou do decurso de mais de quinze dias, sem decisão; ou c) da recusa em fazer a anotação da inexatidão do dado ou do decurso de mais de quinze dias sem decisão. Da sentença que conceder ou negar o *habeas data* cabe apelação. Quando a sentença conceder o *habeas data*, o recurso terá efeito meramente devolutivo.

AÇÃO DE INCONSTITUCIONALIDADE. *Direito constitucional* e *direito processual*. **1.** É a via pela qual, sem que haja lesão a direito individual, se tem a instauração de um procedimento hábil para identificar as normas (leis, atos normativos federais e estaduais) contrárias ao comando constitucional, invalidando-as. **2.** É o instrumento para, sem haver caso concreto a solucionar, reconhecer omissão, falha ou falta do Poder Público, por ter deixado de praticar ato imprescindível para tornar exequível preceito constitucional. **3.** É a ação direta proposta pelos Estados-Membros para obter do Tribunal de Justiça do Estado a fiscalização de leis municipais e estaduais contrárias à Constituição do Estado. **4.** É a ação contra ato legislativo ou executivo (federal, estadual ou municipal), por meio de via de exceção, para resolver caso concreto, por ter havido lesão a direito individual assegurado constitucionalmente. Se uma lei se opuser à Constituição, ferindo direito individual, e se aplicadas ambas (a lei e a norma constitucional) a um caso *sub judice*, o órgão judicante ver-se-á na contingência de decidir a questão em conformidade com a lei, infringindo preceito constitucional, ou, consoante este, desrespeitando a lei, devendo, então, determinar qual das duas normas conflitantes regerá o caso, e optando, obviamente, pela constitucional, ante sua superioridade, julgando, então, inaplicável a lei ao caso concreto em apreço, por transgredir preceito constitucional. O controle de constitucionalidade por via de exceção (ou de defesa) só pode ser exercido ante um caso *sub judice*. O órgão judicante poderá declarar a inconstitucionalidade da lei ao decidir o litígio entre as partes; logo, tal declaração é mera consequência da lide, operando seus efeitos apenas em relação aos litigantes. Se a decisão chegar ao Supremo Tribunal Federal por via recursal, ele poderá remeter a declaração de inconstitucionalidade, oriunda da apreciação do caso concreto, ao Senado Federal para que este suspenda a execução da lei. As decisões declaratórias de inconstitucionalidade podem, em caso de lesão a direito individual, advir, incidentalmente, de remédios jurídicos, como mandado de injunção, *habeas corpus*, mandado de segurança, ação popular e *habeas data*.

AÇÃO DE INTEGRALIZAÇÃO DE CAPITAL. *Direito comercial*. É aquela que pretende a declaração da incapacidade da sociedade empresária e do administrador judicial de falências para obrigar os acionistas das sociedades por ações ou das sociedades limitadas à efetivação da integralização das ações ou das cotas por eles subscritas.

AÇÃO DE INVENTÁRIO E PARTILHA. *Direito processual civil*. É a tendente à relação, descrição, avaliação e liquidação de todos os bens pertencentes ao *de cujus* ao tempo de sua morte, para distribuí-los entre seus sucessores. Tem por objetivo não só verificar o patrimônio do autor da herança, mediante a descrição, a avaliação dos bens da massa partível e a apuração das dívidas passivas, mas também liquidar o acervo com a realização do ativo e o pagamento dos débitos. Assim, ao fazer um levantamento de todos os bens do finado, revela essa ação o acervo líquido, possibilitando, então, a distribuição, entre os herdeiros, da herança, que será objeto da partilha. Infere-se daí que a ação de inventário e partilha individualiza o direito de propriedade dos sucessores do *de cujus*. A partilha é a divisão oficial do monte líquido, apurado durante o inventário, entre os sucessores do *de cujus*, para lhes adjudicar os respectivos quinhões hereditários. É mister salientar que o inventário e a partilha constituem um único procedimento, que se cinde em duas fases distintas.

AÇÃO DE INVESTIGAÇÃO DE MATERNIDADE. *Direito processual civil*. É a promovida contra a suposta mãe ou, se já tiver falecido, contra seus herdeiros pelo próprio filho, se capaz, ou por seu representante legal, se incapaz, para obter os direitos que lhe são cabíveis.

AÇÃO DE INVESTIGAÇÃO DE PATERNIDADE. *Direito processual civil*. É a ação ordinária proposta pelo filho ou seu representante legal, se incapaz, contra suposto genitor ou seus herdeiros, podendo ser cumulada com a de petição de herança, com a de alimentos e com a de anulação de registro civil, para pleitear o reconhecimento judicial de sua filiação e os direitos dela decorrentes, pois a sentença que o conceder produzirá efeitos *ex tunc*, retroagindo até o dia do nascimento ou mesmo da concepção, se isto for do interesse do reconhecido. Poderá ser tal ação contestada não só pelo pretenso pai como também por qualquer pessoa que tenha interesse no não reconhecimento da filiação, em razão de ser herdeira do investigado. Na ação as provas da filiação alegada poderão ser: a posse do estado de filho, a testemunhal, o exame odontológico, o exame prosopográfico e o exame de sangue pelo DNA. Nítido é o caráter subsidiário dessas provas, com exceção do DNA, que é quase seguro, que, aliadas a outros elementos, poderão reforçar a evidência da filiação.

AÇÃO DE MANDADO DE INJUNÇÃO. *Direito processual* e *direito constitucional.* Ação cível, constitutiva e executória, que garante o exercício de direito reconhecido constitucionalmente de alguém que se vê privado por falta (total ou parcial) de regulamentação infraconstitucional.

AÇÃO DE MANUTENÇÃO DE POSSE. *Direito processual civil.* É o meio de que se pode servir o possuidor que sofrer turbação, a fim de manter a sua posse, receber indenização pelos danos sofridos e obter a cominação da pena para o caso de reincidência, ou, ainda, se de má-fé o turbador remover ou demolir construção ou plantação feita em detrimento de sua posse. Aquele possuidor que sofrer embaraço na sua posse, sem contudo perdê-la, poderá propor ação de manutenção de posse, provando a existência desta e a turbação, sem discutir a qualidade do direito do turbador, nem a natureza ou profundidade do dano, requerendo ao magistrado a expedição do competente mandado de manutenção. Quando a turbação for nova, isto é, com menos de ano e dia, ter-se-á forma sumária de proteção da posse, e dar-se-á a manutenção liminar, sem a audiência da outra parte. Porém, contra as pessoas jurídicas de direito público, há necessidade de prévia audiência dos respectivos representantes legais. Passado esse prazo será comum o procedimento.

AÇÃO DE NUNCIAÇÃO DE OBRA NOVA. *Direito processual civil.* Não é mais procedimento especial. É a fundada em direito real sobre imóvel, e regida pelo procedimento comum, que visa impedir que o domínio ou a posse de um bem imóvel sejam prejudicados em sua natureza, substância, servidão ou fins por obra nova no prédio vizinho. Por exemplo, é proibido por lei abrir na construção vizinha janela a menos de metro e meio, assim como é vedado ao dono de prédio superior desviar águas de um córrego há anos utilizadas pelo proprietário de imóvel rural. Só cabe esta ação para obra contígua em vias de construção; se já estiver concluída ou na fase final de conclusão, como na da pintura, descabe tal remédio, que visa suspender a obra até que haja sua demolição, se efetivamente prejudica a posse ou a propriedade do nunciante. Isto porque seu principal objetivo é o embargo à obra, ou seja, impedir sua construção, mesmo que ela não acarrete dano atual, bastando que permita antever algum resultado turbativo se vier a completar-se. Eis por que há cominação de multa para o caso de reinício ou de reconstrução, bem como condenação em perdas e danos.

AÇÃO DE PETIÇÃO DE HERANÇA. *Direito civil* e *direito processual civil.* É a proposta pelo herdeiro do *de cujus*, seja ele legítimo ou testamentário, por título universal ou singular, contra aquele que detém ou possui *pro herede* ou *pro possessore* os bens da herança como se fossem seus, para obter o reconhecimento de sua qualidade de herdeiro e haver, então, a cota hereditária a que tem direito. Esta ação poderá vir cumulada com a de investigação de paternidade, de reconhecimento de filiação, de nulidade de testamento etc.

AÇÃO DE RECLAMAÇÃO. 1. *Direito processual trabalhista.* É a que tem por fim a solução de lide regida pelo **direito do trabalho. 2.** *Direito processual civil.* É o remédio regimental destinado a preservar a competência do Supremo Tribunal Federal e a garantir a autoridade de suas decisões.

AÇÃO DE REINTEGRAÇÃO DE POSSE. *Direito processual civil.* É a movida pelo esbulhado a fim de recuperar a posse perdida em razão de violência, clandestinidade ou precariedade não só contra o esbulhador, mas também contra terceiro que recebeu a coisa esbulhada sabendo que o era. Se o esbulho datar de menos de ano e dia, essa ação receberá a denominação de "ação de força nova espoliativa" e iniciar-se-á pela expedição de mandado liminar, a fim de reintegrar o possuidor imediatamente, admitindo a forma sumária de proteção da posse. Se for de mais de um ano e dia, teremos a "ação de força velha espoliativa", na qual o magistrado fará citar o réu para que ofereça sua defesa, confrontando as suas provas com as do autor e decidindo quem terá a posse.

AÇÃO DE SEPARAÇÃO JUDICIAL. *Direito civil* e *direito processual civil.* É a ação intentada por um ou ambos os cônjuges para obter a dissolução da sociedade conjugal, não rompendo o vínculo matrimonial. Ter-se-á *separação judicial consensual* quando ambos os consortes, ou um deles com a aceitação do outro, casados há mais de um ano, propuserem ação, que segue rito especial, para legalizar a conveniência de viverem separados, pleiteando, sem justificação dos motivos, a homologação judicial, depois de ouvido o Ministério Público, havendo interesse de incapaz. Para tanto, devem requerê-la em petição assinada por ambos, por seus advogados ou por advogado escolhido de comum acordo e instruída com os seguintes dados e documentos exigidos por lei: a) certidão de casamento; b) pacto antenupcial, se houver; c) descrição dos bens comuns do casal e respectiva partilha, que só poderá ser anulada por vício de consentimento. Se os cônjuges não acordarem sobre a partilha de bens, far-se-á esta depois da homologação do divórcio; d) acordo relativo à guarda dos filhos incapazes, estabelecendo o regime de visitas a que terá direito aquele que não ficar com a prole, repartição das férias escolares e dias festivos; e) valor da contribuição dos cônjuges para criar e educar os filhos, na proporção de seus recursos; f) pensão alimentícia de um cônjuge a outro, se este não possuir bens suficientes para se manter e valor da contribuição para criar e educar filhos; g) declaração a respeito do nome do cônjuge, esclarecendo se voltará a usar o de solteiro ou continuará com o de casado. Verificando que a petição preenche todos os requisitos legais, o juiz ouvirá, separadamente, ambos os consortes, esclarecendo-os. Estando plenamente conscientizados de seus atos e das condições avençadas, mandará reduzir a termo suas declarações e, após ouvir o representante do Ministério Público, principalmente se houver interesse de incapaz, homologará o acordo. Após o trânsito em julgado da sentença, serão expedidos mandados de averbação aos cartórios de Registro Civil e de Imóveis e, em caso de qualquer dos cônjuges ser empresário, ao Registro Público de Empresas Mercantis. Tal sentença homologatória perderá sua eficácia com a reconciliação, pois está permitido aos consortes restabelecer, a qualquer tempo, a sociedade conjugal, desde que o façam mediante requerimento nos autos de separação. Operar-se-á *separação judicial litigiosa* a pedido de um dos cônjuges, mediante processo contencioso, qualquer que seja o tempo de casamento, estando presentes hipóteses legais que tornem insuportável a vida em comum, como, por exemplo: conduta desonrosa; grave violação dos deveres matrimoniais; ruptura da vida em comum há mais de um ano; grave doença mental, manifestada após o casamento, de cura improvável e que já dure mais de dois anos. O juiz poderá considerar outros fatos que tornem evidente a impossibilidade da vida em comum. A ação de separação litigiosa pode ser precedida por uma separação de corpos, consistente na suspensão autorizada do dever de coabitação. A ação de separação litigiosa obedece ao procedimento especial e somente poderá ser proposta pelo cônjuge (ou pelo seu representante, se incapaz) que não lhe deu causa, com base nas circunstâncias legais que a autorizam, cabendo-lhe o ônus da prova. A sentença somente decretará a dissolução da sociedade conjugal se o juiz reconhecer a culpabilidade do réu ou de ambas as partes. Competirá ao órgão judicante deliberar a partilha dos bens. O cônjuge declarado culpado perde o direito de usar o sobrenome do outro, desde que expressamente requerido pelo cônjuge inocente e se a alteração não acarretar qualquer dano. Este pode renunciar a qualquer momento o direito de usar o sobrenome daquele. O cônjuge inocente, se desprovido de recursos, tem direito a alimentos. O culpado, se precisar de alimentos, não havendo parente em condição de prestá-los, nem tendo ele aptidão para o trabalho, o outro cônjuge deverá assegurar esses alimentos. Os filhos menores ficarão, não havendo deliberação judicial ou dos pais sobre guarda compartilhada, com aquele genitor que tiver aptidão para exercer a guarda. Se o juiz entender que não devem ficar com nenhum deles, a guarda será deferida à pessoa que revelar compatibilidade com a natureza da medida, levando-se em conta o grau de parentesco e afetividade. Mesmo depois de efetuada a separação litigiosa há possibilidade de reconciliação, desde que esta não lese direitos de terceiros, adquiridos antes e durante a separação, seja qual for o regime de bens. As normas sobre separação judicial poderão perder sua eficácia social ante a reforma constitucional, que não mais as considera como requisito para pleitear divórcio nem exige para tanto o prazo de carência de um ano. Nas ações de família todos os esforços deverão ser feitos para obter uma solução da controvérsia, devendo o juiz dispor do auxílio de profissionais de outras áreas do conhecimento para a mediação e conciliação.

AÇÃO DE SONEGADOS. 1. *Direito processual civil.* É a ação acessória movida pelos herdeiros legítimos ou testamentários ou pelos credores da herança, ajuizada no foro do inventário, para requerer a pena de sonegados, comprovando que os bens ocultados dolosamente ou não colacionados pertencem ao espólio, não só contra o inventariante, depois de encerrada a descrição dos bens com a declaração feita por ele de não existirem outros por inventariar e partir, por não ter descrito bens do espólio que se encontram em seu poder ou no poder de outrem, com anuência sua, mas também contra coerdeiro, depois de, inveridicamente, declarar no inventário que não os possui, ficando provada sua ocultação maliciosa daqueles bens. Procedente a ação, o bem ocultado ou não colacionado pelo herdeiro será restituído ao espólio e partilhado entre os outros coerdeiros como se o sonegador nunca tivesse existido. Se o bem sonegado não mais estiver em seu poder por já o ter alienado ou perdido, o coerdeiro sonegador terá de pagar o seu valor mais as perdas e danos. Se o sonegador for o inventariante, herdeiro do autor da herança, sofrerá dupla sanção: perda dos direitos sobre os bens sonegados e remoção do cargo. Mas, se não for sucessor do *de cujus*, incorrerá apenas na destituição do cargo. O testamenteiro sonegador, além de ser destituído da testamentaria, perderá o direito à vintena e será removido também do cargo de inventariante. **2.** *Direito processual tributário*. É a ação pela qual a Fazenda Pública, por ter direitos fiscais relativos aos bens sonegados, poderá reclamar que eles sejam inventariados, sem, contudo, pedir a aplicação da pena de sonegados que é inadmissível quando não se descrevem os bens, com a anuência dos herdeiros, a fim de diminuir o montante do imposto *mortis causa*. **3.** *Direito penal* e *direito processual penal*. É a ação proposta pelo prejudicado para responsabilizar penalmente o sonegador que se apropriou de coisa alheia móvel, ocultando-a na qualidade de inventariante ou testamenteiro, requerendo ao órgão judicante a aplicação da pena de reclusão de um a quatro anos e multa, aumentada de um terço.

AÇÃO DISCIPLINAR. *Direito administrativo*. É a que se destina à apuração de falta cometida por servidor público.

AÇÃO ENDOSSÁVEL. *Direito comercial*. Ação nominativa de sociedade anônima transmissível por endosso, desde que averbada em seus registros.

AÇÃO *EX EMPTO*. *Direito processual civil*. **1.** É a proposta pelo comprador contra o vendedor para obter: a) a entrega do bem vendido na medida, quantidade e qualidade consignadas no texto contratual; b) a complementação da área do imóvel, por constatar que não corresponde às dimensões da escritura, a rescisão do contrato ou o abatimento do preço, na compra e venda de imóvel *ad mensuram*, ante o fato de ser impossível aquela complementação da área; c) a rescisão contratual, a devolução do preço e a indenização pelos frutos, danos sofridos e despesas feitas com o bem adquirido, na hipótese de ter havido evicção. **2.** Trata-se de ação de evicção.

AÇÃO FALIMENTAR. *Direito comercial*. É a movida contra devedor empresário que, injustificadamente, não pagar obrigação líquida e vencida, constante de título executivo, requerendo a declaração de sua falência, comprovada com a apresentação de certidão do instrumento do protesto ou daquele título de crédito, representativo daquela já mencionada obrigação líquida e vencida que não foi cumprida.

AÇÃO FISCAL. *Direito processual civil*. **1.** É a movida pelo Fisco para apurar a existência de um crédito tributário e, consequentemente, cobrá-lo. **2.** É o procedimento administrativo estabelecido em razão de violação das leis fiscais. **3.** É o procedimento pelo qual os agentes de fiscalização da Fazenda Pública, no exercício de suas funções, penetram em estabelecimentos comerciais ou industriais para fiscalizá-los, mediante exame de escrituração de documentos, de livros empresariais, de patentes de registro etc. Essa ação fiscal dos agentes é comprovada pelo seu visto e rubrica ou pelo termo de abertura e encerramento de fiscalização.

AÇÃO INCIDENTE. *Direito processual civil*. É a intentada no curso de uma demanda, seguindo seu próprio procedimento, para decidir direitos de terceiro, questões prejudiciais ou exceções. Como exemplo dessa modalidade de ação citamos: os embargos de terceiro, a exibição de documentos, a habilitação incidente de herdeiros etc.

AÇÃO INTEGRALIZADA. *Direito comercial*. É a ação de sociedade anônima ou em comandita por ações, cujo valor total já foi pago pelo subscritor ou possuidor, constituindo-se, por isso, num instrumento de crédito do acionista contra a sociedade, ou seja, num direito de crédito potencial, que somente poderá ser exigido por ocasião da dissolução e liquidação da sociedade, salvo nos casos excepcionalmente permitidos em lei.

AÇÃO MODIFICATIVA. *Direito processual civil*. É a que, em relação jurídica continuativa, decide sobre questões já resolvidas, alterando efeitos da coisa julgada formal, ante a superveniência de uma modificação no estado de fato ou de direito (Othon Sidou).

AÇÃO MONITÓRIA. *Direito processual civil*. É uma ação de conhecimento, condenatória, com procedimento especial de cognição sumária e de execução sem título, colocada à disposição do credor de quantia em dinheiro, de coisa fungível ou infungível, de coisa imóvel ou móvel determinada ou de obrigação de fazer ou de não fazer, com crédito comprovado por documento escrito ou por prova oral documentada, produzida antecipadamente sem eficácia de título executivo, para que possa requerer em juízo a expedição de mandado de pagamento ou de entrega da coisa para a satisfação de seu direito. É um mandado monitório, cuja eficácia fica condicionada à não apresentação de embargos, pois, se houver, instaurar-se-á o contraditório, seguindo-se o procedimento comum (Nelson Nery Jr., Rosa Mª de A. Nery, Ada P. Grinover e Cassio S. Bueno).

AÇÃO NÃO INTEGRALIZADA. *Direito comercial*. **1.** Ação de sociedade anônima ou em comandita por ações, em que seu subscritor não recolheu todo seu valor, sendo por isso nominativa ou endossável (Othon Sidou). **2.** A que não foi, integralmente, paga pelo sócio.

AÇÃO NEGATÓRIA. *Direito processual civil.* **1.** É a que tem por escopo negar um direito ou uma relação jurídica, como, por exemplo, a negatória de paternidade. **2.** É a movida pelo proprietário que, apesar de conservar o bem em seu poder, sofre turbação no exercício de seu direito, para defender seu domínio. **3.** É aquela à qual pode recorrer o dono de prédio serviente para provar que inexiste ônus real ou para defender seus direitos contra o proprietário do imóvel dominante que, sem título, pretender ter servidão sobre o prédio ou, então, para ampliar os direitos já existentes.

AÇÃO NOMINADA. *Direito processual civil.* Aquela cuja denominação é correspondente ao direito ou à pretensão pretendida ou, ainda, ao procedimento em que se desenvolve (Othon Sidou).

AÇÃO NOMINATIVA. *Direito comercial.* É o título representativo da participação de sócio no capital e nos lucros de uma sociedade anônima ou em comandita por ações que, além de assegurar a fruição dos direitos do proprietário (acionista), traz inscrito seu nome no Livro de Registro de Ações Nominativas. Toda ação será nominativa, com identificação do seu titular, até ser integralizada; logo, apenas depois disso poderá transformar-se em ação ao portador. Todavia, há sociedades que exigem que as ações tenham, obrigatoriamente, a forma nominativa.

AÇÃO ORDINÁRIA. **1.** *Direito comercial.* É a que representa a fração do capital que se subordina aos riscos sociais, conferindo apenas ao seu titular as vantagens oriundas, normalmente, de sua condição, como a percepção de dividendos, o direito de voto em assembleias etc. **2.** *Direito processual civil.* Era que não tinha rito próprio ou especial, integrando o procedimento comum ordinário, dando aos litigantes não só grande liberdade de defesa, mas também de produção de provas ou de especificação de elementos probatórios, sendo por isso mais solene e demorada e tendo as seguintes fases: postulatória, saneadora, instrutória e decisória, que podem ser aglutinadas se, no momento em que os autos sejam conclusos para o julgamento conforme o estado do processo, o juiz decrete sua extinção sem resolução do mérito ou profira o julgamento antecipado da lide. Trata-se do *procedimento comum* previsto no CPC vigente, pois a dualidade de procedimentos ordinário e sumário foi extinta. **3.** *Direito processual penal.* É a própria para os crimes apenados com reclusão, iniciando-se com a denúncia ou queixa (se se tratar de ação penal privada), seguindo-se da citação do réu para interrogatório, preparando sua defesa prévia, e da ouvida das testemunhas arroladas na peça acusatória ou das indicadas pelo réu ou seu defensor. Finda a instrução probatória e concluídas as diligências solicitadas e deferidas, abrir-se-á vista dos autos para alegações finais, passando-se, finalmente, à fase decisória, sendo os autos conclusos ao órgão judicante para prolatar a sentença.

AÇÃO PAULIANA. *Direito processual civil.* Também chamada de "revocatória", é a ação contra devedor insolvente, pessoa que com ele celebrou negócio ou terceiro adquirente de má-fé movida por credor, havendo fraude a seu crédito ou transferência fraudulenta de bens a terceiro, para revogar o negócio lesivo a seus interesses, repondo assim o bem no patrimônio do devedor, cancelando a garantia real concedida em proveito do acervo sobre que se tenha de efetuar o concurso creditório, possibilitando a efetivação do rateio, aproveitando a todos os credores e não apenas ao que a intentou. Essa ação requer os seguintes pressupostos: a) crédito do autor anterior ao ato fraudulento; b) prejuízo ao credor causado pelo ato que se pretende revogar; c) intenção de fraudar presumida pela consciência do estado de insolvência; d) prova da insolvência do devedor; e) ausência de consignação em juízo pelo devedor do pagamento do seu débito.

AÇÃO PENAL PRIVADA. *Direito processual penal.* É a movida mediante queixa do ofendido ou de quem tenha qualidade para representá-lo, uma vez que o *ius accusationis* lhe pertence, pois o Estado, titular do *jus puniendi*, lhe transfere, em certos casos taxativamente previstos em lei, o direito de agir e de acusar. Trata-se da "ação penal privada principal".

AÇÃO PENAL PÚBLICA. *Direito processual penal.* É a promovida pela denúncia do órgão do Ministério Público, dependa ou não de representação do ofendido ou de requisição do ministro da Justiça, por ser de sua competência exclusiva, sendo o *dominus litis*. Recebendo a *informatio delicti* da autoridade policial devidamente elaborada e formada a *opinio delicti*, deverá apresentar a denúncia, sendo o crime de ação penal pública.

AÇÃO PERSECUTÓRIA. *Direito processual civil.* É a ação real ou pessoal pela qual o autor demanda coisa que lhe pertence ou lhe é devida e não se encontra em seu patrimônio ou está em poder de terceiro.

AÇÃO PESSOAL. *Direito processual civil.* É a tendente a exigir o reconhecimento de um direito pessoal ou a reclamar a satisfação de uma obrigação assumida pelo réu, seja ela de dar, fazer ou não fazer, resultante de contrato, lei ou ato ilícito.

AÇÃO POPULAR. *Direito constitucional* e *direito processual.* É o meio pelo qual qualquer cidadão, no gozo de seus direitos políticos, pode provocar o pronunciamento do órgão judicante sobre atos ilegais ou inconstitucionais, comissivos ou omissivos, lesivos ao patrimônio público, histórico ou cultural, no sentido de decretar a invalidade dos atos lesivos, condenando os beneficiários e responsáveis à indenização das perdas e danos. Logo, não visa defender diretamente a legalidade, por ser via de proteção do patrimônio público, procurando atender o interesse coletivo e a probidade da gestão do patrimônio público. Tem ela duplo sentido: o *corretivo*, por pretender a reparação de erro que fira o patrimônio público, e o *supletivo*, por suprir a inércia da autoridade pública que se descurou, pois dirige-se contra pessoas jurídicas de direito público, sejam elas federais, estaduais ou municipais, alcançando ainda empresas e fundações públicas e sociedades de economia mista, desde que manipulem dinheiro público.

AÇÃO PRATICADA POR ORGANIZAÇÃO CRIMINOSA. *Direito penal* e *direito processual penal.* Crime resultante de ação de bando ou quadrilha cuja pena será reduzida de um a dois terços quando a colaboração espontânea do agente levar ao esclarecimento de infrações penais e sua autoria. Não será concedida liberdade provisória, com ou sem fiança, aos agentes que tenham tido intensa e efetiva participação na organização criminosa.

AÇÃO PREFERENCIAL. *Direito comercial.* É o título emitido por sociedade anônima sob garantia de prioridade na percepção de dividendos fixos ou cumulativos, no reembolso do capital, com prêmio ou sem ele, ou na acumulação de ambos os privilégios acima indicados. Consiste no direito a dividendos no mínimo dez por cento maiores do que os atribuídos às ações ordinárias, exceto em se tratando de ação com dividendos fixos ou mínimos, cumulativos ou não.

AÇÃO PRINCIPAL. *Direito processual civil.* É aquela que, coexistindo com outras ações acessórias, contém o objetivo principal do litígio, que constitui o fundamento do juízo. É a ação em que, por ser dotada de autonomia e existência própria, a sentença final decide a demanda de modo definitivo.

AÇÃO PUBLICIANA. *Direito processual civil.* Ação petitória que visa retomar a posse de quem a perdeu, com fundamento no fato de que adquiriu a propriedade do bem por meio da usucapião (Nelson Nery Jr. e Rosa M. A. Nery). Segue o procedimento comum.

AÇÃO REDIBITÓRIA. *Direito processual civil.* É a proposta pelo adquirente de bem que apresenta vício redibitório conhecido pelo alienante para, ante sua rejeição à coisa defeituosa, rescindindo o contrato, reaver, por via judicial, o preço pago e obter o reembolso das despesas contratuais e a indenização das perdas e danos, uma vez que o bem se tornou impróprio ao uso ou teve seu valor diminuído. É também denominada ação edilícia.

AÇÃO REGRESSIVA. *Direito processual civil.* É a intentada por quem tiver, ante fatos previstos em lei, direito de regresso, para exigir o que lhe é devido, recuperando do réu importância que pagou na qualidade de coobrigado civil ou comercial, ou a título de indenização, decorrente de liame contratual, sempre que a causa do dever de indenizar seja ato de terceiro (réu).

AÇÃO RENOVATÓRIA DE CONTRATO DE LOCAÇÃO. *Direito processual civil.* É aquela que, na falta de acordo entre os contratantes, é proposta pelo locatário, seu cessionário ou sucessor, ou pelo sublocatário contra o locador, seu espólio ou seus sucessores, para obter um novo contrato de locação de imóvel urbano destinado à exploração de atividade empresarial que se justapõe ao anterior, tendo por escopo proteger o fundo de comércio, ou melhor, o ponto ou local de negócio que constitui elemento material de estabelecimento comercial. Tal ação deverá ser instruída com os seguintes documentos indispensáveis à sua propositura: a) prova de ser o contrato a renovar celebrado por escrito, com prazo determinado de cinco anos, e de que o locatário explora o mesmo ramo de atividade empresarial há três anos ininterruptos; b) prova de fiel e exato cumprimento do contrato em curso pelo inquilino, demonstrando a observância a todas as exigências legais e contratuais, mediante a apresentação de documentos, recibos de aluguéis ou de encargos locatícios etc.; c) indicação clara e precisa das condições oferecidas para a renovação da locação, feita no seu próprio texto ou em documento à parte; d) indicação de fiador, que poderá ser o mesmo do contrato a renovar. Se for outro, imprescindível será sua indicação e qualificação completa; e) comprovação da atual idoneidade financeira do fiador, mesmo que não tenha sido substituído; f) autorização escrita e expressa do consorte do fiador casado, exceto se o regime de bens for o da separação absoluta, pois, sem a devida outorga, não pode prestar fiança, porque anulável será a que for prestada sem o consentimento do cônjuge; g) prova de que o fiador do contrato ou o que o substituir na renovação aceita assumir todos os encargos oriundos da fiança prestada; h) prova, quando for o caso, de ser cessionário ou sucessor do locatário, em razão do título oponível ao proprietário.

AÇÃO REPETITIVA. ***Direito processual civil.*** É a que requer a mesma decisão de outras iguais, como as de plano de saúde, telefonia, bancos etc., para dar mais celeridade aos processos na primeira instância. É a demanda repetitiva.

AÇÃO RESCISÓRIA DE SENTENÇA. ***Direito processual civil.*** É um *remedium iuris* para desconstituir uma decisão de mérito, inquinada de nulidade, elidindo coisa julgada, se proposta dentro do prazo decadencial bienal. Consequentemente, não tem a natureza jurídica de um recurso, sendo uma *ação autônoma de impugnação*, nos seguintes casos previstos em lei, que dão azo à sua propositura: a) sentença dada por prevaricação, concussão ou corrupção do juiz; b) decisão proferida por juiz impedido ou absolutamente incompetente; c) sentença resultante de dolo ou coação da parte vencedora em detrimento da parte vencida, ou de simulação ou colusão entre as partes, com o escopo de fraudar a lei; d) decisão que ofenda coisa julgada; e) sentença que viole literal e manifestamente disposição de lei; f) decisão fundada em prova cuja falsidade tenha sido apurada em processo criminal ou venha a ser demonstrada na própria ação rescisória; g) prova nova obtida pelo autor, depois da sentença, cuja existência era por ele ignorada, ou que não pôde ser por ele utilizada, desde que, por si só, seja capaz de lhe assegurar pronunciamento favorável; h) decisão fundada em erro de fato verificável do exame dos autos. Na rescisória há um julgamento do julgamento, pois tem-se por objeto a sentença rescindenda, com o escopo de converter sua invalidade em rescindibilidade.

AÇÃO REVISIONAL DE ALUGUEL. ***Direito processual civil.*** É a intentada pelo locador ou pelo locatário, não havendo mútuo consenso entre eles, após três anos de vigência do contrato ou do acordo que porventura houverem feito anteriormente, para pleitear em juízo a revisão do preço estipulado para o aluguel, atualizando o valor locativo. Nesta ação não se pretende arbitrar um novo aluguel, mas tão somente reajustar o já fixado. Além disso, convém salientar que o locatário-sublocador terá direito de propor a revisão judicial contra o sublocatário legítimo, isto é, desde que a sublocação esteja autorizada pelo senhorio.

AÇÃO SEM VALOR NOMINAL. ***Direito comercial.*** Ação cujo preço de emissão é fixado pelos fundadores, na constituição da companhia, e no aumento de capital, pela Assembleia Geral ou pelo Conselho de Administração. Trata-se da ação para a qual não se convenciona valor (Luiz Fernando Rudge).

AÇÃO SUMÁRIA. 1. ***História do Direito processual civil.*** Era a que obedecia ao procedimento sumário, rotulado, outrora, impropriamente, de procedimento sumaríssimo, que se caracterizava pela simplificação de atos, possibilitando a decisão da demanda em pouco tempo e com um mínimo de despesa. Era a que tinha procedimento suscetível de processar e decidir a demanda em curto espaço de tempo, simplificando os atos, havendo tão somente as formalidades essenciais a todo juízo. Podiam, por exemplo, ser assim processadas, dentre outras, as causas cujo valor não excedesse sessenta vezes o salário mínimo vigente no País e as causas, qualquer que fosse o valor, de arrendamento rural e de parceria agrícola; cobrança ao condômino de qualquer quantia devida ao condomínio; ressarcimento por dano em prédio urbano ou rústico ou pelo dano causado em acidente de veículo de via terrestre; cobrança de seguro, relativo ao provocado em acidente de veículo, de honorários de profissionais liberais; revogação de doação por ingratidão e nos demais casos previstos em lei. Pelo CPC vigente, sempre que a lei fizer referência ao procedimento sumário, dever-se-á observar o procedimento do Juizado Especial Cível. Há, atualmente, ampla subsidiariedade e supletividade do procedimento comum (Cassio S. Bueno). **2.** ***Direito processual civil.*** É a que segue o procedimento do Juizado Especial Cível, que tem competência para conciliação, processo e julgamento de causas cíveis de menor complexidade, por exemplo, a ação de despejo para uso próprio; as ações possessórias. Até a edição de lei específica, o Juizado Especial Cível terá, atualmente, competência para processar e julgar as causas, qualquer que seja o valor: de arrendamento rural e parceria agrícola; de cobrança de quantias devidas do condomínio; de ressarcimento por danos em prédio urbano ou rústico ou pelos causados em acidente de veículo de via terrestre; de cobrança de seguro, relativamente a dano causado em acidente de veículo; cobrança de honorários; revogação de doação. **3.** ***Direito processual penal.*** É o procedimento penal alusivo à apuração e ao julgamento de crimes, previstos no Código Penal, apenados com detenção.

AÇÃO SUMARÍSSIMA. 1. ***Direito processual penal.*** É o procedimento usado para decidir sobre as contravenções penais, e, nos Juizados Especiais Criminais, que têm competência para a conciliação, o julgamento e a execução das infrações penais de menor potencial ofensivo, ou seja, as contravenções penais e os crimes a que a lei comine pena máxima não superior a um ano, excetuados os casos em que a lei preveja procedimento especial. **2.** ***Direito processual trabalhista.*** É o procedimento a que se submete o dissídio individual cujo valor não exceda a quarenta vezes o salário mínimo vigente na data do ajuizamento, desde que a Administração Pública direta, autárquica ou fundacional não seja parte na demanda.

AÇÃO TRABALHISTA. ***Direito processual do trabalho.*** É a movida para solucionar dissídios entre empregado e empregador. A ação, quanto aos créditos resultantes das relações de trabalho, tem prazo prescricional de cinco anos para os trabalhadores urbanos e rurais, até o limite de dois anos após a extinção do contrato de trabalho.

ACAREAÇÃO. ***Direito processual civil*** **e** ***direito processual penal.*** Ato de cotejar ou confrontar, a pedido das partes ou por iniciativa do magistrado, duas ou mais pessoas (testemunhas ou partes litigantes), cujos depoimentos não foram concordes, para que possam ser esclarecidas, por meio de reperguntas, as contradições ou divergências em suas declarações, ouvindo-as concomitantemente, chegando-se à verdade dos fatos. Poderá tal cotejo ter lugar entre testemunhas, acusados, partes litigantes, isto é, autor e réu, acusado e testemunha ou acusado e ofendido.

ACCESSIO CEDIT PRINCIPALI. ***Expressão latina.*** O acessório segue o principal.

ACCESSIO POSSESSIONEM. ***Locução latina. Direito civil.*** Conjunção de posses, pela qual a posse pode ser continuada pela soma do tempo do atual possuidor com o de seus antecessores. Abrange: a) a *sucessão*, pela qual se tem transmissão *causa mortis*, que ocorre quando os herdeiros tomam o lugar do *de cujus*, continuando a sua posse, como efeito da sucessão universal, com os mesmos caracteres (vícios e qualidades). Logo, o sucessor universal continua com direito à posse de seu antecessor; b) a *união*, que se opera na hipótese da sucessão singular (compra e venda, doação, dação, legado), ou melhor, quando o objeto adquirido constitui coisa certa ou determinada. O adquirente, nessa aquisição de posse a título singular, constitui para si nova posse, embora receba uma de outrem. Isto porque a posse do sucessor singular é pessoal, nascendo, portanto, desligada da do alienante. Todavia, está o adquirente autorizado, legalmente, a unir, se quiser, ou se lhe convier, sua posse à do seu antecessor. Em regra, o direito de somar posses visa adquirir a propriedade pela usucapião, por exemplo, se o seu antecessor já tinha posse contínua e pacífica por cinco anos, o adquirente terá o benefício da usucapião ordinária se também possuir o bem imóvel, contínua e pacificamente, por outros cinco anos.

ACCESSIO TEMPORIS. ***Locução latina.*** Acessão de tempo, indicando: a) modo de aquisição da propriedade por meio de usucapião, ligando-se a posse ao tempo; b) aquisição de um direito pelo transcurso do tempo, como, por exemplo, o direito à renovação da locação mercantil, após cinco anos de contrato e três anos ininterruptos de exploração do comércio no mesmo ramo.

ACEITAÇÃO. 1. ***Direito civil.*** Ato de aceitar alguma coisa; aquiescência; aprovação. Pode ser: a) *expressa*, se manifestada verbalmente ou em documento escrito; b) *tácita*, se caracterizada pela prática de ato indicativo da intenção de aceitar. **2.** ***Direito comercial.*** O mesmo que ACEITE. **3.** ***Direito bancário.*** Processo de verificação do enquadramento de uma operação, para fins de liquidação, aos requisitos previamente estabelecidos no regulamento do sistema de liquidação, especialmente no tocante à administração e contenção de riscos.

ACEITAÇÃO DE HERANÇA. ***Direito civil.*** É o ato jurídico unilateral pelo qual o herdeiro, legítimo ou testamentário, manifesta, livremente, sua vontade de receber a herança que lhe é transmitida.

ACEITAÇÃO DE LETRA DE CÂMBIO. ***Direito comercial.*** É o ato pelo qual o sacado reconhece a obrigação cambial, assinando a letra de câmbio e assumindo, então, o dever de cumpri-la, sem impor qualquer restrição, na data de seu vencimento. Tal ato denomina-se "aceite", sendo o sacado o aceitante. Se a letra emitida não for assinada pelo sacador, e o sacado a aceitar assim mesmo, diz-se que aceitou em branco, admitindo que outra pessoa a preencha, substituindo o credor originário. Se colocar qualquer restrição ou modificação, ter-se-á a negativa ao aceite.

ACEITAÇÃO DE PROPOSTA CONTRATUAL. ***Direito civil.*** É a manifestação, expressa ou tácita, da vontade do destinatário de uma proposta contratual feita dentro do prazo, aderindo a ela em todos os seus termos, tornando o contrato definitivamente concluído, desde que chegue, oportunamente, ao conhecimento do ofertante. Se o aceitante, ao declarar sua vontade em relação à oferta, não aderir a todos os seus termos, ter-se-á nova proposta, exonerando o primeiro proponente, pois este só a aceitará se ela lhe aprouver. Se o negócio jurídico contratual for *entre presentes*, a policitação poderá estipular ou não prazo para a aceitação. Se a proposta não contiver prazo para a aceitação, esta deverá ser manifestada imediatamente, senão a oferta deixará de ter força vinculativa. Se a proposta estipular prazo, a aceitação deverá ser pronunciada no termo concedido, sob pena de desvincular-se o policitante. Se o contrato for *entre ausentes*, existindo prazo, este deverá ser obedecido, mas, se a aceitação se atrasar, por exemplo, por falha do correio, o proponente deverá dar ciência do fato ao aceitante, sob pena de responder por perdas e danos. Se o ofertante não estipular qualquer prazo, a aceitação deverá ser manifestada dentro de tempo suficiente para chegar a resposta ao conhecimento do proponente.

ACEITE. *Vide* ACEITAÇÃO DE LETRA DE CÂMBIO.

ACEITE POR INTERVENÇÃO. ***Direito cambiário.*** É o que se realiza por pessoa diversa do sacado. Esse terceiro deverá indicar por honra de quem fez a intervenção. Pode dar-se em todos os casos em que o portador de uma letra aceitável tem direito de ação antes do seu vencimento. Com isso, evitar-se-á que o título se vença antecipadamente em relação ao aceitante interveniente e coobrigados posteriores.

ACELERAÇÃO DE PARTO. 1. ***Medicina legal.*** Antecipação da data do parto. **2.** ***Direito penal.*** Lesão corporal grave oriunda de traumatismos físicos ou psíquicos, visando a expulsão do produto da concepção, vivo, antes do termo do ciclo gravídico, apenada com reclusão. É preciso que esta lesão corporal ocorra depois de vinte e oito semanas de gravidez, por ser imprescindível que o bebê tenha condições de sobrevivência, pois, se morrer, ter-se-á a figura criminal do aborto.

ACERTAMENTO. ***Direito administrativo.*** É o ato administrativo (visto, homologação, aprovação) imprescindível para que o direito potencial de um interessado passe a ser atual, por manifestar o preenchimento de todas as condições jurídicas exigidas legalmente a fim de que se possa admitir a legitimidade de um ato ou o reconhecimento de um direito. O acertamento contém duas fases: a) a *material*, quando se coletam dados, pessoais ou não, verificam-se registros ou pede-se um ato médico que ateste a idoneidade física do candidato para prestar o serviço no cargo que pretende assumir; b) a *documental*, que é o ato de reproduzir, num documento, o resultado a que se chegou com aquelas pesquisas ou verificações.

ACERVO. 1. ***Direito civil.*** a) Conjunto de bens integrantes do patrimônio de uma pessoa natural ou jurídica (acervo patrimonial); b) bens arrecadados no inventário, para serem partilhados a quem de direito (acervo hereditário); c) soma de bens; d) soma de serviços prestados. **2.** ***Direito comercial.*** Totalidade dos bens do falido (massa falida). **3.** ***Sociologia geral.*** Conjunto de bens de uma comunidade.

ACESSÃO. 1. ***Direito civil.*** É o modo originário de aquisição da propriedade pelo aumento do volume ou do valor da coisa, de modo que ficará pertencendo a seu proprietário tudo aquilo que a ela se aderir ou incorporar, ante o princípio de que o "dono da coisa principal será o da acessória", tendo sobre esta última todos os direitos que teria em relação à primeira. Isto é assim, em face de um fundamento de ordem prática, devido à inconveniência de se destacar o que acede, tanto econômica como juridicamente, pois será melhor atribuir-se a propriedade do todo ao dono da coisa principal do que estabelecer um condomínio indesejado e de difícil administração, dada a grande desproporção entre os valores dos quinhões de cada um dos condôminos. **2.** ***Direito internacional público.*** É a adesão solene a um convênio feito entre dois ou mais Estados por um terceiro país não signatário.

ACESSÃO ARTIFICIAL. ***Direito civil.*** **1.** É a incorporação ou união de uma coisa acessória (móvel) à principal (imóvel) resultante de um comportamento humano ativo, ou melhor, do trabalho do homem, como, por exemplo, a construção e a plantação. Distingue-se da *benfeitoria*, por ser a acessão artificial obra que cria coisa nova, que se adere à propriedade anteriormente existente. **2.** *Vide* BENFEITORIAS.

ACESSÃO NATURAL. ***Direito civil.*** É a união ou incorporação de bem acessório (imóvel) ao principal (também imóvel), advinda de acontecimento natural, produzindo-se espontaneamente, sem que haja qualquer intervenção humana, por exemplo, a formação de ilhas, o aluvião, a avulsão e o abandono de álveo.

ACESSO. ***Direito administrativo.*** **1.** Ingresso a cargo público de candidato aprovado em concurso. **2.** Ascensão de funcionário a uma classe hierárquica mais elevada, em seu respectivo quadro ocupacional, levando-se em conta seu merecimento ou sua antiguidade, sendo, portanto, uma forma de provimento de cargo público. **3.** Possibilidade de consulta aos documentos de arquivo.

ACESSO À JUSTIÇA. ***Direito constitucional*** e ***direito processual.*** Direito de todos de postular em juízo a tutela preventiva ou reparatória havendo ameaça de lesão ou violação de direito subjetivo (Soraya R. G. Lunardi).

ACHÁDEGO. ***Direito civil.*** É a recompensa a que tem direito aquele que encontrar coisa perdida (descobridor) e restituí-la a seu proprietário. Tal prêmio é acrescido da indenização pelas despesas efetuadas com a conservação e transporte da coisa. Pelo Código Civil essa recompensa não pode ser inferior a cinco por cento do valor da coisa encontrada e abrange a indenização pelas despesas que o descobridor teve com sua conservação e transporte.

ACHADO DE TESOURO. ***Direito civil.*** Ato de encontrar depósito antigo de coisas preciosas, oculto e de cujo dono não haja memória. Quem o encontrar, casualmente, dividi-lo-á com o proprietário do prédio. O tesouro pertencerá por inteiro ao proprietário do prédio se for encontrado por ele, ou em pesquisa que ordenou, ou, ainda, por terceiro não autorizado. Se encontrado em terreno aforado, o tesouro será dividido por igual entre o descobridor e o enfiteuta, ou será deste por inteiro, quando ele mesmo o encontrou.

ACIDENTE. 1. ***Direito civil.*** Caso fortuito, ou seja, acontecimento involuntário e imprevisto suscetível de causar prejuízo a alguém ou seu patrimônio sem gerar responsabilidade civil, por ser excludente de antijuridicidade, ante a ausência de dolo ou de culpa. **2.** *Medicina legal.* a) Fenômeno inesperado que pode sobrevir no curso de uma moléstia; b) perda de sentido, função ou movimento. **3.** *Filosofia geral* e *filosofia do direito.* Aquilo que é contingente, por não fazer parte da essência ou substância de algo.

ACIDENTE DE TRABALHO. *Direito do trabalho.* Acontecimento casual e imprevisto que cause dano, produzindo lesão corporal, doença profissional ou perturbação funcional a empregado, pelo exercício, dentro ou fora do local e horário de trabalho, de seu ofício a serviço da empresa, que possa atingir, total ou parcialmente, permanente ou transitoriamente, sua capacidade laborativa ou acarretar sua morte. Portanto, se houver autolesão, ou seja, intenção do operário de causar dano a si próprio, descaracterizado estará o acidente de trabalho. Será devido o benefício de auxílio-doença decorrente de acidente do trabalho aos segurados: empregado, trabalhador avulso, especial e médico-residente.

ACIDENTE DE TRAJETO. *Direito do trabalho.* É o que pode sofrer o trabalhador na ida ou na volta do trabalho ou em viagens a serviço da empresa.

ACIDENTE DE TRÂNSITO. *Direito civil.* **1.** Acontecimento casual ou culposo provocado por veículos automotores em via pública, lesivo a pessoas ou bens. Dentre as principais causas determinantes desse acidente temos: desobediência às normas do Código de Trânsito; excesso de velocidade; sono ao volante; embriaguez; falta de ajuste psicofísico para dirigir veículo; nervosismo habitual ou esporádico; uso de drogas; conversa com acompanhante ou passageiro; estado depressivo; imperícia do condutor; falha mecânica; ultrapassagem imprudente nas curvas; culpa de pedestre; más condições do veículo ou de visibilidade etc. **2.** Dano causado a pessoas ou bens nas ferrovias, sendo, atualmente, típico o caso dos "pingentes" ou "surfistas de trem".

ACIDENTE DO MAR. *Direito marítimo.* Imprevisto lesivo ocorrido durante viagem a bens, a pessoas transportadas ou ao próprio navio, causando-lhe avarias. O sinistro marítimo originar-se-á, por exemplo, de encalhes, naufrágios, tempestades, explosões, defeitos do navio, incêndios a bordo, maremotos, alijamentos, varações involuntárias etc.

ACIONISTA. *Direito comercial.* É o titular da ação integralizada, ou seja, da cota de capital da sociedade anônima ou da sociedade em comandita por ações. Se o valor nominal não estiver totalmente pago, seu titular denomina-se "subscritor", que se converterá em acionista quando integralizar a ação, mediante o correspondente pagamento, passando a ter o direito de: participar dos lucros sociais; fiscalizar a administração dos negócios sociais; vender suas ações; participar nas reuniões assembleares, discutindo e votando; assumir cargos administrativos etc.

ACIONISTA CONTROLADOR. *Direito comercial.* É a pessoa natural ou jurídica ou um grupo de pessoas que, por estarem sob controle comum ou ligados por um acordo de voto, detêm a maioria dos votos nas deliberações assembleares, o poder de direção das atividades sociais, orientando o funcionamento da companhia, e o poder de eleger a maioria daqueles que vão administrar a empresa.

ACIONISTA DISSIDENTE. *Direito comercial.* É o que, por não concordar com as decisões assembleares, se retira da companhia, tendo o direito de ser reembolsado do valor de suas ações, desde que venha a reclamar o pagamento desse *quantum* à empresa dentro do prazo de trinta dias, contado da publicação da ata daquela assembleia geral, cujas matérias não obtiveram sua aprovação.

ACIONISTA MAJORITÁRIO. *Direito comercial.* É o detentor de mais de 50% das ações ordinárias de uma sociedade por ações.

ACIONISTA MINORITÁRIO. *Direito comercial.* É o sócio que conta com menos de 50% das ações de uma sociedade anônima ou de uma sociedade em comandita por ações.

ACIONISTA REMISSO. *Direito comercial.* É o que não cumpriu seu dever de integralizar o capital subscrito, ou melhor, de pagar totalmente o montante das ações com que se comprometera a entrar para participar da sociedade por ações. Se incorrer em mora, a companhia irá executá-lo ou, então, vender suas ações em Bolsa.

AÇÕES DE FAMÍLIA. *Direito processual civil.* São aquelas em que as partes lidam com questões vinculadas às relações familiares, ligadas às obrigações estipuladas por lei ou pelas próprias partes em razão de vínculos de afetividade e/ou consanguinidade, p. ex., separação, divórcio, reconhecimento e extinção de união estável, guarda, visitação e filiação (Nelson Nery Jr. e Rosa Mª de A. Nery). Tem procedimento especial, sempre privilegiando a tentativa de acordo, devendo o juiz dispor do auxílio de profissionais de outras áreas do conhecimento para mediação ou conciliação.

ACONDICIONAMENTO. **1.** *Direito comercial.* Modo pelo qual os artigos comerciais, os frutos, os produtos industriais, as mercadorias são empacotados, embalados ou preparados para embarque ou para venda no mercado consumidor. **2.** *Medicina legal.* Conjunto de medidas higiênicas e sanitárias para favorecer o desenvolvimento dos órgãos humanos numa determinada direção.

A CONTADO. *Direito comercial.* Pagamento à vista.

A CONTRARIO SENSU. *Locução latina.* 1. Pela razão contrária. 2. *Teoria geral do direito.* Argumento interpretativo pelo qual de uma proposição admissível e precisa pode-se concluir aquela que lhe é contrária ou oposta, por estar implicitamente excluída. Esse argumento funda-se num princípio não lógico, isto é, no princípio da diferença. Assim, se a norma "X" incluir certo comportamento, excluído estará outro de seu âmbito. Se proibir, por exemplo, a conduta "C", qualquer conduta "não C" estará permitida. Se a norma "Y" arrolou, taxativamente, as condutas que recaem sob sua égide, *a contrario sensu*, as demais não serão por ela alcançadas.

ACÓRDÃO. *Direito processual civil* e *direito processual penal.* Decisão prolatada por órgão colegiado, ou melhor, por tribunal superior, tomada por voto dos magistrados que o compõem.

ACORDO. 1. *Direito civil.* Convenção ou ajuste entre os contratantes, conjugando suas vontades para a efetivação do ato negocial, gerando uma obrigação de dar, de fazer ou de não fazer. 2. *Direito internacional público.* Ato pelo qual os Estados atendem a seus interesses políticos, territoriais, comerciais ou econômicos, celebrando entre si convenções ou pactos. 3. *Direito processual.* Ajuste feito pelas partes litigantes para pôr termo à demanda. 4. *Direito do trabalho.* Conjugação das vontades do patrão e do empregado alusivas às funções que devam ser desempenhadas ou ao regime de trabalho.

ACORDO COLETIVO DE TRABALHO. *Direito do trabalho.* 1. Também designado como "convenção coletiva de trabalho". 2. Consiste no acordo de caráter normativo celebrado diretamente entre o patrão de uma empresa e um ou mais sindicatos ou órgãos sindicais de hierarquia superior, com o escopo de regular as condições de trabalho e as questões salariais, melhorando-as, sem obstar a inclusão de cláusulas complementares ao sistema previdenciário. Terá eficácia plena e obrigatória entre as partes coniventes, mas, por ato de autoridade pública, seus efeitos estender-se-ão, além de àquelas partes, a todos da mesma categoria profissional.

ACORDO DE ACIONISTAS. *Direito comercial.* É o contrato que se submete às normas comuns de validade de qualquer negócio jurídico privado, concluído entre acionistas de uma mesma companhia, ou seja, entre titulares de ações de certa sociedade anônima, tendo por fim regular o exercício dos direitos referentes a suas ações, tanto no que se refere ao voto como à negociabilidade daquelas. É, portanto, um contrato plurilateral, em que, ocorrendo manifestação de duas ou mais vontades para atingir a mesma finalidade, não haverá entre os contratantes interesses antagônicos, mas sim comuns a todos.

ACORDO DE SEGREDO. *Direito internacional privado.* É o que pode ser objeto de uma carta de intenção, com o intuito de preservar segredos que possam dar dividendos a uma das partes no decorrer da negociação. É uma obrigação de não divulgar certas informações e conhecimentos confidenciais, sendo na verdade um contrato autônomo, usual na tratativa de contrato de comunicação de conhecimento tecnológico (Maristela Basso).

ACORDO ENTRE CAVALHEIROS. *Direito internacional público.* É o que decorre de declarações de vontade dos órgãos de relações exteriores (ministros, estadistas, chefes de Estado ou de governo) de dois ou mais países, indicativas da linha de conduta que se almeja seguir, sem, contudo, possuir o perfil de uma obrigação jurídico-negocial, consistindo numa mera declaração de intenção. Os contratantes não são Estados soberanos, mas pessoas naturais investidas em altos cargos de chefia, por isso os *gentlemen's agreements* não são tratados, consistindo tão somente em acordos internacionais despidos de eficácia jurídica, em compromissos de honra, pelos quais seus signatários assumem o dever moral de cumpri-los enquanto detiverem o poder governamental.

ACREDITADO. 1. *Direito internacional público.* Agente diplomático (ministro plenipotenciário, embaixador) credenciado para representar o governo de seu país, exercendo atividades em seu nome, em outro Estado, que o aceita e o reconhece, acatando suas credenciais. 2. *Direito comercial.* É aquele que, pela sua idoneidade moral e econômico-financeira, pode dispor de um crédito.

ACRESCER. *Direito civil.* 1. Consiste no direito do coerdeiro ou colegatário de receber o quinhão originário de outro coerdeiro ou colegatário que não quis ou não pôde recebê-lo, desde que sejam, pela mesma disposição testamentária, conjuntamente chamados a receber a herança ou o legado em cotas não determinadas. 2. Ligar-se um imóvel à propriedade imobiliária por formação de ilha, aluvião, avulsão, abandono de álveo, ou um móvel a um imóvel, mediante construção e plantação.

ACRESCIDOS. 1. *Direito administrativo.* São os terrenos que, natural ou artificialmente, se formam por aluvião ou por aterro onde existirem os da marinha, constituindo bens dominiais da União. 2. *Direito civil.* Acessórios, frutos ou rendimentos da coisa. 3. *Direito processual civil.* Custas aumentadas após o encerramento do processo.

ACTIO DE IN REM VERSO. *Locução latina.* 1. Ação de repetição de indébito. 2. Ação para obter a devolução de quantias pagas indevidamente.

ACUMULAÇÃO DE AÇÕES. *Direito processual civil.* É o instituto processual pelo qual o autor formula mais de um pedido contra o mesmo réu, num mesmo processo e perante o mesmo juiz, em razão de identidade de interesses, de fins e de forma. Imprescindível será que haja compatibilidade jurídica dos pedidos, unidade de competência judicial para conhecer dos pedidos cumulados e uniformidade procedimental, pois o procedimento deverá ser o mesmo para todos os pedidos. P. ex., cumulação de pedidos de demarcação e divisão de terras. Com isso estar-se-á atendendo ao princípio da economia processual.

ACUMULAÇÃO DE CARGOS. *Direito administrativo.* É o exercício simultâneo de dois ou mais cargos públicos ou de funções por um agente, percebendo proventos distintos para cada atividade ou só uma remuneração pelo desempenho de todas, com o escopo de realizar certos fins, desde que preenchidas as condições legais. Essa acumulação está, por lei, justificada, excepcionalmente, pela necessidade de efetivação de certas tarefas de ordem científica ou técnica ou pela carência de pessoal especializado para levar adiante determinada atividade.

ACUMULAÇÃO DE DELITOS. *Direito penal.* **1.** O mesmo que CONCURSO DE DELITOS. **2.** Opera-se quando o agente vem a cometer várias infrações, praticando um ou mais atos delituosos. Pode-se ter, então: a) *concurso formal*, se o agente com uma só ação ou omissão praticar dois ou mais crimes, idênticos ou não. Se as penas forem iguais cominar-se-á ao delinquente uma só aumentada de um sexto até metade. Se, porém, não o forem, aplicar-se-á a mais grave, aumentada de um sexto até metade; b) *concurso material*, se o sujeito, mediante mais de uma ação ou omissão, vier a cometer dois ou mais crimes, sejam eles idênticos ou não, hipótese em que lhe serão aplicadas, cumulativamente, as penas privativas de liberdade em que haja incorrido. Se houver aplicação cumulativa de reclusão e detenção, executar-se-á primeiro a pena de reclusão; c) *crime continuado*, se o agente, mediante mais de uma ação ou omissão, vier a praticar dois ou mais delitos da mesma espécie, quando, então, pelas condições de tempo, local, modo de execução, deverão os subsequentes ser considerados como continuação do primeiro.

ACUSAÇÃO. 1. *Direito processual penal.* a) Ato de denunciar alguém como culpado, pleiteando, judicialmente, perante o órgão competente, sua condenação; b) exposição oral, no plenário do julgamento, da pretensão punitiva, aduzindo os argumentos comprobatórios e justificadores de sua procedência e da culpabilidade do réu; c) imputação de um crime ou de uma contravenção a alguém. **2.** *Direito comercial.* Declaração de que se está ciente de alguma comunicação ou da entrega de uma mercadoria.

ACUSADO. *Direito processual penal.* **1.** Pessoa sobre quem recai a acusação de um delito. **2.** Réu denunciado ou processado, em juízo, como autor ou coautor de um crime ou contravenção.

ACUSADOR. *Direito processual penal.* É aquele que, por meio de denúncia ou de queixa, se encarrega de promover a responsabilidade criminal da pessoa a quem é imputado algum crime. Pode ser ele *particular* ou *público*. O *acusador particular* é: a) nos crimes de ação penal privada, o advogado constituído pelo ofendido, ou por seu representante legal, ou o assistente judiciário nomeado pelo magistrado, que apresentarão, munidos de poderes especiais, a queixa-crime, promovendo todos os atos processuais que forem necessários para apurar a responsabilidade penal do acusado; b) nos crimes de ação penal pública, o advogado constituído pela vítima, ou por seu representante legal, para auxiliar o Ministério Público em sua atuação; é também denominado "acusador auxiliar". O *acusador público*, em se tratando de ação penal pública, é o órgão do Ministério Público, que, no desempenho do seu múnus de patrocinar a tutela do *jus puniendi* do Estado, a intentará mediante denúncia, promovendo a persecução penal de alguém, ao imputar-lhe, formalmente, a prática de um fato penal relevante, salvo nos casos em que, para tanto, depender de requisição do ministro da Justiça ou de representação do ofendido ou de quem tenha a qualidade para representá-lo.

ADÁGIO. *Teoria geral do direito.* Aforismo, máxima, brocardo ou breve enunciação que contêm em seu bojo a experiência e a sabedoria do tempo, expressando, concisa e precisamente, certas verdades jurídicas, sendo que muitas delas foram abarcadas em lei, transformando-se em princípios gerais do direito. Tem, por isso, o adágio grande importância na interpretação e na aplicação do direito positivo.

AD ARBITRIUM. *Locução latina.* **1.** Por arbítrio; à vontade; de livre convicção. **2.** *Teoria geral do direito.* Argumento *ad arbitrium* como instrumento judicial, pelo qual o juiz, no exercício do poder de decisão jurisdicional, está limitado às lindes da lei, no que atina a sua competência, às formas probatórias dos atos jurídicos etc., para formar sua convicção, tendo certa liberdade na seleção das provas apresentadas e ao exercer o controle lógico, social e valorativo na apreciação do caso *sub judice*.

AD EXITUM. *Locução latina.* Diz-se da verba honorária de advogado contratado para atuar, processualmente, até o final da demanda, assumindo os riscos desta para conseguir o proveito que antevia ao aceitar o patrocínio da causa sem nada receber antecipadamente. Obtido o resultado jurídico por ato efetivado pelo advogado, surge o seu direito creditório à verba honorária *ad exitum*.

AD HOC. ***Locução latina.*** **1.** Para isto; para fim determinado; somente para certo ato. **2.** Designa pessoa nomeada, em caráter transitório, para exercer uma função determinada.

ADIANTAMENTO DA LEGÍTIMA. ***Direito civil.*** É a doação de pais a filhos, ou de um cônjuge a outro, que importa a antecipação da legítima, ou seja, daquilo que por morte do doador o donatário iria receber. É, portanto, uma entrega adiantada, por conta da herança, da legítima do herdeiro necessário, feita mediante doação de ascendente a descendente. Essa doação deverá ser, por isso, conferida no inventário do doador, por meio da colação, mas este poderá dispensar tal verificação, determinando, em tal hipótese, que saiam os bens doados de sua metade disponível, desde que não a excedam. Se nada prescrever, impor-se-á a colação.

ADIÇÃO. **1.** ***Direito civil.*** a) Ato de aceitar doação ou herança; b) aumento ou acréscimo que se faz, legalmente, em alguma coisa para corrigi-la ou completá-la. **2.** ***Direito processual civil.*** a) Transferência de bens imóveis por sentença ou adjudicação feita pelo juiz; b) esclarecimento de dúvida ou correção de erro do pedido, feitos antes de oferecida a contestação, desde que não se altere sua substância. **3.** ***Direito militar.*** Ato de considerar adido qualquer militar.

ADIÇÃO DE NOME. ***Direito civil.*** a) Acréscimo feito ao patronímico, mediante processo especial, para, por exemplo, evitar embaraços no setor empresarial ou em atividade profissional, em razão de homonímia, encaixando no próprio nome o sobrenome materno; b) direito concedido, com a celebração do casamento, a um dos cônjuges de usar, se quiser, o patronímico do outro, mediante o aditamento deste ao seu; c) permissão a mulher solteira, separada, divorciada ou viúva que viva com homem solteiro, separado, divorciado ou viúvo de usar o apelido de família deste, se tiver filho com ele ou se a vida em comum já perdurar por mais de cinco anos, desde que ele concorde com isso; d) direito de enteado ou enteada, havendo motivo ponderável, de requerer ao juiz que, no registro de nascimento, seja averbado o nome de família de seu padrasto ou madrasta, desde que haja anuência expressa destes, sem prejuízo de seus apelidos de família.

ADICIONAL. **1.** ***Direito administrativo.*** Gratificação concedida a funcionário por tempo de serviço público prestado ou por exercer sua atividade em certos locais. **2.** ***Direito tributário.*** Percentagem que se acresce, em regra, na incidência de direito aduaneiro, cobrada como aumento da tarifa instituída. Trata-se de "taxa adicional", que, por lei, poderá ser acrescentada a um tributo já existente.

ADICIONAL DA REMUNERAÇÃO. ***Direito do trabalho.*** Quantia acrescida à remuneração ou ao salário do empregado, em razão de lei ou de contrato. São decorrentes de lei os adicionais de insalubridade, de trabalho noturno, de transferência do operário do seu local de trabalho, de periculosidade e por horas extras. Além disso, lícito é estipular no contrato de trabalho qualquer adicional que venha a estimular a assiduidade, a produtividade e a permanência no emprego. Designa-se também "adicional salarial", e constitui, na verdade, uma verba indenizatória, e não remuneratória, pois tem por escopo compensar o trabalhador do desgaste por ele sofrido, no exercício de suas atividades laborativas, em condições pouco favoráveis. Todavia, a grande maioria da jurisprudência e doutrina tem entendido que constitui realmente uma parte integrante da remuneração, por ser habitual e não transitória.

ADICIONAL DE FÉRIAS. ***Direito administrativo*** e ***direito do trabalho.*** É o *quantum* de um terço a mais sobre a remuneração do período de férias, que deverá ser pago, automaticamente, ao servidor público ou ao empregado.

ADICIONAL DE PRODUTIVIDADE. ***Direito do trabalho.*** Utilizado em convenção e acordo coletivo trabalhista, cujo percentual decorre de arbitramento entre empregador e empregado e recai sobre o piso salarial, conforme as metas ocorridas na produção ou nas vendas efetuadas (Afonso Celso F. de Rezende).

ADIDO. ***Direito administrativo.*** Funcionário contratado, não pertencente ao quadro efetivo (extranumerário), que exerce função temporária em repartição pública, que não é a sua, por determinação de autoridade competente.

ADIDO AGRÍCOLA. ***Direito internacional público.*** É aquele que exerce missão permanente de assessoramento em assuntos agrícolas junto às Missões Diplomáticas brasileiras.

ADIDOS COMERCIAIS. ***Direito internacional público.*** Funcionários que prestam serviços de técnica comercial ou empresarial junto a embaixadas, legações ou consulados, em nação estrangeira, fazendo estudos, apresentando planos ou programas que possam ampliar as relações econômico-financeiras do Estado que representam com aquele onde exercem suas atividades de exame de assuntos comerciais que, como fonte de informação ou fator de desenvolvimento de intercâmbio, possam interessar ao seu governo.

ADIDOS DIPLOMÁTICOS. ***Direito internacional público.*** Funcionários que, por serem membros do corpo diplomático, servem junto a uma embaixada, legação ou consulado, na qualidade de auxiliares do embaixador, ministro plenipotenciário ou cônsul.

ADIDOS MILITARES. ***Direito internacional público.*** São membros, ou melhor, oficiais das forças armadas agregados a embaixada ou legação de seu país, em nação estrangeira, tendo a missão de estudar a organização militar, naval e aeronáutica dessa potência, analisando questões relativas a assuntos atinentes ao Exército, Marinha e Aeronáutica que possam interessar ao seu governo. Poder-se-á ter, portanto, adidos militares, navais e aeronáuticos.

ADITAMENTO. 1. ***Direito civil.*** a) Ato de acrescentar algo com o escopo de completar, reforçar ou ampliar algum documento, explicando, corrigindo ou alterando afirmações nele exaradas; b) *Vide* ADIÇÃO. **2.** ***Direito comercial.*** Acréscimo feito na razão social de uma firma para indicar a natureza da sociedade.

ADJUDICAÇÃO. 1. ***Direito administrativo.*** É a fase da licitação que qualifica uma proposta como aceitável pelos seus caracteres intrínsecos, adjudicando o contrato ao melhor ofertante ou licitante vencedor. Assim sendo, o proponente, cuja proposta foi mais favorável à Administração Pública, será proclamado adjudicatário, se conveniente for sua contratação para o Estado. **2.** ***Direito processual civil.*** Ato judicial de índole coativa pelo qual se opera a transferência de propriedade de certos bens a determinadas pessoas, mediante pagamento do preço ou reposição da diferença, em razão de processos de execução, execução fiscal, inventário e condomínio de coisa indivisível.

ADJUNÇÃO. ***Direito civil.*** É a justaposição ou união de uma coisa móvel a outra também móvel, formando um todo, que não mais torne possível destacar a acessória da principal, sem deterioração.

ADMINISTRAÇÃO. ***Direito administrativo, direito comercial*** e ***direito civil.*** **1.** Ato de administrar ou dirigir negócios comuns ou alheios. **2.** Estudo dos fatos e princípios da arte de administrar ou governar. **3.** Direção de estabelecimento empresarial, de associação ou sociedade simples ou empresária. **4.** Prédio onde se trata de assuntos de administração pública ou particular. **5.** Conjunto de funcionários administrativos de uma empresa ou de uma repartição pública. **6.** Atividade estatal para a consecução dos fins essenciais do Estado que não se reduza às esferas legislativa ou jurisdicional, atendendo aos interesses públicos ou às necessidades da coletividade de modo direto e imediato. **7.** Rede estatal prestadora de serviços públicos.

ADMINISTRAÇÃO DA FALÊNCIA. ***Direito comercial.*** Consiste na gerência da massa falida pelo administrador judicial, sob a imediata direção e fiscalização do juiz. Geralmente o administrador judicial será escolhido, pela sua idoneidade moral e financeira, segundo os critérios legais, dentre profissionais, como advogados, economistas, administradores de empresas ou contadores, ou, ainda, dentre pessoas jurídicas especializadas, e deverá assinar termo de compromisso de bem e fielmente desempenhar o cargo, assumindo todas as responsabilidades inerentes àquela administração, ou seja, àqueles atos praticados para arrecadação, defesa e conservação dos bens da massa falida. Se o administrador judicial nomeado for pessoa jurídica, dever-se-á declarar o nome de profissional responsável pela condução do processo de falência ou de recuperação judicial, que não poderá ser substituído sem autorização do juiz.

ADMINISTRAÇÃO DA JUSTIÇA. ***Direito processual.*** **1.** Atos praticados pelo Estado no exercício de sua função jurisdicional, assegurando, ao decidir as questões submetidas a juízo, a integridade do direito e a manutenção da ordem jurídica pela observância das normas e pela punição às violações atentatórias aos interesses particulares e públicos. **2.** Conjunto de órgãos integrantes do Poder Judiciário encarregados de fazer a distribuição da justiça, quais sejam tribunais superiores, tribunais de justiça, eleitorais, militares e do trabalho, juízes singulares e auxiliares ou serventuários da justiça.

ADMINISTRAÇÃO DE HERANÇA. ***Direito civil.*** Atos praticados pelo inventariante, durante o processo de inventário, até a partilha, na gerência dos bens da massa partível, com a incumbência de administrá-los, arrolá-los e descrevê-los, devendo, para tanto: separar coisas alheias em poder do inventariado; receber créditos; pagar dívidas, embora não possa quitar dívida hipotecária sem licença do juiz do inventário; promover o recolhimento de tributos que recaiam sobre os bens da herança e devidos pela sua transmissão aos herdeiros; requerer medidas conservatórias dos direitos; concordar com sublocações e cessões de locação; alugar prédio do espólio, desde que não seja a longo prazo; alienar onerosa e excepcionalmente, com autorização judicial, as coisas do acervo hereditário para fazer frente, se necessário, aos encargos do monte (pagamento de débitos e impostos) ou para evitar deterioração ou perecimento; comparecer às assembleias de acionistas; relacionar e individuar os herdeiros e legatários; convocá-los; submeter ao juiz o plano da partilha; custear o processo; representar ativa e passivamente a herança, em juízo ou fora dele. Todos esses seus atos estão submetidos à fiscalização dos herdeiros, sob a superintendência do juiz.

ADMINISTRAÇÃO DE IMÓVEIS. *Direito civil.* **1.** É o contrato que se apresenta quando um dos contratantes (proprietário ou administrador judicial), mediante mandato ou autorização, confere ao outro a gestão de imóveis ou a direção de negócios relativos a seus interesses imobiliários, comprometendo-se a pagar uma taxa pelos serviços prestados. **2.** Atividade econômica exercida, em regra, por firmas ou escritórios imobiliários, corretores ou advogados, que, além da gestão de imóveis alheios, exercem intermediação na compra e venda de bens de raiz.

ADMINISTRAÇÃO DO CONDOMÍNIO EM EDIFÍCIO DE APARTAMENTOS. *Direito civil.* Conjunto de atos de gerência do síndico, que pode ser pessoa natural ou jurídica, eleito por dois anos pela assembleia geral dos condôminos, em edifício de apartamentos, praticados por este na qualidade de órgão executor de suas deliberações e sob sua fiscalização, em juízo ou fora dele, na defesa dos interesses comuns, zelando para que todos os serviços sejam bem executados, provendo obras de conservação do prédio, cobrando e arrecadando as contribuições para fazer frente às despesas condominiais. Ao lado do síndico, para auxiliá-lo ou substituí-lo, eventualmente, a assembleia poderá nomear um subsíndico. Nada impede, ainda, que o síndico delegue a pessoa de sua inteira confiança e sob sua responsabilidade certas funções administrativas, desde que haja aprovação assemblear. Esse indivíduo é o administrador (*vide* ADMINISTRAÇÃO DE IMÓVEIS). Há, ainda, um órgão consultivo, constituído por três condôminos, com mandato por dois anos, que tem por objetivo precípuo assessorar o síndico na solução dos problemas alusivos ao condomínio.

ADMINISTRAÇÃO PÚBLICA. *Direito administrativo.* **1.** Conjunto de órgãos e agentes subordinados ao Poder Executivo e incumbidos do exercício de atos ou serviços necessários à consecução do interesse público. **2.** Gestão de bens, negócios e serviços públicos, na forma da lei. **3.** Atividade administrativa desenvolvida pela entidade pública, mediante atos concretos e executórios, para a realização imediata de interesses gerais ou coletivos ou do bem comum da coletividade. Em outras palavras, é o conjunto de atividades diretamente destinadas à execução de tarefas tidas como de interesse público em uma coletividade (Giorgio Pastori). **4.** Direção do Estado. **5.** Administração direta ou indireta da União, dos Estados, do Distrito Federal ou dos Municípios, a abranger, inclusive, as entidades com personalidade jurídica de direito privado sob o controle do poder público e as fundações por ele mantidas.

ADMINISTRADOR. **1.** *Direito civil* e *direito comercial.* a) Pessoa encarregada de gerir interesses, bens ou patrimônio alheio, ou até mesmo próprio, praticando atos necessários a sua conservação e desenvolvimento; b) aquele que dirige associação, sociedade simples ou empresária. A designação de administrador não sócio dependerá de aprovação da unanimidade dos sócios, enquanto o capital não estiver integralizado, e de 2/3, no mínimo, após a integralização. **2.** *Direito agrário.* Preposto do proprietário na gerência de um imóvel rural. **3.** *Direito administrativo.* Órgão ou agente incumbido da gestão de negócios ou de interesses públicos, administrando o patrimônio estatal.

ADMINISTRADOR JUDICIAL. **1.** *Direito processual.* Pessoa a quem o magistrado incumbe a tarefa de gerir patrimônio ou bens submetidos a juízo. **2.** *Direito falimentar.* O administrador judicial é o profissional idôneo, preferencialmente advogado, economista, administrador de empresas, ou contador, ou pessoa jurídica especializada, escolhido, a critério do juiz, para assumir a gerência da massa falida sob a imediata direção e fiscalização judicial. Se o administrador judicial nomeado for pessoa jurídica, declarar-se-á o nome de profissional responsável pela condução do processo de falência ou de recuperação judicial, que não poderá ser substituído sem autorização do juiz.

ADMISSÃO. **1.** *Direito administrativo.* a) Ato administrativo discricionário que visa integrar, nos quadros do funcionalismo público, pessoa que lhe é estranha, para prestar serviços na qualidade de extranumerário contratado; b) ato administrativo vinculado pelo qual se concede ao administrado o gozo de um bem ou serviço público, desde que preenchidos os requisitos legais para tanto. Por exemplo, ocupação de terras públicas por flagelados, internamento em hospital público etc. **2.** *Direito civil.* Ato pelo qual se aceita o ingresso de alguém em uma associação ou sociedade. **3.** *Direito comercial.* a) Autorização concedida em Bolsa de Valores para que certo título nela possa ser negociado; b) aceitação de um novo sócio em sociedade empresária, alterando-se o contrato social. **4.** *Direito internacional público.* Reconhecimento do governo de pessoa enviada como representante de um outro Estado para cuidar de determinado assunto ou negócio de interesse de ambos os países. **5.** *Direito processual.* a) Ato judicial de dar entrada a uma petição, a um documento ou a uma defesa, em razão de sua procedência, admitindo que alguém venha a litigar, em juízo, por preencher os requisitos exigidos pela lei processual, ou de receber um recurso interposto por um dos litigantes dentro do prazo legal; b) ato pelo qual se permite não só a produção de provas, prática de uma diligência pedida, como também a concessão de prazo para realizá-las. **6.** *Direito do trabalho.* Ato de alguém ser aceito em estabelecimento de entidade empregadora para prestar serviços mediante recebimento de uma remuneração (salário).

7. ***Lógica jurídica.*** Efeito do reconhecimento de uma proposição formulada pelo adversário.

ADN. ***Medicina legal.*** Abreviação de ácido desoxirribonucleico.

ADNOME. ***Direito civil.*** Vocábulo ou sinal distintivo que se acrescenta ao nome completo (filho, júnior, neto, sobrinho) para diferenciar parentes que tenham o mesmo, não sendo usual, no Brasil, a utilização de ordinais para distinguir membros da mesma família, por exemplo, Otávio Silva Carvalho Segundo, embora haja alguns exemplos desse uso entre nós. É, também, designado "agnome".

AD NUTUM. ***Locução latina.*** **1.** Pela vontade; por um simples sinal ou aceno de cabeça; por arbítrio. **2.** ***Direito administrativo.*** Diz-se da demissão de funcionário público que ocupa cargo de confiança ou comissão, pois, não tendo efetividade, pode ser dispensado pelo simples arbítrio, sem qualquer justificação do órgão governamental que o nomeou, não tendo qualquer direito a indenização. **3.** ***Direito civil.*** Diz-se do ato jurídico ou negocial que pode ser desfeito, revogado ou resolvido pela vontade de uma das partes.

ADOÇÃO. ***Direito civil.*** Ato jurídico solene e irrevogável pelo qual, observados os requisitos legais, alguém, mediante intervenção judicial, estabelece, independentemente de qualquer relação de parentesco consanguíneo ou afim, um vínculo fictício de filiação, trazendo para sua família, na condição de filho, pessoa, maior ou menor, que, geralmente, lhe é estranha. Dá origem, portanto, a uma relação jurídica de parentesco civil entre adotante e adotado e entre os parentes daquele com o adotado. É uma ficção legal que possibilita que se constitua entre o adotante e o adotado um laço de parentesco de 1º grau em linha reta.

ADOÇÃO CUMULATIVA. ***Direito civil.*** É aquela em que alguém é adotado por duas pessoas que sejam marido e mulher ou conviventes ou, ainda, por ex-cônjuges ou ex-companheiros, desde que tenha havido estágio de convivência antes da separação ou do divórcio do casal e haja acordo sobre guarda, que pode ser compartilhada, e visita, e seja comprovada a existência de vínculos de afinidade e afetividade.

ADOÇÃO *POST MORTEM*. ***Direito civil.*** É a deferida ao adotante que, após inequívoca manifestação de vontade, faleceu no curso do procedimento, antes de prolatada a sentença. Os efeitos da adoção iniciam-se com o trânsito em julgado da sentença, salvo se o adotante vier a falecer no curso do procedimento, caso em que terá efeito retroativo à data do óbito.

ADOÇÃO PRÉ-NATAL. ***Biodireito.*** Ato de adotar alguém, antes de seu nascimento, como filho, para protegê-lo, assegurando-lhe uma convivência familiar, e solucionando problema de embriões excedentes e da recusa da entrega da criança pela mãe gestacional.

ADOÇÃO SINGULAR. ***Direito civil.*** É a feita por um adotante, independentemente do estado civil, desde que seja maior de dezoito anos.

ADOÇÃO UNILATERAL. ***Direito civil.*** Aquela em que um dos cônjuges ou companheiros adotar filho do outro, mantendo-se os vínculos de filiação entre o adotado e o cônjuge ou companheiro e de parentesco entre os respectivos parentes.

ADÔMIDE. ***Direito internacional privado.*** Pessoa que não tem domicílio conhecido, nem mesmo o de origem, hipótese em que, para solucionar suas pendências, se adota o critério da residência. Esta é um *quid facti*, um mero elemento de domicílio voluntário, a que se há de recorrer quando alguém não o possuir, constituindo simples estada ou morada ocasional ou acidental, estabelecida transitória ou provisoriamente, sem intuito de permanência. Na falta desta última poderá ser demandado onde for encontrado.

AD POMPAM VEL OSTENTATIONEM. ***Expressão latina.*** **1.** Para pompa e ostentação. **2.** Designa coisas que são utilizadas apenas à pompa e à ostentação.

AD PROBATIONEM. ***Locução latina.*** **1.** Para a prova. **2.** Indica, por exemplo, forma que deve ser observada para efeito de prova de um ato negocial; logo, sua inobservância não acarretará a invalidade de tal ato.

AD QUEM. ***Locução latina.*** **1.** Para o qual; para onde; termo final. **2.** Empregada para designar o dia até o qual se conta ou o juízo ou tribunal para o qual se recorreu de uma decisão de instância inferior. Tem, portanto, na linguagem jurídica, dois sentidos, quais sejam: a) o dia final de contagem de um prazo (termo final), daí falar-se em *dies ad quem*; b) o tribunal para onde o processo em grau de recurso será remetido, donde a expressão "tribunal *ad quem*".

AD REFERENDUM. ***Locução latina.*** **1.** Sob a condição de ser submetido a; para apreciação. **2.** Em sentido amplo é empregada para indicar ato que, por ser praticado por alguém sem amplos poderes, necessita, para seu aperfeiçoamento, da aprovação de pessoa com competência na matéria ou de uma autoridade superior, vigorando, portanto, somente depois da confirmação do poder competente, ou seja, do seu referendo, que o tornará válido. Por exemplo, a nomeação feita por órgão executivo que depender da aprovação do Legislativo será *ad referendum*; a deliberação por diretor de uma sociedade sobre matéria de competência da assembleia será *ad referendum*, por depender da apreciação desta. **3.** ***Direito civil.*** Diz-se de contrato provisório dependente de ulterior apreciação por quem de direito. **4.** ***Direito constitucional.*** Termo aplicado às leis que requerem aprovação popular, ou seja, para sua validade precisam ser submetidas a um plebiscito. **5.** ***Direito internacional público.*** Fórmula diplomática a que se submete uma proposta a um governo sob a condição de este acatá-la ou não. Assim, a negociação internacional *ad referendum* será a efetuada pelo diplomata, mas dependente de ulterior aprovação pelo governo de seu Estado.

AD REM. ***Locução latina.*** **1.** À coisa; francamente; categoricamente; sem subterfúgios. **2.** Juridicamente é empregada, na seara do direito civil, para indicar o direito pessoal que se tem sobre a coisa (*ius ad rem*), diferenciando-o do direito real sobre a coisa (*ius in re*). Pelo *ius ad rem* o credor tem um direito pessoal à coisa, de modo que só poderá adquiri-la ou obtê-la mediante uma prestação do devedor.

AD SOLEMNITATEM. ***Locução latina.*** **1.** Para a solenidade. **2.** Diz-se da forma solene exigida em lei para que o ato ou negócio jurídico tenha validade, por lhe ser essencial, de tal sorte que sua omissão acarretará a nulidade daquele ato ou negócio.

AD TEMPUS. ***Locução latina.*** Por algum tempo; temporário; a tempo; oportunamente.

ADUANA. ***Direito aduaneiro*** ou ***alfandegário.*** **1.** Alfândega ou local onde se pagam impostos devidos pela entrada de mercadorias estrangeiras num país. **2.** Órgão fiscal que trata dos impostos sobre os produtos em sua entrada ou saída do país, velando para impedir importações ou exportações que estejam vedadas legalmente. **3.** Imposto ou direito pago, na repartição competente, em razão de importação ou exportação de mercadorias. É o tributo sobre o comércio internacional. **4.** *Vide* ALFÂNDEGA.

ADUÇÃO DE PROVAS. ***Direito processual civil.*** Apresentação das provas em juízo para demonstrar a veracidade do fato alegado em que se funda a ação ou a defesa.

ADULTERAÇÃO. ***Direito penal.*** **1.** Ato ou efeito de adulterar ou falsificar. **2.** Falsificação; contrafação. **3.** Substituição indevida e criminosa de alguma coisa por outra de menor valor ou de qualidade inferior. **4.** Alteração ou modificação dolosa de mercadorias, documentos, substâncias alimentícias ou medicinais, fazendo-os passar como verdadeiros quando, na verdade, são falsificados.

ADULTÉRIO. ***Direito civil.*** Relação sexual entre uma pessoa casada e outra que não seja o seu cônjuge, constituindo uma infração ao dever recíproco de fidelidade, desde que haja voluntariedade de ação e consumação da cópula carnal propriamente dita. É, por ser ilícito civil, causa de ação de separação judicial litigiosa (cujas normas podem perder eficácia social) e de ação de responsabilidade civil por dano moral.

AD VALOREM. ***Locução latina.*** **1.** Segundo o valor; pelo valor. **2.** Termo usual para designar a tributação feita pelo valor da mercadoria, como ocorre, por exemplo, no imposto sobre comércio exterior. É, portanto, a alíquota que incide sobre mercadoria, considerando-se apenas seu valor, deixando de lado seu volume, peso ou medida.

ADVERTÊNCIA. **1.** Ação ou efeito de advertir. **2.** Instrução ou aviso aos usuários de medicamentos que favorecem o seu uso correto, prudente e seguro do medicamento, a fim de se prevenir um agravo à saúde, mas que, não necessariamente, contraindique seu uso.

ADVOCACIA. **1.** Arte ou ação de advogar. **2.** Profissão exercida por pessoa formada em ciências jurídicas e sociais, não só patrocinando causas no cível, no crime, na área trabalhista, mercantil etc., representando as partes em juízo, para defendê-las e fazer valer seus direitos contra terceiros, mas também orientando consulentes quanto às questões pertinentes a temas jurídicos, emitindo pareceres etc. Profissão independente em face dos Poderes Públicos, inclusive perante a magistratura, por não haver qualquer relação de subordinação do advogado a quem quer que seja, devendo tão somente, na sua conduta profissional, prestar contas à Ordem dos Advogados do Brasil.

AFASTAMENTO DE EMPREGADO. ***Direito do trabalho.*** **1.** Consiste na não prestação de serviço pelo empregado, em razão de suspensão do contrato de trabalho, sem direito à percepção salarial, por falta disciplinar, por estar sob auxílio-enfermidade ou seguro-doença etc. **2.** É a não prestação de serviço pelo empregado, havendo interrupção do contrato de trabalho, com direito de receber o salário, em virtude, por exemplo, de seu casamento, óbito de parente, nascimento de seu filho, alistamento eleitoral, férias anuais, depoimento em juízo, greve e *lock-out* lícitos etc.

AFASTAMENTO DE SERVIDOR PÚBLICO. ***Direito administrativo.*** Sanção administrativa consistente na cessação, temporária ou definitiva, do exercício do servidor público, por determinação da Administração Pública, em razão de falta disciplinar cometida, acarretando a privação dos vencimentos e das vantagens a que teria direito até o restabelecimento daquele exercício.

AFEIÇÃO. **1.** ***Direito penal.*** Afeto, simpatia, amizade que podem dar causa ao crime de prevaricação, pois, para atender à satisfação de um sentimento pessoal, o agente poderá não só retardar ou deixar de praticar um ato de ofício como também efetuá-lo contra o disposto no comando legal. **2.** ***Direito civil.*** Critério para decidir sobre questões familiares (p. ex.

guarda, visita etc.) e as relativas à reparação de dano moral indireto pela perda de bens patrimoniais que representam recordações de família, de noivado, de homenagens recebidas etc. Logo, tais bens serão avaliados pelo seu preço ordinário e pelo de afeição, contanto que este não se avantaje àquele.

AFETAÇÃO. **1.** *Direito administrativo.* a) Ato pelo qual um bem móvel ou imóvel, pertencente ao Estado ou a um particular, por deliberação da Administração Pública, passa a ter uma destinação própria para atender a finalidades de utilidade pública ou de uso público; b) imposição pela qual a pessoa administrativa atribui o bem ao uso de serviço público dela dependente; c) deliberação de um órgão da Administração de colocar um de seus bens dominiais à disposição de um serviço público, ligado a outra pessoa administrativa; d) é a aposição de encargo ou ônus a um prédio ou bem, e que se destina à segurança pública de alguma obrigação ou dívida, à utilidade pública, ou ao uso público (De Plácido e Silva); e) é a destinação fática ou jurídica de um bem a uma "utilização de interesse público, o que caracterizará, conforme o caso, como bem público de uso comum ou como bem público de uso especial" (Moreira Neto). **2.** *Direito civil.* Ônus imposto a um bem para assegurar o adimplemento de uma obrigação. Neste sentido, ter-se-á a afetação de um imóvel se for dado em garantia de um débito (hipoteca) (v. PATRIMÔNIO DE AFETAÇÃO). **3.** *Direito processual.* Decretação judicial que destina uma parte dos vencimentos de funcionário para o atendimento do dever de prestar alimentos.

AFFECTIO SOCIETATIS. *Locução latina.* **1.** Vontade ou intenção de constituir e manter uma sociedade; é elemento essencial na sua formação, por ser a intenção das partes, num contrato social, de se associar, formando uma sociedade, que será uma pessoa jurídica de direito privado, distinta de seus membros. **2.** Intenção de cooperar como sócio. **3.** Vontade de submeter-se ao regime societário, contribuindo ou colaborando ativamente para atingir a finalidade social.

AFIANÇADO. **1.** Abonado; assegurado; acreditado. Diz-se nesse sentido débito "afiançado", por ser o objeto da fiança prestada. **2.** *Direito processual penal.* Aquele que prestou fiança (réu afiançado). **3.** *Direito civil.* Pessoa a favor da qual se prestou fiança (devedor afiançado); aquele cujo débito é garantido por uma fiança prestada por terceiro perante o seu credor.

AFIANÇADOR. *Direito civil.* Aquele que presta fiança a alguém, ou seja, o fiador.

AFIANÇAR. **1.** *Direito civil.* Prestar fiança; assumir responsabilidade por prestar fiança; ser fiador de alguém. **2.** *Direito processual penal.* Pagar fiança nos crimes em que a lei a admitir para escapar da prisão.

AFORAMENTO. *Direito civil.* É o direito real sobre coisa alheia que autoriza o enfiteuta a exercer, restritiva e perpetuamente, sobre coisa imóvel todos os poderes do domínio, mediante pagamento ao senhorio direto do *canon*, ou seja, de uma renda anual. Apresenta os seguintes caracteres: a) requer a presença de duas pessoas: da que tem o domínio do imóvel aforado (senhorio direto) e da que possui o bem de modo direto, tendo sobre ele uso, gozo e disposição (enfiteuta), desde que não afete sua substância. O senhorio direto é titular do domínio direto ou iminente e está afastado da coisa; o enfiteuta ou foreiro o é do domínio útil. O domínio direto do senhorio manifestava-se no recebimento do *canon*, na percepção do laudêmio em caso de alienação. Mas, hoje, pelo vigente Código Civil, é defeso cobrar tal laudêmio. Todavia, na alienação fiduciária que tiver por objeto bem enfitêutico, será exigível, por lei, o pagamento do laudêmio se houver a consolidação do domínio útil no fiduciário; b) constitui um direito real imobiliário. Só pode recair sobre bens imóveis alheios (terras não cultivadas, terrenos que se destinem à edificação, terrenos de marinha e acrescidos); c) não pode ser temporário. A perpetuidade lhe é essencial; d) contém a obrigação do enfiteuta de pagar renda anual e invariável chamada foro, *canon* ou pensão. A enfiteuse podia ser adquirida por meio de escritura pública devidamente assentada no Registro Imobiliário competente; por sucessão testamentária, quando o testador, por exemplo, transmitia o domínio direto ao herdeiro ou ao legatário e o domínio útil a outro; e, ainda, por usucapião, desde que presentes os requisitos legais. Atualmente, o Código Civil proíbe a constituição de novas enfiteuses.

AFORISMO. *Teoria geral do direito.* **1.** Máxima consagrada pela tradição que, em poucas palavras, contém uma verdade jurídica, constituindo uma regra de grande alcance, fundada na experiência e na reflexão e aceita por todos. **2.** Proposição doutrinária. **3.** O mesmo que BROCARDO, ADÁGIO.

AFRETAMENTO. **1.** *Direito marítimo.* É o contrato pelo qual o armador ou proprietário de um navio, que é o *fretador*, compromete-se a alugá-lo, ou seja, a colocá-lo, no todo ou em parte, à disposição de um *afretador* para o transporte de mercadorias ou de pessoas, em uma ou mais viagens, mediante o recebimento do *frete* (aluguel). O instrumento em que está consignado esse contrato designa-se "carta-partida", mas, se o afretamento for parcial, além desta, o comandante, ao receber a mercadoria, deverá lavrar o conhecimento de embarque, que configurará a execução contratual. O afretamento total distingue-se do *time-charter*, pois neste o armador cederá o uso do navio mediante contrato de ajuste, em que se responsabilizará pelo serviço de equipagem e pelo provimento do necessário para a expedição marítima, sem obrigação de transporte. O subfretamento poderá ocorrer no afretamento total quando o afretador subfretar a terceiros, visando conseguir lucro com a diferença entre o frete cobrado e o que pagará ao fretador. **2.** ***Direito aeronáutico.*** É o contrato pelo qual o fretador se compromete com o afretador, mediante pagamento de frete, a realizar uma ou mais viagens preestabelecidas ou durante determinado período de tempo, reservando-se o controle sobre a tripulação e a condução técnica da aeronave. Esse contrato deverá ser efetivado por instrumento público ou particular, podendo ser assentado no Registro Aeronáutico Brasileiro.

AGÊNCIA. 1. Estabelecimento que presta serviços como intermediário em negócios alheios, mediante recebimento de uma remuneração. **2.** Retribuição paga a despachante ou a intermediário para cuidar de certo negócio ou pelo serviço por ele prestado. **3.** Ato de mediação, ocupação ou função de agente. **4.** Período de tempo de duração dos serviços de agente. **5.** Lugar onde está estabelecido o agente. **6.** Repartição de um serviço, público ou particular, em local diverso do da administração. **7.** Sucursal ou filial de sociedade empresária, banco ou casa comercial fora de suas sedes, onde se executam negócios por conta e sob as instruções do estabelecimento central.

AGÊNCIA COMERCIAL. ***Direito comercial.*** **1.** É o contrato pelo qual uma pessoa se obriga, mediante retribuição, a realizar certos negócios, em zona determinada, com caráter de habitualidade, em favor e por conta de outrem, sem subordinação hierárquica. Há na agência ou representação comercial uma atividade de intermediação exercida profissionalmente pelo representante comercial, sem qualquer dependência hierárquica, mas em conformidade com instruções dadas pelo representado, tendo por finalidade recolher ou agenciar propostas ou pedidos para transmiti-las ao representado. **2.** Estabelecimento que representa outro com o fim de efetivar negócios mercantis em outra praça.

AGÊNCIA EXECUTIVA. ***Direito administrativo.*** **1.** A autarquia especial ou fundação pública, assim qualificada pelo Poder Executivo, que tenha cumprido os seguintes requisitos: a) ter um plano estratégico de reestruturação e de desenvolvimento institucional em andamento; b) ter celebrado Contrato de Gestão com o respectivo Ministério supervisor. A qualificação como Agência Executiva será feita em ato do Presidente da República. O Poder Executivo editará medidas de organização administrativa específicas para as Agências Executivas, visando assegurar a sua autonomia de gestão, bem como a disponibilidade de recursos orçamentários e financeiros para o cumprimento dos objetivos e metas definidos nos Contratos de Gestão. Tal agência tem maior autonomia de gestão do que as autarquias e fundações públicas comuns. Ampla é sua autonomia gerencial, orçamentária e financeira e deve firmar contrato de gestão com a administração central, comprometendo-se a efetuar as metas de desempenho que lhe foram atribuídas. **2.** O mesmo que AGÊNCIA REGULADORA, segundo alguns autores.

AGÊNCIA REGULADORA. ***Direito administrativo.*** **1.** Autarquia federal especial dotada de poder regulador e dever, atribuídos institucionalmente pelo sistema legal, para atuar administrativamente dentro dos estritos limites autorizados por lei, criando regulação com parceria com os agentes regulados para a consecução de uma relação entre usuários, agentes econômicos e agências para que a sociedade possa atingir os objetivos fundamentais do Estado brasileiro (p. ex.: ANATEL, ANEEL, ANVISA, ANTAQ, ANP etc.). Tal agência reguladora é órgão democrático, que realiza obrigatoriamente consultas e audiências públicas, canalizando conflitos existentes entre os agentes econômicos e os usuários em razão de sua especificidade e peculiaridade e atendendo a um dever de ofício ao elaborar textos que receberão críticas e sugestões da sociedade naquelas consultas ou audiências públicas (Maria D'Assunção Costa Menezello). **2.** O mesmo que AGÊNCIA EXECUTIVA, para alguns autores. **3.** Autarquia instituída por lei com o objetivo de, em conformidade com as políticas e diretrizes do Governo Federal, regular, outorgar e fiscalizar serviços públicos.

AGENTE. 1. ***Direito civil*** e ***direito administrativo.*** Pessoa incumbida de cuidar de negócios ou interesses alheios, sejam estes públicos ou particulares. **2.** ***Direito civil.*** Pessoa que pratica ato jurídico, tendo responsabilidade por ele. **3.** ***Direito administrativo.*** Aquele que exerce função pública ou está encarregado de uma delegação pública. **4.** ***Direito comercial.*** Aquele que é encarregado da gerência, direção ou administração de uma empresa. **5.** ***Direito penal.*** Autor de crime por ato culposo ou doloso, omissivo ou comissivo, causador do dano. **6.** ***Medicina legal.*** Força ou substância mórbida ou curativa capaz de agir sobre o organismo humano.

AGENTE AUXILIAR DO COMÉRCIO. ***Direito comercial.*** Aquele que exerce atividade mercantil como auxiliar do empresário, sujeito às normas comerciais relativas às suas operações, com a finalidade de facilitá-las, fomentando seu desenvolvimento. Exercem tal função, dentre outros: o corretor, o leiloeiro, o gerente, o guarda-livros, o caixeiro, o administrador de armazém de depósito, o comissário de transporte.

AGENTE CAPAZ. 1. *Direito administrativo.* Aquele que tem competência para editar ato administrativo. 2. *Direito civil.* Pessoa que tem capacidade para exercer por si só os atos da vida civil, por ter dezoito anos completos, não apresentar qualquer insanidade mental, que afete manifestação da vontade, ou ser emancipada.

AGENTE COMERCIAL. 1. *Direito comercial.* Aquele que se obriga a agenciar propostas ou pedidos em favor de uma empresa, sendo um colaborador externo independente ou autônomo que tem a função de colocar no mercado os produtos da empresa por ele representada, recebendo comissão expressa em percentual sobre o valor das mercadorias vendidas ou faturadas. 2. *Direito internacional público.* Pessoa que, sob a chefia de cônsul ou autoridade diplomática, trata de assuntos comerciais dentro dos limites de sua circunscrição.

AGENTE DE CÂMBIO. *Direito comercial.* 1. Cambista; banqueiro. 2. Pessoa provisionada ou nomeada pelo Poder Público para servir como intermediária nos negócios de câmbio. Trata-se do "corretor de câmbio".

AGENTE DIPLOMÁTICO. *Direito internacional público.* Delegado especial incumbido de cuidar dos negócios diplomáticos, dos interesses políticos e econômicos de sua pátria no local em que prestar serviços, por ser encarregado ou credenciado pelo governo de um País para representá-lo em outro. Serve de intermediário entre o Estado que representa e aquele onde exerce suas funções. O agente diplomático pode ser: a) *ordinário*, se for diplomata de carreira, ou seja, se ingressou na diplomacia mediante cursos e concursos exigidos por lei, sendo, portanto, um funcionário público subordinado ao Ministério das Relações Exteriores; b) *extraordinário*, se tiver função esporádica, por ter sido nomeado, ante seu notório saber e reputação ilibada, pelo poder competente, para representar o país em congressos internacionais políticos, culturais ou econômicos. São agentes diplomáticos os embaixadores, os internúncios, os delegados apostólicos, os ministros plenipotenciários, os ministros residentes e os secretários de embaixada.

AGENTE INCAPAZ. *Direito civil.* Pessoa absoluta ou relativamente incapaz para praticar por si os atos na vida civil

AGENTE POLÍTICO. *Direito administrativo.* 1. Diz-se daquele que tem a titularidade de cargo integrante da estrutura constitucional e da organização política do Estado, como: chefe do Executivo, nas três esferas, ministro de Estado, secretário de Estado, senador, deputado e vereador. 2. Titular de cargo estrutural à organização política do País (Celso Antônio Bandeira de Mello).

AGENTE PÚBLICO. *Direito administrativo.* 1. Aquele que presta serviços à União, Estados e Municípios ou realiza atividades cabíveis ao Poder Público, no exercício de uma função pública. Incluem-se nesta categoria o AGENTE POLÍTICO (v.); o *servidor público*, que mantém com o Poder Público relação profissional trabalhista de caráter não eventual, como é o caso do funcionário público, do servidor de autarquia, do contratado pela legislação trabalhista, ainda que a título precário, e do remanescente dos antigos extranumerários; e o *particular em colaboração com a administração*, que exerce uma função pública, sem caráter profissional, em razão de requisição estatal (jurado, membro de mesa receptora ou apuradora de voto etc.), de gestão espontânea da coisa pública em casos emergenciais (gestor de negócio) ou de concordância do Poder Público (concessionário, permissionário etc.). 2. Todo aquele que exerce, ainda que transitoriamente ou sem remuneração, por eleição, nomeação, designação, contratação, ou qualquer outra forma de investidura ou vínculo, mandato, cargo, emprego, função de qualquer espécie de atividade, inclusive de prestação de serviço por empresa contratada, nos órgãos e entidades da administração pública.

ÁGIO. *Direito comercial.* 1. Diferença existente entre os valores nominal e real da moeda ou de um título, ou melhor, é o desconto ou bonificação concedida ou obtida na aquisição de um título de crédito ou de uma dívida pública. 2. Diferença que há entre a cotação oficial ou valor real da moeda de um país em relação à de outro. 3. Lucro ou diferença que se pode obter numa operação de câmbio. 4. Usura ou quantia que se faz pagar, além do juro, quando se toma emprestada uma importância. 5. Especulação sobre títulos públicos ou ações de companhias comprados na baixa dos preços da Bolsa para serem vendidos na alta. 6. Comissão paga ou recebida por banqueiro ou agente de câmbio pela troca de moeda estrangeira. 7. Diferença paga pelo importador de produto estrangeiro, no regime de compensação, ao exportador de mercadoria nacional, fazendo, assim, uma operação vinculada, para que esse último coloque, ao preço da concorrência, seu produto no país do qual o primeiro vai importar. Com isso o exportador vende sua mercadoria no exterior por preço mais baixo que o real, sendo que o percentual alusivo a essa diferença paga pelo importador é o ágio. 8. Lucro especulativo sobre oscilações dos fundos públicos. 9. Taxa de juros cobrada em empréstimos feitos por bancos ou por particulares.

AGIOTAGEM. *Direito penal.* 1. Crime contra a economia popular que consiste no empréstimo a juros extorsivos e excessivos, acima do admitido legalmente. 2. Especulação ilícita com fundos públicos, câmbios e valores mobiliários para obter grandes lucros com o menor emprego possível de capital. **3.** Usura; prática que visa ocultar a verdadeira taxa do juro ou sujeitar o devedor a maiores prestações ou encargos, além do estipulado no título. **4.** Operação com mercadorias que tem o escopo de aumentar, diminuir ou estabilizar os seus preços, visando lucros indevidos.

AGRAVAÇÃO. 1. ***Direito civil.*** a) Aumento de encargos, responsabilidades ou ônus que recaem sobre alguém; b) aumento de risco previsto em contrato de seguro, sem que haja direito da seguradora de obter majoração do prêmio; c) aumento de risco oriundo de ato culposo do segurado, que perderá o direito ao seguro. **2.** ***Direito penal.*** a) Fato ou circunstância que torna mais grave um crime; b) ofensa injuriosa feita a alguém. **3.** ***Direito processual civil.*** Ato de obter reforma de decisão ou de despacho judicial, pelo próprio magistrado que os proferiu ou por tribunal superior. **4.** ***Direito tributário.*** Aumento de imposto.

AGRAVANTE. 1. ***Direito penal.*** Circunstância prevista em lei que aumenta a pena a ser aplicada pela prática de um crime, por torná-lo mais grave, como, por exemplo: a) reincidência; b) infração criminal, que pode ser: por motivo fútil ou torpe; para facilitar ou assegurar a execução, a ocultação, a impunidade ou vantagem de outro crime; por embriaguez proposital para cometer o crime; por emprego de recursos que tornem difícil ou impossível a defesa do ofendido, como traição, emboscada, simulação; por uso de meio insidioso ou cruel, como, por exemplo, veneno, explosivo, tortura etc.; contra ascendente, descendente, irmão, cônjuge, criança, pessoa idosa, mulher grávida ou enfermo; com abuso de autoridade ou tirando proveito de relações domésticas, de coabitação ou hospitalidade; com abuso de poder ou dever inerente a cargo, ofício ou profissão; quando o ofendido estava sob proteção imediata da autoridade; quando a vítima estava sofrendo qualquer desgraça, como incêndio, acidente, naufrágio etc. **2.** ***Direito processual civil.*** Diz-se da pessoa que interpõe recurso de agravo, por estar inconformada com decisão ou despacho dado pelo órgão judicante, tendo por fim modificá-lo. **3.** ***Direito civil.*** Qualidade do que se tornou mais grave, passando a ter encargos e ônus mais pesados ou majorados.

AGRAVAR. 1. ***Direito processual.*** a) Interpor recurso de agravo; b) manifestar inconformismo com uma decisão interlocutória que veio a resolver uma questão incidente. **2.** ***Direito civil.*** a) Aumentar, majorar o gravame de qualquer ato pela prática de outro ou pela ocorrência de algum fato que altere a sua normalidade; b) impor maior ônus ou responsabilidade; c) ofender a honra de outrem. **3.** ***Direito penal.*** a) Tornar o agente merecedor de maior pena, pela configuração de certas circunstâncias previstas em lei que aumentam a sanção penal; b) praticar atos que possam, em virtude de lei, aumentar a gravidade de um delito ou a intensidade da pena.

AGRAVINHO. ***Direito processual.*** **1.** Diz-se do agravo inominado que, no processo penal, objetiva a reparação de gravame causado em despacho exarado pelo relator. **2.** Outrora era o agravo regimental ou recurso previsto no regimento interno dos tribunais. Assim, no Supremo Tribunal Federal, era cabível esse recurso contra decisão do presidente do tribunal, do presidente de turma ou do relator que viesse a causar gravame ao direito do litigante. Atualmente, não mais subsiste o agravo regimental; temos o recurso do *agravo interno*.

AGRAVO. 1. ***Direito processual.*** a) Prejuízo que uma decisão judicial causa a um litigante; b) recurso interposto a tribunal superior competente para modificar ou reformar decisão interlocutória de juiz de instância inferior. O agravo de instrumento é forma de agravar e não modalidade autônoma de recurso. **2.** ***Direito civil.*** a) Afronta ou ofensa; b) majoração de um encargo, ônus ou responsabilidade.

AGRAVO DE INSTRUMENTO. 1. ***Direito processual civil.*** a) Recurso contra decisões interlocutórias que versarem sobre: tutelas provisórias, nas quais o direito pleiteado exige rapidez no seu reconhecimento (tutela de urgência), ou se procura dar celeridade a uma situação que não requer questionamento ou na qual há manifesto abuso do direito (tutela da evidência); mérito da causa; rejeição da alegação de convenção de arbitragem, por ser questão preliminar que antecede o exame do mérito; incidente de desconsideração da personalidade jurídica; rejeição do pedido de gratuidade da justiça ou acolhimento do pedido de sua revogação; exibição ou posse de documento ou coisa, por constituir prova; exclusão de litisconsorte; rejeição do pedido de limitação do litisconsórcio facultativo multitudinário; admissão ou inadmissão de intervenção de terceiros; concessão, modificação ou revogação do efeito suspensivo aos embargos à execução, redistribuição do ônus da prova; outros casos previstos em lei, p. ex., é cabível contra decisão que concede ou denega liminar em mandado de segurança (Nelson Nery Jr. e Rosa Mª de A. Nery); b) Recurso contra decisões interlocutórias proferidas na fase de liquidação de sentença ou de cumprimento de sentença, no processo de execução e no processo de inventário, visto que os bens correm risco de desvalorização e deterioração, e os interesses de várias pessoas, e os do Estado, estão voltados à solução da partilha; c) recurso ao Supremo Tribunal Federal contra decisão interlocutória proferida em causa em que forem partes litigantes, de um lado, Estado estrangeiro ou organismo internacional e, de outro, Município ou pessoa domiciliada ou residente no País. **2.** ***Direito processual trabalhista.*** É o interposto contra despacho de presidente do Tribunal Regional do Trabalho, denegatório de recurso de competência dessa Corte; ou de recurso extraordinário. **3.** ***Direito eleitoral.*** Recurso interposto dentro de três dias da denegação de recurso especial. **4.** ***Direito processual penal militar.*** Recurso cabível contra decisão denegatória de recurso extraordinário.

AGRAVO DE PETIÇÃO. ***Direito processual trabalhista.*** Recurso interposto contra decisão do juiz, ou do presidente, alusiva à execução, aos embargos, à validade de arrematação, remição ou adjudicação, dentro do prazo de oito dias contado da decisão impugnada. Tal recurso não tem efeito suspensivo, apesar de o juiz, ou presidente, a seu critério, quando entender conveniente, poder sobrestar o andamento do processo até decidir do recurso.

AGRAVO EM RECURSO ESPECIAL E EM RECURSO EXTRAORDINÁRIO. ***Direito processual civil.*** Visa o destrancamento do recurso especial e do extraordinário que não superam o juízo de admissibilidade perante os órgãos de interposição, voltando-se contra decisão de presidente ou de vice-presidente do tribunal, em que aqueles recursos foram interpostos e respondidos, em caso: de indeferimento de pedido de inadmissão de recurso especial e extraordinário sobrestados porque intempestivos; de inadmissão não só de recurso especial ou extraordinário sob o fundamento de que o acórdão recorrido coincide com a orientação do Tribunal Superior, como também de recurso extraordinário, sob a alegação de que o STF reconheceu a inexistência de repercussão geral da questão constitucional discutida. Esse recurso segue para o Tribunal Superior juntamente com os autos do processo em que o recurso especial ou o extraordinário foi interposto.

AGRAVO INTERNO. ***Direito processual civil.*** Recurso contra ato decisório do relator, de inadmissibilidade, provimento ou improvimento de recurso, que deve ser interposto em 15 dias, salvo quanto ao agravo interno da decisão do Presidente do tribunal proferida no incidente de suspensão de liminar ou da segurança, para o qual há o prazo de 5 dias previsto em norma especial, que é a Lei do Mandado de Segurança, que prevalece sobre o CPC (norma geral). Tais prazos são contados a partir da publicação da decisão do relator no órgão oficial (Nelson Nery Jr. e Rosa Mª de A. Nery).

AGRAVO REGIMENTAL. **1.** *Vide* AGRAVINHO, n. 2. **2.** ***Direito processual trabalhista.*** Recurso cabível contra despacho: a) do presidente de turma que vier a indeferir embargos; b) de presidente do tribunal ou de turmas que indeferir agravo de petição; c) do presidente do tribunal que, em dissídio coletivo de natureza econômica, conceder ou negar efeito suspensivo a recurso ordinário; d) de relator que negar prosseguimento a recurso de revista ou a agravo de instrumento; e) do relator que indeferir petição de ação rescisória; f) do presidente de turma que deferir apenas parcialmente os embargos.

AGRESSÃO ARMADA. ***Direito internacional público.*** Consiste no ataque armado ou no emprego de força militar de um país contra outro, sem que haja declaração antecipada de guerra ou qualquer justificativa, seja de legítima defesa de seus direitos territoriais ou de desagravo de ofensa ou violação de um direito oficialmente reconhecido, desrespeitando sua soberania e integridade territorial.

AGRESSÃO ATUAL. **1.** ***Direito penal.*** Ataque à vida ou à integridade física de uma pessoa que se manifesta no momento em que, para removê-lo ou reprimi-lo mediante reação, se comete o fato delituoso. É um dos requisitos da legítima defesa, constituindo excludente da criminalidade do ato reacionário. **2.** ***Direito civil.*** Ataque à posse de um bem que se opera no instante em que, para recuperar a coisa esbulhada, o possuidor age pessoalmente. Trata-se de uma das condições para que se tenha o "desforço imediato".

AGRESSÃO IMINENTE. ***Direito penal.*** Atentado que está em vias de acontecer ou prestes a começar, consistindo em requisito para que se dê a excludente da legítima defesa.

AGRESSÃO INJUSTA. ***Direito penal.*** É a que não advém de provocação do agredido, nem decorre do exercício legal de alguma função pública ou autorizada pela lei; logo, o ato daquele que reagir contra ela é justificado, permitindo a alegação da legítima defesa e, consequentemente, a exclusão da criminalidade.

AGRIMENSOR. ***Direito processual civil.*** Perito legalmente habilitado que presta serviços, juntamente com assistentes técnicos, de medição, levantamento, demarcação e divisão de terras, proferindo um laudo, com base no qual o magistrado prolata a sentença.

ÁGUAS. **1.** ***Direito marítimo.*** Fendas por onde entra água numa embarcação. **2.** ***Direito civil.*** a) Indicam o conjunto de normas que disciplinam as relações entre vizinhos, alusivas às águas de nascentes e pluviais, que, com o escopo de harmonizar interesses e contendas, criam direitos e deveres recíprocos, constituindo, portanto, um *regime de águas* legalmente estabelecido; b) *res nullius*, águas sem dono, insuscetíveis de apropriação particular, que, às vezes, em determinadas circunstâncias, em conformidade com a utilidade que tiverem a particulares e à coletividade, poderão ser apropriadas, mediante prévia autorização administrativa, por particulares, gerando servidões e obrigações entre proprietários de prédios confinantes, ou pelo Poder Público, como, por exemplo, os potenciais de energia hidráulica, que constituem, para efeito de exploração ou aproveitamento, propriedade distinta da do solo e pertencem à União. **3.** ***Direito administrativo.*** Constituem o domínio público hídrico, abrangendo: a) as águas públicas de uso comum (lagos, cursos de água naturais, desde que navegáveis, mar interior e territorial). São as águas que, em razão de seu volume, extensão ou curso mais ou menos considerável, pertencem ao domínio do Estado; b) as águas públicas dominicais, que são as situadas em terras do domínio público; c) as águas comuns de todos, ou seja, as correntes ou nascentes que, havendo caminho público que as tornem acessíveis, podem ser usadas gratuitamente por todos para atender a suas necessidades vitais.

ÁGUAS ADJACENTES. ***Direito internacional público.*** Constituem as águas marítimas compreendidas entre o alto-mar e o território de um Estado. Abrangem, portanto, não só a faixa do mar territorial, sujeita à soberania estatal, como também as águas marítimas interiores, tais como baías, portos, recôncavos, estuários, enseadas e golfos.

ÁGUAS ALHEIAS. 1. ***Direito civil.*** São as particulares situadas numa propriedade privada, onde somente será permitida a pesca, profissional ou desportiva, com a anuência de seu dono, sob pena de perda do peixe e de indenização dos danos causados. **2.** ***Direito administrativo.*** Consistem nas águas públicas, de uso comum ou dominicais, pertencentes ao Estado. São águas públicas de uso comum: mar territorial, golfos, baías, enseadas, portos, canais, correntes, lagos navegáveis, fontes e reservatórios públicos, nascentes, braços de correntes públicas, desde que navegáveis. São águas públicas dominicais as situadas em terreno dominical, desde que não sejam do domínio público de uso comum ou não forem comuns. **3.** ***Direito penal.*** Objeto do crime de usurpação de águas, que consiste no desvio ou represamento, em proveito próprio ou de outrem, de águas alheias, sob pena de detenção e multa.

ÁGUAS ARTIFICIAIS. ***Direito civil.*** São águas cujas nascentes, álveos ou condução advêm de obra humana, por exemplo, tanques, açudes, represas, reservatórios etc. Os proprietários de prédios inferiores deverão receber águas artificiais do prédio superior que correrem para o seu, mediante pagamento de uma indenização, podendo, se quiserem, ainda, reclamar que desviem o seu curso.

ÁGUAS COMUNS. ***Direito civil.*** Consistem nas correntes não navegáveis ou flutuáveis que, por não serem públicas ou particulares, os proprietários dos prédios por elas banhados podem, livremente, se utilizar para agricultura, indústria etc., sem causarem dano para os seus vizinhos, uma vez que, se tais correntes atravessam prédios contíguos, indispensável é a comunhão. Se a corrente apenas os banhar, há possibilidade de divisão, sendo a repartição feita por peritos, por intervalos de tempo, de lugar e de medida. O dono do prédio banhado por águas apenas poderá realizar obras de captação de água em uma das margens, sendo que seu direito de utilizá-las está limitado pelos dos prédios vizinhos, superiores, inferiores e fronteiros.

ÁGUAS CONTÍGUAS. 1. ***Direito internacional público.*** a) Águas de rios e lagos que servem de divisa a dois Estados; b) aquelas que abrangem a faixa de águas marítimas adjacente ao mar territorial, situadas entre o alto-mar, ou melhor, início do mar livre, e o limite externo do mar territorial, sobre a qual o Estado costeiro não tem o domínio, embora possua certos direitos de jurisdição, de natureza fiscal e administrativa, alusivos à polícia aduaneira, sanitária ou de imigração, à segurança da navegação e do Estado e à proteção da zona para conservação da pesca. **2.** ***Direito civil.*** Águas ou correntes de uso comum que servem de limites a duas propriedades.

ÁGUAS COSTEIRAS. ***Direito internacional público.*** São as situadas entre a costa marítima e o limite interior do mar territorial, sobre as quais o Estado costeiro exerce, livremente, sua soberania sem quaisquer restrições jurídico-internacionais.

ÁGUAS FLUVIAIS. ***Direito civil*** e ***direito administrativo.*** São as que constituem os rios.

ÁGUAS JURISDICIONAIS BRASILEIRAS (AJB). ***Direito internacional público.*** **1.** *Vide* ÁGUAS ADJACENTES, ÁGUAS CONTÍGUAS e ÁGUAS TERRITORIAIS. **2.** São as submetidas à jurisdição brasileira, abrangendo o mar territorial e o mar adjacente, que prevenirá e resolverá problemas alusivos: à atividade pesqueira; à segurança territorial do País; à exploração de riquezas existentes no mar ou no subsolo marítimo; à extração de petróleo do fundo do mar; à imposição de tributos a estrangeiros que explorarem as riquezas da faixa oceânica contígua ao território do Estado; à conservação de espécies marítimas; à poluição marítima; ao suprimento das deficiências de Estados que não têm plataforma continental submarina; ao uso das vias oceânicas para colocação de cabos submarinos, atendendo a fins de comunicação, ou para passagem de navios; ao controle de embarque de passageiros e cargas etc. **3.** São águas jurisdicionais brasileiras: a) as águas marítimas abrangidas por uma faixa de doze milhas marítimas de largura, medidas a partir da linha de baixa-mar do litoral continental e insular brasileiro, tal como indicada nas cartas náuticas de grande escala, reconhecidas oficialmente no Brasil (Mar Territorial); b) as águas marítimas abrangidas por uma faixa que se estende das doze às duzentas milhas marítimas, contadas a partir das linhas de base que servem para medir o Mar Territorial, que constituem a Zona Econômica Exclusiva (ZEE); c) as águas sobrejacentes a Plataforma Continental quando esta ultrapassar os limites da Zona Econômica Exclusiva; d) as águas interiores, compostas das hidrovias interiores, assim consideradas rios, lagos, canais, lagoas, baías, angras e áreas marítimas consideradas abrigadas. **4.** São consideradas águas sob jurisdição nacional: A) as águas interiores: a) as compreendidas entre a costa e a linha de base reta, a partir de onde se mede o mar territorial; b) as dos portos; c) as das baías; d) as dos rios e de suas desembocaduras; e) as dos lagos, das lagoas e dos canais; f) as dos arquipélagos; g) as águas entre os baixios a descoberto e a costa; B) águas marítimas, todas aquelas sob jurisdição nacional que não sejam interiores.

ÁGUAS NÃO CONTÍGUAS. *Direito internacional público.* São as águas territoriais compreendidas dentro dos limites do Estado até o alto-mar, não se confrontando com as que estão sob o domínio de outro país.

ÁGUAS TERRITORIAIS. *Direito internacional público.* Consistem não só nas águas marítimas que banham as costas do País, constituindo o mar territorial, que apresenta uma largura de duzentas milhas, medidas a partir da linha da baixa-mar do litoral continental e insular, como também nas existentes dentro da jurisdição estatal, sejam elas marítimas, fluviais ou lacustres, contíguas ou não.

AIDS. *Medicina legal.* Síndrome da imunodeficiência adquirida, causada pelo vírus "HIV", caracterizando-se como um conjunto de alterações decorrentes da perda da imunidade mediada por células, manifestando-se pelo surgimento de infecções fatais e de algumas formas de cânceres. Decorre essa doença de uma série de fatores: contato sexual com pessoa por ela infectada; amamentação, estando a mãe contaminada; exposição a sangue contaminado mediante transfusão sanguínea ou uso de drogas injetáveis com agulhas comunitárias; ou transmissão perinatal ou vertical operada pela mãe infectada ao bebê. É uma doença infectocontagiosa que enfraquece o sistema imunológico da pessoa, que apresenta sintomas como: perda de peso, febre ou diarreia por mais de três meses, cansaço, ínguas, suores noturnos, manchas vermelhas espalhadas pelo corpo etc.

ALBERGADO. 1. *Direito civil.* Asilado; hóspede; recolhido em albergue. **2.** *Direito penal.* Condenado que pode cumprir sua pena com o benefício da prisão-albergue.

ALCOVITAGEM. *Direito penal.* Ato de servir de intermediário em relações amorosas.

ALCUNHA. *Direito civil.* Designação dada a alguém devido a uma particularidade sua ou defeito. Por exemplo, "Tiradentes", "Pelé", "Gordo", "Zarolho", agregando-se por vezes de tal sorte à personalidade da pessoa que, se não for jocoso, poderá ser acrescentado, sob certas condições, ao nome da pessoa.

ÁLEA. 1. *Direito civil.* a) Designa cláusula contratual contida em seguro, loteria etc., cujo adimplemento dependerá do acaso, de um acontecimento futuro, de um risco assumido ou de sorte; b) evento incerto quanto a sua ocorrência; c) incerteza, no instante da efetivação do contrato, quanto à verificação de um evento futuro, alheio ou independente da vontade das partes contratantes, do qual dependerá a existência ou o valor de uma das prestações; d) sorte, perigo, azar, incerteza de fortuna, risco etc. **2.** *Direito administrativo.* Acontecimento futuro que poderá causar desequilíbrio econômico no contrato administrativo feito por iniciativa da Administração Pública. Tal álea poderá ser: *ordinária* ou *normal*, se as partes contratantes assumirem o risco relativo à possível ocorrência de um evento futuro desfavorável, mas previsível ou suportável, por ser usual no negócio efetivado, por exemplo, se se tratar de empreitada, comum é o risco sobre o aumento do custo do material de construção ou da mão de obra, não se justificando, por isso, qualquer pedido de alteração contratual; ou *extraordinária*, se as partes assumirem risco futuro imprevisível que, pela sua extemporaneidade, impossibilidade de previsão e onerosidade excessiva a um dos contratantes, ao desafiar todos os cálculos feitos no instante da celebração contratual, autoriza a revisão judicial do contrato ou a contratual feita pela autoridade administrativa, restaurando o equilíbrio.

ALEGAÇÕES FINAIS. 1. *Direito processual civil.* a) Peça processual que contém a exposição escrita dos advogados das partes, encerrando um resumo, acrescentado da conclusão tirada dos autos em face dos fatos e do direito, de todas as alegações feitas, abrangendo os argumentos e as provas constantes nos autos, dirigidas ao esclarecimento dos direitos em litígio. É apresentada quando a causa abrange questões complexas de fato ou de direito, antes do julgamento da demanda, em dia e hora marcados pelo magistrado; b) debate oral que se realiza na audiência de instrução e julgamento, após o término da instrução, quando o órgão judicante concede a palavra ao advogado do autor, ao do réu e ao órgão do Ministério Público, sucessivamente, pelo prazo de vinte minutos para cada um, prorrogável por mais dez, a critério do magistrado. **2.** ***Direito processual penal.*** a) Razões oferecidas por escrito, no procedimento ordinário, relativo às ações penais por crimes punidos com reclusão, dentro do prazo de três dias, para cada um, pelo Ministério Público, pelo assistente, se tiver sido constituído, e pelo defensor do réu. Se houver dois ou mais réus com defensores diversos, o prazo será comum; b) arrazoados feitos oralmente, no procedimento sumário, alusivo aos processos por crimes apenados com detenção, e no procedimento sumaríssimo das contravenções penais e concernente aos crimes de homicídio culposo ou de lesões corporais culposas, antes da prolação da sentença, consistindo na última oportunidade das partes para se manifestarem nos autos do processo. Após a inquirição das testemunhas de defesa, dar-se-á na audiência a palavra ao órgão do Ministério Público e ao defensor do réu, sucessivamente, ou, se for admitido, ao próprio réu, pelo tempo de vinte minutos para cada um, podendo ser prorrogado, a critério do juiz, por mais dez, após os quais seguir-se-á a prolação da sentença. **3.** ***Direito processual trabalhista.*** Razões finais aduzidas pelas partes, após o término da instrução, em prazo não superior a dez minutos para cada uma, para, logo em seguida, o juiz ou o presidente renovar a proposta de conciliação e proferir, não se realizando esta, a sua decisão.

ALEIJÃO. 1. ***Medicina legal.*** a) Deformidade, que pode ser hereditária, provocada por ofensa física ou por algum acidente ou sinistro, caracterizada pela mutilação dos membros inferiores ou superiores ou por deformação horripilante capaz até mesmo de causar repugnância a quem a vê; b) monstruosidade; aborto da natureza; c) defeito moral. **2.** ***Psicologia forense.*** Causa de anomalias psíquicas que, por provocar complexo de inferioridade, podem levar, às vezes, a pessoa com deficiência a praticar crimes. **3.** ***Direito civil.*** a) Dano estético que causa na vítima de uma ofensa física ou lesão corporal uma deformidade de aparência desagradável, caso em que o lesante deverá pagar uma indenização. Como o dano estético pode ser, em certos casos, corrigido *in natura*, por meio de cirurgia plástica, esta se incluirá na reparação do dano e na sua liquidação; b) *Vide* DANO ESTÉTICO. **4.** ***Direito penal.*** É o resultado de uma lesão corporal que ofenda a integridade corporal ou a saúde fisiológica ou psíquica de outrem, causando-lhe debilidade ou deformidade permanentes, perda ou inutilização de membro, sentido ou função, acarretando para o lesante a aplicação de pena de reclusão.

ALFAIA. 1. ***Direito canônico.*** Paramento usado em Igreja. **2.** ***Direito civil.*** a) Objeto que serve para adornar pessoas, como joia, ou para enfeitar a habitação, como móvel, quadro, tapete, bibelô, escultura, baixela, lustre etc.; b) objeto do *penhor legal*, como garantia locatícia, pois o locador tem privilégio especial sobre as alfaias e utensílios de uso doméstico, nos prédios rústicos e urbanos, quanto às prestações do ano corrente e do ano anterior. Ele poderá, se não receber os aluguéis, reter os bens móveis existentes no interior do prédio locado, para garantir o seu pagamento. **3.** ***Direito comercial.*** Utensílios que guarnecem um estabelecimento empresarial.

ALFÂNDEGA. ***Direito aduaneiro*** ou ***alfandegário.*** **1.** O mesmo que ADUANA. **2.** Repartição pública, ligada à Secretaria da Receita Federal, encarregada de arrecadar tributos (direitos aduaneiros) fixados para importação e exportação de mercadorias e de fiscalizar o cumprimento das leis fiscais de sua competência e das relativas ao comércio exterior, à navegação de navios nacionais ou não, instaurando processos em casos de infração. A alfândega poderá ser: *marítima*, se existente em porto de mar; *fluvial*, se localizada em rio; *seca* ou *de fronteira*, se situada em pontos de trânsito terrestre nas linhas divisórias de países estrangeiros. **3.** Edifício ou local onde funciona a repartição acima mencionada e onde também se armazenam mercadorias para pesagem, medição, classificação, cálculo e pagamento dos direitos aduaneiros.

ALGOFILIA. 1. ***Medicina legal.*** Aberração sexual pela qual o paciente provoca dor ou sofrimento físico ou moral a si ou a seu parceiro para aumentar ou excitar o prazer e atingir o orgasmo. **2.** ***Direito civil.*** É causa de anulação de casamento, por consistir em erro essencial contra a pessoa do cônjuge, e de separação judicial litigiosa por maus-tratos, sevícia ou injúria grave. **3.** ***Direito penal.*** a) Causa de lesão corporal a outrem, pois o sadismo conduz o agente a praticar violências físicas, atentado ao pudor e estupro; b) exibicionismo.

ALHEAÇÃO. *Vide* ALIENAÇÃO.

ALIADO. 1. ***Direito internacional público.*** a) Diz-se do país que faz parte de uma aliança com outro; b) confederado. **2.** Em ***linguagem política,*** indica coligado ou partido ligado a outro para atender à realização de determinada finalidade comum a ambos.

ALIANÇA. 1. ***Direito civil.*** a) Anel usado para simbolizar noivado ou casamento; b) afinidade. **2.** ***Direito internacional público.*** a) Confederação entre Estados soberanos, coligação, liga; b) pacto ou acordo celebrado entre dois ou mais países, para a consecução de seus interesses ou para a obtenção de prestação de socorro mútuo, seja ele econômico ou militar; c) forma de cooperação política ou militar entre nações que, mediante compromisso, formalizado pela assinatura de tratado ou acordo, pretendem proteger seus interesses (Hopmann e Sullivan, Riker, Edwards e Attinà).

ÁLIBI. ***Direito processual penal.*** Alegação feita pelo réu ou suspeito, ao se defender, provando que, no momento em que o crime foi perpetrado, se encontrava em outro local, demonstrando, assim, sua inocência, pois, ante a impossibilidade física de estar em dois lugares ao mesmo tempo, não poderia ter sido o autor do delito que lhe é imputado.

ALICANTINA. ***Direito processual.*** Meio ardiloso utilizado por uma das partes litigantes contra a outra no processo, criando-lhe embaraços, com o firme propósito de prejudicá-la na demanda.

ALICIAÇÃO. 1. ***Direito penal.*** Ato de aliciar ou subornar; aliciamento. **2.** ***Direito penal militar.*** Delito praticado por militar ou civil, na guerra ou na paz, que realizam promessas enganosas, subornando outrem, para que se rebele contra a ordem estatal. **3.** ***Direito militar.*** Ato de alistar homens para que venham a se incorporar às Forças Armadas. **4.** Na ***linguagem jurídica*** em geral, consiste no ato de reunir pessoas, incitando-as a atingir certo objetivo, quase sempre ilícito.

ALIENAÇÃO. 1. ***Direito civil.*** Ato de alienar, ou seja, transferir gratuita ou onerosamente a outrem um direito ou a propriedade de uma coisa, que, então, passará a integrar o patrimônio alheio. **2.** ***Medicina legal.*** a) Desarranjo das faculdades psíquicas; b) loucura, demência. **3.** Na ***linguagem comum,*** pode indicar indiferença moral, política, social e até mesmo intelectual. **4.** ***Direito administrativo.*** Doação, venda direta ou mediante licitação do domínio pleno de terras.

ALIENAÇÃO CRIMINOSA. ***Direito penal.*** Modalidade de estelionato consistente na venda, troca, dação em pagamento, locação ou ato de dar em garantia coisa alheia como própria, coisa própria inalienável gravada de ônus ou litigiosa ou imóvel que se prometeu vender a terceiro, mediante pagamento em prestações, silenciando sobre qualquer dessas circunstâncias.

ALIENAÇÃO DE ESTABELECIMENTO. ***Direito comercial.*** **1.** Trespasse. **2.** Transferência *inter vivos* ou *causa mortis* da titularidade do estabelecimento empresarial, ou melhor, da universalidade de fato inserida no patrimônio (*universitas juris*) do empresário. Com a alienação do estabelecimento mercantil, ou melhor, do complexo unitário de bens instrumentais de que se utiliza a atividade empresarial, ter-se-á também a do aviamento, a cessão de clientela e, consequentemente, a interdição de concorrência para o alienante, que terá o dever de não concorrer com o novo adquirente.

ALIENAÇÃO EM FRAUDE DE EXECUÇÃO. 1. ***Direito civil*** e ***direito processual civil.*** Transferência de bens do devedor a outrem com o propósito de subtraí-los de execução ou penhora iminente ou já iniciada pelo credor. Se a alienação for anterior àquela demanda, ter-se-á fraude a credores, mesmo que ao tempo da venda houvesse outras demandas afetando o patrimônio do devedor alienante. O reconhecimento da fraude e da ineficácia da alienação poderá ser declarado incidentalmente no processo de execução, independentemente de ação específica. **2.** ***Direito penal.*** a) Ato doloso de fraudar execução de sentença condenatória, evitando a penhora não só por alienação de bens, desvio, destruição ou danificação destes como também por simulação de débitos. Essa alienação criminosa é punida com detenção ou multa; b) transferência ou cessão de coisa própria, inalienável em fraude contra credor pignoratício, quando estiver na posse do bem empenhado, sob pena de reclusão e multa.

ALIENAÇÃO EM LEILÃO JUDICIAL. ***Direito processual civil.*** Alienação de bens penhorados, por meio de leilão judicial, que pode ser eletrônico (preferencialmente) ou presencial, desde que não efetivada a adjudicação ou alienação por iniciativa particular, será conduzida por leiloeiro público, exceto nas hipóteses de bens alienáveis em bolsa de valores.

ALIENAÇÃO FIDUCIÁRIA EM GARANTIA. ***Direito civil.*** Transferência feita pelo devedor ao credor da propriedade resolúvel e da posse indireta de um bem móvel, infungível ou fungível, ou de um bem imóvel como garantia do seu débito, resolvendo-se o direito do adquirente com o adimplemento da obrigação, ou melhor, com o pagamento da dívida garantida. A alienação fiduciária poderá ser contratada por pessoa natural ou jurídica, não sendo privativa das entidades que operam no SFI, podendo ter como objeto, além da propriedade plena: a) bens enfitêuticos, hipótese em que será exigível o pagamento do laudêmio, se houver a consolidação do domínio útil no fiduciário; b) o direito de uso especial para fins de moradia; c) o direito real de uso, desde que suscetível de alienação; e d) a propriedade superficiária. O contrato de alienação fiduciária celebrado no âmbito do mercado financeiro e de capitais, bem como em garantia de créditos fiscais e previdenciários, deverá conter, além dos requisitos definidos no Código Civil, a taxa de juros, a cláusula penal, o índice de atualização monetária, se houver, e as demais comissões e encargos. O devedor que alienar, ou der em garantia a terceiros, coisa que já alienara fiduciariamente em garantia, ficará sujeito à pena prevista no Código Penal.

ALIENAÇÃO MENTAL. 1. *Medicina legal.* a) Estado psicopatológico, de caráter temporário ou permanente, que afeta as faculdades mentais, podendo acarretar perda ou diminuição da adaptação ao meio social ou à realidade ambiental, falta de autoconsciência ou transtorno de ordem intelectual; b) distúrbio mental ou neuromental grave e persistente no qual, esgotados os meios habituais de tratamento, haja alteração completa ou considerável da personalidade, comprometendo gravemente os juízos de valor e realidade, destruindo a autodeterminação do pragmatismo e tornando o paciente total e permanentemente impossibilitado para qualquer trabalho. 2. *Direito civil.* Causa de interdição se, p. ex., impossibilitar, transitória ou permanentemente, a manifestação da vontade suscetível de tornar o afetado relativamente incapaz para praticar atos na vida civil sem a assistência do seu curador ou apoiador, nesta última hipótese, a pessoa com deficiência terá sua capacidade preservada. 3. *Direito penal.* Motivo de: a) inimputabilidade penal absoluta, pois exclui o alienado de qualquer responsabilidade pelo crime que, porventura, vier a praticar, se seu desenvolvimento mental for incompleto ou retardado ou, ainda, se, pela doença, for totalmente incapaz de ter qualquer discernimento; b) imputabilidade restrita, ante a menor intensidade da perturbação mental a que está cometido o delinquente, hipótese em que a pena poderá ser reduzida de um a dois terços.

ALIENAÇÃO PARENTAL. *Direito civil.* É a interferência na formação psicológica da criança ou do adolescente promovida ou conduzida por um dos genitores, pelos avós ou pelos que tenham o menor sob sua autoridade, guarda ou vigilância para que se repudie genitor-visitante ou cause prejuízo ao estabelecimento ou à manutenção de vínculos com este. No processo que envolver discussão sobre alienação parental, o juiz deverá, ao tomar o depoimento do incapaz, optar pela presença de um especialista (psicólogo, assistente social etc.) para auxiliá-lo, pois poderá, pelo seu conhecimento técnico, levá-lo a apreciar a causa com mais precisão (Nelson Nery Jr. e Rosa Mª de A. Nery).

ALIENAÇÃO POR INICIATIVA PARTICULAR. *Direito processual civil.* Se a adjudicação de bens penhorados não se realizar, o exequente poderá requerer sua alienação por sua própria iniciativa ou por intermédio de leiloeiro público ou corretor credenciado perante autoridade judiciária. O juiz fixará o prazo para sua efetivação, a forma de publicidade, o preço mínimo, as condições de pagamento e as garantias e, se for o caso, a comissão de corretagem. A alienação será formalizada por termo nos autos, assinado pelo juiz, pelo exequente, pelo adquirente e, se for presente, pelo executado, expedindo-se *carta de alienação e o mandado de imissão na posse, se se tratar de imóvel,* para o devido registro imobiliário, ou, se bem móvel, *ordem de entrega* ao adquirente.

ALIENÍGENA. *Direito civil.* Estrangeiro que ainda não se naturalizou, ou melhor, que ainda não veio a adquirir a nacionalidade do país onde está domiciliado.

ALIJAMENTO. *Direito comercial, direito marítimo* e *direito aeronáutico.* 1. Ação de alijar; ato de tornar leve. 2. Ato deliberado de lançar n'água, no todo ou em parte, a carga ou outros bens existentes a bordo, com a finalidade de salvar a embarcação ou parte da carga ou de outros bens. 3. Lançamento voluntário, necessário e extraordinário de objetos para fora do navio ou da aeronave para aliviá-los, desembaraçando-os da carga ou de algum acessório, havendo perigo iminente, ou para evitar algum mal maior, obtendo a segurança da navegação ou do voo. Constitui, portanto, uma avaria comum ou grossa feita em benefício do navio, da aeronave ou da carga. Esse alijamento poderá ser: a) *regular,* se feito por deliberação do comandante, tomada conjuntamente com os oficiais ou com todos os interessados, salvo em caso de emergência; b) *irregular,* se não forem tomadas as cautelas acima mencionadas. O alijamento deverá ser declarado em ata, sendo precedido de protesto formado a bordo, que deverá ser ratificado assim que se dê entrada no porto ou no aeroporto, seja ele de destino ou não. É preciso não olvidar que o alijamento não acarreta abandono da carga lançada; ela continuará a pertencer a seus legítimos proprietários e, se recuperada, a eles deverá ser entregue, pagando-se a quem a entregar o salvádego e as despesas que teve com o seu salvamento.

ALIMENTOS. *Direito civil.* 1. Todas as despesas ordinárias a que o alimentando faz jus. 2. Prestações, em dinheiro ou *in natura,* a serem pagas para atender às necessidades imprescindíveis à vida daquele que, por si, não as pode prover, compreendendo despesas com alimentação, habitação, vestuário, tratamento médico, diversões e, se a pessoa alimentada for menor de idade, ainda verbas para sua instrução e educação. Incluem também parcelas despendidas com sepultamento por parentes legalmente responsáveis pelos alimentos.

ALIMENTOS *EXPENSA LITIS.* *Direito processual civil.* São os fixados judicialmente para que o alimentando possa concorrer às despesas processuais.

ALIMENTOS GRAVÍDICOS. *Direito civil.* Valores suficientes para cobrir despesas durante o período de gravidez (alimentação especial, assistência médica e psicológica, exames, internação hospitalar, parto, medicamentos etc.). Após o nascimento, esses alimentos converter-se-ão em pensão alimentícia em favor do menor, até que uma das partes solicite sua revisão.

ALIMENTOS LEGÍTIMOS. *Direito civil.* São os impostos por lei em virtude do fato de existir entre as pessoas um vínculo de família oriundo de parentesco, de casamento ou da união estável.

ALIMENTOS PROVISIONAIS. *Direito processual civil.* Apesar de não mais previstos no atual CPC, poderão ser pleiteados, mediante tutela provisória de urgência de natureza cautelar, antes ou durante a ação principal alusiva à investigação de paternidade, à dissolução da sociedade ou do vínculo matrimonial etc., mediante medida cautelar, com o escopo de obter a fixação, em caráter provisório, de uma quantia pecuniária suficiente para a sobrevivência ou mantença do autor e de seus filhos e dependentes, enquanto não forem fixados os alimentos definitivos, abrangendo, além de despesas para alimentação, habitação, vestuário, medicamentos e educação, as oriundas das custas judiciais. Têm por objetivo garantir tão somente a subsistência do alimentando durante a demanda.

ALIMENTOS PROVISÓRIOS. *Direito processual civil.* São os fixados incidentalmente no curso de um processo de cognição ou liminarmente em despacho inicial, em ação de alimentos, cujo procedimento está previsto em legislação específica, após prova de parentesco, casamento ou união estável.

ALIMENTOS REGULARES. *Direito civil.* São os estabelecidos pelo magistrado ou pelas partes (no caso de separação judicial consensual ou extrajudicial — cujas normas perderão eficácia social por não ser mais requisito prévio para o divórcio — ou de divórcio judicial ou extrajudicial), com prestações periódicas, de caráter permanente, embora sujeitos a revisão.

ALIMENTOS RESSARCITÓRIOS. *Direito civil.* São os destinados a indenizar a vítima de um ato ilícito. Por exemplo, o autor de homicídio tem responsabilidade civil de prestar alimentos a quem a pessoa por ele assassinada devia.

ALÍQUOTA. 1. *Direito tributário.* Termo utilizado pela lei para designar índice, ou percentagem, a ser aplicado sobre a base de cálculo do fato gerador do tributo, com o escopo de determinar o *quantum* devido ao Fisco a título de prestação tributária, possibilitando sua cobrança. **2.** *Direito civil.* Quinhão do herdeiro.

ALISTAMENTO ELEITORAL. *Direito eleitoral.* Ato de natureza administrativa pleiteado pelo interessado a uma autoridade competente, desde que seja maior de dezoito anos, brasileiro nato ou naturalizado, consistente na sua qualificação e inscrição como eleitor. Urge não olvidar que esse alistamento é *obrigatório*, por sê-lo também o voto, tornando o inscrito apto para votar, para ser eleito e para se filiar a algum partido político. Todavia é *facultativo* para os analfabetos, para os maiores de setenta anos e para aqueles que estão na faixa etária entre dezesseis e dezoito anos.

ALISTAMENTO MILITAR. *Direito militar.* Ato obrigatório por lei, pelo qual todo brasileiro nato ou naturalizado, na data em que completar dezessete anos, deve apresentar-se para a prestação do serviço militar.

ALQUEIRE. *Direito agrário.* Unidade de medida agrária de valor variável conforme a região, utilizada para medir terras. No Estado de São Paulo equivale cada alqueire a 24.200 m^2, em Minas Gerais, Goiás e Rio de Janeiro, a 48.400 m^2 e nos Estados do Nordeste, a 27.225 m^2.

ALTERAÇÃO DE FIRMA. *Direito comercial.* É a que se opera mediante contrato modificativo quando: a) se substitui uma firma comercial por outra; ou b) se modifica uma firma, ou melhor, nome ou razão social, sob a qual o empresário ou a sociedade exerce a atividade econômica organizada para a produção ou a circulação de bens ou de serviços e assina-se nos atos a ela alusivos. Essas mutações são feitas por meio de *alteração no contrato social*, devidamente arquivada na Junta Comercial, anotando-se tal ocorrência no registro da firma. Essa modificação poderá dar-se por inúmeras causas, dentre elas a retirada de sócio que lhe empresta o nome ou o falecimento do titular da firma. Feita a alteração da razão social, será imprescindível torná-la pública, mediante avisos colocados em jornais ou circulares enviadas a seus clientes.

ALTERAÇÃO DE NOME CIVIL. *Direito civil.* Modificação do nome de uma pessoa natural em razão, por exemplo, de: a) mudança no estado de filiação, pois, com o reconhecimento de filho, este receberá os apelidos do genitor que o reconheceu, prevalecendo o sobrenome paterno, se reconhecido tanto pela mãe como pelo pai. Na adoção, o adotado poderá modificar o prenome e deverá acrescentar ao seu nome o sobrenome do adotante; b) parentesco por afinidade, pois enteado ou enteada poderá requerer ao juiz que, no registro de nascimento, seja averbado o nome de família de seu padrasto ou madrasta, desde que estes anuam expressamente, sem prejuízo de seus apelidos de família; c) casamento, por surgir para qualquer dos cônjuges o direito de usar, se quiser, o patronímico do outro, podendo perder esse direito, em certos casos, com a anulação do matrimônio, separação judicial ou extrajudicial, se culpado, e divórcio; d) união estável, já que a mulher solteira, separada, divorciada ou viúva que viva com homem solteiro, separado ou viúvo poderá usar o apelido de família deste, acrescentando-o ao seu, se tiver filho com ele ou se a vida em comum já perdure há algum tempo, e desde que ele concorde com isso; e) modificação do nome do pai ou do marido, que faz com que seus filhos menores ou sua mulher tenham, obrigatoriamente, de mudar o patronímico anteriormente usado por ele. Quanto aos filhos maiores tal alteração será facultativa; f) erro gráfico evidente ou falha ortográfica, hipótese em que se terá, na verdade, uma retificação e não uma alteração; g) exposição ao ridículo ou a situações vexatórias, desde que se prove o escárnio a que é exposto seu portador; h) embaraços no setor empresarial ou em atividade profissional, evitando, por exemplo, homonímia; i) tradução de prenome, que é caso de retificação do registro; j) desuso do patronímico, pela incoincidência com o usado no meio social; k) supressão de um dos componentes do nome; l) transformação de prenome simples em composto ou duplo em simples, salvo se se tratar de nome célebre, desde que se respeite o apelido de família; m) inclusão de nome de família materno; n) acréscimo de nomes intermediários, inserindo apelido, colocando nome dos avós etc.; o) inversão dos elementos que compõem o prenome composto; p) descoberta do nome verdadeiro; q) mudança de sexo; r) proteção por ter sido vítima ou testemunha de crime.

ALTO-MAR. 1. *Direito internacional público.* a) Consiste na parte do mar que, por se iniciar no limite das águas territoriais, não pertence a nenhum Estado soberano, sendo livre à navegação, à pesca e à colocação de cabos e oleodutos submarinos, não se submetendo à jurisdição de qualquer potência; b) é a *res communis*, por envolver interesses de toda a sociedade internacional; c) água situada além da zona contígua. **2.** *Direito marítimo.* Diz-se da zona do mar em que os atos jurídicos somente serão válidos quando efetivados pelo capitão do navio, que exerce toda autoridade, tendo em mãos todos os poderes administrativos, como os de juiz, tabelião e polícia.

ALUGUEL. *Direito civil.* **1.** Locação ou ato de tomar ou dar algo para ser utilizado por tempo determinado, mediante pagamento de um preço certo. **2.** Remuneração, em moeda nacional, paga, periodicamente, pelo locatário ao locador pela cessão do direito de uso da coisa infungível que lhe foi alugada. O preço da locação deve ser sério, pois, se for irrisório, ter-se-á empréstimo dissimulado, ou melhor, comodato.

ALUGUEL PROVISÓRIO. *Direito civil e direito processual.* É, na ação revisional, o preço do aluguel fixado pelo juiz, baseado em dados fornecidos pelo autor, não excedente de 80% do pedido que é devido desde a citação (Othon Sidou).

ALUVIÃO. *Direito civil.* Modo originário de adquirir propriedade imóvel, consistindo na acessão natural, que se opera pelo acréscimo paulatino de terras às margens de um rio, mediante lentos e imperceptíveis depósitos, aterros naturais ou desvio das águas. Esse acréscimo importa em aquisição da propriedade por parte do dono do imóvel a que se aderem essas terras. Será *própria* a aluvião quando o acréscimo se formar por depósitos ou aterros naturais nos terrenos marginais do rio, e *imprópria* quando tal acréscimo se formar em razão do afastamento das águas que descobrem parte do álveo. O proprietário que se beneficiar com a aluvião oriunda de desvio de águas de um rio não estará obrigado a ressarcir aquele que suportou o refluxo; este deverá suportar o dano sozinho. Não se considera como terreno aluvial o solo descoberto pela retração de águas dormentes (aluvião imprópria), como lagos e tanques; logo, os donos dos terrenos confinantes não os adquirem, assim como não perdem os que as águas invadirem. Igualmente, não se consideram como aluvião os aterros artificiais ou acréscimos de terras feitos pelo proprietário ribeirinho para alterar a conformação periférica de seu imóvel, sem prejuízo de terceiros. Se causar dano a alguém deverá ressarci-lo na forma do direito comum.

ALVARÁ. 1. *Direito administrativo.* Instrumento de autorização ou licença expedido por autoridade administrativa em favor de um particular para a prática de certo ato, exercício de um direito ou efetivação de determinada atividade, por exemplo, alvará para construção. **2.** *Direito processual.* a) Ato judicial certificando alguma medida incidente ou confirmando algum ato, estado ou direito; b) ordem escrita emanada pelo magistrado em favor de alguém, reconhecendo, autorizando ou determinando certos atos ou direitos. Tem por objeto o cumprimento de uma decisão tomada numa sentença ou num despacho, por exemplo, alvará de suprimento de consentimento, alvará para venda etc.; c) despacho; d) documento que contém autorização do juiz para a realização de determinado negócio jurídico (Nelson Nery Jr. e Rosa Mª de A. Nery). **3.** *História do direito.* a) Diploma assinado pelo monarca, favorecendo alguém em negócios públicos ou de interesse privado; b) carta de escritura autêntica; c) passaporte; d) ato administrativo de competência do rei, cuja vigência era de apenas um ano, referendado pelo Secretário de Estado e publicado pela chancelaria-mor, com o escopo de promulgar deliberações temporárias daquele soberano. Era, portanto, um decreto do Executivo, que vinha introduzir modificações sobre algo que já estivesse estabelecido.

ÁLVEO ABANDONADO. 1. ***Direito internacional público.*** Leito de um rio limítrofe de dois países que, em razão de desvio de águas, veio a secar. A fronteira entre os dois Estados ficará, em regra, inalterada na linha mediana do álveo abandonado, pois o talvegue do rio (do antigo leito) continuará a assinalar a linha confinante, salvo se aqueles Estados, por mútuo acordo, decidirem traçar outro limite fronteiriço, atendendo a algum interesse de ordem econômica ou política. A esse respeito será preciso que os países confinantes assinem um tratado sobre a delimitação fronteiriça fluvial, abordando a questão do abandono de álveo, evitando problemas futuros. Se vier a abrir novo curso-d'água, este pertencerá ao país em cujo território estiver. **2.** ***Direito civil.*** Depressão de terreno que, anteriormente, servia como leito de um rio, cujas águas secaram, abrindo, naturalmente, novo curso, ou foram desviadas por obra particular ou pública. A acessão natural por abandono de álveo dá-se por um rio que seca ou se desvia em virtude de fenômeno natural. O álveo abandonado da corrente pertence aos proprietários ribeirinhos das duas margens, sendo que a divisão será feita com base em sua linha mediana, pertencendo a cada um na extensão de sua testada, por uma linha perpendicular da margem, nos pontos extremos, à linha mediana do álveo. Os donos dos terrenos por onde as águas, natural e acidentalmente, abrirem novo curso não terão nenhum direito de ser indenizados, por se tratar de força maior que não pode ser evitada.

AMBIGUIDADE. ***Teoria geral do direito*** e ***filosofia do direito.*** Palavra que pode conduzir a várias interpretações, ante o fato de conter diferentes significados; possibilidade de interpretação dúbia de uma palavra; existência de duplo sentido ou dubiedade interpretativa numa disposição de lei ou em cláusula contratual, em razão de algum defeito de redação, que levanta dúvida relativamente ao seu real significado, requerendo do intérprete ou do aplicador uma interpretação racional, ou seja, mais consentânea com a realidade fático-social e com os valores positivos.

AMEAÇA. 1. Na ***linguagem comum,*** designa a perspectiva de um mal, que vem a abolir ou a restringir a livre manifestação da vontade de alguém, atemorizando-o, enunciada por palavra, gesto ou sinal. **2.** ***Direito civil.*** Coação ou ato pelo qual alguém exerce uma pressão física ou moral sobre outra pessoa, sua família, seus bens ou sua honra, para obrigá-la a realizar certo negócio. Urge lembrar que a ameaça do exercício normal de um direito não consistirá ilícito nem coação suscetível de anular o negócio. **3.** ***Direito constitucional.*** Diz-se da perturbação da ordem interna tendente a colocar em perigo as instituições jurídicas e a segurança do Estado e dos cidadãos. Trata-se da *ameaça interna*, que constitui crime contra a segurança nacional. **4.** ***Direito internacional público.*** Ânimo que apresenta um país em agredir outro, fazendo com que este tome providências, inclusive belicosas, para resguardar a integridade de seu território, de modo a não se surpreender com a execução da *ameaça externa*. **5.** ***Direito penal.*** a) Advertência de futura pena; b) promessa de fazer um mal injusto e grave a outrem, incutindo-lhe sério receio. Por ser um crime contra a liberdade individual, será apenado com detenção ou multa; c) constrangimento ilegal que consiste em levar alguém, mediante violência ou grave ameaça, ou depois de lhe haver reduzido a capacidade de resistência, a não fazer o que a lei permite ou a fazer o que ela não manda. **6.** ***Direito processual civil.*** a) Causa justificadora do pedido de interdito proibitório, pois este só é cabível na hipótese de haver ameaça de turbação ou de esbulho da posse; b) intimação.

AMICUS CURIAE.* 1.** ***Locução latina. a) Amigo da corte, do tribunal, da cúria ou da justiça; b) perito nomeado pelo juiz para aconselhá-lo (Paulo Rónai). **2.** ***Direito processual civil.*** a) Aquele que busca, em juízo, a tutela de interesses ou direitos não subjetivados nas partes litigantes, nem nele próprio, mas que influenciam o julgamento da causa (Cássio Scarpinella Bueno). É o legítimo representante desses interesses e direitos de outrem. O juiz ou relator, diante da relevância da matéria, da especificidade da demanda ou da repercussão social da controvérsia, poderá, por decisão irrecorrível, de ofício ou a requerimento das partes ou de quem pretenda manifestar-se, solicitar ou admitir a participação de pessoa natural ou jurídica, órgão ou entidade especializada, com reconhecimento científico ou representatividade adequada, no prazo de 15 dias de sua intimação. O *amicus curiae* deverá demonstrar a razão de sua intervenção e a relação de seu interesse institucional com o processo para opinar sobre a questão. Sua intervenção poderá dar-se, por ex., no incidente de resolução de demandas repetitivas ou no de declaração de inconstitucionalidade; b) eventual interessado, entidade de classe, associação, organização não governamental que, na função de interveniente, apresente memorial ou faça sustentação oral nos julgamentos de Juizados Especiais Federais; c) interveniente (Cássio Scarpinella Bueno); d) forma de intervenção processual que possibilita a participação do cidadão nas ações sobre controle concentrado de constitucionalidade de normas jurídicas, de interesse social relevante; e) pessoa ou entidade que não é parte na causa, mas tem interesse na matéria em julgamento, e que requer ao tribunal permissão para submeter uma manifestação com objetivo de influenciar uma decisão importante para a sociedade. Sua atuação poderá dar-se mediante sustentação oral, memorial-manifestação contendo informações valiosas, em processos que envolvam interesses coletivos ou difusos. Sua tarefa não é beneficiar um dos litigantes, mas auxiliar o tribunal, daí exercer uma assistência qualificada (Paulo Afonso Linhares); f) na ação direta de inconstitucionalidade há possibilidade de intervenção processual do *amicus curiae*, investido de representatividade adequada de uma entidade ou órgão, para manifestar sobre questão de direito subjacente à própria controvérsia constitucional, havendo interesse geral da coletividade ou estando em jogo valores essenciais de grupos, classes ou estratos sociais, possibilitando ao STF a análise de elementos informativos necessários à resolução da controvérsia (Edgard Silveira Bueno Filho); g) auxiliar ou assistente técnico-jurídico do juiz, com função similar à do perito, que contribui para o aprimoramento da qualidade de decisão judicial, não sendo, portanto, integrante da relação jurídica processual. Por exemplo, a intervenção da CVM nos processos relativos às questões de sua competência e a do CADE em ação civil pública.

AMIZADE ÍNTIMA. 1. *Direito processual.* a) Causa impeditiva de testemunho, por exemplo, entre cônjuges e parentes até terceiro grau, pois há uma implícita e presumida amizade íntima entre eles; b) motivo de exceção de suspeição se existente entre magistrado, testemunha, perito, administrador judicial etc. e a pessoa de um dos litigantes, do acusado, do falido etc. **2.** Comumente significa o laço de afeição que liga duas pessoas que apresentam intimidade por estarem em contato permanente ou por terem convivência.

AMORTIZAÇÃO. 1. *Direito civil.* a) Ato ou efeito de amortizar; b) pagamento parcial de uma dívida efetivado periodicamente; c) quantia empregada, de modo parcelado, para amortizar um débito; d) extinção; e) diminuição; f) resgate gradual de uma obrigação, mediante parcelas sucessivas, até que se tenha o seu pagamento total, ante a impossibilidade de ser a dívida paga de uma só vez. **2.** *Direito administrativo.* a) Estabelecimento público com a função de emitir, substituir, trocar, queimar e resgatar títulos de dívida pública ou papel-moeda em circulação; b) resgate anual da dívida pública, seja ela interna ou externa, feito pelo governo, mediante cotas que, para essa finalidade, foram consignadas no orçamento, até que se opere a completa extinção da mencionada dívida. **3.** *Direito tributário.* Dedução que poderá ser legalmente feita pelo contribuinte do imposto sobre a renda, com o escopo de se promover a tributação pelo líquido efetivo do que se apurar de seus rendimentos. **4.** *Direito comercial.* Parcela que, anualmente, é retirada pelo empresário do lucro líquido verificado em seu negócio com o objetivo de atender à depreciação de certos bens ativos que figuram no balanço.

AMOTINAÇÃO. *Direito penal.* **1.** Ato de amotinar, rebelar, de se revoltar contra governo. **2.** Motim; revolta; rebelião; sublevação armada ou sedição, perturbando a ordem pública, podendo trazer perigo à existência do Estado e à forma de governo. **3.** Motim de presos, perturbando a disciplina da prisão. É crime punido com detenção, além da pena correspondente à violência.

ANALOGIA. *Teoria geral do direito.* É a aplicação, a um caso não regulado de modo direto ou específico por uma norma jurídica, de uma prescrição normativa prevista para uma hipótese distinta, mas semelhante ao caso não contemplado, fundando-se na identidade do motivo da norma e não na identidade do fato.

ANALOGIA *IN BONAM PARTEM*. *Direito penal.* É a única admitida na seara penal, ante o princípio *nullum crimen, nulla poena sine lege*, usada somente para favorecer o réu, jamais para criar delito ou agravar a pena, visto que as leis penais restringem a liberdade individual, não se podendo permitir que o juiz acrescente outras limitações além das previstas pela lei.

ANARQUIA. *Ciência política.* **1.** Sistema político-social pelo qual o indivíduo se emancipa do Estado e do direito objetivo e se desenvolve livremente, dispensando-se, por isso, o governo. **2.** Ausência de governo; negação do poder. **3.** Desordem.

ANATOCISMO. 1. *Direito civil.* Cobrança de juros sobre o juro vencido e não pago, que se incorporará ao capital desde o dia do vencimento. Trata-se da capitalização dos juros não admitida legalmente, mesmo que expressamente convencionada em contrato, salvo em operações regidas por normas especiais. **2.** *Direito comercial.* Cumulação dos juros vencidos aos saldos liquidados em conta corrente de ano a ano, permitindo-se a contagem posterior dos juros sobre os saldos apurados. **3.** Delito de usura.

ANENCEFALIA. *Medicina legal.* Ausência total ou parcial dos centros nervosos ou de cérebro, ou melhor, de encéfalo e medula espinhal.

ANEXAÇÃO. 1. *Direito internacional público.* a) Incorporação de um País a outro, vindo, então, a perder sua autonomia; b) junção de parte do território de um Estado a outro; c) reunião de um Estado a outro, mantendo uma certa independência política. 2. *Direito civil.* Junção de um bem acessório ao principal.

ANIMUS. *Termo latino.* Intenção, vontade, ânimo. Elemento subjetivo imprescindível para a caracterização de certos delitos ou ilícitos e para a configuração de certas situações ou atos negociais.

ANIMUS AEMULANDI. 1. *Locução latina.* Intenção de emular, dissimular, imitar, copiar ou reproduzir; ânimo de rivalizar. 2. *Direito processual civil.* Se houver ajuizamento de demanda ou prática de atos processuais onde se denote espírito de emulação, ter-se-á responsabilidade por perdas e danos.

ANIMUS DERELINQUENDI. *Locução latina.* Vontade ou intenção de abandonar uma coisa.

ANIMUS DOMINI. *Locução latina.* Intenção de agir como dono, de obter o domínio de uma coisa ou de ser proprietário.

ANIMUS JOCANDI. *Locução latina.* Intenção de pilheriar, brincar ou gracejar.

ANIMUS NECANDI. *Locução latina.* Intenção de matar.

ANIMUS NOVANDI. *Locução latina.* Intenção de novar, ou seja, de contrair uma nova obrigação, extinguindo a anterior.

ANIMUS SOLVENDI. *Locução latina.* Intenção de pagar ou de cumprir uma obrigação.

ANINHAMENTO. *Vide* GUARDA DA NIDAÇÃO.

ANISTIA. 1. *Direito penal.* Medida de clemência do Poder Público que, por razões político-sociais, vem beneficiar os condenados por crimes coletivos, em regra políticos, isentando-os de pena, apagando todos os efeitos da condenação, desconstituindo a *res judicata* e integrando-os no pleno gozo de seus direitos. Produz, portanto, efeitos *ex tunc*; com isso, se a pessoa anistiada vier a cometer outro crime, não será tida como reincidente. É preciso, ainda, lembrar que, como a anistia só alcança os efeitos penais da sentença, não poderá obstar a ação civil de reparação de dano. 2. *Direito administrativo.* Perdão, concedido por lei, que leva ao esquecimento das infrações administrativas dos funcionários, arquivando-se os processos que, porventura, estiverem pendentes, suspendendo-se o cumprimento das penas cominadas e cancelando-se os efeitos das já executadas.

ANISTIA FISCAL. *Direito tributário.* Ato decorrente de lei do poder tributante que declara a exclusão de infrações tributárias cometidas antes de sua vigência, para todos os efeitos, desde que não sejam abrangidos crime, contravenção ou atos praticados com dolo, fraude, simulação ou conluio. A anistia tão somente opera a extinção do crédito alusivo à infração, não se confundindo com a remissão, que vem a cancelar o crédito atinente ao tributo. A anistia poderá ser *geral*, caso em que independerá de requerimento ou formalidades, ou *limitada* a certo tributo ou região ou sob condição de pagamento em prazo prefixado. É a anistia, portanto, o perdão de infração aos deveres tributários, excluindo a sua punibilidade.

ANO AGRÁRIO. 1. *Direito agrário.* Espaço de tempo entre o início e o término da colheita ou safra principal da cultura explorada pelo agricultor. 2. *Direito civil.* Tempo de duração da locação de serviços agrícolas.

ANO-BASE. *Direito tributário.* É o considerado como ponto referencial para computar-se um fenômeno de ordem tributária ou financeira.

ANO CIVIL. 1. É o computado de 1º de janeiro a 31 de dezembro. Tal período corresponde à revolução da Terra em torno do Sol, que leva 365 dias (ano comum) ou 366 (ano bissexto). 2. Lapso de tempo de doze meses contado do dia do início ao dia e mês correspondentes do ano seguinte, de modo que, se no ano ou mês do vencimento não houver o dia correspondente ao do início do prazo, este findará no primeiro dia subsequente.

ANO COMERCIAL. É o que apresenta 360 dias, ou seja, doze meses de trinta dias, embora tenha o início e o fim do ano civil.

ANO CRIMINAL. É o compreendido no período sucessivo de 365 dias, para efeito de execução da pena e para cômputo do prazo prescricional.

ANO ECONÔMICO. *Direito administrativo* e *direito financeiro.* Tempo decorrido entre a abertura e o encerramento das contas do Estado.

ANO E DIA. *Direito civil e direito processual civil.* Prazo computado de certo fato ou ato para pleitear, mediante procedimento especial, determinado direito ou alguma medida liminar, sem que se considere o último dia (*dies ad quem*). Por exemplo, a proteção da posse disciplinada por procedimento especial de manutenção ou reintegração só poderá ser levada a efeito dentro de "ano e dia" da turbação ou do esbulho sofrido; após o transcurso desse prazo, o procedimento será ordinário. Há determinados direitos que podem perecer pelo transcurso do tempo de "ano e dia", por exemplo, se, após tal prazo de ano e dia da construção de janelas, terraços, goteiras, sacadas etc. em prédio alheio, o seu proprietário prejudicado não exigir que se as desfaçam, perderá tal direito, e aquelas construções serão mantidas.

ANO FISCAL. *Direito administrativo* e *direito financeiro.* Período de um ano civil, ou seja, de 1º de janeiro a 31 de dezembro, dentro do qual um órgão governamental opera a apuração de receitas e a efetivação de despesas.

ANO LETIVO. *Direito educacional.* Tempo compreendido entre a abertura e o encerramento das aulas num estabelecimento de ensino.

ANOMALIA. *Medicina legal.* **1.** Anormalidade. **2.** Malformação psíquica ou física congênita ou não. **3.** Desvio acentuado de conduta, fora do padrão normal.

A NON DOMINO. *Expressão latina.* Por parte de quem não é o dono. Assim, a aquisição *a non domino* seria aquela em que o alienante da coisa móvel ou imóvel não é o seu proprietário legítimo, por não ter o seu domínio.

ANONIMATO. **1.** Ato de escrever anonimamente, ou seja, sem identificação, passando os direitos autorais ao editor. **2.** Condição do autor de algum escrito não assinado. **3.** Condição de alguém que, tendo nome, o oculta. **4.** Causa de apreensão policial de impresso que exprima o exercício da liberdade de manifestação do pensamento e de informação sem conter a identificação de seu autor. **5.** Abuso de liberdade de pensamento que pode ser punido criminalmente. **6.** Ação de uma pessoa que, ao ocultar seu nome, vem a atacar outra, injuriando-a, caluniando-a ou difamando-a, procurando esquivar-se, assim, da responsabilidade.

ANO ÚTIL. Período de 365 dias de trabalho produtivo, excluindo-se feriados, sábados, domingos e os dias de férias.

ANTECIPAÇÃO DA LEGÍTIMA. *Direito civil.* Ato *inter vivos* pelo qual o pai doa bens a seu filho ou pelo qual um cônjuge faz doação a outro. Constitui adiantamento da legítima por ser uma partilha em vida daquilo que por morte do doador o donatário receberia. Tal doação será conferida no inventário do doador por meio da colação.

ANTECIPAÇÃO DA TUTELA. *Direito processual.* **1.** É uma técnica processual que visa a distribuir de forma isonômica o ônus do tempo no processo, permitindo a sua adequação a partir da urgência em prover ou da evidência do direito postulado em juízo (Daniel Mitidieros). **2.** *Vide* TUTELA ANTECIPADA.

ANTECIPAÇÃO DO PARTO. *Direito penal.* **1.** Lesão corporal grave, punida com reclusão, que consiste no intencional desencadeamento das contrações uterinas antes do termo do ciclo gravídico, ou do período determinado para o nascimento, com expulsão de feto vivo e com condições de viabilidade. **2.** Lesão corporal gravíssima se a provocação do parto, antes do termo final da gestação, resultar em aborto.

ANTEDATA. **1.** *Direito penal.* Ato de apor data falsa, anterior à verdadeira, em título ou documento, particular ou público, com o escopo de fazer crer que houve uma situação jurídica anterior inexistente, constituindo-se num delito, ou seja, no crime de falsidade documental, suscetível de punição criminal, pois a alteração para apor antedata é índice de falsidade. **2.** *Direito civil.* Data constante em algum documento anterior àquela em que foi escrito ou elaborado, configurando uma simulação, conducente à nulidade do ato negocial, se uma das partes pretendeu, com isso, tirar vantagens em prejuízo da outra. Havendo essa simulação, o prejudicado poderá pleitear a nulidade do ato da antedata, evitando, dessa forma, que venha a produzir os efeitos pretendidos pelo simulador. **3.** *Direito tributário.* Ação pela qual o contribuinte apõe em documento data anterior, com o propósito de fraudar a lei, para escapar ao cumprimento de algum dever fiscal, passível de ser anulada a pedido do representante da Fazenda Pública.

ANTEPROJETO. *Direito constitucional.* Esboço preliminar de projeto a ser analisado por parlamentares. Dada sua redação final, após estudo e discussão, transformar-se-á em projeto de lei.

ANTICRESE. *Direito civil.* Convenção mediante a qual o credor, retendo um imóvel do devedor, percebe os seus frutos para conseguir a soma de dinheiro emprestada, imputando na dívida, até o seu resgate, as importâncias que for recebendo. A anticrese autoriza, portanto, o credor a reter o imóvel, para perceber os seus frutos e rendimentos, com o escopo de compensar o débito dos juros e amortizar o capital da dívida, não tendo o direito de promover a venda judicial do bem dado em garantia. É um *direito real de garantia* sobre coisa alheia.

ANTIGUIDADE. **1.** Dualidade do que é antigo. **2.** Tempo muito antigo. **3.** Lapso de tempo que vai do fim da pré-história até a queda do Império Romano. **4.** *Direito administrativo.* a) Anterioridade da nomeação para cargo público; b) tempo de serviço do funcionário público que lhe dá direito de ser promovido para um cargo mais alto. **5.** *Direito do trabalho.* Critério usado para promoção, dentro da categoria profissional, e para recebimento de adicional de tempo de serviço, o qual integrará o salário.

ANTINOMIA. *Filosofia do direito.* **1.** Oposição existente entre normas e princípios no momento de sua aplicação por serem emanadas de autoridades competentes num mesmo âmbito normativo, fazendo com que o aplicador fique numa posição insustentável pela ausência ou inconsistência de critério normativo para sua solução. Caso em que se tem antinomia real (Tércio Sampaio Ferraz Jr.). **2.** Contradição inevitável a que, segundo Kant, chega o espírito quando se aplica a certos conceitos, ou melhor, ao empregar as concepções *a priori* ao transcendente e absoluto. **3.** Reunião de proposições que parecem ser contraditórias e provadas, mas, na verdade, a contradição é apenas aparente ou a prova de uma daquelas é, no mínimo, não concludente. **4.** Conflito de normas aparente que pode ser solucionado pelos critérios: hierárquico, cronológico e da especialidade.

ANTROPOLOGIA CRIMINAL. *Direito penal.* Ciência que estuda o delinquente sob o prisma socioambiental, físico e psíquico, verificando causas, fatores ou motivos de sua delinquência, para chegar à sua prevenção e a uma conclusão científica que traga subsídios para a viabilidade de um tratamento penitenciário individualizado do detento e uma orientação da reação social contra a criminalidade.

ANTROPOMETRIA JUDICIÁRIA. *Medicina legal.* **1.** Conjunto de processos para mensurar o corpo humano ou as suas partes. **2.** Método de Bertillon, apropriado para a identificação judiciária, consistente em verificar os caracteres somáticos identificadores do indivíduo, apontando suas particularidades, como anomalias, cicatrizes, deformidades, tatuagens, impressões digitais etc.

ANULABILIDADE. *Direito civil.* Sanção imposta pela norma jurídica que determina a ineficácia *ex nunc* de um ato ou negócio jurídico: a) praticado por pessoa relativamente incapaz, sem a devida assistência de seu legítimo representante legal; b) viciado por erro, dolo, coação, estado de perigo, lesão ou fraude contra credores; c) declarado anulável por lei, tendo em vista a situação particular em que se encontra determinada pessoa. Trata-se da *nulidade relativa*, sendo que com a sua declaração judicial o negócio produzirá efeitos até esse momento, resguardados os direitos de terceiro. Essa nulidade relativa é pronunciada no interesse do prejudicado com o negócio ou de um grupo de pessoas, restringindo seus efeitos aos que a alegaram; por isso, só poderá ser por eles alegada ou por seu representante legítimo, não sendo permitida, portanto, a decretação *ex officio* pelo juiz. A anulabilidade refere-se a negócio que se acha inquinado de vício capaz de lhe determinar a ineficácia, mas que poderá ser eliminado, restabelecendo-se a sua normalidade, por ser sanável, suprível ou suscetível de confirmação.

ANULAÇÃO DE ATO ADMINISTRATIVO. *Direito administrativo.* Invalidação de ato administrativo ilegal, por ter sido praticado em desobediência a uma norma jurídica, decretada pela Administração, hipótese em que se terá anulação *ex officio* ou pelo Poder Judiciário, caso em que se configurará a anulação provocada ou por sentença, desfazendo seus efeitos *ex tunc*, ou seja, retroativamente. Difere, portanto, da revogação do ato administrativo, que se funda em motivos de mérito, ou seja, na sua inoportunidade ou inconveniência.

ANULAÇÃO DE DECISÃO. *Direito processual civil.* **1.** Forma suscetível de desconstituir ato decisório do Judiciário mediante: a) ação rescisória, se se tratar de decisão de mérito enquadrada numa das causas arroladas em lei, tais como: se dada por prevaricação, concussão ou corrupção do juiz; se proferida por juiz impedido ou absolutamente incompetente; se resultante de dolo ou coação da parte vencedora em detrimento da parte vencida ou de simulação ou colusão entre as partes para fraudar a lei; se ofender coisa julgada; se violar literal e manifestamente disposição de lei; se se fundar em prova cuja falsidade tenha sido apurada em processo criminal, ou seja, provada na própria ação rescisória; se, depois do trânsito em julgado da sentença, o autor obtiver prova nova, cuja existência ignorava ou de que não pôde fazer uso, capaz, por si só, de lhe assegurar pronunciamento favorável; se fundada em erro de fato verificável do exame dos autos; b) interposição de recurso para obter nova decisão de órgão superior sobre o objeto formal ou material do processo. 2. *Vide* AÇÃO RESCISÓRIA.

ANULAÇÃO DE LANÇAMENTO. *Direito tributário.* Ação de rito ordinário proposta pelo contribuinte para invalidar um lançamento ilegal que esteja lesando seu direito, ante o fato de ter havido uma apuração ou apreciação do fato gerador contrária à lei, perfeccionando a formação do crédito do imposto.

ANVERSO. *Economia política.* **1.** Face anterior ou lado oposto ao verso de um documento ou título. **2.** Face da moeda que contém a efígie ou o emblema.

APARTHEID. *Ciência política.* **1.** Indica a política ou regime de segregação racial, que tem por escopo fazer com que haja o predomínio da raça branca sobre a negra. **2.** Manutenção da supremacia de uma aristocracia branca, baseada em uma hierarquia de castas raciais, onde há uma correlação entre a cor da pele e a possibilidade de acesso aos direitos e ao poder social e político (Gentili, Kuper e Legassick).

APART-HOTEL. *Direito civil.* Compreende um conjunto de unidades habitacionais pertencentes a mais de um proprietário, em regime de condomínio, de modo que a administração condominial de coisa comum presta serviços aos proprietários (ou usuários em seu nome), tais como: arrumação e limpeza dos apartamentos, lavagem de roupas, recepção etc. Cada unidade será usada ou explorada economicamente pelo seu proprietário, que poderá dar-lhe o destino que quiser, usando-a como moradia ou cedendo seu uso a terceiro, a quem ficará permitida, posteriormente, até mesmo a sua compra. O contrato pelo qual se faz a cessão do uso da unidade habitacional do *apart-hotel* é o inominado misto, que abrange a locação de imóvel para fins residenciais, de coisas móveis e a prestação de serviços. Não se confunde com a locação de apartamento mobiliado, por conter prestação de serviço pela administração condominial do *apart-hotel*, nem pode ser considerado hospedagem. Como não se submete à lei do inquilinato, não será suscetível de gerar para o proprietário o direito de usar a ação de despejo; assim, se o seu usuário não o restituir, cabível será a ação possessória.

APÁTRIDA. *Direito internacional privado.* Pessoa sem pátria ou nacionalidade. A perda desta dá-se, por exemplo: em virtude de imposição legal; pela aceitação de pensão de governo alienígena; a título de pena, por prestar serviço militar no exterior sem permissão do governo nacional; no caso de indivíduo nascido num Estado que aceite o *jus sanguinis*, sendo seus genitores oriundos de um país que adote o *jus soli*; na hipótese de casamento de mulher com estrangeiro cujo país não reconheça o matrimônio como modo aquisitivo de nacionalidade, uma vez que há países na Europa em que ela perde sua nacionalidade, vindo a assumir a do marido.

APELAÇÃO CIVIL. *Direito processual civil.* Recurso cabível contra sentença proferida no processo de conhecimento, no de execução, nos de urgência, nos procedimentos especiais e nos de jurisdição voluntária e contra decisões interlocutórias não passíveis de agravo de instrumento, não é coberta pela preclusão, logo as partes poderão suscitá-la em preliminar de apelação ou nas contrarrazões, sendo que, nesta última hipótese, o recorrente será intimado para, em 15 dias, manifestar-se a respeito dela. Recurso interposto em ação cível ou comercial pelo prejudicado por uma sentença de juiz inferior que veio a extinguir o processo, com ou sem resolução do mérito, com o intuito de conseguir, junto à segunda instância, o reexame da causa e da decisão proferida pelo órgão inferior, e, consequentemente, uma nova decisão. A apelação poderá apresentar três efeitos: a) o de impedir que a decisão impugnada transite em julgado; b) o devolutivo, transferindo ao tribunal *ad quem* o conhecimento da matéria impugnada, que foi examinada no juízo *a quo*, para que, com o julgamento de todas as questões discutidas em primeira instância, se tenha uma nova decisão, substituindo a recorrida. P. ex., se interposta contra sentença que rejeita *in limine* embargos à execução; se o juiz acolher apenas um dos pedidos ou das defesas que tiverem mais de um fundamento. A apelação será recebida apenas no efeito imediato ou devolutivo quando interposta contra sentença que homologar a divisão ou demarcação, condenar a pagar alimentos, extinguir sem resolução do mérito ou julgar improcedentes os embargos do executado, julgar procedente o pedido de instituição de arbitragem ou confirmar, conceder ou revogar tutela provisória e decretar a interdição; c) o suspensivo, se sua interposição vier a impedir a imediata produção ou concretização dos efeitos da sentença recorrida. Pode ser atribuído efeito suspensivo à apelação que não o tem, mediante pedido formulado por requerimento dirigido ao: a) tribunal, no período compreendido entre a interposição da apelação e sua distribuição, ficando o relator designado para seu exame prevento para julgá-la; b) relator, se já, distribuída a apelação. A apelação não terá efeito imediato, nos casos previstos em lei, acima indicados, podendo ser suspensa pelo relator se o apelante demonstrar a probabilidade de provimento do recurso ou se, sendo relevante a fundamentação, houver risco de dano grave ou de difícil reparação.

APELAÇÃO COM RESULTADO NÃO UNÂNIME. *Direito processual civil.* Julgamento da apelação por sessão especial, ante o fato de seu resultado ter sido não unânime. Para tal sessão serão convocados outros julgadores em número suficiente para garantir a possibilidade de inversão do resultado inicial, assegurado às partes e a eventuais terceiros o direito de sustentar oralmente suas razões perante os novos julgadores. Trata-se de uma inovação em substituição aos antigos embargos infringentes. Consiste numa *técnica de julgamento* que visa prolongar o julgamento da apelação.

APELAÇÃO CRIMINAL. *Direito processual penal.* Recurso interposto pelo representante do Ministério Público ou pelo réu prejudicado contra: a) sentença definitiva de condenação ou absolvição; b) sentença prolatada por juiz singular; c) decisão do Tribunal do Júri, se satisfeitos os pressupostos legais, ou seja, se ocorrer nulidade posterior à pronúncia; se for a sentença do juiz-presidente contrária à lei expressa ou à decisão dos jurados; se houver erro ou injustiça no tocante à aplicação da pena ou da medida de segurança; se for a decisão dos jurados manifestamente contrária à prova dos autos; d) decisão definitiva, se para ela não houver sido previsto o recurso em sentido estrito; e) decisão com força definitiva ou interlocutória mista, se for incabível recurso em sentido estrito. A apelação poderá ser interposta em relação a todo o julgado ou somente a parte dele, mediante petição ou por termo nos autos, daí poder ser plena ou limitada. Se a sentença impugnada for condenatória, a apelação terá efeitos devolutivo e suspensivo. A apelação de sentença condenatória terá efeito suspensivo apenas nas hipóteses em que:

a) o juiz tenha aplicado pena acessória definitiva ou imposto medida de segurança; b) o delito permitir ao réu livrar-se solto; c) o réu for primário e de bons antecedentes. O réu não poderá apelar sem prestar fiança ou recolher-se à prisão, exceto se for primário, tiver bons antecedentes ou for condenado por crime de que se livre solto. Se o condenado fugir após a apelação, esta será declarada deserta. A apelação de sentença absolutória não obstará a que o réu seja colocado em liberdade imediatamente. A apelação penal é dita *à máxima*, se tiver por escopo diminuir a pena imposta ao réu, ou *à mínima*, se pretender elevar a pena que lhe foi imposta. Tais apelações só poderão ser interpostas por órgão do Ministério Público.

APELAÇÃO ESPECIAL. ***Direito processual civil.*** É a interposta: a) ao Supremo Tribunal Federal (juízo *ad quem*) nas causas em que forem partes, de um lado, Estado estrangeiro ou organismo internacional e, de outro, Município ou pessoa domiciliada no Brasil, regendo-se, na segunda fase do procedimento recursal, pelo regimento interno daquele tribunal; b) ao tribunal de segunda instância em procedimento comum.

APELADO. ***Direito processual.*** **1.** Aquele contra quem se apelou. Trata-se do antagonista ou adversário, no litígio, da parte vencida, no todo ou em parte, que, inconformada com a sentença, interpõe apelação ao tribunal superior. **2.** Juiz ou tribunal *a quo*, de cujo ato decisório se apela, visando reformá-lo total ou parcialmente.

APELANTE. ***Direito processual.*** Aquele que apela de uma sentença, interpondo recurso contra a decisão *a quo* que lhe foi prejudicial. Podem apelar a parte vencida, o terceiro prejudicado com a sentença impugnada ou o Ministério Público não só no processo em que atuar como parte, mas também no que funcionar como *custos legis*. No processo criminal poderão apelar, em caso de sucumbência, o Ministério Público, o querelante, o assistente de acusação ou o acusado.

APELIDO DE FAMÍLIA. ***Direito civil.*** É também designado "sobrenome", por ser o sinal que identifica a procedência da pessoa, indicando sua filiação ou estirpe, sendo, por isso, imutável, podendo advir da família paterna, materna ou de ambas. Pode ser *simples* (Almeida, Carvalho) ou *composto* (Araújo Mendes, Souza Mello, Matos Lima), assim como acompanhado das partículas *de, do, da, dos* e *das*, que dele fazem parte, indicando, às vezes, procedência nobre. O apelido de família é adquirido *ipso iure*, com o simples fato do nascimento, pois a sua inscrição no registro competente tem caráter puramente declaratório. O filho reconhecido receberá o apelido de quem o reconhecer, prevalecendo o sobrenome paterno se reconhecido tanto pelo pai como pela mãe. A aquisição do sobrenome pode decorrer, também, de adoção, parentesco de afinidade em linha reta, união estável, casamento ou ato de interessado, mediante requerimento ao magistrado.

APENAÇÃO. **1.** ***Direito penal.*** Sanção prevista pela norma penal que deve ser aplicada em caso de sua violação ou pela prática do delito nela consignado. **2.** ***Direito processual penal.*** Aplicação pelo Judiciário da pena prevista na norma penal, em razão da ocorrência de sua violação.

APENSAMENTO DE AUTOS. ***Direito processual.*** Consiste na anexação dos autos de um processo aos de outro, facilitando o julgamento do feito, evitando decisões contraditórias e atendendo ao princípio da economia processual. Por exemplo, se "A" for réu em uma ação de despejo, em razão de falta de pagamento, e autor em uma de consignação em pagamento, poderá pleitear ao juiz que preside o feito o apensamento dos autos, sendo que os que forem apensados conservarão sua numeração própria. Por essa razão, o apensamento difere da juntada, pois nesta os autos ou os documentos juntados passarão a integrar os autos principais, conservando sua própria numeração.

APLICAÇÃO DA LEI NO ESPAÇO. ***Direito internacional privado.*** **1.** Trata-se da eleição, por meio do elemento de conexão, da norma de direito substantivo, qualificadora da relação jurídica subjacente interjurisdicional, em caso de concurso ou conflito de normas no espaço, feita pelo juiz declarado competente para presidir a causa. Tal elemento de conexão indicado na Lei de Introdução às Normas do Direito Brasileiro será o critério para a resolução daquele possível conflito, pois apontará qual será o ordenamento jurídico a ser aplicado. Como as normas jurídicas têm vigência e eficácia apenas no território do respectivo Estado, só produzem efeitos em outro se este permitir. As nações consentem na aplicação de leis estrangeiras nas questões que afetam súditos estrangeiros em matéria de direito civil, comercial, criminal, administrativo etc. O direito internacional privado procurará dirimir tal conflito entre normas, por conter disposições destinadas a indicar quais as normas jurídicas que devem ser aplicadas àquelas relações. **2.** *Vide* EXTERRITORIALIDADE, TERRITORIALIDADE, TERRITORIALIDADE MODERADA e CONFLITO DE LEIS NO ESPAÇO.

APLICAÇÃO DA LEI NO TEMPO. ***Teoria geral do direito.*** Trata-se do problema da obrigatoriedade da lei no tempo, no aspecto da limitação da eficácia de nova norma em conflito com uma anterior. Como revogar é cessar o curso de vigência da norma, não implicando, necessariamente, a eliminação total da eficácia, quando a nova norma vier modificar ou regular, de forma diferente, a matéria versada pela anterior, no todo (ab-rogação) ou em parte (derrogação), poderão surgir conflitos entre as novas disposições e as relações jurídicas já definidas sob a vigência da velha norma revogada. A norma mais recente só terá vigor para o futuro ou regulará situações anteriormente constituídas? A novel repercutirá sobre a revogada, atingindo os fatos pretéritos já consumados sob sua égide, afetando os efeitos produzidos de situações já passadas ou incidindo sobre efeitos presentes ou futuros de situações pretéritas? O direito intertemporal soluciona o conflito de leis no tempo, apontando critérios para aquelas questões, disciplinando fatos em transição no tempo, passando da égide de uma lei a outra. Para solucionar tais questões, os critérios utilizados são: a) o das disposições transitórias, chamadas direito intertemporal, que são elaboradas pelo legislador no próprio texto normativo para conciliar a nova norma com as relações já definidas pela anterior. São disposições que têm vigência temporária, com o objetivo de resolver e evitar os conflitos ou lesões que emergem da nova lei em confronto com a antiga; b) o dos princípios da retroatividade e da irretroatividade das normas, construções doutrinárias para solucionar conflitos entre a norma mais recente e as relações jurídicas definidas sob a égide da anterior, na ausência de norma transitória (*vide* RETROATIVIDADE DA LEI e IRRETROATIVIDADE DA LEI). Não se podem aceitar a retroatividade e a irretroatividade como princípios absolutos. O ideal será que a lei nova retroaja apenas em alguns casos. Por isso o direito pátrio prescreve que a nova norma em vigor tem efeito imediato e geral, respeitando sempre o ato jurídico perfeito, o direito adquirido e a coisa julgada.

APLICAÇÃO DO DIREITO. *Teoria geral do direito.* É uma decorrência de competência legal, por ser o momento da aplicação da norma característica do direito positivo, já que as normas positivas existem, fundamentalmente, para serem aplicadas por um órgão competente, juiz, tribunal, autoridade administrativa ou particular. O juiz aplica as normas gerais ao sentenciar; o legislador, ao editar as leis, aplica a Constituição; o Poder Executivo, ao emitir medidas provisórias e decretos, aplica norma constitucional; o administrador ou o funcionário público aplicam sempre normas gerais ao ditarem atos administrativos; simples particulares aplicam norma geral ao fazerem seus contratos e testamentos. O Poder Judiciário aplica o direito quando submete um caso particular ao império de uma norma jurídica. O magistrado, ao aplicá-la, cria uma norma individual, devendo interpretá-la, ao subsumir; integrá-la, ao preencher lacunas, e corrigi-la, ao solucionar antinomias reais, mantendo-se sempre dentro dos limites marcados pelo direito.

APOIADOR. *Direito civil.* Cada uma das pessoas idôneas indicadas pela pessoa com deficiência (apoiado), por ser de sua confiança, com a qual tem vínculo de parentesco ou afetividade, para apoiar-lhe na tomada de decisão sobre atos da vida civil, fornecendo dados para que possa exercer sua capacidade.

APÓLICE. **1.** Título representativo da dívida pública. **2.** Certificado escrito que materializa uma obrigação comercial ou civil. **3.** Documento emitido pela sociedade seguradora formalizando a aceitação da cobertura solicitada pelo proponente, nos planos individuais, ou pelo estipulante, nos planos coletivos. Instrumento do contrato de seguro, que deve conter as condições gerais e as vantagens garantidas pelo segurador, bem como consignar: os riscos assumidos; o valor do objeto do seguro; o prêmio devido ou pago pelo segurado; o termo inicial e final de sua vigência; o começo e o fim dos riscos por ano, mês, dia e hora; a extensão dos riscos, pois, se os limitar ou particularizar, o segurador não responderá por outros; casos de decadência, caducidade, eliminação ou redução dos direitos do segurado ou do beneficiário; e o quadro de garantia aprovado pelo Departamento Nacional de Seguros Privados e Capitalização. **4.** Ação de uma sociedade anônima, isto é, a cota ou a parte-capital de um sócio.

APORIA. *Filosofia do direito.* **1.** Questão sem saída, por apresentar tantas respostas quantos forem os pensadores. **2.** Irresolução. **3.** Dúvida, real ou aparente, que o orador tem ou finge ter sobre o que pretende afirmar ou dizer. **4.** Dificuldade lógica decorrente da circunstância de haver ou de parecer haver razões idênticas tanto pró quanto contra uma certa proposição. **5.** Antinomia, no caso de duas razões parecerem comprovantes.

APOSENTADORIA. **1.** Ato de aposentar; jubilação. **2.** Estado da pessoa que se aposentou. **3.** *Direito do trabalho.* Direito que o empregado tem de desligar-se, regularmente, dos quadros da empresa empregadora, por tempo de serviço, velhice, invalidez ou incapacidade, recebendo uma mensalidade. **4.** *Direito previdenciário.* Mensalidade ou pensão a que faz jus o aposentado. **5.** Hospedagem. **6.** *Direito administrativo.* Desligamento regular, com remuneração *ad vitam*, integral ou não, do estipêndio, do funcionário público, civil ou militar, dos quadros do serviço público ativo, por motivo de idade, invalidez ou tempo de serviço.

APOSENTADORIA COMPULSÓRIA. *Direito administrativo.* Consiste no afastamento automático e obrigatório do funcionário do serviço público, em decorrência de norma constitucional, que assim o exige, em razão de invalidez, tendo direito aos proventos integrais ou proporcionais, ou pelo fato de ter o servidor completado setenta ou setenta e cinco anos de idade, caso em que receberá proventos proporcionais ao tempo de contribuição.

APOSTA. 1. *Direito civil.* a) Convenção em que duas ou mais pessoas de opiniões discordantes sobre qualquer assunto prometem, entre si, pagar certa quantia ou entregar determinado bem àquela cuja opinião prevalecer em virtude de um evento incerto. Na aposta tal acontecimento dependerá de ato incerto de terceiro ou de fato independente da vontade dos contratantes, que robustecerá uma opinião; por exemplo, em uma luta de boxe, dois espectadores efetuam uma aposta, estabelecendo que ganhará determinada quantia aquele que previr quem será o vencedor daquela competição desportiva; b) modalidade de jogos a dinheiro efetuada sobre corridas de cavalos, patrocinadas por entidades legalmente autorizadas, nelas também compreendendo os concursos, jogos lotéricos, remates ou leilões de apostas. As apostas somente poderão ser realizadas nas dependências do hipódromo, na sede social e subsede dos *jockeys clubs*, nas agências autorizadas e por intermédio de agentes credenciados. 2. *Direito penal.* São contravenções penais a aposta sobre corrida de cavalos fora do hipódromo e a sobre qualquer outra competição esportiva.

APRAZAMENTO. 1. Determinação de prazo para a prática de certo ato ou para o cumprimento de uma obrigação. Tal aprazamento pode ser estipulado pelas partes ou determinado pelo magistrado. 2. Notificação de um prazo. 3. Protelação; adiamento de prazo.

APREENSÃO. 1. *Direito administrativo.* Ato administrativo, oriundo do poder de polícia, consistente no fato de a Fazenda Pública assenhorear-se, sem prévia autorização judicial, de bens pertencentes a particular que, por motivo de ilegalidade, por exemplo, contrabando, não poderiam estar em seu poder. 2. *Direito civil.* Ato pelo qual se adquire a posse de uma coisa. 3. *Direito processual civil.* a) tutela provisória de urgência de natureza cautelar mediante a qual se requer, judicialmente, que se retire pessoa ou coisa do poder de alguém que injustamente a detenha, por exemplo, busca e apreensão de pessoa ou coisa; b) ato pelo qual a autoridade fiscal competente apreende embarcação registrada sub-repticiamente ou que tenha perdido, há mais de seis meses, as condições para continuar sendo considerada nacional, colocando-a à disposição do juiz de direito da comarca. 4. *Direito processual penal.* Ato judicial de ofício ou a requerimento das partes que determina a busca domiciliar, com o escopo de prender criminoso ou apreender: a) coisas achadas ou obtidas por meios criminosos; b) instrumentos de falsificação ou de contrafação e objetos falsificados ou contrafeitos; c) armas, munições ou instrumentos utilizados na prática de crime ou destinados a fim delituoso; d) objetos necessários à prova da infração ou à defesa do réu; e) cartas, abertas ou não, destinadas ao acusado ou em seu poder, quando haja suspeita de que o conhecimento do seu conteúdo pode ser útil à elucidação do fato; f) pessoas vítimas de crimes; g) elementos de convicção. Não será permitida, porém, a apreensão de documento em poder do defensor do acusado, exceto quando constituir elemento do corpo de delito. 5. *Filosofia do direito.* Simples operação mediante a qual se concebe uma ideia. 6. *Psicologia forense.* a) Receio; b) desassossego espiritual por temor do futuro.

APRENDIZ. 1. *Direito civil.* Primeiro grau da maçonaria, que é uma associação, sendo-lhe vedada a participação nas reuniões secretas. 2. *Direito marítimo.* Diz-se do menor matriculado na Escola de Aprendizes Marinheiros, destinada à formação de pessoas para o serviço da Armada. 3. *Direito do trabalho.* Menor que está aprendendo um ofício, iniciando-se numa profissão, sob a orientação de um mestre, tendo direito a uma remuneração. É o maior de quatorze anos e menor de vinte e quatro anos que celebra contrato de aprendizagem. A idade máxima (24 anos) não se aplica a aprendizes com deficiência.

APROPRIAÇÃO. 1. *Direito civil.* a) Ato ou efeito de apropriar; b) apossamento de coisa alheia; c) ocupação, que é a aquisição originária da propriedade, consistente em fazer própria coisa sem dono (*res nullius*) ou abandonada pelo seu proprietário (*res derelictae*); d) acomodação ou adaptação da coisa ao fim a que se destina. 2. *Direito internacional público.* a) Ocupação da *res hostilis*, ou seja, ocupação bélica ou militar, sem que se configure modo aquisitivo de propriedade, visto que o ocupante não terá qualquer direito de soberania sobre o território ocupado; b) tomada de posse por um Estado de território que não pertença a outro; c) ocupação apenas no sentido de exploração e uso do espaço cósmico, da Lua e demais corpos celestes, sem que haja a proclamação de soberania do Estado explorador. 3. *Direito penal.* Apoderamento ilícito de coisa alheia, com ou sem violência (roubo ou furto).

APROPRIAÇÃO INDÉBITA. *Direito penal.* Crime consistente no abuso de confiança, em que aquele que tem a guarda, posse ou detenção de coisa móvel alheia, por qualquer título, com a obrigação de restituí-la ou aplicá-la somente ao uso determinado, dela se apodera dolosamente. É, portanto, a lesão de um direito patrimonial sobre coisa móvel alheia, pelo abuso da detenção ou posse não criminosamente obtida, por lhe ter sido entregue em confiança.

APROVAÇÃO. 1. Ato ou efeito de aprovar. 2. Consentimento para a realização de um ato jurídico. 3. Confirmação da autenticidade de um ato; reconhecimento de um ato já praticado, dando-lhe existência jurídica. 4. Homologação de ato judicial; ratificação de um ato jurídico ou contrato anteriormente efetivado. 5. Decisão da banca examinadora, considerando habilitado o candidato que se submeteu a um concurso público. 6. *Direito civil.* Auto lavrado pelo tabelião que aprova algum ato, para sua legalidade, como, por exemplo, o *auto de aprovação* de testamento cerrado. 7. *Direito administrativo.* Ato unilateral pelo qual a Administração, discricionariamente, permite a efetivação de certo ato jurídico (aprovação prévia) ou concorda com um ato já praticado, para conferir-lhe eficácia (aprovação *a posteriori*). Trata-se, portanto, de um ato administrativo que tem por escopo controlar atos editados por órgão público.

APROVAÇÃO DE CONTAS. 1. *Direito civil.* Ato pelo qual o dono do negócio ou o mandante consideram boas e satisfatórias as contas apresentadas pelo gestor ou mandatário. 2. *Direito falimentar.* Homologação judicial das contas apresentadas pelo administrador judicial concernentes à administração da massa falida, por ocasião não só de sua renúncia, substituição ou destituição do cargo ou do término da liquidação, como também da recuperação judicial ou extrajudicial obtida pelo devedor. Tal aprovação de contas é dada após a ouvida dos interessados, do órgão do Ministério Público e do administrador judicial, em caso de impugnação de sua administração. 3. *Direito constitucional.* a) Homologação prévia das contas prestadas anualmente pelo Presidente da República, feita pelo Tribunal de Contas da União; b) homologação feita pelo Tribunal de Contas da União das contas apresentadas pelos administradores e demais responsáveis por bens e valores públicos.

APUD ACTA. 1. *Locução latina.* Nos autos. 2. *Direito processual penal.* Procuração cujo termo é lavrado pelo escrivão nos próprios autos de um processo, perante o magistrado da causa ou duas testemunhas, se impossível for a presença do juiz, assinada pelo outorgante, autor ou réu, assistente ou oponente. A procuração *apud acta* apenas tem validade para a demanda em cujos autos foi lavrada.

APURAÇÃO. 1. Resultado final a que se chega após um exame acurado numa investigação. 2. Conclusão que se tira da análise de um processo ou dos elementos constitutivos de um ato jurídico. 3. Averiguação da veridicidade de um fato ou da culpa na prática de um delito. 4. Seleção do que é melhor. 5. Liquidação de contas. 6. Exame; averiguação. 7. Contagem de votos. 8. Ato de apurar.

AQUEDUTO. *Direito civil.* 1. Servidão rústica de passagem de água consistente no direito de conduzir, através do prédio serviente contíguo, água canalizada para ser utilizada pelo dominante. 2. Canal, galeria ou encanamento por onde correm as águas de um lugar para outro. 3. Tipo de canal aberto ou coberto, em forma de construção monumental, para conduzir água das nascentes das montanhas às cidades, em declive natural.

AQUESTOS. *Direito civil.* Bens que cada um dos cônjuges, ou ambos, adquire na vigência do casamento, por qualquer título, que irão integrar a comunhão, se assim estiver previsto ou se não houver disposição em contrário no pacto antenupcial. Logo, tais bens, conforme o regime matrimonial adotado, poderão entrar ou não para a comunhão.

AQUISIÇÃO *CAUSA MORTIS.* *Direito civil.* É a que se opera mediante ato jurídico, que produzirá efeitos após a morte do sujeito a quem pertencem os objetos a serem adquiridos. É o que ocorre com o testamento e o legado.

AQUISIÇÃO DE DIREITO. *Direito civil.* Consiste na conjunção do direito com o seu titular, ou seja, no fato de alguém ser titular de um direito subjetivo, em razão de lei ou de convenção. É o ato pelo qual uma pessoa se investe na qualidade de titular de um direito real ou pessoal.

AQUISIÇÃO *INTER VIVOS.* *Direito civil.* É a que se dá mediante atos praticados pelos próprios interessados, uma vez que se opera durante a vida do alienante e adquirente, por exemplo, compra e venda, doação, permuta etc.

A QUO. 1. *Direito processual.* a) Juízo de instância inferior ou primeiro grau de jurisdição; b) juiz ou tribunal de cuja decisão se pode recorrer. 2. *Direito civil.* Início de um prazo ou dia inicial (*dies a quo*).

ARBITRAGEM. 1. *Direito internacional público.* Decisão pela qual uma terceira potência intervém, pondo fim a um litígio entre dois Estados soberanos. Tal decisão terá caráter obrigatório, tendo os mesmos efeitos de uma decisão judicial. É o meio empregado com o escopo de evitar a guerra, procurando uma solução pacífica para as controvérsias entre as nações. 2. *Direito processual civil.* a) Jurisdição ou poder conferido a certas pessoas determinadas por lei ou indicadas pelas partes para solucionarem a controvérsia judicial ou extrajudicial relativa a direito patrimonial disponível, suscitada entre elas. É o julgamento feito por árbitros, ou seja, o processo que decide um litígio entre duas partes, que escolhem, para tanto, árbitros. Manifesta-se por meio de um procedimento realizado pela formação de um juízo arbitral, culminando com uma sentença, a que se dá o nome de laudo arbitral, que deverá ser homologada pelo juiz togado. A arbitragem poderá fundamentar-se: na *cláusula compromissória*, que é a convenção em que as partes, num contrato ou em documento apartado a ele referente, comprometem-se a submeter o eventual litígio relativo àquele contrato à arbitragem. Se apesar de firmada, houver resistência por uma das partes quanto à instituição da arbitragem, o interessado pode requerer a sua citação para comparecer em juízo para lavrar o compromisso na audiência designada para esse fim; e no *compromisso*, que é um contrato em que as partes se obrigam a remeter o litígio surgido entre elas ao julgamento de árbitros, contendo a nomeação deles, a indicação do litígio e os limites da *res judicata* arbitral; b) meio privado – institucional ou *ad hoc* – para a solução de controvérsias; c) forma extrajudicial de solução de litígios, pela qual árbitros (em número ímpar) decidem sobre o ponto neles discutido, baseados em critérios preestabelecidos e conhecidos pelos litigantes. **3.** ***Direito processual trabalhista.*** Forma heterônoma do conflito coletivo de trabalho, pois a solução do litígio será dada por terceiro (árbitro), pronunciando decisão vinculativa (Ruprecht). **4.** ***Direito financeiro.*** Pode ser, segundo Luiz Fernando Rudge: a) sistema que possibilita a liquidação física e financeira de operações interpraças, por meio da qual o mesmo investidor, atuando no mercado a vista, poderá comprar em uma bolsa e vender em outra, a mesma ação, em iguais quantidades, desde que haja convênio firmado entre as duas bolsas; b) operação financeira em que se consegue resultado positivo, sem que haja necessidade de investimento de recursos próprios e sem que corram riscos; c) operação em que se compram ou vendem ativos em uma praça (especialmente *commodities* e moedas), para vender ou comprar em outra, em busca de lucro; d) solução extrajudicial de conflitos. É o procedimento pelo qual as partes recorrem ao Juízo Arbitral da Bolsa, para resolver pendências ou litígios, sem utilização do Poder Judiciário, conforme estabelecido no Estatuto Social, Regulamentos e Normas da BM&F – Bolsa de Mercadorias e Futuros; e) meio para solução de controvérsias e conflitos, pela intervenção de árbitros escolhidos de comum acordo entre os interessados, que sejam imparciais, de confiança das partes em litígio, e tenham conhecimento técnico sobre o assunto em questão.

ARBITRAMENTO. **1.** Avaliação; averiguação; estimativa; determinação de valor pecuniário. **2.** ***Direito processual civil.*** Exame feito por peritos para determinar o valor, em dinheiro, de uma coisa ou esclarecer algum fato, orientando o órgão judicante. Em outras palavras, é o exame pericial que tem em vista apurar o valor da coisa ou da obrigação a ela ligada, muito comum na desapropriação, nos alimentos e na indenização dos danos por atos ilícitos. Trata-se tão somente de uma apreciação estimativa de fatos ou de coisas que não têm critérios de avaliação objetivos ou certos. **3.** ***Direito do trabalho.*** Técnica incompleta usada como um dos meios de solução de conflitos coletivos de trabalho, mediante árbitro escolhido pelas partes. **4.** ***Direito financeiro.*** Análise da mercadoria entregue, quanto ao tipo, qualidade e especificações, realizada por árbitros credenciados pela BM&F – Bolsa de Mercadorias e Futuros (Luiz Fernando Rudge).

ÁRBITRO. **1.** ***Direito processual civil.*** a) Pessoa escolhida pelas partes para decidir suas controvérsias; b) membro de um juízo arbitral. O árbitro, juiz de fato e de direito, apesar de não ser togado, deverá decidir de conformidade com a lei e o compromisso, aplicando a equidade, quando a lei a permitir, ou mesmo sem permissão legal, se assim ficar convencionado entre os interessados. A causa que lhe for confiada poderá ter qualquer valor, e sua decisão não estará sujeita a recursos ou a homologação pelo Poder Judiciário. Poderá ser árbitro quem quer que tenha a confiança das partes interessadas, excetuando-se o incapaz, o analfabeto e o legalmente impedido de servir como juiz, ou o suspeito de parcialidade. Deve proceder com imparcialidade, independência, competência, diligência e discrição. **2.** ***Direito desportivo.*** Indivíduo que dirige um prélio esportivo. **3.** ***Direito internacional público.*** Pessoa ou entidade política encarregada pelos Estados divergentes de decidir o litígio, proferindo decisão de cunho obrigatório.

ÁRBITRO DESEMPATADOR. ***Direito processual civil.*** Terceira pessoa nomeada pelas partes para proferir, em caso de empate havido ante dois pronunciamentos contrários dos árbitros, o voto de desempate.

ARCO. ***Medicina legal.*** Classificação do sistema dactiloscópico de Vucetich, em que a impressão digital se caracteriza pela ausência de delta, pois as linhas, mais ou menos paralelas, vão de uma borda a outra do desenho sem formar ângulo (A. Almeida Jr. e J. B. de O. e Costa Jr.).

ARDIL. **1.** ***Direito civil.*** Artifício malicioso empregado pelo agente para obter de outrem o seu consentimento na realização de um ato ou negócio jurídico que o prejudica, mas aproveita ao autor do dolo, sendo, por isso, elemento que vicia o ato praticado, que poderá, então, ser anulado. **2.** Na *linguagem comum*, é qualquer ação onde houver astúcia, estratagema ou artimanha.

ÁREA COMUM. *Direito civil.* **1.** Área aberta ou fechada, usada por várias pessoas, que se estende por mais de uma propriedade vizinha, permitindo, entre os proprietários contíguos, uma servidão predial comum de ar e luz. **2.** No condomínio imobiliário, constitui a parte do edifício que pode ser usada por qualquer condômino, como vestíbulo, escadas, elevadores, corredores, jardins etc., desde que não cause dano aos demais comunheiros.

ÁREA DE PRESERVAÇÃO PERMANENTE. *Direito ambiental.* Área protegida legalmente, coberta ou não por vegetação nativa, com a função ambiental de preservar os recursos hídricos, a paisagem, a estabilidade geológica, a biodiversidade, facilitar o fluxo gênico de fauna e flora, proteger o solo e assegurar o bem-estar das populações humanas.

ÁREA DE PROTEÇÃO AMBIENTAL. *Direito ambiental.* É uma área em geral extensa, com certo grau de ocupação humana, dotada de atributos abióticos, bióticos, estéticos ou culturais especialmente importantes para a qualidade de vida e o bem-estar das populações humanas, e tem como objetivos básicos proteger a diversidade biológica, disciplinar o processo de ocupação e assegurar a sustentabilidade do uso dos recursos naturais. A Área de Proteção Ambiental é constituída por terras públicas ou privadas.

ÁREA DE RELEVANTE INTERESSE ECOLÓGICO. *Direito ambiental.* É uma área em geral de pequena extensão, com pouca ou nenhuma ocupação humana, com características naturais extraordinárias ou que abriga exemplares raros da biota regional, e tem como objetivo manter os ecossistemas naturais de importância regional ou local e regular o uso admissível dessas áreas, de modo a compatibilizá-lo com os objetivos de conservação da natureza.

ÁREA EDIFICADA. **1.** *Direito civil.* É a constituída pelo terreno ocupado pelo edifício, sendo anotada, geralmente, para fins estatísticos. **2.** *Direito urbanístico.* É qualquer construção que caracterize um imóvel, tais como casas, edifícios, galpões, garagens etc.

ÁREA METROPOLITANA. *Sociologia jurídica* e *direito urbanístico.* Conjunto de uma grande cidade, composto pelos seus subúrbios e comunidades satélites autônomas.

ÁREA PRIVATIVA. *Direito civil.* Área usada com exclusividade por um condômino, como a unidade habitacional e a vaga de garagem num edifício de apartamentos.

ÁREAS DE RESERVA LEGAL. *Direito ambiental.* São áreas averbadas à margem da inscrição de matrícula do imóvel no Registro de Imóveis competente, nas quais é vedada a supressão da cobertura vegetal, admitindo-se apenas sua utilização sob regime de manejo florestal sustentável.

ÁREAS DE SERVIDÃO FLORESTAL. *Direito registrário* e *direito ambiental.* São aquelas averbadas à margem da inscrição de matrícula do imóvel, no registro de imóveis competente, nas quais o proprietário voluntariamente renuncia, em caráter permanente ou temporário, a direitos de supressão ou exploração da vegetação nativa, localizada fora das áreas de reserva legal e de preservação permanente.

ARENA. **1.** *Direito civil.* a) Circo; b) espaço destinado à realização de espetáculo público. **2.** *Direito desportivo.* Diz-se do direito, que tem o atleta, de usufruir, se participante de espetáculo desportivo, de um percentual do *quantum* recebido pela associação desportiva não só para autorizar a fixação, transmissão ou retransmissão por quaisquer meios, obedecidos os contratos firmados, como também para comercializar imagens.

ARÉOLA EQUIMÓTICA. *Medicina legal.* Pequena área de equimose que aparece na pele entre as zonas de contorno no orifício da entrada do projétil da arma de fogo.

ARESTO. *Direito processual.* **1.** Decisão de um tribunal sobre um caso submetido à sua apreciação, implicando extinção do processo sem resolução do mérito, julgando antecipadamente ou não a lide ou resolvendo questão incidente no curso do processo. **2.** O mesmo que ACÓRDÃO (*v.*). **3.** Ato decisório, proferido por órgão fracionário de tribunal, que serve de paradigma para a resolução de casos similares. **4.** Acórdão insuscetível de recurso ordinário.

ARGUIÇÃO DE COISA JULGADA. *Direito processual.* Alegação da coisa julgada, verificada em processo anterior, que solucionou o *meritum causae*, para obter a intangibilidade do conteúdo da sentença, conferindo-lhe força obrigatória e impedindo o reexame da matéria nela tratada, ou seja, outra manifestação do órgão judicante sobre a relação jurídica nela definida.

ARGUIÇÃO DE FALSIDADE. *Direito processual civil.* Ato de alegar, em juízo, falsidade de documento exibido como prova por qualquer das partes litigantes durante a fase de instrução do processo, comprovando a alegação, para que haja declaração judicial daquela falsidade.

ARGUIÇÃO DE INCONSTITUCIONALIDADE. *Direito processual.* Pronunciamento de membro de tribunal, antes ou durante o julgamento de recurso ou de feito originário, alegando inconstitucionalidade de lei ou ato normativo, para a devida apreciação pelo órgão (Othon Sidou).

ARGUIÇÃO DE RELEVÂNCIA. *Direito processual.* Alegação da relevância da questão federal para excluir a inadmissibilidade do recurso extraordinário ou especial, compensando as restrições a este, tendo-se em vista o interesse público e a garantia dos direitos fundamentais do homem. Com ela pretende-se remover obstáculo regimental à prolação de juízo positivo de admissibilidade do recurso extraordinário. É simples incidente do procedimento desse tipo de recurso, que visa obter um juízo de admissibilidade do apelo. Compete ao Supremo Tribunal Federal o exame da arguição de relevância. Se ficar demonstrado que o acórdão, objeto do ato, decidiu questão federal relevante, o Supremo Tribunal Federal o julgará.

ARISTOCRACIA. **1.** *Ciência política.* Forma legítima de governo em que o poder é outorgado a pessoas da nobreza. **2.** *Sociologia jurídica.* a) Classe nobre composta por fidalgos; b) classe social superior pelo merecimento real ou saber; c) sociedade politicamente organizada controlada por uma camada social privilegiada; d) elite como classe dirigente; e) poder exercido pelos melhores ou por homens de maior dignidade, assim considerados por motivos de cultura, talento, nobreza da estirpe a que pertencem, bravura, fortuna etc.

ARMA BRANCA. *Medicina legal.* É a confeccionada em ferro ou aço polido, ferindo com a ponta ou com o gume, por exemplo, espada, faca, punhal etc.

ARMA CONTUNDENTE. *Medicina legal.* Instrumento que contém saliências obtusas ou superfícies duras, que atuam violentamente contra o corpo da vítima, causando-lhe lesões superficiais ou profundas, como equimoses, hematomas, bossas sanguíneas, escoriações, feridas lacerocontusas, ruptura de partes moles ou de órgãos internos, luxações ou fraturas ósseas etc. Exemplos desse tipo de arma são o soco inglês, a palmatória, o bastão, o cassetete, o chicote etc.

ARMA CORTANTE. *Medicina legal.* Instrumento que produz ferimentos causados por gume mais ou menos afiado, seccionando tecidos, retalhando ou separando o corpo da vítima. Por exemplo, cutelo, guilhotina, faca, navalha, espada, bisturi, canivete etc. Causa tal arma a ferida incisa, que poderá ser: a) *simples*, se o instrumento apenas penetrar os tecidos numa direção mais ou menos perpendicular à superfície do corpo; b) *com retalho*, se penetrar obliquamente, provocando um retalho cortado em bisel, que penderá de um lado, ficando preso na extremidade; c) *mutilante*, se atravessar os tecidos lado a lado, retirando uma parte do corpo.

ARMA CORTOCONTUNDENTE. *Medicina legal.* É aquela que, além de cortar, contunde o corpo. Por exemplo, foice, machado, facão, enxada etc.

ARMA DE FOGO. **1.** *Medicina legal.* Aquela que, pela deflagração da pólvora, arremessa projéteis, como a pistola e a espingarda, provocando perfuração e contusão na vítima. **2.** *Direito administrativo.* a) Arma de pequeno poder ofensivo utilizável por cidadão idôneo para sua defesa pessoal e patrimonial, desde que autorizado por autoridade competente e obtenha o Certificado de Registro de Arma de Fogo; b) arma de maior poder ofensivo cuja utilização requer habilitação especial. **3.** *Direito militar.* Arma que dispara projéteis, empregando a força expansiva dos gases gerados pela combustão de um propelente confinado em uma câmara que, normalmente, está solidária a um cano que tem a função de propiciar continuidade à combustão do propelente, além de direção e estabilidade ao projétil. *Vide* ARMA PROIBIDA.

ARMADOR. **1.** *Direito marítimo.* a) Aquele que tem a incumbência de armar o navio, providenciando seu equipamento e também sua exploração comercial, quer seja o seu proprietário ou não; b) dono ou contratador de armação de pescaria grossa; c) pessoa natural ou jurídica que, em seu nome e sob sua responsabilidade, apresta a embarcação com fins comerciais, pondo-a ou não a navegar por sua conta. **2.** *Direito aeronáutico.* Proprietário, locatário ou empresário que se encarrega de explorar comercialmente a aeronave, provendo-a de tudo que for necessário para a navegação aérea, colocando-a em condições de viajar.

ARMA PERFURANTE. *Medicina legal.* É a que causa perfurações no corpo da vítima, por ser um instrumento longo, terminado em ponta mais ou menos aguda. Por exemplo, lima, agulha, alfinete, prego, florete, espinho etc.

ARMA PERFUROCONTUNDENTE. *Vide* ARMA DE FOGO.

ARMA PERFUROCORTANTE. *Medicina legal.* Instrumento formado por uma lâmina, que pode apresentar um ou mais gumes. Por exemplo, punhal (dois gumes); faca e espada (um gume); estilete triangular ou quadrangular (mais de dois gumes). Tal arma causa feridas perfuroincisas, podendo acarretar afastamento e secção das fibras.

ARMA PROIBIDA. **1.** *Direito penal.* Aquela que, por ser ofensiva, tem seu porte vedado pela lei penal. Seu uso somente será permitido se houver licença prévia da autoridade competente. **2.** *Direito administrativo.* Aquela em que, por ser de uso restrito ou vedado, há obrigatoriedade de seu proprietário cadastrar-se como atirador, colecionador ou caçador no Comando do Exército.

ARMAZÉM. ***Direito comercial.*** **1.** Prédio ou galpão onde as mercadorias são guardadas e depositadas, por conta e ordem de seu proprietário. **2.** Depósito onde se abrigam as mercadorias em trânsito para serem recolhidas, nos portos de embarque, por outros navios, que as conduzirão ao local de destino. **3.** Depósito de mercadorias para carga, se destinadas à exportação, ou para descarga, se consignadas ao comércio local. **4.** Estabelecimento comercial onde são vendidos bebidas e gêneros alimentícios (armazém de gêneros alimentícios) ou ferragens e materiais similares (armazém de ferragens). **5.** Local coberto onde os produtos são recebidos, classificados, estocados e expedidos (James G. Heim). **6.** *Vide* WAREHOUSE.

ARMAZÉM-GERAL. ***Direito comercial.*** Depósito autorizado a receber e guardar mercadorias, até que se lhes dê uma destinação, mediante pagamento de taxa ou comissão estipulada, emitindo, para tanto, dois títulos de crédito: o conhecimento de depósito e o *warrant*. O conhecimento de depósito representa a prova de entrega da mercadoria, reconhecendo seu portador como o proprietário daquela, e o *warrant* refere-se ao crédito e ao valor daquela mercadoria, podendo ser tido, de acordo com alguns autores, como uma promessa de pagamento ou como uma garantia sobre o próprio depósito.

ARMAZENAGEM. **1.** ***Direito comercial.*** a) Ato de armazenar; b) taxa paga por mercadoria guardada em armazém geral ou trapiche como comissão pela sua conservação. **2.** ***Direito aduaneiro.*** Multa cobrada pela alfândega em decorrência de atraso ou mora além do prazo estipulado para a retirada de uma mercadoria.

ARMISTÍCIO. ***Direito internacional público.*** **1.** Convenção entre Estados beligerantes para cessar ou interromper, parcial ou totalmente, as hostilidades, temporariamente ou até que se celebre o tratado de paz. **2.** Pacto acertado entre duas ou mais potências em guerra, estabelecendo-lhes cláusulas de caráter econômico, permitindo, por exemplo, o comércio entre elas e os Estados neutros. Trata-se do *trève marchande* ou armistício para o comércio.

ARN. ***Medicina legal.*** Abreviação de ácido ribonucleico.

A ROGO. ***Direito civil.*** A pedido. Tal locução indica assinatura feita por alguém a pedido daquele que não pode assinar o documento.

ARQUIVAMENTO. **1.** ***Direito administrativo.*** Registro ou anotação que se faz, na repartição competente, de algum ato ou documento importante para as instituições governamentais ou de valor histórico. **2.** ***Direito processual.*** Encerramento do andamento de um processo ou de inquérito policial. **3.** ***Direito comercial.*** Ato pelo qual se registram, mediante depósito, um documento ou um contrato na repartição competente, ou seja, na Junta Comercial, para que tenham eficácia e autenticidade. **4.** Na ***linguagem comum,*** é a ação de arquivar, isto é, guardar em arquivo, ou depositar.

ARQUIVO. **1.** Registro. **2.** Título de publicações de sociedades científicas. **3.** Arte do arquivista. **4.** Local ou móvel onde se conservam, em depósito, documentos escritos. **5.** Repositório de documentos importantes para as instituições governamentais ou civis ou de grande valor histórico, cuja conservação é tida como de interesse ou utilidade públicos. **6.** Conjunto de tudo que estiver guardado ou arquivado, ou melhor, conjunto de informações armazenadas. **7.** ***Direito de informática.*** Grupo de registros que, em banco de dados, representa um grupo de campos.

ARRAS. ***Direito civil.*** Designam o sinal, que vem a ser uma quantia em dinheiro ou outra coisa móvel, dado por um dos contratantes ao outro, a fim de concluir o contrato e, excepcionalmente, assegurar o pontual cumprimento da obrigação.

ARRAS CONFIRMATÓRIAS. ***Direito civil.*** Consistem na entrega de uma soma em dinheiro ou de outra coisa móvel fungível feita por uma parte à outra, em sinal de firmeza do contrato e como garantia de que será cumprido, visando impedir, assim, o arrependimento de qualquer das partes. Infere-se daí o seu triplo objetivo: a) confirmar o contrato, tornando-o obrigatório e fazendo-o lei entre as partes; b) antecipar o pagamento do preço, de sorte que o seu *quantum* será imputado no preço convencionado; c) determinar, previamente, as perdas e danos pelo não cumprimento das obrigações a que tem direito o contraente que não deu causa ao inadimplemento. A parte inocente poderá pedir indenização suplementar, se provar maior prejuízo, valendo as arras como taxa mínima.

ARRAS PENITENCIAIS. ***Direito civil.*** Configuram-se quando os contratantes, ao ocorrer a entrega do sinal, estipulam expressamente o direito de arrependimento, tornando resolúvel o contrato, atenuando-lhe a força obrigatória, mas à custa da perda do sinal ou de sua devolução mais o equivalente. Não há direito à indenização suplementar.

ARRAZOADO. ***Direito processual.*** Discurso oral ou escrito de que se servem os litigantes, em juízo, num processo, tendo por fim defender sua causa, apresentando as razões ou alegações sobre a demanda.

ARRECADAÇÃO. Vocábulo que exprime a apreensão e o arrolamento de coisas em poder de alguém, para serem recolhidas em certo local seguro, onde serão guardadas ou depositadas, para entregar a quem de direito, ou submetidas a determinadas circunstâncias, a fim de que se cumpra alguma formalidade legal, como preliminar de outro ato, que se seguirá.

ARREMATAÇÃO. ***Direito processual civil.*** Ato do processo de execução por quantia certa contra devedor solvente, cujos bens serão vendidos em leilão ou hasta pública, determinados pelo magistrado. Em outras palavras, é o ato executório processual de venda ou compra em leilão público pelo maior lance. Constitui, p. ex., o ato culminante da expropriação forçada, por ser a transferência feita pelo Estado a um terceiro interveniente (arrematante) dos bens penhorados, uma vez que ofereceu o melhor lance. A arrematação far-se-á mediante o pagamento imediato do preço pelo arrematante ou, no prazo de até quinze dias, mediante caução. Não se confunde com a adjudicação, que é a translatividade da propriedade daqueles bens ao exequente.

ARREMESSO DE PROJÉTIL. ***Direito penal.*** Crime contra a segurança dos meios de comunicação e transporte e outros serviços públicos, pois aquele que arremessar projétil contra veículo em movimento, destinado ao transporte público terrestre, aéreo ou marítimo, deverá ser punido com detenção.

ARRENDAMENTO MERCANTIL. ***Direito comercial.*** Trata-se do *leasing* financeiro, que é o contrato pelo qual uma pessoa natural ou jurídica, pretendendo utilizar determinado equipamento, comercial ou industrial, ou certo imóvel, consegue que uma instituição financeira o adquira, arrendando-o ao interessado, por tempo determinado, possibilitando ao arrendatário, findo tal prazo, optar entre a devolução do bem, a renovação do arrendamento ou a aquisição do bem arrendado, mediante um preço residual fixado no contrato, isto é, o que fica após a dedução das prestações até então pagas.

ARRENDAMENTO RESIDENCIAL. ***Direito civil.*** Contrato que tem por objeto o arrendamento com opção de compra de bens imóveis adquiridos para atender necessidade de moradia de população de baixa renda. Esse contrato deverá conter: prazo contratual, valor da contraprestação e critérios de atualização, opção de compra e preço para essa opção ou critério para sua fixação. O contrato de aquisição de imóveis pelo arrendador e o de transferência do direito de propriedade ao arrendatário deverão ser celebrados por instrumento particular com força de escritura pública e registrados no Cartório de Registro de Imóveis competente. Havendo inadimplemento no arrendamento, findo o prazo da notificação ou interpelação, sem pagamento dos encargos atrasados, o arrendador está, ante o esbulho possessório, autorizado a propor ação de reintegração de posse.

ARRENDAMENTO RURAL. ***Direito agrário.*** Contrato agrário pelo qual uma pessoa cede a outra, por prazo determinado ou não, o uso e o gozo de um imóvel rural, no todo ou em parte, incluindo ou não outros bens, benfeitorias ou facilidades, com o objetivo de nele ser exercida atividade de exploração agrícola, pecuária, agroindustrial, extrativa ou mista, mediante certa retribuição ou aluguel, observados os limites percentuais do Estatuto da Terra.

ARREPENDIMENTO. 1. ***Direito civil.*** a) Ato de arrepender-se; b) desistência de um ato, voltando atrás em uma deliberação tomada; c) ato pelo qual, oportunamente, se retira a anuência dada à formação de um negócio jurídico combinado, ainda não perfeito e acabado; d) ação do contratante que desiste de um contrato já ajustado. **2.** ***Direito penal.*** Desistência voluntária da prática de um crime, deixando de consumá-lo, não mais prosseguindo sua execução. Logo, somente caberá um caso de tentativa inacabada ou imperfeita.

ARRESTO. ***Direito processual civil.*** Apreensão judicial dos bens do devedor, para garantir ao credor a solução do débito, até que se decida uma ação pendente ou ainda a ser proposta, evitando que aqueles sejam desviados, prejudicando a cobrança do crédito. Assim, assegura-se ao credor, preventivamente, a solvabilidade do próprio devedor. No arresto há um processo de inibição ou constrição, pois apreendem-se tantos bens quantos forem necessários ou suficientes para saldar o débito, embargando-os. Trata-se de tutela provisória de urgência de natureza acautelatória ou assecuratória dos direitos do credor, pois os bens do devedor serão entregues à custódia de um depositário até que haja a resolução da pendência ou da causa. É cabível sempre que houver fundado motivo que possa colocar em risco o êxito de uma futura execução. Para a concessão do arresto é essencial: a) prova literal da dívida líquida e certa; b) prova documental; ou c) justificação do fato de o devedor, sem domicílio, intentar ausentar-se ou alienar seus bens ou deixar de pagar obrigação no prazo estipulado ou de o devedor, com domicílio, ausentar-se, cair em insolvência, contrair débitos extraordinários, colocar bens em nome de terceiro ou praticar ato para lesar credores ou de o devedor, que possui bens de raiz, pretender aliená-los, hipotecá-los ou dá-los em anticrese, sem ficar com algum, livre e desembargado, equivalente à dívida.

ARRESTO DO PRÍNCIPE. ***Direito internacional público.*** Ato de um Estado soberano que, no período de guerra, impede a saída de navios de carga ou de passageiros, nacionais ou estrangeiros, que se encontrem nos seus portos ou em suas águas territoriais, interditando-os. Denomina-se também "arresto de potência".

ARRIMO. ***Direito civil.*** **1.** Amparo; auxílio material. **2.** Pessoa que protege e ampara outra, fornecendo meios para sua subsistência. **3.** Obra de alvenaria construída para a segurança de alguma coisa, como o muro de arrimo feito para segurar um terreno mais elevado, evitando seu desmoronamento, ou a estaca de arrimo, que serve de apoio a uma construção, sustentando o que deve ficar firme.

ARROLAMENTO. 1. *Direito processual civil.* a) Processo de inventário simplificado, caracterizado pela redução de atos formais ou de solenidades. Ocorrerá quando aos herdeiros maiores e capazes convier fazer a partilha amigável dos bens do espólio, que será de plano homologada pelo juiz, mediante prova da quitação dos tributos relativos a eles e às suas rendas, ou quando o valor dos bens do espólio for igual ou inferior a 1.000 (mil) salários mínimos; b) ato pelo qual se faz a discriminação de pessoas ou de coisas, colocando-as num rol ou lista. Daí falar-se em arrolamento de testemunhas, arrolamento de bens etc. **2.** *Direito militar.* Alistamento, recrutamento ou composição do rol de pessoas figurantes no sorteio militar ou obrigadas ao serviço ativo do Exército.

ARROMBAMENTO. 1. *Direito penal.* Destruição de qualquer coisa destinada à proteção ou à segurança de uma propriedade, mediante o uso de violência ou de força. **2.** *Direito processual civil.* Ato de diligência efetuado pelo oficial de justiça, mediante mandado judicial, determinando que se proceda à abertura de cofres, móveis ou portas, para procurar coisas ou pessoas que devam ser penhoradas, apreendidas, despejadas ou presas.

ARRUAÇA. *Direito penal.* Constitui uma contravenção penal que se caracteriza por tumulto popular, atitude inconveniente em solenidades oficiais ou espetáculos públicos, perturbação do trabalho ou do sossego alheio com gritarias ou algazarras ou motim de rua.

ARS BONI ET AEQUI. *Expressão latina.* Arte do justo e do necessário.

ARTIGO. 1. *Teoria geral do direito.* a) Divisão ordenada do texto legal por numeração seguida no seu início, sendo, portanto, o elemento estrutural da norma, que consiste em sua unidade básica; b) cada parágrafo de uma articulação. **2.** *Direito civil.* Escrito ou comentário publicado na imprensa ou em revistas sobre um tema, protegido pelo direito autoral. **3.** *Direito comercial.* Mercadoria ou objeto colocado à venda.

ASCENDÊNCIA. *Direito civil.* Linha reta dos ascendentes, subindo-se da pessoa ao seu antepassado, sem qualquer limitação. São parentes na linha ascendente o pai, o avô, o bisavô etc. O grau de parentesco é contado pelo número de gerações, ou seja, de relações existentes entre o genitor e o gerado. Tantos serão os graus quantas forem as gerações: de pai a filho, um grau; de avô a neto, dois graus; de bisavô a bisneto, três graus etc. Em outras palavras, cada geração representa um grau.

ASCENDENTE. 1. *Direito civil.* Pessoa de quem se descende: pai, mãe, avô, avó, bisavô, bisavó etc. **2.** *Direito processual penal.* Parente em linha reta, de quem o ofendido se origina, que tem o exercício do direito de queixa ou de representação, no lugar do ofendido.

ASFIXIA. *Medicina legal.* Suspensão da respiração e da circulação ou oxigenação do sangue nos pulmões, seguida de morte, aparente ou real, causada por estrangulação, esganadura, sufocação, submersão ou ação de gases irrespiráveis.

ASILO. 1. *Direito internacional privado.* Abrigo concedido por um país ou por sua legação a um estrangeiro perseguido, por motivo político, pelo seu Estado. **2.** *Direito civil.* Estabelecimento particular de caridade onde se recolhem crianças abandonadas, pessoas doentes ou idosas para serem tratadas ou alimentadas a expensas dele. **3.** *Direito administrativo.* a) Estabelecimento público encarregado de acolher pessoa em situação de rua, idosos ou crianças abandonadas; b) estabelecimento público que recolhe pessoa com deficiência intelectual; hospitais psiquiátricos. **4.** *Direito penal.* Crime contra a administração da justiça que consiste em acolher, conscientemente, um criminoso.

ASSALARIAR. *Direito do trabalho.* Contratar empregado mediante pagamento de salário predeterminado.

ASSASSINATO. *Direito penal.* Homicídio premeditado; ato de tirar a vida de uma pessoa com o emprego de qualquer meio.

ASSÉDIO MORAL. *Direito do trabalho* e *direito civil.* **1.** Terrorismo psicológico. **2.** Manipulação perversa. **3.** Conduta abusiva, de natureza psicológica, por parte do empregador ou de empregados entre si, que atenta, de modo prolongado, contra a dignidade psíquica do trabalhador estável, expondo-o a situações humilhantes, que têm por efeito excluir sua relação empregatícia, vencendo-o pelo cansaço, ou deteriorar o ambiente de trabalho durante a jornada em que exerce suas funções, fazendo com que se demita por pressão (Sônia A. C. Mascaro Nascimento). Por isso, pode dar origem à responsabilidade civil por dano moral. **3.** O mesmo que *mobbing.*

ASSÉDIO SEXUAL. *Direito penal.* Ato de constranger alguém com gestos, palavras ou com emprego de violência, prevalecendo-se de relações de confiança, de autoridade ou empregatícia, com o escopo de obter vantagem sexual. Tal ato é punido com detenção, e a pena pode ser aumentada em até um terço se a vítima for menor de dezoito anos.

ASSEMBLEIA CONSTITUINTE. *Direito constitucional.* É a especialmente eleita ou convocada para elaborar, reformar ou revisar Constituição política de um Estado.

ASSEMBLEIA GERAL. 1. *Direito comercial.* Reunião de todos ou da maioria dos acionistas ou sócios de sociedade anônima, em comandita por ações ou de sociedade limitada, previamente convocada e realizada na forma da lei e do estatuto social, sendo sujeita a *quorum* para deliberar sobre assuntos de interesse societário e para tomar decisões atinentes à sua defesa, ao seu desenvolvimento e ao seu destino. Pode ser ordinária ou extraordinária. **2.** *Direito civil.* Sessão que visa reunir a totalidade ou a maioria dos membros de uma associação ou sociedade de fins literários, desportivos, científicos ou artísticos para deliberar sobre assunto de seu interesse. Na associação, competir-lhe-á privativamente destituir os administradores e alterar o estatuto. **3.** *Direito falimentar.* A assembleia geral de credores, presidida pelo administrador judicial, tem por atribuições deliberar sobre: 1. Na recuperação judicial: a) aprovação, rejeição ou modificação do plano de recuperação judicial apresentado pelo devedor; b) a constituição do Comitê de Credores, a escolha de seus membros e sua substituição; c) o pedido de desistência do devedor; d) o nome do gestor judicial, quando do afastamento do devedor; e) qualquer outra matéria que possa afetar os interesses dos credores; 2. Na falência: a) a constituição do Comitê de Credores, a escolha de seus membros e sua substituição; b) a adoção de outras modalidades de realização do ativo; c) qualquer outra matéria que possa afetar os interesses dos credores.

ASSEMBLEIA GERAL EXTRAORDINÁRIA. *Direito comercial.* Reunião de acionistas de uma sociedade anônima convocada fora de época para deliberações de caráter excepcional, como: reforma estatutária; destituição de administradores; autorização para emissão de debêntures ou de partes beneficiárias; suspensão de exercício dos direitos do acionista; deliberação sobre transformação, fusão, incorporação e cisão da companhia, sua dissolução e liquidação, eleição e destituição de liquidantes e julgamento de suas contas; autorização para os administradores confessarem falência ou pedir recuperação; alteração do dividendo obrigatório e participação em grupo de sociedade.

ASSEMBLEIA GERAL ORDINÁRIA. *Direito comercial.* Assembleia anual obrigatória na sociedade anônima, feita nos quatro meses seguintes ao término do exercício social, para tomar as contas dos administradores, discutir e votar as demonstrações financeiras; deliberar sobre a destinação do lucro líquido do exercício e a distribuição dos dividendos; eleger os administradores e os membros do Conselho Fiscal, quando for o caso, e aprovar a correção da expressão monetária do capital social.

ASSEMBLEIA LEGISLATIVA ESTADUAL. *Direito constitucional.* **1.** Órgão do Poder Legislativo dos Estados-Membros da Federação que atua dentro dos limites estabelecidos pelas Constituições Estadual e Federal, agregando deputados eleitos pelo povo, que têm a competência de elaborar, discutir e aprovar as leis de sua alçada. **2.** Local onde se realiza a reunião dos membros do Poder Legislativo do Estado.

ASSENTADA. 1. *Direito processual civil.* Termo processual em que o escrivão, antes do depoimento testemunhal, declara a presença da testemunha, em juízo, qualificando-a devidamente, e identifica o processo, sem olvidar da data e do local onde o ato se realiza. **2.** *Direito comercial.* Ata de uma sessão da sociedade. **3.** *Ciência política.* Assembleia de eleitores.

ASSENTAMENTO. 1. *Direito administrativo.* Conjunto de anotações alusivas à vida funcional do funcionário público, lançadas em livros próprios da repartição, por constituir sua fé de ofício. **2.** *Direito civil* e *direito registrário.* Registro público, ou seja, anotação relativa aos atos que devem ser assentados no Registro Imobiliário e nos livros próprios do Registro Civil, tais como casamentos e sua dissolução, nascimentos, interdições, ausência, morte etc., dando-lhes autenticidade. **3.** *Direito comercial.* a) Lançamento efetuado pelo empresário nos livros comerciais, alusivo a todas as operações de comércio e aos atos praticados no exercício da mercancia habitual, obedecendo às regras da arte de escrituração mercantil; b) assento das praxes mercantis na Junta Comercial. **4.** *História do direito.* Pensão em dinheiro ou mantimentos que o monarca instituía em benefício dos fidalgos de sua casa.

ASSESSOR. 1. *Direito processual.* Manual que contém fórmulas do processo, orientando advogados. **2.** *Direito internacional público.* Consultor jurídico que acompanha o embaixador, para aconselhá-lo nas decisões jurídicas que deve tomar. **3.** *Direito administrativo.* Pessoa ou órgão que vêm a desempenhar, pelos seus conhecimentos especializados, junto a outra pessoa (física ou jurídica) a função de conselheiro, assistente, auxiliar ou adjunto. É aquele que fornece assessoramento técnico ou jurídico.

ASSIDUIDADE. 1. *Direito administrativo.* a) Comparecimento habitual do funcionário público para desempenhar as funções da esfera de sua competência, fazendo jus a contraprestação em dinheiro pelo serviço que efetivamente prestou. Se não cumprir o dever de assiduidade, sofrerá sanção administrativa, que poderá chegar à pena de demissão; b) pontualidade no cumprimento do serviço público. **2.** Na *linguagem comum*, é a qualidade daquele que aparece com frequência em determinado local onde deve desempenhar suas funções.

ASSINATURA A ROGO. *Direito civil.* É a feita por uma pessoa, a pedido e em nome de outra que não pode ou sabe subscrever, desde que na presença de no mínimo duas testemunhas.

ASSINATURA DIGITALIZADA. *Direito virtual.* **1.** É a que se caracteriza pela utilização de processo de chave pública e de chave privada, atribuídas a uma pessoa, onde a primeira é objeto de divulgação pública, na internet, e a segunda é conhecida apenas pelo seu titular. Tais chaves se compõem de elementos criptográficos (Paulo M. R. Brancher). **2.** Processo de codificação de dados criado a partir de um par de chaves criptográficas. **3.** É a que se constitui por signos ou chaves pertencentes ao autor, sendo a transformação de uma mensagem, mediante o emprego de sistema de cifragem assimétrica, de modo que o possuidor da mensagem a inicia e a chave pública do assinante determina de forma confiável se tal transformação se fez empregando a chave privada correspondente à pública do assinante e se a mensagem foi alterada, desde o momento em que se deu aquela transformação (Ricardo Luís Lorenzetti).

ASSINATURA ELETRÔNICA. *Vide* ASSINATURA DIGITALIZADA.

ASSINATURA MECANIZADA. *Direito civil.* É a aposta no documento por meio de máquinas próprias. Trata-se da assinatura impressa ou feita por sinete, chancela ou carimbo.

ASSISTÊNCIA. **1.** *Direito civil.* a) Proteção que se dá aos relativamente incapazes para a prática de certos atos da vida civil; b) auxílio econômico ou moral devido entre parentes e entre marido e mulher. **2.** *Direito processual civil.* a) Intervenção judicial de alguém numa causa na qual tem legítimo interesse jurídico, sem ser autor ou réu. Essa *assistência processual é simples*, porque o terceiro, por ter interesse jurídico na decisão da causa, ingressa no processo para auxiliar um dos litigantes; b) intervenção litisconsorcial quando houver entre o interveniente e a parte contrária, ou o adversário do assistido, uma relação jurídica, que será atingida pela sentença com força de coisa julgada. Nesta hipótese a assistência toma o aspecto de *litisconsórcio*, pelo qual alguém se integra na lide na qualidade de parte. Trata-se da *assistência litisconsorcial*; c) intervenção do representante legal em juízo para cuidar dos interesses da pessoa que está sob sua guarda e proteção. Trata-se da *assistência legal* imposta pela lei para que se complete a capacidade processual do incapaz. **3.** *Direito processual penal.* Intervenção do ofendido, ou de seu representante legal (cônjuge, ascendente ou descendente), na ação pública penal, sendo admitido como parte, ao lado do Ministério Público, enquanto a sentença não transitar em julgado. Trata-se da assistência de acusação. **4.** *Direito marítimo.* Auxílio prestado pelo comandante do navio a uma embarcação em perigo em alto-mar.

ASSISTÊNCIA JUDICIÁRIA GRATUITA. *Direito administrativo* e *direito processual.* **1.** Instituição pública encarregada da defesa dos direitos de pessoas naturais ou jurídicas, nacionais ou estrangeiras, sem recursos pecuniários, junto aos juízes e tribunais, por meio de procuradores indicados e da dispensa do pagamento de despesas processuais. É dever-função do Estado a todos os que comprovarem insuficiência de recursos, por estarem impossibilitados de pagar as custas do processo, os selos postais, as despesas com publicação na imprensa oficial, a indenização devida à testemunha, que, quando empregada, receberá do empregador salário integral, como se em serviço estivesse, as despesas com exames como o DNA, os honorários de perito, a remuneração do tradutor, o custo com a elaboração de memória de cálculo, os depósitos exigidos em lei para a interposição de recurso, para a propositura da ação ou a prática de outros atos processuais inerentes ao exercício da ampla defesa e do contraditório, os emolumentos devidos a notários ou registradores e os honorários advocatícios sem prejuízo do seu sustento ou do de sua família. **2.** Organização estatal ou paraestatal que visa, ao lado da dispensa provisória das despesas, a indicação de advogado (Pontes de Miranda).

ASSISTÊNCIA PÚBLICA. *Direito administrativo.* Instituição do governo que presta socorro médico e cirúrgico, ou serviços de diversas naturezas, gratuitamente, às pessoas necessitadas, sejam elas físicas ou jurídicas. Essa assistência pode ser de *auxílio*, se: a) visa prestar serviços médicos de urgência em caso de doença ou acidente, por intermédio do pronto-socorro; b) pretende proteger instituições pias, mantendo-as ou socorrendo-as, para que atendam doentes em situação de vulnerabilidade social, pessoas idosas, crianças abandonadas ou órfãs; ou de *fomento*, se o Poder Público procura favorecer instituições culturais ou artísticas para desenvolver a cultura e a arte.

ASSISTÊNCIA SOCIAL. *Direito previdenciário.* É a política social que provê o atendimento das necessidades básicas, traduzidas em proteção à família, à maternidade, à infância, à adolescência, à velhice e à pessoa com deficiência, independentemente de contribuição à seguridade social. A organização da assistência social obedece às seguintes diretrizes:

a) descentralização político-administrativa; b) participação da população na formulação e controle das ações em todos os níveis.

ASSOCIAÇÃO. 1. ***Direito administrativo.*** Direito do agente público de reunir-se para formar uma associação de classe, não lhe sendo permitida, porém, a sindicalização. **2.** ***Direito civil.*** a) Contrato pelo qual um certo número de pessoas, ao se congregar, coloca em comum serviços, atividades, conhecimentos etc. em prol de um mesmo ideal, objetivando a consecução de determinado fim, econômico ou não, com ou sem capital e sem intuitos lucrativos. Poderá ter finalidade altruística (associação beneficente), egoística (associação literária, esportiva ou recreativa) ou econômica não lucrativa (associação de socorro mútuo); b) modalidade de agrupamento dotado de personalidade jurídica, sendo pessoa jurídica de direito privado, voltada à realização de finalidades culturais, sociais, pias, religiosas, recreativas etc., cuja existência legal surge com o assento de seu estatuto, em forma pública ou particular, no registro competente, desde que satisfeitos os requisitos legais, tendo ela objetivo lícito e estando regularmente organizada. **3.** ***Medicina legal.*** Reunião de medicamentos para obter maior efeito com doses menores. **4.** ***Direito constitucional.*** Direito individual de unir esforços aos de outras pessoas para obter finalidade lícita, que está garantido pela Constituição Federal.

ASSOCIAÇÃO CRIMINOSA. ***Direito penal.*** É a *societas criminis*, que consiste no conluio entre três ou mais pessoas para o fim específico de praticar crimes. Trata-se da coautoria, em que se punem os agentes individualmente, de acordo com sua participação na consumação do delito acertado.

ASSOCIAÇÃO DE UTILIDADE PÚBLICA. ***Direito civil*** e ***direito administrativo.*** Aquela que, pelos seus serviços socioassistenciais ou educacionais prestados gratuita e desinteressadamente à coletividade, faz jus a subsídios ou auxílios financeiros governamentais, desde que haja declaração de sua utilidade pública federal, estadual e municipal, considerando preenchidas as rígidas condições que lhe são impostas, ficando, assim, sujeita ao controle e à contínua fiscalização da Administração Pública competente, que vão muito além do mero poder de polícia.

ASSOCIAÇÃO PÚBLICA. ***Direito administrativo.*** Consórcio público com personalidade jurídica de direito público, por conjugar esforços de entidades públicas, que firmam acordos para a execução de uma finalidade pública, celebrados com a ratificação, mediante lei, do protocolo de intenções.

ASSUNÇÃO. 1. ***Direito administrativo.*** Ato de assumir cargo público. **2.** ***Direito civil.*** Assumir uma obrigação. **3.** ***Lógica jurídica.*** Proposição ou premissa menor de um silogismo.

ASSUNÇÃO DE COMPETÊNCIA. ***Direito processual civil.*** Incidente que possibilita ao colegiado competente para a uniformização de jurisprudência avocar, para julgamento, recurso, remessa necessária ou processo de competência originária de outro órgão jurisdicional de menor composição quando, havendo relevante questão de direito com grande repercussão social, sem repetição em múltiplos processos, reconhecer interesse público na assunção de competência (Cassio S. Bueno).

ASSUNÇÃO DE DÍVIDA. ***Direito civil.*** Ato em que terceiro, com consenso do credor, se responsabiliza pelo débito do devedor, que, assim, se exonerará. Trata-se da *cessão de débito*.

ASTREINTE. ***Direito processual civil.*** Instituto de criação jurisprudencial francesa que inspirou a sanção pecuniária compulsória, introduzida no Brasil como instrumento às ações que visam cumprir obrigação de fazer (ou não fazer). O magistrado concede um prazo ao devedor para cumprir tal obrigação; esgotado esse lapso temporal sem seu adimplemento, deverá pagar uma multa até o dia em que a cumprir. A *astreinte* é, pois, a multa inibitória de alto valor, destinada a forçar o devedor indiretamente a fazer o que deve e não a reparar dano decorrente de inadimplemento. Tal multa fixada por dia ou por período de atraso pode ser cobrada ainda que não haja, no contrato, a cláusula penal. A multa será devida desde o dia em que se configurar o descumprimento da decisão e incidirá enquanto não for cumprida a decisão que a tiver cominado. O juiz poderá: de ofício ou a requerimento, modificar o valor ou a periodicidade da multa vincenda ou excluí-la, se verificar que se tornou insuficiente ou excessiva ou que o obrigado demonstrou cumprimento parcial superveniente da obrigação ou justa causa para o descumprimento.

ATA. 1. ***Direito canônico.*** a) Determinação ou assento de algum cabido ou comunidade eclesiástica; b) resolução eclesiástica tomada em concílio; c) narração da vida e do martírio dos santos. **2.** ***Direito civil.*** a) Registro fiel das deliberações tomadas por uma assembleia de condomínio, assinado por todos os condôminos presentes ou pelos que presidiram a reunião; b) narração escrita dos fatos ocorridos no curso de uma reunião de associação ou sociedade simples ou registro de resoluções tomadas por um órgão consultivo ou deliberativo. **3.** ***Direito comercial.*** Registro escrito das deliberações e ocorrências havidas em reuniões assembleares ordinárias ou extraordinárias promovidas por sociedades empresárias.

ATA NOTARIAL. *Direito civil e processual civil.* Documento público, dotado de fé pública, que atesta a existência de um fato ou modo de existir desse fato, servindo como prova de como e quando tal fato se deu.

ATENTADO. *Direito penal.* Ação criminosa, ofendendo a lei, a ordem pública ou os bons costumes; b) agressão violenta contra pessoa, coisa, entidade pública ou instituição, perturbando a ordem social; c) execução do delito, tenha havido ou não produção dos resultados pretendidos pelo agente. Logo, se o crime não se consumar, ter-se-á tentativa e não atentado.

A TERMO. 1. *Direito comercial.* Diz-se dos contratos mercantis com prazo certo. 2. *Direito civil.* Diz-se do negócio que contém cláusula que, por vontade das partes, subordina os efeitos do ato negocial a um acontecimento futuro e certo.

ATESTADO. 1. *Direito civil.* Documento que atesta ou declara sobre a verdade de um fato. 2. *Direito administrativo.* Ato em que a Administração Pública comprova fato de que tem conhecimento pelo respectivo órgão competente, por não constar de registro ou arquivo em poder da repartição.

ATIPICIDADE. 1. *Direito penal.* Qualidade de um ato delituoso ou lesivo não caracterizado legalmente, isto é, não enquadrado na definição legal. 2. Na *linguagem jurídica* em geral: a) caráter daquilo que se afasta do tipo; b) ausência de tratamento jurídico.

ATIVA. 1. *Direito administrativo.* Condição dos que exercem efetivamente cargo ou função pública. 2. *Direito militar.* Diz-se do militar que está em atividade nas Forças Armadas. 3. *Direito tributário.* a) Diz-se da dívida que compõe o ativo; b) termo usado para indicar o crédito das pessoas jurídicas de direito público no âmbito fiscal.

ATIVIDADE ECONÔMICA ORGANIZADA. *Direito comercial.* Conjunto de atos exercidos organizada e profissionalmente pelo empresário, visando a produção ou a circulação de bens ou de serviços.

ATIVIDADE FINANCEIRA DO ESTADO. *Direito tributário.* Complexo de atos realizados pelo Poder Público para obter dinheiro, junto ao povo e às empresas, a fim de manter os serviços públicos. Essa arrecadação é feita, em regra, pela cobrança de impostos, pela emissão de títulos públicos comercializados no mercado e, excepcionalmente, pelos empréstimos compulsórios.

ATIVIDADE PREDATÓRIA. *Direito agrário* e *direito ambiental.* Vedada aos produtores rurais, consiste no ato de degradar a terra pela sua exploração irracional por meio de desmatamentos ou desflorestamentos, eliminação da vegetação pelo fogo, gastos inúteis dos recursos naturais etc.

ATIVIDADES INSALUBRES. *Direito do trabalho.* São aquelas que, por sua natureza, condições ou método de trabalho, expõem os empregados a agentes físicos, químicos ou biológicos nocivos à saúde, produzindo doenças. A caracterização quantitativa ou qualitativa da insalubridade e o meio de proteção aos empregados determinam-se de acordo com o disposto pela repartição competente em matéria de segurança e higiene do trabalho.

ATIVIDADES PERIGOSAS. *Direito do trabalho.* São as que, por sua natureza ou métodos de trabalho, implicam risco acentuado em virtude de exposição permanente com inflamáveis ou explosivos ou energia elétrica, roubos ou outra espécie de violência física nas atividades profissionais de segurança pessoal ou patrimonial e uso de motocicletas.

ATIVO. 1. *Medicina legal.* Diz-se do mal que está progredindo ou regredindo. 2. *Direito comercial.* a) Acervo de um estabelecimento empresarial; b) capital em circulação; c) bens, direitos, créditos e valores de uma sociedade empresária ou do empresário individual. 3. *Direito civil.* Totalidade de bens móveis ou imóveis, créditos ou direitos que venham a constituir o patrimônio de uma pessoa natural ou jurídica.

ATMOSFERA TERRITORIAL. *Direito internacional público.* Espaço aéreo que, por estar acima do território de um Estado e de suas águas territoriais, se submete à soberania desse país. Logo, o espaço aéreo situado sobre a superfície do alto-mar é reconhecido como livre.

ATO ABSTRATO. *Direito administrativo.* Aquele que pode ser reiteradamente aplicado, alcançando um número indeterminado de destinatários. Por exemplo, regulamento (Celso Antônio Bandeira de Mello).

ATO ADMINISTRATIVO. 1. *Direito administrativo.* a) É, segundo Celso Antônio Bandeira de Mello, a declaração do Estado (ou de quem lhe faça as vezes — como, por exemplo, um concessionário de serviço público) no exercício de prerrogativas públicas, manifestada mediante providências jurídicas complementares da lei, a título de lhe dar cumprimento, e sujeita a controle de legitimidade por órgão jurisdicional; b) ato jurídico da Administração Pública que tem por fim a aquisição, o resguardo, a modificação ou a extinção de direitos em matéria administrativa. 2. *Direito civil.* É o praticado pelo administrador de negócios ou bens alheios para conservar e resguardar os direitos do administrado.

ATO AUTÊNTICO. *Direito civil.* Ato lavrado pelo oficial público (escrivão, tabelião, notário) ou por ele reconhecido, observando-se a lei, conferindo fé pública.

ATO BILATERAL. ***Direito civil.*** Aquele em que a declaração volitiva emana de duas ou mais pessoas, porém dirigidas em sentido contrário, podendo ser *simples*, quando conceder benefício a uma das partes e encargo à outra (doação, depósito gratuito etc.), e *sinalagmático*, se conferir vantagens e ônus a ambos os sujeitos (compra e venda, locação etc.).

ATO COATOR. ***Direito constitucional.*** É todo ato de autoridade que atinge direito subjetivo individual, impedindo seu exercício, por ser ilegal, ou oriundo de abuso de poder. Pode ser corrigido por meio de *habeas corpus* ou mandado de segurança. É, portanto, aquele em que uma autoridade impede o exercício de um direito líquido e certo pelo seu titular, transgredindo a lei ou ultrapassando os limites dos poderes que, legalmente, lhe foram conferidos.

ATO COLETIVO. ***Direito civil.*** É o formado pela união de declarações volitivas simultâneas e paralelas, convergindo para o mesmo lado, com o objetivo de atingir uma finalidade comum, por exemplo, constituição de uma sociedade, instituição de uma fundação, rescisão de locação feita por locatários que alugaram em comum a coisa, deliberação comum de condôminos numa assembleia geral etc. Constitui a expressão da vontade da coletividade dirigida a um interesse harmônico.

ATO CONCRETO. ***Direito administrativo.*** Aquele que se esgota em uma única aplicação a um caso. Por exemplo, exoneração de funcionário (Celso Antônio Bandeira de Mello).

ATO-CONDIÇÃO. ***Direito administrativo.*** Aquele que, isoladamente ou por um acordo com outrem, produz efeito jurídico pela aplicação de uma situação jurídica já criada. Por exemplo, aceitação ou demissão de um cargo público, acordo na concessão de um serviço público etc. É o que decorre da manifestação de vontade de alguém que, exercendo um poder conferido por lei, tem por escopo colocar-se numa dada situação jurídica preestabelecida.

ATO CONSTITUTIVO. 1. ***Direito civil.*** a) É o que tem por escopo constituir um direito em benefício de outrem; b) aquele que tem por objeto a constituição de uma pessoa jurídica, desde que devidamente registrado. **2.** ***Direito comercial.*** É o que tem por fim constituir uma sociedade empresária, já que esta requer para sua formação a manifestação de vontade de duas ou mais pessoas, que conjugam seus esforços para a consecução do fim comum. Trata-se do estatuto social, que, levado a assento, formará a sociedade empresária.

ATO DAS DISPOSIÇÕES CONSTITUCIONAIS TRANSITÓRIAS. ***Direito constitucional.*** Ordenamento constitucional transitório que abrange preceitos relativos ao período de adaptação de situações preexistentes à nova constituição ou à emenda, sendo caracterizado pelo exaurimento depois de ocorrida certa situação (José Carlos Francisco).

ATO DECISÓRIO. ***Direito processual.*** Aquele em que o órgão judicante decide um litígio, resolvendo-o, dando ganho de causa a um dos litigantes, fundamentado na lei e nas provas produzidas em juízo.

ATO DECLARATIVO. ***Direito processual.*** Aquele pelo qual, em razão de lei ou decisão judicial, se declara a existência ou inexistência de um direito ou a falsidade ou autenticidade de um documento. É também designado "ato declaratório".

ATO DE CRUELDADE. ***Direito penal.*** É o que, na execução de um crime, decorre da perversidade dos instintos do criminoso, constituindo circunstância agravante da pena, por revelar maior grau de periculosidade do agente.

ATO DE GESTÃO. 1. ***Direito constitucional.*** Modalidade de intervenção do Estado no domínio da economia. **2.** ***Direito civil.*** É o praticado por aquele que, sem ter autorização do interessado, intervém na gestão de negócio alheio, conforme a vontade presumida de seu dono. **3.** ***Direito administrativo.*** É o que o agente da Administração Pública pratica, no exercício do serviço público, sem usar dos poderes de comando, gerindo o patrimônio público ou os bens do domínio privado do Estado, regulando o bom funcionamento dos negócios públicos, por exemplo, gestão de serviço público, venda de um bem, admissão ou dispensa de funcionários etc. **4.** ***Direito financeiro.*** É o que visa a realização de uma operação financeira de receita ou de despesa, conforme as pautas vigentes do orçamento anual.

ATO DE GOVERNO. ***Direito administrativo.*** Espécie de ato administrativo que advém do governo, no exercício do seu poder político, para garantir a ordem pública do Estado.

ATO DE IMPÉRIO. ***Direito administrativo.*** Ato administrativo praticado pela Administração, fazendo valer sua vontade no exercício de seu Poder Público ou de sua autoridade, ordenando ou proibindo algo, por exemplo, ordem de interdição de um estabelecimento.

ATO DE MERA TOLERÂNCIA. ***Direito civil.*** É o praticado em propriedade alheia, com o consenso ou condescendência de seu senhor e possuidor, sem que haja em favor do agente qualquer situação jurídica fundada em posse. O ato de mera tolerância decorre de uma anuência expressa ou concessão do dono, sendo revogável pelo concedente. Não se concede qualquer direito ao concessionário e não se dá parcela alguma do direito do senhor da coisa. Há apenas uma autorização revogável por aquele que a concedeu. Representa uma indulgência pela prática do ato que, na realidade, não cede direito algum, mas, tão somente, retira a ilicitude do ato de terceiro sem o consenso prévio do possuidor, que, sem renunciar à sua posse, mantém, ante aquela atividade, um comportamento omisso e consciente. Esse ato tolerado é forma de concessão benévola e revogável, não induzindo, portanto, posse.

ATO DE POLÍCIA. **1.** ***Direito administrativo.*** É o que, preventiva ou repressivamente, garante e fiscaliza o cumprimento das normas administrativas, na execução de atos da Administração Pública e no fiel desempenho das funções públicas. **2.** ***Direito penal.*** É o que assegura a ordem pública, prevenindo, impedindo ou reprimindo a ação dos infratores da lei, dos bons costumes e da moral.

ATO DISCRICIONÁRIO. ***Direito administrativo.*** Aquele que a Administração Pública pratica, tendo certa liberdade de decisão baseada em critérios de conveniência e oportunidade, segundo o que for melhor para, ante um caso concreto, satisfazer ao interesse público que a lei pretende realizar.

ATO ESPOLIATIVO. ***Direito civil.*** É o esbulho da posse de alguém, ou melhor, ato pelo qual se despoja o possuidor de sua posse, injustamente, por violência, clandestinidade ou abuso de confiança.

ATO EXECUTÓRIO. **1.** ***Direito administrativo.*** Ato administrativo que possui força executória independentemente de qualquer pronunciamento jurisdicional. **2.** ***Direito penal.*** Aquele em que o criminoso executa o crime preconcebido. **3.** ***Direito processual.*** Ato de cumprir uma sentença ou despacho judicial.

ATO EXTRAJUDICIAL. ***Direito processual civil.*** Ato executado para garantir uma relação jurídica, produzido fora do juízo ou foro.

ATO FORMAL. ***Direito civil.*** É o que se subordina a uma solenidade, prevista em lei, para que tenha validade, por ser de sua substância. É também designado "ato solene".

ATO GRATUITO. ***Direito civil.*** Aquele que, por pretender beneficiar alguém, encerra uma liberalidade, uma vez que não contém qualquer contraprestação suscetível de aferição econômica.

ATO ILÍCITO. ***Direito civil.*** Aquele que é praticado em desacordo com a ordem jurídica, violando direito subjetivo individual. Causa dano moral ou patrimonial a alguém, criando o dever de reparar tal prejuízo. Logo, produz efeito jurídico, só que este não é desejado pelo agente, mas imposto pela lei.

ATO INDAGATIVO. ***Direito processual.*** É o que requer perquirição de provas.

ATO INEQUÍVOCO. ***Teoria geral do direito.*** É o praticado de maneira clara, demonstrando a intenção do agente, não estando, por isso, sujeito a qualquer impugnação.

ATO INEXISTENTE. ***Direito civil.*** É o que não tem existência jurídica, por não conter os elementos constitutivos essenciais à sua formação, por exemplo, casamento entre pessoas do mesmo sexo ou ausência de consentimento de uma das partes na celebração de um contrato consensual.

ATO INFRACIONAL. ***Direito penal.*** É o tipificado como crime ou contravenção penal pelo Estatuto da Criança e do Adolescente.

ATO INSTITUCIONAL. **1.** ***Direito civil.*** Ato que visa instituir uma sociedade ou associação. **2.** ***Direito constitucional.*** Manifestação do poder constituinte originário, decorrente de governo revolucionário ou de emergência, encerrando normas de caráter constitucional, apesar de transitórias, sem que haja qualquer tramitação pelo Parlamento, com o intuito de restabelecer a ordem jurídica, garantindo a soberania nacional e os Poderes Públicos. É, portanto, ato subsidiário à Constituição de um país.

ATO IRREGULAR. ***Direito administrativo.*** Aquele que apresenta vício material irrelevante ou incurso em formalização defeituosa em razão de violação de norma que impõe padronização interna dos instrumentos pelos quais se veicula o ato administrativo. Por exemplo: expedição de ato, por meio de aviso, quando, por lei, deveria ser feito por portaria (Celso Antônio Bandeira de Mello).

ATO JURÍDICO EM SENTIDO ESTRITO. ***Direito civil.*** É o que gera consequências jurídicas previstas em lei e não pelas partes interessadas, não havendo regulamentação da autonomia privada. Segundo Orlando Gomes, classifica-se em: a) *ato material*, se consistir numa atuação da vontade, que lhe dá existência imediata, porque não se destina ao conhecimento de determinada pessoa, não tendo, portanto, destinatário. Trata-se de ato a que a ordem jurídica confere efeitos inevitáveis, de maneira que tais consequências jurídicas estão adstritas tão somente ao resultado da atuação, produzindo-se independentemente da consciência que o agente tenha de que seu comportamento o suscita, por exemplo, ocupação, derrelição, fixação de domicílio, comistão, confusão, adjunção, especificação, acessão etc.; b) *participação*, se consistir em declaração para ciência ou comunicação de intenção ou de fato, tendo por escopo produzir *in mente alterius* um evento psíquico. Tem, necessariamente, destinatário, pois o sujeito pratica o ato para dar conhecimento a outrem de que tem certo propósito ou que ocorreu determinado fato, por exemplo, intimação, interpelação, notificação, oposição, aviso, confissão, denúncia, convite etc.

ATO JURÍDICO PERFEITO. ***Direito constitucional*** e ***teoria geral do direito.*** **1.** É o consumado segundo a norma vigente ao tempo em que se efetuou, produzindo seus efeitos jurídicos, uma vez que o direito gerado foi exercido. A segurança do ato jurídico perfeito é um modo de garantir o direito adquirido pela proteção que se concede ao seu elemento gerador, pois, se a novel norma considerasse como inexistente ato já consumado sob o amparo da precedente, o direito adquirido, fundado em lei, dela decorrente desapareceria por falta de fundamento. Se a norma constitucional não o resguardasse, haveria destruição de direitos subjetivos, formados sob o império da antiga norma, prejudicando interesses legítimos de seus titulares, causando a desordem social. **2.** O que se aperfeiçoou sob a égide da velha lei, por terem sido cumpridos todos os requisitos para sua formação, podendo vir a produzir, futuramente, efeitos. **3.** Aquele que está apto a produzir suas consequências jurídicas, imunizando-se de qualquer alteração legal quanto a sua forma. Assim, se alguém tiver um direito por ele resguardado, não poderá tê-lo negado apenas porque uma nova norma veio a exigir outra solenidade para sua exteriorização.

ATO JURISDICIONAL. ***Direito processual civil.*** **1.** O que emana de autoridade judiciária competente, em conformidade com as normas processuais, solicitado por quem tenha legítimo interesse na causa ou provocado *ex officio* pelo órgão judicante, por exemplo, sentença, acórdão, despacho, decisão interlocutória etc. **2.** Ato de julgar, ato de jurisdição contenciosa.

ATO LEGISLATIVO. ***Direito constitucional.*** **1.** Norma geral e obrigatória emanada do Poder Legislativo. **2.** Em ***sentido amplo,*** pode abranger os decretos do Executivo e as resoluções do Judiciário.

ATO LIBIDINOSO. ***Direito penal.*** É o diverso da conjunção carnal, praticado para satisfazer a libido de pessoa de qualquer sexo. Por exemplo, cópulas ectópicas (anal, bucal, buco-vulvar, vestibular, perineal ou *inter femora*), toques impudicos, beijo ou sucção das partes pudendas ou seios.

ATO LÍCITO. ***Direito civil.*** É o conforme à lei, tendo por fim imediato adquirir, resguardar, transferir, modificar ou extinguir direitos.

ATO NORMATIVO. **1.** ***Direito administrativo.*** a) Instrumento legal do Executivo que tem o escopo de regulamentar ou esclarecer o conteúdo de alguma norma (lei, portaria, decreto, regulamento); b) parecer jurídico da Consultoria aprovado pelo presidente da República ou ministro de Estado. **2.** ***Direito do trabalho.*** É o que visa o conteúdo de um futuro contrato, tendo as seguintes características primordiais: manifestação de vontade sucessiva, dando existência à relação nele prevista, e unificação da disciplina do contrato ou da relação que dele decorre. **3.** ***Direito constitucional.*** Ato jurídico, diverso da lei, dotado de generalidade decorrente primariamente da Constituição Federal (Jairo Maia Júnior).

ATO OBSCENO. ***Direito penal.*** Crime de ultraje ao pudor público consistente na prática, em local aberto ou exposto ao público, de ato de natureza sexual gravemente ofensivo ao pudor, tais como conjunção carnal, bestialidade, exibicionismo, masturbação, pigmalionismo etc.

ATO OFICIOSO. **1.** ***Direito processual civil.*** É o praticado *ex officio* pelo magistrado no curso do processo, voluntariamente ou por imposição de lei. **2.** Na ***linguagem comum,*** é o levado a efeito com o escopo de prestar um favor, desinteressadamente, a alguém.

ATO PREPARATÓRIO. **1.** ***Direito civil.*** É o destinado a preparar a formação do principal, como, por exemplo, a negociação preliminar que antecede à celebração do contrato. **2.** ***Direito processual civil.*** Tutela provisória de urgência de natureza cautelar intentada antes do ajuizamento da ação principal, por exemplo, arresto, sequestro, arrolamento de bens, registro de protesto contra alienação de bem, busca e apreensão, alimentos provisionais, protesto, notificação etc. **3.** ***Direito penal.*** Aquele que antecede à execução do crime, possibilitando-a ou assegurando seu êxito, delineando-se na fase do *iter criminis*. Às vezes, apesar de alheio à repressão criminal, a lei considera-o como crime *sui generis*. É o que se dá, por exemplo, com a infração chamada quadrilha ou bando e a alusiva a petrechos para falsificação de moeda.

ATO PRIVADO. ***Direito civil.*** **1.** É o feito por meio de instrumento particular, sem intervenção de notário ou oficial público. **2.** O feito de forma a que ninguém tenha dele conhecimento.

ATO PROBATÓRIO. ***Direito processual civil.*** É o que prova uma alegação feita em juízo, por exemplo, perícia, produção de documento, apresentação de testemunha etc.

ATO PROCESSADO EM JUÍZO. ***Direito processual civil.*** Também denominado "ato processual". É o praticado no processo por iniciativa das partes, do juiz ou do escrivão, movimentando a ação, uma vez que visa constituir, conservar, desenvolver, modificar ou extinguir a relação jurídico-processual. Por exemplo, petição inicial, contestação, citação, exceção de coisa julgada, notificação, designação da audiência, habilitação de herdeiro por morte de um dos litigantes, sentença, decisão interlocutória, despacho, absolvição de instância, transação judicial, renúncia ao processo, abertura de vista, conclusão dos autos ao juiz, remessa do processo ao órgão jurisdicional *ad quem*, termo de juntada de documento, certidão de publicação de ato decisório, cumprimento de mandado pelo oficial de justiça etc.

ATO PÚBLICO. **1.** *Direito civil.* Aquele efetivado por escritura pública na presença de um notário, sendo um ato autêntico. **2.** *Direito administrativo.* Manifestação da vontade do Estado por meio de funcionários públicos, no exercício de suas funções e dentro dos limites de sua competência legal ou constitucional.

ATO PURO E SIMPLES. *Direito civil.* Aquele em que a vontade do agente se manifesta sem impor qualquer condição, ônus, encargo ou restrição.

ATO SINALAGMÁTICO. *Direito civil.* **1.** Ato constituído pelo acordo de duas vontades, conferindo direitos e deveres a ambos os agentes. **2.** *Vide* ATO BILATERAL.

ATO SUBSTANCIAL. *Direito civil.* **1.** É o que tem por fim tutelar direitos ou fazer com que se executem as leis. **2.** É o indispensável para a validade de um ato.

ATO SUSPENSIVO. *Direito processual civil.* É o que interrompe, provisoriamente, a execução de uma decisão judicial, o curso de um prazo processual ou, ainda, a efetivação de um ato judicial.

ATO TRANSLATIVO. *Direito civil.* **1.** Diz-se daquele que serve de título para obter a transferência de um bem ou direito. **2.** É o ato pelo qual a propriedade de coisa ou direito passa de um titular a outro, por exemplo, tradição, assento no Registro Imobiliário etc.

ATO UNILATERAL. **1.** *Direito civil.* É o que requer uma declaração unitária de vontade para produzir seus efeitos, dispensando o concurso da vontade de outrem. É, portanto, o ato volitivo proveniente de um ou mais sujeitos, desde que na mesma direção, colimando um único objetivo (testamento, codicilo, renúncia, promessa de recompensa, título ao portador etc.). Subdivide-se em: *receptício*, se seus efeitos só se produzirem após o conhecimento da declaração pelo destinatário (concentração na obrigação alternativa); e *não receptício*, se sua efetivação independer do endereço a certo destinatário (renúncia de herança). **2.** *Direito administrativo.* É o formado pela declaração volitiva de uma só parte, por exemplo, multa, autorização, demissão de agente público etc.

ATO VICIADO. *Direito civil.* Aquele que contém vício de consentimento (erro, lesão, estado de perigo, dolo ou coação) ou social (fraude contra credores) suscetíveis de anulá-lo, embora possa ser confirmado, ressalvando-se os direitos de terceiros. Se apresentar o vício social da simulação poderá ser declarado nulo.

ATO VINCULADO. *Direito administrativo.* É o praticado pela Administração Pública, sem qualquer margem de livre apreciação, desde que se preencham os requisitos fixados pela lei numa dada situação predeterminada. Por exemplo, admissão, licença para edificação, aposentadoria por tempo de serviço etc.

ATRASO. **1.** *Direito civil.* a) Falta ou demora de pagamento; b) retardamento no cumprimento de uma obrigação ou na prestação de um fato. **2.** O mesmo que MORA (*v.*). **3.** *Direito processual.* Demora na prática de atos processuais. **4.** *Direito comercial.* a) Demora injustificada na entrega de mercadoria, que não chega a seu destino na data marcada, dando origem ao pedido de indenização do transportador pelos danos causados; b) retardamento de trem, sem que tenha havido força maior ou motivo justo, chegando além do tempo de tolerância admitida na execução do horário, possibilitando aos lesados pleitear o ressarcimento pelos prejuízos sofridos, que será pago pela estrada de ferro ou pela empresa concessionária de serviço dessa natureza; c) retardamento de avião, ultrapassando o tempo previsto para o voo, que pode resultar dano aos viajantes, bagagens e mercadorias, dando origem à responsabilidade do fornecedor do serviço, podendo o consumidor exigir perdas e danos pelos prejuízos que teve, exceto se oriundos de força maior.

ATRIBUIÇÃO. **1.** *Direito administrativo.* Ato de conferir, ao titular de um cargo ou função pública, competência para exercer suas atividades ou poder específico para tomar conhecimento ou não de algum assunto administrativo. **2.** *Direito civil.* a) Ato de assegurar a alguém, satisfeitas as condições legais, a titularidade de um direito; b) soma de poderes conferidos por lei, para que uma pessoa possa praticar atos válidos; c) privilégio ou prerrogativa. **3.** *Direito penal.* Imputação da autoria de um crime a alguém. **4.** *Direito processual.* Poder conferido a um magistrado para presidir uma causa e decidi-la, designando os limites da jurisdição.

ATRIBUTIVIDADE. *Filosofia do direito.* Qualidade inerente à norma jurídica de atribuir, na concepção de *Petrazycki*, a quem seria lesado por sua eventual violação a faculdade de exigir do violador, por meio do poder competente, seu cumprimento ou a reparação do mal sofrido.

ATRIBUTOS DA EMPRESA. *Direito comercial* e *direito empresarial.* Consistem em elementos imprescindíveis ao exercício da atividade empresarial, manifestada na produção ou troca de bens ou serviços, por exemplo, clientela, aviamento, fundo de comércio e estabelecimento empresarial.

ATUALIZAÇÃO DA OBRIGAÇÃO PECUNIÁRIA. *Direito civil.* É a que se opera para evitar que o credor sofra as consequências da desvalorização da moeda, mediante cláusulas de atualização da prestação, que são: a) as de *escala móvel*, que estabelecem uma revisão, preconvencionada pelas partes, dos pagamentos que deverão ser feitos de conformidade com as variações do preço de determinadas mercadorias ou serviços (cláusula-mercadoria) ou do índice geral do custo de vida (cláusula *index-number*); b) as de *atualização monetária*, que consistem em revisões estipuladas pelas partes ou impostas por lei, baseadas em índices oficiais.

AUDIÊNCIA. 1. *Direito processual civil.* a) Sessão solene em que o juiz, na sede do juízo ou em local por ele designado, interroga as partes, ouve os advogados e pronuncia o julgamento; b) ato processual no qual se tem, sob a presidência do magistrado, a instrução, o debate dos fatos e do direito e a decisão da causa; c) ato de ouvir, em juízo, os litigantes ou o órgão do Ministério Público; d) oportunidade que se dá ao litigante para arrazoar verbalmente ou por escrito; e) ação do órgão judicante de escutar as partes, peritos ou testemunhas. **2.** *Direito civil.* a) Ciência ou informação sobre um fato de que se deve dar conhecimento a outrem para que se cumpra o determinado em lei, com o escopo de provocar sua anuência à pratica de certo ato jurídico ou sua aprovação a ato já executado ou efetivado; b) assistência dada pelo representante de pessoa relativamente incapaz para que possa praticar atos válidos na vida civil. **3.** *Direito administrativo.* Recepção dada por autoridade pública a pessoa que lhe deseja falar sobre assuntos de seu interesse.

AUDIÊNCIA DE CONCILIAÇÃO OU MEDIAÇÃO. *Direito processual civil.* Os tribunais são obrigados a criar centros para a realização dessa audiência, visando a autocomposição dos conflitos, sob a intermediação de conciliador e mediador. O conciliador atua em casos em que inexiste vínculo entre as partes e pode sugerir solução para o conflito. O mediador age na hipótese de haver vínculo anterior entre as partes, auxiliando-as a compreender o interesse em conflito, para que possam, pelo restabelecimento da comunicação, identificar, por si próprias, soluções consensuais que as beneficiem. O juiz deve designar essa audiência se a petição inicial preencher os requisitos essenciais e não for caso de improcedência liminar do pedido. Essa audiência pode ser feita em mais de uma sessão, e, durante a instrução do processo, o juiz poderá fazer nova tentativa. A autocomposição obtida será reduzida a termo e homologada por sentença. Tal audiência não será realizada se ambas as partes manifestarem, expressamente, desinteresse na composição consensual e se não se admitir a autocomposição.

AUDIÊNCIA ESPECIAL. 1. *Direito processual civil.* É a que se efetiva em procedimento especial do processo de conhecimento, não assumindo, em certos casos, o rito ordinário, por exemplo, a audiência de interrogatório de interditando. **2.** *Direito processual penal.* É a que se realiza em procedimento especial, como a audiência admonitória alusiva à concessão de *sursis* ao réu condenado, onde há uma leitura da sentença, advertindo-o das consequências de nova infração penal e da violação das obrigações impostas.

AUDIÊNCIA PRELIMINAR. *Direito processual civil.* Primeira audiência, que precede a de instrução e julgamento, a ser designada com antecedência mínima de 30 dias, devendo o réu ser citado com pelo menos 20 dias de antecedência, na qual o juiz tentará a conciliação das partes. Se tiver êxito, tal conciliação será reduzida a termo e homologada por sentença na própria audiência. Caso não haja a conciliação, o juiz fixará os pontos controvertidos, decidirá as questões processuais pendentes e determinará as provas a serem produzidas, designando audiência de instrução e julgamento se necessário. Caso ainda não haja a conciliação, a audiência prosseguirá, sendo que o réu, então, fornecerá resposta, ou seja, contestação ou impugnação ao valor da causa, exceção (Nelson Nery Jr. e Rosa Mª de A. Nery). O saneamento do feito é conduzido após a apresentação da contestação ou da réplica e após se verificar se é caso de julgamento imediato da lide (Nelson Nery Jr. e Rosa Mª de A. Nery).

AUDIÊNCIA PÚBLICA. 1. *Direito administrativo.* É a marcada por autoridade administrativa para receber pessoa que tenha alguma reivindicação a fazer, questão a resolver ou queixa a dar. **2.** *Direito ambiental.* Reunião pública com o intuito de explanar aos interessados a atividade de aquisição de dados sísmicos, para dirimir dúvidas e recolher críticas e sugestões a respeito.

AUDITOR. 1. *Direito processual.* a) Juiz togado, adjunto a tribunais de justiça militar; b) funcionário ou magistrado incumbidos de informar um tribunal ou repartição pública sobre a aplicação de normas a casos concretos que ocorrerem. **2.** *Direito comercial.* Perito-contador ou técnico de contabilidade incumbido de examinar livros contábeis ou escrituração de um estabelecimento empresarial, dando parecer e atestando sua exatidão, confrontando-os com os documentos comprobatórios dos lançamentos feitos. **3.** *História do direito.* Tratava-se do *ouvidor*, isto é, funcionário versado em leis que tinha a tarefa de informar o tribunal ou a repartição pública sobre a legalidade de certos atos ou a respeito da interpretação de normas nos casos concretos que eram submetidos à sua apreciação. Correspondia ao que, nos dias atuais, chamamos de "consultor jurídico". **4.** ***Direito agrário.*** Fiscal Federal Agropecuário, graduado em medicina veterinária, designado por Portaria do Departamento de Inspeção de Produtos de Origem Animal (DIPOA).

AUDITORIA JURÍDICA. **1.** Trabalho desempenhado por advogado, mediante contratação prévia e escrita, para rever processo de qualquer natureza ou proceder a avaliação de situação concreta que lhe for apresentada, para emitir parecer vinculante (Jayme Vita Roso). **2.** Ato de constatar a licitude de títulos jurídicos e das convenções da empresa no âmbito de seu funcionamento ou das suas relações com os fornecedores e clientes (Héctor P. O. Charry e L. Martel).

AUSÊNCIA. **1.** ***Direito civil.*** a) Desaparecimento de uma pessoa de seu domicílio, sem dar notícia de seu paradeiro e sem deixar representante ou procurador que queira ou possa exercer o mandato, reconhecido por sentença declaratória, registrada no cartório do domicílio anterior do ausente; b) falta de comparecimento; c) afastamento de alguém do seu domicílio, sendo conhecido seu paradeiro. **2.** ***Direito processual civil.*** Não comparecimento do litigante ao ato processual para o qual foi citado ou notificado, podendo acarretar revelia. **3.** ***Direito penal.*** Afastamento do local da prática do crime, constituindo um álibi.

AUSENTE. ***Direito civil.*** **1.** Aquele que não está presente. **2.** Aquele que se encontra desaparecido do seu domicílio, sem que se tenha notícia do seu paradeiro e sem que tenha deixado representante ou procurador que queira ou possa administrar seus bens. **3.** Aquele que se encontra em lugar afastado, mas conhecido.

AUTARQUIA. **1.** ***Direito econômico.*** a) Qualidade de tudo aquilo que basta a si mesmo; b) sistema político-nacionalista baseado no autoprotecionismo econômico; c) autossuficiência econômica de um país. **2.** ***Direito administrativo.*** Pessoa jurídica de direito público interno, de Administração indireta, criada por lei, com capacidade administrativa, fiscalizada e tutelada diretamente pelo Estado. Executa certas atividades e serviços típicos de natureza administrativa e possui patrimônio e receita próprios. Por exemplo, INCRA, CADE, INSS e USP. Seus funcionários são servidores autárquicos, equiparados aos funcionários públicos para certos efeitos.

AUTENTICAÇÃO. ***Direito civil*** e ***direito registrário.*** **1.** Ato de legalizar algum ato reconhecendo-o como verdadeiro. **2.** Ato do tabelião ou oficial de justiça de declararem corresponder a cópia de um documento ao original de onde foi extraída.

AUTENTICAÇÃO DIGITAL. ***Direito virtual.*** Opera-se quando a identidade do proprietário das chaves é verificada previamente por uma terceira entidade de confiança das partes, que publicou as chaves públicas certificadas em diretórios seguros e que certificará a ligação entre a chave pública e a pessoa que a emitiu, bem como a sua validade.

AUTENTICIDADE. **1.** ***Direito civil.*** Qualidade do que é autêntico ou verdadeiro. **2.** ***Direito administrativo.*** Característica da manifestação volitiva da Administração Pública, indicativa de que, ante o princípio da presunção da veracidade, o ato administrativo merece fé até que se prove o contrário. **3.** ***Direito registrário.*** Qualidade do que é confirmado, por ato de autoridade, de coisa, documento ou declaração verdadeiros (Walter Ceneviva).

AUTOACUSAÇÃO FALSA. ***Direito penal.*** Crime contra a administração da justiça que consiste em acusar-se, perante autoridade, de crime inexistente ou praticado por outra pessoa, punido com detenção ou multa.

AUTOCONTRATO. **1.** ***Direito civil.*** Negócio jurídico em que uma só pessoa vem a representar ambas as partes, como no caso, por exemplo, do contratante que intervém por si mesmo, em seu próprio nome, e como representante de outrem, manifestando sua vontade sob dois ângulos diversos, de tal sorte que haja duas vontades jurídicas diferentes, embora expressas por uma única pessoa. Assim sendo, a vontade declarada pelo representante consistirá numa mera adesão ao conteúdo do contrato, tal como foi estabelecido pelo representado, ressalvando-se seus interesses. É o caso da venda feita a si próprio pelo mandatário em causa própria, sendo que o contrato de fornecimento, realizado por uma mesma pessoa como parte e como administradora da entidade jurídica fornecedora, também poderá ser tido como autocontrato. **2.** ***Direito comercial.*** a) *Self-leasing*, isto é, contratos entre empresas do mesmo grupo societário indicam contratação consigo mesmo; b) ato de o comissário ou mandatário adquirirem para si mercadorias que possuem por conta ou em nome do comitente, desde que não haja conflito de interesses prejudicando o mandante ou o comitente.

AUTO DE ADJUDICAÇÃO. ***Direito processual civil.*** Ato processual consignando a atribuição judicial do imóvel penhorado ao credor que vier a oferecer preço não inferior ao do edital do leilão, se esta findar-se sem que tenha havido lançamento. A adjudicação considerar-se-á perfeita e acabada com a lavratura e assinatura desse auto pelo juiz, pelo adjudicante, pelo escrivão e, se for presente, pelo executado, expedindo-se a respectiva carta, se bem imóvel, ou mandado de entrega ao adjudicante, se bem móvel.

AUTO DE APREENSÃO. *Direito processual penal.* Documento oficial em que, circunstanciadamente, se consigna a apreensão de pessoa ou de coisa, em busca domiciliar ou pessoal, devidamente lavrado pelos executores da ordem judicial ou policial e assinado por duas testemunhas que a tudo tenham presenciado.

AUTO DE APROVAÇÃO. *Direito civil.* Termo lavrado pelo oficial público em aprovação a testamento cerrado, em presença de duas testemunhas, declarando que o testador lhe entregou o testamento e que o tinha por seu, bom, firme e valioso. O auto de aprovação apresenta três partes: *introdução*, que contém a qualificação dos participantes e a consignação do local e da data; *confirmação*, que atesta a entrega e assegura a autenticidade do testamento; e *encerramento*, de que constam a leitura do termo de aprovação e a coleta de assinaturas.

AUTO DE ARREMATAÇÃO. *Direito processual civil.* Ato processual que consigna a aquisição do bem em venda pública, lavrado em vinte e quatro horas depois da realização do leilão, assinado pelo juiz, pelo escrivão, pelo arrematante e pelo leiloeiro.

AUTO DE CORPO DE DELITO. *Direito processual penal.* Peça probatória do processo criminal que atesta a evidência, a natureza e a existência do crime perpetrado, fundada na inspeção ocular do local e do objeto do delito, feita por peritos oficiais, que chegam a formar um laudo, esclarecendo o fato material do crime. O exame de corpo de delito pode ser: *direto*, se efetivado sobre fatos que deixam vestígios ou sinais, ou *indireto*, se pautado em fatos que não apresentam quaisquer vestígios.

AUTODEFESA. 1. *Direito processual.* a) Reação moderada, autorizada legalmente, do ofendido em defesa de sua pessoa ou de seus bens ou direitos contra uma agressão atual e injusta, por exemplo, legítima defesa ou desforço imediato; b) defesa feita pelo próprio réu, numa ação penal, de sua causa, desde que tenha habilitação para tanto. **2.** *Direito do trabalho.* Prerrogativa de os empregados forçarem o empregador à negociação, recusando-se a prestar serviços. Trata-se do exercício do direito de greve (Pedro Paulo Teixeira Manus).

AUTO DE FLAGRANTE. *Direito processual penal.* Documento oficial em que se narra circunstanciadamente a prisão do criminoso, logo após a prática do crime. Esse auto é lavrado pelo escrivão ou por pessoa designada pela autoridade policial, depois de ter prestado o compromisso, e assinado pelo condutor que efetuou a prisão, pelas testemunhas da infração ou da apresentação do preso à autoridade, pelo preso, pela autoridade e pelo escrivão. Ao receber o auto de prisão em flagrante, o juiz deverá, fundamentadamente: relaxar a prisão ilegal; converter a prisão em flagrante em preventiva, preenchidos os requisitos legais e se revelarem inadequadas ou insuficientes as medidas cautelares diversas da prisão; ou conceder a liberdade provisória, com ou sem fiança.

AUTO DE INFRAÇÃO. 1. *Direito tributário.* a) Peça que inicia o procedimento administrativo fiscal, para comprovar a irregularidade apurada e a exigência do Fisco, consignando a transgressão praticada pelo contribuinte, contra a norma fiscal, sonegando impostos ou desobedecendo instruções dadas pela autoridade competente, a data e o horário em que se deu a individualização do autuado, contendo a assinatura do infrator (autuado), do agente fiscal (autuante) e das testemunhas. Esse auto devidamente lavrado tem por fim fazer com que o contribuinte faltoso venha a pagar o imposto a que se furtou e a multa correspondente à violação da lei fiscal; b) documento constitutivo de crédito, inclusive relativo à multa aplicada em decorrência do descumprimento de obrigação acessória, lavrado por auditor fiscal da Receita Federal e apurado mediante procedimento de fiscalização. **2.** *Direito administrativo.* Ato em que a Administração Pública comunica a alguém que transgrediu norma administrativa a sua sujeição ao pagamento de uma multa. **3.** *Direito previdenciário.* a) É o destinado a registrar ocorrência de infração praticada contra a seguridade social e a possibilitar a instauração do respectivo processo. A sua lavratura compete ao fiscal de contribuições previdenciárias; b) é o documento destinado ao registro de ocorrência de infração praticada no âmbito do regime da previdência complementar, operado pelas entidades fechadas de previdência complementar.

AUTO DE PARTILHA. *Direito processual civil.* Documento judicial contendo o nome do autor da herança, do inventariante, do consorte ou companheiro supérstite, dos herdeiros, dos legatários e dos credores, o ativo, o passivo e o líquido partível, com as necessárias especificações, e o valor de cada quinhão, completando-se com uma folha de pagamento aos herdeiros, declarando a cota a pagar a cada um, a relação dos bens componentes de seu quinhão, as características que os individualizem e os ônus que os onerem. Serve de título de transmissão de bens, devendo ser assentado no Registro Imobiliário competente.

AUTO DE PENHORA. *Direito processual civil.* Termo processual que consubstancia a penhora, contendo a descrição de todas as diligências levadas a efeito na consecução da penhora, o rol dos bens apreendidos, o nome do exequente e do executado, a data, a referência do mandado judicial e a indicação do depositário, sendo assinado pelo oficial de justiça, depositário e testemunhas.

AUTOEXECUTÁVEL. ***Direito constitucional.*** Diz-se da norma constitucional de aplicação imediata, independente de normação ulterior.

AUTOFALÊNCIA. ***Direito comercial.*** Declaração feita pelo empresário, em juízo, de seu estado de insolvabilidade, ao requerer sua falência, expondo as causas da impossibilidade do prosseguimento da atividade empresarial e o estado de seus negócios.

AUTOINTEGRAÇÃO. ***Teoria geral do direito.*** Método pelo qual o ordenamento jurídico se completa, em caso de lacuna, recorrendo à fonte dominante do direito: a lei. O procedimento típico é a *analogia*.

AUTOLANÇAMENTO. ***Direito tributário.*** **1.** Ocorre quando o próprio contribuinte se encarrega da apuração do montante de sua obrigação tributária, lançando-a junto à repartição competente, efetuando o pagamento sem que haja prévio exame desta extinguindo o crédito tributário desde que haja ulterior homologação do lançamento por aquela repartição. **2.** Conjunto de operações intelectuais realizadas pelo particular em cumprimento de um dever de colaboração imposto pela lei, e que refletem o resultado de um processo de interpretação do ordenamento jurídico-tributário e de aplicação deste ao caso concreto, com a finalidade de obter o *quantum* de um débito tributário (Estevão Horvath).

AUTONOMIA. **1.** ***Direito civil.*** Princípio pelo qual a vontade dos contratantes produz efeitos de lei. **2.** ***Direito internacional privado.*** Poder dos contratantes de escolher a lei que regerá o contrato celebrado. **3.** ***Direito constitucional.*** Poder concedido aos Estados-Membros e aos Municípios de se autogovernarem, dentro das limitações impostas constitucionalmente. **4.** ***Teoria geral do direito.*** Situação de independência em que se encontram as pessoas natural ou jurídica quanto aos aspectos econômicos, financeiros ou políticos. **5.** ***Direito internacional público.*** Soberania do Estado independente, que lhe consagra o direito de regular seu destino por conta própria.

AUTÓPSIA. ***Medicina legal.*** **1.** Pormenorizado exame médico-legal, interno e externo, das partes de um cadáver, abrindo-o, para estudos médicos ou conclusões judiciais, reconhecendo as causas do óbito, esclarecendo fatos criminosos, questões de acidente de trabalho, suicídios etc. **2.** O mesmo que NECROPSIA.

AUTOR. **1.** ***Direito civil*** e ***direito autoral.*** a) Pessoa por quem foi transmitido um direito a outrem, por exemplo, o *de cujus* é o autor da herança; b) o que faz nascer algo, como o autor de uma proposta contratual; c) aquele que cria obra artística, literária ou científica, fazendo jus aos direitos autorais. **2.** ***Direito penal.*** Agente do crime ou da contravenção; pessoa natural que pratica o ato delituoso, idealizando-o, executando-o sozinho ou dele coparticipando ou, ainda, incumbindo outrem de sua execução. O autor poderá ser: *intelectual*, se idealizar o crime, ordenando a outrem a incumbência de executá-lo; *material*, se executar crime idealizado por outrem, sozinho ou em coautoria; *intelectual* e *material*, se levar a efeito crime por ele mesmo idealizado; *mediato*, se praticar o crime por intermédio de terceiro, que atua sem ter culpa; *coautor*, se executar ato delituoso omissivo ou comissivo juntamente com outros; *mercenário*, se cometer crime engendrado por outrem, mediante pagamento. O autor é aquele que deu causa ao crime. **3.** ***Direito processual civil.*** Parte que provoca a atividade jurisdicional, promovendo um feito contencioso, movendo ação contra outrem, pleiteando o cumprimento de uma obrigação ou o respeito a um direito seu. Trata-se do autor de uma ação processual. **4.** ***Direito processual penal.*** É a parte acusadora na ação penal.

AUTORIA. **1.** ***Direito autoral.*** a) Qualidade ou condição de autor de obra literária, científica ou artística; b) paternidade da obra. **2.** ***Direito penal.*** Responsabilidade pelo crime. Neste caso a *autoria* poderá ser: *singular*, se um só indivíduo idealizar e executar o crime; *coletiva*, se diversas pessoas, simultaneamente, participarem da idealização e da execução do delito, dando origem ao concurso de delinquentes; e *incerta*, se vários forem os agentes que praticaram, sem prévio acordo, o crime, tendo, porém, consciência do concurso. **3.** ***Direito processual civil.*** a) Responsabilidade pela ação; b) condição do terceiro que intervém na ação por denunciação da lide.

AUTORIDADE. **1.** ***Ciência política.*** a) Capacidade ou qualidade do poder de mandar; b) poder que, pela sua legitimidade ou legalidade, deve ser obedecido pelos cidadãos; c) Poder Público estatal, ou seja, o sociopolítico e administrativo com direito de mandar e de se fazer obedecer; d) delegado do Poder Público. **2.** ***Sociologia jurídica.*** Forma de controle baseado no poder atribuído a ocupantes de certas posições ou cargos. **3.** ***Teoria geral do direito.*** a) Pessoa ou texto científico-jurídico que se invocam para reforçar uma *opinio*; b) pessoa que tem renome ou prestígio intelectual; c) força obrigatória de um ato emanado pelo poder competente.

AUTORIZAÇÃO. **1.** ***Direito administrativo.*** a) Permissão dada por autoridade administrativa a pessoa natural ou jurídica para praticarem legalmente um ato ou fazerem alguma coisa; b) outorga de competência especial dada por um órgão administrativo a outro; c) ato administrativo discricionário e precário pelo qual o poder concedente torna possível ao postulante a realização de certa atividade, serviço ou a utilização de determinados bens particulares ou públicos, de seu exclusivo ou predominante interesse, condicionado à aquiescência prévia da Administração; d) ato administrativo unilateral, editado pela Agência Nacional de Transportes Aquaviários (ANTAQ), que autoriza a pessoa jurídica a operar nas navegações de longo curso, de cabotagem, de apoio marítimo e de apoio portuário, por prazo indeterminado. **2.** ***Direito constitucional.*** Anuência do órgão para que o chefe do Executivo se ausente, temporariamente, do Estado. **3.** ***Direito civil.*** a) Documento em que se autoriza a prática de um ato ou negócio; b) outorga marital ou uxória para efetivar certos negócios. **4.** ***Teoria geral do direito.*** É a propriedade do lesado pela violação da norma jurídica. Assim sendo, o direito subjetivo de defender direitos, que, na lição de Goffredo Telles Jr., é a autorização de assegurar o uso do direito subjetivo, de modo que o lesado, pela violação da norma, está autorizado, por ela, a resistir contra a ilegalidade, a fazer cessar o ato ilícito, a reclamar reparação pelo dano e a processar criminosos, impondo-lhes pena por meio dos órgãos competentes do Poder Público ou mediante processos legais.

AUTORIZAMENTO. ***Teoria geral do direito.*** Palavra que designa a autorização enquanto propriedade da norma jurídica. O autorizamento é a essência específica da norma jurídica porque, na lição de Goffredo Telles Jr., o que compete a ela é autorizar ou não o uso das faculdades humanas. A norma jurídica autoriza, por exemplo, o credor a exigir o pagamento do que lhe é devido. O credor possui esta faculdade com ou sem a norma jurídica, que somente autoriza o uso dessa faculdade. É a norma jurídica que autoriza ao lesado o uso da faculdade de coagir, por meio do poder competente, o violador da norma a cumpri-la ou a reparar o dano causado.

AUTORIZANTE. ***Teoria geral do direito.*** É a qualidade distintiva da norma jurídica, pois, como define Goffredo Telles Jr., é ela um "imperativo autorizante". O gênero próximo é indicado pelo termo "imperativo", e a diferença específica, pelo "autorizante". A norma jurídica é imperativa porque prescreve as condutas devidas e os comportamentos proibidos e, por outro lado, procura assegurar de modo efetivo o fato de que não se produzirão os comportamentos vedados, pois é autorizante, uma vez que autoriza o lesado pela sua violação a exigir a reposição das coisas ao estado anterior.

AUTOS. ***Direito processual civil.*** Conjunto de peças processuais, ou seja, dos atos e dos termos do processo. Tais peças, devidamente encadernadas, devem ser rubricadas pelo escrivão e pelo juiz, mas este apenas nos atos em que intervier. Na capa ou rosto dos autos devem ser colocados os seguintes dados: espécie da ação, forma do procedimento, nome das partes, vara, nome do titular do ofício e data do início da autuação. Os autos devem ser redigidos em língua portuguesa; logo, os documentos estrangeiros deverão ser traduzidos, obrigatoriamente, por pessoa habilitada e juramentada.

AUTOTUTELA. ***Direito administrativo.*** Poder da Administração Pública, dentro da esfera discricionária, de policiar seus próprios atos administrativos e a utilização dos bens públicos, protegendo a dominialidade pública. Procura na *autotutela dos atos administrativos* garantir sua eficácia, se perfeitos, recuperá-los, se apresentarem defeito removível (ratificação, reforma ou convenção) ou destruí-los, se forem ilegais (invalidação), inoportunos ou inconvenientes (revogação). Na *autotutela dominial*, age diretamente não só impedindo a degradação dos bens públicos, protegendo-os contra o mau uso, como também valendo-se de ações possessórias e de atos declaratórios de dominialidade (elencos, cadastros, inventários ou delimitações).

AUTUAÇÃO. **1.** ***Direito processual civil.*** a) Termo lavrado na face anterior da capa dos autos, contendo: nome das partes, juízo, nome do escrivão, espécie da ação etc., assinalando o início do processo judicial; b) ato de juntar-se qualquer peça nova aos autos já existentes; c) descrição minudente, feita pelo escrivão, atestando o ingresso oficial do pedido em juízo e dos documentos que o acompanham. Ao receber a petição inicial de processo, o escrivão ou chefe de secretaria a autuará, mencionando o juízo, a natureza do processo, o número de seu registro, os nomes das partes e a data de seu início, e procederá do mesmo modo em relação aos volumes em formação. **2.** ***Direito processual penal.*** Ato pelo qual se promove o auto de infração ou contravenção, no qual o autuante faz constar todos os atos relativos à infração do autuado.

AUXILIAR DE ACUSAÇÃO. ***Direito processual penal.*** Advogado que, como representante do ofendido, vem assistir ao órgão do Ministério Público, nos crimes de ação pública, na acusação contra o réu, sugerindo, inclusive, provas, prática de atos para esclarecer a veracidade dos fatos alegados, participando do debate oral e arrazoando os recursos interpostos. Trata-se do "assistente do Ministério Público".

AUXILIAR DE DEFESA. ***Direito processual penal.*** Aquele que, juntamente com o defensor principal, vem patrocinar a defesa do réu, atuando como seu assistente.

AUXILIAR DE JUSTIÇA. ***Direito processual.*** Funcionário que presta seu concurso cooperando para o funcionamento ou administração da justiça, como o escrivão, o oficial de justiça, o distribuidor, o partidor, o contador, o avaliador oficial, o depositário público, o porteiro do auditório, o secretário dos tribunais, o perito etc.

AUXÍLIO-ACIDENTE. *Direito previdenciário.* É o benefício previdenciário concedido, como indenização, ao segurado quando, após a consolidação das lesões decorrentes de acidente de qualquer natureza, resultarem sequelas que impliquem redução da capacidade funcional.

AUXÍLIO-ALIMENTAÇÃO. *Direito administrativo.* É o concedido a todos os servidores civis ativos da Administração Pública federal direta, autárquica e fundacional, independentemente da jornada de trabalho, desde que efetivamente em exercício nas atividades do cargo. O auxílio-alimentação destina-se a subsidiar as despesas com a refeição do servidor, sendo-lhe pago diretamente. O servidor faz jus ao auxílio na proporção dos dias trabalhados, salvo na hipótese de afastamento a serviço com percepção de diárias.

AUXÍLIO DIRETO. *Direito processual civil.* Forma de cooperação internacional, que dispensa carta rogatória para viabilizar a comunicação e a tomada de providências solicitadas entre países (Cassio S. Bueno), como: obtenção de informações sobre ordenamento jurídico e processos findos ou em curso; colheita de provas e medida judicial ou extrajudicial não vedada pela lei brasileira. E só é cabível quando a medida não decorrer diretamente de autoridade jurisdicional estrangeira a ser submetida a juízo de delibação no Brasil.

AUXÍLIO-DOENÇA. *Direito previdenciário.* É o devido ao segurado que, havendo cumprido, quando for o caso, o período de carência legal, ficar incapacitado para o seu trabalho ou para a sua atividade habitual por mais de quinze dias consecutivos. Será devido auxílio-doença, independentemente de carência, ao segurado obrigatório e ao facultativo, quando sofrerem acidente de qualquer natureza. Não será devido auxílio-doença ao segurado que se filiar ao Regime Geral da Previdência Social já portador da doença, ou da lesão, invocada como causa para o benefício, salvo quando a incapacidade sobrevier por motivo de progressão ou agravamento dessa doença, ou lesão. O auxílio-doença e a aposentadoria por invalidez só se dão nos casos de acidente de qualquer natureza, inclusive decorrente do trabalho, bem como nos casos em que o segurado, após filiar-se ao RGPS, for acometido de alguma das doenças ou afecções relacionadas a seguir: a) tuberculose ativa; b) hanseníase; c) alienação mental; d) neoplasia maligna; e) cegueira; f) paralisia irreversível e incapacitante; g) cardiopatia grave; h) doença de Parkinson; i) espondiloartrose anquilosante; j) nefropatia grave; k) estado avançado da doença de Paget (osteíte deformante); l) Síndrome da Imunodeficiência Adquirida (AIDS); m) contaminação por radiação com base em conclusão da medicina especializada; ou n) hepatopatia grave.

AUXÍLIO-FUNERAL. *Direito previdenciário.* Benefício em dinheiro destinado ao pagamento das despesas com o enterro do segurado, com rendimento mensal dentro de certo limite, entregue ao cônjuge supérstite, companheiro, herdeiros ou, ainda, ao executor do funeral, que pode ser pessoa estranha que tenha arcado com aquelas despesas, em valor determinado, desde que apresente o comprovante delas ao órgão competente.

AUXÍLIO-MATERNIDADE. *Direito constitucional.* Benefício dado à gestante, antes e depois do parto, permitindo-lhe a percepção do salário integral, apesar de seu afastamento do trabalho.

AUXÍLIO-RECLUSÃO. *Direito previdenciário.* É o devido aos dependentes do segurado recolhido à prisão que não receber remuneração da empresa nem estiver em gozo de auxílo-doença, de aposentadoria ou de abono de permanência em serviço. O requerimento do auxílio-reclusão deve ser instruído com certidão do efetivo recolhimento à prisão, sendo obrigatória, para a manutenção do benefício, a apresentação de declaração de permanência na condição de presidiário. Será devido igualmente o benefício de auxílio-reclusão nas mesmas condições da pensão por morte aos dependentes do segurado recolhido à prisão, que não receber remuneração da empresa nem estiver em gozo de auxílio-doença, aposentadoria ou abono de permanência ao serviço. Será devido o benefício de auxílio-reclusão em caso de recolhimento do segurado à prisão sem que tenha sido prolatada sentença condenatória. Não cabe a concessão de auxílio-reclusão aos dependentes do segurado, que esteja em livramento condicional ou que cumpra pena em regime aberto, assim entendido aquele cuja execução da pena seja em casa de albergado ou estabelecimento adequado.

AUXÍLIO-TRANSPORTE. *Direito administrativo.* É o instituído em pecúnia, pago pela União, de natureza jurídica indenizatória, destinado ao custeio parcial das despesas realizadas com transporte coletivo municipal, intermunicipal ou interestadual pelos militares, servidores e empregados públicos da Administração Federal direta, autárquica e fundacional da União, nos deslocamentos de suas residências para os locais de trabalho e vice-versa, excetuadas aquelas realizadas nos deslocamentos em intervalos para repouso ou alimentação, durante a jornada de trabalho, e aquelas efetuadas com transportes seletivos ou especiais. É vedada a incorporação desse auxílio aos vencimentos, à remuneração, ao provento ou à pensão. O auxílio-transporte não será considerado para fins de incidência de imposto de renda ou de contribuição para o Plano de Seguridade Social e planos de assistência à saúde.

AVAL. *Direito cambiário.* Garantia literal e expressa dada por pessoa que, não sendo sacado, endossante nem aceitante, apõe sua assinatura no anverso ou verso da cédula, assegurando o pagamento do título (letra de câmbio, nota promissória, cheque ou duplicata).

AVAL EM BRANCO. *Direito cambiário.* Aquele que contém tão somente a assinatura do avalista, não indicando o beneficiário garantido.

AVAL EM PRETO. *Direito cambiário.* Aquele que contém a locução "por aval" e a indicação da pessoa a quem se garante.

AVALIAÇÃO. 1. *Direito civil.* É a determinação do preço da coisa decorrente do ajuste feito pelos contratantes, dispensando a avaliação judicial. Essa avaliação convencional é muito usual nos contratos de mútuo com garantia hipotecária ou pignoratícia e no penhor. **2.** *Direito processual civil.* a) Exame pericial que tem por fim determinar o valor, em dinheiro, de alguma coisa ou obrigação, realizando-se em processo cautelar, em processo de conhecimento, em incidentes da execução e no processo de embargos do executado. Visa determinar o justo preço da coisa; b) arbitramento para apurar a equivalência pecuniária dentro de uma estimativa de valor entre coisas ou fatos, fixando-se o *quantum* das perdas e danos causados à vítima. Na avaliação da responsabilidade civil por ato ilícito, não há, portanto, mera estimação do justo preço da coisa; c) é a feita em caso de penhora pelo oficial de justiça, ressalvada a aceitação do valor estimado pelo executado, e, caso sejam necessários conhecimentos especializados, o juiz nomeará avaliador, fixando-lhe prazo não superior a dez dias para entrega do laudo.

AVALIADOR. *Direito processual civil.* **1.** Funcionário da justiça ou perito oficial da justiça cujas atribuições estão fixadas na lei de organização judiciária. **2.** Pessoa que, por sua aptidão, é nomeada pela autoridade judicial para proceder à avaliação de bens em penhoras, inventários etc., devendo, para tanto, prestar compromisso por termo nos autos.

AVALISTA. *Direito cambiário.* Aquele que avaliza letra de câmbio, nota promissória ou duplicata em favor de alguém, garantindo o título; avalizador; dador do aval.

AVAL LIMITADO. *Direito cambiário.* Aquele pelo qual o avalista só se obriga pelo valor total do débito consignado no aval.

AVAL PLENO. *Vide* AVAL EM PRETO.

AVAL PÓSTUMO. *Direito cambiário.* Aquele que se dispõe após o vencimento do título. O aval posterior ao vencimento do título diante da impossibilidade de protesto produz os mesmos efeitos do anteriormente dado. É o prestado já estando a dívida vencida e não paga pelo devedor principal, logo o avalista poderá ser acionado pelo credor para efetivar aquele pagamento.

AVAL SUCESSIVO. *Direito cambiário.* É aquele que é dado a um avalista, anteriormente, obrigado (Othon Sidou).

AVARIA. *Direito marítimo.* **1.** Dano causado a um navio ou a sua carga. **2.** Despesa feita com o salvamento do navio. **3.** Despesas extraordinárias feitas para a segurança de embarcação ou da carga, em razão dos danos sofridos desde a partida até a chegada no porto de destino.

AVARIA GROSSA. 1. *Direito marítimo.* Também chamada "avaria comum". É a que deve ser suportada em grosso, ou seja, pelo navio e pela carga, para salvar o restante de ambos. Trata-se do dano causado, deliberadamente, ao navio ou à sua carga, em caso de desastre, perigo para salvá-los ou de despesas feitas com essa intenção, sendo suportada tal avaria pelo proprietário do navio, da carga ou pelos seguradores proporcionalmente aos seus interesses. **2.** *Direito comercial.* Dano sofrido por mercadorias durante seu transporte.

AVARIA SIMPLES. *Direito marítimo.* Deterioração da coisa ou da embarcação ou despesas extraordinárias que se dão em razão de fatos ordinários da navegação determinados por fortuna do mar (encalhe, naufrágio, borrasca) ou por atos dos tripulantes ou do carregador. Esse prejuízo parcial será suportado ou só pelo navio ou só pela mercadoria que sofreu o dano ou deu causa à despesa, afetando apenas o proprietário do navio ou o da carga ou seu segurador, desde que o prejuízo não tenha advindo de culpa de alguém. É também denominada "avaria particular".

AVENÇA. 1. *Direito civil.* a) Acordo entre litigantes, ajuste, convenção, contrato; b) quantia paga por serviços prestados por alguém a outrem durante certo prazo. **2.** *Direito processual civil.* Acordo feito entre litigantes, em juízo, para pôr fim a uma demanda. **3.** *História do direito.* Ajuste pelo qual o contribuinte de imposto indireto anuía em pagar, antecipadamente, à autoridade arrecadadora uma soma relativa ao valor das vendas prováveis, no período em que aquele imposto era exigido.

AVERBAÇÃO. 1. *Direito civil.* a) Declaração necessária para a ressalva de direitos que se processa na matrícula ou à margem do registro, com o escopo de informar terceiro da existência de determinado fato superveniente, que, não sendo constitutivo de domínio, de ônus reais ou de encargos, venha a atingir o direito real ou as pessoas nele interessadas e, consequentemente, o registro, alterando-o, por modificar, esclarecer ou extinguir os elementos dele constantes. A averbação modifica o registro sem, contudo, alterar sua essência. Consiste, portanto, no lançamento de todas as ocorrências ou fatos que, não estando sujeitos ao assento, venham a alterar o domínio, afetando o registro relativamente à perfeita caracterização e identificação do prédio ou do titular da propriedade; b) ato de averbar; c) anotação pela qual se faz constar de um documento algum fato que venha a modificar o seu conteúdo, por exemplo, averbação da sentença de divórcio no Livro de Registro de Casamento e no de Imóveis. **2.** ***Direito previdenciário.*** Aceite de contrato de crédito no sistema informatizado do INSS/Dataprev.

AVIAMENTO. 1. ***Direito comercial.*** a) Ato preparatório da expedição de mercadorias vendidas num estabelecimento empresarial; b) conjunto de mercadorias que o seringueiro compra a prazo de um empresário a troco de borracha; c) conjunto de fatores pessoais, materiais ou imateriais que dão ao estabelecimento empresarial a aptidão de produzir lucros; d) material comercializado e usado para a confecção de roupas, por exemplo, botões, entretelas, linhas, fitas, rendas etc.; e) é o sobrevalor ou valor superior atribuído a bens do empresário que, organizados e aplicados em sua atividade, integram o estabelecimento. **2.** ***Direito agrário.*** Contrato de trabalho rural pelo qual o aviador entrega ao aviado dinheiro, mercadorias ou gêneros alimentícios em troca da coleta de castanha do Pará ou de látex da seringueira, transformado em pélas de borracha, durante o período de tempo avençado. Nada obsta a que o aviador pague, a título de adiantamento, a remuneração avençada para o período de tempo em que o aviado ficar na mata coletando castanhas ou látex. **3.** Na ***linguagem farmacêutica,*** indica o ato de preparar a receita médica.

AVISO. 1. Na ***linguagem comum,*** designa: a) comunicação, informação, participação; b) admoestação, repreensão, advertência; c) conselho. **2.** ***Direito administrativo.*** a) Ato emanado de um ministro de Estado, fazendo uma comunicação oficial a outro ou a uma autoridade de categoria superior. Hoje é usual apenas nos ministérios militares; b) ato pelo qual o secretário de Estado transmite ordens, dá instruções ou presta esclarecimentos aos chefes de serviço; c) fórmula pela qual os auxiliares do chefe do Executivo, federal e estadual, fazem comunicações entre si ou para outras autoridades dentro da hierarquia administrativa; d) ordem emanada da autoridade competente a seu subordinado; e) instrução relativa a regulamento ou lei. **3.** ***Direito marítimo.*** Embarcação ligeira utilizada para transmitir ordens ou entregar correspondência das autoridades para seus delegados.

À VISTA. 1. ***Direito comercial.*** Termo usado para indicar que o pagamento deverá ser feito no ato da aquisição, por ocasião da entrega da mercadoria, ou que o negócio se faz para liquidação no ato. **2.** ***Direito cambiário.*** Vencimento do título de crédito na sua apresentação, isto é, na vista que dele se dá ao sacado para que o pagamento, desde logo, seja efetuado. Essa locução é usada, portanto, para designar o título cambial que deve ser pago à sua apresentação ou cujo prazo de vencimento é contado pela data do aceite, opondo-se à condição "à data", ou melhor, de prazo contado da data da extração do título.

AVOENGO. ***Direito civil.*** Aquilo que foi herdado dos avós.

AVÓS. ***Direito civil.*** Ascendentes em linha reta de 2º grau, que podem ser maternos ou paternos, conforme pertençam ao tronco da mãe ou do pai da pessoa cujo parentesco se está medindo.

AVULSÃO. 1. ***Direito civil.*** É o repentino deslocamento de uma porção de terra por força natural violenta, desprendendo-se de um prédio para se juntar a outro. O dono do prédio desfalcado perderá a parte deslocada; mas poderá pedir indenização àquele que tirou proveito. Caberá ao dono do prédio favorecido optar entre a remoção da parte acrescida e o pagamento do seu respectivo valor ao proprietário reclamante, que, contudo, não terá direito a outras indenizações, pois o deslocamento avulsivo advém de acontecimento natural, e ninguém responde pelo fortuito. O dono do prédio favorecido só receberá a propriedade do acréscimo se indenizar o proprietário do prédio desfalcado ou, sem pagar tal indenização, se, em um ano, ninguém houver reclamado. Se não quiser pagar aquela indenização, deverá permitir a remoção da parte acrescida. **2.** ***Medicina legal.*** Extração de um órgão ou de parte dele.

AVUNCULAR. ***Direito civil.*** **1.** O que é pertencente ou relativo ao tio ou à tia. **2.** Casamento entre tia e sobrinho ou tio e sobrinha, que poderá dar-se desde que dois médicos os examinem e atestem-lhes a sanidade, afirmando não haver inconveniente, sob o ponto de vista da saúde de qualquer deles e da prole, na realização do matrimônio. Vigorará o impedimento matrimonial apenas se houver conclusão médica desfavorável. **3.** Diz-se do parentesco colateral em 3º grau, ou seja, entre tio e sobrinho.

AXIOLOGIA JURÍDICA. ***Filosofia do direito.*** Ramo da filosofia jurídica que se ocupa dos problemas dos valores do direito, indicando as finalidades deste, cuidando da questão da justiça e dos demais valores que deve perseguir o ordenamento jurídico.

AXIÔNIMO. ***Direito civil.*** Palavra que indica uma forma cortês de tratamento, como, por exemplo, doutor, vossa senhoria, vossa excelência, meritíssimo, vossa santidade, senhor etc.

B

BADWILL. ***Direito comercial.*** **1.** Valor maior do passivo que diminui o patrimônio líquido. **2.** Valor real do patrimônio da sociedade.

BAGAGEM. **1.** ***Direito militar.*** Armas e equipagem da tropa. **2.** ***Direito civil.*** a) Tudo o que o viajante traz consigo para seu uso, sendo que o hospedeiro ou o hoteleiro terá sobre isso penhor legal, a fim de cobrir as despesas feitas por aquele em seu estabelecimento; b) conjunto de obras publicadas por um autor. **3.** ***Direito comercial.*** a) Objeto do contrato de transporte de pessoas; b) efeito, ou seja, valor negociável transportado com ou sem passageiro; c) conjunto de objetos novos ou usados destinados ao uso ou consumo pessoal do viajante, de acordo com as circunstâncias de sua viagem, ou objetos de pequeno valor, a serem oferecidos como presente. **4.** ***Direito aduaneiro.*** Conjunto de bens do passageiro, em qualidade ou quantidade que não revele destinação mercantil, isentando-o de imposto de importação. **5.** ***Direito penal.*** Como medida preventiva de crime, constitui contravenção penal o transporte, sem prévia autorização de arma em valise ou pasta pelo viajante. **6.** ***Sociologia jurídica.*** Ralé; baixa sociedade.

BAIXA. **1.** ***Direito civil.*** Cancelamento de registro público. **2.** ***Direito comercial.*** a) Queda da cotação de mercadoria ou títulos; b) diminuição de preço. **3.** ***Direito militar.*** a) Ato de deixar o exército, depois de ter cumprido o período regulamentar do serviço militar, retornando à atividade civil; b) perda sofrida pelas Forças Armadas em razão de aprisionamento, morte ou ferimentos de seus soldados. **4.** ***Direito processual.*** a) Ato de cancelar registro efetuado no livro de protocolo de um cartório alusivo aos autos do processo; b) ato de devolver ao juízo de instância inferior os autos que se encontravam em grau de recurso no tribunal de instância superior.

BAIXISTA. **1.** ***Direito comercial.*** a) Aquele que está encarregado de fazer especulações na Bolsa, provocando a baixa das cotações dos efeitos comerciais, depreciando-os por meio de notícias falsas ou outros artifícios, com o escopo de obter lucro; b) bolsista que procura jogar apenas na baixa do câmbio. **2.** ***Direito penal.*** Aquele que tenta, por meio de notícias falsas, manobras ou operações fictícias, impedir a concorrência para auferir lucros, cometendo crime contra a economia popular, podendo ser punido com detenção e multa.

BAIXO PREÇO. ***Direito comercial.*** Aquele que, no mercado, não atinge o valor do custo da produção.

BALA DUM-DUM. ***Medicina legal.*** Projétil de arma de fogo, de ponta romba, que, ao seccionar, provoca grande destruição no corpo, sendo, por isso, condenado pelas leis alusivas à guerra.

BALANCEAMENTO. ***Direito comercial.*** Operação contábil que visa apurar saldo devedor ou credor de determinada conta.

BALANCETES DIÁRIOS E BALANÇOS. ***Direito comercial.*** Livro em que deverão ser registrados: a) a posição diária de cada uma das contas, ou títulos contábeis, pelo respectivo saldo, em forma de balancetes diários; b) o balanço patrimonial; e c) o de resultado econômico, no encerramento do exercício.

BALANCISTA. **1.** ***Direito administrativo.*** a) Funcionário público encarregado da aferição das balanças utilizadas nos estabelecimentos empresariais; b) funcionário público que pesa as cargas nos postos de controle das rodovias. **2.** ***Direito comercial.*** Encarregado da balança em matadouros, frigoríficos etc.

BALANÇO. **1.** Na ***linguagem contábil***, indica: a) exposição circunstanciada ou minuciosa do ativo e passivo de uma pessoa jurídica de direito privado, demonstrando não só as fontes de onde vieram os fundos, mas também os tipos de propriedade e os direitos nos quais aqueles estão investidos; b) quadro contábil representativo do ativo, do passivo e do patrimônio líquido do empresário ou da empresa, numa determinada data; c) demonstração da posição financeira da empresa; d) amplo processo de análise e de verificação de todas as operações empresariais feitas num dado período; e) síntese dos resultados obtidos no passivo e no ativo, possibilitando averiguar a posição econômica da empresa. **2.** Na ***linguagem jurídica*** em geral, consiste na obrigação legal de todos os empresários, sociedades por ações, entidades públicas etc., com o intuito de prestação de contas do seu desempenho, consignada no documento oriundo de uma escrituração contábil, feita por especialista, atendendo a todas as formalidades legais, que lhe dão presunção *juris tantum* de validade e eficácia. **3.** ***Direito comercial.*** a) Levantamento da situação financeira de um estabelecimento bancário, comercial ou industrial que apura todas as contas do ativo e passivo, verificando os lucros e as perdas havidos; b) conferência de fichas ou livros de controle de entrada e saída de mercadorias, confrontando-os com o rol das existentes nos estoques; c) inventário das mercadorias estocadas, feito no final do exercício financeiro. **4.** ***Direito falimentar.*** Levantamento de todos os bens, mercadorias, dinheiro, dívidas e obrigações passivas que o falido deve fazer, em razão de lei, uma vez declarada sua falência. **5.** ***Direito do trabalho.*** Relatório contábil feito pelas entidades sindicais das operações de ordem financeira e patrimonial, executado sob a responsabilidade de contabilista legalmente habilitado, de conformidade com o plano de contas e as instruções baixadas pelo Ministério do Trabalho.

BALANÇO DE RESULTADO ECONÔMICO. *Direito comercial.* É o que contém a demonstração exata da conta de lucros e perdas, constando o crédito e o débito, e que acompanha, por isso, o balanço patrimonial.

BALANÇO ESPECIAL. *Direito comercial.* Relação entre o ativo e o passivo da sociedade, conducente à avaliação contemporânea de todos os bens, por ocasião da retirada de sócio. Com isso, exige-se que se pague ao retirante ou a quem de direito a quantia correspondente à sua cota, na proporção do balanço especialmente levantado para esse fim, não podendo servir de base para a apuração dos haveres do retirante o último balanço de exercício aprovado, por não exprimir o valor real do patrimônio social. A liquidação da cota do sócio retirante baseia-se na real situação patrimonial da sociedade à época de sua retirada. Assim sendo, far-se-á um balanço especial, computando-se todos os bens realizáveis, expressivos de valor, em função da empresa funcionando, apurando-se, com a maior exatidão possível, mediante inventário atualizado, a consistência patrimonial da sociedade para, segundo esta, determinar a soma a ser paga ao retirante, rejeitando-se, por isso, o último balanço social ordinário aprovado, por ser inadequado à justa determinação do valor da cota societária do sócio retirante.

BALANÇO FINANCEIRO. *Direito financeiro.* **1.** Demonstração da receita e da despesa orçamentárias, expressando, ainda, os recebimentos e os pagamentos extraorçamentários arrecadados durante o ano, registrando os saldos apurados no exercício anterior e os que se transferirão para o exercício seguinte. **2.** Quadro contábil das operações de entrada e saída de dinheiro dos cofres públicos, verificando o saldo ou o déficit do exercício financeiro. **3.** É a demonstração dos resultados finais das operações financeiras do exercício.

BALANÇO ORÇAMENTÁRIO. *Direito financeiro.* Modalidade de balanço público que tem por escopo a demonstração das despesas e receitas previstas, confrontando-as com as realizadas.

BALANÇO PATRIMONIAL. *Direito civil, direito comercial* e *direito administrativo.* Quadro contábil demonstrativo do ativo e do passivo da gestão da Fazenda Pública ou de uma pessoa jurídica de direito privado, sendo, por isso, indicativo da posição integral da situação líquida patrimonial ou econômico-financeira de uma instituição pública ou privada no instante em que se deu o encerramento do exercício. Esse balanço exprime, no final de cada exercício social, a situação real do patrimônio da empresa, pois visa registrar não só o ativo, ou seja, os resíduos financeiros da execução orçamentária, os bens e valores patrimoniais e os créditos, como também o passivo, abrangendo, portanto, todos os bens (móveis, imóveis e semoventes), os créditos, os débitos e compromissos a favor de terceiro.

BALANÇO PÚBLICO. *Direito administrativo.* É o que abrange não só o balanço orçamentário, financeiro e patrimonial, como também a demonstração das variações patrimoniais e a avaliação dos elementos patrimoniais, pelos seguintes critérios: a) o do valor nominal, se se tratar de débitos, créditos ou títulos de renda, feita a conversão, quando em moeda estrangeira, à taxa de câmbio vigente na data do balanço; b) o do valor de aquisição ou o do custo de produção ou construção, se forem bens móveis ou imóveis; c) o do preço médio ponderado das compras, se forem bens de almoxarifado. O balanço público é a expressão sintética dos fatos contábeis alusivos ao patrimônio, refletindo o estado do ativo e do passivo e dos fatores financeiros relativos ao estado da execução orçamentária, oriundos da arrecadação da receita e do pagamento da despesa durante o exercício financeiro.

BALÍSTICA. **1.** *Medicina legal.* Ciência que estuda os movimentos e o alcance do projétil de arma de fogo, prestando grande auxílio na descoberta de crimes. **2.** *Direito internacional público.* Categoria de engenho submetido ao direito aeroespacial relativo à trajetória de objetos espaciais em torno da Terra no espaço extra-atmosférico.

BANCADA. *Direito constitucional.* Conjunto de deputados ou senadores de um Estado ou de um partido político.

BANCARROTA. **1.** *Direito comercial.* Estado de insolvência fraudulenta a que pode chegar um empresário se não efetuar, culposamente, seus pagamentos. **2.** *Direito administrativo.* Cessação de pagamentos de obrigações assumidas pelo Estado, caracterizando a insolvabilidade da Administração Pública, acarretando descrédito para ulteriores operações.

BANCO. **1.** *Direito comercial.* a) Estabelecimento de crédito para negociações de fundos particulares ou públicos; b) prédio onde se efetuam operações bancárias; c) balcão de comércio. **2.** *Medicina legal.* Local onde se faz o armazenamento de material, tecidos ou órgãos humanos para serem usados em transfusões e transplantes.

BANCO DE DADOS. **1.** *Direito constitucional* e *direito do consumidor.* Conjunto de anotações relativas às pessoas, com a finalidade de prestar informações sobre elas. **2.** *Direito de informática.* É uma coleção de informações organizadas por computador. **3.** *Direito do consumidor.* Informações organizadas, arquivadas de modo permanente em estabelecimento que não seja o do fornecedor que lida, diretamente, com o consumidor (Antonio Herman de Vasconcellos e Benjamin). **4.** ***Direito civil* e *direito comercial*.** Pessoa jurídica, de qualquer natureza, que preste, a terceiros, serviços de coleta, armazenamento, análise e circulação de dados e informações sobre pessoas físicas ou jurídicas, para fins de concessão de crédito ou outras transações comerciais.

BANDEIRA NACIONAL. 1. ***Direito constitucional* e *direito internacional público*.** Símbolo oficial do Brasil, usado em todas as manifestações do sentimento patriótico, sejam elas oficiais ou não. Se colocada à porta dos consulados e embaixadas ou à popa dos navios e aeronaves está a indicar que são prolongamentos do território nacional. **2.** ***Direito penal militar*.** Constitui crime militar o hasteamento de bandeira diversa da nacional com a finalidade de, na guerra, fazer o inimigo incidir em erro. **3.** ***Direito marítimo*.** Constitui crime a utilização de bandeira diversa por embarcação pesqueira com o fim de ludibriar a vigilância costeira.

BANDO. 1. ***Direito penal*.** Quadrilha ou associação de mais de três pessoas com o objetivo de praticar atos delituosos, constituindo crime contra a paz pública, punido com reclusão. **2.** ***Ciência política*.** Partido ou facção. **3.** ***Sociologia jurídica*.** Famílias permanentemente associadas que habitam determinada região. **4.** ***História do direito*.** a) Pregão solene com que se intimava o povo a cumprir alguma ordem expedida pela autoridade pública; b) édito.

BANQUEIRO. 1. ***Direito comercial*.** a) Aquele que executa operações bancárias; b) proprietário ou diretor de uma casa bancária. **2.** ***Direito canônico*.** Agente da cúria romana encarregado de solicitar a expedição de bulas ou breves das dispensas matrimoniais. **3.** ***Direito agrário*.** a) O incumbido da casa das caldeiras no engenho de açúcar durante a noite; b) trabalhador rural encarregado do trato da garapa em diferentes tachos, onde ela será limpa e reduzida a mel.

BARATARIA. 1. ***Direito comercial*.** a) Fraude na atividade empresarial; b) negócio com finalidade especulativa. **2.** ***Direito marítimo*.** Ato culposo ou fraudulento, de natureza ilícita, praticado pelo comandante, no exercício de sua função, ou pela tripulação, ou por um e outra conjuntamente, do qual aconteça dano grave ao navio ou à sua carga ou aos passageiros, em oposição à presumida vontade legal do armador.

BARCAGEM. ***Direito comercial*.** **1.** Contrato pelo qual se estipula a obrigação de transportar, em uma barca, pessoas, animais ou mercadorias. **2.** Frete pago pelo transporte em barca. **3.** Carga de uma barca; barcada.

BASE DE CÁLCULO. ***Direito tributário*.** a) Medida padrão ou grandeza econômica adotada pela lei tributária que indica o modo de apuração do valor da prestação pecuniária a ser arrecadada. Por exemplo, a base de cálculo do imposto sobre a propriedade predial e territorial urbana é o valor venal do imóvel; b) expressão numérica valorativa do fato gerador ou elemento dimensionável do fato gerador, sendo, portanto, o núcleo da hipótese de incidência.

BASE DE CÂMBIO. ***Direito civil*.** Cotação de moeda estrangeira no dia do vencimento de obrigação a ser cumprida. Se nesse dia não houver cotação, esta será a do dia seguinte. Se num mesmo dia ela apresentar variações, a base será feita pela média entre as várias cotações daquele dia.

BASE DO NEGÓCIO. ***Direito civil*.** **1.** Representação mental de uma ou de ambas as partes ao tempo da conclusão do ato negocial, determinante da decisão de contratar (base subjetiva do negócio). **2.** Conjunto de circunstâncias cuja existência, ou persistência, é tida como imprescindível para que o objetivo das partes seja atingido, pois, se deixarem de existir aquelas circunstâncias, justificada estará a resolução do negócio (base objetiva dele).

BASTANTE. 1. ***Direito civil*.** Aquilo que é suficiente por estar investido de autoridade para a prática de certos atos (por exemplo, procuração bastante) ou por possuir bens para atender a uma obrigação (por exemplo, fiador bastante). **2.** ***Direito processual civil*.** Tudo que é concedido mediante condições físicas ou morais suficientes e legalmente necessárias. Assim, quando se fala que na penhora se deve proceder à arrecadação de bens bastantes, entende-se que devem ser penhorados tantos quantos forem necessários para liquidar o débito.

BECA. 1. Veste talar de professor universitário e bacharel usada em cerimônias solenes. **2.** ***Direito processual*.** a) Toga; veste talar e preta utilizada por magistrados no exercício de suas funções; b) magistratura; c) ofício de juiz togado; d) veste usada por membros do Ministério Público e advogados principalmente nas sessões do Tribunal do Júri.

BEM. ***Direito civil*.** **1.** Coisa material ou imaterial que tem valor econômico e pode servir de objeto a uma relação jurídica. Nessa acepção, aplica-se melhor no plural. Para que seja objeto de uma relação jurídica será preciso que apresente os seguintes caracteres: a) idoneidade para satisfazer um interesse econômico; b) gestão econômica autônoma; e c) subordinação jurídica ao seu titular. **2.** Tudo aquilo que pode ser apropriado.

BEM ACESSÓRIO. ***Direito civil*.** É a coisa que supõe, para existir juridicamente, uma principal.

BEM COLETIVO. ***Direito civil*.** É o constituído por várias coisas singulares, consideradas em conjunto, formando um todo único, que passa a ter individualidade própria, distinta da dos seus objetos componentes, que conservam sua autonomia funcional. Pode apresentar-se como: a) uma *universalidade de fato*, por ser um conjunto de bens singulares, corpóreos e homogêneos, ligados entre si pela vontade humana para a consecução de um fim, por exemplo, uma biblioteca, um rebanho, uma galeria de quadros etc.; b) uma *universalidade de direito*, se constituído por bens singulares, corpóreos e heterogêneos, ou incorpóreos, a que a norma jurídica, com o escopo de produzir certos efeitos, dá unidade, por exemplo, massa falida, herança, fundo de negócio, patrimônio etc.

BEM COMUM. *Teoria geral do direito.* **1.** É o resultante da harmonização da liberdade, paz, justiça, segurança, solidariedade e utilidade social feita pelo juiz ao aplicar a lei ao caso concreto. **2.** É a ordem jurídica, pois, como ensina Goffredo da Silva Telles Jr., é o único bem que todos os participantes da sociedade política desejam necessariamente, uma vez que sem ordem jurídica não há sociedade. **3.** É o fim da própria vida social, por ser a *ratio formalis quae* do direito, que se obtém com a harmonização dos bens particulares com os da comunidade. Na ideia de "bem comum" há um dualismo: a) o bem comum determinante do sentido valorativo da ordem jurídica; e b) o bem comum de caráter social, fundamento das normas de direito, que atenderão ao interesse social, tendo por fim a garantia da paz e da justiça social. A fórmula "bem comum" visa limitar o poder "criador" do órgão judicante, fazendo com que, ao prolatar sua decisão, considere as valorações positivadas na sociedade, sem atentar às suas pessoais.

BEM CONSUMÍVEL. *Direito civil.* Aquele que termina logo com o primeiro uso, havendo imediata destruição de sua substância (por exemplo, alimento, dinheiro etc.).

BEM CORPÓREO. *Direito civil.* É o que tem existência material, como uma casa, um terreno, um livro etc., sendo o objeto do direito.

BEM DE FAMÍLIA CONVENCIONAL. *Direito civil.* Prédio residencial, rural ou urbano, cujo valor não ultrapasse um terço do patrimônio líquido ao tempo de sua instituição, que os cônjuges ou a entidade familiar destina, por via de testamento ou de escritura pública registrada, para abrigo e domicílio desta, incluindo, se o prédio for rural, mobília, utensílios de uso doméstico, gado e instrumentos de trabalho, com a cláusula de ficar isento da execução por dívidas futuras, salvo os que advierem de tributos relativos ao prédio ou despesas de condomínio. Pode abranger também valores mobiliários, cuja renda será destinada à conservação do imóvel e ao sustento da família. É um instituto que visa assegurar um lar à família, pondo-o ao abrigo de penhoras por débitos posteriores à instituição, salvo os que provierem de impostos relativos ao prédio. Contudo, sua impenhorabilidade ou inalienabilidade é relativa; somente subsiste enquanto viverem os cônjuges, ou companheiros, e até que os filhos completem a maioridade. Se um dos cônjuges falecer, o prédio não entrará em inventário nem será partilhado enquanto viver o outro, mas, se este se mudar do prédio e nele não ficar residindo filho menor, a cláusula será eliminada, e o imóvel, partilhado. Se ambos falecerem, dever-se-á esperar a maioridade de todos os filhos. O prédio entrará em inventário para ser partilhado somente quando a cláusula for eliminada.

BEM DE FAMÍLIA LEGAL. *Direito civil.* Único imóvel, urbano ou rural, da família impenhorável por lei, e seus móveis (excluídos os veículos, obras de arte e adornos suntuosos) devidamente quitados, desde que os cônjuges ou conviventes, viúvo, separado, divorciado ou solteiro, nele tenha fixado residência permanente.

BEM DIVISÍVEL. *Direito civil.* É o que pode ser fracionado em partes homogêneas e distintas, sem alteração ou desvalorização das qualidades essenciais do conjunto, formando um todo perfeito. Deve cada parte ser autônoma, tendo a mesma espécie e qualidade e prestando as mesmas utilidades e serviços do todo. Por exemplo, se se repartir um pacote de açúcar, cada metade conservará as qualidades do produto.

BEM DOMINICAL. *Direito civil* e *direito administrativo.* É o que compõe não só o patrimônio da União, dos Estados ou dos Municípios, bem como o das pessoas jurídicas de direito público a que se tenha dado a estrutura de direito privado, como objeto do direito pessoal ou real dessas pessoas de direito público interno. Pode abranger coisas móveis ou imóveis, como: título de dívida pública, estrada de ferro, terra devoluta, terreno de marinha, mar territorial, oficina e fazenda do Estado, queda-d'água, jazida e minério, arsenal das Forças Armadas etc.

BEM IMÓVEL. *Direito civil.* Aquele que não pode ser transportado de um local para outro sem que haja alteração de sua substância ou sua destruição.

BEM IMÓVEL POR ACESSÃO FÍSICA ARTIFICIAL. *Direito civil.* É aquilo que o homem incorpora permanentemente ao solo, como a semente lançada à terra, o edifício e a construção, não podendo ser retirado sem destruição, modificação, fratura ou dano. Abrange, portanto, o bem móvel incorporado ao solo, que, pela aderência física, passa a ser tido como imóvel, como ocorre, por exemplo, com o tijolo ou o cano, que não poderão ser retirados sem causar dano à construção.

BEM IMÓVEL POR ACESSÃO INTELECTUAL. *Direito civil.* Bem móvel que o proprietário de um imóvel mantém, intencionalmente, empregado na sua exploração industrial, comercial ou agrícola, com o intuito de aformoseamento ou comodidade. Assim, por exemplo, se o proprietário utilizar trator próprio na exploração agrícola do seu imóvel, ele será considerado um bem imóvel por acessão intelectual. A imobilização da coisa dá-se quando ela é colocada a serviço do imóvel e não da pessoa. Trata-se, na verdade, de um tipo de PERTENÇA (v.).

BEM IMÓVEL POR DETERMINAÇÃO LEGAL. *Direito civil.* Trata-se do direito, que é um bem incorpóreo, considerado pela lei como imóvel para que possa receber maior proteção jurídica. Por exemplo, o direito real sobre imóvel (usufruto, uso, habitação, enfiteuse, anticrese e servidão predial) e o direito à sucessão aberta, ainda que a herança seja formada só de bens móveis.

BEM IMÓVEL POR NATUREZA. *Direito civil.* É o que abrange o solo com sua superfície, os seus acessórios e adjacências naturais, compreendendo as árvores e os frutos pendentes, o espaço aéreo e o subsolo.

BEM IMPENHORÁVEL. *Direito processual civil.* Aquele que é insuscetível de ser penhorado na execução judicial por ser inexequível.

BEM INCOMUNICÁVEL. *Direito civil.* É o excluído da comunhão de bens por ser afetado de incomunicabilidade, isto é, impedido de se comunicar ao outro cônjuge, razão pela qual não poderá entrar na comunhão conjugal, sendo do domínio particular do cônjuge a que pertence.

BEM INCONSUMÍVEL. *Direito civil.* É o que pode ser usado continuadamente, possibilitando que se aproveitem todas as suas utilidades sem atingir sua integridade. Todavia, poderá tornar-se consumível se destinado à venda, por exemplo, uma blusa é inconsumível porque não se esvai com o primeiro uso, mas, na loja, colocada à venda, torna-se consumível, pois a pretensão é fazer com que seja comprada e desapareça do acervo em que se integra. Além disso, pode tornar-se inconsumível coisa consumível, como se dá quando alguém empresta (*ad pompam vel ostentationis causam*) fruta para uma exposição, devendo devolvê-la, permanecendo, então, inconsumível até sua devolução.

BEM INCORPÓREO. *Direito civil.* É o que não tem existência tangível, sendo relativo ao direito que as pessoas física ou jurídica têm sobre coisa, produto de seu intelecto ou contra outra pessoa, apresentando valor econômico, como direito real, autoral e obrigacional.

BEM INDIVISÍVEL. *Direito civil.* É o que não pode ser fracionado por sua natureza, por determinação de lei ou por vontade das partes.

BEM LITIGIOSO. *Direito processual civil.* É o sujeito a controvérsia entre as partes litigantes, que o disputam numa demanda judicial. É litigioso por haver pretensão de duas ou mais pessoas sobre ele, deixando de sê-lo quando, por acordo das partes ou por sentença do juiz, for conferido por direito certo a uma delas, ocasião em que se porá fim à controvérsia e ao litígio.

BEM MÓVEL. *Direito civil.* É aquele que, sem sofrer deterioração em sua substância ou forma, pode ser transportado de um local para outro, por força própria ou estranha. No primeiro caso, temos o *semovente*, que é o animal, e, no segundo, o *móvel propriamente dito* ou coisa inanimada, por exemplo, mercadoria, moeda, ação de companhia etc.

BEM MÓVEL POR ANTECIPAÇÃO. *Direito civil.* É o bem imóvel mobilizado pela vontade humana em função de finalidade econômica. Por exemplo, uma árvore abatida destinada ao corte para ser vendida torna-se móvel.

BEM MÓVEL POR DETERMINAÇÃO LEGAL. *Direito civil.* É o que a lei considera móvel, por exemplo, direito real sobre objeto móvel e a ação correspondente, direito pessoal de caráter patrimonial e a ação respectiva, direito autoral e energia que tenha valor econômico, como a elétrica, a nuclear, a radiante etc.

BEM MÓVEL POR NATUREZA. *Direito civil.* Coisa corpórea que pode ser removida sem dano, por força própria ou alheia, com exceção da que acede ao imóvel; logo, o material de construção, enquanto não for nela empregado, é um bem móvel.

BEM PARTICULAR. *Direito civil* e *direito comercial.* **1.** É o pertencente a pessoa natural ou a pessoa jurídica de direito privado. **2.** É o próprio de uma pessoa em relação a outra, livre de qualquer comunicação, por exemplo, bem particular do marido ou da mulher. **3.** Aquele que pertence apenas ao sócio, não tendo qualquer relação com o patrimônio da sociedade de que faz parte e não sendo obrigado pelos compromissos sociais.

BEM PRINCIPAL. *Direito civil.* Aquele que existe por si, exercendo sua função e finalidade independentemente de outro, por exemplo, o solo.

BEM PÚBLICO. *Direito civil* e *direito administrativo.* É o que tem por titular do seu domínio uma pessoa jurídica de direito público interno, podendo ser federal, se pertencente à União, estadual, se do Estado, ou municipal, se do Município.

BEM PÚBLICO DE USO COMUM DO POVO. *Direito civil* e *direito administrativo.* Aquele que, embora pertencente a pessoa jurídica de direito público interno, pode ser utilizado, sem restrição, gratuita ou onerosamente, por todos, sem necessidade de qualquer permissão especial. Por exemplo, rua, praça, estrada, jardim, praia, golfo, enseada, mar etc.

BEM PÚBLICO DE USO ESPECIAL. *Direito civil* e *direito administrativo.* É o utilizado pelo próprio Poder Público, constituindo imóvel aplicado a serviço ou estabelecimento federais, estaduais ou municipais, como, por exemplo, prédio onde funciona tribunal, escola pública, secretaria, ministério, quartel etc. É o que tem, portanto, uma destinação especial.

BEM SINGULAR. *Direito civil.* É o que, embora reunido com outros, é considerado de per si, isto é, em sua individualidade, independentemente dos demais. Pode ser simples ou composto. Será *simples* se formar um todo homogêneo, cujas partes componentes estão unidas em virtude da própria natureza ou da ação humana, sem reclamar qualquer regulamentação especial por norma jurídica. Pode ser material, como pedra, caneta-tinteiro, cavalo, ou imaterial, como o crédito. Será *composto* se suas partes heterogêneas forem ligadas pelo engenho humano, caso em que haverá objetos independentes unidos num só todo sem que desapareça a condição jurídica de cada parte. Por exemplo, materiais de construção ligados na edificação de uma casa.

BEM VACANTE. *Direito civil.* É o bem assim declarado pelo juiz, primeiro convertido em herança jacente, se, após a realização de todas as diligências legais, não aparecer herdeiro sucessível. Tal bem vacante será devolvido ao Poder Público caso não haja herdeiro que se habilite no período da jacência. Porém, sua devolução ao Município ou ao Distrito Federal, se localizado nas respectivas circunscrições, ou à União, se situado em território federal, com a declaração da vacância não tem o poder de incorporá-lo definitivamente e *ipso facto* ao patrimônio público, o que só ocorre decorridos cinco anos da abertura da sucessão.

BEM VAGO. *Direito civil.* É o imóvel arrecadado em decorrência de ter sido abandonado pelo seu proprietário, voluntariamente, passando para o domínio do Município ou do Distrito Federal, se se achar nas respectivas circunscrições, três anos depois, se localizado em zona urbana, e também três anos depois, se situado em zona rural passará à propriedade da União.

BENEFICIÁRIO. **1.** *Direito civil.* a) É o favorecido por algum ato de liberalidade, por exemplo, o donatário; b) aquele em favor de quem se constituiu um benefício ou vantagem; c) aquele que tem direito de receber uma indenização; d) indivíduo a favor de quem se fez um seguro de vida; e) pessoa em favor de quem se emitiu uma ordem de pagamento; f) pessoa natural ou jurídica designada para receber os valores dos capitais segurados, na hipótese de ocorrência do sinistro. **2.** *Direito previdenciário.* a) Aquele que recebe pensão; b) aquele a quem se concede proteção legal prevista nas normas previdenciárias, isto é, o ser titular do direito dos benefícios por elas concedidos, por se encontrar em situação de necessidade e reunir as condições requeridas por lei; c) titular de aposentadoria ou de pensão por morte.

BENEFÍCIO. **1.** *Direito canônico.* a) Cargo eclesiástico remunerado ou não; b) renda paga a um sacerdote para desempenhar seus deveres espirituais. **2.** *Direito civil.* a) Direito conferido a alguém em razão de um ato de liberalidade; b) espetáculo ou atividade cuja renda líquida será revertida em favor de uma instituição pia; c) vantagem ou privilégio concedido por lei, mediante o reconhecimento legal de certo direito privativo a determinada pessoa; d) benfeitoria. **3.** *Direito comercial.* Lucro obtido no negócio mercantil ou na atividade empresarial. **4.** *Direito administrativo.* a) Assistência e proteção prestada pela Administração Pública a pessoas ou instituições necessitadas; b) vantagem concedida pelo Poder Público ante certas circunstâncias em que o beneficiado se encontre. **5.** *Direito previdenciário.* Auxílio ou vantagem assegurada legalmente a quem couber de direito para atender necessidades vitais, abrangendo prestações pecuniárias e serviços do órgão previdenciário, especialmente de assistência médico-hospitalar e odontológica.

BENEFÍCIO DA DÚVIDA. *Direito penal.* Aquele concedido a acusado da prática delituosa, isentando-o por haver dúvida quanto à sua autoria.

BENEFÍCIO DA GRATUIDADE. *Direito processual.* Isenção de pagamento de taxas ou emolumentos alusivos a quaisquer atos, quer de foro judicial ou extrajudicial, praticados pelo Poder Judiciário concedida a quem não tenha recursos financeiros.

BENEFÍCIO DE ASSISTÊNCIA JUDICIÁRIA. *Direito processual.* É o concedido aos que necessitam recorrer à justiça civil, penal, militar e do trabalho e não têm recursos financeiros para pagar custas processuais e honorários advocatícios, isentando-os desse pagamento. Consiste, portanto, na isenção de todas as despesas com o reconhecimento judicial do direito da pessoa necessitada. O deferimento judicial do pedido de concessão desse benefício determina que o serviço de assistência judiciária, organizado e mantido pelo Estado, onde houver, indique o advogado que patrocinará a causa do necessitado.

Se no Estado não houver tal serviço, a Ordem dos Advogados, ou o próprio juiz, deverá proceder àquela nomeação.

BENEFÍCIO DE DIVISÃO. *Direito civil.* Cláusula que, em caso de fiança conjunta, faz com que cada fiador responda tão somente pela parte que proporcionalmente lhe couber no pagamento, liberando-se do pagamento da totalidade do débito.

BENEFÍCIO DE EXCUSSÃO. **1.** *Direito civil* e *direito processual civil.* Também chamado "benefício de ordem", consiste no direito assegurado ao fiador de exigir do credor que acione, em primeiro lugar, o devedor principal, isto é, que os bens do devedor principal sejam excutidos antes dos seus. A invocação desse benefício deverá ser manifestada expressamente pelo fiador, pois não se opera *pleno iure*, e sua arguição oferecida tempestivamente até a contestação da lide, exceto se se arguirem nulidade ou inexistência da fiança. Para tanto, deverá o fiador nomear tantos bens do devedor quantos bastem para solver a dívida, bens esses livres, desembargados e situados no mesmo Município. **2.** *Direito comercial* e *direito civil.* Decorrência da personificação da sociedade, que responsabiliza primeiro a sociedade pelos débitos sociais, sendo que os bens particulares dos sócios só poderão ser executados depois de excutido o patrimônio social.

BENEFÍCIO DE ORDEM. *Vide* BENEFÍCIO DE EXCUSSÃO.

BENEFÍCIO PREVIDENCIÁRIO. *Direito previdenciário.* Qualquer garantia que o seguro social confere ao segurado e a seus dependentes, dando-lhes renda, assistência ou serviço, na ocorrência das circunstâncias previstas, que se denomina, genericamente, "prestação beneficiária", na qual estão englobados benefícios e serviços, inclusive em decorrência de acidente de trabalho. Consideram-se, por exemplo, prestações beneficiárias, quanto: a) ao segurado, as aposentadorias (por invalidez, compulsória, voluntária por idade, por tempo de contribuição e a especial), os auxílios-doença e acidente, os salários-família e maternidade e o abono de permanência; b) ao dependente, a pensão por morte e o auxílio-reclusão; c) ao segurado e dependentes, os pecúlios, o serviço social e a reabilitação profissional.

BENEFÍCIOS SOCIAIS. *Direito previdenciário.* Vantagens asseguradas pela Previdência Social aos seus beneficiários, garantindo-lhes não só meios pecuniários para sua sobrevivência, em razão de velhice, incapacidade, tempo de serviço, morte ou prisão daqueles de quem dependiam economicamente, mas também serviços de proteção à saúde.

BENEMORTÁSIA. *Vide* EUTANÁSIA ATIVA.

BENFEITORIAS. *Direito civil.* Obras ou despesas feitas em bem móvel ou imóvel para conservá-lo, melhorá-lo ou embelezá-lo. São qualidades que se acrescentam à coisa em virtude de obra humana.

BENFEITORIAS NECESSÁRIAS. *Direito civil.* Obras ou despesas feitas na coisa para conservá-la ou evitar que se deteriore, por exemplo, reforço das fundações de um prédio, desinfecção de um pomar atacado de praga etc.

BENFEITORIAS ÚTEIS. *Direito civil.* Obras ou despesas que visam aumentar ou facilitar o uso da coisa, por exemplo, instalação de aparelhos hidráulicos modernos, construção de uma garagem etc.

BENFEITORIAS VOLUPTUÁRIAS. *Direito civil.* Obras ou despesas de mero deleite ou recreio, não tendo por fim aumentar o uso habitual do bem, ainda que o tornem mais agradável ou sejam de elevado valor, por exemplo, revestimento em mármore de piso de cerâmica em bom estado, construção de piscina numa residência etc.

BENS ADQUIRIDOS. *Direito civil.* Aqueles que entram para o patrimônio de uma pessoa por uma das formas de aquisição de propriedade móvel ou imóvel.

BENS ADVENTÍCIOS. *Direito civil.* São os recebidos por herança na sucessão de colateral.

BENS AFORADOS. *Direito civil.* São os bens enfitêuticos, que constituem objeto do domínio útil do enfiteuta.

BENS ALODIAIS. *Direito civil.* **1.** Imóveis rústicos ou urbanos livres de quaisquer ônus, sejam eles encargos, foros, pensões, direitos ou gravames. **2.** São os confinantes com terreno de marinha, porém dele não fazendo parte, sendo, por tal motivo, livres dos encargos que recaem sobre aquele. **3.** Os que não estão sujeitos ao aforamento, encontrando-se livres de quaisquer ônus, podendo ser cedidos e transferidos. **4.** Bens partíveis que passam aos herdeiros após a dedução das despesas, débitos e encargos por que responde a herança. Constituem o acervo residual do espólio, ou seja, o que resta livre para ser partilhado entre os herdeiros do *de cujus*.

BENS CLAUSULADOS. *Direito civil.* **1.** *Vide* BENS INALIENÁVEIS. **2.** São os gravados com cláusulas restritivas, temporárias ou vitalícias, à sua disponibilidade, não podendo ser vendidos nem onerados pelo seu titular, que somente poderá usá-los ou dá-los em locação ou arrendamento. A cláusula de inalienabilidade decorre de lei ou de disposição da vontade de alguém que, ao transferir o bem, gratuitamente vem a impor a restrição ao legatário ou donatário. **3.** Os doados por uma pessoa a um dos cônjuges com cláusula de incomunicabilidade.

BENS COLACIONÁVEIS. *Direito civil.* São aqueles que os descendentes recebem em vida dos ascendentes e os que um cônjuge recebeu, a título de doação do outro, com o dever de repô-los ao monte partível, por ocasião da abertura do inventário, a fim de igualar a legítima dos herdeiros necessários. Assim, são sujeitos à colação: a) doações constituídas pelo ascendente ou pelo cônjuge; b) doação dos avós aos netos, quando eles concorrerem à herança com tios e primos; c) doações recebidas pelos pais, quando estes falecerem antes do doador e forem representados pelo sucessor; d) doações verbais de coisa de pequeno valor, embora não seja de uso tal colação; e) venda de bens ou doação feita por interposta pessoa com o intuito de prejudicar a legítima dos herdeiros do autor da herança; f) recursos fornecidos pelo ascendente para que o descendente possa adquirir bens; g) dinheiro colocado a juros pelo ascendente em nome do descendente; h) quantias desembolsadas pelo pai para pagar débito do filho; i) valor da dívida do descendente remitida pelo pai; j) gastos de sustento feitos com filhos anteriores; k) montante de empréstimos feitos pelo ascendente ao descendente sem jamais exigir reembolso; l) doação feita por ambos os cônjuges, que deverá ser conferida por metade no inventário de cada um, ante a presunção de que cada doador efetuou a liberalidade meio a meio. Os bens deverão ser colacionados pelo valor ou pela estimação que deles houver sido feita ao tempo da abertura da sucessão. Os bens conferidos não estarão sujeitos ao pagamento do imposto de transmissão *causa mortis*.

BENS COMUNICÁVEIS. *Direito civil.* Aqueles que se comunicam do patrimônio de um cônjuge ao do outro. Por exemplo, se o marido, sendo o regime de comunhão universal de bens, vier a comprar um imóvel, sua mulher terá direito à metade ideal.

BENS DE CONSUMO. *Direito do consumidor.* São os produtos destinados ao consumo pela população.

BENS DE CRIMINOSO. *Direito penal.* Bens móveis, valores, instrumentos ou produtos de crime que, por efeito da condenação do criminoso, ressalvado o direito do lesado ou de terceiro de boa-fé, são confiscados, incorporando-se ao patrimônio do Estado.

BENS DE RAIZ. 1. *Direito civil.* São os que não podem separar-se do solo, uma vez que fazem parte de sua constituição, estão a ele aderidos ou são, em razão de sua destinação, parte integrante dele. São, portanto, os bens imóveis, abrangendo propriedades territoriais, prédios urbanos e rústicos, plantações, instrumentos agrícolas etc. **2.** *Medicina legal.* Dentes, cabelos e unhas.

BENS DURÁVEIS. *Direito do consumidor.* Os que podem ser usados durante certo tempo. Se porventura apresentarem vícios aparentes, a reclamação por estes poderá ser feita dentro de noventa dias, contados da data da entrega efetiva dos produtos ou do término da execução dos serviços. Porém, se o vício for oculto, tal prazo computar-se-á no instante em que o defeito se evidenciar.

BENS FISCAIS. *Direito administrativo.* Aqueles que integram o patrimônio do Poder Público federal, estadual ou municipal, sujeitos a regime privado, podendo ser alienados, arrendados, permutados etc. São também denominados "bens do domínio fiscal".

BENS FUNGÍVEIS. *Direito civil.* Bens móveis que podem ser substituídos por outros da mesma espécie, qualidade e quantidade. Por exemplo, carvão, lenha, dinheiro, açúcar, café, trigo etc.

BENS GRAVADOS. *Direito civil.* Aqueles em que uma cláusula contratual, um ônus real ou um encargo impedem sua livre disposição pelo seu titular.

BENS INALIENÁVEIS. *Direito civil.* São os insuscetíveis de apropriação ou aqueles que não podem ser transferidos de um acervo patrimonial a outro. Constituem espécie de bens inalienáveis: a) os *inapropriáveis por sua natureza*, como os direitos da personalidade ou os bens de uso inexaurível, por exemplo, o ar, o mar alto e a luz solar, porém, a captação do ar atmosférico ou da água do mar por meio de aparelhagem, visando extrair certos elementos com o escopo de atender a determinadas finalidades, pode ser objeto de comércio; b) os *legalmente inalienáveis*, que, apesar de suscetíveis de apropriação pelo homem, têm sua comercialidade excluída pela lei para atender aos interesses econômico-sociais e à defesa social e proteger determinadas pessoas. Todavia, em certas circunstâncias, poderão ser alienados por autorização legal, mediante determinadas formalidades. Entram nessa categoria: os bens públicos e os de menores e incapazes; os lotes rurais remanescentes de loteamentos já registrados, quando tiverem área inferior ao módulo fixado para a respectiva região; o capital destinado a garantir o pagamento de alimentos pelo autor do ato ilícito a favor da vítima, enquanto esta viver ou enquanto durar a obrigação do devedor, caso a vítima venha a falecer em virtude daquele crime; o terreno onde foi construído um edifício de apartamentos, enquanto persistir o regime condominial; o bem de família; os bens tombados; as terras ocupadas pelos índios etc.; c) os *inalienáveis pela vontade humana*, que lhes impõe cláusula de inalienabilidade, temporária ou vitalícia, nos casos e formas previstos em lei, por ato *inter vivos* ou *causa mortis*.

BENS INFUNGÍVEIS. *Direito civil.* São aqueles que não podem ser substituídos por outros da mesma espécie, qualidade e quantidade, pois, ante sua qualidade individual, têm um valor especial. Assim, se houver a venda de um quadro de Renoir, o vendedor estará adstrito a entregá-lo, sem poder substituí-lo por um equivalente. Todavia, urge lembrar que pode ocorrer a possibilidade de os contratantes tornarem infungíveis coisas fungíveis, por exemplo, quando se empresta *ad pompam vel ostentationem* a alguém uma cesta de frutas ou uma garrafa de vinho para serem utilizadas numa exposição, com a obrigação de serem restituídas, sem que possam ser substituídas por outras da mesma espécie. A infungibilidade é própria dos bens imóveis, mas há, como vimos acima, móveis que são infungíveis.

BENS INTELECTUAIS. *Direito civil, direito autoral* e *direito de propriedade industrial.* Frutos da inteligência humana, relacionados à propriedade intelectual, tais como obras literárias ou artísticas, invenções etc., dando origem a direitos e prerrogativas que lhes são inerentes.

BENS MORAIS. *Direito civil.* São valores e sentimentos fundamentais do ser humano tutelados pelo direito, gerando a responsabilidade civil do lesante sempre que danificados. Por exemplo, a vida, a honra, a imagem, a liberdade, a intimidade etc.

BENS NÃO COLACIONÁVEIS. *Direito civil.* Bens doados que não virão à colação para igualar a legítima dos herdeiros necessários como: a) gastos ordinários do ascendente com descendente, enquanto menor, na sua educação, sustento, vestuário, tratamento de enfermidades; b) despesas de casamento e com enxoval; c) dispêndios feitos no interesse da defesa de descendente em processo-crime; d) doações remuneratórias de serviços feitos ao ascendente pelo descendente.

BENS NÃO DURÁVEIS. *Direito do consumidor.* Serviços ou produtos que devem ser logo usados pelo consumidor, de modo que, se apresentarem vícios aparentes, estes deverão ser reclamados dentro do prazo decadencial de trinta dias, contados da data da entrega efetiva do produto ou do término da execução do serviço. Se os vícios forem ocultos, tal prazo computar-se-á no instante em que o defeito ficar evidenciado.

BENS *PRO DIVISO*. *Direito civil.* Aqueles que, apesar de pertencerem a duas ou mais pessoas em condomínio, podem ser divididos sem que haja alteração de sua substância ou perda de seu valor econômico.

BENS *PRO INDIVISO*. *Direito civil.* São os insuscetíveis de divisão, por existirem *in solidum*, não podendo ser divididos entre os interessados em virtude de lei ou da sua natureza. Por exemplo, a lei entende ser indivisível a herança até que haja a partilha; uma casa, pela sua própria natureza, não pode ser dividida entre seus coproprietários.

BENS REVERSÍVEIS. *Direito administrativo.* **1.** São os que constituem objeto de concessão de serviço público, devendo ser devolvidos pelo concessionário ao poder do concedente assim que findar o prazo da concessão. **2.** São todos e quaisquer bens móveis e imóveis, principais e acessórios, existentes em qualquer parcela da área da concessão, cujos custos de aquisição são dedutíveis, de acordo com as regras aplicáveis para o cálculo da participação especial e que sejam necessários para permitir a continuidade das operações ou sejam passíveis de utilização de interesse social.

BENS SEMOVENTES. *Direito civil.* Aqueles que se locomovem por força própria, por exemplo, animais selvagens, domesticados ou domésticos.

BENS SEQUESTRADOS. *Direito processual civil.* Diz-se daqueles litigiosos que, em razão de deferimento de sequestro, são trazidos à custódia da justiça até que se decida a demanda.

BENS SOCIAIS. *Direito civil* e *direito comercial.* Aqueles que pertencem a associações e sociedades simples ou empresárias, distinguindo-se dos bens particulares dos sócios, sendo administrados pelo representante da entidade, que só poderá deles dispor dentro dos limites legais ou dos previstos pelos estatutos ou contratos sociais. Em caso de dissolução da sociedade ou da associação, tais bens sociais seguem a destinação dada pela lei, pelo estatuto ou contrato social.

BENS SONEGADOS. **1.** *Direito civil.* Aqueles que não foram arrolados no inventário ou foram omitidos na colação. **2.** *Direito penal.* a) Aqueles cuja venda foi recusada a quem tinha condições de comprá-los a pronto pagamento, constituindo tal fato crime contra a economia popular; b) identidades ocultas pela sonegação de estado de filiação, deixando em asilo filhos próprios ou alheios, nos primeiros anos de vida, escondendo-lhes a filiação ou atribuindo-lhes outra, com o intuito de prejudicar, suprimir ou alterar direito inerente ao estado civil, constituindo tal atitude crime punido com reclusão e multa.

BESTIALIDADE. **1.** *Medicina legal.* Perversão sexual que conduz qualquer dos dois sexos para os animais, manifestando-se como zoofilia erótica (excitação sexual obtida por carícias de qualquer animal), zooerastia (ato entre homem e animal não consistente na união carnal), zooestupro (relação sexual por via vaginal ou anal) e zooantropia (delírio de transformação em animal). Enfim, é qualquer ato erótico entre ser humano e animal, funcionando este como ativo ou passivo. **2.** *Direito penal.* a) Crime cometido brutalmente, por meio cruel ou insidioso, constituindo circunstância agravante; b) crime de atentado ao pudor consistente em ato sexual praticado com animal em público.

BICAMERALISMO. *Ciência política.* Regime político em que o Legislativo se compõe de duas câmaras representativas, o Senado e a Câmara dos Deputados, que, teoricamente, se equilibram.

BIGAMIA. 1. *Direito penal.* Crime contra a família que pessoa casada vem a praticar ao convolar novas núpcias sem que tenha sido dissolvido seu vínculo matrimonial anterior por morte do outro cônjuge, por divórcio ou sentença de nulidade ou anulabilidade do casamento. **2.** *Direito civil.* Infração do impedimento matrimonial de vínculo, que é dirimente público ou absoluto, causando a nulidade do segundo casamento se o precedente ainda não estiver dissolvido. Proibida está, portanto, de se casar pessoa vinculada a matrimônio anterior válido. Enquanto subsistir validamente o primeiro casamento, não se pode contrair o segundo, por ter a família base monogâmica. O separado extrajudicial ou judicialmente, antes de obter o divórcio, não poderá convolar novas núpcias. Não constitui impedimento existência de casamento religioso não inscrito no registro civil. Assim, o que for casado apenas no religioso poderá consorciar-se novamente com outra pessoa. O mesmo se diga do divorciado, do viúvo ou daquele que teve seu casamento declarado inválido.

BILHETE AO PORTADOR. *Direito civil* e *direito comercial.* Título de crédito representativo de uma obrigação de pagar certa quantia pecuniária, dentro de determinado prazo, sem consignar o nome do beneficiário. Traduz uma obrigação de prestar dirigida a um credor anônimo. Daí a exigibilidade da prestação por qualquer pessoa que o detenha e se apresente com ele no dia do vencimento.

BILHETE À ORDEM. *Direito civil.* É o passado por uma pessoa (subscritor), obrigando-se a pagar ao beneficiário ou à sua ordem, em determinado prazo, ou à vista, uma quantia em dinheiro. É suscetível de ser transferido por endosso. Por exemplo, letra de câmbio e nota promissória, que não podem ser emitidas ao portador, sob pena de nulidade.

BILHETE DE BAGAGEM. *Direito comercial.* Também chamado "conhecimento de bagagem" ou "nota de bagagem", consiste no título em que o transportador registra o recebimento dos volumes que compõem a bagagem do passageiro, assegurando-lhe o direito de reclamar sua devolução no local do destino. É o documento para a retirada da bagagem.

BILHETE DE CÂMBIO. *Direito comercial.* É o que indica a existência de um contrato de câmbio, usado para o transporte de moeda de um lugar a outro, contendo uma promessa ou ordem de pagamento. Por ele uma das partes se obriga a fornecer o dinheiro e a outra a procurar ou entregar tal soma em outro local nele mencionado.

BILHETE DE CARGA. *Direito alfandegário.* É o bilhete de despacho aduaneiro enviado pelo chefe da repartição competente ao conferente, que dará saída às mercadorias nele consignadas, servindo, também, de bilhete de descarga, já que por ele se dará baixa, no livro competente, das mercadorias entregues.

BILHETE DE DEPÓSITO. *Direito comercial.* Recibo no qual o armazém geral especifica natureza, quantidade, número, marca, peso ou medida da mercadoria depositada, certificando o seu recebimento e obrigando-se a devolvê-la quando for reclamada.

BILHETE DE PASSAGEM. *Direito comercial.* É o que representa o preço pago e o contrato de transporte de uma pessoa, seja por via férrea, aérea, marítima ou rodoviária, com uma empresa transportadora, pelo qual esta se obriga a conduzi-la a um local de destino. O passageiro, portanto, adquire um bilhete de passagem, que poderá ser nominativo ou ao portador e dará direito a quem se apresentar com ele de ser transportado. É, portanto, um título de legitimação, que atesta a vontade do adquirente de ser transportado de um lugar para outro e a do transportador de realizar o transporte. Esse bilhete poderá referir-se, ainda, a várias classes, isto é, a tipos especiais de acomodação para o passageiro. Para cada classe haverá tarifas ou preços diferentes, atinentes ao conforto dos passageiros nos veículos e não ao transporte. Poderá designar lugares para os passageiros, que só poderão usar assento determinado, marcado no próprio bilhete.

BINACIONAL. *Direito internacional privado.* Diz-se do que está ligado a duas nações ou nacionalidades.

BINÚPCIAS. *Direito civil.* Segundas núpcias realizadas em razão de dissolução do casamento anterior pelo divórcio ou morte do cônjuge.

BIODIREITO. Estudo jurídico que, tendo por fontes imediatas a bioética e a biogenética, tem a vida por objeto principal.

BIODIVERSIDADE. *Direito ambiental.* **1.** É a diversidade da vida, imprescindível para a existência da Terra e sobrevivência do ser humano, que deverá preservar e defender a vida e os bens ambientais para o futuro da humanidade (Celso A. P. Fiorillo e Adriana Diaféria). **2.** Diversidade biológica. **3.** Variedade entre organismos vivos de todas as origens, incluindo ecossistemas terrestres, marinhos e outros ecossistemas aquáticos, bem como os complexos ecológicos dos quais eles fazem parte; isso inclui diversidade dentre uma mesma espécie, entre espécies diferentes e entre ecossistemas.

BIOÉTICA. Estudo da moralidade da conduta humana na área das ciências da vida, procurando averiguar se é lícito aquilo que é científica e tecnicamente possível. A bioética não pode ser separada da experiência efetiva dos valores "vida", "dignidade humana" e "saúde", que são inestimáveis. Daí ocupar-se, por exemplo, de questões éticas atinentes ao começo e fim da vida humana, às novas técnicas de reprodução humana assistida, à seleção de sexo, à engenharia genética, à maternidade substitutiva etc. Em suma, é o estudo sistemático do comportamento humano, sob a luz dos valores e dos princípios morais, na área da vida e dos cuidados da saúde.

BIOLOGIA CRIMINAL. *Medicina legal.* É a ciência que tem por fim estudar os aspectos biológicos da conduta criminal, analisando não só a personalidade do criminoso sob o prisma anatômico, fisiológico e patológico, como a influência do ambiente e da hereditariedade. Engloba cinco setores de estudo: a) a *genética criminal*, que verifica a influência da hereditariedade em certos padrões de comportamento criminal; b) a *endocrinologia criminal*, que analisa a ação dos hormônios na psicogênese, no instinto, na emoção e no temperamento, explicando sua repercussão no comportamento do delinquente; c) a *biotipologia criminal*, que estuda cientificamente a constituição individual, apontando a correlação que há entre o biotipo e certas formas de comportamento criminoso; d) a *neuroendocrinologia criminal*, que mostra a influência hormonovegetativa sobre os instintos de nutrição e reprodução, de agressão e defesa, pois, por exemplo, a hiperfunção do sistema nervoso simpático e das glândulas tireoide e suprarrenal, ao aumentar a intensidade das emoções e da força neuromuscular, conduz à agressividade; e) a *neurologia criminal*, que analisa o comportamento delinquencial, partindo das atividades neurais superiores e neuropsíquicas, verificando sua dependência de microlesões cerebrais provocadas por sarampo, varicela, parotidite etc. Esse conceito, atualmente, encontra-se em desuso, por seu caráter determinista, mas aqui permanece como um conceito histórico.

BIOPSICOLOGIA CRIMINAL. *Medicina legal.* Ciência que estuda os fatores psicogênicos da delinquência juvenil e da criminalidade, que se reduzem ao sentimento de insegurança. Todavia, esse conceito está em desuso, visto que a violência não pode ser associada a caracteres físicos da pessoa.

BIOSSEGURANÇA. *Biodireito.* Condição de segurança alcançada por um conjunto de ações destinadas a prevenir, controlar, reduzir ou eliminar riscos inerentes às atividades que possam comprometer a saúde humana, animal e do meio ambiente.

BIOTECNOLOGIA. *Direito ambiental.* **1.** Técnica de utilização de organismos vivos para modificar produtos ou para melhorar plantas e animais, e de sistemas e processos biológicos na produção industrial e nos serviços de saneamento (Spinks). **2.** Qualquer aplicação tecnológica que utilize sistemas biológicos ou organismos vivos, parte deles ou seus derivados, para fabricar ou modificar produtos ou processos para utilização específica.

BIOTIPOLOGIA CRIMINAL. *Medicina legal.* Ciência analítica que se ocupa dos biótipos. Ao analisar suas diferenças hereditárias e psicológicas, vem a auxiliar a criminologia, apontando as razões motivadoras da conduta delinquencial e as influências dos atributos corporais, das glândulas endócrinas, dos fatores educacionais e psicossociais no crime.

BIS IN IDEM. **1.** *Direito administrativo.* Princípio pelo qual o funcionário público não pode ser punido duas vezes (*bis*) pela mesma (*in idem*) falta por ele cometida. **2.** *Direito penal.* Princípio pelo qual ninguém pode ser punido ou julgado duas vezes pelo mesmo fato. **3.** *Direito tributário.* Proibição de incidência de um novo tributo sobre objeto já tributado. Tal princípio visa impedir a cobrança de dois impostos decretados pela mesma autoridade sobre um mesmo fato gerador.

BITRIBUTAÇÃO. **1.** *Direito tributário.* a) Dupla imposição de imposto decretada por autoridades competentes diferentes, incidindo num mesmo objeto, sob nome diverso; b) existência de dois tributos concorrentes (Geraldo Ataliba). **2.** *Direito internacional.* Exigência feita por vários Estados soberanos a um mesmo contribuinte para que pague impostos idênticos ou análogos, em relação a um mesmo objeto tributável, no mesmo período. Assim, o contribuinte fica sujeito a um imposto num país porque nele está domiciliado e em outro Estado porque nele se situa seu patrimônio ou porque seus rendimentos dele advêm. Tal bitributação pode ocorrer em diversos países, pois existem critérios ou elementos de conexão distintos para a obrigação tributária, tais como nacionalidade, domicílio, sede da pessoa jurídica, fonte de rendimento, país de origem ou do destino, situação do bem etc. Para evitá-la, há acordos internacionais que estabelecem normas em matéria de imposto sobre a renda e o patrimônio e os sistemas de concessões fiscais baseados na reciprocidade.

BLENORRAGIA. **1.** *Medicina legal.* Inflamação das membranas mucosas, causada pela *Neisseria gonorrhoeae*, caracterizada por grande secreção de muco purulento da uretra, vagina e vulva, na mulher, da uretra e do prepúcio, no homem, ou dos olhos, em recém-nascido. Resulta de contato sexual direto, exceto nos casos de infecção ocular em recém-nascidos e de vulvovaginite em meninas que vivem em instituições. **2.** *Direito penal.* Doença resultante de contato sexual, podendo gerar o crime de perigo de contágio venéreo, que consiste no fato de expor alguém, por meio de relações sexuais, a contágio de moléstia venérea de que sabe ou deveria saber estar contaminado, colocando em risco a saúde da vítima. **3.** *Direito civil.* Doença sexual que pode levar à anulação do casamento por erro essencial, à separação judicial ou ao divórcio, por injúria grave consistente em transmissão de moléstia venérea.

BLOCO PARLAMENTAR. *Ciência política.* Grupo de parlamentares, pertencentes a um mesmo partido político ou a diferentes partidos, que, tendo a mesma ideologia, procuram exercer influência nas decisões do Legislativo.

BLOQUEIO. 1. *Direito internacional público.* a) Operação militar que corta as comunicações de um porto ou praça com o exterior, levando o inimigo a render-se; b) medida beligerante que consiste no isolamento, por um país bloqueante, de uma área vital aos interesses do inimigo, impedindo a entrada e a saída de pessoas, víveres e munições e obstruindo-lhe todos os meios de comunicação com o exterior. Tal bloqueio pode ser por via terrestre, aérea ou marítima. **2.** *Direito comercial.* Motivo justificador para a dissolução do contrato de fretamento, pois o comandante está autorizado, ante o bloqueio, a negar-se a fazer a viagem, por se tratar de caso fortuito. **3.** *Direito marítimo.* Procedimento pelo qual uma empresa brasileira de navegação, atendendo a procedimento de circulação, oferece uma embarcação de bandeira brasileira para realizar operação de apoio portuário, conforme as condições estabelecidas por empresa brasileira de navegação interessada em afretar embarcação estrangeira para realizar a operação na mesma navegação.

BOA CONDUTA. 1. *Direito administrativo.* Obrigação do funcionário público de conduzir-se, no desempenho de suas funções e na vida particular, de maneira correta, evitando costumes desregrados, alcoolismo, frequência a locais suspeitos, jogo proibido ou qualquer ato que possa desprestigiá-lo. **2.** *Teoria geral do direito.* Procedimento da pessoa que age com retidão na sociedade, cumprindo a lei e seus deveres de cidadão, agindo de modo a não ofender a moral, os bons costumes e a ordem pública.

BOA FAMA. 1. *Direito civil.* a) Estima social de que uma pessoa goza. Constitui um bem jurídico protegido pela lei, de forma que, se atingido, gera responsabilidade civil para o lesante, que deverá, então, reparar o dano moral ou patrimonial causado. Trata-se da reputação de uma pessoa estimada pela opinião pública por sua conduta de acordo com a lei, a moral e os bons costumes. Assim, quem ofender a honra de uma pessoa com boa reputação moral e profissional, seja por injúria, calúnia ou difamação, atingindo-a na consideração a que tem direito, deverá indenizá-la pelos prejuízos material e moral; b) motivo de anulação de casamento por erro essencial se a pessoa desconhecia que seu cônjuge não gozava de boa fama, pois o conhecimento da má vida do consorte anterior ao ato nupcial pode tornar insuportável a vida em comum. **2.** *Direito penal.* Objeto de ato delituoso, pois a boa fama pode ser afetada por injúria (ofensa à dignidade ou decoro), calúnia (falsa imputação ou denúncia de fato definido como crime) ou difamação (imputação de fato ofensivo à reputação de pessoa natural ou jurídica, atingindo-a no conceito ou na consideração a que tem direito), que constituem crimes contra a honra.

BOA-FÉ OBJETIVA. *Direito civil.* **1.** Modelo de conduta social ao qual cada pessoa deve ajustar-se para agir com probidade (Judith Martins-Costa). **2.** Dever de agir conforme certos padrões socialmente recomendados, de correção, lisura e honestidade (Fernando Noronha). **3.** Regra de comportamento que deve ser observada pelos contratantes, no que atina à lisura de uma parte para com a outra e à honestidade das declarações dos contratantes. Há violação ao princípio da boa-fé objetiva se uma das partes faltar com o dever de lealdade ao contratar, não satisfazendo o que a outra espera (Fernando H. G. Zimmermann).

BOA-FÉ SUBJETIVA. *Direito civil.* **1.** É a que se liga a um convencimento individual de estar agindo conforme a lei (Judith Martins-Costa). **2.** Dá-se quando a pessoa acredita ser titular de um direito que, na realidade, não tem, por existir na aparência (Fernando Noronha). **3.** Falsa impressão de um dos contratantes sobre o objeto, as partes ou caracteres gerais do negócio jurídico (Fernando H. G. Zimmermann).

BOICOTAGEM. 1. *Sociologia jurídica.* Sanção negativa consistente na suspensão de relações sociais, principalmente políticas e econômicas. **2.** *Direito comercial.* a) Meios insidiosos empregados em oposição a um negócio industrial ou comercial, criando obstáculos para o livre exercício do comércio e da indústria, ou para seus interesses, com a intenção de obrigar o interessado a ceder ou transigir quanto a alguma coisa; b) procedimento empregado por grupos profissionais, negociantes ou autoridades de um país para impedir relações comerciais; c) isolamento que se impõe a um estabelecimento empresarial, negando-lhe o fornecimento dos meios que lhe são imprescindíveis ou a aquisição dos seus produtos. Trata-se da guerra econômica, que se traduz pelo ato de não se manter qualquer contato comercial com certo empresário, abstendo-se de comprar seus produtos ou de vender-lhe material de que necessita. **3.** *Direito internacional público.* a) Pressão feita por um Estado sobre outro com o intuito de interromper as relações comerciais mantidas por este último com seus nacionais; b) represália autorizada por um país contra outro, pedindo aos seus súditos que se abstenham de quaisquer relações comerciais com os pertencentes ao Estado contra quem se está instituindo o boicote; c) ato de um país contra outro, cortando relações comerciais e suspendendo ou interrompendo o transporte de seus produtos.

BOICOTAGEM VIOLENTA. *Direito penal.* Crime contra a organização do trabalho, punido com detenção e multa, consistente na prática de atos que venham a constranger alguém, mediante violência ou grave ameaça, a não fornecer a outrem ou a não adquirir dele matéria-prima, produto industrial ou agrícola. É uma espécie de ostracismo econômico por haver resistência, levada a efeito por meios violentos, oposta contra uma sociedade empresária ou contra determinado produto de certa procedência, forçando a abstenção de comércio com elas, fazendo com que a pessoa lesada fique à margem do círculo econômico a que pertence, vendo-se na contingência de ter que cessar suas atividades, uma vez que ninguém adquire seus produtos ou fornece-lhe matéria-prima.

BOLCHEVISMO. *Ciência política.* **1.** Comunismo. **2.** Doutrina política, preconizada por Lenin, pela qual a fração majoritária de um partido, com organização militar, detinha o poder. **3.** Forma leninista do marxismo, que foi aplicada na Rússia, cujo ponto de partida era obter o triunfo do proletariado sobre a burguesia, a supressão da propriedade privada e a socialização dos meios de produção, destruindo o Estado capitalista. Essa doutrina pretendeu que a classe trabalhadora tomasse o poder, instalando uma ditadura do proletariado.

BOLETIM DE OCORRÊNCIA POLICIAL. *Direito processual penal.* Termo da oitiva do indiciado que deve ser feito por autoridade policial assim que esta tome conhecimento da prática da infração penal e assinado por duas testemunhas que tenham ouvido sua leitura.

BOLSA DE ESTUDO. *Direito educacional, direito civil* e *direito administrativo.* Ajuda monetária pública ou privada reservada a estudantes ou funcionários para que possam efetuar curso num país estrangeiro ou noutra cidade onde os estabelecimentos de ensino sejam mais aperfeiçoados, facilitando-lhes o prosseguimento de seus estudos em uma universidade ou escola.

BOLSA DE MERCADORIAS. *Direito comercial.* **1.** Bolsa de comércio. **2.** Instituição onde se fazem, por intermédio de corretores, negociações para venda por atacado de produtos agrícolas e industriais, seguros e fretes marítimos, pela cotação oficial. As operações da Bolsa de Mercadorias têm por finalidade: a corretagem e a promoção do comércio e do desenvolvimento dos gêneros produzidos no País, negociáveis em Bolsa, classificando-os em tipos oficiais; o desenvolvimento do intercâmbio comercial nacional e internacional, no que atina a produtos; a verificação do estado geral do mercado e as cotações dos preços das mercadorias, registrando-os em livros próprios da Junta, devendo, para tanto, fazer uma verificação diária dos pregões de compra e venda; a padronização dos gêneros de produção nacional e o conhecimento do mercado para prestar informações seguras.

BOLSA DE VALORES. *Direito comercial.* Instituição que tem por fim a negociação de títulos mobiliários ou ações suscetíveis de avaliação econômica, sendo dotada de autonomia administrativa, patrimonial e financeira, vinculada ao Ministério da Fazenda sob a supervisão da Comissão de Valores Mobiliários. É uma associação civil sem fins lucrativos, integrada por sociedades corretoras, onde são negociados não só títulos e valores mobiliários de emissão ou corresponsabilidade de pessoas jurídicas de direito público e privado, registrados no Banco Central, mas também direitos à subscrição e opções referentes a ações e debêntures.

BOM COMPORTAMENTO. **1.** Na *linguagem comum*, indica a conduta de alguém em conformidade com os padrões sociais. **2.** *Direito penal.* Requisito para a concessão do livramento condicional, pois o condenado deve apresentar bom comportamento carcerário, ou seja, uma conduta que indique sua recuperação ou readaptabilidade à vida social. **3.** *Direito processual penal* e *direito penitenciário.* Conteúdo do relatório que o diretor do estabelecimento penal deve enviar ao Conselho Penitenciário, informando, minudentemente, o procedimento demonstrado pelo sentenciado na prisão.

BOM-SENSO. *Teoria geral do direito.* **1.** Aplicação da razão que o órgão judicante deve ter para julgar os casos particulares, buscando a justiça. **2.** Prudência objetiva, exigida pelo conjunto das circunstâncias fático-axiológicas, que deve ter o aplicador do direito, ou melhor, o poder competente para criar normas aplicando outras.

BONIFICAÇÃO. **1.** *Direito comercial.* a) Vantagem dada aos acionistas de companhias e de bancos; é a distribuição gratuita de ações de sociedade anônima a acionistas, se houver aumento do capital social, ante reavaliação do ativo ou incorporação ou aproveitamento de reservas e lucros retidos pela sociedade; b) benefícios outorgados a portadores ou subscritores de títulos de empréstimos, que poderão adquiri-los por preço inferior a seu valor nominal. A bonificação é a diferença entre o preço da aquisição e o valor nominal do título; c) concessão feita pelo vendedor ao comprador, diminuindo o preço da coisa ou entregando quantidade maior do que a estipulada. **2.** *Direito do trabalho.* Gratificação concedida ao empregado pelo empregador. **3.** *Direito internacional privado.* Despesa que é exigida, em caso de exportação, pelo não ingresso de divisas e consequente liquidação tempestiva do contrato de câmbio, dentro do prazo convencionado no instrumento de compra.

BONS COSTUMES. **1.** ***Teoria geral do direito.*** a) Princípios tutelados pelo direito que podem ser inferidos dos preceitos da moral, resultantes da aplicação desta conforme entendida pelos povos cultos. O critério para considerar algo ofensivo aos bons costumes deverá basear-se em fatos, ou seja, avaliar o grau médio de moralidade, civilização e desenvolvimento da legislação do povo. Ofender os bons costumes constitui um ultraje à existência independente do grupo, cujo legítimo e natural interesse de viver e desenvolver-se, segundo as condições que lhe são próprias, é prevalente. Isto é assim por serem condizentes com a moral e a ética social. De fato, são a expressão da moral social, uma vez que constituem as normas morais e de conduta social generalizadamente reconhecidas numa sociedade, num dado momento; b) normas de procedimento que revelam honradez, recato e honestidade nas relações domésticas e sociais; c) atos de conduta regrada conforme aos usos sociais. **2.** ***Direito penal.*** Princípios norteadores da vida sexual do homem em suas relações sociais, constituindo um bem jurídico penalmente protegido. Assim, pune-se aquele que atentar contra os bons costumes, por exemplo, pela prática de ato que constitua ultraje ao pudor público, tráfico de mulheres, lenocínio, corrupção de menores etc.

BONS OFÍCIOS. **1.** ***Direito internacional público.*** Ação de um terceiro Estado procurando, por meios diplomáticos, fazer com que nações desavindas, em conflito ou em dissídio venham a efetivar negociações, a fim de solucionarem a desavença existente, pondo termo às dissidências havidas. O Estado apaziguador apenas estimula aquelas negociações, não participando de nenhuma delas. Consequentemente, os "bons ofícios" não se confundem com a mediação, pois nesta há participação ativa do mediador, que pode chegar até mesmo a sugerir soluções. **2.** ***Direito comercial.*** Préstimos; ação do árbitro, ou de uma pessoa alheia ao negócio mercantil, para solucionar uma pendência ou conduzir o negócio a um final satisfatório ou mais oportuno às partes desavindas.

BÔNUS. **1.** ***Direito comercial.*** a) Prêmio concedido por uma empresa aos seus acionistas ou subscritores; b) bonificação sorteável entre os portadores de determinados títulos; c) desconto concedido, em certas circunstâncias, pela empresa transportadora a alguns viajantes, no preço da passagem; d) adicionamento extraordinário feito aos lucros de uma operação; e) documento escrito comprobatório do direito que uma pessoa tem de receber mercadoria, quantia em dinheiro ou outra prestação. Para o emitente do bônus, este constituirá uma dívida, sendo, para aquele a quem é passado, um crédito. São, portanto, *títulos representativos de uma dívida*, decorrente, em regra, de empréstimo, ou *conhecimentos*, representativos da mercadoria entregue para transporte ou depósito; f) títulos emitidos por certas instituições que, além de conferirem o direito de ingresso ao recinto das realizações por elas patrocinadas, dão aos seus portadores a habilitação a um prêmio, que será distribuído aos que os adquiriram. **2.** ***Direito do trabalho.*** Prêmio dado a um empregado em reconhecimento aos serviços que prestou. **3.** ***Direito administrativo.*** Título de dívida pública emitido e garantido pelo governo, representando uma soma em dinheiro, que deve ser paga ao portador, em dia certo, atendendo situações especiais.

BONUS PATER FAMILIAS. ***Expressão latina.*** Bom pai de família. Trata-se de um conceito padrão utilizado juridicamente como ponto de referência da diligência que se exige no comportamento e da avaliação da culpa *in abstracto*. Assim, o bom pai de família seria o protótipo do cidadão médio, prudente, normal, atento, dotado de ordinária inteligência, hábil, empenhado e dedicado. Seria o paradigma do homem abstratamente diligente que cumpre seus deveres legais ou convencionais sem que se considerem sua cultura, aptidão, instrução.

BOOM. ***Termo inglês.*** **1.** Grande procura provocada pela alta vertiginosa de títulos, ações e mercadorias, causada por especulações. **2.** Fase do mercado de capitais em que o volume de transações supera os níveis costumeiros.

BORRADOR. ***Direito comercial.*** Livro facultativo em que os empresários registram, em forma de rascunho, dia a dia as suas operações, servindo de base à escrituração regular no diário propriamente dito. É designado por alguns autores de "costaneira", mas, na verdade, com ela não se confunde, pois o *borrador* deve ser escriturado em conformidade com as normas da contabilidade comercial, seguindo os mesmos requisitos exigidos para os lançamentos no diário, facilitando, assim, a passagem das partidas para este, enquanto a *costaneira* é um livro onde se anotam as operações diariamente, sem seguir as regras da escrituração mercantil, fazendo-as por partidas simples e pelos próprios empregados subalternos da firma. O conteúdo do lançamento no borrador é o mesmo do diário, logo, deverão ser nele anotados os títulos devedor e credor da operação, o histórico de cada uma realizada, mencionando-se os documentos em que se funda e o valor relativo a ela.

BORRÃO. **1.** ***Direito comercial.*** Livro de anotações utilizado pelo empresário para registrar, pela ordem, as operações do estabelecimento, do qual seu contador retira os elementos a serem lançados no borrador e no diário. Trata-se da *costaneira* ou *memorial*. **2.** Na ***linguagem comum,*** é qualquer rascunho de um escrito relativo a um documento.

BRASILEIRO NATO. *Direito constitucional.* **1.** O nascido no território brasileiro, pelo fato da adoção do *jus soli*, mesmo se for filho de pais estrangeiros, desde que não estejam estes a serviço dos respectivos países. **2.** O nascido no estrangeiro, de pai brasileiro ou mãe brasileira, desde que qualquer deles esteja a serviço do Brasil no exterior. **3.** O nascido no estrangeiro de pai brasileiro ou mãe brasileira, desde que seja registrado em repartição brasileira competente ou venha a residir no Brasil e opte, em qualquer tempo, depois de atingida a maioridade, pela nacionalidade brasileira. **4.** O nascido no estrangeiro entre 7 de junho de 1994 e 20 de setembro de 2007 (data da promulgação da EC n. 54/2007), filho de pai brasileiro ou mãe brasileira, se registrado em repartição diplomática ou consular brasileira competente, ou em ofício de registro, se vier a residir no Brasil.

BRASILEIRO NATURALIZADO. *Direito constitucional.* Aquele que vem a adquirir a nacionalidade brasileira mediante manifestação de vontade, preenchidos todos os requisitos legais. Assim, será brasileiro naturalizado: a) o que adquirir a nacionalidade brasileira, exigindo-se ao originário de países de língua portuguesa apenas residência por um ano ininterrupto no território nacional e idoneidade moral; b) o estrangeiro de qualquer nacionalidade, residente no Brasil há mais de quinze anos ininterruptos e sem condenação penal, desde que requeira a nacionalidade brasileira.

BREVE RELATO. *Direito processual.* Certidão que retrata o andamento do processo, elaborada pela secretaria do cartório judicial e requerida pelos advogados e pelas partes. Também chamada "Certidão de objeto e pé".

BROCARDO. *Vide* AFORISMO.

BULLYING. *Termo inglês.* **1.** Agressão, dolosa e habitual, sem motivação clara, praticada por pessoas (em regra, crianças e adolescentes) contra colegas, causando dor, humilhação, angústia e intimidação. Pode dar-se em escolas, clubes, em ambiente familiar, de trabalho e na sociedade como um todo (Jorge de S. Lima). **2.** Intimidação sistemática em caso de violência física ou psicológica em atos de intimidação, humilhação e discriminação, e, ainda: ataques físicos; insultos pessoais; comentários sistemáticos e apelidos pejorativos; ameaças por quaisquer meios; grafites depreciativos; expressões preconceituosas; isolamento social consciente e premeditado e pilhérias.

BURACO DE MINA. *Medicina legal.* Ferimento que, havendo tiros à queima-roupa, é provocado não só pelo projétil da arma de fogo como também pela expansão violenta de gases, que produzem grandes danos cutâneos e viscerais. A zona de tatuagem e o negro de fumo escurecem a ferida, fazendo com que tenha aspecto bastante irregular.

BURGUESIA. **1.** *História do direito.* Camada social intermediária entre a aristocracia e a nobreza (detentoras do poder e da riqueza) e o proletariado (Caracciolo; Hosbawm). **2.** *Sociologia jurídica.* a) Classe que detém os meios de produção, o poder econômico e o político (Gian Mario Bravo); b) classe média da sociedade.

BUROCRACIA FORENSE. *Direito processual.* Mecanismo judiciário com estrutura de organização formal e objetiva, funcionando tempestivamente, com neutralidade, que, contudo, tem apresentado disfunções, fazendo com que seja um obstáculo ao cumprimento das normas jurídicas. Por isso, implantou-se um sistema de informática para servir tal burocracia forense, com o fim de aumentar sua eficiência, diminuindo aquelas disfunções.

BUSCA E APREENSÃO. **1.** *Direito processual civil.* a) Medida cautelar específica decretada pelo órgão judicante para busca e posterior apreensão de pessoa ou coisa a ser apresentada em juízo, mantendo-a à disposição judicial, a fim de garantir o exercício de um direito. Trata-se de tipo de tutela provisória de urgência de natureza cautelar. Pode ser: *pessoal*, em que serão objeto da demanda tão somente os incapazes e os menores, por estarem sujeitos à guarda e ao poder de outra pessoa; ou *real*, em que atingirá os bens móveis e semoventes, porque os imóveis apenas são suscetíveis de sequestro ou arresto, conforme o caso. A busca e apreensão poderá ser decretada de ofício ou a requerimento da parte interessada; b) medida executiva no cumprimento de sentença das obrigações de fazer, não fazer e entrega de coisa, no inventário e nas execuções de entrega de coisa fundadas em título extrajudicial (Cassio S. Bueno). **2.** *Direito processual penal.* Meio probatório, acautelatório e coercitivo que, por consistir no apoderamento de elementos instrutórios relacionados com as pessoas da vítima, do culpado, com os objetos e com a prática delituosa que deixou vestígios, serve de valiosa fonte não só para evidenciar a veracidade das alegações feitas pelo interessado, como também para a formação do convencimento do magistrado. A busca e apreensão pode ser determinada a requerimento da parte interessada ou de ofício pelo juiz.

BUSCA E SALVAMENTO. *Direito marítimo.* Serviço gratuito, decorrente de compromissos internacionais assumidos pelo Brasil, prestado em caráter de urgência, visando o resgate de pessoas em perigo, em decorrência de acidentes ou avarias com embarcações. O Serviço de Busca e Salvamento é conhecido pela sigla SAR (*Search and Rescue*). É realizado pela Marinha do Brasil, podendo envolver outros órgãos públicos e a colaboração eventual de entidades privadas. Esse Serviço de

Busca e Salvamento é conhecido pela sigla SALVAMAR BRASIL.

BUSCA PESSOAL. ***Direito processual penal.*** Exame ou revista da pessoa humana, em todo o corpo, inclusive na roupa que veste e nos acessórios (pastas, bolsas etc.) que traz consigo, para apreender algo relacionado com o crime investigado, sempre que houver fundada suspeita de que oculta arma, coisa obtida por meio criminoso, instrumento de falsificação, coisa falsificada ou contrafeita ou outro objeto perigoso ou necessário para a apuração do crime ou para a defesa do réu.

BUSINESS TO BUSINESS (B2B OU BTB). ***Direito virtual.*** **1.** Comércio de empresa para empresa, acessável pelo nome de domínio de portal ou *site* que ostenta os produtos ou serviços (Liliana M. Paesani). Envolve três tipos de operações: *e-marketplaces* (portais independentes entre fornecedores e compradores); *e-procurement* (compras pela Internet); e *e-distribuition* (vendas pela Internet aos parceiros de negócio) (Juliana C. Abrusio). **2.** Transações comerciais realizadas por redes públicas ou privadas, incluindo negócios, públicos ou privados, por meio da Internet, abrangendo transferências financeiras, intercâmbios *online*, leilões, entrega de produtos e serviços, atividades de cadeias de abastecimento e redes integradas de negócios (James G. Heim).

BUSINESS TO GOVERNMENT (B2G). ***Direito virtual.*** Negociação em que uma das partes contratantes é uma pessoa jurídica integrante da administração direta ou indireta (Juliana C. Abrusio).

BUYER'S CREDIT. ***Direito internacional privado.*** **1.** Financiamento ao importador, no caso de exportação de serviços a entidades estrangeiras do setor público. **2.** Financiamento externo de bens e serviços, provocado pelo comprador.

BYSTANDER. ***Direito do consumidor.*** **1.** Pessoa natural ou jurídica que, sem ter participado da relação de consumo, sofreu lesão em sua saúde ou segurança ante o fato de o produto apresentar defeito (Lucan). **2.** Vítima de acidente de consumo. **3.** Vítima do evento danoso, causado por acidente provocado pelo produto defeituoso (que apresenta vício de qualidade por insegurança), por pessoa que não contratou com o fabricante ou importador do produto (Marco Antonio Zanellato).

CABEÇA DE CASAL. **1.** *História do direito.* O chefe da sociedade conjugal. **2.** *Direito processual civil.* Cônjuge ou companheiro sobrevivente que vier a ser nomeado inventariante dos bens do *de cujus*, tendo a posse e a administração dos bens da herança até a partilha.

CABEÇA DO ARTIGO. *Teoria geral do direito.* Diz-se dos dizeres contidos num dispositivo legal sem levar em conta seus parágrafos. É muito usada esta locução sob a forma latina *caput*, que significa "início" ou "princípio".

CABECEL. *Direito civil.* Também designado "cabeça de destrinça", "cabeça do prazo" ou "cabeçal". Foreiro eleito pelos demais ou pelo senhorio direto para ficar como responsável pela cobrança de todos os direitos e foros dos demais para pagá-los, por inteiro, ao senhorio. Isto é assim porque o foreiro tem o direito de constituir coenfiteuse, uma vez que a enfiteuse admite titularidade simultânea de várias pessoas, que exercem, *pro indiviso*, o seu direito sobre o bem enfitêutico.

CABO ELEITORAL. *Direito eleitoral.* Indivíduo encarregado de obter votos para certo partido ou candidato.

CABOTAGEM. *Direito marítimo.* Navegação costeira feita entre portos nacionais por navios brasileiros.

CABOTAGEM AÉREA. *Direito aeronáutico.* Transporte feito por aeronaves brasileiras de mercadorias ou pessoas embarcadas num e desembarcadas em outro ponto do País, mediante remuneração. Os pontos de partida e chegada precisam situar-se em território nacional.

CAÇA. **1.** *Direito civil* e *direito ambiental.* Modo aquisitivo de propriedade móvel, desde que se obedeçam aos regulamentos administrativos e às leis especiais. Trata-se da ocupação propriamente dita, que consiste no ato de apanhar animais sem dono ou bravios ou aves silvestres com o intuito de matá-los ou apenas capturá-los. A caça poderá ser exercida em terras públicas ou particulares com a devida licença de seu dono. Com isso procura-se proteger o direito de caça sem, contudo, atingir o direito de propriedade daqueles em cujos terrenos ele se efetiva ou exercita. O animal pertence ao caçador que o apreender. **2.** *Direito militar.* Avião de combate. **3.** *Direito marítimo.* a) Conjunto de redes de um barco; b) voz de comando para que os marinheiros icem as escotas da vela que se pretende colher.

CADASTRO DE CONSUMIDORES. *Direito do consumidor.* **1.** Fichário que contém informações verídicas sobre cada consumidor, não só de ordem pessoal como também relativas a sua conduta. Trata-se, enfim, de uma avaliação do consumidor feita pelo fornecedor dentro de critérios úteis para orientá-lo na efetivação dos seus negócios. A lei veda, contudo, que informações negativas do consumidor referentes a período superior a cinco anos sejam arquivadas. O consumidor terá acesso às informações que lhe digam respeito existentes naquele cadastro e o direito de exigir a correção de eventuais informações falsas, desde que comprove essa falsidade. **2.** É o feito pelo consumidor junto ao seu fornecedor, atual ou futuro (Renato Afonso Gonçalves).

CADASTRO DE CRIANÇA E ADOLESCENTE. *Direito da criança e do adolescente.* Registro mantido pela autoridade judiciária, em cada comarca ou foro regional, de crianças e adolescentes em condições de serem adotados.

CADASTRO DE PESSOAS FÍSICAS (CPF). *Direito tributário.* Inscrição de pessoa física para fins de tributação, cuja comprovação se faz pela expedição do cartão de identificação do contribuinte (pessoa física). O número do CPF é o único e suficiente para a identificação do cidadão em bancos de dados de serviços públicos.

CADASTRO DE PESSOAS OU CASAIS HABILITADOS À ADOÇÃO. *Direito da criança e do adolescente.* Registro de pessoas interessadas na adoção, precedido de um período de preparação psicossocial e jurídica, orientado pela equipe técnica da Justiça da Infância e da Juventude, preferencialmente com apoio de técnicos responsáveis pela execução da política municipal de garantia do direito à convivência familiar. Haverá cadastro distinto para pessoas ou casais residentes fora do País, que somente serão consultados na inexistência de postulantes nacionais habilitados e cadastrados.

CADASTRO NACIONAL DA PESSOA JURÍDICA (CNPJ). *Direito tributário.* Compreende as informações cadastrais das pessoas jurídicas, de interesse das administrações tributárias da União, dos Estados, do Distrito Federal, dos Municípios e da Previdência Social. São documentos de entrada do CNPJ: a) Ficha Cadastral da Pessoa Jurídica (FCPJ); b) Quadro de Sócios e Administradores (QSA); c) Ficha Complementar (FC).

CADASTRO NACIONAL DE INCLUSÃO DA PESSOA COM DEFICIÊNCIA. *Direito virtual e direito registrário.* Registro público eletrônico com a finalidade de coletar, processar, sistematizar e disseminar informações georreferenciadas que permitam a identificação e a caracterização socioeconômica da pessoa com deficiência, bem como das barreiras que impedem a realização de seus direitos.

CADASTRO NACIONAL DO TRABALHADOR (CNT). *Direito do trabalho.* Registro de informações de interesse do trabalhador, do Ministério do Trabalho e Emprego e da Caixa Econômica Federal, composto pelos sistemas de identificação do trabalhador e de coleta de informações sociais. Compreende os trabalhadores já inscritos no Programa de Integração Social (PIS) e no Programa de Formação do Patrimônio do Servidor Público (PASEP), os cadastrados no sistema de contribuinte individual da previdência social e os que vierem a ser cadastrados no CNT. Para efeito de identificação do trabalhador junto ao CNT usam-se o Número de Identificação do Trabalhador (NIT) e o Documento de Cadastramento do Trabalhador (DCT).

CADÁVER. 1. ***Medicina legal.*** Corpo humano sem vida. **2.** ***Direito penal.*** a) Homem morto, a quem se deve respeito. Assim, sua destruição, subtração ou ocultação são punidas com reclusão e multa, sendo o vilipêndio a cadáver punido com detenção e multa; b) corpo humano sem vida, cujas inumação ou exumação feitas contrariamente à lei constituem contravenção penal punida com prisão simples ou multa. **3.** ***Direito civil.*** Corpo humano sem vida, que se torna *res extra commercium*. Assim sendo, a retirada e o transplante de tecidos e órgãos só poderão dar-se para fins terapêuticos e científicos, gratuitamente, desde que haja autorização expressa do disponente, de seu cônjuge, descendentes ou ascendentes.

CADEIA DE CUSTÓDIA. ***Direito penal.*** Conjunto de todos os procedimentos utilizados para manter e documentar a história cronológica do vestígio coletado em locais ou em vítimas de crimes, para rastrear sua posse e manuseio a partir de seu reconhecimento até o descarte.

CADERNETA DE POUPANÇA. ***Direito bancário.*** É aquela onde se anotam depósitos que acumulam juros, que podem ser aplicados no Sistema Financeiro da Habitação e na construção de conjuntos habitacionais. Por isso, tais depósitos gozam de incentivos fiscais.

CADUCIDADE. 1. ***Direito civil.*** a) Estado de decadência, pelo qual se perde um direito pela inércia ou renúncia do seu titular, que se manifesta pelo seu não exercício durante certo prazo previsto em lei; b) qualidade do que ficou caduco, tornando-se ineficaz, ante a ocorrência de algum fato posterior; c) estado do que se anulou ou perdeu sua validade, por determinação legal, em decorrência da falta de preenchimento de formalidades ou de convenção entre as partes, se se tratar de contrato. **2.** ***Direito comercial.*** Perda do *status* social pela decretação da falência. **3.** ***Teoria geral do direito.*** Estado do que caiu em desuso ou foi revogado tacitamente. **4.** ***Medicina legal.*** Estado daquele cujas faculdades mentais enfraqueceram em razão de velhice.

CAF. ***Direito internacional privado.*** Termo comercial usado num contrato de compra e venda internacional, abreviado do francês *Côut, Assurance et Fret*, sendo o mesmo que CIF (**Cost, Insurance and Freight**, isto é, custo, seguro e frete, porto de destino indicado), pelo qual o vendedor se encarrega de embarcar a mercadoria vendida, pagando, a expensas do adquirente, o custo do seguro marítimo e do frete. Daí diferenciar-se do C&F, em que o preço do seguro não se inclui no preço da venda, pois na venda com cláusula CIF ou CAF o preço abrangerá o custo da mercadoria e as despesas com o transporte e com o seguro. Tal cláusula é muito usada nos contratos de compra e venda que envolvam transporte marítimo, sendo anteposta ao local de destino, por exemplo, CIF Rio.

CÁFTEN. ***Direito penal.*** **1.** Rufião ou aquele que exerce atividade ilícita, aproveitando-se da prostituição, participando de seus lucros ou fazendo-se sustentar por quem a exerça. **2.** Mediador no comércio de mulheres para prostituição, servindo de intermediário entre pessoas de sexo diferente para atos de lascívia.

CAFTINA. ***Direito penal.*** **1.** Mulher que explora o lenocínio ou o meretrício. **2.** Mulher que arranja uma prostituta para a lascívia de um homem, mediante pagamento.

CAIXA. 1. ***Direito comercial.*** a) Cofre forte onde empresários guardam dinheiro, documentos importantes e livros de escrituração; b) valores contidos num cofre; c) pessoa cuja função num banco ou estabelecimento empresarial é receber ou efetuar pagamentos; d) estabelecimento que recebe fundos para guardar ou administrar; e) seção de um banco ou estabelecimento empresarial onde são feitos os pagamentos ou recebimentos; f) livro auxiliar de escrituração para registro de todas as operações de dinheiro, ou seja, das entradas e saídas, que contém uma coluna de crédito e outra de débito. Pelo balanceamento dessas duas colunas, isto é, pela diferença havida entre as entradas e as saídas, apurar-se-á a existência de dinheiro. Como é livro auxiliar, o caixa não precisa ser registrado na Junta Comercial, embora possa ser legalizado nos moldes do diário; g) comparte que administra uma parceria marítima; h) conta do balanço que indica os fundos disponíveis para uso da empresa. **2.** ***Direito agrário.*** a) Arcabouço de gado; b) capacidade de engorda de uma rês. **3.** ***Direito civil.*** a) Vão em edifícios onde sobe e desce o elevador ou se instala a escada; b) parte do teatro onde ficam os camarins dos atores.

CALAMIDADE PÚBLICA. 1. ***Direito administrativo*** e ***direito constitucional.*** Infortúnio público causado por fato da natureza (inundação, seca prolongada, peste) ou por ato do homem (guerra, motim) que impossibilita o funcionamento normal dos serviços ou põe em risco a vida humana. O Poder Público deverá tomar providências para remover, no que for possível, os efeitos da calamidade. **2.** *Direito penal.* a) Circunstância em que o criminoso pode subtrair, ocultar ou inutilizar aparelho ou material destinado ao socorro, ou até mesmo impedir o serviço de salvamento, devendo ser punido por isso; b) situação de emergência que pode facilitar a prática de crime de interrupção ou perturbação de serviço telegráfico ou telefônico, caso em que a pena de detenção e multa será aplicada em dobro.

CÁLCULO. 1. Na *linguagem técnica*, é a operação para encontrar o resultado da combinação de números. **2.** *Direito comercial.* Operação feita pelo empresário para averiguar o lucro ou o prejuízo havido nos negócios efetuados. **3.** *Medicina legal.* Concreção sólida, composta de sais minerais, que se forma na bexiga, no fígado, nos rins etc. **4.** *Direito processual civil.* a) Operação feita pelo contador do juízo para apurar o *quantum* das despesas judiciais e custas processuais, o imposto a ser deduzido do espólio inventariado, os limites da legítima, o valor dos bens colacionados etc.; b) operação feita pelo agrimensor nas divisões de terra.

CÁLCULO DA INDENIZAÇÃO. *Direito civil* e *direito processual civil.* Operação de concretização da indenização, fixando o seu montante e tornando líquida a obrigação de indenizar ao estipular quanto o lesante deverá pagar ao lesado. Há danos que podem ser avaliados por mera operação aritmética; outros requerem, para tanto, o arbitramento, ante a impossibilidade de avaliar-se matematicamente o quantitativo pecuniário a que tem direito o ofendido.

CÁLCULO DE CUSTO. *Direito comercial.* Conjunto de operações matemáticas que visa apurar o preço real da mercadoria ou o valor real de cada produto.

CALÚNIA. 1. *Direito civil.* Ato ilícito que causa dano patrimonial e moral suscetível de indenização, por atingir a honra e a verdade pessoal, que são direitos da personalidade. Se houver impossibilidade de restauração natural, procurar-se-á, na *restitutio in integrum*, obter uma situação material correspondente, publicando-se desagravo em jornal, mas, em regra, ter-se-á a reparação pecuniária. É a imputação falsa que ofende a reputação, o crédito ou a honra de alguém, gerando para o lesante o dever de reparar o dano moral e material causado. **2.** *Direito penal.* Falsa imputação a alguém, vivo ou morto, de fato definido como crime. Trata-se de um crime contra a honra punido com detenção e multa.

CÂMARA DE COMÉRCIO. *Direito comercial.* **1.** Instituto que tem por escopo estudar e facilitar as relações comerciais com países estrangeiros. Para tanto, possui um *bureau* de informações, num e noutro país, e mostruários de mercadorias ou produtos manufaturados e fabricados no País. **2.** Corpo representativo de empresários que, junto aos órgãos governamentais, promove e defende os interesses do comércio e da indústria no que estiver relacionado com o Estado.

CÂMARA DE COMÉRCIO INTERNACIONAL. *Direito internacional privado.* Organismo internacional privado, composto de representantes das categorias comerciais de vários países, que, ao prestar serviços práticos nos câmbios e trocas internacionais, age em nome dos interessados, auxiliando, assim, o governo a resolver certas questões econômicas. Além disso, suas decisões influenciam não só as legislações nacional e internacional, como ocorreu, por exemplo, com a *lex mercatoria*, atinente ao direito uniforme de câmbio ou troca internacional, com os *incoterms* e com as normas e usos uniformes relativos ao crédito documentário, como também a conclusão de tratados internacionais de intercâmbio entre nações, como ocorreu na Convenção de Nova Iorque, em 1958, pertinente ao reconhecimento e execução de sentença arbitral estrangeira.

CÂMARA DE COMPENSAÇÃO. 1. *Direito bancário.* Instituto que tem por finalidade compensar cheques e valores entre bancos e estabelecimentos de crédito de uma praça. **2.** *Direito internacional privado.* Trata-se da *Clearing House*, mantida pela *International Air Transport Association* (IATA), que, agindo por meio de comitês, tem relevante papel na economia do transporte aéreo internacional. A *Clearing House* é a reunião diária de banqueiros ou membros da Bolsa de Valores para o acertamento de contas por compensação de cambiais e efeitos do comércio recebidos e pagos, sem mobilizar dinheiro em espécie.

CÂMARA DOS DEPUTADOS. *Direito constitucional.* Uma das Casas do Congresso Nacional, que representa o povo, tendo membros eleitos por voto direto e secreto, pelo sistema proporcional, em cada Estado, em cada Território e no Distrito Federal. O número total de deputados será proporcional à população, procedendo-se aos ajustes necessários, no ano anterior às eleições, para que nenhuma das unidades da Federação tenha menos de oito e mais de setenta deputados, sendo que cada Território elegerá quatro deputados.

CÂMARA DOS VEREADORES. *Direito constitucional.* **1.** Órgão existente em cada Município para desempenhar as funções de legislar e controlar a atividade do Executivo, compondo-se de vereadores eleitos pelos Municípios para cumprirem um mandato de quatro anos. O número de vereadores varia segundo a população de cada Município. **2.** Câmara Municipal.

CÂMARA ESPECIAL. ***Direito processual.*** Órgão colegiado do Tribunal de Justiça que, no Estado de São Paulo, tem competência para apreciar e decidir: a) conflitos de competência entre juízes de primeira instância; b) exceções de suspeição ou de impedimento contra os mesmos juízes; c) agravos de instrumento manifestados em exceções de incompetência, desde que a matéria tratada nos autos principais se inclua na competência recursal; d) processos de jurisdição especial da Infância e da Juventude; e) recursos das decisões originárias do Corregedor-Geral da Justiça nos processos disciplinares relativos aos titulares e servidores das serventias judiciais e extrajudiciais ou a oficiais de justiça, distribuídos e postos em Mesa, independentemente de pauta e pregão.

CÂMARA LEGISLATIVA. ***Direito constitucional.*** Assembleia de legisladores (deputados e senadores) compreendida pelo Parlamento. Assim, é câmara legislativa tanto o Senado como a Câmara dos Deputados.

CÂMARA MUNICIPAL. ***Direito constitucional.*** **1.** Corpo de vereadores que tem a função de legislar para um Município; edilidade; orgão legislativo do Município. **2.** Edifício onde os vereadores se reúnem para o desempenho de sua função. **3.** Executivo municipal; poder administrativo do Município.

CAMBIAL. ***Direito comercial*** e ***direito cambiário.*** **1.** Título de crédito que contém uma promessa de pagamento (nota promissória) ou uma ordem de pagamento (cheque, letra de câmbio). **2.** Letra sacada numa praça sobre outra. **3.** Relativo ao câmbio. **4.** Tudo o que se referir ao comércio de câmbio ou à troca de moedas, podendo indicar saque feito em moeda estrangeira ou cheque emitido em moeda estrangeira.

CAMBIAL A DIA CERTO. ***Direito cambiário.*** Letra de câmbio cujo vencimento se dá na data nela fixada, data essa em que deve haver o saque, ou em que a cambial deve ser apresentada a aceite pelo tomador.

CAMBIAL A PRAZO. ***Direito cambiário*** e ***direito comercial.*** Letra de câmbio cuja data de vencimento se dá trinta dias depois de sua emissão ou apresentação ao sacado.

CAMBIAL À VISTA. ***Direito cambiário*** e ***direito comercial.*** Letra de câmbio que vence no ato da apresentação ao sacado, isto é, a quem deve pagar.

CAMBIAL MÚLTIPLA. ***Direito cambiário.*** Cautela contra extravio de letra de câmbio ou nota promissória, extraída em vários exemplares, sendo que o pagamento de um libera os demais (Othon Sidou).

CÂMBIO. ***Direito cambiário*** e ***direito comercial.*** **1.** Operação pela qual se efetua a troca de moedas, letras, notas de banco etc. entre praças do mesmo país ou de países diferentes; alienação de divisas estrangeiras. **2.** Ato pelo qual moeda estrangeira é transportada de país diverso para aquele onde tem curso por meio de um título cambial, evitando o transporte material da moeda desejada em certa praça. Trata-se da conversão de determinada moeda em outra que não seja a nacional. **3.** Preço pelo qual se adquire moeda estrangeira. **4.** Diferença de preço na troca da moeda de uma nação pela de outra. **5.** Taxa cambial fixada para a aquisição ou permuta da moeda estrangeira. Quanto à taxa cambial, urge que, em caso de obrigação em moeda estrangeira, sejam cumpridas as seguintes condições: a) o câmbio será o do dia do vencimento, ou do anterior, se nele não tiver havido cotação; b) a opção pela data do vencimento ou pela do pagamento será possível em caso de mora do devedor e variação da taxa, desde que não se tenha estabelecido câmbio fixo; c) a taxa será tirada pela média do mercado se a cotação variar no mesmo dia. **6.** Operação mercantil que visa realizar pagamentos entre praças distantes, mediante letras ou saques. **7.** Ágio ou prêmio recebido pelo cedente na permuta de moedas, ou na efetivação da remessa de dinheiro de uma praça a outra.

CÂMBIO CINZENTO. ***Direito cambiário.*** Operação de câmbio semiliberada, ou seja, em parte sujeita ao câmbio oficial e em parte feita com base no preço da cotação das cambiais nas grandes praças mercantis. Tal operação não está adstrita, portanto, nem à taxa do câmbio oficial nem à do câmbio ilegal, pois parte dela cinge-se ao câmbio oficial e parte ao câmbio livre.

CÂMBIO CLANDESTINO. ***Direito cambiário.*** Operação cambial clandestina feita pelo importador nacional que consiste em aumentar nas declarações, para obter câmbio, a quantidade e o valor da exportação, a fim de que, ao receber a cambial, o exportador estrangeiro restitua-lhe a diferença, possibilitando-lhe operar a revenda dessa moeda vinda de retorno por um preço maior. Com isso, majorada a fatura, o importador paga para receber de volta as moedas adquiridas em excesso.

CÂMBIO COMUM. ***Direito cambiário.*** Troca de moedas diversas no mesmo instante, com execução imediata do contrato de câmbio, não gerando, pois, deveres ou direitos. Realiza-se pela simples entrega de papel-moeda, moedas ou *traveler's checks* no local (banco ou casa de câmbio) em que se dá a operação, concretizando-se, de imediato, as obrigações de ambas as partes, ocorrendo a troca física de uma moeda por outra. Essa operação cambial comum ou manual é muito utilizada por turistas que se deslocam para o exterior.

CÂMBIO DIRETO. *Direito cambiário.* Operação cambial que se realiza diretamente entre duas praças, obtendo-se de modo direto a moeda estrangeira da praça onde ela está em curso para a qual a remessa é feita. Não há qualquer intermediação de uma terceira praça.

CÂMBIO ILEGAL. 1. *Direito cambiário* e *direito internacional privado.* a) Compra e venda clandestina de moedas ou de algum artigo que esteja em falta no mercado, ou cujo comércio esteja vedado, ou com preço acima do normal; b) operação ilícita, com ágio acima da taxa oficial, realizada pelo exportador nacional, que, em regra, tira cambial para cobrir apenas parte da fatura, reservando a outra para recebê-la diretamente do importador estrangeiro. Assim, o exportador vem a sonegar parte do valor da moeda estrangeira correspondente ao valor da exportação, a fim de receber por fora a diferença. 2. *Direito penal.* Operação de compra e venda de mercadorias tabeladas por preço superior ao da cotação oficial, o que constitui crime contra a economia popular.

CÂMBIO INDIRETO. *Direito cambiário.* Operação de câmbio realizada entre duas praças por intermédio de uma outra, em razão de peculiaridades do câmbio ou de vantagens entre as partes contratantes. Assim sendo, adquire-se a moeda na terceira praça para ser paga em outra.

CÂMBIO LIVRE. *Direito cambiário.* Operação de câmbio regida pela lei da oferta e da procura, sujeitando-se apenas às normas legais. A taxa cambial é determinada pelo mercado, ou melhor, pela interação da oferta e da procura da moeda estrangeira, não se submetendo à cotação oficial imposta pelo Poder Público.

CÂMBIO MARÍTIMO. *Direito comercial.* Também chamado de "empréstimo a risco", consiste no contrato pelo qual o dador estipula ao tomador um prêmio certo e determinado por preço dos riscos de mar que toma sobre si, ficando com hipoteca especial no objeto sobre o qual recai o empréstimo e sujeitando-se a perder capital e prêmio se o referido objeto vier a perecer por efeito dos riscos tomados no tempo e local convencionados. Para a configuração dessa modalidade contratual é preciso que haja: a) entrega de quantia pecuniária ou de coisa pelo *prestador* ou *dador* (capitalista ou banco) ao *prestamista* (explorador do navio ou comandante); b) pagamento de uma retribuição fixa ou de um prêmio convencionado, designado *câmbio*; c) estabelecimento de garantias reais; e d) viagem marítima ou fluvial em que se coloquem em risco os efeitos.

CÂMBIO OFICIAL. *Direito cambiário.* Taxa de conversão entre moedas estabelecida pela autoridade pública competente e relacionada à moeda em curso num país. Trata-se do câmbio realizado com base na cotação fixada pelo Poder Público.

CÂMBIO TRAJECTÍCIO. *Direito cambiário* e *direito internacional privado.* Operação cambial efetivada em praças diferentes por meio de contrato de câmbio e emissão de letra de câmbio. Tal câmbio é adquirido para remessa simbólica da moeda ao exterior. Trata-se do câmbio bancário feito por cambiais representativas de uma obrigação assumida numa praça para ser cumprida em outra. A operação de câmbio sacado, trajectício ou escritural destina-se à exportação e importação, hipóteses em que o banco venderá a seus clientes nacionais somas descontadas sobre seus haveres no estrangeiro. O câmbio trajectício ou sacado envolve: a) *operações cambiais financeiras*, que não se referem à exportação e à importação, por serem relativas aos ingressos e saídas de capitais estrangeiros, envolvendo remessas para o exterior para manter bolsistas, amortizações ou pagamentos de empréstimos, juros, dividendos, *royalties*, direitos autorais, assistência técnica, viagens internacionais e donativos; e b) *operações comerciais* alusivas ao comércio exterior, envolvendo exportação e importação de mercadorias e serviços correlatos de fretes e seguros.

CÂMERA DE MINA. *Medicina legal.* Orifício anfractuoso e escuro que se apresenta na pele provocado por arma de fogo, em decorrência de gases, grânulos de pólvora combustos e incombustos etc.

CAMPANHA. 1. *Direito agrário.* Campo extenso que se chega até a perder de vista. 2. *Direito militar.* a) Guerra; batalha; b) acampamento de tropas; campo de batalha; c) operações militares contra o inimigo durante a guerra; d) parte que um militar toma nas operações bélicas. 3. *Direito do consumidor.* Conjunto de anúncios ou peças promocionais de um produto ou serviço para criar uma forte receptividade do público consumidor, levando-o a adquiri-los. 4. Na *linguagem comum*, pode indicar esforço sistemático para obter certo resultado.

CANCELAMENTO. 1. *Direito civil.* a) Ação ou efeito de invalidar negócio ou ato jurídico, crédito, ou limitação de um direito; b) inutilização de um documento escrito, no todo ou em parte, por meio de riscos ou traços, tornando-o ineficaz. Assim, tudo que for cancelado por rabiscos num documento escrito não terá validade nem produzirá efeitos; c) extinção de efeitos jurídicos de hipoteca, registro etc. pelo ato que anotar o desembargo do imóvel. Nesta hipótese, cancelamento tem o sentido de "baixa", significando desfazimento mediante anotação no assento em que se inscreveu o ato anterior. 2. *Direito comercial.* Ato de cancelar endosso feito em título de crédito ou aval, considerando-os como não escritos pela simples inutilização por meio de traços no que se fizera, tornando-os ineficazes. 3. *Direito penal.* Ato de cancelar documento que, quando praticado de má-fé por quem não tem competência, constitui crime de falsidade documental.

CANCRO MOLE. *Medicina legal.* Doença venérea, caracterizada pela infecção dos órgãos sexuais, causada pela bactéria *Hemophilus ducreyi,* que rapidamente se transforma numa úlcera virulenta e supurante.

CANDIDATO. 1. *Direito do trabalho* e *direito administrativo.* Aquele que pretende um emprego ou um cargo público. 2. *Direito eleitoral.* Pretendente a um cargo cujo acesso depende dos resultados de uma eleição.

CANDIDATURA. 1. *Direito administrativo* e *direito do trabalho.* Pretensão do candidato, inscrevendo-se em concurso ou apresentando-se como aspirante a determinado emprego. 2. *Direito eleitoral.* Apresentação do candidato ao sufrágio dos eleitores.

CANNABIS SATIVA L. *Medicina legal.* Narcótico (maconha) que age sobre o sistema nervoso central, liberando o instinto perverso e criminoso do indivíduo que o usa, levando-o à violência e ao crime de homicídio, estupro e até mesmo ao suicídio. Apesar disso, a planta *Cannabis Sativa L.* é útil na fabricação de biocombustíveis, óleo, resinas, têxteis, papel etc.

CÂNON ENFITÊUTICO. *Direito civil.* Pensão ou foro anual pago pelo enfiteuta ao senhorio direto do prédio aforado.

CAPACIDADE. 1. Na *linguagem jurídica* em geral: a) aptidão de determinada coisa ou pessoa para atender a uma finalidade pretendida; b) autoridade ou soma de poderes de que uma pessoa está investida; c) aptidão legal que uma pessoa natural ou jurídica tem para contrair obrigações, adquirir e exercer direitos. 2. *Medicina legal.* Discernimento, juízo ou inteligência. Trata-se da aptidão para compreender o sentido dos próprios atos, praticando-os livre e voluntariamente e responsabilizando-se por eles. 3. Na *linguagem comum,* pessoa de grande saber.

CAPACIDADE AQUISITIVA. *Economia política.* 1. Valor relativo da moeda, que é determinado pela quantidade de coisas que podem ser adquiridas por certa quantia, em dada época, em comparação com as que podiam ser compradas em ocasião anterior. 2. É a que tem uma pessoa de comprar coisas, determinada pelas suas economias.

CAPACIDADE CIVIL. *Direito civil.* 1. É a maior ou menor extensão dos direitos de uma pessoa para adquiri-los, praticar atos e contrair obrigações na vida civil. Pode ser plena ou limitada, segundo possa a pessoa praticar sem restrições todos os atos da vida civil ou sofra alguma limitação no exercício de seus direitos. 2. *Vide* CAPACIDADE LIMITADA e CAPACIDADE PLENA. 3. Capacidade da pessoa com deficiência para: casar-se e constituir união estável; exercer direitos sexuais e reprodutivos; exercer o direito de decidir sobre número de filhos e ter acesso a informações adequadas sobre reprodução e planejamento familiar; conservar sua fertilidade, sendo vedada a esterilização compulsória; exercer o direito à família e à convivência familiar e comunitária e exercer o direito à guarda, à tutela, à curatela e à adoção, como adotante ou adotando, em igualdade de oportunidades com as demais pessoas.

CAPACIDADE COMERCIAL. *Direito comercial.* Aptidão para ser empresário, ou exercer, profissionalmente, atividade econômica organizada para a produção ou a circulação de bens ou de serviços, exigindo-se capacidade jurídica civil, tendo o indivíduo livre administração de sua pessoa e bens; exercício, em seu próprio nome, da atividade empresarial; habilitação para tanto e inscrição no Registro Público de Empresas Mercantis e inexistência de impedimento legal para o exercício da mercancia. Excepcionalmente o incapaz poderá, por meio de representante ou devidamente assistido, continuar a empresa antes exercida por ele enquanto capaz, por seus pais ou pelo autor de herança, desde que haja autorização judicial e conveniência em continuar a empresa.

CAPACIDADE CONTRIBUTIVA. *Direito tributário.* 1. Aptidão econômica dos destinatários da incidência para suportar o ônus da tributação, sejam eles pessoas físicas ou jurídicas. 2. *Vide* CAPACIDADE TRIBUTÁRIA PASSIVA.

CAPACIDADE CRIMINAL. *Direito penal.* Aptidão para praticar crimes, que pode coexistir, ou não, com a capacidade penal. Isto é assim porque, antes de possuir capacidade penal, um menor de dezoito anos, por exemplo, pode ter a criminal em potencial. Portanto, mesmo que venha a praticar ato tipificado como crime, este não será tido como tal, por faltar culpabilidade, que só surge com a capacidade penal. A capacidade criminal não exerce influência na aplicação da pena, mas, sendo esta aplicada, influirá, para fins de individuação, na graduação da pena.

CAPACIDADE DA PESSOA JURÍDICA. *Direito civil.* Aptidão para exercer direitos compatíveis com a natureza especial de sua personalidade. A capacidade da pessoa jurídica decorre logicamente da personalidade que a ordem jurídica lhe reconhece por ocasião de seu registro. Tal capacidade estende-se a todos os campos do direito. Tem direito à identificação, sendo dotada de denominação, domicílio e nacionalidade. Logo, tem direito à personalidade (como o direito ao nome, ao segredo à liberdade, à própria existência, à boa reputação), direitos patrimoniais ou reais (ser proprietária, usufrutuária etc.), industriais, obrigacionais (de contratar, comprar, vender, alugar etc.) e à sucessão, pois pode adquirir bens *causa mortis*. Sofre apenas limitações decorrentes de lei e de sua natureza, não podendo, ainda, praticar diretamente os atos da vida jurídica, isto é, deve servir-se de órgãos de comunicação, necessitando de um representante legal que exteriorize sua vontade.

CAPACIDADE DE AGIR. *Direito processual civil.* **1.** É a de atuar em qualquer procedimento, praticando validamente os atos processuais. **2.** *Vide* CAPACIDADE PROCESSUAL.

CAPACIDADE DE DIREITO. *Direito civil.* Aptidão, oriunda da personalidade, para adquirir direitos e contrair obrigações na vida civil, que não pode ser recusada ao indivíduo, sob pena de se negar sua qualidade de pessoa, despindo-o dos atributos da personalidade.

CAPACIDADE DE EXERCÍCIO. *Direito civil.* **1.** Aptidão de exercer por si os atos da vida civil, dependendo, portanto, do discernimento, que é critério, prudência, juízo, tino, inteligência. É, pois, sob o prisma jurídico, a aptidão que tem uma pessoa de distinguir o lícito do ilícito, o conveniente do prejudicial. A capacidade de direito pode sofrer restrições legais quanto ao seu exercício pela intercorrência de um fator genérico, como tempo (menoridade) ou de uma insuficiência somática (p. ex., alguma causa transitória ou permanente que impossibilite a manifestação da vontade, toxicomania, prodigalidade etc.) requerendo curatela. A capacidade jurídica da pessoa natural é limitada, pois uma pessoa pode ter o gozo de um direito sem ter o seu exercício, por ser incapaz. Neste caso, seu representante legal é que o exercerá em seu nome. A capacidade de exercício pressupõe a de gozo, mas esta pode subsistir sem a de fato ou de exercício. **2.** *Vide* INCAPACIDADE ABSOLUTA e INCAPACIDADE RELATIVA.

CAPACIDADE DE FATO. *Vide* CAPACIDADE DE EXERCÍCIO.

CAPACIDADE DE GOZO. *Vide* CAPACIDADE DE DIREITO.

CAPACIDADE DELITUAL. *Direito civil.* Aptidão de uma pessoa para responsabilizar-se, a título de culpa, pelos atos ilícitos que vier a praticar.

CAPACIDADE LABORATIVA. *Direito do trabalho.* Aptidão potencial de trabalho de uma pessoa, qualquer que seja a sua categoria.

CAPACIDADE LIMITADA. *Direito civil.* É a atribuída a pessoas que sofrem restrições para a prática de certos atos, em razão de menoridade, incapacidade de manifestar vontade, oriunda de causa transitória ou permanente, embriaguez, toxicomania, prodigalidade, necessitando para tanto de representação ou assistência de seu representante legal.

CAPACIDADE PLENA. *Direito civil.* É a de todos aqueles que têm aptidão para exercer seus direitos, podendo praticar os atos da vida civil por si só, sem quaisquer restrições.

CAPACIDADE POLÍTICA. *Direito constitucional.* **1.** Aptidão para exercer os direitos de cidadania, ou melhor, os direitos políticos, como o de votar e ser votado, o de se alistar nas Forças Armadas etc. **2.** Aptidão para ocupar cargos políticos, por preencher os requisitos legais, podendo participar de organizações representativas do Poder Público na qualidade de vereador, deputado, senador, prefeito, governador ou presidente da República.

CAPACIDADE POSTULATÓRIA. *Direito processual.* É a de exercer atividade processual mediante pessoa legalmente habilitada a procurar em juízo. Assim, o ingresso das partes em juízo exige que, além da capacidade processual, outorguem mandato *ad judicia* a advogado legalmente habilitado, ou seja, inscrito na OAB, legítimo titular do *ius postulandi*.

CAPACIDADE PROCESSUAL. *Direito processual.* Aptidão para ingressar em juízo, requerendo algo judicialmente, por meio de advogado, sem necessidade de assistência ou representação de representante legal, por estar no pleno exercício de seus direitos. Possui esse direito aquele que, por ser capaz de ser parte, é sujeito da relação processual, podendo praticar atos no processo. É a *legitimatio ad processum*, que abrange a capacidade postulatória e a de ser parte. Terão *capacidade processual semiplena* os relativamente incapazes na área civil, devendo ser assistidos em juízo por um representante legal. Têm *incapacidade processual* os absolutamente incapazes para praticar atos na vida civil, que, em juízo, deverão ser representados por representante legal.

CAPACIDADE TRIBUTÁRIA ATIVA. *Direito tributário.* Aptidão da pessoa jurídica de direito público, da entidade paraestatal ou da pessoa física investida em função de grande importância ao atendimento de finalidades públicas para integrar o polo ativo da relação jurídica tributária como titular do direito subjetivo de exigir a prestação, ou melhor, pagamento de um tributo, arrecadando-o.

CAPACIDADE TRIBUTÁRIA PASSIVA. *Direito tributário.* Na lição de Paulo de Barros Carvalho, habilitação que uma pessoa tem para ocupar o papel de sujeito passivo de relações jurídicas de natureza fiscal. É, portanto, a aptidão da pessoa natural ou jurídica para ser sujeito passivo da obrigação tributária em situações que lhe determinem o pagamento do tributo, a execução ou abstenção de certos atos, em razão de normas tributárias emitidas pelo Poder competente.

CAPITA. *Termo latino.* a) Diz-se da sucessão que se faz por cabeça, em contraposição à por estirpe. A sucessão *in capita* requer que haja igualdade de grau entre os sucessores, enquanto a *in stirpe*, diversidade de graus; b) diz-se do cálculo feito por unidade.

CAPITAL. **1.** *Economia política.* Riqueza ou valor acumulado destinado à produção de outro valor. **2.** *Direito administrativo.* Principal cidade de um país, Estado ou circunscrição territorial, sendo sede de sua administração. **3.** *Direito civil.* a) Soma de dinheiro que constitui parte de um patrimônio; b) soma em dinheiro que constitui a parte principal de um débito, em oposição aos juros que essa dívida pode produzir. **4.** *Direito penal comparado.* Diz-se da pena que acarreta a morte do condenado. **5.** *Direito bancário.* Quantia que se destina ao rendimento de juros por meio de aplicações financeiras. **6.** *Direito comercial.* a) Parte do capital que se compreende em ações emitidas na sociedade; b) cabedal em dinheiro de um empresário (individual ou coletivo); c) posses, em dinheiro ou propriedades, de uma empresa; d) aquilo que é constituído por recursos captados pela emissão de obrigações pelas sociedades por ações; e) conjunto de bens com que um empresário funda um estabelecimento; f) soma de cotas com que cada sócio contribui para formar o patrimônio social; g) tudo que pode ser usado para produzir lucro mediato ou imediato.

CAPITAL ABERTO. *Direito comercial.* Diz-se da sociedade cujos valores mobiliários são suscetíveis de negociação em Bolsa.

CAPITAL-AÇÃO. *Direito comercial.* É o representado por ações, por força de lei, próprio das sociedades anônimas e em comandita por ações.

CAPITAL ATIVO. *Direito comercial.* **1.** É o utilizado nas operações comerciais ou industriais, especificamente o excesso do ativo sobre o passivo da empresa. **2.** Aquele que não está empatado em imóveis e meios de produção.

CAPITAL AUTORIZADO. *Direito comercial.* **1.** Aquele que, na sociedade anônima, possibilita o aumento consecutivo do capital social, desde que haja deliberação da assembleia geral extraordinária ou do conselho administrativo, independentemente de alteração do estatuto social. **2.** Dispositivo estatutário que permite, dentro de certo limite, o aumento do capital social, com a emissão de novas ações, independentemente de alteração do estatuto (Fábio Ulhoa Coelho).

CAPITAL CIRCULANTE. *Direito comercial.* É o consumido na produção da indústria, na distribuição de bens e serviços ou no estabelecimento, atendendo a todos os compromissos assumidos, por exemplo, com matéria-prima, mão de obra, combustível etc. Trata-se do capital de giro, que é o excesso do ativo corrente sobre o passivo corrente. Constitui, portanto, o patrimônio da empresa que está em movimento, servindo para pagar a mão de obra, comprar matéria-prima, suprindo a falta de concordância das receitas e despesas.

CAPITAL DECLARADO. *Direito comercial.* Soma pecuniária que foi declarada no contrato social ou no registro do nome empresarial.

CAPITAL DE GIRO. *Vide* CAPITAL CIRCULANTE.

CAPITAL DISPONÍVEL. *Direito comercial.* Valor pecuniário de que a sociedade dispõe para satisfazer suas obrigações ou atender aos seus negócios. É constituído por valores de fácil conversão, como títulos e mercadorias, que são inscritos em conta do ativo realizável.

CAPITAL ESTRANGEIRO. **1.** *Direito comercial.* a) Patentes e privilégios que, para serem utilizados, dependem do pagamento de direitos no estrangeiro; b) bens de produção que foram diretamente importados, sem qualquer cobertura cambial; c) moeda estrangeira oriunda de fundos de capitalização pertencentes a domiciliados no exterior. **2.** *Direito constitucional.* a) Diz-se do capital de outro Estado, que não pode ter qualquer participação, direta ou indireta, nos programas de saúde do País; b) aquele cujo investimento e reinvestimento deve ser disciplinado por lei, atendendo-se ao interesse nacional.

CAPITAL FICTÍCIO. **1.** *Direito comercial.* Valor irreal declarado em contrato social, em atividades e negócios sociais ou em registro de nome empresarial, levando à prática de fraudes. **2.** *Direito penal.* Crime de fraude e abuso na fundação da sociedade por ações que consiste na declaração de valor imaginário como capital social.

CAPITAL FIXO. *Direito comercial.* **1.** É o constituído por imóveis ou máquinas industriais e instrumentos para o exercício da atividade empresarial. **2.** Conjunto de bens imóveis, imobilizados ou indisponíveis, ou seja, daqueles bens que não produzem renda por si mesmos. **3.** Capital social.

CAPITAL INTEGRALIZADO. *Direito comercial.* Constitui o capital social da empresa, cujo valor foi pago pelos sócios ou acionistas, que o subscreveram. É o que foi inteiramente declarado e realizado.

CAPITALISMO. **1.** *Sociologia jurídica.* Organização econômica em que as atividades de produção e distribuição, pelos princípios da propriedade privada e da livre concorrência, acarretam a divisão da sociedade em duas classes antagônicas, embora vinculadas pelo mecanismo do mercado: a dos proprietários dos meios de produção e a do proletariado industrial e rural. **2.** *Economia política.* Sistema econômico em que o capital é o principal fator de produção, tendo preponderância na vida econômica. Neste sistema os meios de produção, como matérias-primas, máquinas etc., pertencem a uma pessoa que investe capital, contratando terceiros para a produção de bens, que, após serem vendidos, possibilitam a recuperação do capital investido e a obtenção do lucro.

CAPITALIZAÇÃO. *Direito comercial.* **1.** É o contrato que consiste numa espécie de seguro mercantil em que um dos contratantes se obriga a entregar ao outro (sociedade de capitalização) determinada prestação pecuniária mensal, durante algum tempo, para que este pague, antecipadamente, se houver sorteio, ou no vencimento do contrato, o total das prestações acrescido de juros. **2.** Acumulação paulatina de numerário para formar ou aumentar um capital, fazendo investimentos em instituições financeiras que operam no mercado de capitais, em bancos de investimentos, Caixas Econômicas, sociedades de crédito imobiliário etc.

CAPITAL LÍQUIDO. *Direito comercial.* **1.** É o representado pela diferença que houver entre o ativo e o passivo social, indicando assim a real situação patrimonial da empresa. **2.** Fundo social.

CAPITAL NOMINAL. *Direito comercial.* **1.** É o declarado, mas não realizado; valor inicial declarado para a firma social ou nome empresarial, que vai aumentando à medida que os negócios sociais vão progredindo, podendo, então, refletir na situação dos sócios, gerando rendimentos, como lucros, bonificações ou distribuições de dividendos. **2.** O mesmo que CAPITAL DECLARADO.

CAPITAL SOCIAL. *Direito comercial.* **1.** Capital de uma sociedade, constituindo seu patrimônio. **2.** É o que constitui o cabedal comum da empresa, composto de bens móveis e imóveis, corpóreos e incorpóreos, suscetíveis de avaliação em dinheiro, feita por peritos ou empresas especializadas, cujo laudo é levado à apreciação da assembleia geral. Tais bens entregues pelos sócios, após serem conferidos, passam à propriedade da sociedade. **3.** É o estipulado no estatuto da sociedade como sendo o seu patrimônio, para o qual concorrem os sócios. **4.** Recurso da sociedade a ela vinculado para a consecução da finalidade social e para tornar efetiva a atividade econômica organizada para a produção ou circulação de bens e serviços.

CAPITAL SUBSCRITO. *Direito comercial.* É o dividido em ações, que são subscritas por cada um dos acionistas, que se obrigam a fazer seu integral pagamento para que o capital social se forme. Assim que forem totalmente pagos os valores daquelas ações, o capital subscrito estará integralizado.

CAPITIS DEMINUTIO. *Locução latina.* Perda ou diminuição da capacidade, incidindo sobre a liberdade, a cidadania ou a família; privação total ou parcial de direitos de família, cidadania e liberdade, conforme seja *capitis deminutio* mínima, média ou máxima.

CAPITULAÇÃO. **1.** *Direito internacional público.* Convenção ou acordo que estipula rendição condicional ou incondicional de beligerantes e pelo qual as tropas militares em campanha põem termo às operações. **2.** *Direito militar.* Crime que consiste na rendição do comandante ao inimigo antes que se esgotem os recursos extremos da ação militar, abandonando os meios de defesa de que dispõe. **3.** *Direito penal.* Classificação do crime no artigo da lei penal, que o qualifica. **4.** *História do direito.* a) Era, no direito consular, a convenção pela qual a autoridade e a competência dos cônsules dependiam das imposições nela estabelecidas, feitas pelo país representado, que criava uma situação de *capitis deminutio maxima* para a nação, que vinha a acatá-las. Pela capitulação outorgava-se aos cônsules a competência para julgar civil e criminalmente os seus nacionais; b) imposição que era feita, no Império Alemão, pelos eleitores, em nome da nação, ao imperador, que, no ato da coroação, jurava sua observância. **5.** *Teoria geral do direito.* Divisão ou classificação dos assuntos tratados num Código ou numa lei em capítulos.

CAPTAÇÃO. **1.** *Direito civil.* a) Utilização de meio ardiloso para obter, em proveito próprio, uma liberalidade de alguém (doação ou legado); b) emprego de meio artificioso para se apoderar de águas livres. **2.** *Direito financeiro.* Operação que visa obter recursos mediante venda de investimentos e realização de operação de crédito, como tomador (Luiz Fernando Rudge). **3.** *Direito comercial.* Conjunto de operações necessárias à obtenção da água mineral natural ou da água natural, sem alteração da sua qualidade higiênico-sanitária e da sua característica natural e de pureza.

CAPTAÇÃO DE CLIENTELA. *Direito comercial.* Ato de, direta ou indiretamente, aliciar clientes para o exercício de profissão (Othon Sidou).

CAPTATÓRIA. *Direito civil.* **1.** Em que há captação. **2.** Diz-se da disposição testamentária que institua herdeiro ou legatário, desde que estes também disponham, por testamento, em benefício do testador ou de terceiro, sendo nula por conter tal condição captatória.

CAPUT. ***Termo latino.*** **1.** Cabeça. **2.** Palavra usada para indicar o início; assim, quando se diz art. 100, *caput*, quer dizer art. 100, no início. **3.** Parte de abertura de um documento ou dispositivo legal.

CARBONIZAÇÃO. ***Medicina legal.*** Quarto grau de queimadura, que causa lesões, totais ou parciais, de partes profundas dos tecidos do corpo humano, levando à morte, restando como resíduo apenas o carvão. Em regra, esse fenômeno é acidental, mas, às vezes, é usado para fazer desaparecer vestígios de um homicídio.

CÁRCERE PRIVADO. 1. ***Direito penal.*** Lugar em que um particular, sob qualquer pretexto, conserva ilegalmente alguém cativo ou preso, praticando crime contra a pessoa. A pena será de reclusão de dois a cinco anos se a vítima for ascendente, descendente, cônjuge do agente ou maior de sessenta anos. Se o objetivo for obter vantagem pecuniária, ter-se-á crime de extorsão mediante sequestro. **2.** ***Direito civil.*** Ato ilícito consistente na detenção forçada de uma pessoa em aposento ou casa particular, privando-a de sair ou obter socorro, que dá ensejo ao dever de reparar os danos moral e patrimonial, pagando-se uma indenização a título de perdas e danos.

CAREAÇÃO. ***Direito processual.*** Ato de acarear testemunhas e partes, colocando-as frente a frente, quando sobre algum fato determinado que possa influir na decisão da causa divergirem suas afirmações. O mesmo que ACAREAÇÃO (*v.*).

CARECEDOR DA AÇÃO. ***Direito processual.*** Aquele que não tem *legitimatio ad processum*, ou seja, legitimidade para estar em juízo ou para mover a ação; aquele que está privado do direito de ação.

CARÊNCIA. 1. ***Direito econômico*** e ***direito bancário.*** a) Prazo concedido pelo financiador ao financiado, durante o qual haverá dispensa da amortização do principal; b) período em que certos investimentos não podem ser resgatados. **2.** ***Direito civil*** e ***direito comercial.*** a) Decurso de um prazo estabelecido por lei ou por cláusula contratual para obter um direito e exigir a obrigação que lhe corresponde; b) período de tempo adotado nos seguros de vida e saúde em substituição ao exame médico (Luiz Fernando Rudge); c) período em que a responsabilidade do segurador, em relação ao contrato de seguro, fica suspensa, a não ser por morte acidental (Luiz Fernando Rudge). **3.** Na ***linguagem comum,*** privação ou falta de alguma coisa ou de recursos, impossibilitando a execução de um ato. **4.** ***Direito processual.*** a) Falta de uma ou mais condições da ação: interesse de agir, legitimidade para ser parte e possibilidade jurídica do pedido. A ausência de qualquer uma dessas condições acarreta a extinção do processo sem resolução do mérito, apesar de haver quem entenda que, quando a extinção se der por impossibilidade jurídica do pedido, o julgamento é de mérito; b) inexistência do direito invocado em juízo; c) incapacidade para estar em juízo.

CARGA. 1. ***Direito comercial.*** a) Mercadoria destinada a ser transportada por qualquer meio; b) carregamento, carregação ou ato de levar a mercadoria para bordo do navio ou de qualquer outro meio de transporte; c) peso ou capacidade de veículo, navio, avião ou trem, relativamente à quantidade de objetos que podem transportar; d) sistema comum de transporte feito sem rigidez de horário. **2.** ***Direito penal.*** Acusação; ato de acusar alguém. **3.** ***Direito processual.*** a) Livro dos cartórios e secretarias dos tribunais no qual se discriminam os autos judiciais entregues à parte que pede vista fora do cartório; b) recibo exarado por autoridade competente, dando baixa nos autos recebidos. **4.** ***Direito militar.*** a) Ataque com arma branca; b) quantidade de pólvora e projéteis que é colocada numa arma de fogo. **5.** ***Direito administrativo.*** Responsabilidade dada a certos agentes públicos, a quem são confiados objetos de valor, que, então, ficarão como depositários deles.

CARGA FRACIONÁRIA. ***Direito comercial.*** Modo de manipulação da carga pelo qual se movimenta a mercadoria em unidades separadas, ou seja, volume por volume, manualmente ou por meio de instrumentos; o custo dessa operação é alto, principalmente no transporte intermodal ou sucessivo, em que tais atos se repetirão mais vezes.

CARGA PERIGOSA. ***Direito marítimo.*** É a que, em virtude de ser explosiva, por ser inflamável, oxidante, venenosa, infecciosa, radioativa, corrosiva etc., possa apresentar riscos à tripulação, ao navio, às instalações portuárias ou ao meio ambiente aquático.

CARGA TRIBUTÁRIA. ***Direito tributário.*** **1.** Impacto dos impostos na receita dos contribuintes. **2.** Soma da arrecadação dos tributos lançados pela União, Estados e Municípios (Luiz Fernando Rudge).

CARGA UNITIZADA. ***Direito comercial.*** Volumes acondicionados em uma unidade de carga (Othon Sidou).

CARGO DE CONFIANÇA. 1. ***Direito administrativo.*** É aquele que, além de habilitação para o desempenho da função pública, requer que o seu ocupante seja merecedor da confiança de quem o convoca para o seu exercício. Tal cargo é exercido em comissão ou em caráter temporário. **2.** ***Direito do trabalho.*** Aquele exercido por diretores, gerentes, caixas etc., pela confiança que lhes tem o empregador. É o cargo em que o empregado vem a exercer funções do empregador, com poder de direção, decisão e representação perante os outros empregados e terceiros.

CARGO DE DIREÇÃO. *Direito administrativo.* Complexo de altas atribuições para imprimir diretrizes aos serviços públicos.

CARGO EFETIVO. *Direito administrativo.* É o conjunto de atribuições, deveres e responsabilidades específicas definidas em estatutos dos entes federativos cometidas a um servidor aprovado por meio de concurso público de provas ou de provas e títulos.

CARGO ELETIVO. *Direito constitucional.* É o ocupado por titular escolhido, direta ou indiretamente, pelo eleitorado para exercer funções das corporações político-constitucionais. Têm cargos eletivos: o presidente da República, os governadores, os prefeitos, os senadores, os deputados e os vereadores.

CARGO EM COMISSÃO. *Direito administrativo.* Cargo isolado, em que há nomeação precária, uma vez que seu ocupante é demissível *ad nutum*. Trata-se de expressão elíptica de "cargo de provimento em comissão", ou seja, de cargo de confiança daquele que nomeia funcionários. É o assumido por funcionário cedido, provisoriamente, para o exercício em órgão do mesmo Poder ou em diferente.

CARGO PÚBLICO. *Direito administrativo.* **1.** Função ocupada por agente público em repartição ou estabelecimento públicos, em nome do Estado, desenvolvendo atividade de interesse coletivo. **2.** Lugar instituído na organização do serviço público, com denominação própria, atribuições específicas e estipêndio correspondente, para ser provido e exercido por um titular, na forma estabelecida em lei (Hely Lopes Meirelles).

CARICATURA. *Direito civil.* **1.** Representação descritiva que vem a exagerar, de forma jocosa, uma peculiaridade da pessoa, buscando o divertimento. Por ser desenho artístico, é lícito, mas pode tornar-se ilícito se houver intenção deliberada de prejudicar, assim como se vier a representar uma pessoa em sua vida particular, dando origem à responsabilidade civil por dano moral. **2.** Imagem de imagem (Pontes de Miranda).

CARNÊ-LEÃO. *Direito tributário.* Rendimentos contidos na Declaração de Imposto sobre a Renda de pessoa física, provenientes de ocupação, sublocação, uso ou exploração de bens imóveis ou móveis, *royalties*, fruição e exploração de direitos, inclusive autorais, quando não recebidos pelo autor da obra (Luiz Fernando Rudge).

CARNIFICINA. **1.** *Direito penal.* Mortandade; homicídio; chacina. **2.** *Direito internacional público.* Ato destinado a destruir um grupo humano, de forma cruel e sistemática, constituindo crime de genocídio.

CARREGAÇÃO. **1.** *Direito comercial.* a) Carga; b) ação de colocar a carga a bordo por meios apropriados; c) diz-se da mercadoria de qualidade inferior, feita às pressas e mal-acabada; d) no *plural*, indica uma escrituração mercantil ou o registro do movimento de remessa de mercadorias por conta própria ou a feita a outrem em conta de consignação. **2.** *Medicina legal.* Irrupção simultânea de várias doenças venéreas.

CARRIAGE AND INSURANCE PAID TO (CIP). *Direito internacional privado.* Transporte principal pago, sendo que o vendedor paga as despesas de transporte de mercadoria até certo local, incluindo as de perda ou deterioração. O frete é pago pelo vendedor até o destino convencionado, as responsabilidades são as mesmas do *Carriage Paid to* (CPT), acrescendo-se o pagamento do seguro até o destino. Os riscos e danos são da responsabilidade do comprador a partir do instante em que o transportador assumir a custódia das mercadorias.

CARRIAGE PAID TO (CPT). *Direito internacional privado.* Cláusula utilizada em transporte não marítimo, pela qual o vendedor deverá despachar a mercadoria até o local avençado, ficando sob sua responsabilidade o pagamento das despesas de carregamento e transporte, bem como as taxas de exportação. Trata-se do *freight or carriage paid to* (frete pago até o local de destino designado).

CARTA ARBITRAL. *Direito processual civil.* É a expedida pelo árbitro ou tribunal arbitral, para que o órgão jurisdicional pratique ou determine o cumprimento, na área de sua competência territorial, de ato solicitado pelo árbitro, p. ex., de medida cautelar ou coercitiva junto ao órgão do judiciário competente para decidir a causa. No cumprimento dessa carta deverá ser observado o segredo de justiça, desde que comprovada, perante o juízo, a confidencialidade estipulada na arbitragem.

CARTA CIRCULAR. **1.** *Direito comercial.* a) Aviso que, em regra, se expede no comércio a várias pessoas para comunicá-las da abertura de filial ou mudança de sede ou aos credores para informá-los do estado de falência do empresário-devedor; b) é a expedida pela empresa com o intuito de veicular notícia do interesse de todos. **2.** Na *linguagem jurídica* em geral, carta enviada simultaneamente a muitas pessoas para avisá-las de algum fato de interesse comum. **3.** *Direito administrativo.* É a expedida por uma repartição pública com o objetivo de veicular notícia funcional que seja do interesse de todos.

CARTA CONSTITUCIONAL. *Direito constitucional.* Constituição de um país.

CARTA CREDENCIAL. *Direito internacional público.* **1.** Instrumento pelo qual o governo de um país investe seu agente diplomático de plenos poderes para representá-lo perante governo estrangeiro. **2.** Documento que o agente diplomático leva consigo ao assumir suas funções junto ao governo de outro país, onde estão indicadas sua categoria, a natureza de sua missão etc.

CARTA DA ORGANIZAÇÃO DAS NAÇÕES UNIDAS. *Direito internacional público.* É uma quase Constituição mundial, que visa atingir a paz nas controvérsias internacionais e estabelecer meios interestatais dirigidos à promoção do progresso econômico-social dos povos. Foi instituída pela lei básica da ONU, assinada em 26 de junho de 1945, em São Francisco (USA), e constitui um grande tratado relativo a essa organização.

CARTA DE ADJUDICAÇÃO. *Direito processual civil.* Título que o juiz da execução expede a favor do exequente ou adjudicatário para assegurar-lhe a posse e a propriedade do bem imóvel adjudicado, investindo-o na titularidade. Essa carta conterá a descrição do imóvel, com remissão a sua matrícula e registros, a cópia do auto de adjudicação e a prova da quitação do imposto de transmissão.

CARTA DE ARREMATAÇÃO. *Direito processual civil.* Documento expedido pelo juiz da execução, a requerimento do arrematante, assegurando-lhe os direitos de propriedade sobre o imóvel adquirido em leilão público. Deverá conter: a descrição do imóvel, com remissão a sua matrícula e registros; a cópia do auto de arrematação, a prova de quitação do imposto de transmissão e a indicação de existência de eventual ônus real ou gravame.

CARTA DE AVISO. *Direito comercial* e *direito bancário.* **1.** Carta enviada pelo empresário ou pelo banco, comunicando ao interessado o que ocorreu com os títulos de crédito que lhe foram entregues por endosso. **2.** Comunicado da falta de aceite ou de pagamento feito pelo portador da letra de câmbio ao endossante ou sacador ou por um endossante a outro. **3.** Meio pelo qual um empresário comunica a outro que contra ele foi emitida uma ordem de pagamento a favor de terceiro. **4.** Carta que avisa de saque.

CARTA DE CONFORTO. 1. *Direito bancário.* Carta de patrocínio. Trata-se de missiva dirigida a uma instituição de crédito por certa sociedade que, em um grupo, detém posição dominante (Pedro Romano Martinez e Pedro Fuzeta da Ponte). **2.** *Direito internacional privado.* Muito comum na negociação sobre mútuo ou financiamento com banco, agente financeiro ou asseguradora, é firmada por uma empresa firmatária (sociedade controladora) a favor de um banco ou agente financeiro (banco ou asseguradora) para que este último conceda um financiamento a uma sociedade controlada pela firmatária. A empresa firmatária pode ser responsabilizada pelos danos se o banco provar que a sociedade controlada não honrou seus compromissos porque a firmatária não se esforçou para mantê-la em condições financeiras de cumpri-los, reembolsando-a, nem usou de sua influência para isso (Maristela Basso).

CARTA DE CRÉDITO. *Direito comercial* e *direito bancário.* **1.** Documento pelo qual um empresário abre crédito a outro a favor do portador. **2.** Documento em que o agente emissor credencia pessoa selecionada a adquirir bens ou serviços no mercado sem efetuar qualquer pagamento no ato de aquisição, obrigando-a, porém, a pagar o débito contraído dentro do prazo assinalado. **3.** É a emitida pelo banco ao autorizar saques à vista para pessoa jurídica. **4.** Documento dirigido a banco ou a empresário, autorizando-os, sob a responsabilidade do remetente, a entregar certa quantia em dinheiro ou mercadoria à pessoa nele designada. **5.** Ordem escrita dada por um banco a outro situado em praça diversa para que pague a certa pessoa uma quantia em dinheiro. **6.** Documento hábil para a garantia de abertura de conta corrente bancária.

CARTA DE INTENÇÃO. *Direito internacional privado.* Documento preparatório de contrato definitivo onde os contratantes fixam acordos parciais sobre: a) pontos já negociados; b) elementos essenciais e fins do contrato; c) repartição de despesas com a negociação (diárias, viagens etc.); d) prazo para a negociação; e) obrigação das partes; f) proibição de negociar com terceiro sobre o objeto contratado; g) cláusula para entrada em vigor; h) acordo de segredo etc. Pela nova *lex mercatoria* produz consequências jurídicas, podendo até mesmo haver órgão arbitral para decidir sobre sua relevância jurídica, visto que, por conter uma promessa de contrato bilateral, obriga as partes a contratarem. Após o contrato efetivado, a jurisprudência arbitral internacional tem entendido que as cartas terão eficácia somente como instrumento de auxílio na interpretação da vontade das partes, pois o acordo faz nascer o contrato (Maristela Basso).

CARTA DE ORDEM. *Direito processual civil.* É a usada para dar cumprimento a uma determinação do tribunal, direcionada para um juízo que lhe é vinculado (Nelson Nery Jr. e Rosa Mª de A. Nery).

CARTA DE SENTENÇA. *Direito processual civil.* Autos secundários formados no juízo *a quo*, onde é processada a execução provisória, contendo: decisão exequenda, certidão de interposição de recurso não dotado de efeito suspensivo, procurações outorgadas pelas partes, decisão de habilitação, se for o caso, e outras peças processuais necessárias para provar a existência do crédito. Essas peças podem ser autenticadas pelo advogado, sob sua responsabilidade pessoal. Visa o cumprimento provisório da sentença condenatória sem quantia certa.

CARTA MAGNA. *Vide* CONSTITUIÇÃO FEDERAL.

CARTÃO DE CREDENCIAMENTO. ***Direito comercial.*** É o emitido por lojas de departamentos ou redes de hotéis em favor de seus clientes, possibilitando-lhes a aquisição de bens e a execução de certos serviços, mediante pagamento posterior. É também chamado cartão de bom pagador ou *retail card*. É portanto o destinado a comprovar que o seu portador tem crédito junto à loja que o emitiu, podendo comprar a prazo (Orlando Gomes).

CARTÃO DE CRÉDITO. ***Direito comercial*** e ***direito bancário.*** **1.** Documento comprobatório de que seu titular, cujo nome é nele impresso, possui crédito perante certa sociedade emissora, que o autoriza a realizar compras de bens e a utilizar serviços a prazo, sacando dinheiro a título de mútuo. **2.** Modalidade de crédito em que a instituição financeira concede, ao titular de benefício, crédito para ser movimentado até o limite previamente estabelecido, por meio do respectivo cartão de crédito.

CARTÃO DE DÉBITO. ***Direito comercial*** e ***direito bancário.*** Cartão associado à conta corrente de depósito que permite, ao titular, realizar saques em terminais bancários de autoatendimento e realizar compras em estabelecimentos comerciais, sendo que toda despesa efetuada é automaticamente debitada na conta corrente (Luiz Fernando Rudge).

CARTÃO MAGNÉTICO. ***Direito bancário.*** Aquele que permite a retirada de dinheiro e de extratos de conta corrente bancária em caixas eletrônicos de bancos.

CARTÃO-PONTO. ***Direito do trabalho.*** Aquele onde o trabalhador registra sua entrada e saída do local de serviço, constituindo, por isso, prova do horário de trabalho.

CARTA PRECATÓRIA. ***Direito processual civil.*** É a expedida por um juiz a outro, de igual ou superior categoria funcional, mas sediado em comarca diversa, solicitando-lhe a prática de um ato processual ou diligência que só pode realizar-se no território cuja jurisdição lhe está afeta. O juiz deprecante (o que envia a carta) solicita ao juiz deprecado (o que a recebe) que providencie, em sua comarca, a citação de alguém, a realização de execução de bens, a oitiva de testemunhas, a efetivação de vistorias ou exames periciais etc.

CARTA ROGATÓRIA. ***Direito processual civil*** e ***direito internacional privado.*** É a expedida pelo juiz requisitando à justiça de outro país a realização de atos que devam ser praticados em território estrangeiro, como citação das partes, realização de alguma prova, intimação, efetivação de ato necessário à instrução da causa, informação sobre o direito estrangeiro aplicável ao caso *sub judice* etc.

CARTA TESTAMENTÁRIA. ***Direito civil.*** Cédula testamentária ou instrumento que contém as disposições de última vontade feitas pelo testador por meio de testamento particular ou cerrado.

CARTEIRA. **1.** ***Direito comercial.*** a) Conjunto de títulos negociáveis e valores móveis que o empresário dispõe para efetivar negociações; b) ato de deixar um título em algum estabelecimento de crédito, isto é, em carteira, sem que seja negociado ou levado à cobrança, ficando em poder do sacador para que seja pago no seu vencimento. **2.** ***Direito bancário.*** Nome de determinadas seções de estabelecimentos de crédito, como a carteira de descontos, a de câmbio, a de remessas, a de cobranças etc. **3.** ***Direito administrativo.*** Nome de departamento ou seção de autarquia ou repartição pública que tem funções específicas. **4.** ***Direito civil.*** a) Escritório mantido pelo advogado; b) documento pessoal que identifica a pessoa, como carteira de identidade, carteira profissional etc.; c) conjunto de contratos de cobertura de custos assistenciais ou de serviços de assistência à saúde, com todos os direitos e obrigações nele contidos. **5.** Na ***linguagem comum,*** indica: a) pequena bolsa de couro usada para guardar dinheiro e documentos; b) móvel usado em escolas ou escritórios.

CARTEIRA DE IDENTIDADE. **1.** ***Direito administrativo*** e ***direito civil.*** Documento oficial expedido pela autoridade competente que contém dados pessoais do seu portador (data de nascimento, naturalidade, nacionalidade e filiação), sua impressão digital e retrato, provando sua identidade, com força de fé pública e validade em todo o Brasil. Pode ser usado em todos os atos da vida civil para efeito de identificação. **2.** ***Direito internacional privado.*** Pode, nos casos previstos em tratado, acordo ou outros atos internacionais, substituir o passaporte, desde que expedida por órgão oficial competente.

CARTEIRA DE TRABALHO E PREVIDÊNCIA SOCIAL (CTPS). ***Direito do trabalho.*** Documento oficial obrigatório para a identificação profissional do empregado, provando seu exercício profissional anterior, descrevendo a sua vida pregressa em atividade laboral, rural ou não, uma vez que nele se anotam as condições de sua admissão, as alterações havidas no contrato de trabalho, férias, dispensa ou exoneração.

CARTEIRA NACIONAL DE HABILITAÇÃO. ***Direito de trânsito*** e ***direito penal.*** Documento que atesta a perícia do motorista, habilitando-o legalmente a conduzir veículos em vias públicas, na qualidade de amador ou profissional. Quem dirigir veículo em via pública sem essa habilitação terá de pagar uma multa, por constituir tal ato uma contravenção penal.

CARTEL. 1. ***Direito comercial.*** Acordo temporário entre empresas do mesmo ramo de produção, adotando uma política comum, em nível nacional ou internacional, quanto ao preço, condições de pagamento ou crédito, divisão de mercado, apresentação e qualidade do produto vendido, tendo em vista a comercialização de seus produtos ou mercadorias, exercendo, assim, ao eliminar a concorrência, o monopólio no mercado. Tais empresas cartelizadas continuam livres econômica e juridicamente, podendo desvincular-se do ajuste, voltando a concorrer frente às antigas parceiras. **2.** ***Direito internacional público.*** Acordo feito entre chefes militares de tropas beligerantes para tomarem medidas de interesse comum ou obterem vantagens recíprocas, como, por exemplo, troca de prisioneiros de guerra ou suspensão de armas. **3.** ***Direito desportivo.*** Relação das lutas de um lutador profissional, contendo inúmeros dados.

CARTÓRIO DE REGISTRO DE IMÓVEIS. ***Direito registrário.*** Órgão público integrado no Judiciário, cuja atividade registrária visa atender, ante a obrigatoriedade do registro de imóveis para constituir direito real, a interesses da coletividade, garantindo a qualquer interessado na mutação do direito real sobre imóvel a possibilidade de utilizar seu sistema de serviço com a função especial de registrar o direito real e suas modificações.

CARTÓRIO DE TÍTULOS E DOCUMENTOS. *Vide* REGISTRO DE TÍTULOS E DOCUMENTOS.

CARTÓRIO DIGITAL. ***Direito virtual.*** É o que tem a finalidade de reunir os dados necessários para identificação de cada portador das chaves (pública e privada), trazendo segurança aos usuários (Valéria E. de Melo Gregores).

CÁRTULA. ***Direito comercial.*** É o título da dívida, de modo que *direito cartular* é o conjunto de normas que dispõem sobre títulos de crédito.

CARTULARIDADE. ***Direito civil* e *direito comercial.*** É, segundo Othon Sidou, ato abstrato de incorporação do direito ao documento representativo de um negócio jurídico, ou materialização do direito no papel, sem o qual o devedor não está obrigado ao cumprimento da obrigação.

CASA CIVIL. ***Direito administrativo.*** Gabinete Civil que assessora o Poder Executivo no desempenho de suas funções alusivas à administração civil, na divulgação de atos ou atividades governamentais, no acompanhamento da tramitação dos projetos de lei etc.

CASA COLETIVA. ***Direito civil.*** **1.** Cortiço. **2.** Pensão. **3.** Habitação coletiva multifamiliar. **4.** Edifício onde várias pessoas moram em apartamentos separados.

CASA DA MOEDA. ***Direito administrativo.*** Repartição pública encarregada da cunhagem de moedas e da impressão de papel-moeda por conta da nação e da produção de qualquer valor monetário colocado em circulação pelo Poder Público, como selos, apólices etc.

CASA DE CORREÇÃO. ***Direito penal.*** **1.** Reformatório ou estabelecimento público onde se encerram menores delinquentes ou vadios para tentar corrigi-los, por meio de educação e trabalho e obter sua reforma moral. **2.** Estabelecimento de detenção onde se recolhem condenados que tenham praticado pequenas infrações, seja com intuito correcional ou mesmo preventivo, até que haja apuração de sua responsabilidade criminal, hipóteses em que mais apropriado seria designá-la de "Casa de Detenção".

CASA DE CUSTÓDIA E TRATAMENTO. ***Direito penal.*** Estabelecimento especial que recolhe criminosos semi-imputáveis (pessoas com transtornos mentais) ou que praticaram crimes em estado de embriaguez habitual para reeducá-los, integrando-os na vida social, mediante tratamento clínico.

CASA DE DETENÇÃO. ***Direito penal.*** Estabelecimento penitenciário onde são recolhidos, preventivamente, os suspeitos de crime, os indiciados, enquanto aguardam o resultado de seu julgamento, ou os que praticaram pequenas contravenções.

CASA DE HABITAÇÃO COLETIVA. ***Direito civil.*** **1.** Local onde várias pessoas moram. **2.** *Vide* CASA COLETIVA.

CASA DE PENHOR. ***Direito comercial.*** Estabelecimento autorizado pelo governo que empresta dinheiro, mediante garantia pignoratícia feita pelo mutuário. Por exemplo, nesse estabelecimento o empréstimo é concedido mediante o penhor de uma joia ou objeto de valor.

CASA LOTÉRICA. É o estabelecimento que comercializa todas as loterias federais, os produtos assemelhados autorizados e atua na prestação de todos os serviços delegados pela Caixa.

CASA MATRIZ. ***Direito comercial.*** Estabelecimento principal de uma firma, composta de outros, designados "filiais".

CASAMENTO. ***Direito civil.*** Vínculo jurídico entre homem e mulher que visa o auxílio mútuo material e espiritual, de modo que haja uma integração fisiopsíquica e a constituição de uma família. Trata-se, portanto, da união do homem e da mulher com a legitimação da autoridade civil ou religiosa. Pelo Conselho Nacional de Justiça (Resolução n. 175/2013) não há óbice à celebração de casamento entre pessoas do mesmo sexo e não pode haver recusa, por parte das autoridades competentes, de habilitação, celebração de casamento civil ou de conversão de união estável homoafetiva em casamento.

CASAMENTO ANULÁVEL. *Direito civil.* É o contraído, havendo erro essencial quanto à pessoa de outro cônjuge. Anulável será o casamento com: a) pessoa coacta, ou melhor, pessoa que tem sua vontade viciada; b) pessoa incapaz de consentir, a não ser que expresse sua vontade por meio de seu responsável ou curador; c) indivíduo sujeito ao poder familiar ou tutela, sem o consenso do representante legal ou sem o suprimento judicial desse consentimento; d) mulher ou homem menor de dezesseis anos, por faltar o requisito da idade nupcial, salvo se resultar gravidez; e) pessoa sobre a qual o outro cônjuge incidiu em erro essencial a respeito de sua identidade, honra e boa fama ou de ignorância de crime anterior ao casamento que torne insuportável a vida conjugal ou de defeito físico irremediável, que não caracterize deficiência, ou de moléstia grave e transmissível, pelo contágio ou herança, capaz de pôr em risco a saúde do outro cônjuge ou sua descendência. Será também anulável o casamento realizado pelo mandatário, sem que ele ou outro contraente soubesse da revogação do mandato, e não sobrevindo coabitação entre os cônjuges ou o efetivado por autoridade celebrante incompetente *ratione loci*. Todavia, o matrimônio anulável tem validade pendente resolutivamente, produzindo efeitos se o cônjuge ou a pessoa legitimada não propuser ação dentro do prazo legal. Decorrido este sem a propositura da ação anulatória, o casamento será automática e definitivamente válido.

CASAMENTO AVUNCULAR. *Direito civil.* União de tio com sobrinha, ou vice-versa, dependente de exame pré-nupcial.

CASAMENTO CIVIL. *Direito civil.* É o celebrado por autoridade competente, conforme o estabelecido na lei civil, atendendo a todas as formalidades exigidas.

CASAMENTO CONSULAR. *Direito internacional privado.* É o de estrangeiros, celebrado perante autoridade diplomática ou consular do país de ambos os nubentes, no próprio consulado ou fora dele, conforme o direito alienígena, no que concerne à forma do ato, pois seus efeitos materiais são apreciados de acordo com a lei brasileira. Entretanto, não será possível a transcrição de assento de casamento de estrangeiro, realizado no Brasil, em consulado de seu país, no cartório do registro civil do respectivo domicílio. Brasileiros podem convolar núpcias no exterior perante nosso cônsul desde que ambos os nubentes sejam brasileiros e a legislação local reconheça efeitos civis aos casamentos assim celebrados. Todavia, esse casamento deverá ser registrado no Brasil.

CASAMENTO EM CASO DE MOLÉSTIA GRAVE. *Direito civil.* É o que ocorre quando o estado de saúde de um dos nubentes impede-o de locomover-se ou de adiar a cerimônia. É celebrado pelo juiz de casamento ou seu substituto legal, perante o oficial do registro, ou pelo oficial *ad hoc* que o substituir, em sua casa ou onde estiver, independentemente, apenas em casos excepcionais ou de urgência, do cumprimento de todas as formalidades preliminares, perante duas testemunhas que saibam ler e escrever.

CASAMENTO EM IMINENTE RISCO DE VIDA. *Direito civil.* É uma forma especial de celebração do casamento, pois, ante o fato de um dos nubentes se encontrar em iminente risco de vida, dar-se-á, sem o cumprimento das formalidades preliminares, inclusive sem a presença da autoridade competente, pela simples declaração, de viva voz, de ambos os contraentes de que, livre e espontaneamente, querem receber-se por marido e mulher, na presença de seis testemunhas que com eles não tenham parentesco em linha reta ou, na colateral, em 2º grau. Tais testemunhas presenciais deverão comparecer, dentro de dez dias, ante a autoridade judicial mais próxima, pedindo que se lhes tomem por termo as seguintes declarações: que foram convocadas por parte do enfermo; que este parecia em perigo de vida, mas em seu juízo; e que na presença delas declararam os contraentes livre e espontaneamente receber-se por marido e mulher. A autoridade competente, então, autuado o pedido e tomadas as declarações, procederá às diligências necessárias para a habilitação matrimonial e homologará o ato, mandando transcrever sua decisão no Livro de Registro de Casamento. Tal formalidade homologatória será dispensada se o enfermo convalescer e puder ratificar o casamento na presença da autoridade competente e do oficial do registro.

CASAMENTO NULO. *Direito civil.* É o contraído com infração de impedimento matrimonial (se efetivado entre: parentes consanguíneos ou afins ou entre pessoas que no seio da família assumem posição idêntica aos parentes; pessoas casadas; e entre o consorte sobrevivente com o autor do homicídio ou da tentativa de homicídio). Do exposto, fácil é perceber que a nulidade do casamento deriva de incesto, bigamia, crime de homicídio ou tentativa de homicídio. Têm legitimidade processual para propor ação de nulidade do casamento aqueles que tiverem interesse moral, econômico e social. A sentença de nulidade tem caráter declaratório, produzindo efeitos *ex tunc*, sem, contudo, tornar o casamento inteiramente ineficaz, pois são matrimoniais filhos havidos na sua constância.

CASAMENTO NUNCUPATIVO. *Vide* CASAMENTO EM IMINENTE RISCO DE VIDA.

CASAMENTO POR PROCURAÇÃO. *Direito civil.* Aquele que se celebra por procuração, se um dos contraentes não puder estar presente ao ato nupcial, desde que o nubente outorgue poderes especiais a alguém para comparecer em seu lugar e receber, em seu nome, o outro contraente, indicando o nome deste, individuando-o de modo preciso e mencionando o regime de bens. Por este meio possibilita-se casamento de nubente que esteja materialmente impossibilitado de comparecer à cerimônia nupcial, por exemplo, se residir em local diverso do outro e não puder deslocar-se por razões justas ou se se encontrar no exterior em trabalho ou cumprimento de bolsa de estudo que não possam ser interrompidos.

CASAMENTO PUTATIVO. *Direito civil.* É o casamento nulo ou anulável que produz efeitos civis válidos em relação aos consortes e à prole, se um deles ou ambos o contraíram de boa-fé, ignorando a existência do impedimento legal. Isto é assim porque a boa-fé suprime o impedimento, fazendo com que a eficácia da sentença que invalidar o casamento seja *ex nunc* em relação ao inocente, não afetando os direitos já adquiridos. Assim sendo, o inocente terá a guarda dos filhos, poderá pleitear a meação dos bens, exigir alimentos e conservar os apelidos do ex-cônjuge. Quanto aos filhos, continuarão com todos os direitos, inclusive os sucessórios, ainda que nenhum dos cônjuges estivesse de boa-fé.

CASAMENTO RELIGIOSO COM EFEITOS CIVIS. *Direito civil.* É o celebrado por ministro de culto religioso, seja católico, protestante, ortodoxo, israelita etc., com efeitos civis, desde que haja habilitação prévia ou posterior. Tem-se assim duas modalidades de casamento religioso com efeito civil: a) o precedido de habilitação civil, caso em que os nubentes processam a habilitação matrimonial perante o oficial do registro civil, pedindo-lhe que lhes forneça a respectiva certidão para se casarem perante ministro religioso, nela mencionando prazo legal de validade da habilitação, ou seja, três meses. Tal certidão será entregue à autoridade eclesiástica, que a arquivará, realizando, então, o ato nupcial. Dentro do prazo decadencial de noventa dias, o ministro religioso ou qualquer interessado deverá requerer sua inscrição no registro civil; b) o não precedido de habilitação civil perante o oficial do registro civil, que poderá ser registrado desde que os nubentes, juntamente com o requerimento do registro, apresentem a prova do ato religioso e os documentos exigidos para a habilitação matrimonial. Processada a habilitação com a publicação dos editais, certificando-se o oficial da ausência de impedimentos matrimoniais, fará o registro do casamento religioso. Se não houver o registro civil, o casamento religioso será mero concubinato puro ou união estável.

CASO CONCRETO. 1. *Direito processual civil.* Aquele que é objeto da relação jurídica processual. 2. *Teoria geral do direito.* Aquele que tem existência real e produz efeitos jurídicos.

CASO DE FORÇA MAIOR. *Direito civil.* Fato jurídico *stricto sensu* extraordinário ou irresistível, por ser originário de fato da natureza que produz prejuízo, como, por exemplo, raio que provoca incêndio ou inundação que danifica produtos, implicando uma ideia de relatividade, já que a força do acontecimento é maior do que a suposta, devendo-se fazer uma consideração prévia do estado do sujeito e das circunstâncias espaciotemporais para que se caracterize como eficácia liberatória de responsabilidade civil.

CASO FORTUITO. *Direito civil.* Fato jurídico *stricto sensu* extraordinário ou irresistível em que o acidente que gera o dano advém de causa desconhecida, como, por exemplo, o cabo elétrico aéreo que se rompe e cai sobre fios telefônicos, causando incêndio ou a explosão de caldeira de usina, provocando morte. Pode ser ocasionado por ato de terceiros, como greve, motim, mudança de governo, colocação do bem fora do comércio, que cause graves acidentes ou prejuízos, devido à impossibilidade do cumprimento de certas obrigações. Sendo absoluto, por ser totalmente imprevisível ou irreconhecível com alguma diligência, de modo que não se poderia cogitar da responsabilidade do sujeito, acarreta extinção das obrigações, salvo se se convencionou pagá-las ou se a lei lhe impõe esse dever, como nos casos de responsabilidade objetiva.

CASO OMISSO. *Teoria geral do direito.* Aquele que não está regulado em lei, devendo o magistrado julgá-lo de acordo com a analogia, os costumes ou os princípios gerais do direito.

CASO *SUB JUDICE*. *Direito processual.* Aquele que, por ser controvertido, está sendo submetido à apreciação judicial. Constitui o objeto de um processo que ainda não recebeu decisão definitiva. É, portanto, aquele que está pendente de julgamento.

CASSAÇÃO. 1. *Teoria geral do direito.* a) Ato de revogar ou de tornar algo sem efeito; b) anulação; tornar nulo. 2. *Direito administrativo.* Retirada de autorização ou licença, que, por serem atos administrativos discricionários, dependentes de policiamento da autoridade, esta poderá suspendê-los sem qualquer indenização. 3. *História do direito.* Instituto das antigas Cortes de Cassação, que, hodiernamente, corresponde ao recurso extraordinário. 4. *Ciência política.* Perda ou suspensão de direitos políticos.

CASTIGO IMODERADO. *Direito civil.* Punição infligida de modo cruel ou incontido, caracterizando-se como uso abusivo do poder disciplinar, acarretando, por exemplo, perda do poder familiar.

CASUAL. *Direito civil.* Aquilo que é fortuito, ocasional, eventual. Diz-se do fato que não se pode evitar ou prever.

CASUALIDADE. *Direito civil.* **1.** Qualidade do que é acidental. **2.** Acontecimento inesperado, imprevisto ou acidental. **3.** O mesmo que CASO FORTUITO (*v.*).

CASUÍSMO. **1.** *Teoria geral do direito.* a) Explicação de normas jurídicas por meio de casos concretos; b) apego à jurisprudência; c) ajustamento a uma dada espécie jurídica de solução apresentada a um caso idêntico. **2.** *Lógica jurídica.* Argumentação especiosa. **3.** *Medicina legal.* Registro de casos clínicos.

CASUS BELLI. *Locução latina.* Caso de guerra. Ato ou incidente suscetível de provocar a guerra entre duas nações. Diz-se de qualquer ato de um país que venha a atentar contra os interesses de outro, justificando uma declaração de guerra. Pretexto para declarar a guerra.

CASUS FOEDERIS. *Locução latina.* Caso de aliança; pacto; tratado. Diz-se do fato que pode efetivar a aliança entre Estados, cuja execução dele dependia. Os países que firmarem o tratado de aliança passam a ser aliados.

CATERING. *Direito comercial.* Serviço prestado pelas empresas aéreas ou por organizações independentes que consiste no fornecimento de refeições, bebidas, cobertores, travesseiros, *nécessaires* e material de leitura para maior conforto dos passageiros.

CAUÇÃO. **1.** *Direito civil.* Garantia real ou pessoal que se dá ao cumprimento de obrigações assumidas, assegurando a solvabilidade do devedor. É uma obrigação acessória. **2.** *Direito processual.* Contracautela que pode ser prestada em juízo como medida acautelatória dos interesses das partes, sendo determinada pelo juiz, de ofício, ou a requerimento das partes. **3.** *Direito comercial* e *direito bancário.* No *plural,* esse termo é usado como título de lançamento das operações realizadas no estabelecimento comercial ou bancário.

CAUÇÃO CAMBIÁRIA. *Direito cambiário.* Garantia prestada em forma de endosso em notas promissórias ou letras de câmbio, com a expressão "valor em garantia" ou "valor em penhor" (Othon Sidou).

CAUÇÃO DE *DAMNO INFECTO.* *Direito civil.* Caução de dano receado ou iminente, comumente prestada pelas companhias construtoras. É a garantia dada pelo proprietário de um prédio para assegurar a reparação do dano que possa ocorrer ao vizinho, quando aquele prédio ameace ruína ou, em razão de obras, possa comprometer a segurança e a estabilidade do imóvel contíguo.

CAUÇÃO *DE OPERE DEMOLIENDO.* *Direito processual civil.* Trata-se da caução de demolir a obra, seja real, seja pessoal, que pode ser pedida e prestada pelo nunciado, na ação de nunciação de obra nova, para que possa prosseguir a obra embargada, demonstrando os prejuízos que ocorreriam se ela fosse suspensa ou paralisada, garantindo ao nunciante a responsabilidade da demolição e o ressarcimento de qualquer dano que a obra nova vier a causar.

CAUÇÃO DE TÍTULOS DE CRÉDITO. *Direito civil* e *direito comercial.* Penhor de títulos de crédito ou efeitos comerciais. Trata-se, também, do penhor mercantil de títulos de crédito negociáveis e comércio. O objeto da caução de título de crédito é o próprio título em que se documenta o direito. O direito de crédito materializa-se ao incorporar-se no documento.

CAUÇÃO DE TÍTULOS DE DÍVIDA PÚBLICA. *Direito civil.* Penhor de títulos de dívida da União, dos Estados e dos Municípios que vale contra terceiros, desde que inscrito, mesmo que esses títulos não tenham sido entregues ao credor. A caução desses títulos constitui-se mediante inscrição na repartição fiscal competente e no registro de títulos e documentos, dispensando-se a tradição. Entretanto, se as apólices de dívida pública estiverem gravadas com cláusula de inalienabilidade, não poderão ser objeto de caução, pois estão fora do comércio, e como o penhor não deixa de ser, sob certa forma, um modo de alienação, visto que, em sendo garantia de uma obrigação, não cumprida esta, executa-se a garantia, ter-se-á, consequentemente, nesse caso, a alienação compulsória.

CAUÇÃO EM DINHEIRO. **1.** *Direito civil.* Garantia que visa assegurar a solvabilidade do inquilino, feita por meio de papel-moeda, que não poderá exceder o equivalente a três meses de aluguel. Será efetuada mediante depósito em conta especial em caderneta de poupança, autorizada e regulamentada pelo Poder Público, com a especificação de sua finalidade. Tal depósito garante o cumprimento das obrigações locativas assumidas pelo inquilino, proprietário do *quantum* caucionado, passando o locador a ter um direito real sobre esse numerário depositado pelo inquilino. Tal numerário apenas poderá ser levantado mediante autorização escrita dos contratantes, com firma reconhecida ou por ordem judicial, desde que a sentença esteja transitada em julgado. E, para que haja produção de efeitos em relação a terceiros, será necessário seu registro no cartório de títulos e documentos do lugar da situação do imóvel locado. **2.** *Direito administrativo.* Caução feita em papel-moeda comum nos contratos com o Poder Público de execução de obras e serviços públicos ou de fornecimento de mercadorias. As quantias caucionadas só podem ser levantadas com ordem ou quitação da repartição pública.

CAUÇÃO FIDEJUSSÓRIA. *Direito civil.* Trata-se da fiança, também chamada "garantia pessoal", que é a caução prestada por uma terceira pessoa perante o credor para garantir as obrigações assumidas pelo devedor. Pela caução fidejussória ou pessoal, pessoa alheia à relação obrigacional principal obriga-se a pagar o débito, caso o devedor principal não o solva. É, portanto, um contrato acessório, pelo qual uma ou mais pessoas prometem satisfazer as obrigações do devedor, se este não as cumprir, assegurando ao credor o seu efetivo cumprimento.

CAUÇÃO *JUDICATUM SOLVI*. *Direito processual civil.* **1.** Para alguns autores, tem o sentido estrito de "caução às custas". **2.** Também denominada *cautio pro expensis*, é a instituída, em alguns países, para assegurar o pagamento das despesas processuais pelo estrangeiro, limitando sua capacidade processual para subordinar a certa condição o seu direito de ação. Não se confunde, portanto, com a caução às custas, que não se apresenta como uma restrição à capacidade processual do estrangeiro, mas tão somente como uma garantia para o pagamento das custas, sem atenção à nacionalidade dos litigantes, aplicando-se tanto a nacionais como a estrangeiros.

CAUÇÃO JUDICIAL. **1.** *Direito processual civil.* Garantia real ou fidejussória prestada no curso da ação ou como preparatória desta, valendo como medida cautelar para evitar qualquer lesão de direito subjetivo, por ordem do juiz, de ofício ou a pedido da parte, desde que haja *fumus boni iuris* e *periculum in mora*. Pode ser prestada pelo interessado ou por terceiros. **2.** *Direito processual penal.* Medida cautelar destinada a assegurar a reparação do dano causado ao ofendido, substituindo o sequestro e a hipoteca legal dos bens do indiciado. Consiste, em regra, em caução em dinheiro ou em títulos de dívida pública.

CAUÇÃO LEGAL. *Direito civil.* É a imposta por lei para assegurar direitos subjetivos e o cumprimento de certas obrigações. Por exemplo, a prestada pelo tutor por exigência do juiz, se o valor do patrimônio do pupilo for considerável, para garantir bens do menor por ele administrados, a de restituição prestada pelos herdeiros imitidos na posse dos bens do ausente etc.

CAUÇÃO MUCIANA. *Direito civil.* Garantia real ou pessoal prestada pelo herdeiro instituído ou pelo legatário para adquirir bem deixado por testamento sob condição ou encargo.

CAUÇÃO REAL. **1.** *Direito civil.* Garantia constituída por um bem móvel ou imóvel do devedor que visa assegurar sua solvabilidade e o cumprimento da obrigação assumida. Se tal garantia recair sobre móvel, ter-se-á penhor; se sobre imóvel, configurar-se-á hipoteca ou anticrese. **2.** *Direito processual penal.* Medida de contracautela que objetiva amparar o direito de liberdade de quem a teve restringida. Trata-se da fiança prestada pelo delinquente, ou por terceiro em seu favor, com o escopo de obter a sua "liberdade provisória".

CAUDA DE ESCORIAÇÃO. *Medicina legal.* Traço final e mais superficial de ferida causada por instrumento cortante que, por indicar a direção tomada pelo agressor, possibilita averiguar se houve suicídio ou homicídio.

CAUSA. **1.** Na *linguagem comum*, motivo determinante de um fato; fonte; origem; aquilo em virtude do qual se tem a existência de algo ou do qual advém um efeito; o que leva alguém a agir. **2.** *Lógica jurídica.* O que se opõe ao efeito; aquilo que faz a verdade de uma proposição, sendo a premissa da qual a podemos deduzir e o fato de onde resulta outro. Assim, tem como correlativos a consequência ou o efeito. A causa e o efeito são proposições; logo, se se afirmar que "A" é causa de "B", a existência de "A" será causa da de "B". É o antecedente de que o efeito é invariável e incondicionalmente o consequente. **3.** *Direito penal.* a) Motivo determinante do crime ou razão que levou à prática do crime; b) é a ação ou omissão sem a qual o resultado criminoso não teria ocorrido. **4.** *Direito processual.* a) Demanda; ação judicial; litígio; b) fundamento jurídico-legal da pretensão do autor; c) ação ou omissão de que depende o crime. **5.** *Direito civil.* a) É a função econômico-social atribuída pela norma a um negócio, que se determina objetivamente. Por exemplo, numa compra e venda, a *causa* é a troca da coisa pelo preço; b) causa do negócio jurídico, sem o qual ele não se teria concluído, que acarreta sua anulabilidade, se houver prejuízo à vítima, que é o outro contratante, configurando-se o *dolus causam* ou dolo principal. Causa não se confunde com o *motivo*, apurado subjetivamente, por ser alusivo à razão que levou alguém a efetivar ato negocial, por exemplo, para presentear pessoa que lhe salvou a vida, só viciando a declaração de vontade se for sua razão determinante. Por isso erro quanto ao fim colimado (falso motivo) não vicia, em regra, o negócio jurídico, a não ser quando nele figurar expressamente, integrando-o, como sua razão essencial ou determinante, caso em que o torna anulável; c) requisito de validade do negócio, em certos países, por ser a sua finalidade imediata. É, por exemplo, o fim que levou o contratante a dar o seu consentimento ou o testador a dispor dos seus bens para depois da morte; d) razão econômico-jurídica da efetivação do ato negocial; e) razão objetiva do negócio, p. ex., realização de um investimento, aquisição de moradia, necessidade de vender imóvel etc.

CAUSA DE EXCLUSÃO DA IMPUTABILIDADE. *Direito penal.* É a excludente de responsabilidade criminal, como a enfermidade mental, o desenvolvimento mental incompleto ou retardado, a embriaguez completa, a causa oriunda de caso fortuito ou força maior e a menoridade penal (menores de 18 anos).

CAUSA DE PEDIR. *Direito processual civil.* É a conjugação do fato relevante juridicamente, da relação jurídica que dele deriva e da consequência que se pretende num dado caso concreto. Seria o conjunto de circunstâncias que possibilitam ao autor fundamentar juridicamente seu pedido ao mover uma ação processual. Supõe a causa de pedir uma série de fatos que compõem o direito subjetivo do autor e o seu direito de demandar em juízo.

CAUSA DE PEQUENO VALOR. *Direito processual civil.* Aquela que é tida pelo magistrado, subjetivamente, como critério para fixar honorários pela sucumbência, e, objetivamente, como a de valor limitado legalmente, com procedimento especial ou com o do Juizado Especial Cível, para decidir conflitos de ordem patrimonial (Othon Sidou).

CAUSA DE VALOR INESTIMÁVEL. *Direito processual civil.* É a insuscetível de ser aferida monetariamente em decorrência de seu conteúdo moral, como, por exemplo, a da interdição ou a de anulação de matrimônio, fazendo com que os honorários advocatícios sejam estipulados equitativamente pelo juiz, que se baseará na natureza da causa, no trabalho feito pelo advogado, no tempo por ele despendido etc.

CAUSA DIRIMENTE. *Direito penal.* Circunstância que torna o agente irresponsável pela prática delituosa (Othon Sidou).

CAUSA DO ATO ADMINISTRATIVO. *Direito administrativo.* Correlação entre o motivo e o conteúdo do ato administrativo.

CAUSA DO CRIME. *Direito penal.* Ação ou omissão sem a qual o resultado não teria ocorrido.

CAUSA EXCLUDENTE DE ANTIJURIDICIDADE. *Direito penal.* Fato praticado em estado de necessidade, em legítima defesa, em estrito cumprimento de dever legal ou no exercício regular de direito, que não constitui crime apesar de ter provocado lesão a um bem penalmente protegido.

CAUSA INCIDENTE. *Direito processual civil.* Diz-se da ação intentada por uma das partes no curso da ação principal, por estar correlacionada com ela.

CAUSALIDADE. 1. *Filosofia do direito.* a) Relação entre uma causa e um efeito; b) qualidade de produzir efeito; c) princípio em razão do qual os efeitos se ligam às causas. **2.** *Direito civil* e *direito penal.* Um dos elementos indispensáveis à configuração do ilícito ou do delito, pois as responsabilidades civil ou penal não poderão existir sem a relação ou o nexo de causalidade entre o dano ou resultado e o comportamento do agente. Deveras, considera-se causa a ação ou omissão sem a qual o resultado não teria ocorrido.

CAUSA MORTIS. **1.** *Locução latina.* Por causa da morte. **2.** *Medicina legal.* Aquilo que provocou a morte, do ponto de vista médico. **3.** *Direito civil.* Diz-se do ato jurídico que só se materializa ou produz efeitos após o falecimento do seu autor. Por exemplo, testamento, legado e codicilo são atos de última vontade, ou *causa mortis*, suscetíveis de transferir propriedade apenas após a morte do autor da herança.

CAUSA PREEXISTENTE. *Teoria geral do direito.* É a que se antepõe relativamente àquela de que resultou, supostamente, o efeito.

CAUSA PRINCIPAL. *Direito processual.* Diz-se daquela em torno da qual se discute a questão essencial ou principal.

CAUSA PRÓPRIA. *Direito civil e direito processual civil.* Diz-se da procuração em que o procurador vem a agir em seu próprio nome, com poderes ilimitados do mandante, exercendo como próprios o direito e a ação de que aquele era titular. A parte pode postular em causa própria se tiver habilitação legal, "para promover ação judicial e elaborar defesa em juízo" (Nelson Nery Jr. e Rosa Mª de A. Nery).

CAUSAS EXTINTIVAS DA PUNIBILIDADE. *Direito penal.* Motivos que, juridicamente, impossibilitam ao Estado a imposição de uma sanção ao delinquente, tais como: a) morte do agente; b) anistia, graça ou indulto; c) retroatividade de lei que não mais considere o ato praticado como criminoso; d) prescrição, decadência ou perempção; e) renúncia do direito de queixa ou pelo perdão aceito, nos crimes de ação privada; f) retratação do agente, nos casos legalmente admissíveis; g) perdão judicial; h) término do período de prova do *sursis* ou do livramento condicional sem que haja razão para revogar o benefício ou o privilégio; i) pagamento do tributo, nos crimes fiscais; j) morte do ofendido, pois há casos em que a titularidade do direito de queixa é personalíssima; k) cumprimento de pena no exterior por crime lá cometido; l) reparação do dano, no peculato culposo, antes da sentença final irrecorrível; m) morte da vítima, no crime de induzimento a erro essencial e ocultação de impedimento matrimonial que não seja casamento anterior.

CAUSA SUSPENSIVA DO CASAMENTO. *Direito civil.* Circunstância que desaconselha o ato nupcial e que não acarreta sua invalidação, mas sujeita o infrator a determinadas sanções de ordem econômica, principalmente a imposição do regime obrigatório de separação de bens, para obstar o mal que se pretendia evitar. Trata-se de causa suspensiva estabelecida no interesse da prole do leito anterior, com o intuito de evitar a *confusio sanguinis* na hipótese de segundas núpcias, ou no interesse do nubente, presumivelmente influenciado pelo outro. Para evitar a confusão de sangue, que degeneraria no conflito de paternidade, proíbe a lei o casamento de viúva, divorciada ou de mulher cujo matrimônio se desfez por ser nulo ou por ter sido anulado, até dez meses depois do começo da viuvez ou da dissolução da sociedade e do vínculo conjugal, salvo se antes de findo esse prazo der à luz algum filho ou provar inexistência de gravidez. Para impedir a confusão de patrimônio, proíbe a lei o casamento de viúvo ou viúva que tiver filho do cônjuge falecido, enquanto não for feito o inventário dos bens do casal nem dada a partilha aos herdeiros, sob pena de celebração do segundo casamento pelo regime de separação de bens e de dar hipoteca legal de seus imóveis em favor dos filhos, a não ser que prove inexistência de prejuízo aos herdeiros. Com o escopo de evitar matrimônio de pessoas que se acham em poder de outrem, que poderia, por isso, conseguir um consentimento não espontâneo, preceitua a lei, por exemplo, que não podem casar tutor ou curador e os seus descendentes, ascendentes, irmãos, cunhados ou sobrinhos com a pessoa tutelada, curatelada, enquanto não cessar a tutela ou curatela, e não estiverem saldadas as respectivas contas. A violação desse preceito acarreta a obrigatoriedade do regime de separação de bens, salvo se se provar inexistência de prejuízo para o tutelado ou curatelado. Também para evitar confusão de patrimônio de antiga com a nova sociedade conjugal, não deve casar o divorciado enquanto não houver sido homologada ou decidida a partilha dos bens do casal, sob pena de ter de adotar o regime obrigatório da separação de bens, exceto se demonstrar que não haverá dano ao ex-cônjuge.

CAUSÍDICO. *Direito processual.* Advogado. Aquele que defende causas judiciais.

CAUTELA. 1. *Direito processual civil.* a) Prevenção que se toma nos atos judiciais para evitar sua invalidação; eurema; b) finalidade do processo de pretensão cautelar, ou melhor, objetivo de antecipar o provável resultado de um processo de conhecimento, desde que presentes o *fumus boni juris* e o *periculum in mora*. **2.** *Direito processual penal.* Precaução em caso de prisão processual oriunda de flagrante, de decreto de prisão preventiva, de decisão de pronúncia ou de sentença condenatória sem trânsito em julgado, que se apresenta como contracautela, ou seja, como uma eventual e possível concessão de fiança ou de liberdade provisória independentemente de caução. **3.** *Direito comercial.* a) Título representativo de contrato de transporte; conhecimento de transporte; b) título provisório que representa debêntures ou ações de sociedade anônima, facilitando as transações; c) certificado de um título de propriedade de ação. **4.** *Direito civil.* a) Individualização de título que é entregue ao devedor, servindo para provar o penhor, pois nele estão contidas as condições do contrato e a descrição do bem empenhado; b) depósito de valores; c) fração dos bilhetes de loteria.

CAUTELAR SATISFATIVA. *Direito processual civil.* Ação ajuizada, pelo procedimento da tutela provisória de urgência de natureza cautelar, com o objetivo de obter medida de cunho satisfativo. Em qualquer caso de tutela cautelar, o pedido de tutela deve ser formulado conjuntamente com o pedido principal, mas nada impede que, havendo urgência, se dê entrada no pedido de tutela previamente para só depois aditar a petição inicial com o pedido completo e todas as informações atinentes à lide (Nelson Nery Jr. e Rosa Mª de A. Nery). Caso em que é desnecessária a propositura de ação principal, visto que tal medida se exaure em si mesma. É uma medida urgente que, ante a situação fática concreta comprobatória da existência da plausibilidade do direito (*fumus boni iuris*) e a irreparabilidade ou difícil reparação desse direito (*periculum in mora*), requer pedido para que se processe o feito pelo rito do processo liminar (Nelson Nery Jr. e Rosa Mª de A. Nery). Na petição inicial da ação, que visa à prestação de tutela cautelar em caráter antecedente, o autor indicará a lide e seu fundamento, a exposição sumária do direito que se objetiva assegurar e o perigo de dano ou o risco ao resultado útil do processo.

CEDENTE. 1. *Direito civil.* a) Aquele que faz a cessão de um direito, de uma obrigação ou de um contrato. É, portanto, o titular de um crédito ou débito que o transfere a outrem; b) sociedade seguradora que efetua operação de resseguro ou o ressegurador que contrata operação de retrocessão. **2.** *Direito agrário.* Aquele que, no arrendamento ou na parceria rurais, se obriga a ceder a outrem, por tempo determinado ou não, o uso do imóvel rural ou de animais, máquinas etc. **3.** *Direito bancário.* Aquele que entrega um título ao banco para negociação ou cobrança.

CEDIDO. *Direito civil.* **1.** Objeto de uma cessão, isto é, o crédito ou o débito que foi transferido pelo seu titular a outrem. **2.** Cocontratante, se houver cessão de contrato; o devedor, na cessão de crédito; o credor, na cessão de débito.

CÉDULA. 1. Na *linguagem jurídica* em sentido amplo, documento escrito que gera efeitos legais. **2.** *Direito bancário.* a) Papel representativo de moeda de curso legal; papel-moeda; b) apólice de dívida pública. 3. *Direito eleitoral.* Impresso contendo o nome do candidato, usado para expressão de voto, que deve ser colocado pelo eleitor numa urna. 4. *Direito processual penal.* É a dada a cada um dos jurados presentes no Tribunal do Júri, contendo a palavra "sim" ou "não", a fim de que os seus votos aos quesitos possam ser recolhidos de forma secreta. 5. *Direito comercial.* Título de garantia real sobre mercadoria depositada em armazém geral; *warrant*. 6. *Direito tributário.* Parte da declaração do imposto sobre a renda onde são anotadas as categorias dos rendimentos do contribuinte, determinando-se a importância que deve ser paga, apurando-se o líquido após as deduções permitidas legalmente.

CÉDULA DE CRÉDITO BANCÁRIO. *Direito bancário.* É título de crédito emitido, por pessoa natural ou jurídica, em favor de instituição financeira ou de entidade a esta equiparada, representando promessa de pagamento em dinheiro, decorrente de operação de crédito, de qualquer modalidade. É título executivo extrajudicial e representa dívida em dinheiro, certa, líquida e exigível, seja pela soma nela indicada, seja pelo saldo devedor demonstrado em planilha de cálculo, ou nos extratos da conta corrente. A Cédula de Crédito Bancário será transferível mediante endosso em preto, ao qual se aplicarão, no que couberem, as normas do direito cambiário, caso em que o endossatário, mesmo não sendo instituição financeira ou entidade a ela equiparada, poderá exercer todos os direitos por ela conferidos, inclusive cobrar os juros e demais encargos na forma pactuada na Cédula.

CÉDULA HIPOTECÁRIA. *Direito civil.* Título representativo de crédito com hipoteca, sempre nominativo, mas transferível por endosso e emitido pelo credor. A emissão dessa cédula só é admitida nas operações alusivas ao Sistema Financeiro da Habitação e nas hipotecas que aproveitam uma instituição financeira ou uma companhia seguradora. É exigida ainda, para maior segurança dos cessionários, sua autenticação pelo oficial do registro imobiliário e averbação, sob pena de nulidade, à margem da inscrição da hipoteca integrante, não sendo permitida se houver prenotação ou inscrição de outro ônus real, ação, penhora ou cédula anterior.

CÉDULA RURAL HIPOTECÁRIA. *Direito civil.* Título de crédito vinculado a uma hipoteca rural, emitido por uma instituição financeira como garantia do pagamento de empréstimo feito a quem exerce atividade agrícola ou pecuária.

CÉDULA RURAL PIGNORATÍCIA. *Direito civil.* Título de crédito vinculado ao contrato de penhor rural, emitido para garantir o pagamento do empréstimo, sendo transferível por endosso, de forma que os direitos creditórios se exercem pelo endossatário em cujo poder se encontra; é resgatável a qualquer tempo desde que se efetue o respectivo pagamento. É, na lição de Caio Mário da Silva Pereira, um título formal, líquido e certo, exigível pela soma ali lançada e com validade contra terceiro desde que feita sua inscrição na coletoria ou repartição arrecadadora federal.

CÉDULA TESTAMENTÁRIA. *Direito civil.* Carta testamentária; instrumento que contém as disposições de última vontade do autor da herança feitas em testamento particular ou cerrado.

CÉDULA ÚNICA. *Direito eleitoral.* É a que contém o nome de todos os candidatos que estão concorrendo a um cargo eletivo e na qual o eleitor apenas assinalará o seu preferido, depositando-a depois na urna.

CELA. 1. *Direito penal.* Compartimento onde se coloca o condenado na penitenciária, para cumprir pena de reclusão, em isolamento celular por três meses. 2. *Direito canônico.* Aposento onde se alojam religiosos nos conventos.

CELEBRAÇÃO. *Direito civil.* 1. Ato ou efeito de celebrar. 2. Conjunto de solenidades ou requisitos legais, sejam eles extrínsecos ou intrínsecos, que devem ser observados para a validade de um ato ou contrato.

CÉLULAS-TRONCO EMBRIONÁRIAS. *Biodireito.* Células de embrião que apresentam a capacidade de se transformar em células de qualquer tecido de um organismo.

CENSO. 1. *Direito romano.* Carta em que os romanos descreviam pormenorizadamente seus haveres. 2. *Direito administrativo.* Levantamento estatístico da população; recenseamento. 3. *Direito civil.* Pensão ou renda anual ajustada em contrato pela posse de imóvel. 4. *Direito eleitoral.* Processo estatístico que visa registrar o número de pessoas para fins eleitorais. 5. *Direito canônico.* Prestação devida à Igreja a título de proteção.

CENSUÁRIO. *Direito civil.* Rendeiro; aquele que recebe o imóvel ou o capital em dinheiro com o encargo de pagar certa renda; devedor da renda e adquirente do imóvel; aquele que, por ter feito um contrato de constituição de renda, se compromete a pagar ao censuísta certa prestação periódica em troca de um capital, que pode ser um imóvel ou dinheiro.

CENSUÍSTA. *Direito civil.* Aquele que constitui a renda em benefício próprio ou alheio; credor da renda, que tem o direito de cobrá-la em virtude do contrato de constituição de renda firmado com o censuário.

CENSURA. 1. *Direito constitucional.* Instrumento vedado constitucionalmente pelo qual o Poder Público visa coibir a liberdade de expressão, a veiculação de certas ideias em obras literárias e artísticas, sendo permitido apenas para determinar as faixas etárias a que não se recomendem, locais e horários em que sua apresentação seja inadequada ou inconveniente ou para verificar se não ferem outros princípios constitucionais ou valores ético-sociais da pessoa e da família e se não contêm propaganda lesiva à saúde e ao meio ambiente. **2.** *Direito canônico.* a) Pena eclesiástica que pode abranger a excomunhão, o interdito e a suspensão, privando os fiéis dos bens espirituais, caso transgridam preceitos religiosos; b) condenação eclesiástica de determinadas obras. **3.** *Direito administrativo.* a) Função daquele que promove o censo; b) pena disciplinar aplicada pela autoridade a um funcionário de categoria inferior, por uma falta ou omissão cometida no exercício de suas funções, admoestando-o severamente. **4.** *Psicologia jurídica.* Função mental que impede a manifestação de certos desejos recalcados, manifestando-se por meio de disfarces ou de transformações simbólicas de fatos conscientes correspondentes.

CENTRAL SINDICAL. *Direito do trabalho.* Entidade de representação geral dos trabalhadores, constituída em âmbito nacional, que tem as seguintes atribuições e prerrogativas: a) coordenar a representação dos trabalhadores, por meio das organizações sindicais a ela filiadas; e b) participar de negociações em fóruns, colegiados de órgãos públicos e demais espaços de diálogo social que possuam composição tripartite, nos quais estejam em discussão assuntos de interesse geral dos trabalhadores. Considera-se central sindical a entidade associativa de direito privado composta por organizações sindicais de trabalhadores.

CENTRO. 1. *Direito comercial.* Ponto ou sede principal de um negócio ou estabelecimento. **2.** *Direito civil.* a) Domicílio, ou seja, centro de atividades de uma pessoa ou sua sede jurídica, onde ela se presume presente para os efeitos de direito e onde exerce ou pratica, habitualmente, seus atos e negócios jurídicos; b) certa modalidade de associação, como, por exemplo, o centro desportivo "x". **3.** *Ciência política.* a) Diz-se de legisladores que, numa Assembleia Legislativa, representam uma política moderada entre conservadores e radicais ou entre aqueles que são do governo e os da oposição ou, ainda, entre partidários da direita e da esquerda; b) assembleia ou local de reunião de partidários de uma facção política. **4.** *Direito agrário.* Interior do seringal onde atuam os seringueiros.

CERCEAMENTO DA LIBERDADE. *Direito constitucional.* Qualquer ato conducente a impedir que alguém se locomova ou manifeste seu pensamento.

CERCEAMENTO DE DEFESA. *Direito processual.* **1.** Diminuição ou supressão de direitos ou garantias legais do acusado, tirando-lhe ou dificultando-lhe a defesa. **2.** Qualquer obstáculo que o magistrado ou outra autoridade venha a criar, trazendo dificuldade à defesa da parte.

CERIMONIAL. 1. *Direito canônico.* Conjunto de solenidades observadas numa cerimônia religiosa ou num culto. **2.** *Direito administrativo.* a) Protocolo; b) conjunto de formalidades que devem ser observadas numa solenidade pública ou oficial, tornando-a mais importante; c) normas que estabelecem essas formalidades ou o livro que as contém.

CERTEZA LEGAL. 1. *Direito processual.* É a resultante da apresentação e do exame de provas diretas, previstas em lei, consideradas como idôneas para comprovar certos atos ou estados, sendo por isso consideradas suficientes para um julgamento judicial. **2.** *Lógica jurídica.* É a fundada em valores lógicos, como coerência e linguagem unívoca, requerendo demonstração.

CERTIDÃO DE NASCIMENTO. *Direito civil.* Documento comprobatório da existência do registro civil, consignando o nascimento de uma pessoa natural, contendo: a data em que o assento foi lavrado, a data do nascimento, o lugar onde ele ocorreu etc., não podendo mencionar qualquer circunstância discriminatória da filiação.

CERTIDÃO DE ÓBITO. *Direito civil.* Documento que atesta o falecimento de uma pessoa.

CERTIDÃO DE REGISTRO IMOBILIÁRIO. *Direito registrário.* Documento expedido pelo oficial ou servidor do cartório de registro de imóveis, a requerimento de qualquer pessoa, relativo ao que constar nos assentos feitos.

CERTIDÃO DO REGISTRO CIVIL. *Direito registrário.* Documento expedido por cartório competente atestando nascimento, casamento ou óbito de pessoa natural.

CERTIDÃO NEGATIVA. 1. *Direito civil.* É a que atesta a não existência de ato, fato ou estado que o interessado pretende conhecer. **2.** *Direito tributário.* Comprovante de estar o contribuinte em dia com o Fisco, expedido pelo funcionário à vista do pedido, judicial ou extrajudicial, do interessado.

CERTIFICADO. 1. *Direito agrário.* a) Documento comprobatório de que a pessoa em cujo nome foi emitido adquiriu a área rural especificada; b) documento comprobatório de venda de gado ou de defesa sanitária animal ou vegetal. **2.** Na *linguagem jurídica* em geral: a) título provisório; b) qualquer documento em que pessoa competente atesta a existência de um fato de que é testemunha ou de que é conhecedora, em razão do cargo ou ofício exercido, não implicando a existência de qualquer outro escrito do qual se extraia seu conteúdo. **3.** *Direito administrativo.* Documento emitido por funcionário de repartição pública para atestar certo fato ou determinada situação pessoal.

CERTIFICADO DE ORIGEM. *Direito tributário.* **1.** Documento expedido pelo fabricante (ou produtor) da mercadoria, pela repartição aduaneira do porto de seu embarque ou, ainda, pela Câmara de Comércio do país onde foi produzida, tendo o escopo de atestar sua nacionalidade. **2.** Documento que atesta a origem da mercadoria, emitido por exigência do importador e de acordo com o país de destino da mercadoria; representa, em geral, benefícios fiscais a serem auferidos pelo importador no ato de liberação das mercadorias na alfândega; neste caso, a origem é certificada, no Brasil, por organização oficial independente ou por órgão da administração pública.

CERTIFICADO DE PROPRIEDADE. *Direito civil.* Documento comprobatório da propriedade de bem incorpóreo ou corpóreo.

CERTIFICADO DE RESERVISTA. *Direito militar.* Atestado de que a pessoa está quite com o serviço militar.

CERTIFICADO DIGITAL. *Direito virtual.* **1.** Conjunto de dados em forma de arquivo, assinado digitalmente por autoridade certificadora, contendo informações sobre chave pública do certificado; nome e *e-mail* do dono do certificado; nome e assinatura digital da autoridade certificadora; privilégios de acesso a sítios seguros. Usado para identificar pessoa física e jurídica na Internet e para autorizar negociações dentro da política desejada pela empresa (Luiz Fernando Rudge). **2.** Arquivo eletrônico que carrega informações precisas de seu titular e propicia a utilização de assinaturas digitais e criptografia. Sua emissão segue um sistema oficial de processos e regras chamado ICP-Brasil. Tal certificado tem presunção de validade jurídica. A Serasa, primeira empresa privada a ser credenciada pela ICP-Brasil, é responsável pela certificação digital de quase todas as instituições financeiras participantes do Sistema de Pagamentos Brasileiro (SPB).

CESSAÇÃO DA EXECUÇÃO DA PENA. *Direito penal.* É a que se opera pelo livramento condicional ou pela suspensão condicional da pena ou *sursis*.

CESSAÇÃO DA INCAPACIDADE DA PESSOA NATURAL. *Direito civil.* Término da incapacidade pelo desaparecimento das causas que a determinaram. Assim, por exemplo, no caso da psicose, da toxicomania, da surdo-mudez ou da prodigalidade, cessará a incapacidade cessando a enfermidade que a determinou. Em relação à menoridade, terminará a incapacidade quando: a) o menor completar dezoito anos; e b) houver emancipação dentro das formas previstas em lei.

CESSAÇÃO DA VIGÊNCIA NORMATIVA. *Teoria geral do direito.* Extinção da produção de efeitos na norma, que pode verificar-se de dois modos, segundo tenha ela, já em si, um elemento pelo qual sua eficácia se extingue em certo ponto, naturalmente, ou, ao contrário, seja destinada a duração indeterminada, devendo interferir um fato novo para fazê-la cessar. Na primeira hipótese ter-se-á a sua cessação por causas intrínsecas, como decurso do tempo para o qual foi editada, consecução do fim a que se propõe, término do estado de coisas não permanentes ou do instituto jurídico pressuposto pela lei, configurando-se, então, a autorrevogação tácita da lei (revogação interna). Na segunda hipótese, ter-se-á revogação, pois, ante o princípio da continuidade das leis, elas, ante a ausência de previsão de seu termo final, serão permanentes, vigorando indefinidamente, produzindo seus efeitos até que outra as revogue, caso em que se terá a revogação externa.

CESSAÇÃO DE HOSTILIDADES. *Direito internacional público.* Paralisação permanente das operações militares entre nações em guerra. Trata-se do "armistício".

CESSÃO CAMBIAL. *Direito cambiário.* Transferência de qualquer título à ordem (nota promissória, letra de câmbio etc.) pelo endosso nele lançado, em que o endossador garante solidariamente ao detentor do título o seu pagamento na data do vencimento.

CESSÃO DA HERANÇA. *Direito civil.* É a transferência, gratuita ou onerosa, que o herdeiro, legítimo ou testamentário, faz a outrem de todo quinhão hereditário, ou de parte dele, que lhe compete após a abertura da sucessão. O cessionário sucede *inter vivos*, sendo sucessor a título singular, respondendo pelos débitos apenas *intra vires hereditatis*, isto porque a cessão da herança não retira do cedente a sua qualidade de herdeiro. O cessionário corre o risco de ver a herança ser absorvida pelas dívidas, obrigando-se somente pelo valor do direito cedido.

CESSÃO DE CONTRATO. *Direito civil.* É, na lição de Silvio Rodrigues, a transferência da inteira posição ativa e passiva do conjunto de direitos e obrigações de que é titular uma pessoa, derivados de contrato bilateral já ultimado, mas de execução ainda não concluída.

CESSÃO DE CRÉDITO. *Direito civil.* É o negócio jurídico bilateral, gratuito ou oneroso, pelo qual o credor de uma obrigação (cedente) transfere, no todo ou em parte, a terceiro (cessionário), independentemente do consentimento do devedor (cedido), sua posição na relação obrigacional, com todos os acessórios e garantias, salvo disposição em contrário, sem que se opere a extinção do vínculo obrigacional.

CESSÃO DE CRÉDITO *PRO SOLUTO*. *Direito civil.* É a que se dá quando houver quitação plena do débito do cedente para com o cessionário, operando-se a transferência do crédito, que inclui a exoneração do cedente. O cedente transfere seu crédito com a intenção de extinguir imediatamente uma obrigação preexistente, liberando-se dela independentemente do resgate da obrigação cedida. O cessionário correrá o risco da insolvência do devedor (cedido) desde que o crédito exista e pertença ao cedente, considerando-se extinta a dívida antiga a partir do instante da cessão.

CESSÃO DE CRÉDITO *PRO SOLVENDO*. *Direito civil.* Transferência de um direito de crédito feita com o intuito de extinguir uma obrigação, que, no entanto, não se extinguirá de imediato, mas apenas se e na medida em que o crédito cedido for efetivamente cobrado.

CESSÃO DE DÉBITO. *Direito civil.* É um negócio jurídico bilateral pelo qual o devedor, com anuência expressa ou tácita do credor, transfere a um terceiro os encargos obrigacionais, de modo que este assume a sua posição na relação obrigacional, substituindo-o.

CESSÃO DE DIREITOS DE AUTOR. *Direito autoral.* Transferência feita, sob o prisma econômico, pelo autor do direito autoral, ou por seus sucessores, a terceiro, por negócio *inter vivos*, quer a título provisório, como ocorre no contrato para uma ou mais edições, quer definitivamente, como no caso de venda de todos os direitos econômicos sobre certa obra.

CESSÃO DE LOCAÇÃO. *Direito civil.* Forma comum de transferência *ex negotio* de direitos pessoais em que há um ato de alienação, substituindo-se, com anuência do locador, o locatário antigo por um novo. É a alienação ou a transferência a outrem da posição ativa e passiva do locatário criada pelo contrato de locação. O locatário cedente desaparecerá do negócio, estabelecendo-se, então, um liame entre o locador e o novo locatário.

CESSÃO DE TERRITÓRIO. *Direito internacional público.* Ato pelo qual um país (cedente), por meio de convenção ou tratado, vem a ceder ou permutar com outro (cessionário) uma parcela de seu território ou de terra que esteja sob sua jurisdição. Com isso o Estado-cessionário passará a ocupar o território cedido voluntariamente pelo Estado-cedente.

CESSÃO DE TÍTULO. *Direito civil.* Ato pelo qual aquele que possui um título de crédito cede os direitos que tem sobre ele a outrem, pela simples tradição, se ao portador, ou pelo endosso, em branco ou em preto, se nominativo ou à ordem.

CESSÃO DE USO. *Direito administrativo.* Transferência gratuita da posse de um bem público de um órgão a outro, para que este o use temporariamente conforme sua destinação (Hely Lopes Meirelles).

CESSIONÁRIO. *Direito civil.* Aquele a quem se transfere, por meio de cessão, um direito, uma obrigação ou um contrato.

C&F. *Direito comercial* e *direito internacional privado.* Abreviação do termo comercial internacional *cost and freight*, ou seja, custo e frete, que, seguida da indicação do porto de destino, é uma cláusula contratual, frequente na compra e venda internacional, pela qual o seguro ficará a cargo do comprador, permanecendo o vendedor responsável pelo custo e pelo frete. A venda C&F é marítima, sendo que o vendedor, além de entregar a mercadoria a bordo, deverá providenciar o frete, arcando com o custo, de modo que será dever do comprador arcar com o ônus oriundo do contrato de seguro marítimo. Haverá, portanto, nessa modalidade de venda internacional três contratos: o de compra e venda, o de carregamento marítimo e o de frete.

CHACINA. **1.** *Direito agrário.* a) Matança de gado para alimentação; b) carne de animal salgada e curada para provisão. **2.** *Direito penal.* a) Assassinato com mutilação do cadáver; b) morticínio ou ato de matar, de uma só vez ou ao mesmo tempo, várias pessoas com requintes de crueldade.

CHAMAMENTO AO PROCESSO. *Direito processual civil.* Modalidade de intervenção de terceiro em que é permitido ao demandado chamar ao processo: a) o afiançado, na ação em que, o fiador, for réu; b) os outros fiadores, se apenas um deles foi citado; c) os demais codevedores solidários, quando o credor exigir de um deles o pagamento da dívida comum.

CHANCELA. *Direito administrativo.* **1.** Selo colocado em alguns documentos oficiais. **2.** Rubrica gravada em sinete para suprir uma assinatura oficial, a marca ou o título de uma repartição pública, autenticando determinados documentos ou atos oficiais. **3.** Ato de assinar com chancela, colocando-se sinete nos documentos.

CHANCELARIA. **1.** *História do direito.* a) Repartição que tinha a incumbência de apor o selo real às cartas, sentenças ou providências emanadas do soberano; b) tribunal que, na Inglaterra e Espanha, conhecia certos negócios em última instância. **2.** *Direito administrativo.* a) Repartição pública em que se põe chancela nos seus documentos oficiais; b) coleção de documentos oficiais. **3.** *Direito internacional público.* a) Cargo de chanceler; b) Ministério das Relações Exteriores.

CHANCELER. **1.** *Direito internacional público.* Ministro das Relações Exteriores de um Estado soberano. **2.** *Direito administrativo.* Funcionário encarregado de chancelar documentos oficiais. **3.** ***História do direito.*** Magistrado que tinha a função de colocar selos reais nos documentos ou de rubricar e selar as sentenças do tribunal onde funcionava, examinando sua procedência e verificando se não conflitavam com as Ordenações.

CHANTAGEM. ***Direito penal.*** Ação de extorquir de alguém favores ou dinheiro, sob a ameaça de revelar fatos constrangedores, escandalosos ou difamatórios, sejam eles verdadeiros ou falsos, manchando sua honra ou reputação.

CHAPA ELEITORAL. ***Ciência política.*** Lista de candidatos a uma eleição.

CHARLATANISMO. ***Direito penal.*** Crime contra a saúde pública consistente em inculcar ou anunciar a cura de doenças por meio secreto ou infalível, que se sabe falso, punido com detenção e multa.

CHAT. ***Direito virtual.*** **1.** Troca de mensagens entre usuários ligados, ao mesmo tempo, no computador. **2.** Palestra. **3.** Sala onde os internautas conversam virtualmente. **4.** Sala de bate-papo virtual onde informações são trocadas em tempo real (Jorge José Lawand e Felipe Luiz Machado Barros).

CHEFE DE ESTADO. ***Ciência política.*** Aquele que, pela sua autoridade, detém em suas mãos o Poder Executivo de um Estado, por eleição (presidente) ou por hereditariedade (rei), podendo este ser unipessoal ou um órgão colegiado. Se o regime for parlamentarista, seu papel político será meramente honorífico, por ser obrigado a aceitar e assinar as decisões políticas do Parlamento, ou do Gabinete Ministerial, que tem à testa um primeiro-ministro, que é o chefe de governo, possuindo, portanto, uma função de representação do Estado.

CHEFE DE GABINETE. ***Ciência política.*** **1.** Ministro que chefia o gabinete ministerial. **2.** Funcionário que chefia os serviços de secretaria de um ministro ou de um governador.

CHEFE DE GOVERNO. ***Ciência política.*** Primeiro-ministro; figura existente no parlamentarismo que tem o apoio da maioria do Parlamento e é apontada pelo chefe de Estado, com a aprovação parlamentar, para exercer o poder, tomando as decisões políticas.

CHEFE DE MISSÃO DIPLOMÁTICA. ***Direito internacional público.*** É a mais alta autoridade brasileira no País junto a cujo governo exerce funções, cabendo-lhe coordenar as atividades das repartições brasileiras ali sediadas, exceto as das missões e delegações permanentes junto a organismos internacionais e as dos órgãos de caráter puramente militar.

CHEQUE. ***Direito cambiário.*** Título de crédito que representa uma ordem de pagamento à vista contra um banco (sacado) para pagar certa soma, ao portador ou à pessoa indicada (tomador), por conta de fundos que são do emitente (sacador).

CHEQUE ADMINISTRATIVO. ***Direito bancário.*** É aquele sacado pelo banco contra um de seus estabelecimentos, constituindo uma ordem de pagamento à vista emitida nominativamente por um banco contra qualquer um de seus estabelecimentos, que deve ser firmada pelo credor na aquisição e na liquidação (Fábio Ulhoa Coelho).

CHEQUE COMPENSADO. ***Direito bancário*** e ***direito cambiário.*** O que se submeteu à câmara de compensação, liquidando-se pela extinção da obrigação do sacado, um contra o outro, de resgatar o cheque.

CHEQUE CRUZADO. ***Direito bancário*** e ***direito cambiário.*** Aquele sobre o qual duas linhas paralelas são traçadas, em diagonal, indicando que somente poderá ser pago a um banco ou a um cliente do sacado, com o escopo de protegê-lo contra furto ou extravio quando em curso ou em circulação.

CHEQUE ELETRÔNICO. ***Direito bancário.*** Cheque emitido por programa de computador, firmado com assinatura digital certificada e transmitido via Internet (Luiz Fernando Rudge).

CHEQUE ESPECIAL. ***Direito bancário*** e ***direito cambiário.*** É o pago pelo caixa do banco, independentemente da existência de fundos do sacador em poder do estabelecimento creditício, até o limite da garantia concedida pelo sacado ao seu cliente, que passou por uma prévia seleção cadastral.

CHEQUE FANTASMA. ***Direito penal.*** Aquele feito para saque em conta bancária aberta em nome de pessoa fictícia, escondendo a procedência ilícita do dinheiro, configurando crime de falsidade ideológica (Othon Sidou).

CHEQUE FISCAL. ***Direito bancário*** e ***direito cambiário.*** É o emitido por uma autoridade fiscal para restituir, *ex officio*, aos contribuintes os excessos de arrecadação de tributos.

CHEQUE PÓS-DATADO. ***Direito bancário*** e ***direito cambiário.*** É o que contém data diferente da de sua emissão, consignando um vencimento futuro. Com isso adquire a natureza de um simples título de crédito, fazendo as vezes de letra de câmbio, não mais sendo meio de pagamento à vista. Trata-se, na verdade, de uma garantia de dívida para desconto futuro, na convicção de que isso é lícito. É uma norma consuetudinária, baseada em hábito da época.

CHEQUE VISADO. ***Direito bancário*** e ***direito cambiário.*** Aquele em que o banco (sacado) contra quem se emitiu o cheque apõe o seu visto, certificando a existência de fundos disponíveis do sacador, bloqueando-os em sua conta e reservando-os, assim, para a sua liquidação ou para o pagamento da ordem.

CHICANA. *Direito processual civil.* **1.** Meios cavilosos usados, em questões judiciais, pelo advogado para protelar ou criar obstáculos ao andamento do processo. Trata-se do abuso de direito decorrente da apresentação pelo advogado de um dos litigantes de incidentes inúteis, de meios protelatórios ou de trama para evitar o rápido pronunciamento judicial. **2.** Abuso dos recursos e formalidades da justiça.

CIANOSE. *Medicina legal.* Coloração azulada da pele e das mucosas, provocada por perturbação circulatória, em decorrência de malformação cardíaca, enforcamento, estrangulamento etc.

CIBERNÉTICA JURÍDICA. *Teoria geral do direito e direito virtual.* Ciência da comunicação e do controle das máquinas aplicada ao direito que procura compreender a conduta humana em termos de comportamento das máquinas, colocando à disposição do jurista e do aplicador os recursos dos computadores eletrônicos, que têm grande utilidade na classificação e comparação de provas, na seleção de normas aplicáveis ao caso, na atualização de dados bibliográficos e jurisprudenciais.

CICATRIZ. **1.** *Medicina legal.* Sinal que fica das feridas, após sua cura, produzido por malformações de tecido fibroso, que restabelecem ou restauram a pele. **2.** *Direito penal.* Configurará lesão corporal grave se se localizar no rosto, se comprometer os movimentos etc.

CIDADANIA. *Ciência política.* Qualidade ou estado de cidadão; vínculo político que gera para o nacional deveres e direitos políticos, uma vez que o liga ao Estado. É a qualidade de cidadão relativa ao exercício das prerrogativas políticas outorgadas pela Constituição de um Estado democrático.

CIÊNCIA. **1.** *Filosofia geral* e *filosofia do direito.* a) Saber metodicamente fundado, demonstrado e sistematizado. É um complexo de enunciados verdadeiros, rigorosamente fundados e demonstrados, com um sentido limitado, dirigido a determinado objeto. Para que haja ciência, deve haver as seguintes notas: caráter metódico, sistemático, certo, fundamentado ou demonstrado e limitado ou condicionado a certo setor do objeto; b) destreza técnica ou conhecimento da profissão. **2.** *Direito processual.* a) Fato de alguém estar no conhecimento de qualquer assunto do seu interesse ou de outrem, em razão de intimação ou notificação etc., não podendo alegar, posteriormente, que o desconhece; b) conhecimento que tem a testemunha da ocorrência de qualquer fato, por tê-lo presenciado ou ouvido ou por ter recebido notícia dele em virtude de narração alheia.

CIÊNCIA DO DIREITO. *Teoria geral do direito.* Conhecimento do direito governado por um método, que fixará as bases da sua sistematização. É uma atividade intelectual dirigida à aquisição do conhecimento do direito.

CIÊNCIA ECONÔMICA. *Economia política.* É a que tem por objeto não só a explicação do fato social econômico pela determinação de suas leis, como também da ação econômica.

CIÊNCIA JURÍDICA. *Vide* CIÊNCIA DO DIREITO.

CIÊNCIA POLÍTICA. **1.** Estudo tendente a obter o conhecimento geral e sistemático da sociedade, dos movimentos sociais e da realidade do governo, mediante a observação dos fatos e a prospecção histórica, a fim de selecionar formas políticas. **2.** Análise e descrição de comportamentos políticos, processos governamentais, instituições e ideias políticas e normas jurídicas a eles alusivas. **3.** Teoria geral do Estado, que teria por finalidade discriminar formas de política, sistematizando-as e analisando-as do ponto de vista sociojurídico. **4.** É a que analisa o fenômeno político, com base na metodologia das ciências empíricas (Norberto Bobbio).

CIENTIFICADO. *Direito processual civil* e *direito civil.* Qualidade daquele que veio a tomar conhecimento de um ato ou fato por intimação, notificação judicial ou extrajudicial etc.

CIF. *Direito internacional privado.* O mesmo que CAF (*Côut, Assurance et Fret*), correspondendo à expressão inglesa *Cost, Insurance and Freight,* isto é, custo, seguro e frete, pela qual o vendedor se encarregará de embarcar a mercadoria vendida, pagando, a expensas do adquirente, o custo do seguro marítimo e frete.

CIF LANDED. *Direito internacional privado.* Cláusula inserida na venda internacional pela qual o vendedor terá o dever de custear despesas de descarregamento e colocação da mercadoria no cais.

CIFRA. **1.** *Direito comercial.* a) Contabilidade; cálculo aritmético; b) importância expressa em algarismos; c) números que aparecem em balanços ou balancetes. **2.** *Direito internacional.* Sinal ou palavra convencional usada nas comunicações ou contratos internacionais. **3.** *Direito administrativo.* Números que aparecem no relatório das despesas públicas. **4.** *Direito civil.* a) Valores contidos nas prestações de contas; b) abreviatura ou monograma do nome de alguém. **5.** *Direito militar.* Sinal usado pelo Exército, nas comunicações de caráter convencional, secreto ou reservado, que não deve ser compreendido por todos.

CINZAS. *Medicina legal.* Resíduos pulverulentos, provenientes de incineração (cremação) de restos mortais humanos.

CIRCULAÇÃO. **1.** *Economia política* e *direito econômico.* Curso de moedas, títulos de crédito, riquezas etc., ou melhor, passagem dos bens de um titular para outro pela tradição física ou simbólica ou por meio de papéis representativos de valor. É a transferência do direito sobre a coisa para uso, consumo ou disposição. Será monetária, ou metálica, se houver curso de ouro ou prata, amoedados ou não, ou fiduciária se se tiver curso de papel-moeda ou notas bancárias devidamente emitidas. **2.** ***Medicina legal.*** Movimento do sangue entre o coração e as diferentes partes do corpo humano. **3.** ***Direito de trânsito*** e ***direito administrativo.*** Facilidade de trânsito ou de movimento de veículos e pedestres nas ruas ou estradas. **4.** ***Direito comercial.*** a) Distribuição de exemplares de uma publicação entre leitores; b) lançamento de obra no mercado para expô-la à venda; c) número médio de exemplares de um periódico vendidos diariamente; d) introdução de bens no comércio. **5.** ***Direito tributário.*** Transferência de bens que pode sujeitar-se ao imposto de circulação de mercadorias, de movimentação ou operações financeiras e de transferência de bens imóveis *inter vivos* ou *causa mortis*.

CIRCULAR. 1. ***Direito administrativo.*** Instrução escrita, emitida por autoridade competente e dirigida aos chefes de repartições públicas para que tomem as providências ou medidas nela indicadas, as quais, então, servirão de guia aos funcionários na execução do serviço. É, portanto, um ato administrativo formal endereçado a órgãos que tenham a mesma função e igual categoria, sendo obrigatório a todos os subordinados à autoridade que o emitiu. **2.** ***Direito comercial.*** a) Carta ou aviso de firmas endereçado aos seus fornecedores ou fregueses, comunicando-os de alguma alteração havida na organização empresarial ou nos negócios efetivados; b) ter aceitação no comércio como representação de valor, tal qual ocorre, por exemplo, com moedas e notas. **3.** ***Direito civil.*** Nota ou conhecimento de certo fato divulgado por meio de carta ou ofício dirigido a várias pessoas. Trata-se da "carta circular".

CIRCUNDUÇÃO. ***Direito processual civil.*** Ato de se julgar nula uma citação por omissão de formalidade ou pelo não cumprimento das normas. No antigo direito a citação era circunduta se não houvesse sua acusação, em tempo hábil, em audiência pelo autor.

CIRCUNSCRIÇÃO. 1. ***Direito administrativo.*** Divisão territorial administrativa delimitadora das atribuições dos órgãos públicos. **2.** ***Ciência política*** e ***direito eleitoral.*** Subdivisão do Estado, cuja extensão vem a delimitar o cumprimento de determinadas operações eleitorais, com o escopo de eleger os candidatos a certos cargos. **3.** ***Direito processual civil.*** Divisão territorial na qual o juiz de uma comarca exerce sua jurisdição. **4.** ***Direito processual penal.*** Competência territorial de autoridade da Polícia Judiciária.

CIRCUNSTÂNCIA AGRAVANTE. ***Direito penal.*** Fato suscetível de aumentar a pena, como a reincidência ou a prática do crime: a) por motivo fútil ou torpe; b) para facilitar ou assegurar a execução, a ocultação, a impunidade ou vantagem de outro crime; c) à traição, emboscada ou mediante dissimulação ou recurso que dificulte ou impossibilite a defesa da vítima; d) com o emprego de veneno, fogo, explosivo, tortura ou meio insidioso ou cruel de que podia resultar perigo comum; e) contra ascendente, descendente, irmão ou cônjuge; f) com abuso de autoridade ou prevalecendo-se de relações domésticas, coabitação ou hospitalidade; g) com abuso de poder ou violação de dever inerente a cargo, ofício, ministério ou profissão; h) contra criança, maior de sessenta anos, enfermo ou mulher grávida; i) quando o ofendido estava sob a imediata proteção da autoridade; j) em ocasião de incêndio, naufrágio, inundação ou qualquer calamidade pública ou de desgraça particular do ofendido; k) em estado de embriaguez preordenada. Isto é assim porque tais fatos demonstram maior periculosidade do criminoso.

CIRCUNSTÂNCIA ATENUANTE. ***Direito penal.*** Fato que, concorrendo com um crime, atua beneficamente em favor do criminoso, determinando a redução da pena. Atenuar-se-á a pena se o agente: a) for menor de vinte e um, na data do fato, ou maior de setenta anos, na data da sentença; b) desconhecia a norma; c) cometeu o crime por motivo de relevante valor social ou moral; d) procurou, espontaneamente, após o delito, evitar ou diminuir sua consequência ou reparou o dano causado antes do julgamento; e) praticou o crime sob coação resistível, em cumprimento de ordem de autoridade superior ou sob a influência de violenta emoção provocada por ato injusto da vítima; f) confessou, perante autoridade por livre e espontânea vontade, a autoria do crime; g) cometeu o crime influenciado por multidão em tumulto.

CIRCUNSTÂNCIA COMUM. ***Direito penal.*** A aplicável a qualquer crime, por estar expressa na Parte Geral do Código Penal.

CIRCUNSTÂNCIA COMUNICÁVEL. ***Direito penal.*** É a que se comunica a todos os que participaram da prática criminosa, mesmo se for por eles desconhecida, por ser relativa à pessoa do ofendido ou ao elemento material do crime. Será considerado como circunstância objetiva atenuante comunicável o fato de procurar evitar ou diminuir, espontaneamente, as consequências do crime, pois se refere à sua materialidade.

CIRCUNSTÂNCIA CONCOMITANTE. ***Direito penal.*** É a ligada ao resultado e à execução de crime cometido sob coação resistível, violenta emoção ou por influência de multidão em tumulto.

CIRCUNSTÂNCIA DE CARÁTER PESSOAL. *Direito penal.* Fato que diz respeito à pessoa do agente, portanto, incomunicável, sendo relativo à sua imputabilidade, grau de culpa, intensidade do dolo, relação com a vítima e reincidência.

CIRCUNSTÂNCIA DIRIMENTE. *Direito penal.* Elemento na pessoa do delinquente ou na prática criminosa que, embora não retire a criminalidade do fato, poderá isentar o agente da pena, por exemplo, coação irresistível, legítima defesa putativa etc.

CIRCUNSTÂNCIA EXCLUDENTE. *Direito penal.* É a que exclui a criminalidade de um ato.

CIRCUNSTÂNCIA FACULTATIVA. *Direito penal.* Aquela em que a imposição da pena aplicável deve atender não só à culpabilidade do agente, aos seus antecedentes, à sua personalidade, aos motivos, às circunstâncias e consequências do crime, mas também ao comportamento da vítima, podendo o juiz escolher uma dentre as cominadas, fixando sua quantidade dentro dos limites legais e estabelecendo o regime inicial de cumprimento da pena, se privativa de liberdade, ou substituindo-a, se cabível, por outra espécie.

CIRCUNSTÂNCIA INCOMUNICÁVEL. *Direito penal.* É a de caráter pessoal, que não se comunica aos demais agentes.

CIRCUNSTÂNCIA NA PARTICIPAÇÃO. *Direito penal.* Fato que agrava a pena em relação ao agente que: promove ou organiza a cooperação no crime ou dirige a atividade dos demais agentes; coage ou induz outrem à execução material do crime; instiga ou determina a cometer o crime alguém sujeito à sua autoridade ou não punível em virtude de condição ou qualidade pessoal; executa o crime, ou nele participa, mediante paga ou promessa de recompensa.

CIRCUNSTÂNCIA OBJETIVA. *Direito penal.* É a alusiva ao fato, estando relacionada ao tempo, ao local ou à forma de sua execução, ao seu objeto, às condições do ofendido etc.

CIRCUNSTÂNCIA SUBJETIVA. *Direito penal.* É a que, por aderir à pessoa do agente, revela o grau de sua culpabilidade, as suas relações com a vítima, a reincidência, a imputabilidade etc.

CIRCUNSTÂNCIA SUBSEQUENTE. *Direito penal.* Ato útil ao ofendido ou à justiça praticado pelo criminoso após o crime, por exemplo, ter impedido ou diminuído as consequências do delito ou, ainda, reparado o dano, ter confessado espontaneamente perante a autoridade a autoria do crime etc.

CISÃO. 1. Na *linguagem jurídica comum:* a) dissidência; b) divergência de opinião ou separação de interesses. 2. *Ciência política.* Separação de corpo de um partido. 3. *Direito comercial.* Separação de sociedades. Operação pela qual a pessoa jurídica transfere seu patrimônio para uma ou mais pessoas jurídicas, constituídas para esse fim ou já existentes, extinguindo-se ou não a sociedade cindida se houver transferência de todo o seu patrimônio ou dividindo-se o seu capital, se parcial a transferência.

CITAÇÃO. 1. *Direito autoral.* Referência a um texto alheio transcrito ou a uma opinião autorizada. 2. *Direito processual civil.* Ato processual escrito pelo qual se chama, por ordem da autoridade competente, o réu, ou o interessado, para defender-se em juízo. Com a citação o Estado, na pessoa do órgão judicante, vem a transmitir o teor do pedido do autor ao réu, estabelecendo, desde esse instante, a demanda judicial. Logo, com a citação válida poder-se-á: a) interromper a prescrição da ação; b) induzir litispendência; c) tornar prevento o juízo, concedendo prioridade do julgamento da causa ao juiz perante quem a citação se efetivar em primeiro lugar; d) constituir em mora o devedor; e) tornar litigiosa a coisa. 3. *Direito processual penal.* Ato processual de chamar o réu para sua defesa judicial, feito por mandado, se ele estiver no território sujeito à jurisdição do juiz que a ordenou; por precatória, se estiver fora da jurisdição do magistrado processante; por rogatória, se tiver a citação de ser feita em legação estrangeira e por edital, se o réu estiver em local inacessível ou se incerta for a pessoa que tiver de ser citada.

CITAÇÃO COM HORA CERTA. *Direito processual civil.* É o modo de efetivar a citação quando a pessoa citada não é encontrada ou se esconde para evitá-la, caso em que o oficial de justiça, após procurá-la por três vezes, marcará hora certa do dia subsequente ao do aviso para nela dar como promovida a citação. Se ainda assim o citando não for encontrado, deixará contrafé da certidão da ocorrência com qualquer pessoa de sua família ou, em sua falta, com qualquer vizinho seu. Feita a citação com hora certa, o escrivão dará ao citando ciência de tudo, enviando-lhe, dentro de 10 dias, contados da data da juntada do mandado aos autos, carta, telegrama ou correspondência eletrônica.

CITAÇÃO EFETIVA. *Direito processual civil.* É a que abrange, em sentido amplo, a citação inicial feita pelo correio, por oficial de justiça ou por edital e, em acepção estrita, a citação real feita pessoalmente ao próprio citando, a seu representante legal ou a procurador legalmente autorizado que tenha poderes especiais para recebê-la.

CITAÇÃO PELO CORREIO. 1. *Direito processual civil.* Trata-se da "citação postal", que é requerida pelo autor e deferida pelo juiz, para qualquer comarca do País, salvo: nas ações de Estado; quando pessoa incapaz e pessoa de direito público forem réus; nos processos de execução; se o réu residir em local não atendido pela entrega domiciliar de correspondência; e quando o autor a requerer de outra forma. A carta citatória deverá ser registrada e expedida com aviso de recepção para que, com a anexação deste aos autos, se possa comprovar a citação pela sua entrega ao destinatário. **2.** O mesmo que CITAÇÃO POR CARTA DO ESCRIVÃO (*v.*).

CITAÇÃO PESSOAL. 1. ***Direito processual civil.*** É a também chamada "citação real", por ser a comunicação processual do ajuizamento da ação ou da execução ao próprio citando, pessoalmente, a seu representante legal ou a procurador legalmente autorizado. É real por ser efetiva a comunicação processual. **2.** *Vide* CITAÇÃO EFETIVA.

CITAÇÃO POR CARTA DO ESCRIVÃO. *Vide* CITAÇÃO PELO CORREIO.

CITAÇÃO POR DESPACHO. ***Direito processual civil.*** Providência citatória ordenada por despacho judicial e efetuada por órgão auxiliar do juízo (oficial de justiça, cumprindo o mandado, ou escrivão, por certificação nos autos), pelo correio ou por edital.

CITAÇÃO POR EDITAL. ***Direito processual civil.*** Ato citatório efetuado por meio de aviso ou anúncio publicado na imprensa oficial ou particular e afixado na sede do juízo, ou divulgado pelo rádio, no caso de ser o réu desconhecido ou incerto, de se encontrar em local ignorado, incerto ou inacessível ou, ainda, se se tratar dos casos expressamente indicados em lei.

CITADO. 1. ***Direito processual civil.*** Aquele que recebeu a citação judicial, podendo ser: o réu chamado a juízo para defender-se no processo iniciado pelo autor; o litisconsorte necessário do demandante para, em atividade conjunta, auxiliar no reconhecimento pelo magistrado da procedência da ação; o interessado para tutelar seu interesse no procedimento instaurado por outrem. **2.** ***Direito processual penal.*** É o réu ou acusado, na ação penal pública, ou o querelado, na ação penal privada, chamados para defender-se da imputação apresentada na denúncia ou queixa. **3.** ***Direito autoral.*** Autor ou documento mencionado num texto.

CITANTE. ***Direito processual.*** **1.** Pessoa que faz a citação; aquele que requer a citação do réu, do litisconsorte necessário ou do interessado, por ser o autor ou o exequente. **2.** Aquele que foi encarregado pelo órgão judicante de efetuar as diligências citatórias; órgão auxiliar do jurisdicional que efetiva a citação, ou melhor, oficial de justiça ou escrivão. **3.** O carteiro incumbido de efetuar a providência citatória na hipótese de citação postal.

CÍVEL. 1. ***Direito civil.*** a) Aquilo que for relativo ao direito civil; b) o mesmo que CIVIL (*v.*). **2.** ***Direito processual civil.*** Diz-se da jurisdição dos juízes e tribunais que julgam causas cíveis.

CIVIL. 1. ***Direito civil.*** a) O mesmo que CÍVEL (*v.*); b) setor da vida social regido por normas de direito civil; c) relativo ao cidadão considerado em suas relações particulares com os demais membros da sociedade, sejam elas familiares, patrimoniais ou obrigacionais; d) indivíduo não pertencente às classes militar ou eclesiástica; e) aquilo que não tem caráter criminal. **2.** ***Direito processual civil.*** a) Jurisdição dos tribunais cíveis; b) diz-se da ação fundada no **direito civil**.

CLAMOR PÚBLICO. 1. ***Direito penal.*** Acusação oral de um crime que acaba de ser perpetrado ou que está sendo praticado, feita pelo povo contra o delinquente desde o momento do delito e em sua perseguição, exigida, outrora, para que se caracterizasse o flagrante delito. Seria o concurso de testemunhas de um crime que, espontaneamente, correm no encalço do criminoso, pedindo a repressão das autoridades competentes, denotando que o perseguido é o autor do ato delituoso. **2.** ***Ciência política.*** Indignação popular que pode apresentar-se em comícios ou em concentrações.

CLANDESTINIDADE. 1. Na ***linguagem jurídica comum***, é a qualidade daquilo que é feito às ocultas, com dissimulação, não apresentando as condições de publicidade requeridas pela lei, visando fraudá-la ou lesar alguém. **2.** ***Direito civil.*** Vício da posse consistente em ser o possuidor despojado às escondidas ou sub-repticiamente do bem, podendo ser reintegrado na sua posse por força de sentença judicial.

CLANDESTINO. 1. ***Direito comercial.*** a) Diz-se do passageiro que viaja escondido sem apresentar documento e pagar a passagem; b) passageiro que não está autorizado pelo comandante da embarcação a viajar, não constando sua presença nos registros oficiais de embarcação. **2.** ***Direito civil.*** a) Relativo à clandestinidade; b) aquilo que não apresenta as condições de publicidade e notoriedade prescritas legalmente. **3.** ***Direito penal.*** a) O que é feito às ocultas; b) ilegal; c) aquele que viaja sem ter adquirido bilhete de passagem.

CLASSE INATIVA. ***Direito do trabalho, direito administrativo, direito militar*** e ***direito previdenciário.*** a) Grupo dos aposentados e reformados que não estão no exercício de suas funções, cargos e postos militares; b) conjunto de viúvas e filhas de determinados pensionários, que têm direito a receber pensões.

CLASSIFICAÇÃO. 1. ***Teoria geral do direito.*** a) Modo de ordenar um conjunto de objetos ou conceitos segundo certas relações que se pretendem evidenciar, como relação do gênero com a espécie, do todo com a parte, de hierarquia etc.; b) ação de classificar ou agrupar coisas da mesma espécie, formando categorias ou classes; c) processo que identifica informações de acordo com o seu valor, permitindo estabelecer o nível de segurança adequado para cada tipo de informação e decidir que controles e procedimentos são necessários para a seleção, tratamento, transmissão, armazenamento e descarte dessas informações. **2.** ***Direito penal.*** Enquadramento de uma figura jurídica delituosa, definindo-a por seus elementos constitutivos ou pelas circunstâncias a ela relacionadas, com o escopo de fixar ou determinar a pena aplicável do seu autor. **3.** ***Direito administrativo*** **e** ***direito militar.*** Distribuição de funcionários públicos nomeados ou de militares admitidos ou promovidos nos departamentos ou batalhões em que devem exercer suas funções. **4.** ***Direito civil.*** a) Apreciação do mérito de uma pessoa; b) ato de classificar-se em concurso. **5.** ***Direito desportivo.*** a) Efeito de classificar-se numa competição esportiva; b) posição numa escala gradual de resultados numa competição.

CLASSIFICAÇÃO DE CRIMES. ***Direito penal.*** Ato de enquadrar em classes os crimes definidos em lei, tendo por base: a) *sua gravidade*, caso em que se fala em *delitos* e *contravenções*; b) *sua manifestação*, hipótese em que se configuram os crimes *permanentes, continuados, progressivos, de mera conduta, de dano, comissivos, omissivos, exauridos, complexos, de ação múltipla*; c) *o bem violado*, surgindo: os *crimes contra a pessoa* (crimes contra a vida, lesões corporais, periclitação da vida e da saúde, rixa, crimes contra a honra, a liberdade pessoal, a inviolabilidade do domicílio, de correspondência e dos segredos), os *crimes contra o patrimônio* (furto, roubo, extorsão, usurpação, dano, apropriação indébita, estelionato, receptação), os *crimes contra a propriedade imaterial* (crimes contra a propriedade intelectual), os *crimes contra a organização do trabalho*, os *crimes contra o sentimento religioso e contra o respeito aos mortos*, os *crimes contra a dignidade sexual* (*crimes contra a liberdade sexual* — estupro, violação sexual mediante fraude, assédio sexual —, *crimes sexuais contra vulnerável* — estupro de vulnerável, satisfação de lascívia mediante presença de criança ou adolescente, favorecimento de prostituição ou outra forma de exploração sexual de vulnerável —, *lenocínio, tráfico de pessoas para fim de prostituição u outra forma de exploração sexual* — mediação para servir a lascívia de alguém, favorecimento da prostituição ou outra forma de exploração sexual, casa de prostituição, rufianismo, tráfico internacional de pessoa para fim de exploração sexual, tráfico interno de pessoa para fim de exploração sexual — *ultraje público ao pudor*), os *crimes contra a família* (crimes contra o casamento, o estado de filiação, a assistência familiar, o poder familiar e a tutela ou curatela), os *crimes contra a incolumidade pública* (crimes de perigo comum, contra a segurança dos meios de comunicação e transporte e outros serviços públicos e os crimes contra a saúde pública), os *crimes contra a paz pública*, os *crimes contra a fé pública* (moeda falsa, falsidade de títulos e papéis públicos e falsidade documental), os *crimes contra a Administração Pública* (crimes praticados por funcionário público ou por particular contra a Administração em geral e crimes praticados por particular contra a administração pública estrangeira), os *crimes contra a administração da justiça* e os *crimes contra as finanças públicas*; d) o *ato praticado*, incluindo: os crimes *políticos, comuns, unissubsistentes* (aqueles que requerem um só ato, não admitindo a tentativa) e *plurissubsistentes* (se houver vários atos, sendo admitida a tentativa).

CLASSIFICAÇÃO JURÍDICA DOS TRIBUTOS. ***Direito tributário.*** Enquadramento das receitas derivadas que, ante o poder fiscal, são recolhidas pelo Estado do patrimônio dos indivíduos em determinadas classes, conforme suas peculiaridades. Assim, classificam-se, na lição de Geraldo Ataliba, em: a) *tributos não vinculados*, se a hipótese de incidência for um fato qualquer qualificado pela lei que não seja uma atuação estatal ou do Poder Público relativa ao contribuinte, caso em que se têm os *impostos*, que se caracterizam por ser uma cobrança geral, sem que haja qualquer contraprestação, baseando-se tão somente na capacidade contributiva e na competência tributária; b) *tributos vinculados*, se o fato gerador for uma atuação do Estado referida ao obrigado direta ou indiretamente, pois são cobrados para custear os serviços públicos prestados ou o exercício do poder de polícia. Se houver relacionamento imediato entre o Poder Público e o contribuinte, ter-se-ão as *taxas*, em que, por exemplo, a hipótese de incidência pode ser o fornecimento de um serviço público, a expedição de uma certidão por uma repartição pública etc. Se a atuação estatal, relativamente ao obrigado, for indireta ou mediata, teremos as *contribuições de melhoria*, cobradas dos proprietários se, por exemplo, uma obra pública trouxer-lhes benefícios pela valorização dos imóveis próximos a ela.

CLÁUSULA. ***Direito civil.*** Artigo ou preceito que faz parte de um contrato ou de um instrumento público ou particular.

CLÁUSULA ABUSIVA. ***Direito do consumidor.*** É a desvantajosa, desleal ou leonina para o consumidor, diminuindo seus direitos, que, se inserida no contrato de fornecimento de produtos e serviços, será nula de pleno direito. Considerar-se-á abusiva, por exemplo, dentre outras, a que: a) exonerar a responsabilidade do fornecedor por vícios de qualquer natureza dos produtos ou serviços; b) permitir ao fornecedor o aumento unilateral do preço; c) admitir a perda do bem e do valor já pago se houver atraso no pagamento das prestações por um certo período; d) prescrever a inversão do ônus da prova em prejuízo do consumidor; e) autorizar o fornecedor a cancelar ou modificar o contrato unilateralmente, sem que igual direito seja conferido ao consumidor; f) impuser representante para concluir ou realizar outro negócio jurídico pelo consumidor; g) estiver em desacordo com o sistema de proteção ao consumidor etc.

CLÁUSULA À ORDEM. *Direito cambiário.* É a inserida em títulos cambiários, indicando o nome em favor de quem são emitidos, acompanhada da expressão permissiva do endosso "ou à sua ordem". É, portanto, aquela que indica serem os títulos de crédito (nota promissória, letra de câmbio, duplicata, cheque) transmissíveis por simples endosso.

CLÁUSULA COMPROMISSÓRIA. *Direito internacional privado, direito civil* e *direito comercial.* Pacto adjeto em contratos internacionais, civis ou mercantis, principalmente os de sociedade, ou em negócios unilaterais, em que se estabelece que, na eventualidade de uma possível e futura divergência entre os interessados na execução do negócio, estes deverão lançar mão do juízo arbitral.

CLÁUSULA DAP. *Direito internacional privado.* A *delivered at place* (DAP) é similar à DAT, mas a carga está depositada no terminal de embarque e já foi carregada e transportada ao local do desembarque à disposição do comprador, que arcará com essa despesa e com as de importação. O vendedor responderá pelo despacho aduaneiro de exportação. Não há dever de contratar seguro, nem por parte do comprador, nem do vendedor.

CLÁUSULA DAT. *Direito internacional privado.* Pela *delivered at terminal* (DAT), o vendedor tem o dever de colocar a mercadoria à disposição do comprador no terminal (rodoviário, aeroportuário ou de contêineres, armazém). Tal mercadoria deverá estar pronta para ser exportada. O vendedor arca com despesas com transporte até o terminal, procedimento aduaneiro e documentos, ficando o comprador com os dispêndios relativos à importação e ao seguro da carga.

CLÁUSULA DE ADAPTAÇÃO NOS CONTRATOS INTERNACIONAIS DE EXECUÇÃO CONTINUADA. *Direito internacional privado.* É aquela que, inserida em contrato internacional de execução continuada, visa prefixar parâmetros, de aplicação automática, e, por cobrir álea de natureza econômica suscetível de afetar a prestação contratual, possibilita que o contrato se afeiçoe às circunstâncias fáticas supervenientes. Essa cláusula pode ser: *a clause de maintien de la valeur contractual*, se tiver por escopo garantir a equivalência dos valores do contrato; a *escalation*, como a indexação, a de escala móvel e a de reajustamento das prestações; a *government take clause*, se permitir o repasse automático nos preços das majorações efetuadas pelos países produtores, inserida, geralmente, no contrato de fornecimento de petróleo; a *first refusal clause*, em caso de alinhamento automático dos preços ao nível das ofertas concorrentes; a do *cliente mais favorecido*, se o vendedor se comprometer a estender ao comprador os benefícios que posteriormente vier a conceder a clientes.

CLÁUSULA DE ARREPENDIMENTO. *Direito civil.* É a convencionada contratualmente, permitindo, em casos excepcionais, o desfazimento do contrato por vontade unilateral.

CLÁUSULA DE ELEIÇÃO DE FORO. **1.** *Direito internacional privado.* Aquela em que as partes escolhem o foro, que deve ter alguma relação com o contrato internacional, sob pena de se configurar fraude à lei, mas, se versar sobre imóvel, prevalece o foro de sua situação, pouco importando o escolhido pelas partes. **2.** *Direito processual civil.* Aquela pela qual se escolhe o foro competente para solucionar a demanda advinda do contrato firmado.

CLÁUSULA DE ESCALA MÓVEL. *Direito civil* e *direito comercial.* Estabelece, como ensina Arnoldo Wald, uma revisão, pré-convencionada pelas partes, dos pagamentos que deverão ser feitos, de acordo com as variações do preço de determinadas mercadorias ou serviços (cláusula-mercadoria) ou do índice geral do custo de vida (cláusula *index number*). Portanto, por essa cláusula a revisão da obrigação pecuniária é feita por convenção das partes, em função do valor, expresso em moeda corrente, de certos bens (p. ex., petróleo) ou serviços ou de uma generalidade de bens ou de serviços (índices gerais de preços), isto porque tais elementos, por serem mais estáveis do que a moeda, atualizam-se à medida que o valor da moeda diminui.

CLÁUSULA DE EXONERAÇÃO. *Direito internacional privado.* É aquela que, em caso de força maior, como tempestade, cataclismo, seca, raio, congelamento de estradas, epidemias, ou de caso fortuito, como greves, quebra de máquinas, revolução, terrorismo, bloqueio, guerra etc., libera a parte inadimplente de qualquer responsabilidade, mas esta deverá envidar esforços para contornar o ocorrido.

CLÁUSULA DE FORÇA MAIOR. *Direito internacional privado.* Cláusula de renegociação no contrato internacional de execução continuada que visa assegurar a continuidade do pacto, procurando adaptá-lo às novas situações advindas de acontecimento imprevisível, estabelecendo que, após o decurso de determinado lapso temporal, em que se suspendem os efeitos do referido contrato e a impossibilidade de sua execução, o vínculo contratual permanecerá sobre as novas bases, que foram renegociadas durante aquele período de sua suspensão.

CLÁUSULA DE *HARDSHIP*. 1. *Direito internacional privado.* Cláusula de renegociação de contrato internacional de execução continuada, pela qual os contratantes se obrigam a adaptar o contrato à nova circunstância que venha a alterar a equação econômica da avença, por criar para um deles uma situação de onerosidade excessiva, dificultando a execução contratual. 2. *Direito civil.* Cláusula que possibilita a revisão contratual se sobrevierem fatos que venham a alterar de modo substancial o equilíbrio das obrigações dos contratantes. Técnica para solucionar o desequilíbrio contratual oriundo da superveniência de fatores que alterem a economia do contrato, para manter sob o controle dos contratantes certos fatos, assegurando a continuação da relação contratual em circunstâncias que levariam à sua rescisão. Essa cláusula é muito comum nos contratos de empreitada.

CLÁUSULA DE INDEXAÇÃO. *Direito internacional privado.* Corresponde à cláusula de atualização monetária. É a alusiva ao preço local e modalidade de pagamento e às garantias do valor da moeda do pagamento, que é fixo ou pode variar, se vinculado a taxas cambiais, procurando o valorismo contratual baseado em índices oficiais. Tal valorismo contratual baseado em índice que reflete a variação do valor da moeda é comum nos contratos de empréstimos.

CLÁUSULA DE IRRESPONSABILIDADE. 1. *Direito civil.* Cláusula contratual que tem por escopo exonerar o devedor dos danos que venha a ocasionar ao credor pelo eventual inadimplemento da obrigação assumida. Trata-se de exoneração convencional da reparação do dano. Tal cláusula visa suprimir o nexo entre o dano e o ato do devedor, ilidindo a reparação. Só poderá ser admitida se não violar norma nem implicar abuso, embora haja forte tendência doutrinária e jurisprudencial advogando a tese de sua nulidade. 2. *Direito comercial* e *direito do consumidor.* Cláusula que libera o fornecedor do produto ou do serviço de responsabilidade por possível dano futuro que venha a causar, tida como nula por ser abusiva, uma vez que visa ilidir o vínculo resultante da inexecução.

CLÁUSULA *DEL CREDERE*. 1. *Direito comercial.* Cláusula que constitui uma modalidade de seguro e de fiança, inserida no contrato de comissão, pela qual o comissário assume a responsabilidade pela solvência daquele com quem vier a contratar no interesse e por conta do comitente. 2. *História do direito.* Cláusula que era admitida em contrato de agência ou representação comercial, pela qual o representante comercial, mediante compensação pecuniária especial, respondia pelo mau negócio que fizesse, se terceiro, com o qual contratou, deixasse de cumprir a obrigação sem justa causa, garantindo ao representado a execução da obrigação de terceiro.

CLÁUSULA DE NÃO INDENIZAR. *Direito civil.* Estipulação contratual que libera a parte que deveria pagar a indenização por dano futuro e eventual, desde que provocado por terceiro, caso fortuito ou força maior. Implica a renúncia antecipada ao ressarcimento, cabível na responsabilidade civil contratual, embora não admitida juridicamente, decorrendo o princípio da autonomia da vontade, sendo que, na relação de consumo, é tida como cláusula nula.

CLÁUSULA DE PREEMPÇÃO OU PREFERÊNCIA. *Direito civil.* Aquela em que o comprador de um bem móvel ou imóvel assume a obrigação de oferecê-lo a quem lho vendeu, para que este use de seu direito de preferência em igualdade de condições, na hipótese de pretender vendê-lo ou dá-lo em pagamento. É um pacto estipulado em favor do alienante, visto que impõe ao comprador o dever de cientificar o vendedor de seu intuito de vender ou de dar o bem em pagamento, para que ele possa usar seu direito de preferência, readquirindo a coisa vendida em igualdade de condições com terceiro, tanto no que concerne à cifra numérica do preço como no que atina às vantagens oferecidas.

CLÁUSULA DE RENEGOCIAÇÃO NOS CONTRATOS INTERNACIONAIS DE EXECUÇÃO CONTINUADA. *Direito internacional privado.* 1. Aquela que é inserida no contrato internacional de execução continuada, pretendendo, apesar de não ter mecanismo automático, provocar a revisão contratual, dentro dos limites fixados, sempre que advierem modificações imprevisíveis e inevitáveis nas condições econômicas do negócio, em razão de novas circunstâncias que impossibilitem ou tornem onerosa a execução da avença. O contrato internacional que a contém prevê a intervenção de uma terceira pessoa, conferindo-lhe poderes para efetivar a negociação. Entre as cláusulas de renegociação podemos citar não só a de força maior como também a de *hardship*. 2. *Vide* CLÁUSULA DE FORÇA MAIOR e CLÁUSULA DE HARDSHIP.

CLÁUSULA DE SALVAGUARDA. *Direito internacional privado.* 1. Comum nos contratos internacionais de execução continuada, como compra e venda com transporte, fornecimento, construção de fábrica, produção de bens ou prestação de serviços, é aquela que obriga os contratantes a uma revisão contratual para que se restabeleça o equilíbrio do contrato, em caso de alteração ou modificação radical imprevisível, por estar sujeito a fatores políticos ou financeiros de diferentes países que podem mudar as condições econômicas. Tal cláusula pode ser de adaptação ou de renegociação. **2.** *Vide* CLÁUSULA DE ADAPTAÇÃO NOS CONTRATOS INTERNACIONAIS DE EXECUÇÃO CONTINUADA e CLÁUSULA DE RENEGOCIAÇÃO NOS CONTRATOS INTERNACIONAIS DE EXECUÇÃO CONTINUADA.

CLÁUSULA DE VENDA A CONTENTO. *Direito civil e direito comercial.* É a que subordina o contrato à condição de só se tornar perfeito e obrigatório se o comprador declarar que a coisa adquirida lhe satisfaz. A compra e venda, qualquer que seja o seu objeto, comporta essa cláusula, inserida, geralmente, no contrato de compra de gêneros que costumam ser provados, medidos, pesados ou experimentados antes de aceitos. Trata-se de uma venda sob prova, degustação, experimentação ou ensaio. A venda a contento reputar-se-á feita sob condição suspensiva, não se aperfeiçoando o negócio enquanto o adquirente não se declarar satisfeito. Mas permitido está que as partes lhe atribuam o caráter resolutivo, hipótese em que o contrato será considerado desde logo concluído, com os efeitos de um negócio perfeito, suscetível de resolver-se se o comprador proclamar seu desagrado em relação à coisa. O comprador é proprietário, embora titular de propriedade resolúvel. Sob a denominação de venda a contento ter-se-á: *venda sob condição de prova ou degustação*, que dependerá de prova do comprador, por exemplo, no caso de vinho ou café; *venda sob condição de peso, medida ou contagem*, que deverá ser providenciada pelo comprador; *venda sob condição de experimentação ou ensaio*, se se conceder ao comprador um prazo para experimentar ou ensaiar, como, por exemplo, aparelhos elétricos; *venda sob condição de exame*, dependente de o comprador examinar e concordar; *venda de mercadorias em trânsito*, hipótese em que o contrato recairá em mercadoria já despachada, mas sob a condição suspensiva de chegar ao local convencionado, caso em que, se não chegar ao destino, o contrato não se aperfeiçoará.

CLÁUSULA *EX QUAY*. *Direito internacional privado.* É aquela que dispõe que a tradição da mercadoria vendida poderá ser ajustada, sendo que o local da entrega poderá ser no cais do porto convencionado, competindo ao comprador trasladar a mercadoria do cais ao lugar onde se encontrar depositada temporariamente.

CLÁUSULA *EX SHIP*. *Direito internacional privado.* Cláusula pela qual o vendedor se obriga a colocar a mercadoria no navio, no porto de destino, assumindo os riscos, as despesas com exportação e os gastos até esse instante, de modo que o comprador deverá receber, no porto de destino, aquela mercadoria sem nada desembolsar.

CLÁUSULA *EX WORKS*. *Direito internacional privado.* Também chamada *ex factory, ex mill, ex plantations, ex warehouse* ou FOB fábrica, é a que possibilita ao vendedor colocar à disposição do comprador a mercadoria vendida em suas próprias dependências (fábrica, depósito, plantação, armazém). O vendedor deverá avisar o comprador do lugar onde se acham as mercadorias já embaladas, facilitando-lhe o recebimento e o transporte, indicando a data em que poderá retirá-las. Quando o comprador receber o aviso, passará a ter responsabilidade pelos riscos das mercadorias, devendo, então, pagar o preço convencionado mesmo que tenha havido perda ou deterioração daquelas. Se o alienante, após a data convencionada para a entrega da mercadoria, deixar de avisar o adquirente de que poderá retirar a coisa vendida, os riscos por esta correrão, então, por conta do vendedor, que deverá, se for preciso, substituir a mercadoria deteriorada por outra.

CLÁUSULA FAS. *Direito internacional privado.* **1.** Abreviação de *Free Alongside Ship*, isto é, posto no costado, ao lado do navio, porto de embarque indicado. É a cláusula pela qual o vendedor deverá entregar a mercadoria junto ao navio, em condições de ser embarcada, no porto de embarque. O preço incluirá o custo da mercadoria e as despesas até sua entrega no costado do navio, no porto em que deverá ser embarcada. **2.** Abreviação de *Free Arrival Station*, ou seja, a cláusula inserida na venda internacional se a mercadoria estiver acondicionada em *containers* e pela qual o carregador deverá entregá-los na estação de chegada indicada contratualmente, pronta para o despacho aduaneiro. O contrato que contém essa cláusula designa-se *arrival contract*.

CLÁUSULA FB. *Direito internacional privado.* Variação da FOB, indica que a mercadoria deverá ser entregue ao vendedor não no interior do navio, mas no cais, correndo por sua conta as despesas até o instante da chegada da mercadoria a este, onde será efetivada a tradição, passando, então, o comprador a assumir os riscos, arcando com as despesas de carregamento, seguro e frete.

CLÁUSULA FFA. *Direito internacional privado.* Abreviação de *Free From Alongside*, isto é, posta ao costado do navio. É a cláusula pela qual o frete pago pelo vendedor compreenderá o transporte da mercadoria até o costado do navio, no porto de destino. A partir daí, o comprador arcará com as demais despesas.

CLÁUSULA FIO OU FIOS. *Direito internacional privado.* É a inserida no transporte marítimo de mercadoria, onde as companhias independentes (*tramps*) são contratadas no sistema *charter party* para cálculo de frete, estabelecendo que as despesas de carga e descarga ficam por conta do fretador. O frete, portanto, será calculado pela cláusula *Free In and Out* (FIO) ou *Free In and Out Stowed* (FIOS).

CLÁUSULA FOB. *Direito internacional privado.* Abreviação de *Free On Board*, isto é, posto a bordo, livre ou franco a bordo, porto de embarque indicado. É a cláusula pela qual o vendedor entregará a mercadoria a bordo do navio indicado no porto de embarque, livre de qualquer despesa, facilitando assim ao comprador.

CLÁUSULAS FOR E FOT. *Direito internacional privado.* FOR (*Free On Rail* — posto no vagão) e FOT (*Free On Trunck* — ponto de partida indicado) são cláusulas que indicam que a mercadoria deverá ser transportada por ferrovia; logo, ela terá de ser entregue na estrada de ferro, no ponto de partida, na estação de despacho. O vendedor assumirá as despesas de transporte e riscos da coisa até entregar o vagão carregado, sob a guarda da estrada de ferro, na estação designada.

CLÁUSULA *FREE CARRIER*. *Direito internacional privado.* Cláusula pela qual o comprador, por sua conta, ao efetivar um contrato de transporte de mercadoria a partir do ponto convencionado, deverá notificar o alienante, com antecedência, indicando o nome do transportador e o prazo em que a mercadoria terá de lhe ser entregue.

CLÁUSULA *FREIGHT OR CARRIAGE PAID TO*. *Direito internacional privado.* Utilizada em transporte não marítimo, é aquela pela qual o vendedor deverá despachar a mercadoria até o local avençado, ficando sob sua responsabilidade o pagamento das despesas de carregamento e transporte, bem como as taxas de exportação. Ter-se-á frete pago até o local de destino designado.

CLÁUSULA GERAL. *Teoria geral do direito.* **1.** Formulação da hipótese legal que, em termos de grande generalidade, abrange e submete a tratamento jurídico todo um domínio de casos (Engisch). Daí ser conceito normativo indeterminado, apesar de não conter, necessariamente, qualquer delegação de discricionariedade, visto que remete para valorações objetivamente válidas, conforme as concepções éticas vigentes na sociedade atual, conferindo ao órgão aplicador maior elastério, para que, em busca de solução mais justa, a norma, que contém a cláusula geral, possa, na análise de caso por caso, ser efetivamente aplicada. **2.** Norma parcialmente em branco que é completada mediante referência a regras extrajurídicas (Judith Martins-Costa). **3.** Conceito aberto que requer preenchimento por obra da atividade jurisdicional à luz da conjuntura e das circunstâncias presentes no momento da aplicação da lei, tendo como eixo de gravidade o caso concreto (Arruda Alvim). **4.** Técnica legislativa de enunciar, por meio de expressões semânticas relativamente vagas, princípios e máximas que compreendam e recepcionem a mais variada sorte de hipóteses concretas de condutas tipificáveis, já ocorrentes no presente ou, ainda, por se realizarem no futuro (Adriana Mandim). **5.** Enunciação abstrata feita pela lei que exige valoração, de modo que o juiz possa preencher o seu conteúdo (Nelson Nery Junior e Rosa Maria de Andrade Nery).

CLÁUSULA LEONINA. *Direito civil.* **1.** Aquela em que todas as vantagens são conferidas a um dos contratantes, em detrimento do outro, sendo por isso nula. **2.** É a que isenta uma das partes de qualquer responsabilidade nas perdas, não podendo ter, por tal razão, valia.

CLÁUSULA OURO. *Direito internacional privado.* É a que estipula, em contratos internacionais, a obrigação do devedor de pagar a prestação a que se comprometera em moedas de ouro, em valor correspondente a certa quantidade de ouro ou, ainda, em moeda estrangeira, excluindo ou limitando, em seus efeitos, a moeda nacional, com o intuito de assegurar a manutenção do valor pecuniário da obrigação assumida em relação à oscilação ou depreciação do valor real da moeda do país onde a obrigação deve ser cumprida.

CLÁUSULA PENAL. *Direito civil.* Pacto acessório pelo qual as próprias partes contratantes estipulam, de antemão, uma pena, pecuniária ou não, contra a parte infringente da obrigação, como consequência de sua inexecução culposa ou de seu retardamento, fixando, assim, o valor das perdas e danos e garantindo o exato cumprimento da obrigação principal.

CLÁUSULA PÉTREA. *Direito constitucional.* Norma constitucional imutável ou intangível, tendo eficácia absoluta, pois contra ela nem mesmo há o poder de emendar. Daí conter uma força paralisante total de toda a legislação que, explícita ou implicitamente, vier a contrariá-la. É o que ocorre, por exemplo, com os dispositivos constitucionais que amparam a Federação, o voto direto, secreto, universal e periódico, a separação de Poderes e os direitos e garantias individuais. Tais normas possuem eficácia positiva e negativa. Têm eficácia positiva por terem incidência imediata e serem intangíveis, ou não emendáveis, visto que não podem ser modificadas por processo normal de emenda. Têm eficácia negativa por vedarem qualquer lei que lhes seja contrastante, daí sua força paralisante total e imediata, permanecendo intangíveis, ou não emendáveis, exceto por meio de revolução, que, como um ato de força, pode destruí-las, criando outras, instaurando uma nova ordem jurídica.

CLÁUSULA *REBUS SIC STANTIBUS*. **1.** ***Direito administrativo, direito civil*** e ***direito do consumidor.*** Corresponde à fórmula *contractus qui habent tractum sucessivum et dependentiam de futuro rebus sic stantibus intelliguntur*, isto é, nos contratos de trato sucessivo ou a termo, o vínculo obrigatório entende-se subordinado à continuação daquele estado de fato vigente ao tempo da estipulação. É cláusula ínsita à revisão judicial ou à resolução do contrato de execução sucessiva no caso de haver desigualdade superveniente das obrigações contratadas e consequente enriquecimento ilícito de um dos contratantes, sobrevindo certas circunstâncias excepcionais ou extraordinárias que impossibilitem a previsão de excessiva onerosidade no cumprimento da prestação, o que requererá judicialmente a alteração do conteúdo da avença, a fim de que se restaure o equilíbrio entre os contraentes ou seja rescindido o contrato. Como o nosso direito civil não admitia que os contratantes pudessem furtar-se ao cumprimento das obrigações em razão de desequilíbrio sofrido em consequência de fatos imprevisíveis nas relações contratuais que até acarretassem a exploração de um sobre o outro sob o véu do contrato, a doutrina e o Poder Judiciário vinham adotando dia a dia a teoria da imprevisão, justificando o restabelecimento do *statu quo ante* pela cláusula *rebus sic stantibus*, antecipando a expressa permissão legal da revisão judicial por onerosidade excessiva prevista no atual Código Civil, que também admite a rescisão do contrato. **2.** ***Direito internacional público.*** Cláusula resolutória de tratado bilateral ou multilateral que autoriza sua denunciação quando houver substancial ou essencial alteração imprevisível no conjunto das circunstâncias fáticas que motivaram os Estados signatários a celebrá-lo.

CLÁUSULA RFS. ***Direito internacional privado.*** Abreviação de *Received For Shipment*, ou seja, recebido para embarque. Trata-se da cláusula de um conhecimento de embarque marítimo indicativa de que a carga ou a mercadoria foram entregues à companhia de navegação que o emitiu, obrigando-se a efetuar seu transporte.

CLÁUSULAS RESTRITIVAS. ***Direito civil.*** São as que visam restringir ou limitar vantagens na aquisição de direitos sobre coisas, como as de incomunicabilidade, inalienabilidade e impenhorabilidade.

CLEMÊNCIA. **1.** ***Direito penal.*** Ato de isentar o culpado da pena ou de moderar a condenação imposta a alguém, comutando-se, baseado em texto legal, a pena, abrandando-a ou relevando-a. Logo, relaciona-se com a graça, o indulto e a anistia. **2.** ***Direito constitucional.*** Ato presidencial de conceder indulto e comutar penas. **3.** ***Teoria geral do direito.*** Liberalidade legal. **4.** ***Direito administrativo.*** Moderação governamental.

CLIENTELA. **1.** ***Direito comercial.*** Freguesia ou conjunto de fregueses de um estabelecimento, fazendo parte de seu fundo de comércio. **2.** ***Direito civil.*** Soma de clientes ou constituintes pertencentes à banca de um advogado. **3.** ***Direito do consumidor.*** a) Conjunto de clientes de um profissional, seja liberal ou não, que se utilizam frequentemente de seus serviços; b) conjunto de clientes de um consultório dentário ou médico. **4.** ***Direito penal.*** Objeto do crime de concorrência desleal, que consiste no emprego de meio fraudulento para desviar, em proveito próprio ou alheio, clientes de outrem.

CLONAGEM. ***Medicina legal*** e ***biodireito.*** **1.** Estimulação do desenvolvimento de um óvulo por meios físicos ou químicos, sem que seja fecundado por um esperma. Trata-se da partenogênese ou *cloning*, ou seja, da "reprodução assexuada em ser humano", que consiste em obter-se a fecundação mediante uma célula (não o sêmen) que contenha todos os componentes genéticos do organismo a que pertence para criar um novo ser idêntico a ele. Sua prática deve ser proibida, ante as desastrosas e gravíssimas consequências que traz nas searas jurídico-moral e científica. **2.** Processo de reprodução assexuada, produzida artificialmente, baseada em um único patrimônio genético, com ou sem utilização de técnica de engenharia genética, com o escopo de obter um indivíduo ou de produzir células-tronco embrionárias para uso terapêutico.

CLONE. **1.** ***Direito virtual.*** Computador que tem arquitetura compatível com o de um outro fabricante, podendo, por isso, rodar os mesmos programas. **2.** ***Medicina legal, biodireito, direito ambiental*** e ***direito agrário.*** a) Animal que resulta de clonagem; b) organismo geneticamente idêntico, oriundo de outro organismo por reprodução assexuada; c) planta obtida por meio de propagação vegetativa, geneticamente idêntica à planta original.

CLT. ***Direito do trabalho.*** Sigla de Consolidação das Leis do Trabalho.

CLUBE. **1.** ***Direito civil.*** a) Associação de fins desportivos, recreativos ou culturais; b) local onde agremiações se reúnem. **2.** ***Direito comercial.*** Sociedade que tem por escopo a venda de mercadorias por meio de sorteio, sendo chamada, por isso, de clube de mercadorias ou clube de sorteio.

CMN. Abreviatura de Conselho Monetário Nacional.

COABITAÇÃO. ***Direito civil.*** **1.** Vida em comum. **2.** Estado de duas pessoas de sexo oposto que moram juntas, sob o mesmo teto, como marido e mulher ou como companheiros. **3.** Dever de vida em comum no domicílio conjugal que têm as pessoas casadas. **4.** Habitualidade de relações sexuais lícitas ou ilícitas com pessoa do sexo oposto. **5.** Convivência dos cônjuges e dos companheiros.

COAÇÃO. 1. ***Direito civil.*** a) Pressão física ou moral exercida sobre a pessoa, os bens ou a honra de um contratante, visando obrigá-lo ou induzi-lo a efetivar um negócio jurídico; b) situação da pessoa coata. **2.** ***Direito administrativo.*** Ato ilegal de autoridade que venha a ameaçar ou violar direito líquido e certo. **3.** ***Teoria geral do direito*** e ***direito processual.*** Aplicação efetiva de uma sanção pelo poder competente segundo os processos legais contra o violador da norma.

COACUSADO. ***Direito penal.*** Corréu; aquele a quem, juntamente com outro ou outros, se imputa a autoria de um crime.

COADMINISTRAÇÃO. ***Direito administrativo*** e ***direito civil.*** Ato de administrar juntamente com outrem.

COALIZÃO. 1. ***Direito comercial.*** Truste; cartel. **2.** ***Ciência política.*** Aliança de partidos políticos para obter um fim comum. **3.** ***Direito internacional público.*** Liga de potências. **4.** ***Direito do trabalho.*** Agrupamento de trabalhadores, formando sindicato ou associação para defender os interesses do grupo. **5.** ***Direito penal.*** Crime contra a economia popular consistente na aliança, ajuste ou fusão de capitais para obstar ou dificultar a concorrência em matéria de produção, transporte ou comércio, com o intuito de obter um arbitrário aumento de lucro. **6.** ***Economia política.*** Coligação de produtores da mesma classe com a finalidade comum de usufruir vantagens ilícitas e lucros arbitrários, mediante exploração industrial, protegendo-a contra a concorrência desleal. Tal coalizão poderá ser: a) defensiva, se houver acordo temporário entre as empresas fabricantes do mesmo produto, monopolizando o mercado e precavendo-se, assim, da concorrência desleal, ao firmar o preço do produto; b) ofensiva, se as empresas coligadas tiverem o monopólio mercadológico apenas para aumentar arbitrariamente o preço de seus produtos, obtendo, assim, lucros ilícitos, em detrimento do consumidor.

COARRENDAMENTO. ***Direito agrário.*** Ato de arrendar ou alugar prédio rústico juntamente com outra pessoa.

COATIVIDADE. ***Teoria geral do direito*** e ***direito processual.*** Sinônimo de "coercitividade", é a possibilidade de exercer a coação, isto é, de aplicar sanção ao violador da norma.

COATIVO. 1. ***Teoria geral do direito*** e ***direito processual.*** Sinônimo de "coercivo" e "coercitivo", designa a qualidade de poder exercer a coação. **2.** ***Direito civil*** e ***direito penal.*** Aquilo que é referente à coação.

COAUTOR. 1. ***Direito autoral.*** Aquele que é autor de uma obra intelectual em colaboração com outro, de modo que haja conjugação de esforços criativos. Assim sendo, não é coautor: o revisor do texto, aquele que o atualiza ou aquele que auxilia ou aconselha materialmente o autor, ou ainda aquele que fiscaliza ou dirige sua edição ou apresentação. **2.** ***Direito processual civil.*** Aquele que, numa causa cível, é autor juntamente com outrem, intentando uma demanda. **3.** ***Direito penal.*** Aquele que, conjuntamente com outro, vem a praticar um crime ou concorrer para ele; cúmplice.

COAVALISTA. ***Direito cambiário.*** Aquele que concede aval a favor de terceiro juntamente com outro ou sucessivamente a ele, garantindo o cumprimento da obrigação. É, portanto, aquele que vem a avalizar um título de crédito juntamente com outrem, ficando com este solidariamente responsável pela obrigação avalizada. Todavia, o avalista que vier a pagar integralmente a dívida terá ação regressiva para obter do autor a parte que lhe cabe naquela obrigação.

COBRANÇA. Na ***linguagem jurídica*** em geral, ato de exigir, judicial ou extrajudicialmente, não só o pagamento de uma dívida ou de um tributo, mas também a restituição de uma coisa devida.

COCREDOR. ***Direito civil.*** Aquele que é credor juntamente com outro, solidariamente ou não.

CODELINQUÊNCIA. ***Direito penal.*** **1.** Participação consciente e voluntária de duas ou mais pessoas num crime. **2.** *Vide* CUMPLICIDADE.

CODEVEDOR. ***Direito civil.*** **1.** O responsável pelo pagamento de um débito juntamente com outra pessoa. A existência de codevedores pode dar origem à solidariedade passiva, hipótese em que cada um deles será responsável pela dívida toda. **2.** *Vide* DEVEDOR SOLIDÁRIO.

CODICILO. ***Direito civil.*** **1.** Segundo Carlos Maximiliano, é o ato de última vontade pelo qual o disponente traça diretrizes sobre assuntos pouco importantes, despesas e dádivas de pequeno valor. Contém disposições sobre: o próprio enterro; esmolas de pouca monta a determinadas pessoas ou aos pobres de certo lugar; legado de móveis, roupas ou joias não muito valiosas e de uso pessoal; sufrágios por intenção da alma do codicilante; nomeação e substituição de testamenteiro; perdão de indigno etc. **2.** Aditamento que completa disposição testamentária; cláusula adicional.

CODIFICAÇÃO. ***Teoria geral do direito.*** Reunião coordenada de leis, num único texto ou corpo, em forma de código, desde que alusivas a determinado ramo do direito ou a relações jurídicas da mesma natureza, criando princípios harmônicos, segundo critério objetivo.

CÓDIGO. 1. ***Teoria geral do direito.*** Conjunto ordenado de princípios e disposições legais alusivos a certo ramo do direito positivo, redigido sob a forma de artigos, que, às vezes, subdividem-se em parágrafos e incisos, agrupando-se em capítulos, títulos e livros. **2.** ***História do direito.*** Simples conjunto de leis dispostas cronologicamente, sem qualquer ordenação. **3.** ***Direito romano.*** Uma das quatro partes em que o *Corpus Juris Civilis* está dividido. **4.** ***Direito comercial.*** a) Coleção sistemática de sinais, números ou abreviações para possibilitar ao comerciante brevidade de expressão em correspondências; b) linguagem secreta ou não em que entram palavras, às quais, convencionalmente, se dão sentidos diversos dos que, em regra, possuem. **5.** ***Direito virtual.*** a) Trecho de programa escrito em linguagem de programação; b) programa depois de compilado; c) sequência de instruções que constituem um programa de computador.

CÓDIGO DE BARRAS. ***Direito comercial.*** **1.** *Bar Code.* **2.** Método de codificação de dados alfanuméricos para leitura ótica rápida e precisa. O código de barras é constituído por uma sequência de barras e espaços (James G. Heim).

CODIREÇÃO. ***Direito comercial*** **e** ***direito civil.*** Direção exercida juntamente com outrem numa sociedade ou estabelecimento empresarial.

CODOADOR. ***Direito civil.*** Cada um dos proprietários da coisa doada que a transfere de seu patrimônio para o de outra pessoa, que a aceita.

CODONATÁRIO. ***Direito civil.*** Aquele que é donatário juntamente com outrem. Assim, quando a doação de coisa divisível é feita a mais de uma pessoa, cada uma delas é considerada como codonatário, em partes iguais, salvo se o doador estipular divisão desigual. Se indivisível o bem doado, os codonatários serão condôminos em quotas ideais iguais. Poderá o doador dispor que a parte do codonatário que faltar acresça à do que venha a sobreviver.

COEFICIENTE. **1.** ***Teoria geral do direito.*** a) Condição ou circunstância que colaboram para a consecução de determinado fim; b) valor relativo conferido a cada uma das provas de um exame. **2.** ***Direito tributário.*** a) Percentagem relativa ao movimento bruto global de um comerciante, industrial, empresário ou outro profissional para apurar seu rendimento tributável, nele incidindo a taxação do imposto, que servirá de base à sua cobrança; b) algarismo do negócio, que é arbitrado conforme o volume das operações. **3.** ***Direito agrário.*** Fator de cálculo do imposto sobre a propriedade territorial rural, que é determinado a partir de um valor básico relativo ao da terra nua multiplicado pelos coeficientes de dimensão, localização, condições sociais e produtividade.

COENFITEUSE. ***Direito civil.*** Enfiteuse em que há titularidade simultânea de várias pessoas, que exercem, *pro indiviso*, o seu direito sobre o bem enfitêutico, tendo porém os coenfiteutas o dever de eleger, dentro de seis meses, por maioria absoluta, um cabecel, sob pena de o próprio senhorio direto escolhê-lo, para representá-los e responder perante aquele por todas as obrigações, inclusive a de pagar o foro.

COERÇÃO. ***Teoria geral do direito.*** Medo das consequências da violação da norma jurídica que reside na consciência e exerce pressão sobre a vontade livre do obrigado.

COERCIBILIDADE. ***Teoria geral do direito.*** **1.** Possibilidade de sofrer coação. **2.** Qualidade passiva do coercível.

COERCITIVO. ***Teoria geral do direito.*** O mesmo que COATIVO (*v.*) e COERCIVO (*v.*), por designar a qualidade de poder exercer a coação.

COERCÍVEL. ***Teoria geral do direito.*** Qualidade de poder ser coagido, de poder sofrer coação.

COERCIVO. *Vide* COATIVO e COERCITIVO.

COERDEIRO. ***Direito civil.*** Aquele que recebe herança do *de cujus* juntamente com outros; cotitular da herança, seja a sucessão legítima ou testamentária.

COFIANÇA. ***Direito civil.*** Pluralidade de fiadores, que dá origem a três situações: a) responsabilidade solidária dos cofiadores entre si, em virtude de lei; b) benefício de divisão, desde que haja estipulação contratual, em que cada fiador só responderá pela parte que, em proporção, lhe couber no pagamento; c) limitação da responsabilidade de qualquer um dos fiadores, em razão de pacto pelo qual a responsabilidade de cada um deixará de ser fixada em proporção aos demais, ficando limitada a um certo *quantum*. Trata-se, portanto, de fiança conjuntamente prestada a um só débito por mais de uma pessoa.

COFINS. ***Direito tributário.*** Sigla de Contribuição para Financiamento da Seguridade Social. Contribuição social que, por representar *bis in idem*, deveria estar vedada, apesar de o Supremo Tribunal Federal ter decidido pela sua constitucionalidade (Eduardo M. Ferreira Jardim) e de leis a admitirem, como, p. ex., a que sujeita a incorporadora a pagá-la, em caso de incorporação imobiliária em regime especial tributário do patrimônio de afetação.

COGNAÇÃO. **1.** ***Direito civil.*** Descendência comum do mesmo tronco, masculino ou feminino; parentesco por consanguinidade. **2.** ***Direito romano.*** Parentesco consanguíneo pelo lado materno, o qual não produzia efeitos jurídicos, em oposição à agnação, que, abrangendo o parentesco consanguíneo pela linha paterna, conferia direito à herança paterna.

COGNOME. **1.** ***Direito civil.*** a) Apelido; alcunha, que é a designação dada a alguém devido a uma particularidade sua; b) nome de família ou sobrenome comum a todos os que pertencem a uma certa família. **2.** ***Direito romano.*** Designava a *gens* a que o indivíduo pertencia, p. ex., Aulus Fabius indicava que Aulus (prenome) pertencia à *gens* Fabia (nome de família).

COIBIÇÃO. 1. ***Teoria geral do direito.*** Ação de impedir a realização ou omissão de determinada conduta. **2.** ***Direito constitucional.*** Ação de coibir, que só pode ser autorizada legalmente ante o princípio constitucional de que "ninguém será obrigado a fazer ou deixar de fazer alguma coisa senão em virtude de lei".

COISA. 1. ***Direito civil.*** a) Bem material ou imaterial que tem valor econômico, servindo de objeto a uma relação jurídica. Todo bem é coisa, mas nem toda coisa é bem. A coisa abrange tudo quanto existe na natureza, exceto a pessoa, mas como bem só se considera a coisa existente que proporciona ao homem uma utilidade e é suscetível de apropriação, fazendo, então, parte de seu patrimônio; b) *Vide* BEM. **2.** ***Filosofia do direito.*** a) Essência e substância, em oposição à forma e aparência; b) aquilo que subsiste por si mesmo, sem pressupor outro objeto; c) tudo o que pode ser pensado, suposto, negado ou afirmado; d) ideia de uma realidade encarada estaticamente, sendo constituída por um sistema fixo de qualidades e propriedades, opondo-se ao fato. **3.** ***Teoria geral do direito.*** Aquilo que se opõe à pessoa, pois a coisa não pertence a si mesma, pode ser possuída ou apropriada, logo, não pode ser sujeito de direito. A pessoa, sujeito de direito, é que pode possuir ou se apropriar de uma coisa.

COISA CERTA. 1. ***Direito civil.*** Corpo individuado, certo e determinado pela espécie, quantidade e qualidade. **2.** ***Direito romano.*** *Species*, ou seja, uma coisa inconfundível com outra, de modo que o devedor é obrigado a entregar a própria coisa designada.

COISA COMPOSTA. ***Direito civil.*** É a que se forma de diversas coisas por ação humana ou da natureza. Se as coisas acessórias que a constituem formarem com ela um todo, sendo desprovidas de existência material própria, embora mantenham sua identidade, elas designar-se-ão "partes integrantes", por exemplo, a lâmpada de um lustre. Mas, se na junção vierem a perder sua individualidade, chamar-se-ão "partes componentes", por exemplo, cimento, areia e água, que compõem a argamassa e não podem ser separados.

COISA COMUM. ***Direito civil.*** **1.** A que pertence simultaneamente a mais de uma pessoa. **2.** Aquela de uso inexaurível, que, não podendo ser apropriada por ninguém, pertence a todos em comum, como o ar, o mar alto, a luz solar etc. **3.** Aquela que, por ser bem público de uso comum do povo, pode ser utilizada sem restrição por todos e sem necessidade de qualquer permissão especial, como, por exemplo, vias públicas, praias, praças etc.

COISA DE VALOR ARQUEOLÓGICO. 1. ***Direito administrativo.*** Coisa tombada pela autoridade competente, ante o fato de sua conservação ser de interesse público, em razão de seu excepcional valor arqueológico. **2.** ***Direito civil.*** Bem móvel ou imóvel que, por ter sido tombado, tem alienabilidade restrita, não podendo ser demolido ou modificado por seu proprietário, transferido a outrem sem autorização ou sair do País. **3.** ***Direito penal.*** Objeto de crime de dano contra o patrimônio, punido com detenção e multa se, em sendo tombado, for deteriorado, inutilizado ou destruído.

COISA DE VALOR ARTÍSTICO. 1. ***Direito civil.*** Aquela que, por ter sido tombada em razão de seu valor às artes brasileiras, não pode ser livremente alienada por seu proprietário. **2.** ***Direito administrativo.*** Bem móvel ou imóvel tombado pela autoridade competente, por ser de interesse público sua conservação, ante seu grande valor para as artes. **3.** ***Direito penal.*** Aquela que, se for destruída, inutilizada ou deteriorada, será objeto do crime de dano contra o patrimônio, por ser tombada devido a seu excepcional valor para as artes brasileiras, gerando ao infrator pena de detenção e multa.

COISA DE VALOR HISTÓRICO. 1. ***Direito administrativo.*** É a tombada pelo poder competente por estar vinculada a fatos memoráveis da história do Brasil. **2.** ***Direito civil.*** Bem tombado que não está propriamente fora do comércio, pois sua alienabilidade é restrita, uma vez que seu proprietário não perdeu o domínio pela inscrição no tombamento, mas terá, para aliená-lo, de pedir autorização. E, além disso, não poderá retirá-lo do País, nem modificá-lo ou destruí-lo. **3.** ***Direito penal.*** É aquela cuja inutilização, destruição ou deterioração constitui, por ser tombada, crime de dano contra o patrimônio, devido a sua importância para a história do Brasil.

COISA INCERTA. ***Direito civil.*** É a momentaneamente indeterminada. Por ser indicada pelo gênero e quantidade, será determinada mediante um ato de escolha, que a individuará, momento em que se transmudará numa coisa certa.

COISA INDIVISA. ***Direito civil.*** **1.** Aquela que, apesar de ser materialmente divisível em partes distintas, ainda não sofreu qualquer divisão. **2.** É a que, por constituir um todo, apenas poderá ser dividida em partes ideais.

COISA JULGADA. 1. ***Teoria geral do direito*** e ***direito constitucional.*** Critério para a aplicabilidade do princípio da irretroatividade ou retroatividade das leis, pois as normas só poderão retroagir se não ofenderem o ato jurídico perfeito, o direito adquirido e a *coisa julgada*. **2.** ***Direito processual.*** É uma qualidade dos efeitos do julgamento, constituindo um fenômeno processual consistente na imutabilidade e indiscutibilidade da sentença posta ao abrigo dos recursos então definitivamente preclusos e dos efeitos por ela produzidos, uma vez que os consolida. A *res judicata* é um princípio jurídico-positivo que demonstra o fato de ser a decisão final uma norma individual, cuja validade não poderá ser abolida por uma norma derrogante nem por outra sentença judicial, por trazer a presunção absoluta (*jure et de jure*) de que o direito foi aplicado corretamente ao caso *sub judice*, prestigiando o órgão judicante que a prolatou e garantindo a impossibilidade de sua reforma e a sua executoriedade, pois terá força vinculante para as partes.

COISA JULGADA FORMAL. ***Direito processual civil.*** **1.** Imutabilidade, no processo, do que foi decidido. É a impugnabilidade de sentença no processo em que foi prolatada (Nelson Nery Jr. e Rosa Mª de A. Nery). Obsta qualquer discussão no processo em que a sentença foi prolatada sobre o que foi decidido. **2.** Preclusão.

COISA JULGADA MATERIAL. ***Direito processual civil.*** Imutabilidade da sentença judicial, que impede a discussão do que já foi decidido em outro futuro processo que venha a envolver as mesmas partes, as mesmas pretensões e os mesmos bens ou o mesmo objeto. Denomina-se coisa julgada material a eficácia, que torna imutável e indiscutível a decisão de mérito, não mais sujeita a recurso.

COITEIRO. ***Direito penal.*** Aquele que pratica o crime de favorecimento pessoal, que consiste em ajudar o autor de crime punido com reclusão a subtrair-se da ação da autoridade pública, devendo ser punido com detenção e multa, salvo se for ascendente, descendente, cônjuge ou irmão do criminoso, caso em que ficará, então, isento de pena.

COITO. **1.** ***Medicina legal.*** a) Acoplamento sexual; b) conjunção carnal ou cópula, que pode ser normal, se vagínica, ou anormal, se se apresentar com ato libidinoso diverso do coito vagínico e contrário à natureza; por exemplo, coito anal, bucal, *inter femora* etc., podendo dar-se não só entre duas pessoas, de sexo diferente ou não, como entre pessoa e animal; c) ato sexual praticado entre um homem e uma mulher. **2.** ***Direito penal.*** Elemento essencial nos crimes contra a liberdade sexual, pois, por exemplo, se se constranger alguém, mediante violência, a praticar coito normal, ter-se-á estupro, mas, se se o obrigar a algum ato libidinoso ou coito anormal, ter-se-ia, outrora, o chamado atentado violento ao pudor.

COLABORAÇÃO PREMIADA. ***Direito penal.*** A lei permite ao juiz, a requerimento das partes, reduzir em até dois terços a pena privativa de liberdade ou substituí-la por restritiva de direito, relativamente àqueles que tenham colaborado voluntária e efetivamente com a investigação e com o processo criminal, desde que, dessa colaboração, tenha resultado a identificação dos demais partícipes da ação criminosa, ou a revelação da estrutura da organização, ou a prevenção da prática de crimes por parte da referida organização, ou a recuperação ao menos de parte do produto do delito, ou, ainda, a localização da vítima com integridade física preservada.

COLAÇÃO. **1.** ***Direito autoral.*** Referência ou citação feitas a propósito por um autor de obra literária. **2.** ***Direito civil.*** É uma conferência dos bens da herança com outros transferidos em vida pelo *de cujus* aos seus descendentes, ou ao seu cônjuge, promovendo o retorno ao monte das liberalidades feitas pelo autor da herança antes de falecer, para uma equitativa apuração das cotas hereditárias dos sucessores legitimários. Os descendentes sucessíveis que receberam liberalidades em vida do autor da herança, bem como o cônjuge, têm a obrigação de conferi-las após a abertura da sucessão, no curso de inventário, sob pena de serem considerados sonegadores. **3.** ***Direito canônico.*** Ato pelo qual se confere o benefício eclesiástico a quem mereceu tal dignidade. **4.** Na ***linguagem acadêmica,*** ato pelo qual se confere o grau acadêmico ao aluno que concluiu um curso, tendo sido aprovado em todas as disciplinas ministradas.

COLEGADO. ***Direito civil.*** É o que se transmite com outros, por exemplo, se o *de cujus* dispor que o legatário só receberá um bem se aceitar um outro.

COLÉGIO ELEITORAL. ***Ciência política.*** **1.** Assembleia eleitoral. **2.** Grupo de eleitores de uma circunscrição. **3.** Conjunto de pessoas em pleno gozo de seus direitos políticos que, pertencendo a uma circunscrição territorial, organizam-se para fins exclusivamente eleitorais.

COLETA. **1.** ***Direito tributário.*** a) Ato pelo qual o encarregado do Fisco promove o lançamento do imposto, indicando a cada contribuinte a sua cota-parte. Com isso, cada contribuinte é um coletado, pois deve contribuir com uma cota-parte no pagamento do imposto; b) quantia que se paga de imposto. **2.** ***Direito civil.*** a) Ato de pedir donativos para obras pias; b) cota para obra de beneficência ou despesa comum. **3.** ***Direito agrário.*** Recolhida de canequinhas, no seringal, depois do corte. **4.** ***Direito canônico.*** Oração feita, antes das leituras, pelo sacerdote, durante a missa, em nome do povo.

COLETORIA. ***Direito tributário.*** **1.** Repartição pública onde se arrecadam tributos ou para onde são remetidos os pagamentos de débitos fiscais arrecadados pelas redes bancárias. **2.** Órgão que tem a função de fiscalizar e vigiar a arrecadação dos tributos, tomando conhecimento de autos de infração lavrados contra os contribuintes.

COLIGAÇÃO. 1. ***Ciência política.*** Aliança de partidos políticos. **2.** ***Direito civil*** **e** ***direito comercial.*** a) União ou associação de várias pessoas naturais ou jurídicas para atingir uma finalidade comum; b) cláusula em que os contratantes estipulam que acontecimentos de um contrato produzirão efeitos sobre outro (Eduardo T. Kataoka). **3.** ***Lógica jurídica.*** a) Operação mental pela qual se reúne um conjunto de fatos, considerados separadamente, numa ideia que venha a condensar de modo conciso todas as observações feitas (Whewell). Trata-se da indução totalizante; b) série de atos análogos pelos quais se pode adivinhar a palavra de um enigma, chegando-se à interpretação mais conveniente, admitindo-se várias soluções igualmente satisfatórias (J. S. Mill).

COLISÃO DE DIREITOS. ***Teoria geral do direito.*** Diversidade de interesse sobre direitos de diferentes titulares alusivos ao mesmo objeto, de tal sorte que o exercício de uns venha a contrastar com o de outros.

COLITIGAÇÃO. ***Direito processual civil.*** Ato ou efeito de colitigar; reunião, num mesmo processo, de duas ou mais pessoas para a obtenção dos fins idênticos.

COLÔNIA AGRÍCOLA. 1. ***Direito penal.*** Local destinado ao cumprimento da pena em regime semiaberto, a ser cumprida por presos selecionados adequadamente. **2.** ***Direito agrário.*** Forma de exploração da terra ou núcleo de colonização, que é uma unidade básica que se caracteriza por um conjunto de parcelas integradas por uma sede administrativa e serviços comunitários.

COLONIAL FACTOR. ***Direito comercial.*** Modalidade de pouco usual de faturização que consiste na compra de mercadorias por uma empresa, que, na qualidade de comissionária ou depositária, coloca-as à disposição de determinada freguesia.

COLONO. 1. ***Direito agrário.*** Trabalhador rural; homem do campo; agricultor ou criador em colônia; rendeiro de bens rústicos. **2.** ***Direito civil.*** Aquele que integra ou habita uma colônia.

COLUSÃO. ***Direito processual civil.*** **1.** Conluio secreto das partes, que, simulando um litígio, visam enganar o magistrado, com o intuito de prejudicar terceiro, fraudando, assim, a lei, ao conseguir algo por ela proibido. **2.** Conluio entre as partes para obter fim vedado legalmente.

COMEÇO DA PESSOA JURÍDICA. 1. ***Direito civil.*** Processo genético da pessoa jurídica de direito privado, que apresenta duas fases: a) a do ato constitutivo, no qual se tem a sua constituição por ato jurídico unilateral *inter vivos* ou *causa mortis*, em caso de fundação, e por ato jurídico bilateral ou plurilateral *inter vivos*, se associação ou sociedade, ou, ainda, por prévia autorização governamental, se se tratar de sociedade estrangeira, agências de seguro, Bolsa de Valores, Caixa Econômica etc.; b) a do registro público, pois seu ato constitutivo deverá estar nele inscrito, uma vez que tal registro, além de servir de prova, possibilita a aquisição da capacidade jurídica. **2.** ***Direito administrativo.*** Início da pessoa jurídica de direito público, que se dá em razão de fato histórico, de criação constitucional, de lei especial ou de tratados internacionais, se se tratar de pessoa jurídica de direito público externo.

COMEÇO DA PESSOA NATURAL. ***Direito civil.*** Início da personalidade jurídica do ser humano, que se dá com o nascimento com vida, mas a lei põe a salvo, desde a concepção, os direitos personalíssimos do nascituro, enquanto os seus direitos patrimoniais permanecem em estado potencial; assim, poder-se-ia afirmar que o nascituro, na vida intra-uterina, tem personalidade jurídica formal, no que atina aos direitos da personalidade, passando a ter personalidade jurídica material, alcançando os direitos pessoais e patrimoniais, somente com o nascimento com vida.

COMERCIANTE. ***Direito comercial.*** **1.** Aquele que exerce comércio, fazendo da mercancia profissão habitual. **2.** Pessoa natural ou jurídica que, com profissionalidade, exercita atos de intermediação, ficando entre o produtor e o consumidor, no processo econômico de circulação de riqueza, e efetua prestações de serviços, visando especulação, ou melhor, lucro. **3.** Empresário que exerce atividade econômica organizada voltada à produção ou circulação de bens e serviços.

COMÉRCIO. ***Direito comercial.*** **1.** Soma de atividades econômicas organizadas, praticadas habitualmente, fazendo intermediação entre produtor e consumidor, com a intenção de obter lucro, e facilitando a circulação de riquezas. **2.** Atividade exercida por empresários. **3.** Classe dos comerciantes ou empresários. **4.** É, segundo Geraldo Bezerra de Moura: a) transformação das matérias-primas por meio dos variados tipos de indústria; b) circulação dos produtos ou bens econômicos pela compra e venda, pelo escambo, pelo transporte etc.; c) lugar de troca de bens econômicos em mercados e feiras.

COMÉRCIO COMPENSADO. ***Direito internacional privado.*** É o levado a efeito entre praças de comércio de diferentes Estados, permutando-se *in natura* os produtos prefixados de cada um deles, em valores equivalentes, compensando-se, segundo o convencionado, pecuniariamente, dentro de prazos avençados, sem deixar saldo, inexistindo qualquer contrapartida em dinheiro. Trata-se do *back to back*, ou seja, abertura de créditos simultâneos, havendo um crédito contra outro, desde que haja expressa e prévia aprovação das autoridades controladoras de câmbio, que indicam as mercadorias que podem ser permutadas e verificam se há conveniência na troca delas.

COMÉRCIO DE ESPECULAÇÃO. *Direito penal.* Crime contra a economia popular consistente no fato de o empresário adquirir bens por preço módico, retendo-os, quando em baixa, aguardando a alta dos preços no mercado para vendê-los, obtendo assim elevados lucros.

COMÉRCIO EXTERIOR. *Direito internacional privado.* **1.** Aquele cujo controle e fiscalização são exercidos pelo Ministério da Fazenda, uma vez que diz respeito às transações comerciais de bens e serviços relacionadas à importação e exportação e efetuadas entre firmas, sendo uma estrangeira e a outra nacional, ou entre o Brasil e o governo de outro Estado. Trata-se do "comércio internacional". **2.** Atividade mercantil realizada pelas empresas nacionais em países estrangeiros e conjunto de procedimentos e leis nacionais com vistas à progressiva ambientação geopolítica de *marketing* extrafronteira (Geraldo Bezerra de Moura).

COMÉRCIO FRANCO. *Direito comercial.* Operação mercantil exercida livremente, sem quaisquer limitações, tendo por base as normas de economia política, pois dá-se em porto ou zona franca, ou seja, em área de livre comércio de importação e exportação e de incentivos fiscais especiais.

COMÉRCIO INTERIOR OU INTERNO. *Direito comercial.* Operação comercial que se processa entre mercados de um mesmo país, sem sair dos seus limites territoriais.

COMÉRCIO PÚBLICO. *Direito comercial.* Atividade mercantil exercida em local público, por exemplo, em feiras livres, mercados municipais, Bolsa de Valores ou de Mercadorias, com autorização e fiscalização do Poder Público e mediante pagamento de certas taxas e emolumentos.

COMÉRCIO SEXUAL. *Direito penal.* É o alusivo a lucro obtido com relação sexual ilícita, mediante exploração de mulheres ou prostituição.

COMÍCIO. 1. *Direito romano.* Assembleia popular para eleição de tribunos da plebe. **2.** *Ciência política.* a) Reunião do povo em praça pública para discutir assuntos políticos de interesse comum, protestando, por exemplo, contra atitudes governamentais; b) processo de campanha eleitoral consistente numa reunião pacífica em praça pública para apresentar candidatos e programas dos partidos políticos, com o escopo de angariar votos.

COMINAÇÃO. 1. *Direito penal.* Imposição de pena. **2.** *Retórica jurídica.* Figura com que o orador amedronta os ouvintes, descrevendo males que possam atingi-los. **3.** *Direito civil.* Ameaça de sanção para a eventual ocorrência de comportamento contrário à lei ou ao contrato, visando, preventivamente, garantir o cumprimento do comando legal ou das obrigações assumidas contratualmente.

COMISSÃO 1. *Direito administrativo.* a) Diz-se do afastamento de funcionário público do cargo, sem qualquer prejuízo dos vencimentos, para exercer outras atribuições em caráter transitório. É, portanto, o preenchimento provisório de um cargo, do qual o ocupante poderá ser demitido *ad nutum*; b) organização que tem o fim de realizar funções especiais, temporária ou permanentemente, cujos membros advêm de outros departamentos ou repartições públicas. **2.** *Direito autoral.* Ajuste pelo qual se encomenda a um autor a produção de certa obra intelectual. **3.** *Direito internacional público.* Grupo de pessoas indicadas para desempenhar uma missão oriunda de tratado ou de convenção firmada entre dois ou mais países. Tal missão poderá ter as mais variadas finalidades, podendo ser diplomática, econômica, militar, técnica, jurídica etc. **4.** *Direito comercial.* a) Modalidade de mandato em que a alguém se comete a realização de certos encargos, em nome do comitente; b) contrato em que o comissário adquire ou vende bens, em seu próprio nome e sob sua responsabilidade, mas por ordem e por conta do comitente, recebendo em troca certa remuneração e obrigando-se para com terceiros com quem contrata, como se o ato negocial praticado fosse seu; c) retribuição que o comitente paga ao comissionado ou remuneração paga àquele incumbido de efetuar certo serviço em caráter transitório, cujo percentual é calculado com base no valor do negócio praticado; d) corretagem, ou seja, quantia paga àquele que serve como intermediário em negócio, aproximando as partes interessadas. **5.** *Direito constitucional.* Cada um dos grupos em que se dividem os membros de Câmaras Legislativas para estudar os projetos de lei, dando sobre eles seu parecer. **6.** *Direito processual.* Jurisdição delegada por um magistrado a outro para desempenho de certas funções. **7.** *Direito civil.* a) Reunião de pessoas para a realização de um empreendimento; b) encargo. **8.** *Direito do trabalho.* Forma de retribuição direta do serviço do empregado.

COMISSÃO DE VALORES MOBILIÁRIOS (CVM). *Direito comercial* e *direito bancário.* Órgão controlador do mercado de capitais que, sendo uma autarquia federal subordinada ao Ministério da Fazenda, tem a incumbência de: administrar os registros de sociedades para negociação de ações em Bolsa ou no mercado de balcão; regular e fiscalizar as atividades e serviços alusivos ao mercado de capitais e às sociedades abertas, sendo-lhe permitido examinar registros contábeis e livros de sociedade; intimar pessoas a prestar esclarecimentos; apurar atos ilegais de administradores e controladores de companhias abertas; determinar a republicação de demonstrações, relatórios ou informações incompletas ou incorretas de sociedades abertas e aplicar penalidades a infratores de mercado de capitais, que vão desde a simples advertência até a cassação da autorização ou registro da empresa.

COMISSÃO PARLAMENTAR DE INQUÉRITO. *Direito constitucional.* Órgão colegiado que é, em sua essência, uma agência administrativa da Câmara ou do Senado que a instituiu, como diz Hatschek, constituída por parlamentares, a requerimento de um terço dos membros do Senado, da Câmara dos Deputados ou de ambas as Casas, para cuidar de assuntos de sua específica competência, tendo poderes de investigação e apuração de fatos, exercendo funções de natureza similar às judiciárias.

COMISSIONADO. 1. *Direito administrativo.* Condição especial de um funcionário público que é afastado de seu cargo, temporariamente, sem quaisquer prejuízos nos seus vencimentos, para ser investido em outra função. 2. *Direito militar.* Oficial inferior que é aproveitado, transitoriamente, em comissão, num posto mais elevado, percebendo todas as vantagens. 3. *Direito comercial* e *direito do trabalho.* Aquele que recebeu uma comissão ou que desempenha uma comissão.

COMISSIONAMENTO. *Direito administrativo.* Afastamento de um funcionário público do cargo de que é agente titular para exercer, transitoriamente, outro em repartição pública diversa da sua ou para frequentar cursos, durante certo tempo, sem prejuízo de seus vencimentos.

COMISTÃO. *Direito civil.* Modo derivado de aquisição e perda da propriedade móvel, que se opera quando coisas secas ou sólidas pertencentes a pessoas diversas se mesclam de tal forma que fica impossível separá-las.

COMITÊ DE CREDORES. *Direito falimentar.* É o constituído por deliberação de qualquer das classes de credores na assembleia geral e terá a seguinte composição: a) um representante indicado pela classe de credores trabalhistas, com dois suplentes; b) um representante indicado pela classe de credores com direitos reais de garantia ou privilégios especiais, com dois suplentes; c) um representante indicado pela classe de credores quirografários e com privilégios gerais, com dois suplentes. O Comitê de Credores terá, dentre outras, as seguintes atribuições: 1. Na recuperação judicial e na falência: a) fiscalizar as atividades e examinar as contas do administrador judicial; b) zelar pelo bom andamento do processo e pelo cumprimento da lei; c) comunicar ao juiz, caso detecte violação dos direitos ou prejuízo aos interesses dos credores; d) apurar e emitir parecer sobre quaisquer reclamações dos interessados; e) requerer ao juiz a convocação da assembleia geral de credores; f) manifestar-se nas hipóteses previstas em lei. 2. Na recuperação judicial: a) fiscalizar a administração das atividades do devedor, apresentando, a cada trinta dias, relatório de sua situação; b) fiscalizar a execução do plano de recuperação judicial; c) submeter à autorização do juiz, quando ocorrer o afastamento do devedor nas hipóteses legalmente previstas, a alienação de bens do ativo permanente, a constituição de ônus reais e outras garantias, bem como atos de endividamento necessários à continuação da atividade empresarial durante o período que antecede a aprovação do plano de recuperação judicial.

COMITENTE. 1. *Direito autoral.* O que contrata e dirige o autor na elaboração de uma obra intelectual por ele encomendada. 2. *Direito comercial.* a) Aquele que confia a outrem a venda de mercadorias, mediante comissão; b) pessoa, natural ou jurídica, e a entidade, por conta da qual as operações com valores mobiliários são efetuadas. 3. Na *linguagem jurídica* em geral, aquele que investe alguém em comissão.

COMMERCIAL ENGINEERING. *Direito empresarial.* 1. Contrato de *engineering*, que abrange, além da etapa de estudo, uma fase de execução, ou seja, a construção e a entrega de uma instalação industrial em funcionamento. Trata-se do chamado "contrato de *turn key*" ou de "*clé en main*". 2. *Vide* ENGINEERING.

COMMERCIAL PAPERS. *Direito internacional privado.* 1. Títulos para captação de recursos no exterior. 2. Notas promissórias emitidas por uma empresa no mercado local ou externo para captar recursos de curto prazo (Luiz Fernando Rudge).

COMMODITIES. *Termo inglês.* 1. Artigos de consumo, mercadorias, móveis etc. 2. Matérias-primas. 3. Ativos financeiros.

COMMODITIES FUTURE MARKET. *Direito comercial.* Forma de operação a termo na Bolsa de Mercadorias, com liquidação pela diferença, sendo futura, especializando-se relativamente às operações gerais com as chamadas *commodities*. Trata-se do *hedging*, incidente na comercialização de *commodities*.

COMMON LAW. ***Locução inglesa.*** Lei comum ou costume geral e imemorial que designa a lei não escrita ou não estatuída (*the unwritten or non statute law*), criada por decisões judiciais, contrapondo-se à escrita, emanada do Poder Legislativo (*the written or statute law*). É, portanto, o conjunto de normas consuetudinárias, baseado nos precedentes judiciários, que impera na Inglaterra e nas nações que o adotaram, por recepção, por terem sido colonizadas pelo povo inglês, como os Estados Unidos da América do Norte. Caracteriza-se por ser um direito consuetudinário jurisprudencial não escrito, que tem por base a *case law*, ou seja, os casos resolvidos pelas Cortes de Justiça.

COMMUNIS OPINIO. ***Locução latina.*** Opinião comum, ou seja, doutrina consagrada de juristas.

COMOÇÃO. 1. ***Medicina legal.*** a) Abalo no sistema nervoso; b) traumatismo causado, violentamente, num órgão por golpe ou queda. **2.** ***Direito penal.*** Perturbação íntima causada por emoção ou paixão, que não excluem a imputabilidade penal, mas, se tiverem cunho patológico, serão causas de exclusão da culpabilidade. **3.** ***Direito constitucional.*** Agitação interna em alguma região do país ou revolução civil justificadoras da decretação do estado de sítio e da intervenção federal para pôr termo à perturbação, repelindo a invasão de uma unidade da Federação em outra ou o ato que comprometa a ordem pública.

COMODANTE. ***Direito civil.*** Aquele que dá coisa infungível em comodato, emprestando a outrem, durante certo tempo, para ser devolvida após seu uso ou no vencimento do prazo avençado.

COMODATÁRIO. 1. ***Direito civil.*** Aquele que recebe em comodato bem infungível para usá-lo em conformidade com o especificado no contrato, obrigando-se a restituí-lo, findo o prazo contratual ou, na falta de convenção deste, após sua utilização, respondendo pela mora e pagando aluguel, que será arbitrado pelo comodante pelo tempo do atraso na restituição. **2.** ***Direito agrário.*** É aquele que, comprovadamente, explora a terra pertencente a outra pessoa, por empréstimo gratuito, por tempo indeterminado ou não, para nela desenvolver atividade agro-silvo-pastoril, agroindustrial e/ou extrativista animal e/ou vegetal.

COMODATO. ***Direito civil.*** Empréstimo de uso temporário, a título gratuito, de coisa infungível, que deverá ser devolvida após o uso ou dentro de prazo convencionado. É, portanto, na lição de Washington de Barros Monteiro, o contrato unilateral, a título gratuito, pelo qual alguém (comodante) entrega a outrem (comodatário) coisa infungível para ser usada temporariamente e depois restituída.

CÔMODOS DA COISA CERTA. ***Direito civil.*** Vantagens produzidas pela coisa certa. Assim, nas relações obrigacionais em que o devedor deve dar coisa certa, os seus melhoramentos e acrescidos pertencer-lhe-ão, e poderá exigir por eles um aumento no preço ou a resolução da obrigação, se o credor não concordar. Quanto aos frutos, os percebidos serão do devedor e os pendentes, do credor.

COMORIÊNCIA. ***Direito civil.*** Presunção *juris tantum* de morte simultânea de duas ou mais pessoas, sem que se possa apurar, para efeitos sucessórios, qual delas faleceu primeiro.

COMPANHEIRISMO. ***Direito civil.*** *Vide* UNIÃO ESTÁVEL.

COMPANHIA. 1. ***Direito comercial.*** a) Sociedade empresária com capital dividido em ações, que limitam a responsabilidade dos acionistas; por exemplo, a sociedade anônima; b) aditivo colocado ao final da firma ou da razão social da sociedade para indicar a existência de outros sócios. **2.** ***Direito civil.*** a) Convivência ou habitação em comum; b) reunião de pessoas para a consecução de um fim comum. **3.** ***Direito autoral.*** Conjunto de pessoas devidamente organizado para representações teatrais. **4.** ***Direito militar.*** a) Tropa de infantaria sob o comando de um capitão; b) subdivisão feita num batalhão, tendo comando e organização próprios.

COMPANHIA ABERTA. ***Direito comercial.*** Sociedade anônima em que os valores mobiliários ou as ações de sua emissão podem ser negociados em Bolsa de Valores ou mercado de balcão, com autorização da Comissão de Valores Mobiliários. Será, portanto, aberta se procurar captar recursos junto ao público, seja pela emissão de ações, debêntures, bônus de subscrição ou depósitos de valores mobiliários suscetíveis de negociação em Bolsa ou mercado de balcão.

COMPANHIA FECHADA. ***Direito comercial.*** Sociedade anônima não autorizada para lançar títulos de sua emissão no mercado de capitais, obtendo recursos entre os próprios acionistas. É aquela que não abre seu capital, formado pelas ações emitidas, para negociação no mercado de balcão ou Bolsa de Valores.

COMPARTE. 1. ***Direito civil.*** a) Consorte, quinhoeiro ou condômino, em relação ao bem em condomínio; b) coerdeiro. **2.** ***Direito comercial.*** a) Coproprietário de navio mercante ou de uma embarcação; membro de uma parceria marítima; b) aquele que concorre para o capital social, tendo parte nos lucros e perdas. **3.** ***Direito processual civil.*** Aquele que toma parte num processo como coautor ou corréu; litisconsorte. **4.** ***Direito processual penal.*** Companheiro no mesmo processo como cúmplice.

COMPÁSCUO. *Direito agrário.* Condomínio de pastagens, que se dá quando várias pessoas têm o direito de usar o mesmo pasto. É, portanto, a utilização comum de campos para a pastagem de gado pertencente a donos diversos.

COMPATRIOTA. *Direito constitucional.* Diz-se daquele que tem a mesma pátria.

COMPENSAÇÃO. 1. *Psicologia jurídica.* Mecanismo psicológico pelo qual se substitui uma atividade por outra para satisfazer a frustrada. 2. *Direito civil.* Meio especial de extinção de obrigações, até onde se equivalerem, entre pessoas que sejam, ao mesmo tempo, devedoras e credoras umas das outras; operação de mútua quitação entre credores recíprocos. 3. *Direito bancário.* Processo que envolve a apuração da posição líquida (créditos menos débitos) de cada participante. 4. *Direito previdenciário.* É o procedimento facultativo pelo qual o sujeito passivo se ressarce de valores pagos indevidamente, deduzindo-os das contribuições devidas à Previdência Social.

COMPENSATIO LUCRI CUM DAMNO. *Brocardo latino.* Princípio segundo o qual, para efeitos de cálculo do montante indenizatório, ao dano sofrido pelo lesado deve ser abatido o valor de uma vantagem, que para ele, eventualmente, tenha advindo do próprio fato danoso.

COMPETÊNCIA. 1. *Direito civil.* Em *sentido amplo*, indica capacidade ou aptidão pela qual a pessoa pode exercer seu direito. 2. *Direito administrativo.* a) Aptidão de uma autoridade pública para a efetivação de certos atos; b) poder conferido a um órgão ou funcionário público para o exercício de determinados atos ou para apreciar e resolver certos assuntos. 3. *Direito processual.* É a medida da jurisdição; poder conferido ao magistrado para o exercício da jurisdição outorgada em razão da matéria, do lugar ou das pessoas. A competência vem a ser o âmbito do poder jurisdicional em um dado caso. Se ela é a delimitação da jurisdição, ou seja, a capacidade de exercer, legitimamente, o poder jurisdicional no caso concreto, todos os juízes têm jurisdição, embora nem todos tenham competência para julgar determinada causa.

COMPETÊNCIA CONCORRENTE. 1. *Direito constitucional.* Possibilidade conferida a duas ou mais pessoas jurídicas de direito público interno da Administração direta de legislarem sobre uma só matéria. No Estado federal há previsão constitucional dessa competência, sendo outorgado à União, aos Estados e ao Distrito Federal o poder de legislarem concorrentemente sobre direito tributário, penitenciário, econômico e urbanístico, orçamento, Juntas Comerciais, custas dos serviços forenses, produção e consumo, meio ambiente, educação, cultura, ensino e desporto etc. 2. *Direito internacional privado.* É a cabível tanto ao juízo brasileiro como ao estrangeiro.

COMPETÊNCIA DE CONEXÃO. *Direito processual civil.* Poder do magistrado de tomar conhecimento de causa conexa com uma anteriormente examinada, evitando contradição na sua decisão. É, portanto, uma modalidade de prorrogação ou modificação de competência.

COMPETÊNCIA DE FORO. *Direito processual.* Diz respeito à circunscrição territorial em que o órgão judicante exerce a atividade jurisdicional. Trata-se da competência territorial. É, portanto, a delimitação do poder de jurisdição dos juízes, baseada nas relações que os litigantes, o objeto da lide, os atos ou fatos mantêm com o território de um ou outro órgão.

COMPETÊNCIA EXCLUSIVA. 1. *Ciência política.* Aquela que é, em regra, indelegável, por ser privativa. 2. *Direito processual civil* e *direito internacional privado.* É a reservada à autoridade judiciária brasileira para: a) conhecer e julgar ações, alusivas a imóveis situados no Brasil; b) proceder, em matéria de sucessão hereditária, à confirmação de testamento particular, ao inventário e à partilha de bens situados no Brasil, ainda que o autor da herança seja de nacionalidade estrangeira ou tenha domicílio fora do território nacional; c) proceder, em divórcio, separação judicial ou dissolução de união estável, à partilha de bens situados no Brasil, ainda que o titular seja de nacionalidade estrangeira ou tenha domicílio fora do território nacional.

COMPETÊNCIA INTERNA. *Direito processual.* Soma de poderes jurisdicionais conferidos a juízes e tribunais do País, podendo ser: a) *absoluta*, a qual, imposta por lei, é inalterável pela vontade dos litigantes, podendo se distinguir em razão da matéria ou da natureza da lide, da hierarquia da jurisdição e das funções exercidas pelo órgão jurisdicional num processo; e b) *relativa*, que sofre o influxo do poder dispositivo das partes, podendo ser por elas alterada, sendo, por isso, prorrogável (Waldemar Mariz de Oliveira Jr.), por dizer respeito ao valor dado à causa pelo autor ou fixado pelo órgão judicante ou à determinação do foro competente.

COMPETÊNCIA INTERNACIONAL. *Direito internacional privado.* Poder do tribunal de um Estado para conhecer do litígio que se lhe submete e para prolatar sentença em condições de receber o *exequatur* em outro país. As formas processuais obrigatórias (*ordinatoriae litis*), que são formalidades propriamente ditas do procedimento, prescritas com a finalidade de garantir a marcha justa e correta do processo, não influindo no conteúdo da sentença, submetem-se à *lex fori*, pois dependem da organização judiciária do Estado, sendo, evidentemente, de ordem pública. As formas processuais decisórias (*decisoriae litis*), que fixam a relação jurídica existente entre as partes, obedecem à lei que rege a relação, que é objeto do litígio. Somente o direito interno de cada país poderá declarar se a competência internacional jurisdicional *ratione materiae* ou *ratione personae* pertence aos seus tribunais.

COMPETÊNCIA JURISDICIONAL. *Direito processual.* Capacidade de poder conhecer e decidir sobre certos assuntos, conferida a uma autoridade, que, então, é considerada competente e legítima (Othon Sidou).

COMPETÊNCIA LEGISLATIVA. 1. *Direito constitucional.* Poder de estabelecer normas concernentes a certas matérias, traçando os limites da esfera legislativa da União, dos Estados e do Distrito Federal. **2.** *Teoria geral do direito.* É a capacidade para criar normas jurídicas gerais, inovando a ordem jurídica.

COMPETÊNCIA POR PREVENÇÃO. *Direito processual.* Poder jurisdicional conferido a um juiz que conheceu da causa em primeiro lugar, se houver outro igualmente competente para apreciar e julgar aquela causa.

COMPETÊNCIA *RATIONE LOCI*. *Direito processual.* Poder jurisdicional conferido a juiz ou tribunal em razão do território onde exercem sua jurisdição, da situação da coisa litigiosa ou, ainda, do domicílio das partes litigantes.

COMPETÊNCIA *RATIONE MATERIAE*. *Direito processual.* Quantidade de jurisdição atribuída a juiz ou tribunal, em conformidade com a natureza da lide, ou melhor, da matéria submetida a julgamento, que pode ser cível, comercial, criminal, militar, trabalhista etc.

COMPETÊNCIA *RATIONE PERSONAE*. *Direito processual.* Poder jurisdicional conferido a juiz ou tribunal em razão da condição, qualidade ou capacidade dos litigantes.

COMPETÊNCIA *RATIONE VALORI*. *Direito processual.* Poder jurisdicional conferido a juiz ou tribunal, atendendo-se ao valor da causa.

COMPETÊNCIA TRIBUTÁRIA. *Direito tributário.* **1.** Poder conferido ao ente público de legislar, criando normas jurídicas para a arrecadação de tributos, atendendo às despesas públicas, dentro dos limites fixados constitucionalmente. **2.** Qualidade que a lei fiscal confere a determinadas entidades de se posicionarem como credores da obrigação tributária (R. Reis Friede).

COMPILAÇÃO. 1. *Teoria geral do direito.* a) Coleção ordenada de leis que facilita a consulta informativo-legislativa; b) reunião de textos jurisprudenciais. **2.** *Direito autoral.* a) Obra composta de extratos de diversos escritos sobre um tema; b) escrito que reúne, ordenadamente, opiniões de vários autores.

COMPOSSE. *Direito civil.* Posse de coisa indivisa exercida, simultânea e conjuntamente, por duas ou mais pessoas. Também designada *compossessão* ou *posse comum*, requer dois pressupostos: pluralidade de sujeitos e coisa indivisa ou em estado de indivisão.

COMPOSSE *PRO DIVISO*. *Direito civil.* É a que ocorre quando, embora não haja uma divisão de direito, já existe uma repartição de fato, que faz com que cada um dos compossuidores possua uma parte certa. Por exemplo, faz-se uma partilha aritmética, distribuindo-se um imóvel a quatro pessoas, de sorte que cada uma delas toma posse do terreno que corresponde à sua parte, apesar de o imóvel ainda ser indiviso. Há, tão somente, uma divisão de fato para permitir uma utilização pacífica do direito de posse de cada um dos compossuidores.

COMPOSSE *PRO INDIVISO*. *Direito civil.* Aquela em que as pessoas possuem em conjunto um bem, tendo apenas uma parte ideal. Por exemplo, três pessoas têm a posse de um terreno, porém, como não está determinada qual a parcela cabível a cada uma, todas têm a terça parte ideal.

COMPRA E VENDA. 1. *Direito civil.* Contrato em que uma pessoa (vendedor) se obriga a transferir a outra (comprador) o domínio de uma coisa corpórea ou incorpórea, mediante o pagamento de certo preço em dinheiro ou valor fiduciário correspondente (Caio Mário da Silva Pereira). Não abrange qualquer especulação, pois visa tão somente a aquisição de utilidades para o comprador. **2.** *Direito comercial.* Contrato que incide apenas em coisas móveis ou semoventes para serem revendidas em grosso ou a retalho.

COMPRA E VENDA A CONTENTO. *Direito civil* e *direito comercial.* É a que contém cláusula que subordina o contrato à condição de ser desfeito se o comprador não se agradar da coisa. É, portanto, a que se realiza sob a condição de só se tornar perfeita e obrigatória se o comprador declarar que a coisa adquirida lhe satisfaz. Tal cláusula insere-se, em regra, no contrato de compra de gêneros que se costumam provar, medir, pesar ou experimentar antes de aceitos. Sob essa denominação, ter-se-á venda sob condição de: prova ou degustação; peso, medida ou contagem; experimentação ou ensaio; exame e venda de mercadoria em trânsito.

COMPRA E VENDA A PRESTAÇÃO. *Direito civil* e *direito comercial.* Espécie de compra e venda a prazo em que o pagamento da coisa vendida é feito parceladamente, em quantias previamente estabelecidas e vencíveis sucessivamente em datas certas. É também chamada "compra e venda a crédito".

COMPRA E VENDA A RETALHO. *Direito comercial.* **1.** Contrato mercantil em que os efeitos móveis ou semoventes são revendidos a retalho ou a varejo, ou seja, em pequenas porções ou quantidades, para atender ao consumo do comprador. **2.** O mesmo que COMPRA E VENDA A VAREJO.

COMPRA E VENDA A TERMO. *Direito comercial.* É a cláusula inserida em compra e venda alusiva à execução contratual, pois, após a conclusão do contrato, comprador e vendedor podem estabelecer que a execução deverá ser feita dentro de certo tempo, que poderá ser *inicial* (suspensivo ou primordial) e *final* (extintivo). Estipula-se um prazo para o vendedor entregar a coisa vendida e o comprador pagar o preço. Duas são as modalidades de venda a termo: a) venda em que o termo atua apenas em relação a uma das obrigações do contratante, hipótese em que se terá: venda com pagamento antecipado, se o pagamento for feito na data da conclusão do contrato, mas a entrega da mercadoria adiada, efetivando-se em data prefixada; venda a prazo ou a crédito, se a entrega da coisa for feita no dia da conclusão do contrato, ficando diferido o pagamento do preço; b) venda em que o termo atua bilateralmente, atingindo as obrigações de ambos os contratantes, ou seja, a entrega da coisa e o pagamento do preço. Nesta espécie é que se encontra a real *venda a termo*, onde se estabelece um prazo para o pagamento do preço estipulado e para a entrega da mercadoria. Na *compra e venda a termo* a operação far-se-á a descoberto, ou seja, o vendedor, por não possuir a mercadoria contratada, reservar-se-á o direito de, durante o prazo estipulado, procurá-la. O vendedor especulará na baixa, esperando que, no dia fixado para a entrega da mercadoria, esta esteja avaliada por um preço inferior ao contratual, e o comprador especulará na alta, esperando que o preço corrente seja superior ao preço que terá de pagar. Será, portanto, a probabilidade da alta ou da baixa dos preços que sugerirá ao especulador a efetivação de uma venda a termo. Tal operação é comum nas Bolsas, pois nestas os valores comprados e vendidos representam somas enormes, que raramente estão disponíveis no momento da celebração contratual.

COMPRA E VENDA A VAREJO. *Vide* COMPRA E VENDA A RETALHO.

COMPRA E VENDA À VISTA. 1. *Direito civil.* Contrato em que a tradição e o pagamento do objeto vendido ocorrem no ato da realização do ajuste. **2.** *Direito comercial.* É aquela em que o pagamento da mercadoria vendida dá-se no instante da efetivação do negócio ou contra a apresentação da fatura ou duplicata até trinta dias após a operação ou a tradição.

COMPRA E VENDA À VISTA DE AMOSTRA. *Direito civil* e *direito comercial.* É aquela em que o vendedor se compromete a entregar a coisa vendida de acordo com a amostra. Tem por fim evitar uma descrição pormenorizada da mercadoria, que deverá ser idêntica à amostra previamente apresentada; logo, se inexistir tal correspondência, o comprador terá o direito de recusá-la no ato do recebimento, pedindo em juízo a competente vistoria *ad perpetuam rei memoriam*, em que se baseará a ação de rescisão do contrato, com indenização das perdas e danos. Nessa modalidade de venda, a amostra apresenta-se como um critério identificador das qualidades que o bem vendido deve apresentar. O vendedor garantirá a correspondência entre o objeto do contrato e o que servir de amostra, apresentado antes da conclusão do contrato, no momento da declaração de vontade, por ser tal fato condição essencial da venda.

COMPRA E VENDA EM GROSSO. *Direito comercial.* É a compra por atacado relativa a mercadorias negociadas, entre empresas, em grande quantidade, por serem destinadas à revenda.

COMPRA E VENDA INTERNACIONAL. *Direito internacional privado.* Aquela em que a mercadoria vendida tem de ser entregue em país diverso daquele em que se encontra no momento da oferta, aceitação ou conclusão do contrato, está situada ou tem de ser transportada entre territórios de vários Estados ou, ainda, se os atos da proposta e aceitação se realizarem em territórios de nações diferentes (Convenção de Haia de 1964). Pela Convenção de Viena de 1980, uma venda será internacional se os estabelecimentos comerciais do vendedor e do comprador se encontrarem em territórios de Estados diferentes.

COMPRA E VENDA MERCANTIL. *Direito comercial.* Contrato em que se compra e vende efeitos móveis ou semoventes com fins de especulação, visando sua revenda em grosso ou a retalho ou a locação do seu uso, desde que o comprador ou vendedor seja empresário. Há uma tendência atual de se admitir que recaia sobre imóveis se for possível sua circulação por meio de títulos representativos e contratos em massa. A comercialidade do contrato de compra e venda decorrerá de três elementos: participação de um empresário, no exercício de sua profissão, como comprador ou vendedor; referência à coisa móvel, semovente ou imóvel, sendo atividade empresarial; intenção de revenda ou de aluguel do uso.

COMPRA E VENDA PÚBLICA. *Direito processual civil.* É aquela em que se tem a participação de várias pessoas, como compradoras, que pretendem adquirir a coisa, apresentando ofertas ou lanços, de modo que o bem será vendido a quem oferecer o melhor preço. Se a alienação for de móvel, ter-se-á leilão; se de imóvel, praça. A praça realizar-se-á no átrio do edifício pelo porteiro dos auditórios do fórum, e o leilão, no local dos bens ou em qualquer outro indicado pelo juiz, efetivando-se pelo leiloeiro escolhido pelo credor, que receberá o preço, depositando-o em vinte e quatro horas e devendo prestar contas de seus atos. Na praça as despesas ficarão por conta do devedor, e, no leilão, uma comissão, arbitrada pelo juiz, deverá ser paga.

COMPRA E VENDA SOB ENSAIO OU EXPERIMENTAÇÃO. *Direito comercial.* Espécie de venda a contento em que se concede ao comprador um prazo para experimentar ou ensaiar, como, por exemplo, aparelhos elétricos, aperfeiçoando-se apenas se ele manifestar sua aprovação.

COMPRA E VENDA SOB PROVA OU DEGUSTAÇÃO. *Direito comercial.* Espécie de venda a contento cuja celebração depende de prova do comprador, que só efetuará o contrato se o sabor da coisa lhe agradar. É muito comum na compra e venda de gêneros alimentícios.

COMPROMISSO. 1. *Direito civil.* a) Obrigação de dar, fazer ou deixar de fazer algo, assumida por alguém; b) acordo bilateral em que as partes interessadas submetem suas controvérsias jurídicas à decisão de árbitros, comprometendo-se a acatá-la, subtraindo a demanda da jurisdição da justiça comum. É um misto de contrato e pagamento, pois, ao dirimir questões controvertidas, extingue relações obrigacionais; c) promessa de cumprir certos encargos ou de pagar dívida em certa data; d) regulamento instituído por uma associação ou confraria. 2. *Direito processual civil.* a) Termo inicial do juízo arbitral; b) ato pelo qual avaliador, perito, inventariante, curador, administrador judicial etc. assumem, em juízo, as responsabilidades de suas funções. 3. *Ciência política.* a) Engajamento em um partido político, ao qual se deverá fidelidade; b) acordo em que os adversários fazem concessões mútuas. 4. *Direito comercial.* Recuperação judicial ou extrajudicial de falido de acordo com os credores. 5. *Direito administrativo.* Termo em que o funcionário, ao tomar posse do cargo, promete cumprir fielmente seus deveres e assumir suas funções. 6. *Direito processual penal.* a) Afirmação solene de testemunha penal em juízo de dizer apenas a verdade durante sua arguição; b) promessa solene dos jurados de examinarem a causa com imparcialidade e de prolatarem a decisão em conformidade com a justiça e sua consciência.

COMPROMISSO IRRETRATÁVEL DE COMPRA E VENDA. *Direito civil.* Contrato, devidamente registrado no Cartório Imobiliário, pelo qual o promitente-vendedor obriga-se a vender ao compromissário-comprador determinado imóvel pelo preço, condições e modos avençados, outorgando-lhe a escritura definitiva assim que ocorrer o adimplemento da obrigação; por outro lado, o compromissário-comprador, ao pagar o preço e satisfazer todas as condições estipuladas no contrato, tem direito real sobre o imóvel, podendo reclamar a outorga da escritura definitiva ou sua adjudicação compulsória se houver recusa por parte do compromitente-vendedor.

COMPROPRIEDADE. *Direito civil.* 1. Também designada "copropriedade" e "condomínio", trata-se do direito de propriedade de um bem exercido, em comum, por duas ou mais pessoas, ao mesmo tempo. 2. *Vide* CONDOMÍNIO.

COMPUTAÇÃO DE PRAZOS. *Direito processual.* 1. Contagem do prazo processual ou judicial feita em dias úteis, sendo que será suspensa no final do ano. O dos recursos será de 15 dias, e o dos embargos de declaração, de 5 dias. 2. Apuração do tempo requerido para usucapião. 3. Verificação do decurso do prazo em casos de suspensão ou interrupção. 4. Cômputo de prazo prescricional ou decadencial.

COMUNHÃO. 1. *Direito civil.* a) Estado de condomínio; copropriedade; b) qualidade daquilo que é comum, seja coisa, fato ou interesse. 2. *Direito canônico.* a) Sacramento da eucaristia; b) ação de comungar.

COMUNHÃO *PRO DIVISO*. *Direito civil.* Estado condominial em que se encontram os condôminos em edifício de apartamentos, no qual, não obstante haja unidades autônomas, existe copropriedade das áreas comuns. Caracteriza-se juridicamente pela justaposição de propriedades distintas e exclusivas de apartamentos, salas etc., ao lado do condomínio de partes do edifício forçosamente comuns, tais como o solo onde está construído, suas fundações, pilastras, jardim, escadas, elevadores, corredores, pátio, porão, morada do zelador etc. Cada proprietário de fração autônoma poderá usar livremente das partes comuns atendendo à sua destinação e não prejudicando a comunhão.

COMUNHÃO *PRO INDIVISO*. *Direito civil.* Dá-se quando um bem indiviso pertence, em comum e na sua totalidade, a vários coproprietários, sendo que cada um deles terá uma fração ideal.

COMUNICAÇÃO DE BENS. *Direito civil.* Ação ou efeito de se comunicarem os bens pertencentes aos cônjuges, se casados sob o regime de comunhão universal ou parcial, em conformidade com as peculiaridades de cada caso.

COMUNICAÇÃO DE CRIME. *Direito processual penal.* 1. *Notitia criminis*, ou seja, aviso que órgão estatal dá à autoridade competente, ou melhor, ao Ministério

Público sobre a ocorrência de uma ação criminosa, para que, sendo titular da ação penal, apresente a denúncia. **2.** Delação, que é a notícia que a própria vítima dá à autoridade policial do fato criminoso. **3.** Requisição, que é a notícia do crime dada pelo juiz ou pelo Ministério Público para que a autoridade policial venha a instaurar o inquérito.

COMUNICAÇÃO FALSA DE CRIME OU CONTRAVENÇÃO. **1.** *Direito processual penal.* Crime contra a administração da justiça. **2.** *Direito penal militar.* Crime que consiste no fato de se provocar a ação da autoridade, seja ela da polícia judiciária militar, do Ministério Público Militar ou do Poder Judiciário militar, ao comunicar-lhe fato considerado como crime sujeito à jurisdição criminal que se sabe não ter ocorrido.

COMUNICAÇÃO SOCIAL. *Direito constitucional.* Direito resguardado pela Constituição Federal, que veda restrições à livre manifestação e expressão de pensamento e à criação e informação de qualquer modalidade; proíbe a censura política, ideológica ou artística, permitindo tão somente que a lei federal determine que o Poder Público informe sobre a natureza da diversão e do espetáculo público e as faixas etárias a que não se recomendam ou garanta à pessoa ou à família a possibilidade de defesa contra programas de emissoras de rádio e televisão que venham a desrespeitar os valores ético-sociais; impõe que empresas jornalísticas de rádio e televisão sejam de propriedade privativa de brasileiros natos ou naturalizados há mais de dez anos, competindo ao Poder Executivo renovar a concessão, permissão ou autorização.

COMUNISMO. *Ciência política.* **1.** Sistema político-social que pretende não só a comunhão dos bens de consumo e dos frutos do trabalho individual, a supressão da propriedade privada dos meios de produção, ou seja, de terras, fábricas, minas etc., ante o princípio de que todos os bens pertencem ao Estado e devem ser usufruídos em conformidade com as leis por ele ditadas, mas também a socialização dos meios de transporte, educação pública, organização estatal de crédito e direção dos trabalhadores pelo Estado, sob a égide de um partido organizado da ditadura do proletariado, para a obtenção de uma sociedade sem classes. **2.** Organização econômica, social e política que tem por base a propriedade comum e a intervenção estatal na vida individual.

COMUTAÇÃO DA PENA. *Direito constitucional, direito penal* e *direito processual penal.* Ato exclusivo do presidente da República, por ser prerrogativa sua a substituição de pena mais grave imposta ao réu por outra mais branda. Não se confunde com o indulto ou a anistia, que extinguem a punibilidade, pois, na comutação, a pena imposta em sentença transitada em julgado é apenas atenuada ou diminuída.

CONCAUSA. *Direito penal.* Causa que, juntamente com outra, concorre para a configuração de um crime; causa concorrente.

CONCEPTURO. **1.** *Direito comparado.* Aquele que ainda não foi concebido, sendo protegido pela lei portuguesa, que lhe confere capacidade sucessória testamentária ou contratual, desde que seja filho de pessoa determinada, viva ao tempo da abertura da sucessão, tendo, nos mesmos termos, capacidade para adquirir por doação. **2.** *Direito civil.* Prole eventual de pessoa designada pelo testador, existente ao abrir-se a sucessão, sendo que a expressão "prole eventual" não compreende, segundo alguns autores, os filhos adotivos nem os netos da pessoa indicada pelo testador.

CONCERTO. **1.** *Direito civil.* a) Autenticação ou conferência feita entre a cópia de uma certidão e o seu original pelo oficial de registro público; b) ajuste. **2.** *Direito processual.* a) Ato pelo qual o serventuário da justiça verifica se uma certidão está conforme o original; b) composição que tem por escopo pôr fim a um litígio. **3.** *Direito penal.* Combinação para a prática de um ato criminoso.

CONCESSÃO ADMINISTRATIVA. *Direito administrativo.* Contrato de concessão cujo objeto é a prestação de serviços diretamente à Administração Pública, podendo o particular assumir a execução de obra, fornecimento de bens ou outras prestações (Vera Monteiro). É o contrato de prestação de serviços de que a Administração Pública seja a usuária direta ou indireta, ainda que envolva execução de obra ou fornecimento e instalação de bens.

CONCESSÃO COMERCIAL *LATO SENSU*. *Direito comercial.* Trata-se do contrato de distribuição, que é uma espécie mais genérica de concessão mercantil, por admitir a subdistribuição. Assim, o distribuidor, autorizado pelo contrato de distribuição, poderá utilizar-se de rede própria de subdistribuidores para providenciar a colocação do produto no mercado consumidor, mas tal subdistribuição deverá sujeitar-se às normas ditadas pelo fabricante. Esse contrato de distribuição é o acordo em que o fabricante, oferecendo certas vantagens, compromete-se a vender, continuadamente, seus produtos ao distribuidor, para revenda em determinada zona.

CONCESSÃO COMERCIAL *STRICTO SENSU*. *Direito comercial.* É o contrato que não comporta rede de subconcessionários para que o concessionário promova a colocação do produto no mercado consumidor. Isto é assim porque a relação entre concedente e concessionário, semelhantemente à concessão de serviço público, possui caráter *intuitu personae*, visto que as condições pessoais do concessionário são essenciais ao contrato, de tal sorte que a concessão comercial ocorrerá sob condição de exclusividade tanto de aprovisionamento em benefício do concedente quanto de área geográfica em prol do concessionário.

CONCESSÃO DE DIREITO REAL DE USO DE TERRAS PÚBLICAS OU PARTICULARES. *Direito administrativo, direito agrário* e *direito civil.* É o contrato pelo qual a Administração Pública ou o particular transferem o uso, gratuita ou onerosamente, por tempo certo ou indeterminado, como direito real resolúvel, e concedem o uso de terreno de sua propriedade a outrem para fins específicos de regularização fundiária de interesse social, urbanização, industrialização, edificação, cultivo da terra, aproveitamento sustentável de várzeas, preservação das comunidades tradicionais e seus meios de subsistência ou outra utilização de interesse social em área urbana. Com isso estar-se-á atendendo ao princípio da função social da propriedade.

CONCESSÃO DE OBRA PÚBLICA. *Direito administrativo.* Contrato pelo qual a Administração Pública encarrega determinada pessoa da execução de certa obra (construção de pontes, viadutos, estradas etc.), reservando-lhe, durante certo prazo, a exploração, a fim de que possa reaver o capital empregado e obter algum lucro mediante tarifa paga pelo usuário (José Cretella Jr.).

CONCESSÃO DE SERVIÇO PÚBLICO. *Direito administrativo.* Ato complexo mediante o qual a Administração outorga a alguém o exercício de um serviço público, que será prestado em nome do Poder Público, sob condições fixadas e alteráveis unilateralmente pelo Estado, mas por conta e risco do concessionário, que receberá remuneração pelo pagamento de tarifas feito pelos usuários, tendo a garantia de um equilíbrio econômico-financeiro (Celso Antônio Bandeira de Mello).

CONCESSÃO DE USO DE BEM PÚBLICO. *Direito administrativo.* Ato administrativo bilateral, baseado em interesse público, feito a título não precário, concedendo ocupação ou utilização permanente de bens dominiais a particulares, constituindo em seu favor um direito real sobre a coisa.

CONCESSÃO DE USO ESPECIAL PARA FINS DE MORADIA. *Direito administrativo* e *direito urbanístico.* Outorga do direito à concessão gratuita de uso especial de imóvel público urbano para fins de moradia a quem o possuiu como seu, independentemente de sexo e de estado civil, por cinco anos, ininterruptamente e sem oposição, desde que sua dimensão não seja superior a 250 metros quadrados e que o possuidor não seja proprietário ou concessionário, a qualquer título, de outro imóvel urbano ou rural. Se o imóvel contar com mais de 250 metros quadrados e estiver ocupado por população de baixa renda para sua moradia, por cinco anos, sem interrupção e sem oposição onde não for possível identificar os terrenos ocupados por possuidor, tal concessão será conferida de forma coletiva, desde que os possuidores não sejam proprietários ou concessionários, a qualquer título, de outro imóvel urbano ou rural. Atribuir-se-á igual fração ideal de terreno a cada possuidor, independentemente da dimensão do terreno que cada um ocupar, salvo hipótese de acordo escrita entre os ocupantes, estabelecendo frações ideais diferenciadas. A fração ideal atribuída a cada possuidor não poderá ser superior a 250 metros quadrados.

CONCESSÃO FLORESTAL. *Direito administrativo* e *direito ambiental.* Delegação onerosa, feita pelo poder concedente, do direito de praticar manejo florestal sustentável para exploração de produtos e serviços numa unidade de manejo, mediante licitação, à pessoa jurídica, em consórcio ou não, que atenda às exigências do respectivo edital de licitação e demonstre capacidade para seu desempenho, por sua conta e risco e por prazo determinado.

CONCESSIONÁRIA. *Direito administrativo.* Pessoa jurídica de direito privado ou pessoa física não pertencente ao funcionalismo a quem a Administração Pública outorgou uma concessão de serviço público, de obra pública ou de uso de bens públicos. Incumbe à concessionária: a) prestar serviço adequado, na forma prevista em lei; nas normas técnicas aplicáveis e no contrato; b) manter em dia o inventário e o registro dos bens vinculados à concessão; c) prestar contas da gestão dos serviços ao poder concedente e aos usuários, nos termos definidos no contrato; d) cumprir e fazer cumprir as normas do serviço e as cláusulas contratuais de concessão; e) permitir aos encarregados da fiscalização livre acesso, em qualquer época, às obras, aos equipamentos e às instalações integrantes do serviço, bem como a seus registros contábeis; f) promover as desapropriações e constituir servidões autorizadas pelo poder concedente, conforme previsto no edital e no contrato; g) zelar pela integridade dos bens vinculados à prestação do serviço, bem como segurá-lo adequadamente; h) captar, aplicar e gerir os recursos financeiros necessários à prestação do serviço.

CONCIDADÃO. *Ciência política.* Aquele que, em relação a outras pessoas, é da mesma cidade ou do mesmo país, estando no gozo de seus direitos políticos, por ter a mesma cidadania.

CONCILIAÇÃO. 1. *Direito processual trabalhista.* a) Ato preliminar de harmonizar, formalmente, mediante proposta do juiz, as partes litigantes, solucionando dissídio entre empregado e empregador; b) é a proposta pelo juiz, aberta a audiência. Se houver acordo, lavra-se termo, assinado pelo presidente e pelos litigantes, consignando-se o prazo e demais condições para seu cumprimento. Entre as condições acima referidas, poderá ser estabelecida a de ficar a parte que não cumprir o acordo obrigada a satisfazer integralmente o pedido ou pagar uma indenização convencionada, sem prejuízo do cumprimento do acordo. Não havendo acordo, o reclamado terá vinte minutos para aduzir sua defesa, após a leitura da reclamação, quando esta não for dispensada por ambas as partes. **2.** *Direito processual civil* e *direito processual penal.* a) Encerramento da lide feito pelas partes, no processo, por meio de autocomposição e heterocomposição daquela; b) é o método de composição em que um especialista em conflitos faz sugestões para sua solução entre as partes; não é adversarial e pode ser interrompida a qualquer tempo. Pressupõe transigência e é aplicável a todos os conflitos e a alguns da esfera penal, em pequenos delitos e contravenções (Luiz G. Martins da Silva). **3.** *Direito civil.* Acordo feito extra-autos, entre partes desavindas, sem assistência do magistrado. **4.** *Direito internacional público.* Modo de solucionar uma contenda internacional, confiando-a a um órgão designado para tal fim, que, após esclarecer as questões litigiosas, procura conciliar as partes, propondo uma solução (Saint-Seine). Opera-se mediante arbitragem, solução judiciária, mediação, procedimento especial perante a Sociedade das Nações, e recurso a uma comissão de investigação e conciliação. **5.** *Direito do trabalho.* Meio de aproximação das partes envolvidas no conflito por um terceiro, por elas escolhido, que se limita a aproximar os negociadores, não interferindo no conteúdo do ajuste a ser celebrado (Pedro Paulo Teixeira Manus).

CONCORRÊNCIA. 1. *Sociologia jurídica.* Estado de dois seres (políticos, empresários etc.) ou de duas funções tendentes a se suplantarem reciprocamente ao disputarem algo ou ao pretenderem alcançar o mesmo fim. **2.** *Direito administrativo.* Procedimento licitatório efetuado mediante convocação genérica para um número indeterminado de pessoas, cuja idoneidade se verificará no curso da licitação, e que, em função da máxima amplitude do chamamento, exige grande publicidade. É a modalidade licitatória entre quaisquer interessados que, na fase inicial de habilitação preliminar, venham a comprovar que possuem os requisitos mínimos de qualificação exigidos no edital para a execução de seu objeto. É utilizada para obras e serviços de engenharia, compras e serviços acima de uma quantia especificada em lei, compra ou alienação de imóveis, concessões de direito real de uso e para licitações internacionais, qualquer que seja o valor de seu objeto. **3.** *Direito comercial.* a) Ação desenvolvida entre empresários ou produtores para disputar clientela, um mercado ou a venda de certa mercadoria ao público consumidor; b) ato pelo qual se procura estabelecer uma competição de preços, apurando-se quem oferece melhores condições ou ofertas para aqueles que pretendem adquirir ou comprar algo. **4.** *Direito econômico.* a) Rivalidade ou luta no domínio econômico entre produtores, fabricantes ou empresários que, ao mesmo tempo, expõem à venda mercadorias da mesma natureza e qualidade; b) oferta de produtos iguais ou similares entre produtores ou negociantes; c) coincidência ou limite entre dois valores. **5.** *Direito civil.* Contribuição para a realização de um encargo, de um ato ou para o pagamento de despesas decorrentes de ato jurídico. **6.** *Direito processual civil.* Alegação de direitos iguais entre várias pessoas sobre um objeto da mesma relação jurídica; simultaneidade de várias pretensões sobre o mesmo objeto.

CONCORRÊNCIA DE CULPA. *Direito civil.* Causa excludente de responsabilidade civil, por não haver relação de causalidade entre o dano e a ação (fato gerador da responsabilidade), pois, se houver culpa da vítima, no caso de ter contribuído para a ocorrência do dano que a atingiu, e do agente, a indenização será devida por metade ou diminuída proporcionalmente.

CONCORRÊNCIA DESLEAL. *Direito penal.* Uso doloso de meios desonestos, ilícitos, contrários aos usos mercantis e aos bons costumes com o escopo de lesar pessoas que exploram o mesmo ramo, visando promover a ampliação de seus negócios, auferindo vantagens além dos limites legais.

CONCORRÊNCIA PÚBLICA. *Direito administrativo.* **1.** Em *sentido amplo,* é a licitação, ou seja, um instituto de direito administrativo usado para eleger um contratante para a Administração, que precede, portanto, a contrato administrativo e visa garantir o princípio da isonomia e selecionar a proposta mais vantajosa para a Administração. As fases da licitação são: *abertura,* que constitui um chamamento público aos particulares para que apresentem ofertas; *habilitação de licitantes,* que se destina à verificação da idoneidade dos proponentes, analisando sua capacidade jurídica para assumir obrigações e responsabilidades, sua capacidade técnica para executar materialmente o conteúdo da obrigação assumida e sua capacidade financeira para suportar os ônus inerentes à execução da obrigação e às responsabilidades dela oriundas; *classificação das propostas* viáveis formuladas por proponentes idôneos; *adjudicação,* que qualifica uma proposta como aceitável pelos seus caracteres intrínsecos; *aprovação do procedimento*, que confere eficácia à seleção feita, correspondendo a uma aceitação da promessa de contrato formulada pelo adjudicatário, surgindo entre a Administração e o particular um vínculo contratual relativo à promessa de contrato. **2.** Em ***sentido estrito***, é uma modalidade licitatória entre quaisquer interessados que, na fase inicial de habilitação preliminar, venham a demonstrar que preenchem os requisitos mínimos de qualificação exigidos no edital para a execução de seu objeto.

CONCUBINATO IMPURO. ***Direito civil.*** Ocorre se um dos amantes ou ambos estão comprometidos ou impedidos legalmente de se casarem. Apresenta-se como: a) adulterino, se se fundar no estado de cônjuge de um ou de ambos os concubinos; por exemplo, se o homem casado mantém, ao lado da família matrimonial, outra não matrimonial; e b) incestuoso, se houver parentesco próximo entre os amantes.

CONCUBINATO PURO. *Vide* UNIÃO ESTÁVEL.

CONCURSO. 1. ***Direito administrativo.*** a) Modalidade de licitação idônea para obter estudo de terceiro, de natureza técnica, científica ou artística, em que se oferece trabalho criativo à Administração Pública, que o adquirirá para a utilização em consecução de obra ou serviço público. O concorrente vencedor terá direito ao prêmio avençado no edital publicado com antecedência mínima de quarenta e cinco dias, e não à realização de obra ou serviço; b) conjunto de provas para averiguar a aptidão dos candidatos ao exercício de certos cargos públicos; processo de seleção para a escolha dos candidatos, que, se aprovados, serão nomeados para ocupar cargos públicos. **2.** ***Direito civil.*** Meio de se exteriorizar uma promessa de recompensa, pois esta pode ser condicionada à realização de uma competição entre os interessados na prestação da obrigação, efetivando-se mediante concurso, ou seja, certame em que o promitente oferece um prêmio a quem, dentre várias pessoas, apresente o melhor resultado. Por exemplo, oferta de viagem a Paris ao artista que apresente o melhor quadro a ser exibido em futura exposição; prêmio oferecido ao autor do melhor livro sobre certo assunto etc. **3.** Na ***linguagem jurídica*** em geral, indica ato de concorrer; participação de várias pessoas num dado ato, visando a consecução do mesmo objetivo ou fim; disputa; concorrência; certame.

CONCURSO APARENTE DE NORMAS PENAIS. ***Direito penal.*** **1.** Dá-se quando a conduta criminosa parece estar violando duas normas penais, dando a impressão de que houve dois crimes autônomos, quando na verdade uma daquelas normas está a englobar a outra. Por exemplo, se houver lesão corporal seguida de morte, o homicídio abrangerá a lesão, logo, apesar de aparentemente ter-se a violação de duas normas, na verdade somente se infringiu a reguladora do homicídio. Regem o conflito aparente de normas penais, solucionando-o, os *princípios* da: a) *especialidade*, em que norma especial prevalece sobre uma geral, mesmo que seja posterior; b) *consumação*, pelo qual se o crime previsto numa norma pode ser compreendido em outra, só esta se lhe aplica. É muito comum sua aplicabilidade nos crimes progressivos e complexos; c) *subsidiariedade*, pelo qual a norma principal deve sobrepor-se à subsidiária; por exemplo, o crime de sequestro é subsidiário ao de extorsão mediante sequestro, pois, por ser menos grave, é por ele absorvido, ou seja, a extorsão mediante sequestro, por ser mais grave, o abrange. **2.** Dá-se quando duas ou mais normas penais vigentes regem a mesma matéria, sendo que a mais recente exclui a mais antiga.

CONCURSO DE AÇÕES. ***Direito processual civil.*** **1.** Coexistência de várias ações à disposição do titular para assegurar seus direitos. **2.** Em ***sentido amplo***, cumulação de ações diversas num mesmo processo. **3.** Em ***acepção restrita***, concurso de pretensões materiais ou existência de várias ações para que o autor possa obter, em juízo, a satisfação de um mesmo interesse ou direito material (Arruda Alvim). Por exemplo, para a defesa do direito do adquirente de terras, há três ações: a *ex empto*, para complementação de área, a *redhibitoria*, para rescisão do contrato, e a *quanti minoris*, para redução proporcional do preço.

CONCURSO DE CAUSAS. 1. ***Direito penal.*** Coexistência de várias causas determinantes ou produtoras do resultado pretendido pelo criminoso. Trata-se da reunião de concausas ou de causas concorrentes, na qual a ação ou omissão culposas de duas ou mais pessoas convergem para a produção do resultado lesivo. **2.** ***Direito civil.*** a) Conjunto de causas imprevisíveis que geram a exclusão da responsabilidade civil, salvo se o agente estiver em mora; b) causas que contribuem para a produção de um dano, ensejando a obrigação de repará-lo, desde que se relacione com o comportamento omissivo ou comissivo do agente pela quebra do dever legal ou contratual.

CONCURSO DE CREDORES. ***Direito civil*** e ***direito processual civil.*** Execução judicial movida contra devedor insolvente, uma vez requerida a declaração de sua insolvência, reunindo-se num mesmo processo vários credores, desde que detentores de títulos exigíveis judicialmente, ficando a massa dos bens sob a guarda e administração de pessoa nomeada pelo magistrado. Cada credor será pago obedecendo-se à ordem de preferências. Liquidado o acervo patrimonial, não tendo sido possível pagar a todos os credores, o devedor ficará vinculado aos seus débitos, até posterior realização dos créditos, ou à ocorrência da prescrição. Portanto, é a execução coletiva que os credores promovem contra devedor comum em estado de insolvência para obter, em juízo, respeitando-se as preferências, o rateio entre si dos bens do devedor ou do produto de sua venda, na proporção de seus créditos. Ocorre sempre que os débitos do devedor excedem o valor de seus bens.

CONCURSO DE DELITOS. *Vide* ACUMULAÇÃO DE DELITOS.

CONCURSO DE PREFERÊNCIA. ***Direito civil*** e ***direito processual civil.*** É o que ocorre no concurso de credores, indicando que há preferência de um ou mais deles sobre os bens do devedor, ou sobre o preço da coisa, em relação aos demais. Tem por objeto apurar os privilégios creditícios ou as prioridades de um ou mais credores relativamente aos demais, para que exerçam o seu direito de prelação.

CONCURSO FORMAL DE CRIMES. ***Direito penal.*** Configura-se quando o agente do crime, com uma única ação ou omissão, vem a praticar dois ou mais crimes, idênticos ou não, punidos com prisão. Há unidade de ação ou omissão praticada pelo agente e produção de vários resultados criminosos puníveis. Neste caso, aplicar-se-á a pena mais grave das que forem cabíveis ou, se iguais, apenas uma delas, mas aumentada, em qualquer caso, de um sexto até metade. As penas serão aplicadas cumulativamente se aquela ação ou omissão for dolosa e se os crimes concorrentes resultarem de desígnios autônomos.

CONCURSO MATERIAL DE CRIMES. ***Direito penal.*** Dá-se quando o agente pratica duas ou mais ações ou omissões, cometendo diversos delitos autônomos, idênticos ou não, que se excluem entre si, devendo responder por todos, cumulativamente, somando-se as penas privativas de liberdade a eles cominadas. Se houver aplicação cumulativa de reclusão e detenção, executar-se-á primeiro a reclusão. Ter-se-á, portanto, pluralidade de atos comissivos ou omissivos, pluralidade de resultados puníveis e identidade de agente.

CONCURSO PÚBLICO. ***Direito administrativo*** e ***direito constitucional.*** É aquele em que, para assegurar iguais direitos e deveres a todos os cidadãos diante da administração pública, abrem-se vagas, dando-se aos candidatos o direito de disputar cargos públicos mediante submissão a provas e, eventualmente, contagem de títulos profissionais ou acadêmicos, que selecionarão os mais habilitados ao provimento daqueles cargos ou à admissão para as funções públicas. Dispensa-se concurso público para cargo de provimento em comissão, o qual a lei declara de livre nomeação e exoneração. Tal concurso público terá o prazo máximo de validade de dois anos, prorrogável por igual período, sendo que, dentro desse prazo, os aprovados terão direito de ser convocados para tomar posse do cargo com prioridade sobre os novos concursados, ganhando estabilidade após dois anos de efetivo exercício.

CONCUSSÃO. ***Direito penal.*** Crime contra a Administração cometido pelo funcionário público que, abusando da influência de suas funções, exige para si ou para outrem, direta ou indiretamente, vantagens não devidas.

CONDENAÇÃO. 1. ***Direito processual civil.*** Decisão judicial definitiva, condenando o réu à obrigação de dar, fazer ou não fazer, satisfazendo a pretensão do autor e servindo de título executivo judicial. **2.** ***Direito processual penal.*** Ato pelo qual o órgão judicial, ao prolatar a sentença condenatória, reconhece a existência do crime e a culpabilidade do agente, autor do crime ou da contravenção penal, impondo-lhe uma pena.

CONDESCENDÊNCIA CRIMINOSA. ***Direito penal.*** Crime contra a Administração Pública consistente em deixar o funcionário, por indulgência, de responsabilizar subordinado que cometeu alguma infração no exercício de seu cargo ou função pública ou, quando lhe falte competência, não levar ao conhecimento da autoridade competente, punido com detenção ou multa.

CONDIÇÃO. 1. ***Direito civil.*** a) Cláusula que subordina o efeito do negócio jurídico a evento futuro e incerto. Para sua configuração, requer a ocorrência de dois requisitos essenciais: a futuridade e a incerteza; b) requisito. **2.** ***Sociologia jurídica.*** a) Classe social a que pertence uma pessoa; b) modo de ser e situação social de uma coisa ou de uma pessoa. **3.** ***Lógica jurídica.*** a) Termo a partir do qual o espírito passa a um outro numa síntese progressiva ou ao qual ele remonta a partir de um outro numa síntese regressiva (J. Lachelier); b) antecedente de uma relação hipotética, de maneira que, se "A" for verdadeiro, "B" também o será, e, se "A" for falso, "B" igualmente o será (Lalande); c) asserção da qual uma outra depende, de tal sorte que, se a primeira for falsa, a segunda também o será; d) aquilo que, quando posto, não só acarreta uma consequência como também a exclui sempre quando ela faz falta; e) circunstância da qual algo depende, de modo que, se a primeira estiver ausente, o segundo também o estará.

CONDIÇÃO CAPTATÓRIA. ***Direito civil.*** Aquela em que o testador institui herdeiro ou legatário desde que este venha também a contemplá-lo ou a terceiro em testamento, sendo por isso vedada por lei.

CONDIÇÃO CASUAL. ***Direito civil.*** Aquela cuja realização depende de um caso fortuito, alheio à vontade das partes. Por exemplo, "dar-te-ei um automóvel se chover amanhã".

CONDIÇÃO DE PUNIBILIDADE. *Direito penal.* Circunstância de cuja ocorrência depende a aplicação da pena, apesar de ser externa ao ato criminoso, não influir sobre a culpabilidade do agente e não se inserir na relação de causalidade.

CONDIÇÃO FÍSICA E JURIDICAMENTE POSSÍVEL. *Direito civil.* Aquela que pode ser realizada conforme as leis físico-naturais e as normas jurídicas.

CONDIÇÃO ILÍCITA. *Direito civil.* Aquela que é condenada pela norma jurídica, pela moral e pelos bons costumes; por exemplo, prometer uma recompensa sob a condição de pessoa casada não cumprir os deveres de coabitação e fidelidade mútua.

CONDIÇÃO MISTA. *Direito civil.* É a que decorre, deliberadamente, em parte da vontade e em parte de elemento causal, que pode ser até mesmo a vontade de terceira pessoa. Por exemplo, "dar-lhe-ei uma casa se você se casar com Paulo antes de sua formatura".

CONDIÇÃO PROMÍSCUA. *Direito civil.* É a que se caracteriza no momento inicial como potestativa, vindo a perder tal característica por fato superveniente, alheio à vontade do agente, que venha a dificultar sua realização. Por exemplo, "dar-lhe-ei um carro se você, campeão de futebol, jogar no próximo torneio". Essa condição potestativa passará a ser promíscua se o jogador vier a se machucar.

CONDIÇÃO PURAMENTE POTESTATIVA. *Direito civil.* Aquela que depende, para sua efetivação, de mero arbítrio do agente, sendo por isso defesa. Por exemplo, "constituirei renda em seu favor se você vestir tal roupa amanhã".

CONDIÇÃO RESOLUTIVA. *Direito civil.* É a que subordina a ineficácia do negócio a um evento futuro e incerto. Assim sendo, enquanto ela não se realiza, vigora o ato negocial, podendo exercer-se desde o momento deste o direito por ele estabelecido, mas, verificada a condição, para todos os efeitos extingue-se o direito a que ela se opõe. Por exemplo, "constituirei uma renda em seu favor enquanto você estudar".

CONDIÇÃO SIMPLESMENTE POTESTATIVA. *Direito civil.* Aquela que depende, para sua realização, da prática de algum ato e não de um mero uso do arbítrio do agente. Por exemplo, a doação de um iate a um cantor de ópera condicionada ao fato de desempenhar bem um determinado papel.

CONDIÇÃO *SINE QUA NON*. **1.** *Direito civil.* Trata-se da teoria da equivalência das condições, que propugna a necessidade do nexo de causalidade entre o fato lesivo e o dano para que este gere a responsabilidade civil do lesante, reparando-o. **2.** *Lógica jurídica.* Afirmação da qual uma outra depende, de tal modo que, se a primeira for falsa, a segunda também o será (Zabarella). É, portanto, a que gera uma consequência quando for posta e que a exclui sempre quando ela fizer falta. **3.** *Direito penal.* Causa, isto é, toda condição do resultado ou todo fato sem o qual o resultado não teria sido produzido.

CONDIÇÃO SUSPENSIVA. *Direito civil.* É aquela em que as partes protelam, temporariamente, a eficácia do negócio até a realização do acontecimento futuro e incerto. Por exemplo, "comprarei sua escultura se ela for aceita numa exposição internacional". Pendente a condição suspensiva, não há direito adquirido, mas expectativa de direito ou direito eventual. Com o advento dessa condição aperfeiçoa-se o efeito do ato negocial, operando-se *ex tunc*, ou seja, desde o dia de sua celebração, daí ser, portanto, retroativo.

CONDIÇÕES DA AÇÃO. *Direito processual civil.* **1.** Requisitos que não dizem respeito à relação processual, por serem necessários ou exigidos legalmente para o pronunciamento do órgão judicante sobre a procedência ou improcedência do pedido formulado pelo autor. São os requisitos legais para que o pedido formulado, em juízo, seja procedente, tais como: interesse de agir, legitimação da parte e possibilidade jurídica. Essas são as condições positivas da ação. Ao lado delas, colocam-se as negativas, no sentido de que elas devem inexistir para que o juiz se pronuncie sobre o mérito, que são a coisa julgada e a perempção (Calmon de Passos e Ada P. Grinover). **2.** Seriam, hoje, a ausência de legitimidade ou de interesse processual.

CONDOMÍNIO. *Direito civil.* Ocorre quando o mesmo bem pertence a mais de uma pessoa, cabendo a cada uma delas igual direito, idealmente, sobre o todo e cada uma de suas partes (Caio Mário da Silva Pereira).

CONDOMÍNIO DE LOTES. *Direito civil.* Modalidade condominial em que se terão: lotes de propriedade exclusiva dos condôminos; partes que constituem a propriedade comum dos condôminos, da qual nenhuma unidade autônoma poderá ser privada por ser destinada ao uso comum.

CONDOMÍNIO EM EDIFÍCIO DE APARTAMENTOS. *Direito civil.* É uma mistura de propriedade individual e condomínio, caracterizando-se juridicamente pela justaposição de propriedades distintas e exclusivas ao lado do condomínio de partes do edifício forçosamente comuns, como o solo em que está construído o prédio, suas fundações, pilastras, área de lazer, vestíbulos, pórticos, escadas, elevadores, corredores, pátios, jardim, porão, aquecimento central, morada do zelador etc. A cada unidade imobiliária caberá, como parte inseparável, uma fração ideal no solo e nas outras partes comuns, que será identificada em forma decimal ou ordinária no instrumento de instituição do condomínio. Cada proprietário de fração autônoma (apartamento, sala de utilização profissional, garagem) pode usar livremente das partes comuns, atendendo à sua destinação e não prejudicando a comunhão. Mas só pode alienar e alugar abrigo para veículo a pessoa estranha ao condomínio, se houver autorização expressa na convenção de condomínio.

CONDOMÍNIO FECHADO. *Direito civil.* **1.** Apartamentos em construção, sob regime condominial, que só podem ser vendidos se houver memorial registrado de incorporação, após o término da construção (Soibelman, C. Fioranti e Afonso Celso F. Rezende). **2.** Bairro urbanizado para fins recreativos ou residenciais. **3.** Conjunto de casas em vilas fechadas por portão de acesso à via pública, protegido por muro e portaria. **4.** Loteamento fechado.

CONDOMÍNIO FORÇADO. *Direito civil.* Também chamado "condomínio legal", é o que deriva de imposição da ordem jurídica como consequência inevitável do estado de indivisão da coisa. São exemplos de comunhão forçada: o compáscuo ou comunhão em pastos ou pastagens, em paredes, cercas, muros e vales ou em formação de ilhas.

CONDUÇÃO. **1.** *História do direito.* Contrato pelo qual se cedia o uso de coisa infungível a alguém ou pelo qual se obrigava uma pessoa a fazer um serviço, mediante pagamento de uma renda ou aluguel. Tratava-se da *condução-locação*, que corresponde hoje à locação de coisa e à de serviço. **2.** *Direito comercial.* a) Transporte de mercadorias ou pessoas de um local a outro; b) meio de transporte; c) compromisso assumido pelo condutor; d) função do condutor. **3.** *Direito processual.* a) Ato pelo qual, a mando do juiz, o oficial de justiça leva o réu ou a testemunha que desobedeceu a intimação à sua presença; b) meio de transporte utilizado pelo serventuário de justiça ou magistrado quando vão proceder a alguma diligência; c) importância paga pelas partes para fazer frente às despesas de transporte da autoridade judiciária ou auxiliar de justiça. **4.** *Lógica jurídica.* Reunião de argumentos para esclarecer algo.

CONDUTA DESONROSA. *Direito civil.* Comportamento de um cônjuge ofensivo à honra do outro, que dá origem ao pedido de separação judicial litigiosa.

CONEXÃO DE AÇÕES. *Direito processual civil.* O mesmo que CONEXÃO DE CAUSAS, pois reputam-se conexas duas ou mais ações quando lhes são comuns o objeto ou a causa de pedir, fazendo com que um mesmo juiz delas tome conhecimento e decida, uma vez que um ou dois de seus elementos são idênticos.

CONEXÃO DE CAUSAS. *Vide* CONEXÃO DE AÇÕES.

CONEXÃO DE CRIMES. *Direito processual penal.* Liame ou vínculo existente entre dois ou mais crimes, relacionados entre si por um ou dois elementos idênticos, conducentes à junção dos processos, para que o órgão judicante possa avaliar melhor as provas apresentadas, uma vez que tais crimes estão tão intimamente relacionados que não podem ser considerados isoladamente, devendo ser submetidos a um juízo e julgados pela mesma autoridade judiciária. Assim sendo, crimes conexos são os que se apresentam interligados por um nexo objetivo ou subjetivo. Logo, se se considerar a conexão de crimes como teleológica e consequencial, haverá subjetividade do liame entre os crimes conexos, por exemplo, se alguém praticar um crime e para escapar da pena cometer outro que se ligar ao primeiro. Ter-se-á *conexão objetiva* se, por exemplo, um crime for cometido na mesma ocasião em que outro for praticado, como o furto de joias de uma mulher estuprada (conexão ocasional); houver crimes antecedentes à receptação e ao favorecimento pessoal, que são imperativos para a configuração de tais delitos (conexão necessária); ou ocorrer pluralidade de crimes em continuação, conexos entre si por condições de tempo, lugar e modo de execução (conexão continuativa).

CONFEDERAÇÃO. **1.** *Direito internacional público.* União de nações ou Estados que, sem perderem sua soberania, agrupam-se por tratado ou convenção, governados na ordem externa pela Dieta, isto é, pela assembleia constituída por representantes de cada um deles ou por um dos Estados que a compõe e representa, sendo as decisões tomadas por maioria qualificada e ratificadas pelos Estados confederados. Cada Estado confederado mantém sua independência interna, escolhe seu governo e administra seus negócios em sua jurisdição territorial. **2.** *Direito civil* e *direito comercial.* Associação ou união societária de entidades autônomas para a consecução de finalidades comuns, por exemplo, confederação nacional de comércio e indústria. **3.** *Direito do trabalho.* Associação sindical constituída de três federações, sendo que cada uma agrupa cinco sindicatos, representando atividades idênticas, conexas ou similares.

CONFESSÓRIA. *Direito processual.* **1.** Diz-se da ação movida contra réu confesso. **2.** Declaração dos próprios erros e culpas, reconhecendo como verdadeiro um ato ou fato que lhe prejudica. **3.** Reivindicação de um direito de servidão usurpado pelo vizinho.

CONFINAMENTO. **1.** *Direito penal.* a) Estado de confinado; b) ato ou efeito de confinar; c) restrição à liberdade do condenado a pena de prisão, retirando-o do meio social; d) ato de enclausurar. 2. *Medicina legal.* Asfixia, em pessoa presa num recinto, provocada pela falta de oxigênio.

CONFIRMAÇÃO. 1. *Retórica jurídica.* Parte do discurso em que o orador desenvolve as provas. 2. *Direito canônico.* a) Sacramento do crisma, que confirma o batismo; b) aprovação da eleição e aprovação de um bispo promulgadas pela Cúria romana. 3. *Direito civil.* É o ato de confirmar um negócio que, por vício de consentimento, era anulável, reafirmando sua validade, ou melhor, validando-o. 4. *Direito processual.* Ato pelo qual a sentença de um juiz é mantida e ratificada pelo tribunal *ad quem*, que apreciou o recurso dela interposto pelo interessado.

CONFISCO. 1. *Direito constitucional.* a) Apreensão pelo Estado, a título punitivo, de propriedade imóvel na qual seu proprietário cultive ilegalmente plantas psicotrópicas, destinando-a ao arrendamento de colonos e ao cultivo de produtos alimentícios e medicamentosos, sem que seja paga qualquer indenização ao proprietário; b) apreensão de bem de valor econômico em decorrência de tráfico ilícito de entorpecentes e drogas afins, que reverterá em benefício de instituições e pessoal especializados no tratamento e recuperação de viciados e no aparelhamento e custeio de atividades de fiscalização, controle, prevenção e repressão do crime de tráfico dessas substâncias. 2. *Direito penal.* a) Efeito da condenação ou medida de segurança, de ordem patrimonial, que se concretiza pela apreensão de instrumentos ou produtos de crime, se se tratar de coisas cuja fabricação, alienação, utilização, porte ou detenção constitua delito; b) perda do domínio de artigos de consumo fabricados ou contrabandeados. 3. *Direito internacional público.* a) Apreensão por um país de uma propriedade pública ou imóvel situados no território de um Estado adversário, mediante anexação consignada em tratado de paz; b) apreensão de navios inimigos e de suas cargas durante a guerra.

CONFISSÃO. 1. *Direito processual civil.* a) Ato pelo qual a parte admite a verdade de um fato contrário ao seu interesse e favorável ao adversário; b) meio de prova, judicial ou extrajudicial, consistente no reconhecimento, tácito ou expresso, de um fato prejudicial a quem formula tal declaração. 2. *Direito processual penal.* Ato pelo qual o acusado reconhece sua culpabilidade e declara ser verdadeiro o fato delituoso a ele imputado. 3. *Direito canônico.* a) Declaração da própria culpa ao confessor, reconhecendo seus pecados no sacramento da penitência, para obter a absolvição; b) declaração de artigos de fé cristã; profissão de fé; c) cada uma das seitas do cristianismo. 4. *Retórica jurídica.* Figura consistente em confessar a falta imputada.

CONFISSÃO FICTA. *Direito civil* e *direito processual civil.* 1. Declaração da verdade de determinado fato decorrente da alegação não contestada pela outra parte, se o contrário não resultar do conjunto das provas. 2. É a que resulta da omissão da parte que, intimada para prestar depoimento pessoal, não comparece em juízo, aceitando, tacitamente, a verdade do fato alegado pelo adversário.

CONFLITO. 1. *Direito internacional público.* a) Litígio internacional que se dá em caso de divergência entre as nações; b) guerra ou luta armada entre países. 2. *Direito processual civil.* a) Pendência; b) processo especial para solucionar questão relativa à competência de autoridade judiciária. 3. *Sociologia jurídica.* Competição entre pessoas ou grupos sociais que pretendem a sujeição ou destruição do rival. 4. *Psicologia forense.* Tensão provocada pela presença simultânea de motivos contraditórios. 5. *Ciência política.* Tumulto; oposição. 6. *Teoria geral do direito.* a) Relação entre dois princípios cujas aplicações requerem num mesmo objeto determinações contraditórias (Lalande); b) divergência de duas ou mais leis no tempo e no espaço; c) conjunto de alternativas incompatíveis, que exigem uma decisão (Tércio Sampaio Ferraz Jr.).

CONFLITO DE ATRIBUIÇÕES. *Direito administrativo* e *direito processual civil.* 1. Controvérsia entre autoridade administrativa e judiciária, pelo fato de cada uma delas se julgar competente ou incompetente para decidir sobre determinado ato administrativo material. 2. Choque de competência entre dois funcionários públicos, competindo ao superior hierárquico comum determinar qual deles deverá desempenhar a tarefa.

CONFLITO DE COMPETÊNCIA. 1. *Direito processual civil.* É também chamado de "conflito de jurisdição", por dizer respeito a pendência relativa a questão sobre competência entre juízes ou tribunais da mesma jurisdição. Pode surgir num só processo, caso em que se tem *incidente singular*, ou em dois ou mais processos, hipótese em que se configura o *incidente concursal* de competência. Há conflito de competência quando: a) dois ou mais juízes declaram-se competentes; b) dois ou mais juízes consideram-se incompetentes; e c) entre dois ou mais magistrados surge controvérsia sobre a reunião ou separação de processos. Tal conflito pode ser suscitado por qualquer das partes, pelo Ministério Público ou pelo magistrado, mas não pela parte que vier a oferecer no processo a exceção de incompetência. A parte que não o suscitar poderá oferecer exceção declinatória do foro. 2. *Direito processual penal.* a) Ocorre quando duas ou mais autoridades judiciárias se consideram competentes ou incompetentes para conhecer do mesmo crime; b) dá-se quando entre os juízes surge controvérsia sobre uma unidade de juízo, junção ou separação de processo. **3.** *Direito constitucional.* Divergência entre entes políticos ou órgãos públicos relativamente às suas esferas de autonomia constitucionalmente elencadas (Jairo Maia Junior).

CONFLITO DE INTERESSES. *Teoria geral do direito, direito processual civil* e *direito internacional público.* Divergência entre duas ou mais pessoas que têm interesse pelo mesmo objeto. Tal desavença pode resultar em: a) uma demanda entre pessoas físicas ou jurídicas, pois a lide nada mais é do que o conflito de interesses qualificado por uma pretensão resistida de uma parte; ou b) uma beligerância entre países.

CONFLITO DE LEIS NO ESPAÇO. *Teoria geral do direito* e *direito internacional privado.* **1.** *Vide* APLICAÇÃO DA LEI NO ESPAÇO. **2.** Divergência entre normas que regem o mesmo fato, vigentes em países diferentes, ou seja, entre lei estrangeira e lei nacional, em face da pessoa ou pessoas que dele participam.

CONFLITO DE LEIS NO TEMPO. *Teoria geral do direito.* **1.** *Vide* APLICAÇÃO DA LEI NO TEMPO. **2.** Divergência entre duas ou mais leis de um mesmo país, uma velha e outra nova, com relação a qual delas deva ser aplicada a um determinado caso.

CONFLITO DE QUALIFICAÇÃO. *Direito internacional privado.* Operação pela qual o órgão judicante, antes de prolatar a decisão, verifica, mediante a prova feita, qual a instituição jurídica correspondente ao fato interjurisdicional provado, delimitando qual das normas jurídicas substantivas concorrentes deve ser-lhe aplicada. Trata-se de problema de eleição da norma substancial qualificadora da relação jurídica subjacente.

CONFRONTAÇÃO. **1.** *Direito civil.* Limites entre prédios vizinhos. **2.** *Direito processual penal* e *direito processual civil.* a) Acareação de réu e autor ou de testemunhas para confrontar seus depoimentos, buscando-se, em caso de contradição, a verdade; b) comparação de laudos periciais, de assinaturas ou do original de um documento com a sua cópia.

CONFUSÃO. **1.** *Direito civil.* a) Aquisição e perda da propriedade móvel pela mistura de coisas líquidas pertencentes a pessoas diversas, de tal forma que seria impossível separá-las; b) modo de extinguir uma dívida, no todo ou em parte, pela reunião na mesma pessoa das qualidades de credor e devedor. É, no direito obrigacional, a aglutinação, em uma única pessoa e relativamente à mesma relação jurídica, das qualidades de credor e devedor, por ato *inter vivos* ou *causa mortis*, operando a extinção do crédito; c) reunião, numa mesma pessoa, de diversos direitos sobre bem corpóreo ou incorpóreo, que anteriormente se encontravam separados, isto é, na confusão reúnem-se no mesmo titular a propriedade e um direito real sobre coisa alheia, como é o caso, por exemplo, do usufrutuário que sucede nos direitos do nu-proprietário; do senhorio que adquire o domínio útil do foreiro; do proprietário do prédio serviente que passa a ter a propriedade do dominante; do credor pignoratício que adquire o domínio do objeto gravado etc. **2.** *Teoria geral do direito.* a) Falta de método; b) falta de clareza; c) ausência de reconhecimento das propriedades ou diferenças que um objeto apresenta em relação a outro. **3.** *Ciência política.* Tumulto; revolta.

CONGELAMENTO. **1.** *Direito internacional privado.* a) Proibição temporária da transferência de um crédito, por falta de divisas de um país em relação a outro, impossibilitando o cumprimento dos compromissos oriundos das importações efetuadas; b) estado de uma dívida externa que, ante a falta de recursos, não pode ser, temporariamente, paga ou exigida. **2.** *Direito econômico.* Ato governamental pelo qual se fixam os valores dos salários ou os preços de mercadorias, produtos, serviços ou artigos de consumo, com o escopo de evitar a alta do custo de vida, protegendo a economia popular. **3.** *Biodireito.* Técnica de congelamento computadorizado de embriões excedentes de um ciclo de FIV, numa criocâmara especial, onde ficam guardados, para serem utilizados numa nova fertilização ou doados a outro casal (Roger Abdelmassih).

CONGRESSO NACIONAL. *Direito constitucional* e *ciência política.* Órgão público detentor do exercício do Poder Legislativo, formado pela Câmara dos Deputados (composta por representantes do povo) e pelo Senado Federal (composto por representantes dos Estados), competente, com a sanção do presidente da República, para dispor sobre os assuntos da competência da União. Pode também utilizar-se de resoluções e decretos legislativos, que dispensam a sanção do presidente da República.

CONHECIMENTO DE BAGAGEM. *Direito comercial.* Nota de bagagem fornecida pelo transportador, que serve de documento para que o passageiro possa retirar a sua bagagem, transportada em depósito apropriado do veículo, mediante despacho, no local de destino.

CONHECIMENTO DE DEPÓSITO. *Direito comercial.* Recibo que certifica o recebimento de mercadorias ou bens depositados nos armazéns-gerais.

CONHECIMENTO DE FRETE. *Direito comercial.* **1.** Documento probatório do recebimento da mercadoria a ser transportada por via terrestre, aérea, marítima ou fluvial, emitido pelo condutor ou transportador. Devido ao seu caráter probatório de entrega da mercadoria pelo remetente ao transportador, representa as mercadorias expedidas, que só poderão ser retiradas pelo destinatário mediante sua apresentação. É um título de crédito, representativo das mercadorias nele mencionadas, normalmente negociável, suscetível até mesmo de transferência por simples endosso. É preciso deixar claro que, como o contrato de transporte é consensual, o conhecimento de frete não é de sua substância, sendo expedido apenas *ad probationem tantum*. **2.** Documento emitido pelo transportador ou consolidador, constitutivo do contrato de transporte internacional e prova de propriedade da mercadoria para o importador de Carga embarcada aérea — *Air Waybill* (AWB), Carga embarcada aquática — *Bill Landing* (BL) e Carga embarcada terrestre: Conhecimento de Transporte Internacional por Rodovia (CTR).

CONHECIMENTO DO DIREITO. *Direito processual.* É o dever de juízes e tribunais de conhecer e aplicar de ofício a norma nacional, ainda que não alegada e provada pelas partes litigantes. Trata-se do princípio *iura novit curia*. Essa obrigação profissional do órgão judicante de conhecer o direito sofre apenas uma limitação aparente no que atina ao direito alienígena, pois poderá invocar em seu auxílio a cooperação das partes, impondo-lhes o *onus probandi*.

CONIVÊNCIA. *Direito penal.* Cumplicidade consistente em esconder ato criminoso de outrem, de cuja premeditação teve conhecimento prévio, deixando de denunciá-lo, se praticado, à autoridade competente ou de impedir, por qualquer meio, a sua prática pelo delinquente.

CÔNJUGE. *Direito civil.* Diz-se do marido e mulher; cada uma das pessoas reciprocamente unidas pelo vínculo matrimonial; aquele que é casado legalmente; membro da sociedade conjugal.

CÔNJUGE-MEEIRO. *Direito civil.* Diz-se daquele que é casado, legalmente, sob o regime de comunhão universal ou parcial de bens, por ter propriedade da metade ideal dos bens que integram o patrimônio comum da sociedade conjugal.

CÔNJUGE SUPÉRSTITE. *Direito civil.* Viúvo ou viúva.

CONJUNÇÃO CARNAL. *Direito penal* e *medicina legal.* Coito vaginal pela introdução do membro viril em ereção na vagina, acompanhada ou não de ejaculação. Se praticado com violência ou grave ameaça, ter-se-á estupro; se levado a efeito ardilosamente contra mulher, ter-se-á posse sexual mediante fraude.

CONLUIO. 1. *Direito penal.* Modalidade de coautoria relativa aos atos preparatórios da perpetração do crime. **2.** *Ciência política.* Conspiração. **3.** *Direito civil.* a) Simulação; b) entendimento entre duas pessoas para prejudicar terceiro. **4.** *História do direito.* Trégua, em regra, entre adversários aparentes, com o escopo de enganar outrem, num processo.

CONSELHO. 1. *Direito administrativo.* a) Departamento público com a função de deliberar sobre assuntos administrativos ou de interesse público; b) corpo coletivo com função consultiva e deliberativa. **2.** *Direito civil.* a) Reunião de pessoas para resolver negócios; b) reunião do corpo docente de uma universidade ou escola secundária, presidida pelo seu reitor ou diretor, para tratar de questões relativas ao ensino. **3.** *Ciência política.* Reunião de ministros de Estado. **4.** *Direito processual.* Tribunal. **5.** *Direito comercial.* Assembleia com poderes para decidir assuntos atinentes à economia interna da empresa. **6.** Na *linguagem comum:* a) assembleia deliberativa ou consultiva, com poderes para resolver assunto submetido à sua apreciação ou proferir parecer sobre ele; b) recomendação, opinião, parecer ou deliberação.

CONSELHO DE SENTENÇA. *Direito processual penal.* Conjunto de sete jurados, sorteados dentre os 25 alistados, que julga processo submetido à deliberação do Tribunal do Júri, decidindo sobre a absolvição ou condenação do réu.

CONSELHO MONETÁRIO NACIONAL. *Direito financeiro.* Órgão deliberativo do Sistema Financeiro Nacional, com função de: a) adaptar os meios de pagamento às reais necessidades da economia; b) regular os valores interno e externo da moeda; c) zelar pela solvência e liquidez das instituições financeiras; d) coordenar as políticas monetária, de crédito, orçamentária, fiscal e de dívida pública; e) autorizar emissão de moeda e f) fixar diretrizes e normas da política cambial (Luiz Fernando Rudge).

CONSELHO TUTELAR. *Direito da criança e do adolescente.* Órgão permanente e autônomo, não jurisdicional, encarregado pela sociedade de zelar pelo cumprimento das normas relativas aos direitos da criança e do adolescente, cujas decisões apenas poderão ser revistas pela autoridade judiciária a pedido de quem tiver legítimo interesse.

CONSENSUAL. 1. *Direito civil.* a) Aquilo que é relativo a consenso; b) o que depende de consentimento; c) diz-se do contrato não solene que se perfaz pela simples anuência das partes, sem necessidade de outro ato. **2.** *Medicina legal.* Excitação por estimulação reflexa.

CONSENTIMENTO 1. *Direito civil.* a) Ato de consentir; b) anuência; c) acordo; d) autorização, permissão; e) tolerância; f) consenso; g) manifestação de vontade favorável à realização de um ato jurídico, indispensável para sua formação e validade; h) ato volitivo pelo qual se declara que não há oposição a uma ação cuja iniciativa foi tomada por outrem; i) aprovação; j) outorga. **2.** ***Lógica jurídica.*** Assentimento a uma asserção ou proposição que parece ser evidentemente verdadeira (Malebranche).

CONSENTIMENTO PRESUMIDO. ***Direito civil.*** É aquele em que, não havendo manifestação expressa da vontade, o agente pratica atos reveladores de sua intenção de consentir na realização do negócio jurídico. É, portanto, o consentimento decorrente da evidência de atos que demonstram a vontade de anuir à prática do negócio ou de aprová-lo.

CONSERVAÇÃO. 1. ***Direito ambiental.*** Administração planejada dos recursos naturais de uma nação com a finalidade de impedir sua exploração prejudicial, destruição ou negligenciação. **2.** ***Direito civil.*** a) Ato ou efeito de manter em bom estado uma coisa, preservando-a para evitar não só sua deterioração ou depreciação, mas também a perda de seus caracteres intrínsecos; b) ação de guardar ou ter cuidado com objeto pertencente a outrem; c) benfeitoria necessária e, portanto, indenizável; d) princípio que visa evitar a anulação contratual, procurando, sempre que possível, a revisão judicial do negócio jurídico. **3.** ***Direito administrativo.*** Regularização, mediante alvará, das construções sem "habite-se". **4.** ***Direito marítimo.*** Manutenção rotineira da embarcação que envolva o conjunto de atividades destinadas a mantê-la, e a seus equipamentos, dentro de suas especificações técnicas.

CONSIGNAÇÃO. 1. ***Direito civil*** e ***direito processual civil.*** a) Modo indireto de o devedor exonerar-se de sua obrigação, depositando a coisa devida em juízo ou em estabelecimento bancário; b) depósito judicial ou extrajudicial de valores ou coisas. **2.** ***Direito comercial.*** a) Negócio jurídico em que alguém recebe de outrem bem móvel, para vendê-lo, obrigando-se a pagar um preço se não o restituir dentro do prazo avençado. Trata-se da venda em consignação ou do contrato estimatório; b) mercadoria consignada; c) entrega de carregamento de uma embarcação pelo seu dono aos cuidados do consignatário, negociante ou correspondente; d) destinação ou recebimento de um navio carregado; e) determinação da pessoa a quem se destina a mercadoria transportada ou a quem segue a embarcação fretada. **3.** Na ***linguagem jurídica*** em geral, significa também anotação de alguma coisa em documento público ou particular. **4.** ***Direito previdenciário*** Desconto efetuado nos benefícios pagos pela Previdência Social, em razão de operação financeira de crédito.

CONSOLIDAÇÃO. 1. Na ***linguagem jurídica*** em geral, indica união, solidificação, fortalecimento. **2.** ***Teoria geral do direito.*** Reunião de leis esparsas, num só corpo legislativo, dispostas numa ordem uniforme. **3.** ***Direito civil.*** a) Regresso do domínio à sua totalidade, em virtude de extinção do direito que o limitava ou gravava; b) reunião numa só pessoa das qualidades de proprietário da coisa dada em garantia e a de titular do respectivo direito real em garantia; c) reunião de vários direitos que recaem sobre um mesmo bem na titularidade de um só sujeito; d) reunião de vários empréstimos, com taxas de juros e vencimentos em datas diferentes, em um só, concedendo-se ao devedor condições de pagamento mais favoráveis. **4.** ***Direito financeiro.*** a) Garantia de um empréstimo público concedida por meio de designação de receita especial para garantir seu pagamento; b) emissão de títulos de renda em substituição dos representativos da dívida flutuante, transformando-a em débito permanente. **5.** ***Direito comercial.*** a) Fusão de várias empresas industriais numa só; b) agrupamento de várias remessas pequenas numa remessa maior, para facilitar o manuseio e reduzir taxas. **6.** ***Medicina legal.*** a) Formação de calo entre os topos do osso fraturado; b) solidificação do pulmão, em caso de pneumonia.

CONSOLIDAÇÃO DAS LEIS DO TRABALHO (CLT). ***Direito do trabalho.*** Reunião de leis trabalhistas em vigor, introduzindo alterações necessárias, chegando até mesmo a inová-las, ordenando-as num texto único, aperfeiçoando as instituições jurídico--trabalhistas.

CONSÓRCIO. 1. ***Direito civil.*** a) Casamento; b) associação, união; c) comunhão de interesses. **2.** ***Direito comercial.*** a) Associação de pessoas ou empresas com interesses comuns constituída mediante contrato; b) forma associativa de pessoas naturais ou jurídicas, que se reúnem, em grupo fechado, para obter um capital, ou coleta de poupança para adquirir, mediante pagamento de contribuições mensais, não só bens imóveis ou móveis duráveis, mas também serviços, inclusive turísticos, abrangendo bilhetes de passagem aérea e pacotes turísticos, por meio de autofinanciamento, utilizando sistema combinado de sorteios e lances, ficando o montante sob fiscalização bancária; c) reunião de pessoas naturais e jurídicas em grupo, com prazo de duração e número de cotas previamente determinados, promovida por administradora de consórcio, com a finalidade de propiciar a seus integrantes, de forma isonômica, a aquisição de bens ou serviços, por meio de autofinanciamento; d) contrato de participação em grupo de consórcio, por adesão e plurilateral de natureza associativa, com o escopo de constituir fundo pecuniário, criando para tanto vínculos obrigacionais entre os consorciados, e destes com a administradora, para proporcionar a todos igual condição de acesso ao mercado de consumo de bens ou serviços. **3.** ***Direito administrativo.*** Acordo entre entidades públicas para atingir interesse comum.

CONSÓRCIO ADMINISTRATIVO. ***Direito administrativo.*** Conjugação de esforços de entidades públicas da mesma espécie (Estados, Municípios e autarquias), que livremente firmarão acordos para execução de obras ou serviços de interesse recíproco ou comum, entrando cada qual com parte dos ônus financeiros e obrigações, no âmbito de suas competências.

CONSÓRCIO DE EMPRESAS. ***Direito comercial.*** Associação de companhias ou qualquer outra sociedade, sob o mesmo controle ou não, que não perderão sua personalidade jurídica, para obter finalidade comum ou determinado empreendimento, geralmente de grande vulto ou de custo muito elevado, exigindo para sua execução conhecimento técnico especializado e instrumental técnico de alto padrão.

CONSÓRCIO PÚBLICO. ***Direito administrativo.*** **1.** É constituído com a pessoa jurídica de direito privado, mediante o atendimento de requisitos da legislação civil, e observará as normas de direito público no que concerne à realização de licitação, celebração de contratos, prestação de contas e admissão de pessoal, que reger-se-á pela CLT. **2.** Pessoa jurídica formada exclusivamente por entes da Federação, para estabelecer relações de cooperação federativa, inclusive a realização de objetivos de interesse comum, constituída como associação pública, com personalidade jurídica de direito público e natureza autárquica, ou como pessoa jurídica de direito privado sem fins econômicos. **3.** *Vide* ASSOCIAÇÃO PÚBLICA.

CONSORTE. **1.** ***Direito civil.*** a) Cônjuge; b) condômino. **2.** ***Direito processual civil.*** Aquele que tem interesse comum com outrem em um litígio ou pleito; litisconsorte.

CONSTITUCIONAL. **1.** ***Medicina legal.*** Aquilo que é próprio da constituição ou do temperamento da pessoa. **2.** ***Direito constitucional.*** a) O que está conforme à Carta Magna; b) relativo à constituição de um país; c) pertencente à Constituição; d) diz-se do regime político em que a esfera de ações dos três Poderes está limitada pela Constituição do Estado; e) partidário da Constituição.

CONSTITUCIONALIDADE. ***Direito constitucional.*** **1.** Qualidade do que está conforme à Constituição de um país. **2.** Conjunto de condições ou requisitos que devem ser observados para que as normas jurídicas emanadas dos poderes competentes estejam de acordo com a Carta Magna. **3.** Diz-se da verificação da adequação de um ato jurídico ou norma à Constituição. Tal controle da constitucionalidade é feito pelo Poder Judiciário.

CONSTITUIÇÃO. **1.** ***Direito constitucional.*** a) Organização dos Poderes Públicos de uma nação soberana; b) lei fundamental que rege a organização político-jurídica de um país; Carta Magna; c) processo de racionalização e planificação do Estado (García Pelayo). **2.** ***Medicina legal.*** a) Compleição do corpo humano, que o identifica, por abranger os caracteres morfofisiológicos hereditários e adquiridos na vida intra e extrauterina; b) temperamento. **3.** ***Direito civil.*** a) Conjunto de normas que regem uma pessoa jurídica; b) modo pelo qual uma associação ou sociedade se estrutura; c) ato pelo qual se estabelece alguma coisa. **4.** ***Teoria geral do direito.*** a) Ordenação jurídica; estatuto; b) organização; formação; c) ação ou efeito de constituir; d) ato de estabelecer juridicamente. **5.** ***Direito comercial.*** Ato pelo qual se constitui uma sociedade empresária.

CONSTITUIÇÃO DE RENDA CONVENCIONAL. ***Direito civil.*** Contrato pelo qual uma pessoa (instituidor ou censuísta) entrega certo capital em dinheiro, bem móvel ou imóvel, a outra (rendeiro ou censuário), que se obriga a pagar-lhe, temporariamente, renda ou prestação periódica.

CONSTITUIÇÃO EM MORA. ***Direito civil.*** **1.** Ocorrência de um ato ou omissão que caracterizem a mora do devedor que não efetuou o pagamento no tempo, lugar e forma convencionados, do credor que não o quis receber no tempo, lugar e forma avençados, ou de ambos. **2.** Ato pelo qual o credor constitui em mora o devedor que não efetuou o pagamento de obrigação positiva e líquida, não havendo prazo estipulado, mediante interpelação, notificação ou protesto. **3.** Descumprimento pelo devedor de obrigação líquida e positiva na data de seu vencimento, o que o constitui, automaticamente, em mora. **4.** Recusa do credor em receber dívida positiva e líquida, para cujo pagamento o devedor se ofereceu a efetuar, constituindo-o em mora. **5.** Consumação do delito, que constitui o devedor em mora, na obrigação por ato ilícito. **6.** Não comparecimento de ambos os contratantes ao local ajustado para o pagamento, acarretando mora simultânea, fazendo com que tudo permaneça igual ao que se encontrava anteriormente, como se não tivesse havido mora, quer do devedor, quer do credor.

CONSTITUIÇÃO ESCRITA. ***Direito constitucional.*** **1.** É a que está contida num documento elaborado pelo poder constituinte que fixa a organização fundamental da nação soberana. **2.** ***Ciência política.*** Pacto social que diz respeito à organização política dos Estados, aos direitos e garantias fundamentais e à ordem econômico-social.

CONSTITUIÇÃO ESTADUAL. ***Direito constitucional.*** Conjunto de normas dos Estados federados, sujeito apenas à Carta Magna.

CONSTITUIÇÃO FEDERAL. ***Direito constitucional.*** Designação abreviada da Constituição da República Federativa brasileira, que a distingue das Constituições dos Estados-Membros da Federação.

CONSTITUIÇÃO FLEXÍVEL. ***Direito constitucional.*** É aquela que, em países de *common law*, por estar no mesmo plano da lei ordinária, pode ser alterada pelo processo legislativo ordinário ou comum.

CONSTITUIÇÃO NÃO ESCRITA. ***Ciência política*** e ***direito constitucional.*** **1.** É a que contém normas consuetudinárias. **2.** Aquela que é produto de costumes e praxes políticas (Othon Sidou).

CONSTITUIÇÃO RÍGIDA. ***Direito constitucional.*** Constituição escrita, cuja reforma obedece a um processo especial que ela mesma prevê, por meio de uma maioria qualificada ou de um *referendum*. A Constituição Federal brasileira exige para sua alteração três quintos dos votos de cada uma das Casas do Congresso Nacional, numa votação de dois turnos.

CONSTITUTO POSSESSÓRIO. ***Direito civil.*** **1.** Também chamado *clausula constituti*, é uma modalidade de transferência convencional da posse. **2.** Modo aquisitivo derivado da posse que ocorre quando o possuidor de um bem (imóvel, móvel ou semovente) que o possui em nome próprio passa a possuí-lo em nome alheio. **3.** Meio de perda da posse, pois o possuidor, em razão da cláusula *constituti*, altera a relação possessória, passando a possuir em nome alheio aquilo que possuía em seu próprio nome. **4.** É, simultaneamente, modo aquisitivo da posse, por parte do adquirente, e de perda, em relação ao transmitente.

CONSTRANGIMENTO. **1.** ***Direito civil.*** a) Coação; b) pressão física ou moral exercida sobre alguém para obrigá-lo a praticar um ato contrário à sua vontade; c) ação ou efeito de constranger. **2.** ***Direito penal.*** Violência cometida contra uma pessoa para compeli-la a praticar contra sua vontade uma ação criminosa. **3.** ***Sociologia jurídica.*** Tudo que limita a liberdade de ação de alguém pelo fato de viver em sociedade. Tal constrangimento pode ser organizado, se se operar por intermédio de leis, regulamentos etc., ou difuso, se se revelar por meio de costumes, hábitos, situações morais ou materiais e opiniões (Lalande).

CONSTRANGIMENTO FÍSICO. **1.** ***Direito civil.*** Coação física, ou seja, constrangimento corporal contra uma pessoa para obrigá-la a praticar um ato, retirando toda a sua capacidade de querer, implicando ausência total de consentimento, o que acarretará a nulidade do ato, não se tratando de vício da vontade. **2.** ***Direito penal.*** a) Agressão física ou violência irresistível contra a vítima, subjugando-a pela força a praticar um crime comissivo ou omissivo contrário à sua vontade, hipótese em que não será o coagido punido pelo ato delituoso cometido; b) crime de constrangimento ilegal consistente em atentar contra a liberdade individual de alguém, consumando-se o ilícito penal por meio do emprego de força física contra a vítima.

CONSTRANGIMENTO ILEGAL. ***Direito penal.*** Ofensa à liberdade da pessoa, no seu querer e agir, mediante o uso de força física ou grave ameaça, reduzindo sua capacidade de resistência e obrigando-a a não fazer o que a lei permite ou a fazer o que ela não manda, punida com detenção ou multa.

CONSTRANGIMENTO MORAL. **1.** ***Direito civil.*** É a coação moral, ou seja, modalidade de vício de consentimento que atua sobre a vontade da vítima sem aniquilar-lhe o consentimento, pois conserva ela uma relativa liberdade, podendo escolher entre a prática do ato jurídico que lhe é exigido e o dano com que é ameaçada. Por permitir que o coacto emita uma vontade, embora maculada, acarreta a anulabilidade do ato negocial por ele levado a efeito. **2.** ***Direito penal.*** Tipo de crime de constrangimento ilegal que consiste em atentar contra a liberdade individual da pessoa, por meio da qual o crime se consuma, mediante o emprego de ameaças que afetam a vontade da vítima.

CONSTRUÇÃO. ***Direito civil.*** Bem imóvel por acessão física artificial. Deriva de comportamento ativo do homem, processando-se de móvel a imóvel, caindo sob o domínio do proprietário do solo.

CONSUETUDINÁRIO. ***Teoria geral do direito.*** **1.** Aquilo que se funda nos costumes. **2.** Diz-se do direito que advém da praxe, dos usos e costumes e da tradição. **3.** Aquilo que é aceito, espontaneamente, por todos, por ter sido gradativamente criado pelo longo uso.

CONSUETUDO. ***Termo latino.*** **1.** Uso. **2.** Costume.

CÔNSUL. **1.** ***Direito internacional público*** e ***direito internacional privado.*** Funcionário administrativo com autoridade para servir o seu país num outro, sob a dependência de um agente diplomático, atendendo a interesses comerciais, econômicos, culturais e científicos; controlando não só as embarcações nacionais do seu Estado e as aeronaves nele matriculadas, como também suas tripulações; promovendo relações amistosas entre ambos os Estados; e protegendo os direitos dos seus nacionais (pessoas físicas ou jurídicas) que ali residem, estão domiciliados ou por ali transitam, servindo de notário e oficial de registro civil; e efetuando separação consensual e divórcio consensual, se preenchidos os requisitos legais. **2.** ***História do direito.*** Um dos magistrados supremos em Roma e na Primeira República Francesa.

CONSULADO. ***Direito internacional público.*** **1.** Ofício ou jurisdição do cônsul; cargo de cônsul. **2.** Repartição onde o cônsul exerce suas funções. **3.** Residência do cônsul. **4.** Período de tempo durante o qual alguém ocupa o cargo de cônsul. **5.** Órgão público sediado no exterior para tratar de interesses mercantis e dos cidadãos nacionais.

CONSULTA. **1.** Na *linguagem jurídica* em geral, indica: a) ato de pedir opinião ou parecer de um advogado ou jurista sobre certo caso; b) pergunta ou quesito formulado ao jurisconsulto; c) parecer esclarecedor da matéria de direito ou opinião dada sobre o assunto; d) conferência para deliberação; e) conselho dado a quem pede; projeto; f) atendimento que técnico ou médico dão a clientes que os consultam. **2.** ***Ciência política.*** Forma de conhecer a vontade popular para estabelecer certos atos ou situações. **3.** ***Direito administrativo.*** Parecer sobre negócios ou assuntos públicos dado pelo procurador-geral da República e pelos funcionários públicos especiais da Consultoria Jurídica ou por corpos consultivos. **4.** ***Direito processual.*** Ato de compulsar os autos para obter algum esclarecimento neles constante. **5.** ***Direito tributário.*** Direito de o contribuinte, havendo dúvida sobre a aplicação da lei tributária, requerer à autoridade competente os devidos esclarecimentos e uma orientação a ser seguida, apresentando-lhe a questão.

CONSULTING ENGINEERING. ***Direito comercial.*** Modalidade de contrato de *engineering* que compreende estudos de caráter técnico-econômico para a realização de um projeto industrial ou para a reorganização, modernização ou ampliação de uma empresa, investigação de mercado etc.

CONSUMAÇÃO. **1.** ***Direito civil.*** a) Ocorrência de todos os requisitos ou condições necessárias para que certo ato jurídico se repute perfeito ou acabado; b) efetiva execução ou realização de um ato ou negócio jurídico. **2.** ***Direito penal.*** a) Configuração de todos os elementos da definição legal do crime; b) execução das quatro fases do *iter criminis*: idealização mental, preparo, execução e consumação. **3.** Na *linguagem jurídica* em geral, indica: a) conclusão; b) ato ou efeito de consumar; c) ação final definitiva. **4.** ***Direito do consumidor.*** a) Ato de consumir; consumo; b) consumo obrigatório de bebida ou comida em determinados clubes ou casas de diversões; c) despesa feita com esse consumo.

CONSUMERISMO. ***Direito do consumidor.*** **1.** Preocupação de garantir e tutelar juridicamente os interesses do consumidor na aquisição e utilização de produtos e serviços que lhe são ofertados, superando o princípio da relatividade dos contratos e impondo a responsabilidade civil objetiva do fornecedor (Fábio Ulhoa Coelho). **2.** ***Economia política.*** Consumismo ou estado provocado pelo desequilíbrio entre a oferta e a procura, que causa aumento de preço, constituindo um dos principais fatores inflacionários.

CONSUMER TO CONSUMER. ***Direito virtual.*** Negócio pelo qual o consumidor acessa nome de domínio de outro para a realização de um eventual contrato. É comum neste segmento a criação de *sites* de leilões virtuais (Liliana M. Paesani).

CONSUMIDOR. ***Direito do consumidor.*** **1.** Pessoa natural ou jurídica que adquire ou usa produto ou serviço como destinatário final. **2.** Coletividade de pessoas que intervêm numa relação de consumo. **3.** Aquele que consome. **4.** O que compra produtos para uso próprio, sem intenção de revendê-los para obter lucro.

CONSUMO. **1.** ***Direito do consumidor.*** a) Aquisição de produtos e serviços pelo consumidor para atender ao uso próprio; b) venda de produtos e fornecimento de serviços ao consumidor. **2.** ***Direito civil.*** Uso integral de coisa móvel até a destruição imediata de sua substância ou alienação. **3.** ***Direito econômico.*** a) Satisfação das necessidades humanas pelo aproveitamento de produtos próprios para garantir o bem-estar e o nível de vida; b) função da vida econômica consistente na utilização direta das riquezas produzidas.

CONTA ASSINADA. ***Direito comercial*** e ***direito cambiário.*** Título de crédito decorrente da compra e venda mercantil exigível no dia do vencimento. Trata-se da duplicata, que representa um duplicado da fatura da venda em grosso ou por atacado entre empresários, a qual o vendedor é obrigado a apresentar ao comprador no ato da entrega das mercadorias, sendo assinada por ambos, ficando uma nas mãos do vendedor e a outra nas do comprador, para seu reconhecimento e pagamento no dia avençado.

CONTA ATIVA. ***Direito comercial.*** Conjunto de valores representativos do crédito que pode ser exigido.

CONTABILIDADE. **1.** Na *linguagem jurídica* em geral, é a ciência e técnica tendente a estudar, orientar e controlar todas as operações contábeis, financeiras ou registrárias de uma firma ou de atos da

Administração Pública, revelando situações patrimoniais. **2.** ***Direito comercial.*** a) Técnica de escrituração e organização de livros comerciais; b) escrituração de receita e despesa de estabelecimento empresarial; c) repartição da empresa onde se escrituram as contas. **3.** ***Direito bancário.*** Escrituração de despesa e receita dos bancos. **4.** ***Direito administrativo.*** a) Escrituração das despesas e receitas de repartições públicas; b) repartição pública em que se faz a escrituração da despesa e da receita.

CONTABILISTA. 1. Aquele que é versado em contabilidade, em técnica de escrituração de receita e despesa de estabelecimento empresarial e em organização de livros empresariais, tendo nível inferior ao de contador, embora haja autores que os identificam. **2.** Experto contábil.

CONTA BLOQUEADA. ***Direito bancário.*** Conta em que se reserva uma quantia para pagamento de cheque visado ou que sofre bloqueio em razão de lei ou de determinação judicial, não podendo ser movimentada.

CONTA CORRENTE BANCÁRIA. ***Direito bancário.*** **1.** É o contrato em que duas pessoas estipulam a obrigação, para ambas as partes ou para uma delas, de inscrever, em contas especiais de débito e crédito, os valores monetários correspondentes às suas remessas, sem que uma se julgue credora ou devedora da outra senão no instante do encerramento de cada conta. **2.** *Vide* ABERTURA DE CONTA CORRENTE.

CONTA CORRENTE CONJUNTA. ***Direito bancário.*** Conta corrente bancária em que cada um dos correntistas pode dispor dos fundos mediante saques ou movimentá-la com depósitos e retiradas.

CONTA DE LUCROS E PERDAS. ***Direito comercial.*** **1.** Conta transitória que é transportada para alguma conta de patrimônio líquido, tal como lucros suspensos, para completar o processo de encerramento (Robert Anthony). **2.** Demonstrativo da receita e da despesa da empresa, que torna possível a verificação, num determinado período financeiro, dos lucros auferidos e da forma de sua distribuição e dos prejuízos havidos.

CONTÁGIO VENÉREO. ***Direito penal.*** Delito de perigo consistente em expor alguém, por meio de relações sexuais ou qualquer ato libidinoso, a contágio de moléstia venérea de que sabe ou deveria saber estar contaminado.

CONTAINER. ***Direito comercial.*** Invólucro especial para transporte de carga por via férrea, rodoviária ou marítima, com ganchos, anéis, suportes ou rodízios destinados a facilitar sua carga, descarga e estiva a bordo do veículo ou navio transportador, sem qualquer manipulação intermediária. O *container* não deve ser considerado como embalagem da mercadoria, mas sim equipamento ou acessório do veículo que o transportar.

CONTA PASSIVA. ***Direito comercial.*** **1.** Conta demonstrativa do saldo credor em relação à pessoa que deve pagar. **2.** Anotação do passivo de um balanço.

CONTA VINCULADA. 1. ***Direito previdenciário.*** É a que se destina ao FGTS do empregado. **2.** ***Direito comercial.*** Conta de passivo em que se registram as quantias que devem resgatar uma conta devedora.

CONTENÇÃO. 1. ***Direito processual.*** Litígio; contenda; conflito de interesses qualificado por uma pretensão resistida ou não satisfeita (Carnelutti). **2.** ***Medicina legal.*** a) Estado de membro fraturado ou deslocado que se mantém reduzido; b) conjunto de meios usados para manter na posição apropriada órgãos tendentes a abandoná-la ou a separar-se, em caso de hérnia, fratura ou luxação. **3.** ***Direito internacional público.*** Ação desenvolvida por um país para impedir a expansão ideológica, política, econômica e estratégica de outro para além de sua presumível esfera de influência (Ostellino). **4.** ***Biodireito*** e ***direito ambiental.*** Conjunto de atividades e projetos com OGM em condições que não permitam o seu escape ou liberação para o meio ambiente, podendo ser realizado em pequena ou grande escala.

CONTENCIOSO. 1. ***Direito processual civil.*** a) Em que há litígio; em que se demanda o direito; b) o que é litigioso, controvertido ou relativo a uma contenda; c) o que pode ser objeto de contestação; d) diz-se do juízo ou foro onde se litiga, do tribunal onde a causa é demandada e julgada ou do exercício de função jurisdicional que venha a dirimir o conflito de interesses entre as partes litigantes; e) procedimento em processos que requerem o contraditório entre as partes, relativamente a um conflito de interesses, que deve ser solucionado pelo órgão judicante. **2.** ***Direito administrativo.*** a) Departamento ou seção de estabelecimento público que trata de negócios litigiosos, tendo a função de emitir pareceres sobre assuntos jurídicos e de dirigir as ações propostas pela repartição pública ou contra ela; b) sistema de jurisdição no qual, em certos países, um órgão da Administração Pública é revestido do poder de julgar matéria controvertida ou algum litígio entre um particular e o Poder Público; c) litígio provocado por um ato administrativo entre administrado e Administração Pública, que é decidido por órgão da esfera administrativa. **3.** ***Direito comercial*** e ***direito bancário.*** Departamento de empresa ou banco incumbido de tratar de assuntos litigiosos.

CONTESTAÇÃO. 1. ***Direito processual civil.*** a) Aquilo que estabelece a contenda, pois, se uma ação for proposta sem que haja oposição do adversário, não haverá litígio; b) em acepção estrita, é uma espécie de resposta fundamentada do réu, impugnando, rebatendo, ou se opondo por escrito à petição inicial do autor no processo, isto é, defendendo-se das pretensões contidas na petição inicial. É o instrumento formal pelo qual o réu se defende, ao exercer seu direito de resposta à pretensão do autor; c) ação ou efeito de contestar; d) em sentido amplo, é a forma de defesa do réu pela qual pode excepcionar, contestar ou reconvir. **2.** *Direito processual penal.* Resposta dada pelo querelante nos processos por injúria ou calúnia, rebatendo a exceção de verdade ou de notoriedade do fato impugnado e apresentando novo rol de testemunhas, substituindo aquele oferecido por ocasião da queixa.

CONTESTAÇÃO DIRETA. *Direito processual civil.* É a defesa feita somente por via de contestação às alegações do autor deduzidas da petição inicial, atacando o réu imediatamente o pedido, impugnando a existência do fato constitutivo daquele ou negando a relação jurídica prejudicial em que se funda o pedido do autor para que essa questão seja apreciada, na sentença, *incidenter tantum*. Se pretender o julgamento *principaliter* sobre a matéria, terá de propor declaratória incidental mediante reconvenção (José Frederico Marques).

CONTESTAÇÃO INDIRETA. *Direito processual civil.* Aquela em que o réu vem a reafirmar os fatos alegados pelo autor na petição inicial, acrescentando fatos novos, impeditivos, modificativos ou extintivos da pretensão ou do direito por aquele pretendido. A sua defesa é deduzida por meio de exceção.

CONTESTAÇÃO PRESUMIDA. *Direito processual civil.* Diz-se daquela em que o réu citado não comparece a juízo, tornando-se revel.

CONTESTAÇÃO REAL. *Direito processual civil.* É aquela em que o réu citado comparece a juízo, apresentando sua defesa e refutando a pretensão do autor.

CONTINÊNCIA DE CAUSA. *Direito processual civil.* Conexão entre duas causas, fazendo com que devam ser decididas simultaneamente, por haver identidade de parte e de causa de pedir e pelo fato de o pedido de uma abranger o da outra.

CONTÍNUO. 1. Na *linguagem jurídica* em geral, significa: a) aquilo em que não há interrupção; b) ato que se produz sem solução de continuidade; c) sucessivo; d) vínculo que liga fatos ou atos para constituir um todo. **2.** *Direito administrativo.* Empregado subalterno colocado à disposição de altos funcionários públicos para introduzir pessoas estranhas e realizar certos serviços internos da repartição, como transmissão de ordens, condução de papéis para despacho etc.

CONTO DO VIGÁRIO. *Direito penal.* **1.** Estelionato. **2.** Golpe aplicado pelo vigarista aos incautos para obter determinada quantia em dinheiro ou para desviar seus bens. **3.** Embuste pelo qual uma pessoa consegue vantagem econômica, em prejuízo de outrem, mediante o emprego de palavras enganosas ou artifícios (Luiz Vicente Cernicchiaro).

CONTRA-ARRAZOADO. *Direito processual.* Alegação fundamentada que se opõe a um arrazoado da outra parte litigante, ao apresentar conclusões contrárias a ele.

CONTRABANDO. *Direito penal.* **1.** Crime contra a Administração Pública consistente na importação ou exportação clandestina de mercadorias ou gêneros cuja entrada ou saída do País é vedada juridicamente, punido com reclusão. **2.** Mercadoria, gênero ou produto importado ou exportado clandestinamente. **3.** Comércio proibido; venda, depósito ou utilização no exercício de atividade comercial ou industrial de mercadoria estrangeira introduzida no País clandestinamente. **4.** Prática de qualquer fato considerado assimilado por lei especial. **5.** Navegação de cabotagem com finalidade de realizar o comércio direto entre os portos do País, fora dos casos admitidos em lei. **6.** Importação ou exportação de mercadoria proibida. **7.** Importação ou exportação clandestina de mercadoria que dependa de registro, análise ou autorização de órgão público competente. **8.** Ato de reinserir no território nacional mercadoria brasileira destinada à exportação. **9.** Venda, exposição à venda, manutenção em depósito ou, de qualquer forma, utilização em proveito próprio ou alheio, no exercício de atividade comercial ou industrial, de mercadoria proibida por lei brasileira. **10.** Aquisição, recepção ou ocultação em proveito próprio ou alheio, no exercício de atividade comercial ou industrial, de mercadoria proibida pela lei brasileira.

CONTRADITÓRIO. 1. *Lógica jurídica.* a) Inconsistente ou incompatível; b) o que contém contradição. **2.** *Direito constitucional* e *direito processual.* a) Princípio da audiência bilateral que rege o processo, pois o órgão judicante não pode decidir uma questão ou pretensão sem que seja ouvida a parte contra a qual foi proposta, resguardando dessa forma a paridade dos litigantes nos atos processuais, visto que, mesmo nos casos excepcionais em que a lei possibilita a pronunciação judicial *inaudita altera parte*, haverá oportunidade de defesa daquele contra quem a pretensão se dirige; b) depoimento testemunhal que contém contradição; c) garantia constitucional que assegura a todo aquele que for demandado em juízo o direito de defesa da acusação e de proteção de seu direito.

CONTRAESTADIA. ***Direito comercial.*** **1.** Também chamada de "sobrestadia". **2.** *Vide* CONTROSTALLIA e DEMURRAGE CHARGE. **3.** Tempo que excede ao prazo concedido ao navio para sua estadia no porto durante a carga ou descarga de mercadorias. **4.** Taxa paga, a título de indenização, pela estadia ou permanência no porto além do prazo fixado para carga ou descarga das mercadorias, que tem preferência sobre todas as outras dívidas acerca do valor dos efeitos carregados, salvo sobre os salários devidos por serviços prestados à embarcação, compreendidos os de pilotagem e salvados.

CONTRAFAÇÃO. **1.** ***Direito autoral.*** a) Ação ou efeito de contrafazer, ou seja, de imitar, reproduzir por falsificação e usurpar; b) imitação, reprodução fraudulenta de obra intelectual, violando o direito do autor e a propriedade intelectual; c) ato fraudulento com que se reproduz, falsifica ou imita algo; d) edição de livro sem autorização do seu autor; e) reprodução não autorizada. **2.** ***Direito penal.*** a) Crime contra a propriedade intelectual consistente na violação de direito de autor pela reprodução não só de obra literária, científica ou artística, no todo ou em parte, para fins de comércio, sem autorização expressa do autor ou de quem o represente, mas também de fonograma e videofonograma, sem anuência do produtor ou de quem o represente, e pela venda ou exposição à venda, introdução no País e ocultação para o fim de venda de obra intelectual, fonograma ou videofonograma produzidos com infração de direito autoral; b) falsificação de assinatura, moedas, papéis de crédito, selos etc.

CONTRAOFERTA. ***Direito civil.*** Oferta que se faz em oposição a outra anterior, constituindo uma nova proposta.

CONTRAORDEM. **1.** Na ***linguagem jurídica*** em geral: a) ordem contrária a uma outra dada anteriormente, expedida pela mesma pessoa ou por alguém competente para contraordenar; b) ordem que revoga outra. **2.** ***Direito comercial.*** a) Instrução dada no mandato e nos contratos de agência ou de comissão, revogando ou alterando uma dada precedentemente; b) aviso dado pelo emitente de um cheque ao banco sacado para que este não efetue o seu pagamento ao portador ou beneficiário, desde que se configurem motivos especificados legalmente.

CONTRAPRESTAÇÃO. ***Direito civil.*** Prestação a que, num contrato bilateral, uma das partes se obriga e que é correlata à prestação da outra. É a prestação de uma parte contratante em correspondência com a do outro contratante.

CONTRAPROPAGANDA. ***Direito do consumidor.*** **1.** Propaganda feita para combater outra, anulando-a. **2.** Sanção imposta a quem fizer publicidade enganosa ou abusiva, por ato ou omissão de produto ou serviço, de veicular publicidade correta, desmentindo as qualidades daquele produto ou serviço anteriormente anunciado.

CONTRARRAZOADO. ***Direito processual penal*** e ***direito processual civil.*** Ato processual pelo qual a parte, no exercício do direito de defesa, apresenta contrariedade ou contestação às alegações escritas ofertadas pelo seu adversário, refutando-as.

CONTRARRAZÕES. *Vide* CONTRARRAZOADO.

CONTRATO. **1.** Na ***linguagem jurídica*** em geral, significa: a) acordo de duas ou mais vontades, na conformidade da ordem jurídica, destinado a estabelecer uma regulamentação de interesses entre as partes, com o escopo de adquirir, modificar ou extinguir relações jurídicas de natureza patrimonial; b) ato ou efeito de contratar; c) cláusula contratual; d) título ou documento onde está consignado um acordo, ajuste ou alteração introduzida num avença contratual. **2.** ***Direito comercial.*** Estabelecimento onde se prepara óleo de baleia. **3.** ***Direito processual civil.*** Diz-se do foro escolhido pelos contratantes, para solucionar as suas eventuais pendências. **4.** ***Direito notarial.*** Ato de consignar por escrito, junto ao órgão competente, os termos contratuais, registrando-os, com o intuito de obter sua eficácia perante terceiros.

CONTRATO ACESSÓRIO. ***Direito civil.*** É aquele cuja existência jurídica depende da de um outro, que é o principal, pois visa assegurar sua execução, por exemplo, a fiança depende da locação porque a garante; a hipoteca requer que haja um empréstimo, sem o qual não poderá existir etc.

CONTRATO ADMINISTRATIVO. ***Direito administrativo.*** Avença travada entre a Administração e terceiros na qual, por força de lei, de cláusulas pactuadas ou do tipo de objeto, a permanência do vínculo e as condições preestabelecidas sujeitam-se a cambiáveis, imposições de interesse público, ressalvados os interesses patrimoniais do contratante privado (Celso Antônio Bandeira de Mello).

CONTRATO A FAVOR DE TERCEIRO. ***Direito civil.*** Trata-se da estipulação em favor de terceiro, que é o contrato estabelecido entre duas pessoas, onde uma (estipulante) convenciona com outra (promitente) certa vantagem patrimonial em proveito de terceiro (beneficiário), alheio à formação do vínculo contratual. Por exemplo, se uma pessoa, mediante pagamento de prêmios anuais, consegue da seguradora a promessa de pagar a terceiro por ela indicado (beneficiário), por ocasião de seu falecimento, uma certa quantia em dinheiro.

CONTRATO AGRÁRIO. *Direito agrário.* **1.** Acordo de vontade celebrado para adquirir, resguardar, modificar ou extinguir direito vinculado à produtividade da terra (Otavio Mello Alvarenga). **2.** Negócio celebrado entre o proprietário da terra destinada à produção agrária e o seu explorador, para a percepção de seus frutos (Giangastone Bolla). **3.** Acordo de vontades que tem por finalidade o uso ou a posse temporária de imóvel rural com o escopo de nele exercer atividade agrícola, extrativa, pecuária ou agroindustrial. Duas são as modalidades de contrato agrário nominado: o arrendamento rural e a parceria rural. É uma limitação ao direito do proprietário das terras rurais de usá-las e gozá-las, devido à exigência da participação dos frutos na parceria, do teto máximo do preço no arrendamento e da fixação de prazos mínimos em ambos os contratos.

CONTRATO ALEATÓRIO. *Direito civil.* É aquele em que a prestação de uma ou de ambas as partes depende de um risco futuro e incerto, não se podendo antecipar seu montante. As partes colocam-se sob a perspectiva de uma álea, que irá refletir-se na existência ou na quantidade da prestação combinada, expondo-se elas à eventualidade recíproca de perda ou ganho. Por exemplo, no contrato de seguro, o segurado, em troca do prêmio, poderá vir a receber a indenização, se ocorrer um sinistro, ou nada receber, se aquele não advier. Há contratos aleatórios por sua natureza, como a rifa, a constituição de renda vitalícia, o seguro, o jogo e a aposta, enquanto outros o são acidentalmente, por terem por objeto coisa incerta ou de valor incerto, como o contrato de garimpo, a venda de colheita futura etc.

CONTRATO ATÍPICO. *Direito civil.* É também designado "contrato inominado", que, por não estar regulamentado, expressamente, por lei, não tem denominação própria, podendo ser livremente convencionado pelos contratantes, desde que não fira a ordem pública, os bons costumes e os princípios gerais do direito, pois é permitido juridicamente, ante o princípio da autonomia da vontade e a doutrina do número *apertus* em que se desenvolvem as relações contratuais.

CONTRATO BILATERAL. *Direito civil.* É o ajuste em que cada um dos contratantes é, simultânea e reciprocamente, credor e devedor do outro, pois produz direitos e obrigações para ambos, tendo por característica principal o *sinalagma*, ou seja, a dependência recíproca de obrigações, daí ser chamado de contrato sinalagmático.

CONTRATO COLETIVO DE TRABALHO. *Direito do trabalho.* **1.** Deliberação tomada em assembleia sindical, vinculando todos os que integram a categoria representada, uma vez que estabelece preceitos com natureza normativa. **2.** Acordo normativo intersindical celebrado entre categorias de empregados e empregadores, estipulando condições de trabalho suscetíveis de ser aplicadas às relações trabalhistas individuais. **3.** *Vide* ACORDO COLETIVO DE TRABALHO.

CONTRATO COM PESSOA A DECLARAR. *Direito civil.* Aquele em que, no momento da sua conclusão, uma das partes (*stipulans*) reserva a si o direito de indicar a pessoa (*electus*) que adquirirá os direitos e assumirá as obrigações decorrentes do ato negocial. Tal indicação deverá ser feita por escrito e comunicada à outra parte (*promittens*) dentro de cinco dias da conclusão do contrato, se outro prazo não tiver sido estipulado. Com a aceitação da pessoa nomeada, revestida da mesma formalidade do ato negocial, esta passará a ter todos os direitos e deveres oriundos do contrato a partir do instante de sua celebração, liberando-se, então, o indicante. O contrato terá eficácia entre os contratantes originários se: a) não houver indicação de pessoa a declarar; b) o nomeado se recusar a aceitar sua nomeação; c) a pessoa indicada era insolvente, fato esse desconhecido no momento de sua indicação; d) a pessoa indicada era incapaz no momento da nomeação.

CONTRATO CONSIGO MESMO. *Direito civil.* O mesmo que AUTOCONTRATO (v.).

CONTRATO DE ADMINISTRAÇÃO FIDUCIÁRIA DE GARANTIA. *Direito Civil.* Aquele pelo qual se contrata um agente de qualquer garantia constituída, levada a registro, cuja gestão e execução será por ele pleiteada. Esse agente de garantia, indicado pelos credores da obrigação garantida, atua em nome próprio, beneficiando credores, inclusive em ações judiciais que discutam a existência, validade e eficácia do crédito garantido.

CONTRATO DE APRENDIZAGEM. *Direito do trabalho.* **1.** Aquele em que o empregador assume a obrigação não apenas de pagar o salário, mas também de submeter o empregado, que deverá ser menor, à formação metódica de ofício, em cursos especializados ou na própria empresa, para cujo exercício foi contratado, devendo, então, o empregado seguir o regime de aprendizagem. **2.** É o contrato de trabalho especial, ajustado por escrito e por prazo determinado não superior a dois anos, em que o empregador se compromete a assegurar ao aprendiz maior de 14 anos e menor de 24 anos, inscrito em programa de aprendizagem, formação técnico-profissional metódica compatível com o seu desenvolvimento físico, moral e psicológico, e o aprendiz se compromete a executar com zelo e diligência as tarefas necessárias a essa formação.

CONTRATO DE ASSINATURA. *Direito comercial e direito do consumidor.* Venda complexa pela qual o vendedor se compromete a entregar ao assinante certo número de livros, revistas, jornais, pelo preço fixado, durante determinado tempo (p. ex., assinatura semestral, anual etc.).

CONTRATO DE COLABORAÇÃO. 1. *Direito administrativo.* a) Ajuste que os particulares acertam com a Administração para atingir um objeto predeterminado, atendendo a um interesse público; b) aquele em que o particular se obriga a prestar ou realizar algo para a Administração, como ocorre nos ajustes de obras, serviços ou fornecimentos (Hely Lopes Meirelles). 2. *Direito comercial.* Aquele em que o contratado (mandatário, comissário, representante, concessionário ou franqueado) se obriga a colocar junto aos interessados as mercadorias comercializadas ou produzidas pelo contratante (mandante, comitente, representado, concedente ou franqueador), observando as orientações gerais ou específicas por este fixadas (Fábio Ulhoa Coelho).

CONTRATO DE CONSULTORIA PÚBLICA. *Direito administrativo.* Aquele pelo qual a Administração Pública visa obter prestação de serviços profissionais, científicos e técnicos de nível universitário, sob a forma de locação de obra intelectual. Por exemplo, a contratação de engenheiro para elaborar um projeto de saneamento da cidade, a ser executado por uma empresa escolhida por meio de licitação.

CONTRATO DE EQUIPAGEM. *Direito comercial.* É o que dispõe sobre o conjunto de pessoas empregadas exclusiva e permanentemente no serviço de um navio ou aeronave.

CONTRATO DE EXECUÇÃO CONTINUADA. *Direito civil.* É o que se protrai no tempo, caracterizando-se pela prática ou abstenção de atos reiterados, solvendo-se num espaço mais ou menos longo de tempo; por exemplo, compra e venda a prazo; comodato; locação. Constitui modalidade de contrato de execução diferida.

CONTRATO DE EXECUÇÃO DIFERIDA. *Direito civil.* Aquele em que sua eficácia se subordina a um termo. Trata-se do "contrato de duração".

CONTRATO DE EXECUÇÃO IMEDIATA. *Direito civil.* É aquele que se esgota num só instante, mediante uma única prestação, como, por exemplo, a troca e a compra e venda à vista.

CONTRATO DE EXPERIÊNCIA. *Direito do trabalho.* É aquele feito sob condição resolutiva de seu desfazimento por qualquer das partes, caso a experiência do empregado não seja satisfatória à execução do trabalho. É uma mera modalidade de contrato a termo. O direito brasileiro não disciplina tal espécie como figura autônoma, mas como um período experimental, fase por que se inicia o contrato de trabalho, havendo condição resolutiva, não relativamente a este, mas ao período inicial da prova. Tal período é uma condição legal no contrato de trabalho por tempo indeterminado, tanto que o primeiro ano de duração desse contrato é tido como período de experiência. Nos contratos por prazo determinado, o período de experiência não pode exceder de noventa dias.

CONTRATO DE FINANCIAMENTO. *Direito bancário.* É a operação bancária pela qual o banco antecipa numerário sobre créditos que o cliente (pessoa natural ou jurídica) possa ter, com o escopo de emprestar-lhe certa soma, proporcionando-lhe recursos necessários para realizar certo ato negocial e reservando-se o direito de receber de devedores do financiado os créditos em seu nome ou na condição de seu representante, sem prejuízo das ações que contra ele conserva até a liquidação final. No contrato de financiamento imobiliário é permitido estipular cláusula de reajuste, com periodicidade mensal, por índices de preços setoriais ou gerais ou pelo índice de remuneração básica dos depósitos de poupança.

CONTRATO DE FORNECIMENTO. 1. *Direito administrativo.* Acordo volitivo no qual uma pessoa de direito privado compromete-se, mediante preço avençado, a entregar à Administração Pública objetos ou bens móveis, fungíveis ou infungíveis, indispensáveis para a continuidade dos serviços públicos ou para a construção de obra pública. Visa à aquisição de material necessário aos serviços, constituindo uma compra aplicada à atividade administrativa. 2. *Direito comercial.* Aquele em que o vendedor se obriga a entregar objetos e mercadorias vendidas em partidas sucessivas em certo prazo, por preço ajustado antecipada ou simultaneamente com cada remessa. 3. *Direito civil.* Aquele que, mediante a compensação de um preço, tem por objeto a prestação de serviços, em que há entrega continuada ou periódica de bens pelo fornecedor (Orlando Gomes). É também designado contrato de provisão.

CONTRATO DE GARAGEM. *Direito civil.* Contrato pelo qual uma pessoa natural ou jurídica (garagista) se obriga a prestar, temporariamente, serviço de guarda de automotores de usuários, em vaga fixa ou em local adequado, mediante o pagamento, em regra antecipado, de uma quantia em dinheiro, estabelecida por semana, mês ou ano.

CONTRATO DE GESTÃO. *Direito administrativo.* 1. Aquele que para atender Plano de Reforma do Estado visa que os serviços não exclusivos sejam financiados ou subsidiados pelo Estado, mas controlados pela sociedade por intermédio da criação de organizações públicas não estatais, denominadas *organizações sociais*, que receberiam subsídios do Estado, previstos no orçamento (Luis Carlos Bresser Pereira). É, para Silvio Luiz Ferreira da Rocha, um contrato administrativo degradado. 2. Instrumento firmado entre a administração pública e autarquia ou fundação qualificada como Agência Executiva, por meio do qual se estabelecem objetivos, metas e respectivos indicadores de desempenho da entidade, bem como os recursos necessários e os critérios e instrumentos para a avaliação do seu cumprimento.

CONTRATO DE HOTEL. *Direito comercial.* Contrato atípico ou inominado celebrado entre o hoteleiro e o usuário de seus serviços, tendo por objeto a hospedagem remunerada e implicando uma locação de imóvel e de móveis, uma locação de serviços (como arrumação e limpeza do quarto, lavagem de roupa, vigilância, organização hoteleira), um depósito de bagagens e, potencialmente, um penhor. Importa uma remuneração diária.

CONTRATO DE HOTEL-RESIDÊNCIA. *Direito comercial* e *direito empresarial.* Contrato pelo qual há locação de unidade habitacional constituída de vestíbulo, quarto de casal, banheiro, *kitchenette*, guarda-roupa, oferecendo-se serviço completo de alimentação e os inerentes à atividade hoteleira, mediante pagamento de semanada.

CONTRATO DE IMPORTAÇÃO DE TECNOLOGIA. *Direito de propriedade industrial.* Trata-se do contrato de *know-how*, pelo qual uma pessoa, natural ou jurídica, obriga-a a transmitir a outro contratante, para que este os aproveite, os conhecimentos que tem de processo especial de fabricação, de fórmulas secretas, de técnicas ou de práticas originais, durante certo tempo, mediante o pagamento de determinada quantia, chamada *royalty*, estipulada livremente pelos contraentes. Todavia, nada impede que se transfira o *know-how* a título gratuito ou que ele seja permutado por outro de valor equivalente. Compreende as seguintes modalidades contratuais: licença para exploração de patente e para uso de marca e propaganda, fornecimento de tecnologia industrial e contrato de serviços técnicos especializados.

CONTRATO DE LOCAÇÃO DE COISA. *Direito civil.* É o contrato pelo qual uma das partes, mediante remuneração paga pela outra, compromete-se a fornecer-lhe, durante certo lapso de tempo, o uso e gozo de uma coisa infungível ou de um imóvel, a prestação de um serviço apreciável economicamente ou a execução de alguma obra determinada (Clóvis Beviláqua).

CONTRATO DE MEDIAÇÃO. **1.** *Vide* CORRETAGEM. **2.** *Direito comercial.* É aquele em que o mediador, com imparcialidade, por não estar vinculado àqueles que pretendem efetuar um contrato, os coloca em contato, aproximando-os, esclarecendo dúvidas e prestando-lhes as devidas informações, tendo direito a uma remuneração a título de indenização pelo resultado alcançado.

CONTRATO DE OPÇÃO. *Direito civil.* Contrato preliminar unilateral em que ambos os interessados anuem na sua realização, mas que só gera deveres para um deles, ao passo que o outro terá a liberdade de efetuá-lo ou não conforme suas conveniências. Na opção convenciona-se que um dos interessados terá preferência para a realização do contrato, caso resolva celebrá-lo dentro de um prazo certo. Vencido este, o ofertante desobrigar-se-á, readquirindo a liberdade de contratar com quem quiser. A opção visa, portanto, um *contrahere* futuro, que poderá realizar-se ou não.

CONTRATO DE PRATICAGEM. *Direito comercial.* Locação de serviços que, no transporte aquaviário, tem por fim a condução de embarcações em zona perigosa à navegação feita pelo prático, conhecedor do local, formando-se pela troca de sinais entre ele e o capitão do navio. A praticagem poderá ser: a) *direta*, se o prático dirigir a manobra, desde que devidamente informado pelo comandante sobre as condições daquela e munido de elementos materiais necessários; e b) *indireta*, se o prático, em terra ou em sua própria embarcação, apenas orientar por meio de sinais a manobra que será feita pelo comandante, em razão de não poder estar a bordo da embarcação a ser conduzida, devido a força maior (temporal ou mar revolto).

CONTRATO DE PRESTAÇÃO DE SERVIÇO. *Direito civil.* É o contrato em que uma das partes se obriga para com outra a fornecer-lhe a prestação de uma atividade, mediante remuneração (Caio Mário da Silva Pereira). O objeto desse contrato locatício é uma obrigação de fazer, ou seja, a prestação de atividade lícita, não vedada pela lei e pelos bons costumes, oriunda da energia humana aproveitada por outrem, e que pode ser material ou imaterial. Logo, qualquer espécie de serviço, seja qual for a sua natureza, pode ser objeto de locação: material ou imaterial, braçal ou intelectual, doméstico ou externo; exige-se apenas que seja lícito, isto é, não proibido por lei e pelos bons costumes.

CONTRATO DE PRODUÇÃO. *Direito autoral.* É aquele em que o autor confere a um empresário o direito de fixação da obra por meios de reprodução, para possibilitar sua exploração econômica (Carlos Alberto Bittar).

CONTRATO DE REBOQUE. *Direito comercial.* Acordo em que o armador de um navio se obriga a fazer andar um outro, mediante remuneração, durante certo tempo ou em algum porto. É o serviço prestado, por exemplo, por um navio ou embarcação com máquina de grande potência (rebocador) a outro desprovido de força motriz própria para deslocar-se ou efetuar manobras. Se se tratar de serviço de auxílio a navio para entrar e sair do porto, ter-se-á reboque-manobra. Se o serviço se realizar como verdadeiro trem de embarcação, levando-a ao destino convencionado, ter-se-á reboque-transporte.

CONTRATO DE RECOVAGEM. *Direito comercial.* Contrato de transporte por terra, água ou ar de pessoas ou coisas (bagagem ou mercadorias).

CONTRATO DE REFINANCIAMENTO. *Direito administrativo* e *direito bancário.* Contrato com que a União refinancia os créditos contratuais que instituição financeira, sob seu controle acionário, detém contra seu controlador e entidades por este controladas, uma vez que os adquiriu. Tal refinanciamento deve ser precedido da assunção pela União das dívidas de responsabilidade das entidades por ela controladas.

CONTRATO DE RISCO. **1.** *Direito administrativo.* É o acordo mediante o qual uma empresa (ou consórcio de empresas) contratada pode executar durante certo lapso de tempo, na área de serviço delimitada, operações de exploração e desenvolvimento da produção de petróleo, arcando com todas as despesas, pois o reembolso só se dará se as descobertas permitirem uma produção comercial, ocasião em que a contratada fará jus a uma remuneração pelos serviços prestados, em dinheiro ou em participação na futura produção. A Agência Nacional de Petróleo (ANP) deve promover a contratação das atividades integrantes da indústria do petróleo, como as de refinação, processamento, transporte, importação e exportação e estimular pesquisas e adoção de novas tecnologias na exploração, produção, transporte, refino e processamento. Os contratos de concessão devem prever duas fases: a da exploração e produção, e refletir as condições do edital e da proposta vencedora. **2.** *Direito civil.* Aquele em que um dos contratantes, mediante cláusula contratual, não assume qualquer responsabilidade, ou risco, pelo insucesso do negócio entabulado.

CONTRATO DE TRABALHO. *Direito do trabalho.* É o negócio jurídico pelo qual uma pessoa natural (empregado) se obriga, mediante pagamento de uma contraprestação (salário), a prestar trabalho não eventual em proveito de outra pessoa, natural ou jurídica (empregador), a quem fica juridicamente subordinada.

CONTRATO DIFERENCIAL. *Direito comercial* e *direito civil.* É a compra e venda a termo de títulos de Bolsa, mercadorias ou valores, em que se estipula a liquidação exclusivamente pela diferença entre o preço ajustado e a cotação que eles tiverem no vencimento do ajuste.

CONTRATO ELETRÔNICO. *Direito virtual.* **1.** É o que se opera entre o titular do estabelecimento virtual e o internauta, mediante transmissão eletrônica de dados. Modalidade de negócio a distância, efetivando-se via Internet por meio de instrumento eletrônico, no qual está consignado o consenso das partes contratantes (José Rogério Cruz e Tucci). **2.** É aquele celebrado por meio de programa de computador ou de aparelhos com tais programas, que dispensam assinatura ou que exigem assinatura codificada ou senha (Semy Glanz). **3.** Aquele em que a vontade deriva do ambiente virtual, sem que policitante e oblato tenham feito qualquer tratativa preliminar pelos meios tradicionais (Valéria E. de Melo Gregores).

CONTRATO ENTRE AUSENTES. *Direito civil* e *direito comercial.* É o levado a efeito por pessoas que não se acham no mesmo local, aperfeiçoando-se por meio de cartas, telegramas, radiogramas etc. Trata-se do contrato por correspondência epistolar ou telegráfica.

CONTRATO ENTRE PRESENTES. *Direito civil.* É o celebrado não só verbalmente ou por escrito entre pessoas que se encontram no mesmo local, mas também por telefone, já que, por lei, aquele que contrata por via telefônica é tido como presente.

CONTRATO ESTIMATÓRIO. *Direito comercial.* É o negócio jurídico em que alguém (consignatário) recebe de outrem (consignante) bens móveis, ficando autorizado a vendê-los e obrigando-se a pagar um preço estimado previamente se não restituir as coisas consignadas dentro do prazo ajustado. Trata-se da venda em consignação.

CONTRATO *INTUITU PERSONAE*. *Direito civil.* Trata-se do contrato pessoal em que a pessoa do contratante é considerada pelo outro como fator determinante de sua conclusão. A pessoa do contratante tem influência decisiva no consentimento do outro, que tem interesse em que as obrigações contratuais sejam por ele cumpridas, por sua idoneidade, competência ou habilidade particular.

CONTRATO NOMINADO. *Direito civil.* É o contrato típico, por ser uma espécie contratual com *nomen juris*, servindo de base à fixação dos modelos ou tipos de regulamentação específica da lei (Antunes Varela). É o que tem denominação legal e própria, estando previsto e regulado por norma. A nossa legislação rege e esquematiza os seguintes tipos dessa espécie de contrato: compra e venda, troca ou permuta, doação, contrato estimatório, locação de coisas, prestação de serviço, empreitada, comissão, agência e distribuição, corretagem, transporte, transação, compromisso, empréstimo, depósito, mandato, sociedade, constituição de renda, seguro, jogo e aposta, fiança e administração fiduciária de garantias.

CONTRATO NORMATIVO. É aquele no qual, em regra, um ato regulamentar, baixado por lei, instrução etc., dispõe sobre suas cláusulas e conteúdo que, por serem condições gerais do contrato, prevalecerão obrigatoriamente em todos os acordos feitos futuramente com qualquer pessoa que tenha interesse de contratar na esfera regulamentada. As condições gerais dos contratos são fontes produtoras de direitos. Por exemplo, a convenção coletiva de trabalho tem nítido caráter normativo, pois dois ou mais sindicatos representativos de uma categoria profissional ou econômica estipulam as condições que disciplinarão as relações individuais de trabalho no âmbito da respectiva representação. O mesmo se diga do contrato de sociedade, no direito civil; da concessão de serviço público, na seara do direito administrativo; dos contratos bancários; da compra e venda pelo Sistema Financeiro da Habitação etc.

CONTRATO POR ADESÃO. ***Direito civil, direito bancário, direito comercial, direito do consumidor*** e ***direito administrativo.*** É aquele que se constitui pela adesão da vontade de um oblato indeterminado à oferta permanente do proponente ostensivo. É aquele em que a manifestação da vontade de uma das partes se reduz a mera anuência a uma proposta da outra (R. Limongi França). Não há liberdade de convenção, visto que exclui a possibilidade de qualquer discussão e transigência entre as partes, uma vez que um dos contratantes se limita a aceitar as cláusulas e condições previamente redigidas e impressas pelo outro, aderindo a uma situação contratual já definida em todos os seus termos. É o que se dá, por exemplo, com o seguro, o fornecimento de gás, eletricidade e água, o financiamento bancário e o de transporte etc.

CONTRATO POR CLIQUE. ***Direito virtual.*** a) É também designado de contrato *clickwrap* ou *click-through agreement*; b) aquele em que seus termos são aceitos pela confirmação digital na tela do monitor do computador, utilizando-se o *mouse* (Jorge José Lawand); c) contrato por adesão, escrito em *site*, no qual o leitor aceita seus termos com um *click* de *mouse* (Luis Henrique Ventura).

CONTRATO POR TERCEIRO. ***Direito civil.*** Dá-se quando uma pessoa se compromete com outra a obter prestação de fato de um terceiro não participante do contrato. O devedor deverá obter o consentimento do terceiro, pois este é que terá de executar a prestação final. Se o terceiro consentir em realizá-la, executar-se-á a obrigação do devedor primário, que se exonerará. Porém, se o terceiro não a cumprir, o devedor primário será inadimplente, sujeitando-se, então, às perdas e danos, de forma que o credor terá ação contra ele e não contra o terceiro. Fácil é denotar que essa promessa de fato de terceiro constitui uma obrigação de fazer, isto é, de conseguir o ato de terceiro.

CONTRATO PRELIMINAR. ***Direito civil.*** Aquele pelo qual um ou ambos os contraentes obrigam-se a celebrar determinado contrato no momento em que lhes convier. Gera uma obrigação de fazer um contrato definitivo, ou seja, a obrigação de um futuro *contrahere*, isto é, de contrair contrato definitivo, contendo a possibilidade de arrependimento e indenização das perdas e danos. Trata-se do pré-contrato, contrato preparatório ou promessa de contrato.

CONTRATO SOCIAL. **1.** ***Filosofia do direito.*** a) Aquele pelo qual o povo livremente escolhe a forma de seu governo, sem se ater às qualidades objetivas do regime, mas à sua preferência subjetiva, de modo que a livre escolha é o critério do ordenamento jurídico, mesmo que este escravize o povo (Grotius); b) aquele que é suscetível de sanar as deficiências do estado de natureza, instaurando o governo do estado civil ou político, com três Poderes: o Legislativo, o Executivo e o Federativo (Locke); c) é o que estabelece uma forma de associação em que cada membro é defendido e protegido por um poder comunitário unido, mas sem prejuízo, antes com vantagem, para a liberdade e a igualdade dos homens. Tal pacto exige a entrega total da pessoa e dos bens de cada particular ao poder da comunidade, isto é, à vontade geral do povo soberano, que é competente para fixar o patrimônio social e redistribuir os bens, para a consecução do bem comum (Rousseau). **2.** ***Direito civil*** e ***direito comercial.*** a) Contrato que constitui uma sociedade simples ou empresária, regendo os direitos e deveres dela decorrentes; b) *Vide* SOCIEDADE.

CONTRATOS-TIPOS. ***Direito internacional privado.*** Fórmulas de contrato padronizadas com vários pontos comuns, diferindo-se apenas quanto às particularidades de ramo de comércio, adaptando-se às necessidades de cada classe de mercadorias. Podem advir de acordos internacionais, abrangendo categorias mercantis ou de organizações profissionais por se referir a usos e costumes por elas aceitos. É uma modalidade de tratado entre associações, que pode prevalecer sobre a lei. Por exemplo: a *London Corn Trade Association* que, agregando comerciantes de cereais, propôs cerca de sessenta contratos-tipos.

CONTRATO TÍPICO. *Vide* CONTRATO NOMINADO.

CONTRATO *TURN KEY*. ***Direito comercial.*** Modalidade de *engineering* que abrange, além da fase de estudo, a de execução, isto é, a de construção e entrega de uma instalação industrial em funcionamento.

CONTRATO UNILATERAL. ***Direito civil.*** Aquele em que um só dos contratantes assume obrigações em face do outro, de tal sorte que os efeitos são ativos de um lado e passivos de outro, pois uma das partes não se obriga, não havendo, portanto, qualquer contraprestação, por exemplo, doação pura e simples, mandato etc.

CONTRAVENÇÃO PENAL. *Direito penal.* Ação ou omissão voluntária que, por constituir ofensa menos grave que o crime, é punida com pena mais leve (prisão simples ou multa, ou ambas alternativa ou cumulativamente).

CONTRIBUIÇÃO DE MELHORIA. *Direito tributário.* Tributo vinculado a uma atuação indireta do Poder Público (Geraldo Ataliba), constituindo-se numa prestação pecuniária a ser paga em razão de valorização imobiliária provocada por obra pública no imóvel do contribuinte.

CONTRIBUIÇÃO PARAFISCAL. **1.** *Direito administrativo, direito constitucional* e *direito tributário.* a) É a cobrada pelo Poder Público para obter recursos para pagamento de despesas públicas transitórias ou permanentes, abrangendo a contribuição previdenciária e a sindical, por não fazer parte do orçamento nem da discriminação de tributos; b) taxa de polícia ou gravame compulsório de direito público, privativo da União. Pode ser: social, como a contribuição de seguridade (PIS); econômica, como a taxa de melhoramento do porto; e profissional, como a devida à OAB. **2.** *Direito tributário.* Tributo cobrado para gerar receita, atendendo à intervenção estatal no domínio da economia.

CONTRIBUIÇÃO PREVIDENCIÁRIA. *Direito previdenciário.* **1.** Obrigação legal compulsória que tem escopo assecurativo e é imposta à União, ao segurado, à empresa, ao empregador, ao produtor etc. **2.** Contribuição parafiscal devida pelo empregador, que a desconta do salário dos empregados com o escopo de, com a participação da União, servir de auxílio ao custeio do regime da previdência social.

CONTRIBUIÇÃO SINDICAL. *Direito do trabalho* e *direito previdenciário.* **1.** É a destinada a custear as despesas dos sindicatos, sendo devida pelos participantes da categoria econômica ou profissional representada e recolhida pelo Estado, que controla a utilização e o emprego da verba arrecadada. **2.** É a equivalente a um dia de trabalho, descontado no salário de março. Tal contribuição é obrigatória e a empresa a recolhe por meio da Caixa Econômica Federal, que, por sua vez, a repassa ao governo e este ao sindicato.

CONTRIBUIÇÃO SOCIAL. *Direito previdenciário.* **1.** É a devida pelos empregadores em caso de despedida de empregado sem justa causa, à alíquota de 10% sobre o montante de todos os depósitos devidos, referentes ao Fundo de Garantia do Tempo de Serviço (FGTS), durante a vigência do contrato de trabalho, acrescido das remunerações aplicáveis às contas vinculadas. Ficam isentos dessa contribuição social os empregadores domésticos. **2.** É a devida pelos empregadores, à alíquota de cinco décimos por cento sobre a remuneração devida, no mês anterior, a cada trabalhador, incluídas as parcelas previstas em lei específica. Ficam isentas dessa contribuição social: a) as empresas inscritas no Sistema Integrado de Pagamento de Impostos e Contribuições das Microempresas e Empresas de Pequeno Porte (SIMPLES), desde que o faturamento anual não ultrapasse o limite de um milhão e duzentos mil reais; b) as pessoas físicas, em relação à remuneração de empregados domésticos; c) as pessoas físicas, em relação à remuneração de empregados rurais, desde que sua receita bruta anual não ultrapasse o limite de um milhão e duzentos mil reais.

CONTRIBUIÇÕES SOBRE BENS E SERVIÇOS (CBS). *Direito tributário.* Novidades no sistema tributário brasileiro, que têm por objetivo simplificar e unificar a cobrança de tributos sobre consumo. A CBS promete transformar a forma como as empresas lidam com a tributação.

CONTRIBUINTE. **1.** *Direito civil.* Aquele que faz uma contribuição para alguma coisa ou para despesas comuns. **2.** *Direito tributário.* Aquele sobre o qual incide um tributo. **3.** *Direito previdenciário.* É o que mantém relação direta com a situação que constitua fato gerador de contribuições sociais previdenciárias.

CONTROLE DA CONSTITUCIONALIDADE. *Direito constitucional.* Meio pelo qual o Poder Judiciário garante a supremacia da Lei Maior sobre os atos legislativos, judiciais, governamentais ou administrativos, constituindo uma técnica de limitação dos Poderes, que não podem subtrair-se aos comandos constitucionais. Aferição pelo Poder Judiciário da adequação das normas gerais ou individuais à Constituição.

CONTROLE DA LEGALIDADE. *Direito administrativo.* É o controle feito pelo Judiciário, pelo Legislativo ou pela Administração, e tem por escopo apurar a legalidade dos atos administrativos.

CONTROLE DE QUALIDADE. *Direito do consumidor.* **1.** Conjunto de operações técnicas para verificação do cumprimento dos requerimentos de qualidade do produto ou serviço. **2.** É o conjunto de medidas destinadas a verificar a qualidade de cada lote de mercadorias sob vigilância sanitária, objetivando verificar se satisfazem as normas de atividade, pureza, eficácia e segurança.

CONTROLE EXTERNO DA ADMINISTRAÇÃO PÚBLICA. *Direito administrativo.* Fiscalização de atos da Administração Pública por órgãos alheios a ela. Tal controle abrange o exercido pelo Tribunal de Contas, o controle parlamentar direto e o controle jurisdicional (Celso Antônio Bandeira de Mello).

CONTROLE INTERNO DA ADMINISTRAÇÃO PÚBLICA. ***Direito administrativo.*** É a fiscalização de atos administrativos exercida pelos órgãos da própria Administração, com o escopo de avaliar o cumprimento das metas previstas no plano plurianual, a execução dos programas de governo e dos orçamentos; comprovar a legalidade e avaliar os resultados quanto à eficiência da gestão orçamentária, financeira e patrimonial nos órgãos e entidades da Administração, bem como da aplicação de recursos públicos por entidades de direito privado; exercer o controle das operações de crédito, avais e garantias, assim como dos direitos e haveres da União; e apoiar o controle externo no exercício de sua missão institucional.

CONTROLE JURISDICIONAL DA ADMINISTRAÇÃO PÚBLICA. ***Direito administrativo.*** Averiguação da legitimidade dos atos da Administração Pública, anulando os ilegítimos, compelindo-a a efetuar os obrigatórios e condenando-a a indenizar os prejuízos que causou. Para tanto o interessado poderá socorrer-se das seguintes medidas judiciais: mandado de segurança, ação popular, *habeas corpus, habeas data,* mandado de injunção, ação civil pública e ação direta de inconstitucionalidade (Celso Antônio Bandeira de Mello).

CONTROSTALLIA. ***Direito comercial.*** Taxa de sobrestadia cobrada pelo fato de ter o *container* ocupado, com excesso de prazo de estadia, o local de recebimento ou de entrega de mercadorias feita pelo transportador. É uma taxa diária, de cunho indenizatório, a ser paga a título de multa, em razão da demora, além da estadia, no carregamento ou descarregamento do navio fretado. Trata-se da *demurrage charge* aplicável aos contratos de fretamento.

CONTROVÉRSIA. 1. Na ***linguagem jurídica*** em geral, significa: a) debate sobre questão literária, científica ou religiosa; b) polêmica. **2.** ***Direito processual civil.*** Demanda; causa; questão judiciária; litígio.

CONTUMÁCIA. 1. ***Direito processual civil.*** a) Revelia; b) recusa obstinada do autor de comparecer em juízo; c) inatividade de uma das partes litigantes ou de ambas consistente na omissão total de efetivar a respectiva pretensão (Rogério Lauria Tucci). **2.** ***Direito canônico.*** Reincidência no desprezo das leis da Igreja.

CONTUMÉLIA. ***Direito penal.*** Injúria, afronta.

CONTUSÃO. ***Medicina legal.*** Lesão traumática causada por instrumento contundente, sem que em regra haja rompimento da pele, por exemplo, equimose, hematoma ou derrame subcutâneo.

CONVALIDAÇÃO DO ATO ADMINISTRATIVO. ***Direito administrativo.*** **1.** Ato de Administração Pública dirigido ao ato administrativo inválido, não impugnado administrativa ou judicialmente, com o escopo de eliminar os vícios originários de legalidade, oportunidade e conveniência, sanando-o e legitimando seus efeitos, por ter eficácia retroativa. Ter-se-á ratificação, se a convalidação proceder da mesma autoridade que emitiu o ato viciado, ou confirmação, se advier de outra autoridade. **2.** Saneamento ou ato de particular afetado por provimento viciado, com o propósito de legitimá-lo, desde que sua manifestação seja pressuposto legal para a expedição do ato administrativo anterior que fora editado com violação dessa exigência (Celso Antônio Bandeira de Mello).

CONVENÇÃO. 1. ***Ciência política.*** a) Órgão de deliberação de partido político; b) reunião de partido político para resolver assunto importante; c) pacto entre partidos políticos opostos. **2.** ***Sociologia jurídica.*** Padrão de comportamento seguido habitualmente. **3.** ***Direito civil.*** a) Acordo, ajuste ou convênio; b) gênero de que o contrato é espécie; c) assembleia ou reunião onde se discutem questões de interesse dos convencionais; congresso; d) reunião de pessoas, de associações ou de representações de classe para tratar de certo assunto. **4.** ***Direito administrativo.*** Contrato efetuado entre particular e órgão público. **5.** ***Direito internacional público.*** Tratado de natureza específica.

CONVENÇÃO COLETIVA DE CONSUMO. ***Direito do consumidor.*** Acordo normativo pelo qual as entidades civis de consumidores e associações de fornecedores ou sindicatos de categoria econômica regulam, uniformemente, as relações de consumo que tenham por objeto estabelecer condições relativas ao preço, à qualidade, à quantidade, à garantia e características de produtos e serviços, bem como à reclamação e composição do conflito de consumo.

CONVENÇÃO DE CONDOMÍNIO. ***Direito civil.*** **1.** Ato-regra gerador de direito estatutário ou corporativo, aplicável não só aos que integram a comunidade como também a todos os que nela se encontrem na condição permanente ou ocasional de "ocupantes" (Caio Mário da Silva Pereira). **2.** Acordo celebrado entre os condôminos, definindo seus direitos e deveres, vinculando-os e a terceiros, por alcançar ocupantes das unidades autônomas que não sejam condôminos e aqueles que vierem a contratar com o condomínio.

CONVÊNIO. 1. ***Direito internacional público.*** a) Pacto entre dois ou mais países sobre compromissos pouco importantes; b) acordo político de relevância firmado entre duas nações; tratado. **2.** ***Direito comercial.*** Acordo pelo qual uma entidade organizadora de plano assistencial coloca à disposição do conveniado a prestação de serviços para a preservação de sua saúde física e mental, extensível a familiares e beneficiários por ele indicados, mediante pagamento de taxa mensal e sucessiva, fixada no plano correspondente e inserida em carnês, saldáveis em bancos. **3.** ***Direito tributário.*** Acordo firmado entre entidades públicas para assegurar a coordenação dos seus programas de investimentos e serviços públicos, na seara da política tributária. **4.** Na ***linguagem jurídica*** em geral, acordo volitivo voltado à conjugação de interesses para atingir um objetivo comum. **5.** ***Direito administrativo.*** a) Acordo levado a efeito entre pessoas jurídicas de direito público, ou entre órgão público e um particular, objetivando uma prestação de serviços de interesse comum; b) o mesmo que CONSÓRCIO ADMINISTRATIVO (*v.*); c) acordo, ajuste ou qualquer outro instrumento que discipline a transferência de recursos financeiros de dotações consignadas nos Orçamentos Fiscal e da Seguridade Social da União e tenha como partícipe, de um lado, órgão ou entidade da administração pública federal, direta ou indireta, e, de outro lado, órgão ou entidade da administração pública estadual, distrital ou municipal, direta ou indireta, ou, ainda, entidades privadas sem fins lucrativos, visando a execução de programa de governo, envolvendo a realização de projeto, atividade, serviço, aquisição de bens ou evento de interesse recíproco, em regime de mútua cooperação.

CONVENTIONAL FACTORING. ***Direito comercial.*** Trata-se da faturização tradicional, em que as faturas cedidas são liquidadas pelo faturizador antes do vencimento. Os créditos negociados são pagos ao cedente no instante da cessão. Tem-se, portanto, o adiantamento dos valores dos títulos. É, como ensina Luiz Lemos Leite, a compra de direitos creditórios ou ativos, representativos de vendas mercantis a prazo, mediante a cessão *pro soluto* notificada pelo vendedor (endossante) ao comprador (sacado-vendedor), havendo, portanto, assunção de risco.

CONVERSÃO DA PENA. ***Direito penal*** e ***direito processual penal.*** **1.** Instituto jurídico pelo qual se opera a mudança da pena restritiva de direitos em privativa de liberdade, pelo tempo correspondente à aplicada, quando, por exemplo: a) sobrevier condenação, por outro crime, a pena privativa de liberdade cuja execução não tenha sido suspensa; b) ocorrer o descumprimento injustificado da restrição imposta. **2.** Ato de considerar, transitada em julgado a sentença condenatória, a multa como dívida de valor, aplicando-se-lhe as normas da legislação relativa à dívida ativa da Fazenda Pública.

CONVERSÃO DE CONTRATO NULO. ***Direito civil.*** Transformação de um contrato nulo em outro que seja suscetível de produzir a finalidade perseguida. O contrato nulo só poderá produzir consequências jurídicas de um contrato diferente se se fizerem presentes os seguintes requisitos: a) ineficácia da declaração volitiva dos contratantes; b) presença, nessa manifestação de vontade, dos elementos formais ou substanciais exigidos para outro contrato de tipo diverso ou da mesma espécie do pretendido, desde que possua conteúdo diferente; c) pressuposição da vontade hipotética de ambos os contratantes, dirigida à conclusão desse contrato diverso, presumindo-se, ante os fins colimados, que assim deliberariam se tivessem tido conhecimento da ineficácia ou nulidade do contrato efetivado. Logo, para haver conversão, será necessário que os contraentes queiram o outro contrato, se souberem da nulidade do que celebraram.

CONVICÇÃO. **1.** ***Direito processual penal*** e ***direito processual civil.*** a) Convencimento do juiz, formado pela livre apreciação das provas. O juiz, no processo penal, formará sua convicção pela livre apreciação da prova produzida em contraditório judicial, não podendo fundamentar sua decisão exclusivamente nos elementos informativos colhidos na investigação, ressalvadas as provas cautelares não repetíveis e antecipadas; b) persuasão. **2.** ***Direito constitucional.*** Direito fundamental do cidadão, resguardado constitucionalmente, de ter uma ideologia política ou filosófica.

CONVITE. **1.** ***Direito administrativo.*** Procedimento licitatório efetuado mediante convocação específica a pessoas determinadas, cuja idoneidade é presumida, e que, em função da estreiteza do chamamento, exige um mínimo de publicidade indispensável para a observância ao princípio da isonomia. O convite é a modalidade licitatória entre, no mínimo, três interessados do ramo pertinente ao seu objeto, cadastrados ou não, escolhidos pela unidade administrativa, que fixará, em local apropriado, cópia do instrumento convocatório, estendendo-o aos demais cadastrados na especialidade, que manifestarem seu interesse com antecedência de até vinte e quatro horas da apresentação da proposta. Se existir na praça mais de três possíveis interessados, a cada novo convite realizado para objeto idêntico ou similar será obrigatório o convite a, no mínimo, mais de um interessado, enquanto existirem cadastrados não convidados nas últimas licitações. É utilizado para obras, serviços e compras até um certo limite legal. **2.** ***Direito civil.*** Ato jurídico em sentido estrito, por ser uma participação consistente em declarar algo para comunicar intenção ou fato, dando conhecimento a outrem de que se tem certo propósito ou que ocorreu determinado fato.

CONVOCAÇÃO. 1. *Direito administrativo.* Ato administrativo pelo qual o Poder Público obriga alguém a prestar um serviço público, como o de jurado, no Tribunal do Júri, ou o de mesário, nas eleições. **2.** *Direito processual civil.* a) Avocamento pelo qual o juiz de tribunal superior chama a si o conhecimento de processo que se encontrava em primeira instância; b) citação, que é ato de convocação judicial do réu para que venha defender-se em juízo. **3.** *Direito constitucional.* Ato pelo qual o presidente da República, os presidentes da Câmara dos Deputados e do Senado, ou a requerimento da maioria dos membros de ambas as Casas, em caso de urgência ou interesse público relevante, pode convocar extraordinariamente o Congresso Nacional. **4.** *Direito militar.* a) Recrutamento; b) ato pelo qual a autoridade competente chama pessoas do sexo masculino, nascidas em determinado ano, para, obrigatoriamente, prestarem serviço militar. **5.** *Direito civil* e *direito comercial.* Chamamento de interessados para uma reunião ou assembleia.

CONVOLAÇÃO. 1. *Direito civil.* a) Mudança de um estado civil para outro, por exemplo, com o casamento, passa-se do estado de solteiro para o de casado; b) passagem de uma situação jurídica para outra, seja alusiva a direito pessoal ou real. **2.** *Direito processual civil.* a) Fato consistente em mudar de foro; b) transformação de uma medida judicial em outra; por exemplo, ato de convolar o arresto em penhora; c) conversão da separação judicial litigiosa em amigável. **3.** *Ciência política.* Mudança de partido político ou de ideologia política. **4.** *Direito comercial.* Transformação da falência em recuperação judicial.

COOBRIGAÇÃO. *Direito civil.* Obrigação assumida por duas ou mais pessoas.

COOPERAÇÃO. 1. *Direito penal.* Ação de concorrer para a prática de um crime; coautoria. **2.** *Direito civil.* a) Colaboração; b) esforço comum ou combinação de recursos ou de trabalho para atingir uma determinada finalidade; c) atuação em benefício de outrem; d) contribuição; e) prestação de auxílio para obtenção de um fim comum; f) solidariedade. **3.** *Direito econômico* e *direito do consumidor.* Organização da vida econômica com o escopo de fazer com que o lucro retorne ao consumidor.

COOPERAÇÃO INTERNACIONAL. *Direito processual civil.* Princípio pelo qual as autoridades judiciárias dos diversos países deverão auxiliar-se mutuamente para melhor administrar a justiça (Moura Rocha).

COOPERAÇÃO NACIONAL. *Direito processual civil.* Dever de recíproca cooperação entre todos os órgãos do judiciário e servidores em todas as instâncias e em quaisquer graus de jurisdição (Cassio S. Bueno).

COOPERATIVA. *Direito civil.* Associação sob a forma de sociedade com número aberto de membros, que tem por escopo estimular a poupança, a aquisição e a economia de seus associados, mediante atividade econômica comum. A *Cooperativa*, urbana ou rural, é a sociedade de pessoas, sem fins lucrativos, com forma e natureza jurídica próprias, de natureza civil, não sujeita à falência, constituída para prestar serviços a seus associados. É uma forma de organização de atividade econômica, tendo por finalidade a produção agrícola ou industrial ou a circulação de bens e serviços. Visa à autodefesa dos produtores de remédios, de gêneros alimentícios, de livros escolares etc., que põem em comum capital e trabalho, evitando intermediação de terceiros, alheios ao processo produtivo, eliminando o lucro desses intermediários.

COPARTICIPAÇÃO. 1. Na *linguagem jurídica* em geral, é a ação ou efeito de coparticipar, ou seja, de participar juntamente com outrem. **2.** *Direito penal.* Coautoria.

CÓPIA. 1. *Direito autoral.* a) Reprodução de obra ou texto original; b) transcrição literal de um escrito; c) imitação; d) plágio. **2.** *Direito processual civil.* Reprodução gráfica, mecânica ou eletrônica de um documento original, como a certidão, a contrafé etc. **3.** *Direito registrário.* Traslado.

CÓPIA AUTENTICADA. *Direito registrário.* É a que, sendo feita por uma pessoa, foi conferida com o original pela autoridade competente (oficial público ou tabelião), que certifica sua exatidão, dando fé pública.

COPIADOR DE CARTAS. *Contabilidade* e *direito comercial.* Livro auxiliar do empresário, onde se registram as cartas expedidas, contas, faturas ou instruções que as acompanharem, servindo como meio probatório, não sendo mais obrigatório.

COPIADOR DE FATURAS. *Contabilidade, direito comercial* e *direito tributário.* Livro auxiliar do empresário, devidamente autenticado, onde é feito o registro das faturas de vendas à vista ou das efetuadas a crédito, para as quais há obrigatoriedade de extração de duplicatas ou de contas assinadas, servindo de controle às autoridades fiscais.

COPRODUÇÃO. *Direito autoral* e *direito comercial.* Ação ou efeito de produzir algo juntamente com outrem.

COPROPRIEDADE. *Direito civil.* O mesmo que COMPROPRIEDADE (*v.*) e CONDOMÍNIO (*v.*).

CÓPULA CARNAL. *Medicina legal.* União sexual normal entre homem e mulher; coito vaginal.

CORPO CONSULAR. *Direito internacional público.* Conjunto de funcionários consulares de um país.

CORPO DE DELITO. 1. ***Medicina legal*** **e** ***direito penal.*** Conjunto de elementos materiais ou vestígios indicativos da existência de um crime (vítima, armas, pegadas etc.). **2.** ***Direito processual penal.*** Registro ou laudo da perícia médico-legal, demonstrando a existência do crime e a culpabilidade, ou não, do acusado, tornando-se peça probatória substancial do processo. Neste segundo sentido ter-se-á, mais propriamente, o "exame de corpo de delito".

CORPO DE JURADOS. ***Direito processual penal.*** Conjunto de pessoas que, pela sua conduta social, são escolhidas para exercer funções no Tribunal do Júri.

CORPO DIPLOMÁTICO. ***Direito internacional público.*** Conjunto de diplomatas de um Estado acreditados perante o governo de outros países.

CORPO DISCENTE. ***Direito educacional.*** Coletividade de alunos de um estabelecimento de ensino.

CORPO DOCENTE. ***Direito educacional.*** Conjunto de professores de um instituto de ensino.

CORPORAÇÃO. 1. ***Direito civil.*** a) Associação; b) grupo de pessoas regidas pelas mesmas normas estatutárias; c) pessoa jurídica. **2.** ***História do direito.*** Corpo de ofício ou organização de trabalhadores de pequena indústria, sob a direção de um mestre, que existia na Idade Média. **3.** ***Direito econômico*** **e** ***direito do trabalho.*** Agrupamento hierárquico e nacional dos patrões e operários de um corpo de ofício (A. Cuvillier). **4.** ***Direito administrativo.*** a) Órgão político-administrativo que trata dos negócios de interesse público; b) pessoas jurídicas de direito público. **5.** ***Ciência política.*** Estrutura de Estado fascista ou corporativista que concentra em suas mãos as várias atividades, em órgãos hierarquizados (Orgaz).

CORREALIDADE. 1. ***Direito civil*** **e** ***direito processual civil.*** Solidariedade perfeita, resultante da vontade dos coobrigados por contrato ou testamento, sendo que a responsabilidade do pagamento se individualizava num dos devedores por efeito da litiscontestação, já que, se havia uma única obrigação com vários sujeitos, nada mais natural que a litiscontestação operasse contra todos. Nela, se os corréus tivessem tido intenção de outorgar-se mutuamente mandato recíproco, qualquer deles poderia representar os demais perante a outra parte (Keller, Ribbentrop e Lacerda de Almeida). Atualmente, a distinção entre correalidade e solidariedade, ou melhor, solidariedade perfeita e imperfeita, não tem mais nenhum interesse científico-jurídico. Correalidade e solidariedade são termos sinônimos. **2.** ***Direito penal.*** a) Situação de duas ou mais pessoas responsáveis pela prática da mesma ação criminosa; b) relação existente entre vários acusados, que respondem a uma ação penal no mesmo processo, em razão do mesmo delito.

CORREGEDORIA. ***Direito processual.*** **1.** Cargo de corregedor. **2.** Área de jurisdição de corregedor. **3.** Órgão fiscalizador dos serviços auxiliares da justiça. **4.** Conjunto de atividades de fiscalização sobre os serviços forenses. **5.** Local onde o corregedor exerce suas funções.

CORREIÇÃO. 1. ***Direito processual.*** Vistoria ou exame de processos e livros feito pelo corregedor nos cartórios de sua alçada, procedendo às diligências que forem necessárias para o bom andamento dos serviços inerentes à justiça. **2.** ***Direito administrativo.*** a) Vistoria feita em propriedades, segundo a postura municipal ou o estabelecido em lei, averiguando se tudo está conforme as normas; b) conjunto dos funcionários da prefeitura encarregados de conduzir, à devida repartição, os animais que encontrarem nas ruas; c) fiscalização de órgãos públicos para averiguar sua eficiência e a lisura dos serviços públicos prestados.

CORRENTISTA. 1. ***Direito bancário.*** Aquele que tem conta corrente num banco. **2.** ***Direito comercial.*** a) Encarregado da escrituração do livro de contas correntes; b) cada uma das partes no contrato mercantil de conta corrente, no qual convencionam fazer remessas recíprocas de valores, anotando os créditos em uma conta para ulterior verificação do saldo exigível (Fran Martins).

CORRESPONSABILIDADE. ***Direito civil.*** Diz-se da responsabilidade advinda da obrigação em que há mais de um devedor, em razão de solidariedade passiva ou do benefício da divisão.

CORRETAGEM. ***Direito comercial.*** **1.** Convenção pela qual uma pessoa, sem qualquer relação de dependência, obriga-se, mediante remuneração, a obter para outrem um ou mais negócios, conforme as instruções recebidas, ou a fornecer-lhe as informações necessárias para a celebração do contrato. **2.** Remuneração do corretor; comissão devida ao corretor pelo serviço de mediação prestado. **3.** Função ou ofício de corretor.

CORRETOR. 1. ***Direito comercial.*** Aquele que tem a função de aproximar pessoas naturais ou jurídicas que pretendam contratar ou efetuar uma compra e venda, aconselhando a conclusão do negócio, informando as condições de sua celebração, procurando conciliar seus interesses e recebendo, para tanto, uma comissão. **2.** ***Direito canônico.*** Superior de convento. **3.** ***Direito penal.*** Aquele que corrige ou pune.

CORRETORES DE SEGUROS. ***Direito comercial.*** Corretores oficiais que agem como intermediários legalmente autorizados a angariar e a promover contratos de seguros, admitidos pela legislação vigente, entre as sociedades de seguros e as pessoas físicas ou jurídicas, de direito público ou privado.

CORRETORES LIVRES. *Direito comercial.* São os que exercem o ofício de intermediadores continuadamente, sem designação oficial. Podem ser corretores livres quaisquer pessoas que, tendo capacidade jurídica, atuem como intermediárias entre vendedor e comprador, aproximando-os e facilitando a efetivação do negócio. Há corretores livres de espetáculos públicos e diversões, de empréstimos de obras de arte, de automóveis, de pedras preciosas, de publicidade, de serviços de trabalhadores em geral, de artistas, de esportistas profissionais, de conferencistas, de bens móveis e imóveis etc.

CORRETORES OFICIAIS. *Direito comercial.* São aqueles que gozam de prerrogativas de fé pública inerentes ao ofício disciplinado por lei. Exercem, de conformidade com a lei, a função de mediadores, de tal sorte que algumas operações comerciais deverão ser levadas a efeito por seu intermédio. Devem ser investidos nos seus cargos por nomeação governamental, prestar fiança para garantir o seu bom desempenho no exercício de suas funções, matricular-se na Junta Comercial com jurisdição na praça em que pretendem exercer sua profissão ou em outro órgão estatal competente e possuir livros especiais necessários às suas atividades. São corretores oficiais os de fundos públicos, de mercadorias, de navios, de operações de câmbio, de seguros e de valores.

CORRÉU. 1. *Direito processual penal.* Cada um dos acusados que responde a uma ação penal, num mesmo processo, em razão da prática da mesma infração penal. 2. *Direito processual civil.* a) Réu juntamente com outrem no mesmo processo; b) litisconsorte passivo.

CORRUPÇÃO. *Direito penal.* 1. Suborno. 2. Ação de depravar ou induzir alguém a praticar crimes. 3. Ato de deteriorar substância alimentícia ou medicinal. 4. Ato de corromper. 5. Devassidão.

CORRUPÇÃO ATIVA. *Direito penal.* Crime contra a Administração consistente em oferecer ou prometer vantagem ilícita ou indevida a funcionário público, para que este venha a praticar, omitir ou retardar ato de ofício, punido com reclusão e multa. Trata-se do crime de suborno.

CORRUPÇÃO DE MENORES. *Direito penal.* Crime consistente em praticar com menor de dezoito anos infração penal ou induzi-lo a praticá-la ou presenciá-la; o mesmo se diga de quem praticar tal infração fazendo uso de meio eletrônico, inclusive salas de bate-papo da Internet.

CORRUPÇÃO ELEITORAL. *Direito penal* e *direito eleitoral.* Ato de dar, oferecer, prometer, solicitar ou receber, para si ou para outrem, dinheiro, dádiva, ou qualquer outra vantagem, para obter ou dar voto e para conseguir abstenção, mesmo que a oferta não seja escrita.

CORRUPÇÃO PASSIVA. *Direito penal.* Crime contra a Administração Pública que consiste em solicitar ou receber, para si ou para outrem, direta ou indiretamente, em razão de função pública, vantagem indevida, ou aceitar promessa dessa vantagem, punido com reclusão e multa.

CORTE DE ARBITRAMENTO. 1. *Direito processual civil.* Conjunto de árbitros, escolhidos pelas partes, para decidir uma controvérsia; juízo arbitral. 2. *Direito internacional público.* Corte de arbitragem cujos membros são escolhidos pelos Estados para solucionar seus conflitos.

CORTE INTERNACIONAL DE JUSTIÇA (CIJ). *Direito internacional público.* Órgão da ONU com jurisdição para julgar disputa sobre interpretação de tratado; questão de direito internacional; apurar existência de fato que venha a infringir obrigação internacional, resolvendo qual a reparação cabível, desde que haja compromisso entre as partes, requerimento de uma delas ou acordo internacional.

COSMOVISÃO. *Filosofia do direito.* Concepção do mundo de uma pessoa ou de um grupo.

COSSEGURO. *Direito comercial.* Contratação plúrima de seguradoras com o escopo de repartir um mesmo risco entre elas, subdividindo-se as obrigações, mediante pagamento de prêmio proporcional ao encargo que foi assumido por cada uma delas. Trata-se do seguro distribuído entre duas ou mais companhias seguradoras, que, com anuência do segurado, assumem cada qual uma parcela do risco, de acordo com as condições estipuladas na apólice emitida pela "líder", sem que haja solidariedade entre elas.

COSTANEIRA. 1. *Direito comercial.* Livro não obrigatório, em que os empregados do estabelecimento registram diariamente, sem observância de regras de escrituração mercantil, as operações realizadas. 2. *Direito administrativo.* Livro em que, na repartição pública, se registra a cobrança de impostos. 3. *Direito marítimo.* Cabo forte que auxilia a enxárcia (conjunto de cabos do mastro), quando se tem mau tempo. 4. *Direito civil.* Barranca dos rios.

COSTUME. *Teoria geral do direito.* Fonte subsidiária do direito que procura completar a lei e preencher lacunas. O costume é uma norma que deriva da longa prática uniforme ou da geral e constante repetição de dado comportamento, sob a convicção de que corresponde a uma necessidade jurídica. A fonte jurídica formal é, então, a prática consuetudinária, sendo o costume ou a norma costumeira uma forma de expressão jurídica.

COSTUME *CONTRA LEGEM*. *Teoria geral do direito.* Aquele que se forma em sentido contrário ao da lei. É o caso da *consuetudo abrogatoria*, implicitamente revogatória das disposições legais, da *desuetudo* ou do costume negativo, que produz a não aplicação da lei, em virtude de desuso, uma vez que a norma legal passa a ser letra morta. Pode ser admitido em casos excepcionais, como o de desajuste entre a realidade dos fatos e o comando normativo, desde que se atenda aos reclamos da justiça e dos fatos sociais.

COSTUME INTERNACIONAL. *Direito internacional público.* Fonte de direito internacional resultante da prática geral aceita pelos Estados soberanos como sendo jurídica ou de bom direito.

COSTUME NEGATIVO. *Teoria geral do direito.* Omissão generalizada, apesar da ocorrência de fatos que constituem condição de aplicação da norma (Tércio Sampaio Ferraz Jr.). Trata-se do costume *contra legem*, pelo qual, por exemplo, ante a previsão de uma conduta vedada por lei, em certas circunstâncias (não fumar em veículos públicos), tem-se um comportamento contrário a ela (fuma-se), não se observando o comando legal.

COSTUME *PRAETER LEGEM*. *Teoria geral do direito.* É o costume que se reveste de caráter supletivo, suprindo a lei nos casos omissos e preenchendo lacunas. É invocado quando não se pode empregar a analogia, nas hipóteses de lacunas, procurando preencher esse hiato legal pela observância de práticas consuetudinárias. Por exemplo, a função natural do cheque é ser um meio de pagamento à vista. Se emitido sem fundos em poder do banco sacado, ficará quem o emitiu sujeito à sanção penal. Entretanto, muitas pessoas vêm, reiteradamente, emitindo-o, não como mera ordem de pagamento, mas como garantia de dívida, para desconto futuro, na convicção de que esse procedimento não constitui crime. Tal costume de emitir cheque pós-datado, baseado em hábito da época, realizado constante e uniformemente e na convicção de que é admissível juridicamente, como se fosse sucedâneo da letra de câmbio ou de promessa de pagamento, faz com que o órgão judicante se utilize dele como fonte supletiva da lei, declarando a inexistência do crime. Urge lembrar que a Súmula 370 do STJ caracteriza como dano moral a apresentação antecipada de cheque pré-datado.

COSTUME *SECUNDUM LEGEM*. *Teoria geral do direito.* É o que está previsto em lei, que reconhece sua eficácia obrigatória, por exemplo, nosso Código Civil manda que o dono da obra a receba se concluída de acordo com o costume do lugar.

COTA. *Vide* QUOTA.

COTAÇÃO. 1. *Direito comercial.* a) Preço ou valor oficial de mercadorias, ações ou títulos negociáveis; b) tabela onde, nas Bolsas de Valores e de Mercadorias, se indicam ou se fazem constar os valores oficiais dos efeitos nelas negociáveis. **2.** *Direito bancário.* Curso de um valor dado a uma moeda.

COTA DISPONÍVEL. *Direito civil.* Porção dos bens que o testador pode livremente dispor, mesmo havendo herdeiro necessário, ou seja, descendente, ascendente ou cônjuge. Deveras, havendo descendente, ascendente ou consorte sucessível, o disponente estará impedido de dispor de mais da metade de seus bens, visto que a outra será, de pleno direito, do descendente, do ascendente ou do cônjuge dos quais constitui a legítima.

COTA INTERLOCUTÓRIA. *Direito aduaneiro.* É a fixada com o escopo de dificultar importação maciça de certas mercadorias ou produtos, como medida preventiva, sempre que se pretender obter uma majoração das taxas tarifárias que sobre eles recaem.

***COTA LITIS*.** *Direito processual civil.* Pacto em que o litigante oferece ao advogado parte da coisa litigiosa, desde que patrocine e vença a causa, a título de pagamento de honorários advocatícios.

COTISTA. *Direito comercial.* Sócio-cotista; membro da sociedade limitada.

COTIZAÇÃO. 1. *Direito tributário.* Tributação. **2.** Na *linguagem jurídica* em geral, é: a) a contribuição para formar fundos para cobrir despesas comuns, procurando o sucesso de um empreendimento; b) o ato ou efeito de cotizar.

***COUNTER TRADE*.** *Locução inglesa.* **1.** Comércio compensado, ou seja, conjunto de negociações comerciais internacionais, que constituem objeto de um mesmo contrato, em obediência ao fato de que exportações por um país só se perfazem se houver expressa obrigação de importar, do Estado comprador, mercadorias do mesmo valor (Othon Sidou). **2.** Troca internacional usada quando os países necessitam de produtos, mas não têm moeda forte para pagá-los, sendo preciso que permutem aqueles produtos pelos que produzem em larga escala (Sebastião José Roque).

***CRACKER*.** *Termo inglês.* **1.** Aquele que invade sistema informático alheio para causar prejuízo. É confundido erroneamente com *Hacker*. **2.** Aquele que acessa sistema sem autorização.

CREATIVE COMMONS. ***Direito autoral.*** Licenças públicas obtidas pelo autor que permitem o seu uso pela coletividade dentro de certos limites e conservam o direito autoral. Assim, quem violar tais licenças estará ferindo direito autoral (Manuella S. dos Santos). Ronaldo Lemos observa que as *creative commons* criam alternativas ao direito autoral fundadas nas prerrogativas que cada autor tem de permitir o acesso às obras, autorizando que outros possam utilizá-las e criar sobre elas.

CREDENCIAMENTO. 1. ***Direito bancário.*** Autorização para que instituições financeiras e não financeiras possam atuar como agentes financeiros em programas de aplicação dos recursos do FGTS. **2.** ***Direito administrativo.*** Ato formal pelo qual o Poder Público outorga ao credenciado (pessoa natural ou jurídica) uma qualificação, situação ou prerrogativa jurídica para exercer certas atividades materiais ou técnicas em caráter instrumental ou de colaboração com entidade pública, a título oneroso, visto que são remunerados diretamente pelos interessados, sendo que o resultado dos trabalhos executados desfruta de especial credibilidade, tendo o outorgante o poder/dever de exercer a fiscalização, podendo até mesmo extinguir aquela outorga, assegurados os direitos e interesses patrimoniais do outorgado se estiver de boa-fé (Adilson de Abreu Dallari).

CRÉDITO. 1. ***Direito comercial.*** a) Condição para a inscrição do empresário no Registro Público de Empresas Mercantis; b) confiança na solvabilidade; c) lançamento de uma importância no haver (ou crédito) de uma conta; d) aquilo que, na escrituração, indica o que o empresário tem a haver; dívida ativa; e) conta aberta por alguém (devedor) em um estabelecimento empresarial para eventuais operações a crédito. **2.** ***Direito econômico.*** Troca de bens atuais por futuros, ensejando circulação de valores ou mercadorias. Antecipação de recursos (mercadorias, dinheiro, uso de imóveis, serviços, títulos etc.), que se transformará em prestação futura, feita por uma pessoa a outrem, tendo garantia de um pagamento posterior, em razão da confiança depositada na pessoa a quem se entrega a coisa. **3.** ***Direito civil.*** a) Direito do credor de exigir a prestação do devedor; b) prazo para pagamento. **4.** ***Direito bancário.*** Dinheiro colocado à disposição de alguém num banco. **5.** ***Direito administrativo.*** Soma consignada no orçamento para fazer frente às despesas públicas. **6.** ***Ciência política.*** Autorização de despesa concedida ao governo pelo Parlamento. **7.** Na ***linguagem jurídica*** em geral: a) autoridade, importância; b) confiança que as boas qualidades de uma pessoa inspiram.

CRÉDITO ABERTO. 1. ***Direito bancário.*** Colocação de fundos em poder de um banco à disposição de alguém, mediante contrato de abertura de crédito, por certo tempo, para que este venha a sacá-lo ou a satisfazer suas ordens de pagamento. O favorecido pode usar do crédito imediatamente, convertendo-o em dinheiro. **2.** ***Direito comercial.*** É o concedido pelo estabelecimento empresarial a alguém para sacar mercadorias.

CRÉDITO A DESCOBERTO. ***Direito bancário.*** **1.** É o concedido a alguém, sem qualquer garantia, real ou fidejussória, ou obrigação de cobertura decorrente da entrega de valores. É um adiantamento de dinheiro com base na confiança que se deposita no favorecido ou creditado. **2.** Excesso de retirada feita por alguém além do limite de sua conta corrente.

CRÉDITO A VENCER. ***Direito civil.*** Aquele cujo cumprimento não pode ser ainda exigido do devedor, ante o fato de não ter vencido seu termo.

CRÉDITO CAMBIÁRIO. ***Direito comercial*** e ***direito cambiário.*** O que vincula o sacador ao pagamento de uma letra de câmbio e autoriza o tomador a procurar o sacado para, dadas certas condições, poder dele receber a quantia referida no título. Se o sacado não pagar, o tomador poderá cobrar do sacador, por ser este codevedor do título (Fábio Ulhoa Coelho).

CRÉDITO COBERTO. ***Direito civil.*** Crédito vinculado a uma garantia real, fiduciária ou caucionária, prestada pelo devedor ou por alguém a seu favor, assegurando ao seu credor o pagamento do empréstimo que fez. Trata-se do "crédito garantido".

CRÉDITO DOCUMENTADO. ***Direito bancário*** e ***direito internacional privado.*** É, segundo a Câmara de Comércio Internacional, o acerto pelo qual um banco (emitente), agindo conforme o pedido e as instruções de um cliente (emissor da ordem), é encarregado de efetuar o pagamento ao terceiro beneficiário, ou à sua ordem, ou de pagar, aceitar ou negociar os efeitos do comércio (títulos) criados pelo beneficiário, ou de autorizar que tais pagamentos sejam efetuados ou que tais títulos sejam pagos, aceitos ou negociados por um outro banco, contra a remessa de documentos determinados, desde que as condições estipuladas sejam respeitadas. O crédito documentado permite proporcionar ao vendedor relativa segurança na cobrança do preço, pois o financiador, ao fornecer o dinheiro, recebe o domínio sobre a coisa, que, porém, fica em poder do empresário, estando ele autorizado a vendê-la e pagá-la ao financiador. O banco, ao intermediar a operação, aceitando a letra de câmbio ou fazendo o pagamento contra a entrega dos documentos convencionados, efetua uma declaração unilateral de vontade que se situa no âmbito dos títulos de crédito. Daí ser o crédito documentado um título de crédito.

CRÉDITO EXTRAORDINÁRIO. *Direito tributário* e *direito constitucional.* É o instituído para cobrir despesas resultantes de fatos urgentes, de relevante interesse nacional ou imprevisíveis, como calamidade pública, guerras, catástrofes etc. É também denominado "empréstimo compulsório".

CRÉDITO FISCAL. *Direito tributário.* É o decorrente de uma obrigação tributária, sendo, por isso, crédito da Fazenda Pública.

CRÉDITO PREFERENCIAL. *Direito civil, direito comercial* e *direito processual civil.* Aquele que, na execução forçada por intermédio do Judiciário ou na recuperação judicial ou extrajudicial, deve ser pago antes do quirografário. É o que ocorre com o crédito com direito real de garantia até o limite do bem gravado e com privilégio geral ou especial.

CRÉDITO PRIVILEGIADO. *Direito civil* e *direito comercial.* É aquele, previsto em lei, que confere a seu titular o direito de ser pago prioritariamente em relação aos outros credores do devedor. Tal crédito pode ser com: a) *privilégio especial*, se compreender, por disposição legal, bens sujeitos ao pagamento do crédito que visa favorecer. Assim, por exemplo, tem privilégio especial sobre a coisa arrecadada e liquidada o credor de custas e despesas judiciais feitas com a arrecadação e liquidação; sobre a coisa salvada, o credor por despesas de salvamento; sobre a coisa beneficiada, o credor por benfeitorias úteis e necessárias; sobre os prédios rústicos ou urbanos, fábricas, oficinas, ou qualquer outra construção, o credor de materiais, dinheiro, ou serviços, para sua edificação, reconstrução ou melhoramento; sobre frutos agrícolas, o credor por sementes, instrumentos e serviços à cultura, ou à colheita; sobre os exemplares da obra existente na massa do editor, o autor dela ou seus legítimos representantes, pelo crédito fundado contra aquele no contrato de edição; sobre dívida salarial, se trabalhador agrícola; sobre produto da colheita para o qual concorreu com seu trabalho; sobre produtos de abate, o credor por animais. Também serão créditos com privilégio especial aqueles a cujos titulares a lei conferir o direito de retenção sobre a coisa dada em garantia; b) *privilégio geral*, se abranger os bens que restarem, depois de atendidos os créditos reais e os de privilégio especial. Gozam, na seguinte ordem, por exemplo, de privilégio geral sobre os bens do devedor os créditos: por despesa do seu funeral, feito segundo a condição do finado e o costume do lugar; por custas judiciais ou por despesas com a arrecadação e a liquidação da massa; por despesas com o luto da família; por despesas com a doença de que faleceu o devedor, no semestre anterior à sua morte; pelos gastos necessários à mantença do devedor falecido e sua família no trimestre anterior ao falecimento; pelos impostos devidos à Fazenda Pública, no ano corrente e no anterior; pelo salário das pessoas de serviço doméstico do devedor, nos seus derradeiros seis meses de vida etc. Será crédito com privilégio geral também o quirografário sujeito à recuperação judicial pertencente a fornecedor de bens ou serviços que continuar a provê-los após o pedido de recuperação, em caso de decretação da falência, no limite do valor dos bens ou serviços fornecidos durante o período de recuperação. O crédito privilegiado é, portanto, o que se relaciona a bens que asseguram sua satisfação ou decorrem da escala de pagamento no concurso creditório.

CRÉDITO PÚBLICO. *Direito administrativo.* **1.** Montante de fundos com que o Estado garante seus papéis de crédito. **2.** Confiança que o governo inspira, pelas suas condições econômicas e pela honestidade de seus dirigentes, perante aquele com quem vem a contrair empréstimos.

CRÉDITO QUIROGRAFÁRIO. *Direito civil, direito do trabalho* e *direito comercial.* É o instrumentado e subscrito pelo devedor, sem que haja qualquer direito de preferência ao credor na obtenção da satisfação da prestação que lhe é devida. Também será quirografário o saldo de crédito não coberto pelo produto da alienação dos bens vinculados ao seu pagamento e o crédito trabalhista que exceda o limite de cento e cinquenta salários mínimos.

CRÉDITO TRABALHISTA. *Direito comercial* e *direito do trabalho.* É o que advém do contrato de trabalho, subsistindo, inclusive, se houver falência, recuperação judicial ou extrajudicial ou dissolução da empresa, sendo que, na falência, constituirá crédito privilegiado até o limite de cento e cinquenta salários mínimos por empregado, bem como o crédito por acidente de trabalho.

CREDOR GARANTIDO. *Direito civil.* É o que tem seu crédito assegurado por garantia real ou fidejussória.

CREDOR PREFERENCIAL. *Direito civil, direito comercial* e *direito processual civil.* É o que tem preferência, sobre os outros credores do devedor comum, no pagamento da dívida.

CREDOR PRIVILEGIADO. *Direito civil.* É aquele cujo crédito goza de privilégio especial ou geral quanto ao pagamento em concurso creditório.

CREDOR PUTATIVO. ***Direito civil.*** Credor aparente, ou seja, aquele que se apresenta aos olhos de todos como o verdadeiro credor, embora não o seja, apesar de estar na posse do título obrigacional. Para que o pagamento feito a credor putativo ou aparente tenha validade, é necessária a ocorrência de dois requisitos: a boa-fé do *solvens* e a escusabilidade de seu erro.

CREDOR RETENCIONISTA. ***Direito civil.*** Aquele que, exercendo seu direito de retenção, retém em seu poder bem do devedor dado em garantia do pagamento do débito até que a dívida seja paga.

CREDOR SUB-ROGADO. ***Direito civil.*** Aquele que passa a ter direito creditório em virtude de uma sub-rogação, legal ou convencional, que lhe transfere todos os direitos, ações, privilégios e garantias do antigo credor, em relação ao débito, contra o devedor principal e o fiador.

CREMAÇÃO. ***Direito constitucional, direito penal, medicina legal*** e ***direito administrativo.*** Ato de destruir cadáver humano pelo fogo, em forno especial ou próprio, reduzindo-o a cinzas, razão pela qual não se podem submeter a cremação pessoas que tiveram mortes violentas, por impossibilitar eventual e necessária exumação, salvo se houver autorização prévia e expressa de autoridade competente.

CRIANÇA. ***Direito do menor.*** Pessoa até doze anos de idade, que tem assegurados todos os direitos fundamentais ao homem, que deverão ser respeitados prioritariamente pela família, pela sociedade e pelo Estado, sob pena de responderem pelos danos causados.

CRIME. 1. ***Sociologia jurídica.*** Infração das regras sociais consideradas indispensáveis à existência da sociedade. **2.** ***Direito penal.*** Violação dolosa ou culposa de norma penal por meio de ato comissivo ou omissivo imputável ao agente; qualquer ação ou omissão que venha a causar dano, lesar ou expor a perigo um bem juridicamente protegido pela norma penal.

CRIME ACESSÓRIO. ***Direito penal.*** Aquele que o agente vem a praticar para poder cometer outro, que dele depende. É o que pressupõe a anterioridade de outro crime. Por exemplo, a receptação é acessório do furto, que é o principal.

CRIME A DISTÂNCIA. ***Direito penal.*** Aquele em que a execução se inicia num lugar, mas o resultado danoso verifica-se em outro diferente, por exemplo, o envio de bomba a um destinatário residente em outro país, com o intuito de matá-lo. O local do crime, pela teoria da ubiquidade, é aquele em que se realizou qualquer dos momentos do *iter*, seja da prática dos atos executórios, seja da consumação (Damásio E. de Jesus), pois, pela nossa lei penal, considera-se praticado o crime no local em que ocorreu a ação ou omissão, no todo ou em parte, bem como onde se produziu ou deveria produzir-se o resultado. Bastará, portanto, que uma parte da conduta delituosa tenha ocorrido no Brasil para que se lhe aplique a lei penal nacional.

CRIME AFIANÇÁVEL. ***Direito penal*** e ***direito processual penal.*** Aquele em que a lei permite que o agente, mediante fiança, venha a responder processo em liberdade.

CRIME AUTÔNOMO. ***Direito penal.*** Aquele em que todas as fases do *iter criminis*, como cogitação, atos preparatórios, execução, consumação e resultado, compõem o tipo penal sem que haja intervenção de qualquer elemento alheio.

CRIME BILATERAL. ***Direito penal.*** Aquele que, pela sua natureza, requer o concurso de dois agentes, sem o qual não há possibilidade de ocorrência da ação criminosa, por exemplo, bigamia, corrupção etc. Trata-se do crime de concurso necessário.

CRIME CASUAL. ***Direito penal.*** Fato típico praticado por um agente que, pela ausência de antijuridicidade e culpa, não constitui propriamente um delito. É o caso, por exemplo, do atropelamento que causa a morte de uma pessoa que se colocou, propositalmente, à frente do veículo, sem que o agente tivesse tempo de freá-lo.

CRIME COMISSIVO. ***Direito penal.*** Prática de um ato proibido por lei.

CRIME COMISSIVO IMPRÓPRIO. ***Direito penal.*** É o que consiste na produção de um fato ou resultado punível, por meio de omissão. Por exemplo, o ato de deixar morrer uma pessoa privando-a de alimentação.

CRIME COMISSIVO PRÓPRIO. ***Direito penal.*** É o resultante da prática de um ato positivo do agente, punido ou proibido por lei. É o que requer uma ação do agente para atingir o resultado. Por exemplo, homicídio, injúria, furto etc.

CRIME COMPLEXO. ***Direito penal.*** É o que se configura pela fusão de dois ou mais tipos penais; aquele que envolve mais de uma violação à lei penal, por ação ou omissão, encerrando em si outro crime, por fato alheio à vontade do agente, classificando-se como um tipo único entre os crimes praticados. Por exemplo, o latrocínio, que abrange furto (crime-fim) e homicídio (crime-meio).

CRIME CONTINUADO. ***Direito penal.*** Dá-se quando o agente vem a praticar, com mais de uma ação ou omissão, dois ou mais delitos distintos e autônomos da mesma espécie, por uma única razão ou intenção, de tal sorte que o subsequente deve ser considerado como continuação do primeiro. Por exemplo, o empregado que furta, diariamente, pequenas somas de dinheiro, para que não haja suspeita. Há unidade de intenção criminosa e de direito violado e pluralidade de atos delituosos autônomos e distintos.

CRIME CONTÍNUO. *Direito penal.* **1.** Aquele em que há um ato delituoso, cuja execução se protrai no tempo, persistindo de tal forma que o agente permanece em prolongada e sucessiva violação da norma penal. Sua consumação não se esgota num só instante, protraindo-se no tempo. Por exemplo, sequestro, cárcere privado, curandeirismo, manutenção de casa de prostituição etc. **2.** O mesmo que CRIME PERMANENTE.

CRIME CULPOSO. *Direito penal.* É o resultante de ação ou omissão voluntária do agente que, não querendo o resultado, o produz por imprudência, negligência ou imperícia. O resultado é causado pelo agente, mas não procurado, intencionalmente, por ele. A vontade é relativa à conduta e não ao resultado danoso dela decorrente.

CRIME DA MESMA NATUREZA. *Direito penal.* Crime homogêneo, cujo resultado configura diversos crimes da mesma espécie. Trata-se do concurso formal de crimes, quando o agente, com uma só ação criminosa, produz mais de um resultado danoso. Por exemplo, o criminoso, com um só tiro, vem a matar duas pessoas, cometendo dois homicídios.

CRIME DE AÇÃO MÚLTIPLA. *Direito penal.* Trata-se do crime de conteúdo variado, em que a lei prevê, num mesmo dispositivo, para sua configuração, várias condutas delituosas. Por exemplo, o crime de moeda falsa, em cuja pena prevista em lei incorre quem importar, exportar, adquirir, vender, trocar, ceder, emprestar, guardar ou introduzir moeda falsa.

CRIME DE AÇÃO PRIVADA. *Direito penal* e *direito processual penal.* Aquele cuja punibilidade deve ser provocada, mediante queixa pelo ofendido ou seu representante legal, pedindo a punição prevista em lei para o autor do crime.

CRIME DE AÇÃO PÚBLICA. *Direito penal* e *direito processual penal.* É aquele em que a punição do criminoso deve ser promovida por órgão do Ministério Público, *ex officio*, ou mediante representação do ofendido ou requisição do ministro da Justiça, quando a lei o exigir.

CRIME DE ADVOGADO. *Direito penal.* Ato cometido por advogado ou procurador contra a administração da justiça consistente no patrocínio infiel, na tergiversação ou na sonegação de documento ou objeto de valor probatório.

CRIME DE COLARINHO BRANCO. *Direito penal* e *sociologia jurídica.* Atividade ilegal de pessoas com elevado índice de escolaridade e com privilegiada posição socioeconômica, como médicos, advogados, executivos, altos funcionários, políticos etc. (Edwin Sutherland). Há uma relativa impunidade, pois obtêm tais pessoas vantagens acobertadas pelo manto da *naturalis licentia decipiendi*, mediante a prática de faltas ético-profissionais. Pode ser dividido em três categorias: a) crime em sentido próprio, previsto na lei penal, como falsidade de atestado médico, patrocínio infiel, tergiversação etc.; b) crime quase legal, para o qual não há sanção prevista em lei penal, mas há sanção civil ou administrativa, como ocorre com o delito em torno do mercado de capitais; c) crime não previsto em lei, constituindo um delito ante o princípio da reserva legal (Courakis). É aquele crime cuja punibilidade compete à justiça federal, por atingir a ordem econômico-financeira ou o sistema financeiro.

CRIME DE CONSUMAÇÃO ANTECIPADA. *Direito penal.* Trata-se do crime formal em que, para sua tipicidade, não se reclama a efetiva lesão do bem juridicamente protegido, uma vez que basta a simples probabilidade do resultado, sendo, portanto, suficiente a mera situação de perigo ou o dano potencial. Por exemplo, no crime de falsidade documental, nota-se que o agente quis o resultado danoso, mas a caracterização do delito, todavia, independe da aceitação, ou não, do documento falso como verídico.

CRIME DE CONVERGÊNCIA. *Direito penal.* Trata-se do crime unilateral, que tem como um de seus pressupostos o concurso necessário de vários agentes para, mediante ação ou omissão, obter o mesmo resultado. Por exemplo, greve, conspiração etc.

CRIME DE EXPOSIÇÃO DA INTIMIDADE SEXUAL. *Direito penal.* a) Ato de produzir, fotografar, filmar ou registrar, por qualquer meio, conteúdo com cena de nudez ou ato sexual ou libidinoso de caráter íntimo e privado sem autorização dos participantes, punido com detenção de 6 meses a 1 ano e multa. b) Ato de realizar montagem em fotografia, vídeo, áudio ou qualquer outro registro com o fim de incluir pessoa em cena de nudez ou ato sexual ou libidinoso de caráter íntimo, punido com detenção de 6 meses a 1 ano e multa.

CRIME DE FALSIDADE. *Direito penal.* Atentado à fé pública, atingindo a certeza legal de relações jurídicas, a inteireza, a verdade ou o valor jurídico de meios probatórios e a força probante de sinais de atestação.

CRIME DE FALSIFICAÇÃO. *Direito penal.* Modalidade de crime de falsidade, que é contrário à fé pública, configurando-se por ato doloso de imitação da verdade, inerente a certos objetos, sinais ou formas, por meio de contrafação, alteração ou simulação, causando dano a terceiro, mesmo que seja potencial.

CRIME DE FATO TRANSEUNTE. *Direito penal.* Trata-se da ação criminosa que não deixa vestígio aparente e visível, como ocorre, por exemplo, com a injúria verbal.

CRIME DE FLAGRANTE ESPERADO. *Direito penal.* Aquele em que a autoridade policial tem conhecimento de que haverá prática criminosa, colocando-se à espera do agente.

CRIME DE GENOCÍDIO. *Direito penal.* É qualquer um dos atos que a seguir se enumeram, praticado com intenção de destruir, no todo ou em parte, um grupo nacional, étnico, racial ou religioso, enquanto tal: a) homicídio de membros do grupo; b) ofensas graves à integridade física ou mental de membros do grupo; c) sujeição intencional do grupo a condições de vida com vista a provocar a sua destruição física, total ou parcial; d) imposição de medidas destinadas a impedir nascimentos no seio do grupo; e) transferência, à força, de crianças do grupo para outro grupo.

CRIME DE ÍMPETO. *Direito penal.* Aquele em que o agente vem a praticar uma ação criminosa motivado por injusta provocação da vítima ou por violenta emoção ou paixão, atingindo repentinamente o resultado danoso, sem que o tenha preparado ou premeditado, esgotando num só instante todas as facetas do *iter criminis*.

CRIME DE IMPRENSA. *Direito penal.* Ato punível praticado por meio de jornais ou serviços de radiodifusão ou noticiosos consistente em: a) fazer propaganda de guerra, de processo para subversão da ordem político-social ou de preconceito de raça ou classe; b) publicar segredo de Estado, notícia sigilosa de interesse de segurança nacional ou fato verdadeiro deturpado provocador da perturbação na ordem pública, desconfiança no sistema bancário, prejuízo ao crédito da União, Estados, Distrito Federal ou Municípios, da cotação das mercadorias e dos títulos imobiliários no mercado financeiro; c) ofender a moral pública e os bons costumes; d) divulgar resultado de jogo proibido ou loteria não autorizada; e) obter vantagem para não fazer publicação de certa notícia; f) fazer, mediante pagamento, publicação que importe em crime; g) incitar à prática de infração à lei penal; h) caluniar, difamar ou injuriar pessoas vivas ou mortas etc.

CRIME DE MÃO-PRÓPRIA. *Direito penal.* Aquele que pode ser praticado apenas pela pessoa indicada, ou seja, não pode ser levado a efeito *per alium*. Por exemplo, falso testemunho e prevaricação (Flávio Augusto M. de Barros).

CRIME DE MULTIDÃO. *Direito penal.* **1.** Aquele que resulta do fato de ter sido o agente levado à prática do crime por instigação de um grupo de pessoas amotinadas ou de multidão em estado de tumulto, o que constitui circunstância atenuante na aplicação da pena cabível. **2.** É o praticado por multidão em estado de agitação, impulsionada pelo desespero ou ódio levado por líderes ou instigadores.

CRIME DE PERIGO. *Direito penal.* Ato punível que cria uma situação de ameaça a um interesse ou bem tutelado juridicamente pela lei penal; logo, o agente, mesmo que não queira o resultado danoso, não pode deixar de prevê-lo, uma vez que, tendo ciência daquela situação, assume seu risco. Por exemplo, o crime de perigo de contágio venéreo ou de moléstia grave etc.

CRIME DE RESPONSABILIDADE. **1.** *Direito penal.* É o perpetrado por pessoa que, investida de função pública, no exercício do cargo, viola o prestígio, o decoro, a incolumidade e a regularidade funcional da Administração Pública. Trata-se do crime funcional, que pode ser próprio, se praticado no exercício de função pública pelo funcionário público, ou impróprio, se, além da infração ao dever funcional, ocorrer um delito comum. Por exemplo, o peculato, que envolve apropriação indébita. **2.** *Direito constitucional.* Crime político praticado pelo presidente da República, vice-presidente ou ministros de Estado, atentando contra a Constituição Federal, a separação de Poderes, a segurança nacional, a probidade administrativa ou o orçamento, fazendo com que o agente fique sujeito ao *impeachment*, que o impede de continuar a exercer seu alto cargo público.

CRIME DE SUBORNO. *Direito penal.* Trata-se do crime de corrupção, incluído no rol dos delitos praticados por particular ou por funcionário contra a Administração Pública, traduzindo-se pela venalidade que se opera em torno da função pública, bastando para sua configuração que o particular ofereça vantagens indevidas ao funcionário ou que o funcionário venha a solicitá-las ou a recebê-las, para si ou para outrem, direta ou indiretamente, com o propósito de praticar, omitir ou retardar ato de ofício.

CRIME DE TRÂNSITO. *Direito penal.* É o decorrente de infração das normas de trânsito.

CRIME DOLOSO. *Direito penal.* Aquele em que o agente quis o resultado danoso ou assumiu o risco de produzi-lo. Tanto a ação ou omissão como o resultado são voluntários; há o propósito deliberado do agente de praticar o ato comissivo ou omissivo para a produção do dano.

CRIME FALHO. *Direito penal.* Trata-se do "crime frustrado", em que não se alcança a consumação, apesar de ter o agente percorrido todo o *iter criminis* para a obtenção do resultado danoso, que não advém por motivos alheios à sua vontade ou ao seu modo de agir.

CRIME-FIM. *Direito penal.* Diz-se daquele que o agente pretende perpetrar. Por exemplo, para assegurar a execução, a ocultação, a impunidade ou a vantagem de um roubo (crime-fim), o agente mata quem o impedir (crime-meio).

CRIME HABITUAL. *Direito penal.* É o que se caracteriza pela reiteração de uma mesma ação, de modo a constituir um estilo de vida incidente em ato punível pela lei penal. Por exemplo, curandeirismo, exercício ilegal da medicina, mantença de casa de prostituição etc.

CRIME HEDIONDO. *Direito penal.* Ato consumado ou tentado, punido pela lei, em consideração de seu caráter repulsivo ou sórdido. Constituem crimes hediondos: a) homicídio, quando praticado em atividade típica de grupo de extermínio, ainda que cometido por um só agente; lesão corporal dolosa gravíssima e lesão corporal seguida de morte praticadas contra autoridade ou agente integrante do sistema prisional e da Força Nacional de Segurança Pública, no exercício de sua função ou contra seu cônjuge, companheiro ou parente consanguíneo até o terceiro grau; b) homicídio qualificado; c) latrocínio; d) extorsão qualificada pela morte; e) extorsão mediante sequestro; f) estupro, inclusive de vulnerável; g) atentado violento ao pudor; h) epidemia com resultado morte; i) falsificação, corrupção, adulteração ou alteração de produto destinado a fins terapêuticos ou medicinais; j) genocídio; k) favorecimento da prostituição ou de outra forma de exploração sexual de criança ou adolescente ou de vulnerável.

CRIME IMPOSSÍVEL. *Direito penal.* Trata-se do quase crime ou da tentativa inidônea, inadequada ou impossível. Pode-se ter: a) crime impossível por ineficácia absoluta do meio; por exemplo, se alguém tenta envenenar outrem, usando substância inofensiva ou se, pretendendo matar outrem, atira com arma sem munição; b) crime impossível por impropriedade absoluta do objeto; por exemplo, prática de manobra abortiva em mulher que não está grávida ou furto de objeto próprio.

CRIME INAFIANÇÁVEL. *Direito processual penal.* Aquele em que a lei não permite pagamento de fiança para que o réu responda em liberdade pelo delito.

CRIME INFAMANTE. *Direito penal.* Diz-se daquele em que, pelos meios empregados pelo agente e pelas circunstâncias de sua realização, provoca no meio social enorme reprovação, pela repulsa que vem a causar.

CRIME LEGAL. *Direito penal.* Trata-se do crime legítimo, que é perpetrado em estado de necessidade, legítima defesa, estrito cumprimento de dever legal ou no exercício regular de um direito, circunstâncias essas que excluem sua criminalidade, não sendo, portanto, propriamente um crime.

CRIME-MEIO. *Direito penal.* Aquele que é praticado pelo agente como um meio para consumar outro, que é o pretendido (chamado por isso de crime-fim). Por exemplo, o ladrão que mata alguém para poder roubar uma casa pratica homicídio (crime-meio) para assegurar a execução do crime desejado, que é o roubo (crime-fim).

CRIME OMISSIVO. *Direito penal.* Aquele em que o agente não age de conformidade com a lei, dando causa à consumação do delito. Trata-se da abstenção voluntária de uma conduta requerida pela lei. É uma omissão fundada na falta a um dever jurídico de agir, previsto legalmente, por exemplo, falta de notificação compulsória de doença por médico; omissão de socorro etc.

CRIME ORGANIZADO. *Direito penal.* Aquele planejado por quadrilha ou por criminosos profissionais.

CRIME PASSIONAL. *Direito penal.* É o perpetrado pelo agente, sob o impulso de uma violenta, desordenada e irreprimível paixão ou emoção.

CRIME PERMANENTE. *Vide* CRIME CONTÍNUO.

CRIME PLURISSUBSISTENTE. *Direito penal.* É o que se compõe de vários atos criminosos sucessivos direcionados a um único resultado danoso.

CRIME POLÍTICO. *Direito penal.* **1.** Ato punível caracterizado pela ofensa ou ameaça à ordem política vigente numa nação, pondo em risco a segurança externa ou interna das instituições políticas. **2.** Ato que tem por fim a usurpação do poder.

CRIME *PRETER*. *Direito penal.* Diz-se do delito cujo resultado danoso é mais grave que o pretendido pelo agente, que vem a responder por isso. Por exemplo, lesão corporal seguida de morte, ou morte resultante do abandono de incapaz, em que a intenção do agente não era matar, mas apenas ferir ou abandonar.

CRIME PRETERDOLOSO. *Direito penal.* Aquele em que o resultado ocorrido representa um excesso de fim, por ter ultrapassado o objetivo ou a intenção do agente. É aquele que produz um resultado não desejado pelo agente, excedendo à sua intenção criminosa, qualificando-se pelo resultado, tendo sua pena agravada, por ser aquele mais grave do que o assumido pelo agente.

CRIME PRETERINTENCIONAL. *Vide* CRIME PRETERDOLOSO.

CRIME PREVIDENCIÁRIO. *Direito penal.* Crime doloso praticado por empresário que se apropria de contribuições previdenciárias deduzidas das importâncias pagas a título de salário aos empregados, não as revertendo ao órgão de Previdência Social (Afonso Celso F. de Rezende).

CRIME PRINCIPAL. *Direito penal.* Aquele que antecede um crime acessório que não pode existir sem ele, por exemplo, o furto em relação à receptação. É, portanto, aquele que se configura independentemente de qualquer outro crime.

CRIME PROGRESSIVO. *Direito penal.* Aquele em que o agente comete ato menos grave que um outro subsequente, do qual é elemento constitutivo, por exemplo, lesão corporal seguida de homicídio ou violação de domicílio alheio para roubar. Sem a realização do primeiro ato criminoso, o segundo não pode dar-se.

CRIME PUTATIVO. *Direito penal.* Aquele em que o agente supõe ou imagina que sua conduta é criminosa ou punível, quando, na realidade, não o é, por não ser definida como crime pela lei penal. O suposto crime deixa de existir por falta de tipicidade. Por exemplo, se mulher, pensando estar grávida, ao ingerir substância abortiva, julga estar praticando aborto.

CRIME QUALIFICADO. *Direito penal.* **1.** Diz-se daquele que está configurado pela lei penal com título próprio, ao qual é cominada uma pena autônoma, ante o princípio de que "não há crime sem lei anterior que o defina nem pena sem prévia cominação legal". **2.** Aquele que se reveste, ante a ocorrência de certas circunstâncias agravantes, de forma mais grave, configurando, então, um crime à parte, com outro título e pena autônoma superior à do tipo fundamental, ou conservando seu *nomen juris*, caso em que se lhe comina uma pena maior (Nélson Hungria).

CRIMES DE MANIPULAÇÃO GENÉTICA. *Direito penal.* Prática, vedada por lei, de atos realizados por meio de procedimentos experimentais, com fins não terapêuticos, que venham a produzir, selecionar ou alterar a constituição do genoma não patológico de seres vivos.

CRIMES E INFRAÇÕES ADMINISTRATIVAS CONTRA PESSOA COM DEFICIÊNCIA. *Direito penal.* Atos de: praticar, induzir ou incitar discriminação de pessoa em razão de sua deficiência; apropriar-se de, ou desviar bens, proventos, pensão, benefícios, remuneração ou qualquer outro rendimento de pessoa com deficiência; abandonar pessoa com deficiência em hospitais, casas de saúde, entidades de abrigamento ou congêneres; reter ou usar cartão magnético, qualquer meio eletrônico ou documento de pessoa com deficiência destinados ao recebimento de benefícios, proventos, pensões ou remuneração; ou à realização de operações financeiras, com o fim de obter vantagem indevida para si ou para outrem. Os três primeiros são punidos com reclusão e multa, e o último com detenção e multa.

CRIME SEXUAL. *Direito penal.* Ação criminosa perpetrada para a satisfação de impulso erótico ou de tendência libidinosa de agente pervertido sexualmente; por exemplo, estupro, incesto, violação sexual mediante fraude, assédio sexual etc.

CRIME SIMPLES. *Direito penal.* **1.** Aquele em que não há intervenção de circunstâncias atenuantes ou agravantes de pena. **2.** Aquele que corresponde a um só tipo de infração penal.

CRIMES INFORMÁTICOS. *Direito penal.* Consistem em condutas realizadas mediante uso de sistema eletrônico, digital ou similar que sejam praticadas contra sistemas informatizados. É delito informático, punido com detenção e multa, o ato de invadir dispositivo informático alheio, conectado ou não à rede de computadores, mediante violação indevida de mecanismo de segurança e com o fim de obter, adulterar ou destruir dados ou informações sem autorização expressa ou tácita do titular do dispositivo ou instalar vulnerabilidades para obter vantagem ilícita. Na mesma pena incorre quem produzir, oferecer, distribuir ou difundir dispositivo ou programa de computador de forma indevida. A pena será aumentada de 1/6 a 1/3 se advier da invasão prejuízo econômico. Se da invasão resultar obtenção do conteúdo de comunicações eletrônicas privadas, segredos comerciais ou industriais, informações sigilosas ou o controle remoto não autorizado do dispositivo invadido, ter-se-á pena de reclusão e multa, que será aumentada de 1/3 a 2/3 se houver divulgação, comercialização ou transmissão a terceiro, a qualquer título, dos dados ou informações obtidos. Também é crime informático o ato de interromper ou perturbar serviço telemático ou informático.

CRIMES SEXUAIS CONTRA VULNERÁVEL. *Direito penal.* a) Estupro de vulnerável, consistente no ato de ter conjunção carnal ou praticar outro ato libidinoso com menor de 14 anos, com enfermidade ou deficiência mental, que não tiver o necessário discernimento para a prática do ato, ou que, por qualquer outra causa, não possa oferecer resistência; b) indução de menor de 14 anos a satisfazer a lascívia de outrem; c) satisfação de lascívia na presença de menor de 14 anos ou indução de criança ou adolescente a presenciar conjunção carnal ou outro ato libidinoso, a fim de satisfazer lascívia própria ou de outrem; d) favorecimento da prostituição ou outra forma de exploração sexual de vulnerável (pessoa menor de 18 anos, enfermo com deficiência intelectual); e) prática de conjunção carnal ou outro ato libidinoso com menor de 18 e maior de 14 anos que não tenha discernimento para a prática do ato ou para impedi-la ou dificultá-la.

CRIME SUCESSIVO. *Vide* CRIME CONTÍNUO.

CRIME TRANSEUNTE. *Direito penal.* Aquele que não deixa qualquer vestígio material; por exemplo, calúnia ou injúria, desde que verbais.

CRIME TRIBUTÁRIO. *Direito penal.* Ação criminosa que se subordina à lei penal como contrabando, descaminho, apropriação indébita, crime contra a Fazenda Pública, cujo agente é o funcionário público federal que facilitar a prática de delito contra a Fazenda Pública ou der causa ao não recolhimento de tributos devidos à União (Paulo de Barros Carvalho).

CRIME VAGO. *Direito penal.* Aquele em que o lesado é uma coletividade e não uma pessoa natural ou jurídica considerada de modo isolado. O titular do bem jurídico ameaçado ou violado, ou sujeito passivo, é genérico.

CRIMINALIDADE. *Direito penal.* **1.** Qualidade de quem é criminoso. **2.** Grau de crime. **3.** História e estatística de crime. **4.** Conjunto de crimes que atingem bens jurídicos tutelados pela lei num dado meio social. **5.** Qualidade da ação ou da omissão que é tida como crime pela lei penal.

CRIMINOLOGIA. *Direito penal.* **1.** Complexo de teorias alusivas ao **direito penal**. **2.** Ciência que se ocupa das doutrinas penais. **3.** Ciência que estuda o crime e os criminosos como fenômenos sociais. **4.** Ciência que explica a conduta criminosa por meio de fatores sociais, psicológicos ou hereditários. **5.** Estudo da criminalidade.

CRIMINOSO. 1. *Direito penal.* a) Relativo ao crime; b) o que é contrário à lei penal; c) aquele que concebe o crime; d) o que serve para executar crime; e) inspirado por uma ideia de crime; f) aquele que perpetrou o crime por ação ou omissão; g) em que há crime. **2.** *Direito processual penal.* Réu; acusado; culpado.

CRIMINOSO CIBERNÉTICO. *Direito virtual.* Aquele que usa conhecimentos de informática e tecnologia para: apropriar-se de informações; cometer estelionato; invadir intimidade ou privacidade das pessoas; injuriar, difamar ou caluniar desafetos; fazer apologia à pedofilia, ao racismo, ao nazismo e à homofobia; praticar fraudes bancárias; efetuar montagens de fotos; obter dados confidenciais, como número de cartão de crédito, de conta corrente e senha bancária por meio de programas espiões nos microcomputadores dos usuários.

CRIMINOSO DE OCASIÃO. *Medicina legal.* Aquele em que a ocorrência de um fato vem a despertar sua latente capacidade delitual ou sua predisposição para o crime, levando-o a praticar o delito, apesar de não ter tendência ativa para a criminalidade.

CRIPTOGRAFIA. *Direito virtual.* **1.** Arte de escrever por meio de códigos ou sinais convencionais. **2.** Programa que possibilita o acesso à Internet. **3.** Escrita que se baseia em um conjunto de símbolos, que permite que se criem textos incompreensíveis aos que não saibam o padrão de conversão necessário para a sua leitura (Davi Monteiro Diniz). **4.** É o processo de disfarçar uma mensagem de modo a ocultar seu conteúdo; um processo de criação de uma escrita secreta (Daniel C. Lynch). **5.** Arte ou ciência da escrita codificada.

CRIPTOGRAFIA ASSIMÉTRICA. *Vide* CRIPTOGRAFIA DE CHAVE PÚBLICA.

CRIPTOGRAFIA DE CHAVE PRIVADA. *Direito virtual.* É um programa que torna o texto indecifrável (criptografar), mas que utiliza a mesma chave para torná-lo decifrável (decriptar) (Valéria E. de Melo Gregores).

CRIPTOGRAFIA DE CHAVE PÚBLICA. *Direito virtual.* Programa codificador que se utiliza de uma chave privada para criptografar e de uma chave pública para decifrar.

CRIPTOGRAFIA SIMÉTRICA. *Vide* CRIPTOGRAFIA DE CHAVE PRIVADA.

CRISTA PAPILAR. *Medicina legal.* Saliência da pele, formando desenhos, que constituem a impressão digital (Croce e Croce Jr.).

CRONOINVERSÃO SEXUAL. *Medicina legal.* Diz-se quando uma pessoa se sente sexualmente atraída por outra do sexo oposto que apresenta uma grande diferença de idade, sendo muito mais velha ou mais moça.

CRONOLÓGICO. *Teoria geral do direito.* Critério de solução de antinomia aparente, segundo o qual norma posterior revoga a anterior.

CRUZAMENTO ESPECIAL. *Direito cambiário.* É o cruzamento cujas linhas paralelas designam um banco, fazendo com que o cheque só possa ser pago pelo sacado a esse banco e, se este for o sacado, a um cliente seu. Trata-se do cruzamento qualificado.

CULPA. 1. *Direito administrativo.* Não cumprimento do dever pelo agente público, gerando responsabilidade civil do Estado. **2.** *Direito civil.* Fundamento da responsabilidade civil, que, em sentido amplo, constitui a violação de um dever jurídico imputável a alguém, em decorrência de fato intencional ou de omissão de diligência ou cautela, compreendendo o dolo e a culpa. **3.** ***Direito penal.*** É aquela cometida pelo agente ao deixar de empregar a atenção ordinária a que estava obrigado, não prevendo o resultado danoso, agindo com imprudência, negligência ou imperícia. Ocorre, portanto, quando o agente dá causa ao resultado por imprudência, negligência ou imperícia, inobservando o dever de cuidado que se lhe impunha.

CULPA ADMINISTRATIVA. ***Direito administrativo.*** Teoria pela qual, ocorrendo dano ao administrado em razão de irregularidade no funcionamento do serviço público, só haverá responsabilidade do Estado se for provada a culpa do funcionário.

CULPA ANÔNIMA NO SERVIÇO PÚBLICO. ***Direito administrativo.*** Situação especial que ocorre na seara da responsabilidade do Estado na hipótese de dano por comportamento omissivo de funcionário público. O prejuízo ao administrado não é causado pelo Estado, mas por acontecimento alheio a ele, já que a omissão é condição do dano, ou melhor, é o evento cuja ausência enseja a ocorrência da lesão (Celso Antônio Bandeira de Mello). O Estado responde pela omissão quando, devendo agir, não o faz, caso em que sua responsabilidade é subjetiva, embora possa tratar-se de uma culpa não individualizável na pessoa de tal ou qual funcionário, mas atribuída ao serviço estatal genericamente. É a culpa anônima ou a falta de serviço que ocorre, por exemplo, na omissão do Estado em: prevenir enchentes, por não ter providenciado a canalização de rios ou por ter-se descurado da conservação do serviço de esgotos ou redes pluviais; obstar assalto em via pública; evitar depredação em estabelecimento comercial, por não manter a ordem em certos tumultos etc.

CULPA AQUILIANA. ***Direito civil.*** Violação de preceito geral de direito que manda respeitar a pessoa e os bens alheios. Trata-se da culpa extracontratual, por exemplo, a do proprietário de um automóvel que, imprudentemente, o empresta a um sobrinho menor, sem carta de habilitação, que ocasiona um acidente.

CULPA CONCORRENTE. ***Direito civil.*** Aquele em que ambas as partes violam norma de conduta, causando prejuízo aos seus direitos.

CULPA CONTRATUAL. ***Direito civil.*** Violação de um dever jurídico fundado num contrato. Por exemplo, a do locatário que deve servir-se da coisa alugada para os usos convencionados e não cumpre essa obrigação.

CULPA EXTRACONTRATUAL. *Vide* CULPA AQUILIANA.

CULPA GRAVE. ***Direito civil.*** É a que ocorre quando, dolosamente, há negligência extrema do agente, não prevendo aquilo que é previsível ao mais comum dos homens.

CULPA *IN COMMITTENDO*. ***Direito civil.*** Violação de um dever em razão da prática de um ato positivo (imprudência). Denomina-se também culpa *in faciendo*.

CULPA *IN CUSTODIENDO*. ***Direito civil.*** Violação do dever jurídico em razão da falta de cautela ou atenção em relação a uma pessoa, animal ou objeto que esteja sob os cuidados do agente.

CULPA *IN ELIGENDO*. ***Direito civil.*** É a que advém da má escolha daquele a quem se confia a prática de um ato ou o adimplemento de uma obrigação. Resulta da falta de cuidado que se deve ter por ocasião do cometimento de certo ato a outra pessoa. Trata-se da culpa em eleger sem a devida prudência. Haverá culpa *in eligendo* pelo dano causado por uma pessoa se esta tiver sido indicada mesmo sem habilitação legal ou sem possuir as aptidões requeridas. Mas, independentemente disso, a responsabilidade do empregador pelos atos lesivos de seu empregado é, por lei, objetiva, tendo ação regressiva contra causador do dano.

CULPA *IN INSTRUENDO*. ***Direito civil.*** É a que ocorre quando alguém que deve dar ordens ou instruções relativas a um ato a ser realizado por outro não o faz ou o faz de modo errôneo.

CULPA *IN NON FACIENDO*. ***Direito civil.*** Resulta da circunstância de ter o agente deixado de fazer certo ato cuja comissão evitaria o dano. Por exemplo, um professor de natação que, por estar distraído, não acode seu aluno, que morre afogado, responde por culpa *in non faciendo*. Entretanto, a omissão só poderá ser considerada causa jurídica do dano se houver existência do dever de praticar o ato não cumprido e certeza ou grande probabilidade de o fato omitido ter impedido a produção do evento danoso.

CULPA *IN OMITTENDO*. *Vide* CULPA IN NON FACIENDO.

CULPA *IN RE IPSA*. ***Direito civil.*** Aquela em que, ante a dificuldade de se provar o nexo de causalidade entre a conduta culposa e o dano, reverte-se o ônus da prova, presumindo-se a culpa do agente, que deverá provar o contrário. Trata-se da culpa presumida.

CULPA *IN VIGILANDO*. ***Direito civil.*** **1.** É a decorrente da falta de atenção com o procedimento de animal, por cujo fato lesivo o responsável deve pagar. **2.** Já, em relação ao patrão, fiscalize, ou não, o exercício das funções incumbidas a seus empregados, deverá responder, em virtude de imposição legal, objetivamente pelo dano que causarem, mesmo que não tenha agido com *culpa in vigilando*.

CULPA LEVE. *Direito civil.* É a que ocorre quando a lesão de direito pode ser evitada com atenção ordinária ou adoção de diligências próprias de um *bonus pater familiae*.

CULPA LEVÍSSIMA. *Direito civil.* Dá-se quando a falta somente é evitável por uma atenção extraordinária ou especial habilidade e conhecimento singular.

CULPA PRESUMIDA. *Vide* CULPA IN RE IPSA.

CULPA RECÍPROCA. **1.** *Direito do trabalho.* Ação culposa de ambos, ou seja, do empregado e do empregador, na rescisão contratual, caso em que o órgão judicante reduzirá o *quantum* indenizatório devido na hipótese de culpa exclusiva do patrão pela metade. **2.** *Direito civil.* a) Culpa comum da vítima e do agente, constituindo causa excludente de responsabilidade civil; b) inadimplemento de contrato bilateral tanto pelo credor como pelo devedor.

CULPOSO. **1.** *Direito penal.* Diz-se do crime em que o agente, agindo por imperícia, negligência ou imprudência, vem a atingir um resultado danoso não querido por ele. **2.** *Direito civil.* Aquele que, por ação ou omissão voluntária, negligência, imprudência ou imperícia, causa dano a alguém, devendo repará-lo.

CULTURALISMO JURÍDICO. *Filosofia do direito.* Corrente jusfilosófica que considera a ciência jurídica como *ciência cultural*, "não como produto metódico de procedimentos formais, dedutivos e indutivos, mas como um conhecimento que constitui uma unidade imanente, de base concreta e real, que repousa sobre valorações" (Tércio Sampaio Ferraz Jr.). Tal concepção vê o direito como um objeto criado pelo homem, dotado de um sentido de conteúdo valorativo, sendo, portanto, pertencente ao campo da cultura (Luiz Fernando Coelho). Estuda o direito como um objeto cultural, isto é, uma realização do espírito humano, com um substrato e um sentido. Se o substrato do direito for um objeto físico, ter-se-á um objeto cultural mundanal ou objetivo, que corresponde ao "espírito objetivo" de Hegel e à "vida humana objetivada" de Recaséns Siches, e a corrente culturalista que o estudará será a *teoria cultural objetiva*, de que são representantes, dentre outros, Ortega y Gasset, Recaséns Siches e Miguel Reale. Se seu substrato for a conduta humana, será um objeto cultural egológico ou subjetivo, estudado pela *teoria egológica do direito*, representada por Carlos Cossio, Aftalión e outros. Quatro são as direções principais das teorias culturalistas do direito: a concepção raciovitalista de Siches e Ortega y Gasset; a teoria de Emil Lask; o tridimensionalismo jurídico de Miguel Reale e a teoria egológica de Carlos Cossio.

CÚMPLICE. *Direito penal.* **1.** Coautor; aquele que tomou parte na perpetração de um crime, facilitando-o ou concorrendo para sua execução de alguma forma. **2.** Aquele que, sem participar de uma ação criminosa, vem a colaborar para que o agente escape da ação da justiça, escondendo o produto do crime ou facilitando sua fuga.

CUMPLICIDADE. *Direito penal.* **1.** Ato ou efeito de unir-se a alguém para auxiliá-lo na prática de crime. **2.** Coautoria. **3.** Ato ou qualidade de cúmplice. **4.** Participação ou colaboração na execução de um crime.

CUMPRA-SE. *Direito processual civil.* **1.** Despacho judicial mandando executar os pedidos contidos em uma peça processual, em uma decisão sua ou de autoridade superior ou, ainda, um pedido formulado em precatória ou rogatória. **2.** Ordem exarada pelo magistrado em documentos que devem ser executados ou encaminhados somente por determinação sua. **3.** Decisão interlocutória.

CUMPRIMENTO DO DEVER LEGAL. **1.** *Direito penal.* Excludente de criminalidade, porque aquele que pratica atos na observância de um dever imposto por lei não comete crime. **2.** Ato lesivo que não é ilícito, pois quem, ao exercer normalmente um direito reconhecido, prejudica direito alheio, não tem responsabilidade pelo dano causado, por não ser um procedimento prejudicial ao direito, por exemplo, o credor que penhora bens do devedor. Só há ilícito em caso de abuso do direito ou no seu exercício irregular ou anormal.

CUMULAÇÃO DE INVENTÁRIO. *Direito processual civil.* Processamento conjunto de inventários para partilha de heranças de pessoas diversas, se houver: identidade de pessoas entre as quais devam ser repartidos os bens; heranças deixadas pelos dois cônjuges ou companheiros e dependência de uma das partilhas em relação à outra. Dá-se, p. ex., quando há óbito do cônjuge ou companheiro herdeiro antes da partilha dos bens do premorto, caso em que os bens omitidos no inventário poderão ser descritos e partilhados no inventário do consorte herdeiro supérstite. As duas heranças poderão ser, ainda, cumulativamente inventariadas e partilhadas se os herdeiros de ambos os consortes forem os mesmos, havendo, por isso, um só inventariante, processando-se o segundo inventário em apenso ao primeiro.

CUMULAÇÃO OBJETIVA. *Direito processual civil.* Cumulação de pedidos numa mesma ação.

CUMULAÇÃO SUBJETIVA. **1.** *Direito processual civil.* Litisconsórcio. **2.** *Direito civil.* Situação em que o sucessor de um direito de indenização é também atingido na forma de um dano por ricochete (Sérgio Severo). Há dois danos indenizáveis: o adquirido por via sucessória e o sofrido por ricochete.

CURADOR. 1. *Direito civil.* a) Pessoa encarregada judicialmente de administrar bens ou interesses alheios; b) aquele que rege direitos patrimoniais ou negociais de interditos, como os que por causa transitória ou permanente não podem exprimir sua vontade, surdos-mudos sem educação que os habilite a manifestar sua vontade, ébrios habituais, toxicômanos e pródigos. **2.** *Direito processual penal.* Pessoa do Ministério Público ou o próprio defensor nomeado para atender, por exemplo, a ausente, a indiciado ou a acusado que, embora penalmente responsável, não completou vinte e um anos ou a acusado suspeito de insanidade mental. Há quem ache, que, ante a maioridade civil aos dezoito anos, não há mais que se falar em nomeação de curador ao réu maior de dezoito, mas menor de vinte e um anos.

CURADOR *AD HOC*. É o nomeado para, em certo caso, exercer qualquer ato que requeira curatela.

CURADOR *AD LITEM*. *Direito processual civil.* É o nomeado para o litígio pelo juiz que preside a causa com o encargo de representar réu ausente, preso, revel citado por edital e com hora certa ou incapaz, desde que não tenha representante legal ou se seus interesses colidirem com os daquele.

CURADOR À HERANÇA JACENTE. *Direito processual civil.* Aquele que é incumbido de guardar, conservar e administrar bens de herança jacente até que sejam entregues ao sucessor legalmente habilitado ou até a declaração de vacância. Tal curador tem a incumbência de: representar a herança em juízo ou fora dele, com intervenção do órgão do Ministério Público; guardar e conservar os bens arrecadados; promover a arrecadação de outros porventura existentes; executar as medidas conservatórias dos direitos da herança; apresentar mensalmente ao juiz um balancete da receita e da despesa e prestar contas ao final de sua gestão.

CURADOR AO NASCIMENTO. *Direito civil.* Também chamado de curador ao nascituro ou curador ao ventre, é o nomeado para tratar e resguardar os interesses do nascituro, se o pai deste tiver falecido e sua mãe estiver incapacitada para o exercício do poder familiar, desde que o nascituro tenha de receber herança, legado ou doação, sendo, portanto, titular de direito patrimonial, apesar de subordinado a condição suspensiva, ou seja, seu nascimento com vida. Se a gestante estiver interdita, seu curador será também o do nascituro.

CURADOR AO NASCITURO. *Vide* CURADOR AO NASCIMENTO.

CURADOR AO VENTRE. *Vide* CURADOR AO NASCIMENTO.

CURADOR DE RESÍDUOS. *Direito processual civil.* Aquele que intervém nos processos onde há remanescentes ou restos de bens legados e atuação de testamenteiros a ser fiscalizada, atuando, portanto, em casos de extinção de fideicomisso ou usufruto e nos inventários em que há testamento.

CURADORIAS ESPECIAIS. *Direito civil* e *direito processual civil.* São as curadorias oficiais que se distinguem por suas finalidades específicas, isto é, a administração dos bens e a defesa de interesses e não a regência de pessoas; uma vez exauridas, esgotam, automaticamente, as funções do curador. Dentre elas temos: a) a instituída pelo testador para os bens deixados a herdeiro ou legatário menor; b) a dada à herança jacente; c) a concedida ao filho sempre que no exercício do poder familiar colidam os interesses dos pais com os daquele; d) a dada ao incapaz que não tenha representante legal ou, tendo-o, seus interesses conflitem com os daquele; e) a conferida ao réu preso ou ao revel citado por edital ou com hora certa.

CURATELA. *Direito civil.* É o encargo público que a lei comete a alguém para reger, defender e administrar os bens de uma pessoa maior que, por si só, não está em condições de fazê-lo, em razão de: embriaguez; toxicomania; prodigalidade; causa transitória ou permanente que impossibilite a manifestação da vontade.

CURATELA COMPARTILHADA. *Direito civil.* Nomeação de mais de um curador, feita pelo juiz, se o interditando for pessoa com deficiência, para atender sua afetividade e aos seus interesses, desde que não haja conflito de interesse ou influência nefasta. Poderá, p. ex., nomear seus genitores e até mesmo seus irmãos como curadores, resguardando seus interesses, pois com eles sempre conviveu, facilitando o acompanhamento de suas atividades e cuidados especiais.

CURATELA DO ENFERMO OU PESSOA COM DEFICIÊNCIA FÍSICA. *História do direito.* Encargo público cometido a uma pessoa (curador *ad negotia*) para cuidar de todos ou de alguns negócios ou bens de pessoa enferma ou com deficiência física. Tratava-se, na verdade, da curatela-mandato ou da curatela administrativa especial, hoje substituída pela *tomada de decisão apoiada*.

CURATELA EXTENSIVA. *Direito civil.* Prorrogação da competência do curador de um adulto incapaz relativamente aos seus filhos menores, desde que necessário suprir o poder familiar. Essa extensão da curatela aos filhos do curatelado é uma simples tutela (Orlando Gomes e Pontes de Miranda).

CURATELA *NONDUM CONCEPTUS*. ***Direito civil.*** É a exercida pelo curador que, após a partilha, zelará, na qualidade de guardião provisório, pelos bens da herança que couberem à prole eventual de pessoa indicada pelo testador.

CURATELA PRORROGADA. ***Direito civil.*** Aquela em que a autoridade do curador se estende à pessoa e aos bens do incapaz que se encontra sob a guarda e responsabilidade do curatelado ao tempo da interdição, salvo se o juiz considerar outra solução como mais conveniente aos interesses do incapaz.

CURRICULUM VITAE. ***Locução latina.*** **1.** Conjunto de dados pessoais ou profissionais de um candidato a emprego. **2.** Carreira de vida.

CURSO DA AÇÃO. ***Direito processual civil.*** **1.** Andamento da ação pela execução de atos processuais. **2.** Conjunto de formalidades que devem ser seguidas para a obtenção de uma decisão judicial.

CURSO DE CÂMBIO. ***Direito comercial.*** Cotação do preço de títulos ou mercadorias na Bolsa ou na praça.

CURSO LEGAL DA MOEDA. ***Direito civil*** e ***direito bancário.*** Circulação de uma moeda num Estado, que não pode ser recusada, por ter efeito de pagamento reconhecido por lei.

CUSTAS. ***Direito processual.*** São as taxas remuneratórias autorizadas em lei e cobradas pelo poder público em decorrência dos serviços prestados pelos serventuários da justiça para a realização dos atos processuais e emolumentos devidos ao juiz. Tais custas são, em regra, pagas pela parte vencida, ante o princípio da sucumbência.

CUSTAS *EX CAUSA*. São as devidas em caso de justiça gratuita ou processo de jurisdição graciosa, sendo pagas pelo próprio requerente.

CUSTAS *EX LEGE*. São as que devem ser pagas na forma da lei.

CUSTAS *PRO RATA*. ***Direito processual civil.*** Também chamadas "custas em proporção" ou "custas proporcionais", são aquelas cujo pagamento compete a ambas as partes, que as ratearão entre si.

CUSTO. **1.** Valor em dinheiro. **2.** Preço de produção ou de aquisição de alguma coisa ou mercadoria calculado com base no que se despendeu em matéria-prima, mão de obra, transporte etc. É o valor exato da mercadoria produzida, ou seja, o *quantum* despendido pelo fabricante ou o valor exato da mercadoria adquirida, isto é, o montante pago na sua aquisição. Difere, portanto, do preço de venda, que é mais alto para possibilitar lucro ao comerciante ou fabricante. **3.** Soma de valores de bens e serviços consumidos e prestados para a obtenção de um novo bem ou serviço (Américo M. Florentino). **4.** Gastos que uma empresa efetua para poder continuar em suas atividades negociais.

CUSTÓDIA. **1.** ***Direito penitenciário.*** a) Estado de quem é preso pela autoridade policial para averiguações, devendo ser conservado com segurança, vigilância e proteção; b) local onde se recolhem presos. **2.** ***Direito civil.*** Guarda de bem alheio que deve ser administrado e conservado até a entrega ao legítimo dono. **3.** ***Direito canônico.*** a) Residência de frade custódio; b) relicário; c) vaso onde se conserva a hóstia consagrada à adoração dos fiéis nas bênçãos do Santíssimo Sacramento nas procissões ou em atos extralitúrgicos do culto católico; d) guarda dos tesouros da Igreja pelo seu tesoureiro. **4.** ***Direito virtual.*** Consiste na responsabilidade de se guardar um ativo para terceiros. Entretanto, a custódia não permite automaticamente o acesso ao ativo, nem o direito de conceder acesso a outros.

CUSTÓDIA DO RÉU. ***Direito processual penal.*** Diz-se do ato de uma autoridade local (policial ou judiciária) conservar o réu sob sua guarda até que obtenha os devidos esclarecimentos e a solução das dúvidas sobre a legitimidade do executor da prisão do réu perseguido ou da legalidade do mandado que apresentar.

CYBERBULLYING. ***Termo inglês*** e ***direito virtual.*** **1.** Tipo de agressão consistente não só na divulgação na internet de cenas de adolescentes nus ou durante o ato sexual por eles praticado, mas também em ameaças ou humilhações em telas de computador, no visor do celular ou em *e-mails* feitas por crianças ou adolescentes. **2.** Uso de internet na prática de *bullying*, para atacar maldosamente a vítima em *site* de relacionamento. Trata do *bullying* praticado em ambiente virtual. **3.** Violência psicológica praticada intencional e repetidamente contra certos indivíduos por meio da internet (Célio Figueiredo Neto), fazendo postagens em *blogs*, ofendendo-os ou espalhando boatos sobre eles. **4.** Intimidação sistemática na rede mundial de computadores, mediante uso de instrumentos que lhe são próprios, para depreciar, incitar a violência, adulterar fotos e dados pessoais com o intuito de criar meios de constrangimento psicossocial.

CYBERCRIMES. ***Direito penal.*** Crimes virtuais que podem ser: *puros*, invasões via Internet; *mistos*, se o computador for apenas uma ferramenta; e *comuns*, se o equipamento for tão somente um meio. Por exemplo: pirataria de *softwares*, lavagem de dinheiro, estelionato, pornografia infantil, terrorismo etc.

D

DAÇÃO EM PAGAMENTO. *Direito civil.* É o acordo liberatório feito entre credor e devedor em que aquele consente na entrega de uma coisa diversa da avençada. Por exemplo, se "A" deve a "B" uma quantia em dinheiro e propõe saldar seu débito mediante a entrega de um terreno, sendo aceita sua proposta pelo credor, configurada estará a dação em pagamento, extinguindo-se a relação obrigacional, por ter a mesma índole do pagamento, sendo, porém, indireto. A dação consiste no *solvere aliud pro alio*, ou seja, no prestar coisa diversa da devida.

DACTILOSCOPIA. *Medicina legal.* **1.** Estudo e análise de impressões digitais para fins de identificação. **2.** Processo de identificação pessoal que tem por base o estudo das impressões das cristas papilares digitais.

DADOR. **1.** *Direito civil.* Aquele que dá alguma coisa. **2.** *Direito comercial.* a) Indivíduo que empresta dinheiro a risco; b) quem avaliza título de crédito.

DADOS PESSOAIS. *Direito virtual.* Informações para identificação direta ou indireta de uma pessoa física (p. ex., nome, CPF, RG, endereço, telefone, data de nascimento, endereço de IP, histórico de navegação) que são protegidos por leis específicas para garantir o direito à privacidade.

DAMNUM INFECTUM. *Locução latina.* Dano infecto, ou seja, dano possível ainda não ocorrido.

DANO. **1.** *Direito administrativo.* Prejuízo moral ou patrimonial causado por funcionário público no exercício de suas funções, ensejando responsabilidade do Estado. **2.** *Direito civil.* É um dos pressupostos da responsabilidade civil, contratual ou extracontratual, pois não pode haver ação de indenização sem a existência de um prejuízo. Consiste na lesão (diminuição ou destruição) que, devido a certo evento, sofre uma pessoa, contra sua vontade, em qualquer bem ou interesse jurídico, patrimonial ou moral. **3.** *Direito penal.* a) Prejuízo à integridade física ou moral de alguém; b) ato punível que vem a destruir, inutilizar ou deteriorar bem alheio. Trata-se do crime de dano consistente: na introdução ou abandono de animais em propriedade alheia; na destruição, inutilização ou deterioração de coisa tombada; na alteração de local especialmente protegido por lei sem licença da autoridade competente etc. **4.** *Direito comercial.* Avaria. **5.** *Direito do consumidor.* a) Defeito que afeta a qualidade de um produto quanto às suas propriedades, cor, consistência ou sabor; b) vício de quantidade. **6.** *Direito da criança e do adolescente.* Prejuízo causado por adolescente, que deverá repará-lo devolvendo o bem ou ressarcindo o dano patrimonial.

DANO AQUILIANO. *Direito civil.* Violação culposa de direito alheio. Trata-se do prejuízo resultante da prática de ato ilícito, gerando responsabilidade extracontratual.

DANO CONTRATUAL. *Direito civil.* **1.** Prejuízo decorrente do inadimplemento de uma obrigação contratual, gerando indenização das perdas e danos, de modo que o lesante terá de compor o dano emergente e o lucro cessante. **2.** Dano de cálculo. **3.** Dano abstrato, ou seja, valor que representa a diferença entre a situação atual do patrimônio do lesado e aquela que haveria se não tivesse ocorrido a lesão (Paulo Matos Peixoto e Ana Prata).

DANO DIRETO. *Direito civil.* Prejuízo que é consequência imediata de um ato, fato ou violação de um direito. Nele há uma relação imediata entre a causa destacada pelo direito e a perda sofrida pela pessoa; por exemplo, o ferimento causado por um disparo de arma de fogo.

DANO DOLOSO. *Direito civil.* **1.** Dano intencional. **2.** Aquele em que o lesante provoca o prejuízo por ação ou omissão voluntária, com a intenção de violar direito alheio.

DANO EMERGENTE. *Direito civil.* Déficit real e efetivo no patrimônio do lesado, isto é, concreta diminuição em sua fortuna, seja porque se depreciou o ativo, seja porque aumentou o passivo, suscetível de ser reparado civilmente. Consiste naquilo que o lesado efetivamente perdeu. Trata-se do dano positivo.

DANO ESTÉTICO. *Direito civil.* É qualquer alteração morfológica do indivíduo, abrangendo, além de aleijão, deformidades, marcas e defeitos, ainda que mínimos, que impliquem, sob qualquer aspecto, um afeamento da vítima ou consistam numa simples lesão desgostante ou num permanente motivo de exposição ao ridículo ou de complexo de inferioridade, exercendo ou não influência sobre sua capacidade laborativa, por exemplo, mutilações, cicatrizes, mesmo que acobertáveis por barba, cabeleira ou maquilagem; perda de cabelos, sobrancelhas, cílios, dentes, voz ou olhos; feridas nauseabundas ou repulsivas etc., ocasionadas em consequência do evento lesivo.

DANO *EX DELICTO*. *Direito civil* e *direito penal.* Dano causado pelo delito, que, em sentido amplo, pode abranger ilícitos civis e penais.

DANO EXISTENCIAL. **1.** Dano à vida de relação, prejudicando a vítima nas suas relações familiares, sociais, afetivas, culturais, visto que altera o padrão usual de sua conduta na realização de seus interesses (Flaviana Rampazzo Soares). **2.** Lesão a qualquer direito fundamental da pessoa que gera uma brusca mudança no seu dia a dia, modificando sua relação com a família, com a sociedade etc., impossibilitando a execução de um projeto de vida (Ezequiel Morais).

DANO FUTURO. *Direito civil.* É o prejuízo que ainda não se deu no momento da apreciação da situação do lesado pelo tribunal, mas cuja verificação é previsível. Pode ser tido como dano eventual (Ana Prata).

DANO INDIRETO. *Direito civil.* Diz-se daquele que, sendo uma consequência imediata da perda sofrida pelo lesado, repercute em outros bens que não foram diretamente atingidos pelo fato. Por exemplo, a destruição de um vidro é dano direto, mas os estragos causados pelas chuvas nos objetos que estão no interior da casa, em decorrência da falta de vidro, constituem dano indireto.

DANO MORAL. *Direito civil.* É a lesão a direito da personalidade ou a ofensa de interesses não patrimoniais de pessoa natural ou jurídica provocada pelo fato lesivo. A reparação do dano moral não é uma indenização por dor, vergonha, humilhação, perda da tranquilidade ou do prazer de viver, mas uma compensação pelo dano e injustiça sofridos pelo lesado, suscetível de proporcionar-lhe uma vantagem, pois ele poderá, com a soma de dinheiro recebida, procurar atender às satisfações materiais ou ideais que repute convenientes, atenuando, assim, em parte, seu sofrimento.

DANO MORAL DIRETO. *Direito civil.* Lesão a um interesse que visa a satisfação ou o gozo de um bem jurídico extrapatrimonial contido nos direitos da personalidade (como a vida, a integridade corporal, a liberdade, a honra, o decoro, a intimidade, os sentimentos afetivos e a imagem) ou nos atributos da pessoa (como o nome, a capacidade e o estado de família).

DANO MORAL INDIRETO. *Direito civil.* Lesão a um interesse tendente à satisfação ou ao gozo de bens jurídicos patrimoniais que produz menoscabo de um bem extrapatrimonial, ou melhor, provoca prejuízo a qualquer interesse não patrimonial, devido a uma ofensa a um bem patrimonial da vítima. Deriva, portanto, do fato lesivo a um interesse patrimonial (Zannoni), como a perda de coisa com valor afetivo, por exemplo, de um anel de noivado.

DANO NEGATIVO. *Direito civil.* Trata-se do lucro cessante ou frustrado alusivo à privação de um ganho pelo lesado, ou seja, ao lucro que ele deixou de auferir, em razão do prejuízo que lhe foi causado.

DANO PATRIMONIAL. *Direito civil.* Lesão concreta que afeta um interesse relativo ao patrimônio da vítima consistente na perda ou deterioração, total ou parcial, dos bens materiais que lhe pertencem, sendo suscetível de avaliação pecuniária e de indenização pelo responsável. Constituem danos patrimoniais a privação do uso da coisa, os estragos nela causados, a incapacitação do lesado para o trabalho e a ofensa a sua reputação, quando tiver repercussão na sua vida profissional ou em seus negócios.

DANO PATRIMONIAL DIRETO. *Direito civil.* **1.** Dano que causa imediatamente um prejuízo no patrimônio da vítima, por exemplo, a destruição de um carro que lhe pertence. **2.** É o causado à própria vítima do fato lesivo. **3.** Prejuízo que for consequência imediata da lesão.

DANO PATRIMONIAL INDIRETO. *Direito civil.* **1.** É o que atinge interesses jurídicos extrapatrimoniais do lesado, como os direitos da personalidade, causando, de forma mediata, perdas patrimoniais; por exemplo, despesas com o tratamento de lesões corporais. É uma consequência possível, porém não necessária, do evento que prejudica um interesse extrapatrimonial, constituindo um dano moral que produz reflexos prejudiciais à economia do ofendido. **2.** O experimentado por terceiros em razão de um evento danoso. **3.** O que resulta da conexão do fato lesivo com um acontecimento distinto.

DANO POR RICOCHETE. *Direito civil.* Dano sofrido por outra pessoa, que lesa o interesse de alguém. Por exemplo, o causado a um empregador, por acidente provocado por terceiro, que gere incapacidade laborativa de seu empregado, obrigando-o a pagar certos encargos (Sérgio Severo).

DANO PROCESSUAL. *Direito processual civil.* É o praticado no processo, por pleitear de má-fé, contra a parte contrária ou a administração da justiça. Causa dano processual quem: deduz pretensão ou defesa contra a lei ou fato incontroverso; altera a verdade dos fatos; usa o processo para obter fim ilegal; opõe resistência injustificada ao andamento do processo; procede de maneira temerária em qualquer ato processual; provoca incidentes infundados.

DANO PUNITIVO. *Direito civil.* **1.** Indenização ou condenação punitiva, sem expressa previsão legal, de malícia ou conduta arbitrária ou socialmente inaceitável, para evitar que o ofensor reitere comportamento similar no futuro e desestimular os demais membros da coletividade a tal prática (Nelson Rosenvald). **2.** Parcela de dinheiro deferida à vítima de um ilícito, em ação civil proposta contra o lesante, para puni-lo, repreendendo-o pela conduta ilícita, principalmente em matéria de direito consumerista, buscando a prevenção geral e específica do delito (Vitor Fernandes Gonçalves, Iádia de O. Varesano).

DANO QUALIFICADO. *Direito penal.* Diz-se do ato punível praticado em circunstâncias agravantes: a) com violência ou grave ameaça à pessoa; b) com o emprego de explosivo ou de inflamável; c) contra o patrimônio público; d) por razão egoística; e) com prejuízo considerável para a vítima (Othon Sidou).

DANO SIMPLES. *Direito penal.* Ato punível com detenção ou multa em que o agente destrói, inutiliza ou deteriora coisa alheia, sem que haja qualquer circunstância agravante.

DANO SOCIAL. ***Direito civil.*** É o que atinge o valor social do trabalho, o meio ambiente, a educação, a habitação, a alimentação, a saúde, a assistência aos necessitados, o lazer etc., alcançando toda a sociedade, no seu nível de vida, por provocar insegurança e redução da qualidade do cidadão.

DAR FÉ. ***Direito registral.*** Conferir caráter de verdade ou de fé pública; certificar pelos notários e por escrito algum fato ou ato; afirmar a autenticidade do conteúdo de algum documento.

DAR PROVIMENTO. ***Direito processual.*** Aceitar, o tribunal, as alegações recursais apresentadas pela parte.

DATA DA LEI. ***Teoria geral do direito.*** **1.** Dia da publicação oficial da lei, que a torna obrigatória, se ela assim o determinar, hipótese em que a data da publicação e a entrada em vigor coincidirão. **2.** Dia estipulado na própria norma para sua entrada em vigor, caso em que, com sua publicação, ela não tem imediata obrigatoriedade. O intervalo entre a data de sua publicação e a de sua entrada em vigor chama-se *vacatio legis*, sendo que, antes do decurso desta, a lei nova não tem efetiva força obrigatória nem autoridade imperativa, mesmo que promulgada e publicada, por ainda estar em vigor a antiga lei.

DATIVO. **1.** ***Direito processual civil.*** Diz-se do autor ou curador nomeado pelo magistrado ou pelo testador. **2.** ***Direito processual penal.*** Diz-se do defensor nomeado pelo órgão judicante para defender os interesses do acusado.

DEBÊNTURE. ***Direito comercial.*** Título de crédito mobiliário emitido por uma sociedade anônima ou em comandita por ações, representativo de uma fração de um empréstimo ou dívida da empresa, garantido pelos bens do ativo do patrimônio social, sendo que o emissor se obriga ao pagamento de juros preestabelecidos sobre o total da prestação.

DÉBITO. **1.** Na ***linguagem jurídica*** em geral, significa dívida; aquilo que se deve a alguém. **2.** ***Direito comercial.*** a) Parte de uma conta em que, no lançamento contábil de uma firma, registram-se fornecimentos ou pagamentos; b) dívida de alguém escriturada na conta caixa que representa o ativo do estabelecimento comercial. **3.** ***Direito administrativo.*** Quantidade de água ou gás fornecida por uma corrente ou fonte numa unidade de tempo.

DÉBITO CONJUGAL. ***Direito civil.*** Dever que têm os cônjuges de coabitação e prática entre si do ato sexual.

DECADÊNCIA. **1.** ***Direito processual civil.*** Extinção do direito potestativo pela inação de seu titular que deixa escoar o prazo legal ou voluntariamente fixado para seu exercício. Extingue indiretamente a ação correspondente, se ela nasceu juntamente com o direito, representando o modo de seu exercício, e impede seu nascimento, se ela não se originou do mesmo fato gerador do direito, mas deveria protegê-lo, no futuro, depois de definitivamente efetivado, sobrevindo algum obstáculo ao seu livre exercício. A decadência não se suspende nem se impede ou interrompe, exceto se houver disposição legal em contrário, e só é impedida pelo efetivo exercício do direito, dentro do lapso de tempo estabelecido. **2.** ***Sociologia jurídica.*** Resultado do processo de decomposição social; declínio social; época em que algo decaiu ou veio a corromper-se. **3.** Na ***linguagem jurídica*** em geral, pode indicar corrupção ou humilhação.

DECAPITAÇÃO. **1.** ***História do direito.*** Forma de execução da pena de morte, guilhotina, machado, cutelo ou espada. **2.** ***Direito penal.*** Crime de homicídio em que o agente degola a vítima, separando sua cabeça do tronco.

DÉCIMO TERCEIRO SALÁRIO. ***Direito do trabalho.*** Pagamento anual obrigatório que o empregador deve efetuar ao empregado até o dia 20 de dezembro. Consiste numa modalidade de abono ou gratificação natalina que tem por base a remuneração devida nesse mês, de acordo com o tempo de serviço do empregado no ano em curso. O empregador deverá pagar, a título de adiantamento, entre os meses de fevereiro e novembro, metade do salário percebido pelo empregado no mês anterior, ou por ocasião das férias deste, desde que o tenha requerido no mês de janeiro do respectivo ano.

DECISÃO. **1.** ***Direito processual civil*** e ***direito processual penal.*** Sentença; solução dada a uma controvérsia jurídica; ato judicial solucionando questão incidente ou pondo termo a um litígio, com ou sem resolução do mérito. **2.** ***Ciência política.*** Deliberação. **3.** ***Direito administrativo.*** Ato pelo qual a autoridade administrativa resolve uma questão submetida à sua apreciação ou julgamento. **4.** ***Direito civil.*** Tomar uma resolução.

DECISÃO ARBITRAL. ***Direito internacional privado*** e ***direito processual civil.*** Sentença arbitral; solução dada a um litígio por árbitros escolhidos pelas partes.

DECISÃO INTERLOCUTÓRIA. ***Direito processual civil.*** Pronunciamento do juiz que não extingue a fase cognitiva do procedimento comum (especial e de jurisdição voluntária) nem põe fim à execução, mesmo que venha a decidir questão de mérito. É impugnável pelo agravo de instrumento como, p. ex., se dá quando o juiz pronuncia prescrição relativamente a um dos litisconsortes passivos, prosseguindo o processo contra os demais (Nelson Nery Jr. e Rosa Mª de A. Nery).

DECLARAÇÃO DE AUSÊNCIA. ***Direito civil*** e ***direito processual civil.*** Sentença declaratória em que o magistrado reconhece alguém como ausente, por desaparecer de seu domicílio sem dar notícias de seu paradeiro e sem deixar representante ou procurador que queira ou possa reger seus bens, instituindo a sua curatela, uma vez que é tido pela lei como absolutamente incapaz. Tal sentença deve ser registrada no cartório do domicílio anterior do ausente.

DECLARAÇÃO DE DIREITOS DE LIBERDADE ECONÔMICA. *Direito empresarial.* Conjunto de normas de proteção à livre iniciativa e ao livre exercício de atividade econômica e disposições sobre a atuação do Estado como agente normativo e regulador.

DECLARAÇÃO DE NASCIDO VIVO (DNV). *Direito civil.* É a emitida para todos os nascimentos com vida ocorridos no País e será válida exclusivamente para fins de elaboração de políticas públicas e lavratura do assento de nascimento. Deve emiti-la o profissional de saúde responsável pelo acompanhamento da gestação, do parto ou do recém-nascido ou o oficial do Registro Civil que lavrar o assento do nascimento se o parto se deu sem assistência de profissional da saúde ou de parteira. Tal DNV não substitui nem dispensa o registro civil de nascimento e deve conter número de identificação nacionalmente unificado; nome e prenome da criança; dia, mês, hora e município do nascimento; sexo; informação sobre gestação múltipla, quando for o caso; nome e prenome, naturalidade, profissão, endereço de residência da mãe e sua idade na ocasião do parto e facultativamente nome e prenome do pai.

DECLARAÇÃO DE ÓBITO. *Direito civil.* **1.** Ato pelo qual o oficial do Registro Civil das Pessoas Naturais faz o assento do falecimento de uma pessoa natural, mediante a apresentação do atestado de óbito, fornecido pelo médico, que indica a *causa mortis* para que se possa efetuar legal e regularmente seu sepultamento. **2.** Afirmação pela qual o médico visa a comprovação da morte de uma pessoa natural, necessária para que se faça o registro de seu falecimento, possibilitando a retirada de documentos para seu sepultamento, cremação, sucessão, dissolução de vínculo matrimonial etc. (Oswaldo Pataro).

DECLARAÇÃO DE RENDA. *Direito tributário.* Relação de bens imóveis, móveis ou dos rendimentos auferidos durante o ano-base, que as pessoas físicas e jurídicas devem declarar em formulários disponíveis no *site* da Receita Federal, para fins de imposto de renda.

DECLARAÇÃO DE VONTADE NÃO RECEPTÍCIA. *Direito civil.* Simples emissão da vontade pelo agente para efetivação do negócio jurídico, sem que haja necessidade de qualquer manifestação volitiva da outra parte. Por exemplo, testamento, promessa de recompensa, aceitação de letra de câmbio etc.

DECLARAÇÃO DE VONTADE RECEPTÍCIA. *Direito civil.* Manifestação volitiva dirigida a determinada pessoa com o escopo de levar ao seu conhecimento a intenção do agente, ajustando-se a uma outra emissão da vontade para que surja o negócio jurídico, por exemplo, proposta de contrato, revogação de mandato etc.

DECLARAÇÃO FALSA. **1.** *Direito processual civil* e *direito processual penal.* Afirmação inverídica, por não corresponder à realidade dos fatos, por aludir a uma circunstância fática inexistente ou por distorcer ou alterar o fato ocorrido. **2.** *Direito penal.* Objeto de crime contra a administração da justiça consistente em fazer afirmação não verdadeira ou negar ou calar a verdade, sendo testemunha, perito, tradutor ou intérprete em processo judicial, policial, administrativo ou em juízo arbitral.

DECLARAÇÃO INCIDENTE. *Direito processual civil.* Sentença judicial na qual o juiz se manifesta, a requerimento de qualquer das partes, sobre a existência ou não de uma relação jurídica que, no curso do processo, se tornou litigiosa ou de uma questão prejudicial relativa a um bem jurídico diferente do objetivado na ação principal.

DECLARAÇÃO JUDICIAL DE INSOLVÊNCIA. *Direito processual civil.* Sentença judicial que declara o estado de insolvência de um devedor, trazendo como consequência a nomeação de administrador, a suspensão dos pagamentos e a convocação dos credores.

DECLARAÇÃO UNIVERSAL DOS DIREITOS HUMANOS. *Direito internacional público.* Proclamação feita pela Assembleia Geral das Nações Unidas de 1948 que refletiu em todos os Estados signatários, ao estabelecer os direitos civis e políticos da pessoa humana, sem olvidar os econômicos, sociais e culturais, enaltecendo os direitos humanos e vedando qualquer tipo de discriminação.

DECLARAÇÕES FINAIS. *Direito processual civil.* São as prestadas pelo inventariante para emendar, aditar ou completar as primeiras declarações que fez, uma vez aceito o laudo de avaliação e resolvidas as impugnações suscitadas a seu respeito, com o escopo de supri-las, incluindo bens que omitiu ou que foram descobertos posteriormente, declarando não só os frutos e rendimentos que percebeu desde a abertura da sucessão como também as despesas de funeral, a importância das dívidas ativas e passivas processadas no inventário, a conta das despesas judiciais com este até as declarações finais, a importância em dinheiro pertencente à herança, assim como o valor total dos bens avaliados e colacionados e dos títulos da dívida pública pela cotação oficial.

DECLARAÇÕES PRELIMINARES. *Direito processual civil.* São as primeiras declarações feitas em juízo pelo inventariante, após sua nomeação e prestação de compromisso. Constituem a base do processo de divisão da herança, devendo ser reduzidas a termo e conter: qualificação do *de cujus*, dia e local de sua morte, especificação do testamento deixado, prova relativa ao seu nome, casamento, filiação e herdeiros; qualificação dos herdeiros e, havendo cônjuge supérstite, indicação do regime de bens do casamento; qualidade dos herdeiros e o grau de parentesco com o inventariado; relação completa e individuada de todos os bens do espólio que estavam no domínio e posse do *auctor successionis* ao tempo de seu óbito, situados no Brasil ou no estrangeiro, e dos alheios que forem encontrados, designando seus proprietários, se conhecidos (tais bens, apesar de mencionados, estão excluídos do inventário).

DECLARATÁRIO. *Direito civil.* Aquele enganado pelo declarante, que, na reserva mental, emite uma intencional declaração não querida em seu conteúdo, tampouco em seu resultado.

DECLINATÓRIA DE FORO. *Direito processual civil.* Exceção instrumental de incompetência relativa pela qual o réu recusa a jurisdição do juízo a que foi chamado para apresentar a defesa da ação que contra ele foi movida, indicando o juízo para o qual declina.

DECORO PARLAMENTAR. *Ciência política.* **1.** Decência que devem ter os deputados e senadores, conduzindo-se de modo não abusivo com relação às prerrogativas que lhes foram outorgadas e sem obter quaisquer vantagens indevidas, sob pena de perderem o mandato parlamentar. **2.** Conduta moral institucional exigida do parlamentar no exercício de seu mandato, evitando abuso de prerrogativas, percepção de vantagens ilícitas ou prática de atos contrários ao Regimento Interno da Câmara ou do Senado (José Cretella Júnior). **3.** Comportamento *prompter officium* do parlamentar de conformidade com parâmetros jurídico-morais vigentes na sociedade atual.

DECRETAÇÃO. **1.** *Ciência política, teoria geral do direito* e *direito constitucional.* a) Ato de decretar, de ordenar por decreto ou de estabelecer algo por decreto ou resolução. **2.** *Direito processual.* Decisão judicial.

DECRETO. **1.** *Direito constitucional* e *teoria geral do direito.* a) Ato expedido pelo chefe do Poder Executivo, no exercício de suas funções, contendo um comando ou determinação; b) decisão, ordem ou resolução tomada por pessoa competente; c) ato pelo qual o Poder Executivo impõe normas de caráter administrativo e confere direitos e deveres a entidades; d) ato do presidente da República para estabelecer e aprovar o regulamento de lei, facilitando sua execução. **2.** *Direito canônico.* a) Ato de autoridade eclesiástica; b) decisão dos concílios.

DECRETO LEGISLATIVO. *Direito constitucional.* Norma aprovada por maioria simples pelo Congresso sobre matéria de sua exclusiva competência, como ratificação de tratados, convenções internacionais e convênios interestaduais, julgamentos de contas do presidente da República etc. Todavia, tal ato, embora se situe no nível da lei ordinária, não é remetido ao presidente da República para ser sancionado, sendo, portanto, promulgado pelo presidente do Senado Federal, que o manda publicar.

DECRETO REGULAMENTAR. *Direito administrativo.* Norma jurídica geral, abstrata e impessoal, estabelecida pelo Poder Executivo da União, dos Estados ou Municípios, para desenvolver uma lei, minudenciando suas disposições e facilitando sua execução ou aplicação. Logo, não pode ampliar ou reduzir o conteúdo do comando legal que regulamenta, pois lhe é vedado inovar a ordem jurídica, ou seja, criar novos direitos e obrigações.

DE CUJUS. *Locução latina.* Autor da herança, aquele cuja sucessão se encontra aberta, em razão de seu óbito; testador.

DEDICAÇÃO EXCLUSIVA. *Direito administrativo.* Atividade funcional exercida em tempo integral por funcionário público, que, então, fica proibido de cumulá-la com outro cargo ou função particular ou pública.

DEDUÇÃO. **1.** *Lógica jurídica.* a) Argumentação concluída por intermédio de um elemento total ou modo de raciocínio que parte do geral para o particular; b) demonstração de uma legitimidade da pretensão (Kant); c) método dedutivo; d) conjunto de proposições ligadas dedutivamente (Lalande); e) operação pela qual se retira uma conclusão necessária de uma ou várias proposições tomadas como premissas. **2.** *Direito processual.* a) Ato ou efeito de deduzir; b) exposição ordenada de fatos em que se baseia um pedido ou uma impugnação.

DEEPFAKE. *Termo inglês.* **1.** Conteúdo falso. **2.** Técnica de IA para criar falsos vídeos, combinando imagens e vozes humanas. Seu uso indevido pode violar direitos da personalidade, gerar desinformação e fraude.

DEFECTUS POTESTATIS. *Locução latina.* Falta de poder; falta de capacidade jurídica.

DEFEITO. **1.** *Teoria geral do direito.* a) Ausência daquilo que é desejado ou esperado; b) imperfeição de ato, coisa ou pessoa, isto é, ponto sobre o qual uma coisa não é como deveria ser; c) diferença para menos de uma quantidade em relação a uma outra que servia de referência (Lalande). **2.** *Direito civil.* a) Vício oculto que diminui a utilidade ou o valor da coisa; vício redibitório; b) vício de consentimento que pode anular um ato jurídico, como erro, dolo, lesão, estado de perigo e coação; c) vício social que torna anulável o negócio jurídico como fraude, ou que pode torná-lo nulo, como simulação. **3.** Na *linguagem jurídica* em geral, é a omissão ou a não observância de formalidade ou prescrição imposta por lei para a eficácia de um ato jurídico. **4.** *Direito do consumidor.* Vício aparente ou oculto de uma coisa. **5.** *Direito militar.* Vício do ato de incorporação, que não tem o condão de excluir a punibilidade de um crime se for alegado ou reconhecido após sua prática. **6.** *Medicina legal.* Deficiência.

DEFEITO DO ATO ADMINISTRATIVO. *Direito administrativo.* **1.** Falha no processo de formação do ato administrativo. **2.** Vício estrutural do ato administrativo relativo à capacidade do agente, ao objeto, à forma, ao motivo, ao mérito ou à finalidade.

DEFEITO FÍSICO IRREMEDIÁVEL. *Direito civil* e *medicina legal.* Anomalia sexual ou deformidade genital que torne inatingível a satisfação sexual, que é uma finalidade do matrimônio, ensejando sua anulação. Por exemplo, impotência *coeundi*, hermafroditismo, vaginismo, ausência vaginal congênita etc.

DEFEITO OCULTO. *Vide* VÍCIO REDIBITÓRIO.

DEFENESTRAÇÃO. *Direito penal* e *medicina legal.* Arremesso e projeção homicida, em regra pela janela, do corpo humano.

DEFENSOR. **1.** *Direito processual penal.* Advogado que presta assistência técnica e profissional na defesa do réu durante o processo e julgamento da acusação contra ele articulada (José Frederico Marques). **2.** *Direito processual civil.* Aquele que patrocina uma causa. **3.** Na *linguagem jurídica* em geral, é: a) todo aquele que protege ou defende outrem; b) o que sustenta uma tese ou doutrina.

DEFENSOR DATIVO. *Direito processual.* Advogado nomeado pelo magistrado para representar ou defender em juízo aquele que, apesar de citado, não comparece para a defesa de seus direitos.

DEFENSORIA PÚBLICA. *Direito constitucional* e *direito processual.* **1.** Instituição que visa a orientação jurídica, a promoção dos direitos humanos e a defesa dos direitos individuais e coletivos dos necessitados, em todos os graus, de forma integral e gratuita. **2.** Instituição jurídico-nacional de grande importância para a manutenção do regime democrático, assegurando a igualdade substancial entre todos os cidadãos, e sobretudo a promoção dos direitos humanos, a função jurisdicional no exercício da prestação de assistência jurídica, judicial e extrajudicial, integral e gratuita, aos necessitados, defendendo, na forma da lei, seus direitos e interesses individuais e coletivos. Ao prestar assistência jurídica integral, com independência funcional e autonomia, relativamente, aos demais órgãos estatais, aos hipossuficientes e carentes, não raras vezes, contra qualquer pessoa jurídica de direito público e até mesmo contra a própria União, vem a desafogar o Poder Judiciário, pois, além da representação em juízo, da defesa judicial, seus membros, agentes políticos do Estado, exercem atividades extrajudiciais, dando consultas ou informações, intervindo em acordos firmados, após esclarecerem às partes de seus direitos e obrigações, auxiliando em atos notariais etc., e evitando a propositura de várias ações judiciais.

DEFERIDO. **1.** *Direito processual.* a) O que foi acolhido pelo órgão judicante; b) despachado favoravelmente. **2.** *Direito civil.* Diz-se do direito futuro quando sua aquisição depende somente do arbítrio do sujeito. Por exemplo, herdeiro, desde a abertura da sucessão até a aceitação da herança, tem direito futuro deferido, porque depende apenas de sua vontade torná-lo atual. **3.** Na *linguagem jurídica* em geral, quer dizer concedido ou atendido.

DEFERIMENTO. **1.** *Direito processual.* Despacho pelo qual o magistrado concede o que lhe foi requerido pela parte interessada. **2.** Na *linguagem jurídica* em geral: a) ação de deferir; b) ato de conceder o que se pediu ou requereu; c) acolhimento a um pedido ou requerimento.

DEFESA. **1.** *Direito processual civil.* a) Conjunto de alegações, escritas ou orais, e de elementos probatórios apresentado pelo advogado do réu para defendê-lo da pretensão do autor; b) contestação. **2.** *Direito processual penal.* a) Ato pelo qual se refuta a acusação feita ao réu em processo criminal; b) advogado do acusado. **3.** *Direito do trabalho.* Argumentos expendidos perante o juízo trabalhista para comprovar a improcedência da reclamação feita. **4.** *Direito penal.* Justa reação contra uma agressão injusta, atual e iminente. **5.** *Direito militar.* a) Local fortificado ou armado para opor resistência a ataque inimigo; b) conjunto de medidas militares para a garantia da integridade territorial da nação. **6.** *Direito desportivo.* Sexteto defensivo de um quadro de futebol.

DEFESA DA POSSE. *Direito processual civil.* Direito do possuidor de invocar os interditos possessórios, ou seja, de propor ações possessórias quando for ameaçado, molestado ou esbulhado em sua posse, para mantê-la e repelir tais agressões. O direito pátrio admite as seguintes ações para a defesa da relação possessória: manutenção de posse; reintegração de posse; interdito proibitório; nunciação de obra nova; dano infecto; imissão de posse e embargos de terceiro senhor e possuidor.

DEFESA DE FATO. *Direito civil* e *direito penal.* Ação de defender a si próprio ou a um bem, colocando grades, portas, cercas etc. ou reagindo pessoalmente a uma agressão iminente e injusta.

DEFESA DE TERCEIRO. *Direito penal* e *direito civil.* Legítima defesa de terceiro que se dá quando alguém, com uso moderado de meios necessários, vem a repelir injusta agressão, atual ou iminente, a direito de terceiro.

DEFESA DO CONSUMIDOR. *Direito do consumidor.* Conjunto de normas, técnicas jurídicas e ações cabíveis para garantir os interesses e os direitos do consumidor. Tal defesa pode ser exercida em juízo individualmente ou a título coletivo.

DEFESA PRELIMINAR. *Direito processual civil.* Aquela que não entra no mérito da causa por não contestar as razões fáticas ou jurídicas da pretensão do autor, limitando-se tão somente a apreciar as preliminares de incompetência, nulidade ou carência.

DEFESA PRÉVIA. *Direito processual penal.* Ônus do réu consistente em apresentar, nos três dias posteriores ao seu interrogatório, alegações escritas para provar a ausência de sua culpa, justificar a ação criminosa, excluindo ou atenuando a pena, e apresentar o rol das testemunhas que deverão ser intimadas a depor em seu favor em audiência marcada pelo órgão judicante.

DEFESA PRIVADA. *Direito civil.* **1.** Autodefesa; ato pelo qual o lesado ou ofendido na sua pessoa ou em seus bens vem a reagir para defendê-los ou para manter ou recuperar a posse da coisa turbada ou esbulhada. **2.** Proteção a interesse de um indivíduo, de sua família ou de determinada comunidade.

DEFESA PÚBLICA. *Direito administrativo.* Ato assecuratório do interesse estatal no combate à criminalidade e na tutela de seu patrimônio.

DEFESA SOCIAL. *Direito penal.* **1.** Proteção da sociedade contra os crimes. **2.** Adoção de medidas de segurança para evitar a reincidência do criminoso, tendo por base o critério de periculosidade. **3.** Adoção de medidas de proteção tutelar para impedir a prática de crimes e a reincidência mediante reabilitação do criminoso em favor da sociedade (Henry Goulart, Dorado Montero e Roeder), buscando o aperfeiçoamento das instituições penais.

DEFICIÊNCIA. *Direito constitucional* e *medicina legal.* **1.** Insuficiência física ou mental que impossibilita a integração social do doente. **2.** Excesso de inteligência ou de habilidade conducente a dificuldades de relacionamento social. **3.** Perda ou anormalidade de uma estrutura ou função psicológica, fisiológica ou anatômica que gere incapacidade para o desempenho de atividade, dentro do padrão considerado normal para o ser humano. **4.** Restrição física, mental ou sensorial, de natureza permanente ou transitória, que limita a capacidade de exercer uma ou mais atividades essenciais da vida diária, causada ou agravada pelo ambiente econômico e social.

DEFICIENTE. *Direito constitucional* e *medicina legal.* **1.** Aquele que tem dificuldade de relacionar-se e integrar-se na sociedade. O que define a pessoa com deficiência não é a falta de um membro, nem a visão, audição ou inteligência reduzidas, mas sim o grau de dificuldade de integração social (Luiz Alberto David Araújo). A pessoa com deficiência física ou mental tem direito reservado ao ingresso no serviço público, à assistência social, ao salário mínimo de benefício mensal, se não puder prover à sua subsistência nem for mantido pela família, à facilitação ao acesso aos bens e serviços coletivos, à tutela jurisdicional de seus interesses coletivos ou difusos etc. **2.** *Direito civil.* Pessoa que tem impedimento provocado por causa transitória ou permanente de natureza física, mental, intelectual ou sensorial, o qual, em interação com uma ou mais barreiras, pode obstruir sua participação plena e efetiva na sociedade em igualdade de condições com as demais pessoas por não ter meios de manifestar sua vontade, necessitando, por tal razão, de um curador ou apoiadores que administrem seus bens e seus direitos patrimoniais e negociais.

DÉFICIT. 1. Na *linguagem jurídica* em geral, é o saldo negativo entre a receita e a despesa de um orçamento público ou particular ou o excesso de despesa em relação à receita apresentada numa conta ou orçamento. **2.** *Direito comercial.* a) É o que ocorre quando o ativo de um empresário, ou de sociedade empresária, é insuficiente para cobrir suas obrigações passivas; b) desfalque; falta injustificada de dinheiro em caixa. **3.** *Direito tributário.* Redução imprevista numa arrecadação.

DEFLAÇÃO. *Ciência política, economia política* e *direito econômico.* **1.** Ato governamental que retira de circulação o excesso de moeda, diminuindo o crédito, baixando o preço dos produtos, aumentando os juros, restringindo o prazo nas vendas a crédito e impondo restrições às atividades econômicas com o propósito de impedir a inflação. **2.** Revalorização da unidade monetária.

DEFLAGRAÇÃO PERIGOSA. *Direito penal.* Contravenção penal relativa à incolumidade pública consistente em queimar fogos de artifício ou soltar balão aceso em local habitado ou em suas adjacências, em via pública ou em direção a ela, sem licença da autoridade competente, punível com prisão simples ou multa.

DEFORMIDADE. 1. *Medicina legal.* a) Malformação congênita ou decorrente de lesão corporal; b) defeito físico ou sexual; c) dano estético; d) aleijão. **2.** *Direito civil.* a) Defeito do ato negocial; b) irregularidade de forma; c) desvio morfológico suscetível de gerar responsabilidade civil do lesante; d) defeito físico irremediável que pode gerar a anulação do casamento, por impossibilitar o débito conjugal. **3.** *Direito penal.* Causa de punição penal desde que seja grave, permanente e ocasionada por uma lesão corporal culposa ou dolosa.

DEFRAUDAÇÃO DE PENHOR. *Direito penal.* Crime que ocorre quando o devedor que tem a posse de uma coisa dada em penhor agrícola, pecuária ou industrial aliena, sem anuência do credor, a garantia pignoratícia, sujeitando-se, assim, a uma pena de reclusão e multa.

DEFRAUDAÇÃO DE SUBSTÂNCIA, QUALIDADE OU QUANTIDADE. *Direito penal.* É a fraude na entrega de uma coisa. Pode incidir na sua substância (por exemplo, de aço inoxidável em lugar de prata), qualidade (por exemplo, entrega de café de segunda no lugar do de primeira) ou quantidade (peso falso), configurando crime punido pela lei penal com reclusão e multa.

DEGUSTAÇÃO. 1. *Direito civil* e *direito comercial.* Ato de avaliar pelo paladar o sabor de alguma bebida ou alimento. Constitui condição da compra e venda a contento. **2.** *Direito comercial.* Ato de experimentar certos produtos para determinar sua classificação comercial.

DEIXA. 1. *Direito civil.* a) Legado ou herança; b) álveo antigo do rio; c) espaço alagado que o rio forma quando retorna ao leito anterior após uma enchente. **2.** *Direito autoral.* Última palavra, numa representação teatral, dita por um ator, que equivale a um sinal para a entrada em cena de outro.

DE JURE. *Locução latina.* De direito.

DE JURE ET DE FACTO. *Expressão latina.* De direito e de fato.

DELAÇÃO. 1. *Direito civil.* a) Oferecimento ao sucessor da possibilidade imediata de adquirir herança, pondo-a à sua disposição, com a abertura da sucessão, para que a aceite; b) indicação do herdeiro que pode suceder herança. **2.** *Direito processual penal.* Ato de denunciar crime.

DELAÇÃO PREMIADA. *Direito penal.* Instituto que visa premiar delator (com reincorporação à sociedade, redução da pena ou perdão judicial) que, como autor ou coautor, tenha colaborado voluntariamente com autoridade policial ou judiciária, na identificação de agentes criminosos, revelação de estrutura de organização criminosa, prevenção de novas infrações penais, auxílio na recuperação do produto ou do proveito do crime e na localização da vítima com sua integridade física preservada e, até mesmo, na coleta de provas que conduzam, eficazmente, à apuração do crime e de sua autoria. O mesmo que *colaboração premiada*.

DELEGAÇÃO. 1. *Direito civil.* a) Cessão de débito; b) modalidade de novação subjetiva em que o devedor originário consente em sua substituição e indica uma terceira pessoa para resgatar seu débito, com a anuência do credor. Extingue-se a obrigação, que dará, então, lugar a uma outra com o mesmo credor e objeto, mantendo sua individualidade, não obstante a mudança de devedor; c) sucessão singular no débito, em que não se opera a extinção da obrigação do delegante; d) aceitação pelo destinatário da obrigação do delegado, sem renunciar aos seus direitos contra o delegante. O delegatário, então, passará a ter dois devedores em lugar de um. **2.** *Direito internacional público.* Conjunto de representantes diplomáticos enviados pelo Estado para participar de uma convenção, conferência, conclave internacional ou congresso. **3.** *Direito constitucional.* Transferência de atribuições de um Poder a outro. **4.** Na *linguagem jurídica* em geral, pode significar: a) ato ou efeito de transferir a outrem o desempenho de uma função ou de uma obrigação; b) ato de proceder no lugar ou em nome de outra pessoa; c) ação de investir alguém para efetivar algo atribuído a outrem; d) comissão dada a alguém para representar quem a concede; e) ação de delegar; f) transmissão de poder; g) substituição de uma pessoa na execução de determinados atos; h) grupo de pessoas que integram uma comissão encarregada de desempenhar atos no interesse de uma instituição ou de resolver certos assuntos; i) ação ou efeito de transferir a alguém o uso de uma faculdade. **5.** *Direito administrativo.* a) Transferência temporária e excepcional de funções ou atribuições de um órgão administrativo a outro para assegurar, em alguns casos, a continuidade do serviço público, desde que haja permissão normativa para isso (Ugo Forti); b) forma de transferência da competência administrativa feita por ato formal e escrito para permitir soluções rápidas à realidade fática que deve ser atendida pela Administração (Régis Fernandes de Oliveira).

DELEGACIA. *Direito penal* e *direito administrativo.* **1.** Cargo ou jurisdição de delegado. **2.** Repartição pública onde o delegado exerce suas funções. **3.** Repartição regional, filiada a uma central, chefiada pelo delegado desta.

DELEGADO. 1. *Direito civil.* Terceiro a quem o devedor, com anuência do credor, cede ou transfere a responsabilidade de pagar um débito, com ou sem efeito novatório. **2.** *Direito internacional público.* Membro de uma delegação nacional que representa o País junto a uma convenção internacional. **3.** *Direito administrativo.* a) Aquele a quem se atribui função de exercer serviço público sujeito a autoridade superior; b) chefe ou diretor de uma delegacia fiscal. **4.** Na *linguagem jurídica* em geral: a) aquele que desempenha algum cargo ou obrigação em razão de delegação; b) mandatário ou a pessoa investida por alguém na qualidade de seu substituto, agindo em seu nome; c) comissário ou aquele que possui autorização para representar outrem.

DELEGANTE. 1. Na *linguagem jurídica* em geral: a) pessoa natural ou jurídica que confere delegação, investindo outra no poder de substituí-la, representá-la ou agir em seu nome; b) mandante; c) outorgante; d) comitente; e) quem delega. **2.** ***Direito civil.*** a) Devedor que, na hipótese de novação subjetiva passiva, apresenta terceiro ao credor, tendo este de consentir na transferência de responsabilidade do débito; b) devedor que cede seu débito a terceiro com o consentimento do credor, sem que haja extinção da dívida.

DELEGATÁRIO. 1. Na ***linguagem jurídica*** em geral, designa: a) a pessoa em favor de quem se faz uma delegação; b) aquele a quem se referem os efeitos da delegação. **2.** ***Direito civil.*** Credor que consente ao seu devedor (delegante) a transferência da dívida a terceiro (delegado), com ou sem efeito novatório.

DELIBAÇÃO. 1. ***Direito processual civil*** e ***direito internacional privado.*** Homologação de sentença estrangeira pelo STJ. Sistema de controle limitado de revisão parcial pelo qual o julgado alienígena deve, para produzir efeito no Brasil, sujeitar-se a prévia análise de certos requisitos externos e internos e da inocorrência de ofensa à ordem pública, aos bons costumes e à soberania nacional. O juízo de delibação é uma modalidade de *exequatur* em que o tribunal em cuja jurisdição a sentença proferida *aliunde* deve ser executada certifica que ela atende a certos requisitos legais, imprimindo valor formal de ato de soberania estatal ao conteúdo do ato jurisdicional estrangeiro. **2.** ***Direito comercial.*** Ato do comprador, indispensável na compra e venda a contento, de provar alimentos e bebidas para averiguar se atendem às especificações contratuais.

DELIBERAÇÃO. 1. Na ***linguagem jurídica*** em geral: a) decisão precedida por uma discussão ou exame da matéria; b) pronunciamento assemblear; c) ação ou efeito de deliberar; d) resolução tomada após uma reflexão; e) resultado de um debate oral. **2.** ***Direito constitucional.*** Um dos trâmites do processo legislativo que consiste na votação em que o plenário se manifesta contra ou a favor de um projeto de lei. A aprovação deverá ser por maioria simples, se se tratar de lei ordinária, ou absoluta, em se tratando de lei complementar. **3.** ***Direito administrativo.*** Ato administrativo coletivo de conteúdo normativo (geral) ou discricionário (individual) (José Cretella Jr.). **4.** ***Direito marítimo.*** Decisão tomada pelo capitão e pelos oficiais do navio relativamente a empréstimos a risco, alijamentos etc. **5.** ***Direito civil.*** Solução coletiva dada em reunião assemblear pelos condôminos a respeito de questões concernentes à coisa comum.

DELICTA JURIS GENTIUM. ***Expressão latina.*** Delitos internacionais.

DELIMITAÇÃO DE PODERES. 1. ***Direito administrativo.*** Fixação dos poderes conferidos a uma pessoa para o exercício de função pública. **2.** ***Direito civil.*** Determinação por mandato dos poderes que o mandatário pode exercer em nome do mandante.

DELINQUÊNCIA. ***Direito penal.*** **1.** Estado ou qualidade do delinquente. **2.** Criminalidade. **3.** Em ***sentido estrito,*** é o ato antissocial, ou melhor, a infração à lei penal cometida por menor de idade.

DELINQUÊNCIA ECOLÓGICA. 1. ***Direito ambiental.*** a) Atividade predatória que causa poluição atmosférica, aquática etc., seja ou não movida pelo desejo de obter lucro; b) degradação do ar, das águas, do solo e do ambiente em geral, lesiva à saúde, bem-estar e segurança do homem e prejudicial à flora e à fauna (Antônio Chaves); c) contaminação ambiental. **2.** ***Direito penal.*** a) Ação provocadora de poluição que requer proteção penal do meio ambiente; b) crime ecológico.

DELINQUENTE. ***Direito penal.*** **1.** Aquele que delinquiu. **2.** Autor ou cúmplice de um delito. **3.** Sujeito ativo do crime.

DELITO. 1. ***Direito penal.*** a) Crime; b) ato ofensivo à lei que pode abranger tanto o crime como a contravenção. **2.** ***Teoria geral do direito.*** Em ***sentido amplo,*** é toda infração à lei. Nessa acepção, pode apresentar-se, conforme o tipo de norma violada, como delito civil, penal, fiscal, funcional etc.

DELITO COMISSIVO POR OMISSÃO. ***Direito penal.*** É o que viola um preceito positivo por meio de abstenção. Por exemplo, provocar morte de alguém deixando de dar-lhe alimentos ou medicamentos.

DELITO COM RESULTADO CORTADO. ***Direito penal.*** Crime que se consuma apenas com a execução da ação do agente, pouco importando que se dê o resultado pretendido.

DELITO DE DUPLA SUBJETIVIDADE PASSIVA. ***Direito penal.*** Aquele que possui dois sujeitos passivos, como, por exemplo, o crime de violação de correspondência, em que tanto o remetente como o destinatário são vítimas.

DELITO DE IMPRESSÃO. ***Direito penal.*** É aquele que provoca na vítima certo estado anímico. Pode configurar: a) delito de inteligência, se realizado com o engano, como o estelionato; b) delito de sentimento, se incidir sobre a emoção, como a injúria; c) delito de vontade, se recair sobre a violação como o constrangimento ilegal (Folchi).

DELITO DE REFERÊNCIA. ***Direito penal.*** Diz-se do fato de alguém não denunciar um crime conhecido quando iminente ou em grau de realização, mas ainda não concluído (Maurach).

DELITO INTERNACIONAL. ***Direito penal*** e ***direito internacional.*** **1.** Ato punível que foi preparado, facilitado, consumado ou que produziu efeitos em vários países. **2.** *Vide* DELICTA JURIS GENTIUM. **3.** Violação, por um país, dos interesses de outro assegurados pelo direito internacional, capaz de causar-lhe dano.

DELITO PLURISSUBJETIVO. *Direito penal.* Aquele que só pode ser perpetrado por mais de uma pessoa, como a rixa, por exemplo.

DELITO PUTATIVO POR ERRO DE PROIBIÇÃO. *Direito penal.* Dá-se quando o agente pensa estar violando uma norma penal que, na verdade, não existe, sendo sua conduta, portanto, atípica.

DELITO PUTATIVO POR ERRO DE TIPO. *Direito penal.* Ocorre quando o agente crê estar violando uma norma existente, mas à sua conduta falta algum elemento indispensável para a configuração do delito. Por exemplo, uma mulher, supondo-se grávida, ingere droga abortiva.

DELITO PUTATIVO POR OBRA DE AGENTE PROVOCADOR. *Direito penal.* Dá-se quando uma pessoa, insidiosamente, provoca a prática delituosa, mas, concomitantemente, toma medidas preventivas para que não haja sua consumação. Por exemplo, se alguém, ao desconfiar que um empregado seu pretende cometer furto, facilita sua ação, mas avisa a polícia, que ficará então, de prontidão, surpreendendo o agente no ato do crime.

DELITO SIMBÓLICO. *Direito penal* e *psicologia forense.* Aquele em que o objeto da ação delituosa representa algo que o agente procura ferir. Por exemplo, a agressão a um professor seria para o delinquente um atentado contra seu próprio pai (A. Almeida Jr. e J. B. de O. e Costa Jr.).

DELIVERED AT FRONTIER (DAF). *História do direito internacional privado.* Cláusula pela qual o vendedor cumpria seu dever de entrega quando a mercadoria fosse colocada à disposição do comprador, em caso de transporte terrestre rodoviário ou ferroviário, livre e desembaraçada para exportação, no local da fronteira indicado, em um ponto antes da divisa aduaneira de outra nação. A partir do ponto antes da fronteira alfandegária com o país limítrofe, a responsabilidade por despesas e perdas e danos era do comprador.

DELIVERED DUTY PAID (DDP). *Direito internacional privado.* Cláusula pela qual o vendedor deverá colocar a mercadoria à disponibilidade do comprador no local indicado, no país de importação, respondendo pelas despesas de transporte, seguro e desembaraço para exportação e importação e pelos riscos no caso de dano ou perda das mercadorias, durante o trajeto desde seu estabelecimento até o local de destino determinado pelo comprador.

DELIVERED DUTY UNPAID (DDU). *História do direito internacional privado.* Cláusula pela qual o vendedor arcava com os encargos de transporte de mercadoria até certo local no país de importação, sendo que ao comprador competiria o pagamento dos tributos e o desembaraço aduaneiro. Consistia na entrega de mercadorias descarregadas dentro do país do comprador; os riscos e despesas até sua entrega ficavam a cargo do vendedor, salvo as decorrentes do pagamento de impostos e encargos de importação.

DELIVERED EX QUAY (DEQ). *História do direito internacional privado.* Cláusula, usual no transporte marítimo e fluvial, pela qual o vendedor entregava a mercadoria desembaraçada ao comprador no cais do porto de destino e assumia a responsabilidade pelas despesas, riscos e perdas até tal entrega.

DELIVERED EX SHIP (DES). *História do direito internacional privado.* Cláusula, inserida em contrato de transporte marítimo ou fluvial de mercadoria, pela qual o vendedor colocava a mercadoria, não desembaraçada, a bordo do navio, no porto de destino, à disposição do comprador; até a chegada da mercadoria ao local de destino, o vendedor respondia por perdas e danos e pelo pagamento de todas as despesas (custos de transporte, armazenagem, desembaraço aduaneiro para exportação, embarque das mercadorias). O comprador só ficava responsável pelas despesas necessárias ao desembarque, desembaraço aduaneiro e transporte das mercadorias até o seu estabelecimento no país de destino.

DELTA. 1. *Medicina legal.* Pequeno ângulo encontrado na impressão digital, formado ora pela bifurcação de uma crista, ora pela súbita separação de duas cristas que caminhavam paralelas (A. Almeida Jr. e J. B. de O. e Costa Jr.). É o sinal triangular das linhas de uma impressão digital perto das bases. **2.** Na *linguagem comum,* é a embocadura ramificada em forma de leque de um rio, com terra aluvial entre os braços deste.

DEMAGOGIA. *Ciência política.* **1.** Estado corrupto da democracia que se realiza pela força do número, não representando nem traduzindo uma consciência cívica ou o pensamento do governo, mas as paixões da multidão (Arturo Orgaz). **2.** Domínio governamental de facções populares. **3.** Processo político que ilude as paixões das massas, prometendo sem poder cumprir. **4.** Excitação das paixões populares, mediante promessas falsas ou irrealizáveis, para tirar proveito político, conquistando a preferência popular. **5.** Emprego de artifícios ou meios suscetíveis de atrair o povo.

DEMANDA. 1. *Direito processual civil.* a) Ação de demanda; b) ação judicial para fazer valer uma pretensão contra terceiro; c) litígio; lide; d) disputa; discussão; e) ajuizamento da ação. **2.** *Direito econômico.* a) *Quantum* de certo produto ou serviço que uma coletividade precisa e procura ou que, por previsão, se avalia que necessitará e procurará em determinada data;

b) maior ou menor procura de produto ou serviço colocado no mercado. **3.** ***Direito comercial.*** a) Movimento de passageiros, entre pares de localidades, em um período de tempo determinado; b) soma de ativos, títulos ou valores mobiliários que um conjunto de investidores está disposto a comprar, a determinado preço ou cotação (Luiz Fernando Rudge).

DEMANDADO. ***Direito processual civil.*** **1.** Aquele que deve comparecer em juízo para apresentar sua defesa no processo iniciado pelo autor; réu; suplicado; pessoa contra quem se move uma ação. **2.** Substituto processual que, em seu nome, defende direito alheio.

DEMANDANTE. ***Direito processual civil.*** Aquele que demanda ou propõe uma ação judicial para fazer valer um direito seu; autor; suplicante.

DEMARCAÇÃO. 1. ***Direito processual civil.*** a) Ação proposta pelo proprietário para obrigar o seu confinante a estremar os respectivos prédios, fixando novos limites entre eles ou aviventando os já apagados; b) operação que tem por finalidade fixar, por meio de marcos ou cercas, as linhas divisórias entre prédios contíguos, aviventar rumos apagados e renovar os marcos destruídos ou arruinados. **2.** ***Direito civil.*** Delimitação predial por meio de marcos.

DEMARCATÓRIA QUALIFICADA. ***Direito processual civil.*** Ação judicial que cumula o pedido de fixação de rumos e aviventação dos que já existem com o de restituição de glebas indevidamente ocupadas pelo dono do prédio confinante, se o interessado não quiser, antes de mover essa ação, recorrer diretamente aos interditos possessórios.

DEMARCATÓRIA SIMPLES. ***Direito processual civil.*** Ação judicial proposta com o escopo de obter a sinalização de limites, ou seja, a fixação, o restabelecimento ou a aviventação dos marcos da linha divisória de dois prédios contíguos.

DEMÊNCIA. 1. ***Medicina legal.*** a) Transtorno mental, congênito ou adquirido, que desequilibra as faculdades sensoriais e volitivas do paciente, levando à incoerência de ideias e ações e causando um estado patológico, em razão, por exemplo, de arteriosclerose, alcoolismo, senilidade, sífilis cerebral etc.; b) alienação mental. **2.** ***Direito civil.*** Causa transitória ou permanente que implica a incapacidade para os atos da vida civil, pela impossibilidade de manifestação da vontade, provocada pela deterioração das faculdades mentais acompanhada de perda da inteligência, tirando as condições para a direção de seus bens. **3.** ***Direito penal.*** Enfraquecimento mental incidente na inteligência, emoção, sentidos e atividade psicomotora que faz com que a pessoa com demência seja considerada inimputável criminalmente, por ser irresponsável pelos atos delituosos que praticar.

DEMISSÃO. 1. ***Direito administrativo.*** a) Exoneração; destituição; b) ato ou efeito de se demitir; c) afastamento ou desligamento temporário ou definitivo do funcionário, por ato do Poder Público, em razão da prática de ilícito ou de descumprimento de dever funcional. **2.** ***Direito do trabalho.*** Despedida de empregado.

DEMISSÃO *AD NUTUM*. ***Direito administrativo*** e ***direito do trabalho.*** Desligamento do serviço público ou do emprego pela simples manifestação volitiva do titular do poder de admissão, sem menção de qualquer justificativa.

DEMOCRACIA. ***Ciência política.*** **1.** Forma de governo em que há participação dos cidadãos. **2.** Influência popular no governo mediante livre escolha de governantes pelo voto direto. **3.** Doutrina democrática. **4.** Povo. **5.** Sistema que procura igualar as liberdades públicas e implantar o regime de representação política popular. **6.** Estado político em que a soberania pertence à totalidade dos cidadãos.

DEMOCRACIA REPRESENTATIVA. ***Ciência política.*** Aquela em que o povo delega o poder de governar a seus representantes, eleitos por voto direto e universal. Trata-se da democracia participativa.

DEMOCRACIA SOCIAL. ***Ciência política.*** Aquela que visa a redistribuição da renda nacional. É uma forma de democracia onde prevalece a igualdade de oportunidades, fazendo com que o Estado intervenha no domínio econômico.

DEMOCRATIZAÇÃO DO CAPITAL. ***Direito comercial*** e ***direito empresarial.*** Dá-se quando uma sociedade de capital fechado coloca seus títulos para negociação em Bolsa, transformando-se assim em sociedade de capital aberto (Geraldo Magela Alves).

DEMOLIÇÃO. 1. ***Direito administrativo.*** Ato de derrubar edificação mediante licença da Prefeitura. **2.** ***Direito processual civil.*** a) Desfazimento de prédio ordenado pelo órgão judicante em medida cautelar ou ação de dano infecto para resguardar a saúde ou a segurança alheia; b) ato de derrubar prédio em vias de construção, que prejudica a posse ou a propriedade do nunciante, em razão de decisão judicial em ação de nunciação de obra nova. **3.** ***Direito civil.*** a) Destruição de algum bem; b) ação ou efeito de demolir alguma coisa. **4.** ***Direito marítimo.*** Fracionamento de um casco ou bem soçobrado em partes menores, de modo a se evitar riscos para a navegação.

DEMONSTRAÇÃO DE LUCROS E PERDAS. ***Direito comercial.*** Relatório que contém o somatório ou o resultado das operações mercantis em certo período, abrangendo a receita, a despesa e a diferença entre elas.

DEMORA. **1.** *Direito civil.* a) Impontualidade no pagamento de uma prestação; b) elemento objetivo da mora, ou seja, não cumprimento da obrigação no tempo, local e forma convencionados. **2.** Na *linguagem jurídica* em geral, pode significar: a) tardança na execução de um ato; b) dilação ou alargamento do prazo para pagar ou restituir algo. **3.** *Direito marítimo.* Estadia ou tempo regulamentar em que um navio deve permanecer no porto.

DEMURRAGE. *Vide* CONTROSTALLIA.

DENEGAÇÃO. **1.** *Direito administrativo* e *direito processual.* a) Indeferimento de pedido ou de requerimento; b) despacho negativo. **2.** Na *linguagem jurídica* em geral, pode, ainda, significar: a) recusa de consentimento; b) não reconhecimento de firma ou assinatura; c) declaração pela qual se afirma a falsidade de um fato.

DENOMINAÇÃO COMERCIAL. *Direito comercial.* **1.** Título que distingue um estabelecimento empresarial. **2.** Firma que distingue uma sociedade. **3.** Nome utilizado pela sociedade anônima e cooperativa, e, em caráter opcional, pela sociedade limitada e em comandita por ações e pelo titular (pessoa natural) de empresa individual de responsabilidade limitada. **4.** Nome empresarial que pode constituir-se por qualquer expressão linguística, seja ou não o nome civil do sócio, podendo, portanto, adotar elemento de fantasia.

DENÚNCIA. **1.** *Direito penal* e *direito processual penal.* a) Ação de denunciar; b) informação que se presta à autoridade competente sobre a prática de um ato delituoso; c) ato de levar ao conhecimento da autoridade a ocorrência de um crime; d) peça com que o representante do Ministério Público intenta uma ação criminal contra o infrator da lei penal, pedindo ao juiz a aplicação das penas previstas em lei; e) delação; acusação secreta que se faz de alguém por crime por ele cometido; f) indício ou sinal. **2.** *Direito civil.* Notificação que uma das partes contratantes faz à outra para dar como findo um contrato entre elas firmado. **3.** *Direito canônico.* Publicação de banhos ou de proclamas do casamento religioso. **4.** *Direito internacional público.* Ato pelo qual o governo faz saber à nação com que efetivou um tratado ou convenção que não pretende continuar o acordo, após a expiração do prazo avençado, dando por finda a vigência daquele tratado. **5.** *Direito previdenciário.* É o instrumento utilizado por qualquer pessoa natural ou jurídica para noticiar, perante a Secretaria de Previdência Complementar, a existência de suspeita de infração às disposições legais ou disciplinadoras das entidades fechadas de previdência complementar.

DENUNCIAÇÃO CALUNIOSA. *Direito penal.* Crime contra a administração da justiça consistente em instaurar uma investigação policial ou um processo criminal contra uma pessoa, imputando-lhe uma prática delituosa, sabendo que é inocente.

DENUNCIAÇÃO DA LIDE. *Direito processual civil.* Uma das formas de intervenção de terceiro no processo, pela qual o autor ou o réu pode chamá-lo a juízo para garantir seu direito, resguardando-o caso seja vencido na demanda (Moacyr Amaral Santos). Esse terceiro pode ser, então, responsabilizado por ação regressiva ou de ressarcimento. Há facultatividade da denunciação de lide e não obrigatoriedade; assim, se não exercida no processo em que pende a ação principal, o titular da pretensão de garantia ou de regresso poderá exercê-la em ação autônoma. Não mais se admite a denunciação *per saltum*, pois vedada está a qualquer das alienantes anteriores, uma vez que só é permitida ao alienante direto.

DENÚNCIA CHEIA. *Direito processual civil.* Direito do locador de promover o despejo nos casos legais, justificando seu pedido. É a resilição unilateral por iniciativa do locador que se consuma em execução de sentença proferida na ação de despejo que proporá, desde que seu interesse tenha respaldo em lei.

DENÚNCIA CONDICIONADA. *Direito processual civil.* Direito do locador de retomar prédio urbano locado sem qualquer notificação e justificativa, desde que a locação seja escrita, por tempo de duração igual ou superior a trinta meses, e o locatário, findo o prazo locatício avençado, deixe de restituir o imóvel. Logo, o prazo da locação escrita e a não devolução do imóvel pelo inquilino após o término do contrato são condições legais para que se tenha a denúncia condicionada.

DENÚNCIA DO TRATADO. *Direito internacional público.* Ato unilateral pelo qual um dos Estados signatários comunica aos outros a sua intenção de pôr fim ao tratado ou de se desligar dele.

DENÚNCIA MOTIVADA. *Vide* DENÚNCIA CHEIA.

DENÚNCIA VAZIA. *Direito processual civil.* Prerrogativa concedida ao senhorio de propor o despejo sem qualquer justificativa.

DE OFÍCIO. Expressão usada para designar ato levado a efeito, pelo juiz ou por uma autoridade administrativa, por dever, em razão de cargo ou função, independentemente de requerimento ou pedido do interessado.

DEONTOLOGIA JURÍDICA. *Filosofia do direito.* **1.** Estudo dos fundamentos do direito; teoria da justiça e dos valores jurídicos (Miguel Reale). **2.** Conjunto de princípios éticos que norteiam a atuação do advogado (Geraldo Magela Alves); ética profissional.

DÉPEÇAGE. *Direito internacional privado.* É o despedaçamento do contrato para sua interpretação *a* *priori*, devido à setorização dos contratos internacionais, visto que há a praxe de despedaçá-los para sua interpretação *a posteriori*. Para delinear a lei da autonomia, despedaçam, decompõem ou dissecam o contrato em seus vários elementos, desde a capacidade das partes até a execução e a liquidação das obrigações contratuais, desvendando sua forma e fundo. O *dépeçage* é um modo de solucionar conflitos de leis no espaço utilizado pelos contratantes, e, na hipótese de silêncio destes, pelo julgador, tendo como único escopo adequar a vontade das partes e respeitar a autoridade das leis vigentes em diversos Estados, que, por serem normas de ordem pública, não podem deixar de ser aplicadas.

DEPENDÊNCIA ECONÔMICA. *Direito civil, direito previdenciário* e *direito tributário*. Condição de quem vive a expensas ou à custa de outrem, dele dependendo para sobreviver e atender às suas necessidades de alimentação, habitação, vestuário, educação etc.

DEPENDENTE. 1. *Direito previdenciário*. a) Beneficiário do segurado da Previdência Social; b) aquele que para subsistir vive a expensas de outrem, que provê suas necessidades primárias. **2.** *Direito civil*. a) Aquele que está subordinado a outro em razão de vínculo contratual; b) alimentando. **3.** *Direito do trabalho*. Empregado. **4.** *Direito processual civil*. O que tem conexão.

DE PLENO DIREITO. Aquilo que é decorrente de lei, sem que haja qualquer manifestação volitiva, notificação, interpelação judicial ou extrajudicial ou realização de qualquer formalidade; aquilo que produz efeito *pleno jure* por força de lei.

DEPOENTE. *Direito processual civil* e *direito processual penal*. Aquele que depõe em juízo como testemunha ou como litigante.

DEPOIMENTO. *Direito processual civil* e *direito processual penal*. **1.** Ação ou efeito de depor em juízo. **2.** O que a testemunha ou a parte interessada afirma verbalmente perante o juiz; conteúdo do testemunho ou da declaração. **3.** Auto ou escrito onde consta a prova testemunhal. **4.** Meio probatório.

DEPOIMENTO ANTECIPADO. *Direito processual penal*. Tomada de declaração de testemunha que tiver de ausentar-se em razão de enfermidade, por temor de que não mais esteja viva ao tempo da instrução criminal.

DEPOIMENTO DE FUTURA MEMÓRIA. *Direito processual*. Aquele que é requerido e feito extrajudicialmente como medida cautelar, para que se fixe a declaração testemunhal ou da parte litigante para futura memória, com o escopo de ser apresentada por ocasião da comprovação do fato a que se refere. Tal depoimento preventivo ou preparatório é tomado, por exemplo, ante o receio de que a testemunha ou a parte interessada possa se ausentar ou não comparecer em juízo, em razão de doença, no momento de depor.

***DÉPORT*. 1.** *Direito comercial*. a) Operação da Bolsa de Valores pela qual o vendedor, jogando na baixa, compra títulos à vista, a fim de revendê-los a termo para a mesma pessoa de quem os adquiriu, para liquidação posterior; b) diferença existente, nas operações de Bolsa, entre os preços a prazo e à vista, se aquele for inferior a este. **2.** *Direito processual civil*. Recusa de um árbitro ou juiz.

DEPORTAÇÃO. 1. *Direito internacional privado*. Exclusão do território brasileiro, de estrangeiro em situação irregular. **2.** *Direito penal*. Pena aplicada a estrangeiro, obrigando-o a sair do País, por ser sua permanência inconveniente à ordem pública interna, proibindo o seu retorno enquanto aquela pena durar.

DEPOSIÇÃO. 1. *Direito canônico*. Ato de despojar um eclesiástico de seu cargo e de suas funções em razão de alguma falta grave por ele cometida. **2.** *Direito processual*. Depoimento. **3.** *Direito administrativo*. a) Ato de obrigar alguém a deixar o cargo que ocupa; destituição; b) abdicação; renúncia voluntária de cargo. **4.** *Direito civil*. Renúncia de alguma coisa. **5.** *Direito ambiental*. Técnica que consiste em jogar lixo a céu aberto, em espaços ambientais, apresentando risco ao meio ambiente.

DEPOSITANTE. *Direito civil*. Pessoa que faz um depósito, entregando uma coisa ou valor à guarda ou aos cuidados de outrem; aquele que deposita ou entrega uma coisa em depósito.

DEPOSITÁRIO. *Direito civil*. Pessoa física ou instituição que recebe bens ou valores para guardá-los, com diligência, e restituí-los, oportunamente, quando forem reclamados, sob pena de prisão por ato de infidelidade.

DEPOSITÁRIO INFIEL. *Direito constitucional, direito civil* e *direito processual civil*. Aquele que se nega a devolver, ante mandado judicial, coisa ou valor que lhe foi confiado, sujeitando-se, assim, à prisão não excedente a um ano e ao ressarcimento dos danos decorrentes do seu inadimplemento. Todavia, súmula vinculante do STF considerou ilícita tal prisão.

DEPOSITÁRIO JUDICIAL. *Direito processual civil*. Serventuário da justiça que tem o dever de guardar bens ou valores depositados em juízo, em razão de depósito judicial, consignação em pagamento, penhora ou arrecadação (De Plácido e Silva).

DEPÓSITO. 1. *Direito civil*. a) Contrato pelo qual um dos contratantes (depositário) recebe do outro (depositante) um bem móvel, obrigando-se a guardá-lo, temporária e gratuitamente, para restituí-lo quando lhe for exigido; b) diz-se da coisa entregue à guarda de outrem; aquilo que se depositou; c) local onde se guardam os bens dados em depósito. **2.** *Direito comercial.* a) Contrato de natureza mercantil em que o depositário recebe a custódia de bens ou valores em poder ou por conta de empresário, por causa proveniente do comércio; b) guarda de mercadorias em armazéns gerais; c) estabelecimento empresarial destinado a guardar provisoriamente bens concernentes a seus negócios, para fins de comercialização. Trata-se de uma pessoa jurídica ou unidade da empresa que coloca os produtos junto ao consumidor, pelo sistema da revenda; d) armazém geral. **3.** *Direito bancário.* Importância creditada em conta corrente de banco ou instituição financeira. **4.** *Direito processual civil.* a) Ato processual pelo qual o Estado assume a custódia dos bens do executado enquanto não se der sua arrematação ou adjudicação (Gabriel Resende Filho). É ato executório ou assecuratório de bens litigiosos (José de Moura Rocha); b) relação de direito processual que subordina bens penhorados à guarda e responsabilidade de órgão auxiliar do juízo — o depositário público — ou de alguém que a tanto se comprometa e subordine (Celso Neves); c) tutela provisória da evidência concedida quando se tratar de pedido reipersecutório fundado em prova documental adequada do contrato de depósito, caso em que será decretada a ordem de entrega do bem custodiado, sob cominação de multa. **5.** *Direito internacional público.* Ato formal com que um país conclui, juntamente com outro Estado ou organismo internacional depositário, a ratificação, aceitação ou adesão a um tratado plurilateral (Othon Sidou). **6.** *Direito financeiro.* Entrada de títulos no ambiente Tesouro Direto, mediante crédito destes títulos na Conta da CBLC no SELIC e consequente registro em Conta de Custódia.

DEPÓSITO BANCÁRIO. *Direito bancário.* Operação bancária em que uma pessoa natural ou jurídica entrega determinada importância em dinheiro, com curso legal no país, a um banco, que se obriga a guardá-la e a restituí-la quando for exigida, no prazo e nas condições ajustadas.

DEPÓSITO COMPULSÓRIO. 1. *Economia política.* a) Obrigação *ex lege* em benefício de pessoa pública, restituível a tempo certo; b) ato-condição que instrumenta a atuação do setor público quanto ao consumo de determinado bem ou serviço (Eros Roberto Grau). **2.** *Direito tributário.* Empréstimo compulsório.

DEPÓSITO IRREGULAR. *Direito civil.* Entrega de coisa fungível ou consumível à custódia do depositante, de modo que o dever de restituir não tem por objeto a mesma coisa depositada, mas outra do mesmo gênero, qualidade e quantidade, regendo-se pelas normas acerca do mútuo.

DEPÓSITO JUDICIAL. *Direito processual civil.* **1.** Trata-se do sequestro. É o determinado por mandado do juiz, que entrega a terceiro coisa litigiosa (móvel ou imóvel), com o intuito de preservar a sua incolumidade, até que se decida a causa principal, para que não haja prejuízo aos direitos dos interessados. Esse depósito é remunerado e confere poderes de administração necessários à conservação do bem. **2.** É o solicitado pelo depositário que não possa guardar a coisa, e o depositante não a queira receber, para que se a guarde em juízo.

DEPÓSITO LEGAL. *Direito civil.* É uma modalidade de depósito necessário. A entrega da coisa é feita em desempenho de obrigação legal. Por exemplo, o depósito que é obrigado a fazer o inventor da coisa perdida; o feito pelo administrador dos bens do depositário que se tenha tornado incapaz etc.

DEPÓSITO MISERÁVEL. *Direito civil.* Tipo de depósito necessário que se efetua por ocasião de alguma calamidade, como incêndio, inundação, naufrágio ou saque, quando o depositante, ante tal circunstância especial, é obrigado a socorrer-se da primeira pessoa que aceitar depositar os bens que conseguiu salvar.

DEPÓSITO NECESSÁRIO. *Direito civil.* É aquele que independe da vontade das partes, por resultar de fatos imprevistos que levam o depositante a efetuá-lo, entregando a guarda de um objeto a pessoa que desconhece, a fim de subtraí-lo de uma ruína imediata, não lhe sendo permitido escolher livremente o depositário, ante a urgência da situação. É um contrato consensual, podendo ser provado por qualquer meio admissível em direito, ainda que seu valor seja superior à taxa legal, em decorrência da urgente necessidade de sua efetivação. E, além disso, não se presume gratuito, pois se o depositário não for livremente escolhido, recebendo uma remuneração, será mais cuidadoso e atento. Subdivide-se em depósito legal, depósito miserável e depósito do hoteleiro.

DEPÓSITO PARA RECURSO. *Direito tributário* e *direito do trabalho.* É aquele que se efetua, em razão de lei trabalhista ou tributária, como garantia de instância, antes da interposição do recurso.

DEPÓSITO PÚBLICO. *Direito processual civil.* Aquele que é feito perante uma entidade pública, por estar ligado a questões litigiosas. Por exemplo, depósito de bens de herança jacente.

DEPÓSITO REGULAR. *Direito civil.* É aquele pelo qual se entrega à custódia do depositário coisa individuada, infungível e inconsumível, que deve ser restituída *in natura*, isto é, o depositário deve devolver exatamente a própria coisa depositada. Por exemplo, o contrato de custódia de ações ou valores mobiliários inclui-se entre os de depósito regular, se identificáveis por número e se não houver estipulação de que o depositário pode consumi-los.

DEPRAVAÇÃO. 1. *Medicina legal.* Alteração mórbida das funções intelectuais e corporais conducente à prática de atos de libidinagem ou ofensivos à moral e aos bons costumes. 2. *Direito penal.* a) Corrupção; b) perversão sexual.

DEPRECAÇÃO. *Direito processual civil.* Ato de expedir carta executória, rogatória ou precatória, de um juízo a outro, para a execução, em outra jurisdição, de medidas imprescindíveis à causa.

DEPRECIAÇÃO. 1. Na *linguagem comum*, é o juízo negativo que se faz de uma coisa ou pessoa. 2. *Direito penal.* Injúria. 3. *Direito comercial.* a) Diminuição ou perda de valor de uma coisa em razão de desvalorização econômica, uso ou decurso do tempo; b) baixa de preço ou de valor; desvalorização; c) dedução anual de certa percentagem do valor de compra escriturado de móveis, máquinas, instalações etc. correspondente à desvalorização anual por desgaste; d) amortização. 4. *Direito tributário.* Redução do valor de bens do ativo imobilizado feita anualmente para apurar o *quantum* devido pela empresa a título de imposto de renda.

DEPREDAÇÃO. 1. *Direito penal.* a) Ação de depredar; b) ato de invadir propriedade alheia para praticar roubo ou causar grave dano material; c) destruição, inutilização ou deterioração de bem alheio, configurando crime de dano, que será qualificado em caso de: violência ou grave ameaça a pessoa, emprego de explosivo ou inflamável, considerável prejuízo à vítima ou dano ao patrimônio do Poder Público. 2. *Direito civil.* Má administração de negócios alheios.

DEPUTADO. 1. *Ciência política.* Representante eleito pelo povo para compor a Câmara dos Deputados ou a Assembleia Legislativa nos Estados. 2. Na *linguagem jurídica* em geral, pode significar ainda: a) vogal nomeado de certas corporações; b) delegado ou aquele que cuida, em comissão, de negócios alheios. 3. *Direito comercial.* Comerciante ou empresário escolhido entre seus pares para representá-los na Junta Comercial.

DERELIÇÃO. *Direito civil.* 1. O mesmo que DERRELIÇÃO. 2. Abandono da coisa pelo proprietário ou possuidor com a intenção de não mais a ter para si. Ato unilateral pelo qual o proprietário ou possuidor despoja-se de seu direito sobre o bem com o propósito de não o ter mais em seu patrimônio ou de não mais exercer sobre ele quaisquer atos possessórios.

DERRELIÇÃO. *Vide* DERELIÇÃO.

DERRISCA. 1. *Direito processual civil.* Cancelamento de expressões injuriosas que houver em peças processuais determinado pelo órgão judicante *ex officio* ou a requerimento do ofendido. 2. *Direito civil.* Ato pelo qual se risca ou inutiliza algo constante de documento, anulando alguma afirmação. Essa anulação só pode ser feita por quem possa cancelar o escrito com a devida ressalva. 3. *Direito comercial.* a) Cancelamento de endosso de título; b) rasura, que não é admitida juridicamente, em escrituração mercantil.

DERROGAÇÃO. *Teoria geral do direito.* Revogação parcial de uma lei, tornando sem efeito uma parte dela. A norma derrogada não perde sua vigência, pois somente os dispositivos atingidos é que não têm mais obrigatoriedade.

DESACATO. 1. *Direito administrativo.* Ato de irreverência dirigido a uma autoridade administrativa. 2. *Direito penal.* Ofensa ao prestígio, à dignidade ou ao decoro de uma função pública, atingindo o funcionário que a exerce, punida com detenção ou multa. 3. *Direito militar.* a) Ofensa à autoridade judiciária militar no exercício da função; b) desrespeito a superior investido de autoridade ou a militar, atingindo sua dignidade ou decoro.

DESAFETAÇÃO. *Direito administrativo.* Ato pelo qual o Poder Público desclassifica a qualidade de coisa pública, retirando sua destinação do uso comum ou especial, convertendo-a em bem dominical (Celso Antônio Bandeira de Mello).

DESAFORAMENTO. 1. *Direito civil.* a) Ato pelo qual o enfiteuta se libera do pagamento do foro; b) comisso ou perda do aforamento pelo não pagamento das pensões por três anos consecutivos. 2. *Direito processual civil.* Renúncia ao privilégio de foro do domicílio. 3. *Direito processual penal.* Ato processual pelo qual se opera o afastamento da competência de um juízo para outro, fazendo-se com que o julgamento se dê em foro diverso daquele do crime (Hermínio Alberto Marques Porto). É uma exceção à regra de que o crime deve ser julgado na comarca em que foi perpetrado.

DESAGRAVO. 1. *Direito civil* e *direito penal.* a) Ato ou efeito de desagravar; b) reparação de ofensa, injúria ou dano moral. 2. *Direito processual civil.* Provimento dado ao recurso de agravo.

DESANEXAÇÃO. 1. *Direito processual.* Desentranhamento de documentos dos autos. 2. *Direito constitucional* e *direito administrativo.* Desmembramento territorial ou administrativo.

DESAPOSSAMENTO. *Direito civil.* 1. Esbulho; perda ou privação da posse; ato pelo qual se retira a posse de alguém. 2. Turbação.

DESAPROPRIAÇÃO. *Direito administrativo, direito constitucional* e *direito civil.* A desapropriação pode ser conceituada sob os prismas teórico e jurídico. Teoricamente é o procedimento administrativo pelo qual o Poder Público, compulsoriamente, despoja alguém de uma propriedade e a adquire para si, mediante indenização, fundado em um interesse público. À luz do direito positivo brasileiro, a desapropriação define-se como o procedimento pelo qual o Poder Público, compulsoriamente, por ato unilateral, despoja alguém de um certo bem, fundado em necessidade e utilidade públicas ou em interesse social, adquirindo-o mediante indenização prévia e justa, pagável em dinheiro ou, se o sujeito passivo concordar, em títulos de dívida pública com cláusula de exata atualização monetária, ressalvado à União o direito de desapropriar imóvel rural que não esteja cumprindo sua função social, quando objetivar a realização da justiça social pela reforma agrária (Celso Antônio Bandeira de Mello).

DESAPROPRIAÇÃO DIRETA. *Direito administrativo.* Aquisição da propriedade privada pelo Estado, observando-se todos os requisitos legais exigidos para a desapropriação.

DESAPROPRIAÇÃO INDIRETA. *Direito administrativo.* Abusivo e irregular apossamento do imóvel particular pelo Poder Público, com sua consequente integração no patrimônio público, sem observância às formalidades legais exigidas para o procedimento expropriatório (Celso Antônio Bandeira de Mello).

DESAPROPRIAÇÃO JUDICIAL. Ato pelo qual o juiz, mediante requerimento de considerável número de pessoas que exerceram a posse-trabalho em extensa área por mais de cinco anos e atenderam aos requisitos legais, fixa na sentença a justa indenização a ser paga por eles ao proprietário reivindicante (Nelson Nery e Rosa Andrade Nery). Tal sentença valerá como título para registro da propriedade do imóvel em nome dos possuidores de boa-fé, que realizaram, em conjunto ou separadamente, obras e serviços considerados pelo juiz de interesse social e econômico relevante.

DESAPROPRIAÇÃO POR ZONA. *Direito administrativo.* É a expropriação de uma área maior do que a necessária à realização de uma obra ou serviço público, por abranger a zona contígua a ele, tendo em vista ou reservá-la para ulterior desenvolvimento da obra, ou revendê-la, a fim de absorver a valorização extraordinária que receberá em decorrência da própria execução do projeto (Celso Antônio Bandeira de Mello).

DESAPROVAÇÃO. 1. *Direito civil.* a) Ato pelo qual alguém não autoriza a prática de um ato; desautorização; b) impugnação a um ato já praticado. **2.** *Direito processual civil.* Falta de autorização, que pode ser suprida judicialmente. **3.** *Ciência política.* Manifestação da vontade para não aprovar um projeto de lei; rejeição de projeto.

DESASTRE. 1. Nas *linguagens comum e jurídica,* tem o sentido de: a) sinistro; b) acidente infausto; c) resultado de eventos adversos, naturais ou provocados pelo homem, sobre um ecossistema vulnerável, causando danos humanos, materiais e ambientais e consequentes prejuízos econômicos e sociais. A intensidade de um desastre depende da interação entre a magnitude do evento adverso e a vulnerabilidade do sistema, e é quantificada em função de danos e prejuízos. **2.** *Direito penal.* Ato punível atentatório da segurança de qualquer meio de transporte suscetível de causar dano a pessoas ou coisas.

DESAUTORAÇÃO. 1. Desacato. **2.** Ato de privar alguém, como medida punitiva, de um cargo em que está investido ou de uma dignidade. **3.** Desprestígio. **4.** Degradação.

DESBARATAMENTO. 1. *Direito civil* e *direito comercial.* a) Ato de vender por preço vil ou abaixo do custo; b) dissipação. **2.** *Direito militar.* Derrota.

DESBUROCRATIZAÇÃO. *Direito administrativo.* Desregulamentação; esforço estatal para reduzir serviços públicos, em prol da economia e de maior agilidade, eliminando exigências burocráticas consideradas inúteis (Othon Sidou).

DESCAMINHO. 1. *Direito penal.* Contrabando ou introdução clandestina de mercadorias no País, causando ofensa ao prestígio e ao patrimônio da Administração Pública. **2.** *Direito tributário.* Modalidade de fraude fiscal consistente em iludir, no todo ou em parte, o pagamento de direito ou imposto devido pela entrada, saída ou consumo de mercadorias. **3.** *Direito aduaneiro.* Desvio ou extravio clandestino de mercadorias com o escopo de escapar dos direitos alfandegários.

DESCAPITALIZAÇÃO. *Economia política.* Redução do valor nominal do capital líquido (Geraldo Magela Alves).

DESCENDENTE. 1. *Direito civil.* Diz-se do parente que provém diretamente de um mesmo tronco, em linha reta, sucedendo o que lhe antecede. Por exemplo, filho, neto, bisneto, trineto, tetraneto etc. **2.** *Direito comercial.* O que está do lado oposto da origem da linha férrea. **3.** *Direito penal.* a) Circunstância agravante, pois em crime contra ele acometido ter-se-á aumento de pena; b) isenção de pena se o crime foi cometido para favorecê-lo. **4.** *Direito processual.* a) Aquele que, em razão de parentesco próximo com alguma das partes, está impedido de depor, exceto se o exigir o interesse público ou se se tratar de causa relativa ao estado da pessoa; b) aquele que está autorizado a reunir os bens do devedor, seu ascendente, que foram penhorados ou arrecadados no processo de insolvência, depositando o preço por que foram alienados ou adjudicados.

DESCENTRALIZAÇÃO. *Direito administrativo.* Transferência de poderes, funções ou serviços públicos do poder central a outros órgãos locais da Administração Pública, sem que haja qualquer vínculo hierárquico entre eles, embora a Administração central tenha o poder de controle sobre as pessoas descentralizadas. O Estado atua indiretamente, ou seja, por meio de outras entidades jurídicas que integram a Administração Pública.

DESCENTRALIZAÇÃO POR COLABORAÇÃO. *Direito administrativo.* Também designada "descentralização funcional" ou "descentralização institucional", é a transferência de atribuições especiais do Estado a pessoas naturais ou jurídicas de direito público ou privado para desafogar a Administração Pública, possibilitando a consecução de serviços públicos. Tal transferência dá-se não só por meio de delegação ou concessão de serviços públicos, mas também por meio de autarquias ou entidades paraestatais.

DESCLASSIFICAÇÃO IMPRÓPRIA. *Direito processual penal.* Fato de os jurados desclassificarem infração de competência do Júri para outra de competência do juiz singular, especificando o seu título. Por exemplo, desclassificação de homicídio doloso para culposo (Hermínio Alberto Marques Porto).

DESCLASSIFICAÇÃO PRÓPRIA. *Direito processual penal.* Ato pelo qual os jurados desclassificam crime de competência do Júri para outra infração da competência do juiz singular, sem especificação de seu *nomen juris* (Hermínio Alberto Marques Porto).

DESCOBERTA. **1.** Invento. **2.** Ato de ter conhecimento de alguma coisa cuja existência era desconhecida. **3.** Ato de encontrar coisa alheia perdida.

DESCOBRIDOR. *Direito civil.* **1.** Inventor. **2.** Aquele que acha um tesouro. **3.** Quem encontra coisa alheia perdida.

DESCONCENTRAÇÃO. *Direito administrativo.* Distribuição interna de competências agrupadas em unidades individualizadas. Tal desconcentração é feita não só em razão da matéria ou do grau hierárquico, mas também com base no critério territorial. Há uma distribuição de competência dentro da mesma pessoa, cujos órgãos e agentes a ela estão subordinados (Celso Antônio Bandeira de Mello). Portanto, toda a Administração fica nas mãos do poder central e de seus agentes e órgãos, sendo que estes estão vinculados àquele, de tal sorte que todos os atos que realizam é por ordem daquele centro.

DESCONSIDERAÇÃO DA PERSONALIDADE JURÍDICA. *Direito civil, direito comercial* e *direito do consumidor.* **1.** Ato pelo qual o magistrado, num dado caso concreto, não considera os efeitos da personificação ou da autonomia jurídica da sociedade, para atingir e vincular a responsabilidade dos sócios, com o intuito de impedir a consumação de fraudes e abusos de direito cometidos por meio da personalidade jurídica que causem prejuízos ou danos a terceiros. **2.** Incidente que permite a citação do sócio para, defendendo-se de acusação de mau uso da personalidade jurídica, poder passar a responder em nome próprio, pelas obrigações da sociedade, se originária de processo (Cassio S. Bueno). É possível a *desconsideração inversa* da pessoa jurídica para alcançar bens da sociedade para satisfazer credores de sócio que se valeu da sociedade para ocultar ou desviar bens pessoais, lesando terceiro.

DESCONSTITUCIONALIZAÇÃO. *Direito constitucional.* Recepção pelo novo texto constitucional, como leis ordinárias, dos antigos preceitos constitucionais que não são objeto da nova Carta.

DESCONTO. **1.** *Direito cambiário.* Prêmio ou juro devido pelo pagamento antecipado de um título de crédito ainda não vencido. Essa importância corresponde à diferença entre o valor nominal do título e o líquido da operação. É o adiantamento de uma soma convencionada contra a entrega de um documento cambiário ou cambiariforme não vencido. O descontante cobrará juros sobre a soma estipulada, propiciando com isso a interrupção do investimento do credor e assegurando ao devedor a fruição do crédito concedido anteriormente. **2.** *Direito comercial.* a) Abatimento feito no total de uma soma pecuniária ou no valor de uma obrigação; b) dedução feita numa conta ou fatura; c) redução do preço de uma mercadoria comprada à vista; d) bonificação feita ao devedor pelo pagamento antecipado do débito. **3.** *Direito bancário.* Operação bancária pela qual o banco antecipa o pagamento de um título a favor do seu endossante, deduzindo, a uma taxa convencionada, os juros de seu valor nominal correspondentes ao tempo que faltar para o seu vencimento. É, portanto, o pagamento feito pelo banco do título ainda não vencido, mas endossado pelo portador, com dedução da taxa usual. **4.** *Direito agrário.* Quebra que o gado sofre no peso durante as viagens. **5.** *Direito administrativo.* Abatimento feito sobre provento.

DESCRIMINAÇÃO. *Direito processual penal.* **1.** Ação ou efeito de absolver um réu do crime que lhe foi imputado, inocentando-o. **2.** Impronúncia.

DESCRIMINALIZAÇÃO. *Direito penal.* Ato legislativo ou judicial que extingue o caráter delituoso de um fato definido pela lei como crime (Hulsman e Cornil).

DESEMBARAÇO. **1.** *Direito alfandegário* e *direito marítimo.* a) Despacho do navio e de sua carga após o cumprimento de todas as formalidades regulamentares e fiscais; b) despacho de amostra ou de mercadoria isenta de imposto de importação. **2.** Na *linguagem jurídica* em geral, indica qualquer processo pelo qual a repartição cumpre diligências exigidas por lei para liberar coisas ou conceder medidas.

DESEMBARGADO. 1. *Direito processual civil.* Diz-se do bem que, deixando de ser objeto de embargo, o foi de despacho ou decisão. **2.** Na *linguagem jurídica* em geral, significa desimpedido, desembaraçado ou livre.

DESEMBARGADOR. *Direito processual.* **1.** Magistrado que integra os Tribunais de Justiça dos Estados. **2.** Magistrado dos Tribunais Regionais Federais.

DESEMBARGO. *Direito processual civil.* **1.** Despacho. **2.** Levantamento ou suspensão de embargo ou arresto. **3.** Decisão proferida pelos desembargadores; acórdão.

DESEMBOLSO. *Direito civil.* **1.** Quantia que se gastou. **2.** Aquilo que se pagou como adiantamento para a satisfação de despesas feitas com negócios ou como empréstimo a alguém, tendo o direito de reaver o equivalente. **3.** Não recebimento da quantia entregue a outrem; perda de dinheiro.

DESEMPATADOR. *Direito processual civil.* Árbitro que profere o voto de desempate para decidir a demanda e o impasse, pondo fim à divergência.

DESEMPATE. 1. *Direito processual civil.* Decisão do árbitro desempatador, pondo fim a uma questão sobre a qual havia igual número de votos divergentes. **2.** Na *linguagem jurídica* significa decisão daquilo que, numa eleição por meio de voto a descoberto, fora objeto de empate (Othon Sidou).

DESEMPREGO. *Direito do trabalho.* **1.** Estado do desempregado. **2.** Situação daquele que está sem emprego. **3.** Ação de desempregar.

DESENHO INDUSTRIAL. *Direito autoral* e *direito de propriedade industrial.* Conjunto de linhas e cores aplicáveis à ornamentação ou à criação de produtos industriais. É a forma plástica ornamental de um objeto ou o conjunto ornamental de linhas e cores que possa ser aplicado a um produto, proporcionando resultado visual novo e original na sua configuração externa e que possa servir de tipo de fabricação industrial.

DESENHO PAPILAR. *Medicina legal.* Impressão digital; conjunto de arabescos que as cristas papilares formam, cujos vestígios podem ser vistos nas superfícies dos objetos, constituindo valiosa prova da identificação do criminoso.

DESENTRANHAMENTO. *Direito processual.* **1.** Ato ou efeito de retirar peça processual ou documento do corpo dos autos, substituindo-o por certidão ou reprodução autenticada. **2.** Retirada de peças de um processo, por interesse da Administração ou a pedido do interessado.

DESENVOLVIMENTO. 1. *Ciência política.* a) Progresso econômico, social e político de um país; b) passagem gradual de um estádio inferior a um mais aperfeiçoado; c) grau de civilização. **2.** *Criminologia.* Evolução da personalidade de um criminoso. **3.** *Direito civil.* a) Execução de um serviço; b) discernimento da pessoa física. **4.** *Psicologia forense.* Grau de evolução da intelectualidade. **5.** *Direito processual.* Andamento do processo. **6.** *Direito administrativo.* Conjunto de operações e investimentos destinados a viabilizar as atividades de produção de um campo de petróleo ou gás.

DESERÇÃO. 1. *Direito militar.* a) Ausência não autorizada ou abandono clandestino e voluntário de um militar do corpo ou da unidade a que pertence, com o firme propósito de não mais retornar. Se retornar, sua volta será forçada; b) ato de deixar o militar de apresentar-se no momento da partida do navio ou aeronave, de que é tripulante, ou do deslocamento da unidade ou força em que serve, punido com até três meses de detenção se, após a partida ou deslocamento, se apresentar, dentro de vinte e quatro horas, à autoridade militar do lugar, ou, na falta desta, à autoridade policial, para ser comunicada a apresentação ao comando militar competente. Trata-se da deserção especial. **2.** *Direito processual civil.* a) Desistência tácita ou presumida de um recurso pelo recorrente; b) abandono do recurso intentado por falta de diligência hábil para ativá-lo em sua regularidade procedimental; c) sanção que se aplica à parte por ter abandonado um recurso, em razão de falta de preparo no prazo legal, deixando de pagar as custas devidas ou de praticar algum ato. **3.** *Direito do trabalho.* Pena aplicável ao empregado vencido que não efetua o depósito legal para recorrer. **4.** *Ciência política.* Mudança de partido político. **5.** *Direito processual penal.* Extinção dos efeitos do recurso pela fuga do condenado ou pelo não pagamento das custas.

DESERDAÇÃO. *Direito civil.* **1.** Ação ou efeito de deserdar. **2.** Ato pelo qual o *de cujus* exclui da sucessão, mediante testamento, com expressa declaração da causa, um herdeiro necessário, privando-o de sua legítima, por ter praticado qualquer ato taxativamente enumerado no Código Civil. **3.** Estado de quem foi deserdado.

DESESTATIZAÇÃO. *Direito administrativo.* **1.** Medida governamental para privatizar empresas públicas. **2.** Ato pelo qual o Estado se demite da exploração de certas atividades econômicas para estas serem desenvolvidas por empresas particulares. **3.** Transferência, para a iniciativa privada, da execução de serviços públicos explorados pela União, diretamente ou por intermédio de entidades controladas, bem como daqueles de sua responsabilidade. **4.** Alienação, pela União, de direitos que lhe assegurem, diretamente ou por meio de outras empresas controladoras, preponderância nas deliberações sociais e o poder de eleger a maioria dos administradores da sociedade.

DESFALQUE. ***Direito penal.*** **1.** Apropriação fraudulenta de dinheiro alheio confiado em razão de função ou cargo; desvio culposo ou doloso de verbas praticado por aquele a quem sua guarda ou administração foi confiada. **2.** Peculato.

DESFORÇO IMEDIATO. ***Direito civil.*** Direito do esbulhado de restituir-se por sua própria força na posse do bem. Ao exercer tal direito, o possuidor deve agir pessoalmente, assumindo toda a responsabilidade, embora possa ser auxiliado por amigos e serviçais, empregando todos os meios necessários, inclusive armas, até conseguir recuperar sua posse, reação esta que deverá ser imediata ou assim que lhe for possível agir.

DESÍDIA. **1.** ***Direito do trabalho.*** Negligência, desatenção ou desleixo habitual ou ocasional do empregado na execução do serviço para o qual foi contratado. **2.** ***Direito processual civil.*** Inércia do autor deixando escoar prazo prescricional e decadencial.

DESIGNAÇÃO. **1.** ***Direito administrativo.*** Indicação especial de funcionário para ocupar certo cargo ou exercer determinada função. **2.** ***Direito processual civil.*** a) Nomeação judicial de perito; b) indicação de assistentes técnicos ou de testemunhas pelas partes litigantes. **3.** ***Direito civil.*** a) Determinação de uma coisa; b) concessão de poderes feita pelo mandante ao mandatário. **4.** ***Direito comercial.*** Indicação de administradores sócios ou não sócios. A designação de administradores não sócios dependerá de aprovação da unanimidade dos sócios, enquanto o capital não estiver integralizado e de 2/3, no mínimo, após a integralização.

DESINDICIAR. ***Direito processual penal.*** **1.** Declarar que uma pessoa não deve ser processada criminalmente. **2.** Declarar a não imputabilidade de um crime ao indiciado.

DESISTÊNCIA. **1.** ***Direito civil.*** a) Remissão da dívida pelo credor; b) renúncia a um direito; c) transação; d) abandono. **2.** ***Direito processual civil.*** Intenção do autor de não prosseguir com a ação por ele proposta ou com o recurso interposto. **3.** ***Direito processual penal.*** Reconciliação do querelante e do querelado na audiência inaugural do processo e julgamento dos crimes de calúnia e injúria, arquivando-se a queixa.

DESLIGAMENTO. **1.** ***Ciência política.*** Exclusão ou retirada de um partido. **2.** ***Direito administrativo.*** a) Exoneração ou demissão de funcionário, que deixa então de pertencer ao quadro do funcionalismo público; b) afastamento de serventuário de cargo ocupado por remoção, transferência ou dispensa. **3.** ***Direito civil.*** a) Liberação de obrigação; b) expulsão de uma agremiação ou corporação. **4.** ***Direito canônico.*** Absolvição da censura eclesiástica.

DESMEMBRAÇÃO. **1.** ***Direito administrativo.*** Separação das partes distintas de um órgão administrativo, caso possam ter funções isoladas. **2.** ***Direito agrário.*** Parcelamento do imóvel rural, desde que não seja em área inferior ao módulo calculado. O módulo rural ou a fração mínima de parcelamento, além de ser a área da propriedade familiar, é uma unidade agrária familiar para cada região do País e para cada tipo de exploração (Fernando Pereira Sodero). O imóvel rural pode ser desmembrado para: formação de outros imóveis rurais ou de lotes em projetos de colonização agrícola; formação de lotes para fins urbanos, industriais ou de lazer; execução de partilhas amigáveis ou judiciais. **3.** ***Direito civil.*** Loteamento. **4.** ***Direito processual.*** É a separação de parte da documentação de um ou mais processos para formação de novo processo, e dependerá de autorização e instruções específicas do órgão interessado.

DESMONETIZAÇÃO. ***Economia política.*** **1.** Retirada de moedas de circulação por ordem político-governamental. **2.** Abolição da moeda metálica. **3.** Sistema em que a moeda circulante é constituída por cédulas não conversíveis. **4.** Ato de tirar o valor da moeda. **5.** Reconhecimento oficial da falência da moeda, partindo-se para novas bases.

DESNACIONALIZAÇÃO. **1.** ***Direito constitucional*** e ***direito internacional privado.*** a) Perda de direitos decorrentes da atribuição da nacionalidade; b) perda pela pessoa natural ou jurídica da nacionalidade originária ou adquirida. **2.** ***Direito econômico.*** Participação de capital estrangeiro na empresa de um país, exercendo sobre ela certo domínio econômico.

DESNATURALIZAÇÃO. ***Direito constitucional.*** **1.** Renúncia ou perda dos direitos de cidadão de um Estado adquirido por naturalização. **2.** Privação da nacionalidade; expatriação. **3.** Ato pelo qual o naturalizado em nação estrangeira vem a readquirir, voluntariamente, sua primitiva nacionalidade. **4.** Cancelamento de naturalização pedido por sentença judicial.

DESOBEDIÊNCIA CIVIL. ***Ciência política*** e ***direito constitucional.*** **1.** Possibilidade de um grupo social, ou de um cidadão, agindo conforme sua consciência e protegido pela Constituição, opor-se a um princípio constitucional. **2.** Exercício de direito de resistência passiva por parte de certo grupo social resultante do descumprimento de lei ou de ato governamental contrário à ordem jurídica ou à moral pública (Othon Sidou).

DESONERAÇÃO. *Direito civil.* 1. Dispensa do cumprimento de uma obrigação. 2. Isenção de ônus. 3. Liberação do devedor. 4. Ato ou efeito de desonerar uma coisa do encargo a que estava sujeita ou de retirar ônus ou gravame. 5. Cumprimento de uma obrigação, exonerando-se dela.

DESPACHANTE. 1. *Direito comercial.* Agente auxiliar do comércio que desembaraça negócios, despacha cargas ou mercadorias, paga fretes etc. 2. *Direito tributário.* Aquele que trata de interesses do comitente, promovendo o expediente de documentos junto às repartições públicas, principalmente nas fiscais e arrecadadoras, mediante remuneração previamente ajustada. 3. *Direito alfandegário.* Aquele que tem o ofício de requerer, encaminhar e promover o expediente de papéis junto à alfândega. É o intermediário de importadores e exportadores que promove, nas alfândegas, o desembaraço e a expedição das mercadorias.

DESPACHO. 1. *Direito administrativo.* a) Decisão proferida pela autoridade administrativa sobre questão de sua competência e submetida à sua apreciação, seja ela favorável ou não à pretensão do administrado; b) ofício ou carta relativa a negócio público enviada por um ministro a outro; c) provimento de cargo público; d) deferimento ou indeferimento pela autoridade administrativa de petição a ela dirigida; e) ato pelo qual um ministro de Estado delibera junto com o presidente da República sobre assuntos relativos à sua pasta; f) documento da ANTAQ contendo uma decisão definitiva ou interlocutória, inclusive para habilitação ao tráfego marítimo internacional de portos e terminais privativos no âmbito da Superintendência de Portos, e, no âmbito da Superintendência de Navegação, sobre afretamento de embarcação, liberação de embarcação e liberação de carga prescrita, e ainda para aplicação de penalidades, pelas autoridades competentes, em processo administrativo de instrução da ANTAQ. 2. *Direito processual civil.* a) Ato praticado pelo juiz no processo, de ofício ou a requerimento da parte, a cujo respeito a lei não estabelece outra forma; independem de despacho os atos meramente ordinatórios, como juntada e vista obrigatória, devendo ser praticados de ofício pelo servidor e revistos pelo juiz quando necessário; b) manifestação judicial ordenando o prosseguimento do processo. Por exemplo, ao determinar a citação do réu, ou resolvendo questão incidental. Do despacho não cabe recurso. 3. *Direito marítimo.* Passe que a repartição fiscal concede, habilitando o navio à navegação. 4. *Direito alfandegário.* Processo pelo qual se desembaraça mercadoria importada; cumprimento de formalidades e operações necessárias para a retirada de mercadorias da alfândega.

DESPACHO DEFINITIVO. 1. *Direito processual civil.* a) Ato pelo qual o magistrado põe fim ao processo, decidindo ou não o mérito da causa. Trata-se do despacho final ou da sentença; b) deliberação que define uma questão incidental, solucionando-a, apesar de não haver paralisação da ação. Trata-se do despacho interlocutório. 2. *Direito administrativo.* Ato pelo qual a autoridade administrativa decide sobre um pedido que lhe foi apresentado, encerrando a instância administrativa, por não ser cabível qualquer recurso desse despacho.

DESPACHO DE MERO EXPEDIENTE. *Direito processual civil.* Também designado "despacho de expediente" ou "despacho ordinatório da marcha do procedimento", é aquele que o juiz utiliza para dar andamento normal ao processo, independentemente de pedido de qualquer das partes. Há possibilidade de despacho ordinatório do processo pelo serventuário da Justiça.

DESPACHO FINAL. *Direito processual civil.* Sentença que soluciona uma controvérsia, considerando resolvidas todas as medidas e diligências processuais.

DESPACHO INICIAL. *Direito processual civil.* Primeira intervenção do juiz no processo: a) recebendo a petição inicial, ordenando a citação do réu ou determinando que o autor a emende, se aquela não preencher os requisitos; ou b) indeferindo a exordial, se for inepta, se a parte for ilegítima ou se o autor não tiver interesse processual (Othon Sidou).

DESPACHO SANEADOR. 1. *História do direito.* Ato judicial pelo qual o juiz se pronunciava, antes da sentença final, sobre a regularidade do processo, a legitimidade das partes e sua representação, a existência das condições da ação, os pressupostos processuais, a validade dos atos na fase postulatória etc. 2. *Direito processual penal.* Ato judicial para ordenar diligência ou nova oitiva do réu ou testemunha, sanar alguma irregularidade ou suprir falta lesiva ao esclarecimento da verdade (Othon Sidou).

DESPEDIDA. 1. *Direito do trabalho.* Ato unilateral pelo qual o empregador, havendo, ou não, justa causa, rescinde o contrato de trabalho firmado com o empregado, dispensando-o. Trata-se da "dispensa". 2. *Direito marítimo.* a) Ato pelo qual o caixa ou o armador-gerente vem a dispensar os serviços do comandante do navio; b) ato unilateral pelo qual o armador rompe, por justa causa, o contrato de ajuste celebrado com um tripulante da embarcação; c) desligamento de contrato a pedido do próprio oficial ou do tripulante antes do início da viagem, alegando os motivos especificados pelo Código Comercial. 3. *Direito comercial.* Retirada de sócio de uma sociedade empresária, sem que tenha havido sua dissolução. **4.** ***Direito administrativo.*** Demissão de funcionário público.

DESPEJO. 1. ***Direito processual civil.*** a) Ação movida pelo locador para reaver do locatário imóvel locado, fundada, por exemplo: no descumprimento do mútuo acordo em que se ajustou o prazo mínimo de seis meses para desocupação; na rescisão de contrato de trabalho, se a ocupação do imóvel pelo inquilino estiver relacionada com seu emprego; no término da vigência de locação para temporada, desde que a ação tenha sido proposta até trinta dias após o vencimento daquele contrato; na morte do locatário sem deixar sucessor legítimo na locação; na permanência do sublocatário no imóvel, já estando extinta a locação celebrada com o inquilino; na realização de obras ou reformas; na necessidade do prédio para uso próprio do locador, de seu cônjuge ou companheiro ou para moradia de ascendente ou descendente; na denúncia, concedendo-se trinta dias para desocupação, para pôr fim ao contrato de locação residencial feito por prazo igual ou superior a trinta meses que foi prorrogado por prazo indeterminado pelo simples fato de o locatário continuar na posse do imóvel locado, findo aquele prazo de duração avençado, sem oposição do locador; na inexecução voluntária do contrato, em decorrência de prática de infração contratual, da falta de pagamento do aluguel e demais encargos locatícios; na infração de um dever legal preexistente etc.; b) ato judicial que promove a desocupação forçada de um imóvel locado pelo inquilino que injustificadamente se recusa a restituí-lo ao locador; c) desocupação compulsória do imóvel locado. **2.** ***Direito administrativo*** e ***direito ambiental.*** Diz-se do lixo ou dos objetos sem qualquer serventia ou utilidade que são coletados pela municipalidade, que os incinera ou os deposita em local apropriado.

DESPESA. 1. ***Direito civil.*** a) Dispêndio de dinheiro ou gasto de necessidade, utilidade ou voluptuosidade; b) aquilo que se despende. **2.** ***Direito comercial.*** a) Custo relativo à obtenção de receita. Para determinar-se o lucro ou a perda de certo período, soma-se o custo dos produtos vendidos à conta dos lucros e perdas. O custo dos produtos não vendidos é colocado, no balanço, na conta de estoque do estabelecimento empresarial; b) emprego de dinheiro para o custeio de um estabelecimento, efetuado para pagamento de impostos, aquisição de mercadorias etc.

DESPESA PÚBLICA. ***Direito financeiro.*** a) Gasto ou dispêndio da Administração Pública para a execução de obras e serviços, aquisição de bens, remuneração de funcionários etc. Emprego de receitas para custear os diferentes setores da Administração, permitindo o desempenho dos serviços públicos para satisfazer às necessidades públicas e atender aos encargos públicos; b) aplicação da renda pública para assegurar o bem-estar da coletividade; c) aplicação de dinheiro feita pelo agente público competente dentro de uma autorização legislativa para a execução de um fim a cargo do governo (Celso Bastos).

DESPESAS JUDICIAIS. ***Direito processual civil.*** Gastos feitos com uma causa, abrangendo pagamento de peritos, emolumentos, taxas, comissões, conduções, honorários advocatícios, custas etc.

DESPORTO. ***Direito desportivo.*** Atividade física ou intelectual com finalidade competitiva, exercida com método e segundo normas preestabelecidas.

DÉSPOTA. ***Ciência política.*** **1.** Tirano; ditador. **2.** Aquele que governa exercendo sobre seus súditos uma autoridade arbitrária e absoluta. **3.** Governante que abusa de seu poder.

DESPOTISMO. ***Ciência política.*** **1.** Tirania. **2.** Forma de absolutismo. **3.** Poder político que se caracteriza por ser irrestrito, arbitrário e absoluto e ao qual não se opõe nenhuma lei ou freios. **4.** Sistema autoritário de governo que não obedece às leis. **5.** Ato próprio do déspota.

DESPRONÚNCIA. ***Direito processual penal.*** **1.** Decisão judicial proferida no juízo formador da culpa ou no juízo superior que julga improcedente a queixa ou denúncia formulada contra o acusado, declarando insuficiência de prova e extinguindo o processo sem resolução do mérito. O acusado é absolvido da instância, mas o processo pode ser repetido, se houver novas provas, enquanto o crime não prescrever (Edgard de Moura Bittencourt e Bento de Faria). **2.** Impronúncia feita por tribunal.

DESPROVIMENTO. 1. ***Direito civil.*** Privação de provisões necessárias; falta de víveres. **2.** ***Direito processual.*** a) Negação de provimento a um recurso interposto; b) rejeição da pretensão do recorrente no *meritum causae*.

DESQUALIFICAÇÃO. 1. ***Direito processual penal.*** a) Ato de desclassificar o delito; b) ato pelo qual o juiz, ao receber uma queixa ou denúncia, não acata a tipificação do crime nela consignada, modificando-a. **2.** ***Direito desportivo.*** Exclusão de atleta ou equipe do certame. **3.** ***Direito administrativo.*** Desclassificação de candidato em concurso público por não ter demonstrado habilidade ou aptidão para ocupar o cargo.

DESSINDICALIZAÇÃO. ***Direito do trabalho.*** Fenômeno da queda das taxas de filiação sindical e do poder sindical.

DESTINATÁRIO. 1. ***Direito civil.*** Aquele a quem se expede uma carta ou se destina algo. **2.** ***Direito comercial.*** a) Consignatário a quem o transportador deve entregar a mercadoria; quem recebe a mercadoria enviada; credor da entrega do bem remetido, que tem o direito de recebê-lo no local, tempo e modo avençados no contrato de transporte; b) a pessoa natural ou jurídica, indicada no conhecimento individual de carga, emitido pela empresa de transporte expresso internacional, a quem a remessa expressa esteja endereçada.

DESTITUIÇÃO. **1.** ***Direito administrativo.*** Demissão do cargo; privação das funções que o funcionário público vinha exercendo, a título de pena disciplinar, em razão de falta de exação no cumprimento do dever funcional. **2.** ***Direito processual civil.*** Afastamento judicial de tutor, curador, apoiador, inventariante, administrador judicial ou testamenteiro da função a que havia sido nomeado por ordem de juiz, por motivo justo ou legal. **3.** ***Direito civil.*** a) Revogação dos poderes outorgados a mandatário; b) perda do poder familiar.

DESTRUIÇÃO DE CADÁVER. ***Direito penal.*** Crime contra o respeito aos mortos, punido com reclusão e multa, consistente em destruir um cadáver ou parte dele. Há permissão legal de se dispor gratuitamente, *post mortem*, de partes do corpo para fins terapêuticos e científicos, desde que após a retirada dos órgãos doados seja o cadáver recomposto e entregue ao responsável, para ser sepultado, sob pena de reclusão e multa.

DESTRUIÇÃO DE CORRESPONDÊNCIA. ***Direito penal.*** Crime contra a inviolabilidade de correspondência que consiste no ato de alguém apossar-se indevidamente de correspondência alheia e destruí-la total ou parcialmente, punido com detenção ou multa.

DESUETUDO. ***Teoria geral do direito.*** Norma consuetudinária que, apesar de dispor de modo diverso da norma, é aplicada pela convicção de sua necessidade jurídica. Trata-se do desuso ou do costume ab-rogatório.

DESVIO DE BENS. **1.** ***Direito civil*** e ***direito processual civil.*** Ocultação de bens no inventário. **2.** ***Direito tributário*** e ***direito penal.*** Sonegação; ocultação de bens para escapar de imposição legal.

DESVIO DE CLIENTELA. **1.** ***Direito comercial.*** Ato de fazer com que os clientes de um estabelecimento empresarial não mais o frequentem, visando obter vantagens para si ou para terceiro. **2.** ***Direito penal.*** Crime de concorrência desleal, desde que, por meios fraudulentos, venha-se a retirar clientes de um estabelecimento, em proveito próprio ou alheio, apenado com detenção ou multa.

DESVIO DE FUNÇÃO. **1.** ***Direito administrativo.*** Desempenho pelo funcionário público de serviços não inerentes ao cargo por ele ocupado. **2.** ***Direito do trabalho.*** Alteração das condições vigentes do contrato de trabalho, sem mútuo consenso, que venha a resultar dano ao empregado (Othon Sidou).

DESVIO DE PODER. ***Direito administrativo.*** **1.** Ato administrativo praticado pelo agente público para atender a uma finalidade alheia à natureza daquele ato (Celso Antônio Bandeira de Mello). **2.** Uso indevido da competência pelo funcionário público, na esfera discricionária, para atingir fim diverso do conferido pela lei. **3.** Desvio de finalidade que ora aparece como excesso de poder, ora como abuso de poder, sendo um vício do ato administrativo suscetível de invalidá-lo.

DESVIO DE VERBA E RENDA PÚBLICA. ***Direito penal.*** Crime contra a Administração Pública, punível com reclusão e multa, que consiste no ato de o funcionário público desviar, em proveito próprio ou de terceiro, verba ou renda pública de que tem a posse em razão do cargo ocupado.

DESVIO SEXUAL. ***Medicina legal.*** Desequilíbrio na sexualidade, como: frigidez, exibicionismo, travestismo, ninfomania, voyeurismo, autoerotismo, anafrodisia, cronoinversão, cromoinversão etc.

DETECTOR DE MENTIRAS. ***Medicina legal.*** Polígrafo ou aparelho apropriado para apurar se o interrogado está mentindo ou não, mediante registro de alterações na pressão sanguínea, da intensidade das pulsações ou dos movimentos respiratórios.

DETENÇÃO. **1.** ***Direito penal.*** a) Pena de prisão sem isolamento diurno e noturno no início de seu cumprimento; b) prisão preventiva. **2.** ***Direito civil*** e ***direito comercial.*** a) Ação pela qual se detém justa ou injustamente uma coisa; b) em sentido técnico, é a posse natural, ou seja, o exercício de posse sobre uma coisa que não é própria, mas de outrem, que é o possuidor, em obediência a uma ordem sua, em razão de um vínculo de subordinação; c) posse a título precário.

DETENTOR. **1.** ***Direito civil.*** a) Aquele que, em virtude de uma relação de subordinação, exerce a posse de determinada coisa em nome de seu possuidor, em cumprimento de ordens. Trata-se do fâmulo da posse; b) diz-se daquele que tem posse precária, como o locatário, o arrendatário, o comodatário etc. **2.** ***Direito cambiário.*** O que conserva em seu poder um título cambial, estando ou não legitimado para tanto.

DETERIORAÇÃO. ***Direito civil.*** **1.** Desgaste natural de uma coisa provocado pelo seu uso ou pela ação do tempo. **2.** Ato ou efeito de deteriorar. **3.** Dano, ruína. **4.** Estrago por culpa do devedor.

DETRAÇÃO PENAL. ***Direito penal.*** Cômputo do tempo de pena de prisão que o condenado já cumpriu provisória ou administrativamente, inclusive o de sua internação em hospital psiquiátrico.

DEVEDOR. **1.** ***Direito civil.*** a) Sujeito passivo de uma obrigação; aquele que deve algo; b) obrigado a uma prestação de dar, fazer ou não fazer. **2.** ***Direito tributário.*** O que não recolhe aos cofres da Fazenda Pública os tributos em tempo hábil ou certo. **3.** ***Direito comercial.*** a) Aquele que está sujeito a uma obrigação; b) título em que se deve debitar a importância assinalada na partida mercantil.

DEVEDOR INSOLVENTE. ***Direito civil.*** Aquele que não pode saldar seu débito por falta de recursos ou por não ter em seu patrimônio bens suficientes para assegurá-lo.

DEVEDOR REMISSO. ***Direito tributário.*** Diz-se do contribuinte que deixou de recolher aos cofres da Fazenda Pública o *quantum* devido em razão de tributação ou de infração fiscal reconhecida em decisão administrativa.

DEVEDOR SOLIDÁRIO. ***Direito civil.*** Aquele que, conjuntamente com outros codevedores, é responsável pelo débito todo, podendo o credor exigir e receber, por inteiro, de qualquer deles a dívida comum.

DEVEDOR SOLVENTE. ***Direito civil.*** Aquele que possui bens suficientes para quitar suas dívidas.

DEVER. **1.** ***Direito civil.*** a) Dívida; b) situação jurídica em que se exige a observância de certa conduta; c) conduta devida; d) estar obrigado a dar, restituir, fazer ou não fazer alguma coisa. **2.** Na ***linguagem jurídica*** em geral, é qualquer obrigação imposta por lei ou por contrato.

DEVER DE VERACIDADE. **1.** ***Direito processual civil.*** a) Ônus de verdade, ou seja, de não alterar, intencionalmente, a verdade dos fatos; b) obrigação de expor os fatos em juízo de conformidade com a verdade, procedendo com lealdade e boa-fé, sob pena de responsabilidade por dano processual mais consequências jurídicas prejudiciais, como a de se reputar como verdadeiro fato afirmado pelo autor se o réu não contestar a ação. É o dever jurídico de exprimir a verdade no juízo civil (Couture). **2.** ***Direito penal.*** Tutela da verdade mediante punição da calúnia, que, além de ofender a honra da vítima, constitui uma violência contra a verdade. **3.** ***Direito civil.*** a) Princípio da boa-fé, objetiva e subjetiva, e veracidade que deve reger os contratos; b) requisito para a validade do negócio jurídico, uma vez que este é suscetível de invalidação quando há erro, dolo, lesão, estado de perigo, coação, simulação ou fraude, por serem vícios de consentimento ou sociais que têm fundamento no falso.

DEVER JURÍDICO. **1.** ***Direito civil.*** a) Vínculo jurídico resultante de lei ou contrato; b) obrigação jurídica de uma pessoa de praticar ou não certo ato, dar coisa certa ou incerta ou de restituir algo; c) imposto por lei ou por contrato, exigível pelo credor e suscetível de sanção. **2.** ***Teoria geral do direito*** e ***filosofia do direito.*** a) Obrigação que pode ser objeto de constrangimento e de legislação exteriores, correlativa que é de um direito alheio (Kant); b) aquele que está acompanhado de uma promessa de dano, caso não seja cumprido (Kirchmann); c) é o que confere a outrem o direito de reclamar compulsoriamente certo comportamento (Radbruch); d) é a própria norma jurídica (Kelsen); e) aquele que advém de uma interferência intersubjetiva de condutas (Cossio).

DEVER LEGAL. ***Direito civil.*** É o que advém de imposição de lei, como, por exemplo, o de prestar alimentos a certos parentes ou ao ex-cônjuge ou ex-companheiro, desde que não tenham recursos ou não possam prover, pelo trabalho, a própria manutenção.

DEVER-PODER. ***Direito administrativo.*** Prerrogativa de Administração vista como a sujeição do poder a uma finalidade pública, ante o princípio da supremacia do interesse público sobre o privado, na seara administrativa. Assim é porque a Administração não dispõe de poderes, mas sim de deveres-poderes, porque sua atividade é o desempenho de função, e somente se tem função quando se está sujeito ao dever de buscar no interesse da coletividade a consecução de certa finalidade (Celso Antônio Bandeira de Mello).

DEVIDO PROCESSO LEGAL. ***Direito constitucional.*** Princípio constitucional que assegura ao indivíduo o direito de ser processado nos termos legais, garantindo o contraditório, a ampla defesa e um julgamento imparcial.

DEVOLUÇÃO. **1.** ***Direito civil.*** a) Restituição ou reposição da coisa ao seu estado anterior; b) transmissão da herança, de conformidade com as prescrições legais, ao parente de grau imediato, na falta de sucessor mais próximo, segundo a ordem de vocação hereditária, ou ao Estado, não havendo consorte sobrevivente ou quaisquer parentes do *de cujus*; c) transferência de uma coisa ou pessoa de um local a outro; d) transferência de propriedade ou de direito de uma pessoa a outra. **2.** ***Direito processual civil.*** a) Subida de recurso ao juiz *ad quem* para exame integral da controvérsia; b) efeito devolutivo da apelação, fazendo com que seja devolvido ao tribunal *ad quem* o conhecimento de toda matéria impugnada pelo apelante nas suas razões de recursos (Nelson Nery Jr. e Rosa Maria de Andrade Nery). **3.** ***Direito cambiário.*** Restituição do título cambial. **4.** ***Direito internacional privado.*** Reenvio que consiste na operação ou mecanismo utilizado por juiz ou tribunal de alguns países para facilitar a aplicação de sua própria lei ou para atender a certos interesses, voltando ao seu próprio direito ou indo a um terceiro, conforme indicação da norma de direito internacional privado consultada, por ordem do direito internacional privado de seu país. No Brasil, há proibição legal expressa e categórica de retorno ou devolução.

DIA. **1.** Nas ***linguagens jurídica*** e ***comum,*** é o espaço de vinte e quatro horas. **2.** ***Direito penal.*** Tempo que decorre do nascer ao pôr do sol. No âmbito penal, é bastante relevante a distinção "dia-noite", pois, se um crime for cometido durante o repouso noturno, a pena poderá ser aumentada. **3.** *Direito do trabalho.* Corresponde ao número de horas que o empregado deve trabalhar para ganhar o seu salário.

DIA *AD QUEM*. *Direito civil.* Aquele em que se finda um prazo; dia do vencimento; termo final ou resolutivo; o último dia do prazo.

DIA *A QUO*. *Direito civil.* Aquele a partir do qual se começa a computar um prazo, não sendo, porém, incluído na contagem processual. O dia *a quo* é, portanto, o primeiro dia do prazo. É o termo inicial ou suspensivo.

DIA CERTO. *Direito civil.* Data certa, fixada em certo mês de determinado ano.

DIA CIVIL. *Direito civil.* Período de vinte e quatro horas que se conta a partir de meia-noite.

DIA COMERCIAL. *Direito comercial.* Período diário em que um estabelecimento empresarial efetua as operações permitidas por lei.

DIA HÁBIL. *Direito civil, direito processual, direito administrativo* e *direito bancário.* Qualquer dia da semana que não seja domingo ou feriado, sendo que, em nosso país, o sábado também deixou de ser dia hábil, pois nele não se praticam atos judiciais nem se vencem os prazos e as obrigações, que ficam prorrogados para o primeiro dia útil subsequente, uma vez que bancos e repartições públicas não funcionam.

DIA INCERTO. *Direito civil.* Dia indeterminado em que deve ocorrer algum evento futuro e certo; termo final não determinado para que se dê o adimplemento de uma obrigação assumida.

DIA JUDICIAL. *Direito processual.* Espaço de tempo entre seis e vinte horas usado para a realização de atos judiciais em dias úteis.

DIA LETIVO. *Direito educacional.* Aquele em que há aula.

DIA-MULTA. 1. *Direito processual civil.* Pena pecuniária por dia de atraso no cumprimento de uma obrigação de fazer ou de não fazer. Trata-se da *astreinte*, que é a multa destinada a forçar o devedor indiretamente a fazer o que deve e não a reparar o dano decorrente de inadimplemento. **2.** *Direito penal.* Unidade de cálculo, fixada pelo magistrado, na sentença.

DIÁRIA. 1. *Direito do trabalho.* a) Salário que se paga por cada dia de trabalho do diarista; b) quantia pecuniária que o empregador dá ao empregado viajante para fazer frente às despesas com transporte, estada etc. **2.** *Direito administrativo.* Auxílio pecuniário concedido ao funcionário público que tenha de viajar para desempenhar suas funções, a título de indenização das despesas com alimentação, transporte e hospedagem. **3.** *Direito comercial* e *direito civil.* Preço que se paga por dia em um hotel ou pensão pelo quarto ou pelos serviços de hotelaria.

DIÁRIO. 1. *Direito comercial* e *direito bancário.* a) Livro de contabilidade em que empresários, sociedades empresárias e banqueiros lançam o débito e o crédito de seus negócios cotidianos; b) livro obrigatório onde são lançadas, diariamente, por escrita direta ou reprodução, em ordem cronológica de sua ocorrência, todas as operações relativas ao exercício da empresa, consignando-se os principais caracteres dos documentos. Nele também serão lançados o balanço patrimonial e o de resultado econômico, subscritos pelo contabilista, ou técnico em ciências contábeis, legalmente habilitado e pelo empresário ou representante da sociedade empresária. **2.** *Direito autoral.* a) Jornal que circula todos os dias; b) livro de apontamentos onde se anotam impressões diárias que pode vir a constituir a autobiografia de uma pessoa.

DIÁRIO OFICIAL. *Direito administrativo.* Jornal do governo federal, estadual e às vezes municipal, que visa dar publicidade aos atos levados a efeito pelo Poder Público (José Cretella Jr.).

DIARISTA. 1. *Direito do trabalho.* Trabalhador que recebe uma remuneração diária, ou melhor, por dia de trabalho; seu salário é calculado por dia. Em regra, é aquele que exerce atividade de limpeza geral a terceiro mediante pagamento diário. **2.** *Direito administrativo.* Servidor extranumerário que é admitido pelo diretor da repartição pública, por meio de portaria, para desempenhar funções auxiliares, mediante pagamento de um salário por dia de trabalho efetivamente executado. **3.** *Direito autoral.* Aquele que se dedica ao jornalismo.

DIA ÚTIL. 1. *Direito civil.* Qualquer dia da semana consagrado ao trabalho, retirando-se os sábados, domingos, feriados e dias santificados. **2.** *Direito financeiro.* É o assim considerado, pelo Conselho Monetário Nacional, para fins de operações praticadas no mercado financeiro.

DICEOLOGIA JURÍDICA. 1. *Teoria geral do direito.* Estudo dos direitos profissionais. **2.** *Direito processual penal.* Defesa apresentada pelo réu admitindo a prática de um ato delituoso, justificando-o como legal ou pleiteando a aplicação de alguma circunstância atenuante.

DICIONÁRIO. *Direito autoral.* **1.** Glossário. **2.** Coleção de vocábulos ou de expressões em ordem alfabética, explicando seus diferentes sentidos ou significados. Essa obra é protegida como obra intelectual.

DIES INTERPELLAT PRO HOMINE. *Brocardo latino.* O termo interpela pelo homem, isto é, sendo avençado prazo certo, o seu vencimento dispensa o credor de qualquer providência para constituir seu devedor em mora.

DIFAMAÇÃO. *Direito penal.* Ato de imputar a alguém fato ofensivo à sua honra ou reputação, embora não seja criminoso. É, portanto, um crime contra a honra, apenado com detenção e multa. Todavia, é preciso lembrar que não constituem difamação punível: ofensa irrogada em juízo, na discussão da causa, pela parte ou por seu procurador; opinião desfavorável da crítica literária, artística ou científica, salvo se houver intenção deliberada de difamar; ou conceito desfavorável emitido por funcionário público em apreciação ou informação que preste no cumprimento do dever de ofício.

DIGESTO. *Direito romano.* Compilação de leis romanas organizada por ordem do Imperador Justiniano que constitui uma das quatro partes do *Corpus Juris Civilis*, contendo as *responsa prudentium*, ou seja, respostas dadas pelos jurisconsultos às questões que eram submetidas à sua apreciação. Denomina-se também *pandectas*.

DILAÇÃO. *Direito processual civil.* **1.** Prazo que se concede a alguém para a prática de algum ato judicial ou de uma diligência. **2.** Adiamento; retardamento.

DILAPIDAÇÃO. *Direito civil.* Gasto desmedido; esbanjamento de bens ou dinheiro pelo pródigo, que é declarado, após processo de interdição, como relativamente incapaz.

DILATÓRIO. *Direito processual civil.* Diz-se do ato ou medida que retarda o andamento processual ou pelo qual se dá a prorrogação de um prazo judicial.

DILIGÊNCIA. **1.** *Direito processual civil.* a) Execução de serviços judiciais ou prática de atos processuais fora da sede do juízo feita pelo serventuário de justiça por ordem do juiz de ofício ou a requerimento dos litigantes e, às vezes, pelo magistrado, tais como sequestro, penhora, busca e apreensão, intimação, citação; b) meio de pesquisa ou sindicância determinada pelo órgão judicante para esclarecer a questão, como vistoria, exame, inquirição; c) qualquer ato indispensável para instruir o processo em direção à sentença de mérito; d) cumprimento de uma determinação judicial, realizada por um auxiliar da justiça (Cesar Montenegro); e) é o ato pelo qual um processo que, tendo deixado de atender às formalidades indispensáveis ou de cumprir alguma disposição legal, é devolvido ao órgão que assim procedeu, a fim de corrigir ou sanar as falhas apontadas. **2.** *Direito processual penal.* Pesquisa ou investigação feita pela autoridade policial ou seus agentes, fora de sua sede distrital, para desvendar crimes e contravenções penais levadas ao seu conhecimento ou para capturar e prender o criminoso. **3.** *Direito civil.* Cuidado ou zelo que se deve ter na guarda de uma coisa ou na execução de um ato negocial. **4.** *Direito administrativo.* Devida atenção que o funcionário público deve ter no desempenho de suas funções. **5.** *História do direito.* Carruagem que transportava passageiros entre duas ou mais localidades. **6.** *Direito militar.* a) Serviço urgente e extraordinário executado fora do quartel; b) tropa encarregada de executar esse serviço. **7.** *Direito previdenciário.* É o procedimento fiscal externo destinado a coletar e a analisar informações de interesse da administração previdenciária, inclusive para atender à exigência de instrução processual, podendo resultar em lavratura de Auto de Infração, em Termo de Arrolamento de Bens e Direitos ou em apreensão de documentos de qualquer espécie, inclusive os armazenados em meio magnético ou em qualquer outro tipo de mídia, materiais, livros ou assemelhados.

DIPLOMACIA. **1.** *Direito internacional público.* a) Ramo da Administração Pública do país incumbido de dirigir os seus negócios internacionais; b) ciência e arte de manter relações oficiais entre Estados, por meio de agentes credenciados pelos respectivos governos, segundo normas de direito internacional e tratados existentes, atendendo aos interesses político-econômicos daqueles países; c) relações internacionais por meio de legações ou embaixadas; d) arte de manter o direito e de promover os interesses da nação perante governos estrangeiros; e) profissão de diplomata; arte do diplomata; f) corpo de diplomatas; g) procedimento diplomático; h) carreira diplomática; i) conjunto de órgãos e representantes do governo de um Estado junto ao de outro; j) ato de o embaixador conduzir as relações internacionais por meio de negociações. **2.** *História do direito.* Certo documento medieval manuscrito.

DIPLOMATA. *Direito internacional público.* **1.** Aquele que integra o corpo diplomático de um país. **2.** Funcionário que representa o governo de seu Estado junto ao governo de outra nação, podendo ser ministro plenipotenciário, embaixador, enviado extraordinário ou legado. **3.** Agente diplomático. **4.** Pessoa que se ocupa da diplomacia.

DIREITO À ANCESTRALIDADE GENÔMICA. *Biodireito.* **1.** Direito à filiação biológica. **2.** Direito de investigar a identidade genética. **3.** Direito de pesquisar a ascendência genética para: adotar medidas de preservação da saúde e da vida; atender à necessidade psíquica de descobrir pais biológicos ou resguardar os impedimentos matrimoniais.

DIREITO ABSOLUTO. **1.** *Teoria geral do direito.* Conjunto de normas de imperatividade absoluta ou impositiva, chamadas absolutamente cogentes ou de ordem pública, por ordenarem ou proibirem algo de modo absoluto, determinando a ação, a abstenção ou o estado das pessoas sem admitir qualquer alternativa, e vinculando o destinatário a um único esquema de conduta. **2.** *Direito civil.* Diz-se daquele oponível a todos ou *erga omnes*. Por exemplo, o direito de propriedade.

DIREITO ADJETIVO. *Direito processual.* Complexo de normas que regulam os atos judiciários ou o modo pelo qual se pode fazer valer um direito, disciplinando, ainda, o funcionamento dos órgãos do Poder Judiciário. Por exemplo, Código de Processo Penal, Código de Processo Civil, leis de organização judiciária etc. É, portanto, o conjunto de normas relativas à aplicação das normas substantivas ou aos meios para o exercício dos direitos objetivos.

DIREITO ADMINISTRATIVO. Conjunto de normas concernentes: à ação governamental; à organização e realização de serviços públicos destinados a satisfazer um interesse estatal; à instituição dos órgãos que os executam; à capacidade das pessoas administrativas; à competência no exercício das funções públicas; às relações da Administração com os administrados; e à proteção recursal das garantias outorgadas aos cidadãos para a defesa de seus direitos.

DIREITO ADQUIRIDO. *Direito constitucional* e *teoria geral do direito.* É o que já se incorporou definitivamente ao patrimônio e à personalidade de seu titular, de modo que nem a lei nem um fato posterior pode alterar tal situação jurídica, pois há direito concreto, ou seja, subjetivo, e não direito potencial ou abstrato.

DIREITO À EDUCAÇÃO SEM USO DE CASTIGO FÍSICO OU DE TRATAMENTO CRUEL OU DEGRADANTE. *Direito da criança e do adolescente.* Direito do menor ser educado sem uso de força física (que resulte sofrimento físico ou lesão), ou de tratamento cruel ou degradante (que humilhe, ameace gravemente ou ridicularize) como formas de correção, disciplina, educação pelos pais, integrantes da família ampliada, pelos responsáveis, pelos agentes públicos executores de medidas socioeducativas ou por qualquer pessoa encarregada de cuidar deles, tratá-los, educá-los ou protegê-los. Quem fizer uso de castigo físico ou tratamento cruel ou degradante, estará sujeito, sem prejuízo de outras sanções cabíveis, às seguintes medidas, aplicadas pelo Conselho Tutelar: encaminhamento a programa oficial ou comunitário de proteção à família, a tratamento psicológico ou psiquiátrico ou a cursos ou programas de orientação; obrigação de encaminhar criança a tratamento especializado.

DIREITO AÉREO. *Direito aeronáutico.* Conjunto de normas que regem a navegação aérea interna e internacional, civil ou comercial, as escalas, as atividades aeronáuticas e as relações comerciais decorrentes do transporte aéreo.

DIREITO AGRÁRIO. Conjunto de normas reguladoras da atividade agrícola e pecuária, para fomentar a produção e a distribuição da terra, a criação de animais e a exploração extrativa e agroindustrial.

DIREITO À IDENTIDADE GENÉTICA. *Biodireito, direito civil* e *direito da criança e do adolescente.* É o de saber a história da saúde de parentes consanguíneos para fins de prevenção de moléstia física ou psíquica ou para evitar incesto. É direito reconhecido ao adotado e à pessoa advinda de reprodução medicamente assistida de obter acesso ao cadastro da clínica e ao processo de adoção, após completar 18 anos. Tal acesso ao processo de adoção poderá ser deferido ao adotado menor de 18 anos a seu pedido, asseguradas orientação e assistência jurídica e psicológica.

DIREITO A LAJE. *Vide* DIREITO REAL DE LAJE.

DIREITO ALTERNATIVO. *Teoria geral do direito.* **1.** Teoria crítica do direito que privilegia o valor e considera como jurídicos certos comportamentos praticados ao arrepio da lei, principalmente se esta é contrária aos interesses sociais. **2.** Direito que, baseado no pluralismo jurídico, valora como jurídicas emanações normativas reconhecidas e praticadas, consciente ou inconscientemente, pelas comunidades, mesmo contra o direito oficial, quando exclui interesses de grupos sociais dominados (Paulo Luiz Netto Lôbo). **3.** Movimento jurídico originário da escola francesa *Critique du Droit* e do "Uso alternativo do direito", da Itália, voltado à luta pelos direitos humanos, e que busca ressaltar o aspecto valorativo da norma, tomando uma posição em prol dos oprimidos. Para tanto concede maior liberdade no ato de julgar. **4.** Movimento voltado à busca de um instrumental prático-teórico a ser utilizado pelos aplicadores do direito, que visam colocar seu saber ou sua atuação sob a perspectiva de uma sociedade democrática, libertando-a da dominação injusta (Amilton Bueno de Carvalho).

DIREITO AMBIENTAL. *Direito constitucional.* **1.** Conjunto de normas que reconhecem e tornam efetivo ao ser humano o direito a um meio ambiente são, tutelando-o na medida de seus interesses, sem prejudicar a defesa dos interesses gerais pelas entidades públicas e associações particulares. É o conjunto de normas que têm por fim impedir a destruição da natureza, controlar a poluição, preservar os recursos naturais e restaurar os elementos naturais destruídos (Acquaviva). **2.** Conjunto de normas preventivas e repressivas, alusivas a qualquer lesão ou ameaça ao patrimônio ambiental, ecológica e culturalmente equilibrado (Helita Barreira Custódio). **3.** É a ciência que estuda os problemas ambientais e suas interligações com o homem, visando a proteção do meio ambiente para a melhoria das condições de vida como um todo (Antonio Silveira Ribeiro dos Santos).

DIREITO ANACIONAL. ***Direito internacional privado.*** Aquele que não pertence a qualquer ordenamento jurídico estatal, sendo um direito corporativo autônomo decorrente do comércio internacional. Constitui, tão somente, um conjunto de normas originárias de operações de comércio internacional, ou melhor, de relações econômicas internacionais, que não se submetem a nenhum direito estatal.

DIREITO AO MEIO AMBIENTE. ***Direito ambiental*** e ***direito constitucional.*** Direito consagrado, constitucionalmente, a todos, a um meio ambiente ecologicamente equilibrado, essencial a uma qualidade de vida sadia; por isso a coletividade e o Poder Público têm o dever de defendê-lo e preservá-lo para as presentes e futuras gerações.

DIREITO AO SILÊNCIO. ***Direito constitucional*** e ***direito processual penal.*** Direito que tem o preso de permanecer calado no instante em que for preso, ou por ocasião de seu interrogatório (Ada Pellegrini Grinover e Edgard Silveira Bueno Filho).

DIREITO APARENTE. ***Direito civil.*** Diz-se do fato que aos olhos de todos parece ser direito, quando, na verdade, não o é. É uma situação fática que se exterioriza como um direito não verdadeiro. Por exemplo, o caso do credor aparente ou putativo ou do herdeiro aparente que se apresenta como o sucessor do *de cujus*, quando, na realidade, não o é, por ser nulo o testamento que o contempla.

DIREITO ASSISTENCIAL. **1.** ***Direito previdenciário.*** Conjunto de normas que amparam o trabalhador, garantindo-lhe benefícios da previdência e assistência social. Modernamente, é designado "direito previdenciário". **2.** ***Direito civil.*** Complexo de normas alusivas a guarda, tutela, curatela, ausência e medidas protetivas da criança e do adolescente.

DIREITO ATUAL. ***Teoria geral do direito.*** **1.** É o adquirido; aquele que já está em condições de ser exercido, por se incorporar imediatamente ao patrimônio do adquirente. **2.** Conjunto de normas vigentes.

DIREITO AUTORAL. ***Direito civil.*** Conjunto de prerrogativas de ordem não patrimonial (moral) e pecuniária que a lei reconhece a todo criador de obras literárias, artísticas e científicas de alguma originalidade, no que diz respeito à sua paternidade e ao seu ulterior aproveitamento, por qualquer meio, durante toda a sua vida, ou aos seus sucessores, ou pelo prazo que ela fixar (Antônio Chaves).

DIREITO À VISITA. ***Direito civil.*** Direito personalíssimo do menor de ser visitado pelo genitor, que não tem mais a guarda, por seus avós, parentes, amigos ou por qualquer pessoa a quem tenha afeição.

DIREITO BANCÁRIO. Conjunto de normas que disciplinam as relações entre os próprios estabelecimentos bancários, entre o banco e o particular e as operações bancárias realizadas pelos bancos ou por instituições financeiras.

DIREITO CAMBIÁRIO. ***Direito comercial.*** Ramo do direito comercial que disciplina os títulos de crédito ou cambiais, as operações a eles concernentes e as relações jurídicas que geram. É também denominado "direito cartular", por estar contido na declaração cartular, podendo ser exigido pelo portador do título cambial.

DIREITO CÍVICO. ***Ciência política.*** Conjunto de direitos e deveres relativos à cidadania, abrangendo o direito de votar e de ser votado, de se filiar a partidos políticos, de exprimir opinião, de professar uma ideologia política etc.

DIREITO CIVIL. Ramo do direito privado destinado a reger relações familiares, patrimoniais e obrigacionais que se formam entre indivíduos encarados como tais, ou seja, enquanto membros da sociedade.

DIREITO COMERCIAL. Conjunto de normas disciplinadoras da atividade econômica negocial e organizada de empresário e de qualquer pessoa, natural ou jurídica, destinada a fins de natureza econômica, desde que habitual e dirigida à produção e circulação de bens ou serviços conducentes a resultados patrimoniais ou lucrativos.

DIREITO COMPARADO. ***Teoria geral do direito.*** É a ciência comparada do direito, ou ciência do direito comparado, que tem por escopo estudar, simultânea e comparativamente, não só o direito positivo contemporâneo ou não, de diferentes países, mas também os motivos pelos quais o direito se desenvolveu de modo diverso, nos vários países, com o intuito de uniformizá-lo e orientar, em certos casos, a reforma legislativa no direito nacional.

DIREITO COMUM. **1.** ***Direito civil.*** Denominação dada ao direito civil por ser ele o direito comum a todas as pessoas e por disciplinar o seu modo de ser e de agir, sem quaisquer referências às condições sociais ou culturais. O direito comum disciplina as relações jurídicas das pessoas enquanto pessoas, e não na condição especial de médicos, advogados, operários etc. Excepcionalmente, o novel Código Civil rege capacidade de empresários, traça caracteres das sociedades personificadas e não personificadas, dispõe sobre estabelecimento, registro, nome empresarial, prepostos e escrituração. Regula, em regra, as relações mais simples da vida cotidiana, atendo-se aos indivíduos garantidamente situados com direitos e deveres, na sua qualidade de marido e mulher, ou de companheiros, pai ou filho, credor ou devedor, alienante ou adquirente, proprietário ou possuidor, condômino ou vizinho, testador ou herdeiro. **2.** ***Teoria geral do direito.*** a) Conjunto de normas normalmente aplicáveis em contraposição às leis especiais, ou seja, aplicáveis em caráter geral a uma série de relações jurídicas, por não haver qualquer avocação de lei especial que deva ser aplicada a elas (De Plácido e Silva). Por exemplo, o direito penal é um direito comum aplicável a qualquer pessoa que venha a perpetrar o delito de homicídio, mas, se um militar, no exercício de suas funções, contra a ordem de seu superior, matar uma pessoa, aplicar-se-lhe-á o direito penal militar e não o direito penal comum; b) o mesmo que *common law*, que é o direito dos países anglo-saxônicos.

DIREITO CONSTITUCIONAL. Conjunto de normas jurídicas atinentes à organização político-estatal nos seus elementos essenciais, definindo o regime político e a forma de Estado e estabelecendo os órgãos estatais substanciais, suas funções e relações com os cidadãos, ao limitar suas ações mediante o reconhecimento e a garantia de direitos fundamentais dos indivíduos de per si considerados ou agrupados, formando comunidades.

DIREITO CONSUETUDINÁRIO. ***Teoria geral do direito.*** Conjunto de normas oriundas dos usos e costumes.

DIREITO CONSULAR. ***Direito internacional público.*** Complexo de normas relativas aos cônsules, à sua missão de zelar pelos interesses dos nacionais do país que representam, às suas atividades notariais e às funções que devem exercer.

DIREITO CORPORATIVO. ***Direito do trabalho.*** Complexo de normas que disciplinam as relações coletivas econômicas e trabalhistas por corporações e sindicatos, regulando, portanto, classes de empregadores e empregados organizadas em corporações e colocadas sob a tutela estatal.

DIREITO CRIMINAL. ***Direito penal.*** Trata-se do conjunto de normas atinentes aos crimes e às penas correspondentes, regulando a atividade repressiva do Estado para preservar a sociedade do delito.

DIREITO DA EDUCAÇÃO. **1.** Conjunto de normas relativas à formação e informação dos indivíduos à política educacional, à organização, à administração e ao currículo escolares e à didática. **2.** Estuda a Educação e o Ensino, tendo por finalidade o pleno desenvolvimento da pessoa, seu preparo para o exercício da cidadania e sua qualificação para o trabalho, conforme os ditames da Constituição (Maria Garcia).

DIREITO DA PERSONALIDADE. ***Direito civil.*** É o direito da pessoa de defender o que lhe é próprio, ou seja, a sua integridade física (vida, alimentos, o próprio corpo vivo ou morto, o corpo alheio vivo ou morto, partes separadas do corpo vivo ou morto), a sua integridade intelectual (liberdade de pensamento, autoria científica, artística e literária) e a sua integridade moral (honra, recato, segredo pessoal, profissional e doméstico, imagem, identidade pessoal, familiar e social) (Goffredo Telles Jr. e R. Limongi França).

DIREITO DAS COISAS. ***Direito civil.*** Conjunto de normas que regem as relações jurídicas concernentes aos bens materiais e imateriais suscetíveis de apropriação pelo homem.

DIREITO DAS OBRIGAÇÕES. ***Direito civil.*** Conjunto de normas que regem relações jurídicas de ordem patrimonial que têm por objeto prestações de dar, de fazer e de não fazer de um sujeito em proveito de outro.

DIREITO DAS SUCESSÕES. ***Direito civil.*** Conjunto de normas que disciplinam a transferência do patrimônio de alguém, após sua morte, ao herdeiro, em virtude de lei ou testamento.

DIREITO DE AÇÃO. **1.** ***Direito processual civil.*** a) Poder de reclamar a prestação da atividade jurisdicional (J. J. Calmon de Passos). É o assegurado a um titular de direito de recorrer ao Poder Judiciário, formulando uma pretensão para fazer valer seu direito, pleitear sua declaração ou restabelecimento com a obtenção de uma decisão judicial que lhe seja favorável; b) diz-se do direito daquele que tem legítimo interesse para agir em juízo de propor ou de contestar uma ação. **2.** ***Direito civil.*** Poder de exercer um direito subjetivo.

DIREITO DE ANTENA. **1.** Direito a criação de empresas destinadas a difundir mensagens (Espanha e Alemanha). **2.** Direito de resposta e de réplica política (Portugal). **3.** Direito de captação ou transmissão da comunicação por meio de ondas (Celso A. P. Fiorillo e Marcelo A. Rodrigues).

DIREITO DE ARREPENDIMENTO. **1.** ***Direito civil.*** a) Direito consignado em cláusula contratual que preveja a possibilidade de desistência de qualquer das partes dos direitos e obrigações do contrato; b) direito de desistir do contrato em razão de lei, pois esta permite, por exemplo, que, quando o instrumento público for exigido como prova do contrato, qualquer das partes poderá arrepender-se, antes de o assinar, ressarcindo à outra as perdas e danos resultantes do arrependimento; c) direito que têm as partes de desistir do contrato antes de sua efetivação. **2.** ***Direito autoral.*** Direito do autor de retirar a obra do comércio, indenizando o editor pelas perdas e danos.

DIREITO DE ASILO DIPLOMÁTICO. ***Direito internacional público.*** Direito do embaixador ou do comandante de aeronave ou de navio de guerra de proteger, ou não, dando amparo e guarida a acusado de crime político em suas legações, navio de guerra ou avião militar.

DIREITO DE ASILO TERRITORIAL. ***Direito internacional público.*** Direito que tem o Estado de refugiar, ou não, em seu território algum fugitivo acusado de crime político.

DIREITO DE CIDADANIA. ***Direito constitucional*** e ***ciência política.*** Complexo de direitos e deveres decorrentes da qualidade de cidadão.

DIREITO DE ESTRANGEIRO. ***Direito constitucional, direito internacional privado*** e ***direito internacional público.*** Complexo de normas disciplinadoras da entrada, permanência e saída de estrangeiros no território nacional, arrolando seus direitos e deveres, apesar de haver restrições ao exercício de certos direitos, como o de explorar minas e quedas-d'água, exercer função de corretor de Bolsa e leiloeiro público, adquirir propriedade de empresa jornalística e de embarcações, votar e ser votado, que é reservado apenas a brasileiros natos ou naturalizados etc. Contudo, tais limitações não implicam desigualdade jurídica entre nacional e estrangeiro, mesmo porque a lei não faz distinção entre eles quanto à aquisição e ao gozo dos direitos civis.

DIREITO DE FAMÍLIA. ***Direito civil.*** É o complexo de normas que regulam a celebração do casamento, sua validade e os efeitos que dele resultam, as relações pessoais e econômicas da sociedade conjugal, a dissolução desta, as relações entre pais e filhos, o vínculo de parentesco e os institutos complementares da tutela, curatela e ausência (Clóvis Beviláqua). É, portanto, o ramo do direito civil concernente às relações entre pessoas unidas pelo matrimônio, pela união estável ou pelo parentesco e aos institutos complementares de direito protetivo ou assistencial, pois, embora a ausência, a tutela e a curatela não advenham de relações familiares, têm, devido a sua finalidade, conexão com o direito de família.

DIREITO DE LEGAÇÃO. ***Direito internacional público.*** Direito do Estado soberano de se fazer representar junto aos governos estrangeiros por meio de seus agentes diplomáticos.

DIREITO DE POSTULAR. ***Direito processual civil.*** Poder do advogado, mediante procuração *ad judicia*, de praticar atos processuais em nome e no interesse dos litigantes, dirigindo-se diretamente ao órgão judicante (Calamandrei).

DIREITO DE PRIORIDADE. **1.** ***Direito registrário.*** É um dos efeitos do registro imobiliário, decorrente da ordem de prenotação do título. A prenotação consiste no prévio assentamento do título, que garante a prioridade, e esta, a preferência do direito real sobre o imóvel. Se houver conflito de registro de imóvel baseado em títulos dominiais diversos, prevalecerá o que foi prenotado anteriormente. **2.** ***Direito de propriedade industrial*** e ***direito internacional público.*** É a derrogação do princípio legal relativo à novidade da invenção, exigida pelas leis como uma das condições de concessão de patente. O efeito desse direito é impedir que a divulgação do invento, após o primeiro pedido de patente, prejudique a sua novidade, de acordo com a lei interna de cada país. Por outras palavras, a Convenção de Paris estabeleceu, para a proteção da propriedade industrial, um prazo de imunidade, dentro do qual a novidade da proteção não é prejudicada pelos fatos previstos na legislação do país onde a proteção é reclamada (João da Gama Cerqueira).

DIREITO DE PUNIR. ***Direito penal.*** *Jus puniendi*, ou seja, direito subjetivo público do Estado de cominar penas para cada modalidade de crime, aplicá-las ao criminoso e executar a sentença condenatória transitada em julgado. O direito de punir, que abrange três fases — cominação, aplicação e execução da pena —, é de competência exclusiva do Estado.

DIREITO DE REGRESSO. **1.** ***Direito comercial*** e ***direito cambiário.*** Direito do portador do título cambial de exigir dos sacadores, aceitantes, endossantes ou respectivos avalistas o seu pagamento quando não satisfeito pelo sacado. **2.** ***Direito civil.*** a) Direito de haver do devedor principal o reembolso do que se pagou em seu favor ao credor; b) direito do codevedor solidário que satisfez o credor pagando integralmente a dívida de receber dos demais a parte que a cada um deles competia. **3.** ***Direito administrativo*** e ***direito constitucional.*** Direito subjetivo público do Estado contra funcionário público que culposamente causou dano a um particular, exigindo-lhe o ressarcimento do que tiver pago àquele particular pelo dano causado.

DIREITO DE REMIÇÃO. ***Direito civil.*** Direito de resgate, ou seja, aquele que assiste ao proprietário do bem empenhado ou hipotecado, ao credor em segunda hipoteca ou ao adquirente do imóvel hipotecado de liberá-lo do ônus, pagando integralmente o credor. É, portanto, o direito de liberar uma coisa gravada.

DIREITO DE RESGATE. *Vide* DIREITO DE REMIÇÃO.

DIREITO DE RESISTÊNCIA. ***Ciência política.*** Direito reconhecido aos cidadãos, em certas condições, de recusa à obediência e de oposição às normas injustas, à opressão e à revolução. Tal direito concretiza-se pela repulsa a preceitos constitucionais discordantes da noção popular de justiça; à violação do governante da ideia de direito de que procede o poder cujas prerrogativas exerce; e pela vontade de estabelecer uma nova ordem jurídica, ante a falta de eco da ordem vigente na consciência jurídica dos membros da coletividade. A resistência é legítima desde que a ordem que o poder pretende impor seja falsa, divorciada do conceito ou ideia de direito imperante na comunidade. O direito de resistência não é um ataque à autoridade, mas sim uma proteção à ordem jurídica que se fundamenta na ideia de um bem a realizar.

DIREITO DE RESPOSTA. 1. *Direito civil.* É o concedido àquele contra quem foi publicado algo inverídico, em periódico, jornal ou em transmissão de radiodifusão, de dar, no mesmo veículo e gratuitamente, a resposta devida, retificando a informação, rebatendo as críticas ou as falsas notícias. 2. *Direito eleitoral.* Direito de candidato, partido ou coligação de prestar esclarecimentos, havendo ofensa ou emissão de afirmação caluniosa, difamatória, injuriosa ou sabidamente inverídica, difundida por qualquer veículo de comunicação (Olivia Raposo da Silva Telles).

DIREITO DE SEQUELA. 1. *Direito civil.* É a prerrogativa concedida ao titular de pôr em movimento o exercício de seu direito real sobre a coisa a ele vinculada contra todo aquele que a possua injustamente ou seja seu detentor (Serpa Lopes). 2. *Direito autoral.* É o concedido ao autor de obra artística de participar da *plus valia* obtida pelo proprietário de *corpus mechanicum* nas alienações posteriores. Por exemplo, um pintor tem direito a um percentual incidente no sobrepreço obtido em cada venda da obra no mercado (Carlos Alberto Bittar). Trata-se do direito de sequência sobre obra intelectual.

DIREITO DESPORTIVO. Conjunto de normas reguladoras de jogos e competições desportivas.

DIREITO DE TRÂNSITO. 1. *Direito civil.* Direito que tem o proprietário de um prédio rústico ou urbano que se encontre encravado em outro, sem saída para a via pública, fonte ou porto, de reclamar do vizinho que lhe deixe passagem, fixando-se a esta judicialmente o rumo quando necessário. Trata-se da passagem forçada. 2. *Direito de trânsito.* Conjunto de normas que regem o tráfego de veículos automotores.

DIREITO-DEVER. *Teoria geral do direito.* Diz-se de todo direito que contém em seu bojo uma obrigação, como o direito de voto, o poder familiar etc. É o direito conferido a alguém pela lei para atender a interesse de outrem e que deve ser exercido em conformidade com a função para a qual foi conferido (Ana Prata).

DIREITO DE VISITA. 1. *Direito civil.* Direito subjetivo do genitor que não tem a guarda e companhia da prole de visitá-la, desde que não se tenha enquadrado numa das hipóteses de perda de poder familiar. São sujeitos ao direito de visita não só os menores, mas também os maiores incapazes, doentes ou impossibilitados. Têm também direito de visitar seus netos os avós do modo que os pais decidirem ou autorizarem e, se isso lhes for negado, a critério do juiz, observados os interesses do menor. Enfim, é o direito reconhecido aos ascendentes de visitarem seus descendentes (filhos ou netos) confiados à guarda de um dos pais ou de um terceiro. 2. *Direito internacional público.* Direito pelo qual um Estado verifica, por meio de seu navio de guerra, desde que haja fundada suspeita, a equipagem, os passageiros e a carga de um navio mercante alienígena, para impedir um transporte de mercadoria vedado pelas convenções internacionais e para reprimir crimes internacionais, como transmissões clandestinas, tráfico de pessoas escravizadas, pirataria ou o uso de pavilhão que não represente sua real ou verdadeira nacionalidade.

DIREITO DE VIZINHANÇA. *Direito civil.* É a limitação imposta por normas jurídicas a propriedades individuais, com o escopo de conciliar interesses de proprietários vizinhos, reduzindo os poderes inerentes ao domínio, de modo a regular a convivência social (Daibert). Pode apresentar-se como: restrição do direito de propriedade quanto à intensidade de seu exercício, regulando seu uso nocivo; limitação legal ao domínio similar à servidão, tratando de questões sobre árvores limítrofes, passagem forçada e águas; e restrição oriunda de relações de contiguidade entre dois imóveis, versando sobre os limites entre prédios, direito de tapagem e direito de construir.

DIREITO DO CONSUMIDOR. 1. Conjunto de normas que regem as relações de consumo existentes entre consumidor e fornecedor. 2. Conjunto de normas que visam proteger e defender o consumidor, prevendo seus direitos, as obrigações e as responsabilidades do fornecedor do produto ou do serviço, assim como as medidas que previnem riscos e garantem os meios para o efetivo exercício de seus interesses.

DIREITO DO MENOR. *Direito do menor.* Conjunto de normas alusivas ao menor (criança e adolescente) e à condição jurídica do menor abandonado ou não amparado.

DIREITO DO TRABALHO. Conjunto de normas disciplinadoras das relações entre empregador e empregado caracterizadas pela sua natureza hierárquica e permanente, abrangendo instituições e princípios relativos à organização do trabalho e da produção e à condição social de trabalhador assalariado.

DIREITO ECONÔMICO. *Economia política.* Complexo de normas que, ao reger os instrumentos político-econômicos do Estado, têm por escopo atingir fins econômicos, aumentando e disciplinando a produção nacional, a circulação, a distribuição e o consumo das riquezas, dando a expansão tão necessária à economia do País.

DIREITO ELEITORAL. *Ciência política.* Conjunto de normas que regulamentam os partidos políticos, o alistamento, a filiação partidária, as eleições, a apuração de votos, a posse dos eleitos, as pendências eleitorais, a imposição de penas aos infratores de conduta eleitoral e a Justiça Eleitoral, disciplinando a participação do povo na formação do governo e os direitos políticos.

DIREITO EMPRESARIAL. *Vide* DIREITO COMERCIAL.

DIREITO EM TESE. *Teoria geral do direito.* É a lei considerada em si mesma e não no caso em que se deu sua incidência.

DIREITO ESPECIAL. *Teoria geral do direito.* Diz-se da norma aplicável apenas a pessoas, por ter um âmbito de aplicação delimitado em função da matéria normada.

DIREITO ESTATAL. *Ciência política.* **1.** Conjunto de normas que regem o Estado. **2.** O mesmo que DIREITO PÚBLICO (*v.*).

DIREITO ESTRANGEIRO. *Direito internacional privado.* Complexo de normas vigentes em outro país que, invocadas pela norma de direito internacional privado, podem ser aplicadas por um juiz brasileiro *ex officio* mesmo que os litigantes não queiram, desde que não firam a ordem pública e a soberania nacional. Como o direito estrangeiro é *res facti*, o órgão judicante, apesar de ter, em razão de *lex fori*, a obrigação de aplicá-las, poderá reclamar a sua prova.

DIREITO EVENTUAL. *Teoria geral do direito.* Diz-se daquele em que há um interesse incompleto em razão da falta de um elemento básico protegido pela norma jurídica. Por exemplo, penhor de um crédito futuro, promessa de venda, hipoteca sobre bens futuros, pacto de preferência, direito à sucessão legítima, que só se consolida com a morte do autor da herança etc.

DIREITO FALIMENTAR. *Direito comercial.* Conjunto de normas substantivas e adjetivas que regem não só a recuperação (judicial ou extrajudicial) e a falência do empresário ou de sociedade empresária, apontando seus deveres e responsabilidades, sem olvidar dos direitos de seus credores, como também o processo falimentar.

DIREITO FAZENDÁRIO. *Direito financeiro.* Normas atinentes às finanças do Estado que cuidam da composição do orçamento da arrecadação, gestão, fiscalização, controle, distribuição e aplicação do dinheiro público e das atividades financeiras do Estado assecuratórias dos recursos necessários à Administração para a mantença dos serviços públicos e a consecução de suas finalidades.

DIREITO FINANCEIRO. *Vide* DIREITO FAZENDÁRIO.

DIREITO FUTURO. *Teoria geral do direito* e *direito civil.* É aquele cuja aquisição, por ocasião da realização do negócio, não se operou, dado que sua efetivação depende de uma condição ou de um prazo. Trata-se de um direito não formado que requer a complementação dos fatos determinantes de sua aquisição. Por exemplo, quando se compra uma casa a prestações mensais, a transferência da propriedade só se efetua com o pagamento da última parcela, ocasião em que se exige a escritura pública para ser levada a assento no registro imobiliário, sendo, portanto, o direito futuro e eventual, uma vez que sua aquisição pode ocorrer ou não.

DIREITO GERAL. *Teoria geral do direito.* Conjunto de normas aplicáveis a relações jurídicas de mesma natureza (Cunha Gonçalves).

DIREITO HUMANITÁRIO. *Direito militar* e *direito internacional público.* Conjunto de normas aplicáveis a conflitos armados internacionais ou nacionais, alusivas ao tratamento na guerra de combatentes e não combatentes, aos limites de atuação dos Estados beligerantes, à regulamentação da violência e ao respeito aos direitos fundamentais do homem (Buergenthal, Celso Lafer e Flávia Piovesan).

DIREITO IMOBILIÁRIO. *Direito civil.* Complexo de normas disciplinadoras da propriedade imóvel ou de qualquer direito real sobre bem imóvel.

DIREITO INCORPÓREO. *Direito civil.* Aquele que tem por objeto bem incorpóreo, por não ter existência tangível, uma vez que recai sobre produtos do intelecto, ou por ser relativo a direito de valor econômico que uma pessoa natural ou jurídica tem contra outra, tal como o direito autoral, real, obrigacional, de crédito etc.

DIREITO INDIVIDUAL. *Direito constitucional.* É o garantido constitucionalmente a todos os homens, abrangendo o direito à vida, à liberdade, à igualdade perante a lei, à propriedade, à inviolabilidade domiciliar, à honra, à manifestação de pensamento, à segurança etc.

DIREITO INTELECTUAL. *Direito autoral* e *direito de propriedade industrial.* Conjunto de normas relativas aos produtos da inteligência humana, como modelos industriais, invenções, desenhos industriais, obras literárias, artísticas ou científicas etc. São considerados como direitos intelectuais o do autor, o do inventor etc.

DIREITO INTERNACIONAL PRIVADO. É o conjunto de normas especiais ditadas por um ou mais Estados (em razão de tratado), nos limites de sua competência legislativa, para resolver conflito interespacial de leis, determinando a aplicável à relação jurídica que contiver um ou alguns elementos estrangeiros.

DIREITO INTERNACIONAL PÚBLICO. É o conjunto de normas consuetudinárias e convencionais que regem as relações diretas ou indiretas entre

Estados e organismos internacionais, que as consideram obrigatórias. O direito internacional público tem por objeto a organização jurídica da solidariedade entre as nações, atendendo ao interesse público e visando a manutenção da ordem social que deve haver na comunidade internacional. Suas normas dizem respeito aos órgãos destinados às relações internacionais (ministérios do exterior, embaixadas, consulados, ONU, UNESCO, FAO etc.); à diplomacia e aos agentes diplomáticos; à solução pacífica das pendências; ao direito de guerra, regulando-lhe a humanização, o regime dos prisioneiros e a intervenção pacificadora dos neutros; à marinha e aviação internacionais etc.

DIREITO INTERTEMPORAL. *Direito constitucional* e *teoria geral do direito.* Diz respeito à solução da sucessão de normas jurídicas disciplinadoras de um dado fato de modo contraditório e dos conflitos entre uma lei nova e as relações jurídicas que foram definidas sob a vigência da norma anterior.

DIREITO IRRENUNCIÁVEL. *Direito civil.* Diz-se daquele de que seu titular não pode abrir mão por vontade própria, como, por exemplo, o poder familiar, o direito a alimentos etc.

DIREITO ÍRRITO. *Teoria geral do direito.* Aquele que ficou sem efeito por ter sido declarado nulo.

DIREITO LÍQUIDO E CERTO. *Direito constitucional* e *direito processual civil.* Aquele que não precisa ser apurado, em virtude de estar perfeitamente determinado, podendo ser exercido imediatamente, por ser incontestável e por não estar sujeito a quaisquer controvérsias. Para protegê-lo, é cabível mandado de segurança.

DIREITO MARÍTIMO. Complexo de normas concernentes à navegação marítima, fluvial e lacustre, ao comércio interno ou internacional sobre águas navegáveis, ao transporte, à tripulação, à guerra por mar, à administração da marinha mercante ou militar, à responsabilidade por acidentes de navegação, aos créditos e privilégios marítimos, inclusive à hipoteca naval, do regime dos navios mercantes e de guerra, à embarcação, ao policiamento dos portos, à organização e funcionamento dos tribunais marítimos, às relações entre o armador, o capitão e a tripulação, ao mar e à plataforma submarina etc.

DIREITO MATERIAL. *Teoria geral do direito.* Trata-se do direito substantivo, que é um complexo de normas que regem as relações jurídicas, definindo a sua matéria. Por exemplo, direito civil, direito penal, direito comercial etc.

DIREITO MILITAR. Conjunto de normas e ordenanças reguladoras da organização e funcionamento das Forças Armadas do País, das relações entre comandantes e comandados, dos direitos e deveres dos membros da corporação, dos crimes militares, das penas disciplinares, das funções militares em tempo de guerra ou de paz etc.

DIREITO MOBILIÁRIO. *Direito civil.* Complexo normativo atinente à propriedade e aos direitos reais que recaem sobre bens móveis.

DIREITO NATURAL. *Teoria geral do direito* e *filosofia do direito.* **1.** Conjunto de normas ou de primeiros princípios morais imutáveis de "dever ser", consagrados ou não na legislação de sociedade, visto que resultam da natureza das coisas, especialmente da humana, sendo por isso apreendidos imediatamente pela inteligência como verdadeiros (concepção do direito natural, objetivo e material de Santo Tomás de Aquino). **2.** É aquele que se funda na identidade da razão humana, concebendo a natureza do ser humano: a) como genuinamente social (Grotius, Pufendorf e Locke); ou b) como originariamente associal ou "individualista" (Hobbes, Spinoza e Rousseau). Trata-se da concepção do direito natural, subjetivo e formal. **3.** Diz-se daquele cuja obrigatoriedade é cognoscível pela razão pura, independente de lei externa ou de direito positivo (Kant). **4.** É a ideia de direito justo como um critério do qual todo direito positivo se aproxima sem esgotá-lo, transformando-se o direito em tentativa de direito justo (Rudolf Stammler). **5.** É o que considera não só as justas pretensões da pessoa, mas também as suas obrigações racionais para com outrem. O direito natural representa o reconhecimento das propriedades e exigências essenciais da pessoa humana (Del Vecchio). **6.** Conjunto de normas jurídicas oficializadas pela inteligência governante de conformidade com o sistema ético de referência da coletividade em que vigora. O direito natural é o direito legítimo que nasce no seio do povo, sendo designado direito quântico (Goffredo Telles Jr.).

DIREITO NUCLEAR. *Direito constitucional, direito internacional público* e *direito ambiental.* **1.** Conjunto de princípios e normas reguladoras de atividades relacionadas à utilização de energia nuclear com fins pacíficos (Guido Soares). **2.** Complexo de normas que regulam o uso de armas atômicas (A. Machado Paupério).

DIREITO OBJETIVO. *Teoria geral do direito.* Complexo de normas jurídicas que regem o comportamento humano, prescrevendo uma sanção no caso de sua violação. É sempre um conjunto de normas impostas ao comportamento humano, autorizando o indivíduo a fazer ou não fazer algo. Indica o caminho a ser seguido, prescrevendo medidas repressivas em caso de violação de normas.

DIREITO PARLAMENTAR. *Ciência política* e *direito constitucional.* Conjunto de normas que regem as atribuições, os deveres e as prerrogativas dos integrantes do Poder Legislativo, o regime da apresentação de projetos ou emendas de lei, dos debates, das votações e das relações com os outros Poderes, contidas nos Regimentos Internos da própria Câmara, do Senado ou do Congresso Nacional.

DIREITO PARTIDÁRIO. *Ciência política.* É o relacionado à criação, fusão, incorporação e extinção dos partidos políticos (Othon Sidou).

DIREITO PATRIMONIAL. *Direito civil.* Aquele que tem por objeto bens suscetíveis de avaliação econômica, sendo, em regra, transmissível ou transferível.

DIREITO PENAL. *Vide* DIREITO CRIMINAL.

DIREITO PERSONALÍSSIMO. *Direito civil.* É aquele cujo exercício compete exclusivamente a seu titular, sendo, portanto, indisponível ou intransferível. Por exemplo, o direito à honra, à liberdade e à integridade física.

DIREITO PESSOAL. *Direito civil.* É uma relação entre pessoas, abrangendo tanto o sujeito ativo como o passivo e uma prestação de dar, de fazer ou de não fazer que ao primeiro deve o segundo. O objeto de direito pessoal é sempre uma prestação do devedor, por isso, quando violado, o seu titular (credor) tem ação apenas contra indivíduo que figura na relação jurídica como sujeito passivo.

DIREITO POLÍTICO. *Vide* DIREITO CÍVICO.

DIREITO POSITIVO. *Teoria geral do direito.* Conjunto de normas vigentes estabelecidas pelo poder político que se impõem e regulam a vida social de um dado povo em determinada época.

DIREITO POTESTATIVO. *Direito civil.* **1.** Conjunto de funções e deveres outorgados pela lei a alguém para reger os bens e a pessoa absoluta ou relativamente incapaz ou que foi declarada ausente. São direitos potestativos os do poder familiar, tutela e curatela. **2.** Diz-se daquele em que seu titular tem poder de influir unilateralmente na situação jurídica de outrem, sem que este possa fazer algo, tendo de se sujeitar à sua vontade (Chiovenda). Por exemplo, o poder de revogar procuração ou de pedir divisão de coisa comum.

DIREITO PREVIDENCIÁRIO. *Vide* DIREITO ASSISTENCIAL, n. 1.

DIREITO PRIVADO. *Teoria geral do direito.* É o que disciplina as relações entre particulares, nas quais predominam, de modo imediato, interesses de ordem particular, como compra e venda, doação, usufruto, casamento, testamento etc. O direito privado abrange: a) o direito civil, que regulamenta os direitos e deveres de todos os indivíduos enquanto tais, contendo normas sobre o estado e a capacidade das pessoas e sobre as relações atinentes à família, às coisas, às obrigações e sucessões; b) o direito comercial, que disciplina a atividade negocial do empresário e a de qualquer pessoa natural ou jurídica destinada a fins de natureza econômica, desde que habitual e dirigida à produção e à circulação de bens e serviços, visando resultados patrimoniais; c) o direito do trabalho, que rege as relações entre empregador e empregado, compreendendo normas sobre organização do trabalho e da produção; d) o direito do consumidor, que disciplina relações de consumo existentes entre fornecedor e consumidor.

DIREITO PROCESSUAL CIVIL. Conjunto de normas que disciplinam o modo de solucionar lides, litígios ou conflitos de interesses surgidos nas atividades mercantis, civis, administrativas etc.

DIREITO PROCESSUAL DO TRABALHO. Conjunto de normas alusivas à organização competente para solucionar conflitos trabalhistas.

DIREITO PROCESSUAL PENAL. Complexo de normas que regem a maneira pela qual o Estado soluciona as lides oriundas de infração da lei penal.

DIREITO PÚBLICO. *Teoria geral do direito.* É aquele que regula as relações em que o Estado é parte, ou seja, rege a organização e a atividade do Estado considerado em si mesmo (direito constitucional) em relação com outro Estado (direito internacional) e em suas relações com os particulares, quando procede em razão de seu poder soberano e atua na tutela do bem coletivo (direitos administrativo, tributário e processual).

DIREITO REAL. *Direito civil.* Trata-se do *jus in re*, ou seja, do poder imediato sobre a coisa. É uma relação entre o homem e a coisa corpórea ou incorpórea que contém um sujeito ativo, uma coisa e a inflexão imediata daquele sobre esta. É oponível *erga omnes*, isto é, a quem quer que seja, havendo uma relação jurídica entre o titular e toda a humanidade, que fica obrigada passivamente a respeitar o direito do sujeito ativo. Com isso seu titular tem ação real e direito de sequela contra quem injusta ou indistintamente detiver a coisa. Portanto, o direito real é o direito subjetivo de ter como seus objetos materiais ou coisas corpóreas ou incorpóreas (Goffredo Telles Jr.).

DIREITO REAL DE LAJE. *Direito civil.* Direito real de fruição pelo qual alguém poderá edificar unidade na superfície superior ou inferior de uma construção-base pertencente a outrem, desde que haja permissão do proprietário da unidade original construída sobre o solo.

DIREITO REAL SOBRE COISA ALHEIA. *Direito civil.* É aquele pelo qual se adquire, por meio de norma jurídica, permissão do proprietário da coisa para usá-la ou tê-la como se fosse sua, em determinadas circunstâncias, ou sob condição, de acordo com a lei e com o que foi estabelecido em contrato válido (Goffredo Telles Jr.). O direito real referente a coisa alheia é o direito subjetivo concernente a coisa incorpórea, como o direito do usufrutuário, do enfiteuta, do credor anticrético ou hipotecário. O direito real sobre coisa alheia está dividido em três espécies: direito real limitado de gozo ou fruição (enfiteuse, servidão predial, usufruto, uso, habitação, concessão de uso especial para fins de moradia, concessão de direito real de uso de laje, legitimação de posse e superfície); direito real de garantia (penhor, anticrese, hipoteca e alienação fiduciária em garantia, relativamente ao fiduciário); e direito real de aquisição (compromisso irretratável de compra e venda) e alienação fiduciária em relação ao fiduciante.

DIREITO REGISTRAL. *Direito civil.* Conjunto de normas relativas ao registro de documentos e imóveis.

DIREITO RELATIVO. *Direito civil.* É o oponível a certa pessoa, por ter eficácia limitada, por exemplo, no direito de crédito, o credor só pode acionar o seu devedor, que deve responder pelo cumprimento da obrigação por ele assumida. É, portanto, aquele que produz efeito jurídico *inter partes*.

DIREITO ROMANO. Conjunto de normas jurídicas que disciplinaram na antiguidade o povo romano até a era de Justiniano, não só em suas relações entre si como também nas com os outros povos, exercendo enorme influência no direito das nações civilizadas da atualidade, principalmente na seara juscivilística.

DIREITOS COLETIVOS. *Direito constitucional.* **1.** São os relativos aos interesses da sociedade simples, de partidos políticos, sindicatos ou entidades associativas ou de classe, que podem defender seus filiados ou membros, movendo ação em juízo, sem que haja litisconsórcio, como, por exemplo, mandado de segurança coletivo, havendo direito líquido e certo. **2.** São interesses comuns a uma coletividade e pessoas e a elas somente, quando exista um vínculo jurídico entre os componentes do grupo (a sociedade empresária, a família, os entes profissionais, o sindicato). São interesses comuns, nascidos em função de uma relação base que une os membros das respectivas comunidades e que, não se confundindo com interesses estritamente individuais de cada sujeito, merece sua identificação (Ada Pellegrini Grinover).

DIREITOS CONEXOS. **1.** *Direito autoral.* a) São os direitos para-autorais que vêm a auxiliar a criação, a produção e a divulgação de obras intelectuais; b) direitos dos artistas intérpretes ou executantes, dos produtores fonográficos e das empresas de radiodifusão, que não afetam as garantias asseguradas aos autores de obras literárias, artísticas ou científicas. **2.** *Direito civil.* Diz-se de direitos da personalidade autônomos, mas intimamente ligados, sem que um seja parte integrante do outro. Por exemplo, entre o direito à imagem e o direito à honra, há uma íntima ligação, pois a divulgação da imagem, em certos casos, pode provocar ofensa à honra, por estar em desacordo com a personalidade do titular, causando gravame à sua reputação ou decoro.

DIREITOS DIFUSOS. *Direito constitucional* e *direito ambiental.* **1.** Diz-se daqueles que, sendo indivisíveis e indisponíveis, podem ser usufruídos por um número indeterminável de pessoas, por recaírem sobre bens de toda a coletividade, como o meio ambiente, o patrimônio cultural etc. **2.** São os que, não se fundando em vínculo jurídico, baseiam-se sobre dados de fatos genéricos e contingentes, acidentais e mutáveis: como habitar na mesma região; consumir iguais produtos; viver em determinadas circunstâncias socioeconômicas, submeter-se a particulares empreendimentos (Ada Pellegrini Grinover).

DIREITO SECURITÁRIO. *Direito civil.* Complexo de normas disciplinadoras das várias modalidades de seguro.

DIREITOS ESSENCIAIS. *Teoria geral do direito.* **1.** Os que não podem faltar à personalidade, tendo preponderância sobre os demais direitos da pessoa (De Cupis). **2.** Abrangem a maioria dos bens jurídicos não só da personalidade física e moral humana (p. ex., a vida, a honra, a imagem, a privacidade, a liberdade etc.) (Capelo de Sousa), como também os da pessoa jurídica (p. ex., a honra objetiva, a imagem-atributo, o segredo tecnológico etc.).

DIREITOS FUNDAMENTAIS. **1.** *Vide* DIREITOS HUMANOS. **2.** *Direito constitucional.* a) Conjunto de direitos positivados na Constituição do país, que abrangem direitos individuais, sociais, econômicos, culturais e coletivos (André Ramos Tavares); b) direitos do ser humano reconhecidos e positivados na esfera do direito constitucional positivo de determinado Estado (Ingo Wolfgang Sarlet).

DIREITOS HUMANOS. *Direito internacional público.* **1.** Conjunto de normas substantivas contidas na Declaração Universal dos Direitos do Homem e não nas normas constitucionais, arrolando os direitos elementares à dignidade humana, sejam eles civis, políticos, econômicos, sociais ou culturais, aplicáveis aos homens individualmente ou como membros da sociedade. Tais normas constitucionais restringem o poder estatal por constituírem uma limitação ao Legislativo, Executivo e Judiciário, que devem respeitar os direitos humanos. **2.** Conjunto de normas e instituições voltadas ao resguardo da dignidade, liberdade e igualdade humana, que constituem o fundamento do Estado democrático (Henkin, Nilliers e Pérez Iuno). **3.** São os relacionados com os documentos de direito internacional, por referir-se àquelas posições jurídicas que se reconhecem ao ser humano como tal, independentemente de sua vinculação com certa ordem constitucional e que, portanto, aspiram à validade universal, para todos os povos e tempos, de tal sorte que revelam caráter supranacional (Ingo Wolfgang Sarlet).

DIREITOS INDIVIDUAIS. 1. *Vide* Direitos Humanos. **2.** ***Direito constitucional.*** Direitos fundamentais da pessoa como ser individual e autonomamente considerado (Wilson Steinometz).

DIREITO SINGULAR. ***Teoria geral do direito.*** Diz-se de qualquer lei de exceção ou especial que venha a atender interesse de determinada classe de pessoas.

DIREITOS SOCIAIS. 1. ***Teoria geral do direito.*** A. Conjunto de normas que disciplinam o organismo social com o escopo de obter o equilíbrio da vida em sociedade. B. Os que brotam de modo espontâneo no grupo social, como as normas consuetudinárias. C. Aqueles que regem as relações trabalhistas, resolvendo a questão social ao procurar restabelecer o equilíbrio social por meio da proteção do trabalhador e de seus dependentes (Cesarino Jr.). D. Aqueles que visam a exteriorização jurídica de corpos sociais autônomos, como os sindicatos. E. São os que abrangem: a) os direitos do trabalho, que incluem: o direito ao trabalho; o direito a uma remuneração justa; o direito de sindicalização; o direito ao repouso e lazer; b) o direito ao bem-estar e à previdência social, que se desdobra em: direito à seguridade social; direitos especiais da infância e maternidade; c) o direito à educação e cultura, que abarca: o direito à instrução; o direito ao desenvolvimento da personalidade e o direito à vida cultural; d) os direitos relativos à família, como: direitos à proteção do Estado; direito ao casamento; direito de orientar a educação dos filhos; e) os direitos em relação ao Estado, como: direito de participar no governo; direito de acesso ao serviço público e direito de voto (A. Franco Montoro). **2.** ***Direito constitucional.*** São os direitos à educação, à alimentação, à saúde, ao trabalho, à moradia, ao lazer, à segurança, à previdência social, à proteção à maternidade e à infância, e à assistência aos desamparados.

DIREITO SUBJETIVO. ***Teoria geral do direito.*** É a permissão dada a alguém por meio de norma jurídica válida para fazer ou não alguma coisa, para ter ou não algo, ou, ainda, a autorização para exigir por meio dos órgãos competentes do Poder Público ou dos processos legais, em caso de prejuízo causado por violação da lei, o cumprimento da norma infringida ou a reparação do mal sofrido. Infere-se daí que duas são as espécies de direito subjetivo: a) o comum da existência, que é a permissão de fazer ou não fazer e de ter ou não alguma coisa, sem violação de preceito normativo, por exemplo, o direito de ter um nome, um domicílio, de ir e vir, de casar, de trabalhar, de alienar bens etc.; b) o de defender direitos ou de proteger o direito comum da existência, ou seja, a autorização de assegurar o uso do direito subjetivo, de modo que o lesado pela violação da norma está autorizado por ela a resistir contra a ilegalidade, a fazer cessar o ato ilícito, a reclamar reparação pelo dano e a processar criminosos, impondo-lhes pena (Goffredo Telles Jr.).

DIREITO SUMULAR. ***Teoria geral do direito.*** **1.** Diz-se do contido nas súmulas dos Tribunais Superiores (STF, STJ, TST e STM), as quais, por serem normas consuetudinárias, constituem fontes de direito. **2.** É a elevação da jurisprudência esparsa, mediante o amalgamento dos julgados, do patamar de ramo jurídico (Ivan Lira de Carvalho). **3.** Entendimento do STF, consignado em súmula vinculante, sobre determinado assunto.

DIREITO SUPRANACIONAL. ***Direito internacional público.*** Conjunto de normas elaboradas pelos órgãos legisladores das organizações de integração econômica regional.

DIREITO TRANSITÓRIO. ***Teoria geral do direito.*** **1.** Conjunto de normas determinantes da exigência da lei nova e da velha norma revogada. Constitui as disposições transitórias elaboradas pelo legislador no próprio texto normativo para conciliar a nova norma com as relações já definidas pela anterior. **2.** Aquele que não tem existência permanente por estar contido em norma que pode ser revogada a qualquer momento. **3.** Aquele que tem vigência temporária pelo simples fato de já ter fixado o tempo de sua duração, contendo um limite para sua eficácia.

DIREITO TRIBUTÁRIO. Conjunto de normas que aludem, direta ou indiretamente, à instituição, arrecadação e fiscalização de tributos (impostos, taxas e contribuições) devidos pelos cidadãos ao governo (Paulo de Barros Carvalho). Refere-se às relações entre o Fisco e os contribuintes, tendo por escopo regular as receitas de caráter compulsório.

DIREITO UNIVERSAL. 1. ***Direito civil.*** É o relativo a bens agregados considerados uma universalidade, como a herança, o patrimônio, a massa falida etc. (Othon Sidou). **2.** ***Ciência política.*** Conjunto de normas que condicionam a soberania dos vários Estados aos princípios da ordem jurídica internacional (Othon Sidou).

DIREITO URBANÍSTICO. 1. Conjunto de normas relativas à atividade pública de ordenar espaços habitáveis, efetuando planejamentos urbanos, disciplinando o uso e a ocupação do solo e procurando melhorar as condições de vida nos núcleos populacionais da cidade ou do campo (Hely Lopes Meirelles). **2.** Conjunto de normas que regem a atividade urbanística, dando ao Poder Público os meios necessários para intervir no meio social, atendendo ao interesse da coletividade (Raul Malta Moreira). **3.** Conjunto de normas que visam organizar os espaços habitáveis, de modo a propiciar melhores condições de vida ao homem na comunidade (José Afonso da Silva).

DIRETIVAS ANTECIPADAS DE VONTADE DO PACIENTE. *Biodireito.* Consistem no conjunto de desejos prévia e expressamente manifestados pelo paciente sobre cuidados e tratamentos que quer, ou não, receber no momento em que estiver incapacitado de expressar livre e autonomamente sua vontade.

DIRETORIA. 1. Órgão de administração e deliberação das associações e sociedades civis e comerciais. **2.** Diz-se dos membros encarregados de uma direção. **3.** Cargo ou ofício de diretor. **4.** Órgão diretor. **5.** Local onde o diretor exerce suas funções. **6.** Direção ou administração de uma seção ou departamento público.

DIRIGISMO CONTRATUAL. *Direito civil.* Intervenção estatal na economia do negócio jurídico contratual, impondo restrições ao princípio da autonomia da vontade, por entender-se que, se se deixasse o contratante estipular livremente o contrato, ajustando qualquer cláusula sem que o magistrado pudesse interferir, mesmo quando uma das partes ficasse em completa ruína, a ordem jurídica não estaria assegurando a igualdade econômica. O Estado intervém no contrato não só mediante a aplicação de normas de ordem pública, mas também com a adoção de revisão judicial dos contratos, alterando-os, estabelecendo-lhes condições de execução ou mesmo exonerando a parte lesada, conforme as circunstâncias, com fundamento nos princípios da boa-fé objetiva e da função social dos contratos ou da supremacia do interesse coletivo, no amparo do fraco contra o forte, hipótese em que a vontade estatal substitui a dos contratantes, valendo a sentença como se fosse uma declaração volitiva do interessado.

DIRIMENTE. 1. *História do direito.* Dizia-se do impedimento matrimonial absoluto, que acarretava a nulidade do casamento, baseado no interesse público, envolvendo causas atinentes à instituição da família e à estabilidade social. Corresponde, hoje, ao impedimento matrimonial resultante de parentesco, de vínculo e de crime. **2.** *Direito penal.* Diz-se das causas de exclusão de ilicitude, se o crime se deu em estado de necessidade, legítima defesa, exercício regular de direito ou estrito cumprimento de dever legal, ou das de inimputabilidade penal, como doença mental, desenvolvimento incompleto ou retardado, ou menoridade. **3.** *Direito canônico.* Diz-se das causas de impedimento matrimonial, como idade inferior a dezesseis anos no homem e quatorze na mulher, impotência, vínculo a outro casamento, voto religioso solene, adultério, conjucídio, consanguinidade, afinidade, parentesco espiritual etc.

DISCERNIMENTO. 1. *Psicologia forense.* a) Percepção de uma nova relação no discurso da experiência, distinguindo-a; b) faculdade de entender algo de modo sensato e claro. **2.** *Direito civil.* Prudência: capacidade de avaliar fatos ou atos de modo sensato, tendo, por isso, aptidão para praticar atos da vida civil. **3.** *Direito penal.* Qualidade para distinguir o lícito do ilícito, o bem do mal praticado, que acarreta para o agente a responsabilidade penal.

DISCRICIONARIEDADE ADMINISTRATIVA. *Direito administrativo.* Poder do agente público de agir ou não agir, de avaliar ou de decidir atos de sua competência, dentro dos limites legais, segundo critérios de oportunidade em conveniência para a consecução do interesse público.

DISCRICIONARIEDADE JUDICIAL. *Teoria geral do direito.* Poder de decidir dentro da moldura legal, mediante uma valoração objetiva, adequando o direito ao caso *sub judice*, quando houver omissão normativa ou quando sua eficácia apresentar sintomas de inadaptabilidade em relação à realidade fático-social e aos valores positivos.

DISCRICIONÁRIO. *Direito administrativo.* Diz-se do ato que a Administração Pública pratica com certa margem de liberdade de avaliação ou decisão, segundo critérios de conveniência e oportunidade formulados por ela mesma, ainda que adstrita à lei reguladora da sua expedição (Celso Antônio Bandeira de Mello).

DISCRIMINAÇÃO. 1. *Psicologia forense.* Processo pelo qual dois estímulos diferentes num dado aspecto produzem reações diversas. **2.** *Direito tributário.* Classificação das receitas e despesas conforme sua origem e os serviços a que se destinam. **3.** *Direito agrário.* a) Inventário de atos públicos em consórcio com atos particulares, visando a separação, por mútuo consenso, das terras públicas das privadas, confundidas na estrutura fundiária do País (Lima Stefanini); b) apartação judicial de terras públicas das particulares. **4.** *Direito alfandegário.* Distinção feita nas mercadorias, particularizando-as, mediante emprego de nomenclatura própria constante da fatura comercial, segundo o uso ou a praxe mercantil, para obter a classificação tarifária, o lançamento dos impostos devidos e a estipulação dos direitos aduaneiros nelas incidentes. **5.** Na *linguagem jurídica* em geral, indica: a) ato de separar uma coisa que está unida a outra; b) separação entre coisas, cargos, serviços, funções ou encargos iguais, similares ou diferentes; c) definição; d) limitação decorrente da individuação da coisa; e) classificação de algo, fazendo as devidas especificações; f) tratamento preferencial de alguém, prejudicando outrem; g) situação subjetiva de tratamento diferenciado em relação a uma qualidade da pessoa, como sexo, raça, idade etc., lesiva a um interesse econômico, social, moral, profissional etc. (Alice Monteiro de Barros); h) qualquer distinção, exclusão ou preferência que anule ou destrua a igualdade. Por exemplo, ato de impedir alguém de exercer o direito ao trabalho por motivos arbitrários, racistas etc., não podendo usufruir das mesmas oportunidades e do mesmo tratamento de que gozam outras pessoas (Hédio Silva Júnior); i) conduta que nega à pessoa tratamento compatível com o padrão jurídico assentado para a situação concreta por ela vivenciada (M. G. Delgado). **6.** ***Teoria geral do direito.*** Ato de distinguir dois objetos do pensamento.

DISPARO DE ARMA DE FOGO. ***Direito penal.*** Contravenção penal que consiste em atirar com arma de fogo em via pública ou local habitado, punível com prisão simples ou multa.

DISPÊNDIO. 1. Despesa; gasto. **2.** Prejuízo; perda; dano.

DISPENSA. 1. ***Direito do trabalho.*** Despedida de empregado. **2.** Na ***linguagem jurídica*** em geral, pode ter o sentido de: a) licença para a prática de certo ato a que se estava obrigado; b) isenção de encargo ou da obrigação de efetuar determinado ato; c) documento ou ato em que se concede uma licença. **3.** ***Direito administrativo.*** Ato administrativo discricionário que exonera o administrado, funcionário público ou não, do cumprimento de um dever legal, por exemplo, serviço de jurado, assinatura de ponto etc. (Oswaldo A. Bandeira de Mello, Hely Lopes Meirelles e José Cretella Jr.). **4.** ***Direito civil.*** Liberação do herdeiro, inserida em doação ou testamento, de colacionar os bens recebidos.

DISPENSA DA COLAÇÃO. ***Direito civil.*** Ato do doador de liberar o herdeiro de colacionar doação que saia de sua meação disponível, desde que não a exceda. Essa dispensa só pode ser feita expressamente no testamento ou no título constitutivo da liberalidade; logo, não terá validade se efetivada em outro documento ou se feita oralmente.

DISPONENTE. ***Direito civil.*** Pessoa que gratuitamente dispõe de seus bens em benefício de alguém; aquele que faz uma liberalidade por ato *inter vivos* ou *causa mortis*; doador ou testador.

DISPONIBILIDADE. 1. ***Direito administrativo.*** a) Garantia de que os usuários autorizados obtenham acesso à informação e aos ativos correspondentes sempre que necessário; b) desligamento de funcionário público do exercício de seu cargo em decorrência de extinção deste, de fato que impeça sua permanência nele ou por conveniência do serviço público, conservando, porém, o gozo de certos privilégios e garantias daquele cargo que ocupava. **2.** ***Direito civil.*** a) Estado dos bens que podem ser alienados pelo seu proprietário por não estarem sujeitos a quaisquer ônus, encargo ou cláusula de inalienabilidade; b) permissão do titular de um direito de exercê-lo ou não; c) qualidade do bem de ser alienável; d) soma de bens de que se pode dispor. **3.** ***Direito comercial.*** a) Estado dos feitos do ativo de um empresário, que podem ser transformados em numerário; b) fundo disponível próprio para resgatar ações de sociedade anônima; c) conjunto de valores reais e efetivos de uma empresa tal como aparecem no ativo do balanço. **4.** ***Direito bancário.*** Depósito em banco. **5.** ***Direito do trabalho.*** Estado de desempregado.

DISPOSIÇÃO DE ÚLTIMA VONTADE. ***Direito civil.*** Disposição *causa mortis* ou testamentária, pela qual o testador dispõe, licitamente, por testamento, de todo ou de parte de seu patrimônio.

DISPOSIÇÃO DO CORPO HUMANO VIVO. ***Direito civil.*** Ato de qualquer pessoa capaz, nos termos da lei civil, de dispor de tecidos, órgãos e partes de seu corpo para serem retirados, em vida, para fins de transplantes ou terapêuticos. Tal doação só será permitida quando se tratar de órgãos duplos ou partes de órgãos, tecidos ou partes cuja retirada não cause ao doador comprometimento de suas funções vitais e aptidões físicas ou mentais nem lhe provoque mutilação ou deformação. Essa retirada apenas será possível se corresponder a uma necessidade terapêutica, comprovadamente indispensável e inadiável, da pessoa receptora.

DISPOSIÇÃO *POST MORTEM* DE TECIDOS, ÓRGÃOS E PARTES DO CORPO HUMANO. ***Direito civil.*** Ato de retirada de tecidos, órgãos e partes, após a morte. Só pode ser efetuado com o consentimento expresso de parente em linha reta ou colateral até o 2º grau, ou do cônjuge sobrevivente se, em vida, o falecido a isso não tiver manifestado sua objeção, firmado em documento subscrito por duas testemunhas presentes à verificação da morte por dois médicos, não pertencentes à equipe de transplante.

DISPOSIÇÕES FINAIS E TRANSITÓRIAS. ***Teoria geral do direito.*** **1.** Normas de vigência temporária colocadas no final de uma lei, determinando a revogação de certas normas, a data do início de sua vigência, a disciplina de situações pendentes etc. **2.** Normas de direito transitório inseridas no final de leis para reger conflito de leis no tempo.

DISPOSITIVO. 1. ***Direito processual civil.*** Elemento estrutural da sentença de mérito, por se tratar da decisão ou do julgamento prolatado pelo magistrado. **2.** ***Teoria geral do direito.*** Disposição legal; preceito legal; artigo de lei.

DISSENSÃO. Discórdia; desavença; divergência; desacordo; falta de consenso ou de acordo.

DISSIDÊNCIA. **1.** *Vide* DISSENSÃO. **2.** Divergência de opiniões entre os membros de um mesmo partido político. **3.** Cisão entre membros de uma corporação. **4.** Dissídio coletivo.

DISSÍDIO COLETIVO. ***Direito do trabalho.*** É forma de solução judicial do conflito coletivo de trabalho. A denominação *dissídio coletivo* é utilizada pelo legislador constitucional, quando cuida da arbitragem, ao dizer que, havendo recusa à negociação ou à arbitragem, os sindicatos podem ajuizar dissídio coletivo, podendo a Justiça do Trabalho estabelecer normas e condições, respeitadas as disposições convencionais e legais mínimas de proteção ao trabalho. O texto constitucional, desde logo, deixa clara a distinção entre arbitragem e solução judicial, isto é, as partes podem estabelecer normas coletivas por meio de negociação direta, da arbitragem, ou mediante dissídio coletivo (Pedro Paulo Teixeira Manus).

DISSÍDIO INDIVIDUAL. ***Direito do trabalho.*** Dá-se quando o litígio ocorre entre empregador e empregado individualmente considerado. Trata-se da reclamação trabalhista.

DISSIMULAÇÃO. **1.** ***Direito civil.*** Simulação. **2.** ***Direito tributário.*** Ocultação de rendimentos pelo contribuinte com a intenção de sonegar. **3.** ***Direito penal.*** Circunstância agravante da pena consistente em impossibilitar a defesa da vítima, podendo tipificar uma das espécies de homicídio qualificado.

DISSOLUÇÃO DO CONTRATO. ***Direito civil.*** Causa extintiva da relação contratual que pode ser: a) normal, ou seja, com o adimplemento da prestação e a sua quitação; b) anterior ou contemporânea à formação do contrato, como declaração da nulidade absoluta ou relativa, implemento de condição resolutiva ou exercício do direito de arrependimento previsto no contrato; c) superveniente à formação do vínculo contratual, impedindo sua execução, tal como a resolução por inexecução voluntária ou involuntária do contrato, a resolução por onerosidade excessiva, a resilição bilateral ou o distrato, a resilição unilateral ou a morte de um dos contratantes.

DISSOLUÇÃO PARCIAL DA SOCIEDADE. ***Direito comercial.*** Rompimento do vínculo contratual que prende um sócio à sociedade, em caso de sua retirada, exclusão, morte, incapacidade ou insolvência, sem que haja dissolução da sociedade, que continua com os sócios remanescentes, devendo promover um balanço especial para a determinação e a liquidação do seu cabedal. A dissolução parcial da sociedade funda-se no princípio conservativo da *societas* e no instituto da liquidação da cota do sócio em relação ao qual se rompeu o vínculo societário, promovida pelo órgão social para apuração só e exclusivamente dos haveres daquele, fazendo-se o pagamento pela forma estabelecida no contrato social. A dissolução parcial consiste na mera cessação do liame societário, limitadamente ao sócio que dela saiu. Assim sendo, com o rompimento do laço social não haverá nenhuma cota societária a ser entregue ao sócio ou a quem de direito, que apenas será credor do valor correspondente a ela.

DISSOLUÇÃO TOTAL DA SOCIEDADE. ***Direito comercial.*** Ocorre quando se dissolvem todos os vínculos societários, fazendo com que a sociedade deixe de existir. Para tanto será preciso: a) vontade unânime dos sócios; b) decurso do prazo estipulado para a duração da sociedade; c) falência; d) impossibilidade de realizar o objeto social; e) unipessoalidade, salvo no caso de sociedade subsidiária integral e na hipótese de unipessoalidade incidental e temporária de sociedade por ações; e de transformação do registro da sociedade para empresário individual ou para empresa individual de responsabilidade limitada; ou f) alguma causa extintiva prevista no contrato social (Fábio Ulhoa Coelho).

DISSUASÃO. ***Ciência política*** e ***direito internacional público.*** Ação organizada de uma potência política para coibir ou desencorajar a de outras.

DISTANÁSIA. ***Medicina legal.*** **1.** É a obstinação terapêutica, comportamento médico consistente em usar processos terapêuticos cujo efeito é mais nocivo do que o do mal a ser curado, por serem inúteis uma vez que a cura é impossível e o benefício esperado é menor que os inconvenientes previsíveis (Jean-Robert Debray; M. Cuyas). **2.** Prolongamento artificial e obstinado da vida de um paciente terminal. **3.** Futilidade médica por empregar tratamento inútil. **4.** Agonia lenta que leva o paciente a ter uma morte muito penosa ou dolorosa. **5.** Prolongamento doloroso e/ou com grande sofrimento psicológico do processo de morte por meios artificiais. Conduta considerada ilegal e antiética em todo o mundo.

DISTINTIVO PÚBLICO. ***Direito penal.*** Emblema, insígnia, marco ou sinal representativo de função ou cargo público, cujo uso ilegítimo é considerado como contravenção penal relativa à fé pública e cuja reprodução ou imitação indevida é crime.

DISTRATO. ***Direito civil.*** Dissolução do vínculo contratual deliberada por ambos os contratantes. A resilição bilateral ou distrato é um negócio jurídico que rompe o vínculo contratual mediante a declaração de vontade de ambos os contratantes de pôr fim ao contrato que firmaram. O distrato, em regra, produz efeitos *ex nunc*, ou seja, a ruptura do vínculo contratual só produz efeitos a partir do instante de sua celebração, não atingindo as consequências pretéritas nem os direitos adquiridos por terceiros, que serão respeitados.

DISTRIBUIÇÃO. **1.** *Direito processual.* Ato administrativo pelo qual se registram e repartem, entre os juízes, processos apresentados em cada juízo ou tribunal, obedecendo aos princípios de publicidade, alternatividade e sorteio. Útil à celeridade processual é a distribuição imediata de processo em todos os graus de jurisdição. **2.** Na *linguagem jurídica* em geral, pode ter o sentido de: a) ato ou efeito de distribuir; b) repartição; c) classificação; d) serviço postal de entrega domiciliar de correspondência; e) divisão de papéis de peça teatral ou de filme entre os artistas; f) repartição de bens ou encargos entre pessoas; g) maneira pela qual uma coisa é repartida ou dividida por diferentes lugares. **3.** *Direito autoral.* É a colocação à disposição do público do original ou cópia de obras literárias, artísticas ou científicas, interpretações ou execuções fixadas e fonogramas, mediante a venda, locação ou qualquer outra forma de transferência de propriedade ou posse. **4.** *Direito comercial.* a) É a atividade de comercialização por atacado com a rede varejista ou com grandes consumidores de combustíveis, lubrificantes, asfaltos e gás liquefeito envasado, exercida por empresas especializadas, na forma das leis e regulamentos aplicáveis; b) segmento da logística empresarial correspondente ao conjunto das operações associadas à transferência de bens, desde o local de sua produção até o destino, e ao fluxo de informações associado. A distribuição deve garantir que os bens cheguem oportunamente ao destino em boas condições comerciais e a preços competitivos (James G. Heim); c) é o acordo em que o produtor, oferecendo vantagens especiais, compromete-se a vender, continuadamente, seus produtos, ao distribuidor, para revenda em determinada área geográfica ou zona; d) situação mercadológica em que se evidencia o esforço dos detentores de grandes posições em ações para vendê-las e que geralmente antecede um movimento agressivo contrário à tendência principal de alta (Luiz Fernando Rudge).

DISTRIBUIÇÃO DE LUCROS E DIVIDENDOS FICTÍCIOS. *Direito penal.* Fraude ou abuso na administração de sociedade por ações punível com reclusão e multa, consistente no ato de seu diretor ou gerente, na falta de balanço, em desacordo com este ou mediante um falso, distribuir dolosamente lucros ou dividendos fictícios ou irreais, lesando o patrimônio da sociedade e dos sócios.

DISTRIBUIÇÃO POR DEPENDÊNCIA. **1.** *Direito processual civil.* É, em regra, aplicada às ações propostas, vinculando-as a outra por conexão. Distribuir-se-ão por dependência as causas de qualquer natureza quando: a) relacionarem-se, por conexão ou continência, com outra já ajuizada; b) tendo sido extinto o processo, sem resolução de mérito, for reiterado o pedido, ainda que em litisconsórcio com outros autores ou que sejam parcialmente alterados os réus da demanda; c) houver ajuizamento de ações idênticas ao juízo prevento. **2.** *Direito processual penal.* É a subordinada à de outro processo em razão de matéria penal, de fiança ou de decretação de prisão preventiva (Othon Sidou).

DISTRITO FEDERAL. *Direito constitucional.* Pessoa jurídica de direito público interno da Administração direta, regida por lei orgânica federal e dotada de autonomia político-administrativa e órgãos Judiciário, Executivo e Legislativo próprios. Constitui a capital da União e a sede do governo central numa república federativa, possui as mesmas competências legislativas reservadas aos Estados e Municípios, e seus deputados distritais, governador e vice-governador têm mandato de duração idêntica ao dos representantes das outras unidades federativas.

DITADURA. **1.** *Ciência política.* a) Governo de um ditador baseado na força; b) exercício temporário e anormal do Poder Legislativo pelo Executivo para solucionar um problema público. **2.** *Direito romano.* Governo do magistrado que, ante circunstâncias anormais e graves, era investido pelo Senado de poder absoluto para reger os negócios públicos.

DIVERSIDADE BIOLÓGICA. *Direito ambiental.* **1.** É a variabilidade de organismos vivos de todas as origens e os complexos ecológicos de que fazem parte, compreendendo ainda a diversidade dentro de espécies, entre espécies e de ecossistema. Ou melhor, é a variedade de indivíduos, comunidades, populações, espécies e ecossistemas existentes em determinada região. **2.** Biodiversidade.

DÍVIDA AMORTIZÁVEL. **1.** *Direito civil.* Aquela que o devedor pode pagar em parcelas, juntamente com os juros. **2.** *Direito administrativo.* Modalidade de dívida pública que resulta de empréstimo feito pelo Estado, devendo este restituí-lo na data avençada e segundo as condições estipuladas no contrato.

DÍVIDA ATIVA. Prestação que o credor pode exigir do devedor; aquela cujo valor pode ser exigido pelo credor; trata-se do crédito.

DÍVIDA COBERTA. *Direito civil.* Diz-se da que está garantida por bens do patrimônio do devedor.

DÍVIDA COMPENSÁVEL. *Direito civil.* É a suscetível de ser amortizada por meio de compensação, por serem o credor e o devedor reciprocamente obrigados ao pagamento de certa quantia. Constitui o desconto de um débito a outro, ou a operação de mútua quitação entre credores recíprocos.

DÍVIDA COMUM. *Direito civil.* Obrigação solidária passiva, que pode ser exigida pelo credor, por inteiro, de qualquer codevedor.

DÍVIDA CONSOLIDADA. *Direito administrativo.* Dívida pública externa ou interna assumida pelo Estado, em razão de empréstimos temporários a médio e longo prazos, constituída por títulos de crédito negociáveis do governo, de valor inexigível e de renda perpétua de juros, e garantida por determinados bens. É a transformada em renda perpétua em benefício dos credores, que somente poderão reclamar os juros e nunca o capital.

DÍVIDA DE VALOR. *Direito civil.* Visa o pagamento de soma de dinheiro que não é, por seu valor nominal, o objeto da prestação, mas sim o meio de medi-lo ou valorá-lo. Seu objeto não é o dinheiro, mas uma prestação de outra natureza, sendo aquele apenas um meio necessário para a liquidação da prestação em certo momento. É aquela em que o devedor deve fornecer uma quantia que possibilite ao credor adquirir certos bens. É o caso, por exemplo, do direito a alimentos, que garante ao credor os meios necessários à sua subsistência, dentro das possibilidades atuais do devedor; do direito à indenização oriundo de ato ilícito; ou de inadimplemento contratual.

DÍVIDA EM DINHEIRO. *Direito civil.* Dívida que tem por objeto uma quantia fixa em dinheiro, subordinando-se ao princípio nominalístico. Deve ser satisfeita com o número de unidades monetárias estipulado no contrato, ainda que tenha sido alterado o seu poder aquisitivo (Washington de Barros Monteiro). É, portanto, a obrigação de valor nominal, não se admitindo que seja contraída pelo valor intrínseco (valor da qualidade e quantidade), ou pelo valor aquisitivo da moeda, traduzido pela quantidade de bens ou de serviços que podem ser adquiridos com a unidade monetária.

DÍVIDA EXIGÍVEL. **1.** *Direito civil.* É a dívida pura e simples que já está vencida ou a condicional cujo implemento da condição já se operou, podendo ser executada pelo credor. **2.** *Direito processual civil.* Aquela que, por ser líquida e certa, pode ser exigida em juízo, inclusive em processo de execução.

DÍVIDA EXTERNA. *Direito administrativo* e *direito constitucional.* É a contraída pelo Estado, no exterior, com outra nação ou entidade estrangeira, para atender a fins de interesse público.

DÍVIDA HEREDITÁRIA. *Direito civil.* Débito do *de cujus* que deve ser pago pelos seus herdeiros, antes da partilha, até o limite das forças da herança de cada um.

DÍVIDA ILÍQUIDA. *Direito civil.* Aquela que não é líquida nem certa, sendo exigível somente quando houver apuração do *quantum debeatur*, por meio de prévia liquidação, estipulando-se a soma pecuniária que deve ser paga pelo devedor ao credor.

DÍVIDA INCOMUNICÁVEL. *Direito civil.* É a própria ou de responsabilidade apenas do cônjuge que a contraiu. Por exemplo, se o regime for de comunhão parcial, não se comunicam ao outro consorte os débitos anteriores ao matrimônio e os provenientes de atos ilícitos.

DÍVIDA INTERNA. *Direito administrativo* e *direito constitucional.* Dívida pública consolidada contraída pelo Estado, a título de empréstimo, dentro do seu território, com credores nacionais ou domiciliados no País.

DÍVIDA LÍQUIDA E CERTA. *Direito civil* e *direito processual civil.* Aquela que é certa quanto à sua existência e determinada em relação ao seu objeto, ou melhor, ao seu valor pecuniário, não oferecendo quaisquer dúvidas quanto à sua exatidão.

DÍVIDA MAIS ONEROSA. *Direito civil.* É aquela de maior vulto, contendo ônus, encargos, juros, maior cláusula penal etc.

DÍVIDA PARTICULAR. *Direito civil* e *direito comercial.* É o débito contraído pelo devedor, independentemente de qualquer dívida assumida pela sociedade a que pertence.

DÍVIDA PASSIVA. **1.** *Direito administrativo.* Encargo do exercício seguinte. **2.** *Direito civil.* O mesmo que DÉBITO (*v.*). É aquela que o devedor deve pagar ao credor. **3.** *Direito comercial.* Obrigação a cumprir contabilizada no passivo do comerciante.

DÍVIDA PRESCRITA. *Direito processual civil* e *direito civil.* Aquela que o credor não pode mais cobrar em juízo, ante o fato de a ação para sua cobrança não ser mais possível, pelo seu não exercício durante o lapso temporal fixado legalmente.

DÍVIDA PRIVILEGIADA. *Direito civil.* É aquela que, pela sua natureza, confere ao credor o direito de ser preferido aos demais credores de seu devedor, por ter privilégio especial ou geral. Como o *privilégio especial* compreende bens sujeitos, por disposição legal, ao pagamento do crédito que visa favorecer, assim o têm, por exemplo: sobre a coisa arrecadada e liquidada, o credor de custas e despesas judiciais feitas com a arrecadação e liquidação; sobre a coisa salvada, o credor por despesas de salvamento; sobre a coisa beneficiada, o credor por benfeitorias úteis ou necessárias; sobre os frutos agrícolas, o credor por sementes, instrumentos e serviços à cultura ou à colheita; sobre os prédios rústicos ou urbanos, fábricas, oficinas ou quaisquer outras construções, o credor de materiais, dinheiro ou serviços para a sua edificação, reconstrução, ou melhoramento; sobre as alfaias e utensílios de uso doméstico, nos prédios rústicos e urbanos, o credor de aluguéis, quanto às prestações do ano corrente e do anterior; sobre os exemplares da obra existente na massa do editor, o autor dela, ou seus legítimos representantes, pelo crédito fundado contra aquele no contrato de edição; sobre o produto da colheita, para qual houver concorrido com o seu trabalho, e precipuamente a quaisquer outros créditos, ainda que reais, o trabalhador agrícola, quanto à dívida dos seus salários. Como o *privilégio geral* abrange todos os bens não sujeitos a crédito real ou privilégio especial, o têm, na ordem seguinte, sobre os bens do devedor: o crédito por despesas do seu funeral; o crédito por custas judiciais ou por despesas com a arrecadação e liquidação da massa; o crédito por despesas com o luto do cônjuge sobrevivente e dos filhos do devedor falecido, se forem moderadas; o crédito por despesas com a doença de que faleceu o devedor, no semestre anterior à sua morte; o crédito pelos gastos necessários à mantença do devedor falecido e de sua família, no trimestre anterior ao falecimento; o crédito pelos impostos devidos à Fazenda Pública, no exercício corrente e no anterior, mas, pelo Código Tributário Nacional, o crédito tributário terá preferência sobre qualquer outro; o crédito pelo salário dos empregados e demais pessoas de serviço doméstico do devedor, nos seus derradeiros seis meses de vida.

DÍVIDA PÚBLICA. ***Direito administrativo*** **e** ***direito constitucional.*** Obrigação contraída pela União, Estados, Municípios ou empresas paraestatais em razão de empréstimos feitos, interna ou externamente, para atender a déficit orçamentário ou a despesas extraordinárias e urgentes. Pode ser dívida consolidada ou fundada, que se apresenta como dívida pública interna ou externa, e dívida flutuante.

DÍVIDA TRIBUTÁRIA. ***Direito tributário.*** É a decorrente de tributos (impostos, taxas e contribuições de melhoria).

DÍVIDA VENCIDA. ***Direito civil.*** É a dívida a termo, quando este se venceu, ou a condicional, se houve implemento da condição, podendo, por isso, ser exigida pelo seu credor.

DÍVIDA VINCENDA. ***Direito civil.*** Diz-se daquela que está para vencer ou da que está subordinada ao implemento de uma condição.

DIVIDENDO. **1.** ***Direito comercial.*** a) Percentagem dos rendimentos ou lucros líquidos cabíveis aos sócios ou acionistas de uma sociedade, proporcionais ao capital que nela tiverem ou ao valor de suas ações ou cotas, distribuídos a cada exercício social. b) Cota-parte que cabe a cada credor no rateio da massa falida. **2.** ***Direito processual civil.*** Diz-se do imóvel que está sendo dividido em decorrência de ação divisória.

DIVISA. **1.** ***Direito internacional público.*** a) Disponibilidade de cambiais possuídas por uma nação em praças estrangeiras; recurso de que dispõe um país no mercado internacional; b) linha divisória entre dois países; fronteira. **2.** ***Direito administrativo.*** a) Emblema ou insígnia; b) linha divisória entre zonas administrativas. **3.** ***Direito civil.*** Linha limítrofe entre propriedades contíguas ou confinantes. **4.** ***Direito militar.*** Distintivo de pano, colocado no braço, que indica a posição hierárquica das praças. **5.** ***Direito agrário.*** Marca a fogo usada pelos criadores. **6.** ***Direito cambiário.*** Saque de câmbio que pode ser emitido contra qualquer praça estrangeira, constituindo reserva que autorize pagamento do que ali se vier a adquirir.

DIVISÃO DO TRABALHO. **1.** ***Sociologia jurídica.*** Diferenciação e distribuição de atividades entre pessoas ou grupos de uma mesma sociedade. **2.** ***Economia política*** **e** ***direito do trabalho.*** Organização econômica em que se separa ou se reparte o trabalho, ou uma tarefa, distribuindo-o entre vários indivíduos, grupos ou máquinas, para que haja maior produtividade, uma vez que cada um se especializa numa habilidade, aumentando a eficiência.

DIVISÃO GEODÉSICA. *Vide* DIVISÃO GEODÉTICA.

DIVISÃO GEODÉTICA. ***Direito civil.*** É a feita amigavelmente, com base na carta onde está configurado o imóvel, segundo a arte geodética, dividindo-o entre os proprietários de terras partilhadas em inventário, desde que todos sejam maiores, seguindo-se a demarcação dos quinhões partilhados (De Plácido e Silva).

DIVISÃO JUDICIÁRIA. ***Direito constitucional*** **e** ***direito administrativo.*** Divisão de um território em circunscrições judiciárias, fixando-lhes os limites territoriais.

DIVORCIADO. ***Direito civil*** **e** ***direito processual civil.*** Estado civil daquele que se divorciou.

DIVÓRCIO. ***Direito civil*** **e** ***direito processual civil.*** Dissolução de casamento válido, extinguindo o vínculo matrimonial, que se dá por meio de sentença judicial ou escritura pública, preenchidos os requisitos legais, habilitando os ex-consortes a contrair novas núpcias.

DIVÓRCIO CONSENSUAL DIRETO. ***Direito civil*** **e** ***direito processual civil.*** Decorre do mútuo consentimento dos cônjuges que se encontram separados de fato, convertendo, em juízo, a separação de fato em divórcio, sem exigência do transcurso de qualquer prazo de carência. Com a reforma constitucional, melhor será designá-lo *divórcio judicial consensual.*

DIVÓRCIO CONSENSUAL EXTRAJUDICIAL. *Direito civil.* Ruptura do vínculo conjugal por meio de escritura pública, feita perante notário ou autoridade consular, desde que, sem qualquer prazo de carência, sejam observados os requisitos legais, não haja nascituro, filho menor ou incapaz. Tal escritura deverá conter disposições sobre partilha de bens comuns, pensão alimentícia, retomada do nome de solteiro ou manutenção do nome adotado por um dos cônjuges.

DIVÓRCIO CONSENSUAL INDIRETO. *Direito civil* e *direito processual civil.* Ante a recente reforma constitucional, mais técnico seria designá-lo *divórcio judicial consensual.* Conversão da prévia separação judicial consensual ou litigiosa, ocorrida antes da reforma constitucional, sem exigência de qualquer prazo de carência, em divórcio, feita em juízo por qualquer um dos cônjuges, com o consenso do outro.

DIVÓRCIO JUDICIAL CONSENSUAL. *Vide* DIVÓRCIO CONSENSUAL DIRETO e DIVÓRCIO CONSENSUAL INDIRETO.

DIVÓRCIO JUDICIAL LITIGIOSO. *Vide* DIVÓRCIO LITIGIOSO DIRETO e DIVÓRCIO LITIGIOSO INDIRETO.

DIVÓRCIO LIMINAR. *Direito processual civil.* Antecipação liminar dos efeitos definitivos incontroversos da sentença de divórcio, ainda no curso do processo. Rompe vínculo matrimonial enquanto ainda se está resolvendo questões sobre pensão alimentícia, guarda de filhos menores, partilha de bens etc. Essa medida *in limine litis* não pode deixar de ser decretada, pois o pedido de divórcio é um direito potestativo, adstrito à simples manifestação de vontade de um dos cônjuges.

DIVÓRCIO LITIGIOSO DIRETO. *Direito civil.* É o que se apresenta quando um dos consortes separados de fato pede, a qualquer tempo, a conversão daquela separação em divórcio, por não haver acordo sobre guarda e visita da prole, alimentos, partilha, nome de ex-cônjuge, sem ter de justificar o motivo que deu origem ao fim do casamento. Em razão da reforma constitucional, melhor será designá-lo *divórcio judicial litigioso.*

DIVÓRCIO LITIGIOSO INDIRETO. *Direito civil* e *direito processual civil.* É o obtido mediante uma sentença judicial proferida em processo de jurisdição contenciosa, onde um dos consortes, judicialmente separado, havendo dissenso ou recusa do outro em admitir o divórcio, pede ao órgão judicante que converta a separação judicial (consensual ou litigiosa) em divórcio, pondo fim ao vínculo conjugal.

DNA FINGERPRINT. *Medicina legal.* Impressão digital do DNA de cada indivíduo. O ácido desoxirribonucleico (DNA) é o componente mais íntimo da bagagem genética que um indivíduo recebe dos seus genitores, conservado por toda a vida e presente em todas as células do organismo, sendo por isso o exame de sangue mais eficaz para apurar a paternidade, identificar natimortos, crianças trocadas em maternidades ou sequestradas, fetos cuja gestação foi interrompida por práticas abortivas etc.

DOAÇÃO. *Direito civil.* Contrato por meio do qual uma pessoa transfere, por liberalidade, bens ou vantagens de seu patrimônio para o de outra, que os aceita.

DOAÇÃO ANTENUPCIAL. *Direito civil.* É a estabelecida no pacto antenupcial, feita por um nubente a outro, ou mesmo por terceiro, mediante escritura pública, desde que não exceda à parte disponível dos bens do doador, com exceção dos casos legais de separação obrigatória de bens.

DOAÇÃO A TERMO. *Direito civil.* Dá-se quando a liberalidade tem termo final ou inicial, por exemplo, a doação de um imóvel a duas pessoas, dando-se a uma delas o direito de usá-lo durante dez anos e, à outra, a partir dessa época.

DOAÇÃO COM CLÁUSULA DE REVERSÃO. *Direito civil.* Ocorre quando o doador estipula expressamente que os bens doados devem voltar ao seu patrimônio caso sobreviva ao donatário. Tal cláusula opera como uma condição resolutiva, de cujo implemento resultará a restituição do bem doado, sendo que os frutos pertencerão ao donatário.

DOAÇÃO COM ENCARGO. *Direito civil.* Aquela em que o doador impõe ao donatário uma incumbência em seu benefício, em proveito de terceiro ou de interesse geral. Por exemplo, doação de um terreno com imposição ao donatário da obrigação de nele construir uma escola.

DOAÇÃO CONDICIONAL. *Direito civil.* É a que surte efeitos somente a partir de um certo momento, ou seja, é a que depende de acontecimento futuro e incerto. Por exemplo, doação de imóvel feita em contemplação de casamento futuro, que se subordina à realização do matrimônio, isto é, a uma *condição suspensiva,* pois o contrato de doação só produzirá efeito se o ato nupcial se realizar. Se a condição for resolutiva, a doação estará perfeita desde o momento em que as partes deem seu assentimento à condição de que, se ocorrer determinado evento, futuro e incerto, o contrato será desfeito, retornando as partes à situação em que estavam antes de contratar. É o que ocorre, por exemplo, com a doação em forma de subvenção periódica ao beneficiado que se extinguirá com a morte do doador, salvo se este outra coisa houver disposto, e com a doação com cláusula de reversão, em que o doador estipula, expressamente, que os bens doados voltem ao seu patrimônio se sobreviver ao donatário, encerrando uma *condição resolutiva*. Percebe-se que na doação condicional o donatário só adquirirá ou perderá o direito à coisa doada se se verificar a condição.

DOAÇÃO CONJUNTIVA. *Direito civil.* É a feita em comum a mais de uma pessoa, sendo distribuída por igual entre os diversos donatários, exceto se o contrato estipulou o contrário. E, se os donatários, em tal caso, forem marido e mulher, subsistirá na totalidade a doação para o cônjuge supérstite.

DOAÇÃO CONTEMPLATIVA. *Direito civil.* Aquela que é feita tendo em vista o merecimento do donatário, reconhecendo o doador seus méritos. É uma doação pura e simples em que este manifesta claramente o porquê de sua liberalidade, por exemplo, doação de um objeto a alguém por ser um grande jurista.

DOAÇÃO DE PAI A FILHO. *Vide* ADIANTAMENTO DA LEGÍTIMA.

DOAÇÃO DE TODOS OS BENS DO DOADOR. *Direito civil.* É admissível desde que o doador não tenha herdeiro necessário e desde que faça reserva de usufruto para assegurar-lhe os meios de subsistência, sob pena de nulidade.

DOAÇÃO EM FORMA DE SUBVENÇÃO PERIÓDICA. *Direito civil.* Trata-se de uma constituição de renda a título gratuito que estabelece os períodos em que devam as partes da liberalidade ser entregues ao donatário. Extingue-se com a morte do doador, salvo se o contrário estiver disposto. A subvenção constitui, portanto, um favor pessoal, que termina com o falecimento do doador, não se transferindo a obrigação para seus herdeiros.

DOAÇÃO INOFICIOSA. *Direito civil.* Trata-se da doação da parte excedente do que poderia dispor o doador em testamento, no momento em que doa, pois, havendo herdeiro necessário, o testador só poderá dispor de metade da herança, preservando, assim, a legítima dos herdeiros. Daí a nulidade dessa doação inoficiosa quanto à porção excedente à legítima de seus herdeiros.

DOAÇÃO PURA E SIMPLES. *Direito civil.* É a feita por mera liberalidade, sem condição presente ou futura, encargo, termo ou quaisquer restrições ou modificações para sua constituição ou execução. Trata-se da doação em estado de perfeita e plena liberalidade, sem que haja imposição de limites ao donatário.

DOAÇÃO REMUNERATÓRIA. *Direito civil.* É aquela em que, sob a aparência de mera liberalidade, há firme propósito do doador de pagar serviços prestados pelo donatário ou alguma outra vantagem que haja recebido dele. É o caso, por exemplo, da doação de um objeto a um médico que tratou do doador sem cobrar nada. A doação remuneratória não perde o caráter de liberalidade no excedente ao valor dos serviços remunerados; logo, a parte que corresponde à retribuição do serviço prestado é pagamento, sendo doação somente quanto à parte que excede o valor desse serviço.

DOCIMASIA. 1. *História do direito.* Inquérito que era outrora feito em Atenas sobre a vida particular e a aptidão moral dos candidatos a cargos públicos. **2.** *Medicina legal.* Provas ou exames a que são submetidos os órgãos de um cadáver para verificar a causa do óbito, se uma criança nasceu viva ou morta etc.

DOCUMENTO. 1. *Direito civil.* a) Escrito oficial que identifica uma pessoa; b) instrumento escrito que, juridicamente, faz fé daquilo que atesta, tal como contrato, escritura pública, certificado, atestado, recibo, título etc.; c) instrumento público ou particular. **2.** *Direito processual civil* e *direito processual penal.* a) Qualquer escrito oferecido em juízo que forneça prova da alegação do litigante; b) qualquer fato que possa comprovar ou testemunhar algo; c) prova documental; d) qualquer escrito que tenha relevância jurídica. **3.** *Direito comercial.* Fatura. **4.** *Direito virtual.* Trabalho criado em um processador de texto e gravado num arquivo. **5.** *Direito alfandegário.* Qualquer mensagem, texto, informação ou dado de natureza comercial, bancária, jurídica, de imprensa, de seguro ou semelhante, sem valor comercial para fins de imposição dos tributos aduaneiros, registrado em papéis ou em meio físico magnético, eletromagnético ou ótico, exceto *software*.

DOCUMENTO ELETRÔNICO. *Direito virtual.* **1.** É qualquer objeto capaz de propiciar a outro objeto (o suporte representativo) condições de obter a representação de um fato presente ou passado (Andréa Graziosi). **2.** É uma sequência de *bits* que, traduzida por meio de determinado programa de computador, seja representativa de um fato. (Renato Muller da Silva Opice Blum e Sérgio Ricardo Marques Gonçalves). **3.** É todo documento, público ou particular, originado por processamento eletrônico de dados e armazenado em meio magnético, optomagnético, eletrônico ou similar. **4.** Aquele cujas informações estão armazenadas exclusivamente em meios eletrônicos.

DOCUMENTO NOVO. *Direito processual civil.* Prova instrumental para efeito de ação rescisória, cuja existência o autor, na ação anterior, ignorava ou de que não pôde fazer uso, idônea, por si só, para lhe assegurar pronunciamento favorável. Tal documento, portanto, deve existir à época da prolação do acórdão rescindendo.

DOCUMENTO PARTICULAR. *Direito civil, direito comercial* e *direito processual civil.* É o feito e subscrito pelo seu autor ou por particular sem a intervenção notarial. Pode consistir em: cédula, como a representativa de testamento, apólice e ação de sociedade anônima; síngrafo, instrumento contratual assinado pelas partes; quirógrafo, instrumento particular de dívida feito e subscrito apenas pelo devedor; conta, representando as parcelas de crédito ou débito; recibo, declarando o recebimento da prestação devida; carta, consubstanciando a declaração dirigida; telegrama a um ausente; livro, instrumento de escrituração de operações mercantis ou de registro de fatos (Moacyr Amaral Santos). A esses documentos particulares podem ser acrescentados: radiograma, fotografia, cinematografia, fonografia, aviso bancário e registro paroquial.

DOCUMENTO PÚBLICO. *Direito civil* e *direito processual civil.* É o que goza de presunção *juris tantum* de autenticidade, serve como prova de sua formação e do fato que o notário declara que ocorreu em sua presença e consta de livros e notas oficiais. É o elaborado por autoridade pública no exercício de suas funções, por exemplo: guia de imposto, ata notarial, registro civil do serviço consular brasileiro, laudo de repartição pública, avisos de ministros, mensagem do presidente da República, certidão e traslado que o oficial público extrai dos instrumentos lançados em suas notas e certidão passada pelo escrivão judicial dos atos processuais.

DOENÇA DECORRENTE DE ATIVIDADE PROFISSIONAL. *Direito do trabalho, direito previdenciário* e *medicina do trabalho.* É a que abrange: a) a doença profissional, que é a produzida ou desencadeada pelo exercício do trabalho peculiar a determinada atividade e constante da relação elaborada pelo Ministério do Trabalho e Emprego; e b) a doença do trabalho que é a adquirida ou desencadeada em função de condições especiais em que o trabalho é realizado e com ele se relacione diretamente.

DOENÇA VENÉREA. *Medicina legal.* É a contraída durante a prática de atos libidinosos ou de relação sexual. Por exemplo, sífilis, cancro mole, gonorreia, granuloma inguinal, linfogranuloma venéreo, blenorragia etc.

DOLO. **1.** *Direito penal.* Intenção deliberada de praticar um ato criminoso, omissivo ou comissivo, com a disposição de produzir o resultado ou assumindo o risco de produzi-lo. **2.** *Direito civil.* Emprego de um artifício ou expediente astucioso para induzir alguém à prática de um ato que o prejudica e aproveita ao autor do dolo ou a terceiro (Clóvis Beviláqua). **3.** *História do direito.* Espécie de punhal que era usado na Península Ibérica. **4.** *Direito administrativo.* Vício de vontade que pode anular um ato administrativo.

DOLO ACESSÓRIO. *Direito penal.* É aquele que, acrescentado ao principal, visa garantir o resultado do crime ou a sua ocultação, por exemplo, esquartejamento do cadáver do assassinado.

DOLO ACIDENTAL. *Direito civil.* É o que leva a vítima a realizar o negócio, porém em condições mais onerosas ou menos vantajosas, sem afetar sua declaração de vontade, embora provoque desvios, e sem constituir vício de consentimento, uma vez que não influi diretamente na realização do ato, que teria sido praticado independentemente do emprego de artifícios astuciosos. Não acarreta anulação do negócio jurídico, obrigando apenas à satisfação de perdas e danos ou a uma redução da prestação acordada. Por exemplo, uma pessoa avaliza um documento cambial para seu tio, por julgar que a quantia se destinava a ampliar determinado negócio, segundo informação do avalizado.

DOLO ALTERNATIVO. *Direito penal.* Aquele em que o agente prevê resultados de dano diferentes, que se excluem entre si, mas com a intenção de obter, por meio de sua conduta delituosa, qualquer um deles.

DOLO COM INTENÇÃO ULTERIOR. *Direito penal.* Dolo específico dirigido a um fim especial ou determinado, havendo uma intenção qualificada do agente. É o dolo próprio das qualificadoras de certos crimes. Por exemplo: usurpação de águas alheias em proveito próprio ou de terceiro; fraude para recebimento de indenização ou valor de seguro; ultraje a culto e impedimento ou perturbação de cerimônia religiosa.

DOLO CONSEQUENTE. *Direito penal.* É a intenção deliberada de praticar um delito que sobrevém ao agente após ter dado início a sua ação sem dolo. Por exemplo, alguém age em legítima defesa e depois resolve matar seu agressor já subjugado.

DOLO DE APROVEITAMENTO. *Direito penal.* Intenção de obter resultado danoso prevalecendo-se da situação econômico-financeira da vítima, o que configura crime contra a economia popular ou contra o patrimônio.

DOLO DE TERCEIRO. *Direito civil.* Aquele que só acarreta anulabilidade do negócio jurídico se uma das partes dele tiver conhecimento. Não sendo ele conhecido pelo beneficiado, dará lugar a uma indenização, por parte do terceiro autor do engano intencional, a favor da vítima. Assim, se não se provar, nos negócios jurídicos bilaterais, que uma das partes conhecia o dolo de terceiro, não poderá o negócio ser anulado, ainda que haja presunção desse conhecimento.

DOLO DO REPRESENTANTE LEGAL OU CONVENCIONAL. *Direito civil.* Artifício astucioso daquele que age em nome do representado, sujeitando-o à responsabilidade civil até a importância do proveito que tirou do negócio, em caso de representação legal; se convencional for, o representado deverá responder solidariamente com o representante por perdas e danos, com ação regressiva contra o representante pela quantia que desembolsou para reparar o dano causado, exceto se com este estava mancomunado. Silvio Rodrigues afirma que, se o dolo do representante for causa determinante da celebração do ato, tem a vítima direito à ação de anulação do negócio realizado, por se tratar de dolo principal, ensejando, ainda, reparação pelo prejuízo causado. Não tendo sido o dolo do representante a causa determinante do negócio, caracterizando-se por dolo acidental, a ação será de perdas e danos, e o representado será responsável apenas pelos limites do proveito que obteve, embora tenha ação regressiva contra o seu representante. Logo, em se tratando de ação de perdas e danos, a vítima do dolo só poderá cobrar do representado o que tiver lucrado, sendo o remanescente cobrado do representante, a fim de que seja coberto o prejuízo efetivo; assim, não se permite que o representado responda solidariamente pelo total do prejuízo acarretado pelo ato do seu representante. Há juristas, porém, como De Page, que entendem que o representado deveria sofrer as consequências do dolo de seu representante convencional por culpa *in eligendo* e *in vigilando*.

DOLO ESSENCIAL. *Direito civil.* Diz-se daquele que dá causa ao negócio jurídico, sem o qual este não se teria concluído, acarretando, então, sua anulabilidade. Trata-se do dolo principal ou *dolus causam*.

DOLO INICIAL. *Direito penal.* Aquele do qual o agente vem a se arrepender, no curso do *iter criminis*, sem, porém, poder evitar a consumação do resultado lesivo.

DOLO NEGATIVO. *Direito civil.* Manobra astuciosa que constitui uma omissão dolosa ou reticente. Dá-se quando uma das partes oculta alguma coisa que o outro cocontratante deveria saber, sendo que, se soubesse, não teria realizado o negócio. Por exemplo, quando alguém faz um seguro de vida, omite moléstia grave e vem a falecer poucos meses depois, trata-se de manobra maliciosa por omissão, pois houve intenção de prejudicar a seguradora e beneficiar os sucessores.

DOLO POSITIVO. *Direito civil.* Artifício astucioso que consta de ação dolosa, ou seja, é o dolo por comissão em que a outra parte é levada a contratar por força de artifícios positivos, isto é, afirmações falsas sobre a qualidade da coisa.

DOLO PRINCIPAL. *Vide* DOLO ESSENCIAL.

DOLOSO. 1. *Direito civil.* a) Diz-se do negócio jurídico que contém vício de consentimento, que é o dolo; b) comportamento que deu origem ao vício; c) em que há dolo; d) causado por dolo; e) que procede com dolo; f) que usa de dolo, agindo de má-fé. **2.** *Direito penal.* Comportamento punível por haver intenção de causar o resultado lesivo.

DOLUS BONUS. **1.** *Direito penal.* Motivo determinante da ação delituosa que, por seu relevante valor moral ou social, atua como atenuante ou causa de configuração do crime como privilegiado. **2.** *Direito civil* e *direito comercial.* Artifício que não tem a finalidade de prejudicar. Não induz à anulabilidade do negócio, por ser comportamento lícito e tolerado, consistente em reticências, dissimulações de defeitos ou exagero nas boas qualidades, por exemplo, quando o comerciante exagera um pouco na descrição da qualidade de seus produtos, desde que não venha a enganar o consumidor mediante propaganda abusiva.

DOLUS MALUS. **1.** *Direito civil.* Emprego de manobras astuciosas com o objetivo de prejudicar alguém, constituindo vício do negócio jurídico passível de provocar sua anulabilidade, dado que tal artifício consegue ludibriar pessoas sensatas e atentas. **2.** *Direito penal.* Intenção de praticar uma ação criminosa que pode constituir agravante ou qualificadora.

DOMICÍLIO. 1. *Direito civil.* Sede jurídica da pessoa, onde se presume ela presente para efeitos de direito e onde exerce ou pratica, habitualmente e com ânimo definitivo, seus atos e negócios jurídicos. **2.** *Direito internacional privado.* Critério de conexão que mais atende à conveniência nacional, uma vez que o Brasil, por ser um país de imigração, tem o interesse de sujeitar o estrangeiro aqui domiciliado à sua lei, integrando-o à vida nacional, independentemente de sua subordinação política. O critério do domicílio é político, geográfico e jurídico, visto que a pessoa, fazendo parte da população, passa a ser o elemento de conexão para determinar a lei aplicável. A qualificação do domicílio é dada pela *lex fori*, e o juiz brasileiro deve qualificar o domicílio segundo o direito nacional, e não de conformidade com o direito estrangeiro, estabelecendo a ligação entre a pessoa e o país onde está domiciliada, para aplicar as normas de direito cabíveis. Existindo o dado “domicílio”, opera-se a conexão para o efeito da aplicabilidade da norma do Estado em que a pessoa tem domicílio.

DOMICÍLIO DE DIREITO. *Direito civil.* É o imposto por lei em razão da condição ou situação de certas pessoas. É também denominado “domicílio legal” ou “domicílio necessário”. Por exemplo: o recém-nascido adquire o domicílio de seus pais, ao nascer; o incapaz, o de seus representantes; o servidor público, o do lugar onde exerce sua função permanente; o militar em serviço ativo, o do local onde servir, sendo da Marinha ou da Aeronáutica, o da sede de comando a que se encontrar imediatamente subordinado; os oficiais e tripulantes (marítimos) da marinha mercante, o do lugar onde estiver matriculado o navio; o preso, o do lugar onde cumpre a sentença; o agente diplomático do Brasil que, citado no estrangeiro, alegar extraterritorialidade, sem indicar seu domicílio no país, poderá ser demandado no Distrito Federal ou no último ponto do território nacional onde o teve etc.

DOMICÍLIO DE ESCOLHA. ***Direito civil.*** Também chamado "domicílio voluntário", é o escolhido livremente, podendo ser geral, se fixado pela própria vontade do indivíduo, quando capaz, ou especial, se estabelecido conforme os interesses das partes em um contrato, a fim de fixar a sede jurídica onde as obrigações contratuais deverão ser cumpridas ou exigidas.

DOMICÍLIO DO RÉU. ***Direito processual.*** Local onde pode ser proposta a ação fundada em direito pessoal ou real sobre móveis ou instaurado o processo, se desconhecido o local do crime ou se se tratar dos casos de ação privada.

DOMICÍLIO EVENTUAL. ***Direito civil.*** Diz-se do local onde se encontra aquele que não tem residência habitual ou ponto central de negócios.

DOMICÍLIO FISCAL. ***Direito tributário.*** É o fixado para fins de tributação de pessoas físicas ou jurídicas e regido por normas tributárias, as quais permitem ao contribuinte ou responsável eleger seu domicílio tributário para responder pelas obrigações fiscais, desde que tal eleição não venha a dificultar a arrecadação ou fiscalização do tributo.

DOMICÍLIO LEGAL. *Vide* DOMICÍLIO DE DIREITO.

DOMICÍLIO NECESSÁRIO. *Vide* DOMICÍLIO DE DIREITO.

DOMÍNIO. **1.** ***Direito internacional público.*** a) Possessão; b) território pertencente a um Estado soberano. **2.** ***Direito civil.*** a) Propriedade; b) qualidade de proprietário; c) poder de dispor de algo como seu proprietário; d) direito real em que o titular de uma coisa tem seu uso, gozo e disposição, podendo reivindicá-la de quem injustamente a detenha, em razão do seu direito de sequela; e) poder jurídico direto, absoluto e imediato que o proprietário tem sobre a coisa que lhe pertence. **3.** ***Direito constitucional*** e ***direito administrativo.*** Poder de regulamentação exercido pelo Estado sobre os bens de seu patrimônio, sobre os bens particulares de interesse público ou sobre as coisas inapropriáveis individualmente, mas de fruição geral da coletividade (Hely Lopes Meirelles). **4.** ***Psicologia forense.*** Conjunto de ações dependentes da vontade (Paulhan). **5.** ***Lógica jurídica.*** a) Parte do discurso à qual é aplicável uma relação, ideia ou função; b) ao se falar de uma relação lógica binária aRb, chama-se domínio desta ao conjunto dos termos antecedentes a^1, a^2, a^3 ... e domínio converso ou codomínio ao conjunto dos termos consequentes b^1, b^2, b^3 ... (Lalande).

DOMÍNIO DIRETO. ***Direito civil.*** Diz-se, na enfiteuse, do que pertence ao senhorio direto, que é o único e verdadeiro titular da propriedade do bem aforado, tanto que tem direito ao foro, bem como de exigir a conservação da substância da coisa aforada, de invocar a ação de reivindicação etc.

DOMÍNIO FLUTUANTE. ***Direito internacional público.*** Diz-se do poder que o Estado exerce sobre navios de guerra e aeronaves militares onde quer que estejam, por serem tidos como território ficto e parte da nação, ante o princípio da territorialidade.

DOMÍNIO FOREIRO. ***Direito civil.*** Trata-se do domínio útil pertencente ao enfiteuta ou foreiro, conferindo-lhe o direito de fruir de todas as qualidades da coisa enfitêutica, sem destruir a sua substância, mediante a obrigação de pagar ao proprietário (senhorio direto) uma pensão anual invariável (foro) (R. Limongi França). É, portanto, o direito conferido ao enfiteuta de usar do bem, podendo aliená-lo, mas, como quer o atual Código Civil, sem pagamento de laudêmio ao senhorio direto, e transmiti-lo aos seus herdeiros.

DOMÍNIO PÚBLICO. **1.** ***Direito civil.*** Conjunto de bens do domínio nacional pertencentes à União, aos Estados ou aos Municípios, podendo ser de uso comum do povo, de uso especial e dominicais. **2.** ***Direito autoral.*** Diz-se da obra intelectual cujo direito patrimonial passou ao patrimônio da coletividade, depois de cessado o prazo de exclusividade de sua utilização econômica, outorgado por lei aos sucessores do autor falecido. Pertencem ao domínio público, além das obras em relação às quais decorreu o prazo de setenta anos de proteção aos direitos patrimoniais, as de autores falecidos que não tenham deixado sucessores e as de autor desconhecido, ressalvada a proteção legal aos conhecimentos étnicos e tradicionais.

DOMÍNIO ÚTIL. *Vide* DOMÍNIO FOREIRO.

DONATÁRIO. **1.** ***Direito civil.*** Aquele que recebeu e aceitou uma doação. **2.** ***História do direito.*** Senhor de uma donataria ou capitania hereditária.

DONO DA OBRA. ***Direito civil.*** Comitente, no contrato de empreitada, que contrata empreiteiro para realizar, pessoalmente ou por meio de terceiro, certa obra, com material próprio ou por ele fornecido, mediante remuneração determinada ou proporcional ao trabalho executado.

DOPAGEM. ***Direito desportivo.*** **1.** Ação ou efeito de dopar. **2.** É a administração ao atleta, ou o uso por parte deste, de substância, agente ou método capaz de alterar o seu desempenho, prejudicar a sua saúde ou comprometer o espírito do jogo, por ocasião de competição desportiva ou fora dela. **3.** É a utilização de substância, método ou qualquer outro meio proibido, com o objetivo de obter modificação artificial de rendimento mental ou físico de um atleta, que agrida a saúde ou o espírito de jogo, por si mesmo ou por intermédio de outra pessoa, devidamente configurado mediante processo regular de análise, observadas as normas nacionais e internacionais.

DOTAÇÃO ORÇAMENTÁRIA. *Direito tributário.* Verba consignada no orçamento, inscrita na coluna "despesas públicas", para atender à execução de certos serviços públicos, programas especiais ou atividades governamentais.

DOUTOR. 1. Tratamento honorífico que se dá a juiz, promotor, delegado, advogado, médico, dentista etc. **2.** Aquele que recebeu o grau de doutor, após defesa de tese de doutorado numa universidade.

DOUTRINA. 1. *Teoria geral do direito.* Estudo de caráter científico que os juristas realizam a respeito do direito, seja com objetivo meramente especulativo de conhecimento e sistematização, seja com o escopo prático de interpretar as normas jurídicas para sua exata aplicação (García Máynez). Trata-se de uma fonte de direito costumeiro, resultante da prática reiterada de juristas contemporâneos sobre certo assunto, com a convicção de sua necessidade jurídica. Constitui um importante recurso para a produção de normas jurídicas individuais e para o preenchimento de determinadas lacunas e uma valiosa fonte de cognição. **2.** Na ***linguagem jurídica*** em geral, quer dizer: a) ensino ministrado sobre qualquer assunto científico-jurídico; b) conjunto de princípios em que se baseia um sistema político, jurídico ou jusfilosófico; c) tese sustentada por um renomado jurista sobre algum tema controvertido; d) opinião de doutores. **3.** *Direito canônico.* Complexo de princípios em que um sistema religioso se baseia, expostos em catecismos.

DRY LEASE. *Direito aéreo.* Contrato celebrado entre duas companhias aéreas, que tem por escopo a locação de aeronave, sendo que a locatária deverá providenciar tripulação, cuidar da manutenção da aeronave e exercer sobre ela o controle operacional (Bernardi).

DUALIDADE DE JUSTIÇA. *Direito processual.* **1.** Duplo grau de jurisdição, no qual uma causa decidida na instância inferior pode ser julgada, por via recursal, pela instância superior. **2.** Dualidade de órgãos de administração da justiça.

DÚBIO. 1. Indefinível; de difícil definição. **2.** Indeciso. **3.** Duvidoso. **4.** Contraditório. **5.** Insustentável. **6.** Hesitante.

DUMMY CORPORATION. *Direito comercial.* **1.** Modalidade de *leasing* que se liga ao *trust* e à sociedade de palha, inserindo-se num grupo societário entre investidores e arrendatários, que emite debêntures para obter numerário para a aquisição de bens, que serão arrendados aos arrendatários. Os investidores serão representados por um *trustee*, que dirigirá a sociedade e receberá os aluguéis sobre o bem arrendado. **2.** Empresa fantasma.

DUMPING. *Direito internacional privado.* **1.** Venda de produtos no mercado externo a preço inferior ao do mercado produtor ou interno, com o escopo de anular a concorrência e conquistar o mercado. Não é, portanto, necessário para sua configuração que a comercialização do produto ocorra por preço abaixo do seu real custo produtivo. **2.** Introdução de um produto no mercado doméstico brasileiro, inclusive sob as modalidades de *drawback*, a um preço de exportação inferior ao seu valor normal.

DUNDUM. *Medicina legal.* Bala explosiva de invólucro modificado que produz ferimentos muito graves.

DUPLA IMPOSIÇÃO DE IMPOSTO. *Direito tributário.* Duplo lançamento de imposto sobre o mesmo objeto e pelo mesmo agente tributário.

DUPLA NACIONALIDADE. *Direito internacional privado.* Binacionalidade do indivíduo decorrente da outorga da segunda nacionalidade pelo critério do *jus sanguinis*, adquirido por linha hereditária de seus antepassados, enquanto já tem a nacionalidade pelo *jus soli*, relativo ao local geográfico de seu nascimento. É a situação jurídica daquele que tem duas nacionalidades diferentes.

DUPLICATA. 1. *Direito comercial* e *direito cambiário.* Título de crédito causal, negociável e no qual o comprador se compromete a pagar a importância da fatura dentro do prazo avençado. **2.** *Direito civil.* Cópia; traslado.

DUPLICATA DE CAMBIAL. *Direito cambiário.* Letra de câmbio ou nota promissória emitida em várias vias como cautela para evitar seu extravio, sendo que o pagamento, em face de uma de suas cópias, libera as demais (Othon Sidou).

DUPLO GRAU DE JURISDIÇÃO. *Direito processual civil, direito processual penal* e *direito do trabalho.* Princípio de administração da justiça que estabelece a existência de duas instâncias, a inferior e a superior, para que as causas decididas no juízo *a quo* venham, em grau de recurso, a ser reapreciadas e julgadas no juízo *ad quem*.

DURA LEX, SED LEX. *Aforismo jurídico.* A lei é dura, mas é lei.

DUTY FREE. *Locução inglesa.* **1.** Loja livre de impostos. **2.** Isenção de imposto aduaneiro.

E
E

ÉBRIO HABITUAL. 1. ***Direito penal.*** Aquele que vive em constante estado de embriaguez. Se o contraventor estiver sempre em habitual embriaguez, poderá ser internado em casa de custódia e tratamento. **2.** ***Direito civil.*** Dependente de álcool que sofre diminuição de seu discernimento, considerado relativamente incapaz para exercer atos da vida civil.

E-CARD. ***Direito virtual.*** Cartão virtual, usado em compras na Internet, mediante informação do número do cartão.

E-CASH. ***Termo inglês.*** *Eletronic cash*, ou seja, dinheiro eletrônico que se constitui como modalidade de pagamento, fazendo uso dos serviços bancários para efetuar transferências eletrônicas de fundos ou prescindindo da intervenção dos bancos, porque os valores ficam armazenados nos computadores das próprias partes (Walter Douglas Stuber, Ana Cristina de Paiva Franco).

ECOLOGIA. 1. ***Direito ambiental.*** a) Ciência do hábitat que estuda as relações dos seres vivos num dado meio e a sua adaptação ao ambiente, ou seja, ao clima, solo etc. Tal ciência auxilia muito as atividades do pecuarista, agricultor e agroindustrial na produção econômica da terra; b) estudo científico da interligação dos seres vivos com o seu meio ambiente (Antonio Silveira Ribeiro Santos). **2.** ***Direito penal.*** Visa a proteção penal do meio ambiente, evitando e incriminando atentados contra ele, como a poluição do solo, do ar, da água e agressões à fauna e à flora. **3.** Ciência que se ocupa com a estrutura e o desenvolvimento das comunidades humanas em suas relações com o meio ambiente e sua consequente adaptação a ele, assim como novos aspectos que os processos tecnológicos ou sistemas de organização social possam acarretar para as condições de vida do homem (Aurélio Buarque de Holanda Ferreira).

E-COMMERCE. ***Direito virtual.*** **1.** Produção, publicidade, venda e distribuição de produtos por via de sistemas de telecomunicação (Jorge José Lawand). **2.** Comércio eletrônico. **3.** Comércio realizado na internet. **4.** Escolha, compra e pagamento de um produto realizados por meio da *web*.

ECONOMIA DIRIGIDA. ***Economia política.*** Diz-se do regime ou da política financeira em que há intervenção estatal no domínio econômico; economia sujeita a um plano organizado e orientado pelo Estado.

ECONOMIA POLÍTICA. ***Economia política.*** **1.** Ciência alusiva à produção, distribuição e consumo da riqueza nacional, para dela obter melhor aproveitamento, aos princípios básicos da economia e à aplicação desses princípios na política, no setor agrário, comercial, industrial etc. **2.** Arte de bem gerir as finanças do Estado (Antoine de Montchrétien).

ECONOMIA POPULAR. 1. ***Direito penal.*** Bem coletivo estimado não só pelo que representa para um indivíduo, mas também por ser expressão de iguais necessidades relacionadas com todos os componentes de um dado grupo social (Manoel Pedro Pimentel), punindo-se, por isso, qualquer ato atentatório a ele, que configura crime contra a economia popular. **2.** ***Direito constitucional.*** Conjunto de interesses econômicos, gêneros e produtos de consumo imprescindíveis ao povo, juridicamente protegidos pelo Poder Público; logo, o Estado responsabiliza-se por qualquer exploração de atividade econômica que contrarie a economia popular, devendo haver lei complementar que crie fundo ou seguro que a proteja.

ECONOMIA PRÓPRIA. ***Direito civil*** e ***direito previdenciário.*** **1.** Diz-se do fato de alguém poder prover meios para sua subsistência, não estando na dependência econômica de outrem. **2.** Poupança decorrente do próprio esforço pessoal, sem que haja qualquer apoio de terceiros ou de familiares.

ECOSSISTEMA. ***Direito ambiental.*** **1.** Conjunto de fatores naturais mais ou menos uniformes em relação a um meio ambiente (Othon Sidou). **2.** Complexo de organismos e seu ambiente, interagindo como uma unidade ecológica definida (natural ou modificada pela atividade humana. Exemplo: agroecossistema), sem considerar fronteiras políticas. **3.** Conjunto interligado dos organismos vivos em um ambiente determinado, formando um mosaico de caracteres aparentemente uniformes (Antonio Silveira Ribeiro dos Santos). **4.** Sistema ecológico que, incluindo as comunidades bióticas e as condições abióticas, constitui o conjunto de plantas, animais e micro-organismos em permanente interação, recíproca e com seu ambiente, de tal modo a perpetuar o agrupamento (Antonio Herman V. Benjamin). **5.** Complexo dinâmico de comunidades vegetais, animais e de micro-organismos e o seu meio que se integram como uma unidade funcional. **6.** Relação estabelecida entre fatores bióticos e abióticos. **7.** Conjunto formado por todos os fatores bióticos (seres vivos) e abióticos (solo, água e atmosfera) que atuam simultaneamente sobre determinada região.

ECTOGÊNESE. 1. ***Medicina legal*** e ***direito civil.*** Fertilização *in vitro* que se concretiza pelo método ZIFT (*Zibot Intra Fallopian Transfer*), que consiste na retirada de óvulo da mulher para fecundá-lo na proveta com sêmen do marido (companheiro) ou de outro homem, para depois introduzir o embrião no seu útero ou no de outra. **2.** ***Direito penal.*** A manipulação genética de células germinais humanas está vedada e a intervenção em material genético humano *in vivo* e *in vitro* está proibida, salvo para tratamento de defeito genético, constituindo crime punido com detenção;

mas se resultar em: incapacidade para o trabalho, permanente ou não, perigo de vida, deformidade permanente, debilidade ou perda de membro, sentido ou função, aceleração de parto e aborto será punida com reclusão, sendo que a produção, armazenamento ou manipulação de embriões humanos destinados a servirem como material biológico disponível é ação criminosa punida com reclusão. Pesquisas em células-tronco embrionárias, havendo consenso dos genitores, poderão servir de base para tratamento de moléstia grave, desde que extraídas de embrião inviável ou congelado há três anos.

EDIÇÃO. ***Direito autoral.*** É um contrato pelo qual o autor de obra literária, científica ou artística, ou o titular desse direito de autor, compromete-se a transferi-lo a um editor, que se obriga a reproduzi-la num número determinado de exemplares e a difundi-la entre o público, tudo à sua custa (Pierre-Alain Tâche). Tem tal contrato por objetivos: a) a reprodução da obra intelectual, imprimindo-a por qualquer processo técnico; b) a sua difusão ou divulgação perante o público; e c) a sua comercialização, devendo, por isso, indicar a exclusividade da transferência do direito de sua utilização econômica, ficando os riscos a cargo do editor, embora o autor conserve um direito moral inalienável e irrenunciável sobre a obra, fazendo jus ao pagamento de seus direitos autorais. Nele há, portanto, uma cessão do direito de reproduzir e de publicar a obra criada, celebrada *intuitu personae*, por não poderem os contratantes transferi-lo a terceiros sem autorização da outra parte, sob pena de rescisão contratual. O autor, ao conceder ao editor o direito exclusivo de reprodução e de divulgação de sua obra por meio de contrato de edição, está lançando mão do instrumento mais adequado e seguro para regular a exploração econômica da obra literária, artística ou científica.

EDIL. **1.** ***Direito romano.*** Era cada um dos dois magistrados administrativos da antiga Roma, que tinham a incumbência de auxiliar os tribunos da plebe, abastecer mercados, organizar diversão nas festas religiosas, supervisionar a polícia e a manutenção dos serviços públicos. **2.** ***Ciência política.*** Vereador que atua como membro da Câmara Municipal com a função de emitir leis municipais.

EDILÍCIO. **1.** ***Ciência política.*** Relativo a vereador ou a edil. **2.** ***Direito civil.*** a) Diz-se do condomínio em edifícios de apartamentos; b) referente a edifício.

EDILIDADE. **1.** ***Ciência política.*** Conjunto de vereadores municipais. **2.** ***Direito romano.*** Cargo de edil ou de uma corporação de magistrados administrativos que eram encarregados de realizar determinados serviços públicos.

EDITAL. **1.** ***Direito administrativo.*** a) Procedimento licitatório que consiste em: convocação genérica de um número indeterminado de pessoas, cuja idoneidade verificar-se-á no curso da licitude (concorrência); convocação genérica de um grupo determinado de pessoas cuja idoneidade já foi devidamente comprovada (tomada de preços); convocação específica de pessoas determinadas, cuja idoneidade é presumida (convite); b) fase da licitação que constitui sua abertura, mediante chamamento público de particulares para que apresentem ofertas; c) peça fundamental ou básica da licitação que garante a publicidade do ato administrativo e traça diretrizes aos concorrentes; d) ato administrativo que torna público um certo fato ou ordem oficial, por meio da imprensa ou de sua afixação em locais públicos. **2.** ***Direito romano.*** Relativo a éditos. **3.** ***Direito processual civil.*** Ato oficial contendo aviso, citação, determinação etc., que a autoridade competente ordena seja publicada em imprensa oficial ou não, ou afixada em lugar público ou na sede do juízo para conhecimento geral ou do interessado. Édito.

EDITO. **1.** ***Ciência política*** e ***direito comparado.*** Norma editada pela autoridade máxima, como rei, imperador, presidente. Exemplo: decreto. **2.** ***Direito romano.*** a) Norma baixada pelo magistrado administrativo, que continha prescrições legais a serem observadas durante seu mandato; b) decisão dos pretores que tinha força de lei.

EDUCAÇÃO AMBIENTAL. ***Direito ambiental*** e ***direito educacional.*** **1.** Conjunto de processos por meio dos quais o indivíduo e a coletividade constroem valores sociais, conhecimentos, habilidades, atitudes e competências voltadas para a conservação do meio ambiente, bem de uso comum do povo, essencial à sadia qualidade de vida e sua sustentabilidade. A educação ambiental é um componente essencial e permanente da educação nacional, devendo estar presente, de forma articulada, em todos os níveis e modalidades do processo educativo, em caráter formal e não formal. **2.** Processo educacional de estudos e aprendizagem dos problemas ambientais e suas interligações com o homem, na busca de soluções que visem a preservação do ambiente como um todo (Antônio Silveira Ribeiro dos Santos).

EFEITO. **1.** ***Direito civil.*** a) Consequência jurídica decorrente de atos, negócios ou fatos jurídicos; b) dano moral ou patrimonial resultante da prática de ato ilícito. **2.** ***Direito desportivo.*** a) Modo especial com que um esportista impele uma bola (nos jogos de futebol, tênis etc.), fazendo com que ela tenha uma trajetória irregular, desorientando, assim, seu adversário; b) movimento rotatório para trás, dado a uma bola no golfe ou no bilhar, fazendo-a, ao tocar o solo ou a mesa, ressaltar, parar ou rolar para diante apenas numa distância pequena. **3.** ***Filosofia do direito*** e ***teoria geral do direito.*** a) Eficácia; b) aquilo que advém de uma causa eficiente ou final. **4.** ***Direito marítimo.*** Carga. **5.** ***Direito comercial.*** Valor negociável.

EFEITO DA COISA JULGADA. ***Direito processual*** e ***direito constitucional.*** Imutabilidade e indiscutibilidade de sentença, cuja validade não poderá ser abolida por uma norma derrogante nem por outra decisão judicial, visto que está ao abrigo de recursos, cedendo lugar somente ao ataque de sentença anulável, nos casos previstos taxativamente em lei, que dão azo à propositura da ação rescisória, para que se opere um julgamento do julgamento, pois tem por objeto sentença ou acórdão rescindendo, com o escopo de converter sua invalidade em rescindibilidade, restabelecendo a lei violada pela decisão.

EFEITO DEVOLUTIVO. 1. ***Direito processual civil.*** Diz-se do efeito de recurso que enseja de imediato o cumprimento da sentença, transladando-se, para o juízo *ad quem*, o conhecimento de toda a matéria decidida no juízo *a quo*, qualquer que seja ela, o que não impedirá a concretização da decisão recorrida. Com isso evitam-se procrastinações de decisões finais, oriundas da demora ou do julgamento do recurso pelo tribunal superior. O recurso com efeito devolutivo apenas devolve à instância superior o conhecimento de uma causa já decidida. A sentença recorrida terá seu curso normal independentemente da solução que o juízo *ad quem* der à pendência. É, portanto, o efeito do recurso cuja pendência não interrompe o andamento do processo. **2.** ***Direito processual penal.*** Efeito do recurso que leva o conhecimento da causa à instância superior, sem que haja suspensão de seu objeto. É o que ocorre, por exemplo, com a apelação de sentença absolutória (Othon Sidou).

EFEITO *EX NUNC*. 1. ***Teoria geral do direito*** e ***direito civil.*** É o decorrente da declaração de anulabilidade de um negócio, pelo qual se respeitam todos os efeitos negociais até o momento da anulação do ato negocial. **2.** ***Direito processual civil.*** Diz-se do efeito constitutivo de uma sentença que se projeta para o futuro apenas com a coisa julgada material, ou seja, a partir da data do trânsito em julgado daquela sentença.

EFEITO *EX TUNC*. 1. ***Teoria geral do direito*** e ***direito civil.*** É o resultante da declaração da nulidade de um negócio jurídico, alcançando a declaração de vontade no momento de sua emissão, salvo no caso de casamento putativo, em atenção à boa-fé de uma ou ambas as partes. **2.** ***Direito processual civil.*** Diz-se do efeito condenatório de sentença condenatória ou do declaratório de sentença declaratória, pois retroage à data em que se deu a citação válida, à da constituição do devedor em mora ou ao momento em que se operou a formação da relação jurídica declarada.

EFEITO IMEDIATO DA LEI. ***Teoria geral do direito.*** Eficácia imediata da lei, que só incidirá em situações futuras ou pendentes, não podendo abarcar as consolidadas em época pretérita ou os processos em andamento ou pendentes; no que disser respeito às normas substantivas e às normas adjetivas não poderão alcançar tais processos em atos neles já realizados e acabados sob o império da lei nova, atingindo-os no ponto em que estiverem, de modo que apenas os atos processuais posteriores à sua vigência é que se regerão pelos seus preceitos. Isto é assim por não poder vulnerar o ato jurídico perfeito, o direito adquirido e a coisa julgada.

EFEITO RETROATIVO. ***Teoria geral do direito.*** Dá-se quando lei nova atinge atos do passado, desde que não viole ato jurídico perfeito, direito adquirido e coisa julgada.

EFEITO SUSPENSIVO. ***Direito processual civil*** e ***direito processual penal.*** Diz-se do recurso interposto que susta o andamento normal da ação, suspendendo a execução da sentença do juízo *a quo* enquanto não for julgado pelo tribunal *ad quem*.

EFETIVO. 1. ***Teoria geral do direito.*** a) O que existe, na verdade, em oposição ao que é possível; b) real; c) permanente. **2.** ***Direito empresarial.*** Ativo líquido do empresário ou de uma sociedade empresária. **3.** ***Direito administrativo.*** a) Diz-se do funcionário ou servidor público que está no exercício de um cargo ou função em caráter permanente; b) indica o funcionário que integra o quadro permanente, não podendo ser demitido *ad nutum*. **4.** ***Direito militar.*** Número de militares de diversos graus que compõem uma formação terrestre, naval ou aérea.

EFICÁCIA. ***Teoria geral do direito*** e ***filosofia do direito.*** **1.** É a qualidade da norma vigente de produzir, no seio da coletividade, efeitos jurídicos concretos, considerando, portanto, não só a questão de sua condição técnica de aplicação, observância, ou não, pelas pessoas a quem se dirige, mas também a de sua adequação em face da realidade social, por ela disciplinada, e dos valores vigentes na sociedade, o que conduziria ao seu sucesso. A eficácia diz respeito, portanto, ao fato de se saber se os destinatários da norma ajustam, ou não, seu comportamento, em maior ou menor grau, às prescrições normativas, ou seja, se cumprem, ou não, os comandos jurídicos, e se os aplicam ou não. Trata-se da eficácia jurídica. **2.** Qualidade do que é eficaz.

EFICÁCIA CONSTRUTIVA. ***Teoria geral do direito*** e ***direito constitucional.*** Incidência das novas normas constitucionais sobre as da ordenação anterior compatíveis com elas, que, em nome do princípio da continuidade da ordem jurídica, são como que recriadas pela nova Carta Magna (José Afonso da Silva). Trata-se do fenômeno da recepção da ordem normativa vigente, sob a égide de antiga Carta, e compatível com a nova.

EFICÁCIA JURÍDICA. ***Semiótica jurídica* e *teoria geral do direito*.** É também denominada eficácia sintática, por ser efeito atinente à relação sintática entre uma norma (signo) e outras normas (signos) do ordenamento. Assim, a eficácia jurídica é a aptidão técnica da norma para produzir efeitos jurídicos (Tércio Sampaio Ferraz Jr.), ligando-se às condições de atuação da norma ou de sua dependência de outras normas para tanto, prescindindo da relação para os comportamentos de fato ocorridos, não havendo nenhuma influência entre a sua obediência efetiva e a real possibilidade de produção de efeitos. A eficácia jurídica indica, tão somente, a mera possibilidade da aplicação da norma. Do ponto de vista semiológico, a norma será sintaticamente eficaz se apresentar condições técnicas de sua atuação, ou de aplicabilidade, por estarem presentes os elementos normativos idôneos nela contidos ou em outra norma, para adequá-la à produção de efeitos jurídicos concretos, sem qualquer relação de dependência de sua observância, ou não, pelos seus destinatários.

EFICÁCIA PRAGMÁTICA. ***Semiótica jurídica* e *teoria geral do direito*.** Produção de efeitos jurídicos decorrente da incidência da norma sobre seu elaborador e destinatários, por estarem estas pessoas envolvidas em certas situações fáticas a que se refere. Essa modalidade eficacial só se completa integrando o significado de eficácia social (semântica), vinculando-se a um ato de aplicação ou de observância da norma pelos seus destinatários, que podem conduzir-se, ou não, de acordo com ela, e de eficácia jurídica (sintática), tendo condições de aplicabilidade, podendo, então, produzir os seus efeitos. Isso é assim porque nada impede que uma norma válida, e em vigor, tenha sua eficácia sintática suspensa, não produzindo efeitos em face da realidade concreta ou não tenha eficácia semântica, hipótese em que se aplica o princípio de que "ninguém é obrigado a coisas impossíveis". Norma pragmaticamente eficaz, abarcando o ângulo sintático e semântico, seria o conceito relativo ao seu sucesso. Nesta acepção a eficácia seria, então, fundamentalmente, um instrumento ou técnica de controle. O sucesso da norma diz respeito à possibilidade da consecução dos objetivos pretendidos com sua edição, que podem estar, exemplificativamente, numa concreção efetiva (obediência) ou na postergação ou transposição de seus efeitos para momentos oportunos (instrumentalidade do direito). É a lição de Tércio Sampaio Ferraz Jr.

EFICÁCIA RESIDUAL. ***Teoria geral do direito*.** Produção de efeitos por uma norma revogada, não mais vigente, por ter vigor para os casos anteriores à sua revogação, ante o fato de que se devem respeitar o ato jurídico perfeito, o direito adquirido e a coisa julgada. Como se vê, a norma pode ser eficaz mesmo já revogada.

EFICÁCIA SEMÂNTICA. ***Semiótica jurídica* e *teoria geral do direito*.** Eficácia social que diz respeito à relação semântica da norma (signo) não só com a realidade social a que se refere, mas também com os valores positivos (objetos denotados). Sob o prisma semântico, a norma eficaz seria a cumprida e aplicada concretamente, por haver uma relação de adequação entre ela e o que sucede na realidade social e nos valores positivos. O sentido semântico liga, diretamente, a eficácia à obediência de fato, não prevendo os casos de desobediência de normas eficazes (no sentido técnico). A adequação semântica conduz à verificação sociológica das razões pelas quais a norma é cumprida, uma vez que só importa o fato de sua obediência regular. Logo, será eficaz, semanticamente, a norma que tiver condições fáticas de atuar, por ser adequada à realidade social e aos valores positivos, sendo por isso obedecida. Como ensina Tércio Sampaio Ferraz Jr., pela eficácia sociológica ou social considerar-se-á eficaz a norma que encontrar na realidade social e nos valores positivos as condições de sua obediência, ou seja, a que tiver seus preceitos observados pelos destinatários.

EFICÁCIA SINTÁTICA. *Vide* EFICÁCIA JURÍDICA.

EFICÁCIA SOCIAL. *Vide* EFICÁCIA SEMÂNTICA.

EGRESSO. ***Direito penal*.** É, pela lei de execução penal, o condenado que durante o período de prova está em liberdade condicional, ou que, pelo prazo de um ano contado da saída da penitenciária, se encontra definitivamente em liberdade por ter cumprido a pena.

EIRELI. ***História do direito*.** Sigla de empresa individual de responsabilidade limitada, que deveria ser incluída no nome empresarial após a firma ou a denominação social. Hoje, sociedade limitada unipessoal.

ELABORAÇÃO DA LEI. ***Direito constitucional*.** Fase da formação da lei, constitucionalmente estabelecida, pela qual o projeto de lei é discutido, votado e aprovado pelo Legislativo, remetido à sanção ou veto do Executivo e, por meio da sanção, transformado em lei, que é promulgada para atestar sua existência, ordenar sua aplicação, seu cumprimento e sua publicação.

ELEGIBILIDADE. ***Ciência política* e *direito constitucional*.** **1.** Capacidade para ser eleito, ou para se candidatar. **2.** Qualidade daquele que é elegível, por apresentar as seguintes condições: nacionalidade brasileira, pleno exercício de direitos políticos, idade legal, alistamento eleitoral, domicílio eleitoral na circunscrição e filiação partidária.

ELEIÇÃO. 1. ***Ciência política*** **e** ***direito eleitoral.*** a) Ato de eleger; b) escolha de alguém, mediante voto, para um cargo; c) ato de conferir mandato público ou político àquele que se elegeu. **2.** ***Direito civil*** **e** ***direito comercial.*** Ato de selecionar ou escolher dirigente de associação, sociedade simples ou empresária, baseado na vontade da maioria de seus membros.

ELEIÇÃO DIRETA. ***Ciência política.*** Diz-se daquela em que o eleitor escolhe seu representante, por meio de sufrágio universal, para ocupar, por prazo certo, determinado cargo, sem que haja qualquer intermediário.

ELEIÇÃO INDIRETA. ***Ciência política.*** É aquela em que o povo escolhe delegados, para que estes, em seu nome, venham a designar seus representantes. Consequentemente, os eleitos não são escolhidos diretamente pelo povo, mas por intermediários, que são os colégios eleitorais, compostos por delegados por ele designados, que têm poder de selecionar aqueles que vão exercer mandato político.

ELEITOR. 1. ***Ciência política*** **e** ***direito eleitoral.*** Cidadão que pode votar, elegendo representantes para ocupar cargos eletivos, públicos ou para exercer uma função pública. **2.** ***História do direito.*** Designação de cada um dos príncipes alemães que escolhiam o imperador.

ELEMENTO ACIDENTAL. 1. ***Direito penal.*** Causa atenuante ou agravante de pena. **2.** ***Direito civil.*** Cláusula que modifica uma ou algumas das consequências do negócio, p. ex.: a condição, o termo ou o encargo.

ELEMENTOS DE CONEXÃO. ***Direito internacional privado.*** **1.** São expressões legais de conteúdo variável, de efeito indicativo, capazes de permitir a determinação do direito que deve tutelar a relação jurídica em questão (Irineu Strenger). **2.** Critérios de conexão tidos como convenientes em razão de política jurídica, determinantes da lei substantiva a ser aplicada ao caso *sub judice*, ante a hipótese de conflito de leis no espaço. Constitui, portanto, o elemento de conexão, meio técnico, fático ou jurídico, prefixado pela lei interna de cada país, ou melhor, pela norma de direito internacional privado, que será basilar na ação solucionadora do conflito, que, quanto: a) à pessoa, será a nacionalidade, o domicílio, a residência habitual, a permanência em um território, o local da constituição da pessoa jurídica; b) à coisa móvel ou imóvel, será a lei da situação, do local de registro ou matrícula, se se tratar de navio ou avião; do lugar do destino, se coisas em trânsito etc.; c) ao ato, será a lei do delito, da celebração, cumprimento ou execução do contrato, da efetiva prestação de serviço para o contrato de trabalho; d) à ação, será a lei do tribunal onde corre o feito. Serão circunstâncias de conexão jurídicas a nacionalidade e o domicílio, ao passo que as demais serão fáticas.

ELEMENTOS DE VIZINHANÇA. ***Medicina legal.*** São os que, relativamente à distância do disparo, podem ser, ou não, encontrados ao redor do orifício de entrada do projétil da arma de fogo, tais como: orla de contusão e de enxugo, zona de tatuagem, de esfumaçamento e de chamuscamento. Nos tiros próximos, são encontradas tanto as orlas como as zonas de contorno.

ELISÃO FISCAL. ***Direito tributário.*** **1.** Procedimento lícito que se realiza antes da ocorrência do fato gerador do tributo, visando à economia fiscal; é um negócio jurídico indireto, em que os sujeitos da relação jurídica pretendem obter finalidade diversa da do negócio efetivado. Por exemplo, a hipótese de um prestador de serviço que, com base em lei, elege sede social em município cuja alíquota de ISS é pequena, embora sua atividade se exerça em outro município, onde a alíquota é bem maior. **2.** Economia tributária lícita. **3.** Planejamento tributário que fica entre a economia lícita de tributos e a evasão fiscal (Leonardo Siade Manzan).

E-MAIL. ***Direito virtual.*** **1.** Correio eletrônico que permite troca de mensagens escritas, por meio de computador. **2.** Meio usado para troca de informações particulares. **3.** Modo de identificação do usuário da Internet.

EMANCIPAÇÃO. 1. ***Direito civil.*** Aquisição da capacidade civil antes da idade legal (Clóvis Beviláqua) para a realização dos atos civis sem a assistência de seu representante legal. Tal emancipação se dá: a) por concessão dos pais ou de um deles, na falta do outro, mediante escritura pública inscrita no Registro Civil competente, ou por sentença judicial, ouvido o tutor; em ambas as hipóteses o menor deverá ter dezesseis anos completos; b) pelo casamento; c) pelo exercício de emprego público efetivo; d) pela colação de grau em ensino superior; e) pelo estabelecimento civil ou comercial ou pela existência de relação de emprego, desde que em função deles o menor com dezesseis anos completos tenha economia própria. **2.** ***Direito administrativo.*** Independência adquirida por Estado ou Município que se liberta do domínio de outro.

EMBAIXADA. ***Direito internacional público.*** **1.** Cargo ou missão, permanente ou temporário, de embaixador que representa o governo de um país perante o de outro. **2.** Edifício-sede da missão diplomática, onde o embaixador reside e exerce suas funções; chancelaria. **3.** Deputação ou delegação extraordinária, com fim especial, enviada por uma nação a outra. **4.** Séquito do embaixador; conjunto formado pelo embaixador e sua comitiva, que abrange os funcionários diplomáticos, administrativos ou técnicos, seus familiares e seus empregados domésticos. **5.** É a que tem competência para assegurar a manutenção das relações do Brasil com os governos dos Estados junto aos quais estão acreditadas, cabendo-lhes, entre outras, as funções de representação, negociação, informação e proteção dos interesses brasileiros. Às embaixadas pode ser atribuída também a representação junto a organismos internacionais. **6.** É a representação diplomática de um país em território estrangeiro, tendo por finalidade precípua assegurar a manutenção das relações do país de origem junto aos Estados com os quais está acreditado, cabendo-lhe, entre outras, as funções de representação política, negociação diplomática, informação e proteção de seus interesses.

EMBAIXADOR EXTRAORDINÁRIO. *Direito internacional público.* Enviado especial encarregado de determinada missão junto a um governo estrangeiro. Representante eventual que só pode tratar da incumbência especial e temporária que lhe foi pedida.

EMBAIXADOR ORDINÁRIO. *Direito internacional público.* Agente diplomático de grau mais elevado na hierarquia, encarregado da missão permanente de representar o governo de um país junto ao de outro, residindo no Estado a que está acreditado.

EMBARGADO. *Direito processual civil.* **1.** Aquilo a que um embargo foi interposto; o que sofreu embargo. **2.** Diz-se do litigante contra o qual foram opostos embargos.

EMBARGANTE. *Direito processual civil.* Aquele litigante que opõe embargos à demanda proposta pelo outro. Parte ativa nos embargos.

EMBARGOS. **1.** *Direito processual civil.* a) Recurso judicial para oposição de efeitos de despacho, ou de sentença prolatada, que causa dano a direitos ou a interesses de um dos litigantes. b) processo acessório para que terceiro prejudicado por ato judicial venha a defender sua posse turbada ou esbulhada. **2.** *Direito processual trabalhista.* Recurso cabível, no Tribunal Superior do Trabalho, no prazo de oito dias: a) de decisão não unânime de julgamento que conciliar, julgar ou homologar conciliação em dissídios coletivos que excedam a competência territorial dos Tribunais Regionais do Trabalho e estender ou rever as sentenças normativas do Tribunal Superior do Trabalho, nos casos previstos em lei; e b) das decisões das Turmas que divergirem entre si, ou das decisões proferidas pela Seção de Dissídios Individuais, salvo se a decisão recorrida estiver em consonância com súmula ou orientação jurisprudencial do Tribunal Superior do Trabalho ou do Supremo Tribunal Federal.

EMBARGOS À EXECUÇÃO. *Direito processual civil.* Forma de defesa do executado. Oposição do executado, independentemente de penhora, depósito ou caução, à execução, apresentada no prazo de quinze dias, contado da data da juntada aos autos do mandado de citação. Tais embargos não terão efeito suspensivo. Mas o juiz poderá, a requerimento do embargante, atribuir efeito suspensivo aos embargos quando verificados os requisitos para a concessão da tutela provisória, e desde que a execução já esteja garantida por penhora, depósito ou caução suficientes. A decisão relativa aos efeitos dos embargos poderá, a requerimento da parte, ser modificada ou revogada a qualquer tempo, em decisão fundamentada, cessando as circunstâncias que a motivaram.

EMBARGOS DE DECLARAÇÃO. **1.** *Direito processual civil.* Recurso interposto, dentro do prazo de cinco dias, para pedir ao juiz ou tribunal que emitiu sentença ou acórdão o esclarecimento de alguma obscuridade ou a eliminação de contradição contida naquela decisão, ou, ainda, para reclamar o seu pronunciamento sobre a omissão relativa, ponto ou questão sobre o qual deveria ter se pronunciado, de ofício ou a requerimento, e não o fez, ou, ainda, correção de erro material. Tais embargos não possuem efeito suspensivo e interrompem o prazo para a interposição de outros recursos por qualquer dos litigantes. **2.** *Direito processual penal.* Recurso oponível a acórdão proferido pelo Tribunal, dentro do prazo de dois dias da sua publicação, na hipótese de nele haver ambiguidade, obscuridade ou omissão. Tais embargos serão apresentados pelo relator e julgados independentemente de revisão na primeira sessão.

EMBARGOS DE DIVERGÊNCIA. *Direito processual civil.* Visam uniformizar o entendimento do STF e STJ sobre matéria posta em causa, quando houver divergência entre seus órgãos fracionários, sendo por tal razão julgados pelos órgãos superiores daqueles tribunais. É embargável o acórdão de órgão fracionário que em recurso extraordinário ou em recurso especial divergir do julgamento de qualquer outro órgão do mesmo tribunal, sendo os acórdãos, embargado e paradigma, de mérito ou relativos ao juízo de admissibilidade; em recurso extraordinário ou em recurso especial, divergir do julgamento de qualquer outro órgão do mesmo tribunal, sendo um acórdão de mérito e outro que não tenha conhecido do recurso, embora tenha apreciado a controvérsia; nos processos de competência originária, divergir do julgamento de qualquer outro órgão.

EMBARGOS DE TERCEIRO. *Direito processual civil.* Processo acessório, conexo a uma ação principal, que tem por fim defender o bem daquele que, não sendo parte numa demanda, sofre constrição ou ameaça de constrição sobre bem que possua ou sobre o qual tenha direito incompatível com o ato constritivo.

EMBLEMA. 1. ***Direito de propriedade industrial.*** Figura simbólica, rapidamente apreendida pelo público, mesmo inculto ou estrangeiro (Allart). Trata-se de marca emblemática suscetível de registro como marca de indústria e comércio, e como tal protegida juridicamente, por distinguir o estabelecimento comercial, industrial ou agrícola e a qualidade de seus produtos, atraindo a atenção do consumidor, vedando-se, por isso, a utilização de emblemas alheios como marca. **2.** Na ***linguagem jurídica*** em geral, pode significar, ainda: insígnia, símbolo, figura simbólica, divisa.

EMBOSCADA. ***Direito penal.*** Ato pelo qual o agente se oculta, ficando de tocaia para atacar a vítima, surpreendendo-a e dificultando sua defesa a fim de assaltá-la ou assassiná-la a traição. Constitui circunstância agravante da pena e qualificadora do crime.

EMBRIÕES EXCEDENTES. ***Medicina legal*** e ***direito penal.*** São aqueles que, na fertilização *in vitro*, não foram implantados no útero. Antes da fertilização na proveta, a mulher faz um tratamento hormonal para ter superovulação; com isso vários óvulos são fecundados *in vitro*, mas apenas quatro são implantados.Proibidos estão, nas atividades relacionadas a organismo geneticamente modificado (OGM), não só a produção, o armazenamento ou a manipulação de embriões humanos destinados a servir como material biológico disponível, como também a intervenção em material genético humano *in vivo*, salvo para tratamento de defeitos genéticos, respeitando-se princípios éticos, tais como o da autonomia e da beneficência, e com a prévia autorização da Comissão Técnica Nacional de Biossegurança, sob pena de prisão.

EMBRIÕES INVIÁVEIS. ***Biodireito.*** Aqueles com alterações genéticas comprovadas por diagnóstico pré-implantacional, conforme normas específicas estabelecidas pelo Ministério da Saúde, que tiveram seu desenvolvimento interrompido por ausência espontânea de clivagem após período superior a vinte e quatro horas a partir da fertilização *in vitro*, ou com alterações morfológicas que comprometam o seu pleno desenvolvimento.

EMENDA. 1. ***Direito marítimo.*** O madeiro que fica ao centro dos três que formam a roda da proa. **2.** ***Direito constitucional.*** a) Alteração, total ou parcial, de projeto de lei que está sendo discutido no Legislativo; b) proposta de modificação de projeto de lei; c) mudança do texto constitucional mediante meio previsto na própria Carta Magna. **3.** ***Direito autoral.*** Erro assinalado em prova; retificação de prova. **4.** ***Direito penal*** e ***direito penitenciário.*** Função específica da pena de corrigir o condenado, evitando-se, assim, a reincidência, e procurando reintegrá-lo ao convívio social. **5.** ***Direito civil, direito comercial*** e ***direito empresarial.*** Correção feita em ato jurídico.

EMENDA DA MORA. ***Direito civil.*** Ato espontâneo do contratante moroso, que visa remediar a situação a que deu causa evitando os efeitos dela decorrentes e reconduzindo a obrigação à normalidade.

EMENTA. 1. ***Direito processual civil*** e ***penal.*** Sinopse ou resumo de uma decisão judicial, principalmente dos acórdãos dos tribunais. **2.** ***Teoria geral do direito.*** Síntese de textos normativos.

EMIGRAÇÃO. ***Direito internacional privado.*** Ato de um cidadão, voluntariamente, deixar seu país de origem para estabelecer-se em outro, evitando alguma perseguição política, tentando uma nova vida melhor ou procurando meios de fazer fortuna com seu trabalho; expatriação.

EMISSÃO. 1. ***Economia política.*** a) Ato de colocar em circulação títulos de valor, como ações, papéis de crédito etc.; lançamento de valores no mercado; b) ato de pôr em circulação determinada quantidade de moedas. **2.** ***Direito civil*** e ***direito comercial.*** Ato de expedir títulos de crédito, como duplicatas, cheques, letras de câmbio, notas promissórias. **3.** ***Medicina legal.*** Depleção; ato de expelir algo. **4.** ***Direito ambiental.*** Lançamento na atmosfera de qualquer forma de matéria sólida, líquida ou gasosa.

EMISSÁRIO. 1. Núncio; portador de notícia; mensageiro. É o núncio ou mensageiro que transmite a vontade daquele que tiver interesse na comunicação de uma declaração já feita (Nelson Nery Jr. e Rosa Maria A. Nery). **2.** Aquele enviado para cumprir uma missão; mandatário a quem foi dada uma incumbência. **3.** Espião; agente secreto que deve sondar algo. **4.** Canal condutor de água ou óleo numa rede distribuidora. **5.** Aqueduto para escoar um lago.

EMISSOR. 1. Banco ou estabelecimento de crédito que emite papel-moeda. **2.** Aquele que coloca em circulação títulos de crédito; sacador. **3.** Responsável pelo pagamento do título emitido. **4.** O que envia alguma coisa a alguém. **5.** Subscritor. **6.** Radiotransmissor; aparelho que produz ou envia, através do espaço, ondas hertzianas na estação radiodifusora de origem.

EMITENTE. 1. Na ***linguagem jurídica*** em geral, é o mesmo que EMISSOR (*v.*). **2.** ***Direito comercial.*** Aquele que emite ou saca título de crédito a favor de outra pessoa, criando uma obrigação de pagamento.

EMOÇÃO VIOLENTA. ***Medicina legal*** e ***direito penal.*** Alto grau de exacerbação do sentimento, que impulsiona a pessoa a cometer uma ação criminosa, não excluindo a sua responsabilidade criminal, apesar de ter o condão de reduzir a pena, desde que tenha havido ato injusto da vítima.

EMOLUMENTO. **1.** Taxa. **2.** Contribuição paga pelo que se favorece de um serviço prestado por repartição pública. **3.** Retribuição paga a serventuários públicos pelo exercício de seu cargo, além do vencimento normal que recebe, ante o fato de ter executado atos judiciais ou extrajudiciais, cartorários etc. **4.** Gratificação. **5.** Lucro eventual de dinheiro.

EMPATE. **1.** ***Direito comercial.*** Imobilização de capital em operação demorada, empregando-o em mercadorias que não têm saída, fazendo com que não haja lucros imediatos. **2.** Na ***linguagem jurídica*** em geral, quer dizer: igualdade em votações opostas (Aurélio Buarque de Holanda Ferreira), sobre matéria que é, por exemplo, objeto de deliberação, julgamento ou eleição. **3.** ***Direito desportivo.*** Conclusão de competição esportiva ou de jogo sem que haja vencedor. **4.** ***História do direito.*** Movimento político dos seringueiros que ocuparam área destinada a pasto, para impedir seu desmatamento por empresa agropastoril.

EMPENHO. **1.** ***Direito civil.*** Ato de dar ou receber em penhor. **2.** ***Direito administrativo.*** a) Decisão de autoridade administrativa para controlar orçamento; b) ato que traz como consequência o Estado devedor; ato emanado da administração, em decorrência de contrato firmado pelo Executivo com terceiro, criando a obrigação de efetuar o pagamento por parte do Tesouro; c) abandamento de verba para contingenciar certa despesa previamente orçamentada (Othon Sidou). **3.** ***Ciência política*** e ***direito constitucional.*** Ato legislativo que vincula Estado a terceiro, estabelecendo o dever de pagar certo *quantum* subordinado à verba orçamentária de despesa pública. **4.** ***Direito tributário.*** Ato pelo qual se autoriza uma despesa, averiguando se há, para sua efetivação, dotação orçamentária e verba necessária. **5.** ***Direito processual civil.*** Ato judicial que impõe ao Estado o dever de pagar indenização e custas judiciais. **6.** Nas ***linguagens comum*** e ***jurídica,*** pode ter o significado de: a) interesse; b) recomendação; c) intervenção em favor de alguém; d) diligência.

EMPOSSAMENTO. ***Direito administrativo.*** Ato de investir alguém num cargo público.

EMPRAZAMENTO. **1.** ***Direito civil.*** Ato de quem fez contrato de enfiteuse ou deu um imóvel em aforamento. **2.** ***Direito processual civil.*** Citação, notificação ou intimação para comparecer em juízo, designando dia, hora e local. **3.** ***História do direito.*** Contrato escrito em linguagem antiga.

EMPREGADO. ***Direito do trabalho.*** Todo aquele que presta serviço não eventual a empregador, sob a dependência deste e mediante salário.

EMPREGADO PÚBLICO. ***Direito administrativo.*** **1.** Em ***sentido amplo,*** é o funcionário ou servidor público de qualquer categoria que presta serviços em repartições públicas no exercício de um cargo público, preenchido, legitimamente, mediante aprovação em concurso. **2.** Em ***sentido restrito,*** é aquele admitido para ocupar e desempenhar cargos técnicos ou serviços de categoria inferior, sem que tenha se submetido a uma prova pública (De Plácido e Silva).

EMPREGADOR. ***Direito do trabalho.*** Empresa individual ou coletiva que, assumindo os riscos da atividade econômica, admite, assalaria e dirige a prestação pessoal de serviço. É, também, empregador, para efeito de relação empregatícia, o profissional liberal, instituição de beneficência, associação recreativa ou qualquer outra sem fins lucrativos, que admite trabalhadores como empregados. É, portanto, o patrão.

EMPREGADOS AUTÔNOMOS. ***Direito previdenciário.*** Aqueles que prestam serviços profissionais por conta própria sem qualquer vínculo de subordinação, tendo, desde que segurados, direito aos benefícios da previdência social, que têm como fato gerador o implemento do tempo de serviço.

EMPREITADA. ***Direito civil.*** Também chamada locação de obra, consiste no contrato pelo qual um dos contraentes (empreiteiro) se obriga, sem subordinação ou dependência, a realizar, pessoalmente ou por meio de terceiro, certa obra para o outro (dono da obra ou comitente), com material próprio ou por este fornecido, mediante remuneração determinada ou proporcional ao trabalho executado.

EMPREITADA DE LAVOR. ***Direito civil.*** Ocorre quando o empreiteiro assume apenas a obrigação de prestar o trabalho necessário para a confecção, a produção, a construção ou a execução da obra.

EMPREITADA DE MATERIAIS. ***Direito civil.*** É aquela em que o empreiteiro, ao se obrigar à realização de uma obra, se compromete a fornecer não só os materiais necessários à sua execução como também a mão de obra, contraindo, concomitantemente, uma obrigação de fazer e de dar. Trata-se da empreitada mista.

EMPREITEIRO. ***Direito civil.*** Aquele que realiza uma obra mediante remuneração convencionada, contribuindo apenas com seu trabalho ou com o fornecimento de mão de obra e materiais.

EMPRESA. **1.** ***Direito comercial.*** a) Sociedade organizada que explora indústria ou comércio; b) organização do capital e do trabalho empenhada em exercer atividade econômica; c) estabelecimento empresarial; d) organização que tem por objeto prover a produção, a troca e a circulação de bens ou serviços (Ripert e Truchy); e) organização técnico-econômica que se propõe a produzir, mediante a combinação dos diversos elementos (natureza, trabalho e capital), bens ou serviços destinados à troca (venda) com esperança de realizar lucros, correndo os riscos por conta do empresário (Carvalho de Mendonça); f) organização da produção na qual se combinam os preços dos diversos fatores de produção, trazidos por agentes distintos do proprietário da empresa, visando a vender um bem ou serviços no mercado, para obter, por diferença entre os dois preços (preço de custo e preço de venda), o maior proveito monetário possível (F. Perroux). Trata-se de prestação de uma unidade econômica; g) atividade econômica juridicamente organizada para produção ou circulação de bens ou prestação de serviços (Fábio Ulhoa Coelho); h) é a firma individual ou a sociedade que assume o risco de atividade econômica urbana ou rural, com fins lucrativos ou não, bem como os órgãos e entidades da Administração Pública direta, indireta ou fundacional; i) organização econômica de fatores de produção, ou melhor, é a atividade organizada dirigida à criação de riqueza, pela produção e circulação de bens ou de serviços, desenvolvida por uma pessoa natural (empresário) ou jurídica (sociedade empresária), por meio de um estabelecimento. **2.** *Direito civil.* Organização civil que explora um ramo negocial. **3.** *Direito econômico.* Agente da atividade econômica, ou melhor, instrumento de execução da política econômica (Albino de Souza). **4.** *Direito tributário.* No *sentido subjetivo,* a empresa, na condição de sociedade ou de firma individual, é contribuinte, devendo pagar tributos, ou beneficiária da política de estímulos financeiros, proporcionados pelos mecanismos de arrecadação. No *sentido objetivo,* a empresa surge como fato gerador de tributos relativamente à produção, circulação, importação e exportação de bens (Ana Maria F. Augusto). **5.** *Direito do trabalho.* Organização do trabalho alheio, sob regime de subordinação hierárquica, que busca obter lucros correspondentes à remuneração do empregador (Evaristo de Moraes Filho). O empregador é equiparado à empresa. **6.** *Direito agrário.* Empreendimento voltado à exploração da terra, como fator de produção e recurso natural (Cottely). **7.** Na *linguagem jurídica* em geral, pode, ainda, ter o sentido de negócio, empreendimento ou cometimento. **8.** *Direito previdenciário.* Para fins previdenciários, é: a) a firma individual ou sociedade que assume o risco de atividade econômica urbana, ou rural, com fins lucrativos ou não, bem como os órgãos e entidades da Administração Pública direta, indireta ou fundacional; b) o autônomo equiparado em relação a segurado que lhe presta serviço, bem como a cooperativa, a associação ou entidade de qualquer natureza ou finalidade, a missão diplomática e a repartição consular de carreira estrangeiras.

EMPRESA DE PEQUENO PORTE. *Direito comercial.* **1.** Empresário, pessoa jurídica ou a ela equiparada que tem receita bruta anual superior a R$ 360.000,00 e igual ou inferior a R$ 3.600.000,00. **2.** Pequeno empresário individual que aufere receita bruta anual de até R$ 36.000,00.

EMPRESA INDIVIDUAL DE RESPONSABILIDADE LIMITADA. *História do direito comercial.* Era constituída por uma só pessoa titular da totalidade do capital social, devidamente integralizado, que não será inferior a 100 vezes o maior salário mínimo vigente no País. Pode resultar da concentração das quotas de outra modalidade societária num único sócio, independentemente das razões que motivaram tal concentração. Seu nome empresarial era formado pela inclusão do termo EIRELI após a firma ou denominação social. Hoje é a sociedade limitada unipessoal, formada por um só sócio que detém a totalidade do capital social.

EMPRESA JÚNIOR. *Direito civil* e *direito educacional.* É a entidade organizada sob a forma de associação civil gerida por estudantes matriculados em cursos de graduação de instituições de ensino superior, com o propósito de realizar projetos e serviços que contribuam para o desenvolvimento acadêmico e profissional dos associados, capacitando-os para o mercado de trabalho.

EMPRESA MULTINACIONAL. *Economia política, direito comercial* e *direito internacional privado.* **1.** Organização econômica de produção e distribuição de riquezas, com tecnologia avançada e sediada num país, apesar de operar no exterior por meio de suas subsidiárias que, ao se integrarem com as atividades da matriz, transformam-na numa entidade operacional global, destinada a servir o mercado mundial (Berhman). **2.** Grande empresa que atua em vários países por meio de filiais ou participando no capital de empresas locais.

EMPRESA PÚBLICA. *Direito comercial* e *direito administrativo.* Entidade dotada de personalidade jurídica de direito privado, com patrimônio próprio e capital exclusivo da União; criada por lei para a exploração de atividade econômica que o governo seja levado a exercer por força de contingência ou de conveniência administrativa, podendo revestir-se de qualquer das formas admitidas em direito. É regida por normas comerciais, trabalhistas e tributárias, e princípios administrativos.

EMPRESÁRIO. *Direito comercial.* **1.** Sujeito de direito responsável pela criação e direção de uma empresa, assumindo os riscos inerentes à execução da atividade econômico-empresarial que tem por fim a produção, a circulação, ou troca de bens ou serviços, desde que devidamente inscrito no Registro Público de Empresas Mercantis. **2.** Aquele que, visando lucro, investe capital na organização e realização de espetáculos artísticos, de certames esportivos etc.

3. Aquele que, ante o fato de o exercício da profissão constituir elemento de empresa, pratica atos profissionais intelectuais, de natureza artística, literária ou científica, mesmo com o concurso de auxiliares ou colaboradores.

EMPRESÁRIO RURAL. ***Direito agrário.*** Pessoa natural ou jurídica que exerce atividade agrária, seja ela agrícola, pecuária, agroindustrial ou extrativa, que constitui sua principal profissão, procurando conjugar, de forma racional e econômica, segundo os padrões fixados pública e previamente pelo governo, os fatores terra, trabalho e capital.

EMPRESAS PONTO.COM. ***Direito virtual.*** Empresas com estabelecimento físico que se valem da internet para ampliar vendas de mercadorias ou serviços e as tipicamente internetenáuticas (Fábio Ulhoa Coelho).

EMPRÉSTIMO. ***Direito civil.*** Contrato pelo qual uma pessoa entrega a outra, gratuitamente, uma coisa, para que dela se sirva, com a obrigação de restituir (Coelho da Rocha). Duas são as espécies de empréstimo: a) o comodato, que constitui o empréstimo de uso, em que o bem emprestado deverá ser restituído em espécie, isto é, em sua individualidade, razão pela qual não poderá ser fungível ou consumível; b) o mútuo, que é o empréstimo de consumo, pois a coisa emprestada, sendo fungível ou consumível, não poderá ser devolvida, de modo que a restituição se fará no seu equivalente, ou seja, por outra coisa do mesmo gênero, quantidade e qualidade.

EMPRÉSTIMO COMPULSÓRIO. ***Direito tributário*** e ***direito constitucional.*** É aquele tributo instituído pela União, mediante lei complementar, não só para atender a despesas extraordinárias decorrentes de calamidade pública, de guerra externa ou sua iminência, como também nos casos de investimento público de caráter urgente e de relevante interesse nacional. A aplicação dos recursos provenientes de empréstimo compulsório será vinculada à despesa que fundamentou sua instituição. Esse tributo imposto ao contribuinte deverá ser devolvido, obrigatoriamente, pelo Estado, dentro do prazo por ele fixado. É um empréstimo público forçado.

EMPTIO REI SPERATAE. ***Direito civil.*** Modalidade de venda aleatória alusiva a coisa futura, que ocorre se a álea versar sobre quantidade maior ou menor da coisa esperada. O adquirente assume o risco concernente à maior ou menor quantidade da coisa, sendo devido o preço ao alienante, desde que este não tenha culpa, mesmo que o objeto venha a existir em quantidade irrisória.

EMPTIO SPEI. ***Direito civil.*** Venda aleatória em que um dos contratantes, na alienação de coisa futura, toma para si o risco relativo à existência da coisa, ajustando um preço que será devido, integralmente, mesmo que nada se produza, desde que não haja culpa do alienante. Vende-se, portanto, a esperança ou a probabilidade de a coisa vir a existir.

EMULAÇÃO. 1. ***Direito processual civil.*** a) Abuso do direito de ação, consistente na rivalidade que leva alguém a ingressar em juízo sem que haja qualquer fundamento jurídico, com a intenção deliberada de prejudicar outrem; b) ato de promover medidas judiciais que retardam o curso do processo, sendo este procedimento irregular e abusivo. **2.** ***Direito desportivo.*** Rivalidade sadia decorrente de espírito esportivo, típica de competições. **3.** ***Direito penal*** e ***direito comercial.*** Sentimento que leva alguém a querer imitar ou a exceder outrem, na seara comercial ou profissional, em busca de lucro ou de prestígio, praticando atos de concorrência ou competição desleal puníveis criminalmente, por prejudicar interesses alheios. **4.** ***Direito civil.*** Exercício normal de um direito, em regra o de propriedade, com a firme intenção de causar dano a outrem, e não com a de satisfazer uma necessidade do seu titular, caindo, então, na órbita do abuso de direito.

ENCAMPAÇÃO. 1. ***Direito administrativo.*** Ato administrativo discricionário pelo qual o Estado, por utilidade pública, antes do término do contrato de concessão de serviço público, sem que haja qualquer ato culposo do concessionário, põe fim ao contrato, mediante pagamento de um resgate, avocando a si o serviço público e ressarcindo o concessionário mediante uma indenização. **2.** ***Direito civil.*** Restituição do domínio útil ao senhorio direto, havendo rescisão da enfiteuse. **3.** ***Direito agrário.*** Devolução do prédio rural arrendado ao seu proprietário, pela extinção do contrato de arrendamento, antes de cumprido o prazo avençado. **4.** ***Direito comercial.*** Ato de passar uma empresa ou negócio para outra organização, mediante pagamento a que faz jus, responsabilizando-se, de um lado, por todo o passivo da sociedade encampada e ficando, de outro lado, com todo seu ativo (De Plácido e Silva).

ENCARGO. 1. ***Direito civil.*** a) Cláusula acessória, em regra, aderente a atos de liberalidade *inter vivos* (doação) ou *mortis causa* (testamento, legado), embora possa aparecer em promessas de recompensa ou em outras declarações unilaterais de vontade, que impõe um ônus ou uma obrigação à pessoa natural ou jurídica contemplada pelos referidos atos. Pode consistir numa prestação em favor de quem o institui ou de terceiros, ou mesmo numa prestação sem interesse particular para determinada pessoa. Por exemplo, doação de um terreno para que nele se edifique um asilo; legado com o encargo de construir um túmulo para o testador; b) ônus ou gravame que restringe um direito; c) dever decorrente de lei; obrigação legal; d) atribuição ou incumbência confiada a quem ocupa um cargo. **2.** ***Direito tributário.*** Tributo.

ENCARGOS SOCIAIS. *Direito do trabalho.* Conjunto de deveres impostos, compulsoriamente, pela lei a uma empresa, para constituir fundos públicos paraestatais.

ENCRAVAMENTO. *Direito civil.* Situação de um imóvel, urbano ou rústico, naturalmente encravado em outro, de tal modo que não tem saída para via pública, nascente ou porto, o que confere ao seu proprietário direito de reclamar do vizinho que este lhe deixe, mediante uma indenização cabal, passagem, fixando-se a esta, judicialmente, o rumo, quando necessário.

ENDOMARKETING. *Direito comercial.* **1.** *Marketing* interno que tem a finalidade de manter os funcionários da empresa bem informados sobre a política empresarial, metas e objetivos da empresa, integrando-os mediante um bom programa de relações humanas, assistindo-os em suas necessidades, empregando esforços para que sintam orgulho em ser parte integrante da empresa e tomem consciência da organização empresarial. **2.** *Marketing* interno na formação, informação e orientação das diretrizes da empresa (Paulo Otto Romanoschi). **3.** *Marketing* voltado para dentro da própria empresa (Hilário de Oliveira).

ENDOSSANTE. *Direito cambiário.* Aquele que endossa título de crédito, letra de câmbio, ordem ou efeito comercial de sua propriedade, transferindo-o mediante simples aposição, no verso do documento, de assinatura sua ou de seu representante. Apesar do endosso, o endossante continuará vinculado cambialmente, figurando como coobrigado do título; consequentemente, se o principal responsável não pagar, ele deverá efetuar o pagamento. O endossante, portanto, é garante tanto da aceitação como do pagamento do título endossado, salvo disposição em contrário.

ENDOSSATÁRIO. *Direito cambiário.* **1.** Endossado. **2.** A pessoa em benefício da qual se fez o endosso do título cambial ou de outro documento à ordem. **3.** Aquele a quem se transfere a propriedade do título de crédito.

ENDOSSO. **1.** *Direito cambiário.* a) Ato de endossar; b) endossamento; c) ato pelo qual o proprietário (endossante) de um título de crédito ou documento à ordem transfere sua propriedade a terceiro (endossatário), mediante simples aposição de sua assinatura, ou da de seu representante ou mandatário especial, no verso do referido título, sem, contudo, se desvincular do cumprimento da obrigação nele exarada, uma vez que permanece na relação como coobrigado. **2.** Na *linguagem comum,* significa aprovação; apoio.

ENDOSSO EM BRANCO. *Direito cambiário.* Transferência de título cambial por meio de simples aposição de assinatura do seu proprietário ou de seu mandatário especial no dorso do mencionado título, sem designar o endossatário, sem declarar a negociação e sem data. Com isso, o título se transforma em título ao portador, e quem o detiver será considerado seu real e legítimo proprietário, salvo a hipótese comprovada de furto, fraude etc.

ENDOSSO EM PRETO. *Direito cambiário.* Aquele em que o endossante, ao endossar o título cambial, menciona, expressamente, o nome do endossatário, ou seja, da pessoa em favor da qual se opera a transferência da propriedade do citado título, e a data em que se dá tal ato translativo. É também denominado endosso completo, pleno ou nominativo.

ENDOSSO PIGNORATÍCIO. *Direito cambiário.* Diz-se daquele que contém a cláusula "valor em penhor" ou "valor em caução", e por meio do qual o endossante transfere tão somente a posse do título cambial ao endossatário, que assume o dever de não deixar perecer o direito nele contido. Tal transferência é feita apenas para garantia de uma outra obrigação do endossante para com o endossatário, obrigação que, se não for cumprida, operará, então, a transformação da posse daquele título de crédito endossado em propriedade (Mauro Grinberg).

ENDOSSO SEM GARANTIA. *Direito cambiário.* É o que possibilita ao endossante não se responsabilizar pelo cheque, eximindo-o do pagamento do título e permitindo seu ingresso na relação cambial tão somente para assegurar a sucessão de endossos (Othon Sidou).

ENFITEUSE. *Vide* AFORAMENTO.

ENFITEUTA. *Direito civil.* Foreiro, ou seja, o titular do direito real sobre coisa alheia, limitado de gozo ou fruição, que, em virtude de enfiteuse, possui o bem aforado de modo direto, tendo sobre ele uso, gozo e disposição, desde que não afete sua substância, por ter em suas mãos o domínio útil.

ENFORCAMENTO. **1.** *Medicina legal.* Asfixia mecânica violenta causada pela constrição do pescoço, feita por um laço preso a um ponto de suspensão fixo e sobre o qual exerce tração o próprio peso do corpo, que pode se dar por acidente, homicídio ou suicídio (Oswaldo Pataro). **2.** *História do direito.* Pena que consiste em submeter o condenado ao suplício da forca, levando-o à morte. **3.** Na *gíria,* significa: a) falta à aula ou ao trabalho em dia útil que fica entre dois feriados ou entre um feriado e um domingo; b) suspensão de atividades mercantis ou administrativas em dia útil que se encontra no meio de feriados.

ENGENHARIA GENÉTICA. *Medicina legal* e *biodireito.* **1.** Atividade de produção e manipulação de moléculas de ácido desoxirribonucleico (ADN) e de ácido ribonucleico (ARN) recombinante. **2.** Técnica que possibilita ao cientista a identificação, o isolamento e a multiplicação de genes de diversos organismos. Trata-se da tecnologia do DNA recombinante, pois permite extrair DNA de um organismo ou de pequena amostra de osso ou sangue para submetê-lo a exames e estudos (Celso Antonio Pacheco Fiorillo e Marcelo Abelha Rodrigues).

ENGINEERING. ***Direito comercial*** e ***direito empresarial.*** Contrato pelo qual um dos contratantes (empresa de engenharia) se obriga não só a apresentar projeto para a instalação de indústria, mas também a dirigir a construção dessa indústria e pô-la em funcionamento, entregando-a ao outro (pessoa ou sociedade interessada), que, por sua vez, se compromete a colocar todos os materiais e máquinas à disposição da empresa de engenharia e a lhe pagar os honorários convencionados, reembolsando, ainda, as despesas feitas.

ENGODO. **1.** ***Direito agrário.*** a) A melhor substância arrastada da terra cultivada pela aluvião; b) isca para pescar; c) ceva para apanhar peixes e aves. **2.** ***Direito penal.*** Ato criminoso de atrair alguém com promessa falsa ou de enganar ardilosamente uma pessoa, cometendo estelionato, por exemplo. **3.** ***Direito civil.*** Ato ilícito que consiste em efetuar manobras astuciosas lesivas a outrem, gerando responsabilidade civil de reparar o dano causado.

ENJEITAMENTO. **1.** ***Direito civil*** e ***direito penal.*** Abandono de menor. **2.** ***Direito civil.*** a) Recusa do objeto, pelo comprador, por apresentar vício redibitório; b) rejeição da obra, pelo seu dono, porque o empreiteiro não cumpriu o ajuste e as regras técnicas da arte.

ENQUADRAMENTO. **1.** Na ***linguagem jurídica*** em geral, é o ato ou efeito de incluir pessoa ou coisa no seu respectivo quadro ou categoria. **2.** ***Direito administrativo.*** Ato ou efeito de colocar o agente no quadro do funcionalismo público. **3.** ***Direito penal.*** a) Ato ou efeito de incluir crime na lei que o prevê, enquadrando-o nas penas por ela determinadas; b) ação ou efeito de incorrer no crime previsto pela lei. **4.** ***Direito ambiental.*** É o estabelecimento de classe em que se encontram as atividades em relação ao licenciamento ambiental, com base na Ficha da Caracterização das Atividades — FCA.

ENRIQUECIMENTO ILÍCITO. ***Direito civil.*** Ganho não proveniente de causa justa. Aumento do patrimônio de alguém sem justa causa, ou sem qualquer fundamento jurídico, em detrimento do de outrem. É aquele que gera o locupletamento à custa alheia, justificando a ação de *in rem verso*.

ENTEADO. ***Direito civil.*** Parente por afinidade em linha reta, cuja mãe ou pai se casou novamente, em relação ao seu padrasto ou madrasta.

ENTENTE. ***Direito internacional público.*** Pacto ou aliança utilizada na seara do direito internacional público para indicar a colaboração política entre dois ou mais Estados. É também designado "tratado de inteligência".

ENTIDADE FAMILIAR. ***Direito civil.*** **1.** União estável. **2.** Família monoparental.

ENTRADA. **1.** ***Direito comercial.*** a) Receita; dinheiro ou fundo que se encontra em caixa; b) ato de escriturar mercadoria contabilmente; c) primeiro pagamento da compra e venda a prestações; parte inicial de um pagamento devido em virtude de obrigação assumida; d) admissão de sócio; e) bilhete de ingresso em casa de diversão pública; f) preço de ingresso. **2.** ***Direito civil.*** a) Primeira parcela de pagamento na compra e venda a prestações; b) joia paga em uma associação; c) ingresso numa sociedade simples ou empresária. **3.** ***História do direito.*** Expedição, na era colonial, que partia do litoral para explorar o sertão, procurar pedras preciosas e aprisionar índios. **4.** ***Direito alfandegário.*** Importação; ingresso de produto estrangeiro no País, para nele ser usado e consumido. **5.** ***Direito processual civil.*** Protocolização de petição inicial. **6.** ***Direito penal.*** Objeto do crime de violação de domicílio, pois a entrada, clandestina ou astuciosa, em casa alheia é punida com detenção ou multa. **7.** ***Medicina legal.*** É o ingresso do paciente na unidade hospitalar, por internação, incluindo as transferências externas, ou por transferência interna.

ENTRÂNCIA. **1.** ***Direito processual civil*** e ***direito processual penal.*** a) Categoria hierárquica das circunscrições judiciárias, correspondendo a um grau na carreira da magistratura para acesso e efeito de promoção por merecimento ou por antiguidade; b) entrada na função de magistrado. **2.** ***Direito administrativo.*** Categoria para acesso ou promoção de funcionário público.

ENTREPOSTO. **1.** Na ***linguagem jurídica*** em geral, é: a) o armazém especial, particular ou público, onde as mercadorias são depositadas, mediante emissão de conhecimento de depósito ou *warrants*, aguardando sua venda, exportação ou reexportação; b) a cidade que apresenta grande movimento comercial; c) depósito de frutas ou barraca. **2.** ***Direito aduaneiro.*** Armazém externo onde se depositam mercadorias em trânsito que serão reexportadas ou baldeadas (De Plácido e Silva).

ENUMERAÇÃO EXEMPLIFICATIVA. ***Teoria geral do direito.*** É a em que a lei se limita a exemplificar, admitindo interpretação extensiva.

ENUMERAÇÃO TAXATIVA. ***Teoria geral do direito.*** É aquela que não possibilita qualquer interpretação ampliativa, uma vez que está restrita aos casos previstos em lei.

ENUNCIADO. **1.** ***Teoria geral do direito*** e ***lógica jurídica.*** a) Adágio jurídico; b) expressão escrita, ou verbal, ou argumento que, sem grandes explicações, procura demonstrar o fundamento do direito. **2.** ***Direito do trabalho.*** Súmula jurisprudencial do Tribunal Superior do Trabalho. **3.** ***Direito processual civil.*** a) Pronunciamento jurisprudencial do Centro de Estudos do Conselho de Justiça do STJ; b) súmula dos Tribunais Superiores.

ENVENENAMENTO. 1. *Medicina legal.* Estado mórbido, acidental ou provocado, produzido por veneno gasoso (monóxido de carbono, gás cianídrico, dióxido de nitrogênio etc.), volátil (clorofórmio, tolueno, benzeno etc.), mineral (arsênio, ácido, mercúrio, chumbo etc.) ou orgânico fixo (barbitúrico, alcaloide, glicosido etc.), ingerido ou aplicado, que pode alterar a saúde ou levar à morte. O envenenamento pode ser acidental, suicida ou homicida. 2. *Direito penal.* Causa de um homicídio, constituindo circunstância agravante da pena.

ENVIADO EXTRAORDINÁRIO. 1. *Direito internacional público.* Ministro plenipotenciário, o qual é o agente diplomático que, como chefe de uma legação, representa o governo de seu país junto ao de outro. Tem graduação inferior à do embaixador, estando colocado no segundo grau da hierarquia da carreira diplomática. 2. *Direito canônico.* Internúncio; representante da Santa Sé num Estado católico e chefe de uma internunciatura.

EPIDEMIA. 1. *Medicina legal.* Incidência anormal ou surto de uma moléstia num número de pessoas da mesma região e na mesma época. 2. *Direito penal.* Objeto de crime contra a saúde pública que consiste em propagar, dolosamente, germes patogênicos, punido com reclusão; mas, se tal propagação for culposa, a pena cabível será de detenção.

EPÍGRAFE DA LEI. *Teoria geral do direito.* 1. Designação dada à lei relativa ao assunto por ela versado. 2. Elemento do preâmbulo da lei que indica sua natureza e data.

EPISTEMOLOGIA JURÍDICA. *Filosofia do direito.* No sentido estrito, é a parte da filosofia do direito que vai tratar dos problemas da ciência jurídica, procurando delimitar o sentido de "ciência", a especificidade e os caracteres do objeto e do método da especulação jurídico-científica; refletindo sobre seu caráter teórico, prático ou crítico; distinguindo a ciência do direito das outras que, igualmente, têm por material de pesquisa os fenômenos jurídicos; indagando acerca da natureza científica do saber jurídico; e verificando suas relações com outras ciências. É, portanto, uma filosofia ou teoria da ciência jurídica.

E-PROCUREMENT. *Direito virtual.* 1. Operação *business to business* pela qual empresas efetuam compras na internet. 2. Modalidade de *business to business* (comércio de atacado ou de fornecimento) voltada para aquisição de suprimentos de informática, material de escritório, copa ou limpeza (Paulo Roberto Gaiger Ferreira).

EQUANIMIDADE. *Teoria geral do direito.* 1. Imparcialidade. 2. Ato de julgar com justiça e equidade.

EQUIDADE. *Teoria geral do direito.* 1. Disposição do órgão judicante para reconhecer, com imparcialidade, o direito de cada um. 2. Sentimento seguro e espontâneo do justo e do injusto na apreciação de um caso concreto (Lalande). 3. Justiça do caso singular (Filomusi Guelfi, Calamandrei e Bolaffio). 4. Ideal de justiça enquanto aplicado na interpretação, na integração ou na adaptação da norma. 5. Autorização, explícita ou implícita, de apreciar, equitativamente, um caso, estabelecendo uma norma individual para o caso concreto e tendo por base as valorações positivas do ordenamento jurídico. É um ato judiciário; um poder conferido ao magistrado para revelar o direito latente.

EQUIPAMENTO DE PROTEÇÃO INDIVIDUAL (EPI). *Direito do trabalho.* 1. Todo vestuário, material ou equipamento destinado a proteger pessoa envolvida na produção, manipulação e uso de produtos químicos ou agrotóxicos, seus componentes e afins. 2. Dispositivo de uso individual destinado a proteger a saúde e a integridade física do trabalhador, atendidas as peculiaridades de cada atividade profissional ou funcional.

EQUIPARAÇÃO SALARIAL. *Direito do trabalho.* Princípio do salário igual para o trabalho de igual valor prestado ao mesmo empregador, na mesma localidade. É proibida a diferença de salários, de exercício de funções e de critério de admissão baseada em sexo, idade, cor, estado civil ou discriminação salarial e de critério de admissão a pessoas com deficiência.

EQUITY LAW. *Locução inglesa.* Base do sistema jurídico anglo-saxão, reforçando a autoridade do precedente judicial, juntamente com a *common law*, pois o órgão judicante, ao corrigir os *cases*, ou seja, as normas obrigatórias do precedente, cria direito novo mesmo em oposição ao direito comum. Os tribunais aplicam quer o direito comum quer a *equity law*. Embora, atualmente, tenha havido incorporação, no direito comum, de muitas normas elaboradas pela *equity*, não há dúvida de que, nesse sistema, a *equity law* tem um poder criador de norma maior do que o do direito comum.

EQUIVALÊNCIA. 1. *Direito civil* e *direito comercial.* a) Qualidade do que é equivalente; b) igualdade de preço ou de valor entre duas coisas diversas; c) equilíbrio das prestações na comutatividade dos contratos. 2. *Lógica jurídica.* Igualdade lógica existente entre duas proposições ou termos.

EQUÍVOCO. *Teoria geral do direito.* 1. Diz-se do termo que tem vários sentidos ou significados. 2. O que pode ser interpretado de diferentes formas. 3. Que dá margem a suspeita. 4. Engano. 5. Ambíguo.

ERÁRIO. *Direito administrativo.* 1. Conjunto de bens que pertencem ao Estado. 2. Tesouro público.

ERGA OMNES. *Locução latina.* Contra todos; oponível a todos.

EROTISMO. *Medicina legal* e *psicologia forense.* **1.** Desvio do sexo causado por um aumento exagerado do desejo sexual, fazendo com que a pessoa procure satisfazê-lo de qualquer modo e levando-a, por exemplo, a cometer estupro, atentado violento ao pudor etc. **2.** Paixão sexual anormalmente insistente. **3.** Indução de sentimentos, mediante alusão, sugestão ou simbolismo, por uma obra de arte, fotos eróticas etc.

ERRATA DE LEI. *Teoria geral do direito.* Erro evidente contido na lei, não sanado pelo legislador, que pode ser corrigido pelo juiz *ex auctoritate*, observando os critérios do processo interpretativo, ao aplicar a lei, por consistir em falha ortográfica. Mas se o erro for substancial, de modo que envolva mudança de sentido normativo ou que pretenda eliminar lacuna, por ter havido publicação não integral ou inexata, ou seja, por faltar texto, requer, para sua correção, nova publicação.

ERRO. **1.** *Direito administrativo.* Vício da vontade que invalida o ato administrativo (Roger Bonnard). **2.** *Direito civil.* Noção inexata, não verdadeira, sobre alguma coisa, objeto ou pessoa, e que influencia a formação da vontade. Se influi na vontade do declarante, impede que ela se forme em consonância com sua real motivação; tendo sobre um fato ou um preceito noção incompleta, o agente emite sua vontade de modo diverso do que manifestaria se dele tivesse conhecimento exato ou completo (Orlando Gomes). Erro é o estado da mente que, por defeito do conhecimento da verdadeira situação das coisas, impede uma real manifestação da vontade (Fubini), e que pode tornar anulável o negócio se for substancial e escusável. **3.** *Direito penal.* Não conformidade entre a representação e a realidade (Galdino Siqueira). Pode ser: a) aquele que anula a culpa do agente, mas, ante a consciência da ilicitude, deixa intacto o dolo (erro de proibição), ou b) aquele em que é causa de exclusão o dolo, por anular a previsão do resultado (erro de tipo). **4.** *Lógica jurídica.* Falta de conformidade entre o juízo e o real (Goffredo Telles Jr.). Trata-se da falsidade.

ERRO ACIDENTAL. *Direito civil.* É o concernente às qualidades secundárias ou acessórias da pessoa, ou do objeto, não induzindo anulação do negócio por não incidir sobre a declaração da vontade.

ERRO ARITMÉTICO. Falha em um cálculo.

ERRO COGNOSCÍVEL. *Direito civil.* É aquele suscetível de ser detectado pelo destinatário da declaração.

ERRO DE DIREITO. **1.** *Direito civil.* É o relativo à existência de uma norma jurídica, supondo-se, exemplificativamente, que ela esteja em vigor, quando, na verdade, foi revogada. Tal erro não é considerado como causa de anulação de ato jurídico porque "ninguém se escusa de cumprir a lei, alegando que não a conhece"; todavia, a jurisprudência, a doutrina e o vigente Código Civil têm entendido que o erro de direito e a ignorância da lei não se confundem, sustentando que o *error juris*, desde que afete a manifestação da vontade, na sua essência, vicia o consentimento, por ter sido o motivo determinante do ato negocial, não podendo, contudo, recair sobre norma cogente, mas apenas sobre normas dispositivas, sujeitas ao livre acordo das partes. **2.** *Direito penal.* a) Desconhecimento da lei penal, constituindo circunstância atenuante da pena; b) desconhecimento da norma, em se tratando de contravenção penal ou de crime militar, que pode levar o juiz à não aplicação da pena.

ERRO DE FATO. **1.** *Direito civil* e *direito penal.* É o que recai sobre circunstâncias de fato, sobre as qualidades essenciais da pessoa ou da coisa (erro substancial, essencial ou escusável), ou sobre as qualidades secundárias ou acessórias de uma coisa ou pessoa (erro acidental). **2.** Erro contido na decisão, cometido pelo juiz. Implica a falsa percepção dos sentidos, de modo que o órgão judicante supõe a existência de um fato inexistente ou a inexistência de um fato existente. Não se trata de erro de valoração ou de interpretação da prova.

ERRO DETERMINADO POR ENGANO DE TERCEIRO. *Direito penal.* Trata-se do erro provocado em que terceiro, por equívoco, induz o agente a praticar o crime.

ERRO DETERMINADO POR MALÍCIA DE TERCEIRO. *Direito penal.* Erro provocado por terceiro, que, dolosamente, leva o agente a perpetrar a ação criminosa.

ERRO ESCUSÁVEL. *Direito civil* e *direito penal.* É aquele justificável, tendo-se em conta as circunstâncias do caso.

ERRO ESSENCIAL. *Vide* ERRO SUBSTANCIAL.

ERRO INESCUSÁVEL. *Direito civil* e *direito penal.* Aquele que não tem qualquer justificativa legal.

ERRO JUDICIÁRIO. *Direito civil, direito constitucional* e *direito penal.* Erro ocorrido no julgamento, tanto no cível como no criminal, que dá origem à responsabilidade do Estado de reparar economicamente o lesado. Assim, apesar da presunção de verdade que cobre a coisa julgada, não obstante a responsabilidade pessoal, civil ou penal do juiz, é dever do Estado reparar o dano causado à vítima de erro judiciário. Essa responsabilidade estatal funda-se no risco social, baseando-se, obviamente, não só no princípio da igualdade dos encargos públicos perante o Estado, como também no dever estatal de assistência e de solidariedade social.

ERRO QUANTO AO FIM COLIMADO. *Direito civil.* Trata-se do falso motivo que, em regra, não vicia o negócio jurídico, a não ser quando nele figurar expressamente, integrando-o, como sua razão essencial ou determinante, caso em que o torna anulável.

ERRO SUBSTANCIAL. ***Direito civil.*** É aquele que recai sobre a natureza do ato, a identidade do objeto principal da declaração, e as qualidades essenciais do objeto e da pessoa. Tal erro vicia a vontade e torna anulável o negócio, pois ele não teria sido levado a efeito pelo agente se este soubesse do equívoco em que ia incidir.

ESBOÇO DE PARTILHA. ***Direito civil*** e ***direito processual civil.*** Projeto de partilha feito, no processo de inventário, pelo partidor do juízo, abrangendo as dívidas do espólio, que devem ser deduzidas do monte-mor; a meação do cônjuge, se for o caso; a meação disponível e os quinhões hereditários dos coerdeiros, baseado, esse partidor do juízo, no despacho de deliberação da partilha, a qual atende, ou não, as partes em suas pretensões e designa os bens que devem constituir o quinhão de cada herdeiro e legatário. Após a elaboração desse esboço, o magistrado ouvirá os interessados no prazo de quinze dias. Resolvidas as reclamações, a partilha será lançada nos autos.

ESBULHO. ***Direito civil*** e ***direito processual civil.*** Ato pelo qual o possuidor se vê despojado da posse, injustamente, por violência, por clandestinidade e por abuso de confiança. O esbulhado, para recuperar a posse perdida, pode mover ação de reintegração de posse.

ESCALÃO. 1. ***Direito militar.*** a) Formação de tropas em grupos dispostos em linhas paralelas, cada uma um pouco para a direita ou para a esquerda da imediatamente anterior, de maneira que o todo tenha aparência de uma série de degraus; b) unidade militar assim disposta; c) modo indicativo de tropas enviadas, sucessivamente, a uma missão. **2.** ***Teoria geral do direito.*** Degrau de normas, ou seja, disposição de normas em degraus inferiores e superiores; hierarquia de normas. **3.** ***Direito administrativo.*** Hierarquia de poderes.

ESCÂMBIO. 1. ***Direito civil.*** Troca. **2.** ***Direito comercial.*** Escambo. **3.** ***Direito cambiário.*** Câmbio.

ESCORIAÇÃO. ***Medicina legal.*** **1.** Lesão epidérmica que não chega a rasgar a pele, causada, em regra, por quedas, unhadas, arrastamentos e instrumentos contundentes. **2.** Esfoladura.

ESCREVENTE. 1. ***Direito registrário*** e ***direito notarial.*** Escriturário. **2.** ***Direito do trabalho.*** Empregado de escritório que tem por função copiar o que outro escreve ou dita. **3.** ***Direito administrativo.*** Funcionário subalterno de repartição pública encarregado da escrita dos atos praticados.

ESCRITO OU OBJETO OBSCENO. ***Direito penal.*** Crime que consiste em fazer, importar, exportar, adquirir ou ter sob sua guarda, para fim de comércio, distribuição ou exposição pública, escrito, desenho, pintura ou estampa que contenha perversão sexual ou obscenidades, contrariando a moral e os bons costumes, punido com detenção ou multa, por constituir ultraje público ao pudor.

ESCRITURAÇÃO. 1. Na ***linguagem jurídica*** em geral, é qualquer processo que visa registrar, em livros próprios e de forma metódica, os fatos ocorridos, ou os atos praticados, num estabelecimento ou numa repartição pública. **2.** ***Direito civil*** e ***direito registrário.*** a) Processo pelo qual se inscreve, em livro próprio, o registro civil das pessoas jurídicas, segundo uma ordem cronológica; b) processo metódico pelo qual, cronologicamente, se faz, em livro próprio, a matrícula, o registro e a averbação de títulos ou atos constitutivos alusivos aos direitos reais sobre imóveis, no Registro Imobiliário competente, quer para sua constituição, transferência ou extinção, quer para sua validade *erga omnes*; c) técnica sistemática para registro de títulos e documentos, em livro próprio; d) procedimento metódico e sistemático pelo qual se faz, cronologicamente, o registro civil das pessoas naturais, em livros próprios. **3.** ***Direito comercial*** e ***direito registrário.*** a) Processo pelo qual se faz o registro público de empresas mercantis, para dar garantia, publicidade, autenticidade, segurança e eficácia aos seus atos; para cadastrar as empresas nacionais e estrangeiras em funcionamento no Brasil; e para proceder à matrícula dos agentes auxiliares do comércio, bem como ao seu cancelamento; b) Processo metódico e sistemático pelo qual em livros próprios, obrigatório ou auxiliar, lançam-se cronologicamente as contas e todas as operações de um estabelecimento empresarial, fazendo um balanço geral de seu ativo e passivo, demonstrativo do histórico integral da empresa.

ESCRITURA PÚBLICA. ***Direito civil*** e ***direito notarial.*** *Vide* INSTRUMENTO PÚBLICO.

ESCRITURÁRIO. 1. ***Direito canônico.*** Relativo à Sagrada Escritura. **2.** ***Direito registrário.*** Escrevente; aquele que faz a escrituração. **3.** ***Direito administrativo.*** Encarregado de efetuar a escrita de registros ou expedientes de uma repartição pública.

ESCRIVÃO. 1. ***Direito processual civil*** e ***direito processual penal.*** Oficial público que, junto a uma autoridade judiciária, escreve ou subscreve as atas, os termos e os autos processuais que correm no seu Cartório. Trata-se do serventuário da justiça que, além de escrever os processos, atos e termos, pratica todas as diligências ordenadas pelo órgão judicante; atende o expediente do juízo; comparece às audiências em que tiver de funcionar com o juiz; fornece certidões; cuida do arquivo da escrivania; faz as citações, intimações e notificações que não forem da incumbência do oficial de justiça; dá informações sobre o andamento do processo etc. **2.** *Direito registrário e direito notarial.* Escrevente. **3.** *Direito administrativo.* Aquele que escreve os livros em repartição pública. **4.** *Ciência política.* Secretário da Câmara Municipal.

ESCROW ACCOUNT. *Direito bancário.* É uma modalidade específica de conta de garantia que serve de caução para ambas as partes de uma negociação financeira de alto risco, para que o comprador possa depositar certo valor sem correr o risco de perdê-lo se, por exemplo, o vendedor desistir de última hora do negócio. A gestão desta conta é feita por uma terceira parte (tabelião de notas), neutra às negociações, que atua como intermediário durante todo o processo como responsável pela administração dos recursos provenientes da excussão da garantia, repassando, ou não, os valores depositados na conta vinculada. Para Fernanda Aguiar e Olivar Vitale, o tabelião de notas é um depositário de parte do valor da venda do imóvel. Por exemplo, se o vendedor tem dívidas, e pretende vender um imóvel para usar parte do valor para quitá-las, é possível que o valor do bem seja depositado completamente nesta conta, e o próprio cartório faz o repasse: tanto da fatia que sobra ao vendedor, quanto da parte que será destinada ao pagamento da dívida.

ESCRUTÍNIO. *Direito eleitoral.* **1.** Urna onde os votos são recolhidos. **2.** Votação, em urna, para eleger candidatos a cargos políticos. **3.** Apuração dos votos contidos na urna.

ESCUDO NACIONAL. *Direito administrativo.* Peça representativa das armas ou insígnias da nação e que deve ser usada nos papéis de expediente, convites e publicações oficiais da órbita federal, e nos principais edifícios do governo.

ESCUSA. *Direito civil.* **1.** Dispensa, definitiva ou temporária, de um encargo ou de um múnus público concedida pela lei em determinados casos, por motivos justos. **2.** Justificativa alegada por alguém para desincumbir-se de uma obrigação ou encargo.

ESCUSA ABSOLUTÓRIA. *Direito penal.* Causa excludente da punibilidade, impeditiva da aplicação da pena cominada para o crime perpetrado, em razão da condição pessoal do agente. Por exemplo, está isento de pena quem cometer furto contra ascendente ou descendente, ou contra cônjuge, na constância do matrimônio.

ESGANADURA. *Medicina legal.* Asfixia mecânica que consiste em apertar o pescoço com as mãos ou com o antebraço. A esganadura pode dar-se por acidente, suicídio ou homicídio. Externamente, percebe-se em caso de morte por asfixia: cianose da face; escuma a sair pela boca; equimoses na face, nas conjuntivas e no pescoço; escoriações produzidas por unhas, entre outros sinais. Internamente, poderá ocorrer: congestão do crânio e dos pulmões; equimoses subpleurais; hemorragia nos músculos do pescoço; fraturas na laringe etc. (Antônio Ferreira de Almeida Jr. e João Baptista de Oliveira e Costa Jr.).

ESGORJAMENTO. *Medicina legal.* Lesão causada por instrumento cortante ou perfurocortante na região anterior ou anterolateral do pescoço, provocando do seccionamento dos nervos frênico e pneumogástrico, hemorragia, embolia gasosa e asfixia. A morte por esgorjamento pode dar-se por acidente, suicídio ou homicídio.

ESGOTAMENTO DO CONTEÚDO. *Direito administrativo.* Forma de extinção natural do ato administrativo que já atendeu a sua utilidade. Por exemplo, licença de construção que se exaure ao se efetivar a obra; inscrição para prestação de concurso público que, uma vez realizado, extingue o conteúdo do ato (Robin de Andrade e Lúcia Valle Figueiredo).

ESPAÇO AÉREO. **1.** *Direito internacional público.* Aquele que se superpõe ao território de um país, considerado sob sua jurisdição. **2.** *Direito civil.* Bem imóvel por sua natureza, pois a propriedade do solo abrange a do que lhe está superior em toda a altura útil do seu exercício.

ESPAÇO DO SUBSOLO. *Direito civil* e *direito constitucional.* É o que fica abaixo da superfície do solo, considerado bem imóvel por sua natureza de propriedade do dono do solo, mas submetido a um regime jurídico especial no que atina a jazidas e recursos minerais e hidráulicos. Isto é assim porque, pela norma constitucional, os recursos minerais e potenciais da energia hidráulica são considerados como propriedade distinta da do solo, para efeito de exploração e aproveitamento, ficando sob o domínio da União. Todavia, garantida estará ao dono do solo a participação nos resultados da lavra. Consequentemente, quanto às demais hipóteses, por exemplo, construções de passagens ou de garagens subterrâneas, adegas, porões etc., o dono do solo também será o do subsolo.

ESPANCAMENTO. *Direito penal.* Ato de agredir alguém com pancadas, o qual, se causar dano à integridade corporal, constituirá crime de lesão corporal.

ESPASMO CADAVÉRICO. *Medicina legal.* Contração muscular vital e involuntária que se dá no momento da morte súbita, muito comum no suicídio com arma de fogo.

ESPECIALIDADE. **1.** *Teoria geral do direito.* a) Critério, para solucionar antinomia aparente de norma, que visa a consideração da matéria normada, com o recurso aos meios interpretativos. Por esse critério, a lei especial prevalece sobre a geral. Tal critério é uma decorrência de princípio constitucional da isonomia, para solucionar aparente conflito de normas, tratando desigualmente o que é desigual, fazendo as diferenciações exigidas fática e axiologicamente, apelando, para isso, à *ratio legis*. Deveras, se, em determinadas circunstâncias, uma norma ordena ou permite certo comportamento apenas a algumas pessoas, as demais, em idênticas situações, não são alcançadas por ela, por se tratar de disposição excepcional, que só vale para as situações normadas; b) qualidade própria de uma espécie que se opõe à generalidade; c) matéria circunscrita a determinados pontos ou artigos de lei; d) qualidade daquilo que é essencial; e) ramo de estudo ou de atividade a que alguém se dedica. **2.** ***Direito comercial.*** Produto ou mercadoria especial de um estabelecimento empresarial. **3.** ***Direito de propriedade industrial.*** a) Medicamento que leva o nome do inventor e que apenas ele tem o direito de fabricar; b) princípio que protege marcas, conferindo o direito de sua utilização exclusiva aos produtos a que elas se referem (Tullio Ascarelli); c) princípio que confere a propriedade da marca e o seu uso exclusivo àquele que a registrou. **4.** ***Direito administrativo.*** Competência conferida pelo Poder Público a uma pessoa jurídica de direito público de administração indireta, para a consecução de certa finalidade específica.

ESPECIALIZAÇÃO. ***Direito civil.*** **1.** Ato ou efeito de se dedicar, exclusivamente, ao estudo de determinada ciência ou arte. **2.** Particularização; ato de indicar algo de maneira particularizada. **3.** Individuação de bens. **4.** Enumeração pormenorizada dos elementos que caracterizam a obrigação e o bem dado em garantia, indicando: o total da dívida ou sua estimação; o prazo fixado para pagamento do débito; a taxa de juros, se houver; e a especificação da coisa dada em garantia. Se for um penhor, deverá declarar a natureza do objeto, a qualidade, a quantidade, a marca, o número, a procedência etc., a fim de identificá-lo perfeitamente. Se se tratar de hipoteca ou de anticrese, deverá mencionar a situação, a denominação, a superfície e os caracteres do imóvel dado em garantia, individuando-o. A falta de individuação do objeto descaracteriza a garantia real.

ESPÉCIE NOVA. ***Direito civil.*** Resultado do trabalho humano sobre a matéria-prima. É a decorrente da transformação definitiva da matéria-prima, feita pela capacidade criadora do homem, ou seja, de suas atividades artesanais e artísticas, ou pelo desenvolvimento de indústria. É o que se dá com a escultura, em relação ao mármore; com a pintura, em relação à tela; com a joia, em relação ao ouro e à pedra preciosa etc.

ESPÉCIES DE PENAS. ***Direito penal.*** São as penas privativas de liberdade (reclusão, detenção e prisão simples); penas restritivas de direito (prestação pecuniária, perda de bens e valores, prestação de serviços à comunidade ou a entidades públicas; interdição temporária de direitos e limitação de fim de semana) e pena de multa.

ESPÉCIES TRIBUTÁRIAS. ***Direito tributário.*** São as que estão contidas no gênero tributo, como imposto, taxa, contribuição de melhoria, empréstimo compulsório e contribuição parafiscal.

ESPECIFICAÇÃO. **1.** ***Direito civil.*** a) Modo de aquisição de propriedade móvel, mediante transformação de matéria-prima alheia em espécie nova, em razão do trabalho ou da indústria do especificador, desde que seja impossível reduzi-la à sua forma anterior ou que essa redução se apresente como danosa; b) descrição da coisa dada em garantia. Assim, por exemplo, se for um penhor, deverá declarar a natureza do objeto, qualidade, quantidade, marca, número, procedência etc., a fim de identificá-lo perfeitamente. **2.** ***Lógica jurídica.*** a) Operação pela qual se distinguem as espécies do mesmo gênero (Hamelin); b) diz-se da lei ou princípio segundo o qual o entendimento, por mais longe que vá na divisão lógica, concebe, ainda, a possibilidade de subdivisões até o infinito (Kant). **3.** ***Filosofia jurídica.*** Ação de determinar uma ideia ou um fato, distinguindo-os, mediante uma característica precisa, das noções ou dos objetos com os quais poderiam ser confundidos (Lalande). **4.** ***Direito comercial.*** Documento descrevendo em detalhes os requisitos a que devem atender os produtos ou materiais usados ou obtidos durante a fabricação. As especificações servem como base da avaliação da qualidade.

ESPECULAÇÃO. **1.** ***Filosofia do direito.*** a) Investigação teórico-científica; b) pensamento que visa apenas o conhecimento. **2.** ***Direito penal.*** Crime que consiste em obter, num negócio, lucro acima do normal, usando de meios inescrupulosos e fraudulentos para provocar uma situação no mercado que lhe seja favorável; abusando, em proveito próprio ou alheio, da inexperiência ou inferioridade mental de outrem, induzindo-o à prática de jogo ou aposta, ou à especulação com títulos ou mercadorias, sabendo ou devendo saber que a operação é ruinosa. **3.** ***Direito comercial.*** a) Empreendimento mercantil que visa o lucro, mediante o emprego de operações lícitas; b) operação comercial que visa não só o lucro ordinário, mas também o das flutuações do preço da mercadoria; c) transação comercial que envolve risco incomum contra a chance de um enorme lucro; d) operação realizada na Bolsa, em que se joga na alta ou na baixa de valores ou mercadorias; e) aplicação de capital na compra de mercadoria cujo preço está sujeito a oscilações mercadológicas; f) compra de ocasião de uma mercadoria, que tende para alta, a fim de obter lucro com sua revenda; g) açambarcamento de mercadorias, ou seja, sua venda por preço excessivo e obtendo lucro exagerado, devido a sua falta no mercado.

ESPIONAGEM. ***Direito penal militar*** e ***direito internacional público.*** **1.** Ato ou efeito de espionar, ou de recolher, secreta ou clandestinamente, informações sobre assuntos sigilosos políticos, econômicos ou diplomáticos, ou sobre recursos militares, de um país, para divulgá-las a outra nação ou a uma organização estrangeira, com o firme propósito de prejudicá-lo. **2.** Encargo de espião. **3.** Conjunto de espiões. **4.** Atividade de espião.

ESPIONAGEM EMPRESARIAL. ***Direito penal*** e ***direito do trabalho.*** Crime que consiste em obter informações sobre negócios reservados de uma empresa, passando-as a uma concorrente, com o escopo de tirar proveito. Se perpetrado por um empregado, constitui motivo de despedida por justa causa (Othon Sidou).

ESPÍRITO DA LEI. ***Teoria geral do direito.*** Sentido compreendido na lei, nem sempre expresso claramente; exato significado da lei, descoberto por meio de técnicas interpretativas.

ESPOLIAÇÃO. ***Direito civil.*** Esbulho.

ESPÓLIO. **1.** ***Direito civil.*** Soma dos bens deixados pelo falecido; acervo hereditário administrado e representado, ativa e passivamente, pelo inventariante, até a sua partilha entre os herdeiros e legatários. **2.** ***História do direito.*** Era o despojo, ou seja, a herança deixada pelo *de cujus* que não tinha herdeiros usuais. **3.** ***Direito militar.*** Despojo de guerra. **4.** ***Direito tributário.***Universalidade de bens que responde pelos tributos que o *de cujus* devia até a data de abertura da sucessão.

ESPONSAIS. ***Direito civil.*** Compromisso de casamento entre duas pessoas desimpedidas, de sexo diferente, com o escopo de possibilitar que se conheçam melhor, que aquilatem, mutuamente, suas afinidades e seus gostos. É um ato preparatório do matrimônio (Antônio Chaves).

ESPOSTEJAMENTO. ***Medicina legal.*** **1.** Ato ou efeito de esquartejar. **2.** Seccionamento do corpo humano provocado por ação criminosa, acidentes, explosão ou animais predadores.

ESQUARTEJAMENTO. **1.** ***História do direito.*** Suplício que consistia em prender um cavalo a cada um dos membros, inferiores e superiores, do condenado, fazendo com que os animais puxassem em direções opostas até os membros se separarem do tronco. **2.** ***Medicina legal.*** Redução do corpo a várias partes, retalhando-o, ao separarem-se dele a cabeça e os membros, que pode dar-se por ação criminosa ou acidente.

ESQUERDA. ***Ciência política.*** **1.** Grupo de parlamentares que ficam do lado esquerdo do presidente da Assembleia, da Câmara ou do Senado. **2.** Oposição parlamentar. **3.** Conjunto dos partidos socialistas, comunistas etc.

ESQUIZOFRENIA. **1.** ***Medicina legal*** e ***direito penal.*** Psicose grave em que o paciente, progressivamente, perde contato com a realidade, vivendo num mundo imaginário por ele mesmo criado, ante a desintegração temporária ou permanente da sua personalidade, a desagregação do seu pensamento, a perda da mobilidade de ideação e as constantes alucinações. Se praticar crime nesse estado, será tido como inimputável. **2.** ***Direito civil.*** Distúrbio mental, que pode levar à interdição do doente se impossibilitar a manifestação de vontade.

ESTABELECIMENTO COM ECONOMIA PRÓPRIA. ***Direito civil*** e ***direito comercial.*** Instalação de um negócio, civil ou mercantil, sem o auxílio financeiro de quem quer que seja, empregando dinheiro conseguido com esforço próprio, que constitui motivo para emancipação de menor, o qual, então, passará a ter capacidade plena para realizar atos na vida civil.

ESTABELECIMENTO EMPRESARIAL. ***Direito comercial.*** **1.** Complexo de coisas, bens e serviços reunidos e organizados para o exercício do comércio (Alfredo Rocco), ou melhor, de atividade empresarial. **2.** Local onde se realizam operações relativas à prática de atividades econômicas organizadas voltadas à produção e circulação de bens e serviços, servindo uma clientela, com o intuito de obter lucro. **3.** Casa comercial; casa de comércio. **4.** Complexo de bens, materiais e imateriais, que constituem o instrumento utilizado pelo empresário ou pela sociedade empresária para a exploração de determinada atividade mercantil (Oscar Barreto Filho). **5.** Unidade técnica consistente na reunião de duas ou mais pessoas trabalhando em conjunto, de modo habitual, em determinado lugar, sob a direção de um ou vários representantes da mesma razão social (Henri Guitton). **6.** Complexo de bens de natureza variada, materiais (mercadorias, máquinas, imóveis, veículos, equipamentos etc.) ou imateriais (marcas, patentes, tecnologia, ponto etc.), reunidos e organizados pelo empresário ou pela sociedade empresária, por serem necessários e úteis ao desenvolvimento e exploração de sua atividade econômica, ou melhor, ao exercício da empresa. É uma universalidade de direito.

ESTABILIDADE. ***Direito do trabalho.*** **1.** Qualidade do que é estável. **2.** Permanência. **3.** Efetividade no cargo ou no emprego.

ESTABILIZAÇÃO. *Economia política.* **1.** Conservação do valor da moeda em nível mais ou menos invariável, que deixa de ser oscilante. **2.** Medida tomada para firmar o valor da moeda nacional relativamente ao da estrangeira e à aquisição de mercadorias ou bens, pondo fim às suas variações.

ESTAÇÃO ADUANEIRA. *Direito alfandegário.* Terminal alfandegado de uso público onde se executam serviços aduaneiros.

ESTAÇÕES ECOLÓGICAS. *Direito ambiental.* Áreas representativas de ecossistemas brasileiros, destinadas à realização de pesquisas básicas e aplicadas à Ecologia, à proteção do ambiente natural e ao desenvolvimento da educação conservacionista. Têm como objetivo a preservação da natureza e a realização de pesquisas científicas. Tais estações são de posse e domínio públicos, sendo que as áreas particulares, incluídas em seus limites, serão desapropriadas. É proibida a visitação pública, exceto quando com objetivo educacional, de acordo com o que dispuser o Plano de Manejo da unidade ou regulamento específico. A pesquisa científica depende de autorização prévia do órgão responsável pela administração da unidade e está sujeita às condições e restrições por este estabelecidas, bem como àquelas previstas em regulamento.

ESTADIA. *Direito marítimo.* **1.** Permanência num local. **2.** Demora necessária do comandante do navio fretado para transporte de mercadoria num porto, sem que tenha de receber aumento de frete, para proceder a carga ou a descarga, ou para tomar as providências que forem imprescindíveis. É o tempo habitual que a embarcação fica, no porto em que deu entrada, à disposição do carregador, para carga e descarga, já incluído no frete pago.

ESTADISTA. *Ciência política.* **1.** Homem de Estado. **2.** Pessoa versada em assuntos políticos, que participa do governo da nação, por ocupar alto cargo da Administração Pública.

ESTADIZAÇÃO. *Ciência política.* **1.** Ação ou efeito de converter, com autorização legal, uma atividade industrial privada em indústria pública, passando a União, com isso, a exercer as atividades econômicas. **2.** Administração direta, por parte do Estado, de uma empresa que, outrora, era privada.

ESTADO. **1.** Na *linguagem filosófica*, pode ter o sentido de: a) aquilo que se opõe ao movimento ou à ação; modo de ser momentâneo, ou mais ou menos durável; b) fato psíquico consciente ou fato de consciência (Lalande). **2.** *Sociologia jurídica.* Posição social. **3.** *Ciência política* e *direito constitucional.* a) Organização ou sociedade político-jurídica que resulta do fato de um povo viver em um território delimitado e governado por leis fundadas num poder soberano (Celso Bastos); b) conjunto dos serviços gerais de uma nação (Lalande); c) nação politicamente organizada por leis próprias; d) complexo de poderes políticos de uma nação; e) divisão territorial de certos países, como os Estados Unidos da América do Norte, o Brasil e outros. **4.** *Direito civil.* a) Situação em que se encontra uma pessoa; b) posição da pessoa natural na sociedade política e na família, como indivíduo. **5.** *Medicina legal.* Disposição; condição física ou moral de uma pessoa. **6.** *Direito internacional privado.* Estatuto pessoal.

ESTADO CIVIL. *Direito civil.* Como ensina Clóvis Beviláqua, o "estado das pessoas é o seu modo particular de existir", que pode ser encarado sob os aspectos individual, ou físico, familiar e político. O estado individual, ou físico, é a maneira de ser da pessoa quanto à idade, ao sexo e à saúde mental e física, elementos que influenciam sua capacidade civil; o estado familiar indica a sua situação na família; e o estado político, a sua qualidade jurídica, que advém da sua posição na sociedade política, caso em que é nacional, naturalizada ou estrangeira.

ESTADO DA CAUSA. *Direito processual civil.* **1.** Fase em que se encontra a demanda ou situação dos autos num processo em curso. **2.** Julgamento antecipado da lide equivalente a um ato decisório conforme o estado da causa (Rogério Lauria Tucci).

ESTADO DE DIREITO. *Direito constitucional.* Situação criada em razão de lei, trazendo limitação do poder e das atividades estatais pelo direito. O Estado de Direito tem por escopo a garantia dos direitos fundamentais, mediante a redução dos poderes de intervenção estatal, impondo-lhes restrições fundadas em lei.

ESTADO DE EXCEÇÃO. *Ciência política.* **1.** Decreto de urgência. **2.** Estado de sítio. **3.** Suspensão da ordem jurídica. **4.** Medida ilegal, apesar de jurídica, que se concretiza na criação de novas normas. **5.** Espaço vazio de direito, uma zona de anomia em que as normas estão desativadas.

ESTADO DE NECESSIDADE. *Direito civil* e *direito penal.* Caso excepcional, constituindo excludente de ilicitude e de criminalidade, que consiste na ofensa do direito alheio para remover perigo real e iminente, quando as circunstâncias o tornarem absolutamente necessário e quando não exceder os limites do indispensável para a remoção do perigo, resultante de acontecimento fortuito, natural ou acidental.

ESTADO DE PERIGO. *Direito civil.* Vício de consentimento que, ante o fato do temor de grave dano moral (direto ou indireto) ou material (patrimonial indireto) à pessoa ou a algum parente seu, compele o declarante a concluir contrato mediante prestação exorbitante. Há um risco pessoal que diminui a capacidade de dispor livre e conscientemente. Por exemplo, o pai que, tendo seu filho sequestrado, paga vultosa soma de resgate; o doente, em perigo de vida, que paga honorários excessivos para cirurgião atendê-lo; a vítima de acidente automobilístico que assume negócio exagerado para ser logo salva etc. Em todos esses casos, os negócios efetivados poderão ser anulados, desde que a outra parte, aproveitando-se da situação, tenha conhecimento do dano, bastando que o declarante pense que está em perigo, ou que pessoa de sua família o esteja, celebrando contrato desvantajoso. Assim, se houver perigo real e a pessoa o ignorar ou entender que não é grave, não se poderá falar em defeito de consentimento, não podendo, então, o declarante pleitear a anulação negocial.

ESTADO DE SÍTIO. **1.** ***Direito constitucional.*** Medida emergencial em que se suspendem, provisoriamente, as garantias constitucionais, e não os direitos fundamentais, ante a necessidade de autodefesa do Estado, com o escopo de fortalecer o Executivo, para que possa combater, resolver ou reprimir a crise econômico-social, política ou militar, que coloca em risco a existência da sociedade, resguardando, assim, a ordem constituída e a segurança do país. Trata-se do "estado de sítio político". **2.** ***Direito militar.*** Situação de uma praça ou povoado cercado pelo inimigo. Trata-se do "estado de sítio real".

ESTADO FEDERADO. ***Direito constitucional*** e ***teoria geral do Estado.*** Estado-membro de uma Federação ou do Estado federal, que goza de capacidade política, poder de auto-organização ou autonomia constitucional, ou seja, administrativa e política interna, perante a União, regendo-se por uma Constituição própria, seguindo, porém, os parâmetros da Constituição Federal, à qual se submete; elegendo os membros dos seus Poderes Executivo e Legislativo, e possuindo um Poder Judiciário, ou melhor, uma justiça estadual.

ESTADO FEDERAL. ***Direito constitucional, teoria geral do Estado*** e ***direito internacional público.*** Aquele composto de vários Estados-membros, os quais, ligados entre si, formam uma pessoa jurídica de direito internacional, por haver centralização de poderes e a manifestação de uma só soberania. *Vide* FEDERAÇÃO.

ESTADO *GENDARME*. ***Ciência política.*** Estado liberal que não interfere nas atividades econômico-sociais, tendo por função única zelar pela ordem pública.

ESTADO LIBERAL. ***Direito constitucional.*** Aquele que coloca a individualidade da pessoa como ponto nuclear ou central, assegurando a cada uma todas as liberdades fundamentais e a livre iniciativa, assumindo a defesa dos direitos individuais e procurando atingir o máximo de bem-estar comum com um mínimo de intervenção, inclusive na economia. Visa, portanto, uma sociedade livre de qualquer gestão ou direção do poder estatal.

ESTADO NEUTRO. ***Direito internacional público.*** É aquele que, em um conflito ou em uma guerra, não toma partido de qualquer das nações litigantes ou beligerantes, ficando imparcial, não enviando auxílio a qualquer um daqueles países, salvo para obter a paz. Por exemplo, o Vaticano é um Estado neutro.

ESTADO POLÍTICO. ***Direito civil*** e ***direito constitucional.*** Qualidade jurídica que advém da posição da pessoa na sociedade política, caso em que é estrangeira, naturalizada ou nacional.

ESTADO-PROVIDÊNCIA. ***Ciência política.*** **1.** Aquele que intervém no meio socioeconômico, sem suprimir o direito de propriedade, para minimizar os efeitos de força do capital e defender o proletariado, sem buscar a igualdade utópica dos socialistas (José González Llana e Affonso Insuela Pereira). **2.** Organização do Estado de fins ilimitados, onipresente e paternalista, que tende para a autocracia (Othon Sidou).

ESTADO PUERPERAL. ***Medicina legal.*** Perturbação psicopatológica aguda, de caráter transitório, que, em consequência do trabalho de parto e de determinados fatores psicológicos, fisiológicos e sociais, leva a parturiente, no período compreendido entre a fase expulsiva do feto e os primeiros minutos seguidos à eliminação da placenta, a cometer infanticídio, por ter sido atingida profunda e parcialmente a sua consciência.

ESTADO SOBERANO. ***Teoria geral do Estado*** e ***direito internacional público.*** É o "Estado independente", que não se subordina a nenhum outro, conservando sua soberania, interna e externa, em relação aos demais países; não estando sob a proteção ou tutela de outro governo; tendo poder de decisão em última instância em matéria político-jurídica, tanto na órbita interna como na internacional, uma vez que usufrui da exclusividade e autonomia de suas competências, e do livre exercício e gozo de seus direitos; e subordinando-se, tão somente, à ordem jurídica internacional.

ESTADO SOCIAL DEMOCRÁTICO. ***Teoria geral do Estado.*** É o que, apesar de conservar traços do liberalismo, contém uma organização socializada, não individualista, da vida econômico-social, baseada numa estrutura social reformulada, com economia dirigida, e caracterizada pelo intervencionismo estatal.

ESTADO TOTALITÁRIO. *Teoria geral do Estado.* É aquele caracterizado por um regime político que contém uma ideologia oficial, um sistema policial terrorista, o monopólio da economia, das comunicações e das armas, um partido único, que se confunde com o próprio Estado, personificado no chefe supremo do governo, em cujas mãos estão detidos todos os poderes. Há uma ditadura que controla todos os setores da vida pública (social, econômico, religioso, pedagógico ou cultural), e, às vezes, os da vida particular. Nele, há um intervencionismo absolutista, pois nem o ordenamento jurídico nem o Legislativo e o Judiciário prevalecem sobre a vontade do governante, ante a concentração de poderes (Neumann, Nelson Saldanha, Friedrich e Brzezinski).

ESTADO UNITÁRIO. *Teoria geral do Estado.* Aquele em que há uma unidade político-territorial, pois suas circunscrições administrativas subordinam-se ao poder central sem ter qualquer autonomia (Capitant), sendo dirigidas por delegados do governo central.

ESTÁGIO DE CONVIVÊNCIA. *Direito da criança e do adolescente.* **1.** Período exigido por lei para que o menor possa ser adotado por casal divorciado ou separado judicialmente ou por ex-conviventes, desde que tenha iniciado na constância da sociedade conjugal ou da união estável. **2.** Período de permanência de casal estrangeiro no território brasileiro, para adotar criança, de trinta dias no mínimo.

ESTAMPILHA. **1.** *Direito administrativo* e *direito tributário.* Selo postal ou do Erário colocado em correspondência, documentos ou produtos tributados, representativo de imposto ou taxa para fins de pagamento, controle e garantia da exação. **2.** *Direito penal.* Objeto do crime de falsidade, pois a falsificação de estampilha e de papel selado, fabricando-os ou alterando-os, é punível com reclusão e multa pela lei penal, com o escopo de assegurar sua autenticidade e evitar burlas.

ESTATIZAÇÃO. *Direito constitucional, ciência política* e *direito econômico.* Ato de sujeitar atividades econômicas exercidas por particulares e governadas pelas leis de mercado à intervenção estatal.

ESTATUTÁRIO. *Teoria geral do direito.* **1.** Relativo a estatuto. **2.** O que foi estabelecido ou regulado por um estatuto. **3.** O que está conforme com o estatuto.

ESTATUTO. **1.** *Teoria geral do direito.* a) No Ceará, tem o sentido de costume, uso, hábito; b) regulamento das atividades de um corpo coletivo; c) conjunto de normas que regem determinadas pessoas; d) complexo de normas que, reunidas, disciplinam determinada matéria. **2.** *Direito administrativo.* a) Regulamento que fixa os princípios de uma entidade pública; b) lei orgânica ou regulamento do Estado; c) complexo de princípios reguladores das atividades dos funcionários públicos, civis ou militares. **3.** *Direito civil.* a) Norma reguladora das relações jurídicas incidentes sobre pessoas (estatuto pessoal) ou sobre coisas (estatuto real); b) regulamento de uma associação ou sociedade simples. **4.** *Direito comercial.* Pacto social que rege a sociedade empresária, impondo obrigações e conferindo direitos aos sócios. **5.** *Direito internacional privado.* É a *lex domicilii* ou a lei da nacionalidade (estatuto pessoal), ou a *lex rei sitae* (estatuto real). **6.** *Direito internacional público.* Direito legal internacional. **7.** *História do direito.* Constituição política de cada cidade ou reino do período medieval, que possuía como característica o fato de ser um misto de direito privado e público.

ESTATUTO DA ADVOCACIA E ORDEM DOS ADVOGADOS DO BRASIL. Lei básica da atividade de advocacia, disciplinando os direitos e deveres do advogado, a sociedade de advogados, os honorários advocatícios, as incompatibilidades e os impedimentos ao exercício da advocacia, a ética profissional, o Conselho Federal, o Conselho Seccional, os fins e a organização da OAB, a caixa de assistência dos advogados, o processo disciplinar etc.

ESTATUTO DA CIDADE. *Direito urbanístico.* É o conjunto de normas de ordem pública e interesse social que regulam o uso da propriedade urbana em prol do bem coletivo, da segurança e do bem-estar dos cidadãos, bem como do equilíbrio ambiental.

ESTATUTO DA CRIANÇA E DO ADOLESCENTE. *Direito da criança e do adolescente.* Conjunto de normas que visam a proteção integral da criança até doze anos de idade e do adolescente entre 12 e 18 anos, assegurando-lhes todos os direitos fundamentais inerentes à pessoa humana, que deverão ser respeitados, prioritariamente, não só pela família e pela sociedade, como também pelo Estado, sob pena de responderem pelos danos causados.

ESTATUTO DA PESSOA COM DEFICIÊNCIA. *Direito civil.* Conjunto de normas que visa assegurar e promover, em igualdade de condições com as demais pessoas, o exercício dos direitos e liberdades fundamentais por pessoas com deficiência, visando à sua inclusão social e cidadania.

ESTATUTO DA PESSOA IDOSA. *Direito constitucional, direito civil, direito administrativo, direito previdenciário, direito do trabalho, direito educacional e direito penal.* Conjunto de normas que não só regem direitos assegurados às pessoas com idade igual ou superior a sessenta anos — para a preservação de sua saúde física e mental; o aperfeiçoamento moral, intelectual, espiritual e social, em condições de liberdade e dignidade; a efetivação do direito à vida, à saúde, à alimentação, à educação, à cultura, ao esporte, ao lazer, ao trabalho, à cidadania, à liberdade, à dignidade, ao respeito e à convivência familiar e comunitária —, como também regulam a política de atendimento ao idoso que deve ser realizada por ações governamentais e não governamentais da União, dos Estados, do Distrito Federal e dos Municípios.

ESTATUTO DA TERRA. *Direito agrário.* Conjunto de normas reguladoras dos direitos e obrigações concernentes aos imóveis rurais, para fins de execução da reforma agrária e promoção da política agrícola, cuidando dos objetivos e meios de acesso à propriedade rural; da distribuição de terras desapropriadas para fins de reforma agrária; do zoneamento e cadastro dos imóveis rurais; da política de desenvolvimento rural; da colonização; da assistência e proteção à economia rural; do uso e da posse temporária da terra, mediante efetivação de contratos agrários de arrendamento rural e de parceria agrícola, pecuária, agroindustrial, extrativa etc.

ESTELIONATÁRIO. *Direito penal.* Aquele que pratica estelionato, obtendo, para si ou para outrem, vantagem ilícita, em prejuízo alheio, induzindo ou mantendo alguém em erro, mediante meio ardiloso ou fraudulento.

ESTELIONATO PRIVILEGIADO. *Direito penal.* Crime contra o patrimônio, mediante o emprego de manobra fraudulenta, para induzir alguém em erro, com o intuito de prejudicá-lo, a fim de obter proveito próprio ou alheio, praticado por criminoso primário. Como é diminuto o prejuízo causado, por não superar um salário mínimo, o magistrado está obrigado a reduzir a pena de um a dois terços, ou a substituí-la pela de detenção, ou a aplicar apenas a sanção pecuniária ou multa.

ESTELIONATO QUALIFICADO. *Direito penal.* Crime contra o patrimônio, por meio fraudulento ou ardiloso, lesando, em proveito próprio ou de terceiro, entidade de direito público, ou instituto de economia popular, de assistência social ou de beneficência, e que conduz ao aumento da pena de um terço. Se praticado contra idoso, aplica-se a pena em dobro.

ESTELIONATO SIMPLES. *Direito penal.* Crime contra o patrimônio que consiste em obter, para si ou para outrem, vantagem ilícita, em prejuízo alheio, induzindo ou mantendo alguém em erro, mediante artifício, ardil ou qualquer outro meio fraudulento, punível com reclusão e multa.

ESTELIONATO SOCIETÁRIO. *Direito penal.* Crime que consiste em fundar uma sociedade anônima ocultando fato ou falsificando algo que lhe diga respeito ou em negociar voto em deliberação da assembleia geral para conseguir alguma vantagem.

ESTERILIZAÇÃO. 1. *Medicina legal.* a) Pasteurização; b) seção da trompa uterina ou do canal deferente, conservando-se as glândulas genitais; c) ato cirúrgico efetuado para impedir a reprodução; d) desinfecção, ou seja, processo químico ou físico que elimina todas as formas de vida microbiana, incluindo os esporos bacterianos. **2.** *Direito penal.* a) Atestado de seção de trompa uterina exigido pelo empregador para efeito admissional ou de permanência na relação de emprego, que constitui crime por ser prática discriminatória; b) seção de trompa uterina levada a efeito por indução ou instigamento do empregador, para evitar procriação de moléstia hereditária para efeito de acesso ou manutenção no emprego, considerada delito penal por ser prática discriminatória.

ESTIGMAS PROFISSIONAIS. *Medicina legal.* Marcas físicas ou psíquicas deixadas pelo exercício de determinada profissão nos homens, podendo servir de meio para identificá-los. Por exemplo, os fotógrafos, tintureiros e químicos sofrem mudança na coloração do tegumento; os pedreiros podem apresentar calosidade nas mãos etc. (A. Almeida Jr. e J. B. de Oliveira e Costa Jr.).

ESTILICÍDIO. *Direito civil.* Cada fio de água pluvial que cai do beiral do telhado, e que pode constituir-se em servidão.

ESTILO FORENSE. *Direito processual.* É o que se utiliza na prática do foro. Forma pela qual, costumeiramente, se praticam, verbalmente ou por escrito, atos processuais; se exprimem certas fórmulas judiciárias; e se explicam determinadas posturas, tratamentos de juízes e auxiliares de justiça. Modo de se conduzirem, processarem ou realizarem atos judiciais. É o costume judicial determinante dos modos de procedimento em juízo das formalidades e solenidades a serem observadas nos atos de expediente dos feitos.

ESTIMAÇÃO. 1. *Direito civil* e *direito processual civil.* a) Apreço de alguma coisa, independentemente de seu valor real. Trata-se do valor afetivo; b) avaliação, aferição de valor econômico. **2.** *Direito comercial.* a) Cômputo, cálculo; b) fixação de preço da mercadoria. **3.** *Direito tributário.* Determinação de valores para exação.

ESTIPÊNDIO. 1. *Direito administrativo.* Remuneração pecuniária paga, mensalmente, pelo Estado, *pro labore facto*, aos que lhe prestam serviços, na qualidade de agentes públicos, empregados ou servidores públicos. Compreende o vencimento, a remuneração e a gratificação. **2.** *Direito militar.* Soldo. **3.**

Direito do trabalho. Salário ou retribuição de serviço prestado. **4.** ***História do direito***. Tributo.

ESTIPULAÇÃO EM FAVOR DE TERCEIRO. *Vide* CONTRATO A FAVOR DE TERCEIRO.

ESTIRPE. ***Direito civil***. **1.** Tronco de família. **2.** Ascendência, origem, linhagem. **3.** Diz-se da sucessão em que, havendo diversidade de graus, o quinhão dos herdeiros se calcula, por direito de representação, na linha reta descendente ou na transversal, em favor de filhos de irmãos do falecido, quando concorrerem com irmãos deste, dividindo-se o monte-mor pelo número de linhagens do *de cujus*. Na sucessão por estirpe, os herdeiros dividem, igualmente entre si, o quinhão que caberia ao herdeiro do *de cujus*, premorto, por eles representado. Seja na linha reta, seja na colateral, a representação só beneficia os descendentes do representado. É, portanto, para efeito sucessório, o ramo composto por um parente premorto (filho ou irmão) do *auctor successionis* e seus respectivos descendentes.

ESTOQUE. 1. ***Direito comercial***. a) Quantidade disponível de mercadoria que se encontra armazenada num depósito; b) controle da quantidade da mercadoria disponível; c) depósito de mercadoria destinada a exportação ou a venda; d) total de ações de uma companhia. **2.** ***Medicina legal***. Arma branca e comprida que só fere com a ponta.

ESTORNO. 1. ***Direito marítimo***. a) Dissolução do contrato de seguro marítimo, por via de distrato; b) direito do segurado de receber parte do prêmio pago ao segurador, se a rescisão contratual do seguro marítimo se deu por força maior. **2.** ***Direito comercial***. Lançamento, na conta de crédito, do que havia sido lançado, indevidamente, na de débito, ou vice-versa, para desfazer o engano havido na escrituração da partida anterior. Trata-se da anulação ou ratificação de lançamento errôneo. **3.** ***Direito financeiro***. a) Transferência ou suprimento de verbas; b) verba que se estorna.

ESTRANGEIRO. 1. ***Direito internacional privado*** e ***direito internacional público***. a) Diz-se daquele ou daquilo que não é nacional do país em que se encontra, estando alheio à sua ordenação jurídica; alienígena, forâneo; b) relativo ou pertencente a outra nação; c) cada um dos Estados soberanos, com exceção daquele que se considera ou de que se fala. **2.** ***Direito constitucional***. Aquele que, por não ter nacionalidade brasileira, sofre restrições no exercício de certos direitos, sendo-lhe vedadas a exploração de minas e quedas-d'água; as funções de corretor de Bolsa e de leiloeiro público; a propriedade de empresa jornalística e de embarcação; e o direito de voto. Além disso, limita-se, legalmente, seu direito de adquirir propriedade rural; não se lhe concede extradição por crime político ou de opinião; regula-se a sucessão de seus bens situados no Brasil pela lei nacional, em benefício do cônjuge ou dos filhos brasileiros, sempre que não lhes seja mais favorável a lei pessoal do *de cujus*; e o processo e respectivo julgamento de seu crime de ingresso ou de permanência irregular no País serão da competência do juiz federal. **3.** ***Direito penal***. a) Sujeito ativo na prática do crime de usar nome que não é o seu, para entrar ou permanecer no território nacional, crime esse punível com detenção e multa; b) aquele a quem se atribui falsa qualidade, para promover sua entrada em território nacional. Esse crime que consiste em atribuir falsa qualidade a estrangeiro é punível com reclusão e multa; c) aquele em benefício do qual alguém figura como testa de ferro, aparecendo como proprietário de ações, títulos ou valores a ele pertencentes, apesar de proibição legal. Tal atitude é punível com detenção e multa.

ESTRANGULAMENTO. 1. ***Medicina legal*** e ***direito penal***. Asfixia mecânica, por meio de constrição do pescoço, pela mão da vítima ou do agressor, pela roda de um veículo ou máquina em movimento, ou por um peso. O estrangulamento pode se dar por: acidente; execução judicial, onde for admitida; homicídio; infanticídio; ou suicídio. Os sinais gerais da morte por estrangulamento são: cianose na face, escuma na boca; pequenas equimoses na face, na conjuntiva e na parte anterior do tórax; congestão dos tegumentos cranianos e dos pulmões; fluidez do sangue; equimoses nas vias respiratórias e digestivas. Os seus sinais particulares são: sulco no pescoço, hemorragias intramusculares, lesão no esqueleto da laringe (Almeida Jr. e Costa Jr.). **2.** ***Direito desportivo***. Técnica, no judô, em que se provoca, no adversário, a compressão das carótidas, pela contrição do pescoço.

ESTRATÉGIA. 1. ***Direito militar***. Arte de idealizar ou organizar planos de operações bélicas. **2.** ***Direito civil*** e ***direito penal***. Estratagema; ardil. **3.** ***Economia política***. Conjunto coerente de decisões tomadas por um agente, ao estimar probabilidades de realização das eventualidades que é levado a encarar, tanto por causa das circunstâncias exteriores como pelas hipóteses que incidem sobre o comportamento de outros agentes interessados em tais decisões (René Roy).

ESTRITA LEGALIDADE. 1. ***Direito administrativo***. Permissão para fazer só o que é admitido por lei. **2.** ***Direito tributário***. Princípio da legalidade tributária, segundo o qual o Legislativo, além de dispor da tributação, deve explicitar o local e o momento em que surge o vínculo obrigacional, apontando os sujeitos da relação jurídica, a matéria tributável e a alíquota, declarando ainda quando e onde se deve pagar o tributo (Eduardo M. Ferreira Jardim, Roque Antonio Carrazza e Eusebio G. Garcia).

ESTUDO PRÉVIO DE IMPACTO AMBIENTAL (EPIA). *Direito ambiental.* Instrumento preventivo pelo qual o Poder Público utiliza de todos os meios legais para evitar que alguma obra ou atividade venha a acarretar poluição ou degradação ao meio ambiente. É, no dizer de Celso Antonio Pacheco Fiorillo, um estudo prévio, a ser elaborado por equipe multidisciplinar constituída por técnicos de variada formação acadêmica, no sentido de estabelecer verdadeiro diagnóstico ambiental da área onde será instalada, na forma da lei, a obra ou atividade que possa, potencialmente, causar significativa degradação ambiental.

ESTUPRO. *Direito penal.* Conjunção carnal ou ato libidinoso, levada a efeito por violência ou grave ameaça, coibindo qualquer reação eficaz da vítima para opor-se ao ato. Crime contra a liberdade sexual punível com reclusão.

ESTUPRO DE VULNERÁVEL. *Direito penal.* Ato de ter conjunção carnal ou praticar outro ato libidinoso com menor de 14 anos, punido com reclusão. Incorrerá na mesma pena quem praticar tais ações com alguém que, por enfermidade ou deficiência mental, não tiver o necessário discernimento para a prática do ato, ou que, por qualquer outra causa, não puder oferecer resistência. Se dessa conduta resultar lesão corporal de natureza grave ou morte, a pena será aumentada.

ÉTICA PROFISSIONAL. *Direito civil.* Complexo de princípios que servem de diretrizes no exercício de uma profissão, estipulando os deveres que devem ser seguidos no desempenho de uma atividade profissional.

ETIMOLOGIA. Ciência que estuda a origem das palavras.

ETIOLOGIA CRIMINAL. *Direito penal.* Estudo das causas do crime, apurando os fatores biológicos, psicológicos ou sociológicos que levaram o agente à prática da ação criminosa.

ETIOLOGIA MÉDICO-LEGAL. *Medicina legal.* Averiguação da causa jurídica da morte ou da lesão corporal, apurando se ocorreu por acidente, suicídio, suplício ou homicídio.

EUGENIA. *Medicina legal* e *biodireito.* Estudo das condições suscetíveis de melhorar as qualidades físico-morais das futuras gerações.

EUTANÁSIA. *Direito penal.* Crime de homicídio privilegiado em que a pena de reclusão pode ser reduzida de um sexto a um terço, por ter sido, o agente, impelido a fazê-lo, devido a motivo de relevante valor moral, pretendendo, ao eliminar o sofrimento ou abreviar a agonia daquele que não tem nenhuma chance de sobreviver, por possuir doença incurável, dar-lhe uma morte rápida, doce ou serena. Ato deliberado de provocar a morte (sem sofrimento) de paciente em fase terminal, por fins misericordiosos. Trata-se do homicídio piedoso, feito a pedido do próprio doente, sob o império da dor ou da angústia.

EUTANÁSIA ATIVA. *Medicina legal.* Antecipação da morte de paciente terminal, por compaixão ante seu sofrimento insuportável e sua incurabilidade.

EUTANÁSIA PASSIVA. *Medicina legal.* Supressão de medicamentos ou dos meios artificiais de suporte da vida de paciente terminal em coma irreversível, considerado em "morte encefálica", havendo grave comprometimento na coordenação da vida vegetativa e da vida de relação (Veloso de França).

EVASÃO. 1. *Medicina legal.* Impulso que se manifesta em pessoa neurótica, de fugir da realidade por meio da imaginação; escapismo. Saída do paciente do hospital sem autorização médica e sem comunicação da saída ao setor onde se encontrava internado. **2.** *Direito penal.* Fuga de pessoa detida ou presa em cumprimento de pena. **3.** *Direito tributário.* Subtração do contribuinte ao pagamento do tributo, usando meios para evitar a incidência tributária.

EVICÇÃO. *Direito civil* e *direito processual civil.* Perda total ou parcial da propriedade da coisa alienada, por força de decisão judicial, fundada em motivo jurídico anterior, que a confere a outrem, seu verdadeiro dono, com o reconhecimento, em juízo, da existência de ônus sobre a mesma coisa, não denunciado oportunamente no contrato.

EVICÇÃO PARCIAL. *Direito civil* e *direito processual civil.* Perda de uma fração ou de parte material ou ideal do bem, ou de seus acessórios, ou mera limitação do direito de propriedade, que dá ao seu adquirente o direito de optar entre a rescisão do contrato ou o abatimento no preço, proporcionalmente à parte subtraída a seu domínio ou à desvalorização sofrida pela existência de algum ônus real.

EVICÇÃO TOTAL. *Direito civil* e *direito processual civil.* Perda de toda a coisa adquirida, tendo, então, o evicto, o direito de obter a restituição integral do preço, com as indenizações previstas em lei.

EVICTO. *Direito civil* e *direito processual civil.* Adquirente que perde a coisa adquirida ou sofre a evicção, em favor de terceiro (evictor).

EVICTOR. *Direito civil* e *direito processual civil.* Terceiro que move ação judicial, vindo a ganhar, total ou parcialmente, o bem objetivado no ato negocial. É o que reivindica o bem sujeito à evicção, por ser o verdadeiro titular de sua posse ou propriedade.

EX ABRUPTO. *Locução latina.* Repentinamente, sem preparação, subitamente, sem dar aviso; de pronto; de súbito.

EXAÇÃO. **1.** *Direito tributário.* Cobrança ou arrecadação de tributos. **2.** Na *linguagem jurídica* em geral, pode significar: a) exatidão; b) correção e pontualidade no exercício de um cargo; c) imparcialidade num relato.

EXAME DE CORPO DE DELITO. *Medicina legal* e *direito processual penal.* Exame médico-pericial para averiguar a existência ou não de vestígios materiais que possam elucidar o crime, provar se houve ou não alguma ação criminosa, demonstrando a culpabilidade do agente e influenciando na aplicação da pena, e fornecer subsídios técnico-jurídicos para a tipificação da infração penal.

EXAME DE LIVRO COMERCIAL. *Direito processual civil.* Perícia feita nos livros empresariais, espontaneamente, a pedido do interessado ou por meio judicial.

EXAME PERICIAL. *Direito processual civil* e *direito processual penal.* Toda e qualquer inspeção ou investigação feita, no curso do processo, por pessoa versada no assunto, de acordo com determinação de autoridade judicial, para esclarecer fato controvertido, cuja comprovação só é possível pela habilidade e pelos conhecimentos técnico-científicos do perito.

EXAME PROSOPOGRÁFICO. *Direito processual civil.* Consiste na ampliação de fotografias do investigante e do investigado, em ações de investigação de paternidade, e na justaposição de uma foto a outra, por cortes longitudinais e transversais, inserindo-se algumas partes de uma na outra (nariz, olhos, orelhas, raiz do cabelo etc.). Esse exame, porém, ainda que prove semelhança entre duas pessoas, não autoriza afirmar o vínculo jurídico, pois semelhança não induz relação de parentesco (Caio Mário da Silva Pereira).

EXAME PSICOTÉCNICO. *Direito administrativo.* Conjunto de provas aplicadas por psicólogos com o escopo de aferir o controle motor, os dotes intelectuais e a personalidade de uma pessoa, comprovando sua habilitação para um cargo no qual tenha sido aprovada por concurso público. Enfim, é o que avalia, em concurso público, as condições psíquicas do candidato, identificando traços ou distúrbios de personalidade que possam afetar o contato com a realidade.

EXATOR. *Direito tributário* e *direito administrativo.* **1.** Indivíduo que recebe rendas públicas, cobra e arrecada tributos. **2.** Servidor público que faz a exação.

EXATORIA. *Direito administrativo.* **1.** Repartição fiscal encarregada da cobrança e arrecadação de tributos. **2.** Função ou cargo de exator.

EXCEÇÃO. **1.** *Teoria geral do direito.* a) Ato pelo qual se opera a exclusão de um caso de uma norma geral, em razão do disposto numa outra norma de caráter especial; b) caso que é excluído do comando da norma geral; c) ato pelo qual se alega uma circunstância particular para retirá-la da égide da norma geral e aplicar-lhe uma especial. **2.** *Direito processual civil.* Defesa processual indireta apresentada pelo réu numa ação contra ele proposta com o intuito de dilatar ou extinguir a ação ou obter uma sentença a ele favorável, sem contudo atacar o direito e os fatos alegados pelo autor, apontando apenas circunstâncias que possam ser arguidas em prol de seu interesse, visando, por exemplo, o afastamento de um juiz considerado suspeito ou impedido. **3.** *Direito civil.* a) Aquilo que se desvia da regra; b) privilégio ou prerrogativa.

EXCEÇÃO PESSOAL. *Direito processual civil.* Defesa processual de natureza dilatória em que se alega incompetência de pessoa, em razão de título ou qualidade que lhe é peculiar. Pode ocorrer também quando a ação tiver como parte pessoa jurídica de direito público, que possui, por motivo de interesse público, foro especial, e a demanda for proposta em outro diverso.

EXCEÇÃO PREJUDICIAL. *Direito processual civil.* É a que tem por objeto direitos materiais oriundos do estado das pessoas ou alguma questão preliminar de que dependa a principal (Paula Baptista). É prejudicial por ser alusiva a uma questão preliminar que pode, se resolvida, prejudicar o julgamento da questão principal, alterando-o.

EXCEÇÃO REAL. *Direito processual civil.* É a alegação de defesa que se liga à coisa ou à causa inerente a uma relação jurídica, sendo, por isso, transmissível àquele a quem a relação é transferida.

EXCEÇÃO SUBSTANCIAL. *Direito processual civil.* Defesa indireta do réu, mediante alegação de fatos que têm por substância um direito seu que impede a pretensão do autor. Por exemplo, prescrição, compensação e benefício da excussão (Othon Sidou).

EXCEPTIO NON ADIMPLETI CONTRACTUS. **1.** *Expressão latina.* Exceção do contrato não cumprido. **2.** *Direito civil* e *direito processual civil.* Defesa oponível pelo contratante demandado contra o cocontratante inadimplente, em que o primeiro se recusa a cumprir sua obrigação, sob a alegação de não ter, aquele que a reclama, cumprido o seu dever, dado que cada contratante está sujeito ao estrito adimplemento do contrato bilateral ou sinalagmático, não podendo nenhum deles exigir o cumprimento da obrigação do outro sem antes cumprir a sua, ante a dependência recíproca das prestações, as quais, por serem simultâneas, são exigíveis ao mesmo tempo. Dessa forma, se um deles não cumprir o contratado, terá o outro o direito de opor-lhe em defesa essa exceção, desde que a lei ou o próprio contrato não determinem a quem competirá efetuar a obrigação em primeiro lugar. A *exceptio non adimpleti contractus* não poderá ser arguida se houver renúncia, impossibilidade da prestação ou se o contrato contiver a cláusula *solve et repete*, ou seja, que torne a exigibilidade da prestação imune a qualquer pretensão contrária ao devedor. **3.** ***Direito administrativo.*** Exceção que pode ser invocada, no contrato administrativo, contra o particular contratado faltoso. Este, porém, não pode fazê-la contra a Administração Pública, em decorrência do princípio da continuidade do serviço público. Apesar da inoponibilidade dessa exceção aos contratos de serviço público, é admitida sua invocação nas outras modalidades de contratos administrativos.

EXCEPTIO NON RITE ADIMPLETI CONTRACTUS. ***Expressão latina.*** Exceção do contrato não cumprido totalmente, que é admitida quando há cumprimento incompleto, defeituoso ou inexato da prestação por um dos contratantes, caso em que o outro poderá recusar-se a cumprir a sua obrigação até que aquela prestação se complete ou melhore.

EXCEPTIO PLURIUM CONCUBENTIUM. ***Expressão latina.*** Exceção consistente em alegar que, à época da concepção, a mãe do investigante manteve relação sexual com outro homem que não o indigitado pai (Silvio Rodrigues).

EXCLUDENTE. **1.** Nas ***linguagens comum*** e ***jurídica,*** é o que exclui. **2.** ***Direito penal*** e ***direito civil.*** Diz-se da causa que exclui a criminalidade ou a ilicitude.

EXCLUSÃO DA RESPONSABILIDADE CIVIL. ***Direito civil.*** Motivo que exclui o dever de indenizar do lesante por inexistir nexo de causalidade entre o dano e a ação que o produziu. Não haverá esse nexo se o evento lesivo se der: a) por culpa exclusiva da vítima, caso em que se retirará qualquer responsabilidade do causador do dano, devendo a vítima arcar com todos os prejuízos sofridos; b) por culpa concorrente da vítima e do agente, caso em que cada um responderá pelo dano na proporção em que tiver concorrido para ele, havendo, nessa hipótese, tão somente uma atenuação da responsabilidade, pois não desaparece o liame de causalidade; c) por culpa comum, ou seja, se a vítima e o ofensor causarem culposa e conjuntamente o mesmo dano, caso em que se terá a compensação de reparações e a neutralização das duas responsabilidades, não havendo qualquer indenização por perdas e danos; d) por culpa de terceiro, isto é, de qualquer pessoa além da vítima ou do agente, de modo que, se alguém for demandado para indenizar um prejuízo que lhe foi imputado pelo autor, poderá pedir a exclusão de sua responsabilidade se a ação que provocou o dano foi devida exclusivamente a terceiro. Por exemplo, se o abalroamento que causou dano ao autor foi causado por um veículo dirigido não pelo réu, mas por terceiro, este será o único responsável pela composição do prejuízo; e) por força maior ou caso fortuito, cessando a responsabilidade, porque tais fatos, ante sua inevitabilidade, eliminam a culpabilidade.

EXCLUSÃO DO CRÉDITO TRIBUTÁRIO. ***Direito tributário.*** Extinção da obrigação tributária que se opera não só pela isenção e anistia, sem, contudo, dispensar o cumprimento das obrigações acessórias dependentes da principal cujo crédito seja excluído, mas também por pagamento, compensação, remissão, prescrição, decadência e decisão administrativa ou judicial favorável ao contribuinte.

EXCUSSÃO. ***Direito civil*** e ***direito processual civil.*** **1.** Ato ou efeito de excutir. **2.** Venda judicial em hasta pública de bem gravado de hipoteca ou penhor, quando o débito vencido não for pago, para que com o preço alcançado se pague o credor, pois é vedado ao credor pignoratício, hipotecário ou anticrético ficar com o objeto da garantia. **3.** Benefício de ordem que consiste no direito do fiador de não ser compelido a pagar a dívida enquanto o devedor principal tiver bens para solvê-la. **4.** *Vide* BENEFÍCIO DE EXCUSSÃO ou BENEFÍCIO DE ORDEM. **5.** Execução. **6.** Ato de apreensão ou penhora de bens.

EXECUÇÃO. **1.** Na ***linguagem filosófica,*** significa ato voluntário ou resolução em que a ação já se iniciou. **2.** ***Direito comparado.*** Suplício de um condenado à pena capital. **3.** ***Direito processual civil.*** a) Ato de obrigar o devedor a pagar, judicialmente, um débito, movendo-se contra ele ação de cobrança de dívida; a execução para cobrança de crédito fundar-se-á sempre em título de obrigação certa, líquida e exigível; b) sequestro; c) penhora; venda judicial de bens; d) cumprimento de sentença judicial transitada em julgado, tratando-se de obrigação por quantia certa, conjunto de meios judiciais de que se vale o interessado para efetivar um direito que se encontra consignado num título judicial ou extrajudicial; e) ato para obrigar devedor a satisfazer obrigação certa, líquida e exigível, consubstanciada em título executivo extrajudicial; f) ato para cumprir sentença que reconheça obrigação de fazer ou não fazer, de entregar coisa ou pagar quantia certa. **4.** ***Direito penal.*** a) Ato de o agente levar a efeito a ação ou omissão criminosa intentada, consumando-a e obtendo o resultado pretendido; b) aplicação da penalidade imposta ao criminoso na sentença condenatória. **5.** *Direito civil.* a) Ato, efeito ou modo de executar; b) realização ou conclusão de uma obra, contrato ou projeto; c) desempenho do mandatário no cumprimento do mandato, efetivando os atos de sua incumbência ordenados pelo mandante; d) imposição do adimplemento de um dever legal ou de uma obrigação contratual; e) representação ou interpretação de obra artística ou musical; f) cumprimento.

EXECUÇÃO DIRETA. 1. *Direito administrativo.* Dá-se quando o Estado executa obra pública construindo-a ou reparando-a sob sua responsabilidade, utilizando-se de seu pessoal e de seus próprios recursos, dispensando a colaboração de particulares. Trata-se da execução por administração. **2.** *Direito processual civil.* É a que recai sobre a coisa objeto da execução.

EXECUÇÃO ESPECÍFICA. *Direito civil* e *direito processual civil.* Trata-se da execução *in natura*, pela qual se procura satisfazer o credor, no sentido de fazer com que venha a receber exatamente o que lhe é devido e não outra coisa em seu lugar nem o seu correspectivo em dinheiro.

EXECUÇÃO FISCAL. *Direito tributário* e *direito processual civil.* Meio empregado para obter o pagamento de dívida ativa da Fazenda Pública, inscrita na repartição administrativa, quando, depois de vencido o prazo, estiverem esgotadas todas as constrições administrativas e a sua cobrança amigável e não houver satisfação daquele crédito pelo devedor. Tal dívida ativa regularmente inscrita e oriunda do procedimento administrativo de lançamento goza da presunção de certeza e liquidez, tem o efeito de prova pré-constituída e serve de título extrajudicial para a execução fiscal. A Fazenda Pública, que é a credora, devidamente instruída com esse título, pede, judicialmente, a citação do devedor, para que, no prazo de vinte e quatro horas, pague seu débito ou nomeie bens à penhora.

EXECUÇÃO FORÇADA. *Direito processual civil.* É a promovida pelo credor para exigir, judicialmente, que o devedor inadimplente, que já foi instado a saldar a dívida e não o fez espontaneamente, venha a efetuar o pagamento, e pelo Ministério Público, nos casos previstos em lei. Esse processo visa efetivar uma condenação, aplicando concretamente uma sanção ao devedor em proveito do credor. É a exigência coativa judicial do cumprimento de uma obrigação, pois o credor se vê compelido ou forçado a providenciar medidas judiciais cabíveis para conseguir o pagamento do débito por parte do devedor.

EXECUÇÃO INDIRETA. 1. *Direito processual civil.* É a que versa sobre prestação diferente da avençada, podendo ser resolvida em perdas e danos. **2.** *Direito administrativo.* É a que ocorre quando a obra pública for executada por pessoa alheia à Administração, que celebra com o Estado contrato de empreitada, recebendo uma remuneração pela realização da obra ou proporcional ao trabalho efetivado, respondendo pela execução integral do serviço contratado. É a execução por empreitada.

EXECUÇÃO POR EQUIVALENTE. *Direito civil* e *direito processual civil.* É a que tem por escopo proporcionar ao credor uma indenização por perdas e danos resultante do não cumprimento da obrigação, sendo impossível obter a execução específica desta.

EXECUÇÃO PROVISÓRIA. *Direito processual civil.* **1.** É aquela que se promove enquanto pendente apelação da sentença de improcedência dos embargos do executado, quando recebidos com efeito suspensivo. **2.** É a relativa à sentença impugnada mediante recurso ao qual não foi atribuído efeito suspensivo. Para Pontes de Miranda, vem a ser o "adiantamento da execução no juízo da execução, à diferença do adiantamento de execução no juízo à pretensão à sentença, que ocorre com a execução dos títulos extrajudiciais".

EXEGESE. *Teoria geral do direito.* **1.** Interpretação filológica ou literal do texto legislativo. **2.** Comentário de norma. **3.** Diz-se de uma escola surgida na França no século XVIII. **4.** Função do moderno exegeta jurídico de interpretar as normas, usando de todas as técnicas interpretativas e de recursos lógico-jurídicos; hermenêutica.

EXEMPÇÃO. 1. *Direito tributário.* Isenção fiscal. **2.** *Direito canônico.* Privilégio outorgado a uma pessoa, comunidade ou local para subtrair-se a uma jurisdição do bispo e passar à dependência imediata do Papa. **3.** Na *linguagem jurídica* em geral, é o ato de liberar-se ou eximir-se. **4.** *Direito ambiental.* Circunstância atenuante relativa, por exemplo, aos antecedentes do infrator e ao seu ato de sanar as irregularidades de seu ato lesivo. **5.** *Direito penal.* Causa impeditiva da punibilidade; isenção da pena.

EXEQUATUR.* 1.** *Locução latina.* Cumpra-se; execute-se. **2.** *Direito processual civil* e *direito internacional privado.* a) Processo para obter autorização necessária à execução de sentença estrangeira no Brasil, eficácia restrita ao fórum, por ser fato ocorrido em jurisdição estranha. É o processo pelo qual se concede no fórum valor de título exequendo a uma sentença alienígena, que, então, não será tida como mero meio probatório. Consiste, portanto, num processo homologatório limitado a um exame formal da decisão, sem analisar o mérito, para que a sentença estrangeira possa ser executada. O juiz do *exequatur* apenas pode conceder ou recusar a homologação, sem poder alterar o julgamento feito no exterior; b) ato pelo qual o Superior Tribunal de Justiça ordena que se cumpra uma sentença estrangeira devidamente homologada; c) autorização dada pelo Superior Tribunal de Justiça para que atos processuais ou cartas rogatórias requisitados por autoridades estrangeiras sejam cumpridos no Brasil. **3.** ***Direito diplomático. Ato pelo qual governo estrangeiro aceita ou reconhece a nomeação de um agente diplomático, autorizando-o a exercer suas funções junto a ele e no seu território.

EXEQUENDA. ***Direito processual civil.*** Sentença cujo processo de execução está sendo promovido.

EXERCÍCIO FINANCEIRO. ***Direito financeiro.*** Período temporal limitado por dois balanços sucessivos da Administração Pública, ou seja, o compreendido entre o orçamento da receita e o da despesa públicas. É o lapso de tempo coincidente com o ano civil, que vai de 1º de janeiro a 31 de dezembro, em que se executa o plano financeiro constante num orçamento e se efetuam operações financeiras.

EXERCÍCIO ILEGAL DA ADVOCACIA. ***Direito civil.*** Prática de atos próprios da profissão, como o patrocínio de causas, sem a devida inscrição na Ordem dos Advogados do Brasil.

EXERCÍCIO IRREGULAR DE DIREITO. ***Direito civil*** e ***direito penal.*** Ocorre quando, embora presente o direito da pessoa, esta o exerce de maneira abusiva, excedendo à normalidade, praticando ato ilícito ou crime. Por exemplo, a lei civil proíbe o uso nocivo da propriedade, punindo o abuso de direito; logo, se alguém em sua propriedade produzir ruído que exceda à normalidade, haverá abuso do direito, o qual será reduzido às devidas proporções por meio de ação judicial apropriada.

EXERCÍCIO REGULAR DE DIREITO. 1. ***Direito civil.*** Diz-se do exercício normal de um direito reconhecido que, se vier a lesar direitos alheios, exclui qualquer responsabilidade do agente pelo prejuízo causado, por não ser um procedimento prejudicial ao direito e não constituir, portanto, ato ilícito. **2.** ***Direito penal.*** Prática de ato no estrito cumprimento do dever legal ou no exercício normal de um direito que, apesar de causar lesões a outrem, não constitui crime. É causa de exclusão da antijuridicidade ou da criminalidade.

EXERCÍCIO SOCIAL. 1. ***Direito comercial*** e ***direito empresarial.*** Período anual dentro do qual se realizam as atividades contábeis e fiscais de uma empresa, cujos resultados são verificados pelo balanço anual. **2.** ***Direito civil.*** Espaço de tempo em que, numa sociedade simples, se apuram os resultados econômicos e os prejuízos ocorridos na execução das finalidades sociais.

EXIBIÇÃO. 1. ***Direito processual civil.*** a) Ato ou efeito de exibir, em juízo, documento ou coisa que se ache em seu poder; b) ação judicial em que uma das partes pretende que o outro litigante ou terceiro apresente em juízo coisa ou documento imprescindível para o esclarecimento da causa. **2.** ***Direito autoral.*** a) Representação de peça teatral; b) projeção de filme. **3.** ***Direito comercial.*** a) Exposição ou apresentação de mercadorias ao público; b) demonstração das qualidades de um produto; c) apresentação judicial de livros do empresário ou da sociedade empresária.

EXIBICIONISMO. ***Direito penal*** e ***medicina legal.*** Tendência compulsiva e mórbida de exibir em público os órgãos genitais, com o escopo de obter prazer erótico, revelando perversão sexual.

EXÍLIO. 1. Desterro; imposição legal que leva alguém a sair de certo país para residir em outro, enquanto durar a proibição; banimento; expulsão de uma pessoa do território de um país. **2.** Ato pelo qual uma pessoa voluntariamente abandona o local de sua residência para morar em outro. **3.** Lugar onde mora o exilado.

EX ITINERE. ***Locução latina.*** De caminho; no caminho.

EX LEGE. ***Locução latina.*** Por força de lei; de conformidade com a lei; de acordo com a lei; da lei; decorrente de lei.

EX LOCATO. ***Locução latina.*** **1.** Locativo. **2.** Diz-se da relação locatícia.

EX NUNC. ***Locução latina.*** A partir de agora; desde agora; de agora; do presente momento; que não retroage.

EX OFFICIO. ***Locução latina.*** Em razão do ofício; oficialmente; por dever de incumbência; em cumprimento e desempenho de uma obrigação; por imperativo do cargo.

EXONERAÇÃO. 1. ***Direito administrativo.*** a) É o ato administrativo constitutivo que tem por fim a extinção da relação jurídico-funcional entre o funcionário ou servidor e o Estado (Lúcia Valle Figueiredo); b) dispensa do funcionário, a seu pedido ou por conveniência da Administração Pública, no caso de ocupante de cargo em comissão, ou no de o servidor não ter preenchido, por exemplo, no estágio probatório, as condições exigidas para a ocupação do cargo, apresentando inidoneidade, inaptidão etc. **2.** ***Direito civil.*** Liberação do vínculo obrigacional pelo cumprimento da prestação.

EXORBITÂNCIA. 1. ***Direito comercial.*** Preço ou custo excessivo. **2.** Na ***linguagem jurídica*** em geral, pode significar: a) qualidade do que exorbita; b) ato de passar além dos justos limites legais; c) ato de extravasar poderes ou a autorização dada para a prática de um ato; d) arbitrariedade; e) demasia; f) excesso. 3. *Direito administrativo.* Ato em que o funcionário excede ao limite do poder legítimo ou da autoridade.

EXPATRIAÇÃO. *Ciência política.* 1. Desterro. 2. Exílio. 3. Abandono voluntário ou forçado do país.

EXPECTATIVA DE DIREITO. *Direito civil.* Mera possibilidade ou esperança de adquirir um direito. Por exemplo, a situação do herdeiro testamentário que aguarda a abertura da sucessão, não gozando de qualquer proteção jurídica.

EXPEDIÇÃO. 1. *Direito marítimo.* a) Ato de equipar uma embarcação para seguir viagem; b) empreendimento de viagem marítima de caráter comercial ou não. 2. *Direito comercial.* a) Qualquer deslocamento ou viagem a título comercial, cultural, científico ou de lazer; b) seção responsável pela preparação de mercadorias a serem despachadas; c) remessa de mercadorias de um lugar a outro; d) ato indispensável para assegurar o transporte de mercadorias e sua entrega ao destinatário. 3. *Direito militar.* Envio de tropas com um objetivo ou missão determinada. 4. *Direito cambiário.* Emissão de títulos de crédito. 5. *Ciência política.* Comissão de pessoas para uma missão política. 6. *Direito civil.* Diz-se da teoria relativa ao momento da conclusão do contrato, aceita por Serafini, Demolombe, Aubry e Rau, Lyon-Caen, Renault, Girault etc., segundo a qual não basta a formulação da resposta pelo oblato, sendo necessário enviá-la ao proponente, postando-a ou transmitindo-a, presumindo-se, então, que o contratante fez tudo o que podia para externar a aceitação. A conclusão do contrato ocorrerá com a expedição da resposta favorável. 7. Na *linguagem forense,* é o desembaraço de documentos, pela sua remessa, a fim de que cumpram suas finalidades.

EXPEDIENTE. 1. *Direito administrativo.* a) Período cotidiano de trabalho ou de atendimento numa repartição pública; b) execução de serviços alusivos à Administração Pública feita dentro do horário regulamentar; c) despacho ou andamento de negócio ou processo pendente numa repartição pública. 2. *Direito processual civil* e *direito processual penal.* Tempo concedido pelo juiz para atender as partes e os serventuários e despachar o que for submetido à sua apreciação. 3. Na *linguagem jurídica* em geral, tem o sentido de: a) diligência; b) recurso; c) meio para resolver um embaraço logrando êxito; d) providência para efetivar um negócio. 4. *Direito civil.* Horário em que um escritório, ou uma pessoa jurídica de direito privado, funciona, isto é, despacha ou resolve seus negócios e atende quem a procura.

EXPENSA LITIS. *Locução latina.* Despesas da lide, que podem ser computadas na prestação de alimentos.

EXPERTO. 1. *Filosofia do direito.* a) Técnico; b) aquele que é especialista numa área jurídica. 2. *Direito processual civil.* Perito nomeado pelo juiz para, juntamente com os assistentes técnicos indicados pelos litigantes, elucidar algum ponto controvertido da causa.

EXPILAÇÃO. *Direito civil.* Subtração, total ou parcial, dos bens de uma herança antes de conhecido ou habilitado o herdeiro. Trata-se da espoliação de bens da herança jacente por quem não tem nenhum direito sobre ela.

EXPORTAÇÃO. *Direito internacional privado.* 1. Gênero exportado. 2. Operação de compra e venda de bens ou mercadorias ou ato de sua remessa de um país a outro. 3. Fluxo de bens e serviços enviados para o exterior. 4. Ato ou efeito de exportar, vendendo produto ou matéria-prima nacionais a outro país. 5. Saída de mercadorias para o exterior.

EXPOSIÇÃO DE MOTIVOS. *Teoria geral do direito.* 1. Conjunto de considerações de cunho doutrinário que pretendem justificar a orientação seguida pela lei promulgada. 2. Considerandos que antecedem os textos de projetos de lei. 3. Demonstração escrita e bem fundamentada que visa comprovar a necessidade da medida tomada para a solução de um interesse particular ou público.

EXPRESSÃO DE PROPAGANDA. *Direito de propriedade industrial.* Sinal de propaganda; *slogan*; legenda que, por constituir elemento do estabelecimento comercial ou industrial ao lado da marca ou insígnia, é protegida juridicamente. É a legenda, o anúncio ou o reclame, devidamente registrados, destinados a recomendar a atividade comercial, industrial ou agrícola, ressaltando as qualidades dos produtos para atrair o público consumidor.

EXPROMISSÃO. *Direito civil.* 1. Na cessão de débito, é o negócio jurídico pelo qual uma pessoa assume espontaneamente o débito de outra. Consiste no contrato entre um terceiro (expromitente) e o credor, pois o devedor originário não toma parte nessa convenção. 2. Na novação subjetiva passiva, é o contrato liberatório pelo qual um terceiro assume a dívida do devedor originário, substituindo-o sem seu assentimento, desde que o credor concorde com tal mudança.

EXPROPRIAÇÃO. *Vide* DESAPROPRIAÇÃO.

EXPURGAÇÃO. 1. *Direito civil.* a) Pagamento de uma dívida garantida com o próprio bem dado em garantia (De Plácido e Silva); b) convalidação de ato jurídico anulável, sanando seus vícios. 2. *Teoria geral do direito.* Emenda; correção. 3. *Direito autoral.* Supressão, em certos países, de frases ou trechos contidos numa obra literária por serem contrários à moral, à religião ou à política governamental. 4.

Direito agrário. a) Imunização de frutos, sementes e tubérculos; b) ato de esburgar ou descascar.

EX RATIONE LEGIS. *Expressão latina.* Em razão de lei.

EX RATIONE LOCI. *Expressão latina.* Em virtude do local.

EX RATIONE MATERIAE. *Expressão latina.* Em razão da matéria.

EX RATIONE PERSONAE. *Expressão latina.* Em razão da pessoa.

EXTEMPORÂNEO. 1. Nas *linguagens comum* e *jurídica:* a) tudo o que é feito de improviso; b) inoportuno; c) o que é fora do tempo ou do prazo juridicamente estabelecido. **2.** *Direito processual.* Diz-se do ato processual praticado fora do lapso legal (Moacyr Amaral Santos).

EXTERRITORIALIDADE. *Direito internacional privado.* **1.** Direito que o representante de um país estrangeiro tem de se reger pelas normas do seu país, não lhe sendo aplicáveis as da nação em que se encontra. **2.** Princípio pelo qual se aplica a norma em território de outro Estado, segundo as convenções e normas internacionais. Classicamente, denomina-se "estatuto pessoal" a situação jurídica que rege o estrangeiro pela lei de seu país de origem. Trata-se da hipótese em que a norma de um Estado acompanha um cidadão no estrangeiro para regular seus direitos. Esse estatuto pessoal baseia-se na lei da nacionalidade ou na lei do domicílio. No Brasil, funda-se na lei do domicílio, que rege as questões relativas ao começo e fim da personalidade, ao nome, à capacidade das pessoas, ao direito de família e sucessões e à competência da autoridade judiciária. Há, apesar disso, um limite à extraterritorialidade da lei, pois atos, sentenças e leis de países alienígenas não são aceitos no Brasil quando ofendem a soberania nacional, a ordem pública e os bons costumes. Tal exterritorialidade, ou extraterritorialidade, constitui o privilégio de certas pessoas escaparem à jurisdição do Estado em cujo território se encontram, submetendo-se apenas à jurisdição de seu país. Logo, a norma estrangeira passa momentaneamente a integrar o direito nacional, por força da norma de direito internacional privado, mas o órgão judicante a utiliza, tão somente, para solucionar determinado caso submetido a sua apreciação.

EXTINÇÃO DE DIREITOS. *Direito civil.* Desaparecimento de direito que pode dar-se: a) pelo perecimento do objeto sobre o qual recai, por exemplo, se ele perder suas qualidades essenciais, seu valor econômico, se se confundir com outro, de modo que não possa ser distinguido, ou se cair em lugar de onde não possa mais ser retirado; b) pela alienação, que é o ato de transferir o objeto de um patrimônio a outro, perdendo o antigo titular o direito; c) pela renúncia, que é o ato jurídico pelo qual o titular de um direito dele se despoja, sem transferi-lo a quem quer que seja, sendo renunciáveis os direitos atinentes ao interesse privado de seu titular, salvo proibição legal; d) pelo abandono, que é a intenção do titular de se desfazer da coisa porque não quer mais continuar sendo seu dono; e) pelo falecimento do titular, sendo o direito personalíssimo e por isso intransmissível; f) pela prescrição, que extingue a pretensão, que gera a ação. Faz com que o direito à pretensão desapareça pela ausência de tutela jurídica, embora possa haver modificação de sujeitos, como sucede no caso de usucapião em que o antigo titular perde a ação (em sentido material) devido a sua inércia, e, consequentemente, o possuidor adquire o direito real; g) pela decadência, que atinge o próprio direito potestativo; h) pela abolição de uma instituição jurídica; i) pela confusão, se numa só pessoa se reunirem as qualidades de credor e devedor; j) pelo implemento de condição resolutiva; k) pelo escoamento do prazo, se a relação jurídica for constituída a termo; l) pela perempção da instância ou do processo, ficando ileso o direito de ação; m) pelo aparecimento de direito incompatível com o atualmente existente, sendo este suplantado por aquele.

EXTINÇÃO DO PROCESSO. *Direito processual civil.* Fim do processo com ou sem resolução do mérito, isto é, havendo ou não análise da lide ou das situações fático-jurídicas da demanda. Extinguir-se-á o processo sem resolução do mérito se: a) o juiz indeferir a petição inicial; b) o processo ficar parado mais de um ano por negligência das partes litigantes; c) o autor abandonar a causa por mais de trinta dias, não promovendo os atos e diligências que lhe competiam; d) faltarem os pressupostos de constituição e de desenvolvimento válido e regular do processo; e) se reconhecer a existência de perempção, de litispendência ou de coisa julgada; f) se verificar ausência de legitimidade ou de interesse processual; g) houver convenção de arbitragem ou reconhecimento pelo juízo arbitral de sua competência; h) se homologar a desistência da ação; i) a ação for considerada intransmissível por disposição legal. Em todos esses casos o tribunal poderá julgar desde logo a lide, se a causa versar sobre questão exclusivamente de direito e estiver em condições de imediato julgamento. Extinguir-se-á o processo com resolução do mérito quando: a) o juiz acolher ou rejeitar o pedido do autor; b) o réu reconhecer a procedência do pedido; c) as partes transigirem; d) o juiz pronunciar decadência ou prescrição; e) o autor renunciar ao direito sobre que se funda a ação.

EXTORSÃO. ***Direito penal.*** Crime contra a inviolabilidade do patrimônio que consiste em constranger alguém a fazer, tolerar que se faça ou deixar de fazer algo, mediante violência ou grave ameaça, com o propósito de obter, para si ou para outrem, uma vantagem econômica indevida, apenado com reclusão e multa.

EXTORSÃO INDIRETA. ***Direito penal.*** Fato típico penal que consiste em exigir ou receber, como garantia de dívida, abusando da situação de alguém, documento que pode dar causa a procedimento criminal contra a vítima ou contra terceiro, punido com reclusão e multa.

EXTORSÃO MEDIANTE SEQUESTRO. ***Direito penal.*** Crime hediondo praticado contra a inviolabilidade do patrimônio e a liberdade pessoal de locomoção, em que o agente vem a sequestrar pessoa com a finalidade de obter, para si ou para outrem, qualquer vantagem, como condição ou preço do resgate, punido com pena de reclusão. E haverá aumento de pena se o sequestro durar mais de quinze dias, se o sequestrado for: ascendente, descendente, cônjuge ou companheiro do agente; internado em casa de saúde ou hospital; menor de dezoito ou maior de sessenta anos, ou se o crime for cometido com fins libidinosos; ou, ainda, se causar na vítima grave sofrimento físico ou moral.

EXTORSÃO QUALIFICADA PELA MORTE. ***Direito penal.*** Crime hediondo, qualificado pelo resultado, em que sobrevém a morte do sequestrado, resultante do emprego de violência física ou maus-tratos, constituindo uma agravante da pena de reclusão cominada.

EXTRADIÇÃO. ***Direito penal, direito constitucional*** e ***direito internacional privado.*** Ato pelo qual um Estado ou governo estrangeiro vem a solicitar ou a reclamar a outro a entrega de um criminoso para ser processado e julgado perante seus tribunais. Todavia, urge lembrar que nenhum brasileiro será extraditado, exceto se naturalizado, em caso de crime comum perpetrado antes da naturalização, ou de comprovado envolvimento em tráfico ilícito de entorpecentes e drogas afins, na forma da lei. Nem mesmo será concedida a extradição de estrangeiro por crime político ou de opinião.

EXTRAFISCALIDADE. ***Direito tributário.*** **1.** Tributação com outros fins que não a obtenção de receita, constituindo um recurso técnico muito usado pelo governo como instrumento de intervenção do Estado no meio social e na economia (Geraldo Ataliba). **2.** Uso de instrumentos tributários para obter fins não arrecadatórios, mas estimulantes, indutores ou coibidores de comportamento, tendo por objetivo alcançar outras finalidades, ou seja, a realização de outros valores constitucionalmente consagrados (Geraldo Ataliba). É, como prefere Paulo de Barros Carvalho, uma fórmula jurídico-tributária de que se vale o Estado para conseguir metas que prevalecem sobre finalidades meramente arrecadatórias de recursos monetários.

EXTRANUMERÁRIO. ***Direito administrativo.*** Diz-se daquele que foi admitido a título precário, não pertencendo ao quadro do funcionalismo público.

EXTRAORDINÁRIO. **1.** Nas ***linguagens comum*** e ***jurídica,*** significa: a) acontecimento inesperado ou imprevisto; b) o que é fora do normal; c) diz-se do gasto além do ordinário; d) excessivo; e) aquele que se distingue dos que têm a mesma arte ou profissão; f) excepcional; especial; g) insigne. **2.** ***Direito internacional público.*** Diz-se do embaixador que é enviado pelo governo para tratar de importantes questões junto a país estrangeiro. **3.** ***Direito constitucional, direito processual civil*** e ***direito processual penal.*** a) Recurso que deve ser julgado pelo Supremo Tribunal Federal se a decisão recorrida: contrariar dispositivo constitucional, declarar a inconstitucionalidade de tratado ou lei federal, julgar válida lei ou ato de governo local contestado em face da Carta Magna; b) recurso que não apresenta pertinência direta com a matéria recursal do processo comum civil ou do ordinário penal, atendendo a casos especiais; c) forma excepcional de recurso para rejulgamento da causa, pressupondo matéria já decidida.

EXTRATERRITORIALIDADE. *Vide* EXTERRITORIALIDADE.

EXTRATO DE CONTA. Nas ***linguagens bancária, contábil*** e ***comercial,*** é: a) o sumário que indica o saldo de uma conta; b) a cópia da conta corrente fornecida pelo correntista para verificação e controle (Othon Sidou).

EXTRAVAGANTE. **1.** ***Teoria geral do direito.*** Diz-se da lei que não está incorporada numa codificação, por exemplo, a Lei do Divórcio, que deveria estar inserida no Código Civil. **2.** Nas ***linguagens jurídica*** e ***comum,*** indica: a) dissipador; estroina; b) libertino; c) excêntrico; d) insensato. **3.** ***Direito canônico.*** Diz-se de cada constituição pontifícia ulterior às Clementinas incluída no mesmo direito (De Plácido e Silva).

EXTRAVIO. **1.** Nas ***linguagens jurídica*** e ***comum,*** significa: a) perversão; b) corrupção; c) desvio ou subtração fraudulenta ou dolosa de algo; d) descaminho; e) perda; f) desperdício. **2.** ***Direito civil*** e ***direito comercial.*** Falta de detenção ou perda de bem móvel ou título por aquele que o guarda ou transporta em razão da ocorrência de algum fato involuntário que o impeça de entregá-lo a quem de direito

(Elcir Castello Branco). **3.** ***Direito tributário.*** Ato pelo qual não se manifestam bens ou mercadorias para escapar do pagamento dos impostos devidos (De Plácido e Silva).

EXTRA VIRES HEREDITATIS. ***Expressão latina.*** O que excede os limites do acervo hereditário.

EXTRÍNSECO. **1.** ***Economia política.*** Diz-se do valor convencional de uma moeda. **2.** ***Filosofia geral*** e ***filosofia do direito.*** a) O que não pertence à essência da coisa ou do ser; b) o que não se compreende na definição de uma ideia (Lalande); c) o que é de fora; d) exterior. **3.** ***Direito civil.*** a) O que é relativo à forma externa de um ato ou negócio jurídico; b) requisito formal ou material que dá autenticidade a um ato, legalizando-o.

EX TUNC. ***Locução latina.*** Desde então; a partir de então; que retroage.

EXUMAÇÃO. **1.** ***Direito processual penal*** e ***medicina legal.*** a) Remoção do cadáver da sepultura para proceder a investigações médico-legais, mediante solicitação judicial, que pode ser feita a qualquer tempo, havendo suspeita de morte violenta, suicida, acidental ou criminosa; b) ato de retirar restos mortais humanos da sepultura ou desenterramento. A exumação pode ser administrativa, para fins de mudança ou desocupação de sepultura, ou judicial, por determinação de juiz. **2.** ***Direito penal.*** Ato de desenterrar cadáver sem atender às disposições legais, constituindo contravenção penal apenada com prisão simples ou multa.

EX VI CONTRACTUS. ***Expressão latina.*** Por força do contrato.

EX VI LEGIS. ***Expressão latina.*** Segundo a força da lei; por efeito legal.

EX WAREHOUSE. ***Direito internacional privado.*** **1.** Pacto pelo qual o comprador deve receber a mercadoria na porta do armazém, levando-a a suas expensas. **2.** *Vide* CLÁUSULA EX WORKS.

FABRICAÇÃO DE APARELHO DESTINADO À FALSIFICAÇÃO DE MOEDA. *Direito penal.* Crime contra a fé pública que consiste em fabricar, adquirir, fornecer, a título oneroso ou gratuito, possuir ou guardar maquinismo, aparelho, instrumento ou qualquer objeto especialmente destinado à falsificação de moeda, apenado com reclusão e multa.

FABRICAÇÃO DE COISA OU SUBSTÂNCIA NOCIVA À SAÚDE. *Direito penal.* Crime contra a saúde pública que consiste em fabricar, vender, expor à venda, ter em depósito para vender ou, de qualquer forma, entregar a consumo coisa ou substância nociva à saúde, ainda que não destinada à alimentação ou a fim medicinal, punido com detenção e multa.

FABRICAÇÃO DE OBJETO DESTINADO À FALSIFICAÇÃO DE TÍTULOS E PAPÉIS PÚBLICOS. *Direito penal.* Crime contra a fé pública que consiste em fabricar, adquirir, fornecer, possuir ou guardar objeto destinado à falsificação de títulos e papéis públicos, como, por exemplo, selo postal, cautela de penhor, caderneta de depósito de caixa econômica ou outro estabelecimento mantido por entidade de direito público, passe de empresa de transporte administrada pela União, Estado ou Município etc., punido com reclusão e multa. Ter-se-á aumento da pena se o agente, prevalecendo-se de sua condição de funcionário público, vier a usufruir vantagem ilícita.

FABRICAÇÃO DE PRODUTO ALIMENTÍCIO. *Direito penal.* Crime contra a incolumidade pública, punido com reclusão e multa, que pode consistir na falsificação de produto alimentício, com sua substituição integral por outro, ou na sofisticação, se sua substituição for parcial, reduzindo seu valor nutritivo ou modificando sua qualidade.

FABRICAÇÃO, FORNECIMENTO, AQUISIÇÃO, POSSE OU TRANSPORTE DE EXPLOSIVO, GÁS TÓXICO OU ASFIXIANTE. *Direito penal.* Crime contra a incolumidade pública, apenado com detenção e multa, que consiste em fabricar, fornecer, adquirir, possuir ou transportar, sem licença da autoridade competente, substância ou engenho explosivo, gás tóxico ou asfixiante ou material destinado à sua fabricação.

FACÇÃO. 1. *Ciência política.* Partido político. 2. *Direito militar.* a) Insigne ou notável feito de armas; b) empreendimento militar. 3. *Direito civil.* Direito de elaborar testamento. 4. *Sociologia jurídica.* Grupo de conflito, pouco organizado, que marca a transição de um estado de desorganização para a reorganização da comunidade.

FÁCIES HIPOCRÁTICA. *Medicina legal.* Expressão peculiar fisionômica do moribundo, que passa a apresentar pele ressecada, olhos encovados, afundamento das têmporas, nariz afilado, lábios secos etc.

FACILITAÇÃO DE CONTRABANDO OU DESCAMINHO. *Direito penal.* Crime contra a Administração Pública, punido com reclusão e multa, perpetrado por funcionário público que viola dever funcional, facilitando a prática de contrabando ou descaminho.

FACILITAÇÃO DE CORRUPÇÃO. *Direito penal.* Crime contra os costumes que consiste em facilitar a corrupção de menor de dezoito e maior de quatorze anos, praticando com ele atos de libidinagem ou induzindo-o a praticá-los ou presenciá-los, agredindo sua moral sexual. Tal delito é apenado com reclusão.

FACILITAÇÃO DE FUGA DE PRESO. *Direito penal.* Crime contra a Administração Pública, punido com detenção, praticado por qualquer pessoa que venha a promover ou a facilitar a fuga de preso ou de quem esteja submetido a medida de segurança preventiva.

FACÍNORA. *Direito penal.* Diz-se daquele que praticou crime com requintes de grande perversidade, revelando sua alta periculosidade.

FAC-SÍMILE. 1. Nas *linguagens jurídica* e *comum*, apresenta o significado de: a) reprodução exata ou cópia fiel de escrita, assinatura, gravura, estampa, desenho, documento etc., de conformidade com o original; b) carimbo que reproduz a rubrica de alguém. 2. *Direito processual civil.* Reprodução exata, por processo de repetição, de documento particular ou público, com valor probante, desde que devidamente autenticada e conferida com o original. 3. *Direito virtual.* Reprodução do original (Amaro Moraes e Silva Neto).

FACTA PENDENTIA. *Locução latina.* Fatos pendentes.

FACTORING. *Termo inglês.* 1. Faturização; contrato de fomento mercantil. 2. *Direito comercial.* Contrato em que um empresário (industrial ou comerciante) ou empresa (faturizado) cede a outro (faturizador), no todo ou em parte, os créditos provenientes de suas vendas mercantis a terceiro, mediante o pagamento de uma remuneração, que consiste no desconto sobre os respectivos valores, ou seja, conforme o montante de tais créditos. Esse contrato, que se liga à emissão e à transferência de faturas, é uma técnica de mobilização do preço oriundo de vendas comerciais. Constitui, na verdade, um financiamento de créditos a curto prazo, ligado à necessidade de reposição de capital de giro. Apresenta-se, portanto, como uma técnica financeira e de gestão comercial, tendo tríplice objetivo: a) a garantia prestada pelo *factor*, que consiste na liquidação dos créditos cedidos pelo menos no vencimento, podendo, ainda, haver antecipação no *conventional factoring*; b) a gestão comercial, ou gestão de créditos, ante a interferência do faturizador (*factor*) nas operações do faturizado, selecionando seus clientes, fornecendo-lhe informações sobre o comércio em geral e prestando serviços que diminuam seus encargos comuns; c) o financiamento da empresa faturizada, na medida em que o faturizador adquire seus créditos, pagando-os ao faturizado, e assume o risco com a cobrança e o não pagamento das contas, sem ter direito de regresso contra aquele, isto é, em caso de falta de pagamento, deverá arcar sozinho com os prejuízos.

***FACTORING* EXTERNO.** *Direito comercial.* Aquele que se relaciona com operações realizadas fora do País, como as de importação e exportação. Trata-se do *factoring* internacional, do *import factoring* e do *export factoring*.

***FACTORING* INTERNO.** *Direito comercial.* Aquele em que as operações se realizam dentro do mesmo país ou, neste, dentro de uma região.

***FACTORING* NO VENCIMENTO.** *Direito comercial.* Também chamado *maturity factoring*, é o contrato celebrado quando as faturas representativas dos créditos do faturizado são remetidas ao faturizador (*factor*) e liquidadas por ele no seu vencimento. Observa Sussfeld que o *factor* compromete-se a pagar, nos respectivos vencimentos, os créditos que lhe forem cedidos, deduzindo uma comissão, que é uma remuneração equivalente aos riscos assumidos em relação aos créditos adquiridos. Não há, portanto, qualquer adiantamento do valor dos créditos cedidos; exclui-se a atividade de financiamento, embora subsistam a gestão e a cobrança das faturas como garantia do pagamento na data do vencimento.

***FACTORING* TRADICIONAL.** *Direito comercial.* Designado *conventional factoring*, é o que se opera quando as faturas cedidas são liquidadas pelo faturizador (*factor*) antes do vencimento. Os créditos negociados são pagos ao cedente no instante da cessão, ocorrendo, portanto, adiantamento dos valores dos títulos. É, como ensina Luiz Lemos Leite, a compra de direitos creditórios ou ativos representativos de vendas mercantis a prazo, mediante a cessão *pro soluto* notificada pelo vendedor (endossante) ao comprador (sacado vendedor), havendo, pois, assunção de risco.

FACTORING WITH RECOURSE. *Direito comparado. Factoring* usual na Itália, na Austrália e nos países escandinavos. Nesse tipo de *factoring* há notificação do devedor da conta e os serviços são prestados pelo *factor*, com a ressalva de que, se o freguês não pagar, a empresa de *factoring* pode cobrá-los de seu cliente (Burton Abrahams).

FACULTAS AGENDI. *Locução latina.* **1.** Faculdade de agir. **2.** *Teoria geral do direito.* Para a maioria dos autores, é o direito subjetivo. Porém, a faculdade de agir não é direito, e sim qualidade própria do ser humano que independe de norma jurídica para sua existência, competindo ao preceito normativo ordená-la. Logo, seu uso é lícito ou ilícito, conforme for permitida ou proibida. Portanto, o direito subjetivo, na lição do insigne Goffredo Telles Jr., é a permissão dada, por meio de norma jurídica válida, para se fazer ou não alguma coisa, ter ou não algo, ou, ainda, a autorização para se exigir, por meio dos órgãos competentes do Poder Público ou através dos processos legais, em caso de prejuízo causado por violação de direito, o cumprimento da norma infringida ou a reparação do mal sofrido. A chamada *facultas agendi* é anterior ao direito subjetivo. Primeiro a faculdade de agir, e, depois, a permissão de usar essa aptidão.

FACULTATIVO. **1.** Relativo a uma faculdade. **2.** O que se pode fazer ou não fazer livremente. **3.** O que não é obrigatório. **4.** Diz-se do ato de autoridade pública que admite o não comparecimento de funcionário à repartição, sem perda de qualquer vantagem pecuniária. Trata-se da declaração de ponto facultativo.

FAIXA DE FRONTEIRA. *Direito internacional público.* Porção do território nacional, situada ao longo de suas fronteiras, reservada para garantir a segurança do País, por meio de fortificações militares, estrada de ferro ou qualquer outro meio de comunicação estratégico. Trata-se da zona indispensável à defesa nacional.

FAKE NEWS. *Direito virtual.* Notícias falsas sobre pessoas físicas ou jurídicas e sobre fatos veiculados nas redes sociais, com o escopo de obter sensacionalismo, disseminar ideologias, influenciar eleitorado etc.

FALÊNCIA. *Direito comercial* e *direito falimentar.* **1.** Ato ou efeito de falir. **2.** Quebra de um empresário ou sociedade empresária reconhecida, em juízo, por sentença transitada em julgado. **3.** Estado ou situação declarada judicialmente do empresário que não cumpriu suas obrigações líquidas, certas e vencidas. **4.** Trata-se de um processo de jurisdição contenciosa que visa assegurar a execução concursal e a cobrança de interesses particulares e fiscais, sanear economicamente a atividade empresarial (Jaeger) ou, se não houver condições de qualquer recuperação econômica, promover a liquidação falimentar, de modo sumário, sem procrastinação forense (Rubens Requião). **5.** Ato que, ao promover o afastamento do devedor de suas atividades, visa a preservar e otimizar a utilização produtiva dos bens, ativos e recursos produtivos, inclusive os intangíveis, da empresa.

FALSA ATRIBUIÇÃO. 1. ***Direito civil.*** Ato de conferir a algo uma qualidade que não possui, com o intuito de levar alguém à prática de um negócio jurídico que não realizaria se tivesse conhecimento da verdade. Tal procedimento constitui vício de consentimento passível de anular o ato negocial. **2.** ***Direito penal.*** Alegação, que pode ser punida penalmente, de qualidade da pessoa ou de coisa que não corresponde à realidade ou não existe.

FALSA CAUSA. ***Direito civil.*** Erro quanto ao fim colimado (falso motivo) que, em regra, não vicia o negócio jurídico, a não ser que nele figure expressamente, integrando-o, como sua razão essencial ou determinante, caso em que o torna anulável.

FALSA DECLARAÇÃO. 1. ***Direito civil.*** Diz-se da declaração negocial que não corresponde à verdade ou à realidade dos fatos. **2.** ***Direito penal.*** a) Crime contra a fé pública que consiste em inserir declaração diversa da que devia ser escrita, ou não correspondente à realidade, com o intuito de prejudicar direito, criar obrigação ou alterar a verdade sobre fato juridicamente relevante, apenado com reclusão e multa. Trata-se do crime de falsidade ideológica; b) declaração feita em juízo para fazer crer um fato inverídico ou enganoso. Equipara-se ao falso testemunho, que constitui crime contra a administração da justiça.

FALSA DENÚNCIA. ***Direito processual penal.*** Ato que consiste em comunicar à autoridade competente, inveridicamente, a ocorrência da prática de crime por determinada pessoa.

FALSA IDENTIDADE. ***Direito penal.*** **1.** Crime contra a fé pública que consiste em atribuir-se, ou a terceiro, falsa identidade, para obter vantagem, em proveito próprio ou alheio, ou para causar dano a outrem, punido com detenção ou multa. **2.** Crime, apenado com detenção e multa, que consiste em usar, como próprio, passaporte, título de eleitor, caderneta de reservista ou qualquer outro documento de identidade alheia ou ceder a outrem, para que dele se utilize, documento dessa natureza, próprio ou alheio.

FALSA INDICAÇÃO. 1. ***Direito civil.*** Erro na indicação da pessoa ou da coisa, que configura falsa demonstração de suas qualidades essenciais, suscetível de acarretar a nulidade relativa do ato negocial. **2.** ***Direito penal.*** Crime contra a saúde pública, apenado com detenção ou multa, que consiste em inculcar, em invólucro ou recipiente de produto alimentício ou medicinal, a existência de substância que não se encontra em seu conteúdo ou que nele existe em quantidade menor que a mencionada.

FALSIDADE DE PROVA. ***Direito processual civil*** e ***direito processual penal.*** Toda e qualquer violação dolosa da fé pública, ou seja, da certeza jurídica que deve decorrer do pronunciamento judicial. Não importa, sob o prisma jurídico, a distinção entre falsidade ideológica (auto autêntico com declarações mendazes) e material (criação de documento falso simulando o verdadeiro) da prova, que enseja sua apuração tanto na justiça criminal, onde se destaca o crime de falsa perícia, como no procedimento rescisório. A lei processual civil, ao se referir à prova falsa, não se satisfaz com erigir como requisito a simples desconformidade com a verdade, exigindo, além da configuração do dolo específico, que nenhuma dúvida haja quanto à falsidade. Estabelece por isso a condição de que seja apurada em processo criminal ou fique provada na própria ação rescisória de forma inequívoca. Não é preciso que a falsidade tenha sido alegada no acórdão rescindendo, salvo se se tratar de falsidade documental, com decisão nesse processo de autenticidade de documento. A rescisória fundada em falsa prova pericial requer que tal falsidade tenha sido apurada em processo criminal, antes ou depois do acórdão rescindendo, ou provada no próprio processo da ação rescisória, desde que tal prova tenha sido fundamental para a conclusão do órgão judicante.

FALSIDADE DOCUMENTAL. 1. ***Direito processual civil.*** Ato de constituir documento falso ou de alterar um verdadeiro. **2.** ***Direito penal.*** Crime contra a fé pública que abrange a prática dos seguintes atos punidos pela lei penal: falsificação de selo ou sinal público; falsificação de documento público ou particular; falsidade ideológica; falso reconhecimento de firma ou letra; certidão ou atestado ideologicamente falso; falsidade material de atestado ou certidão; falsidade de atestado médico; reprodução ou adulteração de selo ou peça filatélica; uso de documento falso; supressão de documento.

FALSIDADE IDEOLÓGICA. ***Direito penal.*** Crime contra a fé pública, apenado com reclusão e multa, que consiste na omissão, em documento público ou particular, de declaração de verdade ou na inserção de declaração falsa ou diversa da que devia ser escrita, com o objetivo de prejudicar direito, criar obrigação ou alterar a verdade sobre fato juridicamente relevante. O documento acima referido, portanto, é verdadeiro, pois não é falso em sua materialidade, mas em seu teor ou conteúdo.

FALSIFICAÇÃO. 1. ***Direito canônico.*** Ato punível de falsificar relíquias, letras apostólicas ou documentos eclesiásticos. **2.** ***Direito penal.*** a) Ato ou efeito de fabricar coisa ou de produzir documento ou título falsos, adulterar ou imitar algo, com propósito ilícito, em proveito próprio ou alheio. É espécie do gênero falsidade; b) ato ou efeito de falsificar; c) alteração fraudulenta de substâncias alimentícias ou medicamentosas.

FALSO TESTEMUNHO. ***Direito penal.*** Trata-se do perjúrio, como era designado outrora, que é crime contra a administração da justiça, no que atina à seriedade que deve haver na coleta de elementos probatórios. Configura-se sempre que alguém presta, em juízo, depoimento falso, fazendo afirmação não verdadeira ou calando a verdade em processo judicial, policial ou administrativo ou, ainda, em juízo arbitral. A pena cominada para essa ação criminosa é de reclusão. Abrange ato de: a) fazer afirmação falsa, ou negar ou calar a verdade como testemunha, perito, contador, tradutor ou intérprete em processo judicial, ou administrativo, inquérito policial, ou em juízo arbitral, punível com reclusão de um a três anos e multa; b) dar, oferecer ou prometer dinheiro ou qualquer outra vantagem a testemunha, perito, contador, tradutor ou intérprete, para fazer afirmação falsa, negar ou calar a verdade em depoimento, perícia, cálculos, tradução ou interpretação, punível com reclusão, de três a quatro anos, e multa.

FALTA FUNCIONAL. ***Direito administrativo.*** Infração contra dever funcional por parte do funcionário público.

FALTA GRAVE. 1. ***Direito do trabalho.*** Prática de certos atos que, por sua repetição ou natureza, representam séria violação dos deveres do empregado, levando a sua suspensão, pois sua despedida só se efetivará após inquérito em que se verifique a procedência da acusação. Assim sendo, constituem, dentre outras, justa causa para a rescisão do contrato de trabalho: mau procedimento, desídia no desempenho da função, embriaguez habitual, abandono de emprego, violação de segredo da empresa, indisciplina etc. **2.** ***Direito civil.*** Negligência extrema do agente, não prevendo o que é previsível ao mais comum dos homens.

FAMÍLIA. 1. ***Direito civil.*** a) No seu sentido amplíssimo, o conceito abrange todos os indivíduos ligados pelo vínculo da consanguinidade ou da afinidade, chegando a incluir estranhos, como as pessoas de serviço doméstico ou as que vivam a suas expensas; b) na acepção ampla, além dos cônjuges e de seus filhos, abrange os parentes da linha reta ou colateral, bem como os afins; c) na significação restrita, alcança não só o conjunto de pessoas unidas pelos laços do matrimônio ou da união estável e pela filiação, ou seja, os cônjuges, os conviventes e a prole, mas também a comunidade formada por qualquer dos pais e descendentes, independentemente de existir o vínculo conjugal que a originou. **2.** ***Sociologia jurídica.*** Instituição social básica. **3.** ***Direito constitucional.*** Célula fundamental da sociedade protegida constitucionalmente.

FAMÍLIA ANAPARENTAL. ***Direito civil.*** Família sem presença dos pais, constituída pela convivência entre pessoas, parentes ou não, em um mesmo lar. Por ex.: convivência de dois irmãos que vivam juntos e conjuguem esforços para formar um patrimônio (Viegas e Pamplona Filho).

FAMÍLIA EXTENSA. ***Direito civil.*** Trata-se da família ampliada, visto que se estende para além da unidade pais e filhos ou da unidade do casal, formada por parentes próximos com os quais a criança ou adolescente convive e mantém vínculos de afinidade e afetividade.

FAMÍLIA MONOGÂMICA. ***Direito civil.*** Instituição social formada pelo matrimônio entre um homem e uma mulher.

FAMÍLIA MONOPARENTAL. ***Direito civil.*** É a formada por um dos pais e seus descendentes. A monoparentalidade pode decorrer da vontade unilateral de assumir sozinho a maternidade ou a paternidade; da morte; da separação judicial ou do divórcio.

FAMÍLIA RECONSTITUÍDA. ***Direito civil.*** **1.** Designação dada ao fato de adultos, sem serem pais naturais, assumirem uma criança, por diversas razões, por exemplo, por união de fato (Danielle Richer e Luiz Edson Fachin). **2.** É a recomposta, também chamada *família mosaico*, decorrente de outra, rompida pela separação, divórcio ou dissolução da união estável etc., apresentando como seus componentes, por exemplo, o marido da mãe, o irmão por parte de pai, os filhos da mulher do pai etc. **3.** Trata-se da família *pluriparental* ou *plural*, formada por pluralidade de relações parentais, advindas de separação judicial ou extrajudicial, divórcio, rompimento de união estável, recasamento, formação de família não matrimonial etc., e por isso traz problemas como alteração de nome de família, poder familiar, guarda, obrigação alimentar, visita etc. (Jussara S. A. Borges), em virtude da interdependência dos membros de famílias anteriores com os das posteriores. **4.** É a formada entre cônjuge ou companheiro e os filhos do outro, advindos de outro relacionamento (Rodrigo Toscano de Brito).

FAMÍLIA SOCIOAFETIVA. ***Direito civil.*** É a advinda, por exemplo, da afinidade, da adoção e da inseminação artificial heteróloga.

FAMÍLIA SUBSTITUTA. ***Direito civil*** e ***direito da criança e do adolescente.*** Lar substituto para criança ou adolescente instituído pela guarda, tutela ou adoção.

FÂMULO DA POSSE. ***Direito civil.*** Aquele que, em virtude de sua situação de dependência econômica ou de um vínculo de subordinação em relação a uma outra pessoa (possuidor direto ou indireto), exerce sobre o bem não uma posse própria, mas em nome daquela, em obediência a uma ordem ou instrução. Tem apenas a posse natural, baseada na mera detenção, não lhe assistindo o direito de invocar a proteção possessória, uma vez que, neste caso, afastado está o elemento econômico da posse. Por exemplo, é o que ocorre com o motorista particular, caseiro, empregados em geral, bibliotecário etc. É também denominado "gestor da posse" (Enderman), "detentor dependente" (Strohal) ou "servidor da posse" (Bekker) em relação ao dono.

FAO. ***Direito internacional público.*** Sigla de *Food and Agriculture Organization*, Organização das Nações Unidas para Alimentação e Agricultura, sediada em Roma, que busca fomentar a reforma agrária e provocar o aumento da produtividade, assegurando aos produtores mercados garantidos, a preços com um mínimo de estabilidade (Henri Guitton).

FATO ALHEIO. ***Direito civil.*** **1.** Ato resultante do comportamento daquele que, apesar de não participar de uma relação jurídica, nela vem a produzir efeitos; ato de outrem suscetível de gerar consequências jurídicas, como a criação, modificação ou extinção de direitos. **2.** Aquilo que é feito entre terceiros. **3.** Dano causado por quem está sob a direção de outrem, o qual, então, responderá pelo evento lesivo.

FATO DA COISA. **1.** ***Direito civil.*** Diz-se do dano decorrente de coisa animada ou inanimada que deve ser reparado por aquele que detém sua guarda, seja ele proprietário, possuidor ou detentor. **2.** ***Direito administrativo.*** Prejuízo provocado por objetos materiais, móveis ou imóveis, suscetível de gerar responsabilidade civil estatal, por culpa anônima do serviço.

FATO DO PRÍNCIPE. **1.** ***Direito administrativo.*** a) Qualquer medida ou ato da Administração Pública que repercuta no contrato administrativo, tornando mais onerosa a situação daquele que contratou com o Estado. Tal fato rompe o equilíbrio econômico-contratual, podendo gerar para o Poder Público o dever de indenizar; b) norma geral emanada de autoridade pública que incide no âmbito jurídico do cocontratante, causando-lhe dano integralmente ressarcível pelo Estado (Marienhoff); c) caso fortuito decorrente de ordem governamental (Othon Sidou); d) toda determinação estatal, geral, imprevista e imprevisível, positiva ou negativa, que onera substancialmente a execução do contrato administrativo. O que o caracteriza é a generalidade e a coercitividade da medida prejudicial ao contrato, além da sua imprevisibilidade. O agravo é veiculado por lei, regulamento ou qualquer outro ato geral do Poder Público que atinja a execução do contrato. O fundamento da existência da teoria do fato do príncipe é a proibição de a Administração causar prejuízos aos administrados e contratados, devendo indenizá-los quando isso ocorrer (Hely Lopes Meirelles e Silvio Luís Ferreira da Rocha); e e) para Lúcia Valle Figueiredo o fato do príncipe corresponde a uma norma geral emanada de qualquer autoridade pública, que repercuta de tal forma no contrato a ponto de abalar a equação financeira. **2.** ***Direito do trabalho.*** Ato governamental federal, estadual ou municipal que, imprevisivelmente, paralisa temporária ou definitivamente o trabalho, causando danos ao empregador, que, então, pode pleitear indenização do governo.

FATO EVENTUAL. ***Direito civil.*** Diz-se daquele que pode ocorrer ou não. Trata-se de um acontecimento ocasional.

FATO GERADOR. ***Direito tributário.*** Aquele que determina a obrigação jurídica de pagar tributo, abrangendo, para alguns autores, tanto a descrição legal do fato que dá origem à relação jurídico-tributária como o evento fático que se opera, num dado momento, no contexto do mundo físico-social. É, portanto, a situação fática descrita *in abstracto* na norma, cuja ocorrência *in concreto* vem a determinar, num dado momento, o surgimento da obrigação tributária.

FATO GERADOR COMPLEXO. ***Direito tributário.*** É o que faz o imposto depender da confluência de vários fatores que, entreligados, determinariam, em se tratando, por exemplo, de imposto sobre a renda, o surgimento da renda líquida tributável sobre a qual incidirá a alíquota respectiva. Tais fatores seriam: rendimento bruto, deduções cedulares e abatimentos da renda bruta (Paulo de Barros Carvalho).

FATO GERADOR SIMPLES. ***Direito tributário.*** É o que requer para o nascimento da obrigação tributária um só fator, como ocorre no caso do IPI, pois a mera saída do produto industrializado do estabelecimento já dá ensejo àquele imposto (Paulo de Barros Carvalho).

FATO HUMANO. ***Direito civil.*** Fato jurídico, em sentido amplo, que depende da vontade humana, abrangendo tanto os atos lícitos como os ilícitos.

FATO HUMANO INVOLUNTÁRIO. ***Direito civil.*** Fato jurídico, em sentido amplo, que acarreta consequências jurídicas alheias à vontade do agente, hipótese em que se configura o ato ilícito, que produz efeitos previstos em norma jurídica, como a sanção, porque viola mandamento normativo.

FATO HUMANO VOLUNTÁRIO. ***Direito civil.*** Fato jurídico, em sentido amplo, que produz um efeito desejado pelo agente, caso em que se tem o ato jurídico em acepção ampla, que abrange: o ato jurídico em sentido estrito, se objetivar a mera realização da vontade do agente (perdão, ocupação, confissão etc.), e o negócio jurídico, se procurar criar normas para regular interesses das partes, harmonizando vontades que parecem antagônicas (testamento, contrato, adoção etc.) e que se subordinam a algumas disposições comuns.

FATO IMPONÍVEL. *Direito tributário.* Ocorrência, no mundo dos fenômenos físicos, de fato que satisfaça os pressupostos requeridos na lei, suscetíveis de dar nascimento à obrigação tributária, que é *ex lege*. O fato imponível não cria a obrigação tributária, apenas assinala o momento para que o vínculo legalmente previsto se instaure (Geraldo Ataliba). Trata-se do fato gerador *in concreto* (Geraldo Ataliba). É, portanto, o pressuposto para que se configure a obrigação tributária, assinalando o instante da instauração do vínculo jurídico entre Estado e contribuinte.

FATO JURÍDICO *LATO SENSU*. *Direito civil.* **1.** Acontecimento previsto em norma jurídica, em razão do qual nasce, modifica-se, subsiste e extingue-se uma relação jurídica. Pode ser o fato jurídico, em acepção ampla, natural ou humano. **2.** *Vide* FATO NATURAL e FATO HUMANO.

FATO JURÍDICO *STRICTO SENSU*. *Direito civil.* Acontecimento que não depende da vontade humana para produzir efeitos jurídicos, criando, modificando ou extinguindo direitos.

FATO JURÍDICO *STRICTO SENSU* EXTRAORDINÁRIO. *Direito civil.* **1.** Fato irresistível, como o caso fortuito e a força maior, que se caracterizam pela presença de dois requisitos: o objetivo, que se configura na inevitabilidade do evento, e o subjetivo, que é a ausência de culpa na produção do acontecimento (Orlando Gomes). **2.** *Vide* CASO FORTUITO e CASO DE FORÇA MAIOR.

FATO JURÍDICO *STRICTO SENSU* ORDINÁRIO. *Direito civil.* Aquele que sobreleva em importância o decurso do tempo ou o ato da natureza, operando-se normal ou paulatinamente. Por exemplo: morte, nascimento, maioridade, aluvião, avulsão, álveo abandonado e o decurso do tempo, que juridicamente se apresenta sob a forma de prazo-intervalo entre dois termos (*dies a quo* e *dies ad quem*), o inicial e o final, pois o termo é o momento no qual se produz, se exerce ou se extingue determinado direito, como ocorre com a usucapião, a prescrição e a decadência.

FATO NATURAL. *Direito civil.* Acontecimento decorrente de circunstância que produz efeitos jurídicos sem qualquer intervenção da vontade. Esse evento natural consiste no fato jurídico *stricto sensu*, que se apresenta ora como ordinário (nascimento, maioridade, morte, decurso do tempo, abandono do álveo pelo rio etc.), ora como extraordinário (caso fortuito, por exemplo, incêndio causado por cabo elétrico que se rompe por motivo desconhecido; ou força maior, como, por exemplo, desabamento de prédio em razão de fortes temporais).

FATO NOTÓRIO. *Direito processual civil.* Aquele que, por ser conhecido de todos, não precisa ser provado, nem pode ser negado. Logo, ante a ampla divulgação havida, não pode ser ignorado pelas pessoas da localidade onde se deu, pois é perceptível por qualquer homem médio. Há quem o considere como máxima de experiência.

FATO RELEVANTE. **1.** *Direito financeiro.* Fato que influencia, ponderavelmente, na decisão dos investidores do mercado de vender ou comprar valores mobiliários emitidos pela companhia (Luiz Fernando Rudge). **2.** *Direito processual.* Fato comprovado nos autos que pode influir na decisão judicial.

FATO SOCIAL. *Filosofia do direito, teoria geral do direito* e *sociologia jurídica.* **1.** Modo de agir suscetível de exercer sobre o indivíduo um constrangimento exterior (Durkheim). **2.** É o constituído pela interação dos indivíduos numa certa sociedade. **3.** Sistema social que abrange vários subsistemas: econômico, jurídico, histórico, político, antropológico, psicológico-social, linguístico e sociológico (Silvio de Macedo). **4.** É o decorrente da organização social e da cultura. **5.** Diz-se do direito que atua como uma força configuradora de condutas (Recaséns Siches). **6.** Produto de processos sociais. **7.** Efeito causado pelo direito na sociedade.

FATO TÍPICO. *Filosofia do direito* e *teoria geral do direito.* Fato individual que pode ser enquadrado no conceito abstrato normativo, apesar de por este não ser apreendido em sua totalidade, em razão de apresentar um "geral" determinado, ou seja, uma nota de tipicidade que coincide com o previsto em determinado tipo ou conceito. Consequentemente, os demais caracteres desse fato não abrangidos pelo conceito normativo são considerados como indiferentes.

FATURA. **1.** *Direito comercial.* a) Relação das mercadorias vendidas, contendo sua quantidade, qualidade, marca, peso, preço, condições de pagamento etc., que acompanha sua remessa ao serem expedidas ao comprador. Trata-se da nota de venda; b) documento comprobatório da compra e venda mercantil, pelo qual o vendedor pode exigir o preço do comprador. Na hipótese de venda a crédito, é indispensável para a extração da duplicata mercantil; c) conta por miúdo que se forma a partir do valor de uma mercadoria que servirá, de regra, à venda; d) conta que demonstra os valores devidos por uma pessoa a outra, em relação aos serviços prestados. **2.** *Direito autoral.* a) Obra feita por alguém; b) modo pelo qual uma obra intelectual, seja ela literária ou artística, foi elaborada, constituindo o estilo de seu autor.

FATURIZAÇÃO. *Vide* FACTORING.

FAUNA CADAVÉRICA. *Medicina legal.* Conjunto de animais necrófagos, acarídeos ou insetos, que destroem um cadáver inumado ou não, variando conforme a época do ano, clima etc. A análise médico-legal dessa fauna permite, por tal razão, estipular a data provável da morte.

FAUNA SINANTRÓPICA. *Direito ambiental.* Conjunto ou populações animais de espécies silvestres nativas ou exóticas, que utilizam recursos de áreas antrópicas, de forma transitória em seu deslocamento, como via de passagem ou local de descanso; ou permanentes, utilizando-as como área de vida. E a sinantrópica nociva é a que interage de forma negativa com a população humana, causando-lhe transtornos significativos de ordem econômica ou ambiental, ou que representem riscos à saúde pública. É o conjunto de animais indesejáveis ao homem por lesar sua saúde. Por exemplo, ratos, insetos etc.

FAVORECIMENTO CRIMINAL. *Direito penal.* **1.** Crime contra a administração da justiça que consiste em entravar a ação da autoridade pública competente, mediante a prática do delito de favorecimento pessoal ou real, prestando auxílio a delinquente, subtraindo-o à ação da justiça ou tornando seguro o proveito do delito. **2.** *Vide* FAVORECIMENTO PESSOAL e FAVORECIMENTO REAL.

FAVORECIMENTO DA PROSTITUIÇÃO OU OUTRA FORMA DE EXPLORAÇÃO SEXUAL. *Direito penal.* **1.** Crime consistente em induzir ou atrair alguém à prostituição ou a outra forma de exploração sexual, facilitá-la, impedir ou dificultar seu abandono, sob pena de reclusão e multa. Ter-se-á aumento da pena se o agente for ascendente, padrasto, madrasta, irmão, enteado, cônjuge, companheiro, tutor ou curador, preceptor ou empregador da vítima, ou pessoa que assumiu obrigação de cuidado, proteção ou vigilância da vítima. **2.** Ato de submeter, induzir ou atrair à prostituição ou outra forma de exploração sexual alguém *menor de 18 anos* ou que, por *enfermidade* ou *deficiência mental,* não tem o necessário discernimento para a prática do ato, facilitá-la, impedir ou dificultar que a abandone. Tal ato é punido com reclusão, acrescida de multa, se houver obtenção de vantagem econômica. Incorre nas mesmas penas: a) quem pratica conjunção carnal ou outro ato libidinoso com alguém menor de 18 anos e maior de 14 anos; e b) o proprietário, o gerente ou o responsável pelo local em que se verifiquem tais práticas, hipótese em que constitui efeito obrigatório da condenação a cassação da licença de localização e de funcionamento do estabelecimento.

FAVORECIMENTO PESSOAL. *Direito penal.* Fato típico penal, punido com detenção, que consiste em auxiliar criminoso a subtrair-se à ação de autoridade policial, judiciária ou administrativa, vindo, por exemplo, a escondê-lo ou a fornecer dinheiro para sua fuga. Se, porém, o delinquente for ascendente, descendente, cônjuge ou irmão do favorecedor, estará este isento de pena.

FAVORECIMENTO REAL. *Direito penal.* Crime contra a administração da justiça, punido com detenção e multa, que consiste em prestar auxílio, excluídos os casos de coautoria e receptação, para tornar seguro o proveito do delito, guardando, por exemplo, o produto do crime.

FAVOR LABORIIS. *Direito do trabalho* e *direito internacional privado.* Princípio oriundo da constituição da Organização Internacional do Trabalho (OIT), segundo o qual, havendo confronto entre normas concorrentes — nacional e estrangeira — e sendo mais favorável ao empregado a do local da contratação do que a do lugar da execução do serviço, deve ser aplicada a que beneficiar o trabalhador, em decorrência do caráter protetivo do direito do trabalho, observando-se, porém, as limitações de ordem pública.

FAVOR NEGOTII. *Locução latina.* Designa o princípio da validade do negócio jurídico em benefício dos que nele participaram de boa-fé, ainda que o ato negocial apresente algum vício.

FAVOR REI. *Locução latina.* Unificação dos delitos, em caso de crime continuado, para mitigar a pena.

FAZENDA PÚBLICA. **1.** *Direito administrativo.* a) Erário; conjunto de bens e dinheiro públicos; patrimônio do Estado; b) Fisco; c) rendimento público; d) conjunto de órgãos ou repartições públicas encarregado da administração do patrimônio estatal, da arrecadação de tributos e da fiscalização do cumprimento das normas tributárias. É o Estado financeiro; e) soma dos interesses financeiros da União, dos Estados e Municípios, abrangendo a Fazenda federal, estadual e municipal. **2.** *Direito processual civil.* a) Complexo de órgãos da Administração Pública responsável pelos seus interesses financeiros e patrimoniais; b) qualquer pessoa jurídica de direito público integrante da Administração Pública, seja ela direta ou indireta.

FECUNDAÇÃO. *Medicina legal.* União entre o espermatozoide e o óvulo, formando a célula-ovo ou zigoto; pode ser *natural,* por meio da conjunção carnal, ou *artificial,* sem que haja ato sexual, feita mediante introdução do esperma no colo uterino pelo uso de seringa.

FECUNDAÇÃO *IN VITRO.* *Medicina legal.* **1.** Também designada "ectogênese", é a que se concretiza pelo método *Zibot Intra Fallopian Transfer* (ZIFT), que consiste na retirada de óvulo da mulher para fecundação em proveta, com sêmen do marido ou de outro homem, e introdução do embrião em seu útero ou no de outra. **2.** *Vide* ECTOGÊNESE.

FECUNDAÇÃO *IN VIVO*. *Medicina legal.* Inseminação artificial que se processa mediante o método *Gametha Intra Fallopian Transfer* (GIFT), ou seja, pela inoculação de sêmen na mulher, sem que haja qualquer manipulação externa de óvulo.

FEDERAÇÃO. 1. ***Direito constitucional*** e ***teoria geral do Estado.*** a) Estado federal, formado por entidades autônomas, que são os Estados-Membros, oriundo da desagregação de um Estado unitário (Brasil) ou da agregação de Estados preexistentes (Estados Unidos da América do Norte); b) associação de Estados, que conservam sua autonomia administrativa dentro dos limites atribuídos, formando um novo Estado soberano com os seguintes caracteres: descentralização político-administrativa; repartição de competências feita constitucionalmente; participação da vontade regional na vontade nacional, que se opera mediante um órgão representativo dos Estados-Membros, no Poder Legislativo, que é o Senado; autonomia administrativa e financeira; existência de Constituições estaduais e de um órgão que controle a constitucionalidade das leis; c) forma de Estado onde há unidade política e descentralização administrativa, mediante distribuição constitucional de competências entre a União e os Estados-Membros, que conservam sua autonomia. **2.** ***Direito internacional público.*** a) Liga; união política de nações; b) aliança. **3.** ***Direito civil.*** Associação de entidades para obtenção de fim ou objetivo comum, como, por exemplo, a federação de indústrias. **4.** ***Direito do trabalho.*** Associação sindical de grau superior, formada pela reunião de pelo menos cinco sindicatos, representando a maioria absoluta de um grupo de atividade ou profissões idênticas, similares ou conexas.

FEDERALISMO. ***Teoria geral do Estado.*** **1.** Sistema político que consiste na união de Estados numa Federação, mediante agregação ou desagregação. **2.** Organização política em que há associação de vários Estados, que abandonam certos atributos da soberania em prol do Estado federal. **3.** Forma de Estado assentada na Carta Magna, que mantém reunidas as entidades autônomas numa só nação, tendo-se, então, como salienta J. H. Meirelles Teixeira: soberania do Estado federal e subordinação a este dos Estados-Membros; auto-organização e autogoverno dos Estados-Membros; distribuição de poderes entre o Estado federal e os Estados-Membros; participação destes na formação da vontade do Estado federal; supremacia da Constituição; solução dos conflitos entre Estados-Membros e Estado federal por um órgão judicial.

FEITO. 1. ***Direito processual civil.*** a) Conjunto de atos processuais, que incluem a decisão judicial, pelos quais as partes alegam e provam seus direitos; b) ação judicial; lide; demanda; processo. **2.** Nas ***linguagens comum*** e ***jurídica:*** a) acontecimento; fato; b) sucesso; ação; empresa; c) realizado; executado; d) completo; acabado; e) acostumado; f) instruído; adestrado; exercitado; g) obra; façanha. **3.** ***Medicina legal.*** Diz-se do adulto completamente desenvolvido.

FELAÇÃO. ***Medicina legal.*** Coito bucal ou oral, que consiste na sucção do membro viril por mulher ou por outro homem, que pode configurar crime de atentado ao pudor ou corrupção de menores.

FEMINICÍDIO. ***Direito penal.*** Homicídio cometido contra a mulher por razões de condição de sexo feminino.

FEMINISMO. 1. ***Sociologia jurídica.*** Movimento que busca equiparar a mulher ao homem, no que atina aos direitos, emancipando-a jurídica, econômica e sexualmente. **2.** ***Ciência política.*** Movimento e conjunto de doutrinas que almejam a libertação da mulher e sua igualdade jurídica, política e econômica (Odorisio, Wollstonecraft, Arrighi e Mitchell).

FENÔMENOS CADAVÉRICOS. ***Medicina legal.*** Conjunto de evidências de origem endógena ou exógena que possibilitam o diagnóstico e a data da morte, tais como: desidratação cadavérica, resfriamento do cadáver, rigidez cadavérica, espasmo cadavérico, livor cadavérico, hipóstase, decomposição cadavérica e fauna e flora cadavéricas (José Lopes Zarzuela).

FÉ PÚBLICA. 1. ***Direito notarial*** e ***direito registrário.*** a) Autoridade estatal conferida ao notário; b) valor probante de que gozam os documentos lavrados por tabelião ou escrivão e as declarações do oficial de justiça nos autos do processo. **2.** ***Direito processual.*** Confiança inspirada por qualquer documento emanado do Poder Judiciário. **3.** ***Direito administrativo.*** Valor probatório que se dá a documentos emitidos por órgãos públicos. **4.** ***Direito comercial.*** Valor de prova dado a livros mercantis que não apresentam quaisquer vícios e estão devidamente escriturados. **5.** ***Direito penal.*** Objeto ou bem jurídico tutelado pela lei penal, que pune os atos que o atinjam, considerando-os crimes. Constituem delito contra a fé pública: falsificação de moeda; circulação de moeda falsa; fabricação ou emissão irregular de moeda; falsificação de papéis ou documentos públicos, de selo ou sinal público; falsificação de documento particular; falsidade ideológica; falso reconhecimento de firma ou letra; falsidade material de atestado ou certidão; reprodução ou adulteração de selo ou peça filatélica; uso de documento falso; supressão de documento público ou particular; falsa identidade; falsidade em prejuízo da nacionalização de sociedade etc.

FÉRIA. 1. *Direito comercial.* a) Total das vendas levadas a efeito, durante um período, por um estabelecimento empresarial; b) apuração diária das vendas de um estabelecimento mercantil. **2.** *Direito do trabalho.* a) Salário do empregado; b) soma dos salários de uma semana; c) rol dos salários.

FÉRIAS ANUAIS REMUNERADAS. *Direito constitucional* e *direito do trabalho.* Período anual de descanso remunerado e compulsório a que faz jus o empregado que cumpriu os requisitos legais. Tanto o trabalhador rural como o urbano têm direito, garantido constitucionalmente, ao gozo de férias anuais remuneradas com pelo menos um terço a mais do que o salário normal.

FÉRIAS COLETIVAS. *Direito administrativo* e *direito do trabalho.* As concedidas, simultaneamente, a todos os membros de um estabelecimento público ou particular ou aos empregados de uma empresa, com exceção dos membros da magistratura e do Ministério Público, para os quais permanecerão os períodos de férias individuais.

FÉRIAS PROPORCIONAIS. *Direito do trabalho.* Aquelas a que faz jus o empregado despedido antes de completar o período aquisitivo de um ano para as férias (Geraldo Magela Alves).

FERIDA CONTUSA. *Medicina legal.* Ferimento causado por instrumento contundente (p. ex., bastão, soco inglês, martelo, pedra, cassetete, garrafa etc.), que age por pressão ou deslizamento, podendo causar escoriação, equimose, luxação, fratura ou ruptura de órgão interno.

FERIDA CORTOCONTUSA. *Medicina legal.* Lesão corporal produzida por instrumento cortocontundente, que possui gume mais ou menos afiado, como machado, enxada, foice etc., agindo também com o peso, dependendo o aspecto da ferida da força com que se o maneja. Tal ferida é muito comum em homicídios e acidentes e raríssima em suicídios. Conforme a região atingida, pode provocar morte, deformidade permanente ou incapacidade para ocupações habituais por mais de trinta dias (João Baptista de Oliveira e Costa Jr.).

FERIDA EM BISEL. *Medicina legal.* Lesão corporal causada pela aplicação oblíqua de instrumento cortante sobre a superfície corporal, deixando uma das bordas da ferida reta e a outra chanfrada, com um pedaço de pele ou de carne pendente preso por uma das extremidades (Croce e Croce Jr., João Baptista de Oliveira e Costa Jr.).

FERIDA INCISA. *Medicina legal.* A causada por instrumento cortante, como faca, canivete, navalha etc., não apresentando sinais de contusão.

FERIDA INCISA MUTILANTE. *Medicina legal.* Lesão corporal provocada por instrumento cortante, que atravessa tecidos de lado a lado, separando certa porção do corpo, por exemplo, parte de um dedo, pavilhão da orelha etc. (João Baptista de Oliveira e Costa Jr.).

FERIDA LACEROCONTUSA. *Medicina legal.* A causada por instrumento contundente mediante: a) compressão, caso em que a pele se esmaga, deixando-se atravessar pelo corpo contundente; b) tração, quando os tecidos são rasgados ou arrancados; c) arrebentamento, que produz uma ferida linear similar à incisa. Tal ferida apresenta os seguintes caracteres: bordas irregulares e anfractuosas; ângulos em número de dois ou mais, tendendo à obtusidade; bridas de tecido ou de vasos sanguíneos, unindo os lábios da ferida; bordas machucadas, equimosadas e com infiltração de sangue (João Baptista de Oliveira e Costa Jr.).

FERIDA PENETRANTE. *Medicina legal.* Lesão em que se atinge uma cavidade natural do corpo. Por exemplo, ferida no tórax, no abdome ou no crânio, atingindo as meninges. Denomina-se também "ferida cavitária".

FERIDA PERFUROCONTUSA. *Medicina legal.* Lesão corporal causada por instrumento perfurocontundente, como estilete ou projétil de arma de fogo, que, por possuir ponta e cilindro, pode, ao penetrar o corpo da vítima, atingir certa profundidade ou mesmo atravessá-lo.

FERIDA PERFUROINCISA. *Medicina legal.* Lesão corporal produzida por instrumento perfurocortante, como canivete, faca, punhal etc., que age por pressão, afastando e seccionando as fibras cutâneas pelo gume.

FERIDA POR PROJÉTIL DE ARMA DE FOGO. *Medicina legal.* Ferida perfurocontusa que apresenta um orifício de entrada circular ou ovalar, aréola equimótica e orla enegrecida, podendo apresentar zona de tatuagem ou grânulos de pólvora incrustados na derme, se o tiro for dado a pouca distância, e, ainda, um orifício de saída se a bala vier a atravessar o corpo da vítima (Paulo Matos Peixoto, João Baptista de Oliveira e Costa Jr.).

FERIDA PUNCTÓRIA. *Medicina legal.* A causada por instrumento perfurante, longo e pontiagudo, como agulha, florete, flecha, prego etc., apresentando grande profundidade, orifício de entrada pequeno e, algumas vezes, uma diminuta orla escoriada.

FERIDA TRANSFIXANTE. *Medicina legal.* Lesão corporal em que o instrumento perfurocortante ou perfurante vem a atravessar um órgão ou um segmento do corpo de lado a lado (João Baptista de Oliveira e Costa Jr.).

FETO. ***Medicina legal.*** Indivíduo que se encontra na fase do desenvolvimento intrauterino subsequente à embrionária, ou seja, a partir do terceiro mês de gestação.

FGTS. ***Direito previdenciário.*** Sigla de Fundo de Garantia do Tempo de Serviço.

FIADOR. 1. ***Direito civil*** e ***direito comercial.*** Aquele que tem responsabilidade por débito alheio, por ter-se comprometido a satisfazer a obrigação de um devedor, se este não a cumprir, assegurando ao credor o seu efetivo cumprimento e sub-rogando-se nos direitos creditórios se vier a pagar integralmente o débito. **2.** ***Direito agrário.*** Peça do buçal que cinge da nuca à garganta do animal; correia do freio do animal. **3.** ***Direito militar.*** a) Dente de escape do gatilho de espingarda; b) cordão dos copos da espada. **4.** ***Direito marítimo.*** Pedaço de amarra que sobe do tornel da amarração de ferro e dá a volta na abita.

FIANÇA. 1. ***Direito civil.*** a) Ajuste ou contrato acessório que visa dar ao credor uma segurança de pagamento, que se efetiva mediante promessa de terceiro, estranho à relação jurídica, de solver *pro debitore*. A fiança, além de garantir a boa vontade do devedor, completa a sua insuficiência patrimonial com o patrimônio do fiador. Se o devedor não pagar o débito ou se seus haveres forem insuficientes para cumprir a obrigação assumida, o credor poderá voltar-se contra o fiador, reclamando o pagamento da dívida. A fiança ou caução fidejussória é a promessa, feita por uma ou mais pessoas, de satisfazer a obrigação de um devedor, se este não a cumprir, garantindo ao credor o seu efetivo pagamento; b) quantia que corresponde a essa obrigação. **2.** ***Direito processual penal*** e ***direito penal.*** Garantia prestada pelo réu, ou por alguém em seu nome, perante autoridade policial ou judiciária, para que possa, nos casos admitidos em lei, defender-se em liberdade. **3.** ***Direito administrativo.*** a) Depósito exigido de funcionário ou contratista de obra pública para garantir sua responsabilidade civil; b) garantia prestada por certos funcionários que têm a guarda de dinheiro, bens ou valores da Fazenda Pública ou a responsabilidade pelo Erário, exigida pelo Poder Público como medida acautelatória.

FIANÇA LEGAL. ***Direito civil.*** A oriunda de lei, como a que pode ser exigida para que o tutor possa exercer sua função, se o patrimônio do tutelado for de valor considerável.

FICA. ***Direito agrário.*** Documento simplificado que exprime vários contratos, como a compra e venda de gado, o empréstimo, o depósito, a parceria pecuária etc. Consiste num negócio jurídico que se apresenta sob a forma de uma carta-recibo, firmada pela pessoa obrigada, com ou sem testemunhas, e serve de prova de um acordo sinalagmático, oneroso, aleatório, consensual e de execução diferida, significando: parceria regionalizada, compra e venda de gado bovino a entregar e adiantamento ou empréstimo em dinheiro, a ser pago em gado, ao preço corrente, na data do vencimento.

FICÇÃO LEGAL. ***Teoria geral do direito.*** **1.** Processo técnico-jurídico que consiste em supor uma dada situação, considerada real por artifício de lei, para dela deduzir efeitos jurídicos (Capitant). Por exemplo, a consideração pela lei de determinados grupos sociais como pessoas jurídicas. A pessoa jurídica é, então, uma criação artificial da lei para exercer direitos patrimoniais (Savigny). **2.** Enunciação falsa ou incerta que deve ser, por lei, considerada verdadeira, como a de que não se deve supor que alguém ignore a lei (Lalande). **3.** Utensílio da construção jurídica (Rudolf von Ihering). **4.** Técnica legislativa que considera verdadeiro o que se reconhece ser falso (Zelmo Denari e Ferrara).

FICHA DACTILOSCÓPICA. ***Direito penal.*** Cartão em que se anotam sinais identificadores da pessoa fundados na dactiloscopia, ou seja, nos desenhos papilares das extremidades dos dedos. É também designada ficha individual dactiloscópica (De Plácido e Silva).

FIDEICOMISSÁRIO. ***Direito civil.*** O segundo herdeiro ou legatário instituído, e o primeiro e único substituto, que recebe a herança ou legado por morte do fiduciário ou quando se realizar a condição resolutória do direito deste último (Itabaiana de Oliveira). É, pois, um herdeiro ou legatário instituído sob condição suspensiva de receber, tendo direito eventual sobre a liberalidade, de maneira que só se concretizará seu direito de propriedade com o advento do termo ou da condição que extingue o direito do fiduciário. A substituição fideicomissária somente se permite em favor dos não concebidos ao tempo da morte do testador. Se, por ocasião de óbito do autor da herança, já houver nascido o fideicomissário, adquirirá este a nua propriedade dos bens fideicometidos, convertendo-se em usufruto o direito do fiduciário.

FIDEICOMISSO. ***Direito civil.*** Modalidade de substituição hereditária, cabível em favor de prole eventual da pessoa indicada, que consiste na instituição de herdeiro ou legatário, designado fiduciário, com a obrigação de, por sua morte, a certo tempo ou sob condição preestabelecida, transmitir a outra pessoa, chamada fideicomissário, a herança ou o legado.

FIDEICOMITENTE. ***Direito civil.*** Testador que institui o fideicomisso.

FIDELIDADE PARTIDÁRIA. ***Direito constitucional*** e ***ciência política.*** **1.** É a garantia da observância do ideário político, respeitando, na atividade legislativa, a liberdade do parlamentar. Representa o dever de observar as normas estatutárias, as diretrizes e o ideário programático de partido político. Os membros do partido devem ter um comportamento plausível em face de sua ideologia. **2.** Lealdade a um partido político. **3.** Observância do programa partidário e das decisões tomadas em suas instâncias deliberativas (convenção, diretório, executivas etc.) pelos filiados em geral e, sobretudo, por seus membros com assento no Parlamento ou na chefia do executivo (Augusto Aras).

FIDÚCIA. 1. ***Direito civil.*** a) Encargo que pesa sobre a propriedade dada em fideicomisso, enquanto estiver em mãos do fiduciário; b) modalidade contratual própria dos países de *common law*, não regulada no direito brasileiro, mas admitida pela doutrina e jurisprudência. É o contrato pelo qual uma das partes, recebendo da outra bens móveis ou imóveis, assume o encargo de administrá-los em proveito do instituidor ou de terceiro, tendo a sua livre administração, embora sem prejuízo do beneficiário (Caio Mário da Silva Pereira). É o ato pelo qual se realiza a transmissão de uma coisa ou de um direito ao fiduciário para garantir ou resguardar certos direitos, estabelecendo-se a obrigação de o adquirente efetuar sua devolução ao alienante, uma vez atendido aquele fim. São figuras negociais fiduciárias: a venda e compra com fins de garantia; a venda com fins de administração; a venda para recomposição de patrimônio e a venda e compra com reserva de domínio, sendo esta última regulada pela lei brasileira. **2.** ***Direito romano.*** Venda fictícia que era feita pelo devedor ao credor, com a condição de desfazer-se do pagamento total do débito.

FIDUCIANTE. ***Direito civil.*** **1.** Aquele que transfere o bem fiduciado ao credor ou fiduciário para que este o guarde ou administre, restituindo-o por ocasião do adimplemento da obrigação contratual. **2.** Aquele que, na alienação fiduciária em garantia, fica com a posse direta da coisa, em nome do adquirente, conservando-a em seu poder com as obrigações de depositário e o dever de restituí-la em caso de inadimplência da sua obrigação.

FIDUCIÁRIA. ***Direito civil.*** Diz-se da propriedade resolúvel de coisa móvel infungível que o devedor, com escopo de garantia, transfere ao credor.

FIDUCIÁRIO. ***Direito civil.*** **1.** Proprietário ***pro tempore*** da coisa gravada, que lhe é transferida, na alienação fiduciária em garantia, somente com a posse indireta, independentemente da sua tradição, tendo não só a obrigação de devolver o domínio daquele bem assim que o fiduciante pagar integralmente seu crédito, quitando no próprio título para a respectiva baixa, como também o direito de vendê-lo a terceiro, a fim de se pagar, sem necessidade de excussão judicial, se inadimplente o fiduciante. **2.** Aquele em quem o fiduciante confia e transmite a titularidade de um direito para a guarda e administração de bens ou para a garantia de pagamento de uma dívida, que terá, então, com o cumprimento do pactuado, o dever de restituir o bem que lhe foi dado em confiança. **3.** Negócio que tem por finalidade alguma operação fiduciária. **4.** É o primeiro herdeiro ou legatário instituído, e o único substituído, que transmite por sua morte, a certo tempo, ou sob certa condição, a herança ou o legado ao fideicomissário (Itabaiana de Oliveira). É, portanto, um herdeiro ou legatário instituído sob a condição resolutória de transmitir.

FILANTROPIA. 1. Beneficência que visa melhorar a sorte dos necessitados por meio de instituições de caridade. **2.** Caridade. **3.** Colocação da ideia de humanidade acima da de qualquer nacionalidade, religião, classe social etc. **4.** Amor à humanidade.

FILHO. 1. ***Direito civil.*** Descendente em linha reta e em primeiro grau, em relação a seus pais. No Brasil, não há mais qualquer diferença entre filhos legítimos, legitimados, adotivos ou ilegítimos (adulterinos, incestuosos ou naturais), sendo vedada qualquer designação discriminatória quanto à filiação. A distinção que se faz é apenas didática, pois juridicamente há somente filho matrimonial e extramatrimonial, reconhecido ou não reconhecido. **2.** Na ***linguagem jurídica*** em geral: a) aquele que é natural de algum lugar; b) pessoa em relação ao estabelecimento onde foi educada ou à comunidade de que faz parte.

FILHO PÓSTUMO. 1. ***Direito civil.*** Aquele que foi gerado na constância do casamento, mas nasceu após o falecimento do pai. **2.** ***Medicina legal.*** Aquele que foi concebido após o falecimento do pai, mediante inoculação do sêmen do falecido no útero da mãe, pelo emprego do método GIFT, na inseminação artificial.

FILHO RECONHECIDO. ***Direito civil.*** Aquele cujo parentesco se dá pelo reconhecimento de sua filiação por ambos os pais ou por um deles.

FILHOTE. 1. ***Direito agrário.*** Cria de animal. **2.** ***Direito administrativo.*** Pessoa protegida por alguém que possua cargo público. **3.** ***Direito comercial.*** Bonificação ou distribuição gratuita de ação de sociedade anônima (Geraldo Magela Alves).

FILIAÇÃO. 1. ***Direito civil.*** Vínculo existente entre pais e filhos. Relação de parentesco consanguíneo em linha reta de primeiro grau entre uma pessoa e aqueles que lhe deram a vida. Pode ser classificada, didaticamente, em legítima e ilegítima. Juridicamente, porém, não há que se fazer tal distinção, pois a norma constitucional estabelece que, no Brasil, os filhos havidos ou não do casamento têm os mesmos direitos e qualificações, sendo proibidas quaisquer designações discriminatórias. Há quem ache, como João Baptista Villela, que se poderia falar em filiação matrimonial e não matrimonial, por serem termos axiologicamente indiferentes e não discriminatórios, uma vez que a Carta Magna reconhece como entidade familiar, sob a proteção do Estado, o agrupamento de fato entre homem e mulher e a jurisprudência tem admitido não só a união estável homoafetiva, bem como a adoção e a fertilização medicamente assistida por casal homossexual. **2.** Na *linguagem jurídica* em geral: a) adoção como filho; b) designação dos pais de alguém; c) origem; d) admissão a uma comunidade ou corporação; e) ato ou efeito de se filiar; f) relação de ideias; conexão.

FILIAÇÃO ADOTIVA. *Direito civil* e *direito do menor.* Laço de parentesco de primeiro grau na linha reta constituído entre adotante e adotado por ficção legal. É um vínculo fictício de filiação estabelecido pela adoção, que é o ato jurídico solene pelo qual alguém traz para sua família, na condição de filho, pessoa que, geralmente, lhe é estranha. Trata-se do parentesco civil. O filho adotivo é o que foi instituído por adoção, que cria uma relação de parentesco civil com o adotante.

FILIAÇÃO EXTRAMATRIMONIAL. *Direito civil.* Designação que vem sendo aceita, por alguns autores, como João Baptista Villela, para indicar a prole gerada por pessoas não ligadas pelo casamento, isto é, advinda de relação não matrimonial, em virtude de a própria norma constitucional reconhecer como entidade familiar, sob a proteção estatal, o agrupamento de fato entre homem e mulher (união estável), vedando qualquer discriminação na filiação.

FILIAÇÃO MATRIMONIAL. *Direito civil.* A que se origina na constância do casamento dos pais, ainda que anulado ou nulo. Assim, é filho matrimonial o concebido, por fecundação natural, durante o casamento, desde que nascido cento e oitenta dias após o estabelecimento da convivência conjugal ou dentro de trezentos dias após a dissolução da sociedade conjugal, ou o havido por inseminação artificial homóloga ou heteróloga consentida pelo marido ou por fertilização *in vitro* homóloga.

FILIAÇÃO PARTIDÁRIA. *Ciência política.* Incorporação, como membro efetivo, a um partido político.

FILIAÇÃO SOCIOAFETIVA. *Direito civil.* É a decorrente de fertilização medicamente assistida heteróloga, de adoção e de afinidade, como a entre padrasto (madrasta) e enteado.

FILIAL. **1.** *Direito civil.* a) Relativo a filho; b) que tem filiação; c) próprio de filho. **2.** *Direito comercial.* a) Estabelecimento empresarial ligado à matriz, da qual depende, com poder de representá-la, sob a direção de um preposto, que exerce atividade econômico-jurídica dentro das instruções dadas; b) sucursal; agência; c) ação decorrente de outra, dada como bonificação pela sociedade por ações, sendo por isso designada "filhote"; d) empresa que deriva de outra, mantendo sua subordinação jurídica ou econômica; e) casa de crédito que depende de outra.

FILOSOFIA DO DIREITO. **1.** Estudo da origem e fins do direito como um todo integrado nas ciências humanas (Geraldo Magela Alves). **2.** Ciência que, ao mesmo tempo que integra as ciências jurídicas na unidade de seus princípios mais gerais, incorpora o direito à ordem universal, em relação à qual explica a formação histórica da sociedade humana e indaga, sob o ponto de vista ético, as exigências racionais (Vanni). **3.** Ciência pantônoma e autônoma que se ocupa de três temas fundamentais: a) o problema da essência do direito, investigando o que vem a ser este, para defini-lo e precisar seu conceito, hipótese em que passa a ser uma ontologia jurídica; b) o problema do conhecimento do direito, sendo, então, uma epistemologia jurídica, que, no sentido estrito, tem a incumbência de estudar os pressupostos, os caracteres do objeto e o método do saber científico-jurídico e de verificar suas relações e seus princípios. A epistemologia jurídica, nesse sentido, é a teoria da ciência jurídica, tendo por objetivo o estudo dos problemas do objeto e método da jurisprudência, sua posição no quadro das ciências e suas relações com as afins. A epistemologia é considerada, em sentido amplo, sinônimo de gnoseologia, que é a parte integrante da filosofia que estuda crítica e reflexivamente a origem, a natureza, as condições de possibilidade, os limites e o valor da faculdade humana de conhecimento e os critérios de validade deste. É a teoria do conhecimento em geral, e não apenas do saber científico, e do conhecimento jurídico em todas as suas modalidades: conceitos jurídicos, proposições, raciocínio jurídico etc.; c) o problema dos valores do direito, caso em que será uma axiologia jurídica, indicando as finalidades do direito e cuidando da questão da justiça e dos demais valores que aquele deve perseguir (Machado Neto, Franco Montoro, Hessen, Carlos Mouchet e Zorraquim Becu). **4.** Para o tridimensionalismo jurídico de Miguel Reale, abrange: a) uma ontognoseologia jurídica, que tem por fim determinar a fundação cognoscitiva do direito, em sua integralidade, indagando de sua consistência "ôntica" e da correlata estrutura "lógica", isto é, dos pressupostos universais ao mesmo tempo subjetivos e objetivos da realidade jurídica, sendo, portanto, o estudo correlato da realidade jurídica e de sua compreensão conceitual, na unidade integrante de seus elementos constitutivos (fato, valor e norma); b) uma epistemologia jurídica, ou doutrina da ciência do direito, abordando o problema da vigência e da função normativa do direito; c) uma deontologia jurídica, ou doutrina dos valores éticos do direito, atendo-se ao problema do fundamento do direito; d) culturologia jurídica, ou doutrina do sentido da história do direito, tratando do problema da eficácia jurídica.

FIM SOCIAL. ***Teoria geral do direito.*** **1.** É o fim do direito, pois a ordem jurídica como um todo é um conjunto de normas que visa tornar possível a sociabilidade humana. Logo, deve-se encontrar nas normas o seu fim, que não pode ser antissocial (Tércio Sampaio Ferraz Jr.). **2.** Em filosofia social, seu conceito equipara-se ao de bem comum. **3.** Objetivo de uma sociedade, encerrado no somatório de atos que constituem a razão de sua composição. É, portanto, o bem social, que pode abranger o útil, a necessidade social e o equilíbrio de interesses. Consequentemente, a lei não pode ser interpretada fora do meio social presente, sendo imprescindível adaptá-la às necessidades sociais existentes no momento de sua aplicação.

FINAL. **1.** ***Direito civil.*** Termo resolutivo, ou *dies ad quem*, que determina a data da cessação dos efeitos do ato negocial, extinguindo as obrigações dele oriundas. **2.** Na ***linguagem jurídica*** em geral: a) fim; b) terminal; c) último; d) prova decisiva de concursos e de certames desportivos; e) parte musical com que se termina um ato de ópera ou uma sinfonia; f) o que conclui algo; conclusivo.

FINANÇAS. ***Direito econômico*** e ***direito financeiro.*** **1.** Conjunto de atividades relativas à gestão de recursos, créditos, títulos, ações etc. **2.** Ciência que estuda não só as várias formas pelas quais o Estado ou qualquer outro poder local obtém riquezas materiais imprescindíveis ao seu funcionamento, como também a maneira de sua utilização (Nitti). É a ciência que, pela investigação dos fatos, procura explicar os fenômenos ligados à obtenção e ao dispêndio do dinheiro necessário ao funcionamento dos serviços a cargo do Estado, ou de outras pessoas de direito público, assim como os efeitos resultantes dessa atividade governamental (Aliomar Baleeiro). **3.** Complexo de meios ou recursos de que dispõe o Estado para fazer frente a suas necessidades e para cumprir suas funções. **4.** Conjunto de normas técnico-jurídicas indispensáveis à consecução das finalidades estatais ou à atividade econômica das pessoas públicas (Capitant). **5.** Possibilidades monetárias do Estado. **6.** Captação de rendas públicas e sua aplicação nas despesas do Estado (De Plácido e Silva). **7.** Erário. **8.** Fazenda Nacional. **9.** Estado financeiro da entidade pública ou de um particular. **10.** Orçamento preventivo que autoriza as despesas e calcula a receita do Estado.

FINANCIAMENTO. **1.** ***Direito bancário.*** Operação bancária pela qual o banco antecipa numerário sobre créditos que o cliente (pessoa natural ou jurídica) possa ter, com o escopo de emprestar-lhe certa soma e proporcionar-lhe recursos necessários para a realização de certo negócio ou empreendimento, reservando-se o direito de receber de devedores do financiado os créditos em seu nome ou na condição de seu representante, sem prejuízo das ações que contra ele conserva até a liquidação final. Se os devedores não pagarem, o banco voltar-se-á contra o financiado, cobrando-lhe uma taxa, a título de execução do mandato, que não se confunde com o juro incidente sobre as somas adiantadas, nem com a comissão, pela disponibilidade na abertura de crédito. O financiamento da compra contratada diretamente com o consumidor terá como garantia principal a alienação fiduciária do bem objeto da transação, e, se se tratar de financiamento imobiliário, a Caixa Econômica Federal o comandará. **2.** ***Direito comercial.*** a) Ato de abrir crédito para realizar um empreendimento; b) ato de custear despesas; c) concessão de prazo para pagamento de débitos mercantis; d) apoio financeiro ao comércio ou à indústria. **3.** ***Direito administrativo.*** Custeio de despesas para realização de um empreendimento público, mediante fornecimento de numerário ou de adiantamento em dinheiro.

FINS DO ESTADO. ***Direito administrativo.*** Metas perseguidas pelo Poder Público, como: defesa do território nacional, manutenção da segurança nas relações sociais, promoção do bem-estar social, garantia da ordem pública etc.

FINS ECONÔMICOS. **1.** ***Direito comercial.*** Objetivos tendentes à obtenção de lucro. **2.** ***Direito econômico.*** Objetivos necessários à comunidade para a materialização de certas finalidades sociais e culturais. Tais fins são o progresso econômico, a estabilidade, a justiça e a liberdade econômicas, imprescindíveis ao controle da inflação, ao desenvolvimento econômico do País, à distribuição de renda, ao progresso e ao equilíbrio na balança de pagamentos. São, portanto, fins colocados pelo poder político para a economia, constituindo uma espécie de bens coletivos para compor o ambiente econômico (Fábio Nusdeo).

FIRMA. **1.** Na ***linguagem jurídica*** em geral: a) assinatura do nome usual, por extenso ou abreviada, manuscrita ou gravada, aposta num documento. Não se confunde com a rubrica, que é a assinatura de parte do nome para autenticar folhas de papéis, para que se não as substituam (De Plácido e Silva); b) nome da pessoa escrito por ela mesma; c) assinatura a rogo feita a pedido de quem não pode assinar ou não sabe escrever, na presença de testemunhas idôneas, reconhecida por tabelião; d) chancela; e) ponto de apoio para qualquer fim. 2. *Direito penal*. Assinatura reconhecida pelo tabelião como verdadeira, sem que seja autêntica. Tal reconhecimento é punido pela lei penal como crime contra a fé pública, constituindo um tipo de falsidade ideológica. 3. *Direito comercial*. a) Nome empresarial, denominação ou razão social adotada por empresário ou sociedade empresária, sob a qual realizam seus negócios ou contraem obrigações. Equipara-se ao nome empresarial a denominação das sociedades simples, associações e fundações; b) nome utilizado pelo empresário, pela sociedade em que houver sócio de responsabilidade ilimitada e, de forma facultativa, pela sociedade limitada e pelo titular da empresa individual de responsabilidade limitada; c) nome empresarial do empresário individual e da sociedade empresária, pelo qual se identificam e se obrigam. 4. *História do direito*. a) Juramento da calúnia; b) juramento probatório. 5. *Direito processual*. Testemunho apresentado pelo réu em seu abono.

FIRMA A ROGO. *Direito civil* e *direito registrário*. Assinatura feita por alguém em nome daquele que não sabe ou não pode escrever, na presença de pelo menos duas testemunhas idôneas, que também subscrevem o documento, confirmando o ocorrido.

FIRMA AUTENTICADA. *Direito civil, direito notarial* e *direito registrário*. Assinatura reconhecida como verdadeira por tabelião, notário ou oficial.

FIRST OFFER. *Direito virtual*. Mecanismo de saída usado nas empresas "Ponto.Com", pelo qual se estabelece que qualquer acionista, que quiser negociar suas ações, deverá primeiro oferecê-las, por meio de notificação escrita, aos demais, informando o preço mínimo que pretende por elas (Fábio Ulhoa Coelho).

FIRST VIRTUAL HOLDING. *Direito virtual*. Intermediária comercial, não bancária, que garante a segurança, nas negociações efetivadas pela Internet (Liliana M. Paesani).

FISCAL. 1. Relativo ao Fisco. 2. Funcionário público que zela não só pelo cumprimento e execução de leis tributárias como também pelo recolhimento de tributos. 3. Encarregado de fiscalizar atos e serviços. 4. Guarda de alfândega. 5. Feito em benefício do Fisco. 6. Crítico; censor.

FISCAL DA LEI. *Direito constitucional* e *direito processual*. É o Ministério Público, que, constitucionalmente, está incumbido da defesa da ordem jurídica, do regime democrático e dos interesses sociais e individuais indisponíveis.

FISCALIDADE. *Direito tributário*. 1. Exercício da competência tributária voltada à arrecadação de tributos (Eduardo Marcial Ferreira Jardim). 2. Ocorre sempre que a organização jurídica do tributo denunciar que os objetivos disciplinadores de sua instituição ou dos determinados aspectos de sua estrutura estão voltados à finalidade de abastecer o erário, sem qualquer interferência de interesses sociais, políticos ou econômicos no direcionamento da atividade impositiva (Paulo de Barros Carvalho).

FISCALIZAÇÃO ADMINISTRATIVA. *Direito administrativo* e *direito tributário*. Meio de atuação do poder de polícia sobre os serviços, ainda que de particulares, que possam interessar à coletividade, sobre as atividades da Administração Pública e sobre os bens sujeitos ao controle administrativo, para verificar sua regularidade, em face das normas que os regem (Hely Lopes Meirelles).

FISCALIZAÇÃO ADUANEIRA. *Direito alfandegário*. Conjunto de serviços alfandegários que tem por escopo: a) zelar pelo cumprimento de normas fiscais inseridas nas leis aduaneiras, principalmente no que forem referentes à exportação e importação de mercadorias; b) controlar a carga e descarga das mercadorias e os despachos alfandegários, o embarque e desembarque de passageiros procedentes do estrangeiro ou cujo destino seja o exterior, nas faixas internas dos portos e aeroportos, recintos alfandegários ou locais habilitados nas zonas de fronteiras terrestres; c) exercer a polícia fiscal do mar territorial, do espaço aéreo e da zona de fronteira.

FISCALIZAÇÃO ORÇAMENTÁRIA. *Direito financeiro*. Controle das contas públicas feito, direta ou indiretamente, pelo Tribunal de Contas, garantindo a execução do orçamento de conformidade com a lei e apreciando a legalidade das despesas feitas e dos contratos firmados pelo Executivo, para impedir que este venha a ultrapassar os créditos que lhe foram dados ou deixe de arrecadar as receitas fixadas.

FISCALIZAÇÃO TRABALHISTA. *Direito do trabalho*. Conjunto de normas emitidas pelo Ministério do Trabalho e Emprego com o escopo de garantir não só a aplicação dos preceitos legais e regulamentares e das convenções internacionais, devidamente ratificadas pelo Brasil, alusivas à duração e às condições de trabalho, mas também a proteção dos trabalhadores no exercício da atividade profissional (Othon Sidou).

FIXAÇÃO DA PENA. *Direito penal*. Individualização da pena pelo órgão judicante, tendo em vista: a) em primeiro lugar, as consequências da ação criminosa, a intensidade do dolo ou da culpa do delinquente, o *curriculum vitae* do criminoso, o grau de periculosidade, os motivos determinantes do crime e o comportamento da vítima; b) em segundo lugar, as circunstâncias agravantes e atenuantes; e c) por fim, as causas de aumento e de diminuição da pena.

FLAGRANTE. *Direito processual penal.* Ato de surpreender alguém (ou de ser surpreendido) no momento da ação criminosa.

FLAT SERVICE. *Direito civil.* Grupo de unidades habitacionais pertencentes a mais de um proprietário, em regime condominial, mantendo um sistema de prestação de serviços opcionais ou obrigatórios aos moradores.

FLEXIBILIZAÇÃO. *Direito do trabalho.* Permissão legal para que as relações entre empregado e empregador possam ser equacionadas de forma diversa do contrato de trabalho, e para que os problemas oriundos do contrato de trabalho possam ensejar soluções diversas das regras tradicionais da CLT (Pedro Paulo Teixeira Manus).

FLORA CADAVÉRICA. *Medicina legal.* Vegetação verde-acinzentada que se desenvolve na superfície da pele dos cadáveres entre o 4º e o 6º dia após a inumação ou entre o 10º e o 14º dia se ela se der no inverno.

FLORESTA DE PRESERVAÇÃO PERMANENTE. *Direito agrário* e *direito ambiental.* É a declarada como tal pelo Poder Público ou pela lei, para que se mantenha o equilíbrio ecológico do território nacional, constituindo não só a situada ao longo de rios, ao redor de lagos naturais ou artificiais, nas nascentes, no topo de morros, montanhas e serras, nas encostas, nas restingas e nas bordas das chapadas, mas também a destinada a atenuar a erosão da terra e a fixar dunas, a formar faixas de proteção ao longo das rodovias e ferrovias, a auxiliar a defesa do território nacional, a critério das autoridades militares, a proteger sítios de excepcional beleza ou de valor científico ou histórico, a asilar exemplares da fauna ou da flora ameaçados de extinção, a manter o ambiente necessário à vida das populações silvícolas e a assegurar condições de bem-estar público.

FLORESTAS NACIONAIS (FLONAS). *Direito ambiental* e *direito administrativo.* Áreas de domínio público providas de cobertura vegetal nativa ou plantada e estabelecidas com os seguintes objetivos: a) promover o manejo dos recursos naturais, com ênfase na produção de madeira e outros vegetais; b) garantir a proteção dos recursos hídricos, das belezas cênicas e dos sítios históricos e arqueológicos; c) fomentar o desenvolvimento da pesquisa científica básica e aplicada, da educação ambiental e das atividades de recreação, lazer e turismo.

FLUORESCÊNCIA. *Direito penal.* Fenômeno luminoso causado pelos raios ultravioleta de rádio ou catódicos, quando incidem sobre determinados corpos, muito usado na criminalística para denunciar suspeitos de delito contra o patrimônio, de sabotagem, de sequestro etc., pulverizando-se o objeto que por eles será manuseado com sólido fluorescente.

FLUVIAL. *Direito civil.* **1.** Relativo a rio. **2.** Produzido pela ação dos rios. **3.** Que vive nos rios.

FMI. *Direito internacional público.* Sigla de Fundo Monetário Internacional. Sediado em Washington, é um órgão vinculado à ONU que visa a promoção da estabilidade cambial e da cooperação monetária internacional (Othon Sidou).

FOLHA CORRIDA. *Direito penal* e *direito processual penal.* Certidão passada pela autoridade policial ou judicial, ou pelo escrivão criminal, acerca de fatos criminosos, ou de sua omissão, em relação a determinada pessoa. Trata-se do atestado de conduta de uma pessoa relativo aos fatos antecedentes de sua vida, mencionando o que consta ou que nada consta nos arquivos policiais. Tal atestado é exigido em concursos públicos.

FOLHA DE PAGAMENTO. *Direito administrativo* e *direito do trabalho.* Peça de contabilidade em que a fonte pagadora lança os nomes de funcionários ou empregados, os seus respectivos vencimentos e salários, os descontos legais e o líquido a ser pago.

FOLHA DE PARTILHA. *Direito processual civil.* **1.** Folha de pagamento para cada condômino, lavrada pelo escrivão no auto da divisão, contendo a repartição do imóvel dividendo e conferindo a cada comunheiro a parte que lhe cabe. **2.** Ato que, no inventário, promove a repartição dos bens da herança, atribuindo a cada herdeiro o quinhão hereditário que lhe é cabível, descrevendo-o minudentemente para que fique bem delimitado e identificado. É nesta folha de partilha que se funda o formal de partilha.

FÓLIO. **1.** *Direito registrário.* Técnica da ficha real como sistemática de escrituração, substituindo os livros n. 2, 3, 4 e 5, para possibilitar maior celeridade na escrituração no registro imobiliário, proporcionando sua mecanização. O fólio ou ficha real deverá: apresentar o modelo aprovado pelo juiz corregedor permanente; ser escriturado com esmero e arquivado com segurança, de preferência em invólucro plástico transparente; possuir dimensão que permita a extração de cópia reprográfica e facilite o manuseio, a boa compreensão da sequência lógica dos atos e o arquivamento. **2.** *Direito comercial.* Livro empresarial numerado por folhas e não páginas. Pode ser substituído por folhas devidamente autenticadas.

FOMENTO. **1.** *Medicina legal.* Linimento; medicamento para fomentação, que é tratamento para aliviar a dor mediante aplicação de substâncias úmidas aquecidas. **2.** ***Direito administrativo*** e ***economia política.*** a) Intervenção estatal que procura combater o subdesenvolvimento traçando planos, programas e concedendo verbas para desenvolvimento etc. (Fiorini); b) ação de promover desenvolvimento de uma atividade econômica.

FOMENTO MERCANTIL. *Vide* FACTORING.

FONTE. 1. Local onde brotam as águas; nascente; manancial de água. **2.** Origem, procedência, princípio, causa. **3.** Forma de tributação em que os rendimentos são onerados no próprio ato do pagamento. **4.** Entidade pagadora, seja ela pessoa jurídica de direito público ou privado. **5.** Texto original de uma obra. **6.** Pessoas naturais e jurídicas que forneçam informações aos bancos de dados. **7.** Atividade que libera, na atmosfera, gás de efeito estufa.

FONTE CAPTADA. ***Direito civil.*** **1.** Aquela que se faz artificiosamente. **2.** Aproveitamento de água que segue seu curso natural.

FONTE DO DIREITO. ***Teoria geral do direito.*** Termo que, por ser empregado metaforicamente, tem mais de um sentido. Para nós, é uma fonte formal-material, já que toda fonte formal contém, implicitamente, a material (fonte de produção), que lhe dá forma, demonstrando quais são os meios empregados para conhecer o direito. Daí ser fonte de cognição; abrange fontes estatais (legislativas, jurisprudenciais e convencionais) e não estatais (direito consuetudinário, científico e convencional). Assim, a fonte material aponta os fatores éticos, sociológicos, históricos, políticos etc. que condicionam a gênese do direito e determinam seu conteúdo, constituindo uma fonte de produção. A fonte formal lhe dá forma, faz referência a sua manifestação e demonstra os meios empregados pelo jurista para conhecer o direito, ao indicar os documentos que o revelam, daí apresentar-se como fonte de cognição.

FONTE NÃO CAPTADA. ***Direito civil.*** Fonte natural que constitui a nascente de um rio e segue, em leito natural, o curso traçado pela natureza. Brota em manancial ou vertente.

FORA DO COMÉRCIO. ***Direito civil.*** Bem que não pode ser objeto de comércio, sendo insuscetível de apropriação e legalmente inalienável.

FORA DOS AUTOS. ***Direito processual.*** **1.** O que se processa em autos apartados, embora possa ser apensado nos autos principais, de forma a ser decidido simultaneamente, como ocorre com determinadas medidas cautelares. **2.** O que não se encontra nos autos de certo processo, seja ato, documento, fato, que, por isso, não pode ser considerado pelo órgão judicante ao prolatar a decisão.

FORÇA DA HERANÇA. ***Direito civil.*** Soma do valor dos bens hereditários; capacidade do espólio; possibilidade econômica da herança.

FORÇA DA LEI. ***Teoria geral do direito.*** Vigor normativo; é a qualidade do preceito legal relativo à força vinculante, pois não há como subtrair-se ao seu comando. O vigor decorre da vigência da norma, já que sua obrigatoriedade surge com seu nascimento e perdura durante sua existência específica. É preciso não olvidar que uma norma não mais vigente, por ter sido revogada, poderá continuar vinculante, tendo vigor para casos anteriores à sua revogação. Assim continuará produzindo seus efeitos, ante o fato de que se deve respeitar o ato jurídico perfeito, o direito adquirido e a coisa julgada.

FORÇA ESPOLIATIVA. ***Direito civil*** e ***direito processual civil.*** Esbulho. A lei confere ao possuidor a possibilidade de recuperar a posse perdida por ação de reintegração dentro do prazo de ano e dia, contado da espoliação sofrida ou ação ordinária após ano e dia.

FORÇA EXECUTIVA. 1. ***Direito processual civil.*** Poder ou qualidade de certos títulos em permitir ou possibilitar a execução judicial ou extrajudicial. **2.** ***Teoria geral do direito.*** Qualidade do direito de poder ser exercido.

FORÇA PROBANTE. ***Direito processual.*** Valor de prova de certo ato ou documento público ou particular, ante sua autenticidade, comprovando a veracidade de um fato.

FORÇAS ARMADAS. ***Direito militar.*** As três armas de um país: Exército, Marinha e Aeronáutica. São instituições nacionais permanentes e organizadas, tendo por base a disciplina e a hierarquia, com o escopo de garantir os poderes constitucionais, a lei, a ordem pública e de defender o país.

FORÇA-TRABALHO. ***Direito do trabalho.*** Capacidade laborativa ou de produção do empregado ou de um grupo de trabalhadores de certo núcleo da empresa.

FOREIRO. ***Direito civil.*** **1.** Relativo a foro. **2.** Enfiteuta que, tendo o domínio útil, paga foro anual ao senhorio direto.

FORENSE. ***Direito processual.*** **1.** Referente ao foro judicial. **2.** Relativo aos juízos e tribunais.

FORFAITING. ***Direito internacional privado.*** Contrato de comércio exterior pelo qual o exportador adquire, com os lucros, títulos vinculados à exportação, resgatáveis num prazo até sete anos, possibilitando isenção da responsabilidade civil dos emissores ou aceitantes dos documentos de crédito. É a compra de instrumentos de crédito, vinculados à exportação a prazos médios por uma instituição bancária internacional, ou *forfaitor*, sem contingências especiais, no futuro, para o exportador. O banco compra, com considerações de um desconto, notas promissórias ou letras de câmbio, vinculadas a um negócio de exportação, assumindo todos os riscos, inclusive pela inadimplência do importador ou devedor principal (Rasmussen).

FORMA. **1.** ***Direito civil.*** a) Meio pelo qual se externa a manifestação da vontade nos negócios jurídicos, para que possam produzir efeitos jurídicos (R. Limongi França); b) modo de proceder segundo as normas. **2.** Na ***linguagem filosófica,*** significa: a) que se opõe à matéria, ao conteúdo ou à substância; b) categoria como forma do entendimento; c) ideia como forma da razão; d) estrutura; e) causa ou princípio; f) o que determina a matéria; aquilo pelo qual uma coisa é o que é; g) tempo e espaço como formas puras; *a priori,* da sensibilidade. **3.** ***Lógica jurídica.*** a) Diz-se do argumento ou raciocínio que conclui pela força da forma; b) conceito (forma de extensão e de compreensão; c) juízo (forma afirmativa ou negativa). **4.** ***Direito processual.*** Conjunto de regras que deve ser seguido no processo. **5.** ***Direito militar.*** Alinhamento de tropas. **6.** ***Direito autoral.*** Caráter de estilo de uma obra literária ou artística. **7.** ***Sociologia jurídica.*** Aspecto de um complexo cultural, cujas expressões podem ser observadas e transmitidas de uma sociedade a outra; estrutura social. **8.** ***Direito de propriedade industrial.*** Modelo industrial; molde etc. **9.** Na ***linguagem da mineração,*** é a concentração de pedras mais pesadas na peneira em virtude das rotações dadas pelo garimpeiro.

FORMAÇÃO DA CULPA. ***Direito processual penal.*** Fase do processo criminal em que se determinam a existência, natureza e circunstâncias do crime, averiguando judicialmente a culpabilidade do acusado e sua responsabilidade penal.

FORMAÇÃO DO PROCESSO. ***Direito processual civil.*** **1.** Início do processo civil por iniciativa da parte, desenvolvendo-se por impulso oficial. Forma-se com o despacho da petição inicial ou com sua distribuição, onde houver mais de uma vara, produzindo efeitos após a citação válida do réu. **2.** Processo que tende a constituir o convencimento do juiz.

FORMA CONSENSUAL. ***Direito civil.*** **1.** Qualquer meio de exteriorização da vontade dos negócios jurídicos, desde que não previsto em norma jurídica como obrigatório. O negócio perfaz-se por qualquer meio pelo qual se apure a emissão volitiva. **2.** Palavra escrita ou falada, gestos e até mesmo o silêncio, que, como declaração tácita da vontade, conforme o caso, tem a mesma validade das manifestações expressas.

FORMA DE GOVERNO. ***Teoria geral do Estado.*** **1.** Modo pelo qual o Estado é governado. **2.** Modo de formação dos órgãos essenciais do Estado, atribuindo-lhes funções, concentrando ou desconcentrando poderes, autocrática ou democraticamente, absoluta ou controladamente (Nelson Saldanha). Atualmente, são duas as formas de governo consideradas: a Monarquia e a República.

FORMA ESPECIAL. ***Direito civil.*** Também denominada forma essencial, forma legal e forma solene. É o conjunto de solenidades que a lei estabelece como requisito para a validade de determinados negócios jurídicos. Tem por escopo garantir a autenticidade dos negócios, assegurar a livre manifestação da vontade das partes, além de chamar a atenção para a seriedade dos negócios que estão praticando e facilitar sua prova. A forma especial pode ser dividida em: única, plural ou genérica.

FORMA ESSENCIAL. *Vide* FORMA ESPECIAL.

FORMA EXTERNA. ***Direito civil.*** Trata-se da forma extrínseca, sendo o modo pelo qual certo ato negocial se apresenta. É a exteriorização do ato.

FORMA EXTRÍNSECA. *Vide* FORMA EXTERNA.

FORMA INTERNA. *Vide* FORMA INTRÍNSECA.

FORMA INTRÍNSECA. ***Direito civil*** e ***teoria geral do direito.*** Refere-se ao conteúdo, condições e requisitos para a eficácia do ato ou negócio jurídico.

FORMAL DE PARTILHA. ***Direito civil.*** Título expedido após o trânsito em julgado da sentença homologatória da partilha, discriminando o quinhão do herdeiro, com a força executiva contra o inventariante, os demais herdeiros ou legatários e seus sucessores, e não contra terceiros, cujos direitos são ressalvados pelo próprio magistrado que preside o inventário. É apenas exequível entre os que se habilitaram no processo de inventário. Além disso, urge lembrar que a imutabilidade, representada pela coisa julgada, restringe-se tão somente a quem foi parte (*res inter alios judicata, aliis non praejudicare,* Digesto, 42. I. 63), não beneficiando nem lesando terceiros.

FORMA LEGAL. *Vide* FORMA ESPECIAL.

FORMALIDADE. **1.** Requisito formal prescrito em lei para a validade, prova ou oponibilidade contra terceiro de um ato ou negócio jurídico. **2.** Modo de proceder. **3.** Praxe judicial. **4.** Cerimônia; etiqueta. **5.** Procedimento formal na execução de determinados atos civis, empresariais, judiciários etc. **6.** Cumprimento de exigência burocrática sem importância. **7.** Qualidade de ser formal. **8.** Substancialidade.

FORMALISMO JURÍDICO. ***Filosofia do direito*** e ***teoria geral do direito.*** **1.** Teoria que preconiza a rigorosa e excessiva obediência ao texto legal, como o Exegetismo, a Escola Analítica e o Pandectismo. **2.** Teoria Kelseniana que confina o conhecimento científico-

-jurídico a uma perspectiva normativista, estabelecendo uma rigorosa atitude metódica que deve manter-se alheia a aspectos axiológicos e sociais, tendo por objeto único a norma **jurídica**. Trata-se de uma epistemologia jurídica e, enquanto tal, como diz Legaz y Lacambra, plenamente autorizado está o formalismo Kelseniano. Para Kelsen, a ciência jurídica é que é pura forma e não o direito, pois o que pretendeu construir foi uma teoria geral, conquanto depurada, do direito. **3.** Vício conhecido na teoria jurídica como formalismo ou conceitualismo. Consiste numa atitude que procura encobrir e minimizar a necessidade de eleição de um dos possíveis sentidos da norma, uma vez que a norma geral já foi estabelecida, congelando, assim, o seu significado, de modo que seus termos gerais tenham obrigatoriamente o mesmo significado em todos os casos de sua aplicação, eliminando-se, desse modo, a incerteza (Hart).

FORMA LIVRE. *Vide* FORMA CONSENSUAL.

FORMA NÃO SOLENE. *Vide* FORMA ESPECIAL.

FORMA PLURAL. ***Direito civil.*** Subdivisão da forma especial. Ocorre quando a norma jurídica permite a formalização do negócio por vários modos, sendo possível que a parte opte por um deles (R. Limongi França). Por exemplo, pela lei, a criação de fundação pode dar-se por escritura pública ou testamento, competindo a escolha ao fundador.

FORMAS DE ESTADO. ***Teoria geral do direito.*** Modos de organização do poder estatal em termos de centralização, caso em que se têm as estruturas simples ou Estados unitários, ou de descentralização, hipótese em que se configuram as estruturas complexas ou Estados Federais. Organização do Estado moderno em termos de opção entre unitarismo e federalismo (Nelson Saldanha).

FORMA SOLENE. *Vide* FORMA ESPECIAL.

FORMA ÚNICA. ***Direito civil.*** Subdivisão da forma especial, que se dá quando, por lei, não pode ser preterida por outra no entabulamento do negócio jurídico (R. Limongi França). Por exemplo, aquela em que a lei exige escritura pública para pacto antenupcial ou contratos que versem sobre compra e venda ou doação de imóveis.

FÓRMULA SACRAMENTAL. **1.** ***Direito civil.*** a) Modelo obrigatório que não pode deixar de ser seguido pelo interessado, sob pena de nulidade, por ser condição necessária para a prática de certos atos jurídicos; b) série de palavras que devem ser pronunciadas para dar validade ao ato. **2.** ***Direito canônico.*** Conjunto de palavras que devem ser pronunciadas para celebração de um sacramento, sem o qual este não terá valia.

FORNECEDOR. **1.** ***Direito do consumidor.*** É a pessoa natural ou jurídica, pública ou privada, nacional ou estrangeira, ou ente despersonalizado, que desenvolve atividade de produção, montagem, criação, construção, transformação, importação, exportação, distribuição ou comercialização de produtos ou prestação de serviços. **2.** ***Direito comercial.*** Aquele que fornece mercadorias, abastecendo estabelecimento empresarial. **3.** ***Direito civil.*** Hospedeiro, estalajadeiro ou fornecedor de pousada e alimento aos seus hóspedes.

FORNICAÇÃO. **1.** ***Direito canônico.*** Adultério. **2.** ***Direito civil*** e ***direito penal.*** a) Relação sexual entre pessoas não casadas; b) relação carnal em geral.

FORO. **1.** ***História do direito.*** a) Praça de mercado onde, na antiguidade romana, eram feitas reuniões públicas e se julgavam causas; b) caderno de leis municipais de uma vila, conselho; c) privilégio concedido a cidades ou corporações; d) aforamento. **2.** ***Direito civil.*** a) Pensão anual paga pelo enfiteuta ao senhorio direto; está isenta do pagamento do foro relativo a imóvel da União, a pessoa carente ou de baixa renda, cuja situação econômica não lhe permita pagar esse encargo sem prejuízo do sustento próprio ou de sua família; b) domínio útil de uma propriedade. **3.** ***Direito processual.*** a) Espaço de uma divisão territorial onde os magistrados realizam a atividade jurisdicional; b) jurisdição; c) tribunal ou juízo em que se tratam das causas cíveis ou criminais; d) circunscrição do juízo.

FORO COMPETENTE. ***Direito processual.*** Juízo onde a causa deve ser decidida. A competência pode ser determinada pelo local do bem, situação da pessoa, território, valor da causa ou pela matéria (Geraldo Magela Alves).

FORO CONTRATUAL. ***Direito processual civil.*** Aquele estipulado no contrato para decidir as controvérsias que surgirem entre os contratantes. É também denominado foro de eleição ou foro do contrato.

FORO DE PREVENÇÃO. **1.** ***Direito processual civil.*** a) É o estabelecido para certa ação judicial em razão de sua conexão com outra anteriormente despachada, que será considerada preventa; b) diz-se da competência determinada pela prevenção que se estende sobre a totalidade de imóvel; no caso de este estar localizado em mais de uma comarca, a jurisdição do juiz prorroga-se, então, sobre toda a extensão do imóvel. **2.** ***Direito processual penal militar.*** a) É o estabelecido quando o réu é civil ou militar da reserva; b) é o competente se houver pluralidade de acusados subordinados funcionalmente a repartições militares sediadas em locais diversos; c) é o que prevalece em caso de concorrência de juízos competentes, se, por exemplo, o crime militar for praticado na divisa de duas ou mais circunscrições ou quando se tratar de delito continuado e permanente, perpetrado em duas ou mais circunscrições.

FORO DO DELITO. *Direito processual penal.* É o determinado pelo local da infração, que terá competência para julgar o crime.

FORO DO INVENTÁRIO. *Direito processual civil.* É o foro competente para o inventário, que será: a) o do último domicílio do autor da herança, pois há presunção que seja a sede principal dos interesses e negócios do *de cujus*, embora o óbito tenha ocorrido em local diverso ou os bens estejam situados em outro lugar; b) o da situação dos bens imóveis; c) o de qualquer deles, se o autor da herança possuía bens em foros diferentes; d) o do local de qualquer dos bens do espólio, não havendo bens imóveis.

FORO ESPECIAL. 1. *Direito processual civil.* a) Trata-se de foro privilegiado competente para conhecer e julgar determinadas questões em razão de matéria ou da qualidade da pessoa; b) juízo competente para determinadas situações específicas, desviando-se daquela competência geral, que se assenta no domicílio do réu e na situação da coisa. 2. *Direito processual trabalhista.* É o da prestação de serviços ao empregador. 3. *Direito processual penal.* a) É o da consumação do crime; b) jurisdição de certos tribunais superiores para decidir crime de responsabilidade ou crime comum perpetrado por alguém no exercício de determinado cargo ou função.

FORO TRABALHISTA. *Direito processual trabalhista.* É o da localidade da prestação de serviços ao empregador, ainda que o empregado, reclamante ou reclamado, tenha sido contratado em outro local ou no estrangeiro, exceto se: a) tratar-se de empregado agente ou viajante. Assim, será competente para apreciar o litígio a Vara do local onde o empregador tiver o seu domicílio, salvo se o empregado estiver imediatamente subordinado a agência ou filial. Neste caso, será competente a Vara em cuja jurisdição estiver situada a mesma agência ou filial; b) o dissídio tiver ocorrido em agência ou filial no exterior, desde que o empregado seja brasileiro e não haja convenção internacional dispondo em contrário, a competência é da Vara do Trabalho do Brasil; c) tratar-se de empregador que promova realização de atividades fora do local do contrato de trabalho. Assim, é assegurado ao empregado apresentar reclamação no foro da celebração do contrato ou no da prestação dos serviços.

FORTUNA DO MAR. *Direito comercial marítimo.* 1. Risco fortuito que o navio ou sua carga pode sofrer e pelo qual responde o armador, que se previne fazendo seguro marítimo. 2. Perda ou avaria decorrente de acidente provocado por força maior ou caso fortuito. 3. Soma de bens que o navio teve de abandonar para limitar sua responsabilidade, encontrados no fundo do mar em razão de naufrágio ou acidente.

FORUM PRORROGATAE JURISDICTIONIS. *Direito processual civil* e *direito internacional privado.* Critério que envolve o princípio da submissão voluntária, pelo qual, respeitadas certas condições especiais, como a da situação dos bens, uma pessoa domiciliada em determinado Estado poderá sujeitar-se voluntariamente à competência da autoridade judiciária de outro país. Contudo, tal eleição não deve implicar fraude à lei aplicável de conformidade com as normas de direito internacional privado do Brasil, nem afrontar à ordem pública nacional. Será possível a renúncia do foro do domicílio, salvo no caso de ações relativas a imóveis situados no Brasil. Nada obsta a renúncia ao foro assegurado para eleger outro, esteja o réu domiciliado no Brasil ou deva a obrigação ser aqui cumprida.

FORUM REI SITAE. *Locução latina.* Foro da situação da coisa.

FOTOGRAFIA JUDICIÁRIA. *Medicina legal* e *direito processual penal.* Modalidade de levantamento técnico-pericial do local do crime, da situação do cadáver etc. e forma de reprodução do instrumento relacionado com o delito, que visa documentar e autenticar os vestígios materiais. Serve como elemento probatório, pois dá uma imagem exata do crime, revelando particularidades valiosíssimas para a apuração do delito e a identificação de seu autor.

FRANCHISING. *Direito comercial.* É o contrato pelo qual uma das partes (franqueador ou *franchisor*) concede, por certo tempo, à outra (franqueado ou *franchisee*) o direito de comercializar com exclusividade, em determinada área geográfica, serviços, nome comercial, título de estabelecimento, marca de indústria ou produto que lhe pertence, com assistência técnica permanente, recebendo, em troca, certa remuneração.

FRANQUEADO. 1. *Direito comercial.* a) Aquele que, em razão de contrato de *franchising*, passa a ter o direito de comercializar com exclusividade, em determinada área, serviços, nome comercial, marca de indústria ou produto do franqueador. Para tal, paga uma certa remuneração, constituída de uma taxa inicial, designada taxa de franquia, e de *royalties* mensais, geralmente correspondentes a um percentual aplicado sobre o faturamento bruto auferido pelo franqueado no mês considerado; b) de porte pago; c) livre, aberto, desembaraçado. 2. *Direito tributário.* Isento de imposto.

FRANQUEADOR. *Direito comercial.* É aquele que detém a marca e o *know-how* de comercialização de um produto ou serviço. São cedidos por meio de contrato de *franchising* os direitos de revenda e uso, sendo dada assistência técnica na organização, gerenciamento e administração do negócio para o franqueado, recebendo em troca uma remuneração.

FRANQUIA. 1. *Vide* FRANCHISING. 2. ***Direito alfandegário.*** Permissão para que o navio e suas mercadorias possam entrar livremente no porto, com isenção de impostos aduaneiros. 3. ***Direito tributário.*** Isenção, permanente ou temporária, do pagamento de determinados tributos, por concessão legal. 4. ***Direito marítimo.*** a) Ato de desembaraçar o navio que preenche todos os requisitos e satisfaz todos os direitos fiscais, permitindo o prosseguimento da viagem; b) local onde fundeiam os navios; ancoradouro de franquia. 5. Na ***linguagem jurídica*** em geral, significa: a) imunidade; b) isenção; c) privilégio; d) pagamento do porte postal; e) franqueza; f) liberdade. 6. ***Direito civil.*** Valor (simples ou dedutível), previsto na apólice, representativo da participação do segurado nos prejuízos indenizáveis consequentes de cada sinistro (Luiz Fernando Rudge).

FRANQUIA DE COMÉRCIO. ***Direito comercial.*** Contrato que visa o desenvolvimento de rede de lojas (por exemplo, as lojas Benetton) de aspectos idênticos, sob um mesmo símbolo, aplicado na comercialização ou distribuição de artigos similares de grande consumo. O franqueador reproduzirá lojas, designadas pilotos, onde irá testar fórmulas de comercialização, melhorando-as ou padronizando--as, procurando sempre aperfeiçoá-las.

FRANQUIA DE SERVIÇOS. ***Direito comercial.*** 1. É aquela em que o franqueado reproduz e vende prestações de serviços inventadas pelo franqueador, configurando-se, neste caso, a franquia propriamente dita. 2. Franquia do tipo hoteleiro, que abrange escolas (p. ex., a *Follow Me*), hotéis (p. ex., o Holiday Inn), restaurantes, lanchonetes (p. ex., o McDonald's), clubes etc., tendo por escopo oferecer serviços a certo segmento de clientela.

FRANQUIA INDUSTRIAL. ***Direito comercial.*** É também denominada *lifreding*, sendo muito usada nas indústrias automobilística (p. ex., General Motors) e alimentícia (p. ex., a Coca-Cola), por ser contrato em que o franqueador se compromete a auxiliar na construção de uma unidade industrial para o franqueado, cedendo o uso da marca, transmitindo sua tecnologia, exigindo segredo relativamente aos processos de fabricação e fornecendo assistência técnica. Assim sendo, o franqueado vende os produtos fabricados por ele mesmo, em sua empresa, com a ajuda do franqueador.

FRAUDE À EXECUÇÃO. 1. ***Direito penal.*** Crime contra o patrimônio, punido com detenção ou multa, que consiste na alienação, desvio, destruição, danificação de bens ou simulação de dívidas por parte do devedor que foi acionado para pagamento de débitos, desde que não seja comerciante, de modo a evitar a penhora, fraudando a execução de sentença condenatória. 2. ***Direito processual civil.*** Ato de frustrar qualquer providência tomada pelo vencedor de uma demanda para executar a sentença, antes ou após a instauração do processo de execução, no curso de ação fundada em direito real, ou de demanda capaz de reduzi-lo à insolvência. Presume-se em fraude à execução a alienação ou oneração de bens efetuada após a averbação. 3. ***Direito tributário.*** Alienação ou oneração de bens ou rendas, ou seu começo, por sujeito passivo, em débito para com a Fazenda Pública, por crédito tributário regularmente inscrito como dívida ativa em fase de execução.

FRAUDE À LEI. ***Teoria geral do direito, direito processual civil*** e ***direito civil.*** Ato de burlar o comando legal usando de procedimento aparentemente lícito. Caracteriza-se pela prática de ato não proibido, em que uma situação fática é alterada para escapar à incidência normativa, livrando-se, assim, de seus efeitos. Por exemplo, venda de bens a descendentes, sem anuência dos demais descendentes, levada a efeito por meio de interposta pessoa, que, depois, passa o bem àquele descendente.

FRAUDE CONTRA CREDORES. ***Direito civil.*** Prática maliciosa, pelo devedor, de atos que desfalcam o próprio patrimônio, com o escopo de colocá-lo a salvo de uma execução por dívidas, em detrimento dos direitos creditórios alheios. A fraude contra credores, que vicia o negócio de simples anulabilidade, somente é atacável por ação pauliana, que requer os seguintes pressupostos: a) ser o crédito do autor anterior ao ato fraudulento; b) que o ato que se pretende revogar tenha causado prejuízos; c) que haja intenção de fraudar, presumida pela consciência do estado de insolvência; d) pode ser intentada contra o devedor insolvente, contra a pessoa que com ele celebrou a estipulação fraudulenta ou terceiros adquirentes que hajam procedido de má-fé; e) prova da insolvência do devedor; f) perdem os credores a legitimação ativa para movê-la, se o adquirente dos bens do devedor insolvente que ainda não pagou o preço, que é o corrente, depositá-lo em juízo, com citação em edital de todos os interessados. Essa ação visa revogar o negócio lesivo aos interesses dos credores, mediante reposição do bem no patrimônio do devedor, cancelando a garantia real concedida em proveito do acervo sobre que se tenha de efetuar o concurso de credores, possibilitando dessa forma a efetivação do rateio, aproveitando a todos os credores e não apenas ao que a intentou.

FRAUDE DE CONCORRÊNCIA PÚBLICA. *Direito penal.* 1. Crime contra o patrimônio da administração pública, punido com detenção ou multa, além de pena correspondente à violência, que consiste na fraude de concorrência pública ou na venda em hasta pública, realizada pela administração federal, estadual ou municipal, ou por entidade paraestatal. 2. Afastar ou procurar afastar concorrente ou licitante, por meio de violência, grave ameaça, fraude ou oferecimento de vantagem.

FRAUDE ELEITORAL. *Direito constitucional* e *direito eleitoral.* Qualquer ato ardiloso que venha a desvirtuar a vontade do eleitorado, manifestada no sufrágio, por violação ou adulteração do processo democrático. Por exemplo, substituição de cédulas por outras, distribuição antecipada de cédulas rubricadas pelo mesário para que os candidatos as forneçam já preenchidas aos votantes etc.

FRAUDE FISCAL. *Direito tributário* e *direito penal.* 1. Violação à norma fiscal pelo contribuinte com a finalidade de escapar do pagamento do imposto devido ou de passar mercadoria de uma qualidade ou procedência por outra. 2. Fazer contrabando; adulterar gênero alimentício. 3. Retardar, no todo ou em parte, a ocorrência do fato gerador.

FREE FLOW. 1. *Locução inglesa* – Fluxo livre. 2. *Direito rodoviário.* Pedágio sem necessidade de parar nas cabines manuais, que cobra por quilometragem rodada, e a identificação dos veículos e a medição exata do trecho percorrido na via pedagiada são feitas de forma automática e eletrônica, por meio de um dispositivo instalado no carro.

FREE SHOP. *Direito tributário* e *direito aduaneiro.* Loja franca situada em aeroporto internacional cujas mercadorias estrangeiras são adquiridas pelos passageiros sem que haja incidência de tributos (Eduardo M. F. Jardim).

FREE TIME AND DETENTION. *Direito internacional privado.* Tempo de graça e retenção, concedido por cinco dias úteis, para a retirada do *container* do depósito ou terminal do transportador, estufagem e sua devolução ao local de recebimento declarado.

FRETAMENTO. *Direito comercial.* 1. Contrato em que o fretador se compromete para com o outro afretador, mediante pagamento de frete, a realizar uma ou mais viagens preestabelecidas ou durante determinado período de tempo, reservando-se o controle sobre a tripulação e a condução técnica da aeronave ou do navio. É um misto de locação, prestação de serviços e transporte. 2. *Vide* AFRETAMENTO. 3. Preço por que se toma um frete.

FRETE. *Direito comercial.* 1. Remuneração paga ao transportador pelo seu serviço de transporte, cuja tarifa será fixada: por volume, por metro cúbico; por peso, por tonelada etc. Trata-se do preço do transporte. 2. Coisa transportada. 3. Carregamento do navio.

FRONTEIRA. *Direito internacional público.* Faixa interna do território de cada País, contida na região limítrofe, que delimita a base física do Estado, separando-o do país vizinho. É indispensável para a defesa do território nacional. No Brasil, tal faixa de fronteira possui 150 km de largura. É a linha divisória entre dois ou mais Estados soberanos. Trata-se da divisa.

FRUIÇÃO. *Direito civil.* 1. Ato de estar na posse. 2. Posse. 3. Gozo, aproveitamento dos frutos e das utilidades da coisa. 4. Usufruir. 5. Direito que se exterioriza na percepção dos frutos e na utilização dos produtos; direito de gozar da coisa ou de explorá-la economicamente. 6. Diz-se do direito real sobre coisa alheia, em que o titular tem apenas a autorização para usá-la e gozá-la ou, tão somente, usá-la, abrangendo: enfiteuse, servidão predial, usufruto, uso, habitação, concessão de uso especial para fins de moradia, concessão de direito real de uso e superfície.

FRUTOS. 1. *Direito agrário.* a) Filhotes ou crias de animais; b) partes produtivas dos vegetais que saem da flor. 2. *Direito civil.* a) Coisas acessórias, ou seja, utilidades que o bem principal produz periodicamente, cuja percepção mantém intacta a substância do bem que as gera; b) prole, filhos; c) renda de capital; rendimento; d) vantagem; resultado. 3. *Direito comercial.* Lucro.

FRUTOS CIVIS. *Direito civil.* Rendimentos periódicos oriundos da utilização de coisa frutífera por outrem que não o proprietário, como as rendas, aluguéis, juros, dividendos e foros.

FRUTOS COLHIDOS. *Direito civil.* Frutos naturais já separados da coisa frugífera. O mesmo que FRUTOS PERCEBIDOS ou FRUTOS SEPARADOS.

FRUTOS CONSUMIDOS. *Direito civil.* Os que não mais existem, porque foram utilizados, perdidos, transformados, gastos ou vendidos.

FRUTOS ESTANTES. *Direito civil.* São os armazenados em depósito para expedição ou venda.

FRUTOS INDUSTRIAIS. *Direito civil* e *direito comercial.* São os decorrentes do engenho humano, como, por exemplo, a produção de uma fábrica. Também denominados *frutos fabris*.

FRUTOS NATURAIS. *Direito civil* e *direito agrário.* São os que se desenvolvem e se renovam periodicamente pela própria força orgânica da coisa. Contudo, não perdem essa característica mesmo que o homem concorra com processos técnicos para melhorar a qualidade ou aumentar sua produção, como, por exemplo, cria dos animais, ovos, frutos de uma árvore.

FRUTOS PENDENTES. ***Direito civil*** **e** ***direito agrário.*** **1.** Resultados a obter; frutos ainda a recolher. **2.** Aqueles ligados à coisa que os produziu. **3.** Trata-se dos não colhidos, que, se naturais ou vegetais, presos materialmente às árvores que os produziram, constituem bens imóveis. **4.** Aqueles que ligados a coisa frugífera, ao tempo em que cessar a boa-fé do possuidor, devem ser devolvidos por ele ao reivindicante.

FRUTOS PERCEBIDOS. ***Direito civil.*** **1.** São os frutos já separados da coisa que os produziu. Se forem frutos civis, reputam-se percebidos dia por dia, em função de seu vencimento. **2.** *Vide* FRUTOS COLHIDOS.

FRUTOS PERCIPIENDOS. ***Direito civil.*** Os que deviam ser, mas não foram, percebidos, apesar de terem todas as condições para sua separação da coisa frugífera.

FRUTOS SEPARADOS. *Vide* FRUTOS COLHIDOS e FRUTOS PERCEBIDOS.

FUGA. **1.** ***Direito penal.*** a) Evasão do criminoso da prisão em que se encontrava; b) retirada rápida e furtiva de um fugitivo para escapar da responsabilidade penal, da perseguição ou da ação da justiça; c) ato de facilitar a evasão daquele que está preso ou submetido a medida de segurança. **2.** Na ***linguagem jurídica*** em geral, é qualquer subterfúgio para subtrair-se ao cumprimento de um dever legal ou contratual. **3.** ***Direito militar.*** Retirada precipitada de tropas. **4.** ***Medicina legal.*** Lapso de consciência; perda momentânea do conhecimento.

FULMINAÇÃO. **1.** ***Medicina legal.*** Ação letal de eletricidade cósmica ou natural sobre o homem. Causa lesões, como queimadura, hemorragia muscular, fraturas ósseas, ruptura de vaso sanguíneo ou do miocárdio etc. Excepcionalmente, pode acarretar perturbação auditiva, visual, motora ou nervosa, histeria etc. A morte, quando não imediata, advém com a paralisia dos centros nervosos, asfixia e, posteriormente, parada cardíaca em questão de dias ou horas (Flamínio Fávero e Croce e Croce Jr. e Oswaldo Pataro). **2.** ***Direito canônico.*** a) Ato pelo qual se dá publicidade a sentença eclesiástica para execução de bula papal, rescrito ou dispensa, emanada do poder eclesiástico; b) pronúncia ou publicação de uma excomunhão (De Plácido e Silva).

FUMUS BONI JURIS. ***Locução latina.*** **1.** Fumaça do bom direito. **2.** ***Direito processual civil.*** Possibilidade da existência de um direito, por apresentar base jurídica, que constitui um dos pressupostos de admissão de tutela provisória de urgência de natureza cautelar para evitar dano irreparável. **3.** ***Direito processual trabalhista.*** Indício de direito que leva o magistrado a determinar qualquer diligência necessária ao seu esclarecimento.

FUNAI. Sigla de Fundação Nacional dos Povos Indígenas. Órgão do Ministério da Justiça que executa a política voltada aos indígenas, dando-lhes assistência médico-sanitária, educação básica, protegendo as terras por eles ocupadas, estimulando o desenvolvimento de estudos sobre as tribos.

FUNÇÃO. **1.** Na ***linguagem filosófica,*** significa: a) operação (Stumpf); b) unidade do ato de ordenar várias representações comuns (Kant); c) papel desempenhado por uma visão conjunta, cujas partes são interdependentes (Lalande); d) finalidade. **2.** ***Lógica jurídica.*** a) Termo variável da lógica; b) adoção de simbolismo matemático na lógica simbólica; c) consideração especial da lógica das relações, que distingue, na função lógica, as funções sentencial (*x* é racional) e não sentencial (quadrado de) (Sílvio de Macedo). **3.** ***Medicina legal.*** Ação peculiar ou própria de um órgão do corpo humano, por exemplo, a reprodução, a digestão, a respiração etc. **4.** ***Psicologia forense.*** a) É a que se liga a um sistema de causas centradas nos mesmos objetivos gerais (Burloud); b) característica de qualquer faculdade mental; c) exercício da razão ou do entendimento. **5.** ***Sociologia jurídica.*** a) Contribuição prestada por um elemento cultural para que uma configuração sociocultural se perpetue; b) conjunto de tarefas, ações e comportamentos que provocam a adaptação e o ajustamento de um dado sistema (Merton); c) profissão que contribui para a vida social. **6.** ***Direito administrativo.*** a) Exercício de cargo; b) serviço público; c) ato público; d) desempenho de ofício; e) situação jurídica do funcionário público (Capitant); f) direito ou dever de agir conferido por lei a uma ou várias pessoas para que a Administração Pública possa realizar sua missão. Constitui, portanto, uma soma de poder distribuída legalmente àqueles que desempenham cargo público (De Plácido e Silva); g) alteração de condições do contrato de trabalho, sem mútua anuência, vindo a causar, de modo direto ou indireto, gravame ao servidor público. **7.** ***Direito do trabalho.*** a) Emprego; encargo laboral; b) alteração contratual, sem mútuo consenso, que resulte dano ao empregado. **8.** ***Semiótica jurídica.*** Papel desempenhado pelo signo que, por exemplo, pode ter função referencial, conativa, fática etc. **9.** ***Direito constitucional.*** Divisão da atividade jurídico-estatal, podendo apresentar-se como: função executiva, legislativa ou judiciária. **10.** ***Direito civil*** e ***direito comercial.*** a) Atribuição dada a empregado ou a preposto para o desempenho de determinada atividade numa sociedade simples ou empresária;

b) conjunto de atividades para a consecução de uma finalidade lícita. **11.** ***Direito penal.*** Crime contra a Administração Pública, consistente no fato de alguém exercer cargo público sem estar devidamente investido ou praticar qualquer ato que venha a exceder a sua atividade funcional.

FUNÇÃO SOCIAL DA EMPRESA. ***Direito comercial.*** Exercício pelo administrador da sociedade por ações das atribuições legais e estatutárias para a consecução dos fins e do interesse da sociedade empresária, usando de seu poder de modo a atingir a satisfação das exigências do bem comum, de forma a prevalecer a livre concorrência, a efetiva defesa dos interesses do consumidor e a redução de desigualdades sociais, mediante o exercício de funções assistenciais a empregados e a realização de projetos de recuperação do meio ambiente.

FUNÇÃO SOCIAL DA PROPRIEDADE. 1. ***Direito constitucional.*** a) Conjunto de normas e princípios constitucionais que têm por escopo precípuo a harmonização da propriedade particular de terras urbanas ou rurais com fins sociais, dando condições para que sejam economicamente úteis e produtivas de acordo com o desenvolvimento econômico e os reclamos de justiça social; b) desempenho da propriedade urbana, atendendo aos reclamos da organização da cidade expressos num plano, e da propriedade rural, cumprindo não só as exigências legais alusivas ao aproveitamento racional da terra e utilização de recursos naturais, respeitando a preservação ambiental, mas também aos preceitos trabalhistas atinentes às relações empregatícias e à exploração que venha favorecer o bem-estar dos proprietários e dos trabalhadores rurícolas. **2.** ***Direito civil.*** a) Produtividade do bem, objeto do direito de propriedade; b) exercício do direito de propriedade compatível com a destinação socioeconômica do bem; c) fim perseguido pelo direito de propriedade, no sentido de que a ordem jurídica confere ao seu titular um poder em que estão conjugados os interesses do proprietário e do Estado (ou social). Trata-se da destinação econômico-social do direito subjetivo de propriedade, que, se for exercido sem utilidade, configurará desvio de finalidade ou abuso de direito. **3.** ***Direito agrário.*** Princípio que constitui o critério para a reforma agrária (Ballarin), baseado na correta utilização econômica da terra e na sua justa distribuição, visando o bem-estar social, mediante o aumento da produtividade e da promoção da justiça social (Telga de Araújo). **4.** ***Direito administrativo.*** Constitui o principal objetivo da desapropriação para fins de reforma agrária. Tal desapropriação visa condicionar o uso da terra ociosa ou de aproveitamento inadequado à sua função social e à sua exploração racional. **5.** ***Direito econômico.*** Objetivo a ser alcançado pelo controle estatal do exercício da atividade econômica e da propriedade, mediante emissão de normas relativas à nacionalização, estatização, proteção macrojurídica dos interesses, punição do abuso do poder econômico (Eros Roberto Grau).

FUNÇÃO SOCIAL DO CONTRATO. ***Direito civil.*** Princípio pelo qual o contrato cria e assegura direitos e deveres como instrumento do interesse dos contratantes e do interesse social, atendendo as restrições trazidas pelo dirigismo contratual. Tal dirigismo contratual é a intervenção estatal na economia do negócio jurídico-contratual, mediante a emissão e aplicação de normas de ordem pública, o atendimento aos bons costumes relativos à moralidade social, a adoção de revisão judicial dos contratos, alterando-os, estabelecendo-lhes condições de execução, ou mesmo exonerando a parte lesada, conforme as circunstâncias, fundando-se na boa-fé objetiva e na supremacia do interesse coletivo.

FUNCIONÁRIO PÚBLICO. 1. ***Direito administrativo.*** É aquele que está legalmente investido em função ou cargo público, de caráter permanente, criado por lei, recebendo remuneração dos cofres públicos. Pertence, portanto, ao quadro do funcionalismo público. **2.** ***Direito penal.*** Aquele que, embora transitoriamente, ou sem remuneração, exerce cargo, emprego ou função pública, inclusive em entidade paraestatal e quem trabalha para empresa prestadora de serviço contratada ou conveniada para a execução de atividade típica da Administração Pública.

FUNDAÇÃO. 1. ***Direito civil*** e ***direito administrativo.*** a) Espécie de pessoa jurídica de direito privado ou de direito público que constitui um patrimônio personalizado, destinado a um fim que lhe dá unidade. Seus órgãos são servientes, pois colimam fins externos e alheios, estabelecidos pelo fundador, desde que sejam de: assistência social; cultura, defesa e conservação do patrimônio histórico e artístico; educação; saúde; segurança alimentar e nutricional; defesa, preservação e conservação do meio ambiente e promoção do desenvolvimento sustentável; pesquisa científica, desenvolvimento de tecnologias alternativas, modernização de sistemas de gestão, produção e divulgação de informações e conhecimentos técnicos e científicos; promoção da ética, da cidadania, da democracia e dos direitos humanos e atividades religiosas; b) ato de fiscalização por parte do Ministério Público sobre instituições da espécie. **2.** Na ***linguagem técnica da engenharia,*** significa: conjunto de obras imprescindíveis para assegurar a estabilidade de uma edificação. Trata-se do alicerce do prédio.

FUNDAÇÃO NACIONAL DOS POVOS INDÍGENAS. *Vide* FUNAI.

FUNDADOR. **1.** *Direito civil* e *direito administrativo.* Aquele que, por testamento ou instrumento público, institui um patrimônio com o escopo de criar uma fundação, declarando sua finalidade. **2.** *Direito comercial.* Aquele que organiza e funda uma sociedade anônima, que vem a constituir-se para atender ao projeto por ele elaborado.

FUNDAMENTO JURÍDICO. **1.** *Direito processual civil.* Motivo determinante do pedido ou da sentença. É baseado na lei e nos fatos que colocam em evidência uma relação jurídica ameaçada ou violada, requerendo tutela jurisdicional. **2.** *Filosofia jurídica.* a) É o objeto de indagação da Axiologia Jurídica que estuda valores jurídicos dos quais resultam fins, cuja atualização implica relações intersubjetivas. É o valor ou complexo de valores que legitima uma ordem jurídica, justificando sua obrigatoriedade. Assim, uma norma terá fundamento quando tutelar um valor reconhecido como necessário à coletividade (Miguel Reale); b) base do direito: Deus, o homem e a sociedade; c) fonte do direito: lei, costumes, jurisprudência, doutrina etc.; d) norma hipotética fundamental que serve de fundamento de validade do sistema jurídico (Kelsen).

FUNDIÁRIO. *Direito agrário.* **1.** Imóvel rústico ou rural. **2.** O que se refere à terra rural; agrário.

FUNDIEIRO. *Direito civil* e *direito administrativo.* Proprietário concedente (dono do solo), que permite ao superficiário a exploração da superfície do solo, onde poderá construir ou plantar, tendo direito de perceber uma quantia, se a concessão for onerosa, e de adquirir a obra, por ocasião do término da concessão.

FUNDING. *Termo inglês.* **1.** Empréstimo consolidado. **2.** Operação para consolidar vários empréstimos numa só dívida. Concessão de um novo empréstimo com o escopo de unificar os anteriores em um só. Trata-se da consolidação do débito (De Plácido e Silva). **3.** Fundeamento de empresas de *factoring.* **4.** Substituição de uma dívida de curto prazo por outra de prazo mais longo (Luiz Fernando Rudge).

FUNDO DE COMÉRCIO. *Direito comercial.* **1.** Conjunto patrimonial organicamente agrupado para a produção, constituído de bens e serviços (René Savatier). Trata-se do ponto de estabelecimento empresarial. **2.** É uma propriedade incorpórea, consistente no direito à clientela que é vinculado ao imóvel pelos elementos destinados à sua exploração (Ripert). **3.** Conjunto de direitos e de bens mobiliários (clientela, nome empresarial, insígnia, patente de invenção, marca de fábrica, mercadorias etc.) pertencentes ao empresário e à sociedade empresária, que lhe possibilita realizar suas atividades econômicas organizadas voltadas à produção ou circulação de bens e serviços (Capitant). **4.** Patrimônio que se cria e se incorpora ao estabelecimento com fins lucrativos, pela influência de múltiplos fatores, tais como a criatividade no atendimento da clientela, de forma a ampliá-la ou selecioná-la, já que é o elemento preponderante no sucesso do ramo explorado.

FUNDO DE GARANTIA DO TEMPO DE SERVIÇO (FGTS). **1.** Fundo de reserva, formado por contribuições mensais e obrigatórias realizadas pelo empregador, que são depositadas em banco autorizado pelo Banco Central. Serve para garantir o tempo de serviço do trabalhador, que, então, com a rescisão do contrato de trabalho, passa a ter direito de receber vantagens pecuniárias. Trata-se do pecúlio do empregado, que se forma com o depósito compulsório, feito pelo empregador, do percentual de 8% da sua remuneração mensal. Esse pecúlio serve como uma garantia do empregado, pois, na hipótese de demissão sem justa causa, permite levantar aquele depósito. Além disso, serve de captação de recurso para adquirir moradia (Marcus Cláudio Acquaviva). Será permitida a movimentação da conta vinculada do *Fundo de Garantia do Tempo de Serviço (FGTS)*, por motivo de necessidade pessoal, cuja urgência e gravidade decorram de desastre natural causado, por exemplo, por chuvas, precipitações de granizo, enchentes, tempestades, vendavais, ciclones, furacões ou inundações que tenham atingido a sua área de residência, após o reconhecimento de situação de emergência ou de estado de calamidade pública, pelo Governo Federal. Urge lembrar que: a) a solicitação de movimentação da conta vinculada será admitida até noventa dias após a publicação do ato de reconhecimento, pelo Governo Federal, da situação de emergência ou de estado de calamidade pública; e b) o valor máximo do saque da conta vinculada será definido na forma prevista em regulamento. **2.** É facultada a inclusão do empregado doméstico no Fundo de Garantia do Tempo de Serviço (FGTS), mediante requerimento do empregador. Contribuição social devida pelos empregadores em caso de despedida do empregado sem justa causa, à alíquota de 10% sobre o montante de todos os depósitos devidos, referentes ao Fundo de Garantia do Tempo de Serviço (FGTS), durante a vigência de contrato de trabalho, acrescido das remunerações aplicáveis às contas vinculadas. Fica instituída contribuição social devida pelos empregadores, à alíquota de 0,5% sobre a remuneração devida, no mês anterior, a cada trabalhador. **3.** O titular de conta vinculada do FGTS, com idade igual ou superior a sessenta anos ou que vier a completar essa idade a qualquer tempo, fará jus ao crédito do complemento de atualização monetária em parcela única, desde que tenha sido firmado pelo beneficiário ou pelo próprio titular o termo de adesão exigido por lei. As aplicações com recursos do FGTS poderão ser realizadas diretamente pela Caixa Econômica Federal e pelos demais órgãos integrantes do Sistema Financeiro da Habitação (SFH), exclusivamente segundo critérios fixados pelo Conselho Curador do FGTS, em operações que preencham os requisitos exigidos por lei.

FUNDO DE INVESTIMENTO. *Direito civil.* É uma comunhão de recursos, constituída sob forma de condomínio, destinado à aplicação de ativos financeiros.

FUNDO DE RESERVA. 1. *Direito comercial.* Parte dos lucros de uma empresa que não é distribuída, para obter um capital de reserva. É usada para prevenir-se em casos eventuais ou futuros danos e para integrar as deficiências de balanço, na hipótese de perda de capital ante crises negociais, consolidando a potência econômica da sociedade. Constitui-se, portanto, dos lucros líquidos obtidos por uma empresa que não serão distribuídos, mas lançados em conta especial, para prevenção de situações financeiras que eventualmente possam surgir. **2.** Nas *linguagens comum* e *jurídica*, significa dinheiro ou coisa de valor guardados para as eventualidades da vida.

FUNDO MÚTUO. *Direito comercial.* Conjugação de poupança de diferentes investidores com fins de obter rendimentos, por meio de aplicação diversificada, mas sem vínculo de associação. Consiste em reuniões de verbas para aplicação no mercado de capitais, especialmente em ações (Carlos Alberto Bittar).

FUNDOS DE GARANTIA. *Direito comercial.* **1.** Aqueles que se constituem para o cumprimento das obrigações legais e contratuais assumidas pelo comerciante. **2.** Os constituídos pela sociedade de seguro ou de previdência para atender às responsabilidades relativas aos seus fins sociais. **3.** Fundos de segurança para o próprio funcionamento de determinadas sociedades anônimas (De Plácido e Silva).

FUNDOS DE PARTICIPAÇÃO. *Direito constitucional.* Recursos compensatórios em favor dos Estados, Municípios e Distrito Federal por sua participação na arrecadação de tributos federais (Afonso Celso F. de Rezende).

FUNDOS DISPONÍVEIS. 1. Na *linguagem jurídica* em geral, são recursos pecuniários que podem ser utilizados de imediato. **2.** *Direito bancário.* a) Todo e qualquer fundo de que a pessoa pode dispor de um banco, por ter nele depositado dinheiro ou efetuado contrato de crédito. Abrange, portanto, as importâncias constantes de conta corrente bancária, o saldo exigível de conta corrente contratual e a soma decorrente de abertura de crédito; b) disponibilidade; provisões.

FUNDOS LÍQUIDOS. 1. *Direito comercial.* Somas pecuniárias de uma sociedade que estão à disposição de seus sócios, oriundas dos lucros havidos ou das quotas a que têm direito e que foram apuradas por ocasião de sua liquidação ou partilha. **2.** *Direito processual civil.* Bens penhoráveis.

FUNDOS-PENSÕES. *Direito administrativo* e *direito previdenciário.* Subsídios instituídos por montepios, caixas de poupança ou de previdência etc., que têm por finalidade prover o futuro de funcionários de uma entidade e de sua famílias. Têm administração e contabilidade separadas, sem que haja uma separação jurídica do restante do patrimônio da entidade. Tais fundos-pensões são repartições administrativas daquela entidade (Francisco Ferrara).

FUNDOS PÚBLICOS. *Direito financeiro.* **1.** Obrigações contraídas pelo Estado, representadas por títulos de dívida pública e outros papéis de crédito (José Náufel). **2.** Títulos públicos, apólices, ou dinheiro público; papéis de crédito emitidos e garantidos pelo governo. É, portanto, o patrimônio constituído de dinheiro, ações ou bens, afetado pelo Estado a certo fim (José Cretella Jr.).

FUNERAL. 1. *Direito civil.* a) Solenidade fúnebre; b) despesa com o enterramento, incluindo adornos, flores, coroas, caixão, encomendação eclesiástica, covagem etc., que deve ser paga com os bens da herança. É um encargo do inventário a ser cumprido pelo inventariante. **2.** *Direito administrativo* e *direito do trabalho.* Auxílio que o poder público ou o empregador concede em benefício do consorte sobrevivente e dos filhos do funcionário ou do trabalhador.

FURTO. *Direito penal.* **1.** Crime contra o patrimônio consistente na subtração, para si ou para outrem, de coisa alheia móvel, sem violência, feita às escondidas. É punido com reclusão e multa. **2.** Coisa furtada.

FURTO DE USO. *Direito penal* e *direito comparado.* Crime em que o agente subtrai algo para satisfazer uma necessidade temporária, sem intenção de apropriação, e depois o devolve. Se o agente apenas pretende usar a coisa alheia, restituindo-a a quem de direito, imediatamente, uma vez utilizada, no estado e nas mesmas condições em que estava quando a pegou, não há crime. Porém, se não a devolve no mesmo local da subtração nem no mesmo estado em que a subtraiu, existe crime. Na Itália, é punido com pena atenuada.

FURTO QUALIFICADO. *Direito penal.* Crime contra o patrimônio. Há aumento da pena e multa se houver destruição ou rompimento de obstáculo à subtração da coisa, abuso de confiança, fraude, escalada ou destreza, emprego de chave falsa ou executado mediante concurso de duas ou mais pessoas. Tais atos revelam o caráter corrompido e a periculosidade do agente. Mas sua pena será aumentada se houver subtração de veículo automotor, transportando-o para outro Estado ou país.

FURTO SIMPLES. *Direito penal.* Subtração de coisa alheia móvel, para si ou para outrem, sem a ocorrência de quaisquer das circunstâncias legais que agravam a pena por indicar a temibilidade do agente.

FUSÃO. 1. *Ciência política.* Aliança partidária; coalizão. **2.** *Direito comercial.* Reunião de duas ou mais sociedades, para a formação de outra nova, que lhes sucede *ope legis* nos direitos e deveres, sob denominação diversa, com a mesma ou com diferente finalidade e organização. **3.** *Direito civil* e *direito autoral.* Início de uma cena cinematográfica ou de televisão que se sobrepõe imediatamente à que termina. **4.** *Medicina legal.* a) Adesão anormal de partes adjacentes; b) coordenação de imagens separadas do mesmo objeto em um só, na visão binocular. **5.** *Economia política.* Recurso pelo qual duas empresas econômicas fracas, sem qualquer autossuficiência, se fundem para consolidar negócios e para influir positivamente sobre a economia interna do país.

GABINETE CIVIL. ***Direito administrativo.*** Órgão que dá assessoria ao presidente da República, relativamente à administração civil, atos do governo, tramitação de projetos de lei no Congresso até a sanção presidencial, além de coordenar os trabalhos dos ministérios (Geraldo Magela Alves).

GALA. 1. ***Direito administrativo.*** a) Período de oito dias de descanso remunerado incorporado ao tempo de serviço público efetivamente prestado, em razão de casamento do funcionário; b) festividade de caráter oficial; festa nacional. **2.** ***Direito agrário.*** a) Fecundação dos ovos das aves; b) germe sólido e esbranquiçado que aparece na clara do ovo. **3.** ***Medicina legal.*** Sêmen. **4.** Nas ***linguagens comum*** e ***jurídica:*** a) veste ou uniforme que deve ser usado em solenidade; b) pompa; c) festa particular ou religiosa com grande aparato.

GANÂNCIA. 1. ***Direito comercial.*** Lucro que se tem em um negócio. **2.** ***Direito penal.*** Ganho ilícito; usura. **3.** ***Direito civil.*** Juros pagos pelo mutuário. **4.** Nas ***linguagens jurídica*** e ***comum:*** ambição exagerada de lucro.

GANHO. 1. ***Direito comercial.*** a) Lucro auferido num negócio; b) resultado obtido com aplicação de capitais. **2.** ***Direito do trabalho.*** Salário.

GANHO DE CAUSA. ***Direito processual.*** Vitória na demanda ou lide forense ou no pleito judicial, por um dos litigantes, ante o fato de o órgão judicante, por sentença judicial, ter reconhecido o direito invocado, ao julgar o mérito da causa.

GARANTE. ***Direito civil, direito cambiário*** e ***direito comercial.*** **1.** Aquele que afiança ou se responsabiliza por algum ato, prestação ou coisa. **2.** Fiador. **3.** Avalista. **4.** Garantidor. **5.** Endossador.

GARANTIA. ***Direito constitucional, direito civil, direito comercial, direito do consumidor, direito cambiário*** e ***direito bancário.*** **1.** Ação ou efeito de garantir. **2.** Segurança dada ao titular de um direito para que possa exercê-lo. **3.** Ato assecuratório de uma obrigação. **4.** Documento que vem a assegurar a autenticidade de um ato ou negócio jurídico, a boa qualidade de um produto ou serviço. **5.** Documento em que o fornecedor assume perante o comprador o compromisso de ressarci-lo em caso de vício ou fraude. **6.** Período em que vigora uma garantia. **7.** Obrigação assumida por alguém de assegurar a uma pessoa o gozo de uma coisa ou direito, ou de proteger contra um dano ao qual esteja exposta, ou de a indenizar quando sofreu efetivamente o dano (Dalloz). **8.** Cláusula contratual que visa assegurar ao credor, pela concessão, por exemplo, de um financiamento, que o devedor cumprirá o assumido. Com isso, obriga-se o devedor a cumprir a prestação devida ao credor. **9.** Caução. **10.** Proteção concedida ao credor, aumentando a possibilidade de receber aquilo que lhe é devido. **11.** É o reforço jurídico, de caráter pessoal ou real, de que se vale o credor acessoriamente, para aumentar a possibilidade de cumprimento, pelo devedor, do negócio principal (Tucci e Villaça Azevedo).

GARANTIA À EXECUÇÃO FISCAL. ***Direito tributário.*** Depósito em dinheiro, fiança bancária ou nomeação de bens à penhora, que assegura a execução fiscal do contribuinte-devedor (Eduardo Marcial Ferreira Jardim).

GARANTIA CAMBIÁRIA. ***Direito cambiário.*** Aval que garante o pagamento da letra, mediante simples aposição de assinatura do responsável pelo mesmo.

GARANTIA DA TUTELA. ***Direito civil.*** Medida assecuratória da boa administração dos bens do tutelado e da devolução da renda e desses bens ao término do ofício tutelar. O tutor poderá ser obrigado a prestar caução real ou fidejussória, determinada pelo juiz, se o patrimônio do menor for de valor considerável, para acautelar os haveres que serão confiados a sua administração. A caução legal só é essencial se o tutelado tiver bens ou rendimentos, sujeitos a gestão do tutor; se não tiver patrimônio algum, será essa garantia dispensável. Só será dispensado desse dever se for de reconhecida idoneidade moral e econômica. Como providência complementar, há responsabilidade subsidiária do juiz pelos danos que ao menor possam advir ante a insolvência do tutor, por não lhe ter exigido a garantia legal ou por não o ter removido, tanto que, por tais razões, se tornou suspeito. Tem-se ainda a responsabilidade pessoal e direta do magistrado quando não nomeou tutor ou quando a nomeação foi inoportuna.

GARANTIA DE FABRICAÇÃO. ***Direito do consumidor.*** Segurança da qualidade dos produtos fabricados. Protege o consumidor contra os vícios ou defeitos que porventura apresentarem, garantido-lhe o uso ou consumo satisfatório do produto.

GARANTIA DO EMPREGO. ***Direito do trabalho.*** É a que visa a segurança do emprego, continuidade da remuneração e manutenção do seguro-desemprego. Envolve ideia de coletivização de cobertura do risco, com base nos princípios: a) de proteção ao trabalho; b) de despersonalização do empregador, continuidade e manutenção da relação de emprego em caso de sucessão de empregadores; c) de suspensão total ou parcial do contrato de trabalho, mantendo inalterável o conjunto das situações jurídicas decorrentes daquele contrato. A garantia do emprego acarreta uma série de medidas dentro de uma política econômico-social como PIS, PASEP, FGTS etc. (Messias P. Donato).

GARANTIA FIDEJUSSÓRIA. *Direito civil. Vide* CAUÇÃO FIDEJUSSÓRIA.

GARANTIA FIDUCIÁRIA. *Direito civil.* **1.** Garantia de débito, mediante alienação fiduciária. **2.** Garantia baseada no crédito ou na confiança pública (Luiz Fernando Rudge).

GARANTIA PESSOAL. *Vide* CAUÇÃO FIDEJUSSÓRIA.

GARANTIA REAL. **1.** *Direito civil* e *direito comercial.* Caução real que garante o exato adimplemento dos deveres oriundos da relação obrigacional, recaindo direta e imediatamente sobre os bens móveis ou imóveis especificados ou determinados que reforçam a obrigação. Visa, portanto, assegurar a solvabilidade do devedor, que oferecerá, para tanto, penhor, hipoteca ou anticrese. **2.** *Direito processual civil.* É a que dá ao credor direito de preferência quanto ao preço alcançado na execução, em detrimento dos demais credores quirografários. **3.** *Direito comercial.* Classe de debênture em que seu privilégio geral sobre o ativo de uma sociedade anônima não obsta que se negociem bens componentes daquele ativo. Daí ser designada "garantia flutuante".

GARANTIAS CONSTITUCIONAIS. *Direito constitucional.* Instrumentos ou remédios previstos na Constituição Federal destinados a preservar e a dar efetividade aos direitos fundamentais, tais como: o *habeas corpus*, o *habeas data*, o mandado de injunção, o mandado de segurança, a ação popular.

GARANTIAS FUNDAMENTAIS. **1.** *Vide* GARANTIAS CONSTITUCIONAIS. **2.** *Direito constitucional.* Prerrogativas que protegem e concretizam direitos indispensáveis à realização da pessoa humana ou à convivência (José Carlos Francisco).

GARANTIAS LOCATÍCIAS. *Direito civil* e *direito comercial.* Ajustes que podem ser inseridos nos contratos de locação, visando dar ao locador segurança quanto ao pagamento do aluguel e dos demais encargos locativos. Sua efetivação se dará mediante a entrega de dinheiro, um bem móvel ou imóvel, pertencente, em regra, ao inquilino, o qual responde, preferencialmente, pelo resgate da dívida, caso em que se terá garantia real; ou então mediante promessa de terceiro, estranho à relação jurídica de solver *pro debitore*, hipótese em que se configurará a garantia pessoal ou fidejussória, ou melhor, a fiança, que, além de garantir a boa vontade do locatário, completará a sua insuficiência patrimonial com o patrimônio do fiador. Logo, no contrato de locação predial urbana, pode o locador exigir do locatário uma das seguintes modalidades de garantia: 1) *Caução*, que pode ser: a) caução real, que poderá ser em bens móveis ou imóveis, abrangendo tão somente o penhor e a hipoteca, embora nada impeça que se inclua a anticrese, constituindo uma inovação da atual norma inquilinal. Tal caução em móvel ou imóvel terá por escopo garantir ao locador o adimplemento das obrigações decorrentes da locação, por vincular determinado bem pertencente ao inquilino. Se a locação for assegurada pela caução real, o locador terá preferência sobre o preço que se apurar na venda judicial do bem gravado, devendo ser pago prioritariamente; b) caução em dinheiro, feita em papel-moeda, não muito comum nos contratos de locação, será efetuada mediante depósito de quantia não excedente a três meses de aluguel, em conta especial em caderneta de poupança, autorizada pelo Poder Público e por ele regulamentada, com a especificação de sua finalidade. Na caução em dinheiro, o inquilino que cumprir todas as suas obrigações terá a devolução do valor, depositado com todas as remunerações proporcionadas pela caderneta de poupança, por ocasião da restituição do prédio locado. Na hipótese de o locador não respeitar a caução em dinheiro, pagará multa equivalente àquelas vantagens que o inquilino poderá cobrar por via executiva; c) caução em títulos e ações, trata do penhor de direito incorporado a títulos, consistindo na entrega de títulos de crédito (títulos de dívida pública ou particular), de ações de sociedade anônima, de ações de companhia de seguro, de ações de companhias aeronáuticas e de ações ou quotas de capital de bancos de depósito. A caução de títulos e ações, havendo recuperação judicial ou extrajudicial, falência ou liquidação das sociedades emissoras, deverá ser substituída dentro de trinta dias para garantia do locador, que optou por ela. 2) *Fiança* ou garantia fidejussória, que é a caução prestada por uma terceira pessoa perante o locador, para garantir as obrigações locativas assumidas pelo devedor ou locatário, caso ele não as solva. É o negócio entabulado entre locador e fiador, prescindindo da presença do inquilino, podendo até mesmo ser levado a efeito sem o seu consentimento. O locador só poderá exigir a fiança no termo fixado para a obrigação principal, e não poderá escolher entre o locatário e o fiador, exigindo o pagamento de qualquer deles, porque a fiança só produzirá efeitos a partir do momento em que o afiançado deixar de realizar a prestação. Logo, o locador deverá dirigir-se contra o devedor principal, e somente se este não puder cumprir a obrigação assumida é que poderá procurar o fiador, em seu domicílio, para receber a prestação, tal como estipulado no contrato de locação. 3) *Seguro de fiança locatícia*, que é o pagamento de uma taxa, correspondente a um prêmio mensal ou anual que se ajustar, tendo por fim garantir o pagamento de certa soma ao locador. Garante-se, portanto, mediante o prêmio, o pagamento dos prejuízos pelo inadimplemento em relação à locação do imóvel ou à obrigação de pagar o aluguel. Pelo seguro de fiança locatícia o inquilino pagará mensalmente uma quantia à companhia seguradora, para que ela pague indenização, cobrindo possíveis e eventuais prejuízos do locador. Com tal seguro, ensina Daibert, haverá despersonificação da garantia; a entidade seguradora, a quem o Poder Público conceder a exploração dessa atividade, terá o dever de indenizar o locador pelos aluguéis não pagos pelo inquilino segurado. 4) *Cessão fiduciária de quotas de fundo de investimento* é uma modalidade de garantia locatícia em que o locatário (devedor) cede, até que se dê a liquidação total da dívida do *ex locato*, ao locador (credor) os seus direitos creditórios, representados em quotas (títulos de investimento) emitidas por entidade financeira, originárias de operações nos segmentos financeiro, comercial, industrial, de arrendamento mercantil, prestação de serviços e sistema de distribuição de valores mobiliários destinados à aplicação em empreendimentos imobiliários (construção de imóveis, aquisição de imóveis prontos ou investimentos em projetos, visando viabilizar o acesso à habitação e serviços, inclusive em áreas rurais para posterior alienação, locação ou arrendamento), objeto do fundo, que não poderá ser explorado comercialmente pelo mesmo, salvo por meio de locação ou arrendamento, ou em carteira diversificada de títulos e valores mobiliários. E, salvo disposição em contrário, a posse direta e indireta das quotas é atribuída ao credor (locador) que, em caso de inadimplemento ou mora da obrigação locatícia garantida, poderá vender a terceiro o bem objeto da propriedade fiduciária, independentemente de leilão, hasta pública ou qualquer outra medida judicial ou extrajudicial, devendo aplicar o preço da venda no pagamento do seu crédito e das despesas decorrentes da realização da garantia, entregando ao devedor (locatário) o saldo, se houver, acompanhado do demonstrativo da operação realizada.

GARANTIA SOLIDÁRIA. ***Direito comercial*** e ***direito civil.*** Trata-se da responsabilidade solidária existente entre os vários endossantes de um título com o seu portador ou a resultante da solidariedade da obrigação em que o credor, por lei ou por contrato, pode exigir de qualquer um dos devedores coobrigados o cumprimento da obrigação toda. Assim, quando um dos devedores solidários paga a dívida toda ao credor comum, os demais estão liberados.

GARIMPAGEM. ***Direito constitucional.*** **1.** Ação ou prática de garimpo. **2.** Trabalho manual de extração de pedras preciosas ou semipreciosas, ouro etc., em minas, encostas de montanha ou nas margens de rio, desde que haja autorização do governo federal e matrícula do garimpeiro. **3.** Ofício de garimpeiro. **4.** Forma rudimentar de mineração. **5.** Organização da atividade garimpeira em cooperativa, que tem prioridade na concessão ou autorização para pesquisa e lavra dos recursos minerais, levando em conta a proteção do meio ambiente e a promoção econômico-social dos garimpeiros.

GASTOS EXTRAORDINÁRIOS. **1.** ***Direito civil*** e ***direito comercial.*** Despesas extraordinárias eventuais e inesperadas devendo, ante as circunstâncias, ser atendidas. **2.** ***Direito comercial marítimo.*** Aqueles feitos por capitão do navio em defesa e garantia da massa comum, constituindo avaria grossa (De Plácido e Silva).

GASTOS ORDINÁRIOS. ***Direito civil*** e ***direito comercial.*** Despesas normais, comuns e previsíveis para atender às necessidades do negócio entabulado e da pessoa ou a uma imposição legal ou natural.

GATO DE LUZ. **1.** Na ***gíria policial,*** significa qualquer vício propositadamente feito no registro de luz elétrica com o escopo de furtar energia elétrica (De Plácido e Silva). **2.** ***Direito penal.*** Furto, desvio ou uso fraudulento de energia elétrica, punido pela lei penal como crime.

GÊMEOS BIVITELINOS. ***Medicina legal.*** Irmãos que nasceram do mesmo parto, advindos de óvulos diversos, fecundados por dois espermatozoides, podendo ter sexos iguais ou diferentes. Também denominados "gêmeos dizigóticos" ou "gêmeos fraternos".

GÊMEOS IDÊNTICOS. ***Medicina legal.*** Irmãos iguais e do mesmo sexo, por apresentarem os mesmos caracteres genéticos e o mesmo grupo sanguíneo e fator Rh, nascidos do mesmo parto, provenientes da divisão do mesmo óvulo fecundado em processo de segmentação. Também designados "gêmeos monozigóticos" ou "gêmeos univitelinos".

GÊMEOS UNIVITELINOS. *Vide* GÊMEOS IDÊNTICOS.

GENOCÍDIO. ***Direito penal*** e ***direito internacional.*** **1.** Crime contra a humanidade consistente no extermínio, total ou parcial, mediante uso de violência, de grupos humanos por motivos étnicos, raciais, religiosos, políticos etc. **2.** Destruição em massa de um grupo étnico e projeto sistemático que tem por fim eliminar aspecto fundamental da cultura de um povo (Lemkin).

GENRO. ***Direito civil.*** Marido ou companheiro da filha relativamente aos pais dela, sendo considerado parente por afinidade, em linha reta.

GENTE. **1.** ***Direito romano.*** a) Termo que designa os descendentes de um tronco comum; b) *gens*, no sentido de decúria, que se constituía pela reunião de dez famílias, sendo que trezentas davam origem ao *populus romanus quiritium*. Nesta acepção, grupo cuja afinidade político-religiosa é a mesma; c) povo. **2.** Na ***linguagem jurídica*** em geral: a) multidão; b) grupo de habitantes de um país; povo; c) grupo de pessoas que têm a mesma profissão; d) pessoa natural; ser humano. **3.** ***Direito militar.*** Força armada empenhada numa empresa. **4.** ***Ciência política.*** Conjunto de partidários de uma facção política. **5.** ***Sociologia jurídica.*** a) Grupo de pessoas que têm os mesmos costumes; b) classe de pessoas; c) gênero humano; humanidade; d) conjunto de pessoas cujos caracteres antropológicos são comuns; e) quantidade maior ou menor de pessoas consideradas de modo indeterminado; f) família. **6.** Na ***linguagem comum,*** pessoa sensível, humana e compreensiva.

GENTLEMEN'S AGREEMENT. ***Direito internacional público.*** *Vide* ACORDO ENTRE CAVALHEIROS.

GERÊNCIA. ***Direito comercial.*** **1.** Ação de dirigir ou administrar negócios de uma empresa; administração ou direção de negócios de um estabelecimento. **2.** Função de gerente.

GERENTE. 1. ***Direito comercial.*** a) Aquele que administra negócios, serviços ou bens de uma firma ou empresa; b) preposto do empresário; mandatário da empresa; c) preposto permanente que, por vínculo empregatício, administra e exerce atividade econômica da empresa, sob subordinação do administrador ou empresário; d) sócio comanditado. **2.** ***Direito administrativo.*** Servidor público ativo, responsável pelo planejamento, condução administrativa e supervisão técnica das atividades do projeto e, por delegação do Diretor Nacional de Projeto, pela ordenação das despesas. **3.** ***Direito bancário.*** O que ocupa cargo de confiança e de chefia, tendo sob suas ordens, em razão de hierarquia funcional, os demais empregados da agência bancária.

GESTÃO. 1. ***Direito administrativo.*** Ato pelo qual o Estado gere seu patrimônio ou negócios. Ato praticado pela administração pública sem o uso de poderes comandantes, como a venda de bens, que é, hodiernamente, considerado ato de direito privado praticado pela administração (Celso Antônio Bandeira de Mello). **2.** ***Direito civil*** e ***direito comercial.*** a) Administração; b) gerência de bens ou de interesses alheios; c) ato de gerir.

GESTÃO DE NEGÓCIO. 1. ***Direito civil.*** Intervenção, não autorizada, de uma pessoa (gestor de negócio) na direção dos negócios de uma outra (dono do negócio), feita segundo o interesse, a vontade presumível e por conta desta última. Ou, como prefere Clóvis Beviláqua, é a administração oficiosa de interesses alheios, feita sem procuração. **2.** ***Direito administrativo.*** Execução de ato por uma pessoa de acordo com o interesse de outra sem que tenha recebido delegação especial para tanto. A iniciativa de tal gestão é: a) do particular em favor da administração; b) de agente administrativo em benefício do particular; c) de pessoa jurídica de direito público em prol de outra entidade pública (Cretella Jr., Vedel, Ducombeau e Michoud).

GIGOLÔ. 1. ***Direito penal.*** Aquele que tira proveito de prostituta, participando de seus ganhos ou fazendo-se sustentar, no todo ou em parte, por quem exerça prostituição, praticando, portanto, o crime de rufianismo. **2.** Na ***linguagem comum,*** aquele sustentado por alguma mulher, em regra, mantida por outro homem, por ser seu amante de coração.

GIRO. 1. ***Direito comercial.*** a) Movimento mercantil; curso de operações comerciais seguido pelo administrador; b) saque ou emissão de títulos para movimento ou circulação de fundos; c) capital ou recurso econômico empregado num negócio empresarial. **2.** ***Direito cambiário.*** Circulação de títulos de crédito. **3.** ***Economia política.*** Circulação da moeda. **4.** ***Direito do trabalho.*** Serviço por turnos ou escalas. **5.** Na ***linguagem comum:*** a) pequena excursão ou passeio; b) movimento ao redor de um centro; c) jogo de quatro parceiros ao bilhar. **6.** Na ***gíria,*** conjunto de sensações provocadas pelo consumo de drogas.

GLASNOST. ***Termo russo.*** **1.** Abertura política que procurou a liberalização político-econômica da antiga União Soviética, aproximando-a do Ocidente (Acquaviva). **2.** Transparência; qualidade do que tem voz.

GLEBA. 1. ***Direito agrário.*** Terreno apropriado para agricultura. **2.** ***História do direito.*** a) Diz-se dos servos que, na era romana, por guerra de conquista, ficavam vinculados a uma porção de terra que deviam cultivar em benefício de seu senhor; b) cada uma das partes em que se dividia o terreno aforado, para outorgar o domínio útil a cada novo foreiro, que assumia os encargos do aforamento; c) forte, ou seja, imóvel rural do Brasil, no período colonial e no Império; d) terreno feudal a que os servos estavam adstritos. **3.** ***Direito constitucional*** e ***direito civil.*** Terreno que contém mineral.

GLOBALIZAÇÃO. 1. Associações múltiplas sobre um tema comum, integrando economias, aprofundando a competitividade e as inovações tecnológicas. **2.** Movimento complexo de abertura de fronteiras econômicas e de desregulamentação, que possibilita às atividades econômicas capitalistas estenderem seu campo de ação em vários países (Jean Luc Ferrandéry). Exemplos desses grupos são a Comunidade Europeia e o Mercosul, que visam à integração dos participantes, mediante citação de benefícios para seus integrantes e sistemas de atuação conjunta, de modo a privilegiar o seu relacionamento e traçar uma ação conjunta em relação aos terceiros (Pedro Paulo Teixeira Manus).

GLOSA. 1. ***Teoria geral do direito.*** a) Interpretação breve de um texto cujo entendimento é difícil, devido a sua obscuridade; b) explicação de expressões pouco usuais ou antigas; c) censura ou crítica; d) anotação. **2.** ***Direito canônico.*** Comentário feito à margem do *Corpus Iuris Canonici*. **3.** ***História do direito.*** a) Na época das Ordenações Filipinas, constituía o parecer contrário ou a desaprovação colocada pela autoridade ou chanceler à margem do documento que continha algum pedido ou deliberação, por não concordar com ela; b) corrigenda feita às leis do Digesto de Justiniano pelos jurisconsultos, designados glosadores da Escola de Bolonha, nos séculos XIII a XV. **4.** Na ***linguagem jurídica*** em geral, rejeição ou supressão, total ou parcial, de uma quantia ou verba indicada numa conta, orçamento ou documento, cancelando-a. **5.** ***Direito tributário.*** a) Ato de cancelar; b) ato de proceder à correção, na fiscalização tributária, suprindo ou anulando itens da declaração do contribuinte, lesivos ao interesse do Fisco e contrários às normas. **6.** ***Direito bancário.*** Exclusão de valores de repasse financeiro às instituições financeiras.

GLOSADOR. ***Teoria geral do direito.*** **1.** Aquele que faz glosa ou comenta textos legais obscuros. **2.** Intérprete ou comentador da lei; exegeta de textos jurídicos.

GNOSEOLOGIA JURÍDICA. *Vide* GNOSIOLOGIA JURÍDICA.

GNOSIOLOGIA JURÍDICA. ***Filosofia do direito.*** **1.** Teoria do conhecimento jurídico. **2.** Análise reflexiva do ato de conhecer. **3.** Epistemologia em sentido amplo, que é a parte integrante da Filosofia que estuda crítica e reflexivamente a origem, a natureza, os limites, o valor da faculdade humana do conhecimento, os critérios de validade e as condições de possibilidade do conhecimento jurídico. É a teoria do conhecimento jurídico.

GOLPE DE ESTADO. ***Ciência política*** e ***teoria geral do Estado.*** **1.** Ato pelo qual o chefe de Governo usa de manobra política ou de violência para sustentar-se no poder ou assenhorear-se de todos os poderes, contando, em regra, com o apoio das Forças Armadas, subvertendo o regime legal, alterando as instituições políticas e estabelecendo a ditadura. Trata-se, portanto, da subversão da ordem constitucional. **2.** Violação das formas constitucionais realizada pelo próprio governo, pelas Forças Armadas do Estado ou pelo detentor da autoridade para alcançar um intento (Barbé, Luttwak e Rapport).

GOOD WILL OF A TRADE. ***Locução inglesa.*** **1.** Benevolência, boa vontade. **2.** Aviamento. **3.** Capacidade do estabelecimento de produzir lucros (Vera Helena de Mello Franco). **4.** Qualidade do fundo do comércio, oriundo de condições objetivas, ou seja, do local ou instalação, como das subjetivas, ligadas às qualidades pessoais do titular ou do seu pessoal (Vera Helena de Mello Franco e Oscar Barreto Filho). **5.** Verba trabalhista referente à participação nos resultados obtidos pelo estabelecimento empresarial. **6.** Valor agregado ao estabelecimento empresarial, em razão do exercício de atividade econômica, técnica e organizada. **7.** Fundo de comércio ou fundo de empresa. **8.** Valor a maior do ativo, além do que está expresso na contabilidade, originado de valores intangíveis, como marcas, patentes, pontos comerciais, clientela etc. (Láudio de Camargo Fabretti). **9.** É, no direito virtual, segundo o mercado financeiro, a comunidade de internautas, ou seja, a quantidade diária média de pessoas que transitam pelo *website* e que podem ser consumidores potenciais de produtos e serviços nele anunciados (Fábio Ulhoa Coelho).

GORJETA. 1. ***Direito civil.*** Gratificação de pequeno serviço, paga além do preço estipulado, que constitui obrigação natural. **2.** ***Direito administrativo.*** Propina que contraria o princípio da moralidade administrativa. **3.** ***Direito do trabalho.*** Gratificação computada na remuneração do empregado, correspondente a uma pequena percentagem que lhe é paga espontaneamente pelo usuário ou cliente, ou como adicional cobrado pela empresa em razão do serviço prestado pelo empregado. **4.** ***Direito do consumidor.*** Valor acrescido à nota de despesa de clientes de restaurantes, churrascarias, bares e similares para ser distribuído a seus empregados, se previsto, e no percentual estabelecido por convenção coletiva de trabalho, acordo coletivo de trabalho ou dissídio coletivo de trabalho.

GOVERNADOR. ***Ciência política, direito constitucional*** e ***direito administrativo.*** Aquele que governa e administra política e financeiramente um Estado; aquele a quem se confia o governo de um Estado membro da Federação, de uma província, de um distrito. Exerce mandato político, pois é eleito pelos habitantes de um Estado Federado. É o chefe do Poder Executivo estadual.

GOVERNANÇA CORPORATIVA. ***Direito comercial.*** **1.** Sistema pelo qual a sociedade empresária e seus órgãos sociais aderem a um conjunto de regras procedimentais, com cunho ético-moral (Adalberto Simão Filho). **2.** Sistema pelo qual as companhias são dirigidas e controladas (Cadbury). **3.** Conjunto de práticas e relacionamentos entre acionistas/cotistas, conselho de administração, diretoria, auditoria independente e conselho fiscal, com a finalidade de otimizar o desempenho da empresa e facilitar o acesso ao capital. Abrange os assuntos relativos ao poder de controle e direção de uma empresa, bem como as diferentes formas e esferas de seu exercício, e os diversos interesses que, de alguma forma, estão ligados à vida das sociedades empresárias (Luiz Fernando Rudge).

GOVERNANTE. ***Ciência política*** e ***direito administrativo***. Aquele que governa; governador.

GOVERNMENT TAKE CLAUSE. ***Direito internacional privado***. Cláusula de adaptação inserida em contrato internacional de execução continuada, em regra no de fornecimento de petróleo, que permite o repasse automático nos preços das majorações efetuadas pelos países produtores. Procura prefixar parâmetros de aplicação automática, cobrindo álea de natureza econômica suscetível de afetar a prestação contratual, possibilitando que o contrato se afeiçoe às circunstâncias fáticas supervenientes.

GOVERNO. ***Ciência política***. **1.** Poder Executivo federal, estadual e municipal. **2.** Ministério. **3.** Ato ou efeito de governar. **4.** Poder supremo da nação; órgão político encarregado do exercício do poder supremo. **5.** Autoridade administrativa. **6.** Administração. **7.** Sistema pelo qual se organiza a administração de um país. **8.** Território da jurisdição de algum governador. **9.** Tempo de duração de uma administração pública, ou decurso do tempo em que alguém governou. **10.** Gestão. **11.** Direção. **12.** Grupo de pessoas ou de órgãos que dirigem um Estado; corporificação pessoal do Estado. **13.** Ação de dirigir um país politicamente. **14.** Conjunto de agentes que regem uma nação, abrangendo os três Poderes: o Executivo, o Legislativo e o Judiciário. **15.** Órgão supremo das hierarquias da administração do Estado, que rege toda a vida administrativa do país (Marcello Caetano). **16.** Regência. **17.** Modo pelo qual se exerce a administração de um Estado. **18.** Regime político como o republicano, o monárquico e o despótico. **19.** Método adotado para conduzir os negócios de um país, salientando a função do Executivo (presidencialismo) ou a preponderância do Legislativo (parlamentarismo). **20.** Conjunto de pessoas que exercem o poder político e que determinam a orientação política de uma certa sociedade (Lucio Levi).

GOVERNO CONSTITUCIONAL. ***Direito constitucional***. Diz-se do governo em que os três Poderes (Executivo, Legislativo e Judiciário) se submetem aos princípios e normas constitucionais, que traçam seus limites, direitos e deveres.

GOVERNO DEMOCRÁTICO. ***Ciência política***. Regime político que visa a proteção da liberdade, sendo a expressão da vontade livre do povo. Governo do povo, pelo povo e para o povo (Lincoln).

GOVERNO REPRESENTATIVO. ***Ciência política***. Aquele oriundo de delegação de poderes pelo povo a uma pessoa por ele eleita, pelo sufrágio universal, para exercer em seu nome o mandato político-governamental. Povo que governa por meio de agentes políticos por ele escolhidos. Os regimes convencional, presidencialista e parlamentarista são as principais formas do governo representativo.

GOVERNO TOTALITÁRIO. ***Ciência política***. Aquele em que a autoridade governante domina os cidadãos pela imposição de uma só diretriz política que sobrepõe os interesses do Estado aos individuais, de maneira que haja perda de grande parte dos direitos individuais, ante a absorção do homem pelo organismo político.

GOZO. **1.** ***Direito civil***. Posse, uso ou fruição de algum bem advindo de vantagem. **2.** ***Ciência política***. Desfrute de direitos políticos. **3.** Na ***linguagem jurídica*** em geral: a) fruição de situações, utilidades ou vantagens; b) titularidade de um direito. **4.** Na ***linguagem comum***, pode ter o sentido de: a) motivo de alegria; b) hilaridade; c) satisfação intelectual, moral ou material; d) prazer; e) em Goiás, caçador inexperiente; f) cão pequeno e comum. **5.** ***Medicina legal***. Orgasmo na relação sexual.

GRACIOSO. **1.** ***Direito civil***. O que envolve liberalidade; gratuito; dado de graça. **2.** ***Direito processual***. Processo de jurisdição voluntária em que não há demanda nem litígio.

GRADUAÇÃO DA PENA. ***Direito penal***. Ato ou efeito de graduar a pena, considerando a conduta social, os limites legais, a quantidade da pena aplicável, as circunstâncias legais agravantes ou atenuantes, os antecedentes e a personalidade do autor, grau de culpabilidade ou intensidade do dolo, as causas especiais inerentes ao autor e ao fato, o comportamento da vítima, os motivos e as consequências do delito, operando individualização da pena na aplicação ao caso concreto *sub judice*.

GRADUAÇÃO DO PARENTESCO. ***Direito civil***. Indicação de geração, pois cada uma constitui um grau. O parentesco, portanto, conta-se por graus que constituem a distância que vai de uma geração a outra. Para se saber o grau de parentesco existente entre um parente em relação a outro, basta averiguar as gerações que os separam. Na linha reta, o grau de parentesco é contado pelo número de gerações, ou seja, de relações existentes entre o genitor e o gerado. Tantos serão os graus quantas forem as gerações: de pai a filho, um grau; de avô a neto, dois graus; de bisavô a bisneto, três graus etc. Os graus de parentesco em linha colateral também se contam pelo número de gerações, subindo, porém, de um dos parentes até o ascendente comum, e descendo, depois, até encontrar o outro parente. Por exemplo, para contar o grau de parentesco entre A e seu tio B, sobe-se de A a seu pai C; a seguir a seu avô D e depois se desce a B, tendo-se, então, três graus, correspondendo cada geração a um grau.

GRADUAÇÃO DO TRIBUTO. *Direito tributário.* É a feita de acordo com a capacidade econômica do contribuinte, pois, quanto maior ela for, mais intensa será a tributação (Geraldo Ataliba).

GRAFITAGEM. *Direito penal.* Pichação; ato de escrever ou desenhar em propriedade alheia, causando dano estético, punido por lei penal com detenção e multa.

GRAFOSCOPIA. Reconhecimento de uma grafia pela análise comparativa de talhes de letra, averiguando a autenticidade de sua autoria. É o conjunto de recursos técnicos para estudar uma escrita ou documentos gráficos. Trata-se da grafotécnica.

GRAFOTÉCNICA. *Vide* GRAFOSCOPIA.

GRATIFICAÇÃO. **1.** *Direito administrativo.* Retribuição de serviços extraordinários ou pelo exercício de cargos em comissão ou de certas funções desempenhadas por agente público. **2.** *Direito civil.* Gorjeta tida como obrigação natural. **3.** *Direito comercial.* Bonificação espontânea dada ao empregado pelo empresário-empregador.

GRATUIDADE DA JUSTIÇA. **1.** *Direito processual.* Benefício de assistência judiciária gratuita, isentando o beneficiado do pagamento das custas judiciais e honorários advocatícios. **2.** *Vide* DEFENSORIA PÚBLICA.

GRATUITO. *Direito civil.* **1.** O que é feito sem paga material; aquilo que não exige retribuição ou contraprestação. **2.** O que não gera encargo ou ônus a pessoa a favor de quem se executa certo ato. **3.** Diz-se do ato jurídico que gera, por ser benéfico, vantagens, tornando alguém beneficiário. **4.** Sem interesse pecuniário.

GRAU. **1.** Na *linguagem filosófica*, a quantidade das qualidades (Wolff). **2.** Na *linguagem jurídica* em geral: a) Hierarquia; b) instância; c) cada uma das divisões do ensino; d) categoria; e) título obtido ao término de um curso universitário; f) linha reta ou colateral ou distância entre gerações; g) quantidade; h) estágio; i) nível; j) classe, ordem, posição; k) gradação; l) intensidade; m) estado do feito a que se opôs recurso. **3.** *Medicina legal.* A maior ou menor intensidade de uma moléstia.

GRAU DE CULPA. *Direito penal* e *direito civil.* Índice de participação da vontade do agente na sua conduta delituosa ou ilícita.

GRAU DE JURISDIÇÃO. *Direito processual.* **1.** Instância; ordem hierárquica dos órgãos do Judiciário no processo para atender a fins de recurso, dando maior segurança na aplicação do direito. No primeiro grau ter-se-á o juízo singular e no segundo o coletivo ou tribunal. **2.** Cada um dos graus do processo.

GRAVE AMEAÇA. *Direito civil* e *direito penal.* Constrangimento ilegal consistente em obrigar alguém a efetuar certo ato sob pena de, não o fazendo, vir a sofrer dano considerável e iminente, suscetível de atingir sua pessoa, sua família ou seus bens.

GRAVOSO. **1.** *Direito civil.* a) O que ofende ou vexa; b) aquilo que produz gravame; c) o que grava ou onera. **2.** *Direito internacional privado.* Bem exportável que, devido ao alto custo de sua produção, não pode concorrer ou competir no mercado internacional com os similares do exterior, ficando, por isso, na dependência de medidas protecionistas governamentais.

GREVE. *Direito constitucional, direito administrativo* e *direito do trabalho.* Acordo de operários e funcionários públicos que se recusam a comparecer ao trabalho, paralisando-o parcial ou totalmente, enquanto suas pretensões não forem atendidas. Trata-se de um projeto para obter a aprovação de suas reivindicações pelo empregador.

GREVE BRANCA. *Direito do trabalho.* **1.** Redução de trabalho pelos operários, que operam lentamente. **2.** Ato de empregados ficarem sem trabalhar diante das máquinas da empresa.

GREVE DE FOME. Ato de uma pessoa recusar alimento a título de protesto contra deliberação patronal, política etc. Como instrumento de publicidade negativa em relação aos indivíduos ou instituições de poder, vem ocorrendo cada vez mais entre os ativistas políticos, ecologistas, trabalhadores, profissionais liberais e estudantes. A tática da greve de fome consiste em sensibilizar a opinião pública, pessoas e instituições, responsabilizando-as pelos danos físicos e mesmo pela morte do grevista, caso suas demandas não sejam aceitas.

GREVE PATRONAL. *Direito penal* e *direito do trabalho. Vide* LOCK-OUT.

GRILEIRO. **1.** Aquele que procura, fazendo uso de escrituras públicas falsas, apropriar-se de terras pertencentes a outrem. **2.** Agente que legaliza propriedade imobiliária com títulos falsos. **3.** Autor do grilo, de falsificação material ou ideológica de escritura pública, vendendo áreas de que não é dono.

GRILO. **1.** *História do direito.* Nome dado pelas pessoas escravizadas àquele que os vigiava. **2.** Na *linguagem jurídica* em geral: a) propriedade territorial legalizada com título falso; b) o que se procura e não se encontra; c) ato fraudulento de apoderar-se de terras; d) venda de terras por quem não é seu legítimo proprietário, mediante apresentação de escritura falsa; e) negócio desonesto do qual se procura obter proveito indevido; f) em São Paulo pode significar: apito policial; guarda ou vigilante; inspetor de tráfego ou guarda de trânsito; g) ruído de peças mal ajustadas da carroçaria de automóvel. **3.** Na *gíria:* a) confusão; problema; complicação; enrosco; b) preocupação; c) pessoa maçante; d) relógio ou corrente que o segura; e) bolsinho da calça, onde se traz o relógio.

GROOVING. *Termo inglês* e *direito aéreo*. Modalidade especial de ranhura que, feita na pista dos aeroportos, ameniza a descida e o pouso de aviões e facilita a drenagem ou o escoamento de água em dias chuvosos. *Vide* RANHURA.

GROSSO MODO. *Locução latina*. **1.** Sumariamente. **2.** Impreciso. **3.** Feito sem rigor ou detalhes. **4.** De modo descuidado ou rudimentar.

GRUPO DE CONSÓRCIO. *Direito civil*. Sociedade não personificada constituída por consorciados para a aquisição de bens ou serviços e representada, ativa e passivamente, pela administradora, em juízo e fora dele, na defesa dos direitos e interesses coletivamente considerados e para a execução do contrato de participação em grupo de consórcio, por adesão.

GRUPO DE PRESSÃO. Conjunto de pessoas (industriais, comerciantes, profissionais liberais, agricultores etc.) ou entidades que, influenciando o Legislativo ou o Executivo, visam a obtenção de normas ou medidas favoráveis aos seus interesses ou fins. Trata-se do *lobby* (Fabio Nusdeo).

GRUPO DE SOCIEDADES. *Direito comercial*. Conjunto de empresas controladas, ligadas a um grupo detentor do comando, que constitui a sociedade *holding* ou "sociedade matriz", para obter a consecução de objetivos comuns. O grupo de sociedades requer convenção para sua formação, ficando sob o controle da empresa de comando. Na convenção obrigam-se as empresas a conjugar esforços para a realização de seus objetivos e participação de atividades ou empreendimentos comuns, mas podem prestar serviços umas às outras, estabelecer regime de colaboração mútua, promover intercâmbio de serviços, porque cada uma delas mantém sua personalidade, apesar de se submeterem às normas convencionais estabelecidas (Carlos Alberto Bittar). Urge lembrar, ainda, que a concentração de empresas ou associação de empresas pode dar-se pela: a) interligação não institucionalizada de sociedade pela participação acionária, mas sem a constituição de personalidade jurídica suprassocietária; b) constituição de grupo de sociedades, dotado de personalidade jurídica, tendo uma disciplina jurídica própria; c) formação de consórcio de empresas, sem participação acionária e sem personalidade jurídica, para a consecução de certo empreendimento, sendo que cada sociedade responde por suas obrigações.

GRUPO ECONÔMICO. *Direito comercial*. Dá-se quando duas ou mais empresas estiverem sob a direção, o controle ou a administração de uma delas, compondo grupo industrial, comercial ou de qualquer outra atividade econômica. No momento do lançamento de crédito previdenciário de responsabilidade de empresa integrante de grupo econômico, as demais empresas do grupo, responsáveis solidárias entre si pelo cumprimento das obrigações previdenciárias, serão cientificadas da ocorrência. Na cientificação constará a identificação da empresa do grupo e do responsável, ou representante legal, que recebeu a cópia dos documentos constitutivos do crédito, bem como a relação dos créditos constituídos. É assegurada vista do processo administrativo fiscal às empresas do grupo econômico que foram cientificadas.

GRUPOS DESPERSONALIZADOS. *Direito civil*. Entidades que não podem ser subsumidas ao regime legal das pessoas jurídicas do Código Civil, por lhes faltar requisitos imprescindíveis à subjetivação, embora possam agir ativa ou passivamente. Trata-se de grupos com personificação anômala que constituem um conjunto de direitos e obrigações, de pessoas e de bens sem personalidade jurídica e com capacidade processual, mediante representação. Dentre eles: a família, as sociedades não personificadas ou de fato, a massa falida, a herança jacente e vacante, o espólio, o grupo de consórcio, e o condomínio, segundo alguns autores, pois no nosso entender nele há uma *affectio societatis*, com aptidão à titularidade de direitos, deveres e pretensões.

GRUPO SOCIAL. *Sociologia jurídica*. Conjunto de pessoas unidas e inter-relacionadas para a consecução de um objetivo comum e específico.

GUARDA. **1.** Na *linguagem jurídica* em geral: a) ação ou efeito de guardar; b) vigilância em relação a uma coisa ou pessoa; c) proteção; d) vigia; sentinela; e) administração; f) depósito. **2.** *Direito desportivo*. Posição defensiva, em esgrima. **3.** *Direito militar*. a) Corpo de tropa encarregado do policiamento de um edifício público; b) cada militar pertencente à tropa de proteção ou policiamento; c) tropa especial cuja missão é defender o chefe da nação. **4.** *Direito da criança e do adolescente*. Instituto que visa prestar assistência material, moral e educacional ao menor, dando ao seu detentor o direito de opor-se a terceiros, inclusive aos pais, regularizando posse de fato. Trata-se de um meio de colocar o menor em família substituta ou em associação, independentemente de sua situação jurídica, até que se resolva, definitivamente, o seu destino. **5.** *Direito civil*. a) Direito do genitor-guardião, que, em razão de separação ou divórcio, por ter melhores condições, exercerá o poder familiar, deliberando sobre sua educação, ficando o genitor-visitante apenas com o direito de fiscalizar aquela educação dada à prole; b) poder-dever de assistência educacional, material e moral a ser cumprido no interesse e em proveito do filho menor.

GUARDA ALTERNADA. *Direito civil.* É a deferida a ambos os genitores, ficando o filho ora sob a custódia da mãe, com ela residindo, ora sob a do pai, passando a viver com ele. Há revezamento dos genitores na guarda.

GUARDA COMPARTILHADA. *Direito civil.* Guarda da prole deferida a ambos os genitores, separados ou divorciados, que terão o exercício do poder familiar, deliberando em conjunto sobre a criação e educação dos filhos. Ocorre quando não houver acordo entre mãe e pai quanto à guarda da prole, encontrando-se ambos os genitores aptos a exercer o poder familiar ou quando ambos a preferirem, de comum acordo. Há presença física da criança no lar de um deles, tendo o outro o direito de visitá-la periodicamente. O tempo de convívio com os filhos deve ser dividido de modo equilibrado com a mãe e com o pai, sempre tendo em vista as condições fáticas e os interesses dos filhos. E a responsabilidade sobre ela e sua educação é bilateral, ou seja, do pai e da mãe. Ambos os genitores terão o direito de participar, efetiva e decisivamente, na formação do filho. Não é, na verdade, guarda, mas exercício comum do poder familiar pelo casal parental, como diz Eduardo Oliveira Leite.

GUARDA CONTÍNUA. *Direito civil.* É a exercida pelo genitor-guardião.

GUARDA DA NIDAÇÃO. *Direito civil.* **1.** Aninhamento. **2.** É aquela em que os filhos têm uma residência fixa, aquela em que viviam com pais antes da separação ou divórcio, e os genitores se revezam em sua companhia, conforme o período da guarda. Com isso, os pais deverão manter, além do *ninho*, as suas próprias residências.

GUARDA DESCONTÍNUA. *Direito civil.* É a exercida pelo genitor-visitante.

GUARDA JUDICIAL. *Direito civil.* É aquela em que o juiz, em certa situação grave, defere a guarda ao genitor que tiver melhores condições, ou a terceira pessoa.

GUARDA LEGAL. *Direito do menor.* Maneira pela qual é possível colocar menor em família substituta ou em associação, independentemente de sua situação jurídica, até que se resolva, definitivamente, o seu destino. É um instituto que visa prestar assistência material, moral e educacional ao menor, dando ao seu detentor o direito de opor-se a terceiros, inclusive aos pais, regularizando assim a posse de fato. Trata-se da guarda legal concedida judicialmente.

GUARDA PROVISÓRIA. *Direito processual civil.* É a que tem caráter cautelar ou incidental, sendo deferida temporariamente, pois ante a situação litigiosa, será preciso amparar o menor, até que a questão seja solucionada.

GUARDA UNILATERAL. *Vide* GUARDA UNIPESSOAL.

GUARDA UNIPESSOAL. *Direito civil.* Guarda de filho concedida a um dos genitores (ou a quem o substitua), que terá o exercício do poder familiar. Também designada "guarda singular" ou "guarda unilateral". A guarda unilateral obriga o pai ou a mãe que não a detenha a supervisionar os interesses da prole, e, para possibilitar tal supervisão, qualquer dos genitores sempre será parte legítima para solicitar informações e/ou prestação de contas, objetivas ou subjetivas, em assuntos ou situações que, direta ou indiretamente, afetem a saúde física e psicológica e a educação de seus filhos. Dá-se quando houver acordo dos genitores nesse sentido ou quando um deles declarar ao juiz que não deseja a guarda dos menores.

GUERRA. **1.** *Direito internacional público* e *direito militar.* a) Luta armada entre países por razões políticas, sociais, econômicas ou territoriais, que termina com armistício, tratado de paz, rendição ou ocupação total ou local do território conquistado; b) reivindicação de direitos por meio de força militar. **2.** *Direito administrativo.* Dano resultante das operações militares durante conflito armado entre dois ou mais Estados, que deve ser reparado ante o princípio da solidariedade. **3.** Na *linguagem comum,* qualquer conflito ou luta.

GUERRA ATÔMICA. *Direito internacional público.* Guerra nuclear em que se utilizam armas baseadas na fissão de átomos de substâncias pesadas, como o urânio e o plutônio, ou fusão de átomos de substâncias leves, como o hidrogênio etc. Aquela em que se usam bombas que, ao explodirem, acarretam efeitos térmicos, mecânicos e radioativos.

GUERRA BIOLÓGICA. *Direito internacional público.* Operação bélica que emprega micro-organismos, como vírus, bactérias, toxinas etc.

GUERRA CIVIL. *Ciência política* e *sociologia jurídica.* Luta armada entre forças fronteiriças do mesmo Estado, na qual grupos nacionais pretendem estabelecer um novo governo ou restabelecer o anterior. Trata-se da guerra intestina entre grupos ou partidos do mesmo povo ou país, da comoção intestina ou revolução.

GUERRA FRIA. *Direito internacional público.* **1.** Emprego de medidas secretas por um país contra seu adversário para evitar-lhe qualquer fornecimento de matéria-prima, de crédito ou transporte etc., acarretando um estado conflitivo permanente e uma interferência na política interna das nações antagônicas. Pode manifestar-se por ações de ordem econômica, por espionagem, por exibição de forças militares, por ameaças etc., não recorrendo, portanto, a operações bélicas nem a ruptura de relações diplomáticas. **2.** Situação em que certos países, por serem prováveis beligerantes, procuram, mediante certos atos que não implicam declaração de guerra, prejudicar-se mutuamente.

GUERRA INTESTINA. *Vide* GUERRA CIVIL.

GUERRA PSICOLÓGICA. ***Direito internacional público.*** Uso de propaganda, de contrapropaganda, de técnicas para fins bélicos e de ações nos campos político, econômico, psicossocial e militar para influenciar alguma opinião, provocar emoção ou atos de grupo alienígena ou das Forças Armadas do adversário.

GUERRA QUÍMICA. ***Direito internacional público.*** Uso por Estado beligerante de gás ou produto químico nocivo que age direta ou indiretamente sobre a área, o meio ambiente e os combatentes.

GUIA. 1. ***Direito administrativo.*** a) Documento oficial padronizado, utilizado nas repartições públicas arrecadadoras, como comprovante de recolhimento em dinheiro ou depósito de valores; b) renque ou fileira de pedra que limita e indica a direção de uma calçada; meio-fio; c) documento que acompanha correspondência oficial. **2.** ***Direito militar.*** a) Aquele que ensina o caminho a ser seguido nas marchas do corpo do exército; b) sargento que dirige a marcha do pelotão. **3.** ***Direito agrário.*** a) Vara na empa das vinhas; b) vaqueiro que encabeça a boiada. **4.** ***Direito marítimo.*** Cabo que serve de direção aos objetos. **5.** Nas ***linguagens jurídica*** em geral e ***comum:*** a) roteiro; b) aquele que conduz viajantes ou excursionistas; c) caderno que contém indicações úteis sobre uma cidade. **6.** ***Direito comercial.*** a) Documento com que se recebem encomendas ou mercadorias enviadas por via férrea. Trata-se de guia da estrada de ferro; b) documento para processar um recolhimento em caixa, caso em que se tem guia de recolhimento. **7.** ***Direito processual.*** Documento expedido pelo escrivão do feito a uma repartição arrecadadora, para habilitar o interessado a efetuar pagamento de taxas, impostos relativos a determinados atos judiciais, que ali devem ser pagos.

H

HABEAS CORPUS. *Vide* AÇÃO DE HABEAS CORPUS.

HABEAS DATA. *Vide* AÇÃO DE HABEAS DATA.

***HABEAS* MÍDIA.** *Direito comparado.* Proteção individual, coletiva ou difusa, tanto de pessoas naturais como de jurídicas que sofrerem ameaça ou lesão ao seu patrimônio jurídico indisponível (honra), em razão de eventuais abusos cometidos pela mídia (Newton De Lucca).

HÁBIL. *Direito civil.* **1.** O que está conforme a lei por preencher os requisitos por ela exigidos. **2.** O que tem capacidade para praticar atos na vida civil, adquirindo direitos e contraindo obrigações. **3.** Apto.

HABILITAÇÃO. 1. *Direito civil.* a) Aptidão; capacidade; b) ato ou efeito de habilitar-se; c) documento ou título que habilita uma pessoa para algo; d) conjunto de formalidades necessárias para poder adquirir ou exercer um direito ou para praticar atos jurídicos; e) autorização dada a alguém, por ter preenchido as formalidades exigidas, para a prática de atos imprescindíveis concernentes à garantia de seu direito; f) ato preliminar essencial para que determinado ato solene possa ser executado validamente. **2.** *Direito administrativo.* a) Cumprimento de exigências previstas em lei para que alguém possa ocupar cargo ou função pública, por ter demonstrado seus conhecimentos científicos por meio de provas ou apresentando documentos (títulos) num concurso público; b) conjunto de documentos exigidos do licitante, para comprovar sua capacidade técnico-jurídica, idoneidade e regularidade fiscal. **3.** *Direito processual.* a) Conjunto de documentos necessários para requerer ou provar alguma coisa; b) maneira pela qual se prova em juízo a capacidade ou qualidade legal de uma pessoa para atingir certo fim ou obter o reconhecimento de seu direito; c) ato ou sentença que julga ou reconhece alguém como herdeiro legítimo do *de cujus*; d) procedimento especial imprescindível quando, ante o óbito de um dos litigantes, os interessados o sucedem no processo.

HABILITAÇÃO MATRIMONIAL. *Direito civil.* Preenchimento de certas formalidades legais que precedem o casamento, com o escopo de verificar a inexistência de impedimentos e de demonstrar que os nubentes estão em condições de convolar núpcias, evitando assim a realização de matrimônio com infração às normas jurídicas vigentes ou com inobservância de requisitos essenciais à sua celebração. Na habilitação matrimonial, os nubentes deverão demonstrar que estão legalmente habilitados para o ato nupcial, por meio de processo que corre perante o oficial de Registro Civil do domicílio dos noivos; se domiciliados em distritos diferentes, processar-se-á no Cartório do Registro Civil de qualquer deles, sob pena de nulidade do ato. Para tanto, deverão apresentar requerimento acompanhado dos seguintes documentos: a) certidão de nascimento ou documento equivalente; b) declaração do estado civil, do domicílio e da residência atual dos contraentes e de seus pais; c) autorização das pessoas sob cuja dependência legal estiverem ou ato judicial que a supra; d) declaração de duas testemunhas maiores, parentes ou estranhos, que atestem conhecer os nubentes e afirmem não existir impedimento que os iniba de casar; e) certidão de óbito do cônjuge falecido, da anulação do casamento anterior ou do registro da sentença ou da escritura pública de divórcio; f) certidão da sentença de divórcio proferida no estrangeiro, com a devida homologação pelo Superior Tribunal de Justiça; g) certificado do exame pré-nupcial se se tratar de casamento de colaterais do terceiro grau, ou seja, de tio com sobrinha ou de tia com sobrinho.

HABITAÇÃO. 1. *Direito civil.* Direito real temporário de ocupar gratuitamente casa alheia para morada do titular e de sua família. Para tanto tal direito deverá estar inscrito no registro imobiliário. O titular desse direito real sobre coisa alheia de fruição não pode alugar nem emprestar esse imóvel. Se o direito real de habitação for conferido a mais de uma pessoa, qualquer delas, que habite sozinha a casa, não terá de pagar aluguel à outra ou às outras, mas não as pode inibir se exercerem, querendo, o direito, que também lhes compete, de habitá-la. **2.** Nas *linguagens jurídica* e *comum:* a) residência; local onde se habita; b) *habitat*; c) local onde animais se recolhem, d) ato ou efeito de habitar; e) local onde a pessoa acidentalmente permanece; f) exercício efetivo da morada.

HABITAÇÃO COLETIVA MULTIFAMILIAR. 1. *Direito civil.* a) Cortiço; pensão; república; casa de cômodos; b) casa, apartamento ou prédio que serve de residência a várias pessoas, sem que entre elas haja relação de parentesco, podendo, ainda, designar o local em que, mesmo acidentalmente, vivem várias pessoas. Para José da Silva Pacheco, "são consideradas habitações coletivas, os prédios ou pavimentos de prédios em que residam, de modo permanente ou transitório, diversas famílias ou muitas pessoas, sem a unidade econômica e sem a organização privada das habitações particulares". **2.** *Direito penal.* Local acessível ao público, proporcionando aos seus moradores jogo de azar, estando por isso suscetível aos efeitos decorrentes da Lei das Contravenções Penais.

HABITE-SE. *Direito administrativo.* Autorização da Prefeitura, segundo a finalidade específica a que se destina, para que um imóvel recém-edificado ou reformado possa ser ocupado. A concessão desse direito dá-se mediante vistoria de regularidade, por ter sido executada sua construção de conformidade com o projeto devidamente aprovado, tendo sido satisfeitas as condições estabelecidas pela lei.

HABITUALIDADE. **1.** ***Direito penal.*** a) Incidência repetitiva de uma conduta delituosa; reincidência; b) elemento integrante na tipificação do crime de lenocínio e rufianismo. **2.** ***Direito bancário.*** Um dos caracteres da prática de operações bancárias, ao lado do volume de empréstimos. **3.** ***Medicina legal.*** Vício ou hábito arraigado. **4.** ***Direito civil.*** Sucessividade ou constância no exercício de um ato ou na prática de atos que tornam a pessoa profissionalmente hábil na sua execução.

HACKER. ***Termo inglês*** e ***direito virtual.*** **1.** Pessoa que desenvolve programa pirata com o escopo de interceptar mensagem, decodificar segredo ou penetrar em algum sistema protegido. **2.** Aquele que, via Internet, pratica delitos digitais, descobrindo senhas ou códigos de computadores alheios, para, p. ex., ganhar algum dinheiro extra e gastar exageradamente com novos equipamentos de informática, ferindo o patrimônio de empresas e de cidadãos. Contra ele tem sido usada a *criptografia*, que é um sistema capaz de transformar mensagens em códigos indecifráveis e impedir o roubo de dados, e o *software* "pote de mel", para atraí-lo para um local onde possa ser barrado e identificado. **3.** Aquele que entende o funcionamento de um computador e de redes de computadores. **4.** O mesmo que CRACKER, como alguns erroneamente entendem. **5.** Perito em informática, solucionando problemas. **6.** Aquele que, tendo conhecimento profundo sobre computador, dedica-se à descoberta de vulnerabilidades do sistema de dados (Amaro Moraes e Silva Neto).

HACKERS* ÉTICOS.** ***Direito virtual. Especialistas que usam o conhecimento para solucionar os problemas criados pelo *hacker* não ético, ou seja, agem *contra o invasor destrutivo*, que tenta invadir à surdina os portões de entrada dos servidores da Internet. Sendo que a maior preocupação do *hacker* ético é a implantação de sistemas de segurança e sua tarefa é tentar *invadir os sistemas* das companhias com o objetivo de detectar os pontos *vulneráveis à ação de outros "hackers", não éticos* (Liliana M. Paesani).

HACKING. ***Direito virtual.*** **1.** Ato de invadir sistema para averiguar suas falhas ou vulnerabilidades (Amaro Moraes e Silva Neto). **2.** Manifestação da intrusão informática (Esther Morón). **3.** Uso não autorizado de computador e de seus recursos de rede.

HALO DE ENXUGO. ***Medicina legal.*** Orla de enxugo que se apresenta no orifício de entrada, provocado por projétil de arma de fogo que, ao penetrar na pele, se limpa de impurezas, como o "sarro" da pólvora, ferrugem etc., nas bordas da ferida, indicativa da direção em que o disparo foi feito.

HARDWARE. ***Termo inglês*** e ***direito virtual.*** **1.** Aparato de computação, máquina que processa e armazena os dados recebidos, tendo fins utilitários protegidos pelo direito de propriedade industrial. **2.** Máquina e componentes individuais, como os discos do computador. **3.** Componente mecânico, eletrônico e magnético de um computador, como o monitor, os periféricos etc. **4.** Equipamento usado no suporte ao acesso, armazenamento, processamento, movimentação, recuperação e transformação das informações (Paulo M. R. Brancher).

HAVERES. ***Direito civil.*** Bens, propriedades ou riquezas de uma pessoa que compõem seu patrimônio.

HECTARE. ***Direito agrário.*** Medida agrária correspondente a dez mil metros quadrados.

HEDGER. ***Termo inglês.*** Aquele que visa proteger-se contra o risco de variação de preço das *commodities*. O *hedger* vende no mercado a termo ou no mercado futuro, garantindo-se contra possíveis prejuízos oriundos do aumento de valor de suas obrigações ou da diminuição do valor de seus bens, em razão da oscilação do preço ou do câmbio, transferindo o risco a terceiros.

HEDGING. ***Direito internacional privado.*** Cobertura contra riscos, variações e oscilações dos preços. É uma modalidade de operação de Bolsa, feita por empresa exportadora nacional, com caráter aleatório, tendo por escopo a comercialização de mercadorias a termo. Será, portanto, uma modalidade negocial a termo nas Bolsas de Mercadorias (*commodities future market*), com liquidação pela diferença. O *hedge* é o ato de tomar posição equivalente e oposta no mercado à vista e a termo na expectativa de que o resultado líquido impeça um prejuízo decorrente de oscilações dos preços, sob a fiscalização do Banco Central. Esta modalidade de operação poderá ser estendida aos empréstimos externos, hipótese em que se terá o *hedging* de juros.

HEIMATHLOS. ***Termo alemão.*** Pessoa sem pátria, que perdeu sua nacionalidade, sem que tenha obtido outra. Trata-se do apátrida.

HERANÇA. **1.** ***Direito civil.*** Objeto da sucessão *causa mortis*, testamentária ou legítima, dado que, com a abertura da sucessão, ocorre a mutação subjetiva do patrimônio do *de cujus*, que se transmite aos seus herdeiros, os quais se sub-rogam nas relações jurídicas do defunto, tanto no ativo como no passivo, até os limites da herança. A herança é, portanto, o patrimônio do falecido, ou seja, o conjunto de direitos e obrigações que se transmitem aos herdeiros legítimos ou testamentários. **2.** ***Medicina legal.*** Transmissão hereditária de pais a filhos de caracteres e tendências. **3.** ***História do direito.*** Sistema de arregimentação de funcionário público, comum na Idade Média, que preconizava o preenchimento de cargos públicos por meio de hereditariedade. Esse sistema era inconveniente, pois nem sempre os herdeiros tinham capacidade para assumir a função de seu antepassado.

HERANÇA JACENTE. *Direito civil.* É aquela quando não houver herdeiro legítimo ou testamentário notoriamente conhecido, ou quando for repudiada pelos herdeiros sucessíveis. A herança jacente não representa a pessoa do *auctor successionis* e muito menos os herdeiros, nem tampouco é pessoa jurídica. Constitui, apenas, um acervo de bens arrecadado por morte do *de cujus* sujeito à administração e representação do curador, a quem incumbem os atos conservatórios, sob fiscalização judicial durante um período transitório.

HERANÇA LEGAL. *Direito civil.* Decorrente de lei, constituindo a sucessão legítima, desde que não haja testamento, ou o existente caducar ou for declarado nulo. Todavia, podem coexistir simultaneamente a sucessão legítima e a testamentária, desde que, em testamento, o *de cujus* haja disposto de metade de seus bens, destinando a outra aos seus herdeiros necessários ou legitimários.

HERANÇA LEGITIMÁRIA. *Direito civil.* É a dos herdeiros necessários, ou seja, dos descendentes, ascendentes e cônjuge sobrevivente.

HERANÇA LÍQUIDA. *Direito civil.* Patrimônio transmitido aos herdeiros do *auctor successionis*, que constitui o saldo entre o seu ativo e passivo, obtido mediante deduções legais como os débitos do falecido, as despesas do seu funeral, o valor dos encargos que somente recaiam sobre seus bens, despesas do inventário e da administração do espólio, e as oriundas do pagamento dos impostos etc. Logo, a herança líquida é a resultante das deduções legais feitas no acervo hereditário.

HERANÇA TESTAMENTÁRIA. *Direito civil.* Deferida por força de testamento feito pelo *de cujus*, respeitando a legítima dos herdeiros necessários, se houver, ou dispondo sobre a totalidade de seus bens, na ausência de descendentes ou ascendentes ou cônjuge.

HERANÇA VACANTE. *Direito civil.* Designação à herança jacente se, praticadas todas as diligências legais, não surgirem herdeiros sucessíveis do finado. Será declarada como tal apenas um ano depois da primeira publicação do edital convocatório dos interessados, desde que não haja herdeiro habilitado e habilitação pendente. É o resultado da jacência, porém, a devolução dos bens ao Município ou Distrito Federal, se localizados nas respectivas circunscrições, ou à União, se situados em território federal, com a declaração da vacância, não tem o poder de incorporar a herança definitivamente e *ipso facto* ao patrimônio público, o que só ocorre após cinco anos da abertura da sucessão. Logo, a sentença que declara a herança vacante transfere ao Poder Público a propriedade resolúvel, pois mesmo vaga a herança, permanecerá algum tempo aguardando o aparecimento de herdeiro sucessível.

HERDEIRO. **1.** *Medicina legal.* O que herda por consanguinidade determinados caracteres físicos ou morais. **2.** *Direito civil.* a) Sucessor legítimo, legitimário ou testamentário do *de cujus*; b) legatário; c) aquele que tem direito de suceder bens, no todo ou em parte, após a morte de seu proprietário; d) aquele que sucede na totalidade da herança, ou, em parte dela, sem determinação do valor e do objeto, parte que apenas será individualizada com a partilha.

HERDEIRO APARENTE. *Direito civil.* Aquele que, por ser possuidor de bens hereditários, faz supor que seja o seu legítimo titular, quando, na verdade, não o é, pois a herança passará a terceiro, que é o real herdeiro. O herdeiro aparente nunca foi herdeiro nem titular legítimo dos direitos sucessórios, apesar de ser tido como tal em razão de algum erro de fato ou de direito, invencível e comum, aceito como verdade, pela maioria das pessoas. Enfim, é aquele que pode ser herdeiro mas que não o é, por não poder suceder ao *de cujus*, como o que foi declarado incapaz para suceder, indigno ou deserdado, o contemplado em testamento nulo ou anulável, caduco ou revogado.

HERDEIRO EXCLUÍDO. *Direito civil.* **1.** Aquele privado da herança por indignidade, por deserdação, ou ainda, por ter sido contestada a sua qualidade de herdeiro no processo de inventário. **2.** Consorte ou colateral até o quarto grau, ante o fato de o testador, sem descendente, ascendente ou cônjuge, não os contemplar em seu testamento.

HERDEIRO LEGITIMÁRIO. *Vide* HERDEIRO NECESSÁRIO.

HERDEIRO LEGÍTIMO. *Direito civil.* Aquele instituído por lei, pois sua qualidade de sucessor advém de concessão legal, não sendo necessária nenhuma manifestação da vontade do *auctor successionis* por ato de última vontade. Seguindo a ordem de vocação hereditária, a própria lei inclui como sucessor legítimo o descendente, o ascendente, o cônjuge ou companheiro sobrevivente, os colaterais até o quarto grau. O Poder Público (Município, o Distrito Federal ou a União) não é herdeiro, mas *sucessor irregular* daquele que faleceu sem deixar herdeiro legítimo ou testamenteiro.

HERDEIRO NECESSÁRIO. *Direito civil.* Descendente, ascendente ou cônjuge do *auctor successionis*, desde que não seja excluído da sucessão por ato do testador, deserdando-o por prática de ação atentatória à sua pessoa, prevista em lei. O herdeiro necessário não pode ser preterido da sucessão, tendo resguardada sua legítima, uma vez que o *de cujus* só poderá dispor por via testamentária tão somente da metade de seus bens.

HERDEIRO PÓS-MORTO. *Direito civil.* É o que sobrevive ao *de cujus*, vindo a falecer logo em seguida a ele.

HERDEIRO PÓSTUMO. *Direito civil.* Aquele nascido após a morte do *de cujus*, mas cujos direitos são assegurados por lei.

HERDEIRO PRÉ-MORTO. *Direito civil.* Aquele que não sobrevive ao *auctor successionis*.

HERDEIRO REPRESENTANTE. *Direito civil.* Aquele da linha reta descendente e, excepcionalmente, o sobrinho do falecido, na linha colateral, chamado a suceder em todos os direitos do representado, como se ele ainda vivo fosse.

HERDEIRO RESERVATÁRIO. *Vide* HERDEIRO NECESSÁRIO.

HERDEIRO SINGULAR. *Direito civil. Vide* LEGATÁRIO.

HERDEIRO SUBSTITUTO. *Direito civil.* Instituído pelo testador para substituir o nomeado, quando este não puder ou não quiser receber a herança.

HERDEIRO TESTAMENTÁRIO. *Direito civil.* Aquele instituído pelo testador, no ato de última vontade, para receber a totalidade ou fração ideal da herança por ele deixada.

HERDEIRO UNIVERSAL. *Direito civil.* O que recolhe a totalidade da herança em razão de lei ou de testamento. Trata-se do sucessor único.

HERMENÊUTICA JURÍDICA. *Teoria geral do direito.* Ciência jurídica auxiliar que tem a tarefa de: a) interpretar normas, buscando seu sentido e alcance, tendo em vista uma finalidade prática, criando condições para uma decisão possível, ou melhor, condições de aplicabilidade da norma com um mínimo de perturbação social, empregando, para tanto, as várias técnicas interpretativas; b) verificar a existência da lacuna jurídica, contatando-a e indicando os instrumentos integradores que levem a uma decisão possível mais favorável; c) afastar contradições ou antinomias jurídicas, indicando os critérios idôneos para solucioná-las.

HETEROCOMPOSIÇÃO. *Direito do trabalho.* Solução do conflito trabalhista por um terceiro que nele não esteja envolvido, que se exterioriza pela arbitragem facultativa ou arbitragem compulsória em matéria de conflito coletivo do trabalho (Pedro Paulo Teixeira Manus).

HETEROINTEGRAÇÃO. *Teoria geral do direito.* Técnica para conseguir uma solução plausível em caso de lacunas (normativa, ontológica ou axiológica), mediante o emprego do costume, princípios gerais do direito e equidade. É, portanto, a técnica pela qual a ordem jurídica se completa, lançando mão de fontes diversas da dominante, uma vez que a autointegração é a analogia, já que recorre à fonte jurídica dominante, que é a lei. É difícil distinguir a autointegração da heterointegração, porque os princípios gerais de direito podem ser interpretados como autointegração ou como heterointegração, porém nos inclinamos a considerá-los como instrumentos heterointegrativos.

HETERONOMIA JURÍDICA. *Filosofia do direito.* Sujeição do destinatário da norma ao seu comando, independentemente de sua vontade. Ou, como prefere Lalande, a condição de uma pessoa ou de uma coletividade receber do exterior a lei à qual se submete.

HETEROSSEXUALIDADE. *Medicina legal.* Atração sexual, normal ou pervertida, por pessoa do sexo oposto.

HIC ET NUNC. *Locução latina.* Aqui e agora; imediatamente; sem demora; momento presente.

HIERARQUIA DAS NORMAS. *Teoria geral do direito.* Ordem de graduação das normas, segundo uma escala decrescente: normas constitucionais; leis complementares; leis ordinárias; leis delegadas; medidas provisórias; decretos legislativos e resoluções; decretos regulamentares; normas internas (despachos, estatutos, regimentos, portarias etc.); normas individuais (contratos, testamentos, sentenças etc.).

HIERÁRQUICO. 1. Na *linguagem jurídica* em geral: relativo à hierarquia. **2.** *Teoria geral do direito.* Critério para solucionar conflito de normas baseado na superioridade de uma fonte de produção jurídica sobre a outra. O princípio *lex superior derogat legi inferiori* quer dizer que num conflito entre normas de diferentes níveis, a de nível mais alto, qualquer que seja a ordem cronológica, terá preferência em relação à de nível mais baixo, por exemplo, a norma constitucional prevalece sobre uma lei ordinária.

HIGIENE PÚBLICA. *Medicina legal* e *direito administrativo.* Sanitarismo ou conjunto de conhecimentos e de práticas que visam preservar e promover a saúde da coletividade, levados a efeito por órgãos públicos.

HÍMEN. *Medicina legal.* Membrana mucosa que recobre a abertura da vagina, fechando-a parcialmente. Em geral, rompe-se com a primeira relação sexual.

HINO NACIONAL. *Ciência política.* **1.** Música que, contendo um sentido histórico-político, revela a alma patriótica de um povo, cuja interpretação é de ensino obrigatório nos estabelecimentos de ensino público ou particular de primeiro e segundo graus. **2.** Símbolo sonoro de um país.

HIPÓSTASES CADAVÉRICAS. *Medicina legal.* Manchas que aparecem nas partes declives dos órgãos do cadáver, em virtude de acúmulo de sangue que deixou de circular. O livor cadavérico é uma consequência da ação da gravidade sobre o sangue (Divergie).

HIPOTECA. ***Direito civil.*** Direito real de garantia de natureza civil, que grava coisa imóvel ou bem que a lei entende por hipotecável, pertencente ao devedor ou a terceiro, sem transmissão de posse ao credor, o que confere aos primeiros o direito de promover a sua venda judicial para pagamento, preferentemente, em caso de inadimplência. É, portanto, um direito sobre o valor da coisa onerada e não sobre sua substância. Podem ser objeto de hipoteca: os imóveis e seus acessórios; o domínio direto e o útil; as estradas de ferro; os recursos naturais; os navios; as aeronaves; o gasoduto; o direito de uso especial para fins de moradia; o direito real de uso resolúvel de terreno público ou particular e a propriedade superficiária.

HIPOTECA CEDULAR. ***Direito civil.*** Aquela em que se constitui a cédula hipotecária, consistente num título representativo de crédito com este ônus real, sempre nominativo, mas transferível por endosso e emitido pelo credor.

HIPOTECA CONVENCIONAL. ***Direito civil.*** Aquela constituída por meio de um acordo de vontade do credor e do devedor da obrigação principal, pois são suscetíveis de ônus real todas as obrigações de caráter econômico, sejam elas de dar (onde a hipoteca assegurará a entrega do objeto da prestação), de fazer, ou de não fazer (podendo garantir o pagamento de indenização por perdas e danos em consequência de sua inexecução).

HIPOTECA JUDICIAL. ***Direito civil*** e ***direito processual civil.*** Hipoteca geral que a lei empresta a todo julgamento que condena um devedor a executar sua obrigação (Planiol e Ripert). A sentença que condenar o réu no pagamento de uma prestação consistente em dinheiro, e a que determinar a conversão de prestação de fazer, de não fazer ou de dar coisa em prestação pecuniária, valerão como título constitutivo de *hipoteca judiciária*, cuja inscrição será ordenada pelo juiz na forma prescrita na Lei de Registros Públicos. Quando a sentença judicial condenar o réu a entregar determinada quantia ou a pagar indenização de perdas e danos, o autor tem direito de garantia sobre os bens do devedor que forem bastantes para cobrir o montante da condenação imposta pelo magistrado. Tais bens serão vendidos para obtenção do *quantum* necessário para satisfação da obrigação. Só que o exequente não terá direito de preferência, se, com a insolvência do devedor, instaurar-se concurso creditório, por isso alguns autores dizem tratar-se de uma hipoteca anômala ou "meia hipoteca", como prefere Teixeira de Freitas.

HIPOTECA LEGAL. ***Direito civil.*** Aquela que a lei confere a certos credores, que, por se encontrarem em determinada situação e pelo fato de que seus bens são confiados à administração alheia, devem ter uma proteção especial. Por exemplo, a lei confere hipoteca às pessoas de direito público interno, sobre os bens imóveis pertencentes aos encarregados da cobrança, guarda ou administração dos respectivos fundos e rendas; ao ofendido, ou aos seus herdeiros, sobre os imóveis do delinquente, para satisfação do dano causado pelo delito e pagamento das despesas judiciárias; ao coerdeiro, para garantia do seu quinhão ou torna da partilha, sobre o imóvel adjudicado ao herdeiro reponente; ao credor, sobre o imóvel arrematado, para garantia do pagamento do restante do preço da arrematação; aos filhos sobre os imóveis do pai ou mãe, que convolar novas núpcias, antes de fazer o inventário e partilha dos bens do casal anterior.

HIPÓTESE DE INCIDÊNCIA TRIBUTÁRIA. ***Direito tributário.*** Descrição hipotético-legislativa de um fato a cuja ocorrência *in concreto* a lei atribui força jurídica de determinar o nascimento da obrigação tributária (Geraldo Ataliba).

HISTÓRIA DO DIREITO. Ciência que estuda, cronologicamente, o direito como fato empírico e social resultante da interação humana, salientando os seus caracteres peculiares, as causas ou motivos de suas mutações ou transformações.

HLA. ***Medicina legal.*** Sigla do sistema *Human Leukocyte Antigen* utilizado na identificação de indivíduos. Essa técnica possibilitou a aplicação de teste conclusivo para o estabelecimento da paternidade, tornando possível visualizar virtualmente o material genético e compará-lo com o de pessoas diferentes, visando a identificação do DNA (ácido desoxirribonucléico) do indivíduo.

HOAXES. ***Direito virtual.*** *E-mails* com conteúdos falsos.

HOLDING. ***Direito comercial.*** **1.** Processo em que as sociedades anônimas, agrupadas em truste, conservam a individualidade jurídica e a aparente independência econômica, mas a maioria das ações de cada uma delas é detida por uma sociedade (*Holding Company*) cujos diretores têm o poder decisório nas assembleias de acionistas de cada uma daquelas sociedades, por terem a maioria dos votos (Henri Guitton). **2.** Concentração do poder de decisão de muitas empresas agrupadas naquela que for a detentora do controle acionário das outras. A empresa *mater* controla as subsidiárias, inclusive financeiramente.

HOLERITE. ***Direito do trabalho.*** Comprovante de pagamento emitido pela entidade empregadora.

HOLÍSTICA. ***Direito comercial.*** É a administração que procura ver o empregado da empresa dentro do contexto organizacional como ser humano e não como peça da engrenagem da produção empresarial.

HOME BANKING. ***Locução inglesa.*** **1.** Operação financeira feita no escritório, pelo usuário de computador (Hilário de Oliveira). **2.** Serviço bancário em meio eletrônico, acessível por telefone ou computador por meio da Internet (Luiz Fernando Rudge).

HOME BROKER. ***Direito virtual.*** **1.** Sistema eletrônico que possibilita a compra e venda de ações por meio de rede e que é realizado por corretoras de valores virtuais cadastradas e interligadas ao sistema da Bovespa (Ilene Patrícia de Noronha). **2.** *Sites* acessáveis por nomes de domínio específicos, que tornam possível ao internauta algum investimento virtual com reflexo no mundo real (Liliane M. Paesani).

HOMEM DE PALHA. ***Direito civil.*** Testa de ferro, isto é, aquele que faz as vezes de outro, ocupando, aparentemente, uma posição para encobrir a verdadeira responsabilidade de outrem. Trata-se do presta-nome.

HOMEPAGE. ***Direito virtual.*** **1.** Página pessoal. **2.** Primeira página de um *website* (Amaro Moraes e Silva Neto). **3.** Página principal de um endereço eletrônico, na qual se apresenta uma pessoa natural ou jurídica.

HOMICÍDIO. ***Direito penal.*** Ação culposa ou dolosa, voluntária ou involuntária, de matar alguém.

HOMICÍDIO COMPASSIVO. ***Direito penal.*** Homicídio eutanásico ou piedoso, determinado por motivo de relevante valor social ou moral, sob o domínio de violenta emoção, em seguida a uma injusta provocação da vítima, levando o magistrado a reduzir a pena. Trata-se, portanto, daquele ato que, por intenso sentimento de piedade, alguém se vê impelido a facilitar a morte de um doente em estado terminal, daí ser um homicídio privilegiado.

HOMICÍDIO CULPOSO. ***Direito penal.*** Ação ou omissão oriunda de negligência, imperícia ou imprudência do agente, que acarreta o resultado morte, sem que tenha havido qualquer intenção de matar. A morte não era o resultado pretendido, mas previsível.

HOMICÍDIO DOLOSO. ***Direito penal.*** Morte de alguém provocada pelo agente que quis o resultado ou assumiu o risco de produzi-lo. Prática deliberada do ato pelo agente, empregando meios suscetíveis de obter o resultado por ele querido.

HOMICÍDIO EUTANÁSICO. *Vide* HOMICÍDIO COMPASSIVO.

HOMICÍDIO PIEDOSO. *Vide* HOMICÍDIO COMPASSIVO.

HOMICÍDIO PRETERINTENCIONAL. ***Direito penal.*** O que resulta de uma lesão corporal causada à vítima pelo agente. Há, portanto, intenção de ofender a vítima, faltando, porém, o *animus necandi*. Apesar de inexistir vontade de matar, tal delito é indiretamente doloso, porque o resultado "morte" adveio do ato da lesão corporal grave. Para que haja homicídio preterintencional será imprescindível a configuração de dois requisitos: lesão corporal dolosa que cause a morte da vítima e nexo de causalidade entre a lesão corporal e a morte.

HOMICÍDIO QUALIFICADO. ***Direito penal.*** **1.** *Vide* CRIME HEDIONDO. **2.** Aquele em que se configuram circunstâncias agravantes da pena como oferta de pagamento ou promessa de recompensa, motivo torpe ou fútil; emprego de veneno, fogo, explosivo ou de meio incidioso ou cruel; emboscada; execução, ocultação, impunidade ou vantagem de outro crime, praticado contra autoridade, agente integrante do sistema prisional e da Força Nacional de Segurança Pública no exercício de suas funções ou contra seu cônjuge, companheiro ou parente consanguíneo até o terceiro grau. Tais motivos revelam a maior periculosidade do agente e a menor possibilidade de a vítima se defender.

HOMICÍDIO SIMPLES. ***Direito penal.*** Morte voluntária de alguém provocada pelo agente sem que haja qualquer circunstância agravante de pena.

HOMICÍDIO TENTADO. ***Direito penal.*** Aquele que, apesar de iniciada sua execução, não se consumou, em razão de certos fatos alheios à vontade do agente.

HOMIZIO. **1.** ***Direito penal.*** a) Fuga de criminoso; b) esconderijo para fugir à ação da justiça; c) ato ou efeito de homiziar. **2.** ***História do direito.*** a) Inimizade resultante de morte causada a alguém; b) pena pecuniária imposta ao assassino em favor dos parentes da vítima.

HOMOLOGAÇÃO. **1.** ***Direito processual civil.*** Decisão pela qual o magistrado aprova um acordo ou ato processual, levado a efeito, para que irradie consequências jurídicas. **2.** ***Direito administrativo.*** Ato confirmatório emanado da autoridade pública competente, dando eficácia ou força executória a um outro anterior.

HOMOLOGAÇÃO DE SENTENÇA ESTRANGEIRA. ***Direito processual civil, direito processual penal*** e ***direito internacional privado.*** Ato processual confirmatório do Superior Tribunal de Justiça imprescindível para dar eficácia jurídica e força executiva à sentença prolatada por tribunal estrangeiro. Atendendo ao critério do juízo de delibação, o qual submete aquela decisão estrangeira a um processo e julgamento limitados ao exame de requisitos extrínsecos, ou seja, da competência, da regularidade da citação e do respeito da ordem pública nacional, em que não há, portanto, qualquer exame do mérito. A homologação tem por escopo acautelar interesses de ordem pessoal e patrimonial, tornando efetiva a relação jurídica dessa natureza, sendo exigida para as sentenças estrangeiras que têm de ser executadas no Brasil.

HOMO MEDIUS. ***Locução latina.*** Homem comum cujo comportamento é o normal na média dos membros da sociedade.

HOMONÍMIA. ***Direito civil.*** **1.** Igualdade de nomes. **2.** Circunstância em que duas ou mais pessoas apresentam os mesmos nomes e prenomes, dos quais a lei permite alteração, caso haja embaraços no setor empresarial ou em atividade profissional. **3.** Qualidade do que é homônimo.

HOMOSSEXUALIDADE. ***Medicina legal.*** **1.** Atração erótica ou sexual que alguém sente por pessoa de seu sexo. **2.** Prática de ato sexual entre pessoas do mesmo sexo.

HONORÁRIO. ***Direito civil.*** Sócio, ou membro, de honra, eleito pela sua respeitabilidade por uma instituição, que lhe concede um título honorífico, sem lhe impor qualquer retribuição pecuniária.

HONORÁRIOS. **1.** ***Direito civil.*** Quantia paga em retribuição a certos serviços prestados por profissionais liberais, como dentistas, médicos, engenheiros, advogados etc. Para os advogados há garantia dos honorários como obrigação alimentar e o impedimento de pagamentos de honorários irrisórios. **2.** ***História do direito.*** Dinheiro que era pago, na antiguidade romana, pelo magistrado municipal como reconhecimento da honra por sua nomeação para o cargo.

HONORIS CAUSA. **1.** ***Locução latina.*** A título de honra. **2.** ***Direito educacional.*** Maior título honorífico concedido por uma universidade a jurista insigne, sem que este preste concurso para avaliação de seus conhecimentos. **3.** ***Direito penal.*** Motivo que leva alguém a cometer um crime, para ocultar uma desonra ou preservar sua honra, alegado, com frequência, como justificativa da exposição de recém-nascido a perigo de vida.

HONRA. **1.** ***Direito civil*** e ***direito penal.*** Bem jurídico que apresenta dois aspectos: a) um subjetivo, o qual designa o sentimento da própria dignidade moral, nascido da consciência de nossas virtudes ou de nosso valor moral, isto é, a honra em sentido estrito; e b) um objetivo, representado pela estimação que outrem faz de nossas qualidades morais e de nosso valor social, indicando a boa reputação moral e profissional que pode ser afetada pela injúria, calúnia ou difamação (Eugenio Cuello Calón). **2.** Nas ***linguagens jurídica*** e ***comum:*** a) crédito oriundo da probidade ou do bom procedimento; b) manifestação de consideração e estima tributada a alguém (Aristóteles); c) valor social reconhecido pelo grupo a alguém que se destaque na arte, ciência etc.; d) sentimento que leva o homem a procurar merecer e manter a consideração pública; e) homenagem ao talento, à virtude e às boas qualidades da pessoa; f) fama; g) probidade; h) celebridade; i) virgindade; castidade; j) manifestação exterior de respeito; k) pessoa que pelo seu talento ou mérito dignifica a classe, a instituição ou o país a que pertence; l) dignidade daquele que age de conformidade com a moral; m) valor moral da pessoa. **3.** ***História do direito.*** Terra onde os senhores estabeleciam casas, as quais eram governadas por juízes nomeados por eles mesmos, de cujas decisões havia apelação para chancelaria.

HORA LEGAL. **1.** Aquela determinada por lei, sendo instituída pela autoridade competente, como a hora de verão ou hora de inverno, pela qual os relógios são atrasados ou adiantados, durante determinado período, para atender a algum interesse público (De Plácido e Silva). **2.** Sistema convencional de medida de tempo adotado para possibilitar a comunicação entre os países, tendo-se por parâmetro o meridiano que passa pela cidade de Greenwich (zero hora). É o adotado nas regiões que estão dentro do mesmo fuso horário, isto é, a hora solar do seu meridiano central, salvo onde forem necessárias variações para manter a uniformidade local ou nacional.

HORA OFICIAL. Hora legal.

HORAS EXTRAORDINÁRIAS. ***Direito do trabalho.*** Tempo de trabalho que ultrapassa o horário estabelecido para a jornada diária normal de serviço. Tal prorrogação, que não pode exceder duas horas, pode ser habitual ou eventual, sendo paga com acréscimo de cinquenta por cento a mais que a hora normal. O valor das taxas extraordinárias habituais integra o aviso prévio indenizado.

HORAS EXTRAS. *Vide* HORAS EXTRAORDINÁRIAS.

HORAS *IN ITINERE*. ***Direito do trabalho.*** Período considerado como de trabalho efetivo, concernente ao tempo despendido pelo empregado para chegar até o recinto de sua atividade laborativa e para regressar.

HORTO FLORESTAL. ***Direito administrativo.*** Terreno de propriedade do Estado, com viveiros de essências florestais, para venda ou distribuição gratuita de mudas e para estudos de silvicultura.

HÓSPEDE. 1. ***Direito civil.*** a) Aquele que é recebido mediante pagamento em hospedaria; b) aquele a quem se dá pousada em casa particular sem qualquer retribuição. **2.** ***Medicina legal.*** Parasita relativamente ao organismo que o hospeda.

HOSPITALIDADE DIPLOMÁTICA. ***Direito internacional público.*** Asilo diplomático em navios e aeronaves de guerra, acampamentos militares, legações, àqueles perseguidos por razões ou crimes políticos.

HOSTILIDADE. ***Direito internacional público*** e ***direito militar.*** **1.** Ação de hostilizar. **2.** Qualidade de hostil. **3.** Ação bélica de um país contra outro. **4.** Ataque de inimigo. **5.** Início do estado de guerra entre duas ou mais nações mediante declaração formal ou por meio de um *ultimatum*, pelo qual se notifica a resolução de romper as relações diplomáticas.

HOT PURSUIT. ***Locução inglesa.*** Direito de perseguição contínua, em alto-mar, das naus de guerra de um país costeiro a navios mercantes estrangeiros que violaram normas relativas ao seu mar territorial ou zona contígua. Tal perseguição terminará quando aqueles navios penetrarem em águas territoriais de seu país ou de terceiro (Rezek).

HUMANISMO. 1. Estudo de atividades relacionadas com as humanidades. **2.** Movimento espiritual, surgido na época do Renascimento, voltado ao estudo do homem e do desenvolvimento de sua personalidade, das suas faculdades criadoras, exaltando a sensibilidade e o uso dos recursos naturais (Petrarca, De Hutten e Poggio). **3.** Teoria pela qual, sob o prisma moral, o homem deve ligar-se ao que pertence à ordem humana (De Rougemont). **4.** Doutrina que acentua a oposição, no homem, entre os fins da sua natureza humana e as finalidades da sua natureza animal entre a "vontade superior" e a "vontade inferior" (Mercier, Barbitt e Richard).

HUMANISMO SOCIAL. ***Teoria geral do direito.*** Doutrina que visa integrar o homem ao Estado, afirmando que entre o indivíduo e o poder político há grupos naturais como a família, o município, o sindicato etc., que têm autonomia, servindo de intermediários entre o indivíduo e o Estado (Acquaviva).

HUMILHAÇÃO. 1. Ato ou efeito de rebaixar ou vexar alguém. **2.** Aquilo que afronta. **3.** Ato de referir-se com desdém a uma pessoa, ou de tratá-la com menosprezo.

IATROGENIA. ***Medicina legal.*** Deficiência física causada por médico para salvar a vida do paciente. Por exemplo: a) amputação de perna para tratar gangrena (Irany N. Moraes); b) alteração patológica provocada no paciente por tratamento médico (Rui Stoco).

IBAMA. ***Direito ambiental.*** Sigla de Instituto Brasileiro do Meio Ambiente e dos Recursos Naturais Renováveis.

IBGE. Abreviatura de Instituto Brasileiro de Geografia e Estatística.

IBIDEM. ***Termo latino.*** **1.** No mesmo lugar. **2.** Na mesma obra, no mesmo autor citado.

ICONOCLASTA. **1.** ***Direito penal.*** Aquele que destrói imagens religiosas ou que não respeita obras de arte ou monumentos, devendo ser punido com detenção ou multa. **2.** ***Ciência política.*** Aquele que se insurge contra os postulados políticos ou bases de uma boa administração.

ICTU OCULI. ***Locução latina.*** Em um golpe de vista.

IDADE. **1.** ***Direito civil.*** Período de vida da pessoa natural, computado desde o instante de seu nascimento até a morte, sendo regulado por anos. A idade assume enorme importância na seara jurídica por atuar como elemento determinante da capacidade e da responsabilidade. **2.** ***Direito administrativo.*** Requisito exigido como presunção de capacidade físico-mental para o bom desempenho da função pública (José Cretella Jr., Gascón y Marín e Ruiz y Gómez). **3.** ***Direito penal.*** Fator determinante da responsabilidade ou irresponsabilidade penal.

IDADE ELEITORAL. ***Direito eleitoral.*** Aquela em que a pessoa passa a ter o direito de votar e de ser votada. Poderá adquirir esse direito, se quiser, aos dezesseis anos, mas obrigatoriamente aos dezoito anos.

IDADE LEGAL. Idade estabelecida em lei para exercício de determinados direitos na área civil, penal, política ou trabalhista e para assumir deveres ou encargos.

IDADE NÚBIL. ***Direito civil.*** Idade mínima fixada por lei em que a pessoa, por ter atingido certo grau de maturidade biopsicológica, está apta para convolar núpcias. Tal idade legal é de dezesseis anos para a mulher e para o homem.

IDEAL DE JUSTIÇA. ***Filosofia jurídica.*** Valor, que a ordem jurídica deve atingir para atender à convivência social, que varia conforme a época e o lugar.

IDENTIDADE ALHEIA. ***Direito penal.*** **1.** Crime consistente no fato de usar, como próprio, passaporte, título de eleitor, certidão de reservista ou qualquer documento pertencente a outra pessoa ou de ceder a outrem, para que dele se utilize, documento próprio ou de terceiro. Tal ação delituosa é punida com detenção ou multa. **2.** Uso indevido de identidade de outra pessoa como própria com o intuito de enganar alguém para tirar algum proveito ou beneficiar a terceiro, ou causar dano a outrem apenado com detenção ou multa.

IDENTIDADE CIVIL. ***Direito civil.*** Conjunto de qualidades essenciais identificadoras da pessoa na sociedade, como nome, nacionalidade, filiação, estado civil, profissão, domicílio etc. (Clóvis Beviláqua).

IDENTIDADE DE CAUSA. ***Direito processual civil.*** Repetição da causa de pedir, que é um dos elementos de certa ação, constituindo o seu fundamento fático e jurídico (Liebman), em outra já ajuizada ou decidida, por fundar-se no mesmo direito ou fato.

IDENTIDADE DE COISA. **1.** ***Direito civil.*** Individuação de coisa, pela qual se pode demonstrar que ela não se confunde com outra, mesmo que seja semelhante ou pertença à mesma espécie. **2.** ***Direito processual civil.*** Dá-se quando se averiguar no cotejo de duas ações que o objeto de ambas é o mesmo. Trata-se, portanto, da identidade jurídica e não da material ou real.

IDENTIDADE DE PESSOAS. **1.** ***Direito civil.*** a) Qualidade de ser a mesma pessoa que tem a titularidade de certa relação jurídica; b) qualidade de uma pessoa estar sendo representada legalmente por outra. Na identidade representativa, a pessoa representada é a mesma pessoa do seu representante. **2.** ***Direito processual civil.*** Aquela em que, em duas demandas, a relação de direito debatida e julgada na primeira é idêntica para as pessoas que figuram na segunda (Rogério Lauria Tucci).

IDENTIDADE DO IMÓVEL. ***Direito civil.*** Conjunto de caracteres individualizadores da propriedade imobiliária, como localização, confrontação, metragem etc. Trata-se da descrição do bem de raiz.

IDENTIDADE GENÉTICA. ***Biodireito.*** Conjunto de dados reveladores da história da saúde de parentes consanguíneos.

IDENTIFICAÇÃO BIOMÉTRICA. Compreende coleta de assinatura, fotografia frontal e coleta datiloscópica.

IDENTIFICAÇÃO CIVIL. ***Direito civil.*** Ato de qualificação da pessoa procedido por órgão oficial dotado de fé pública. É atestada tal identificação por carteira de identidade, carteira de trabalho, carteira profissional, passaporte, carteira de identificação funcional.

IDENTIFICAÇÃO CRIMINAL. ***Direito processual penal.*** Parte do inquérito policial que se obtém mediante dactiloscopia, da qual se isenta aquele acusado que possuir identificação civil. O preso em flagrante delito, o indiciado em inquérito policial, aquele que pratica infração penal de menor gravidade assim como aqueles contra os quais tenha sido expedido mandado de prisão judicial, desde que não identificados civilmente, serão submetidos a identificação criminal, inclusive pelo processo dactiloscópico e fotográfico. Sendo identificado criminalmente, a autoridade policial providenciará a juntada dos materiais dactiloscópico e fotográfico nos autos da comunicação da prisão em flagrante ou nos do inquérito policial. A prova de identificação civil far-se-á mediante apresentação de documento de identidade reconhecido pela legislação. O civilmente identificado por documento original não será submetido à identificação criminal, exceto quando: a) houver fundada suspeita de falsificação, rasura ou adulteração do documento de identidade; b) o estado de conservação ou a distância temporal ou localidade da expedição de documento apresentado impossibilite a completa identificação dos caracteres essenciais; c) constar de registros policiais o uso de outros nomes ou diferentes qualificações; d) for insuficiente para identificar o indiciado; e) o indiciado portar documentos de identidade distintos com informações conflitantes entre si; f) a identificação criminal for essencial às investigações policiais, segundo despacho da autoridade judiciária competente, que decidirá de ofício ou mediante representação da autoridade policial do Ministério Público ou da defesa. Cópia do documento de identificação civil apresentada deverá ser mantida nos autos de prisão em flagrante, quando houver, e no inquérito policial, em quantidade de vias necessárias.

IDENTIFICAÇÃO DA ARMA PELO PROJÉTIL. *Medicina legal.* Perícia que visa averiguar se um projétil proveio do disparo de certa arma e demonstrar qual arma disparou. O perito, para tanto, deverá observar a forma, o comprimento, o calibre, as deformações, o raiamento e as estrias laterais finas, que consistem nas impressões da arma (Croce e Croce Jr.).

IDENTIFICAÇÃO JUDICIÁRIA. *Medicina legal.* Processo técnico para identificar não só pessoas, provando sua individualidade, tendo por fim, por exemplo, a identificação de reincidentes, mas também elementos de interesse técnico-pericial, alusivo a uma ocorrência, como, por exemplo, armas de fogo, manchas de sangue etc. (Lopez Gomes). Dentre tais processos poder-se-ão citar a antropometria, a fotografia sinalética, o retrato falado, a papiloscopia, a dactiloscopia (impressão digital), a quiroscopia (impressão da palma da mão) e a podoscopia (impressão da palma dos pés); assinalamento de particularidades como tatuagens, cicatrizes, verrugas etc.

IDENTIFICAÇÃO PELOS DENTES. *Medicina legal.* Técnica que possibilita: a) a determinação da idade; b) a identificação do criminoso pela sua impressão dentária em objetos; c) o estabelecimento da identidade da pessoa carbonizada ou do cadáver em adiantado estado de putrefação pela forma da arcada dentária e disposição dos dentes.

IDENTIFICAÇÃO POR SUPERPOSIÇÃO FOTOGRÁFICA. *Medicina legal.* Técnica de identificação da pessoa mediante superposição de fotos tiradas em vida, sobre o esqueleto do crânio; prosopografia (Croce e Croce Jr.).

IDENTIFICAÇÃO PROFISSIONAL. *Direito do trabalho.* Meio de comprovar a identidade do trabalhador, que requer: livro de registro de empregado ou fichas, contendo dados sobre a qualificação pessoal e profissional do trabalhador e ocorrências havidas durante a vigência do contrato trabalhista; carteira de trabalho e previdência social, em que se provam a data da admissão, a existência da relação empregatícia, a duração da permanência do trabalhador em uma ou várias atividades profissionais a serviço do mesmo empregador, as condições do contrato de trabalho, a remuneração etc.

IDEOLOGIA. 1. *Teoria geral do direito* e *filosofia do direito.* a) Termo equívoco, significando ora falsa consciência, ora tomada de posição filosófica, política, pessoal etc., ora instrumento de análise crítica, ora instrumento de justificação (Tércio Sampaio Ferraz Jr.); b) conceito axiológico que tem por objeto os próprios valores, atuando no sentido de função seletiva do valor, sendo utilizada para valorar outros valores. A ideologia possui um papel neutralizador do valor. A valoração ideológica é uma metacomunicação que estima as estimativas, valora as próprias valorações, seleciona as seleções ao dizer ao endereçado como este deve vê-las. A ideologia atua como um elemento estabilizador, valorando os próprios valores, organizando-os e possibilitando sua sistematização. A valoração ideológica torna rígida a flexibilidade do momento valorativo. Com a ideologia, o valor subjetivo passa a ser objetivo, correspondendo ao valor vigente e predominante na sociedade atual, positivado pela ordem jurídica (Tércio Sampaio Ferraz Jr.); c) ciência que visa o estudo das ideias como fatos de consciência (Destutt de Tracy); d) análise das ideias em abstrato, que não correspondem aos fatos reais; e) sistema que considera a sensação como a única fonte do conhecimento; f) pensamento teórico que, ao desenvolver abstratamente seus próprios dados, exprime inconscientemente fatos socioeconômicos; g) modo de pensar peculiar de um grupo de pessoas ou de um indivíduo. 2. *Ciência política.* a) Doutrina norteadora de um partido político ou do governo; b) conjunto de princípios que regem uma ordem político-administrativa. 3. *Direito comparado.* a) Requisito, em determinados países de regime totalitário, para o provimento de cargos públicos, que só podem ser preenchidos por militantes do partido político dominante; b) prestação de juramento de neutralidade exigida na Inglaterra aos que vão exercer cargos públicos, os quais poderão ter a sua opinião política desde que não a deixem transparecer ou influir na gestão administrativa (Bielsa e J. Cretella Jr.).

IDONEIDADE. **1.** Aptidão. **2.** Competência. **3.** Capacidade. **4.** Qualidade de idôneo. **5.** Conjunto de qualificações que torna alguém apto para desempenhar alguma atividade. **6.** Qualidade profissional ou técnica. **7.** Probidade. **8.** Honestidade. **9.** Reputação; boa fama. **10.** Lisura no adimplemento obrigacional. **11.** Aquele que se encontra em boa situação econômico-financeira.

IDOSO (PESSOA IDOSA). **1.** ***Direito constitucional*** e ***direito administrativo.*** Aquele que já entrou na velhice. Apresenta declínio nas funções físicas, emocionais e intelectuais, daí a necessidade de ser amparado pela família, pela sociedade e pelo Estado. Tem garantida, se maior de sessenta e cinco anos, a gratuidade nos transportes coletivos públicos urbanos e semiurbanos. **2.** ***Direito previdenciário*** e ***direito constitucional.*** a) Aquele que, por força da velhice, tem direito à aposentadoria; b) aquele que goza de todos os direitos fundamentais inerentes à pessoa humana, assegurando-se-lhe, por lei ou por outros meios, todas as oportunidades e facilidades, para preservação de sua saúde física e mental e seu aperfeiçoamento moral, intelectual, espiritual e social, em condições de liberdade e dignidade. **3.** ***Direito penal.*** Aquele que, por ter idade acima de setenta anos, recebe uma atenuante da pena a ser aplicada em razão do delito perpetrado. **4.** ***Direito processual civil.*** Aquele que, tendo idade igual ou superior a sessenta anos, tem prioridade na tramitação dos processos e procedimentos e na execução dos atos e diligências judiciais em que figure como parte ou interveniente. . **5.** ***Direito tributário.*** Aquele que tem prioridade, em razão da idade, no recebimento da restituição do Imposto de Renda.

IGNOMÍNIA. **1.** Nas ***linguagens comum*** e ***jurídica:*** a) afronta pública; b) desonra; c) infâmia; d) opróbio. **2.** ***Direito romano.*** a) Desonra resultante, para um civil, de repreensão infligida pelo censor; b) cassação do posto ou rebaixamento que era, para o militar, uma desonra.

IGNORÂNCIA. ***Direito civil.*** Ausência completa de conhecimento sobre alguma pessoa ou coisa e que não se confunde com o erro da falsa noção sobre algum objeto.

IGNORÂNCIA DA LEI. ***Teoria geral do direito.*** Desconhecimento da lei vigente, muito comum, por exemplo, quando se invoca norma já revogada. Tal ignorância não impede os efeitos da norma nem livra da responsabilidade o seu infrator. Consequentemente, o magistrado não poderá eximir-se de sentenciar, pela alegação de desconhecimento da lei.

IGUALDADE JURÍDICA. ***Direito constitucional.*** **1.** Princípio constitucional da igualdade de todos perante a lei, sem qualquer distinção de sexo, classe social, raça, religião, convicção política etc. A todos são aplicadas as normas jurídicas, sem que se façam quaisquer distinções na legislação, administração ou na função jurisdicional. Trata-se da isonomia, pela qual as obrigações, as permissões e as proibições legais são as mesmas para todos os cidadãos. **2.** Princípio constitucional que consiste em tratar igualmente os iguais e desigualmente os desiguais, abarcando o princípio da especialidade.

ILAÇÃO. **1.** ***Lógica jurídica.*** a) Dedução; inferência; conclusão; b) aquilo que se infere de certas premissas. **2.** ***Teoria geral do direito*** e ***direito civil.*** a) Presunção, que é o meio probatório admissível juridicamente, pela qual a partir de um fato conhecido se demonstra o desconhecido. É a consequência que a lei ou o magistrado tiram, tendo como ponto de partida o fato conhecido para se chegar ao fato ignorado; b) conclusão a que se chega com base em indícios. **3.** ***História do direito.*** a) Pagamento de impostos; b) tributo.

ILEGALIDADE. ***Teoria geral do direito.*** **1.** Ato ilegal. **2.** Condição ou qualidade do que é ilegal. **3.** Ilicitude. **4.** O que é contra a legalidade; o que está em oposição à lei.

ILEGITIMIDADE. **1.** ***Teoria geral do direito.*** a) Não verdadeiro juridicamente; falsidade; ausência de verdade jurídica; b) inautenticidade; c) injuridicidade; d) qualidade do que é ilegítimo; e) estado do que não dispõe de requisitos legais para ser juridicamente válido ou reconhecido ou para produzir efeitos jurídicos. **2.** ***Direito processual civil.*** a) Incompetência de ação; falta de capacidade processual da parte; b) falta de pressuposto processual relativo à capacidade de estar em juízo ou à ausência de uma das condições da ação, concernente à legitimidade de partes (Rogério Lauria Tucci); c) falta de titularidade ativa ou passiva, do direito material a ser apreciado em juízo, ou, ainda, de direito à substituição, em pleito judicial, do titular de um dos interesses em conflito; d) ausência de aptidão ou competência para estar em juízo, pleiteando algo em seu próprio nome ou como representante de outrem.

ILHA. **1.** ***Direito civil.*** Porção de terra cercada de água por todos os lados a qual surge em correntes comuns, em virtude de movimentos sísmicos, de depósito paulatino de areia, cascalho ou fragmentos de terra, trazidos pela própria correnteza, ou de rebaixamento de águas, deixando descoberta e a seco uma parte do fundo ou do leito. Pertencerá ao domínio particular, ou seja, aos proprietários ribeirinhos, desde que se observem as seguintes regras: a) se a ilha se forma no meio do rio será distribuída aos terrenos ribeirinhos, na proporção de suas testadas, até a linha que dividir o álveo em duas partes iguais; b) se a ilha surgir entre a linha mediana do rio e uma das margens, será tida como acréscimo dos terrenos ribeirinhos fronteiros desse mesmo lado, nada lucrando os proprietários situados em lado oposto; c) se um braço do rio abrir a terra, a ilha que resultar desse desdobramento continua a pertencer aos proprietários à custa de cujos terrenos se constituiu. Se o rio for público, a ilha formada pelo desdobramento do novo braço pertencerá ao domínio público, mediante prévia indenização ao proprietário que foi prejudicado. 2. *Direito administrativo.* Bem público dominical se formado no álveo de corrente pública ou no oceano, exceto se estiver destinado ao uso comum. 3. *Direito agrário.* Grupo espesso de árvores altas situado no meio dos campos (Marajó, Maranhão e Mato Grosso). 4. *Direito de trânsito.* É o obstáculo físico, colocado na pista de rolamento, destinado à ordenação dos fluxos de trânsito em uma interseção.

ILHOTA. 1. *Direito civil* e *direito administrativo.* Pequena ilha. 2. *Medicina legal.* Ponto característico na impressão digital, representado por um ponto ou fragmento de papila (Croce e Croce Jr.).

ILICITUDE. *Direito civil* e *direito penal.* 1. Ilegalidade; qualidade do que não é lícito; contrariedade ao direito. 2. Improbidade. 3. Ofensa à moral e aos bons costumes.

ILIQUIDEZ. *Direito civil.* 1. Característica das obrigações ou dívidas incertas quanto à sua existência e indeterminadas quanto ao seu objeto. 2. Falta de medida exata da coisa. 3. Falta de amparo legal. 4. Improcedência de um direito, por ser incerto, indeterminado ou por não ter sido devidamente provado.

IMAGEM-ATRIBUTO. *Direito civil.* É a imagem social, ou seja, o conjunto de caracteres que uma pessoa apresenta em seu conceito social como profissional, como político, como pai de família etc. (Luiz Alberto David Araujo).

IMAGEM CIENTÍFICA. *Biodireito.* DNA de cada pessoa.

IMAGEM-RETRATO. *Direito civil.* Conjunto de caracteres físicos da pessoa (Luiz Alberto David Araujo).

IMEDIAÇÃO. 1. *Direito civil.* Vizinhança. 2. Nas *linguagens comum* e *jurídica:* a) fato de ser imediato; b) proximidade. 3. *Filosofia geral.* a) O que é imediato; aquilo que constitui um dado imediato (Blondel); b) característica do que é imediato (Leibniz).

IMEDIATIDADE. 1. *Direito processual civil.* Princípio processual que determina o contato direto do magistrado com as provas, o qual indica o juiz instrutor do processo como seu julgador por ter pleno conhecimento do litígio. 2. *Filosofia geral.* Qualidade do conhecimento intuitivo; intuição intelectual.

IMEDIATO. 1. *Direito administrativo.* Funcionário público que está abaixo do chefe, que vem a substituí-lo em seus impedimentos ou faltas. 2. *Direito marítimo.* Oficial abaixo do comandante do navio, que o substitui em seus impedimentos. 3. *Filosofia geral.* a) Conhecimento em que não há intermediário entre o sujeito cognoscente e o objeto conhecido (Descartes); b) conhecimento em que inexiste intermediário entre dois objetos de pensamento de que o espírito capta a legação; c) objeto de conhecimento que constitui um dado imediato em relação ao espírito que o conhece (Lalande); d) direto; e) evidente. 4. Nas *linguagens comum* e *jurídica:* a) graduação, no posto ou no poder; b) seguido, efeito que se segue após o ato; c) instantâneo; d) aquilo que logo ocorre, sem intervenção de algo; e) contíguo; f) consecutivo; g) chegado em tempo.

IMIGRAÇÃO. *Direito internacional público* e *direito internacional privado.* 1. Ato ou efeito de imigrar. 2. Ato de entrar num país estrangeiro, com o escopo de nele se estabelecer e fixar residência. 3. Introdução de pessoas de outra nacionalidade em certo país, que as receberá, por estar, por exemplo, carente de mão de obra em determinado setor de atividade, oferecendo-lhes salários atraentes para que cooperem com o seu engrandecimento econômico.

IMIGRANTE. *Direito internacional privado.* Aquele que imigra, que sai de seu país de origem para estabelecer-se e viver em nação estranha.

IMISSÃO NA POSSE. *Direito processual civil.* Ato pelo qual, mediante mandado judicial, o proprietário visa obter a posse direta do imóvel, da qual foi injustamente alijado. É o meio de aquisição de posse a que se tem direito. É ação intentada pelo procedimento comum.

IMISTÃO. *Direito civil.* Ato do herdeiro de aceitar herança.

IMITAÇÃO. 1. *Direito penal.* Falsificação. 2. *Direito autoral.* a) Contrafação ou reprodução de obra literária, artística ou científica; b) plágio. 3. Nas *linguagens comum* e *jurídica:* a) ato de reproduzir algo à semelhança de um modelo; b) reprodução falsa e dolosa; c) arremedo. 4. *Psicologia forense.* Ato consciente ou inconsciente de reproduzir um fenômeno psíquico anterior. 5. *Direito fiscal.* Falsificação da procedência de produtos industriais ou de mercadorias. 6. *Sociologia geral.* Ação de copiar intencionalmente determinado comportamento. 7. *Filosofia geral.* É, para Aristóteles, a vocação paradoxal a que se atiram as formas inferiores em face das superiores, executando ação que representam, num nível mais modesto, a realização e a negação do modelo (Aubenque, Tércio Sampaio Ferraz Jr.).

IMOBILIÁRIA. *Direito civil.* 1. Firma especializada em vender, locar e administrar imóveis. 2. Diz-se da propriedade como direito que a pessoa natural ou jurídica tem, dentro dos limites legais, de usar, de gozar e dispor de um bem imóvel por natureza, por acessão física artificial ou intelectual e por determinação de lei, e pode ser reivindicada a quem injustamente o detenha.

IMOBILIÁRIO. 1. *Direito civil.* a) Referente a imóvel; b) bem imóvel por natureza ou por disposição de lei. **2.** *Direito comercial.* Numerário ou capital aplicado num negócio, que ficou sem giro (De Plácido e Silva).

IMOBILIZAÇÃO. 1. *Direito civil.* a) Ato ou efeito de imobilizar; transformação de coisa móvel em imóvel; b) atribuição da qualidade de imóvel, feita pela lei, a determinados bens móveis ou direitos, para certos efeitos legais; c) incorporação de móvel no imóvel, para assim ser usado, sem que dele possa ser retirado sem que haja sua destruição. **2.** *Direito comercial.* a) Elemento do ativo fixo de uma empresa que atende permanentemente a sua exploração; b) aplicação ou empate de capital em certo negócio mercantil, ou melhor, empresarial. **3.** *Economia política.* Designação de algumas riquezas que apenas com dificuldade podem ser convertidas, pela troca, em meio de pagamento.

IMORAL. 1. *Direito civil.* O que é contrário à moral ou aos bons costumes. **2.** *Direito penal.* a) Atentado ao decoro ou ao pudor; b) obsceno ou pornográfico; c) ato libidinoso. **3.** *Direito administrativo.* Ato de improbidade administrativa ou atentatório à decência pública. **4.** Na *linguagem comum:* a) pessoa indecente ou sem moral; b) indivíduo devasso ou libertino. **5.** *Sociologia geral.* Aquilo que é atentatório ao padrão cultural dominante num dado contexto social, numa época. **6.** *Psicologia forense.* Aquele que tem sensibilidade moral, mas que viola os preceitos da moral, em razão de possuir uma vontade fraca.

IMÓVEL FUNCIONAL. *Direito administrativo.* Imóvel residencial de propriedade de empresa estatal federal, passível de permissão de uso a empregado ou dirigente.

IMÓVEL RURAL. *Direito civil* e *direito agrário.* **1.** Pelo critério da localização do imóvel, o situado fora dos limites do perímetro urbano, estabelecido pelas leis municipais (Clóvis Beviláqua, Espínola e Dionísio da Gama). **2.** Pelo critério da destinação econômica, aquele que, qualquer que seja a situação, tiver por finalidade a exploração agrícola, pecuária, extrativa vegetal, florestal ou agroindustrial (Silva Pacheco, Campos Batalha e Teixeira de Freitas).

IMÓVEL URBANO. *Direito civil.* **1.** Aquele que, segundo o critério da localização do imóvel, está localizado dentro das demarcações impostas administrativamente pela lei (Clóvis Beviláqua, Dionísio da Gama, Espínola, Sabino Jr. e Favorino Mércio). **2.** Aquele que, segundo o critério da destinação econômica do imóvel, qualquer que seja sua localização, se destina à moradia, ao comércio e indústria e não à exploração agrária. Adotam essa ideia Borges Carneiro, Agostinho Alvim, Silva Pacheco, Pereira e Souza, Teixeira de Freitas, Ivan de Hugo e Silva e outros.

IMPARCIALIDADE. 1. Justiça. **2.** Retidão. **3.** Qualidade de imparcial. **4.** Neutralidade.

IMPEACHMENT. *Direito constitucional.* Instituto de origem inglesa, consistente no processo político-criminal, instaurado contra o presidente da República para apurar crime de responsabilidade, resultante de má gestão dos negócios públicos, de violação de deveres funcionais e de falta de decoro. Tem por escopo impor-lhe pena de destituição do cargo e suspensão dos direitos políticos. Trata-se de competência do Legislativo.

IMPEDIMENTO. 1. Na *linguagem jurídica* em geral, significa: a) limitação à liberdade de agir no início ou no desenvolvimento de alguma atividade funcional (Bento de Faria e Paulo Matos Peixoto); b) aquilo que impede ou proíbe a prática de certos atos jurídicos; c) obstáculo; d) oposição legal, moral ou física que venha a tolher a execução de um ato. **2.** *Direito processual.* a) O que impossibilita a realização de certos atos ou diligências dentro dos prazos regulamentados; b) suspeição do juiz que o impede e invalida seus atos, mesmo que não haja oposição da parte; c) impossibilidade de servir, como jurado, no mesmo Conselho de Sentença em razão de: casamento, união estável, parentesco em linha reta ou colateral, ou afinidade. Também não pode servir o jurado que: participou em julgamento anterior do mesmo processo; integrou, havendo concurso de pessoas, Conselho de Sentença que julgou o outro acusado; manifestou prévia disposição para condenar ou absolver o acusado. **3.** *Direito administrativo.* a) Impossibilidade material ou jurídica que impede o funcionário público de exercer suas funções; b) afastamento de funcionário público do cargo por licença, férias, moléstia, incompetência, suspeição etc. **4.** *Direito penal.* Estorvo à execução de ato ou ao funcionamento de um serviço, garantido por lei, por ser de interesse coletivo. Tal embaraço é punido como crime pela lei penal (De Plácido e Silva). **5.** *Direito desportivo.* Posição irregular de um jogador de futebol ao receber a bola de um de seus companheiros, quando se acha na mesma linha ou além da linha de seu último oponente.

IMPENHORABILIDADE. 1. *Direito processual civil.* Garantia prevista em cláusula testamentária ou contratual ou conferida por lei, segundo a qual determinados bens patrimoniais não podem ser objeto de penhora. Tal ato processual executório tem o escopo de satisfazer o direito do exequente (credor) consignado no contrato ou no título executável. **2.** *Direito civil.* Inalienabilidade que impossibilita a saída de determinada coisa do patrimônio do devedor, passando ao de outrem, em virtude de execução judicial.

IMPERATIVIDADE DA NORMA. *Teoria geral do direito.* Nota reveladora do gênero próximo da norma jurídica, incluindo-a no grupo das normas que regem o comportamento humano. É característica essencial genérica da norma jurídica. Todas as normas éticas, sejam elas morais, religiosas, sociais ou jurídicas, são mandamentos imperativos, porque prescrevem, explícita ou implicitamente, o que "deve ser" a conduta dos indivíduos, autoridades e instituições. São normas de "dever ser" dirigidas a uma conduta. A norma jurídica é um imperativo, em virtude da significação de seu conteúdo. Ao sentido de um "querer" desligado da sua base psicológica, chamamos "dever ser", e ao conteúdo do processo psíquico do ato de mandar, designamos "norma". A norma jurídica é imperativa, simplesmente porque é prescritiva, porque impõe um dever, regulamentando a conduta social.

IMPERATIVO-AUTORIZANTE. *Teoria geral do direito.* Definição de norma jurídica segundo Goffredo Telles Jr., conceito esse que é, realmente, essencial, uma vez que é síntese dos elementos necessários que fixam a essência da norma jurídica. A norma é imperativa porque prescreve as condutas devidas e os comportamentos proibidos e, por outro lado, procura assegurar de modo efetivo o fato de que se hão de realizar as condutas obrigadas e o de que não se produzirão os comportamentos vedados, pois é autorizante, uma vez que autoriza o lesado, pela sua violação, a exigir o seu cumprimento, a reparação do dano causado ou, ainda, a exigir a reposição das coisas ao estado anterior. Logo, todas as normas são mandamentos ou imperativos, por fixarem as diretrizes da conduta humana, mas só a jurídica é autorizante, porque só ela autoriza o lesado, pela sua violação, a exigir seu cumprimento ou a reparação do mal sofrido.

IMPERIALISMO ECONÔMICO. *Economia política.* **1.** Sistema político-econômico que visa a hegemonia de um país sobre nações mais fracas. **2.** Domínio do mercado mundial por meio de monopólio e oligopólio de produtos, tecnologia e serviços (Geraldo Magela Alves).

IMPERÍCIA. **1.** *Direito civil* e *direito penal.* a) Falta de perícia, de prática, de competência ou de conhecimento; b) ignorância do que se deve saber na profissão; c) inexperiência no desempenho de uma função, inabilidade; incapacidade técnica para o exercício de uma certa atividade, função, profissão ou arte (Mosset Iturraspe); d) qualidade de quem é imperito; e) falta de destreza no exercício da profissão; f) inobservância de regra técnica de profissão, arte ou ofício, em razão de despreparo técnico ou de insuficiência de conhecimento. **2.** *Direito do trabalho.* Falta de cuidados técnicos no desempenho de alguma tarefa.

IMPÉRIO DA LEI. **1.** *Teoria geral do direito.* a) Preponderância da lei como fonte do direito; b) respeito à lei. **2.** *Ciência política.* Ação estatal de ater-se à estrita observância da lei, emanada dos representantes do povo e ao respeito à coisa julgada.

IMPERIUM. **1.** *Direito romano.* a) Poder supremo recebido do rei pelos magistrados, em razão de uma lei curial. O *imperium* estava nas mãos de um colégio, cuja mais alta autoridade era o *praetor* (Dulckeit e Schwarz); b) poder absoluto do rei; c) poder consular na república romana; d) poder de César no Império. **2.** *Ciência política.* a) Poder absoluto; b) poder da soberania; c) poder geral de mando (Kunkel); d) direito de exprimir a vontade do Estado ou de comandar em nome da comunidade (Mommsen); e) poder que o Estado exerce sobre as pessoas e sobre seu território (Othon Sidou). **3.** *Direito militar.* Comando militar (Kunkel). **4.** *Direito administrativo.* Aquilo em que há predominância do interesse público sobre o do particular.

ÍMPETO. *Direito penal.* **1.** Violência provocada por sentimento. **2.** Impulso violento e inesperado. **3.** Movimento súbito. **4.** Arrebatamento. **5.** Crime em que o agente vem a perpetrar o ato lesivo movido por um impulso, ou violenta emoção, sem que haja qualquer premeditação, o que poderá constituir uma circunstância atenuante de pena.

IMPETRAÇÃO. *Direito processual.* **1.** Ato de impetrar *habeas corpus* ou "mandado de segurança". **2.** Qualquer pedido dirigido a órgão do Poder Judiciário. **3.** Ato de ingressar com recurso (Othon Sidou).

IMPLEMENTO. *Direito civil.* **1.** Aquilo que é necessário para a execução ou realização de um ato. **2.** O que completa algo. **3.** Complemento. **4.** Cumprimento de obrigação. **5.** Evento futuro e incerto cuja ocorrência torna um ato ou negócio perfeito e acabado porque atende a condição a que estavam subordinados seus efeitos.

IMPORTAÇÃO. **1.** *Direito internacional privado.* a) Ato de trazer para um país produtos ou mercadorias originárias de outro; b) aquilo que se importou. **2.** *Medicina legal.* Introdução de uma epidemia trazida de país estranho.

IMPORT-EXPORT FACTORING. *Direito comercial* e *direito internacional privado.* Faturização externa ou internacional, relacionada com operações realizadas fora do país, como as de importação e exportação.

IMPOSIÇÃO. 1. *Teoria geral do direito.* a) Ato ou efeito de impor; b) ordem; determinação; c) medida com que o poder faz valer sua autoridade. **2.** *Direito processual.* Aplicação da pena pelo magistrado ao réu.

IMPOSSIBILIDADE FÍSICA. *Direito civil.* **1.** Caráter do que é impossível, segundo a ordem da natureza. **2.** Impraticabilidade da prestação por ser esta contrária à natureza das coisas.

IMPOSSIBILIDADE JURÍDICA. *Direito civil.* Aquela em que a prestação não é possível, quando sua realização contrariar a lei.

IMPOSSIBILIDADE JURÍDICA DO PEDIDO. *Direito processual civil.* Situação em que a petição inicial é inepta, por não ter fundamento legal, devendo ser, por isso, indeferida.

IMPOSTO. 1. *Direito tributário.* Tributo cobrado pela autoridade e destinado a atender as despesas alusivas às necessidades gerais da Administração Pública, sem, contudo, assegurar ao contribuinte qualquer vantagem direta em contraprestação ao *quantum* que pagou. Pode ser instituído pela União, Estados, Municípios e Distrito Federal, levando em conta a capacidade econômica do contribuinte. É, portanto, uma das formas de receita pública. **2.** Nas *linguagens comum* e *jurídica:* a) o que se impôs; b) imputado falsamente; c) aquilo que se obrigou a aceitar.

IMPOSTO ADUANEIRO. *Direito tributário.* Aquele incidente sobre operações realizadas com interferência das aduanas ou alfândegas. Por exemplo, o cobrado pelas aduanas pela entrada de mercadoria alienígena ou produto estrangeiro no território nacional, que será incorporado ao comércio interno e destinado ao consumo público.

IMPOSTO *AD VALOREM*. *Direito tributário.* Tributo que deve ser pago pelo contribuinte, em razão do valor conferido à coisa sobre a qual incide.

IMPOSTO DE EXPORTAÇÃO. *Direito tributário.* Tributo incidente sobre mercadoria nacional ou nacionalizada vendida e enviada para o exterior.

IMPOSTO DE IMPORTAÇÃO SOBRE PRODUTO ESTRANGEIRO. *Direito tributário* e *direito alfandegário.* Tributo de competência da União que tem como fato gerador a entrada de mercadoria ou produto estrangeiros no território nacional (Acquaviva).

IMPOSTO DE TRANSMISSÃO *CAUSA MORTIS* E DOAÇÃO. *Direito tributário.* Imposto instituído pelo Estado ou pelo Distrito Federal, que recai sobre transmissão *causa mortis* e doação de quaisquer bens ou direitos. Se se tratar de bens imóveis e respectivos direitos, compete tal imposto ao Estado da situação dos bens, ou ao Distrito Federal; se relativamente a bens móveis, títulos e créditos, compete ao Estado onde se processar o inventário ou arrolamento ou tiver domicílio o doador, ou ao Distrito Federal.

IMPOSTO DIRETO. *Direito tributário.* O que recai sobre a propriedade ou capital ou rendimento do contribuinte, sendo arrecadado por meio de cadastro, por exemplo, imposto sobre a propriedade e imposto sobre a renda. O imposto direto é suportado pelo titular do patrimônio ou renda e a medida tributária é sempre proporcionada ao valor do bem ou à renda (Giannini).

IMPOSTO ESTADUAL. *Direito tributário.* Aquele instituído pelo Estado-membro, que tem competência tributária para baixar impostos sobre: a) transmissão *causa mortis* e doação de quaisquer bens e direitos; b) operações relativas à circulação de mercadorias e sobre prestações de serviços de transporte interestadual e intermunicipal e de comunicação, ainda que as operações e prestações se iniciem no exterior; c) propriedade de veículos automotores.

IMPOSTO FEDERAL. *Direito tributário.* Aquele cuja competência tributária foi outorgada, privativamente, à União, como o imposto sobre: a) importação de produtos estrangeiros; b) exportação, para o exterior, de produtos nacionais ou nacionalizados; c) renda e proventos de qualquer natureza; d) produtos industrializados; e) operações de crédito, câmbio e seguro ou relativas a títulos ou valores mobiliários; f) propriedade territorial rural; g) grandes fortunas. A União pode, ainda, instituir impostos extraordinários na iminência ou no caso de guerra externa e outros impostos, mediante lei complementar, desde que sejam não cumulativos e não tenham fato gerador ou base de cálculo próprios dos discriminados pela Constituição Federal.

IMPOSTO INDIRETO. *Direito tributário.* É o que recai sobre mercadorias ou produtos consumidos ou sobre serviços prestados, exigível mediante aplicação de tarifa, sem determinação individual do contribuinte. Neste tipo de imposto, é desconsiderada a capacidade contributiva, ou seja, todos os que adquirem a mercadoria ou o serviço pagam, indiretamente, a mesma quantia devida a título de imposto, pois ela é incorporada em seu preço de custo. O ônus, portanto, recai sobre o consumidor final do objeto ou ato tributado.

IMPOSTO MUNICIPAL. *Direito tributário.* Aquele em que a competência tributária foi outorgada aos Municípios, como o imposto sobre: a) propriedade predial e territorial urbana; b) transmissão *inter vivos*, a qualquer título, por ato oneroso, de bens imóveis, por natureza ou acessão física, e de direitos reais sobre imóveis, exceto os de garantia, bem como cessão de direitos a sua aquisição; c) serviços de qualquer natureza, não compreendidos os de transporte interestadual e intermunicipal e os de comunicação, que são da alçada estadual.

IMPOSTO SOBRE A RENDA E PROVENTOS DE QUALQUER NATUREZA. *Direito tributário.* Imposto de renda de competência da União que incide sobre a renda e proventos de qualquer natureza, com exceção dos oriundos de aposentadoria e pensão, pagos pela previdência social da União, dos Estados, do Distrito Federal e dos Municípios por qualquer pessoa jurídica de direito público interno ou por entidade de previdência complementar a pessoa com idade superior a sessenta e cinco anos, cuja renda total seja constituída exclusivamente de rendimentos do trabalho. Este tipo de tributo é informado pelos critérios da generalidade, da universalidade e da progressividade, na forma da lei. O imposto de renda anual devido incidente sobre os rendimentos de pessoa física será calculado de acordo com tabela progressiva anual correspondente à soma das tabelas progressivas mensais vigentes nos meses de cada ano-calendário. Tem, portanto, como fato gerador a aquisição da disponibilidade econômica ou jurídica de renda, assim entendido o produto do capital, do trabalho ou da combinação de ambos e os proventos de qualquer natureza que venham a acrescer-se ao patrimônio do contribuinte.

IMPOSTO SOBRE BENS E SERVIÇOS (IBS). *Direito tributário.* É um dos principais elementos da Reforma Tributária e foi criado para substituir o ICMS (Imposto sobre Circulação de Mercadorias e Serviços), que é cobrado pelos estados, e o ISS (Imposto sobre Serviços), que é de competência dos municípios.

IMPOSTO SOBRE OPERAÇÕES RELATIVAS À CIRCULAÇÃO DE MERCADORIAS E SOBRE PRESTAÇÕES DE SERVIÇOS DE TRANSPORTES INTERESTADUAL E INTERMUNICIPAL E DE COMUNICAÇÃO (ICMS). *Direito tributário.* Imposto de competência tributária dos Estados e Distrito Federal que incide sobre a circulação de mercadorias e a prestação de serviços de transportes interestadual e intermunicipal e de comunicações, mesmo que as operações tenham início no exterior, englobando o imposto sobre serviços de transporte rodoviário.

IMPOSTO SOBRE PRODUTOS INDUSTRIALIZADOS (IPI). *Direito tributário.* Imposto indireto de competência da União incidente sobre produto que sofreu atuação de técnicas industriais que lhe alteraram a natureza ou finalidade ou que o transformaram, beneficiaram ou aperfeiçoaram para o consumo. Tal imposto é seletivo, em função da essencialidade do produto, e não cumulativo, compensando-se o que é devido em cada operação com o montante cobrado nas anteriores.

IMPOSTO SOBRE PROPRIEDADE DE VEÍCULOS AUTOMOTORES (IPVA). *Direito tributário.* Imposto de competência tributária dos Estados e Distrito Federal que incide sobre a propriedade de veículos e refere-se ao acréscimo patrimonial do contribuinte.

IMPOSTO SOBRE PROPRIEDADE PREDIAL E TERRITORIAL URBANA (IPTU). *Direito tributário.* Imposto de competência dos Municípios que incide sobre a propriedade, o domínio útil ou a posse de imóvel urbano, visando assegurar o cumprimento da função social da propriedade. A base de cálculo deste imposto, que pode ser progressivo, é o valor venal do imóvel.

IMPOSTO SOBRE PROPRIEDADE TERRITORIAL RURAL (ITR). *Direito constitucional* e *direito tributário.* Imposto de apuração anual, em 1º de janeiro de cada ano, de competência da União, que tem como fato gerador a propriedade, o domínio útil ou a posse de imóvel por natureza, localizado fora da zona urbana do município. O ITR incide inclusive sobre o imóvel rural declarado de utilidade ou necessidade pública ou interesse social para fins de reforma agrária: a) até a data da perda da posse pela emissão prévia do Poder Público na posse; b) até a data da perda do direito de propriedade pela transferência ou pela incorporação do imóvel ao patrimônio do Poder Público. Contribuinte do ITR é o proprietário de imóvel rural, o titular de seu domínio útil ou o seu possuidor a qualquer título. O domicílio tributário do contribuinte é o município de localização do imóvel, vedada a eleição de qualquer outro. E, além disso, é responsável pelo crédito tributário o sucessor, a qualquer título.

IMPOSTO SOBRE SERVIÇOS DE QUALQUER NATUREZA (ISS). *Direito tributário.* Imposto de competência municipal cujo fato gerador é a prestação de serviços por empresas ou profissionais autônomos, tendo por base de cálculo o preço do serviço prestado. Depende de lei complementar e exclui de sua incidência as exportações de serviços para o exterior e as prestações de serviços de transporte interestadual e intermunicipal e de comunicação.

IMPOSTO SOBRE VALOR ADICIONADO (IVA). *Direito tributário.* Modelo de unificação de impostos que permite maior transparência e facilidade de tributação. Com o IVA, cada etapa da cadeia produtiva paga o imposto referente ao valor que adicionou ao produto ou serviço.

IMPOTÊNCIA *COEUNDI*. *Direito civil* e *medicina legal.* Inaptidão para realizar o ato sexual, o que autoriza a anulação do matrimônio.

IMPOTÊNCIA *CONCIPIENDI*. *Medicina legal.* Incapacidade da mulher para conceber em razão, por exemplo, de idade (impúbere e crítica), lactação, malformações genitais internas congênitas (atrofia de ovário, hiperacidez do líquido vaginal) ou adquiridas por infecções, ou de ligadura de trompas.

IMPOTÊNCIA *GENERANDI*. *Medicina legal.* Incapacidade masculina para a fecundação por falta ou deficiência de sêmen decorrente de azoospermia, aspermatismo, dispermatismo, orquite, anorquidia, oligospermia, eunuquismo, criptorquidia, hipoplasia testicular, epididimite etc.

IMPRENSA. 1. *Direito autoral.* a) Conjunto de jornalistas; b) profissão do jornalismo; c) jornal ou periódico que tem por escopo a divulgação de fatos ao público; d) meio escrito de comunicação de massa (Othon Sidou); e) qualquer impresso (edital, boletim, cartaz, livro, revista, jornal) destinado à divulgação pública (Magalhães Noronha); f) máquina com que se imprime; g) tipografia; h) arte de imprimir. **2.** *Vide* CRIME DE IMPRENSA.

IMPRESCRITIBILIDADE. *Direito civil* e *direito processual civil.* **1.** Qualidade de imprescritível. **2.** Caráter da pretensão não suscetível de incorrer em prescrição.

IMPRESSÃO DIGITAL. 1. *Medicina legal.* Reprodução do desenho papilar das dobras cutâneas dos dedos que, seguramente, identifica o indivíduo. **2.** *Direito virtual.* Ato de transferir para um suporte físico (papel, tecido etc.) certo conteúdo, conjunto, imagens ou informações (letras, palavras, desenhos, fotos, textos etc.) armazenados em formato digital e transferidos para uma mídia, para fins de comunicação, ilustração, comercialização, *marketing* etc. (João Coelho Neto).

IMPRESSÃO DIGITAL DO DNA. *Medicina legal.* Técnica de identificação da pessoa que consiste na visualização virtual de seu material genético e na comparação deste com o de pessoas diferentes, visando a determinação do DNA, que é o componente mais íntimo da bagagem genética recebida dos genitores, conservado por toda a vida e que está presente em todas as células do organismo. O exame para verificação da impressão digital do DNA, muito usado na aplicação de teste conclusivo para o estabelecimento da paternidade ou da maternidade, é feito pela utilização de uma pequena quantia de sangue colhida de qualquer veia periférica.

IMPRESSÃO PALMAR. *Medicina legal.* Marca deixada pela palma da mão que, quando não reproduz as cristas papilares, apresenta o contorno da mão e dos dedos.

IMPRESSÃO PLANTAR. *Medicina legal.* Marca das plantas dos pés.

IMPRESSÃO UNGUEAL. *Medicina legal.* Marca produzida pelas unhas no corpo da vítima ou do autor do crime.

IMPRESSO. *Direito autoral.* **1.** O que foi editado. **2.** Publicado ou divulgado pela imprensa. **3.** Aquilo que exterioriza obra intelectual.

IMPROBIDADE ADMINISTRATIVA. *Direito administrativo* e *direito constitucional.* **1.** Violação dos deveres de honestidade, legalidade ou lealdade por parte do agente público, cumulada ou não, com o seu enriquecimento ilícito ou dano material ao patrimônio público (Marlon A. Weichert). **2.** Falta de probidade do servidor público no exercício de suas funções ou de governante no desempenho das atividades próprias de seu cargo. Os atos de improbidade administrativa importam a suspensão dos direitos políticos, a perda da função pública, a indisponibilidade dos bens e o ressarcimento do Erário, na forma e gradação previstas em lei, sem prejuízo da ação penal cabível.

IMPROCEDÊNCIA DA AÇÃO. *Direito processual civil.* Carência do direito de ação por falta de fundamento de fato ou de direito.

IMPRONÚNCIA. *Direito processual penal.* **1.** Ato de impronunciar ou de julgar improcedente alguma denúncia ou queixa contra indiciado em crime de competência do Tribunal do Júri. **2.** Improcedência da denúncia ou queixa que ocorre quando o magistrado não se convence da materialidade do fato, ou seja, da existência do delito, ou quando não há indício suficiente de que o réu é o autor ou participante da infração penal.

IMPRUDÊNCIA. *Direito civil* e *direito penal.* **1.** Falta de prudência. **2.** Forma de culpa que se caracteriza pela falta de atenção ou de observância de medidas de precaução necessárias para evitar um dano. **3.** Desatenção culpável na prática de um ato. **4.** Descautela.

IMPÚBERE. *Direito civil.* **1.** Aquele que ainda não atingiu a puberdade. **2.** O que não atingiu a idade núbil, que é de dezesseis anos para o homem e para a mulher. **3.** Impubescente.

IMPUDÊNCIA. *Direito penal.* **1.** Falta de pudor. **2.** Prática de atos atentatórios ao pudor. **3.** Lascívia.

IMPUGNAÇÃO. 1. *Direito processual civil.* a) Ato ou efeito de impugnar a título judicial; b) contestação; c) arrazoado que combate recurso, decisão, ato judicial ou avaliação com o escopo de invalidá-los; d) não reconhecimento de pretensão, ato ou fato; e) ato de refutar algo; f) oposição; g) incidente que, apresentado por condenado ao pagamento de quantia certa ou já fixada em liquidação, só poderá versar sobre: falta ou nulidade da citação se o processo correu à revelia; inexequibilidade do título ou da obrigação; penhora incorreta ou avaliação errônea; ilegitimidade das partes; excesso de execução ou cumulação indevida de execuções; incompetência absoluta ou relativa do juízo da execução; qualquer causa modificativa ou extintiva da obrigação, como pagamento, novação, compensação, transação ou prescrição, desde que superveniente à sentença; não é ação, é meio de defesa do devedor, que não mais será feita por embargos (Dorival Renato Pavan); h) fase procedimental de conhecimento relacionada com o cumprimento do título judicial (Ernane Fidélis dos Santos). A impugnação do cumprimento da sentença ou título judicial não tem efeito suspensivo, embora o magistrado possa atribuir-lhe tal efeito desde que sejam relevantes os fundamentos da defesa, e o prosseguimento da execução seja suscetível de causar ao executado grave dano de difícil ou incerta reparação. **2.** ***Direito falimentar.*** Ato pelo qual não se acata a habilitação de créditos.

IMPUNIBILIDADE. ***Direito penal.*** **1.** Condição ou qualidade do que não é punível. **2.** Inimputabilidade.

IMPUNIDADE. ***Direito penal.*** **1.** Situação daquele que não foi punido. **2.** Falta do castigo devido. **3.** Estado do criminoso que não recebeu a pena prevista legalmente pelo delito cometido.

IMPUTABILIDADE PENAL. ***Direito penal.*** **1.** Possibilidade de atribuir-se a alguém a autoria de um crime e a consequente responsabilidade. **2.** Conjunto de condições pessoais que conferem ao agente a capacidade para ser-lhe juridicamente imputada a prática do crime (Aníbal Bruno).

IMPUTAÇÃO DO PAGAMENTO. ***Direito civil.*** Operação pela qual o devedor de dois ou mais débitos da mesma natureza a um só credor, o próprio credor em seu lugar ou a lei indicam qual das dívidas o pagamento extinguirá, por ser este insuficiente para solver todas. Para que se dê, serão imprescindíveis os seguintes requisitos: a) existência de dualidade ou pluralidade de dívidas; b) identidade de credor e devedor; c) igual natureza dos débitos, ou melhor, as dívidas, além de serem líquidas e vencidas, devem apresentar fungibilidade recíproca, de tal modo que ao credor seja indiferente receber uma ou outra; d) suficiência do pagamento para resgatar qualquer das dívidas, pois, se a prestação oferecida não puder extinguir pelo menos uma delas, não se terá imputação, uma vez que isso constrangeria o credor a receber o pagamento em parcelas, o que só estaria permitido se ajustado entre as partes.

IMUNIDADE DIPLOMÁTICA. ***Direito internacional público.*** **1.** Prerrogativa dos agentes diplomáticos que visa garantir a inviolabilidade quanto a sua pessoa e a de seus auxiliares e familiares, a sua residência e bens, a seus papéis, arquivos e correspondência (Othon Sidou). **2.** Privilégio ou imunidade de jurisdição administrativa civil e criminal do agente diplomático que lhe assegura a independência necessária ao exercício de suas funções no país onde está acreditado.

IMUNIDADE FUNCIONAL. ***Direito penal.*** Causa especial de exclusão da antijuridicidade de conceito desfavorável emitido por funcionário público, em apreciação ou informação prestada no exercício do dever de ofício. Por exemplo, não constitui injúria ou difamação punível a péssima informação dada por um delegado sobre o indiciado.

IMUNIDADE JUDICIAL. ***Direito processual.*** Prerrogativa de advogados e litigantes de não se considerar injúria, calúnia ou difamação qualquer afirmação ou expressão ofensiva, relacionada com o fato *sub judice*, apensa aos autos.

IMUNIDADE PARLAMENTAR. ***Direito constitucional.*** Privilégio que assegura aos parlamentares a liberdade de voto e opinião no exercício de suas funções e proteção contra ações judiciais, abusos e violências por parte de outros Poderes.

IMUNIDADE TRIBUTÁRIA OBJETIVA. ***Direito tributário.*** Subtração de uma coisa da tributação. Por exemplo, a imunidade tributária do tráfego, com exceção da taxa de pedágio (Geraldo Ataliba).

IMUNIDADE TRIBUTÁRIA SUBJETIVA. ***Direito tributário.*** Exclusão de uma pessoa da tributação. Por exemplo, a imunidade de certas instituições assistenciais ou das pessoas jurídicas de direito público (Geraldo Ataliba).

IMUTABILIDADE DO PRENOME. ***Direito civil.*** Inalterabilidade do prenome, por ser próprio da pessoa e constar do seu registro civil. Constitui um princípio de ordem pública, que, contudo, sofre exceções quando: a) expuser o seu portador ao ridículo e a situações vexatórias, desde que se prove o escárnio a que é exposto. Por exemplo, Dezêncio Feverêncio de Oitenta e Cinco; Casou de Calças Curtas; Luciferino Barrabás; b) houver erro gráfico evidente, por exemplo, "Osvardo", quando o certo seria Osvaldo; c) causar embaraços no setor comercial ou em atividade profissional a fim de evitar, por exemplo, homonímia; d) houver mudança de sexo; e) houver necessidade de proteger testemunha de crime.

INABILITAÇÃO. **1.** Na ***linguagem jurídica*** em geral: a) ato ou efeito de inabilitar; b) falta de habilitação ou de capacidade para desempenhar certa atividade ou profissão ou para praticar determinado ato jurídico; c) não satisfação de certas exigências ou requisitos legais. **2.** ***Direito canônico.*** Incapacidade para obter graças eclesiásticas ou cargos na Igreja.

INADIMPLEMENTO. ***Direito civil.*** **1.** Não cumprimento de dever legal, obrigação, contrato ou cláusula contratual assumidos. **2.** Inexecução de uma obrigação no todo ou em parte.

INAFIANÇÁVEL. **1.** ***Direito processual penal.*** Crime que não pode ser afiançado, ou seja, aquele em que não se pode pagar fiança. **2.** ***Direito civil.*** a) Incaucionável; b) que não pode ser sujeito a fiança.

IN ALBIS. *Locução latina.* **1.** Em branco. **2.** *Direito processual.* Decurso do prazo processual para a prática de um ato, sem que a parte o realize, deixando-o escoar com sua inércia.

INALIENABILIDADE. *Direito civil* e *direito administrativo.* **1.** Qualidade de inalienável. **2.** Impossibilidade de se transferir, onerosa ou gratuitamente, um bem de um patrimônio a outro, tornando-o, além de inalienável, também impenhorável e incomunicável. **3.** Caráter do bem que, por sua natureza, por convenção ou por lei, não pode ser alienado.

INAMOVIBILIDADE. 1. *Direito administrativo.* a) Qualidade de inamovível; b) impossibilidade de remoção de servidor público da posição ocupada sem seu consenso ou sem observância das normas legais. **2.** *Direito constitucional.* Direito do magistrado de permanecer no seu cargo, não podendo ser removido ou transferido contra sua vontade, salvo se houver decisão tomada por dois terços de seu tribunal, para atender a interesse público, dando-se ampla defesa a ele.

IN ARTICULO MORTIS. *Expressão latina.* Na hora extrema; no instante da morte; em caso de morte iminente.

INASSIDUIDADE. *Direito administrativo.* Falta habitual ao serviço, sem causa justificada, por sessenta dias, interpoladamente, durante o período de doze meses, que acarreta demissão do funcionário público (Othon Sidou).

INATIVIDADE. 1. *Direito administrativo.* Situação de funcionário público, civil ou militar, que, em razão de lei, aposentadoria, determinação da Administração Pública ou por ordem superior, encontra-se afastado do cargo ou do serviço ativo. **2.** *Direito processual civil.* a) Preclusão; omissão na atuação processual, descumprindo a parte quaisquer ônus impostos por lei; b) contumácia; revelia; c) situação processual que decorre da inatuação da parte; d) não comparecimento; e) ausência ou abandono do processo em andamento pelo litigante.

INAUDIATUR ET ALTERA PARS. *Expressão latina.* Usada quando, encerrados os períodos, a petição é concluída com uma oração final completa e independente, significando "que a parte contrária não seja ouvida". Observe-se que a ação verbal emprega o modo subjuntivo em seu sentido exortativo (Antônio Oniswaldo Tilelli). **2.** *Direito processual civil.* Diz respeito ao princípio do contraditório e ao da ampla defesa, pelos quais a decisão deve ser proferida após o prévio contraditório a seus destinatários, evitando-se a *decisão surpresa,* salvo nos casos de concessão de tutela provisória de urgência e na fundada em evidência, nas hipóteses em que o autor comprova suas alegações documentalmente e em que sua pretensão se fundamenta em julgamento de recursos repetitivos ou súmula vinculante, ou quando se tratar de pedido reipersecutório fundado em prova documental de contrato de depósito, ou ainda na hipótese de expedição do mandado de pagamento, de entrega de coisa ou para execução de obrigação de fazer ou não fazer contra o réu em ação monitória (Cassio S. Bueno).

IN BOND. *Direito internacional privado.* Cláusula que requer que a tradição da mercadoria se dê na alfândega, hipótese em que competirá ao comprador pagar as despesas aduaneiras.

INCAPACIDADE ABSOLUTA. *Direito civil.* Proibição total do exercício do direito ou da prática pessoal dos atos da vida civil pelo menor de dezesseis anos, sob pena de nulidade do ato, a não ser que esteja devidamente representado pelo pai ou tutor.

INCAPACIDADE COMERCIAL. *Direito comercial.* É a que priva alguém de ser empresário ou do exercício de atividade econômica organizada, voltada à produção e circulação de bens e serviços.

INCAPACIDADE FÍSICA. *Direito do trabalho.* Impossibilidade de trabalhar ou de exercer atividade profissional em razão de doença ou de acidente de trabalho. É também denominada "incapacidade material".

INCAPACIDADE PENAL. *Direito penal.* É a decorrente da aplicação da sanção penal, como, por exemplo, a incapacidade permanente ou temporária para o exercício do poder familiar, da tutela ou curatela, a incapacidade temporária para uma profissão cujo exercício depende de licença do Poder Público etc.

INCAPACIDADE POLÍTICA. *Ciência política.* **1.** Privação dos direitos políticos, principalmente o de votar e ser votado para cargos eletivos. **2.** Inelegibilidade. **3.** Perda ou suspensão de direitos políticos em razão de cancelamento da naturalização por sentença transitada em julgado; incapacidade civil absoluta; condenação criminal transitada em julgado, enquanto durarem seus efeitos; recusa de cumprir obrigação a todos imposta ou prestação alternativa; improbidade administrativa.

INCAPACIDADE PROCESSUAL. *Direito processual.* **1.** Inaptidão para ser parte no processo. **2.** Privação de comparecimento em juízo; impossibilidade de estar em juízo sem representação ou assistência paterna, do tutor ou do curador.

INCAPACIDADE RELATIVA. *Direito civil.* É aquela em que a pessoa pode praticar por si os atos da vida civil, desde que assistida por quem o direito positivo encarrega deste ofício, em razão de parentesco, de relação de ordem civil ou de designação judicial. Se relativamente incapaz praticar ato sem assistência, ter-se-á a sua anulabilidade, dependendo esta de iniciativa do lesado, havendo até hipóteses em que poderá ser confirmado ou ratificado. Enquadram-se nesta categoria o maior de dezesseis e menor de dezoito anos, o ébrio habitual, o viciado em tóxico, o que por causa transitória ou permanente não puder exprimir sua vontade e o pródigo.

INCAPACIDADE SUCESSÓRIA. ***Direito civil.*** **1.** Inaptidão da pessoa para receber os bens deixados pelo *de cujus*. Tal incapacidade impede que surja o direito à sucessão. É um fato oriundo do enfraquecimento da personalidade do herdeiro, de modo que o incapaz não adquire a herança em momento algum. **2.** Impedimento legal para adir a herança (Caio Mário da Silva Pereira).

INCAPACIDADE TESTAMENTÁRIA. ***Direito civil.*** Falta de condições necessárias para que alguém possa, juridicamente, dispor de seu patrimônio por meio de testamento ou ser por ele beneficiado.

INCENTIVOS FISCAIS. ***Economia política*** e ***direito tributário.*** Fatores de promoção do desenvolvimento econômico. Consistem em isenções ou vantagens tributárias concedidas por lei pela Administração Pública federal, com o escopo de estimular certas atividades culturais, econômicas, sociais etc., para a obtenção do equilíbrio do desenvolvimento socioeconômico entre as várias regiões do Brasil.

INCESTO. ***Direito civil*** e ***direito penal.*** Conjunção carnal ilícita entre parentes consanguíneos em linha reta ou colateral até o segundo grau ou entre afins ou adotivos, para os quais o casamento é proibido, podendo ainda constituir agravante de pena nos crimes contra os costumes.

INCIDÊNCIA. **1.** ***Direito penal.*** Ação ou omissão que dá causa ao delito. **2.** ***Direito tributário.*** Verificação do fato gerador. É a situação em que o tributo passa a ser devido em razão da ocorrência do respectivo fato gerador (Geraldo Ataliba). Fato pelo qual o contribuinte sujeita-se ao pagamento do tributo em virtude da lei. **3.** ***Teoria geral do direito.*** Encontro da norma jurídica com o fato por ela previsto, para poder ser invocada. **4.** Nas *linguagens comum* e *jurídica*: a) ação de incidir ou de verificar-se num determinado caso concreto; b) efeito de recair sobre um bem ou de ir contra alguma coisa; c) gravação; ação que recai sobre um bem para modificar-lhe algo ou impor um ônus ou encargo; d) superveniência de fato; e) qualidade de incidente. **5.** *Medicina legal.* Número de casos de uma moléstia ocorridos dentro de certo período de tempo em relação à unidade de população na qual se verifica.

INCIDENTE. **1.** Nas ***linguagens comum*** e ***jurídica:*** a) superveniente; b) o que recai sobre ou contra algo; c) circunstância acidental; d) dificuldade que alguém suscita numa questão; e) episódio. **2.** ***Direito processual civil.*** a) Contestação acessória que surge no andamento de um processo; b) acontecimento no curso da ação principal que, apesar de ser questão acessória, deve ser solucionado pelo magistrado em primeiro lugar, em razão de dele depender a lide. Relaciona-se o incidente com: tutela provisória de urgência de natureza cautelar; desconsideração da personalidade jurídica; resolução de demandas repetitivas; assunção de competência; ação declaratória incidental, incidente de falsidade, uniformização da jurisprudência, declaração de inconstitucionalidade de lei ou de ato normativo do Poder Público.

INCIDENTE DE DEMANDA REPETITIVA. ***Direito processual civil.*** É um incidente que visa viabilizar uma verdadeira concentração de processos que versem sobre uma mesma questão de direito no âmbito dos tribunais e permitir que a decisão a ser proferida nele vincule todos os demais casos que estejam sob a competência territorial do tribunal julgador (Cassio S. Bueno).

INCITAÇÃO. **1.** ***Direito penal.*** a) Instigação ao crime; b) ato ou efeito de incitar; c) delito autônomo que consiste em impelir alguém à prática de uma ação ou omissão criminosa. **2.** Na ***linguagem jurídica*** em geral: a) provocação; b) persuasão ardilosa de alguém para que venha a realizar algo; c) induzimento. **3.** *Medicina legal.* Excitação.

INCOLUMIDADE PÚBLICA. ***Direito penal.*** **1.** Complexo de bens jurídicos e interesses correlatos de proteção penal à vida, à integridade física das pessoas, à segurança e à saúde comuns ou públicas (Geraldo Magela Alves). **2.** Preservação de bens jurídicos pertencentes a pessoas indeterminadas. **3.** Objeto jurídico de alguns crimes, que são divididos em três classes pela lei penal: a) crimes de perigo comum; b) crimes contra a segurança dos meios de comunicação e transporte e outros serviços públicos; c) crimes contra a saúde pública.

INCOMPATIBILIDADE. **1.** Nas ***linguagens comum*** e ***jurídica:*** a) oposição; b) qualidade de incompatível; c) situação de coisas que não podem unir-se ou ser tratadas juntamente, ante a contrariedade existente entre elas (De Plácido e Silva); d) heterogeneidade; e) impossibilidade de duas ou mais funções serem exercidas por uma só pessoa, em razão do cargo por ela ocupado. **2.** ***Ciência política.*** Impedimento do parlamentar de acumular o mandato legislativo com certas situações assumidas por ele antes da eleição (Laferrière). **3.** ***Direito processual civil*** e ***direito processual penal.*** Circunstância prevista legalmente que impede o magistrado, os serventuários, os peritos, os intérpretes ou os árbitros de servirem no processo, podendo ser arguida por eles próprios ou pelas partes (Othon Sidou).

INCOMPETÊNCIA. **1.** ***Direito civil.*** a) Inabilidade; b) falta de poder para a prática de um ato jurídico; incapacidade. **2.** ***Direito processual.*** a) Ausência de poder jurisdicional do magistrado para conhecer e julgar causas submetidas à sua apreciação; b) impossibilidade de executar o decidido; c) falta de competência; d) qualidade de juiz ou tribunal que não tem jurisdição para conhecer de um processo.

INCOMUNICABILIDADE. **1.** ***Direito civil.*** a) Cláusula que exclui bens doados ou herdados da comunhão, impedindo-os de passar, na constância do casamento, do patrimônio de um cônjuge ao do outro; b) condição dos bens que, por lei ou em razão de cláusula inserida em contrato de doação ou de testamento, estão excluídos da comunhão universal, não se comunicando ao outro cônjuge. **2.** ***Direito processual penal.*** Medida de precaução que, no interesse da sociedade, impede o indiciado, os jurados e as testemunhas, no julgamento pelo júri, de manterem qualquer comunicação com o mundo exterior (Othon Sidou).

INCOMUTÁVEL. ***Direito processual penal.*** **1.** Irredutível. **2.** Pena que não pode ser reduzida ou substituída por outra mais leve. **3.** O que não se pode comutar.

INCONFESSO. ***Direito processual penal.*** Réu que não confessa o crime de que é acusado.

INCONFIDÊNCIA. **1.** ***Direito penal.*** Crime contra o Estado que consiste em conjurar ou conspirar contra o governo constituído, com o escopo de derrubá-lo. **2.** ***Direito civil.*** Revelação de segredo confiado.

INCONSTITUCIONAL. ***Direito constitucional.*** **1.** O que não é conforme a Constituição do país. **2.** Qualquer norma jurídica, geral ou individual, que venha a contrariar preceitos e princípios inseridos na Constituição Federal.

INCONSTITUCIONALIDADE. **1.** ***Direito constitucional.*** Caráter do que é inconstitucional. **2.** ***Direito processual.*** Pronunciamento do Supremo Tribunal Federal declarando tratado, norma ou ato contrário à Constituição, pela maioria absoluta de seus membros.

INCONSTITUCIONALIDADE POR AÇÃO. ***Direito constitucional.*** Violação de preceito constitucional por ação positiva, emitindo atos normativos em nível federal, estadual ou municipal.

INCONSTITUCIONALIDADE POR OMISSÃO. ***Direito constitucional.*** Descumprimento de dispositivo constitucional pelo Poder competente que deixar de praticar ato imprescindível para tornar exequível a Constituição, por negligência ou falta de interesse. Assim sendo, se a Constituição determinar que a lei ordinária deverá estabelecer determinadas prescrições, e o legislador ordinário não as prescrever, qualquer cidadão ou entidade arrolada no texto constitucional poderá pleitear do Supremo Tribunal Federal uma declaração de inconstitucionalidade, em razão dessa omissão ou falha do legislador infraconstitucional.

INCORPORAÇÃO DE SOCIEDADE. ***Direito comercial.*** Operação pela qual uma sociedade vem a absorver outras, sucedendo-as em todos os seus direitos e obrigações e agregando seus patrimônios aos direitos e deveres, sem que com isso surja uma nova sociedade. É uma forma de reorganização societária.

INCORPORAÇÃO IMOBILIÁRIA. ***Direito civil*** e ***direito comercial.*** Contrato pelo qual alguém vende, ou se compromete a vender, fração ideal de terreno com vinculação a unidade autônoma de edificação, por construir sob regime condominial, na forma de projeto de construção aprovado pela autoridade administrativa e de memorial que o descreva, e arquivado no registro de imóveis (Cotrim Neto).

INCOTERMS. ***Direito internacional privado.*** Abreviação de *International Commercial Terms*, que constituem uma modalidade de súmula dos costumes internacionais atinentes à compra e venda, contendo definições de termos comerciais correspondentes às vendas, reduzidos a siglas, que encerram os deveres do vendedor e do comprador. Os *incoterms* são normas interpretativas dos termos comerciais, usualmente aceitas no que atina às obrigações principais do comprador e do vendedor, designando as várias modalidades de venda internacional por siglas, que identificam o tipo de contrato, e pelas cláusulas e obrigações aceitas pelos comerciantes, para indicar a mercadoria transacionada e facilitar o câmbio internacional. As normas dos *incoterms* subordinam-se à vontade dos contraentes, que têm permissão de optar pelo termo que mais lhes convém para ampliar ou restringir seus deveres, desde que expressamente acrescentados no contrato; logo, sua finalidade é orientar os comerciantes no que diz respeito à entrega de mercadorias, transferência de responsabilidade, repartição de despesas, providências relativas a documentos necessários à passagem de fronteira e composição do preço da mercadoria. Tais normas, em pleno uso na seara mercantil, não são inalteráveis; novos termos e cláusulas podem ser criados de acordo com as necessidades do mundo moderno. Pelos *incoterms*, a compra e venda internacional agrupa-se em: a) contrato de partida (*ex works*); b) contrato de transporte principal não pago (FCA, FAS e FOB); c) contrato de transporte principal pago (C&F, CIF, CPT e CIP); d) contrato de chegada (DAF, DES, DEQ, DDU e DDP) (Maria Luiza M. Granziera, Eisemann e Bellot). Com a alteração de 2010 criaram-se duas novas siglas, a DAT (*Delivery at terminal*) e a DAP (*Delivery at place*), em substituição a

DES, DEQ, DDU e DAF, que foram suprimidas. Os onze *incoterms* de 2010 foram divididos em dois grupos: a) o aplicável a todos os modais de transporte (EXW, FCA, CPT, CIF, DAT, DAP, DDP) e b) o do uso exclusivo no modal aquaviário (FAS, FOB, CFR, CIF). Nas cláusulas CIF, CFR e FOB o ponto crítico passou a ser *a bordo do navio* e não mais *o costado do navio*, que não mais condizia com a praxe mercantil de transporte aquaviário (Carolina I. Ferreira). Mas foram, em 2020, alterados para a) *transporte multimodal*: EXW, FCA, CPT, CIP, DAP, DDP e DPU (*Delivery at Place Unloaded*), que substituiu o DAP e requer que a mercadoria seja entregue no local de destino, indicado pelo vendedor e b) *transporte aquaviário* (marítimo ou fluvial): FAS, FOB, CFR e CIF.

INCRIMINAÇÃO. *Direito processual penal.* **1.** Ato ou efeito de incriminar. **2.** Acusação. **3.** Imputação de crime. **4.** Denunciação de ato criminoso a uma pessoa.

INCURSO. *Teoria geral do direito.* **1.** O que é passível de certa penalidade. **2.** O que está sujeito a uma sanção legal. **3.** Abrangido por norma. **4.** Que incide ou recai. **5.** Que está implicado.

INDÉBITO. *Direito civil.* **1.** Pagamento recebido sem ser devido. **2.** Que não é devido. **3.** O que é pago indevidamente, porque não se devia o *quantum* ou porque a obrigação não era legalmente exigível.

INDEFERIMENTO. **1.** Ato ou efeito de indeferir. **2.** Despacho que indefere. **3.** Não atendimento a um pedido.

INDENIZAÇÃO. **1.** Ato ou efeito de indenizar. **2.** Reembolso de despesa feita. **3.** Recompensa por serviço prestado. **4.** Reparação pecuniária de danos morais e/ou patrimoniais causados ao lesado; equivalente pecuniário do dever de ressarcir o prejuízo. **5.** Vantagem pecuniária que se dá a servidor público sob a forma de ajuda de custo, diária ou transporte (Othon Sidou). **6.** Ressarcimento de dano oriundo de acidente de trabalho ou de rescisão unilateral do contrato trabalhista sem justa causa. **7.** Importância a ser paga pela companhia de seguros ao segurado, ocorrendo o risco coberto pela apólice. **8.** Quantia pecuniária justa paga ao expropriado pelo expropriante.

INDETERMINAÇÃO. **1.** *Direito civil.* a) Situação de um objeto que o impede de integrar a relação jurídica, por impossibilitar o adimplemento da prestação a que o devedor se obrigara; b) qualidade de indeterminado por falta de liquidez e certeza; c) falta de individuação; d) falta de indicação da espécie ou da quantidade; e) ausência de peso, medida ou quantidade que determinem a exatidão do objeto; f) qualidade do que é indeterminado; característica daquilo que não é determinado. **2.** *Filosofia geral.* a) Problema cujos dados são insuficientes, conduzindo a várias soluções; b) indecisão; estado do espírito que hesita entre várias resoluções (Lalande); c) perplexidade; d) irresolução.

INDEXAÇÃO. *Economia política.* Técnica que, ao utilizar um índice que corrige a defasagem da moeda, vem a garantir o seu poder aquisitivo.

INDICAÇÃO DE PROCEDÊNCIA. *Direito do consumidor.* Nome geográfico de país, cidade, região ou localidade de seu território, que se tenha tornado conhecido como centro de extração, produção ou fabricação de determinado produto ou de prestação de determinado serviço.

INDICADOR PESSOAL. *Direito registrário.* Livro n. 5 que é o repositório básico, no registro de imóveis, dos nomes de todas as pessoas que figurarem nos demais livros, fazendo-se referência aos respectivos números de ordem, sendo para isso dividido alfabeticamente. Se não for usado o sistema de fichas, esse livro deverá conter, ainda, o número de ordem em cada letra do alfabeto, que seguirá indefinidamente, nos livros da mesma espécie.

INDICADOR REAL. *Direito registrário.* Livro n. 4 do registro de imóveis que constitui o repositório fundamental das indicações dos imóveis constantes nos demais livros, devendo conter sua identificação, referência ao número de ordem dos outros livros e as anotações que forem necessárias. Se se utilizar o sistema de fichas, em lugar do indicador real, o cartório deverá possuir, obrigatoriamente, para auxiliar a consulta, um livro-índice ou fichas, pelas ruas, quando se tratar de prédios urbanos, e pelos nomes e situações, quando rurais.

INDICIADO. **1.** *Direito processual penal.* a) Acusado; b) aquele que, num processo criminal, é tido como criminoso, devendo ser pronunciado e julgado; c) aquele de quem se apura, no inquérito policial, a prática de um crime ou contravenção; d) notado por indícios; e) aquele sobre o qual recaem os indícios de autoria do delito que se lhe imputa; f) identificado no inquérito policial. **2.** *Direito administrativo.* Funcionário público que deve responder a um processo administrativo por ter atentado contra a hierarquia, violado dever funcional ou praticado crime contra a Administração Pública (José Cretella Jr.).

INDICIAMENTO. *Direito processual penal.* Ato de apontar uma pessoa, diante de certos indícios, como relacionada a um fato criminoso, servindo de base à articulação da denúncia do Ministério Público (Othon Sidou).

INDÍCIO. **1.** *Direito administrativo.* O que se relaciona com o início da prova de desvio de poder. **2.** *Direito processual penal.* Vestígio que constitui princípio de prova, necessário para chegar-se ao conhecimento do fato delituoso, esclarecendo a verdade. Trata-se, portanto, de prova indireta ou relativa, por ser uma circunstância conhecida e provada que, relacionada com o fato, vem a autorizar por indução que se conclua a existência de outra, ou seja, da consumação do crime por certa pessoa.

INDÍCIO CONCORDANTE. *Direito processual penal.* Prova circunstancial que, procedendo ou não da mesma fonte, consiste numa circunstância coerente que se orienta no sentido do fato que se está investigando.

INDÍCIO GRAVE. *Direito processual penal.* É o que resulta da conexão íntima existente entre o fato conhecido e o desconhecido, levando, por indução, ao conhecimento deste, pelo qual se pode concluir a investigação.

INDÍCIO VEEMENTE DE AUTORIA. *Direito processual penal.* Aquele que se apresenta irrefutável e coincidente com o fato controverso, fazendo presumir de maneira clara que ele se deu e foi praticado por determinada pessoa.

INDIGÊNCIA. **1.** Falta do necessário para viver. **2.** Penúria; miséria. **3.** Mendicância.

INDIGNIDADE. *Direito civil.* **1.** Qualidade de indigno. **2.** Pena civil que priva do direito à herança tanto o herdeiro como o legatário que cometerem atos criminosos ou reprováveis, taxativamente enumerados em lei, contra a vida, a honra e a liberdade do *de cujus*.

INDIGNO. *Direito civil.* Herdeiro ou legatário que foi excluído da sucessão por ter: a) sido autor ou cúmplice em crime de homicídio voluntário, ou em sua tentativa, contra a pessoa de cuja sucessão se tratar, seu cônjuge, companheiro, descendente ou ascendente; b) acusado o *de cujus* caluniosamente em juízo ou incorrido em crime contra a sua honra ou de seu cônjuge ou companheiro; c) inibido, mediante violência ou fraude, o *de cujus* de livremente dispor de seus bens em testamento ou codicilo ou de executar atos de última vontade.

ÍNDIO. *Direito civil* e *sociologia geral.* **1.** Silvícola, cuja capacidade se rege por norma especial. **2.** Habitante tradicional ou comunidade ancestral de um país. **3.** Aborígine da América.

INDISPONIBILIDADE. *Direito civil.* Qualidade do direito ou do bem de que não se pode dispor, ou seja, alienar ou transferir de um patrimônio a outro.

INDIVIDUAÇÃO. **1.** *Direito civil.* a) Individualização; b) identificação; c) caracterização de coisas, apontando suas peculiaridades e tornando-as certas ou distintas de outras; d) ato ou efeito de individuar; e) ato de particularizar uma pessoa, qualificando-a. **2.** *Psicologia forense.* Tendência que tem o homem em realizar plenamente as suas potencialidades inatas, diferenciando-se do coletivo (Lídia Reis de Almeida Prado).

INDIVIDUALIZAÇÃO DA PENA. *Direito penal* e *direito processual penal.* Aplicação da pena em função da personalidade do agente, de seus antecedentes, da intensidade do dolo ou do grau da culpa etc.

INDIVISÃO. *Direito civil.* **1.** Qualidade de indiviso. **2.** Falta de divisão. **3.** Imposição feita pelo testador ou pelo doador ao legatário, ao herdeiro instituído ou ao donatário de não dividirem o bem recebido. **4.** Situação jurídica daqueles que têm a propriedade em comum de um bem sem divisão material de suas partes.

INDIVISIBILIDADE CONVENCIONAL. *Direito civil.* Caráter da coisa ou obrigação que, apesar de divisível, torna-se indivisível por vontade das partes, que ajustam conservar a indivisibilidade por tempo determinado ou não, ou, então, acordam dividir em partes ideais coisa indivisível, como sucede no condomínio.

INDIVISIBILIDADE LEGAL. *Direito civil.* É a que decorre de determinação da lei, por exemplo, a que estabelece que as servidões prediais são indivisíveis em relação ao prédio serviente ou a que dispõe que a hipoteca é indivisível, pois, ainda que o devedor cumpra uma parte do débito, o bem gravado continua integralmente onerado para garantir o saldo devedor.

INDIVISIBILIDADE NATURAL. *Direito civil.* Caráter da coisa que não pode ser partida sem alteração de sua substância ou valor. Por exemplo, um cavalo vivo dividido ao meio deixa de ser semovente; um quadro de Portinari partido ao meio perde sua integridade e valor. Em todas essas hipóteses, as partes fracionadas perdem a possibilidade de prestar os serviços e utilidades que o todo anteriormente oferecia.

IN DUBIO PRO FISCO. *Expressão latina.* Em caso de dúvida, a favor do Fisco.

IN DUBIO PRO REO. *Aforismo jurídico.* Na dúvida, deve-se decidir a favor do réu.

INDUÇÃO. *Lógica jurídica.* **1.** Operação mental que consiste em remontar, a partir de uma proposição singular ou especial (indutora), uma mais geral (induzida). **2.** Inferência conjectural. **3.** Raciocínio pelo qual se tira uma conclusão genérica a partir de fatos particulares. **4.** Ato de estender a todos os seres da mesma espécie observações feitas sobre alguns deles (Kant). **5.** Modalidade de raciocínio cuja inferência vai do particular para o geral.

INDULTO. **1.** *Direito processual penal* e *direito administrativo.* Ato de clemência do Poder Executivo, ou melhor, do presidente da República em favor de sentenciados em condições de merecer perdão da pena privativa de liberdade aplicada no juízo criminal, por preencherem os requisitos legais. É concedido, em regra, ao condenado que demonstra bom comportamento e condições pessoais favoráveis à sua permanência na comunidade e à sua reinserção social.

INDÚSTRIA. 1. *Direito comercial.* a) Atividade econômica voltada à produção de bens e serviços; b) emprego de capital e trabalho para transformação de matéria-prima em bens de produção e consumo; c) organização que atua no setor industrial. **2.** *Direito de propriedade industrial.* Invenção. **3.** *Direito civil.* Engenho humano; criação de algo por obra do homem.

INDUZIMENTO. *Direito penal* e *direito civil.* **1.** Ação ou efeito de induzir. **2.** Instigação. **3.** Persuasão. **4.** Ato de instigar alguém à prática de crime ou ato ilícito. **5.** Ardil que dá motivação a vício de consentimento na efetivação de um negócio jurídico.

INEFICÁCIA. *Teoria geral do direito.* **1.** Falta de eficácia. **2.** Qualidade do que é ineficaz. **3.** Qualidade daquilo que não produz efeitos jurídicos.

INEFICIÊNCIA DE PROVA. *Direito processual.* Deficiência de prova pela ausência de qualquer elemento que possa estar relacionado com o fato que se pretende demonstrar.

INELEGIBILIDADE. *Ciência política* e *direito eleitoral.* **1.** Qualidade do que não pode ser eleito para cargos públicos eletivos por não preencher os requisitos legais. **2.** Incompatibilidade para o exercício de função eletiva, por ocupar cargo que impede a inscrição à eleição. **3.** Incapacidade especial inerente à função ou ao cargo eletivo (De Plácido e Silva). **4.** Impossibilidade legal para pleitear registro como postulante a cargo eletivo (Cruz Swenson).

INÉPCIA DA PETIÇÃO INICIAL. *Direito processual civil.* Qualidade da petição inicial que, por conter vício, não pode produzir efeitos, ensejando a preclusão e fazendo com que haja extinção da ação sem julgamento do mérito. A petição inicial será indeferida por inépcia quando: a) faltar-lhe o pedido ou a causa de pedir; b) o pedido for indeterminado, ressalvadas as hipóteses legais em que se permite o pedido genérico; c) da narração dos fatos não decorrer logicamente a conclusão; d) contiver pedidos incompatíveis entre si.

INESTIMÁVEL. 1. Aquilo que não se pode avaliar. **2.** Incalculável. **3.** Que tem valor enorme. **4.** Inapreciável. **5.** Aquilo que possui um valor insuscetível de estimação ou de apreciação econômica.

INEXECUÇÃO DA OBRIGAÇÃO. *Direito civil.* Não cumprimento da obrigação pelo devedor, no tempo e modo convencionados, o que implica sua responsabilidade civil pelo pagamento dos juros moratórios, das perdas e danos e da cláusula penal, se estipulada.

INEXIGIBILIDADE DO TÍTULO. *Direito processual civil.* Qualidade do título judicial ou extrajudicial que não tem força executiva, devido a um impedimento para o exercício do direito do credor, no momento em que a ação é ajuizada, como, por exemplo, pendência de condição suspensiva ou de termo. É claro que, antes da ocorrência da condição ou do termo, o título não poderá ser exigido, por não estar vencido.

IN EXTREMIS VITAE MOMENTIS. *Expressão latina.* **1.** No último momento da vida. **2.** *Vide In Articulo Mortis.*

INFÂMIA. *Direito civil* e *direito penal.* **1.** Difamação. **2.** Dano moral à reputação de alguém. **3.** Perda da fama ou da honra em razão de ato torpe. **4.** Caráter do que é infame. **5.** Ação vil. **6.** Dito contra o crédito, fama ou reputação alheia. **7.** Ato ou efeito de irrogar a alguém algo atentatório de sua honra, o que gera não só responsabilidade civil do lesante, que deverá ressarcir o dano ao lesado, mas também responsabilidade penal, por constituir crime contra a honra.

INFANTICÍDIO. *Direito penal.* **1.** Crime que consiste em matar, durante o parto ou logo após, o próprio filho, sob a influência do estado puerperal, cuja pena é de detenção. **2.** Ação de matar feto nascente ou neonato.

INFIDELIDADE. 1. Traição. **2.** Falta de fidelidade; deslealdade. **3.** Falta de verdade. **4.** Falta de exatidão ou defeito de alguma coisa.

INFIDELIDADE PARTIDÁRIA. *Ciência política.* **1.** Desrespeito à ideologia de um partido político por um de seus membros. **2.** Abandono injustificado do partido político por um de seus filiados. **3.** Desligamento do partido político sob cuja legenda foi o candidato eleito.

INFLAÇÃO. *Economia política.* **1.** Processo de alta geral dos preços, redução do poder aquisitivo da moeda e atualização diária desta, fazendo com que a oferta seja menor do que a procura e haja um desequilíbrio em todo o sistema monetário e na economia do país. **2.** Emissão excessiva ou superabundante de papel-moeda, reduzindo seu valor em relação ao ouro ou ao padrão monetário estável. **3.** Carestia.

INFORMAÇÃO. 1. *Direito administrativo.* a) Despacho relativo a um processo a ter seguimento; b) esclarecimento prestado por funcionário público, em processo administrativo, fornecendo dados sobre a matéria ou sobre o interessado; c) parecer técnico de funcionário público. **2.** *Direito processual civil* e *direito processual penal.* a) Prestação de informações relativas a processo judicial, principalmente os de *habeas corpus* e mandado de segurança, para o desenvolvimento do caso; b) ato judicial contendo depoimento testemunhal que esclareça o fato. **3.** *Direito comercial.* a) Fase preliminar do processo falimentar, para apuração do ativo e passivo;

b) corolário do sistema *full disclosure* das companhias abertas, pelo qual o administrador de sociedade por ações tem a obrigação de revelar aos investidores os principais acontecimentos suscetíveis de influir nas negociações de seus papéis, tais como o número de ações, bônus de subscrição, opções de compra de ações e debêntures conversíveis em ações, de emissão da companhia e de sociedades controladas etc. Trata-se da divulgação pelas empresas dos informes de interesse do mercado de capitais, ou seja, da Bolsa de Valores, para orientar acionistas, investidores e entidades desse mercado na busca de capitais; c) parecer ou opinião dada por uma pessoa sobre a conduta ou crédito de outra. **4.** ***Direito penal.*** a) Formação da culpa; b) sindicância; inquérito; investigação. **5.** ***Direito constitucional.*** Direito de obter e difundir ideias, opiniões e fatos noticiáveis (Manuel F. Areal). **6.** Nas ***linguagens comum*** e ***jurídica:*** a) transmissão de notícia; b) comunicação; c) ato ou efeito de informar; d) instrução. **7.** ***Direito virtual.*** Conjunto de dados organizados conforme os procedimentos executados por meios eletrônicos, ou não, que possibilitam a realização de atividades específicas e/ou tomada de decisão.

INFORMÁTICA. ***Direito virtual.*** **1.** Ciência do tratamento lógico e automático da informação, compreendendo as técnicas e os meios relativos à coleta, tratamento e difusão de informações (García Marques). **2.** Parte da cibernética que trata dos sistemas dinâmicos determinísticos, com vistas a sua execução em um computador eletrônico, estudando também o modo pelo qual é possível seu processamento por ele (Antônio S. Limongi França). **3.** Ramo da ciência voltado ao tratamento automático da informação, baseando-se em processamento de dados e empregando computador eletrônico para sua coleta, processamento, conservação, recuperação e disseminação. **4.** Ciência do uso da informação ligada a um computador (Liliana M. Paesani). **5.** É, segundo João Carlos Kanaan, a ciência do tratamento racional e automático da informação, considerada como suporte dos conhecimentos e comunicações, principalmente por meio de sistemas eletrônicos denominados computadores.

INFORTUNÍSTICA. ***Medicina legal*** e ***medicina do trabalho.*** Parte da medicina legal e da legislação trabalhista atinente aos riscos industriais, acidentes do trabalho e moléstias profissionais, abordando suas consequências e as medidas para sua prevenção e reparação.

INFRAÇÃO. **1.** ***Teoria geral do direito*** e ***direito civil.*** a) Violação; b) ato de infringir; c) desrespeito; d) transgressão a uma norma; e) prática de ato ilícito. **2.** ***Direito penal.*** Crime ou contravenção penal. **3.** ***Direito de trânsito.*** É a inobservância a qualquer preceito da legislação de trânsito, às normas emanadas do Código de Trânsito, do Conselho Nacional de Trânsito e a regulamentação estabelecida pelo órgão ou entidade executiva do trânsito.

INFRAESTRUTURA. **1.** ***Sociologia jurídica.*** Divisão marxista da sociedade em forças produtivas (homem e material necessário à produção) e relações de produção (classes, instituições etc.). **2.** ***Economia política.*** a) Base econômica da sociedade; b) conjunto do que é indispensável para a existência da produção e distribuição, como redes ferroviárias e rodoviárias, fontes de energia, mão de obra especializada etc. **3.** ***Direito administrativo.*** Conjunto de obras e serviços que objetivem, conjunta ou alternativamente, a execução de rede de abastecimento de água e/ou esgotamento sanitário, rede de energia elétrica e/ou iluminação pública, sistema de drenagem, obras de execução das vias de acesso e internas da área sob intervenção e obras de proteção, contenção e estabilização do solo.

INFRAESTRUTURA DE CHAVES PÚBLICAS BRASILEIRA (ICP — BRASIL). ***Direito virtual.*** Órgão que reconhece a legitimidade do documento eletrônico, estabelece a exigência de certificação digital para sua validade e regula empresas, licenciando-as como autoridades certificadoras. Criada para garantir a autenticidade, a integridade e a validade jurídica de documentos em forma eletrônica, das aplicações de suporte e das aplicações habilitadas que utilizam certificados digitais, bem como a realização de transações eletrônicas seguras.

INGERÊNCIA. **1.** Influência. **2.** Ato ou efeito de intervir em algum negócio para dele participar.

INIBIÇÃO. **1.** Na ***linguagem jurídica*** em geral: a) proibição legal ou judicial para fazer algo; b) impedimento; c) processo usado em refinaria que consiste na introdução de um inibidor a um produto petrolífero. **2.** ***Psicologia forense.*** Resistência íntima a certos sentimentos; estado mental que impede certas formas de expressão. **3.** ***Medicina legal.*** Supressão parcial ou total da atividade de uma parte do organismo humano por excitação nervosa (Croce e Croce Jr., João Baptista de Oliveira e Costa Jr.).

INICIATIVA DA LEI. ***Direito constitucional.*** **1.** Poder atribuído por norma constitucional aos membros do Congresso Nacional e das Assembleias Legislativas, ao presidente da República etc., para propor leis complementares ou ordinárias. **2.** Ato inaugural do processo legislativo.

INICIATIVA LEGISLATIVA POPULAR. ***Direito constitucional.*** Mecanismo de integração legislativa previsto em norma constitucional consistente na apresentação de projeto de lei pelo povo. Deveras, estão autorizados constitucionalmente não só os projetos de lei federal, apresentados ao Legislativo por populares, subscritos por um por cento do eleitorado nacional, distribuído por pelo menos cinco Estados, com não menos de três décimos por cento de eleitores de cada um deles, mas também projetos de lei municipal, pela manifestação de pelo menos cinco por cento do eleitorado. No que atina à iniciativa popular no processo legislativo estadual, a lei deverá fixar a percentagem do eleitorado.

INIDÔNEO. 1. Na ***linguagem jurídica*** em geral: a) que não é idôneo; b) incapaz; c) incompetente; d) ineficaz; e) o que não preenche certas condições ou requisitos; f) contraindicado. **2.** ***Direito cambiário.*** Correntista cujo nome é lançado no Cadastro de Emitentes de Cheques sem Fundos, ao qual se deve ater o banco sacado para determinar a continuidade, ou não, do contrato de cheque (Othon Sidou). **3.** ***Direito civil.*** Fiador que atende aos requisitos mínimos para assegurar o cumprimento da obrigação do devedor.

INIMIGO. 1. ***Direito internacional público.*** a) País que está em guerra com outro; b) o que pertence ao Estado beligerante contrário. **2.** Nas ***linguagens comum*** e ***jurídica:*** a) adversário; b) aquele que nutre rancor por outrem; c) desafeto; d) aquele que visa prejudicar alguém.

INIMPUTABILIDADE. ***Direito penal.*** Qualidade de inimputável.

INIMPUTÁVEL. ***Direito penal.*** **1.** Irresponsável perante a lei penal. **2.** A quem não se pode imputar crime. **3.** Inacusável.

IN INITIO LITIS. ***Expressão latina.*** No início da lide.

IN INTEGRUM RESTITUERE. ***Expressão latina.*** **1.** Restituir a coisa intacta, repondo-a ao estado anterior. **2.** Devolver integralmente.

INIQUIDADE. 1. Ato ou dito contrário à equidade. **2.** Qualidade de iníquo. **3.** Rigor excessivo ou arbitrário na aplicação da norma. **4.** Injustiça. **5.** Parcialidade.

IN ITINERE. ***Locução latina.*** No itinerário; no caminho; diz-se do acidente ocorrido no trajeto de ida e volta do empregado ao local de trabalho.

INJÚRIA. ***Direito civil e direito penal.*** a) Insulto; b) afronta; c) ofensa; d) agravo ao decoro ou à dignidade de alguém; através de palavra, escrita ou falada, sinal ou gesto aviltante; e) ultraje; f) desconsideração que ofende a pessoa em sua honra, dignidade ou decoro; g) atribuição ou divulgação de defeitos físicos ou intelectuais, de enfermidades, vícios ou incompetência; h) ataque à honra consistente em meras palavras ou gestos destinados a ferir alguém; i) ato ofensivo consistente no uso de elementos referentes à raça, cor, etnia, religião, origem ou condição de pessoa idosa ou com deficiência, sendo pública condicionada a ação penal.

INJÚRIA GRAVE. 1. ***Direito civil.*** a) Agressão a alguém por meio de atos ou palavras, insultando e ferindo sua respeitabilidade e dignidade, o que pode ensejar pedido de indenização ou responsabilidade civil por dano moral ou patrimonial que tenha sido causado; b) ato real ou verbal ofensivo à integridade moral do outro cônjuge, que constitui causa de separação judicial que poderá perder sua eficácia social, ante reforma constitucional, que a suprimiu, bem como o prazo de carência de um ano, como requisitos para o divórcio. A injúria real deriva de gesto ultrajante que diminui a honra e a dignidade do outro consorte ou põe em perigo seu patrimônio. Por exemplo, expulsão do leito conjugal, transmissão de moléstia venérea, ciúme infundado, práticas homossexuais, atentados ao pudor, negação de tratamento urbano e cortês. A injúria verbal consiste em palavras que ofendam a respeitabilidade do outro consorte, como imputação de adultério (ilícito civil), contumélia, confidências depreciativas, comparações desprimorosas etc. **2.** ***Direito penal.*** Violência ou via de fato que seja tida como aviltante à honra, ao decoro ou à dignidade da vítima.

INJUSTIÇA. ***Teoria geral do direito*** e ***filosofia do direito.*** **1.** Ação injusta. **2.** Falta de justiça. **3.** Iniquidade. **4.** Erro jurídico na aplicação da norma.

IN LIMINE LITIS. ***Expressão latina.*** No limiar do processo; no momento em que se inicia o processo; no começo da lide; no início da ação; no momento em que se abre a instância.

IN LITEM. ***Locução latina.*** Na lide; na demanda; dentro da causa.

IN LOCO. ***Locução latina.*** No lugar; no próprio local.

IN NATURA. ***Locução latina.*** A coisa em si.

INOFICIOSO. ***Direito civil.*** Diz-se do ato de liberalidade *causa mortis* ou *inter vivos* que excede a legítima do herdeiro necessário. É o excesso na disposição de bens por testamento ou doação, feita por quem tem herdeiro necessário, atingindo mais da metade disponível, lesando a legítima.

INOPERANTE. 1. Que não produz efeitos jurídicos; ineficaz. **2.** O que não concorre para a produção de algum resultado. **3.** Que não é abonatório. **4.** Sem valia.

INOPONIBILIDADE. 1. Ineficácia dos meios utilizados para fundamentar juridicamente uma pretensão, um direito ou uma defesa. **2.** Qualidade daquilo que não surte efeitos jurídicos.

INOPORTUNO. 1. Inconveniente. **2.** Diz-se do momento que não é próprio. **3.** O que atenta contra a regularidade de alguma coisa, vindo quando não era para vir; intempestivo; fora de propósito.

INOVAÇÃO. 1. Ato ou efeito de inovar. **2.** Produção de coisa nova. **3.** Alteração ou substituição do que existia por um fato novo. **4.** Renovação. **5.** Introdução de conceito novo em lei (Othon Sidou). **6.** Reforma de decisão prolatada. **7.** Modificação fática ou jurídica que interesse à instrução e ao julgamento da causa. **8.** Introdução de novidade ou aperfeiçoamento no ambiente produtivo ou social que resulte em novos produtos, processos ou serviços. **9.** Concepção de um novo produto ou processo de fabricação, bem como a agregação de novas funcionalidades ou características ao produto ou processo que implique melhorias incrementais e efetivo ganho de qualidade ou produtividade, resultando em maior competitividade no mercado.

INQUÉRITO ADMINISTRATIVO. *Direito administrativo.* Fase do processo administrativo designada "instrução" e realizada pela autoridade pública competente, para apuração da verdade do fato lesivo à coisa pública, coletando elementos probatórios sobre a falta, sobre o responsável pela irregularidade no serviço público e sobre a procedência do atentado às normas de administração.

INQUÉRITO CIVIL. *Direito do consumidor* e *direito processual.* Investigação feita pelo órgão do Ministério Público para apuração de lesão a interesses de consumidores ou a interesses coletivos, em certos casos, com o escopo de dar início à ação civil pública, para assegurar aqueles interesses e obter indenização pelos danos causados. Ou melhor, é a investigação administrativa a cargo do Ministério Público, destinada a colher elementos de convicção para que o próprio órgão ministerial possa identificar se há circunstância que justifique a propositura de ação civil pública (Hugo Nigro Mazzilli).

INQUÉRITO JUDICIAL. *Direito falimentar.* Conjunto de medidas tomadas, tendo por base o relatório apresentado pelo administrador judicial em cartório, dentro do prazo legal, não só para que os credores declarem seus créditos, expondo os motivos da falência e dos possíveis crimes falimentares, mas também para apuração dos fatos, servindo de fundamentação à ação penal.

INQUÉRITO PARLAMENTAR. *Direito constitucional.* É o processo instalado no Parlamento para que a comissão parlamentar de inquérito possa apurar ato ilícito, investigando o fato.

INQUÉRITO POLICIAL. *Direito processual penal.* **1.** Peça inicial para o procedimento da ação penal. **2.** Conjunto de diligências efetuadas pela autoridade policial, imprescindíveis para descobrir a verdade sobre o fato criminoso, suas circunstâncias e seu autor, e para apurar a responsabilidade do indiciado. É no inquérito policial que se podem colher dados que seriam difíceis de obter na instrução judiciária.

INQUILINO. *Direito civil* e *direito comercial.* **1.** Aquele que ocupa prédio alugado para fins residenciais ou comerciais, mediante pagamento de aluguel. **2.** Locatário. **3.** Quem recebe coisa alheia para uso e gozo mediante pagamento do valor locativo, a título de remuneração, ao locador.

INQUIRIÇÃO. *Direito processual civil* e *direito processual penal.* **1.** Interrogatório judicial. **2.** Inquérito. **3.** Investigação. **4.** Processo para esclarecer fato, mediante formulação de perguntas dirigidas àquele que se supõe ter conhecimento dele. **5.** Ato pelo qual a autoridade competente ou o advogado sob a supervisão judicial toma o depoimento testemunhal, para apurar o fato *sub judice*. **6.** Ato pelo qual se revela o depoimento de testemunhas.

INQUISITÓRIO. *Direito processual penal.* a) Diz-se da inquirição rigorosa e vexatória; b) procedimento penal que se caracteriza pela concentração, numa só pessoa, o magistrado, das funções de acusar, julgar e defender (José Frederico Marques); c) caráter do inquérito policial que faz com que a autoridade policial goze de discrição (Magalhães Noronha).

IN QUOVIS. *Locução latina.* **1.** a) Por qualquer meio; b) no qual queiras. **2.** *História do direito.* Era a permissão que se dava ao segurado de, depois de firmado o contrato, designar o navio que quisesse. **3.** *Direito marítimo.* Cláusula comum no seguro de transporte marítimo de mercadoria importada, que contém uma obrigação facultativa restrita ao segurado, concedendo-lhe a possibilidade de identificar o navio transportador, definindo o risco e o instante em que se inicia (Elcir Castello Branco).

IN REM VERSO. *Expressão latina.* **1.** Em proveito de outrem. **2.** *Direito processual civil.* Diz-se da ação de enriquecimento ilícito ou sem causa, movida pelo lesado por ato de terceiro que enriqueceu a sua custa, sem justa causa.

INSALUBRIDADE. *Direito do trabalho.* **1.** Qualidade de insalubre. **2.** Defeito prejudicial correspondente a trabalho que expõe o empregado a agente nocivo à saúde, acima dos limites de tolerância fixados em razão da natureza e da intensidade do agente e do tempo de exposição dos seus efeitos. **3.** Diz-se do adicional que se paga sobre o salário mínimo na hipótese de o empregado exercer sua função em local considerado prejudicial à saúde.

INSCRIÇÃO. 1. Na *linguagem jurídica* em geral, pode ter o sentido de: a) ato ou efeito de inscrever; b) o que está inscrito; o que se grava ou se escreve sobre algo, para dele ter memória; c) matrícula em estabelecimento de ensino; d) anotação; e) registro; f) inclusão de candidato a concurso público; g) apólice de dívida pública. **2.** *História do direito.* a) Era a trasladação do extrato ou sumário do negócio imobiliário; b) destinava-se aos atos constitutivos de ônus real, atualmente na designação genérica de "registro", consideravam-se englobadas a transcrição e a inscrição a que se referem as leis civis. **3.** *Direito registrário.* Registro em livro próprio de certos atos, para que possam produzir efeitos.

INSEMINAÇÃO ARTIFICIAL HETERÓLOGA. *Medicina legal.* Processo de fecundação assexual em que o material fecundante não é o do marido ou companheiro, mas o de terceiro, que passa a ser o doador.

INSEMINAÇÃO ARTIFICIAL HOMÓLOGA. *Medicina legal.* Fecundação anômala em que o sêmen inoculado na mulher é o do próprio marido ou companheiro.

INSEMINAÇÃO ARTIFICIAL *POST MORTEM.* *Medicina legal.* Fecundação do óvulo com esperma congelado do falecido marido.

INSIDER TRADING. *Locução inglesa.* **1.** Rotina de trabalho empresarial que não pode vir a público, por razões de sigilo, que deve ser preservado (Othon Sidou). **2.** Utilização, por administrador de sociedade anônima de natureza aberta, de informações conseguidas em razão de suas funções, em proveito próprio ou de terceiro, consistindo tal manipulação numa prática condenável (Carlos Alberto Bittar). **3.** Ato de o administrador de companhia aberta deixar de guardar segredo das operações suscetíveis de influenciar na conduta dos investidores e de usar informação privilegiada com o escopo de obter vantagem para si ou para outrem (L. G. Paes de Barros Leães). **4.** Prática não equitativa de negociação com ações, vedada pela legislação em vigor, para impedir que pessoas, que possuam informação privilegiada sobre as companhias, realizem negócios prejudiciais aos investidores em geral (Luiz Fernando Rudge). **5.** Uso de informação sobre companhia aberta por aqueles que, por ocuparem altos postos, efetivam negócios com valores mobiliários de emissão da companhia antes que aquele informe seja divulgado ao mercado.

INSÍGNIA. **1.** *Direito comercial* e *direito de propriedade industrial.* Emblema, designação simbólica ou sinal utilizado para distinguir um estabelecimento comercial, industrial ou agrícola, assegurado mediante registro no Instituto da Propriedade Industrial. **2.** Nas *linguagens comum* e *jurídica*, pode significar: a) sinal distintivo; b) medalha de irmandade; c) estandarte, bandeira; d) divisa.

INSOLVÊNCIA CIVIL. *Direito civil.* Estado em que se encontra pessoa, que não exerce atividade empresarial, de não poder pagar a seus credores as obrigações assumidas, ante o fato de seu ativo ser inferior ao passivo, ou seja, suas dívidas excedem ao montante de seus bens. Havendo declaração da insolvência, ter-se-á: o vencimento antecipado dos débitos; a arrecadação dos bens que podem ser penhorados; a nomeação de um administrador da massa; a convocação dos credores para que apresentem a declaração de seus créditos; e a execução.

INSPEÇÃO JUDICIAL. *Direito processual civil.* **1.** Investigação feita em juízo a pedido das partes, do Ministério Público e do magistrado. **2.** Percepção sensorial direta do juiz para esclarecer o fato, as qualidades da pessoa ou da coisa (Moacyr Amaral Santos).

INSTÂNCIA. **1.** *Direito processual civil.* a) Relação processual instante, *in fieri*, a desenvolver-se (Pontes de Miranda); b) litispendência; situação processual da pendência da causa perante o juiz, enquanto não recebe a decisão final (Eliézer Rosa); c) ação em movimento; curso legal da causa; andamento; d) é o próprio juízo enquanto se propõe e se decide a causa (Costa Carvalho); e) grau de jurisdição; f) competência quanto aos juízes e tribunais. **2.** *Filosofia geral.* a) Novo argumento que se segue a uma objeção (Descartes); b) refutação da réplica; c) fato típico que serve de exemplo (Bacon); d) questionamento. **3.** Nas *linguagens comum* e *jurídica*, pode ter o sentido de: a) ato ou efeito de pedir, rogar ou insistir; b) pedido urgente e repetido; c) insistência; pertinácia; d) perseverança; e) repetição de ordens ou recomendações; f) veemência.

IN STATU QUO ANTE. *Expressão latina.* Na mesma situação anterior.

INSTIGAÇÃO AO CRIME. *Direito penal.* Ação dolosa que consiste em induzir uma pessoa a praticar um delito. Tal induzimento constitui fato típico penal.

INSTIGAÇÃO, INDUZIMENTO OU AUXÍLIO A SUICÍDIO. *Direito penal.* Fato típico penal que consiste na ação dolosa de terceiro de persuadir ou auxiliar alguém a retirar sua própria vida.

INSTITUIÇÃO. **1.** *Direito civil.* a) Teoria que admite que a personalidade de agrupamentos de pessoas ou de bens que tenham por escopo a realização de interesses humanos deriva do direito (Maurice Hauriou). A personalidade jurídica é, portanto, para essa doutrina, um atributo que a ordem jurídica estatal outorga a entes que o merecerem; b) ideia de trabalho ou empreendimento que se realiza e se mantém juridicamente no meio social (Maurice Hauriou); c) associação ou organização com fins beneficentes, religiosos, culturais, científicos etc.; instituto; d) estabelecimento de alguma coisa; e) nomeação de herdeiro; f) imposição de ônus ou encargos. **2.** *Teoria geral do direito.* a) Conjunto de leis de uma sociedade política; b) complexo de órgãos que administram o Estado; c) constituição política de uma nação. **3.** *Sociologia jurídica.* a) Entrelaçamento de práticas sociais articuladas num complexo de relações, costumes e sentimentos, mediante o qual se exercem controles sociais e se satisfazem as necessidades das pessoas conviventes (Hermes Lima). As principais instituições da vida social são a família, a propriedade e o Estado; b) conjunto de usos que regem as relações grupais (Maier e Rumney); c) aquilo que é estabelecido socialmente (Agramonte); d) conjunto de ideias, atos e crenças que os indivíduos se impõem numa dada sociedade (Fauconnet e Mauss).

INSTITUIÇÃO FINANCEIRA. *Direito comercial* e *direito bancário.* **1.** Empresa que realiza operações no mercado, efetuando contratos em que as prestações se cumprem em moeda ou direitos de crédito, viabilizando-os, visando não só a coleta, a intermediação e a aplicação de recursos financeiros, próprios ou de terceiros, mas também a custódia de valores alheios. **2.** É a pessoa jurídica, pública ou privada, que tenha como atividade principal ou acessória a intermediação ou a aplicação de recursos financeiros próprios ou de terceiros, em moeda nacional ou estrangeira, autorizada pelo Banco Central do Brasil, ou por decreto do Poder Executivo, a funcionar no território nacional.

INSTITUTO. **1.** Regulamentação. **2.** Conjunto de normas que regem determinadas entidades ou situações jurídicas. **3.** Regime. **4.** Associação literária, artística ou científica. **5.** Corporação de ensino; título dado a alguns estabelecimentos de ensino. **6.** O que foi instituído. **7.** Órgão estatal que supervisiona certos setores.

INSTITUTO MÉDICO-LEGAL (IML). *Direito penal.* Órgão técnico-científico da polícia estadual que procede a perícias médico-legais e realiza trabalhos de pesquisa na seara da **medicina legal**.

INSTITUTO NACIONAL DA PROPRIEDADE INDUSTRIAL (INPI). *Direito administrativo.* Autarquia federal vinculada ao Ministério do Desenvolvimento, Indústria e Comércio Exterior, que tem por fim executar as normas reguladoras da propriedade industrial, tendo em vista a sua função social, econômica, jurídica e técnica, bem como pronunciar-se quanto à conveniência de assinatura, ratificação e denúncia de convenções, tratados, convênios e acordos sobre propriedade industrial e tomar medidas idôneas para regular a transferência de tecnologia e para estabelecer melhores condições de negociação e utilização de patentes. Tem por escopo: a) registrar os contratos que impliquem transferência de tecnologia, contratos de franquia e similares para produzirem efeitos em relação a terceiros; b) registrar os programas de computador de acordo com a legislação em vigor; c) desenvolver ações objetivando promover a disseminação da cultura da propriedade industrial; e d) fazer o cadastramento dos agentes da propriedade industrial, para fins de regular essa atividade, no que concerne à representatividade junto ao INPI.

INSTITUTO NACIONAL DE COLONIZAÇÃO E REFORMA AGRÁRIA (INCRA). *Direito agrário.* Autarquia federal, com autonomia administrativa e financeira, que tem por escopo promover, coordenar e executar a colonização, a reforma agrária, visando o desenvolvimento rural do País, adequando-o aos interesses do desenvolvimento econômico-social, assegurando a função social da propriedade. Para tanto, deverá, por exemplo, elaborar o zoneamento do País; definir as zonas típicas para fins de fixação do módulo rural, os valores da terra nua; programar e executar o cadastramento de imóveis rurais, dos proprietários, parceiros e arrendatários; estimular a expansão de empresas rurais etc. Tem como finalidades: a) promover e executar a reforma agrária, visando a melhor distribuição da terra, mediante modificações no regime de sua posse e uso, a fim de atender aos princípios de justiça social por meio de projetos de assentamento sustentáveis; b) promover, coordenar, controlar e executar a colonização; c) promover as medidas necessárias à discriminação e arrecadação das terras devolutas federais e a sua destinação, visando incorporá-las ao sistema produtivo; e d) gerenciar a estrutura fundiária do País.

INSTITUTO NACIONAL DO SEGURO SOCIAL (INSS). *Direito previdenciário.* Autarquia federal, vinculada ao Ministério da Previdência Social. Visa promover o reconhecimento, pela Previdência Social, de direito ao recebimento de benefícios por ela administrados, assegurando agilidade, comodidade aos seus usuários e ampliação do controle social. Tem por finalidade: a) promover a arrecadação, a fiscalização e a cobrança das contribuições sociais destinadas ao financiamento da Previdência Social na forma da legislação em vigor; b) promover o reconhecimento, pela Previdência Social, de direito ao recebimento de benefícios por ela administrados, assegurando agilidade, comodidade aos seus usuários e ampliação do controle social. Tem competência para: a) administrar contribuições sociais e receitas alusivas à previdência social; b) gerir recursos do fundo de Previdência e Assistência Social; c) conceder e manter benefícios previdenciários; d) executar programas e atividades relacionadas com emprego, apoio ao desempregado, identificação profissional, segurança e saúde do trabalhador (Eduardo Marcial Ferreira Jardim).

INSTRUÇÃO. **1.** *Direito administrativo.* Ato administrativo de ordem interna pelo qual o superior hierárquico, dirigindo-se aos seus funcionários ou subordinados, procura aumentar o rendimento do trabalho, indicando a maneira de proceder, e disciplinar o funcionamento do serviço público. **2.** ***Direito processual civil.*** Fase probatória do procedimento na qual o magistrado fixa os pontos duvidosos sobre os quais incide a prova e dá ordem ao processo para efeito de prolação da sentença. Ou melhor, nesta fase processual praticam-se atos imprescindíveis para elucidar a controvérsia, como apresentação de elementos probatórios, realização de diligências, fornecendo dados para que o juiz forme sua convicção e possa julgar a causa. Conjunto de atos processuais necessários para esclarecer uma demanda, pondo-a em condições de ser decidida, por elucidarem fatos que constituem seu objeto. **3.** ***Direito internacional público.*** Ordem e informação que se dá a um embaixador. **4.** Na ***linguagem jurídica*** em geral, pode significar: a) ação de instruir; ensino; b) educação intelectual; c) saber, conhecimento adquirido pelo estudo ou pelo ensino; d) conjunto de informações fornecidas com certa finalidade. **5.** ***Direito processual penal.*** Fase processual destinada à apuração da existência do crime, e à averiguação de suas circunstâncias e autoria, preparando o órgão judicante para julgar, no que diz respeito às provas.

INSTRUÇÃO NORMATIVA. ***Direito administrativo.*** **1.** Preceito obrigatório emanado por autoridade superior, instruindo a maneira pela qual se deve agir quanto às questões que dependem de resolução na sua área. **2.** Documento emitido por autoridade competente, complementando ou detalhando critérios estabelecidos em regulamento.

INSTRUÇÕES MINISTERIAIS. ***Direito constitucional.*** São as expedidas pelos ministros de Estado para promover a execução de leis, decretos e regulamentos atinentes às atividades de sua pasta.

INSTRUMENTO. **1.** ***Direito civil.*** Documento escrito que comprova algum direito lavrado por tabelião (instrumento público) ou elaborado pelas partes interessadas (instrumento particular) (Paulo Matos Peixoto). Trata-se da materialização do ato ou do negócio jurídico. **2.** ***Direito processual.*** O que serve para instruir o processo. **3.** ***Medicina legal.*** Arma do crime. **4.** Nas ***linguagens comum*** e ***jurídica,*** tem o significado de: a) objeto, aparelho, máquina ou utensílio utilizado para execução de algum trabalho ou obra; b) ferramenta de trabalho; c) aparelho que produz sons musicais. **5.** Em ***gíria,*** é a ferramenta para roubo.

INSTRUMENTO PARTICULAR. Aquele feito pelas partes interessadas, sem intervenção notarial. É também designado "instrumento privado". Pode consistir em *cédula* representativa de testamento, de apólice, de ação de sociedade anônima; *síngrafo,* se instrumento de contrato assinado pelas partes; *quirógrafo,* se instrumento de dívida, feito e assinado apenas pelo devedor; *conta,* se representar parcelas de débito e de crédito; *recibo,* se declarar recebimento de algo; *carta,* se dirigido a ausente; *livro,* se destinado à escrituração de operações mercantis ou ao registro. Pode ser: escrito e assinado pela parte (testamento cerrado); escrito por outrem e assinado pela parte (escritura particular, datilografada ou digitada por terceiro, assinada pela parte); escrito pela parte, mas por ela não assinado (papel, registro doméstico, anotação em documento); nem escrito nem assinado pela parte (livro empresarial, escriturado por empregado da empresa) (Moacyr Amaral Santos).

INSTRUMENTO PÚBLICO. **1.** ***Direito registrário.*** É aquele escrito e lavrado por oficial público, tabelião, notário, ou serventuário da justiça no exercício de suas funções, segundo as formalidades legais, para criar, modificar ou extinguir relações jurídicas. **2.** Escritura pública.

INSUBORDINAÇÃO. **1.** ***Direito militar.*** a) Prática de ato contra a autoridade militar, desprestigiando-a, pela oposição ou recusa de obediência a ordem sobre matéria de serviço; b) ação contrária a um dever legal, regulamento ou instrução militar. **2.** Nas ***linguagens comum*** e ***jurídica,*** indica: a) rebeldia; revolta; b) desrespeito acintoso a alguma ordem ou a algum dever a ser cumprido; c) infração à disciplina por ato comissivo; d) tentativa de subversão. **3.** ***Direito do trabalho.*** Rebeldia do empregado contra o empregador, o que constitui justa causa para sua despedida e rescisão do contrato trabalhista.

INSUFICIÊNCIA. **1.** Incompetência. **2.** Inaptidão. **3.** Incapacidade. **4.** Qualidade de insuficiente. **5.** Falta de força. **6.** Falta de talento para realizar alguma obra, executar algum serviço.

INSUMO. ***Economia política.*** **1.** Despesas e investimentos que contribuem para um resultado, ou para obtenção de uma mercadoria ou produto até o consumo final. **2.** É tudo aquilo que entra (*input*), em contraposição ao produto (*output*), que é o que sai. **3.** Trata-se da combinação de fatos de produção, diretos (matéria-prima) e indiretos (mão de obra, energia, tributos), que entram na elaboração de certa quantidade de bens ou serviços (Antônio Geraldo da Cunha e Othon Sidou). **4.** Conjunto de elementos utilizados na industrialização da água mineral natural ou da água natural, tais como matérias-primas, ingredientes e embalagens.

INTEGRAÇÃO DA LACUNA. ***Teoria geral do direito.*** **1.** Desenvolvimento aberto do direito dirigido metodicamente, que se dá quando, ao solucionar um caso, o magistrado não encontra norma que lhe seja aplicável, não podendo subsumir o fato a nenhum preceito, porque há falta de conhecimento sobre um *status* jurídico de certo comportamento, devido a um defeito do sistema, que é a lacuna, que pode consistir numa ausência de norma, ou na presença de disposição legal injusta ou em desuso. A integração é um método supletivo pelo qual a analogia, o costume ou o princípio geral de direito é invocado para a solução da lacuna. **2.** Preenchimento de lacuna normativa, ontológica ou axiológica.

INTEGRAÇÃO ECONÔMICA. ***Direito internacional público.*** União de diversas nações com o escopo de eliminar barreiras alfandegárias e formar um mercado único, admitindo uma livre transferência de produtos, serviços, capitais, mão de obra etc.

INTEGRAÇÃO NACIONAL. 1. ***Direito administrativo.*** Conjunto de medidas jurídicas e governamentais com o escopo de integrar as diferentes regiões do País. **2.** ***Ciência política.*** Processo pelo qual se cria uma identidade comum a todos os grupos étnicos, linguísticos, religiosos e regionais, para que sejam partes integrantes da mesma comunidade política (Pasquino e D'Azeglio).

INTEGRAÇÃO SOCIAL. 1. ***Sociologia geral*** e ***sociologia jurídica.*** a) Processo pelo qual se acata como sua a cultura predominante numa sociedade; b) ajustamento de grupos para formar uma sociedade organizada. **2.** ***Ciência política.*** Superação da distância entre governantes e governados, elite e massa (Pasquino).

INTEGRALIZAÇÃO. ***Direito comercial.*** **1.** Ato de concluir pagamento de um título. **2.** Pagamento para a constituição do capital social. **3.** Ato ou efeito de completar ou integralizar.

INTEMPESTIVIDADE. ***Direito processual civil*** e ***direito processual penal.*** **1.** Qualidade de intempestivo ou do que se faz fora do prazo. **2.** Realização de qualquer ato após o decurso do prazo legal. **3.** Decorrência *in albis* do prazo para recorrer. **4.** Interposição de recurso após o prazo legal. **5.** Qualidade da ação ajuizada após o transcurso do prazo decadencial ou prescricional.

INTERAÇÃO. ***Filosofia do direito.*** Ação recíproca de uma conduta sobre outra, ante o fato de o homem ser eminentemente social. Como o homem é um ser gregário por natureza, é levado a interagir. É a correlação entre o fazer de um e o impedir de outro. *Vide* INTERSUBJETIVIDADE.

INTER ALIOS ACTA. ***Expressão latina.*** Coisa feita entre outros.

INTERCÂMBIO. 1. ***Direito internacional público.*** Relação de Estado para Estado. **2.** Na ***linguagem jurídica*** em geral, significa: a) troca ou permuta recíproca; b) relações de câmbio entre praças diferentes; c) relações comerciais, bancárias, culturais ou desportivas de povo a povo. **3.** ***Direito internacional privado.*** Movimento recíproco de importação e exportação de mercadorias entre diversos países, permutando seus produtos. **4.** ***Direito comercial.*** Reciprocidade de relações mercantis.

INTERCEPTAÇÃO DE COMUNICAÇÃO TELEFÔNICA. 1. ***Direito processual penal.*** Gravação de comunicação telefônica ou transcrição do fluxo de comunicação em sistemas de informática e telemática, para prova em investigação criminal e em instrução processual penal, sob segredo de justiça, desde que haja ordem judicial. Tal interceptação não será permitida se: a) não houver indício razoável da autoria ou participação em infração penal; b) a prova puder ser feita por outros meios disponíveis; c) o fato investigado constituir infração penal punível, no máximo, com pena de detenção. **2.** ***Direito penal.*** Crime punível com reclusão e multa que consiste em gravar comunicação telefônica alheia, ou transcrever a decorrente de informática ou telemática, ou quebrar segredo de justiça, sem autorização judicial ou com objetivos não autorizados em lei.

INTERCESSÃO. 1. Ação de interceder em prol de alguém. **2.** Ato de intervir em favor de alguém, afiançando-o ou prestando caução em seu favor. **3.** Abono. **4.** Fiança. **5.** Intervenção. **6.** Caução. **7.** Garantia dada por alguém em favor de obrigação alheia.

INTERDIÇÃO. 1. ***Direito civil*** e ***direito processual civil.*** a) Ato pelo qual o órgão judicante nomeia curador àquele que, por causa transitória ou permanente, duradoura, não puder exprimir a sua vontade; ao ébrio habitual, ao toxicômano e ao pródigo; b) processo que visa apurar os fatos que justificam a nomeação de curador, verificando não só se é necessária a interdição e se ela aproveitaria ao arguido da incapacidade, bem como a razão legal da curatela, ou seja, se o indivíduo é, ou não, incapaz de dirigir seu patrimônio; c) perda da capacidade de praticar atos na vida civil sem representante legal (curador) em razão de sentença judicial. Tal sentença, que nomeia curador, é constitutiva, pois vem a alterar a situação jurídica do interdito, impondo restrições ao exercício dos atos da vida civil. **2.** Nas ***linguagens comum*** e ***jurídica,*** significa proibição de praticar ou de gozar direitos em seu favor ou em defesa da coletividade. **3.** ***Direito penal.*** a) Caráter da pena criminal acessória que priva o condenado de praticar certos atos, ou de gozar determinados direitos civis ou políticos; b) Proibição de funcionamento de atividades em associação ou sociedade utilizada para a prática de delito. **4.** ***Direito agrário.*** Proibição do ingresso e egresso de suídeos, p. ex., num estabelecimento de criação, para qualquer finalidade, bem como de produtos ou subprodutos suídeos ou materiais que possam constituir fonte de transmissão de doença, a critério do serviço veterinário oficial. 5. *Direito do trabalho.* Cessação do funcionamento de máquinas, de setores ou do estabelecimento, se houver, para a atividade laborativa, grave e iminente risco, conducente a acidente de trabalho ou a doença profissional. 6. *Direito administrativo.* Proibição de utilização de prédio sem condições de habitabilidade ou segurança, por falta de observância das normas legais e regulamentares.

INTERDITO. 1. *Direito canônico.* a) Diz-se do padre proibido de exercer seu ministério; b) pena que priva fiéis de certos bens espirituais, como a admissão aos sacramentos, a sepultura eclesiástica, o exercício de determinados direitos na Igreja etc. 2. *Direito penal.* Privado do exercício de certos direitos ou certas funções em virtude de sentença criminal. 3. *Direito civil* e *direito processual civil.* a) Aquele que, juridicamente, foi declarado incapaz para administrar seus bens e para dispor livremente de seu patrimônio; curatelado; aquele a quem se nomeia curador; b) ação destinada a proteger a posse.

INTERDITO POSSESSÓRIO. *Direito processual civil.* Ação possessória proposta por quem for ameaçado, molestado ou esbulhado em sua posse, para repelir tais agressões e continuar na posse. Para Ihering, três são os fundamentos desse interdito: a) proteção da posse por ser ela a exteriorização do domínio; b) proteção da posse por meio de ações especiais, para facilitar a defesa da propriedade, dispensando o proprietário de ter de provar seu direito em cada caso; c) a proteção da posse, concebida desse modo, favorece o não proprietário; porém, trata-se de um inconveniente inevitável, não se podendo abrir mão dele, ante as muitas vantagens resultantes da instituição e por ser, aquela situação, excepcional, pois o normal é estar, a posse, a serviço do legítimo proprietário. Logo, protege-se a posse e, por via oblíqua, a propriedade.

INTERDITO PROIBITÓRIO. *Direito processual civil.* 1. Proteção preventiva da posse ante a ameaça de turbação ou esbulho. Tem caráter inibitório. 2. Ordem ou mandado judicial provocado pelo possuidor direto ou indireto ameaçado de sofrer turbação ou esbulho, para resguardar-se de violência iminente, que visa proibir o réu de praticar o ato, sob pena de pagar multa pecuniária (que poderá ou não ter o caráter de *astreinte*), inclusive perdas e danos, em favor do autor ou de terceiro.

INTERESSE COLETIVO. 1. *Direito administrativo.* Interesse de um grupo de indivíduos, que será considerado interesse público apenas se o Estado o assumir, colocando-o entre seus fins. 2. *Direito constitucional, direito do menor* e *direito processual.* É o que apenas pode ser exercido comunitariamente, ante a existência de um vínculo jurídico que une as pessoas do grupo entre si (Ada Pellegrini Grinover).

INTERESSE DE AGIR. *Direito processual civil.* 1. Existência de pretensão objetivamente razoável, que é uma das condições da ação (José Frederico Marques). 2. Legitimidade do autor para pleitear, judicialmente, seu direito; capacidade para estar em juízo na defesa de um direito, por ter legítimo interesse econômico ou moral. 3. Proveito que se colhe do fato de propor ou contestar uma ação, para assegurar ou restabelecer uma relação jurídica (Espínola). 4. Necessidade de invocar o órgão jurisdicional para o reconhecimento de um direito. 5. Condição da ação ou situação em que se encontra o autor para propô-la, ou o réu para contestá-la, excepcionar ou reconvir.

INTERESSE DIFUSO. *Direito constitucional, direito do consumidor* e *direito processual.* 1. Aquele que, por ser metaindividual, não repousa numa relação-base ou num vínculo jurídico bem definido, mas se prende a dados de fato, pois o conjunto apresenta contorno tão móvel ou impreciso que torna impossível individualizar seus componentes (Ada Pellegrini Grinover). 2. É o de uma categoria de indivíduos, não ligados por qualquer vínculo jurídico, mas sim por haver uma identidade de situação fática (Celso Bastos). É, portanto, o interesse de que sejam titulares pessoas indeterminadas e ligadas por circunstâncias de fato.

INTERESSE LEGÍTIMO. 1. *Direito administrativo.* Pretensão, assegurada legalmente, estabelecida em favor de todos os jurisdicionados; logo, qualquer um deles poderá pleitear o atendimento administrativo e, em sua falta, a tutela judicial (Othon Sidou). 2. *Direito processual civil.* a) Interesse econômico ou moral que justifica movimentar a máquina judiciária, para obter intervenção do órgão judicante, sem o que o autor sofreria um dano ou prejuízo; b) aquele conforme ao direito; que está em causa.

INTERESSE MORAL. *Direito civil* e *direito processual civil.* Pretensão não material ou patrimonialmente vantajosa, baseada em direito, cujo exercício de ação só é autorizado se disser respeito diretamente ao titular ou à sua família, sendo, portanto, concernente à honra, à liberdade, ao decoro, ao estado da pessoa, e à profissão do autor ou de sua família.

INTERESSE PARTICULAR. Interesse próprio de uma pessoa, afetando diretamente seus bens e direitos.

INTERESSE PÚBLICO. *Direito administrativo.* 1. Aquele que se impõe por uma necessidade coletiva, devendo ser perseguido pelo Estado, em benefício dos administrados. **2.** Relativo a toda sociedade personificada no Estado. É o interesse geral da sociedade, ou seja, do Estado enquanto comunidade política e juridicamente organizada (Milton Sanseverino). **3.** Finalidade da administração pública. **4.** Interesse coletivo colocado pelo Estado entre seus próprios interesses, ao assumi-lo sob regime jurídico de direito público (José Cretella Jr.).

INTERESSES METAINDIVIDUAIS. *Direito civil, direito comercial* e *direito do trabalho*. São os alusivos a um grupo de pessoas, como os condôminos de um edifício; os empregados vinculados a um mesmo empregador; os sócios de uma empresa (Hugo Nigro Mazzilli).

INTERESSE SOCIAL. 1. *Direito comercial*. É o dos acionistas como um todo, sem inclinações preferenciais, voltado à mantença da sociedade, superando os interesses individuais de cada um dos sócios. **2.** *Direito ambiental*. Diz respeito: a) às atividades imprescindíveis à proteção da integridade da vegetação nativa, tais como: prevenção, combate e controle do fogo, controle da erosão, erradicação de invasoras e proteção de plantios com espécies nativas, conforme resolução do Conama; b) às atividades de manejo agroflorestal sustentável praticadas na pequena propriedade ou posse rural familiar, que não descaracterizem a cobertura vegetal e não prejudiquem a função ambiental da área; e c) às demais obras, planos, atividades ou projetos definidos em resolução do Conama.

INTERESTADUAL. *Ciência política* e *direito administrativo*. **1.** O que se realiza de Estado para Estado. **2.** Relativo às relações entre os Estados-membros da Federação. **3.** Qualidade do ato ou fato que venha a envolver dois ou mais Estados-membros de uma Federação.

INTERINO. *Direito administrativo*. **1.** Servidor público que exerce, temporariamente, uma função. **2.** Funcionário público que está ocupando, sem efetividade, cargo de outrem ou lugar vago, devendo deixá-lo assim que for provido em outro ou desimpedido aquele por quem serve (Pontes de Miranda e Antonio de Moraes Silva).

INTERMEDIAÇÃO. *Direito civil* e *direito comercial*. **1.** É a que se processa por meio de contrato de corretagem, pelo qual alguém, que é o corretor, se obriga a obter, para outrem, um negócio, conforme as instruções recebidas. **2.** Ato de intermediário.

IN TERMINIS. *Locução latina*. **1.** Em último lugar; no fim. **2.** *Direito processual*. Diz-se da decisão que é dada num processo julgado em última instância, pondo termo à demanda. Trata-se da decisão final.

INTERNACIONAL. 1. *Direito internacional público*. a) Referente às relações entre nações; b) que se estabelece de nação para nação; c) diz-se do ato que envolve duas ou mais nações; d) aquilo que interessa a representantes de todos os Estados soberanos; e) diz-se do acordo ou convenção ajustada entre dois ou mais países. **2.** *Direito internacional privado*. a) Associação de operários de diversas nações para a defesa de seus interesses e suas reivindicações; b) diz-se do comércio que, sendo síntese das importações e exportações, tem três faixas fundamentais: livre comércio, união aduaneira e mercado comum (Meira Mattos); c) diz-se da relação comercial entre os vários países. **3.** *Direito desportivo*. Competição entre representações de diferentes países.

INTERNAMENTO. 1. Na *linguagem jurídica* em geral, é: a) internação; b) ato ou efeito de internar. **2.** *Ciência política*. a) Medida punitiva que obriga uma pessoa, por razões políticas, a residir em um país, sem dele poder sair; b) confinamento. **3.** *Direito internacional público*. Ato pelo qual um país neutro obriga os súditos da nação beligerante a se retirarem para o interior de seu território, onde, forçosamente, deverão fixar residência, com o escopo de impedir qualquer ação bélica por parte deles (Othon Sidou).

INTERNET. *Direito virtual*. **1.** A maior e mais diversificada comunidade mundial de cibernética. Trata-se do conjunto de redes livres que contém recursos de um *campus*, integrando pessoas físicas, escolas públicas ou particulares, escritórios governamentais, empresas etc., constituindo-se em uma cidade eletrônica e possibilitando que se carregue um arquivo ou se envie uma mensagem, acionando a operação internacional de computadores interligados. É uma rede de teleconferência onde milhares de usuários se comunicam em diferentes países, munidos apenas de um microcomputador, linha telefônica e *modem*. Conjunto de meios de transmissão e comutação, roteadores, equipamentos e protocolos necessários à comunicação entre computadores, bem como o *software* e os dados contidos nesses computadores. **2.** Rede mundial de computadores que se conectam por meio de um protocolo específico, o IP. **3.** Conjunto de serviços de troca de informações como a *World Wide Web* (ou www ou web) e o *e-mail* (Amaro Moraes e Silva Neto). **4.** Sociedade virtual. **5.** Associação da comunicação com a informática. **6.** Integração de computadores com conexão internacional, aberta ao acesso de todos por meio de linhas telefônicas, digitais, satélites etc.

INTERPELAÇÃO. 1. *Direito processual civil*. a) Intimação judicial para responder sobre dado fato; b) medida cautelar pela qual alguém argui sobre fato que lhe possa prejudicar, para ressalvar seus direitos; c) ato pelo qual se dá a conhecer a pretensão de exercer direito (Nelson Nery Jr. e Rosa Mª de A. Nery). **2.** ***Ciência política* e *direito comparado*.** É, no regime parlamentarista de governo, o ato pelo qual um parlamentar intima um ministro de Estado a efetuar explicações sobre a política que está sendo seguida por ele. **3.** ***Direito civil*.** Ato pelo qual o credor reclama do devedor o adimplemento da obrigação, sob pena de constituí-lo em mora ou de imposição de outras cominações.

INTERPOSIÇÃO. 1. Ato ou efeito de interpor. **2.** O que se interpôs. **3.** Intervenção em negócio alheio. **4.** Oferecimento de recurso.

INTERPOSTA PESSOA. ***Direito civil.*** Diz-se daquele que comparece num dado negócio jurídico em nome próprio, mas no interesse de outrem, substituindo-o e encobrindo-o. Trata-se do presta-nome ou testa de ferro. Age em lugar do verdadeiro interessado, que, por motivos não de todo lícitos, deseja ocultar sua participação num ato negocial.

INTERPRETAÇÃO. 1. ***Direito autoral.*** a) Maneira como atores ou músicos desempenham sua arte; b) tradução. **2.** ***Teoria geral do direito.*** Descoberta do sentido e alcance da norma jurídica, procurando a significação dos conceitos jurídicos.

INTERPRETAÇÃO CORRETIVA. ***Teoria geral do direito.*** É aquela que soluciona, equitativamente, a antinomia real (lacuna de conflito), que ocorre quando houver incompletude ou inconsistência de critérios normativos para sua resolução, aplicando-se, se for o caso, analogia, costume ou princípio geral de direito, corrigindo o conflito normativo, adaptando a norma que for mais razoável ou justa à solução do caso concreto.

INTERPRETAÇÃO DECLARATIVA. ***Teoria geral do direito.*** Dá-se quando houver correspondência entre a expressão linguístico-legal e a *voluntas legis*, sem que haja necessidade de dar ao comando normativo um alcance ou sentido mais amplo ou mais restrito. Tal ocorre porque o sentido da norma condiz com a sua letra, de modo que o intérprete e o aplicador tão somente declaram que o enunciado normativo contém apenas aqueles parâmetros que se depreendem de sua letra. É também designada "interpretação constativa".

INTERPRETAÇÃO ECONÔMICA. ***Direito tributário.*** Identificação do *substractum* econômico subjacente ao ato, ao se interpretar uma lei tributária, para definir a hipótese de incidência, pois importa ao direito tributário o conteúdo patrimonial daquele ato e a circulação de riqueza que revela, uma vez que é simples critério de determinação objetiva de índices de capacidade contributiva. A interpretação econômica deve ser uma decorrência da correta aplicação da lei fiscal, e, por ser oriunda da teoria da fraude legal, só pode ser admitida, em cada caso, na hipótese de anormalidade da forma jurídica (manipulação pelo contribuinte), para fugir do tributo. Logo, se o ato praticado pelo contribuinte ou as formas e procedimentos por ele escolhidos são normais, o intérprete não pode fazer considerações econômicas para alterar seu conceito, ou ainda para restringi-lo ou modificá-lo (Geraldo Ataliba).

INTERPRETAÇÃO EXTENSIVA. ***Teoria geral do direito.*** É aquela na qual, ao completar uma norma, se admite que ela abrange certos fatos-tipos, implicitamente. Com isso, ultrapassa-se o núcleo do sentido normativo, avançando até o sentido literal possível da norma. Tal interpretação desenvolve-se em torno da norma, para nela compreender casos que não estão expressos em sua letra, mas que nela se encontram, virtualmente, incluídos, conferindo, assim, à norma o mais amplo raio de ação possível, todavia, sempre dentro de seu sentido literal, concluindo que o seu alcance é mais amplo do que indicam seus termos.

INTERPRETAÇÃO GRAMATICAL. ***Teoria geral do direito.*** É a técnica também chamada literal, semântica ou filológica, pela qual o hermeneuta busca o sentido literal do texto normativo, tendo por primeira tarefa estabelecer uma definição, ante a indeterminação semântica dos vocábulos normativos, que são, em regra, vagos ou ambíguos, quase nunca apresentando um sentido unívoco. Procura-se o significado da norma pela sua própria construção textual.

INTERPRETAÇÃO HISTÓRICA. ***Teoria geral do direito.*** É a que se baseia na averiguação dos antecedentes da norma, referindo-se ao histórico do processo legislativo, desde o projeto de lei, sua justificativa ou exposição de motivos, emendas, até sua aprovação e promulgação, ou às circunstâncias fáticas que a precederam e que lhe deram origem, às causas ou necessidades que induziram o órgão a elaborá-la, ou seja, às condições culturais ou psicológicas sob as quais o preceito normativo surgiu (*occasio legis*). Como a maior parte das normas constitui a continuidade ou modificação das precedentes, é útil que o aplicador investigue o histórico das instituições jurídicas, para captar o exato sentido da norma, tendo em vista a razão dela (*ratio legis*), isto é, o resultado a que pretende.

INTERPRETAÇÃO LITERAL. *Vide* INTERPRETAÇÃO GRAMATICAL.

INTERPRETAÇÃO LÓGICA. ***Teoria geral do direito.*** É a técnica que desvenda o sentido e o alcance da norma, estudando-a por meio de raciocínios lógicos, analisando os períodos da lei e combinando-os entre si, com o escopo de atingir perfeita compatibilidade.

INTERPRETAÇÃO OBJETIVA. *Teoria geral do direito.* Investigação da *mens legis* ou da vontade da lei, que independe do querer subjetivo do legislador, porque após o ato legislativo a lei desliga-se do seu elaborador, adquirindo existência objetiva. A norma seria uma "vontade" transformada em palavras, uma força objetivada independente do seu autor; por isso, deve-se procurar o sentido imanente no texto, e não o que seu prolator teve em mira. Deve-se interpretar a norma, tendo em vista a situação atual em que a norma interpretada se aplica (Köhler, Wach, Binding, Schreier, Larenz e Binder).

INTERPRETAÇÃO RESTRITIVA. *Teoria geral do direito.* Aquela em que o intérprete e aplicador da norma limita a incidência de seu comando, impedindo que produza efeitos injustos ou danosos, porque suas palavras abrangem hipóteses que nelas, na realidade, não se contêm. Esse ato interpretativo não reduz o campo normativo, mas determina tão somente os limites ou as fronteiras exatas da norma, com o auxílio de elementos lógicos e de fatores jurídico-sociais, possibilitando a aplicação razoável e justa da norma, de modo que corresponda à sua conexão de sentido.

INTERPRETAÇÃO SISTEMÁTICA. *Teoria geral do direito.* É a técnica que considera o sistema no qual se insere a norma, relacionando-a com outras normas concernentes ao mesmo objeto. É uma técnica de apresentação de atos normativos, em que o hermeneuta relaciona umas normas a outras até vislumbrar-lhes o sentido e o alcance. É preciso lembrar que uma das tarefas da ciência jurídica consiste em, exatamente, estabelecer as conexões sistemáticas entre as normas.

INTERPRETAÇÃO SUBJETIVA. *Teoria geral do direito.* É a que busca a *mens legislatoris*, ou seja, é a que tem por meta o estudo da vontade histórico-psicológica do legislador expressa na norma (Savigny, Windscheid, Regelsberger, Stammler, Enneccerus etc.).

INTERPRETAÇÃO TELEOLÓGICA. *Teoria geral do direito.* É a técnica que objetiva adaptar a finalidade da norma às novas exigências sociais, sendo, por isso, também denominada "sociológica". A técnica teleológica procura o fim, a *ratio* do preceito normativo, para, a partir dela, determinar seu sentido. O sentido normativo requer a captação dos fins para os quais se elaborou a norma, exigindo, para tanto, a concepção do direito como um sistema, o apelo às regras da técnica lógica válidas para séries definidas de casos e a presença de certos princípios que se aplicam para séries indefinidas de casos, como o de boa-fé, o da exigência da justiça, o da igualdade perante a lei etc.

INTÉRPRETE. **1.** *Teoria geral do direito.* Aquele que, sendo jurista ou órgão com competência normativa, busca o sentido e o alcance da norma jurídica. **2.** *Direito autoral.* a) Tradutor; b) aquele que interpreta uma obra de arte; c) o que executa obra musical. **3.** Nas *linguagens comum* e *jurídica*, pode significar aquele que serve de mediador ou intermediário entre pessoas que falam idiomas diversos, procurando fazer com que elas se entendam. **4.** *Direito processual.* Pessoa habilitada e juramentada que verte documentos estrangeiros para o idioma nacional.

INTERROGATÓRIO. *Direito processual.* **1.** Ato de interrogar. **2.** Complexo de perguntas dirigidas pelo órgão judicante ao réu e as respostas dadas por este. **3.** Auto onde são registradas as perguntas feitas ao autor ou ao réu. **4.** Meio de prova e de defesa, útil para a apuração da verdade dos fatos. **5.** Declaração do réu e das testemunhas em resposta às questões formuladas.

INTERROGATÓRIO *ON-LINE*. *Direito processual penal* e *direito virtual.* Interrogatório judicial feito por meio de tela de computador conectado a uma linha telefônica que tem, na outra ponta, o acusado preso em estabelecimento penal (René Ariel Dotti).

INTERROGATÓRIO POLICIAL. *Direito processual penal.* Fase do inquérito policial em que a autoridade policial interroga o acusado sobre o delito que lhe foi imputado.

INTERRUPÇÃO DA PRESCRIÇÃO. *Direito civil* e *direito processual civil.* Inutilização da prescrição iniciada, de modo que o seu prazo começa a correr da data do ato que a interrompeu ou do último ato do processo que a interromper. Provoca, portanto, a descontinuidade da prescrição já iniciada, eliminando do cálculo o tempo decorrido anteriormente, para que se comece de novo a sua contagem (De Plácido e Silva). É, portanto, a parada do curso da prescrição e consequente perda do prazo transcorrido.

INTERSEXUALIDADE. **1.** *Medicina legal.* Qualidade ou condição fisiológica em que há uma mutação nos cromossomos, que faz com que se apresentem órgãos reprodutores internos ou externos peculiares aos dois sexos. Essa condição já foi denominada "hermafroditismo", termo atualmente restrito ao campo da zoologia e da botânica. **2.** *Direito civil.* Erro essencial contra a pessoa, que constitui motivo para declaração de anulação do casamento.

INTERSEXUALISMO. *Medicina legal.* Condição daquele que apresenta caracteres sexuais primários e secundários intermediários aos dos dois sexos.

INTERSTÍCIO. **1.** *Direito militar.* Tempo mínino que cada policial militar deve cumprir no posto ou graduação. **2.** *Direito administrativo.* Lapso temporal que deve ser percorrido, em dada categoria, para que o agente público possa ser promovido, passando para outra classe de grau superior.

INTERSUBJETIVIDADE. *Filosofia geral* e *filosofia do direito.* É um fazer compartido; a conduta de um, quando impedida ou permitida por outros. Carlos Cóssio refere-se à conduta em sua intersubjetividade, ou melhor, relacionada com as possíveis ações dos demais membros. A intersubjetividade introduz a referência a outras pessoas. É, em suma, a correlação entre o fazer de um e o impedir de outro.

INTERVALO LÚCIDO. *Medicina legal.* Espaço de tempo em que as pessoas em sofrimento psíquico ou com transtorno afetivo bipolar apresentam alguma lucidez, retornando à normalidade das funções psíquicas, findo o qual voltam ao estado de inconsciência. É muito comum na psicose maníaco-depressiva.

INTERVALOS NÃO REMUNERADOS. *Direito do trabalho.* Intervalos previstos legalmente dentro da jornada, que não são pagos. Em qualquer trabalho contínuo, cuja duração exceda seis horas, é obrigatória a concessão de um intervalo para repouso ou alimentação, o qual será, no mínimo, de uma hora e, salvo acordo escrito ou contrato coletivo em contrário, não poderá exceder de duas horas. Não excedendo de seis horas o trabalho, será, entretanto, obrigatório um intervalo de quinze minutos quando a duração ultrapassar quatro horas. Os intervalos de descanso não serão computados na duração do trabalho. Quando o intervalo para repouso e alimentação não for concedido pelo empregador, este ficará obrigado a remunerar o período correspondente, com um acréscimo de no mínimo cinquenta por cento sobre o valor da remuneração da hora normal de trabalho.

INTERVALOS REMUNERADOS. *Direito do trabalho.* Intervalos no curso do contrato de trabalho que devem ser pagos; p. ex., nos serviços permanentes de mecanografia (datilografia, digitação, escrituração ou cálculo), a cada período de noventa minutos consecutivos, corresponderá um repouso de dez minutos não deduzidos da duração normal do trabalho.

INTERVENÇÃO. 1. *Medicina legal.* Cirurgia. **2.** *Direito processual civil.* Assistência. **3.** *Direito comercial.* Interferência de terceiro no protesto de título cambiário. **4.** *Direito civil.* Interferência de interessado ao pagar débito alheio. **5.** *Direito constitucional.* Ação direta do governo federal num Estado-membro da Federação. **6.** *Direito administrativo.* a) Ação do governo, numa associação ou empresa, em defesa do interesse público; b) investidura da autoridade governamental nas instituições financeiras e nas cooperativas de crédito até que se eliminem as irregularidades que a motivaram (Othon Sidou). **7.** *Direito internacional público.* Ato de um país interpor, indevidamente, sua autoridade sobre outro Estado soberano, violando a independência das nações ao efetuar sua intromissão nos negócios internos e externos de outro, ou ao constranger outro Estado a adotar certa medida ou a cumprir certo ato. **8.** *Direito do trabalho.* Interferência do ministro do Trabalho e Emprego, por meio de delegado ou junta interventora, havendo circunstâncias perturbadoras do funcionamento de entidade sindical (Othon Sidou).

INTERVENÇÃO DE TERCEIRO. 1. *Direito civil.* Ato daquele que, não sendo parte na relação jurídica entre credor e devedor, vem a pagar a dívida, exonerando o devedor da obrigação. **2.** *Direito processual civil.* **1.** Ingresso de alguém numa causa alheia, em razão do interesse próprio que nela tem, nos casos legais como oposição; nomeação à autoria, *amicus curiae*; assistência simples ou litisconsorcial, denunciação da lide e chamamento ao processo em caráter voluntário ou coacto (Othon Sidou). **2.** Atuação de terceiro no processo, que nele ingressa espontaneamente, ou por determinação legal, ou convocação de um dos litigantes ou do juiz.

INTERVENÇÃO FEDERAL. *Direito constitucional.* Interferência, em caráter excepcional, dentro dos limites impostos pela Carta Magna, da União nos Estados-membros, afastando, temporariamente, as prerrogativas próprias da autonomia estadual, com o escopo de: defender a Federação e proteger as unidades federadas de situações que coloquem em perigo a integridade nacional e a ordem pública; repelir invasão estrangeira ou de um Estado em outro; assegurar o livre exercício de qualquer dos poderes estaduais; reorganizar as finanças do Estado; prover a execução de lei federal ou exigir a observância dos princípios constitucionais.

INTERVENIENTE. 1. *Direito processual civil.* Aquele que ingressa na causa à qual é, originariamente, alheio. **2.** *Direito constitucional.* a) União que intervém nos Estados-membros da Federação; b) o Estado-membro que intervém nos Municípios; c) órgão da administração pública direta e indireta de qualquer esfera de governo, ou entidade privada que participa do convênio para manifestar consentimento ou assumir obrigações em nome próprio.

INTESTADO. *Direito civil.* **1.** Aquele que não fez testamento. **2.** Aquele cujo testamento é nulo ou ilegal. **3.** Herdeiro que herda sem testamento.

INTESTATO. *Vide* INTESTADO.

INTIMAÇÃO. *Direito processual.* Ato pelo qual se cientificam as partes, os seus procuradores ou terceiros, para que façam ou deixem de fazer algo dentro ou fora do processo, ou para que conheçam de algum despacho judicial ou de atos e termos processuais. Conhecimento dado a alguém, em juízo, de qualquer ato processual. Presume-se válida a intimação dirigida ao endereço residencial ou profissional declinado na inicial, contestação ou embargos, cumprindo às partes atualizar o respectivo endereço sempre que houver modificação temporária ou definitiva.

ÍNTIMA CONVICÇÃO. ***Direito processual.*** Persuasão do órgão judicante sobre os fatos alegados em juízo, após a apreciação das provas apresentadas. Trata-se do livre convencimento do magistrado.

INTIMIDAÇÃO. ***Direito civil.*** **1.** Ato ou efeito de intimidar alguém. **2.** Coação que incuta na vítima fundado temor de dano à sua pessoa, à sua família ou a seus bens, iminente e igual, pelo menos, ao receável do ato extorquido.

INTRA CYTOPLASMATIC SPERM INJECTION (ICSI). ***Medicina legal*** e ***biodireito.*** Técnica de reprodução humana assistida por meio da micromanipulação de gametas, que consiste em injetar um só espermatozoide diretamente no óvulo extraído da mulher, o qual é, então, após a fecundação e formado o embrião, colocado no útero.

INTRA LEGEM. ***Locução latina.*** **1.** Estar previsto em lei. **2.** Dentro da lei.

INTRANET. ***Direito virtual.*** Rede corporativa interna que se utiliza da tecnologia e infraestrutura de comunicação de dados da Internet. É usada na comunicação interna da própria empresa ou em comunicação com outras, permitindo troca de mensagens, atualização de cadastros, busca de informações etc. (Afonso Celso F. de Rezende).

IN TRANSITU. ***Locução latina.*** Na passagem.

INTRANSMISSÍVEL. ***Direito civil.*** **1.** O que não pode ser transmitido a outrem. **2.** Inalienável. **3.** Intransferível.

INTRA VIRES HEREDITATIS. ***Locução latina.*** **1.** Com a força da própria herança. **2.** ***Direito civil.*** Encargo da herança a que o herdeiro deve responder, desde que não ultrapasse seu montante.

INTRÍNSECO. **1.** ***Filosofia geral.*** a) Aquilo que pertence a um objeto de pensamento considerado em si mesmo; b) diz-se do valor que a coisa possui pela sua própria natureza (Lalande). **2.** ***Direito civil.*** a) Inerente a algo; b) essencial ao ato; c) substancial; d) o que está dentro de um ato, coisa ou pessoa, por ser de sua própria natureza; e) o que é indispensável; f) diz-se do valor real, que se opõe ao declarado ou afetivo.

INTRODUÇÃO À CIÊNCIA DO DIREITO. ***Teoria geral do direito.*** É uma matéria, ou um sistema de conhecimentos, que tem por escopo fornecer uma noção global ou panorâmica da ciência que trata do fenômeno jurídico, propiciando uma compreensão de conceitos jurídicos comuns a todas as disciplinas do currículo do curso de direito, e introduzindo o estudante e o jurista na terminologia técnico-jurídica. É uma enciclopédia, por conter, além dos conhecimentos filosóficos, os conhecimentos de ordem científica — sem, contudo, resumir os diversos ramos ou especializações do direito — e por abranger não só os aspectos jurídicos, mas também os sociológicos e históricos. Tal matéria já foi rotulada de: introdução geral ao direito, enciclopédia jurídica, introdução às ciências jurídicas e sociais, prolegômenos do direito, introdução ao estudo do direito e, atualmente, introdução ao direito. Contudo, a designação "introdução à ciência do direito" possui rigor técnico inquestionável.

INTRODUÇÃO AO DIREITO. *Vide* INTRODUÇÃO À CIÊNCIA DO DIREITO.

INTRODUÇÃO AO ESTUDO DO DIREITO. *Vide* INTRODUÇÃO À CIÊNCIA DO DIREITO.

INTRUSÃO. **1.** ***Direito canônico.*** Posse de ofício eclesiástico sem título expedido pela autoridade canônica. **2.** ***Direito civil.*** a) Entrada ilegal em propriedade alheia; b) posse ilegal; c) ação de se introduzir, por violência, clandestinidade ou precariedade, numa propriedade; d) ato de apossar-se, à força, de um benefício; e) usurpação; f) ato de introduzir-se, sem direito, numa associação ou sociedade.

INTUIÇÃO. ***Filosofia geral.*** **1.** Conhecimento claro, direto ou imediato da verdade. **2.** Método em que a apreensão do objeto se efetua de modo direto e imediato. Consiste numa operação total, única e indivisa do espírito, que se projeta sobre o objeto e o domina, abrangendo-o com uma só visão, sem que nada se interponha entre o sujeito que se conhece e o objeto que se procura conhecer. **3.** Conhecimento de uma verdade evidente, que serve de fundamento ao raciocínio. **4.** Visão direta e imediata de um objeto de pensamento. **5.** Conhecimento dado de uma só vez e sem conceitos (Schopenhauer). **6.** Conhecimento *sui generis* similar ao instinto, que revela o que o ser é em si.

INTUITU PECUNIAE. ***Locução latina.*** Com o objetivo de lucro.

INTUITU PERSONAE. ***Locução latina.*** Em consideração à pessoa.

INUMAÇÃO DE CADÁVER. ***Direito penal.*** Contravenção penal que diz respeito à Administração Pública, segundo a qual é proibido enterrar cadáver com infringência das disposições legais, sob pena de prisão simples ou multa.

INUNDAÇÃO. **1.** ***Direito civil*** e ***direito administrativo.*** Grande cheia de águas, que transbordam de rio, lago etc., alagando terras, o que pode gerar responsabilidade civil do Estado. **2.** ***Direito penal.*** Enchente provocada que, expondo a perigo a vida, a integridade física ou o patrimônio de alguém, constitui crime, punível com reclusão e multa.

INUTILIZAÇÃO. 1. ***Direito civil.*** Ato ou efeito de tornar a coisa, alheia ou própria, sem utilidade ou sem proveito, para que não possa atingir o seu fim. **2.** ***Direito penal.*** Ato de inadequar coisa alheia, ainda que temporariamente, ao fim a que se destina, punível com detenção ou multa. **3.** ***Direito do trabalho.*** a) Invalidez; b) inaptidão para o serviço. **4.** ***Direito comercial.*** a) Ação de riscar páginas em branco de um livro ou documento, para que nelas nada seja lançado; b) cancelamento de endosso, pela aposição de carimbo com a palavra "cancelado" ou "sem efeito", seguida de data e assinatura do endossante.

INVALIDAÇÃO. ***Teoria geral do direito.*** **1.** Ato ou efeito de invalidar. **2.** Tornar sem efeito algum ato, por ser contrário à lei. **3.** Declaração da nulidade do ato jurídico.

INVALIDADE. ***Direito civil*** e ***teoria geral do direito.*** **1.** Falta de validade. **2.** Qualidade do ato jurídico em cuja constituição não houve observância das formalidades legais.

INVALIDEZ. 1. Na ***linguagem jurídica*** em geral, significa: a) estado de inválido; b) invalidade. **2.** ***Direito previdenciário.*** Incapacidade para o trabalho e insuscetibilidade de reabilitação para o exercício de atividade que assegure a subsistência, dando origem à aposentadoria. **3.** ***Direito penal.*** Perda permanente da capacidade para o trabalho, decorrente de lesão corporal. **4.** ***Direito administrativo.*** Incapacidade física ou mental permanente de servidor público para o exercício de seu cargo ou função, conducente ao seu desligamento do quadro do funcionalismo público, por meio de aposentadoria.

INVASÃO. 1. ***Medicina legal.*** a) Início de uma moléstia; b) irrupção de uma epidemia. **2.** ***Direito internacional público.*** a) Ato de penetrar, belicosa ou violentamente, num país; b) incursão das Forças Armadas de um país no território de outro. **3.** ***Direito civil.*** Apossamento violento de terras alheias; esbulho. **4.** ***Direito administrativo.*** Ação daquele que executa funções outorgadas a outrem. **5.** ***Direito penal.*** a) Ato de entrar à força em local particular ou público; b) crime contra a organização do trabalho que consiste em entrar em estabelecimento industrial, comercial ou agrícola, para danificá-lo ou impedir o curso do trabalho; c) desrespeito à inviolabilidade domiciliar.

INVENÇÃO. 1. ***Direito civil.*** Achado de coisa móvel perdida pelo proprietário, com a obrigação de restituí-la a seu dono ou legítimo possuidor. Trata-se da descoberta. **2.** ***Direito de propriedade industrial.*** Invento; coisa criada, no âmbito industrial, pelo engenho humano protegido por título denominado certificado de autoria de invenção, que dá ao inventor direito a uma remuneração, cujo montante depende da soma economizada anualmente pela aplicação da invenção. **3.** Na ***linguagem comum,*** pode, ainda, ter o sentido de: a) mentira inventada para enganar outrem; b) engano; c) sugestão de suposta realidade. **4.** ***Sociologia geral.*** Combinação de elementos culturais existentes de modo a constituir um elemento novo. **5.** ***Filosofia geral.*** Produção de uma nova síntese de ideias e combinação nova de meios para a consecução de uma finalidade (Paulhan).

INVENTARIANÇA. ***Direito civil.*** Múnus público, submetido ao controle ou à fiscalização judicial, que consiste no cargo e na função do inventariante.

INVENTARIANTE. ***Direito civil.*** Pessoa designada pelo juiz, segundo a ordem estabelecida em lei, que tem a posse direta dos bens da herança, com o objetivo de administrá-los, inventariá-los e, oportunamente, partilhá-los entre os herdeiros do *auctor successionis*. Cabe a ela representar a herança em juízo, ativa e passivamente. Isso é assim por ser a inventariança uma função auxiliar da justiça. O inventariante, além dos poderes de guarda, administração e assistência dos bens do espólio, possui fé pública, de modo que sua palavra deve ser ouvida em juízo até prova em contrário.

INVENTARIANTE DATIVO. ***Direito civil.*** Pessoa estranha idônea, nomeada pelo juiz para administrar bens do espólio, onde não houver inventariante judicial. O inventariante dativo exerce, mediante remuneração, todas as funções da inventariança, com exceção da representação ativa e passiva da herança.

INVENTARIANTE JUDICIAL. ***Direito civil.*** É aquele que funciona em todos os inventários em que é necessária a nomeação de inventariante estranho à sucessão, de modo que apenas no local onde inexistir é que o magistrado nomeará o inventariante dativo.

INVENTÁRIO. 1. ***Direito civil*** e ***direito processual civil.*** a) Rol dos bens deixados pelo *auctor successionis*; b) documento onde estão arrolados e descritos os bens do espólio. **2.** ***Direito comercial.*** a) Balanço; b) avaliação de mercadorias; c) arrolamento do ativo e do passivo de uma sociedade; d) peça indispensável do balanço, por ser operação que efetua o levantamento das contas ativas ou passivas do estabelecimento, para averiguar os lucros e as perdas e também das mercadorias, títulos existentes, imóveis, móveis, utensílios etc. **3.** ***Direito falimentar.*** Relação, em processo falimentar, de todos os bens do falido.

INVENTÁRIO CUMULATIVO. ***Direito processual civil.*** Reunião de duas heranças para efeito de inventário e partilha, em caso de identidade de pessoas entre as quais devam ser repartidos os bens; heranças deixadas pelos dois cônjuges ou companheiros, havendo, p. ex., óbito do cônjuge meeiro supérstite antes da partilha dos bens do consorte premorto, desde que os herdeiros de ambos sejam os mesmos, e dependência de uma das partilhas em relação à outra.

INVENTÁRIO EXTRAJUDICIAL. *Direito civil.* Rol e avaliação dos bens a serem partilhados, não havendo testamento nem herdeiros incapazes, feitos por escritura pública, se todos os interessados anuírem e estiverem assistidos por advogado comum ou advogados de cada um deles ou por defensor público. Essa escritura pública constituirá título hábil para o registro imobiliário.

INVENTÁRIO JUDICIAL. *Direito processual civil.* Processo judicial, obrigatório se houver testamento ou herdeiro incapaz, que deve ser aberto dentro de sessenta dias da abertura da sucessão, tendente à relação, descrição, avaliação e liquidação de todos os bens pertencentes ao *de cujus* ao tempo de sua morte, para distribuí-los entre seus sucessores.

INVENTÁRIO NEGATIVO. *Direito civil* e *direito processual civil.* **1.** Modo judicial de se provar, para determinado fim, a inexistência de bens do extinto casal (Itabaiana de Oliveira). **2.** Inventário sem bens que apenas tem por escopo obter a declaração negativa, para se atender a determinação de lei ou evitar impedimento matrimonial (Sebastião Amorim e Euclides de Oliveira). A abertura de inventário negativo se dá havendo interesse jurídico de herdeiros ou terceiros interessados em obter declaração desse sentido (Nelson Nery Jr. e Rosa Mª de A. Nery).

INVENTOR. **1.** *Direito civil.* É o achador ou descobridor de coisa perdida, que deve restituí-la a quem de direito, tendo apenas direito de receber um prêmio ou recompensa, denominada achádego, acrescida da indenização a que faz jus pelas despesas efetuadas com a conservação e o transporte da coisa. **2.** *Direito de propriedade industrial.* a) Aquele que idealiza coisa nova, aproveitável na indústria; b) o que tem talento para inventar; c) autor de uma invenção suscetível de utilização industrial.

INVERNADA. *Direito agrário.* **1.** Local onde o gado é colocado para descansar e recuperar forças. **2.** Pastagem cercada onde o gado fica solto para descanso, reprodução e engorda, principalmente no inverno.

INVERSÃO DO ÔNUS DA PROVA. *Direito do consumidor.* Técnica defensiva do consumidor, pela qual o fabricante deverá responder pelo prejuízo causado por produto defeituoso, ou pela utilização de produto por deficiência de informação quanto ao seu uso ou quanto aos riscos que tal uso poderia ocasionar, independentemente de ter o consumidor de demonstrar essa sua culpa. Não haverá responsabilidade do fabricante se ele conseguir provar que não foi o produto por ele elaborado o causador do dano, mas que este teve como fato gerador a força maior ou caso fortuito, a má utilização do consumidor, a falha de conservação em poder do intermediário (distribuidor do produto, comerciante atacadista, vendedor varejista). Com a inversão do ônus da prova, competirá ao fornecedor ou fabricante, diante da reclamação do consumidor, demonstrar a ausência de fraude e que o consumidor não foi lesado na compra de seu produto.

INVESTIDURA. *Direito constitucional* e *direito administrativo.* **1.** Ato de dar ou tomar posse em um cargo ou uma função. **2.** Cerimônia em que alguém recebe a posse de um cargo para desempenhá-lo. **3.** Incorporação de terreno pertencente a logradouro público a uma propriedade particular adjacente, para execução de projeto de alinhamento ou modificação de alinhamento aprovado pela Prefeitura (Brandão Cavalcanti). **4.** Alienação aos proprietários de imóveis lindeiros, por preço nunca inferior ao da avaliação, de área remanescente de obra pública que não possa ser aproveitada isoladamente (Geraldo Magela Alves). **5.** Título que se atribui ao novo proprietário a cuja propriedade se incorporou terreno de logradouro público.

INVESTIGAÇÃO. **1.** Pesquisa. **2.** Indagação sobre fatos. **3.** Ato ou efeito de inquirir. **4.** Inquirição para esclarecimento de fatos ou para descoberta de alguma coisa. **5.** Inquérito. **6.** Busca. **7.** Conjunto de diligências, perícias ou exames para apuração de um fato ou situação jurídica.

INVESTIMENTO. **1.** *Economia política.* a) Aplicação de capitais em títulos mobiliários ou em qualquer empreendimento fabril ou comercial, para obtenção de lucro; b) inversão de capitais. **2.** *Direito administrativo.* Investidura ou ato de dar posse a alguém no cargo para o qual foi nomeado ou eleito. **3.** *Biodireito.* Ato de promover ações de fomento utilizando os diversos mecanismos de apoio disponíveis, de modo a prover fontes adequadas de financiamento, inclusive de natureza não reembolsável, bem como fortalecimento do aporte de capital de risco, para a formação de empresas ou rede de empresas inovadoras de base biotecnológica; avaliar a utilização de instrumentos de desoneração tributária para a modernização industrial, inovação e exportação no segmento de biotecnologia.

INVIABILIDADE FETAL. *Medicina legal.* Falta de condições físicas e fisiológicas para que o feto possa se desenvolver na vida extrauterina.

INVIOLABILIDADE. 1. *Direito constitucional.* a) Prerrogativa que faz com que certas pessoas tenham imunidade, ficando a coberto da ação da justiça comum; b) prerrogativa do indivíduo quanto à disposição dos direitos fundamentais como intimidade, vida, honra, imagem, domicílio, segredo profissional, sigilo de correspondência etc. **2.** *Direito internacional público.* a) Garantia assegurada a agente diplomático de não poder sofrer restrição à sua liberdade pessoal, estando imune, não podendo ser processado, civil ou penalmente, pela justiça do país onde exerce sua função; b) imunidade do agente necessária ao desempenho de suas funções, a qual alcança sua residência, seus carros, seus papéis, sua correspondência e seus familiares que com ele residam no mesmo teto. **3.** Nas *linguagens comum* e *jurídica,* tem o sentido de: a) qualidade de inviolável; b) prerrogativa legal que coloca a pessoa ao abrigo da ação da justiça; c) qualidade conferida a coisas ou pessoas de não poderem ser violadas ou molestadas.

IPSIS LITTERIS. *Locução latina.* Pelas mesmas letras, sem alteração do que foi escrito.

IPSIS VERBIS. *Locução latina.* Pelas mesmas palavras, sem alteração do que foi dito; literalmente.

IRMÃO. 1. *Direito civil.* a) Aquele que, relativamente a outro, é filho do mesmo pai e da mesma mãe, ou só da mesma mãe ou do mesmo pai; b) cada um dos membros de uma confraria; c) membro da maçonaria. **2.** *Direito canônico.* a) Frade que não exerce cargos superiores; b) membro de uma confraria.

IRMÃO BILATERAL. *Direito civil.* Filho do mesmo pai e da mesma mãe.

IRMÃO UNILATERAL. *Direito civil.* Aquele que, em relação a outro, advém só da mesma mãe ou apenas do mesmo pai. É também designado "meio-irmão".

IRRECORRÍVEL. *Direito processual.* Diz-se da decisão, definitiva ou incidente, da qual não se pode recorrer.

IRREDUTIBILIDADE. *Direito do trabalho.* **1.** Qualidade de irredutível. **2.** Prerrogativa do assalariado de não sofrer redução salarial.

IRREGULARIDADE. 1. Na *linguagem jurídica* em geral, é: a) falta; erro; b) qualidade de irregular; c) situação ou procedimento infenso à lei ou a regulamento; d) ato irregular. **2.** *Direito canônico.* Impedimento para receber as ordens sacras decorrente de defeito físico ou moral ou da prática de ato delituoso. **3.** *Direito comercial.* Condição da sociedade em razão da falta de registro de seus estatutos.

IRRESCINDÍVEL. 1. *Direito civil.* O que não se pode rescindir. **2.** *Direito processual civil.* O que não se pode desconstituir por meio de ação rescisória.

IRRESPONSABILIDADE. *Direito civil* e *direito penal.* **1.** Qualidade de irresponsável. **2.** Estado daquele que não pode ser responsabilizado civil ou penalmente. **3.** Isenção de pena ou de obrigação de reparar o dano. **4.** Falta de responsabilidade. **5.** Ausência de capacidade de entendimento do caráter criminoso do fato ou da ilicitude da conduta.

IRRESPONSÁVEL. 1. *Direito penal.* a) Diz-se do menor que não responde penalmente, ficando sujeito a norma especial; b) aquele que perpetrou delito, mas que, por doença mental ou desenvolvimento psíquico incompleto, o que o torna incapaz de entender o ato praticado, isenta-se da pena, embora possa sofrer medida de segurança. **2.** *Direito civil.* a) Aquele que não responde civilmente pelo ilícito; b) o que não pode ser responsabilizado civilmente; c) o que não tem obrigação de reparar o dano.

IRRETRATABILIDADE. *Direito civil.* **1.** Qualidade do ato jurídico que não pode ser desfeito pela vontade das partes, por não apresentar qualquer vício. **2.** Irrevogabilidade. **3.** Imutabilidade. **4.** Caráter do que não pode ser desfeito por ato posterior.

IRRETROATIVIDADE DA LEI. *Teoria geral do direito* e *direito constitucional.* Princípio constitucional pelo qual a nova norma em vigor tem efeito imediato e geral, respeitando sempre o ato jurídico perfeito, o direito adquirido e a coisa julgada. É um princípio de utilidade social; daí não ser absoluto, por sofrer exceções, pois uma lei nova pode atingir, em certos casos, situações passadas ou efeitos de determinados atos. Esse princípio veda a aplicação da lei nova a fatos ocorridos na vigência da lei anterior, ante a intangibilidade do ato jurídico perfeito, do direito adquirido e da coisa julgada consagrada constitucionalmente.

IRREVOGABILIDADE. *Teoria geral do direito.* **1.** Qualidade de irrevogável. **2.** Caráter do ato insuscetível de mudança.

ÍRRITO. *Teoria geral do direito.* **1.** Nulo. **2.** Que foi declarado inválido. **3.** Que não produz efeito; desprovido de eficácia; ineficaz.

ISENÇÃO DE CULPA. Ausência de culpa.

ISENÇÃO DE PENA. 1. Dispensa da aplicação da pena, fazendo com que alguém dela fique desonerado ou livre, em razão de fato que impeça sua imposição. **2.** Irresponsabilidade penal daquele que cometeu o crime por motivos de política criminal previstos em lei.

ISENÇÃO FISCAL. *Direito tributário.* **1.** Dispensa legal do cumprimento de um tributo (Rubens Gomes de Sousa e Amilcar de Araújo Falcão). **2.** Exoneração tributária qualitativa ou quantitativa (Sacha Calmon Navarro Coelho).

ISONOMIA. ***Direito constitucional.*** **1.** Igualdade de todos perante a lei. **2.** Tratamento igual aos iguais e desigual aos desiguais.

ISONOMIA EMPREGATÍCIA. ***Direito do trabalho.*** Igualdade que proíbe diferença de salário, de exercício de funções e de critérios de admissão, por motivo de sexo, idade, raça ou estado civil (Othon Sidou).

ISOTIMIA. **1.** ***Direito administrativo.*** Igualdade de acesso aos cargos públicos, que requer a implantação do critério do merecimento, mediante concurso para selecionar os que se candidatem àqueles cargos (Othon Sidou). **2.** Na ***linguagem jurídica*** em geral, pode significar igualdade de respeito por todos.

ITER CRIMINIS. ***Direito penal.*** **1.** Conjunto de atos levados a efeito pelo criminoso, para consumar o delito. **2.** Percurso completo do crime, para que atinja o resultado ou *meta optata*. **3.** Caminho do delito. **4.** Complexo de atos preparatórios à prática da ação criminosa. **5.** Fases pelas quais passa o delito, que são: ideia de cometer o crime, deliberação, atos preparatórios e atos executórios (Zarzuela).

ITINERÁRIO. **1.** Referente ao caminho ou à rota que se segue. **2.** Indicação de um caminho que liga um local a outro. **3.** Percurso ou roteiro a seguir, podendo ser definido por códigos de rodovias, nomes de localidades ou pontos geográficos conhecidos. **4.** Guia de turistas; livro com informações úteis para viajantes.

IUDICATUM SOLVI. ***Locução latina.*** Seja pago o que está julgado.

IURA NOVIT CURIA. **1.** ***Expressão latina.*** Juízes conhecem o direito. **2.** ***Direito processual.*** Princípio que apresenta duas faces: o dever do magistrado de conhecer e aplicar, de ofício, a norma, e o poder do juiz de procurar e aplicar a lei, ainda que não alegada e provada pelas partes.

IURIS ET DE IURE. ***Expressão latina.*** **1.** De direito e a respeito ao direito. **2.** De direito e por direito.

IURIS TANTUM. ***Locução latina.*** Resultante somente do direito; que pertence só ao direito.

IUS AVOCANDI. ***Direito internacional público.*** Direito que tem o país de repatriar seus cidadãos residentes em outra nação, para cumprir seus deveres de cidadão ou para resguardar sua situação agravada no Estado em que se encontrem, desde que, para tanto, haja colaboração desse país (Othon Sidou).

IUS IN RE. ***Expressão latina.*** Direito sobre a coisa; direito real.

IUS IN RE ALIENA. ***Expressão latina.*** Direito sobre coisa alheia.

IUS IN RE PROPRIA. ***Expressão latina.*** Direito sobre bem próprio.

IUS SANGUINIS. ***Locução latina.*** **1.** Direito de sangue, decorrente da hereditariedade. **2.** ***Direito internacional privado.*** Princípio pelo qual a pessoa terá a nacionalidade de seus pais, embora tenha nascido em território estrangeiro.

IUS SOLI. ***Locução latina.*** **1.** Direito ao solo. **2.** ***Direito internacional privado.*** Princípio pelo qual a pessoa tem a nacionalidade do país em cujo território nasceu.

IUS VARIANDI. ***Locução latina.*** **1.** Direito de mudar. **2.** ***Direito do trabalho.*** Direito do empregador de alterar, quando a lei permitir, unilateralmente, o contrato trabalhista, desde que não lese, direta ou indiretamente, o empregado.

JAZIDA. 1. ***Direito constitucional.*** a) Depósito natural de minérios ou de pedras ou metais preciosos; b) reservatório ou depósito já identificado e possível de ser posto em produção. **2.** ***Direito marítimo.*** Ancoradouro.

JETOM. 1. ***Ciência política.*** Subsídio pago aos parlamentares quando presentes às sessões ordinárias ou extraordinárias e às reuniões de comissões. **2.** ***Direito civil*** e ***direito comercial.*** Pequena ficha que se entrega a membros de certas corporações para que recebam uma remuneração pelo seu comparecimento.

JOGADOR À ALTA. ***Direito comercial.*** Aquele que especula na alta dos títulos ou do câmbio; altista.

JOGADOR À BAIXA. ***Direito comercial.*** Aquele que especula na baixa do câmbio ou dos títulos; baixista.

JOGO. 1. ***Direito civil.*** Contrato aleatório em que duas ou mais pessoas prometem, entre si, pagar certa soma àquela que conseguir um resultado favorável de um acontecimento incerto. Todavia, ninguém é obrigado a pagar dívida de jogo, exceto se este for legalmente autorizado. **2.** ***Direito desportivo.*** Atividade física ou mental exercida com base em normas, que devem ser observadas. **3.** ***Direito comercial.*** Conduta pela qual se pretende auferir lucro. **4.** ***Direito marítimo.*** Balanço do navio.

JOGO AUTORIZADO. ***Direito civil.*** Aquele regido por lei especial, por visar a uma utilidade social, trazendo proveito a quem o pratica, incrementando a destreza, a força, a coragem e a inteligência (p. ex., o futebol, o xadrez, o tênis etc.); estimulando atividades econômicas de interesse geral, como a criação de cavalos de raça, em se tratando de turfe, ou pelo benefício que dele aufere o Estado, empregando parte de seu resultado na realização de obras sociais, como no caso da loteria. Por ser lícito, há quem entenda que o vencedor terá direito de receber o crédito.

JOGO DE AZAR. ***Direito penal.*** Aquele em que o ganho ou a perda depende, exclusivamente, da sorte, sendo considerado contravenção penal se explorado em local público ou acessível ao público, por ser um atentado à fortuna e por constituir meio de corrupção. Pode ser carteado, como sete e meio, bacará etc., ou mecânico, como a roleta, máquina *fichet* etc.

JOGO DE BOLSA. ***Direito comercial.*** Especulação de bolsa, que é uma operação aleatória, pela qual se compram ou vendem valores, mercadorias ou títulos de bolsa, prevendo uma eventual alta ou baixa, suscetível de acarretar lucro; resolvendo-se com o pagamento da diferença dos preços de cada transação. Trata-se do *contrato diferencial,* em que se estipula a liquidação exclusivamente pela diferença entre o preço ajustado e a cotação que eles tiveram no vencimento do ajuste.

JOGO DE CÂMBIO. ***Direito cambiário*** e ***direito bancário.*** Operação que visa explorar transações de bolsa, com o escopo de influir na cotação da moeda, de títulos ou de valores.

JOGO DO BICHO. ***Direito penal.*** Contravenção penal consistente numa espécie de loteria clandestina na qual se apostam em dezenas correspondentes a vinte e cinco grupos em que cada um tem o nome de um animal como: avestruz, águia, burro, borboleta, cachorro, cabra, carneiro, camelo, cobra, coelho, cavalo, elefante, galo, gato, jacaré, leão, macaco, porco, pavão, peru, touro, tigre, urso, veado e vaca.

JOGO TOLERADO. ***Direito civil.*** Aquele em que o resultado não depende exclusivamente da sorte, mas da habilidade do jogador, como o bridge, o pôquer, a canastra, o truco etc. Não constitui contravenção penal, porém a ordem jurídica não lhe regula os efeitos, por não passar de diversão sem utilidade, constituindo vício que merece repressão; por isso não poderá o credor exigir o pagamento de dívida resultante da perda, negando-se a *repetitio* ao perdedor que pagar.

JOIA. 1. ***Direito civil.*** Cota de admissão ou prêmio paga para ser admitido numa associação ou clube. **2.** ***Direito comercial.*** Objeto de adorno feito com metal ou pedra preciosa, tendo grande valor mercadológico. **3.** Na ***linguagem comum:*** a) em sentido figurado, indica pessoa ou coisa de grande valor ou a que se estima; b) designa, na comunidade escolar, a taxa paga pelo aluno por ocasião de sua matrícula. **4.** ***Direito do trabalho.*** Contribuição inicial que se paga a título de admissão em caixa de beneficência.

JOINT CLAUSE. ***Locução inglesa.*** Cláusula prevista no Regulamento da Câmara de Comércio Internacional para as partes que não quiserem estipular o local da arbitragem. Por exemplo, as domiciliadas nos EUA resolverão suas pendências naquele país pela arbitragem da *American Arbitration Association*, e as fora dos EUA pela Câmara de Comércio Internacional.

JOINT VENTURE. ***Locução inglesa.*** **1.** Modalidade de *partnership* temporária, organizada para a execução de um único ou isolado empreendimento lucrativo e usualmente de curta duração. É uma associação de pessoas que combinam seus bens, dinheiro, esforços, habilidades e conhecimentos para executar uma única operação negocial lucrativa (Len Young Smith e G. Gale Roberson). **2.** Associação de empresas nacionais e estrangeiras, com transferência de tecnologia para exploração de certa atividade negocial, mercantil ou industrial, havendo participação do sócio estrangeiro até quarenta e nove por cento no capital.

JORNADA DE TRABALHO. *Direito do trabalho.* Período de tempo, não excedente a oito horas diárias, em que o empregado exerce sua atividade laboral. Não serão descontadas nem computadas como jornada extraordinária as variações de horário no registro de ponto não excedentes de cinco minutos, observando o limite máximo de dez minutos diários. O tempo despendido pelo empregado até o local de trabalho e para o seu retorno, por qualquer meio de transporte, não será computado na jornada de trabalho, salvo quando, tratando-se de local de difícil acesso ou não servido por transporte público, o empregador fornecer a condução.

JOYRIDERS. *Direito virtual. Hackers* que acessam sistemas da Internet apenas pelo desafio, com o escopo de olhar dados, sem intenção de prejudicar (Charles Palmer).

JUBILAÇÃO. 1. *Direito educacional.* Aposentadoria honrosa de professor. **2.** Na *linguagem escolar,* a recusa de nova matrícula em instituição de ensino, após duas reprovações consecutivas nos exames finais. **3.** Na *linguagem comum,* alegria excessiva, contentamento.

JUDEX, ULTRA PETITA, CONDEMNARE NON POTEST. *Aforismo jurídico.* O juiz não pode condenar além do pedido, isto é, mais do que pede o autor da causa.

JUDICAÇÃO. *Direito processual.* **1.** Atividade do juízo e de seus órgãos auxiliares durante a pendência da causa, com o escopo de chegar à decisão final. **2.** Ação de julgar.

JUDICANTE. *Direito processual.* **1.** Aquele que julga por exercer função de juiz. **2.** Órgão que julga ou atividade de julgar. **3.** Judicativo.

JUDICATURA. *Direito processual.* **1.** Magistratura. **2.** Função do magistrado. **3.** Poder de julgar. **4.** Poder Judiciário. **5.** Exercício do cargo de juiz. **6.** Tempo de duração desse exercício; prazo durante o qual o magistrado exerce sua função. **7.** Tribunal. **8.** Local onde se efetua o julgamento.

JUDICIAL. *Direito processual.* **1.** Referente à justiça. **2.** Que se realiza perante o Poder Judiciário. **3.** Relativo a juiz ou ao tribunal. **4.** Forense. **5.** Documento, ato ou fato alusivo a juízo ou decorrente do Poder Judiciário. **6.** O que se faz em juízo.

JUIZ. 1. *Direito processual.* a) Membro do Poder Judiciário; b) jurado no Tribunal do Júri; c) árbitro; d) aquele que, tendo autoridade pública, administra a justiça em nome do Estado; e) aquele que tem poder de julgar, prolatando uma sentença; f) magistrado. **2.** *Direito desportivo.* Aquele que num certame esportivo ou jogo faz com que as normas sejam cumpridas.

JUIZADO ESPECIAL. *Direito processual.* Órgão composto por juízes togados, ou togados e leigos, responsáveis pela conciliação, julgamento e execução de causas cíveis de menor complexidade e de delitos penais de pequeno potencial ofensivo, observando procedimento sumário e oral, com o escopo de reduzir despesas e agilizar o processo. É o que procura a conciliação entre as partes, compondo amigavelmente o litígio.

JUIZ *AD QUEM.* *Direito processual.* Aquele a quem o processo, em grau de recurso, é remetido.

JUIZ *A QUO.* *Direito processual.* Aquele de cuja decisão se recorre.

JUIZ-ÁRBITRO. *Direito processual civil.* **1.** Pessoa acolhida para decidir por arbitragem. **2.** Árbitro que resolve pendência extrajudicial ou judicial.

JUIZ CORREGEDOR. *Direito processual.* Magistrado incumbido da fiscalização dos serviços auxiliares da Justiça, da Polícia Judiciária e dos presídios; tendo competência para fazer correições e aplicar penas disciplinares com recurso à Corregedoria Geral da Justiça.

JUIZ DE CASAMENTO. *Direito civil.* Aquele que tem competência para celebrar casamento.

JUIZ DE DIREITO. *Direito processual.* Magistrado togado, titular de comarca ou vara, com competência para administrar a justiça em primeira instância.

JUIZ DE GARANTIAS. *Direito processual penal.* Responsável pelo controle da legalidade da investigação criminal e pela salvaguarda dos direitos individuais cuja franquia tenha sido reservada à autorização prévia do Poder Judiciário e sua competência cessa com o recebimento da denúncia ou queixa. Recebida denúncia ou queixa, as questões serão decididas pelo juiz de instrução e julgamento.

JUIZ DE PAZ. 1. *Direito processual.* a) Leigo eleito para integrar, durante quatro anos, o quadro da Justiça de paz; b) denominação que era dada ao encarregado da habilitação e celebração de casamento. **2.** *História do direito.* Juiz distrital que era eleito, num Município, para atuar em conciliação de partes desavindas, processar e julgar cobranças de pequeno valor, praticar atos civis e criminais de sua alçada e realizar núpcias. Não precisava ser bacharel em direito para exercer tal função.

JUIZ DEPRECADO. *Direito processual.* É o magistrado ao qual se expede carta precatória para que algum ato processual seja realizado em sua jurisdição.

JUIZ DEPRECANTE. *Direito processual.* Aquele que remete carta precatória para que algum ato processual ou diligência se efetive em jurisdição de outro magistrado.

JUIZ DO TRABALHO. *Direito do trabalho.* Juiz togado que preside uma Vara trabalhista.

JUIZ ELEITORAL. *Direito processual.* Membro integrante da Justiça Eleitoral.

JUIZ FEDERAL. *Direito processual.* Magistrado que integra a Justiça Federal, sendo titular de cada uma das varas que compõem a seção judiciária de cada Estado-membro da Federação, com competência para solucionar questões em que a União é parte ou determinadas matérias de interesse federal e, inclusive, as causas relativas a direitos humanos sendo que, nas hipóteses de grave violação de direitos humanos, o Procurador-Geral da República, com a finalidade de assegurar o cumprimento de obrigações decorrentes de tratados internacionais de direitos humanos dos quais o Brasil seja parte, poderá suscitar, perante o Superior Tribunal de Justiça, em qualquer fase do inquérito ou processo, incidente de deslocamento de competência para a Justiça Federal.

JUIZ IMPEDIDO. *Direito processual.* Aquele que não pode atuar num determinado processo, por ter sido objeto de exceção de impedimento.

JUIZ INCOMPETENTE. *Direito processual.* Aquele que não tem, por lei, competência para conhecer e julgar sobre determinada matéria ou que, por título, não pode decidir sobre certos assuntos.

JUIZ MILITAR. *Direito processual.* Auditor, que é o magistrado togado de primeiro grau da Justiça Militar.

JUIZ NATURAL. *Direito processual* e *direito constitucional.* **1.** É aquele que se contrapõe ao juiz de exceção constituído para contingências particulares. Trata-se do magistrado que integra o Poder Judiciário, investido de jurisdição e revestido de garantia constitucional. **2.** Princípio que impede a criação de Tribunal *ad hoc* ou de órgão criado *ex post facto* e de exceção para processo e julgamento de causas cíveis e criminais. Tal princípio constitucional assim se enuncia: ninguém será processado nem sentenciado senão pela autoridade competente. **3.** Aquele que tem competência para julgar decorrente de norma constitucional. É, portanto, o órgão constitucionalmente constituído para conhecer e decidir o caso *sub judice*.

JUÍZO. **1.** *Direito processual.* a) Foro; b) órgão da justiça integrado por magistrado, promotor, escrivão e demais auxiliares; c) órgão estatal incumbido da administração da justiça; d) conjunto de atos de discussão e julgamento numa demanda; e) complexo de atribuições do órgão judicante; f) tribunal; g) lugar onde se exerce a função de juiz; h) ação de julgar; i) decisão judiciária; j) jurisdição. **2.** *Lógica jurídica.* a) Ato de se pôr a existência de uma relação determinada entre dois ou mais termos; b) ato do pensamento que pode ser verdadeiro ou falso; c) operação lógica que afirma ou nega algo; d) afirmação da conveniência ou inconveniência entre dois conceitos (Port Royal; Locke); e) ato pelo qual a inteligência afirma ou nega uma ideia de outra ideia. É o coroamento do conhecimento intelectual; o termo final do processo de conhecer (Goffredo Telles Jr.). **3.** Na *linguagem psicológica* pode significar: a) decisão mental sobre o conteúdo de uma afirmação; b) elaboração de uma opinião que regerá o comportamento (Locke); c) qualidade consistente em bem julgar coisas que não constituem objeto de uma percepção imediata. **4.** Nas *linguagens comum* e *jurídica*: a) apreciação; b) parecer; c) opinião; d) sensatez; e) faculdade de comparar e julgar.

JUÍZO ADMINISTRATIVO. *Direito processual* e *direito administrativo.* Jurisdição voluntária ou graciosa que impede a formação do litígio, pois o órgão do Executivo investido do poder de julgar declara ou homologa direito incontroverso, relativo a assunto de seu peculiar interesse. Tal decisão, porém, é suscetível de ulterior apreciação pelo Poder Judiciário.

JUÍZO ARBITRAL. *Direito processual civil.* É o instituído, judicial ou extrajudicialmente, pelas partes litigantes tornando efetivo o compromisso, para que árbitros conheçam e decidam a pendência.

JUÍZO COLEGIADO. *Direito processual.* **1.** Tribunal. **2.** Aquele em que a função de julgar se exerce conjuntamente, por três ou mais membros integrantes do Judiciário.

JUÍZO COMUM. *Direito processual.* Aquele que é competente para conhecer e julgar todas as questões de sua jurisdição, não sujeitas a regime especial. É o órgão que conhece e decide questões civis, comerciais ou criminais entre pessoas que se encontram na condição de cidadãos, pouco importando seu *status* pessoal.

JUÍZO DE DELIBAÇÃO. *Direito processual* e *direito internacional privado.* Modalidade de *exequatur*, em que o tribunal (STJ), em cuja jurisdição a sentença deve ser executada, certifica que sentença proferida *aliunde* atende a certos requisitos legais, imprimindo valor formal de ato de soberania estatal ao conteúdo do ato jurisdicional estrangeiro. Nesse juízo da delibação, o processo homologatório da sentença estrangeira, que é sumário, visa tão somente o exame formal do cumprimento dos requisitos externos (obediência às formalidades extrínsecas reclamadas para sua execução, segundo a lei do Estado em que foi proferida; tradução em língua portuguesa feita por intérprete juramentado; autenticação pelo cônsul brasileiro) e internos (prolatação por juiz competente; citação das partes ou verificação de sua revelia conforme a lei onde foi proferida a decisão; trânsito em julgado) e da inocorrência de ofensa à ordem pública, aos bons costumes e à soberania nacional. É, portanto, o processo para homologação de sentença estrangeira pelo Superior Tribunal de Justiça.

JUÍZO TRABALHISTA. *Direito do trabalho.* Foro onde deve ser proposta a ação trabalhista e juízo competente para julgar causas alusivas às relações entre empregador e empregado.

JUÍZO UNIVERSAL. *Direito processual civil.* **1.** Aquele que conhece e decide todas as questões atinentes a uma certa matéria. Por exemplo, no direito falimentar, o juízo da falência é universal, pois nele devem ser habilitados os credores da massa falida e só ele tem competência para decidir ações e reclamações alusivas a bens e negócios da massa falida. É, portanto, aquele juízo em que, com exclusão de qualquer outro, no interesse de determinadas situações jurídicas objetivas criadas por lei, devem ser processadas, conhecidas e julgadas as ações ou pretensões relativas a um dado assunto ou a determinada pessoa ou coletividade. **2.** Aquele para onde convergem as ações alusivas à causa principal. Por exemplo, o juízo do inventário para a apreciação de questões de fato e de direito (Sebastião Amorim e Euclides de Oliveira). **3.** Aquele que abarca todas as ações relativas à causa principal.

JUIZ PREVENTO. *Direito processual civil.* Juiz de primeiro grau que veio a despachar, primeiramente, uma ação em caso de conexão de causas.

JUIZ REVISOR. *Direito processual civil.* Juiz de tribunal que tem a função de examinar o voto do relator, com ele concordando ou efetuando outro.

JUIZ ROGADO. *Direito processual.* Aquele que cumpre carta rogatória.

JUIZ ROGANTE. *Direito processual.* Aquele que envia carta rogatória para ser cumprida no exterior.

JUIZ SUBSTITUTO. *Direito processual.* Aquele que exerce, no lugar do juiz titular, em suas férias, faltas ou impedimentos, as suas funções.

JUIZ TITULAR. *Direito processual.* Aquele que, efetiva ou permanentemente, está investido de autoridade para exercer suas funções no juízo singular da Comarca ou Vara ou como membro integrante de um tribunal. É o responsável por determinada unidade judiciária.

JUIZ TOGADO. *Direito processual.* Aquele que, formado em direito, foi aprovado em concurso de provas e títulos ou nomeado para fazer parte de qualquer tribunal por ser advogado ou membro do Ministério Público, perfazendo o percentual obrigatório, que consiste no terço ou no quinto constitucional. Não é togado, por exemplo, o jurado no Tribunal do Júri etc.

JULGADO. **1.** *Direito processual.* a) Decisão judicial prolatada por juízo singular ou coletivo; b) sentença que encerra o processo com ou sem julgamento do mérito; c) acórdão; d) coisa julgada ou irretratabilidade da decisão pronunciada; e) aquele que foi condenado ou absolvido por sentença; sentenciado; f) divisão territorial sobre a qual o juiz ordinário tem jurisdição; g) parte final da sentença, em que o magistrado decide a questão *sub judice*. **2.** *História do direito.* a) Cargo de juiz; b) povoado sem pelourinho e sem privilégio de vila, onde houvesse juiz e justiça própria. **3.** *Direito comparado.* Em Portugal, o território de jurisdição dos juízes municipais. **4.** Na *linguagem comum*: a) apreciado; b) imaginado; c) reputado; d) pensado.

JULGAMENTO ABSOLUTÓRIO. *Direito processual penal.* Aquele que conclui pela absolvição do réu por reconhecer, por exemplo: a comprovação da inexistência do fato; a falta da prova da existência do fato; não constituir crime o fato perquirido; a inexistência de comprovação de ter o réu concorrido para a prática do crime ou da contravenção imputada; a existência de excludente de criminalidade ou da punibilidade do agente; a ausência de prova suficiente para a condenação.

JULGAMENTO ANTECIPADO DA LIDE. *Direito processual civil.* Aquele em que o juiz conhece diretamente do pedido, quando a questão de mérito for apenas de direito, ou, sendo de fato e de direito, não houver necessidade de produzir prova em audiência ou quando se der a revelia do réu. O magistrado julga o mérito da causa e sua sentença é impugnável pela apelação e se sujeita à coisa julgada material (Nelson Nery Jr. e Rosa Mª de A. Nery).

JULGAMENTO ANTECIPADO PARCIAL DO MÉRITO. *Direito processual civil.* Julgamento parcial autorizado quando um ou mais dos pedidos ou parcela deles mostrar-se incontroverso ou quando estiver em condições de imediato julgamento.

JULGAMENTO *CITRA PETITA*. *Direito processual civil.* Aquele em que o magistrado não faz a apreciação de todo o pedido do autor, consubstanciando-se num ato decisório alusivo ao mérito da causa, mas incompleto por não decidir integralmente a lide. Nele há uma denegação parcial da justiça.

JULGAMENTO CONDENATÓRIO. *Direito processual penal.* Aquele em que o magistrado se convence da existência do fato criminoso e de sua prática pelo réu, vindo a condená-lo.

JULGAMENTO DECLARATÓRIO. *Direito processual civil.* Aquele que declara ou reconhece o direito preexistente.

JULGAMENTO *EXTRA PETITA*. *Direito processual civil.* Aquele em que a sentença se refere a algo que não foi pedido pelo autor, na petição inicial, ou pelo reconvinte, na reconvenção. Aquele que decide fora do pedido, julgando coisa diferente da pedida.

JULGAMENTO INTERLOCUTÓRIO. *Direito processual.* O constante no despacho dado no meio do processo para resolver questões incidentes.

JULGAMENTO *ULTRA PETITA*. *Direito processual civil.* Decisão que vai além do pedido formulado.

JUNÇÃO. **1.** *Direito processual civil.* Reunião de processos em caso de conexão de causas. **2.** *Direito civil.* Soma de posses mansas, pacíficas e contínuas, do atual possuidor e do seu antecessor, para fins de usucapião. **3.** Nas *linguagens comum* e *jurídica* em geral: a) união; b) ato ou efeito de juntar; c) reunião; d) soma; e) ligação.

***JUNK E-MAIL*.** *Locução inglesa* e *direito virtual.* **1.** Envio de grande quantidade de mensagens publicitárias, por meio de rede de computadores, às caixas postais eletrônicas dos usuários da Internet (Esther B. Nunes, Angela F. Chikung e Daniel G. Colombo). **2.** *E-mail* publicitário não solicitado enviado em grande quantidade. **3.** *Spam.* **4.** Lixo eletrônico. **5.** Mensagem eletrônica sem sentido que ocupa espaço na caixa de correio do destinatário.

JUNTA COMERCIAL. *Direito comercial* e *direito administrativo.* Órgão administrativo que tem competência para efetuar o Registro Público das Empresas Mercantis. É orgão local, com função de executar e administrar serviços registrários. Também denominado colégio comercial, pois, além dos atos registrários, está incumbido da nomeação de avaliadores comerciais, da rubrica dos livros mercantis, do processo de habilitação dos tradutores comerciais, da fiscalização do ofício de leiloeiro, de corretores de mercadoria e das empresas de armazéns-gerais etc. É um órgão existente em cada unidade federativa, com jurisdição na área da circunscrição territorial respectiva e sede na capital; subordina-se, administrativamente, ao governo de sua unidade federativa e, tecnicamente, ao Departamento Nacional de Registro do Comércio (DNRC).

JUNTADA. *Direito processual.* **1.** Entrada de documento nos autos do processo, mediante termo de cartório. **2.** Ato de anexar qualquer peça ou documento nos autos processuais. **3.** Termo pelo qual se anexa documento nos autos do processo. **4.** É a união de um processo a outro, realizada por meio de anexação ou apensação, ou de um documento a um processo, realizado por meio de anexação.

JUNTA ELEITORAL. *Direito eleitoral.* Órgão da Justiça Eleitoral que se compõe de um juiz de direito e de dois ou quatro cidadãos idôneos, nomeados sessenta dias antes da eleição, para resolver problemas relativos à apuração de votos, expedir boletins e diplomar os eleitos para cargos municipais.

JURADO. **1.** *Direito processual penal.* Membro do Tribunal do Júri que julga matéria de fato relativa a crime doloso contra a vida, ao responder a quesitos formulados pelo magistrado. **2.** Nas *linguagens comum* e *jurídica*: a) ameaçado; b) solenemente declarado; c) inimigo declarado. **3.** *História do direito.* a) Empregado da Câmara Municipal que tinha a incumbência de guardar a terra, para que nela não se fizessem danos, sob pena de pagar com seus bens os prejuízos que fossem causados por culpa sua; b) aquele que tinha a função de avaliar danos causados pelo gado alheio ou por outro fator, para que o agente pagasse a coisa devida.

JURAMENTADO. **1.** *Direito notarial.* Oficial, funcionário de cartório ou serventuário da justiça que tem fé pública, por efeito de compromisso ou juramento por ele prestado, podendo substituir o titular em suas faltas ou impedimentos. **2.** Na *linguagem jurídica* em geral: a) aquele que, no exercício de uma função, está sob juramento; b) diz-se do tradutor, concursado, cujas traduções são oficialmente aceitas em juízo.

JÚRI. **1.** *Direito processual penal.* a) Tribunal presidido por um juiz de direito, composto por vinte e cinco cidadãos moralmente idôneos, convocados para julgar crimes dolosos contra a vida, consumados ou tentados, entre os quais sete serão sorteados para compor o Conselho de Sentença em cada sessão de julgamento; b) conjunto de cidadãos que podem ser jurados, com o dever de apreciar fatos levados ao seu conhecimento, afirmando ou negando a existência do crime imputado ao réu, ao responderem os quesitos formulados pelo magistrado, que com base nas respostas dadas dará a decisão e aplicará a pena cabível. **2.** Nas *linguagens comum* e *jurídica* em geral, é a comissão que tem a incumbência de avaliar o mérito de alguma coisa ou pessoa.

JURÍDICO. *Teoria geral do direito.* **1.** Lícito. **2.** Aquilo que está conforme as leis. **3.** Relativo às normas de direito. **4.** O que é feito por via da justiça. **5.** Referente ao direito. **6.** Legal.

JURÍGENO. *Teoria geral do direito.* **1.** O que produz ou gera direito. **2.** Costume que cria direito.

JURISCONSULTO. *Teoria geral do direito.* Aquele que, por possuir notável saber jurídico, elabora pareceres, ao ser consultado sobre questões jurídicas. Trata-se daquele cujas opiniões podem formar uma doutrina, pois ao responder, quando consultado, aos quesitos relativos a um caso concreto acaba por interpretar as leis a ele aplicáveis.

JURISDIÇÃO. **1.** *Direito canônico.* Poder de exercer um ministério espiritual, próprio do papa, cardeais, bispos e sacerdotes. **2.** *Direito processual.* a) Judicatura; b) administração da justiça pelo Poder Judiciário; c) poder-dever de aplicação do direito objetivo, conferido ao magistrado; d) atividade exercida pelo Estado para aplicação de normas jurídicas ao caso concreto; e) poder de conhecer e julgar casos concretos dentro dos limites da competência outorgada; f) soma de atividades e de atribuições do juiz; g) área territorial onde a autoridade judiciária exerce seu poder de julgar; h) compreende o poder de decisão; o de compelir, no processo de execução, o vencido a cumprir a decisão; o de ordenar notificação das partes ou testemunhas; o de documentação, que advém da necessidade de representação por escrito dos atos processuais e rege-se pelo princípio da investidura, da indelegabilidade e da aderência ao território (Moacyr Amaral Santos); i) poder de dizer o direito. **3.** *Direito agrário.* Responsabilidade do vaqueiro numa fazenda. **4.** *Ciência política.* Autoridade do detentor da soberania de governar e legislar.

JURISDIÇÃO ADMINISTRATIVA. **1.** *Direito processual.* Aquela em que o juiz se manifesta a respeito de fatos que, não sendo objeto de conflito de interesses ou de litígio, pela sua importância relativamente ao patrimônio ou à pessoa, requer interposição do Judiciário. A ação do Judiciário é meramente preventiva, pois assegura direitos. A vontade das partes converge para a mesma finalidade, operando *inter volentes*, e a decisão do magistrado faz coisa julgada material, por ser ato de administração de interesses privados, procurando atingir um resultado conveniente. É, portanto, uma atividade administrativa do órgão judicante para tutelar direitos individuais, concernentes a certos negócios jurídicos (José Frederico Marques). Deveras não havendo disputa entre as partes, a sentença será apenas homologatória da vontade ou do acordo das partes ou dará eficácia a certos atos. **2.** *Direito administrativo.* Poder conferido à autoridade administrativa para que conheça e resolva certos fatos não litigiosos.

JURISDIÇÃO CIVIL. *Direito processual civil.* É a exercida pelo Poder Judiciário para processar e julgar pretensões de cunho não penal (Nelson Nery Jr. e Rosa Mª de A. Nery).

JURISDIÇÃO CONTENCIOSA. *Direito processual.* Aquela que conhece e decide um litígio e como há decisório ter-se-á coisa julgada. É a que ocorre *inter volentes*, ou seja, entre partes litigantes que resistem, ou, ainda, *inter invitos*, visto que as partes procedem contra a sua vontade. Tem, portanto, por objetivo a composição de um conflito de interesses ou de um litígio ou lide formada entre partes adversas.

JURISDIÇÃO CORRECIONAL. *Direito processual.* **1.** Circunscrição pertencente à autoridade que exerce função de polícia judiciária. **2.** Aquela outorgada para conhecimento e julgamento de contravenções que não são consideradas crimes (De Plácido e Silva).

JURISDIÇÃO CUMULATIVA. *Direito processual.* **1.** Competência jurisdicional para conhecer e julgar causas conexas. **2.** Jurisdição exercida por mais de um magistrado, de igual hierarquia, firmando sua competência pela prevenção. Escolhe-se o juiz pela distribuição.

JURISDIÇÃO DELEGADA. *Direito processual.* Aquela que não é própria de uma autoridade legalmente autorizada a exercê-la, por força de uma delegação que lhe foi feita.

JURISDIÇÃO MILITAR. **1.** *Direito processual.* Poder exercido para conhecer e julgar crimes e contravenções militares. **2.** *Direito administrativo.* É a que se exerce para que, em negócios militares, sejam cumpridos os fins constitucionais relativos à missão das Forças Armadas, conforme normas regulamentares.

JURISDIÇÃO VOLUNTÁRIA. *Direito processual.* **1.** É a atividade administrativa exercida pelo Judiciário para tutelar direitos subjetivos (José Frederico Marques). **2.** *Vide* JURISDIÇÃO ADMINISTRATIVA.

JURISDICIONADO. *Direito processual.* **1.** Aquele que recebeu jurisdição. **2.** O que está sujeito a certa jurisdição; aquele que está sob a jurisdição de determinado juiz ou tribunal.

JURISDICIONAL. *Direito processual.* Referente a jurisdição.

JURISDICTIO. *Termo latino.* Função específica do Poder Judiciário de dizer o direito ao julgar as controvérsias submetidas à sua apreciação.

JURISPRUDÊNCIA. **1.** *Teoria geral do direito.* Ciência do direito. **2.** *Direito processual.* a) Conjunto de decisões judiciais uniformes ou não; b) conjunto de decisões uniformes de juízes e tribunais sobre uma dada matéria. Os juízes e tribunais deverão respeitar julgamentos do STF e do STJ e poderão arquivar pedido que contrariar a jurisprudência.

JURISTA. **1.** *Teoria geral do direito.* Aquele que, por ser profundo conhecedor do direito, escreve livros ou monografias jurídicas com assiduidade. **2.** Na *linguagem comum*: a) aquele que empresta dinheiro a juros; b) aquele que, tendo títulos de dívida pública, recebe os respectivos juros; c) aquele que vive da aplicação de capitais em mútuos, de cujas operações tira juros; d) capitalista.

JURO. **1.** *Direito bancário.* a) Rendimento de capital empregado; b) juro que o banco cobra do tomador de dinheiro por empréstimo. **2.** *Direito civil.* a) Taxa percentual que incide sobre um valor ou quantia em dinheiro; b) pagamento que decorre da utilização de capital alheio, constituindo, portanto, fruto civil.

JURO BANCÁRIO. *Direito bancário.* Juro que o banco cobra do tomador de dinheiro por empréstimo.

JUROS COMPENSATÓRIOS. *Direito civil.* Aqueles que decorrem de uma utilização consentida do capital alheio, pois estão, em regra, preestabelecidos no título constitutivo da obrigação, no qual os contratantes fixam os limites de seu proveito, enquanto durar o negócio jurídico, ficando, portanto, fora do âmbito da inexecução. Trata-se dos juros-frutos ou juros remuneratórios, que podem ser convencionados com ou sem taxa fixa. Se as partes não a fixarem, ela será a que estiver em vigor para a mora do pagamento de imposto devido à Fazenda Nacional.

JUROS MORATÓRIOS. *Direito civil.* Consistem na indenização pelo retardamento da execução da dívida e podem ser: a) *convencionais* - aqueles estipulados pelas partes, para efeito de atraso no cumprimento da obrigação, cuja taxa vai até doze por cento anuais ou um por cento ao mês; e b) *legais* - aqueles que são devidos, ante o fato de as partes não os convencionarem, na taxa que estiver em vigor para a mora do pagamento de impostos devidos à Fazenda Nacional.

JUROS REMUNERATÓRIOS. *Direito civil.* Aqueles convencionados como remuneração de um mútuo feneratício.

JUSCIBERNÉTICA. *Teoria geral do direito.* Toda e qualquer aplicação da cibernética ao direito (Mário G. Losano).

JUS DELATIONIS. *Locução latina.* Direito do sucessor de aceitar ou repudiar herança, após a abertura da sucessão.

JUS DISPONENDI. *Locução latina.* Direito de dispor da coisa a título oneroso ou gratuito, abrangendo o poder de consumi-la e o de gravá-la de ônus ou de submetê-la ao serviço de outrem.

JUS EX FACTO ORITUR. *Aforismo jurídico.* O direito nasce do fato.

JUS FRUENDI. *Locução latina.* Direito de percepção dos frutos e de utilização dos produtos da coisa. Trata-se do direito de fruir do bem ou de explorá-lo economicamente.

JUS HABENDI. *Locução latina.* Direito de deter materialmente uma coisa com a intenção de tê-la como sua; direito de possuir.

JUSNATURALISMO. *Filosofia do direito.* **1.** Característica do direito natural. **2.** Teoria jusnaturalista que pode abranger: a concepção do direito natural, objetivo e material (São Tomás de Aquino); a concepção do direito natural, subjetivo e formal (Grotius, Pufendorf, Locke, Hobbes, Spinoza e Rousseau); a teoria do direito racional de Kant; a teoria do direito natural de conteúdo variável de Rudolf Stammler; a doutrina jusnaturalista de Del Vecchio e a concepção quântica do direito de Goffredo Telles Junior.

JUS NOVORUM. *Locução latina.* **1.** Direito a novas deduções, no juízo *ad quem*, que não foram levantadas no juízo *a quo*. **2.** Direito à juntada de novas provas, comprovada a força maior (Afonso Celso F. de Rezende).

JUS PERSEQUENDI. *Locução latina.* **1.** Direito de reivindicar a coisa que se encontra indevidamente em poder de outrem. **2.** Direito de sequela.

JUS POSTULANDI. *Locução latina.* Direito de falar, em nome das partes, no processo, que compete ao advogado.

JUS PROTIMESEOS. *Locução latina.* **1.** Direito de opção do senhorio pelo qual o enfiteuta, que for alienar o bem, deve dar-lhe preferência sobre os demais compradores, nas mesmas condições. **2.** Direito de prelação ou direito de preferência.

JUS PUNIENDI. *Locução latina.* Direito de punir do Estado.

JUS QUERELANDI. *Locução latina.* Direito de litigar em juízo.

JUS REIVINDICANDI. *Locução latina.* Direito de reivindicar; poder que tem o proprietário de mover ação para obter o bem de quem injustamente o detenha, em virtude de seu direito de sequela.

JUS RELICTUM. *Locução latina.* Direito sobre bens existentes à data da morte do *auctor successionis*, que integram a herança.

JUS RETENTIONIS. *Locução latina.* Direito de retenção, ou melhor, direito de reter coisa alheia.

JUS STANDI. *Locução latina.* Direito internacional. Possibilidade de a pessoa ser peticionante primário no sistema europeu, movimentando livremente a jurisdição no exercício de sua capacidade processual, sem excluir representação profissional de advogado.

JUSTA CAUSA. **1.** *Direito civil.* a) Motivo justificador da rescisão de contrato de locação de coisa, ante os casos previstos em lei; b) razão para extinguir prestação de serviço sem justa causa, sem que haja culpa de qualquer dos contratantes, ou por justa causa, fundada em culpa de uma das partes. Se prestador for despedido sem justa causa terá direito à integralidade da remuneração vencida e à metade que lhe caberia ao termo legal do contrato, a título de indenização. Se o prestador de serviço se despedir sem justa causa, tem direito à retribuição vencida, mas responderá por perdas e danos. **2.** *Direito do trabalho.* a) Razão para rescindir contrato trabalhista, por parte do empregado ou do empregador, fundada em lei; b) infração contratual ou legal determinante da rescisão do contrato de trabalho, por culpa do empregador ou por culpa do empregado, pela prática de atos previstos em lei, tais como: redução do trabalho, afetando o salário; exigência de serviços superiores às forças do empregado ou contrários aos bons costumes; embriaguez em serviço; violação de segredo empresarial, indisciplina, desídia, abandono de emprego etc. **3.** *Direito processual civil.* Acontecimento imprevisto, alheio à vontade, que vem a impedir a prática de um ato processual. **4.** *Direito processual penal.* Coexistência de fundamento legal e razoável e de legítimo interesse na pretensão punitiva do Estado, que devem ser apreciados pelo órgão judicante em cada caso concreto, averiguando se houve o crime ou contravenção, se o fato delituoso foi praticado pelo acusado etc.

JUSTIÇA COMUTATIVA. *Filosofia do direito.* Modalidade de justiça particular, cujo objeto é o bem do particular, pela qual um particular dá a outro particular aquilo que lhe é devido, segundo uma igualdade simples ou absoluta. Na justiça comutativa, o devido é rigoroso, por ser relativo a um direito próprio da pessoa (por exemplo, o direito da personalidade, o direito ao cumprimento de obrigações positivas, como a entrega de uma coisa, o pagamento de uma certa quantia pecuniária). A igualdade é simples, por consistir na equivalência entre dois objetos, sem levar em conta a condição das pessoas. Por exemplo, o que se dá nas relações de compra e venda, em que "A", ao adquirir uma joia que vale R$ 10.000,00, deve pagar ao vendedor "B" igual valor em dinheiro.

JUSTIÇA DISTRIBUTIVA. *Filosofia do direito.* Modalidade de justiça particular cujo objeto é o bem do particular, ocorrendo quando a sociedade dá a cada particular o bem que lhe é devido segundo uma igualdade proporcional ou relativa. O grupo social (Estado, sociedade internacional, empresa, família etc.) reparte aos particulares aquilo que pertence a todos, assegurando-lhes uma equitativa participação no bem comum, conforme a necessidade, o mérito e a importância de cada indivíduo. A igualdade proporcional é a que se realiza na distribuição dos benefícios e dos encargos entre os membros de uma comunidade, considerando-se a situação das pessoas. Assim, pela justiça distributiva, a sociedade visa assegurar ao particular sua parcela no bem comum, distribuída conforme a posição que ele ocupa como membro do grupo social, tendo em vista o seu mérito, a natureza do serviço prestado, a sua condição econômica ou capacidade contributiva e o seu tempo de serviço. Por exemplo, se "A" contribui com R$ 50.000,00, recebe 5%, se "B" entra com R$ 30.000,00, recebe 3%, e se "C" entra com R$ 20.000,00, recebe 2% dos lucros empresariais.

JUSTIÇA DO TRABALHO. *Direito do trabalho.* **1.** Órgão com jurisdição específica, composto pelo Tribunal Superior do Trabalho, Tribunais Regionais do Trabalho e Juízes do Trabalho para conhecer, conciliar, dirimir ou decidir dissídios trabalhistas que se dão entre empregados e empregadores e demais controvérsias resultantes nas relações de trabalho, regidas por normas especiais ou pela legislação social. **2.** É a que tem competência para conciliar e julgar os dissídios que tenham origem no cumprimento de convenções coletivas de trabalho ou acordos coletivos de trabalho, mesmo quando ocorram entre sindicatos ou entre sindicato de trabalhadores e empregador.

JUSTIÇA ELEITORAL. *Direito eleitoral.* Órgão composto pelo Tribunal Superior Eleitoral, pelos Tribunais Regionais Eleitorais, juízes eleitorais e juntas eleitorais. Especializado em tratar assuntos ligados ao alistamento e processo eleitoral, às eleições, à apuração de votos, à expedição de diplomas aos eleitos, aos partidos políticos e aos crimes eleitorais, às arguições de inelegibilidade etc.

JUSTIÇA ESTADUAL. *Direito processual.* Órgão da justiça comum com competência e jurisdição para decidir questões cíveis, comerciais e criminais em cada Estado-membro da Federação. A ela compete conhecer e julgar tudo o que não couber nas funções das justiças especiais (José Frederico Marques). A Justiça Estadual compõe-se de juízes como órgãos individuais de administração de justiça, tribunal de alçada civil e criminal e tribunal de justiça.

JUSTIÇA FEDERAL. *Direito processual* e *direito constitucional.* Órgão composto por juízes federais e pelos Tribunais Regionais Federais que decide litígios que envolvem interesse público.

JUSTIÇA SOCIAL. *Filosofia do direito.* Também designada justiça geral ou legal, é aquela em que as partes da sociedade, isto é, governantes e governados, indivíduos e grupos sociais, dão à comunidade o bem que lhe é devido, observando uma igualdade proporcional. Os membros da coletividade dão a esta sua contribuição para o bem comum, que é o fim da sociedade e da lei, proporcionalmente à função e responsabilidade na vida social. Esta justiça está presente, por exemplo, na prestação de serviço militar ou público, no pagamento de impostos etc.

JUSTIFICAÇÃO PRÉVIA. *Direito processual civil.* Medida que pode ser determinada pelo magistrado, havendo falta de prova documental concludente, para garantir ao autor condições favoráveis no andamento do processo (Othon Sidou).

JUSTIFICATIVA. **1.** *Direito processual.* Prova que demonstra a realidade de algo ou a existência de uma relação jurídica. **2.** *Direito penal* e *direito civil.* Conjunto de circunstâncias que excluem a antijuridicidade como legítima defesa, estado de necessidade, estrito cumprimento do dever legal e exercício regular do direito.

JUSTO TÍTULO. *Direito civil.* **1.** Ato, fato ou documento idôneo para aquisição ou transferência de propriedade. **2.** Uma das condições legais para obter a declaração da usucapião ordinária de bem móvel ou imóvel. **3.** Ato que pode servir de fundamento à aquisição de um direito real, ainda que contenha algum vício ou uma irregularidade.

JUS UTENDI. **1.** *Locução latina.* Direito de usar da coisa. **2.** *Direito civil.* Um dos elementos constitutivos da propriedade que é o de tirar todos os serviços que ela pode prestar, sem que haja alteração em sua substância. O titular do *jus utendi* pode empregá-lo em seu proveito próprio ou no de terceiro, bem como deixar de utilizá-lo, guardando-o ou mantendo-o inerte. É o direito de usar da coisa, dentro dos limites legais, retirando suas vantagens.

K

KANTISMO. *Filosofia do direito.* Sistema doutrinário criado por Emmanuel Kant, que busca a determinação dos limites, alcance e valor da razão, reduzindo o conhecimento aos dados da experiência. Propugna a necessidade de fundamentar a moral nos imperativos categóricos estipulados pela razão prática.

KELSENISMO. *Filosofia do direito.* Teoria criada por Hans Kelsen que pretendeu purificar a ciência do direito, submetendo-a a dupla depuração. A primeira procurou afastá-la de quaisquer influências sociológicas, liberando-a da análise de aspectos fáticos que porventura estivessem ligados ao direito, remetendo o estudo desses elementos sociais às ciências causais (sociologia e psicologia jurídicas, p. ex.), uma vez que, na sua concepção, ao jurista, *stricto sensu*, não interessa a explicação causal das instituições jurídicas. A segunda retira do âmbito da apreciação da ciência jurídica a ideologia e os aspectos valorativos, ou seja, toda e qualquer investigação moral e política, relegando-os à ética, à política, à religião e à filosofia da justiça. Feitas as purificações antissociológicas e anti-ideológicas, Kelsen constitui a norma de direito como objeto específico da ciência jurídica.

KILOBAR. *Direito financeiro.* Barra de ouro *bullion* popular no mercado financeiro, com peso de 1.000 gramas (Luiz Fernando Rudge).

KNOW-HOW. *Vide* CONTRATO DE IMPORTAÇÃO DE TECNOLOGIA.

***KNOW-HOW* CONFIDENCIAL.** *Direito de propriedade industrial.* Aquele em que a tecnologia transferida passa, na fase de execução, a ser conhecida pelo engenheiro responsável pelo desenvolvimento do produto, que não poderá transmitir a ninguém as técnicas de execução (Gnocchi).

***KNOW-HOW* PLURAL.** *Direito de propriedade industrial.* Aquele que transfere licença, exploração de patente, marcas, cooperação em programas de pesquisa, prestação de serviços de assistência técnica e científica. É também designado *know-how* combinado ou misto.

***KNOW-HOW* PURO.** *Direito de propriedade industrial.* É o *know-how* simples em que a transferência de tecnologia se opera, isoladamente, no que diz respeito à maneira de se fabricar determinado produto.

***KNOW-HOW* RESERVADO.** *Direito de propriedade industrial.* Aquele em que a tecnologia é conhecida pelos funcionários que elaborarão o produto, mas que têm o dever de sigilo.

***KNOW-HOW* SECRETO.** *Direito de propriedade industrial.* Aquele em que a tecnologia apenas será conhecida do diretor técnico, ou de seu substituto, responsável pela sua execução (Gnocchi).

***KNOW-HOW* SIMPLES.** *Vide* KNOW-HOW PURO.

***KNOW-HOW* ULTRASSECRETO.** *Direito de propriedade industrial.* Aquele em que o conhecimento da tecnologia transferida fica restrito ao presidente e vice-presidente da empresa licenciada, que devem ordenar que a execução do produto se faça de modo altamente sigiloso (Gnocchi).

KONZERN. *Termo alemão.* **1.** Maioria acionária que constitui o grupo industrial ou grupo de empresas consorciadas, caracterizada pela restrição à concorrência, submetendo-se a um comando econômico. Constitui uma consequência do processo de concentração na economia. **2.** Na Alemanha, é o conjunto de empresas associadas juridicamente independentes, mas que, por terem uma única direção, constituem uma unidade econômica.

LACERAÇÃO. ***Medicina legal.*** **1.** Ferida causada ao raspar-se um tecido suscetível de infeccionar-se. **2.** Ato ou efeito de lacerar.

LACUNA. **1.** ***Teoria geral do direito.*** a) Diz-se do possível caso em que o direito objetivo não oferece, em princípio, uma solução; b) o que ocorre quando uma exigência do direito, fundamentada objetivamente pelas circunstâncias sociais, não encontra satisfação na ordem jurídica (Binder); c) o estado incompleto do sistema jurídico; d) falha, omissão, insuficiência, falta; e) imperfeição insatisfatória dentro da totalidade jurídica (Engisch). **2.** ***Medicina legal.*** Pequeno orifício que se forma pela reunião de folículos comuns das mucosas (Croce e Croce Jr.). **3.** ***Direito comercial.*** Vício de escrituração mercantil, ou seja, espaço em branco deixado no lançamento, para ulteriormente se acrescentar palavras, que o alterem.

LACUNA AXIOLÓGICA. ***Teoria geral do direito.*** Ausência de norma justa, isto é, existe um preceito normativo, mas, se for aplicado, sua solução será insatisfatória ou injusta.

LACUNA DE CONFLITO. ***Teoria geral do direito.*** **1.** É a que supõe exigência de uma adequação e de um ponto de acordo das normas existentes com a sobrevinha (Betti). **2.** Antinomia real que se apresenta no caso de duas normas contraditórias se excluírem reciprocamente, obrigando o órgão judicante a solucionar o caso *sub judice*, segundo os critérios de preenchimento de lacunas. Mas, para que se tenha presente essa antinomia é mister três elementos: incompatibilidade, indecidibilidade e necessidade de decisão. Só haverá lacuna de conflito se, após a interpretação adequada das normas, a incompatibilidade entre elas perdurar (Klug; Ferraz Jr.). É denominada por Ziembinski de "lacuna lógica".

LACUNA *DE LEGE FERENDA*. ***Teoria geral do direito.*** A lacuna do ponto de vista de um futuro direito mais perfeito. Também chamada lacuna político-jurídica, crítica ou imprópria, pois pode motivar o legislador a reformular o direito, por ser injusto ou por ter caído em desuso (Engisch).

LACUNA *DE LEGE LATA*. ***Teoria geral do direito.*** A lacuna no direito vigente, sendo por isso considerada autêntica (Zitelmann e Engisch).

LACUNA NORMATIVA. ***Teoria geral do direito.*** Ausência de norma que regule certo caso.

LACUNA ONTOLÓGICA. ***Teoria geral do direito.*** **1.** Ausência de norma correspondente aos fatos sociais, em razão de o grande desenvolvimento das relações sociais e do progresso técnico terem acarretado o ancilosamento daquela norma. Trata-se da ausência de norma eficaz socialmente. **2.** Inadequação da ordem jurídica quanto ao "ser" (Sein).

LACUNA TÉCNICA. ***Teoria geral do direito.*** Ausência pura e simples de uma regulamentação. Dá-se quando o legislador se omitir de ditar norma indispensável à aplicação de outra (Kelsen, Foriers, Conte).

LAICISMO. ***Ciência política.*** **1.** Rejeição ao clericalismo, ou seja, da influência do clero na vida pública, interferindo em negócios estatais ou no governo. **2.** Teoria do Estado leigo fundada na concepção de que o poder político é autônomo no que atina à religião. **3.** Teoria da cultura leiga que defende a emancipação da filosofia e da moral da religião (Zanone e Calogero).

LAISSER FAIRE, LAISSER PASSER, LE MONDE VA DE LUI-MÊME. ***Expressão francesa.*** "Deixar fazer, deixar passar, o mundo caminha por si só." Princípio aplicado por Turgot-Gournay à economia a ser regida por leis naturais, como a lei da oferta e da procura.

LAISSEZ-PASSER. ***Direito internacional privado.*** Documento de viagem, de propriedade da União, concedido pelo Departamento de Polícia Federal, no território nacional, e pelo Ministério das Relações Exteriores, no exterior, ao estrangeiro portador de documento de viagem não reconhecido pelo governo brasileiro, ou que não seja válido para o Brasil. Tem validade pelo tempo necessário a uma única viagem, de ida e volta, nunca superior a dois anos, e é recolhido conforme o caso quando da chegada ou da saída de seu titular no País.

LAJE. *Vide* DIREITO REAL DE LAJE.

LANÇADOR. **1.** ***Direito processual civil.*** O que, para arrematação da coisa, oferece lanço numa hasta pública ou em leilão. **2.** ***Direito tributário.*** Agente público que efetua o lançamento do tributo.

LANÇAMENTO. **1.** ***Direito comercial.*** a) Verba escriturada; b) escrituração de verba em livros mercantis. **2.** ***Direito agrário.*** a) Aproximação da fêmea e do macho para cobrição; b) ato de cobrição. **3.** ***Direito autoral.*** a) Primeira edição de uma obra literária; b) primeira apresentação de um artista ou de um filme. **4.** ***Direito tributário.*** Complexo de operações efetuadas para organizar mapas dos contribuintes, sejam pessoas físicas ou jurídicas. **5.** ***Direito processual civil.*** Lanço. **6.** ***Direito processual penal.*** Ato pelo qual o magistrado, em determinados casos, afasta da ação penal pública o querelante, pela não apresentação do libelo, no prazo legal, declarando-a perempta e devolvendo-a ao Ministério Público. **7.** ***Direito marítimo.*** Ato de lançar uma embarcação ao mar.

LANÇAMENTO COMUM. ***Direito tributário.*** Tributação incidente sobre rendas declaradas, voluntariamente, pelo contribuinte.

LANÇAMENTO DIRETO. *Direito tributário.* Trata-se do lançamento de ofício, como o do IPTU, por ser promovido por iniciativa do lançador ou representante do Fisco, que efetua o arbitramento ou estimativa do *quantum* do crédito fiscal a ser pago pelo contribuinte.

LANÇAMENTO POR DECLARAÇÃO. *Direito tributário.* Aquele baseado na declaração do contribuinte, como o do ITR, IPTU e como ocorria com o IR (pessoa física). Tal lançamento é feito com colaboração do contribuinte ao prestar informações para que a autoridade administrativa aplique a legislação tributária, calculando o valor do tributo devido e notificando o contribuinte para que efetue o pagamento do crédito (Láudio Camargo Fabretti).

LANÇAMENTO POR HOMOLOGAÇÃO. *Direito tributário.* **1.** Ato de autoridade pública de confirmar, não só a existência do fato gerador tributário e do crédito fiscal, devida e antecipadamente quitado pelo contribuinte, como o IPI, o ICMS, o IR, como também a declaração do contribuinte de que nenhum imposto era por ele devido, isentando-o do pagamento do tributo. **2.** Trata-se do autolançamento, por ser feito em sua totalidade pelo contribuinte, tendo como principal característica o pagamento do tributo antes do início de qualquer procedimento por parte da autoridade administrativa. O contribuinte presta informações à autoridade administrativa, calcula o valor do tributo devido, recolhendo-o, efetuando, ele próprio, sua notificação para o recolhimento, e aguarda a confirmação, ou não, se seus atos estão conformes com a legislação tributária, por parte da autoridade administrativa (Láudio Camargo Fabretti).

LANCE. **1.** *Direito processual civil.* Oferta verbal de preço pela coisa apregoada em leilão público, sempre superior à anteriormente feita, para obter sua arrematação. **2.** *Direito agrário.* Proporção no equídeo. **3.** *Direito desportivo.* a) Jogada; b) hábil intervenção de um ou mais jogadores, feita durante o jogo. **4.** *Direito civil.* a) Parada nos jogos de azar; b) parte de uma escada que se compreende entre dois patamares; c) secção de muro; d) extensão de uma fachada. **5.** *Direito marítimo.* Operação que vai do lançamento de rede de pesca ao mar até seu recolhimento, puxando-a com os peixes que ali estiverem emaranhados. **6.** Na *linguagem comum:* a) sorte, eventualidade; b) risco; c) vicissitude; d) ocasião; e) fato difícil; f) façanha; g) preço oferecido por um lote; h) descrição de ato notável; i) impulso; j) aventura. **7.** *Direito comercial.* Anúncio de preço e quantidade de um ativo ou valor mobiliário, oferecidos em pregão de bolsas, para negociação pelos representantes das corretoras (Luiz Fernando Rudge).

LAP. *Direito comercial marítimo* e *direito internacional privado.* Sigla da cláusula "livre de avaria particular", que visa cobrir perda total, contribuição em avaria grossa ou avaria particular que tenha relação com encalhe, colisão ou naufrágio de navio.

LAPSUS CALAMI. *Locução latina.* Erro que, por descuido, escapa a quem escreve.

LAQUEADURA. *Medicina legal.* Cirurgia feita nas trompas de Falópio para evitar gravidez.

LASCÍVIA. *Direito penal.* Falta de pudor; libertinagem; luxúria; sensualidade excessiva; devassidão; libidinagem; obscenidade.

LASTRO. **1.** *Direito marítimo.* a) Peso colocado no porão ou outro lugar da embarcação para que haja equilíbrio e segurança na navegabilidade; b) conjunto de paus que formam o corpo da jangada. **2.** *Economia política.* Depósito em ouro que garante a circulação do papel-moeda. **3.** *Direito agrário.* a) Terreno plano e limpo onde se colocam folhas da carnaubeira para secar, com a finalidade de extrair-lhes o pó de onde provém a cera; b) peça colocada no trator ou máquina agrícola para dar-lhe maior estabilidade e penetração no solo. **4.** Na região de Minas Gerais, diz-se da locomotiva usada nos trabalhos de manobras do material rodante das estradas de ferro ou nos socorros aos comboios em caso de acidente. **5.** *Direito comercial.* a) Base real de certa atividade mercantil ou da emissão de título; b) dez por cento do valor subscrito, imprescindível para a subscrição inicial da sociedade anônima, e cinquenta por cento que, em se tratando de seguradora, constitui o percentual de subscrição em dinheiro; c) capital de giro do empresário, essencial para a movimentação de seus negócios. **6.** *Direito bancário.* Reserva obrigatória que garanta a liquidez das operações efetuadas pelos bancos.

LATIFÚNDIO. **1.** *Direito agrário.* Imóvel rural assim classificado pelo INCRA por ser uma área de excessiva dimensão, concentrada nas mãos de um só proprietário, ou por se apresentar inadequadamente explorada, qualquer que seja sua dimensão. **2.** *Direito romano.* Grande domínio privado da aristocracia da antiga Roma.

LATO. *Teoria geral do direito.* **1.** Amplo. **2.** Extensivo.

LATO SENSU. *Locução latina.* Em sentido amplo.

LATROCÍNIO. *Direito penal.* Crime duplo consistente em cometer homicídio ou lesão corporal grave com o objetivo de roubar coisa móvel alheia.

LAUDÊMIO. **1.** *História do direito.* Compensação paga pelo enfiteuta, que vendia o bem enfitêutico, ao senhorio direto por sua renúncia ao direito de opção na transferência do domínio útil. **2.** *Direito civil.*

Compensação exigível se alienação fiduciária tiver por objeto bem enfitêutico, havendo consolidação do domínio útil no fiduciário.

LAUDO. *Direito processual.* Parecer escrito de árbitro ou perito, expondo a perícia realizada, respondendo aos quesitos propostos pelo magistrado ou pelos interessados, e consignando o resultado de exame pericial.

LAVAGEM CEREBRAL. *Medicina legal.* Doutrinação forçada que, mediante sonoterapia, produtos químicos, estimulação elétrica, isolamento, ameaça, cansaço sistematicamente produzido, induz a pessoa a abandonar suas convicções políticas, sociais ou religiosas; a alterar sua reação e a aceitar ideias padronizadas contrastantes.

LAVAGEM DE DINHEIRO. *Direito penal.* **1.** Crime consistente no falseamento contábil e documental, dando aparência lícita a dinheiro advindo de ato negocial escuso. **2.** Ato de limpar bens, direito ou valores, apagando a mancha caracterizadora da origem ilícita e reingressando os capitais lavados, no circuito econômico-financeiro, para empregá-los em negócio lícito (Maierovitch).

LAVRA. **1.** *Direito agrário.* a) Lavoura ou cultivo da terra; b) terra lavradia; c) no Rio Grande do Sul, designa a lavoura do algodão. **2.** Na *linguagem da mineração* pode ter o sentido de: a) local onde se pesquisa ou se encontra diamante; b) terreno de mineração de onde se extrai ouro ou diamante; c) exploração e aproveitamento industrial de jazidas de minérios; d) conjunto de operações coordenadas de extração de petróleo ou gás natural de uma jazida e de preparo para sua movimentação; e) conjunto de operações coordenadas objetivando o aproveitamento industrial da jazida, desde a extração de substâncias minerais úteis até o seu beneficiamento. **3.** *Direito autoral.* Autoria; invenção.

LAVRAR. **1.** *Direito agrário.* a) Cultivar terras; b) revolver a terra com arado ou charrua, preparando-a para a semeadura e plantação de vegetais. **2.** *Economia política.* Cunhar moedas. **3.** *Direito notarial.* a) Exarar por escrito; b) fazer escritura; c) registrar títulos e documentos. **4.** Na *linguagem de mineração* é pesquisar ou explorar jazidas de minérios.

LAVRATURA. **1.** *Direito notarial.* a) Escritura; b) ato de lavrar documentos ou de inscrever ou registrar em livro próprio ato ou contrato. **2.** Nas *linguagens comum* e *jurídica* significa fazer constar por escrito. **3.** *Direito processual.* Ato forense que se dá com a intervenção do serventuário e, algumas vezes, com a do magistrado (Othon Sidou).

LEADING CASE. *Locução inglesa.* Caso concreto que requer formação de jurisprudência.

LEALDADE. **1.** Fidelidade. **2.** Qualidade daquele que é leal. **3.** Sinceridade. **4.** Honestidade, que é dever do trabalhador e do servidor público. **5.** Probidade processual que devem ter o advogado e os litigantes na instauração e no curso do processo.

LEASE-BACK. *Locução inglesa.* Contrato pelo qual uma empresa proprietária de certo bem (móvel ou imóvel) o vende ou o dá em dação em pagamento a outra (instituição financeira, companhia de seguro, firma de *leasing* etc.) que, ao adquiri-lo, imediatamente o arrenda à vendedora. O próprio arrendatário efetua a venda de bens ou de equipamentos, mudando seu título jurídico relativamente a eles, passando de proprietário a arrendatário, que deverá pagar aluguel. É também designado *cession bail* ou *leasing* de retorno.

LEASE PURCHASE. *Locução inglesa.* *Leasing* utilizado na atividade aeroviária ou ferroviária. O *trustee* emite certificados similares a debêntures, para aquisição de numerário a fim de obter o bem a ser arrendado, de modo que a locatária, apenas quando resgatar todos os certificados, adquirirá a propriedade do bem (Sílvio de Salvo Venosa).

LEASING. *Termo inglês.* Arrendamento mercantil.

***LEASING* DE BENS PRODUZIDOS NO EXTERIOR.** *Direito internacional privado.* Contrato de arrendamento mercantil de bens produzidos no exterior, que pode ser celebrado, por prazo não inferior a cinco anos, entre uma entidade com sede no exterior e a usuária final do bem no Brasil, dentro de sua atividade econômica, tendo por objeto, inclusive, bens de capital sem similar nacional, desde que obedecidas, para seu ingresso no país, no que couberem, as normas que regem a importação.

***LEASING* DE RETORNO.** *Vide* LEASE-BACK.

***LEASING* FINANCEIRO.** *Vide* ARRENDAMENTO MERCANTIL.

***LEASING* IMOBILIÁRIO.** *Direito comercial.* Contrato pelo qual a empresa, em regra, não adquire prédio construído, mas prefere comprar terreno e custear a construção do imóvel, segundo instruções do cliente, para depois arrendá-lo. Por ser muito dispendioso, tal arrendamento é feito por vinte ou trinta anos.

***LEASING* MOBILIÁRIO.** *Direito comercial.* Contrato de *leasing* financeiro relativo a qualquer bem móvel, de valor apreciável (máquinas, aparelhos especializados), fabricado ou vendido por empresa que não seja a arrendadora e que deverá ser por esta adquirido para atender o cliente que o escolhera.

***LEASING* OPERACIONAL.** *Direito comercial.* Cessão de uso a curto prazo, que é o contrato realizado com bens adquiridos pelo locador junto a terceiro, sendo dispensável a intervenção da instituição financeira, que poderá efetivá-lo, contudo, se autorizada pelo Conselho Monetário Nacional. O mesmo material, estocado pelo locador, poderá ser alugado várias vezes a locatários diversos, e o locador, por sua vez, comprometer-se-á a prestar serviços de manutenção do bem locado. É, ainda, rescindível a qualquer tempo pelo locatário, e em função do maior ou menor valor residual se determina a rentabilidade dessa operação.

LEGAÇÃO. ***Direito internacional público.*** **1.** Embaixada. **2.** Missão diplomática permanente. **3.** Representação diplomática inferior à embaixada, mantida por um país junto a outro, chefiada por enviado extraordinário, ministro plenipotenciário, ministro residente, ou encarregado de negócios efetivos. **4.** Tempo de duração de uma legacia. **5.** Cargo e exercício de legacia. **6.** Sede da embaixada ou de uma missão diplomática. **7.** Membros de uma missão diplomática. **8.** Residência de diplomata estrangeiro. **9.** Repartição dirigida por diplomata estrangeiro. **10.** Posto diplomático que, geralmente, fica sob a chefia de um ministro plenipotenciário. **11.** Território do Estado da Igreja que, outrora, era governado por um legado do Papa.

LEGADO. 1. ***Direito internacional público.*** a) Representante diplomático extraordinário do Papa, escolhido dentre os cardeais, para alguma missão especial; b) núncio pontifício que representa o Sumo Pontífice junto aos governos seculares; c) enviado de um país para cuidar, em outro, de negócios ou interesses recíprocos ou referentes a uma legação; d) aquele que exerce uma legação. **2.** Em *sentido figurado* é aquilo que uma pessoa, escola literária etc. transmite à posteridade. **3.** ***História do direito.*** a) Prelado que era encarregado pelo Papa do governo, de Territórios pontifícios; b) comissário do Senado, que fiscalizava as antigas províncias romanas; c) comandante de uma legião na Roma antiga. **4.** ***Direito civil.*** Disposição testamentária a título singular, pela qual o testador deixa, à pessoa estranha ou não à sucessão legítima, um ou mais objetos individualizados ou uma certa quantia em dinheiro.

LEGALIDADE. 1. ***Teoria geral do direito.*** a) Qualidade do que é conforme à lei; b) formalidade legal; c) poder legal; d) legitimidade apenas em sentido amplo; e) juridicidade; f) qualidade do exercício do poder no sentido da *tyrannia quoad exercitium* (Bobbio); g) característica do que é regido por lei. **2.** ***Filosofia do direito*** e ***ciência política.*** a) Sistema dos legalistas; b) qualidade do exercício do poder, que se constitui em um problema relativo às formas de atuação e desempenho de um sistema político (Norberto Bobbio); c) existência de um conjunto escalonado de leis, estruturado em função de um conceito de Poder Público que diferencia os campos de ação dos setores público e privado, e a conformidade de todos os atos praticados não apenas pelos governados, mas também pelos próprios governantes (José Eduardo Faria). **3.** ***Direito administrativo.*** Princípio que deve informar a Administração Pública, no Estado de Direito, dominando toda a atividade estatal. **4.** ***Direito constitucional.*** a) Princípio pelo qual "ninguém será obrigado a fazer ou deixar de fazer alguma coisa senão em virtude de lei"; b) princípio pelo qual tudo deve ser conforme a Constituição e as leis.

LEGANTE. 1. ***Direito civil.*** Testador que, em deixa testamentária, faz legado em favor de alguém. **2.** Em ***gíria*** quer dizer pistola.

LEGATÁRIO. 1. ***Direito civil.*** a) Titular de um legado; b) aquele que foi contemplado, num testamento, com um legado; c) aquele a quem se deixou um legado. **2.** ***Teoria geral do direito.*** a) Tudo o que advém de lei; b) o que é revestido de legalidade (Pontes de Miranda).

LEGIFERAÇÃO. ***Teoria geral do direito*** e ***direito constitucional.*** **1.** Ato ou efeito de legislar. **2.** Conjunto de leis de um país. **3.** Complexo de normas de determinado ramo jurídico. **4.** Elaboração de leis pelo poder competente.

LEGISLAÇÃO. ***Teoria geral do direito*** e ***direito constitucional.*** **1.** Ato de legislar do poder competente; atividade legiferante, que é considerada a fonte formal estatal. **2.** Conjunto de leis de um país, de um Estado-membro ou Município. **3.** Complexo de leis sobre determinado assunto de um ramo jurídico. **4.** Ciência das leis. **5.** Processo pelo qual um ou vários órgãos estatais formulam normas jurídicas de observância geral. **6.** Conjunto de atos jurídicos brasileiros, incluindo a Constituição, leis, decretos, códigos, regulamentos, portarias, resoluções e instruções normativas.

LEGISLAÇÃO CONCORRENTE. ***Direito constitucional.*** Conjunto de normas constitucionais que estabelecem a competência legislativa concorrente da União, dos Estados e Municípios sobre: a) direito tributário, financeiro, penitenciário, econômico e urbanístico; b) orçamento; c) juntas comerciais; d) custas dos serviços forenses; e) produção e consumo; f) florestas, caça, pesca, fauna, conservação da natureza, defesa do solo e dos recursos naturais, proteção ao meio ambiente e controle da poluição; g) proteção ao patrimônio histórico, cultural, artístico, turístico e paisagístico; h) responsabilidade por dano ao meio ambiente, ao consumidor, a bens e direitos de valor artístico, estético, histórico, turístico e paisagístico; i) educação, cultura, ensino e desporto; j) criação, funcionamento e processo do juizado de pequenas causas; k) procedimentos em matéria processual; l) previdência social, proteção e defesa da saúde; m) assistência jurídica e defensoria pública; n) proteção e integração social de pessoas com necessidades especiais; o) proteção à infância e à juventude; p) organização, garantias, direitos e deveres das polícias civis.

LEGISLAÇÃO SOCIAL. *Direito do trabalho* e *direito tributário*. Conjunto de normas disciplinadoras das relações trabalhistas e de princípios norteadores da assistência e previdência social.

LEGISLADOR. *Teoria geral do direito* e *direito constitucional*. **1.** Aquele que elabora leis. **2.** Membro do Poder Legislativo, como o vereador, o deputado estadual e o federal, o senador.

LEGISLATIVO. *Direito constitucional* e *teoria geral do direito*. **1.** Relativo à legislação. **2.** O que diz respeito ao poder de editar leis. **3.** Aquilo que é concernente aos atos do órgão competente para legislar. **4.** Poder que tem competência para elaborar leis.

LEGISLATURA. *Ciência política* e *direito constitucional*. **1.** Duração do mandato dos membros do Poder Legislativo. **2.** Funcionamento do órgão competente para elaborar leis. **3.** Exercício da função legiferante. **4.** Época em que se realizam as reuniões dos deputados e senadores em assembleias. **5.** Conjunto de poderes que têm a função de estabelecer leis.

LEGISTA. **1.** *Medicina legal*. Médico especializado em *medicina legal*. **2.** *Teoria geral do direito*. a) Jurisperito; b) aquele que conhece leis com profundidade; c) o que estuda leis; d) jurisconsulto; e) douto em leis.

LEGÍTIMA. **1.** *Direito civil*. Porção de bens que o testador não pode dispor por estar reservada aos herdeiros necessários (descendentes, ascendentes ou cônjuge). **2.** Na *linguagem comum* é uma das divisões da salina. **3.** *Teoria geral do direito*. Norma que se sustenta num valor.

LEGITIMAÇÃO. **1.** *História do direito*. Benefício legal que dava a condição de legítimo ao filho ilegítimo; para tanto requeria o subsequente casamento de seus pais, mesmo *in extremis*, possibilitando aos genitores reparar sua falta e reabilitar o filho perante a sociedade. A legitimação *per subsequens matrimonium* operava-se *ipso jure* com o casamento dos pais, sem que houvesse necessidade de qualquer declaração volitiva. **2.** *Ciência política*. a) Reconhecimento da autenticidade dos poderes dos representantes do povo ou da nação estrangeira; b) operação pela qual o poder estabelecido por uma revolução vitoriosa torna-se legítimo (Manoel Gonçalves Ferreira Filho), mediante aceitação popular. **3.** *Teoria geral do direito*. a) Habilitação para determinado ato ou fim; b) ato ou efeito de legitimar ou de tornar algo legítimo ou conforme à lei; c) validação de certo ato ou negócio jurídico para a produção de efeitos legais; d) legalização. **4.** *Direito cambiário*. Situação jurídica do legítimo possuidor de um título cambial. **5.** *Direito processual civil*. a) Poder que, no processo de conhecimento, pertence aos titulares da relação jurídica litigiosa, pois a sentença de mérito é proferida para eles; b) no processo de execução, é o poder conferido àqueles entre os quais se produziu o título executivo (Cândido R. Dinamarco); c) capacidade processual ou capacidade de estar em juízo (*legitimatio ad processum*), que é a de praticar atos processuais ou de ter ciência deles, por si ou mediante representante por si próprio designado (José Frederico Marques); d) capacidade postulatória ou poder de agir e de falar em nome das partes no processo (José Frederico Marques). **6.** *Direito civil*. a) Posição das partes, num negócio jurídico concreto e determinado, em virtude do qual elas têm competência para praticá-lo (Mário Sales Penteado); b) consiste em saber se uma pessoa tem ou não competência para estabelecer determinada relação jurídica, sendo, portanto, um pressuposto subjetivo-objetivo. Por exemplo: ascendente está legitimado a vender imóvel a descendente, se os demais consentirem, bem como seu cônjuge.

LEGITIMAÇÃO DE POSSE. *Direito civil*. Direito real de fruição pelo qual o poder público constitui um ato com escopo de conferir aquisição de título reconhecendo posse de imóvel objeto de Reurb, conversível em direito real de propriedade com a identificação de seus ocupantes, do tempo de ocupação e da natureza da posse.

LEGITIMAÇÃO FUNDIÁRIA. *Direito civil*. Mecanismo de reconhecimento da aquisição originária do direito real de propriedade sobre unidade imobiliária objeto de Reurb.

LEGÍTIMA DEFESA. **1.** *Direito civil* e *direito penal*. Ato lesivo que não é tido como ilícito ou crime, por ser excludente de antijuridicidade e de responsabilidade civil e penal, já que consiste no uso moderado de meios necessários para repelir injusta agressão, atual ou iminente, a direito seu ou de outrem. Considera-se em legítima defesa ato de agente de segurança pública que repele agressão a refém durante prática de crime. **2.** *Direito internacional público*. Garantia da defesa dos países com recursos próprios, com reação imediata e espontânea, inclusive com o uso da força proporcional à agressão que sofreu contra o seu território, as suas Forças Armadas, com respaldo em acordos ou tratados internacionais.

LEGÍTIMA DEFESA DA POSSE. *Direito civil*. Resquício de justiça privada, em caso de turbação, em que o possuidor, direto ou indireto, molestado, pode reagir, pessoalmente ou por sua própria força, contra o turbador, desde que tal reação seja incontinenti ou sem demora e se dirija contra ato turbativo real e atual, mediante emprego de meios estritamente necessários para manter-se na posse. Essa autodefesa somente poderá ser exercida contra o próprio autor da turbação e não contra terceiros.

LEGÍTIMA DEFESA PUTATIVA. *Direito penal.* Reação de alguém que, empregando moderadamente meios necessários, supõe, erroneamente, pelas circunstâncias, defender-se de uma agressão injusta e iminente, que, na realidade, inexiste. É causa de isenção penal.

LEGITIMÁRIA. *Direito civil.* Cota hereditária reservada pela lei ao herdeiro necessário, titular da metade indisponível do *auctor successionis*, que é a legítima.

LEGITIMATIO AD CAUSAM. *Direito processual civil.* Legitimação para a causa que é uma das condições da ação, consistente na pertinência subjetiva da ação, pois esta só pode ser proposta por quem tiver a titularidade do interesse subordinante, ou prevalecente, da pretensão, em face daquele cujo interesse, de consequência, esteja subordinado ao do autor (Alfredo Buzaid). Trata-se, como diz José Frederico Marques, da legitimação para agir judicialmente como autor ou réu, ou melhor, da titularidade do direito de ação.

LEGITIMATIO AD PROCESSUM. *Direito processual civil.* Capacidade de estar em juízo, ou para a prática de atos processuais válidos em nome próprio, ou por conta de outrem. Trata-se de um pressuposto processual.

LEGITIMIDADE. **1.** *Ciência política.* a) Direito de suceder ao trono de um monarca falecido, conferido pela primogenitura ou pela exclusão legal do primogênito; b) doutrina política dos legitimistas; c) partido dos legitimistas; d) homologação do poder governamental pelo consentimento popular; e) adequação do poder à ideia de direito predominante na coletividade; f) o que diz respeito ao título para o exercício do poder, que é dado pela autoridade resultante do poder que provém da ação de muitos, na comunidade de uma adesão a uma mesma lei; g) atributo do Estado consistente na presença, em uma grande parte da população, de um grau de consenso suscetível de assegurar a obediência, sem o emprego da força (Lucio Levi). **2.** *Teoria geral do direito.* a) Legalidade; b) qualidade do que é legítimo; c) caráter do que está conforme à lei e à justiça; d) condição do que se legitimou; e) qualidade do título para o exercício do poder no sentido da *tyrannia absque titulo* (Bobbio); f) questão puramente ideológica, que se reduz a certos conjuntos de valores, que constituem símbolos de preferência, permanentes e indeterminados, entendidos como fórmulas integradoras e sintéticas para a representação do consenso social (José Eduardo Faria, Deutsch, Friedrich, Tércio Sampaio Ferraz Jr.). **3.** *Lógica jurídica.* a) Coerência lógica; b) o que está de acordo com os princípios lógicos ou racionais; c) racionalidade.

LEGITIMIDADE DAS PARTES. *Direito processual civil.* É, no plano material, a titularidade ativa ou passiva na relação jurídica litigiosa, e, no plano processual, a capacidade processual ou de estar em juízo (José Frederico Marques).

LEGITIMIDADE DO PODER. *Filosofia do direito.* Qualidade do título do poder que justifique a dominação de seu detentor, constituindo o fundamento do dever de obediência que se deve ter a ele (Norberto Bobbio).

LEGÍTIMO INTERESSE. *Direito processual civil.* Condição justificadora da presença do autor ou do réu em juízo, pois para propor ou contestar ação, com o escopo de obter tutela jurisdicional, é necessário um real interesse econômico ou moral, violado ou ameaçado por ato comissivo ou omissivo.

LEI. *Teoria geral do direito.* **1.** Produto da legislação. **2.** Norma jurídica, escrita ou costumeira. Em sentido amplíssimo, a lei é toda norma geral de conduta, que disciplina as relações de fato incidentes no direito e cuja observância é imposta pelo poder estatal, como, por exemplo, a norma legislativa, a consuetudinária e as demais, ditadas por outras fontes do direito, quando admitidas pelo legislador. **3.** Em sentido amplo, abrange a norma jurídica escrita, seja a lei propriamente dita, decorrente do Poder Legislativo, seja o decreto, o regulamento ou outra norma baixada pelo Poder Executivo. Compreende todo ato de autoridade competente para editar norma geral, sob forma de injunção obrigatória, como: a lei constitucional, a lei complementar, a lei ordinária, a lei delegada, a medida provisória, o decreto legislativo, a resolução do Senado, o decreto regulamentar, a instrução ministral, a circular, a portaria e a ordem de serviço. **4.** Em sentido estrito ou técnico, é apenas a norma jurídica elaborada pelo Poder Legislativo, por meio de processo adequado.

LEI ADJETIVA. *Teoria geral do direito.* É a que regula o modo ou processo de efetivação das relações jurídicas, fazendo valer o direito ameaçado ou violado, tal como, por exemplo, o artigo do Código de Processo Civil ou do Código de Processo Penal. Trata-se da lei processual.

LEI ÂNUA. *Direito constitucional* e *direito tributário.* Diz-se da lei orçamentária que, tendo a duração de um ano, é aplicada ao orçamento público, cujo exercício financeiro é anual. Tal lei, que contém a fixação da despesa e a previsão da receita de um ente público, deve ser lançada no programa orçamentário do exercício anterior para ter vigência no exercício seguinte.

LEI AUTOEXECUTÁVEL. *Teoria geral do direito.* Aquela que pode produzir efeito, executando o dever imposto, independentemente de qualquer outra.

LEI BÁSICA. *Direito constitucional* e *teoria geral do direito.* Constituição de um país.

LEI COGENTE. *Teoria geral do direito.* Lei de ordem pública que, sendo essencial à convivência nacional e à organização do Estado, tutela interesses fundamentais e impõe comportamentos obrigatórios, evitando que a vontade dos particulares perturbe a vida social. Pode agrupar-se numa das seguintes categorias normativas: a) a de organização social, como a que rege a família, a liberdade individual etc.; b) a de organização política, como a constitucional, a administrativa, a fiscal, a relativa à organização judiciária; c) a de organização econômica, como a atinente ao salário, à moeda, ao regime de bens, à inalienabilidade etc.; d) a de organização moral, como a proibição da poligamia ou dos pactos sucessórios, a exclusão de responsabilidade civil etc. (Serpa Lopes).

LEI COMPLEMENTAR. *Direito constitucional.* É a alusiva à estrutura estatal ou aos serviços do Estado, constituindo as leis de organização básica, cuja matéria está prevista na Constituição, e, para sua existência, exige-se a maioria absoluta nas duas Casas do Congresso Nacional. A lei complementar é muito utilizada, por exemplo, no setor tributário, por ser o veículo próprio das normas gerais de ***direito tributário***.

LEI CONSTITUCIONAL. *Direito constitucional.* Aquela que se sobrepõe a todas as normas integrantes do ordenamento jurídico, por constituir-se em cada um dos dispositivos contidos na Constituição. É uma autêntica sobrenorma, pois não trata, de modo direto, do comportamento normado, mas do conteúdo ou da forma que as demais normas, a ela subjacentes, devem conter, limitando a ação legislativa.

LEI CORRETIVA. *Teoria geral do direito.* Diz-se daquela que é republicada no *Diário Oficial*, antes de sua entrada em vigor, para corrigir erro substancial de seu texto, que possa alterar total ou parcialmente o seu sentido.

LEI DA OFERTA E DA PROCURA. *Economia política.* Princípio que rege a variação do preço dos bens e utilidades, que constituem objeto de comércio, pelo qual, quando a oferta ultrapassar a procura, o preço abaixa, e, quando a procura for maior do que a oferta, o preço sobe.

LEI DAS CONTRAVENÇÕES PENAIS. *Direito penal.* É a que disciplina os fatos que não são crimes, considerando-os como contravenções penais, impondo suas respectivas penas, uma vez que ofendem direito alheio.

LEI DAS DOZE TÁBUAS. *História do direito.* Aquela que foi promulgada em 452 a.C., também denominada "lei decenviral", vindo a constituir-se no primeiro direito escrito romano e na base de toda a ordem jurídica romana, que foi gravado em doze tábuas de bronze e organizado por decênviros. As três primeiras tábuas eram alusivas ao processo civil; as quatro seguintes ao direito civil; a oitava, ao direito penal; a nona, ao direito público; a décima, à religião, e as duas últimas, às matérias complementares das dez anteriores.

LEI DE CONVERSÃO. *Direito constitucional.* Diz-se da lei ordinária que torna definitiva uma medida provisória.

LEI DE EMERGÊNCIA. *Ciência política* e *direito constitucional.* É a editada ou decretada para atender às necessidades surgidas em circunstâncias graves ou críticas, como em caso, por exemplo, de calamidade pública. Caracteriza-se pela sua vigência temporária.

LEI DE EXCEÇÃO. *Ciência política.* Aquela que em situação política, excepcional e anormal vem a reduzir, suspender ou coibir, transitoriamente, o exercício dos direitos e garantias fundamentais dos cidadãos, para evitar a perturbação da ordem pública.

LEI DE EXECUÇÃO PENAL. *Direito penal.* É a que tem por escopo a efetivação da decisão criminal, impondo condições para que haja integração social do interno e do condenado.

LEI DE FALÊNCIA. *Direito falimentar.* É a que dispõe sobre a caracterização e declaração da falência; os efeitos jurídicos da sentença que a declara; a administração da massa falida; a arrecadação e guarda dos bens, livros e documentos do falido; direitos e deveres do falido; a liquidação; inabilitação empresarial do falido; a extinção das obrigações; a recuperação judicial e extrajudicial, os crimes falimentares etc.

LEI DE IMPERATIVIDADE ABSOLUTA. *Teoria geral do direito.* É a lei impositiva, também chamada de ordem pública porque ordena ou proíbe algo de modo absoluto. Determina, em certas circunstâncias, a ação, a abstenção ou o estado das pessoas, sem admitir qualquer alternativa, vinculando o destinatário a um único esquema de conduta. É a norma de ordem pública.

LEI DE IMPERATIVIDADE RELATIVA. *Vide* LEI DISPOSITIVA.

LEI DE INTRODUÇÃO ÀS NORMAS DO DIREITO BRASILEIRO. *Teoria geral do direito* e *direito internacional privado.* Norma preliminar à totalidade do ordenamento jurídico nacional. É uma *lex legum*, ou seja, lei das leis, isto é, um conjunto de normas sobre normas. Não rege as relações de vida, mas sim as normas do direito brasileiro, uma vez que engloba os diversos ramos do direito privado e público, notadamente a seara do *direito internacional privado*. É uma norma cogente brasileira, por determinação legislativa da soberania nacional, aplicável a todas as leis. É um *código de normas*, já que tem por conteúdo a disciplina: a) do início e do tempo de obrigatoriedade da lei; b) da garantia da eficácia global da ordem jurídica, não admitindo a ignorância da lei vigente, que a comprometeria; c) dos mecanismos de integração das normas, quando houver lacuna; d) dos critérios de hermenêutica jurídica; e) do direito intertemporal, para assegurar a certeza, segurança e estabilidade do ordenamento jurídico-positivo, preservando as situações consolidadas em que o interesse individual prevalece; f) do direito internacional privado brasileiro, abrangendo normas pertinentes à pessoa e à família, aos bens, às obrigações, à sucessão por morte ou por ausência, à competência judiciária brasileira, à prova dos fatos ocorridos em país estrangeiro, à prova do direito alienígena, à execução de sentença proferida no exterior, à proibição do retorno aos limites da aplicação de leis, atos e sentenças de outro país no Brasil; g) dos atos civis praticados, no estrangeiro, pelas autoridades consulares brasileiras.

LEI DELEGADA. *Direito constitucional.* Aquela que, estando no mesmo plano da lei ordinária, é elaborada e editada pelo Presidente da República (delegação *externa corporis*), por Comissão do Congresso Nacional, ou de qualquer de suas Casas (delegação *interna corporis*), em razão de permissão do Poder Legislativo, e nos limites postos por este.

LEI DE ORDEM PÚBLICA. *Vide* LEI COGENTE e LEI DE IMPERATIVIDADE ABSOLUTA.

LEI DE ORGANIZAÇÃO JUDICIÁRIA. *Direito processual.* Conjunto de preceitos regulamentadores da composição, da disciplina e da atuação dos órgãos do Poder Judiciário.

LEI DISPOSITIVA. *Teoria geral do direito.* É a lei de imperatividade relativa que não ordena nem proíbe de modo absoluto; permite ação ou abstenção ou supre declaração de vontade não existente.

LEI DO DOMICÍLIO. *Direito internacional privado.* Elemento de conexão pelo qual a lei pessoal é a do país onde a pessoa está domiciliada. A *lex domicilii* é a competente para reger questões relativas ao começo e fim da personalidade, ao nome, à capacidade, ao direito de família e sucessões e à competência da autoridade judiciária. É, portanto, a do país em que é domiciliada a pessoa (*lex domicilii*).

LEI DO LUGAR. *Direito internacional privado.* Elemento de conexão pelo qual se aplica a lei do local onde ocorreram certos fatos ou se praticaram determinados atos; pode determinar a lei aplicável ou a competência jurisdicional ou administrativa. Abrange a lei do lugar do ato (*lex loci actus*); a do local da celebração (*lex loci celebrationis*); a do lugar do contrato (*lex loci contractus*), quanto à sua forma extrínseca; a do local da situação da coisa (*lex loci rei sitae*); a do lugar da solução da causa (*lex loci solutionis*); a do lugar que rege o ato (*lex locus regit actum*); a do lugar da prática do delito (*lex loci delicti*).

LEI DO PAVILHÃO. *Direito internacional privado.* É a da nacionalidade da aeronave ou do navio, que regula todos os seus direitos obrigacionais ou reais. Tal lei é a do lugar do registro ou matrícula da embarcação ou avião, exceto se militar, hipótese em que sua bandeira será a do país a que pertencer.

LEI DO SILÊNCIO POSITIVO. *Direito ambiental.* É a que permite que a empresa fique autorizada a realizar a instalação de antenas, caso a entidade ou órgão competente não se pronuncie dentro do prazo de 60 dias sobre a solicitação. No entanto, a instalação precisa estar em conformidade com as condições estipuladas no requerimento de licença apresentado e com as demais regras previstas em leis e em normas municipais, estaduais, distritais e federais pertinentes à matéria, tendo assim a operadora uma espécie de licença precária. Se a empresa não estiver cumprindo as condições, a licença de instalação da antena poderá ser cassada (Cleane Lima).

LEI ESPECIAL. *Teoria geral do direito.* É a que se ocupa somente de alguns institutos jurídicos, de pessoas que ocupam certa posição ou cargo, ou de determinadas matérias, dando-lhes tratamento diverso. Por exemplo, a lei de locação predial urbana; a lei de sociedade anônima etc.

LEI ESTADUAL. *Direito constitucional.* É a emitida pelo Estado federado dentro da esfera de competência normativa estabelecida pela Constituição Federal, para ter vigência nos limites de seu território.

LEI ESTRANGEIRA. *Direito internacional privado.* É a vigente em país estrangeiro, que poderá, conforme o elemento de conexão apontado pela *lex fori*, ser aplicada num dado Estado, desde que não fira a soberania nacional e a ordem pública. A norma estrangeira é considerada como um fato, cuja demonstração competirá a quem a alegar. Os meios de prova da lei estrangeira serão indicados pelo *ius fori*, como, por exemplo: a) apresentação do jornal oficial em que venha publicada a lei; b) certidão autenticada por autoridade diplomática ou consular, contendo relatório sobre texto legal, vigência e sentido do direito aplicável; c) declaração de dois advogados em exercício no país a que o direito que se pretende aplicar pertence, declarando a vigência da norma, e, se houver, pode-se pedir ao tribunal, Procuradoria Geral, Secretaria ou Ministério da Justiça, desse país, informação sobre o conteúdo e existência daquela lei; d) pedido por carta rogatória de informação sobre o texto legal, sentido e vigência da norma; e) referências a obras doutrinárias alienígenas; f) pareceres de juristas de nomeada do Estado, cuja norma se pretende provar. O termo "lei estrangeira" está sendo empregado em sentido amplo, indicando a lei, o decreto, o regulamento, o costume etc. Logo, para a prova do costume ou uso comercial no direito francês, é praxe, quando exigida, a expedição de um atestado chamado *parère*, fornecido pelas câmaras de comércio ou pelos sindicatos profissionais.

LEI EXCEPCIONAL. *Teoria geral do direito.* **1.** É a que visa disciplinar alguma situação anômala, como epidemia, guerra, revolução, cataclismo, calamidade pública, tendo duração ou vigência temporária, uma vez que é aplicada apenas durante o período de emergência. **2.** É a que altera algum princípio genérico de uma instituição jurídica, com o escopo de atender a alguma situação particularizada (Othon Sidou). **3.** É a que rege um setor particular de relações jurídicas, de modo oposto àquele que, em regra, vige para a generalidade das relações do mesmo gênero (Ana Prata).

LEI FEDERAL. *Teoria geral do direito* e *direito constitucional.* É a editada pelo Poder Legislativo da União na matéria de sua competência.

LEI GERAL. **1.** *Teoria geral do direito.* a) Lei promulgada para reger genericamente um ramo jurídico, como ocorre com a consolidada ou codificada; b) aquela que institui o regime-regra da relação jurídica por ela disciplinada; c) lei comum aplicável, em sua generalidade, a todas as pessoas sem qualquer distinção. É aquela que se aplica indistintamente a pessoas, bens etc., contrapondo-se à lei especial, que diz respeito a uma certa categoria de pessoas ou bens. **2.** *História do direito.* Unificação do direito tentada, em Portugal, por D. Afonso II, contendo leis para terem vigência em todo o reino, substituindo a legislação dispersa.

LEI GERAL DE PROTEÇÃO DE DADOS PESSOAIS (LGPD). *Direito virtual.* Legislação que estabelece normas para o tratamento de dados pessoais, tanto por empresas públicas quanto privadas, com o objetivo de proteger os direitos fundamentais de liberdade e privacidade. A lei visa garantir que os dados pessoais sejam tratados de forma segura e transparente, com respeito à autodeterminação informativa dos indivíduos.

LEIGO. **1.** *Direito canônico.* Aquele que não faz parte do clero. **2.** Nas *linguagens comum* e *jurídica*, significa: a) o que desconhece certo assunto; b) pessoa não versada em algum ramo de conhecimento ou arte.

LEI INTERPRETATIVA. *Teoria geral do direito.* Aquela que elucida o conteúdo, sentido ou alcance de outra.

LEILÃO ADMINISTRATIVO. *Direito administrativo.* Modalidade de licitação entre quaisquer interessados para a venda de bens móveis inservíveis para a Administração, ou de produtos legalmente apreendidos ou penhorados, ou para alienação de imóveis a quem oferecer maior lance, igual ou superior ao da avaliação.

LEILÃO ADUANEIRO. *Direito alfandegário.* Venda em hasta pública de mercadoria que foi abandonada e não despachada dentro do prazo legal ou cujo dono sofreu a pena de sua perda (Othon Sidou).

LEILÃO JUDICIAL. *Direito processual civil.* Venda pública de bens móveis ou imóveis levada a efeito por leiloeiro oficial, como auxiliar do juízo onde tem curso o feito, para efeito de execução por quantia certa.

LEILOEIRO. *Direito comercial* e *direito processual civil.* **1.** Organizador de leilão. **2.** Pregoeiro em leilão. **3.** Agente auxiliar do comércio com atribuição legal para efetuar leilão. **4.** Agente comercial autônomo escolhido pelo credor, a quem poderá ser atribuída a alienação de bens móveis penhorados ao devedor (Cesar Montenegro). **5.** É o que, estando matriculado pela Junta Comercial, exerce suas funções em todo o território da unidade federativa de jurisdição da Junta que o matriculou, por ter preenchido os requisitos legais. É pessoal o exercício das funções de leiloeiro, que não pode delegá-las, senão por moléstia ou impedimento ocasional, a seu preposto, cabendo ao leiloeiro comunicar o fato à Junta Comercial. O preposto indicado pelo leiloeiro é considerado mandatário legal do proponente para o efeito de substituí-lo e de praticar, sob a responsabilidade daquele, os atos que lhe forem inerentes.

LEI MARCIAL. *Direito militar* e *direito constitucional.* **1.** A que autoriza o uso da força, em determinadas circunstâncias. **2.** É a do governo militar instituído numa nação, em caso de emergência ou em situação perigosa para a segurança do país, durante a qual se suspende a lei ordinária. **3.** É a relativa às Forças Armadas do Estado e aos preceitos que as regulam. **4.** É a imposta pelo governo de ocupação de um dado território. **5.** Precedente rudimentar do estado de sítio (Sanchez Viamonte). **6.** *In sensu strictiore* é a aplicável quando a força militar não tira a da autoridade civil, por ser chamada a auxiliá-la na execução de suas funções civis (Westel Woodbury Willoughby).

7. Lei de guerra ou do combate, que confere plenos poderes para os beligerantes ou militares na área onde se dão as operações bélicas ou hostilidades, para que tomem todas as providências necessárias para debelar a situação (García Pelayo). **8.** Não é uma lei, mas um modo especial de enfrentar uma crise, em virtude da qual as pessoas ficam sujeitas à jurisdição militar, como se estivessem em situação de guerra (Orgaz).

LEI MATERIAL. *Teoria geral do direito.* **1.** Lei substantiva. **2.** Norma geral que é lei, no fundo, na substância ou matéria (Bullrich). **3.** É a que confere direitos e impõe deveres, definindo e regulando relações jurídicas, como a civil, a penal, a comercial, a administrativa etc. **4.** É a norma geral que determina o conteúdo dos atos judiciais e administrativos (Hans Kelsen). **5.** Disposição legal pela qual o Estado cria direito (Gascón y Marín).

LEI MISTA. *Teoria geral do direito.* É a que contém dispositivos de caráter substantivo e adjetivo ao mesmo tempo, como a Consolidação das Leis do Trabalho ou a Lei de Locações de Imóveis Urbanos.

LEI MUNICIPAL. *Teoria geral do direito* e *direito constitucional.* **1.** É a editada pelos vereadores de um Município para reger certas situações dentro de certo âmbito de ação, numa esfera privativa de competência, sobre assuntos de interesse local. **2.** É a elaborada pela Câmara Municipal para, depois de sancionada pelo prefeito, ter vigência nos limites do Município (Cesar Montenegro).

LEI NACIONAL. **1.** *Teoria geral do direito.* Aquela vigorante em todo o território do país. **2.** *Direito internacional privado.* É a do Estado cuja nacionalidade possui o indivíduo, que deve ser aplicada em certos casos, em que a *lex fori* a adotou como elemento de conexão. É a *lex patriae*, ou seja, a lei do país de origem da pessoa ou à qual está vinculado politicamente.

LEI NOVA. *Teoria geral do direito.* Diz-se daquela que, ao entrar em vigor, revoga outra, regendo os atos jurídicos levados a efeito a partir de sua vigência.

LEI ORÇAMENTÁRIA. *Direito constitucional, direito financeiro* e *direito tributário.* É a que aprova o orçamento público.

LEI ORDINÁRIA. *Direito constitucional.* Editada pelo Poder Legislativo da União, Estados e Municípios, no campo de suas competências constitucionais, com a sanção do chefe do Executivo.

LEI ORGÂNICA. *Teoria geral do direito.* Rege a atuação de um órgão público ou serve de fundamento e organiza uma instituição jurídica.

LEI PENAL. *Direito penal.* Lei material que define crimes e comina penas.

LEI PENAL EM BRANCO. *Direito penal.* Aquela que necessita de complemento, por ser genérica, uma vez que seu conteúdo é indeterminado, sendo preciso apenas quanto à sanção. Seu complemento pode estar na própria lei ou é fornecido por outra a ser emitida *in futuro* (Mezger). É, portanto, aquela que impõe sanção sem definir o tipo penal, pois a pena é prevista para infração de norma já existente, mas cujo conceito pode ser alterado futuramente.

LEI PENAL MAIS BENIGNA. *Direito penal.* Aquela que, entrando em vigor, vem a beneficiar o agente, aplicando-se, por ser retroativa, a fato anterior à sua vigência.

LEI PERMANENTE. *Teoria geral do direito.* Aquela que não contém em si qualquer previsão do prazo de sua duração, produzindo efeitos até sua revogação. É a que vigora, ante a ausência de previsão de seu termo final, indefinidamente, irradiando efeitos até que outra a revogue. A cessação de sua obrigatoriedade dar-se-á pela força revocatória superveniente de outra norma. É a que tem vigência permanente, ou seja, para o futuro, sem prazo determinado, durando até que seja revogada por outra da mesma hierarquia ou de hierarquia superior.

LEI PESSOAL. *Direito internacional privado.* Aplicável às pessoas conforme o elemento de conexão apontado pela *lex fori* seja a nacionalidade ou o domicílio, regendo-as em suas relações de direito privado em qualquer lugar onde se encontrarem. Diz respeito, portanto, ao estatuto pessoal.

LEI PROCESSUAL. *Direito processual.* Aquela que contém norma de atuação da lei substantiva alusiva a procedimentos processuais e ao exercício da função jurisdicional, sendo também designada "lei adjetiva".

LEI SUBSTANTIVA. *Vide* LEI MATERIAL.

LEI SUPLETIVA. *Vide* LEI DISPOSITIVA.

LEI TEMPORÁRIA. *Teoria geral do direito.* **1.** *Vide* LEI EXCEPCIONAL. **2.** A que contém o prazo com que se demarca o tempo de sua vigência. É, portanto, a que tem o prazo de sua vigência estabelecido pelo legislador. **3.** Aquela que vigora apenas até a consecução da finalidade a que se propõe, p. ex., lei que manda suspender a realização de um concurso para preencher vagas com os contratados, a fim de que se efetivem; com o aproveitamento do último funcionário contratado, tal lei cessará de existir. **4.** Emanada para atender estado de sítio ou guerra ou para prover situação de emergência oriunda de calamidade pública, pois cessada a anormalidade extinguir-se-á. **5.** Destinada a vigorar apenas enquanto durar certa circunstância.

LEITO ANTERIOR. *Direito civil.* Casamento realizado antes daquele a que se está fazendo menção.

Logo, quando se faz referência a filho de leito anterior, alude-se àquele que foi concebido na constância do matrimônio anterior.

LEI VIGENTE. ***Teoria geral do direito.*** **1.** Que está em vigor, podendo ser invocada para produzir, concretamente, efeitos. **2.** Aquela que tem existência específica em determinada época, regendo relações sociais.

LENINISMO. ***Ciência política*** e ***sociologia jurídica.*** **1.** Doutrina social fundada por Lenin. **2.** Bolchevismo. **3.** Regime político, baseado na teoria de Lenin, que foi implantado na União Soviética, estabelecendo o poder absoluto da classe operária. **4.** Interpretação teórico-prática do marxismo feita por Lenin (Besancon, Settembrini, Harding e Liebman).

LENOCÍNIO. ***Direito penal.*** **1.** Crime consistente em explorar, provocar ou facilitar a prostituição, abrangendo, portanto: o caftinismo, pelo qual o agente, envolvido em tráfico de pessoas, entrega-as à posse de outrem; o proxenetismo, em que o agente, na qualidade de intermediário, procura homem a quem entregar a mulher para a prática de atos de lascívia; e o rufianismo, caso em que o agente vive à custa da mulher por ele explorada, participando diretamente de seus lucros ou fazendo-se sustentar por ela. **2.** Alcoviteirice.

LEONINO. **1.** ***Medicina legal.*** a) Referente à *facies* dos leprosos; b) relativo à face deformada pela leontíase. **2.** ***Direito civil, direito comercial*** e ***direito do consumidor.*** Diz-se do contrato ou cláusula que confere a um dos contratantes alguma vantagem excessiva, em detrimento do outro, contrariando o princípio da equipolência contratual.

LESADO. **1.** Aquele que foi prejudicado. **2.** O que sofreu gravame. **3.** Vítima do dano patrimonial ou moral. **4.** O que sofreu a lesão. **5.** Ferido.

LESADO DIRETO. ***Direito civil.*** É o titular do bem jurídico imediatamente danificado (Mosset Iturraspe).

LESADO INDIRETO. ***Direito civil.*** É aquele que, não sendo a vítima direta do fato lesivo, vem a sofrer com esse evento, por experimentar um menoscabo ou uma lesão a um bem jurídico patrimonial ou moral em razão de sua relação ou vinculação com o lesado direto. Ou, como prefere Juan M. Farina, é a pessoa na qual o dano incide mediatamente por repercussão do prejuízo causado diretamente a outra, com a qual tem vínculo.

LESÃO. **1.** Nas ***linguagens comum*** e ***jurídica,*** pode significar: a) ato ou efeito de lesar; b) dano moral ou patrimonial; gravame; prejuízo; c) violação de um direito; d) ofensa; e) ação provocadora de um prejuízo; f) ultraje; g) perda de uma chance. **2.** ***Medicina legal.*** a) Alteração patológica de tecidos e órgãos; b) dano físico-morfológico ou funcional dos tecidos (Gilberto de Macedo); c) ferida; d) enfermidade; e) morbidez orgânica; f) deformidade. **3.** ***Direito civil.*** a) Prejuízo material sofrido por uma das partes contratantes resultante da falta de equivalência entre as prestações impostas pelo contrato (Planiol e Ripert); b) perda; c) instituto que visa proteger o contratante, que se encontra em posição de inferioridade, ante o prejuízo por ele sofrido na conclusão do contrato, devido à desproporção existente entre as prestações das duas partes. Se alguma pessoa tirar proveito da necessidade de outra, estar-se-á bem próximo da coação, e, se se prevalecer da inexperiência de outrem, ter-se-á situação bastante similar ao dolo. Por tais razões poder-se-á incluir a lesão entre os vícios de consentimento. Tal lesão especial dar-se-á quando alguém, sob premente necessidade, leviandade ou por inexperiência contratual, se obrigar a uma prestação muito desproporcional ao valor da prestação proposta. Configura, portanto, ato ilícito em razão do excesso, que é um abuso, suscetível de anulação, dispensando-se a prova do dolo da parte que tirou proveito com a lesão, bastando comprovação do prejuízo. Trata-se da *lesão especial.* **4.** ***História do direito.*** Instituto introduzido por um rescrito de Diocleciano e Maximiliano que admitia a rescisão da venda pelo vício consistente em enganar uma das partes relativamente a uma quantia além da metade do preço. **5.** ***Direito canônico.*** Instituto que visa assegurar o mais perfeito equilíbrio entre a prestação e a contraprestação proibindo a exploração ou a imposição de juros, ou ainda fraudes do justo preço, justo salário.

LESÃO CORPORAL. **1.** ***Direito penal, direito civil*** e ***medicina legal.*** Dano corporal físico ou psíquico. **2.** ***Direito penal.*** a) Crime consistente na ofensa da integridade corporal ou da saúde de outrem; ou de ambas conjuntamente, punido com privação da liberdade; b) ato voluntário praticado sobre o físico de outrem, cometido não com o escopo de matar, mas de ofender a pessoa na sua inviolabilidade, material ou mental (Bento de Faria); c) se praticada contra autoridade ou agente integrante do sistema prisional e da Força Nacional de Segurança Pública, no exercício de sua função ou contra seu cônjuge, companheiro ou parente consanguíneo até o terceiro grau, a pena é aumentada de um a dois terços.

LESÃO CORPORAL GRAVE. ***Medicina legal*** e ***direito penal.*** Ofensa que ocasiona incapacidade para as ocupações habituais por mais de trinta dias, perigo de vida, debilidade permanente de membro, sentido ou função, aceleração de parto, punida com reclusão.

LESÃO CORPORAL GRAVÍSSIMA. ***Medicina legal*** e ***direito penal.*** Ofensa, punida com reclusão, de que resulta: incapacidade permanente para o trabalho, enfermidade incurável, perda ou inutilização de membro, sentido ou função, deformidade permanente e aborto.

LESÃO CORPORAL LEVE. *Medicina legal.* Ofensa que não acarreta perigo de vida, pois a vítima pode recuperar-se dentro de trinta dias, como ocorre nas contusões, equimoses, escoriações etc.

LESÃO CORPORAL PRIVILEGIADA. *Direito penal.* Ofensa praticada pelo agente impelido por motivo de relevante valor social ou moral ou sob o domínio de violenta emoção, logo em seguida a injusta provocação da vítima; constitui causa de diminuição da pena.

LESÃO CORPORAL SEGUIDA DE MORTE. *Direito penal.* Homicídio preterdoloso, que é crime qualificado pelo resultado, que o agente não quis nem assumiu o risco de produzir. Pune-se a lesão corporal a título de dolo e o resultado qualificador (morte) pela culpa (Damásio E. de Jesus).

LESÃO DE ARRASTO. *Medicina legal.* Ferimento causado pelo impulso das águas no afogado, em sua fronte, mãos ou joelhos, se permanecer em decúbito ventral, ou em seus calcanhares ou região occipital, se estiver em decúbito dorsal.

LESÃO ESPECIAL. *Direito civil. Vide* LESÃO n. 3.*c*.

LESÃO PERMANENTE. **1.** *Medicina legal.* a) Lesão incurável; b) dano anatômico ou funcional que cause: incapacidade parcial por debilidade duradoura de membro, sentido ou função; incapacidade permanente para o exercício de qualquer profissão, definitiva ou apenas excepcionalmente curável, pouco importando que haja uma provável e remota possibilidade de readaptação da vítima em outro trabalho; lesão ainda presente após um ano de tratamento (Croce e Croce Jr.). **2.** *Direito civil.* Perda ou diminuição da capacidade laborativa da vítima que obriga o ofensor a pagar uma indenização que abranja as despesas do tratamento, os lucros cessantes até o final da convalescença e uma pensão correspondente à importância do trabalho para que se inabilitou ou da depreciação que ela sofreu.

LESÃO *POST MORTEM*. *Medicina legal.* Ferida produzida em cadáver.

LESÃO PUNCTÓRIA. *Medicina legal.* É a ferida causada por instrumento perfurante, como estilete.

LESÃO QUALIFICADA. *Direito penal.* Crime que, conforme a gravidade do dano causado, terá a pena aumentada segundo o grau atingido pelo resultado que ultrapassou a *intentio* do agente. A lesão corporal é punida a título de dolo, levando-se em conta o resultado qualificador, que vem a agravar a sanção penal, a título de culpa, já que o objetivo alcançado foi além da intenção do agente. Trata-se do crime preterintencional ou preterdoloso.

LESÃO USURÁRIA. **1.** *Direito civil.* Ato pelo qual alguém, ante necessidade ou inexperiência, com dolo de aproveitamento, ou seja, com intenção de tirar vantagem, induz outrem a realizar negócio, praticando usura. Requer a ocorrência de requisito: a) objetivo, que se configura pelo lucro, pela desproporção das prestações dos contratantes; b) subjetivo, ou seja, de dolo, de aproveitamento, de necessidade, de inexperiência, leviandade, ou ignorância alheia, induzindo a vítima a realizar negócio que lhe será prejudicial, mesmo que não se tenha intenção de lesá-la. Será bastante que haja proveito da posição de inferioridade da vítima, obtendo lucro desproporcional. Sendo ato ilícito requer como sanção a nulidade ou a rescindibilidade negocial, verificando-se, para tanto, qual foi a vontade do autor da lesão. **2.** *Direito penal.* Crime contra a economia popular consistente em obter ou estipular qualquer contrato, abusando da premente necessidade, inexperiência ou leviandade de outra parte, lucro patrimonial que exceda o quinto do valor corrente ou justo da prestação feita ou prometida.

LESÃO-VÍCIO. *Direito do consumidor.* Prevalecimento por parte do fornecedor da fraqueza ou ignorância do consumidor, tendo em vista sua idade, saúde, conhecimento ou condição social, para impingir-lhe seus produtos e serviços e exigir dele vantagem excessiva.

LESA-PÁTRIA. *Direito penal.* **1.** Crime ou atentado contra a pátria que, além de ser ofensivo à segurança nacional, compromete a integridade da Nação. **2.** Crime de alta traição.

LESBIANIDADE. *Medicina legal.* Homossexualidade entre mulheres, que abrange o tribadismo, safismo e clitorismo.

LETAL. *Direito penal* e *medicina legal.* **1.** Aquilo que provoca a morte. **2.** Diz-se da arma ou instrumento que produziu o óbito. **3.** Mortal. **4.** Relativo a morte. **5.** Mortífero.

LETOMANIA. *Medicina legal.* **1.** Tendência mórbida ao suicídio. **2.** Mania de suicídio.

LETRA CAUCIONADA. *Direito cambiário* e *direito bancário.* É a entregue como garantia de uma caução de título de crédito, prestada a um estabelecimento bancário. Não há uma transferência de título, pois este é entregue como penhor, com o escopo de assegurar o adiantamento ou empréstimo feito.

LETRA DE CÂMBIO. *Direito cambiário.* Título de crédito, ao portador ou nominativo, contendo ordem escrita do emitente (sacador) ao aceitante (sacado) para que pague determinada quantia a terceiro (tomador), que é o beneficiário no local e no prazo designado; transferível por endosso. É uma ordem de pagamento à vista ou a prazo.

LETRA DE CRÉDITO IMOBILIÁRIO (LCI). *Direito bancário.* É a emitida por bancos comerciais, bancos múltiplos com carteira de crédito imobiliário, Caixa Econômica Federal, sociedades de crédito imobiliário, associações de poupança e empréstimo, companhias hipotecárias e demais espécies de instituições expressamente autorizadas pelo Banco Central do Brasil, independentemente de tradição efetiva, lastreada por créditos imobiliários garantidos por hipoteca ou por alienação fiduciária de coisa imóvel, conferindo aos seus tomadores direito de crédito pelo valor nominal, juros e, se for o caso, atualização monetária nelas estipulados. A LCI será emitida sob a forma nominativa, podendo ser transferível mediante endosso em preto.

LETRA HIPOTECÁRIA. *Direito civil* e *direito cambiário.* Título de crédito ao portador ou nominativo, transferível por endosso, emitido por banco, sob garantia de todo o seu ativo, representado este pelo crédito hipotecário do banco emissor contra terceiro. É emitido sob garantia hipotecária ou sob o valor da hipoteca levada a efeito. É também denominada cédula hipotecária, por ter caráter de papel-valor, incorporando não apenas o crédito como também a garantia hipotecária. Consiste num título de crédito circulante e representativo de empréstimo a longo prazo com garantia hipotecária, feito por banco.

LETRA MORTA. *Teoria geral do direito.* **1.** Lei que tem vigência, mas não tem eficácia social. **2.** Norma não aplicada. **3.** Lei que, apesar de não estar revogada, caiu em desuso.

LEVANTAMENTO CADAVÉRICO. *Medicina legal.* Ato obrigatório do médico-legista, em hipótese de morte violenta, apurando as causas do óbito, o tempo em que se deu.

LEVANTAMENTO DO LOCAL. *Direito processual penal.* Ato de documentar minudentemente a área onde se deu o crime para auxiliar a Justiça no seu esclarecimento.

LEVANTAR HIPOTECA. *Direito civil.* Liberar imóvel hipotecado.

LEVANTE. **1.** *Direito penal.* a) Motim; b) rebelião; c) revolta; d) sedição. **2.** *Direito agrário.* Hortelã; erva aromática cultivada para extração do mentol. **3.** *Direito internacional público.* Território dos países banhados pelo Mediterrâneo Oriental.

LEX DOMICILII. *Locução latina.* Lei do domicílio.

LEX FORI. *Locução latina.* Lei do foro onde se resolve o litígio, proferindo decisão, sendo competente, portanto, para reger a forma do processo.

LEX LEGUM. **1.** *Locução latina.* Lei das leis. **2.** *Ciência política.* Constituição do país. **3.** Lei que rege a aplicação espácio-temporal das normas; Lei de Introdução às Normas do Direito Brasileiro.

LEX LOCI. *Locução latina.* Lei do lugar.

LEX LOCI ACTUS. *Expressão latina.* Lei do lugar do ato, que rege a forma dos atos jurídicos, na seara internacional.

LEX LOCI CELEBRATIONIS. *Expressão latina.* Lei do local da celebração.

LEX LOCI CONTRACTUS. *Expressão latina.* Lei do lugar do contrato.

LEX LOCI DELICTI COMMISSI. *Expressão latina.* Lei do lugar onde o delito foi praticado.

LEX LOCI REI SITAE. *Expressão latina.* Lei do lugar da situação da coisa.

LEX LOCI SOLUTIONIS. *Expressão latina.* **1.** Lei do lugar da solução. **2.** Lei do local do cumprimento do ato negocial.

LEX MERCATORIA. *Direito internacional privado.* Teoria fundada na constatação de que os contratantes pretendem unificar o regime jurídico da venda internacional e as operações complementares mediante contratos. O *jus gentium* dos empresários, designado de *lex mercatoria*, consiste num sistema de relações onde se misturam o direito, os princípios ou usos mercantis e a equidade. O *jus mercatorum* ou a nova *lex mercatoria* está desvinculado de qualquer ordenamento jurídico estatal, sendo anacional, ou seja, um direito corporativo autônomo, decorrente do comércio internacional. Constitui, tão somente, um conjunto de normas originárias de operações de comércio internacional, ou melhor, de relações econômicas internacionais, que não se submetem a nenhum direito estatal. Trata-se de um direito uniforme regido por normas de origem profissional ou consuetudinárias e por princípios emanados de sentenças prolatadas em juízo arbitral.

LEX POSTERIOR DEROGAT PRIORI. *Expressão latina.* Lei posterior derroga a anterior.

LEX POSTERIOR GENERALIS NON DEROGAT PRIORI SPECIALI. *Expressão latina.* Lei posterior geral não revoga a anterior especial.

LEX POSTERIOR INFERIORI NON DEROGAT PRIORI SUPERIORI. *Expressão latina.* Lei posterior inferior não revoga a anterior superior.

LEX REI SITAE. *Expressão latina.* Lei do lugar onde a coisa se situa.

LEX SPECIALIS DEROGAT LEGI GENERALI. *Expressão latina.* Lei especial prevalece sobre a geral.

LEX SUPERIOR DEROGAT LEGI INFERIORI. *Expressão latina.* Lei superior revoga a inferior.

LIBELO. 1. ***Direito processual penal.*** Escrito articulado do órgão do Ministério Público, expondo a ação delituosa, suas circunstâncias agravantes, concluindo pelo pedido de aplicação da pena ou da eventual medida de segurança a que o réu deve ser condenado. Tal libelo, que é peça essencial nos processos por crimes dolosos contra a vida, deve ser assinado pelo promotor de justiça e conter os seguintes requisitos legais: nome do réu; exposição, deduzida por artigos, do fato delituoso; indicação não só das circunstâncias agravantes ou que influam na fixação da pena, como também da eventual medida de segurança aplicável, em caso de inimputabilidade total ou parcial do acusado, que então deverá ser absolvido na fase de pronúncia. Se houver mais de um réu, deverá haver um libelo para cada um deles. **2.** ***História do direito.*** Documento escrito e articulado pelo qual o autor propunha a espécie da questão que devia ser tratada em juízo, e concluía pela condenação do réu.

LIBELO BIFRONTE. ***Direito processual penal.*** Libelo dirigido ao Conselho de Sentença e ao juiz (Hermínio Alberto Marques Porto).

LIBERAÇÃO. 1. ***Direito espacial.*** Ato de escapar um míssil do campo de gravitação da Terra. **2.** ***Direito civil.*** a) Extinção do débito; quitação da dívida; b) libertação de ônus; c) cessação ou isenção de responsabilidade. **3.** ***Direito tributário.*** Desoneração do encargo fiscal. **4.** ***Direito processual penal.*** a) Ato ou efeito de colocar o preso ou detido em liberdade; b) restituição da liberdade ao condenado que cumpriu sua pena ou em razão de ordem legal dada por autoridade competente; c) absolvição ou isenção de culpabilidade. **5.** ***Direito comercial.*** a) Ordem em benefício do comprador para entrega de determinada partida de mercadoria cuja distribuição se encontrava sujeita a fiscalização; b) cancelamento de restrições legais ao livre mercado de certos produtos.

LIBERADO. 1. ***Direito civil.*** a) Quite; desobrigado; b) o que está livre de ônus e de encargos; c) beneficiário da liberação; d) isento de responsabilidade civil. **2.** ***Direito penal.*** a) Sentenciado que obteve livramento condicional; b) diz-se do condenado que cumpriu sua pena ou medida de segurança imposta, sendo, por isso, colocado em liberdade; egresso. **3.** ***Direito comercial.*** a) Produto desembaraçado; b) diz-se do preço que não se mantém dentro dos limites fixados.

LIBERALIDADE. 1. Na ***linguagem comum*** indica: a) qualidade de liberal; b) disposição para aceitar ideias liberais. **2.** ***Direito civil.*** Ato jurídico, *causa mortis* ou *inter vivos* que, a título gratuito, confere bens, direitos e vantagens a alguém.

LIBERALISMO. 1. ***Ciência política.*** a) Teoria que propugna não só a independência do Legislativo e do Judiciário em relação ao Executivo, como também assegura as garantias constitucionais do homem e as liberdades individuais; b) condição necessária para a organização social, que reclama o direito de liberdade de pensamento (Halévy; Ranzoli). **2.** ***Economia política.*** Doutrina pela qual o Estado não deve ter qualquer intervenção econômica, nem pode exercer funções mercantis ou industriais. **3.** Na ***linguagem comum*** é: a) o respeito que se deve ter pela independência alheia; a tolerância e a confiança nos efeitos da liberdade (Lalande); b) o conjunto de teorias liberais.

LIBERAR. 1. ***Direito cambiário.*** Livrar o câmbio de restrições. **2.** ***Economia política.*** Excluir produtos de tabelas obrigatórias de preços. **3.** ***Direito civil.*** a) Pagar ou quitar um débito; b) liquidar uma dívida; c) desobrigar; d) reconhecer a não existência de um encargo ou ônus; desonerar; e) isentar de responsabilidade civil. **4.** ***Direito processual penal.*** Libertar preso. **5.** ***Direito comercial.*** a) Autorizar o livre mercado de determinadas mercadorias; b) conceder liberação, para o consumo público, de certa quota de mercadoria cuja distribuição é controlada pelo Estado e fiscalizada em épocas anormais.

LIBERDADE. 1. Na ***linguagem filosófica*** é: a) o bem principal que a existência ética traz como complemento à base estética da vida (Kierkegaard); b) a primeira e a última palavra do esclarecimento da existência (Jaspers); c) a essência da verdade (Heidegger); d) a possibilidade de escolher fins (Sartre); e) o livre-arbítrio; a autodeterminação (Aristóteles); f) estado daquele que faz o que quer e não o que o outro deseja; ausência de constrangimento alheio (Lalande); g) a *ratio essendi* da lei moral, de tal sorte que esta é a *ratio cognoscendi* da liberdade (Kant); h) termo cujo significado, no mínimo, contém um membro de um conjunto cuja qualidade só se entende na relação com esse conjunto (Scheller); i) qualidade do que não está sujeito a nenhum tipo de constrangimento físico, psíquico, moral ou intelectual (Jacques Robert). **2.** ***Filosofia do direito.*** a) Poder do homem para agir numa sociedade político-organizada por determinação própria, dentro dos limites legais e sem ofensa a direitos alheios; b) poder de praticar qualquer ato não vedado por lei; c) estado ou condição de homem livre. **3.** ***Sociologia geral.*** a) Grau mais ou menos elevado de independência do indivíduo em relação ao grupo social a que pertence (Lalande); b) modo de proceder não sancionado pelas convenções sociais;

c) é a independência que se situa no contexto sociocultural, apoiada numa ideia nuclear: o trabalho humano (Marx). **4.** ***Psicologia forense.*** Estado do ser em que há o máximo possível de independência volitiva. **5.** ***Direito civil.*** a) Estado daquele que efetua ato negocial sem qualquer coação física ou moral; b) condição daquele que manifesta livremente sua vontade. **6.** ***Direito internacional público.*** a) Independência de um Estado; b) imunidade; c) condição da comunidade que não está sujeita a nenhum controle político estrangeiro. **7.** Na ***linguagem comum*** pode ter o significado de: a) atrevimento; b) familiaridade importuna; c) intimidade abusiva. **8.** ***Direito constitucional*** e ***direito penal.*** Direito de ir e vir.

LIBERDADE ASSISTIDA. ***Direito da criança e do adolescente.*** Medida socioeducativa aplicada pelo juiz a adolescente que cometeu algum ato infracional, nomeando-se um orientador para acompanhá-lo e orientá-lo durante seis meses no mínimo, podendo ser prorrogada ou substituída por outra mais adequada.

LIBERDADE CONDICIONAL. ***Direito processual penal*** e ***direito penal.*** Benefício legal pelo qual se concede àquele que cumpriu parte da sanção penal, que lhe foi imposta, liberdade restrita subordinada a determinadas condições, que por ele devem ser observadas, sob pena de sofrer revogação do livramento.

LIBERDADE CONTRATUAL. ***Direito civil.*** Liberdade das partes de impor cláusulas e condições ao contrato, criando até mesmo novos tipos de atos contratuais ao dispor livremente de seus interesses. Trata-se do poder dos contratantes de estipular, como melhor lhes convier, mediante acordo de vontades, a disciplina de seus interesses, fixando o conteúdo do contrato e suscitando efeitos tutelados pela ordem jurídica. A liberdade contratual deve ser exercida em razão da função social do contrato, atendo-se à Declaração dos Direitos e Liberdade Econômica.

LIBERDADE DE ASSOCIAÇÃO. ***Direito constitucional.*** Direito assegurado constitucionalmente aos cidadãos de se reunirem, formando grupos organizados, associações ou sociedades para atender a vários fins lícitos, sejam eles políticos, religiosos, educativos, desportivos, de beneficência, culturais, científicos, econômicos etc.

LIBERDADE DE IMPRENSA. ***Direito constitucional.*** Direito do jornalista de publicar notícias sem necessidade de censura prévia ou autorização, embora possa sofrer aplicação de pena em caso de abuso.

LIBERDADE DE IR, VIR E FICAR. ***Direito constitucional.*** Direito garantido pela Constituição a todo cidadão de locomover-se livremente pelo território nacional em tempo de paz, podendo nele entrar e dele sair. Se for injustamente cerceado em sua liberdade de locomoção, caberá o recurso de *habeas corpus*. É também designada "liberdade de locomoção" e "liberdade pessoal".

LIBERDADE DE MANIFESTAÇÃO DE PENSAMENTO. ***Direito constitucional.*** Aquela garantida pela Lei Maior aos cidadãos para externar suas ideias políticas, científicas, religiosas etc., ou opiniões, por meio de correspondência, da imprensa, da telecomunicação etc., vedando pela sua torpeza o anonimato.

LIBERDADE ECONÔMICA. ***Economia política*** e ***direito constitucional.*** **1.** Direito que a Lei Maior assegura a todos de exercer livremente qualquer atividade econômica, independentemente de autorização de órgãos públicos, exceto nos casos previstos legalmente. **2.** Direito de estabelecer e administrar uma empresa desde que não venha a ser um atentado aos bons costumes e à ordem pública.

LIBERDADE POLÍTICA. ***Direito constitucional.*** **1.** Direito reconhecido ao cidadão de limitar o poder do governo, que não só abrange as liberdades de consciência, individual, de reunião, como também a existência de uma constituição, *self-government*, exercício do poder por representantes eleitos etc. (Mill). **2.** Direito do povo de governar por si mesmo, escolhendo seus governantes, pela forma de governo por ele próprio instituída (De Plácido e Silva). **3.** É a tranquilidade de espírito que provém da opinião que cada cidadão faz de sua segurança; e para que se tenha esta liberdade é preciso que o governo seja tal que um cidadão não tenha por que temer a outro cidadão, por estar o governo estruturado segundo a fórmula de "separação de poderes" (Montesquieu). **4.** Direito de debater os negócios públicos, de organizar partidos, de apresentar candidatos, de votar, sempre sem a interferência do governo (Manoel Gonçalves Ferreira Filho). **5.** Poder garantido ao cidadão de constituir e desconstituir o governo (Othon Sidou). **6.** Exercício dos direitos de votar e de ser votado assegurados constitucionalmente.

LIBERDADE PROVISÓRIA. ***Direito constitucional*** e ***direito processual penal.*** **1.** Direito assegurado ao indiciado, em razão da infração cometida, ou ao réu primário, mediante fiança, para defender-se solto. Com isso o acusado é livre para locomover-se, mas fica vinculado a certas obrigações decorrentes do processo. **2.** Outorgada a um acusado durante a instrução, se as investigações não exigirem sua detenção. **3.** É um estado de liberdade limitada pelos fins do processo penal (Manzini). Constitui um benefício legal decorrente da renúncia do Estado do seu poder de conservar a custódia preventiva do réu.

LIBERDADE SEXUAL. ***Direito penal.*** Direito de disposição do próprio corpo ou de não ser forçado a praticar ato sexual. Constituirão crimes contra a liberdade sexual: o ato de constranger alguém à conjunção carnal, mediante violência ou grave ameaça; o atentado violento ao pudor, forçando alguém a praticar ato libidinoso diverso da conjunção carnal; a posse sexual mediante fraude; o ato de induzir alguém, mediante fraude, a praticar ato libidinoso e assédio sexual.

LIBERDADES PÚBLICAS. *Direito constitucional.* **1.** Direitos fundamentais do cidadão consagrados na Constituição, que constituem restrições aos três poderes do Estado: Executivo, Legislativo e Judiciário. Tais liberdades podem ser: a) individuais, como a de ir, vir e ficar; a de opinião, de religião, de ensino, de comércio e indústria, a profissional; ou b) coletivas, como de reunião, a sindical, de associação etc. **2.** Poderes de autodeterminação reconhecidos e organizados pelo Estado, pelos quais o homem, nos diversos domínios, escolhe o comportamento que pretende assumir (Jean Rivero).

LIBERDADE VIGIADA. *Direito penal* e *direito processual penal.* Medida de segurança pessoal não detentiva que visa adaptar o condenado à vida social, desde que esteja sob a vigilância especial da autoridade competente.

LIBERTINAGEM. **1.** Devassidão. **2.** Licenciosidade. **3.** Vida de libertino.

LIBIDINAGEM. *Direito penal.* **1.** Conjunção carnal ilícita. **2.** Ato suscetível de excitar concupiscência, diverso da conjunção carnal, como atentado ao pudor, masturbação, clitorismo, safismo etc. **3.** Desejo erótico incontido. **4.** Ato libidinoso. **5.** Sensualidade.

LICENÇA. **1.** *Direito administrativo.* a) Ato administrativo vinculado, unilateral, pelo qual o Poder Público concede ao jurisdicionado a faculdade de exercer uma atividade, desde que preenchidos os requisitos legais. Por exemplo: licença para edificar; b) permissão dada ao servidor público para interromper, durante certo período, o serviço, ante a ocorrência de algum motivo previsto em lei; afastamento autorizado do cargo; c) documento comprobatório da autorização concedida pela Administração Pública para a prática de certos atos. **2.** *Direito de propriedade industrial.* Autorização dada pelo detentor da patente de invenção a outrem para explorá-la. Esse contrato de licença deve ser averbado no INPI para produzir efeitos relativamente a terceiro. Essa licença pode ser compulsória, voluntária e de uso de marca. **3.** *Direito militar.* Permissão concedida a militares para ausentarem-se de seus serviços. **4.** *Direito de trânsito.* a) Placa numérica que identifica um veículo; b) carteira de habilitação profissional que permite dirigir veículo. **5.** Na *linguagem jurídica,* em geral, pode significar: a) consenso; autorização; b) desregramento moral; vida dissoluta; c) dispensa; d) isenção de fazer aquilo a que se estava obrigado. **6.** Na *terminologia universitária,* é o grau de licenciado, ou melhor, o conferido àquele que, tendo concluído o curso, está habilitado para o exercício da profissão. **7.** *Direito do trabalho.* Dispensa legal ou contratual do empregado do exercício do trabalho para repouso ou por motivos especificados em lei. **8.** *Direito canônico.* Permissão dada pelo superior ao sacerdote para praticar determinado ato ou exercer determinada atividade prevista em lei. **9.** *Direito espacial.* Ato administrativo de competência da Agência Espacial Brasileira (AEB), outorgado a pessoa jurídica, singular, associada ou consorciada, habilitando-a à execução de atividades espaciais de lançamento no território brasileiro.

LICENÇA ESPECIAL. *Direito administrativo.* Direito de um funcionário público afastar-se durante três meses do serviço, a título de recompensa, após cada quinquênio de exercício efetivo e ininterrupto, desde que preenchidos os requisitos estatutários. Trata-se da licença-prêmio.

LICENÇA-MATERNIDADE. *Direito administrativo, constitucional* e *direito do trabalho.* **1.** Período de descanso de cento e vinte dias concedido à gestante, prorrogado por mais sessenta dias se a empresa na qual a gestante trabalha integrar o Programa Empresa Cidadã, ou se funcionária pública federal, antes e depois do parto, sem que haja qualquer prejuízo ao seu emprego e ao salário. No período de prorrogação da licença-maternidade, a empregada não poderá exercer qualquer atividade remunerada e a criança não poderá ser mantida em creche ou organização similar. **2.** É a concedida à empregada que adotar ou obtiver guarda judicial para fins de adoção de criança: até um ano de idade, o período de licença será de cento e vinte dias, prorrogável por mais sessenta dias, se servidora pública federal ou trabalhadora de empresa integrante do Programa Empresa Cidadã; b) a partir de um ano até quatro anos de idade, o período de licença será de sessenta dias, prorrogável por mais trinta dias, se servidora pública; c) a partir de quatro anos até oito anos de idade, o período de licença será de trinta dias, prorrogável por mais quinze dias, se servidora pública. A licença-maternidade só será concedida mediante apresentação do termo judicial de guarda à adotante ou guardiã. A empregada de pessoa jurídica que adotar ou obtiver guarda judicial para fins de adoção poderá obter prorrogação dessa licença por sessenta dias se for criança de até um ano; trinta dias se tiver de um a quatro anos; e quinze dias se apresentar idade de quatro a oito anos. **3.** É a conferida a quem ficar com a guarda de criança cuja mãe faleceu.

LICENÇA-PATERNIDADE. *Direito constitucional* e *direito do trabalho.* Período de descanso de cinco dias dado ao pai, inclusive se adotante, contado do nascimento de seu filho ou da adoção. Tal período será prorrogado por quinze dias se a empresa integrar o Programa Empresa Cidadã.

LICENÇA-PRÊMIO. *Vide* LICENÇA ESPECIAL.

LICENCIAMENTO. 1. *Direito de trânsito.* a) Autenticação da placa numérica identificadora de veículo automotor autorizado a trafegar; b) procedimento anual, relativo a obrigações do proprietário de veículo, comprovado por meio de documento específico (Certificado de Licenciamento Anual). **2.** *Direito administrativo.* Licença outorgada a funcionário para afastar-se, temporariamente, do cargo. **3.** *Direito do trabalho.* Dispensa do empregado do serviço.

LICITAÇÃO. 1. *Direito administrativo.* Instituto de direito administrativo para eleger um contratante com a Administração Pública precedendo, portanto, ao contrato administrativo, com o escopo de garantir o princípio da isonomia e de selecionar a proposta mais vantajosa para a administração. É, na lição de Adilson de Abreu Dallari, um procedimento administrativo unilateral, discricionário, destinado à seleção de um eventual e futuro contratante com a Administração Pública para a aquisição ou a alienação de bens, a prestação de serviços e a execução de obras, mediante escolha da melhor proposta apresentada pelo particular. Seis são os procedimentos licitatórios que atendem aos princípios da legalidade, impessoalidade, moralidade, igualdade, publicidade, probidade administrativa, vinculação ao instrumento convocatório e do julgamento objetivo: concorrência, tomada de preços, convite, concurso, leilão e pregão. As fases da licitação são as seguintes: a) abertura da licitação, que se constitui num chamamento público aos particulares para que apresentem ofertas; b) habilitação de licitantes, que se destina à verificação da idoneidade dos proponentes, analisando sua capacidade jurídica para assumir obrigações e responsabilidades, sua capacidade técnica para executar materialmente o conteúdo da obrigação assumida e sua capacidade financeira para suportar os ônus inerentes à execução da obrigação e às responsabilidades dela oriundas; c) classificação das propostas viáveis, formuladas por proponentes idôneos; d) adjudicação, que qualifica uma proposta como aceitável pelos seus caracteres intrínsecos; e) aprovação do procedimento que confere eficácia à seleção feita, correspondendo a uma aceitação da promessa de contrato formulada pelo adjudicatório, surgindo o vínculo contratual entre a administração e o particular, relativo à promessa de contrato. **2.** *Direito civil* e *direito processual civil.* a) Proposta ou oferta do preço, que precede a arrematação no leilão ou hasta pública; b) ato pelo qual herdeiros ou condôminos disputam entre si a aquisição de bem doado inoficiosamente, insuscetível de divisão cômoda, que será adjudicado àquele que oferecer maior preço; c) oferta de maior quantia em caso de mais de um credor concorrente para obter adjudicação de bem penhorado, pois, se nenhum oferecer maior preço, o credor hipotecário preferirá ao exequente e aos credores concorrentes.

LICITANTE. 1. *Direito administrativo.* Aquele que licita, oferecendo uma oferta ao participar do procedimento licitatório. **2.** *Direito processual civil.* Lançador em leilão ou hasta pública.

LIDE. *Direito processual civil.* **1.** Questão judicial. **2.** Debate entre autor e réu para obter uma decisão de mérito. **3.** Litígio. **4.** Pendência. **5.** Processo. **6.** Em sentido técnico, é o objeto principal do processo civil; o conflito de interesses qualificado pela pretensão do autor e pela resistência do réu (Carnelutti e Buzaid); o mérito da causa (Rogério Lauria Tucci).

LIDE TEMERÁRIA. *Direito processual civil.* Diz-se, sem rigor técnico, da ação iniciada e continuada com má-fé, leviandade e imprudência, tendo-se consciência da ausência de direito (Pereira Braga, Eliézer Rosa).

LIMINAR. *Direito processual civil.* Providência tomada pelo órgão judicante, antes de discutir o feito, para resguardar direito alegado, evitando dano irreparável. A tutela provisória de urgência, p. ex., pode ser concedida liminarmente, havendo *periculum in mora* e *fumus boni iuris.* Em caso de tutela da evidência, ante a certeza do direito deduzido, pode haver antecipação da tutela em caráter liminar, p. ex., se houver tese firmada em súmula vinculante ou se se tratar de pedido reipersecutório fundado em prova documental adequada do contrato de depósito.

LIMITAÇÃO DE FIM DE SEMANA. *Direito penal.* Pena restritiva de direito, consistente na obrigação de o condenado permanecer, aos sábados e domingos, por cinco horas diárias, em casa de albergado ou outro estabelecimento adequado. Durante esse tempo poderão ser ministrados ao condenado cursos e palestras ou atribuídas atividades educativas.

LIMITE DA PENA. *Direito penal.* Tempo de duração máxima da execução da pena privativa da liberdade, que não pode ultrapassar trinta anos, e, se sobrevier condenação por fato posterior ao início do cumprimento da pena, far-se-á uma nova unificação da pena, desprezando-se o período de pena já cumprido.

LIMITES ENTRE PRÉDIOS. *Direito civil* e *direito processual civil.* Marcos divisórios entre prédios contíguos, que conferem direitos recíprocos aos proprietários, no que diz respeito à linha lindeira e pela possibilidade de haver diferenças de áreas atribuídas ou não a um dos vizinhos pela definição da divisa.

LIMÍTROFE. *Direito civil* e *direito internacional público.* **1.** O que serve de limite comum. **2.** Confinante; lindeiro. **3.** Contíguo à fronteira de um país.

LINCHAMENTO. *Direito penal.* **1.** Ato de linchar. **2.** Crime praticado em concurso de pessoas, ou por multidão, consistente em fazer justiça privada, julgando e executando sumariamente um suposto criminoso, sem o devido processo legal prévio. O linchamento foi instituído nos EUA por Lynch.

LINDE. **1.** Limite. **2.** Linha divisória. **3.** Fronteira. **4.** Estrema.

LINDEIRO. **1.** Confinante. **2.** Que limita. **3.** Limítrofe. **4.** Aquele que possui um prédio vizinho a outro. **5.** Confrontante.

LÍNGUA DIPLOMÁTICA. *Direito internacional público.* Idioma em que é redigido o ato internacional, que é a língua oficial do país ou do organismo internacional onde deve ser depositado (Othon Sidou).

LÍNGUA NACIONAL. Idioma oficial de uma nação, no qual devem ser escritos todos os documentos para terem validade jurídica.

LINHA ASCENDENTE. *Direito civil.* Relação de parentesco entre uma pessoa e seu pai, avô, bisavô etc. É a geração que se conta, por exemplo, dos netos e filhos para os pais e avós.

LINHA COLATERAL. *Direito civil.* Relação de parentesco entre aqueles que, provindo de tronco comum, não descendem uns dos outros. Por exemplo: irmãos, tios, sobrinhos e primos.

LINHA DE DEMARCAÇÃO. *Direito civil* e *direito processual civil.* Linha que se traça num terreno para a fixação de limites.

LINHA DE FRONTEIRA. *Direito internacional público.* **1.** Linha divisória ou marco que separa Estados limítrofes. **2.** Divisa entre países vizinhos.

LIQUIDAÇÃO. **1.** *Direito comercial.* a) Encerramento de uma atividade empresarial, com a venda do ativo para pagar, total ou parcialmente, os credores. É o conjunto de atos exercidos pelos sócios autorizados para administrar uma sociedade, depois de dissolvida, para realizar o ativo e pagar o passivo e partilhar o saldo, se houver, de acordo com a lei ou os estatutos. Com a liquidação, deixa de existir a razão social com que a empresa foi registrada; b) venda de mercadoria a preços reduzidos para renovar estoques ou facilitar balanços; c) apuração, em período preestabelecido, de operações realizadas a termo em bolsas, mediante entrega das mercadorias e títulos negociados, ou pagamento de diferença das cotações ou, ainda, mediante aprazamento das partes; d) definição dos haveres de sócio retirante para que haja dissolução parcial da sociedade. **2.** *Direito civil.* a) Extinção da obrigação com o seu pagamento ou por qualquer outro meio; b) ato de apurar uma conta e pagar seu saldo; c) resgate de título; d) operação para reduzir, a quantias certas, valores que não o eram; e) ato de tornar uma obrigação líquida e certa, possibilitando seu cumprimento. **3.** *Direito falimentar.* Período do processo de falência em que se procede à realização do ativo, para pagar os credores da massa falida. **4.** *Direito processual civil.* a) Meio de exequibilidade da sentença, que fixa o valor e determina o objeto da condenação; b) dissolução parcial da sociedade ao apurar os haveres do sócio retirante; c) cálculo judicial, no processo de inventário, do imposto de transmissão *causa mortis*, discriminando as parcelas cabíveis a cada um dos herdeiros contemplados na partilha.

LIQUIDAÇÃO DO DANO. *Direito civil* e *direito processual civil.* É a fixação da prestação pecuniária que é objeto da obrigação de reparar o dano causado. Sua função jurídica será tornar efetiva a reparação do prejuízo sofrido pelo lesado, ou melhor, fixar concretamente o montante dos elementos apurados na reparação, apreciando-se o prejuízo integral produzido pelo fato lesivo, abrangendo o dano emergente e o lucro cessante. O magistrado, para tanto, deverá averiguar o grau de culpa do lesante; a situação econômica da vítima ou do causador do dano, desde que esta influa sobre o montante do prejuízo; a influência de acontecimentos exteriores ao fato prejudicial e o lucro obtido pelo ofendido com a reparação do dano, desde que vinculado ao fato gerador da obrigação de indenizar.

LIQUIDAÇÃO JUDICIAL. **1.** *Direito processual civil.* É aquela levada a efeito perante a autoridade judicial competente, que nomeará o liquidante. Há danos que podem ser avaliados por mera operação aritmética; outros requerem, para tanto, o arbitramento, ante a impossibilidade de avaliar matematicamente o quantitativo pecuniário a que tem direito o ofendido. Da decisão de liquidação caberá agravo de instrumento. **2.** *Direito comercial.* Aquela que sob a direção do juiz decreta a dissolução da sociedade empresária.

LIQUIDAÇÃO LEGAL. *Direito civil.* Aquela em que a própria lei determina seu contorno e o meio de efetivação do pagamento. A lei não delimita o *quantum* da indenização nem o modo pelo qual deve ser calculada, mas visa declarar em que deve consistir a indenização nos casos, por exemplo, de homicídio, lesão corporal, injúria ou calúnia, violência sexual ou ultraje ao pudor, usurpação ou esbulho do alheio, estabelecendo os elementos constitutivos da composição do dano, ou melhor, critérios da indenização. A lei traça normas gerais para a fixação da indenização, de forma que, se o dano atingir direitos da personalidade ou mesmo os materiais arrolados em preceito normativo, o montante da indenização será estabelecido em função dos elementos discriminados legalmente.

LIQUIDAÇÃO PELO PROCEDIMENTO COMUM. *Direito processual civil.* Liquidação de sentença para determinação do valor da condenação se houver necessidade de se alegar e provar fato novo, observando-se o procedimento comum do Código de Processo Civil.

LIQUIDAÇÃO POR ARBITRAMENTO. *Direito processual civil.* Aquela feita em juízo, quando determinada pela sentença ou convencionada pelas partes ou quando o exigir a natureza do objeto da liquidação, ante a impossibilidade de avaliação matemática do *quantum* pecuniário a que tem direito o lesado. Deveras, há casos, principalmente de dano moral, em que a liquidação se faz mediante arbitramento, que é feito por peritos no curso da ação de indenização, que calculam o montante a ser pago à vítima.

LIQUIDAÇÃO POR CÁLCULO. *Direito processual civil.* Liquidação de sentença consistente na apuração do *quantum* da condenação, a ser exigido na execução, mediante simples operação aritmética.

LIQUIDAÇÃO POR DIFERENÇA. *Direito comercial.* Apuração do saldo havido entre as operações a termo de bolsa e entrega do credor das mercadorias e títulos negociados ou o pagamento das diferenças das cotações. Relacionam-se as parcelas do crédito e do débito correspondentes às operações efetuadas pelo cliente, que, então, pagará apenas a diferença apurada, quando devedor, ou receberá a que lhe couber, se credor. Trata-se de uma liquidação por meio de compensações fundadas nas várias operações promovidas (De Plácido e Silva).

LIQUIDEZ. **1.** *Direito civil* e *direito processual civil.* a) Qualidade ou estado do que é líquido; b) aquilo cujo montante está definido ou determinado; c) exatidão e certeza do apurado; d) caráter da obrigação líquida e certa; e) diz-se daquela em que há uma determinação clara e precisa do valor ou do objeto da condenação. **2.** *Direito comercial.* Grau de negociabilidade de um título, possibilitando sua transformação em dinheiro a qualquer tempo.

LIQUIDEZ IMEDIATA. *Direito comercial.* Condição da empresa que possui disponibilidade de seu capital de giro para a realização de seus investimentos e pagamento de suas dívidas, garantindo ao investidor o retorno do que nela investir (Geraldo Magela Alves).

LISTA NEGRA. **1.** *Direito internacional público.* Relação de pessoas físicas ou jurídicas suspeitas de país beligerante, residentes em país neutro, com as quais os súditos do país adversário não podem comerciar. **2.** *Direito bancário.* Rol dos emitentes de cheques sem fundos. **3.** *Direito comercial.* Relação de pessoas cadastradas em banco de dados por não honrarem seus deveres como compradores ou usuários (Othon Sidou). **4.** *Direito do trabalho.* Cadastro com os nomes de trabalhadores com reclamações tramitando na justiça trabalhista, com o escopo de conhecer qual seria o efetivo espírito de emulação desses empregados candidatos às vagas existentes (Marcelo Pinto).

LISTA TRÍPLICE. *Direito constitucional.* Relação contendo três nomes de advogados ou de membros do Ministério Público, elaborada por tribunal, com base numa lista sêxtupla indicada pelos órgãos de classe, e enviada ao chefe do Poder Executivo, que escolherá, então, um de seus integrantes para ocupar cargo no Judiciário.

LITERALIDADE. **1.** *Teoria geral do direito.* a) Exatidão; b) qualidade do que é literal; c) estado da língua representado pelos textos escritos; d) forma escrita de um ato jurídico; e) declaração escrita. **2.** *Direito comercial.* Requisito essencial do título de crédito, cujo teor contém todo o direito nele representado, tornando inquestionável o que nele constar (Luiz Fernando Rudge).

LITIGÂNCIA DE MÁ-FÉ. *Direito processual civil.* Diz-se do ato de deduzir pretensão ou defesa contra texto expresso de lei ou fato incontroverso; alterar a verdade dos fatos; usar do processo para conseguir objetivo ilegal; opor resistência injustificada ao andamento do processo; proceder de modo temerário em qualquer incidente ou ato do processo; provocar incidente manifestadamente infundado e interpor recurso com intuito manifestamente protelatório. Tal conduta do autor ou réu pode gerar a sua condenação na indenização da parte contrária dos prejuízos e todas as despesas que efetuou mais os honorários advocatícios. Se forem dois ou mais os litigantes de má-fé, o órgão judicante condenará cada um na proporção do seu respectivo interesse na causa, ou solidariamente aqueles que se coligarem para lesar a parte contrária.

LITIGANTE. *Direito processual civil.* **1.** Cada uma das partes processuais: autor e réu. **2.** Aquele que litiga. **3.** Referente a litígio.

LITÍGIO. *Direito processual civil.* **1.** Questão judicial. **2.** Discussão formada em juízo. **3.** Controvérsia. **4.** Contestação. **5.** Causa. **6.** Conflito de interesses onde há pretensão de uma das partes processuais e resistência de outra.

LITIGIOSO. *Direito processual civil.* **1.** O que foi contestado. **2.** O que envolve litígio. **3.** O que é objeto de discussão judicial.

LITISCONSÓRCIO. 1. *Direito processual civil.* Vínculo que, nos casos previstos em lei, prende vários autores ou réus num só processo pela comunhão de interesses, para discutirem uma só relação jurídica material. É a pluralidade de partes num mesmo processo. **2.** *Direito processual penal.* Vínculo entre coautores do mesmo delito, pois a queixa contra um deles obriga todos ao processo, fazendo com que o Ministério Público vele por sua indivisibilidade (Othon Sidou).

LITISCONSÓRCIO ATIVO. *Direito processual civil.* Vínculo que une num processo dois ou mais litigantes, na posição de coautores, tendo-se um só réu.

LITISCONSÓRCIO FACULTATIVO. *Direito processual civil.* Aquele em que duas ou mais pessoas podem, se quiserem, funcionar como partes, ativa ou passivamente, num processo. Não são obrigadas a ingressar necessariamente no mesmo processo, pois poderão formular separadamente suas ações. É, portanto, o que decorre da vontade dos litigantes, pois o órgão judicante não poderá impô-lo. Assim, duas ou mais pessoas poderão litigar, voluntariamente, no mesmo processo, em conjunto, ativa ou passivamente, quando: a) entre elas houver comunhão de direitos e de obrigações relativamente à lide; b) entre as causas houver conexão pelo pedido ou pela causa de pedir; c) ocorrer afinidade de questões por um ponto comum de fato ou de direito.

LITISCONSÓRCIO MISTO. *Direito processual civil.* Existência de mais de um litigante figurando, ao mesmo tempo, em ambos os polos da relação processual (Nelson Nery Jr. e Rosa Mª de A. Nery).

LITISCONSÓRCIO MULTITUDINÁRIO. *Direito processual civil.* Ocorre quando houver um número muito grande de litisconsortes facultativos no processo, inviabilizando o exercício de jurisdição e levando ao desdobramento das ações. Caberá ao réu, na contestação, sob pena de preclusão, impugnar fundamentadamente a formação desse litisconsórcio, ante o prejuízo para o exercício da ampla defesa (Nelson Nery Jr. e Rosa Mª de A. Nery).

LITISCONSÓRCIO NECESSÁRIO. *Direito processual civil.* Aquele em que, por lei ou pela natureza da relação jurídica, o juiz tiver de decidir a lide de modo uniforme para todas as partes, caso em que a eficácia da sentença dependerá da citação de todos os litisconsortes no processo.

LITISCONSÓRCIO PASSIVO. *Direito processual civil.* Vínculo que une num processo mais de um réu e um só autor.

LITISCONSÓRCIO SIMPLES. *Direito processual civil.* Cada litisconsorte pode praticar isoladamente os atos processuais, não beneficiando nem prejudicando os demais, p. ex., renúncia de um deles.

LITISCONSÓRCIO UNITÁRIO. *Direito processual civil.* Aquele em que há incindibilidade da pretensão ou do direito dos litisconsortes. Se um interpuser recurso, todos dele se aproveitarão (Nelson Nery Jr. e Rosa Mª de A. Nery).

LITISCONTESTAÇÃO. *Direito processual civil.* Estado da lide após o oferecimento da contestação pelo réu, contrapondo-se à pretensão do autor.

LITISDENUNCIAÇÃO. *Direito processual civil.* Denunciação da lide. Ato processual pelo qual o autor ou o réu, dependendo da natureza do litígio, denuncia a lide a terceiro de quem houve a coisa ou o direito real, ou a quem esteja obrigado por lei ou por contrato a indenizar, em ação regressiva, o prejuízo pela perda da ação (Marcos Afonso Borges).

LITISPENDÊNCIA. *Direito processual civil.* **1.** Exceção oposta fundada na reprodução, em juízo, de ação anteriormente ajuizada e que se encontra, ainda, em curso. Havendo ajuizamento de ação idêntica a uma outra pendente de decisão ou concurso de duas ações, simultaneamente ou não, no mesmo juízo, apresentando identidade de partes, a mesma causa de pedir e o mesmo pedido, o réu deverá arguir litispendência antes da discussão do mérito, podendo o magistrado declará-la *ex officio*. A ação proposta posteriormente à que está em curso deve ser, então, paralisada pela inadmissibilidade de seu prosseguimento, obstando-se assim a prolação de sentenças contraditórias sobre o mesmo litígio. **2.** Existência de lide em curso, ainda não decidida. **3.** Citação válida do réu para a ação, fazendo com que não se possa ajuizar outra ação idêntica à pendente, pois a primeira receberá sentença de mérito. **4.** Reprodução de ação idêntica àquela que está em curso por possuir as mesmas partes, a mesma causa de pedir e o mesmo pedido (Nelson Nery Jr. e Rosa Mª de A. Nery).

LIVRAMENTO CONDICIONAL. *Direito processual penal* e *direito penal.* Benefício concedido ao condenado pelo juiz, desde que satisfeitas as exigências legais e cumprida uma parte da pena privativa de liberdade, antecipando, a título precário, sua liberdade, sob a condição de voltar à prisão se não tiver comportamento adequado ou se não cumprir as obrigações impostas. É, portanto, a concessão da liberdade provisória ao condenado que cumpriu parte da pena, mediante determinados requisitos, antecipando sua volta à coletividade.

LIVRE APRECIAÇÃO DA PROVA. *Direito processual civil.* Princípio processual pelo qual o órgão judicante firma sua convicção baseado nas provas, nos fatos e circunstâncias constantes nos autos e na impressão que colheu do processo.

LIVRE-CÂMBIO. 1. *Economia política.* Liberdade de comércio, sem restrição à livre concorrência. 2. *Direito internacional privado.* Comércio entre nações, não sujeito a direitos ou impostos aduaneiros, havendo liberdade nas exportações e importações.

LIVRE CONCORRÊNCIA. *Economia política* e *direito comercial.* Liberdade dada aos empresários para exercerem suas atividades segundo seus interesses, limitadas tão somente pelas leis econômicas.

LIVRO AUXILIAR. *Direito comercial.* Aquele que, apesar de não ser obrigatório, é adotado para facilitar a escrituração mercantil, como, por exemplo: o livro-caixa, o borrador, o contas correntes, o registro de obrigações a receber e a pagar, o livro de balancetes, o livro de estoques, o razão, o livro de inventário etc.

LIVRO-CAIXA. *Direito comercial.* Livro auxiliar de escrituração em que são registradas as entradas e saídas de dinheiro.

LIVRO COPIADOR. *Direito comercial.* Livro em branco no qual são copiadas as cartas, contas assinadas etc. É um livro de registro de correspondência expedida, inclusive faturas.

LIVRO DE ATA. *Direito civil* e *direito comercial.* Aquele em que se fazem registros de atos de associações ou sociedades.

LIVRO DE BORDO. *Direito comercial marítimo.* Livro oficial obrigatório no qual o capitão do navio deve registrar diária e regularmente todas as ocorrências havidas, trabalhos realizados, reparos feitos, danos ou avarias sofridas pela embarcação ou carga, deliberações tomadas pelos oficiais ou protestos por ele feitos etc.

LIVRO DE CARGA. *Direito comercial marítimo.* Livro obrigatório no qual se assentam diariamente não só as entradas e saídas da carga, declarando as marcas, números de volumes, nome dos carregadores e consignatários, portos de carga e descarga, fretes ajustados etc., mas também nomes de passageiros, indicando seu destino, condições da passagem e a relação da bagagem.

LIVRO DE ESTOQUES. *Direito comercial.* Utilizado para registro de mercadorias escrituradas por espécies, anotando-se suas entradas (cargas) e saídas por venda (descargas).

LIVRO DE NOTAS. *Direito registral.* Livro em que os escrivães, notários ou tabeliães lavram os contratos, testamentos e demais atos solenes, levados a efeito por escritura pública, em seus ofícios, a pedido dos interessados.

LIVRO DE OCORRÊNCIAS. *Direito processual penal.* Livro utilizado em delegacias de polícia, no qual são registrados os fatos ocorridos em sua jurisdição, alusivos a queixas, delitos e contravenções, servindo de base para a formação do inquérito policial (Othon Sidou).

LIVRO DE PONTO. *Direito do trabalho.* Livro onde empregados e operários assinam a entrada e a saída no seu horário, indicando sua presença e pontualidade.

LIVRO DE REGISTRO. *Direito registral.* Livro público em que devem ser assentados, por necessidade ou interesse de ordem pública, determinados fatos para sua perpetuação e comprovação. Por exemplo, Livro de Registro Civil, Livro de Registro de Títulos e Documentos, Livro de Registro de Imóveis etc.

LIVRO DE REGISTRO DE EMPREGADO. *Direito do trabalho.* Livro no qual se registram não só os empregados que exercem continuamente suas funções, uniformizando dados imprescindíveis à produção de certos efeitos jurídicos, como também os eventos ocorridos, os direitos e obrigações decorrentes da relação trabalhista.

LIVRO FISCAL. 1. *Direito comercial.* Aquele que é utilizado na atividade empresarial por exigência do Fisco, por constituir elemento hábil para fiscalização do pagamento dos tributos. 2. *Direito tributário.* a) Livro de escrituração exigido por lei para possibilitar o controle do exato cumprimento das obrigações tributárias; b) aquele utilizado nas repartições arrecadadoras para escrituração dos impostos devidos pelos contribuintes.

LOBBY. *Termo inglês.* 1. Pessoa ou grupo que procura influenciar decisões governamentais ou parlamentares, fazendo com que venham a atender a seus interesses particulares. 2. Grupo de pressão que leva ao conhecimento de parlamentares a intenção de seu grupo (Pasquino).

LOCAÇÃO NÃO RESIDENCIAL. *Direito comercial.* Contrato de locação de imóvel urbano destinado a fins comerciais ou industriais de qualquer espécie, abrangendo atividade empresarial, exercida em hospital, unidade sanitária, oficial, asilo, estabelecimento de saúde e de ensino autorizados e fiscalizados pelo Poder Público. Na locação não residencial de prédio urbano, na qual o locador procede à prévia aquisição, construção ou substancial reforma, por si mesmo ou por terceiros, do imóvel especificado pelo pretendente à locação, a fim de que seja a este locado por prazo determinado, prevalecerão as condições contratuais e legais. Mas poderá: a) ser convencionada a renúncia ao direito de revisão do valor dos aluguéis durante o prazo da vigência contratual; b) haver devolução do bem, em caso de denúncia antecipada do vínculo locatício pelo locatário, que se comprometerá a pagar a pena convencionada, que não poderá ser superior à soma dos valores dos aluguéis a receber até o termo final da locação. O processo de renovação compulsória desse contrato só será efetivado se: a) a locação do contrato a renovar for por tempo determinado; b) o prazo mínimo da locação do contrato a renovar for de cinco anos; e c) o locatário estiver em exploração do seu comércio e indústria, no mesmo ramo, pelo prazo mínimo ininterrupto de três anos.

LOCAÇÃO PARA TEMPORADA. *Direito civil.* Contrato de locação de imóvel urbano, mobiliado ou não, por prazo não superior a três meses, para servir de residência temporária ao locatário, podendo ocorrer nas seguintes hipóteses: férias, descanso, estudos, tratamento de saúde, ou até mesmo realização de obras no prédio em que reside. Temporada, no caso, significa época do ano escolhida para determinadas realizações por parte do locatário.

LOCAÇÃO PELO APLICATIVO AIRBNB. *Direito civil.* Locação que conecta virtualmente anfitrião e hóspede, considerada como não residencial, o que pode ser vedada pelo condomínio por haver hospedagem remunerada em quartos alugados e prestação de serviços por curto espaço de tempo, desvirtuando o uso das unidades (Maria Helena Daneluzzi e Ligia Coelho Mathias).

LOCAÇÃO RESIDENCIAL. *Direito civil.* Contrato de locação de imóvel urbano para fins de moradia, que pode ser: a) feito por escrito, por prazo igual ou superior a dois anos e meio, podendo cessar de pleno direito, findo o prazo estipulado, independentemente de prévia notificação ou aviso. Durante o prazo avençado para a duração do contrato o locador não poderá reaver o prédio alugado para fins residenciais, mas o locatário poderá devolvê-lo pagando multa pactuada proporcional ao período de cumprimento do contrato, ou na sua falta a que for judicialmente estipulada. Na hipótese de o inquilino não devolver o imóvel no término do prazo contratual, o locador está autorizado a promover o despejo. Mas, se, vencido o prazo contratual, não havendo entrega do prédio nem promovendo o locador a retomada, o inquilino continuar na posse do bem por mais de trinta dias sem que o locador se oponha, presumir-se-á prorrogada a locação, mantidas as condições anteriormente ajustadas, possibilitando-se fixação de novo aluguel ou de reajustes, mas sem prazo determinado. O locador, em havendo essa prorrogação, poderá, sem apresentar qualquer justificativa, a qualquer momento, denunciar a locação, dando por fim a avença locatícia, desde que conceda ao inquilino prazo de trinta dias para desocupar o imóvel locado; b) convencionada, verbalmente ou por escrito, por prazo inferior a trinta meses. Findo o tempo estipulado de duração contratual, ter-se-á sua prorrogação automática por prazo indeterminado e o locador somente estará autorizado a reaver o imóvel se: 1) houver rescisão do contrato em razão de distrato, de prática de infração legal ou contratual pelo locatário, de falta de pagamento de aluguel e demais encargos locativos no prazo convencionado, de necessidade de reparações urgentes determinadas pelo Poder Público; 2) ocorrer extinção de contrato de trabalho, sendo o prédio locado destinado à moradia de empregado em razão de vínculo empregatício; 3) tiver necessidade do imóvel para uso próprio, de seu cônjuge ou companheiro, ou para uso residencial de ascendente ou descendente que não disponha, assim como seu cônjuge ou companheiro, de imóvel residencial próprio; 4) pedir o imóvel para demolição e edificação licenciada ou para a realização de obras, aprovadas pelo Poder Público, desde que aumentem a área construída em, no mínimo, vinte por cento; e sendo o imóvel destinado à exploração de hotel ou pensão, em cinquenta por cento, não abrangendo, portanto, simples obras de ampliação de cômodos; e 5) a vigência ininterrupta do contrato de locação for superior a cinco anos.

LOCATÁRIO. **1.** *Direito civil* e *direito comercial.* a) Inquilino; b) o que paga aluguel; c) aquele que recebe a posse de coisa móvel ou imóvel, para utilizá-la e restituí-la, findo o prazo da locação. **2.** *Direito agrário.* Arrendatário.

LOCK-OUT. *Termo inglês.* **1.** Locaute. **2.** Fechamento de empresa por ordem de patrão, suspendendo trabalho em represália à greve de empregado. **3.** Greve patronal.

LOCUPLETAMENTO ILÍCITO. *Vide* ENRIQUECIMENTO ILÍCITO.

LOGAR. *Direito digital.* Ato de fornecer login e senhas de acesso para entrar em alguma plataforma, por exemplo, o TikTok.

LÓGICA JURÍDICA. Ciência das leis e das operações formais do pensamento jurídico ou a reflexão crítica sobre a validade desse pensamento, indicando como deve o intelecto agir. Visa guiar e controlar a atividade científico-jurídica ao analisar a norma em seu aspecto proposicional, operando com o functor *dever-ser.* É um instrumento da dogmática jurídica que tem por objeto conhecer e sistematizar regras atinentes às operações intelectuais utilizadas no estudo do direito, assim como na interpretação, na integração, na elaboração e na aplicação jurídicas. Tais operações envolvem desde a simples elaboração de conceitos relacionados ao fenômeno jurídico até os procedimentos mentais de raciocínio ou argumentação. Entre os conceitos e raciocínios estão os juízos e as proposições jurídicas, donde se infere sua clássica divisão em lógica dos conceitos, das proposições e dos raciocínios jurídicos. Ocupa-se com a manifestação do pensamento jurídico-científico, enquanto exprime atos de conhecimento, que serão tidos como verdadeiros se enunciados com observância dos princípios lógicos, leis e regras do bem-pensar. Preocupa-se, ainda, com a questão da validade lógica dos enunciados contidos no discurso normativo.

LOGÍSTICA. 1. *Lógica.* a) Conjunto de sistemas de algoritmos aplicados à lógica; b) lógica simbólica. 2. *Direito militar.* Ciência que trata do recrutamento, alojamento, instrução, equipamento, transporte de tropas, armazenamento e distribuição de material, hospitalização, operações destinadas a auxiliar o desempenho de funções militares etc. 3. *Direito comercial.* a) É o sistema de administrar qualquer tipo de negócio de forma integrada e estratégica, planejando e coordenando todas as atividades, otimizando todos os recursos disponíveis, visando o ganho global no processo no sentido operacional e financeiro (Marcos Valle Verlangieri); b) é o processo de planejar, implementar e controlar, eficientemente, o custo correto, o fluxo e a armazenagem de matérias-primas, o estoque durante a produção, os produtos acabados e as informações relativas a essas atividades, desde o ponto de origem até o ponto de consumo, visando atender aos requisitos exigidos pelo cliente (*Council of Logistics Management*); c) tecnologia de planejamento e execução de infraestrutura necessária na administração de sociedades empresárias, atuantes em segmento econômico competitivo, para a redução de preços sem comprometer o lucro e para a melhoria de qualidade dos produtos ou serviços oferecidos ao mercado (Fábio Ulhoa Coelho).

LOGOMARCA. *Direito de propriedade industrial.* 1.Conjunto formado pela representação gráfica do nome de determinada marca, em letras de traçado específico, fixo e característico (logotipo), e seu símbolo visual (figurativo ou emblemático). 2. Representação visual de qualquer marca.

LOGRADOURO PÚBLICO. *Direito de trânsito.* 1. É o espaço livre destinado pela municipalidade à circulação, parada ou estacionamento de veículos, ou à circulação de pedestres, tais como calçada, parques, áreas de lazer e calçadões. 2. É a parte de qualquer edifício público, terreno, via pública, curso de água ou outro local que for de acesso público, permanente, periódica ou ocasionalmente, e inclui qualquer local comercial, empresarial, cultural, histórico, educacional, religioso, governamental, de entretenimento, recreativo ou similar que esteja acessível ou for aberto ao público.

LOTAÇÃO. 1. *Direito agrário.* Beneficiação de um vinho pela sua mistura com outros, dando-lhe uma qualidade melhor. 2. *Direito comercial.* a) Quantidade de passageiros que pode ser transportada por um veículo; b) carro que transporta passageiros mediante pagamento de uma tarifa fixa, num determinado percurso; c) cômputo da capacidade máxima de carga de um navio, vagão etc.; d) conjunto de lugares que podem ser ocupados; e) número máximo de pessoas autorizadas a embarcar, incluindo tripulação, passageiros e profissionais não tripulantes. 3. *Direito administrativo.* a) Fixação do número certo de servidores componentes de uma repartição pública; b) cômputo dos proventos totais de um cargo público. 4. Nas *linguagens comum* e *jurídica*: a) avaliação; b) orçamento; c) ação ou efeito de lotar; d) cálculo de rendimento. 5. *Direito marítimo.* Quantidade máxima de pessoas autorizadas a embarcar, incluindo tripulação, passageiros e profissionais não tripulantes (aqueles que prestam serviços a bordo, não relacionados com a operação da embarcação), levando em consideração a segurança da embarcação e a salvaguarda da vida humana nas águas. 6. *Direito de trânsito.* É a carga útil máxima, incluindo condutor e passageiros, que o veículo transporta, expressa em quilogramas para os veículos de carga, ou número de pessoas, para os veículos de passageiros.

LOTE. 1. *Direito agrário.* a) Certo número de cabeças de gado; b) cada uma das partes medidas e separadas de uma área de terra para fins agrícolas ou de colonização; c) quantidade definida de sementes ou de mudas, identificada por letra, número ou combinação dos dois, da qual cada porção é, dentro de tolerâncias permitidas, homogênea e uniforme para as informações contidas na identificação. 2. *Direito civil.* a) Quinhão hereditário; cada uma das porções de um todo que é distribuída a várias pessoas numa partilha; b) cada uma das áreas desmembradas de um imóvel urbano para fins de edificação. 3. *Direito processual civil.* Porção de objetos arrematados, num só lance, em leilão público. 4. *Direito comercial.* a) Certa quantidade de mercadorias do mesmo gênero e espécie; partida; b) cada grupo de animais cargueiros, com um condutor, em que se dividem as tropas de carga; c) grupo de mercadorias fabricadas em iguais condições para fins de controle; d) modo particular de vender peixe; e) porção de peixe vendido em lote; f) conjunto de artigos de um mesmo tipo processado pelo mesmo fabricante, em um determinado espaço de tempo, sob condições essencialmente iguais; g) quantidade de um produto obtido em um ciclo de produção de etapas contínuas e que se caracteriza por sua homogeneidade; h) quantidade de produtos com as mesmas especificações de identidade, qualidade e apresentação, processados pelo mesmo fabricante ou fracionador, em um espaço de tempo determinado, sob condições essencialmente iguais. A identificação do lote é de responsabilidade do embalador; i) quantidade definida de matéria-prima, material de embalagem ou produto terminado fabricado em um único processo ou série de processos, cuja característica essencial é a homogeneidade e qualidade dentro dos limites especificados.

LOTEAMENTO. **1.** *Direito urbanístico.* a) Parcelamento da terra em lotes, abrindo-se ou prolongando-se logradouros públicos para os quais tenham testada; b) projeto de divisão de terras. **2.** *Direito civil* e *direito agrário.* Divisão de imóvel urbano ou rural, mais ou menos extenso, em lotes, para ulterior venda por oferta pública, edificação, exploração econômica da terra ou colonização.

LOTERIA. *Direito civil* e *direito penal.* Concurso de prognósticos sobre resultado de sorteio de números, fazendo depender a distribuição do prêmio em dinheiro daquele sorteio. É considerado como jogo de azar e contravenção penal se não estiver autorizado por lei ou pela autoridade pública competente. A loteria federal e a estadual são tidas como lícitas, por estarem autorizadas, restringindo sua exploração ou concessão à União e aos Estados, derrogando assim as normas penais alusivas ao jogo de azar.

LUCRO. *Direito comercial.* **1.** Ganho líquido obtido com especulações, depois de descontadas as despesas. **2.** Proveito ou vantagem decorrente de uma operação empresarial. **3.** Cota-parte do produto ou do respectivo preço que cabe ao empresário (Papaterra Limongi). **4.** Resultado pecuniário advindo de um negócio. **5.** Diferença entre o capital empregado e aquilo que ele produziu.

LUCRO CESSANTE. *Direito civil.* **1.** Dano negativo ou privação de um ganho lícito esperado pelo credor do adimplemento da prestação pelo devedor. Trata-se do lucro que se deixou de auferir, em razão do descumprimento de uma obrigação pelo devedor. **2.** Benefício que o lesado deixou de obter em virtude de uma lesão. **3.** Aquele que, razoavelmente, se deixou de ter; é a diminuição potencial do patrimônio (Clóvis Beviláqua). **4.** Lucro de que se foi privado pela ocorrência de ato ou fato alheio à vontade.

LUCROS E PERDAS. *Direito comercial.* **1.** Escrituração mercantil das receitas e despesas, em que se lançam, nas respectivas colunas, os lucros obtidos, os prejuízos havidos e despesas gerais da empresa. O saldo apurado entre o crédito e o débito é o lucro real ou o dano sofrido. **2.** Designa os resultados obtidos pela empresa em certo período.

LUGAR DO PAGAMENTO. *Direito civil.* Local do cumprimento da obrigação que pode dar-se no domicílio do devedor ou no do credor; no lugar estipulado por convenção, no presumido pelas circunstâncias e natureza do negócio ou no determinado por lei.

LUGAR ERMO. *Direito penal.* Local não habitado ou não frequentado, que constitui causa de aumento de pena, por exemplo, no crime de violação de domicílio ou de abandono de incapaz.

LUGAR INACESSÍVEL. *Direito processual civil.* **1.** Local onde não se pode chegar por ser perigoso ou por estar interditado. **2.** País que se recusa a cumprir carta rogatória.

LUGAR PÚBLICO. **1.** *Direito administrativo.* a) Aquele que pode ser frequentado por todos por ser bem de uso comum do povo; b) logradouro público; c) repartição pública onde a pessoa pode ingressar livremente ou submetendo-se ao preenchimento de certas condições. **2.** *Direito civil.* Residência que se torna acessível a qualquer pessoa durante a celebração da cerimônia do casamento.

LUTO OFICIAL. *Direito administrativo.* Conjunto de solenidades ou de medidas ordenadas por autoridade pública em sinal de pesar e de homenagem por um falecimento que entristece o País.

LUVAS. *Direito comercial.* **1.** Quantia em dinheiro, além do preço do aluguel, não anotada no contrato, paga pelo locatário ao locador no contrato inicial da locação comercial para que tenha preferência na locação ou por ocasião da renovação. **2.** Valor do aviamento, cobrado no ato da venda ou transferência do estabelecimento mercantil ou industrial.

M

MAÇONARIA. *Direito civil.* Associação secreta de pessoas que professam princípios de fraternidade para obtenção de fins lícitos (humanitários, educativos, filosóficos etc.); sua finalidade e seu conteúdo ideológico ou místico apenas são revelados aos iniciados.

MACROECONOMIA. *Economia política.* Estudo global dos fatos econômicos de um dado setor e do comportamento do todo como unidade, mediante o emprego de processos de macroanálise.

MADRASTA. *Direito civil.* Parentesco por afinidade, em linha reta, da mulher casada ou da companheira em relação à prole que seu marido, viúvo ou divorciado, ou companheiro, teve do leito anterior.

MÃE. *Direito civil.* Ascendente feminino em primeiro grau.

MÃE SUBSTITUTA. *Biodireito.* Aquela que cede gratuitamente o útero para gestação de embrião formado com material genético alheio.

MÁ-FAMA. *Direito civil* e *direito penal.* Qualidade negativa de alguém no que atina à sua reputação ou ao seu crédito.

MÁ-FÉ. 1. *Direito civil.* a) Dolo; b) intenção de prejudicar alguém ou de alcançar um fim ilícito; c) conhecimento de vício; d) ciência do mal, do engano ou da fraude. **2.** *Direito penal.* Intenção criminosa. **3.** *Direito processual civil.* Ânimo do litigante de alterar a verdade.

MAGISTRADO. 1. *Direito processual civil* e *direito processual penal.* Juiz concursado ou togado que tem a função de julgar em primeiro e segundo grau ou em grau especial de jurisdição, submetendo-se à Lei Orgânica da Magistratura Nacional e às normas regimentais. É membro do Poder Judiciário, podendo ser juiz, desembargador e ministro de tribunal. **2.** *Direito administrativo.* Chefe da Nação, que é o primeiro magistrado.

MAGISTRATURA. *Direito processual.* **1.** Carreira ou cargo de magistrado. **2.** Corpo de juízes ou magistrados de todos os graus que integram o Poder Judiciário. **3.** Função de magistrado. **4.** Classe dos magistrados. **5.** Múnus público exercido por magistrados.

MAGNA CARTA. 1. *Direito constitucional.* Constituição de um país. **2.** *História do direito.* A mais antiga Constituição inglesa, outorgada pelo rei João Sem Terra em 5 de junho de 1215 aos Barões da Inglaterra, em Runnymead, próximo a Windsor. Tratava-se da *Magna Charta seu Concordia inter Regni Angliae et Barones preconcessione Libertatum Ecclesiae et Regni Angliae,* que continha vários artigos alusivos às liberdades individuais.

MAIORIA ABSOLUTA. *Ciência política.* É a metade mais um dos votos dos componentes de um colegiado e não apenas dos votantes presentes.

MAIORIA DE CAPITAL. *Direito comercial.* É a que leva em conta o valor do capital representado, sem atentar ao número de pessoas.

MAIORIA DE DOIS TERÇOS. É a que compreende dois terços ou duas partes dos votantes.

MAIORIA DE PESSOAS. É a que leva em consideração o voto *per caput* ou voto singular, por dar relevo ao número real de pessoas.

MAIORIA QUALIFICADA. Também designada maioria especial ou reforçada, dá-se quando se atinge o número exigido por lei ou conforme regulamento do colegiado, em relação a determinadas matérias que devem ser deliberadas.

MAIORIA SIMPLES. *Direito civil.* É a que compreende mais da metade dos votos apurados dos votantes que comparecerem, sem levar em conta a totalidade dos que possam votar.

MAIORIDADE. 1. *Direito civil.* Estado da pessoa que atingiu dezoito anos de idade ou que foi emancipada, entrando legalmente no gozo de todos os direitos civis, por ter alcançado plena capacidade civil. O emancipado é considerado maior, apesar de não ter atingido a maioridade pela idade. **2.** *Direito civil* e *direito comercial.* Desenvolvimento completo de uma sociedade. **3.** *Ciência política.* Aquela pela qual a pessoa adquire direito de votar, ao alcançar a idade para se alistar como eleitora.

MAJORAÇÃO. *Direito penal, direito civil, direito comercial* e *direito tributário.* Aumento de pena, de tributo, de preço ou do valor de algo.

MALA PRAXIS. *Locução latina.* **1.** Má praxe. **2.** Inépcia profissional.

MALFORMAÇÃO. *Medicina legal.* Deformação congênita de qualquer parte do corpo.

MALÍCIA. *Direito civil* e *direito penal.* **1.** Propensão que alguém tem para a prática do mal. **2.** Astúcia. **3.** Ardil para, intencionalmente, prejudicar uma pessoa. **4.** Dolo. **5.** Dissimulação. **6.** Esperteza conducente a uma fraude.

MAL MAIOR. *Direito penal* e *direito civil.* Aquele acontecimento que pode resultar em dano mais grave do que o produzido.

MAL NECESSÁRIO. *Direito civil* e *direito penal.* É o indispensável para reprimir ou evitar uma ofensa maior, sendo cometido por quem se encontrar em legítima defesa ou estado de necessidade. Logo, por ser uma reação justificada, não constitui crime ou ilicitude.

MALVERSAÇÃO. *Direito penal.* Dilapidação. Desvio de bens ou valores pelo mau administrador público (peculato) ou privado (apropriação indébita), durante o exercício do cargo, enriquecendo-se, abusivamente, à custa do administrado.

MANAGEMENT. *Direito empresarial.* **1.** Contrato relacionado com os sistemas de controle de estoque, de custos e treinamento de pessoal (Fábio Ulhoa Coelho). **2.** Administração da empresa.

MANCOMUNAÇÃO. *Direito penal.* Acordo de duas ou mais pessoas para prejudicar outrem ou para perpetrar crime.

MANDADO. 1. Ato de mandar. **2.** Ordem ou despacho de autoridade administrativa ou judicial para que se cumpra uma diligência ou se dê ciência à realização ou não de algo. **3.** Que recebeu ordem. **4.** Ordem de superior a inferior.

MANDADO DE INJUNÇÃO. *Vide* AÇÃO DE MANDADO DE INJUNÇÃO.

MANDADO DE PRISÃO. *Direito processual penal.* Ordem escrita emanada de autoridade competente determinando a prisão de alguém por razão que a autorize legalmente.

MANDADO DE SEGURANÇA. *Direito constitucional* e *direito processual.* Remédio constitucional cabível para proteger direito líquido e certo, não amparado por *habeas corpus* ou *habeas data,* ameaçado ou violado de interessado (pessoa natural ou jurídica), por ato, abuso de poder ou omissão ilegal ou inconstitucional, inclusive se praticado por autoridade ou agente público, administrador de entidade autárquica, representante ou órgão de partido político, dirigente de pessoa jurídica. Urge lembrar que não caberá mandado de segurança contra atos de gestão comercial praticados pelos administradores de empresas públicas, sociedades de economia mista e concessionárias de serviço público. O mandado de segurança surge da necessidade de se proteger o direito do indivíduo contra atos ilegais ou inconstitucionais do Poder Público ou por parte de qualquer autoridade, seja de que categoria for e sejam quais forem as funções que exerça. O mandado de segurança não será concedido se se tratar de: ato do qual caiba recurso administrativo com efeito suspensivo independentemente de caução; decisão judicial da qual caiba recurso com efeito suspensivo e decisão judicial transitada em julgado.

MANDADO DE SEGURANÇA COLETIVO. *Direito constitucional* e *direito processual.* Ação de mandado de segurança impetrada por entes representativos (partidos políticos, sindicatos, associações ou entidades de classe) na defesa dos direitos líquidos e certos ou interesses de todos ou de parte dos seus membros ou associados, na forma dos seus estatutos e desde que pertinentes às suas finalidades, dispensada, para tanto, autorização especial. Os direitos protegidos pelo mandado de segurança coletivo podem ser: a) *coletivos,* que são os transindividuais, de natureza indivisível, de que seja titular grupo ou categoria de pessoas ligadas entre si ou com a parte contrária por uma relação jurídica básica; e b) *individuais homogêneos,* ou seja, os decorrentes de origem comum e da atividade ou situação específica da totalidade ou de parte dos associados ou membros do impetrante. No mandado de segurança coletivo, a sentença fará coisa julgada limitadamente aos membros do grupo ou categoria substituídos pelo impetrante. O mandado de segurança coletivo não induz litispendência para as ações individuais, mas os efeitos da coisa julgada não beneficiarão o impetrante a título individual se não requerer a desistência de seu mandado de segurança no prazo de trinta dias a contar da ciência comprovada da impetração da segurança coletiva. No mandado de segurança coletivo, a liminar só poderá ser concedida após a audiência do representante judicial da pessoa jurídica de direito público, que deverá se pronunciar no prazo de setenta e duas horas.

MANDADO DE SOLTURA. *Direito processual penal.* Alvará de soltura que consiste na ordem judicial de relaxamento da prisão, cessando a coação estatal.

MANDAMENTAL. 1. *Direito processual.* Ordem judicial dirigida a órgão da Administração Pública para que faça ou deixe de fazer algo (Othon Sidou). **2.** *Teoria geral do direito.* É o que contém um mandamento.

MANDANTE. 1. *Direito civil.* Aquele que, por meio de mandato, investe alguém de poderes para praticar atos ou administrar interesses em seu nome. É, portanto, o interessado na realização de certo ato negocial que não possa ou não saiba praticá-lo, efetuando-o por meio de outra pessoa. É o outorgante da procuração ou mandato, o qual contrai obrigações e adquire direitos como se tivesse tomado parte pessoalmente no negócio jurídico. **2.** *Direito penal.* Aquele que manda uma pessoa executar um crime ou contravenção. Trata-se do autor intelectual de uma ação criminosa.

MANDATÁRIO. *Direito civil.* Representante do mandante que fala e age em seu nome e por conta deste. Também chamado de procurador ou executor do mandato. Podem ser constituídos mandatários: a) o plenamente capaz e o emancipado; b) o menor de dezoito anos, não emancipado, mas não tendo o mandante ação contra ele senão de conformidade com as normas gerais, aplicáveis às obrigações contraídas por menores; c) a pessoa casada, mesmo sem outorga conjugal; d) o pródigo e o falido, porque a restrição que os atinge se limita à disposição de bens de seu patrimônio, não os impedindo de exercer tais atividades. Por outro lado, serão incapazes para o exercício do mandato: a) os estrangeiros, que não poderão representar, nas reuniões de assembleia geral, os acionistas brasileiros; b) os funcionários públicos efetivos ou adidos em disponibilidade ou aposentados, que não poderão ser procuradores perante qualquer repartição administrativa, federal, estadual ou municipal, mas que poderão, quanto ao mais, ser mandatários. Mas o funcionário público da União poderá pleitear como procurador junto a repartição pública somente se se tratar de percepção de vencimentos e vantagens de parentes até o segundo grau.

MANDATÁRIO ESPECIAL. *Direito civil.* Aquele que está munido de poderes especiais para a prática de determinados atos e negócios, indicados no mandato.

MANDATÁRIO GERAL. *Direito civil.* Aquele a quem o mandante confere poderes para gerir ou administrar todos os seus negócios.

MANDATÁRIO SUBSTABELECENTE. *Direito civil.* Procurador anterior a um substabelecimento. O substabelecente só responde pelos atos do substabelecido se este for notoriamente incapaz ou insolvente no mandato judicial; o substabelecente só se livra da responsabilidade se o mandante for notificado do substabelecimento.

MANDATÁRIO SUBSTABELECIDO. *Direito civil.* É o procurador posterior ao substabelecimento.

MANDATO. **1.** *Direito civil.* É o contrato pelo qual alguém (mandatário ou procurador) recebe de outrem (mandante) poderes para, em seu nome, praticar atos ou administrar interesses. **2.** *Ciência política.* a) Poder outorgado pelos eleitores a deputados, senadores e vereadores para os representarem; b) delegação política. **3.** *Direito internacional público.* Estado de proteção de um povo perante um Estado soberano. **4.** *Direito canônico.* Cerimônia do lava-pés. **5.** Na *linguagem jurídica* em geral: ordem de superior para inferior.

MANDATO *AD JUDICIA*. *Direito civil* e *direito processual.* Aquele destinado a obrigar o mandatário (advogado, regularmente inscrito na OAB) a agir em juízo em nome do constituinte. Seu instrumento poderá ser digitado ou impresso, bastando que seja assinado pelo outorgante, sem necessidade de firma reconhecida. A procuração geral para o foro habilita o advogado a praticar todos os atos processuais, salvo para receber citação inicial, confessar, reconhecer a procedência do pedido, transigir, desistir, renunciar ao direito sobre que se funda a ação, receber, dar quitação e firmar compromisso. Será, ainda, necessária a outorga de poderes especiais para: oferecimento de queixa-crime; renúncia ao direito de queixa; aceitação do perdão; exercício do direito de representação; arguição da suspeição do juiz e de falsidade; cancelamento do bem de família; requerimento de falência. Trata-se do mandato judicial.

MANDATO *AD LITEM*. *Direito processual.* Aquele pelo qual o magistrado investe alguém de poderes para a defesa em juízo dos interesses do réu ausente ou revel.

MANDATO *AD NEGOTIA*. *Direito civil.* É o mandato extrajudicial, pois a ação do mandatário se dá fora do âmbito judicial, uma vez que é o contrato pelo qual o mandante lhe confere poderes para praticar, em seu nome, certos atos ou negócios.

MANDATO COM PODERES ESPECIAIS. *Direito civil.* Aquele em que o mandante outorga poderes ao mandatário para praticar atos de alienação ou disposição, exorbitando dos poderes de administração ordinária. Por exemplo: aceitação de doação com encargo, novação, remissão de dívida, emissão de cheque etc.

MANDATO COM REPRESENTAÇÃO DIRETA. *Direito civil.* Contrato no qual o mandatário, munido de procuração, está autorizado pelo mandante a agir em seu nome, representando-o.

MANDATO COM REPRESENTAÇÃO INDIRETA. *Direito civil.* O mesmo que MANDATO SEM REPRESENTAÇÃO.

MANDATO CONJUNTO. *Direito civil.* Aquele que contém vários procuradores que não podem agir separadamente.

MANDATO DE CAUÇÃO *DE RATO*. *Direito processual.* Compromisso assumido por advogado de apresentar procuração dentro de quinze dias, por ter praticado atos em caso de urgência sem ela, tornando-os válidos.

MANDATO ELETIVO. *Ciência política.* Aquele em que o povo, por meio de voto secreto e direto, elege um cidadão para representá-lo no Poder Legislativo (municipal, estadual ou federal) ou um governante para seu representante no Poder Executivo.

MANDATO EM CAUSA PRÓPRIA. *Direito civil.* Aquele que, por conter cláusula *in rem propriam*, converte o mandatário em dono do negócio, dando-lhe poderes para administrá-lo como coisa própria, auferindo todas as vantagens ou benefícios dele resultantes, apesar de agir em nome do mandante. Em suma, tal mandato importa em cessão de direito ou transferência de uma coisa. Por outras palavras, é aquele em que se confere procuração em benefício do mandatário (Caio Mário da Silva Pereira) para que venha a agir em seu próprio interesse, angariando, para si, as vantagens obtidas com o negócio.

MANDATO ESPECIAL. *Direito civil.* Relativo a um ou mais negócios determinados do mandante.

MANDATO GERAL. *Direito civil* e *direito comercial.* O que compreende todos os negócios do mandante, como, por exemplo, a procuração da mulher ao marido, para administrar ou vender todos os bens; ou a do pai ao filho maior, para dirigir e administrar seus interesses, inclusive os empresariais.

MANDATO LEGAL. *Direito civil.* O decorrente de imposição legal, que outorga poderes ao mandatário para realizar atos de administração, no que atina aos bens de determinadas pessoas. Assim, por exemplo, são mandatos legais: a) o do pai ou o da mãe, em relação aos bens dos filhos; b) o do tutor ou o do curador, no que concerne aos bens do tutelado ou curatelado; c) o do administrador judicial, quanto aos bens da massa falida etc.

MANDATO LEGISLATIVO. *Ciência política.* Poder de representação outorgado ao representante do povo ou dos Estados, eleito por meio de voto para que participe do Poder Legislativo, no período de sua legislatura.

MANDATO PLURAL. *Direito civil.* O que contém vários procuradores.

MANDATO PLURAL CONJUNTO. *Vide* MANDATO CONJUNTO.

MANDATO PLURAL FRACIONÁRIO. *Direito civil.* Aquele em que a ação de cada mandatário está delimitada, devendo cada qual agir somente em seu setor.

MANDATO PLURAL SOLIDÁRIO. *Direito civil.* Aquele em que cada mandatário pode agir independentemente da ordem de nomeação.

MANDATO PLURAL SUBSTITUTIVO. *Direito civil.* Aquele em que cada mandatário pode agir na falta do outro pela ordem de nomeação. Também designado mandato plural sucessivo, pois o mandatário posterior é mero substituto do precedente.

MANDATO PRESIDENCIAL. *Ciência política* e *direito constitucional.* Período de investidura do Presidente da República.

MANDATO REVOGÁVEL. *Direito civil.* O que pode ser revogado unilateralmente pelo mandante, o qual, *ad nutum*, pode demitir o procurador.

MANDATO SEM REPRESENTAÇÃO. *Direito civil.* Ocorre quando o mandatário age por conta do mandante, porém em nome próprio.

MANDATO SOCIAL. *Direito civil.* Conferido ao sócio, na qualidade de administrador ou liquidante, mediante contrato social, para que venha a agir em nome e por conta da sociedade.

MANICÔMIO JUDICIÁRIO. *Direito penal.* Estabelecimento psicopático onde são recolhidos os delinquentes, desde que pessoas com transtorno mental ou qualquer forma de deficiência psicossocial. Hoje é denominado Hospital de Custódia e Tratamento Psiquiátrico.

MANIFESTAÇÃO. **1.** Nas *linguagens comum* e *jurídica:* a) declaração pública de uma opinião; b) divulgação; c) demonstração pública relativamente a determinadas pessoas ou a certos fatos; d) declaração de vontade. **2.** *Ciência política.* Expressão de agrado ou desagrado, em reunião popular de caráter político (Othon Sidou). **3.** *Direito administrativo.* Parecer sobre um assunto.

MANIFESTO. **1.** *Direito comercial.* a) Documento autenticado em que o comandante do navio mercante relaciona a carga transportada e os portos de origem e retorno; b) declaração trazida ao público para lançamento de empréstimos das sociedades anônimas ou para abertura de subscrição pública de capital para sua formação. **2.** *Direito alfandegário.* Declaração do fiscal da Fazenda Pública relativa às mercadorias vendidas sujeitas a certos impostos. Consiste num guia de alfândega. **3.** Nas *linguagens jurídica* e *comum:* a) declaração pública; b) inequívoco; c) convincente; d) escrito que revela algo; e) documento pelo qual o governante expõe ao povo os motivos de uma deliberação ou ato.

MANIPULAÇÃO GENÉTICA. *Biodireito.* Técnica de engenharia genética que desenvolve experiências para alterar patrimônio genético, transferir parcelas do patrimônio hereditário de um organismo vivo a outro ou operar novas combinações de genes para lograr, p. ex., na reprodução assistida, a concepção de uma pessoa com caracteres diferentes ou superar alguma enfermidade congênita.

MANOBRA FRAUDULENTA. *Direito civil e direito penal.* **1.** Meio astucioso de enganar alguém, para a consecução de certos fins, a ponto de prejudicá-lo. **2.** Processo doloso para ludibriar alguém ou para induzi-lo a erro. **3.** Ato ardiloso que é um dos elementos do estelionato.

MANTENÇA. *Direito civil.* **1.** Sustento necessário para a sobrevivência de uma pessoa. **2.** Alimentos. **3.** Despesa com a conservação de um bem. **4.** Suprimento de víveres. **5.** Manutenção.

MANU MILITARI. *Locução latina.* **1.** Pela mão militar; militarmente. **2.** Ato violento praticado por militar ou civil. **3.** Ordem cumprida mediante uso de força armada. **4.** Força pública.

MANUTENIDO. *Direito processual civil.* Possuidor que foi mantido em sua posse por ordem ou mandado judicial.

MÃO DE OBRA. *Direito do trabalho* e *Direito comercial* **1.** Conjunto de operários que efetuam um serviço. **2.** Custo da execução de uma obra. **3.** Ação do trabalhador sem que se considere o material por ele empregado. **4.** Trabalho remunerado, manual ou mecânico, do qual resulta um produto. **5.** Complexo de pessoas existentes no mercado de trabalho.

MÁ PRÁTICA MÉDICA. *Direito penal* e *direito civil.* Desvio da ciência médica de sua finalidade humanitária e uso da medicina para atentar contra a dignidade do ser humano (Leonard Michael Martin).

MARAJÁ. 1. *Direito administrativo.* Diz-se do funcionário público ou de empresa estatal que recebe proventos acima do valor do mercado de trabalho (Othon Sidou). 2. *Direito comparado.* Príncipe da Índia. 3. *Direito agrário.* Espécie de palmeira.

MAR ALTO. *Direito internacional público.* Ponto do mar que pertence a todos os países; logo, cada um deles pode nele navegar livremente, por não estar submetido a nenhum poder jurisdicional. Trata-se do pleno mar ou do mar livre.

MARCA. 1. *Direito comercial* e *direito de propriedade intelectual.* a) Sinal distintivo colocado em produtos de indústria ou comércio para diferenciá-los de outros idênticos ou similares, de origem diversa, permitindo que o público os conheça; b) rótulo, etiqueta; c) em propaganda é o nome, símbolo ou desenho que identifica mercadorias ou serviços de uma empresa, distinguindo-os dos de seus concorrentes; d) iniciais da firma do destinatário, que o expedidor coloca nos volumes de mercadorias despachados; e) sinal usado para distinguir a origem da carga exportada. 2. *Direito internacional público.* Fronteira; limite. 3. *Direito marítimo.* a) Ponto fixo na costa, que determina a posição do navio; b) baliza. 4. *Direito agrário.* a) Instrumento de bronze ou ferro usado para marcar animais; b) sinal impresso a fogo no corpo do animal, pelo pecuarista. 5. *Medicina legal.* Vestígio deixado no corpo ou na pele por uma moléstia ou pancada. 6. *História do direito.* Grandeza prescrita por lei.

MARCAÇÃO DE ANIMAIS. 1. *Direito agrário.* a) Ferração de animais, principalmente do gado, imprimindo, em seu couro, com ferro em brasa, a marca de seu proprietário; b) ato, período ou local onde se aplica nos animais o sinal usado pelo pecuarista ou fazendeiro, indicando sua propriedade. 2. *Direito penal.* Ato delituoso que consiste em alterar por meio de impressão a fogo sinal indicativo de propriedade em gado alheio.

MARCA NÃO REGISTRÁVEL. *Direito de propriedade industrial.* Sinal legalmente insuscetível de assento no Instituto Nacional da Propriedade Industrial, como: emblema oficial, desenho imoral, brasão etc.

MARCA REGISTRÁVEL. *Direito de propriedade industrial.* Sinal identificador de produtos e serviços, suscetível de registro no Instituto Nacional da Propriedade Industrial, assegurando o seu uso exclusivo e sua propriedade a determinada pessoa, desde que não colida com o já registrado anteriormente e não se inclua dentre aqueles vedados por lei.

MARCO. 1. *Direito civil.* Sinal colocado, na demarcação de terras, em suas linhas divisórias, para separá-las do prédio contíguo. 2. *Direito internacional público.* a) Fronteira; b) unidade monetária da Alemanha, subdividida em 100 *pfenige*.

MAR CONTÍGUO. *Direito internacional público.* Faixa marítima de Estado ribeirinho, situada entre o mar territorial e o alto-mar, onde é exercida a polícia aduaneira e sanitária.

MARE CLAUSUM. 1. *Locução latina.* Mar fechado. 2. *Direito internacional público.* Mar interior que está sujeito à soberania do país que o circunda.

MARE LIBERUM. 1. *Locução latina.* Mar livre. 2. *Direito internacional público.* Mar alto pertencente a todos, onde prevalece o princípio da liberdade de navegação.

MARGEM DE LUCRO. *Direito comercial.* Diferença entre o preço da venda e o da compra de uma mercadoria.

MARGINAL. 1. *Sociologia geral.* a) Diz-se daquele que tem conduta anormal ou que é mais ou menos delinquente, vivendo, por isso, à margem das normas sociais; b) descendente de imigrante, que se caracteriza pela incorporação de valores de duas culturas divergentes e pela assimilação incompleta de ambas. 2. *Economia política.* Improdutivo. 3. *Direito administrativo.* Via pública ou área de terras situada ao lado de um rio. 4. *Direito penal.* a) Delinquente; b) vadio; c) aquele que vive à margem da lei. 5. *Direito civil.* O que se encontra no limite de uma região ou na fronteira.

MARIDO. *Direito civil.* 1. Cônjuge; varão. 2. Aquele que vive com uma mulher, em razão de casamento.

MARINHA MERCANTE. *Direito comercial marítimo.* Conjunto de embarcações ou navios utilizados para fins de navegação comercial, isto é, para transporte de carga e de passageiros. Trata-se, como prefere Geraldo Magela Alves, da frota comercial nacional.

MAR INTERIOR. *Direito internacional público.* É o localizado nas reentrâncias do litoral, isto é, em enseada, baía, golfo, estuário etc., estando sob a jurisdição do Estado circundado por ser parte integrante de seu território.

MARÍTIMO. 1. *Direito marítimo.* a) Marinheiro; b) marinho; c) aquele que se dedica à navegação por mar; d) naval; e) que vive no mar; f) tripulante. 2. *Direito do trabalho.* Aquele que trabalha na marinha mercante, prestando serviços a bordo de uma embarcação.

MAR JURISDICIONAL. O mesmo que MAR TERRITORIAL ou MAR INTERIOR.

MARKETING. *Termo inglês.* 1. Técnica de propaganda e de comercialização. 2. Prática de atos direcionados ao escoamento de produtos e serviços ao consumidor. **3.** Tipo de oferta ou informação de produto ou serviço ligada à sua circulação (Antônio Herman V. Benjamin). **4.** Operação mercadológica relativa a um produto, que vai desde a planificação de sua produção até o instante de sua aquisição pelo público consumidor. **5.** Estudo do mercado para lançamento da venda de um produto (Geraldo Magela Alves). **6.** Complexo de atividades mercantis voltadas ao planejamento do lançamento e distribuição de certo produto ou serviço no mercado. **7.** Política comercial adotada por uma empresa para vender seus produtos, com mais eficiência e rapidez, empregando estratégias de vendas, atendendo às tendências do mercado consumidor.

MAR LIVRE. *Direito internacional público.* É o mar alto, que pertence a todos, no qual a colocação de cabos e oleodutos, a presença de submarinos, a pesca e a navegação são livres, uma vez que não se sujeita a nenhuma jurisdição estatal. É uma *res communis*.

MAR PATRIMONIAL. *Direito internacional público.* Zona adjacente ou contígua ao mar territorial, onde o Estado costeiro exerce, com soberania, os seus direitos sobre recursos naturais, renováveis ou não, que, porventura, existirem em suas águas, leito e subsolo.

MAR TERRITORIAL. *Direito internacional público.* Faixa do mar adjacente regida pela lei do Estado cujas costas banha. É a parte de doze milhas do oceano, que integra o território nacional, indo das costas territoriais até os limites do alto-mar.

MÁSCARA EQUIMÓTICA. *Medicina legal.* Equimose ou ponto hemorrágico que aparece no rosto, no pescoço ou na parte superior do tórax, em casos de asfixias mecânicas por compressão do tórax e das acompanhadas de constrição do pescoço.

MASOQUISMO. 1. *Medicina legal.* Perversão sexual pela qual a pessoa só atinge o prazer pelo sofrimento provocado por violências físicas ou psíquicas impostas pelo seu parceiro de leito. Pode levar ao suicídio e homicídio, principalmente na hipótese de enforcamento masoquista. Trata-se da algolagnia passiva. **2.** *Direito civil.* Satisfação ou excitação sexual obtida apenas por meio de sofrimento, que constitui causa de separação judicial ou até mesmo de anulação do casamento, se muito acentuada.

MASSA ATIVA. *Direito civil* e *direito comercial.* Conjunto ou total dos valores ou créditos apurado, constante numa coluna de conta corrente. É a totalidade de lançamento de crédito.

MASSA DE CREDORES. *Direito comercial* e *direito civil.* É a que compreende todos os titulares das dívidas do falido ou do insolvente.

MASSA FALIDA. *Direito falimentar.* Acervo de bens do comerciante falido, que constituem o ativo e o passivo de seu patrimônio, arrecadado pelo administrador judicial na falência, por estar sujeito a execução coletiva, cujo produto será rateado, na forma da lei, entre os seus credores.

MASSA HEREDITÁRIA. *Direito civil.* Conjunto de bens deixado pelo *de cujus*, transmitido, com a abertura da sucessão, aos seus herdeiros, arrecadado e administrado pelo inventariante para promover a partilha. Trata-se do espólio.

MASSA INSOLVENTE. *Direito processual civil.* Conjunto de bens arrecadados por ocasião da execução por quantia certa contra devedor insolvente, que fica sob a responsabilidade de um administrador que, por sua vez, exerce suas atribuições sob a superintendência do magistrado, até a ocorrência da alienação em leilão ou praça.

MASSA PASSIVA. 1. *Direito civil* e *direito comercial.* Total das dívidas. **2.** *Direito marítimo.* Soma dos prejuízos ocorridos nas avarias, que deve ser paga pelos obrigados à contribuição.

MASSA SALARIAL. *Direito econômico, direito comercial* e *direito do trabalho.* Valor global das obrigações sociais e dos salários pagos aos empregados de uma empresa (Afonso Celso F. de Rezende).

MATA CILIAR. *Direito ambiental.* É a que margeia e recobre rio, riacho, córrego, lago, represa e olhos d'água, por ser vegetação que se beneficia dos nutrientes que se acumulam nas margens dos cursos de água e, em contrapartida, protegem suas margens da erosão e evitam o assoreamento, garantindo a constância do volume de água e dos lençóis freáticos, o aumento da fauna silvestre e aquática, o controle da temperatura, com um clima mais ameno, evita o transporte de defensivos agrícolas para os cursos d'água e possibilita a valorização da propriedade rural etc. (José Fernando Vidal de Sousa).

MATÉRIA DE DIREITO. *Direito processual.* **1.** É o fundamento jurídico do pedido ou da ação. **2.** Questão de direito que leva à averiguação do direito objetivo aplicável ao fato comprovado. **3.** Tema, em discussão judicial, fundado numa norma jurídica.

MATÉRIA DE FATO. *Direito processual.* **1.** Questão de fato. **2.** Acontecimento que, por estar ligado a uma matéria de direito, constitui base para mover uma ação judicial.

MATÉRIA NOVA. *Direito processual.* Fato novo que surge durante o andamento do processo, alterando a situação anterior, vindo, por isso, a integrar a lide, sem constituir um novo pedido ou causa nova.

MATÉRIA PREDOMINANTE. 1. *Direito processual.* Diz-se da questão principal, em torno da qual gira toda a controvérsia judicial. **2.** *Direito tributário.*

Em relação à classificação das mercadorias manufaturadas, diz-se daquela que se apresenta em maior quantidade ou a que, revestindo o produto, se mostra a mais evidente (De Plácido e Silva).

MATÉRIA PREJUDICIAL. ***Direito processual.*** É a questão que deve ser solucionada antes do julgamento do *meritum causae*, por ser relativa aos pressupostos processuais, às condições da ação e à matéria de ordem substancial.

MATÉRIA-PRIMA. ***Direito comercial.*** Substância bruta ou pouco elaborada, utilizada na fabricação de alguma coisa. É aquela que alterada ou transformada dá origem a uma espécie nova ou a um novo produto.

MATÉRIA RECICLÁVEL. ***Direito ambiental.*** Material que, após receber tratamento e/ou beneficiamento, pode ser reutilizado ou transformado em matéria-prima para fabricação de novo produto.

MATÉRIA RELEVANTE. ***Direito processual.*** É aquela que, por sua oportunidade, pertinência e juridicidade, pode exercer influência na solução de uma controvérsia, ou seja, na decisão da causa.

MATRIARCADO. ***Sociologia jurídica.*** **1.** Modalidade de organização sociopolítica, em que a mulher, por ser a base da família, nela exerce autoridade preponderante. **2.** Autoridade máxima da mulher, e não do marido, na família em algumas tribos africanas.

MATRÍCULA. **1.** ***Direito registrário.*** Ato cadastral de individualização de um imóvel, feito na circunscrição imobiliária de sua situação. **2.** ***Direito militar.*** Registro de inscrição dos nomes dos soldados, à medida que assentam praça. **3.** Nas ***linguagens jurídica*** e ***comum*** pode ter o sentido de: a) inscrição periódica numa escola; b) emolumento pago pelo aluno que pretende se inscrever num estabelecimento de ensino; c) inclusão, em livro apropriado, de nomes de repartições, firmas ou de pessoas obrigadas a cumprir certos deveres; d) inscrição em registros particulares ou oficiais, que garante determinados direitos e o exercício de certas profissões. **4.** ***Direito comercial.*** Inscrição exigida aos leiloeiros, corretores de mercadorias, avaliadores, tradutores e intérpretes comerciais, pessoas físicas ou jurídicas que pretendem estabelecer empresas de armazéns-gerais.

MATRÍCULA DE AERONAVE. ***Direito aeronáutico.*** Ato que confere nacionalidade à aeronave.

MATRÍCULA DE NAVIO. ***Direito marítimo.*** Documento identificador do navio, que prova sua propriedade e define sua nacionalidade e bandeira, indicando sua disciplina jurídica, seus direitos e seus deveres quando em trânsito em águas internacionais. Tal documento é imprescindível para sua entrada em qualquer porto e livre circulação em águas nacionais (Elcir Castello Branco).

MATRÍCULA DE VEÍCULO. ***Direito de trânsito.*** Inscrição de veículos automotores no Departamento de Trânsito para que possam circular, livremente, pelas vias públicas. Com ela, expedido será o certificado de registro ou de propriedade, contendo: marca, modelo, cor, número do chassi ou do motor, nome e endereço do proprietário etc.

MATRIMÔNIO. ***Direito civil.*** Casamento.

MATRIZ. **1.** ***Medicina legal.*** Útero. **2.** ***Direito comercial.*** Estabelecimento principal em relação a sucursais, filiais ou agências por ele controladas. Trata-se da sede de uma empresa onde se situa a administração geral, por ser o centro de sua atividade jurídica e negocial. **3.** ***Direito de propriedade industrial.*** Molde em que determinados objetos metálicos são fundidos **4.** ***Direito canônico.*** a) igreja principal de uma localidade; b) igreja que tem jurisdição sobre outras da mesma circunscrição. **5.** ***Direito agrário.*** Rês ou rebanho de gado puro, que serve para formar reprodutores.

MATURITY FACTORING. ***Locução inglesa.*** Faturização no vencimento, que se dá se as faturas representativas dos créditos do faturizado forem remetidas ao faturizador, sendo por ele liquidadas no seu vencimento. Não haverá qualquer adiantamento do valor dos créditos cedidos; exclui-se a atividade de financiamento, embora subsistam a gestão e a cobrança das faturas como garantia do pagamento na data do vencimento.

MAU PROCEDIMENTO. **1.** Nas ***linguagens comum*** e ***jurídica:*** a) conduta condenável por ser atentatória à honra, à moral e aos bons costumes; b) falta de cumprimento de um dever moral ou jurídico; c) modo de conduzir-se em desacordo com os princípios impostos pela vida social. **2.** ***Direito do trabalho.*** a) Comportamento irregular do empregado, incompatível com as normas exigidas pelo senso comum do homem médio (Amauri Mascaro Nascimento), constituindo justa causa para o empregador despedi-lo; b) ato faltoso grave que impossibilita a manutenção do vínculo empregatício (Wagner Giglio); c) ato doloso pelo qual o empregado pretende causar dano, real ou potencial, ao empregador (Antonio Lamarca).

MAUS COSTUMES. Atos ofensivos à moral, por não atenderem às normas consuetudinárias sociais e morais impostas pela sociedade.

MAUS-TRATOS. ***Direito penal.*** **1.** Crime consistente não só em submeter uma pessoa, sob sua autoridade, guarda ou vigilância, a trabalhos excessivos, a uma disciplina abusiva, como também em privá-la de alimentação ou cuidados indispensáveis, expondo-a a perigo de vida ou de saúde. **2.** Imposições de castigos imoderados.

MAU USO. ***Direito civil* e *direito penal*.** **1.** Uso nocivo ou anormal de um bem. **2.** Utilização irregular ou imprópria de uma coisa ou de um direito.

MÁXIMA JURÍDICA. ***Teoria geral do direito*.** Brocardo que expressa uma verdade jurídica.

MÁXIMAS DE EXPERIÊNCIA. ***Direito processual*.** Recursos excepcionais de que se pode valer, no cível ou no crime, o órgão judicante, devido ao seu caráter supletivo. Tais máximas não podem ser invocadas se houver preceito legal disciplinando a matéria, nem ser criadas arbitrariamente pelo magistrado, pois a lei exige como seu requisito necessário a observação do que comumente acontece. Ao elaborá-las, o juiz age indutivamente, pois, partindo de sua experiência vivencial, procede à observação de fatos particulares, dando-lhes uma significação, extraindo uma regra, de conformidade com aquilo que de mais comum sucede. O órgão judicante pode aplicá-las ao interpretar uma lei, ao avaliar provas, ao verificar as alegações das partes, ao deslindar o significado de certos conceitos normativos indeterminados, como "justa indenização", "preço vil" etc. As máximas de experiência podem ser, por sua vez, objeto de prova, e o juiz tem permissão de se informar sobre elas. Tais máximas são juízos gerais de fato, formados pela observação daquilo que comumente acontece (Chiovenda).

MEAÇÃO. **1.** ***Direito civil*.** a) Metade de um bem; b) condomínio de metade por metade; aquilo que é pertencente a duas pessoas, em partes iguais; c) parte cabível, ao término da sociedade ou do vínculo matrimonial, a cada cônjuge, sendo o regime de comunhão universal ou parcial; d) copropriedade entre dois vizinhos de muro, parede, cerca, vala ou valado de prédios confinantes; e) metade ideal do patrimônio comum a que, no inventário, tem direito o cônjuge sobrevivente, na qualidade de sócio dos bens da sociedade conjugal por ter se casado com o cônjuge falecido sob o regime de comunhão universal ou parcial, pois a outra metade consiste na herança que será partilhada entre os herdeiros do *de cujus*; f) parte disponível do acervo hereditário, da qual o testador pode dispor; g) legítima dos herdeiros necessários correspondente à metade da herança, que é indisponível; h) metade dos bens adquiridos onerosamente ou com o esforço comum, durante a convivência a que tem direito o convivente, finda a união estável; i) metade dos bens adquiridos pelo casal, a título oneroso, na constância do casamento, a que tem direito cada cônjuge, na dissolução da sociedade conjugal, sendo o regime de participação final nos aquestos. **2.** ***História do direito*.** Divisão ao meio dos frutos colhidos, entre o agricultor e o dono da terra (parceiro-proprietário), que era feita no antigo sistema de parceria.

MEDIAÇÃO. **1.** ***Direito comercial*.** *Vide* CONTRATO DE MEDIAÇÃO. **2.** ***Direito internacional público*.** Processo pacífico pelo qual uma terceira potência visa propor uma solução a conflitos internacionais entre duas ou mais nações, reaproximando-as ou facilitando suas negociações. **3.** ***Direito processual civil*.** a) Intervenção judicial em causas familiares ou em litígios atinentes a direitos patrimoniais privados; b) ato do conciliador em causas menores da competência de juízo especial, procurando obter um acordo entre as partes, pondo fim à demanda; c) conjunto de técnicas desenvolvidas por profissionais designados "conciliadores", que buscam superar impasses ou manter negociações (Gevaerd); d) é a autocomposição entre as partes em que a solução é dada por estas, estimulando o mediador a criatividade dos envolvidos, sem fazer sugestões; não é adversarial. Pressupõe negociação e é aplicável a todos os conflitos, em especial aos objetivos (Luiz G. Martins da Silva); e) técnica de resolução de conflitos trabalhistas, familiares e comunitários, inclusive para elaboração de acordos comerciais e industriais operativos e cooperativos para fusões, incorporações, compra e venda empresariais. É uma forma de negociação direta entre as partes em conflito em que terceira pessoa previamente treinada em técnicas de negociação, munida de conhecimentos multidisciplinares de psicologia e sociologia, é convidada não para decidir, mas para conduzir as partes a uma solução, facilitando o acordo; f) integra a *Alternative Dispute Resolution* (ADR), constituindo uma alternativa extrajudicial ou meio de solução de disputas, ou conflitos de interesses muito usual em diversos países, como, por exemplo, nos Estados Unidos, especialmente em conflitos relativos a questões trabalhistas, à empreitada, ao direito imobiliário, ao seguro, à franquia, ao direito de família, à responsabilidade civil, ao contrato internacional etc. É uma técnica de manejo comportamental que busca manter a negociação das partes sob o controle de um conciliador, profissional neutro, capacitado para superar impasses; g) técnica não adversarial de solução de conflito, pela qual dois ou mais litigantes (pessoas naturais ou jurídicas) recorrem a um especialista neutro, para que, mediante realização de reuniões conjuntas ou separadas, obtenham uma resolução consensual e satisfatória daquele litígio. Pode ser empregada no âmbito familiar (entre casais, pais e filhos), quando tratar-se de questões atinentes a guarda de filhos, partilha de bens, ou quando referir-se a condomínio, locação, direitos autorais, reparação de dano moral e pessoal, dissídios coletivos e individuais de trabalho, controvérsias entre sócios, conflitos oriundos de contrato, *joint-ventures*, *leasing* etc. (Adolfo Braga Neto); h) composição particular da lide (Sálvio de Figueiredo Teixeira) por meio de mediador que auxilia os mediados na busca de uma solução; i) método de solução extrajudicial de litígio pelo qual o mediador (terceiro) procura estabelecer um diálogo entre os litigantes suscetível de identificar as questões controvertidas, para atingir uma solução amigável, sem dar qualquer opinião àquelas partes.

MEDIAÇÃO PARA SERVIR À LASCÍVIA DE OUTREM. *Direito penal.* Crime consistente em induzir alguém a submeter-se aos desejos sexuais de outra pessoa, punido com reclusão, acrescido de multa se perpetrado com o fim de lucro. A pena será aumentada se: a vítima for maior de 14 e menor de 18 anos; o criminoso for ascendente, descendente, cônjuge, companheiro, irmão, tutor ou curador da vítima, ou, ainda, pessoa a quem a vítima esteja confiada para fins de educação, tratamento ou guarda; o crime for cometido com emprego de violência, grave ameaça ou fraude. Trata-se do lenocínio.

MEDIADOR. *Direito processual civil.* **1.** Medianeiro. **2.** Aquele que age por mediação para, com sua intercessão, aproximar as partes ou solucionar controvérsias.

MEDICINA DO TRABALHO. *Direito do trabalho.* Medicina que visa a prevenção de males ou acidentes oriundos da atividade laboral e o combate a doenças profissionais.

MEDICINA PÚBLICA. *Medicina legal.* Parte da medicina legal que se volta às questões relativas à higiene pública.

MEDIDA CAUTELAR. **1.** *Direito processual civil.* a) É a ação que tem por fim prevenir a eficácia do processo principal que com ela se relaciona (Marcus Cláudio Acquaviva). É o procedimento preventivo ou provisional que, ante o *periculum in mora* e o *fumus boni iuris*, se instaura antes da ação principal ou no curso dela, para evitar prejuízo em caso de ser julgada procedente a ação a que se vincula em prol do postulante; b) Tutela provisória de urgência de natureza cautelar, requerida pelo autor, a título de antecipação de tutela, por simples petição nos próprios autos principais, que poderá ser deferida pelo juiz, se presentes os respectivos pressupostos, em caráter incidental do processo ajuizado. A tutela provisória de urgência de caráter cautelar abrange arresto, sequestro, alimentos provisionais, posse em nome do nascituro, protesto e apreensão de títulos (Cassio S. Bueno); c) pode ser preparatória ou incidental. A preparatória visa a antecipação de providências acautelatórias de direito das partes e a composição da prova necessária ao julgamento favorável da pretensão resistida na ação a ser manifestada perante o Estado-juiz. A incidental permite à parte preservar ou assegurar direitos no curso do processo (Francisco Peçanha Martins). **2.** *Direito constitucional.* Medida que, nas representações por inconstitucionalidade oferecida pelo Procurador-Geral da República, visa paralisar a eficácia da norma inconstitucional durante a pendência do julgamento. **3.** *Direito processual penal.* Decretada pelo juiz, de ofício ou a requerimento das partes ou, no curso da investigação criminal, por representação da autoridade policial ou mediante requerimento do Ministério Público, observando-se: a) necessidade de aplicação da lei penal para a investigação ou instrução criminal e nos casos expressamente previstos para evitar a prática de infrações penais; b) adequação de medida à gravidade do crime, circunstâncias do fato e condições pessoais do indiciado ou acusado. São medidas cautelares: comparecimento periódico em juízo; proibição de acesso ou frequência a determinados lugares, de manter contato com pessoa determinada ou de ausentar-se da Comarca; recolhimento domiciliar no período noturno e nos dias de folga quando o investigado ou acusado tiver residência e trabalho fixos; suspensão do exercício de função pública ou de atividade de natureza econômica ou financeira quando houver justo receio de sua utilização para a prática de infrações penais; internação provisória em caso de crime praticado com violência ou grave ameaça e houver risco de reiteração; fiança para assegurar o comparecimento a atos processuais, evitar obstrução do seu andamento ou em caso de resistência injustificada à ordem judicial e monitoração eletrônica.

MEDIDA COMINATÓRIA. *Direito processual civil.* Preceito cominatório, ou seja, pedido feito pelo autor ao juiz para obrigar o réu a abster-se da prática de um ato, a tolerar uma atividade ou a prestar fato que não possa ser realizado por terceiro, sob pena de pagar pena pecuniária em caso de não cumprimento da sentença (Othon Sidou).

MEDIDA DE SEGURANÇA. *Direito penal* e *direito processual penal.* Sanção penal imposta a delinquente inimputável e, excepcionalmente, ao semi-imputável, cuja alta periculosidade é conhecida, restringindo sua liberdade mediante internação em hospital de custódia e tratamento psiquiátrico (medida de segurança detentiva) ou sujeição a tratamento ambulatorial (medida de segurança restritiva), realizando, assim, não só providência de proteção social, pela sua natureza preventiva, mas também educativa e terapêutica.

MEDIDA DE URGÊNCIA. *Direito internacional privado.* É a concedida, por meio de carta rogatória, em sentença estrangeira, que, para ser aqui executada, requer homologação, mesmo que sem a prévia oitiva do réu, desde que garantido, ulteriormente, o contraditório. O STJ não pode analisar o mérito da medida de urgência.

MEDIDA LIMINAR. **1.** *Direito constitucional.* Medida cautelar que, no mandado de segurança, tendo como pressuposto o *fumus boni juris* e o *periculum in mora*, está no comando constitucional para que a sentença final favorável não resulte inócua, pois, se a lide for julgada procedente, a cautelar será absorvida pela sentença imediatamente exequível, mas não sobreviverá à sentença denegatória de mérito, porque com esta ficarão afastados os fundamentos da impetração. **2.** *Direito processual.* Providência urgente e provisória concedida, administrativa e discricionariamente, pelo juiz no início da causa, em regra, junto ao despacho da petição inicial, para prevenir violação de interesses, preservar a inteireza da sentença e a possibilidade do perigo da demora. Por ser medida administrativa do juízo, concedida a qualquer tempo e suscetível de revogação, não é recorrível.

MEDIDA PROVISÓRIA. **1.** *Direito constitucional.* Norma expedida pelo Presidente da República, no exercício de competência constitucional, estando no mesmo escalão hierárquico da lei ordinária, embora não seja lei. O Presidente da República pode adotar medida provisória, com força de lei, em caso de relevância para o interesse nacional e urgência, devendo submetê-la, de imediato, ao Congresso Nacional, que, se estiver em recesso, será convocado extraordinariamente para reunir-se no prazo de cinco dias. Tal medida provisória perderá sua eficácia, desde a edição, se não for convertida em lei dentro de sessenta dias, prorrogáveis por uma única vez por igual prazo, a partir de sua publicação, devendo o Congresso Nacional disciplinar as relações jurídicas dela decorrentes. **2.** *Direito processual civil.* Medida administrativa do juízo, de caráter transitório, para regularizar uma situação, até que se dê uma solução definitiva ao caso *sub judice*. Por exemplo, liminar em mandado de segurança e nos interditos possessórios.

MEDIDA SATISFATIVA. *Direito processual civil.* Medida preventiva ou provisória tomada, liminarmente, em mandado de segurança, interditos possessórios e ação cautelar, quando autorizar a imediata fruição do direito que está sendo questionado em juízo (Othon Sidou).

MEEIRO. **1.** *História do direito.* Parceiro não proprietário, que tinha direito à meação da produção obtida, no antigo sistema de parceria, anterior ao Estatuto da Terra. Era o parceiro que trabalhava "a meia", recebendo metade da produção que conseguia da terra. **2.** *Direito agrário.* a) Condição do proprietário do fundo agrícola e do parceiro cultivador, no que atina à parcela cabível a cada um deles, que pode ser maior ou menor para o parceiro cultivador; menor ou maior para o parceiro proprietário; b) aquele que, por possuir contrato de meação com o proprietário da terra, divide com ele os rendimentos auferidos; c) aquele que, comprovadamente, tem contrato com o proprietário de terra ou detentor da posse e da mesma forma exerce atividade agrícola, pastoril ou hortifrutigranjeira, dividindo os rendimentos auferidos; d) diz-se do cavalo cuja marcha habitual é o movimento à média altura. **3.** *Direito civil.* a) Diz-se do cônjuge casado em regime de comunhão, que tem direito à metade ideal dos bens comuns do casal e do casado sob o regime de participação final nos aquestos, que tem, havendo dissolução da sociedade conjugal, direito à metade dos bens adquiridos onerosamente pelo casal durante a constância do casamento; b) aquele a quem, no inventário, cabe metade dos bens deixados pelo *de cujus*.

MEGALISMO. *Medicina legal.* **1.** Tendência para a grandeza; megalomania; delírio de grandeza. **2.** Mania de fazer coisas grandiosas. **3.** Disposição de espírito conducente à valorização errônea de situação social, da capacidade intelectual ou do poder, levando a pessoa a ter delírios e a apresentar traços mórbidos da personalidade, que podem ferir o seu senso crítico. Trata-se da loucura das grandezas, como diz Lalande.

MEIA-NACIONALIDADE. *Direito internacional privado.* Dupla nacionalidade admitida entre nós em caso de *jus sanguinis*, por não se caracterizar como uma naturalização voluntária, posto que filho ou neto de estrangeiro, nascido no Brasil, será brasileiro pelo *jus soli*, mas já teria sua segunda nacionalidade em razão da origem de seus ascendentes.

MEIO AMBIENTE. *Direito ambiental.* **1.** *Habitat*, ou seja, lugar onde se vive sob influência das leis físico-naturais, cuja fauna e flora devem ser preservadas, devendo-se para tanto combater a poluição e as práticas que possam ser lesivas a elas, sob pena de responsabilidade civil e penal. **2.** É a interação do conjunto de elementos naturais, artificiais e culturais que propiciam o desenvolvimento equilibrado da vida humana (José Afonso da Silva). **3.** Conjunto de condições, leis, influências e interações de ordem física, química e biológica, que permite, abriga e rege a vida em todas as suas formas. É, por isso, um patrimônio público que deve ser preservado. **4.** Conjunto de condições físicas, químicas, biológicas, entre outras, favorável à existência, manutenção e desenvolvimento de vida animal e vegetal, em interdependência (Antonio Silveira Ribeiro dos Santos).

MEIO CRUEL. *Direito penal.* Ato que causa à vítima muitos sofrimentos físicos, sem necessidade, sendo circunstância agravante de pena por revelar a perversidade ou falta de sensibilidade do agente.

MEIO INSIDIOSO. ***Direito penal.*** Diz-se daquele dolosamente utilizado, às ocultas, pelo criminoso para atacar, traiçoeira e inadvertidamente, a vítima, alcançando o resultado almejado de modo eficaz.

MEIOS DE PROVA. ***Direito processual.*** Expedientes usados em juízo para convencer o magistrado da veracidade do fato alegado ou de um ato negocial, tais como: documento, ata notarial, confissão, presunção, testemunho, indício, arbitramento, exame, vistoria etc.

MEIO-SOLDO. ***Direito militar.*** Metade dos vencimentos percebidos pelo militar, correspondente ao posto em que ele se reforma ou à pensão destinada aos seus beneficiários.

MELHORAMENTO PÚBLICO. ***Direito administrativo.*** Obra levada a efeito pela Administração Pública em proveito da coletividade, dando-lhe maior comodidade ou embelezando o local.

MEMORANDO. 1. ***Direito internacional público.*** Nota diplomática de um país a outro, indicando o estado em que se encontra uma dada questão de interesse comum. **2.** ***Direito comercial.*** Impresso contendo breves comunicações entre empresários sobre uma operação mercantil ou lançamento. **3.** Na ***linguagem comum*** pode ter o sentido de aviso por escrito ou participação. **4.** ***Direito autoral.*** Diz-se daquele sobre quem se escrevem as memórias.

MEMORIAL. 1. ***Direito processual civil.*** Peça apresentada após a audiência em juízo por um dos litigantes, expondo sua pretensão e os motivos que a amparam, fundamentando-a, substituindo, assim, o debate oral ante o fato de a causa apresentar questões complexas. **2.** ***Direito comercial.*** Borrador ou livro onde se anotam as operações empresariais realizadas e que, posteriormente, serão escrituradas em livro apropriado.

MENAGEM. 1. ***História do direito.*** a) Prisão em local fora do cárcere, sob palavra do prisioneiro; b) princípio pelo qual o acusado aguardava o julgamento em liberdade; c) homenagem que era um privilégio concedido à nobreza, permitindo ao preso aguardar o julgamento em seu castelo ou casa. Não tinha lugar nos crimes punidos com pena de morte, no crime de desafio para duelo e no caso de conversação escandalosa com freiras nos mosteiros; d) palavra dada sobre o cumprimento de um contrato. **2.** ***Direito penal.*** Medida restritiva da liberdade de locomoção que, em caso de estado de sítio, retém em algum local, que não a prisão, pessoa cuja participação política ou social se pretende neutralizar (Othon Sidou). **3.** ***Direito penal militar.*** Benefício concedido a indiciado ou acusado militar ou civil, oficial ou praça, nos crimes cujo máximo da pena privativa de liberdade não exceda a quatro anos, permitindo que fique preso sob palavra, fora de estabelecimento penal, em qualquer localidade, que pode ser sua casa, quartel etc., atendendo-se à natureza do delito perpetrado, aos seus antecedentes, e sendo vedado em caso de reincidência.

MENOR. 1. ***Lógica jurídica.*** a) Diz-se da segunda premissa de um silogismo; b) aquela premissa que contém o termo menor no silogismo categórico; c) aquela premissa que, no silogismo hipotético, enuncia que a condição está realizada ou que o seu efeito não o está; d) premissa que exclui uma das alternativas de um silogismo disjuntivo (Lalande). **2.** ***Direito civil.*** Aquele que ainda não atingiu a maioridade, sendo absolutamente incapaz até os dezesseis anos e relativamente incapaz até os dezoito anos. **3.** Na ***linguagem comum*** diz-se daquilo que é inferior em graduação ou pequeno. **4.** ***Direito da criança e do adolescente.*** Diz-se da criança de até doze anos e do adolescente entre doze e dezoito anos. **5.** ***Direito penal.*** Aquele que por não ter dezoito anos não responde criminalmente, sendo inimputável.

MENOR ABANDONADO. ***Direito da criança e do adolescente.*** **1.** Aquele que não tem representante legal que o oriente, vigie ou atenda a seus interesses. **2.** Aquele que, até dezoito anos, se encontra privado de assistência familiar, social ou estatal. **3.** Aquele que se encontra em situação irregular.

MENORIDADE. 1. ***Direito civil.*** Estado daquele que em relação à idade não pode praticar atos na vida civil sem estar devidamente representado, se contar até dezesseis anos, ou assistido, se tiver a idade entre dezesseis e dezoito anos. **2.** ***Ciência política.*** Estado daquele que não tem capacidade eleitoral ativa por não ter a idade mínima de dezesseis anos. **3.** ***Direito penal.*** Inimputabilidade até dezoito anos de idade. **4.** ***Direito do trabalho.*** Estado do que se encontra na faixa etária entre quatorze e dezoito anos. **5.** Na ***linguagem comum*** significa a parte menor de um todo.

MENSALISTA. 1. ***Direito administrativo.*** Servidor extranumerário que, por auxiliar os funcionários públicos ou desempenhar serviços industriais do Estado, percebe salário, calculado por mês, correspondente a sua categoria. **2.** ***Direito do trabalho.*** a) Empregado cujo salário é devido por mês; b) aquele que recebe remuneração, pelos serviços prestados, calculada por mês e não por hora, dia, semana, quinzena ou tarefa.

MENS LEGIS. ***Locução latina.*** Espírito da lei; intenção da lei.

MENS LEGISLATORIS. ***Locução latina.*** Intenção ou pensamento do legislador ao elaborar a norma.

MERA ADMINISTRAÇÃO. ***Direito civil.*** Diz-se do ato que visa a conservação dos bens administrados e o que tende a promover sua frutificação normal.

MERCADO CINZA. ***Direito comercial.*** **1.** Importação paralela. **2.** Forma de concorrência desleal parasitária, por haver comercialização de produto distribuído na zona de exclusividade do distribuidor por concorrente que os adquire de revendedores situados fora dessa zona (Fábio Ulhoa Coelho).

MERCADO COMUM DO CONE SUL (MERCOSUL). *Direito internacional público.* Criado pelo Tratado de Assunção, em 26 de janeiro de 1991, entrou em vigor em 1º de janeiro de 1995. É uma pessoa jurídica de direito internacional que tem por objetivos: a) a livre circulação de bens, serviços e fatores produtivos entre os países, mediante eliminação de direitos alfandegários e restrições não tarifárias à circulação de mercadorias etc.; b) o estabelecimento de uma tarifa externa comum e a adoção de uma política comercial comum em relação a terceiros Estados ou agrupamento de Estados; c) a coordenação de posições em foros econômico-comerciais regionais e internacionais; d) a coordenação de políticas macroeconômicas e setoriais, entre os Estados-partes, de comércio exterior, agrícolas, industriais, fiscais, monetárias, cambiais e de capitais, alfandegárias, de transportes, de serviços e comunicações e outras que se acordem, a fim de assegurar condições adequadas de concorrência entre os Estados-partes; e) o compromisso dos Estados-partes de harmonizar suas legislações, nas áreas pertinentes, para lograr o fortalecimento do processo de integração.

MERCADO DE BALCÃO. *Economia política e direito comercial.* **1.** É o realizado com a participação de pessoas autorizadas pela Comissão de Valores Mobiliários, negociando títulos obrigacionais não registrados em Bolsa. Efetua-se, portanto, fora da Bolsa. **2.** É atividade exercida fora do âmbito das Bolsas de Valores. Considera-se realizada em mercado de balcão a operação cuja contratação não seja efetivada por meio de leilão sem apregoamento, isto é, sem local físico definido (Paulo Sergio Restiffe).

MERCADO DE CAPITAIS. *Direito comercial.* **1.** Local onde são negociados títulos e valores mobiliários emitidos por instituições financeiras (Othon Sidou). **2.** Aquele que opera capital para financiamento (Geraldo Magela Alves). **3.** É, segundo Carlos Alberto Bittar, aquele que negocia títulos e valores mobiliários emitidos por empresas públicas ou privadas, sendo a captação de recursos feita por entidades financeiras autorizadas que os aplicam em determinados setores, sob forma de financiamento ou investimento. **4.** Conjunto de meios e instrumentos geradores das negociações recíprocas entre investidores e grandes empresas (Philomeno Joaquim da Costa).

MERCADO DE FUTUROS. *Direito comercial.* É o que possibilita a compra de um lote de mercadoria ou título por preço combinado no ato, mas que deverá ser pago somente em data futura, que vigorará a partir do dia do pregão até o do vencimento contratual.

MERCADO DE TRABALHO. *Sociologia jurídica e economia política.* **1.** Esfera de relações econômicas na qual o patrão procura empregados e estes, ocupação. **2.** Oferta e procura de mão de obra.

MERCADO ILEGAL. *Direito penal.* **1.** Crime contra a economia popular, consistente em vender mercadoria fora dos preços estabelecidos para obter lucro extorsivo. **2.** Aquele que opera ilegalmente com moeda estrangeira (Geraldo Magela Alves). **3.** *Vide* MERCADO PARALELO.

MERCADO PARALELO. *Direito comercial.* **1.** Diz-se daquele cujas operações na Bolsa de Valores não são fiscalizadas nem regulamentadas. **2.** O que se opera paralelamente ao oficial. **3.** Segmento mercadológico onde ocorrem: operações financeiras executadas por agentes não pertencentes ao Sistema Financeiro Nacional; movimentações ilegais de fundos por quem não pode fazer uso do mercado financeiro; compra e venda de moeda estrangeira fora dos mercados organizados (Luiz Fernando Rudge).

MERCADORIA. *Direito comercial.* **1.** Coisa que serve de objeto à compra e venda mercantil. **2.** Aquilo que se compra para revender. **3.** Conjunto de bens móveis apropriáveis, que são objeto de comércio ou de circulação econômica, abrangendo os gêneros (produtos da terra), as fazendas ou efeitos (coisas carregadas a bordo para trocar ou vender).

MERCANCIA. *Direito comercial.* **1.** Ato de praticar habitualmente o comércio. **2.** Profissão do empresário. **3.** Mercadoria. **4.** Exercício do comércio com fito lucrativo. **5.** Atividade econômica organizada dirigida à produção e circulação de bens e serviços.

MERCENÁRIO. **1.** Aquele que executa serviço pelo interesse exclusivo de perceber uma remuneração ou o salário ajustado, logo não trabalha por zelo. **2.** Aquele que loca serviço por paga. **3.** O que trabalha por suborno e não por dever. **4.** Soldado que, tendo em vista o pagamento do soldo, serve a um governo estrangeiro.

MERCHANDISING. **1.** *Termo inglês.* Operação de planejamento para colocar um determinado serviço ou produto no mercado, no local, no tempo e no preço certos. **2.** *Direito autoral.* Contrato pelo qual, mediante retribuição, se comercializam obras intelectuais aplicadas a produtos industriais. Com isso, o valor intelectual passa a ser parte integrante do produto para despertar o interesse geral sobre ele. Por exemplo, os desenhos de Walt Disney inseridos em produtos industriais (Carlos Alberto Bittar).

MERETRÍCIO. *Direito penal.* **1.** Atividade ou profissão de meretriz. **2.** Prostituição. **3.** Referente a meretriz. **4.** Prostíbulo ou local onde se pratica o comércio sexual. **5.** Comércio de mulher que mercadeja o próprio corpo.

MERITÍSSIMO. *Direito processual.* Tratamento dado aos magistrados.

MÉRITO DA CAUSA. *Direito processual.* **1.** Lide. **2.** Pedido do autor. **3.** Conflito de interesses qualificado pela pretensão do autor e resistência do réu (Carnelutti). **4.** Parte da causa que abrange o conjunto de fatos examinados, juridicamente, pelo órgão judicante, para prolatar a decisão e solucionar a relação jurídica. **5.** Questão substancial do processo, ou seja, relação jurídica material, que constitui o objeto do processo (Ana Prata).

MÉRITO DO ATO ADMINISTRATIVO. *Direito administrativo.* **1.** Campo de liberdade suposto na lei e que efetivamente venha a remanescer no caso concreto, para que o administrador, segundo critérios de conveniência e oportunidade, decida-se entre duas ou mais soluções admissíveis perante a situação vertente, tendo em vista o exato atendimento da finalidade legal, ante a impossibilidade de ser objetivamente identificada qual delas seria a única adequada (Celso Antônio Bandeira de Mello). **2.** Uso feito pela administração dos poderes discricionários conferidos por lei (D'Alessio). **3.** Princípio da oportunidade (Amorth). **4.** Conveniência e oportunidade da prática do ato administrativo.

MÊS. **1.** Espaço de trinta dias. **2.** Espaço temporal que vai de uma data de um mês até a igual data do mês seguinte. **3.** Duodécima parte de um ano.

MESA. **1.** *Ciência política.* Órgão incumbido de dirigir trabalhos de uma sessão legislativa ou deliberativa, composto do presidente e secretários de uma assembleia. **2.** *Direito civil.* Conjunto de pessoas que deliberam ou resolvem assuntos de uma associação. **3.** *Direito alfandegário.* Designação de várias repartições da alfândega. **4.** Na *linguagem comum,* móvel que serve para execução de trabalhos, para decoração ou para colocação de iguarias durante a refeição. **5.** *Direito eleitoral.* Órgão composto por pessoas, nomeadas pelo juiz eleitoral, que dirigem os trabalhos de recolhimento dos votos dos eleitores, nas eleições diretas.

MESÁRIO. **1.** *Direito eleitoral.* Membro componente da mesa receptora de votos, nomeado, em regra, entre os eleitores da própria seção eleitoral; e dentre estes preferem-se aqueles que tenham cultura, como os diplomados em escola superior, professores e serventuários da justiça. **2.** *Direito civil.* Cada uma das pessoas que fazem parte da mesa que dirige uma reunião ou assembleia de uma associação ou entidade corporativa.

METADE DISPONÍVEL. *Direito civil.* Porção da totalidade dos bens de uma pessoa, ou de sua meação, se casada em regime de comunhão, que, livremente, pode ser disposta por ela, se tiver herdeiro necessário, pois se não o tiver poderá dispor da totalidade de seu patrimônio ou meação.

MÉTODO. *Teoria geral do direito.* **1.** Caminho ordenado que conduz a ciência a fixar as bases da sistematização, garantindo a veracidade do conhecimento. **2.** Segundo Tércio Sampaio Ferraz Jr., é o conjunto de princípios de avaliação da evidência, de cânones para julgar a adequação das explicações propostas ou de critérios para selecionar hipóteses. **3.** É o meio que possibilita fundamentar a certeza e a validade do saber, por demonstrar que os enunciados científicos são verdadeiros. **4.** *Direito virtual.* Rotina de programação de computador com função definida.

METODOLOGIA JURÍDICA. *Filosofia do direito.* **1.** Análise crítica sobre um ramo do direito ou sobre um ordenamento jurídico, que submete à contínua revisão os procedimentos utilizados pelo jurista, estabelecendo os limites dentro dos quais os seus resultados são válidos ou não. **2.** Operação pela qual se constitui o objeto que deve ser governado pelo método que fixará as bases de sistematização da ciência jurídica. **3.** Epistemologia jurídica que constitui uma reflexão filosófica não só sobre a ciência do direito, limitando-se ao estudo de sua natureza, de seus métodos e de seu objeto, elaborando uma teoria do método da ciência jurídica, mas também sobre a origem, os limites e valor da faculdade humana de conhecer as condições de possibilidade do conhecimento e os critérios de validade do conhecimento, sendo uma teoria do conhecimento jurídico em todas as suas modalidades: conceitos jurídicos, proposições, raciocínio jurídico etc.

METRÓPOLE. **1.** *Direito administrativo.* a) Cidade que é a capital de um país ou de um Estado-membro da Federação; b) centro de comércio ou civilização. **2.** *Direito canônico.* Igreja arquiepiscopal em relação às que dela dependem. **3.** *Direito internacional público.* É a nação relativamente às suas colônias.

MICROECONOMIA. *Economia política.* **1.** Estudo dos caracteres e do comportamento de produtores e consumidores e das relações mercadológicas que entre eles intercorrem. **2.** Análise dos aspectos setoriais da economia (Othon Sidou). **3.** Estudo da ação econômica de indivíduos ou de pequenos grupos (Geraldo Magela Alves).

MICROEMPRESA. *Direito comercial.* **1.** Diz-se daquela cuja renda bruta anual não ultrapassa o limite legal, tendo por isso direito a um tratamento diferenciado ou simplificado na seara tributária, creditícia, previdenciária etc. **2.** É a sociedade, exceto a por ações, ou a firma individual, constituídas por pessoas naturais domiciliadas no País, cuja receita bruta anual (operacionais somadas às não operacionais) seja igual ou inferior a noventa e seis mil UFIRs — Unidade Fiscal de Referência. **3.** É a pessoa natural (empresário) ou jurídica (sociedade empresária) cuja receita bruta anual chegue a até R$ 360.000,00.

MÍDIA. *Direito de comunicação.* **1.** Meio de divulgação da ação publicitária. **2.** Encarregado, numa agência de propaganda, dos veículos e da compra de espaços de tempo para transmissão de anúncios. **3.** Seção de uma agência de propaganda que, além de fazer contato com jornais, rádio, televisão etc., apresenta estudo, efetua distribuições de anúncios etc. **4.** Conjunto de várias formas pelas quais se opera a comunicação de uma informação, como, por exemplo, a escrita, a falada, a por via de imagem etc.

MIGRAÇÃO EXTERNA. *Sociologia jurídica.* Ato de passar de um país para outro, que em relação à nação de origem chama-se emigração e em relação à de destino, imigração.

MIGRAÇÃO INTERNA. *Sociologia jurídica.* Ato de sair de uma região para entrar noutra da mesma nação.

MILHA MARÍTIMA. *Direito internacional público.* Unidade de distância usada em navegação e que corresponde a um mil, oitocentos e cinquenta e dois metros.

MILÍCIA. *Direito militar.* **1.** Carreira militar. **2.** Corporação auxiliar das Forças Armadas sujeita à organização e disciplina militares. **3.** Força armada para fins de vigilância e polícia interna. **4.** Por extensão pode abranger: a) a arte ou exercício de guerra; b) a força militar.

MILITAR. *Direito militar.* **1.** Servidor público que integra as Forças Armadas, a Polícia Militar e o Corpo de Bombeiros, sujeitando-se às normas e disciplinas militares. **2.** Relativo às Forças Armadas ou à guerra. **3.** Próprio do que segue a carreira das armas.

MINIFÚNDIO. *Direito agrário.* Propriedade agrícola de pequena extensão, sendo inferior ao módulo rural da região, com agricultura mecanizada ou de subsistência.

MÍNIMO EXISTENCIAL. *Direito civil.* Locução que não está sendo empregada apenas no sentido material de "patrimônio mínimo", proposto por Luiz Edson Fachin, como garantia dada a alguém para evitar estado de extrema penúria material, mas também na acepção espiritual de assegurar à pessoa condições para viver dignamente com tranquilidade, mantendo íntegros seus direitos de personalidade, realçando o ser humano e não somente a questão da proteção de um patrimônio imprescindível para a sua sobrevivência.

MINISTÉRIO PÚBLICO. *Direito processual.* Instituição permanente, essencial à função jurisdicional do Estado, que tem a incumbência de zelar pela defesa da ordem jurídica, do regime democrático e dos interesses sociais e individuais indisponíveis. Os seus membros têm as mesmas garantias da magistratura: vitaliciedade, inamovibilidade e irredutibilidade de vencimentos. E seus princípios institucionais são: o da unidade, o da indivisibilidade e o da autonomia funcional, administrativa e financeira. Na seara criminal pode fiscalizar a execução da lei e investigar de modo direto as infrações penais; promover em juízo a apuração dos crimes; acusar e responsabilizar os criminosos; zelar pelos interesses gerais da sociedade; promover, privativamente, a ação penal pública; requisitar inquérito policial e diligências investigatórias; exercer o controle externo sobre a atividade policial; pedir a absolvição ou recorrer em favor do acusado se se convencer de sua inocência; impetrar *habeas corpus* se entender que o acusado sofre constrangimento ilegal. Na esfera cível pode: a) ser órgão agente, ao provocar o Poder Judiciário em várias ações, como nas de interdição, nos casos de deficiência mental ou em caso de menoridade, inércia ou incapacidade dos genitores, tutores, cônjuge ou parente do interditando, nulidade de casamento, declaração de inconstitucionalidade, nulidade de ato em fraude à lei, destituição do poder familiar, nas ações civis públicas em defesa de interesses difusos e coletivos, nas ações civis *ex delicto* etc.; b) oficiar numa série de feitos como órgão interveniente para, por exemplo, zelar pela indisponibilidade dos interesses de uma parte, suprir alguma inferioridade, assegurar o interesse público; c) exercer a administração pública de interesses privados. Cabe-lhe ainda atender o público, orientando os deficientes físicos, os necessitados, principalmente nas questões de família, de menores, de acidentes do trabalho etc., intervir junto aos tribunais e Conselhos de Contas (Hugo Nigro Mazzilli) e demandar a exclusão de herdeiro ou legatário indignos.

MINISTÉRIOS. *Direito administrativo.* Órgãos federais de Administração direta, que, no Brasil, atualmente, são os seguintes Ministérios: da Casa Civil; da Secretaria-Geral da Presidência da República; da Secretaria de Relações Institucionais; da Secretaria de Comunicação Social; da Segurança Institucional; da Agricultura e Pecuária; das Cidades; da Ciência, Tecnologia e Inovação; das Comunicações; da Cultura; da Defesa; do Desenvolvimento Agrário e Agricultura Familiar; do Desenvolvimento e Assistência Social, Família e Combate à Fome; do Desenvolvimento, Indústria, Comércio e Serviços; dos Direitos Humanos e da Cidadania; da Educação; do Empreendedorismo, da Microempresa e da Empresa de Pequeno Porte; do Esporte; da Fazenda; da Gestão e da Inovação em Serviços Públicos; da Igualdade Racial; da Integração e do Desenvolvimento Regional; da Justiça e da Segurança Pública; do Meio Ambiente e Mudança do Clima; de Minas e Energia; das Mulheres; da Pesca e Aquicultura; de Planejamento e Orçamento; de Portos e Aeroportos; dos Povos Indígenas; da Previdência Social; das

Relações Exteriores; da Saúde; do Trabalho e Emprego; dos Transportes; do Turismo. O governo conta com a Advocacia-Geral da União e com a Controladoria-Geral da União com *status* de Ministério.

MINISTRO. **1.** ***Ciência política.*** Titular de um ministério. **2.** ***Direito processual.*** Título de juiz de tribunal superior como: Supremo Tribunal Federal, Superior Tribunal de Justiça, Tribunal de Contas, Superior Tribunal Militar, Tribunal Superior do Trabalho e Tribunal Superior Eleitoral. É a maior graduação no Poder Judiciário. **3.** ***Direito internacional público.*** a) Chefe da legação de um país; b) enviado de um governo junto a outro; c) diplomata que se encontra no ápice de sua carreira.

MINISTRO EXTRAORDINÁRIO. ***Direito internacional público.*** Ministro plenipotenciário que é o agente diplomático de segunda classe, sendo chefe de uma legação ou missão. É sempre acreditado perante chefes de Estado, por representar seu país em outro ou em organismos internacionais. Tem as tarefas de: representar o Estado acreditante perante o acreditado; proteger os interesses do Estado acreditante e de seus nacionais; negociar com o governo do país acreditado; inteirar-se dos acontecimentos ocorridos no Estado acreditado, informando, por meios lícitos, o governo na nação acreditante; promover relações amistosas e desenvolver relações econômicas, culturais e científicas entre os países acreditante e acreditado.

MINISTRO PLENIPOTENCIÁRIO. *Vide* MINISTRO EXTRAORDINÁRIO.

MINUTA DE CONTRATO. ***Direito civil*** e ***direito comercial.*** Ajuste preliminar para a formação de um contrato, feito por escrito, contendo alguns pontos constitutivos de seu conteúdo (cláusulas ou condições) sobre os quais já chegaram os futuros contratantes a um acordo, para que sirva de modelo ao contrato que depois realizarão, mesmo que nem todos os detalhes tenham sido acertados. Não vincula, juridicamente, as partes, salvo se culposa ou dolosamente uma delas prejudicar a outra, gerando responsabilidade civil aquiliana.

MISSÃO. **1.** ***Direito internacional público.*** a) Comissão diplomática; b) conjunto de pessoas enviadas para cumprir tarefa ou função especial. **2.** ***Direito canônico.*** a) Estabelecimento dos missionários; b) os missionários; c) pregação dos missionários. **3.** Na ***linguagem jurídica*** em geral: a) incumbência; b) obrigação imposta ou contraída. **4.** ***Direito administrativo.*** Função especial ou temporária de que se incumbe um funcionário público.

MISTANÁSIA. ***Medicina legal.*** Eutanásia social, ou seja, morte miserável, fora e antes da hora, que nada tem de suave, boa ou indolor, que se dá quando: a) a grande massa de doentes, por motivo político, social e econômico, não chega a ser paciente, por não conseguir ingressar no sistema de atendimento médico; b) doentes que, sendo pacientes, tornam-se vítimas de erro médico; c) pacientes que são vítimas de má prática profissional por razões econômicas, científicas ou sociopolíticas (Leonardo M. Martin).

MOBBING. ***Termo inglês.*** O mesmo que assédio moral.

MOBILIZAÇÃO. **1.** ***Direito militar.*** a) Soma de atos imprescindíveis para preparar e reunir as Forças Armadas, dispondo-as para a guerra (De Plácido e Silva); b) conjunto de operações militares e administrativas ou de providências preparatórias da defesa do país em caso de guerra ou agressão externas. **2.** ***Direito comercial.*** Circulação de valores que se encontram sem aplicação.

MOÇÃO. ***Ciência política.*** **1.** Proposta, a respeito de uma questão a ser discutida, feita a uma assembleia com poderes de deliberação; apresentação de um assunto para ser discutido em assembleia. **2.** Deliberação tomada pelo órgão coletivo, endossando a proposta inicial.

MOÇÃO DE CONFIANÇA. ***Ciência política*** e ***direito comparado.*** Proposta de apoio ao governo, no regime parlamentarista, que, sendo aprovada, implica a permanência do Gabinete (Othon Sidou).

MOÇÃO DE DESCONFIANÇA. ***Ciência política*** e ***direito comparado.*** No sistema parlamentarista é a proposta de apoio ao gabinete, apresentada ao Parlamento, que foi rejeitada, provocando a sua queda e demissão. A moção de censura ou de desconfiança revela que não mais existe o apoio da maioria parlamentar para que o Gabinete possa permanecer no governo.

MOÇÃO DE ORDEM. ***Ciência política.*** Questão que pode ser levantada em qualquer momento da discussão numa assembleia.

MODELO DE UTILIDADE. ***Direito de propriedade industrial.*** Disposição ou forma nova introduzida ou obtida em objetos conhecidos (ferramentas, utensílios, máquinas etc.), desde que se prestem a um trabalho ou uso prático.

MODELO INDUSTRIAL. ***Direito de propriedade industrial.*** Forma plástica que possa servir de tipo de fabricação de um produto industrial e que, ainda, se caracterize por nova configuração ornamental.

MODERADO. **1.** Que guarda o meio-termo entre os extremos. **2.** Que tem moderação. **3.** Que é prudente. **4.** Razoável. **5.** Não excessivo. **6.** Investidor ou fundo de investimento que procura aplicações bancárias com risco moderado e com retornos relativamente estáveis ao longo do tempo. **7.** Ativo de risco médio (Luiz Fernando Rudge).

MODO. **1.** ***Direito civil.*** Encargo, isto é, cláusula acessória, em regra, aderente a atos de liberalidade *inter vivos* (doação) ou *mortis causa* (testamento, legado), embora possa aparecer em promessa de recompensa ou em outras declarações unilaterais de vontade, e que impõe um ônus ou uma obrigação à pessoa natural ou jurídica contemplada pelo referido ato. Pode consistir numa prestação em favor de quem o institui, de terceiro ou mesmo numa prestação sem interesse particular para determinada pessoa. Por exemplo, doação de um terreno para que nele se edifique uma escola para crianças excepcionais; legado com o encargo de construir um hospital. **2.** ***Lógica jurídica.*** a) Asserção complementar da proposição relativa à natureza ou às condições da relação por ela enunciada. A lógica clássica conhece como modos o ser ou não ser possível e o ser ou não ser necessário; b) cada uma das diversas formas de raciocínio silogístico, que se classificam conforme as proposições que o compõem variem em quantidade e em qualidade. **3.** ***Filosofia geral.*** a) Determinação de um sujeito; b) cada uma das classes de manifestação de uma função determinada; c) maneira de ser ou de manifestar-se; d) forma; e) cada uma das diversas maneiras de ação ou de existência de uma mesma substância. **4.** ***Direito administrativo.*** Ônus imposto ao beneficiário de certa vantagem outorgada pelo ato administrativo. Por exemplo, concessão dada a particular para usar águas públicas, desde que faça determinada obra (José Cretella Jr.).

MÓDULO RURAL. ***Direito agrário.*** Área mínima, com viabilidade econômica para a exploração agrícola, determinada pela lei conforme os caracteres de cada região. Trata-se de uma unidade de medida agrária limitativa do direito de propriedade de terra rural, que se baseia no princípio constitucional da função social da propriedade, evitando a multiplicação de minifúndios e permitindo a disseminação da propriedade familiar em processo de reforma agrária (Fernando Pereira Sodero).

MODUS ADQUIRENDI. ***Locução latina.*** Modo de adquirir.

MODUS OPERANDI. ***Locução latina.*** Modo de trabalhar.

MODUS PROCEDENDI. **1.** ***Locução latina.*** Modo de proceder. **2.** ***Direito administrativo.*** Comportamento ou procedimento irrepreensível, que deve ter o agente público na sua repartição e em sua vida particular (José Cretella Jr.).

MODUS VIVENDI. **1.** ***Locução latina.*** a) Norma de vida; b) meio de vida; c) modo de viver. **2.** Na ***linguagem comum:*** compromisso que soluciona uma questão relacionada a duas pessoas, permitindo uma convivência (Renzo Tosi). **3.** ***Direito internacional público.*** a) Pacto provisório entre dois Estados para reger um problema, enquanto se espera a efetivação de um tratado definitivo (Renzo Tosi); b) acordo ou convênio provisório entre Estados em litígio, que visa manter sua convivência pacífica até que a questão pendente se resolva definitivamente. Tal ajuste se dá, em regra, mediante permuta de notas diplomáticas; c) acordo executivo que tem em vista apenas deixar as coisas no estado em que se encontram, ou estabelecer simples bases para negociações futuras (Hildebrando Accioly).

MOEDA. ***Economia política.*** **1.** Instrumento comum de troca; denominador comum de valores; padrão de pagamentos diferidos e reserva de valores, em forma metálica, ou em moeda-papel, papel-moeda ou moeda escritural (Othon Sidou). **2.** Meio legal de pagamento (Stanley Jevons). **3.** Fração equivalente ou múltiplo de uma unidade ideal (Nussbaum). **4.** Meio de compra indeterminado (Louis Baudin). **5.** Tudo a que se liga um valor; o que representa um valor. **6.** Dinheiro. **7.** Diz-se da casa ou do estabelecimento oficial onde são fabricadas as moedas. **8.** Mercadoria que intervém uniformemente, como equivalente de todas as outras, nas trocas (Cauwès). **9.** Unidade representativa de valor aceita, numa comunidade, como instrumento de troca (Paulo Matos Peixoto). **10.** Medida usual e convencional de valor. **11.** Mercadoria que tem curso oficial e cujo valor é estabelecido como o equivalente que permite a troca por outras mercadorias, de cujo valor comparativo é a medida (Aurélio).

MOEDA CONVERSÍVEL. ***Economia política.*** **1.** Aquela que pode ser convertida em ouro ou outro metal precioso. **2.** A que pode ser trocada por outra moeda, bens ou serviços e reembolso de dívidas em outros países (Luiz Fernando Rudge). Por isso, trata-se da moeda forte.

MOEDA DIVISIONÁRIA. ***Economia política.*** **1.** É a moeda convencional estabelecida para facilitar as operações, tendo poder liberatório nos limites determinados por lei (De Plácido e Silva). **2.** Dinheiro representativo de submúltiplo da unidade monetária em curso, empregada para troco (Othon Sidou). Representa ela a fração da moeda principal ou da moeda-padrão. Por exemplo, os centavos são frações do real.

MOEDA ESTRANGEIRA. ***Economia política.*** É a que está em curso em outro país que não o nosso, sendo objeto de operações de câmbio.

MOEDA FIDUCIÁRIA. ***Economia política.*** **1.** É a representada por bilhetes ou notas de bancos ou de estabelecimentos de crédito, por títulos de crédito, por moedas divisionárias ou por papel-moeda. **2.** É, sem lastro, a emitida pelo Estado, afiançada ou garantida por um valor convencional para facilitar as operações comerciais e efetuar pagamentos. Trata-se do papel-moeda.

MOEDA FORTE. *Economia política.* É a que, por ter valor nominal igual ao intrínseco e reserva metálica, torna-se, facilmente, conversível no mercado internacional.

MOEDA FRACA. *Economia política.* Aquela que por não ter suficiente reserva metálica ou cambial não é de fácil conversão no mercado internacional, uma vez que possui valor intrínseco menor que o nominal.

MOEDA INCONVERSÍVEL. *Economia política.* **1.** Aquela que por não ter base cambial ou metálica é insuscetível de ser convertida no padrão-ouro. **2.** É a moeda fraca por não poder ser trocada por outra moeda, bens ou serviços, nem ser reembolso de dívidas em outros países (Luiz Fernando Rudge).

MOEDA METÁLICA. *Economia política.* É a cunhada em metal, precioso ou não, colocada em circulação pelo Estado.

MOEDA-PAPEL. *Economia política.* Aquela que, representada em papel, pode, em qualquer tempo, sofrer conversão no seu valor metálico equivalente, uma vez que sua emissão se deu por ordem do Estado.

MONARQUIA. *Ciência política.* **1.** Estado que é governado por um monarca. **2.** Forma de governo em que o poder político concentra-se nas mãos de uma só pessoa: rei, imperador, príncipe, duque.

MONARQUIA CONSTITUCIONAL. *Ciência política.* Aquela em que, além de haver limitações constitucionais ao poder do monarca, que, sendo chefe de Estado, se submete à Carta Magna, há outra força que participa do governo, pois o Primeiro-Ministro, que tem a chefia do governo, exerce suas funções assessorado por um gabinete emanado do Parlamento, que representa o povo. O poder está, portanto, dividido entre o monarca e o Primeiro-Ministro, assessorado pelo gabinete, que é o representante do povo, sendo seu exercício regulado por uma Constituição.

MONARQUIA PARLAMENTAR. *Ciência política.* Monarquia constitucional que adota o regime parlamentar.

MONITORAMENTO ELETRÔNICO. *Direito penal.* Prisão virtual como forma de pena alternativa cumprida pelo condenado em seu lar, colocando-se em seu pulso ou tornozelo uma pulseira de plástico contendo *chip* eletrônico para captar sinais de um transmissor que contém uma placa de circuito, calibragem individual e código de identificação única, acoplado ao telefone de sua casa. Se o condenado retirá-la ou ultrapassar os limites de captação dos sinais de transmissão, a central receberá aviso de alarme. O juiz poderá definir a fiscalização por meio de monitoração eletrônica quando: autorizar a saída temporária no regime semiaberto ou determinar a prisão domiciliar.

MONOCRACIA. *Ciência política.* Autocracia ou monarquia cujo governo é exercido por uma só pessoa.

MONOGAMIA. *Direito civil* e *sociologia jurídica.* Sistema matrimonial pelo qual o homem ou a mulher só pode ter, legalmente, apenas um cônjuge, enquanto a sociedade conjugal for vigente. Logo, neste regime, a família tem sua base no casamento de um homem com uma mulher.

MONOMETALISMO. *Economia política.* **1.** Sistema monetário que admite como padrão legal somente o ouro. **2.** Sistema econômico pelo qual a moeda deve ser representada por uma única espécie de metal, apesar de permitir a utilização de outros metais nas moedas divisionárias.

MONOPÓLIO. **1.** *Economia política.* a) Privilégio concedido a alguém ou a empresa ou reservado ao governo para poder, sem competidor, explorar uma atividade econômica, uma indústria, vender certo gênero especial ou ocupar determinados cargos; b) domínio completo do mercado pela união de várias empresas em trustes ou cartéis; c) acordo empresarial que tem por escopo a eliminação da concorrência com o açambarcamento de certo produto, para vendê-lo por preço melhor ou mais acessível, e com isso ter-se o aumento arbitrário de lucros; d) mercado em que há um só vendedor e vários compradores. **2.** *Direito penal.* Abuso do poder econômico pelo controle de uma empresa ou de um cartel ou truste, de tal modo que passe a influenciar, decisivamente, sobre a produção, distribuição, prestação ou venda de certos produtos ou serviços e sobre seus preços.

MONOPÓLIO ADMINISTRATIVO. *Direito administrativo.* Modalidade de monopólio público, por consistir numa reserva legal que confere ao Estado o direito de explorar com exclusividade determinadas atividades de interesse público. Por exemplo, a exploração de minas etc.

MONOPÓLIO FISCAL. *Direito administrativo* e *direito financeiro.* **1.** Modalidade de monopólio estatal, consistente na exploração pelo Poder Público do comércio de determinados produtos de grande consumo populacional, para eliminar concorrentes, diminuindo o preço final, e aumentar a receita do Estado. **2.** Reserva parcial ou total da produção, da compra e venda de mercadorias, com o objetivo de tributação (Geraldo Magela Alves).

MONTANTE. **1.** *História do direito.* Pesada espada utilizada na era medieval para, com ambas as mãos, golpear de baixo para cima. **2.** *Direito marítimo.* Refluxo da maré; enchente; preamar. **3.** *Economia política.* Soma do capital com os respectivos juros.

MONTE LÍQUIDO. *Direito civil.* O que fica do monte-mor, após a dedução da meação do cônjuge supérstite, dos débitos, dos impostos, das despesas do funeral do inventariado e das custas processuais, constituindo o objeto da partilha. Trata-se do quinhão hereditário.

MONTE-MOR. *Direito civil.* **1.** Universalidade dos bens do *de cujus* arrecadados sem dedução dos encargos da herança e das despesas do espólio. Trata-se do valor bruto dos bens hereditários. **2.** Total dos bens inventariados (Sebastião Amorim e Euclides de Oliveira).

MONTE PARTILHÁVEL. *Vide* MONTE LÍQUIDO.

MONTE PARTÍVEL. *Vide* MONTE LÍQUIDO.

MONTEPIO. *Direito administrativo* e *direito previdenciário.* Instituto que ampara a família do funcionário público, concedendo-lhe uma pensão quando este vier a falecer ou ficar impossibilitado do exercício de suas funções.

MORA. *Direito civil.* Inexecução culposa da obrigação e injusta recusa de recebê-la no tempo, no local e na forma devidos (R. Limongi França).

MORA ACCIPIENDI. *Vide* MORA CREDITORIS.

MORA CREDITORIS. *Locução latina.* Mora do credor.

MORA DE AMBOS OS CONTRATANTES. *Direito civil.* Mora simultânea que se dá, por exemplo, quando nenhum dos contratantes comparecer ao local ajustado para pagamento, gerando sua compensação, aniquilando-se, reciprocamente, ambas as moras, com a consequente liberação recíproca da pena pecuniária convencionada. Caso em que as coisas deverão permanecer no mesmo estado em que se achavam anteriormente, como se não tivesse havido mora, quer do devedor, quer do credor.

MORA DEBENDI. *Locução latina.* Mora do devedor.

MORA DEBITORIS. *Locução latina.* Mora do devedor.

MORA DO CREDOR. *Direito civil.* É a injusta recusa de aceitar o adimplemento da obrigação no tempo, lugar e forma devidos (R. Limongi França).

MORA DO DEVEDOR. *Direito civil.* É a que se configura quando o devedor não cumprir, por culpa sua, a prestação devida na forma, tempo e lugar estipulados.

MORA EX PERSONA. *Direito civil.* Dá-se quando não houver estipulação de termo certo para o devedor executar a relação obrigacional; nesse caso, será imprescindível que o credor tome certas providências necessárias para constituir o devedor em mora, tais como: interpelação judicial ou extrajudicial, ou citação feita na própria causa principal pelo credor ajuizado para discutir a relação jurídica.

MORA EX RE. *Direito civil.* É a do devedor, decorrente de lei, resultando do próprio fato do descumprimento da obrigação, independendo, portanto, de provocação do credor. A mora do devedor ocorrerá *pleno iure*, não sendo necessário qualquer ato ou iniciativa do credor se houver vencimento determinado para o adimplemento da obrigação. É o que se dá, por exemplo: a) nas obrigações positivas e líquidas, não cumpridas no seu termo; b) nas obrigações negativas, pois o devedor fica constituído em mora, desde o dia em que executar o ato de que devia abster-se; c) nas obrigações provenientes de delito, considerando-se o devedor em mora desde o instante em que o perpetrou.

MORALIDADE ADMINISTRATIVA. *Direito administrativo* e *direito constitucional.* **1.** Conjunto de normas de conduta que regem a disciplina interna da Administração. Normas da boa administração. **2.** Complexo de normas disciplinadoras do exercício do poder discricionário da Administração. **3.** Conjunto de normas de conduta da Administração que, em determinado ordenamento jurídico, são consideradas como *standards* comportamentais que a sociedade deseja e espera (Lúcia Valle Figueiredo). **4.** Princípio constitucional da Administração Pública, que visa a probidade no exercício de suas funções.

MORATÓRIA. **1.** *Direito civil.* a) Prorrogação de prazo concedido pelo credor, na obrigação de dar, já vencida ou por vencer, ao devedor; b) pena contratual imposta em caso de retardamento no cumprimento de uma obrigação. **2.** *Direito comercial* e *direito falimentar.* Dilatação convencional do prazo, ajustada entre o devedor-empresário e seus credores, para certas obrigações. Trata-se da recuperação judicial ou extrajudicial. **3.** *Direito tributário.* a) Hipótese suspensiva da exigibilidade do crédito tributário; b) prorrogação de prazo para pagamento do tributo (Eduardo M. Ferreira Jardim). **4.** *Direito administrativo.* Declaração unilateral do Poder Público, de que não honrará suas dívidas no vencimento dos contratos (Luiz Fernando Rudge).

MORES. **1.** *Termo latino.* Costumes. **2.** *Sociologia jurídica.* Costumes considerados essenciais pelos membros do grupo.

MORE UXORIO. **1.** *Locução latina.* a) Vida em comum entre homem e mulher, embora não sejam casados; b) conforme o casamento. **2.** *Direito civil.* a) Convivência de duas pessoas que, não sendo casadas, vivem maritalmente; b) união estável.

MORS OMNIA SOLVIT. *Aforismo jurídico.* A morte extingue tudo.

MORTE APARENTE. *Medicina legal.* Aquela em que a pessoa parece morta, mas, na verdade, está viva. É o estado orgânico em que as funções vitais parecem estar abolidas, ante a imperceptibilidade dos batimentos cardíacos, o fato de a respiração dar mostras de haver cessado e a ausência de reações a estímulos. É muito comum em casos de síncope anestésica, asfixia, eletrocução etc. (Paulo Matos Peixoto).

MORTE CEREBRAL. *Medicina legal.* 1. Paralisação definitiva de todas as funções cerebrais, atingindo a vida de relação, em que se pode conservar a vida vegetativa por meios artificiais. 2. É, na lição de Segre, a que atinge a vida de relação, sem cessar a vida vegetativa (respiração, pulsação cardíaca).

MORTE CIVIL. *História do direito, direito comercial, direito civil* e *direito militar.* Perda de direitos, que se constituía em fator extintivo da personalidade, em condenados a penas perpétuas e religiosos professos; conquanto vivos, eram considerados mortos na seara jurídica. Entretanto, há alguns resquícios de morte civil na nossa ordenação jurídica, que constituía, pelo Código Comercial, causa de extinção do mandato mercantil; pelo Código Civil, a indignidade produz efeito pessoal, pois os descendentes do herdeiro excluído o sucedem, como se ele morto fosse, e há lei que dispõe que uma vez declarado indigno do oficialato, ou com ele incompatível, perde o militar o seu posto e patente, ressalvado à sua família o direito à percepção de sua pensão.

MORTE DECLARADA. *Direito processual civil* e *direito civil.* Reconhecimento judicial da morte de desaparecido em incêndio, inundação, naufrágio, terremoto etc., desde que se comprove que estava no local da catástrofe, não tendo sido possível localizar seu cadáver (Sebastião Amorim e Euclides de Oliveira). Trata-se da morte presumida, sem declaração de ausência.

MORTE ENCEFÁLICA. *Medicina legal.* 1. É o dano irreversível, global, de todo o encéfalo, incluindo o tronco encefálico, mantendo-se as atividades pulmonar e cardiovascular por processos artificiais (Avelino Medina). Atinge a própria coordenação da vida vegetativa; logo, a interrupção da sustentação vital por meios mecânicos não configura eutanásia, porque o paciente já está morto. 2. Abolição total e definitiva das funções do encéfalo, de que dependem todas as demais funções orgânicas (Manif e Elias Zacharias). Nesta morte está atingida a coordenação da vida vegetativa (Segre).

MORTE NATURAL. 1. *Direito comparado.* Perda da vida por execução de sentença judicial que impõe ao condenado a pena capital. 2. *Direito civil.* Fim da vida de uma pessoa, qualquer que seja a causa que a originou, desde que não haja ação de agentes mecânicos. Trata-se da morte por doença ou velhice, havendo comprometimento natural dos órgãos vitais.

MORTE PRESUMIDA. *Direito civil.* É a admitida por lei, por presunção, com ou sem declaração de ausência de uma pessoa, produzindo efeitos patrimoniais e sucessórios e extinguindo casamento. Se uma pessoa desaparecer, sem deixar notícias, qualquer interessado na sua sucessão ou o Ministério Público poderá requerer ao juiz a declaração de sua ausência e a consequente abertura de sua sucessão. Admitida está também, por lei, a declaração de *morte presumida, sem decretação de ausência,* em casos excepcionais, para viabilizar o registro do óbito, como: se for extremamente provável a morte de quem estava em perigo de vida ante as circunstâncias em que se deu o acidente, e se alguém, desaparecido em campanha ou feito prisioneiro, não foi encontrado até dois anos após o término da guerra. Nessas hipóteses, a declaração da morte presumida apenas poderá ser requerida depois de esgotadas as buscas e averiguações, devendo a sentença fixar a data provável do óbito. O óbito deverá ser, portanto, nestes casos, justificado judicialmente, diante da presunção legal da ocorrência do evento morte.

MORTE REAL. 1. *Medicina legal.* Fim da vida humana constatando-se: perda da consciência, da sensibilidade da motilidade, parada da circulação e da respiração e cessação da atividade cerebral (Paulo Matos Peixoto). 2. *Direito civil.* Cessação da personalidade natural pelo término de sua vida, que traz imediata extinção de obrigações e direitos de que o *de cujus* era titular, acarretando, por exemplo: a) dissolução do companheirismo, do vínculo conjugal e da comunhão de bens; b) extinção do poder familiar e dos contratos personalíssimos; c) cessação da obrigação de alimentos, com o falecimento do credor, pois com o do devedor, seus herdeiros assumirão os ônus até as forças da herança; da obrigação de fazer, quando convencionado o cumprimento pessoal; do pacto de venda a contento; da preempção e da obrigação oriunda de ingratidão de donatário; d) extinção do usufruto, da doação em forma de subvenção periódica; do encargo da testamentaria; do benefício da justiça gratuita. Contudo, o aniquilamento não é completo com a morte, pois: a vontade do *de cujus* sobrevive com o testamento; ao cadáver é devido respeito; o direito moral do autor, à imagem e à honra, produz efeitos após o óbito; militares e servidores públicos podem ser promovidos *post mortem* e aquinhoados com medalhas; a falência pode ser decretada mesmo depois de morto o comerciante; a reabilitação da memória do falecido é possível etc.

MORTE SIMULTÂNEA. *Vide* COMORIÊNCIA.

MORTE VIOLENTA. *Medicina legal.* É a que se dá por acidente, suicídio ou homicídio.

MORTO. 1. *Direito civil.* a) Falecido; b) aquele que morreu. **2.** *Economia política.* Diz-se do capital que não circula por não ter sido empregado. **3.** *Direito marítimo.* Navio que não obedece ao leme. **4.** *Direito penal.* Cadáver humano. **5.** Em *gíria* é o objeto subtraído.

MOTIM DE PRESOS. *Direito penitenciário.* Revolta de presos, perturbando a ordem e a disciplina da prisão.

MOTIVAÇÃO. 1. *Sociologia geral.* Processo de iniciação de uma ação voluntária e consciente. **2.** *Psicologia forense.* a) Energia ou tensão que provoca certo comportamento; b) explicação de uma ação. **3.** Na *linguagem jurídica* é: a) a razão que deu origem a um ato; b) exposição de motivos; c) relação de um ato com os motivos que o justificam (Lalande); d) apresentação dos motivos determinantes de uma medida. **4.** *Direito processual.* Conjunto de fundamentos de fato e de direito, invocados pelo magistrado, que justificam uma decisão judicial.

MOTIVAÇÃO SIMBÓLICA. *Ciência política. Slogan* que constitui o sinal distintivo de um partido político, sendo um instrumento de transmissão simplificada das ideias (Acquaviva).

MOTIVO. 1. *Direito autoral.* a) Assunto de uma composição ou obra artística; b) conteúdo de obra literária. **2.** *Psicologia forense.* a) Fator que impulsiona certo comportamento; b) causa de ordem mental que tende à produção de uma ação voluntária. **3.** Na *linguagem jurídica* em geral, tem a acepção de: a) fundamento; b) justificativa; c) aquilo que dá causa a algo; d) intenção; ânimo; e) o que determina o movimento; f) causa; origem; g) razão de ser; h) causa determinante de atos ou ações. **4.** *Direito penal.* a) Razão ou causa determinante do crime; b) representação subjetiva que impele o agente à prática da ação ou omissão criminosa. **5.** *Direito civil.* a) Razão pela qual se realiza um negócio. É apurado subjetivamente, por ser concernente aos fatos que levaram alguém a efetivar um ato negocial. Distingue-se da *causa*, que se determina objetivamente, por ser a função econômico-social atribuída pela norma a um negócio (Moreira Alves). Por exemplo, numa compra e venda a *causa* é a troca da coisa pelo preço e o *motivo*, a razão pela qual os contratantes a entabularam, como para usar coisa na ornamentação de uma residência; b) base subjetiva do negócio ou impulso psíquico, que, para anular negócio, se houver erro, precisa estar nele declarado como razão determinante.

MOTIVO FÚTIL. *Direito penal.* Também designado de motivo frívolo ou irrelevante; é aquele que, por ser desprezível, ou por não ter qualquer valor, não pode justificar o crime. Não passa de um pretexto infundado, insignificante, gratuito ou despropositado, de que o agente se valeu ao perpetrar um crime, constituindo circunstância agravante de pena, por revelar perversidade do agente.

MOTIVO TORPE. *Direito penal.* Aquele que, pela sua repugnância, ofende a moralidade média e a consciência ética de um povo em dado contexto histórico-social. Pela aversão que provoca e pela sua imoralidade, constitui circunstância agravante.

MUAMBA. 1. *Direito penal.* a) Contrabando; b) compra e venda de coisas furtadas; c) produto de roubo; d) negócio escuso e ilícito. **2.** *Direito militar.* Conjunto de apetrechos dos soldados. **3.** *Direito comparado.* Espécie de canastra usada para transporte na África.

MULTA. 1. Ato ou efeito de multar quem infringe leis ou regulamentos. **2.** Pena pecuniária. **3.** Sanção pecuniária de natureza civil, tributária ou fiscal. **4.** Cláusula penal. **5.** Sanção cabível em caso de recursos protelatórios.

MULTA COMPENSATÓRIA. *Direito civil.* Pena convencional estipulada para: a) a hipótese de total inadimplemento da obrigação, quando o credor poderá, ao recorrer às vias judiciais, optar livremente entre a exigência da cláusula penal e o adimplemento da obrigação, visto que a cláusula penal se converterá em alternativa em seu benefício; b) garantir a execução de alguma cláusula especial do título obrigacional, possibilitando ao credor o direito de exigir a satisfação da pena cominada juntamente com o desempenho da obrigação principal.

MULTA DIÁRIA. *Vide* ASTREINTE.

MULTA FISCAL. *Direito tributário.* Pena pecuniária imposta a pessoa natural ou jurídica que viole lei fiscal, desde que se comprove tal infração após processo administrativo. Tem por escopo compelir o contribuinte a satisfazer sua obrigação tributária dentro do prazo legal.

MULTA MORATÓRIA. *Direito civil.* Cláusula penal convencionada para o caso de simples mora no cumprimento da obrigação. Ao credor, então, assistirá o direito de demandar, cumulativamente, a pena convencional e a prestação principal.

MULTA PENAL. 1. *Direito civil.* Cláusula penal. **2.** *Direito penal.* Pena pecuniária que se aplica cumulativa ou alternativamente nos crimes, ou isoladamente nas contravenções.

MULTA SUBSTITUTIVA. *Direito penal.* É a que se aplica em substituição à pena privativa de liberdade não superior a seis meses. A lei penal confere ao juiz um poder-dever de, apreciando as circunstâncias de cada caso diante das condições exigidas, aplicar ou não a substituição da pena. É também designada "multa vicariante".

MULTA TRABALHISTA. *Direito do trabalho.* É a imposta em caso de infração das obrigações previstas na legislação trabalhista. Como exemplos de multa trabalhista, podemos citar a de valor igual a trinta vezes o valor de referência regional por empregado não registrado; a de valor igual a quinze vezes o valor de referência regional por extravio ou inutilização da Carteira de Trabalho por culpa da empresa, e por falta de anotação desse documento pela empresa dentro do prazo legal de quarenta e oito horas; a de valor igual a noventa vezes o valor de referência regional àquele que, comerciante ou não, vender ou expuser a venda qualquer tipo de carteira igual ou semelhante ao tipo oficialmente adotado etc.

MULTIPROPRIEDADE IMOBILIÁRIA. *Vide* SISTEMA TIME-SHARING DA PROPRIEDADE.

MUNDIVIDÊNCIA. *Filosofia geral.* **1.** Cosmovisão. **2.** Concepção do mundo e dos valores por parte de uma pessoa ou grupo social, religioso, cultural, político, étnico etc.

MUNICIPALIDADE. *Direito administrativo.* **1.** Conjunto de órgãos que têm a incumbência de dirigir os negócios do Município, atendendo a seus peculiares interesses, como Prefeitura e Câmara Municipal. **2.** Pessoa jurídica de direito público que representa o Município na esfera de suas atividades. **3.** Edifício onde os vereadores exercem suas funções. **4.** Circunscrição territorial que forma um Município.

MUNICIPALISMO. *Ciência política.* **1.** Teoria que propugna a maior autonomia político-administrativa possível dos Municípios. **2.** Sistema de descentralização da Administração Pública que preserva e defende a autonomia jurídica do Município, aprimorando sua administração e lutando pela obtenção de recursos financeiros, com os quais possa executar seus serviços, realizar seus negócios e atender a seus interesses.

MUNICÍPIO. *Direito administrativo* e *direito constitucional.* **1.** Pessoa jurídica de direito público interno de Administração direta dotada, constitucionalmente, de autonomia político-administrativa, com capacidade de ter governo próprio e de legislar no âmbito de sua competência, para a consecução de seus interesses peculiares e realização de suas finalidades locais. **2.** Circunscrição territorial administrada por um prefeito, para atender a seus interesses e executar leis emanadas dos vereadores eleitos pelo povo. **3.** Conjunto orgânico de famílias, associações naturais que, reconhecidas pelo Estado, tornam-se legais (Ataliba Nogueira). **4.** Área, mais ou menos conveniente, fixada sob a autoridade estatal, para a execução local de funções consideradas de seu interesse (Lane Lancaster). **5.** Corporação territorial intercalada no Estado, com governo próprio, que se realiza por meio de órgãos escolhidos e próprios, regulando, em seu próprio nome, os assuntos da comunidade local nos limites das leis e com autorresponsabilidade (Erich Becker). **6.** Unidade geográfica divisionária do Estado, dotada de governo próprio para a administração descentralizada de serviços estaduais e para o trato de interesses locais (Oswaldo Trigueiro). **7.** Unidade autônoma federativa do Estado (Geraldo Magela Alves).

MÚNUS PESSOAL. Encargo personalíssimo, ou seja, obrigação que, por ser indelegável, só pode ser exercida, única e exclusivamente, pela própria pessoa nomeada ou encarregada para esse fim.

MÚNUS PÚBLICO. **1.** Encargo público. **2.** Encargo, ônus ou função imposta pela lei e pelo Estado a certos cidadãos ou a membros de determinada classe profissional, em benefício coletivo ou no interesse da pátria ou da ordem social. Por exemplo, a tutela, a curatela, o júri, o serviço militar, a advocacia de ofício etc.

MUTILAÇÃO. **1.** *Direito autoral.* Supressão de parte de uma obra literária. **2.** *Direito penal* e *direito civil.* Lesão corporal que consiste no ato ou efeito de cortar ou destruir algum membro ou parte do corpo vivo ou morto, gerando a responsabilidade criminal e civil do agente. **3.** *Direito civil.* Desfalque no patrimônio. **4.** *Teoria geral do direito.* Deturpação do sentido normativo.

MUTUALISMO. *Direito civil.* Sistema especial de sociedade em que, visando a solidariedade recíproca, seus componentes, periodicamente, contribuem com uma soma pecuniária destinada à prestação de auxílio ou de socorro no setor da indústria, agricultura, seguro etc.

MUTUANTE. *Direito civil.* Aquele que entrega coisa fungível a outrem a título de empréstimo.

MUTUÁRIO. *Direito civil.* **1.** Aquele que recebe bem fungível por empréstimo. **2.** Mutualista; associado de uma mútua.

MÚTUO. *Direito civil.* Contrato pelo qual um dos contratantes transfere a propriedade de bem fungível ao outro, que se obriga a restituir-lhe coisa do mesmo gênero, qualidade e quantidade.

MÚTUO CONSENSO. *Direito civil.* Consentimento manifestado por duas ou mais pessoas para a realização, modificação ou dissolução de um negócio jurídico.

MÚTUO DISSENSO. *Direito civil.* **1.** Distrato ou conjugação de vontades do mutuante e do mutuário para desfazer o mútuo. **2.** Desacordo das partes quanto ao modo de cumprir um negócio jurídico.

MÚTUO FENERATÍCIO. *Direito civil.* Empréstimo de dinheiro ou de coisas fungíveis a juros que não ultrapassem a taxa de doze por cento ao ano.

NAÇÃO. *Ciência política.* **1.** Conjunto de pessoas que habitam o mesmo território, ligadas por afinidades culturais, linguísticas etc., seguem os mesmos costumes e obedecem às mesmas leis. **2.** Povo de um país. **3.** Sociedade organizada política e juridicamente que constitui o Estado. **4.** Governo de um país. **5.** Sociedade politicamente organizada que tem consciência de sua própria unidade e controla, com soberania, seu território. **6.** Território habitado por um povo, que tem autonomia política; país. **7.** Pátria. **8.** Raça. **9.** Grupo social que constitui um Estado, pois dele emana o poder. **10.** Substrato espiritual ou cultural em que se forma o Estado (Pinto Ferreira). **11.** Substância humana do Estado (Carré de Malberg). **12.** É um meio composto de tantos elementos quantos os fatores capazes de influir na gênese de um indivíduo humano (Delos).

NACIONAL. *Direito constitucional* e *ciência política.* **1.** O que é relativo à nação. **2.** Pessoa em relação ao Estado onde nasceu; indivíduo natural de um país. **3.** Brasileiro nato ou naturalizado. **4.** Órgão político ou administrativo do governo federal. **5.** Coisa em relação ao seu país de origem, ou seja, àquele em que foi produzida.

NACIONALIDADE. **1.** *Direito constitucional, direito civil, direito internacional privado* e *ciência política.* a) Qualidade de nacional; naturalidade; b) liame jurídico que prende o indivíduo a um Estado em razão do *ius soli* ou de *ius sanguinis;* c) vínculo existente entre uma pessoa e um país em virtude de naturalização; d) caráter jurídico que possuem os cidadãos de um Estado; e) vínculo jurídico que liga o indivíduo ao Estado em razão do local de nascimento, da ascendência paterna ou da manifestação de vontade do interessado (Marcus Cláudio Acquaviva); f) vínculo jurídico-político de direito público interno que faz da pessoa um dos elementos componentes da dimensão pessoal do Estado (Pontes de Miranda). **2.** *Sociologia jurídica.* a) Grupo social unido por aspirações comuns (Durkheim e Métin); b) grupo, racial ou cultural, de conflito que está lutando para obter autonomia e *status* em um grupo de nações.

NACIONALIDADE BRASILEIRA. *Direito constitucional.* Condição de nacional do Brasil, outorgada ao: a) nascido na República Federativa do Brasil, ainda que de pais estrangeiros, desde que estes não estejam a serviço de seu país; b) nascido no exterior, de pai brasileiro ou mãe brasileira, desde que qualquer deles esteja a serviço do Brasil; c) nascido no exterior, de pai brasileiro ou mãe brasileira, desde que registrado em repartição brasileira competente ou venha a residir na República Federativa do Brasil e opte, em qualquer tempo, depois de atingida a maioridade, pela nacionalidade brasileira; d) naturalizado que, na forma da lei, adquiriu a nacionalidade brasileira, exigidas ao originário de país de língua portuguesa apenas residência por um ano ininterrupto e idoneidade moral. Ao português com residência permanente no País, se houver reciprocidade em favor de brasileiros, serão atribuídos os direitos inerentes ao brasileiro, exceto nos casos previstos constitucionalmente; e) naturalizado de qualquer nacionalidade residente no Brasil há mais de quinze anos ininterruptos e sem condenação penal, desde que requeira a nacionalidade brasileira.

NACIONALIDADE DE ORIGEM. *Direito civil* e *direito internacional privado.* É a determinada pela filiação (*jus sanguinis*) ou pelo local de nascimento (*jus soli*).

NACIONALIDADE MISTA. *Direito internacional privado.* Binacionalidade, decorrente do fato de aquele que é brasileiro em razão do *jus soli* ter sua segunda nacionalidade pelo direito de seus antepassados, em virtude do *jus sanguinis,* por ser filho ou neto de estrangeiro. Logo, mantém a nacionalidade brasileira aquele que tem reconhecida sua nacionalidade originária, por lei estrangeira.

NACIONALIZAÇÃO. *Direito civil* e *direito internacional privado.* **1.** Ato de tornar-se nacional ou de naturalizar-se. **2.** Naturalização, ou melhor, ato pelo qual um estrangeiro, renunciando sua nacionalidade de origem, adota a do país onde reside. **3.** Ação de passar para o poder exclusivo do Estado o que se encontra em posição diferente, ou de integrar à nação tudo o que não lhe pertence (De Plácido e Silva).

NÃO DEFERIDO. **1.** *Direito civil.* Diz-se do direito futuro, quando está subordinado a fatos ou condições falíveis. Por exemplo, se A faz doação de uma casa a B, sob condição de este se casar, o direito de B sobre o imóvel dependerá da realização de seu casamento, que poderá ocorrer ou não. **2.** *Direito processual.* Diz-se do meio de prova que não se produziu ou que não foi admitido.

NARCOANÁLISE. *Psicologia forense* e *medicina legal.* Trata-se da subnarcose, vedada em lei, que é um método violento que permite, por meio de administração intravenosa de entorpecente, explorar o inconsciente de alguém, reduzindo sua resistência à censura, obtendo, assim, confissões ou revelações de episódios passados, que, em estado normal de consciência, se obstina a esconder e negar.

NARCÓTICO. *Medicina legal.* Substância que, além de entorpecer o cérebro, paralisa suas funções, produzindo um estado similar ao sono natural, causando dependência psíquica, alterando a sensibilidade, inibindo a capacidade locomotora etc. Por exemplo, morfina, heroína, beladona, ópio, codeína, metadona, alfaprodine, maconha etc.

NASCITURO. *Direito civil.* **1.** Aquele que há de nascer, cujos direitos a lei põe a salvo. **2.** Aquele que, estando concebido, ainda não nasceu e que, na vida intrauterina, tem personalidade jurídica formal, no que atina aos direitos da personalidade, passando a ter personalidade jurídica material, alcançando os direitos patrimoniais e pessoais, que permaneciam em estado potencial, somente com o nascimento com vida.

NATIMORTO. *Direito civil.* Aquele que nasceu sem vida ou que morreu no ventre materno, depois de seis meses de vida intrauterina, desde que sua morte seja natural ou acidental não dolosa ou não culposa.

NATO. **1.** *Ciência política.* a) O que é fundado no nascimento; b) nascido em certo país. **2.** *Direito civil.* Diz-se de um membro pertencente a uma pessoa jurídica que nela tem função conatural, por ter ocupado certas posições em outras administrações. **3.** *Direito penal* e *medicina legal.* a) Congênito; hereditário; b) diz-se do criminoso que, por força do instinto ou da hereditariedade, possui qualidades internas com tendência à prática de ações delituosas.

NATURALIA NEGOTII. *Locução latina.* Efeito próprio e inerente ao negócio jurídico.

NATURALIDADE. *Ciência política.* **1.** Naturalização. **2.** Nacionalidade que, em acepção estrita, diz respeito à região do país de onde a pessoa é natural. **3.** Vínculo territorial do nascimento, ou seja, o lugar onde o indivíduo nasceu. **4.** Qualidade de natural da localidade em que se nasceu, em seu próprio país (De Plácido e Silva).

NATURALIZAÇÃO. *Ciência política.* **1.** Ato pelo qual alguém, preenchendo certos requisitos legais, muda de nacionalidade, de acordo com as normas vigentes no país que o acolhe e o inclui entre seus nacionais. **2.** Ato pelo qual se confere a estrangeiro os direitos reconhecidos aos nacionais. **3.** Ato pelo qual um estrangeiro renuncia sua nacionalidade de origem ao adotar a do outro país (De Plácido e Silva). **4.** Mudança de nacionalidade do país de origem pela do país de adoção. **5.** Nacionalidade adquirida ou derivada. **6.** Concessão da cidadania nacional a estrangeiro residente no país que preencha os requisitos legais, embora com restrições de direitos.

NATURALIZADO. *Ciência política.* Aquele que se naturalizou.

NATUREZA JURÍDICA. *Filosofia do direito.* **1.** Significado último dos institutos jurídicos. **2.** Afinidade que um instituto jurídico tem, em diversos pontos, com uma grande categoria jurídica, podendo nela ser incluído a título de classificação.

NAUFRÁGIO. **1.** *Direito marítimo.* Perda parcial ou total do navio que se destroça, submerge, incendeia, encalha ou fica sem rumo, em razão de acidente, abalroamento ou ataque inimigo, sendo, por isso, abandonado pela tripulação. **2.** *Direito comercial.* Negócio que sofreu paralisação; ruína; quebra. **3.** Nas *linguagens comum* e *jurídica,* pode ter o sentido de: a) decadência moral; b) fraqueza; c) infortúnio; d) prejuízo.

NAVEGAÇÃO. *Direito comercial.* **1.** Ação de navegar. **2.** Arte e técnica de navegar. **3.** Ação de transportar coisas e pessoas por via aérea ou marítima. **4.** Ação de conduzir ou dirigir um navio ou aeronave de um local a outro. **5.** Percurso marítimo, fluvial ou lacustre feito por uma embarcação, ou aéreo feito por avião.

NAVEGAÇÃO COSTEIRA. *Direito marítimo.* Operações de navegação feitas, sem perder a costa de vista, dentro das águas territoriais de um mesmo país, entre seus portos, caso em que se tem a pequena cabotagem, ou entre portos brasileiros e os de países vizinhos, hipótese em que se configura a grande cabotagem.

NAVEGAÇÃO DE CABOTAGEM. *Direito marítimo.* A realizada entre portos ou pontos do território brasileiro, utilizando a via marítima ou esta e as vias navegáveis interiores. *Vide* NAVEGAÇÃO COSTEIRA.

NAVIO DE GUERRA. *Direito militar.* Aquele que está a serviço das comissões militares, transportando tropas sob o comando de oficiais da Marinha, munido de material para entrar em combate, efetuando operações bélicas. É considerado território do país a que pertence mesmo estando em porto estrangeiro.

NAVIO MERCANTE. *Direito comercial* e *direito marítimo.* **1.** Embarcação utilizada para fins mercantis, transportando pessoas e mercadorias de um porto a outro, no mesmo país ou fora dele. São navios mercantis os de pesca, os de carga e os de passageiros, utilizados em exploração turística. **2.** Aquele usado em pescas em alto-mar.

NECESSIDADE PÚBLICA. *Direito civil* e *direito administrativo.* Caso legal que justifica a declaração de desapropriação, abrangendo as seguintes hipóteses, dentre outras: segurança nacional, defesa do Estado, socorro público em caso de calamidade, salubridade pública. Implica uma situação emergencial que requer, para sua solução satisfatória, a transferência de bens particulares para o patrimônio público.

NECESSITADO. **1.** *Direito processual.* Aquele que não tem condições econômicas para custear o processo judicial e pagar os honorários advocatícios, sem prejuízo de seu próprio sustento e do de sua família. **2.** *Direito civil.* Aquele que, por não ter meios para sua subsistência, pode pleitear alimentos do ex-cônjuge ou ex-convivente, parentes em linha reta e colaterais até segundo grau que tiverem condições de prestá-los. **3.** Nas *linguagens jurídica* e *comum,* pode ter, ainda, o significado de: a) indigente; b) pobre.

NECROFAGIA. *Medicina legal.* **1.** Qualidade daquele que se alimenta de substâncias em decomposição. **2.** Hábito de alguns criminosos pervertidos de comer carne do cadáver da vítima.

NECROFILIA. *Medicina legal.* Perversão que leva a obter o prazer sexual pela contemplação, prática de ato libidinoso, contato, coito vaginal ou anal, mutilação abdominal ou genital, ou evocação mental de um cadáver (Oswaldo Pataro).

NECROMANIA. *Medicina legal.* **1.** Prazer doentio de contemplar cadáveres. **2.** Mania de profanar sepultura (Geraldo Magela Alves).

NECROPSIA. *Medicina legal.* Autópsia ou exame médico-científico para averiguar a causa da morte, feito por meio de inspeção interna do cadáver, esclarecendo crime ou elucidando diagnóstico para fins clínicos ou sanitários.

NECROTÉRIO. *Medicina legal.* **1.** Local onde ficam os cadáveres que aguardam sua identificação ou reconhecimento antes de serem sepultados, ou que vão ser autopsiados. **2.** Morgue. **3.** Edifício onde são depositados os cadáveres.

NEGLIGÊNCIA. **1.** Descuido. **2.** Incúria; desídia; inércia. **3.** Desatenção. **4.** Indiferença. **5.** Falta de diligência. **6.** Omissão ou inobservância de dever. **7.** Falta de precaução.

NEGOCIAÇÃO. **1.** *Direito internacional público.* Entendimento preliminar entre dois ou mais países para solucionar pendências ou estabelecer uma convenção ou tratado entre eles, feito por meio de intermediação de enviados especiais ou de ministros plenipotenciários. **2.** *Direito civil.* a) Ajuste prévio para formação de um contrato; b) tratativa ou conversação sobre proposta de negócio até se encontrar uma solução satisfatória. **3.** *Direito comercial.* Estudo ou discussão sobre um negócio mercantil feito, preliminarmente, até que se chegue a um acordo.

NEGOCIAÇÃO COLETIVA. **1.** *Direito internacional público.* Negociação para a feitura de um ou mais tratados multilaterais, envolvendo vários Estados interessados, que requer a convocação de uma conferência diplomática internacional por um grupo de países, por uma organização internacional ou, até mesmo, por um Estado isolado que tenha interesse no trato da matéria (Rezek). **2.** *Direito do trabalho.* Visa celebrar instrumento normativo para regular contratos de trabalho de todos os trabalhadores submetidos aos limites da representação das partes convenentes ou acordantes. É uma modalidade autocompositiva do conflito trabalhista (Pedro Paulo Teixeira Manus).

NEGOCIAÇÃO COMUM. *Direito comercial.* Negócio fechado no pregão de bolsa, por aceitação de oferta apregoada a viva voz (Luiz Fernando Rudge).

NEGOCIAÇÃO DE VOTO. **1.** *Direito penal.* Crime de fraude ou abuso na administração de sociedade por ações, punível com detenção e multa, que consiste no fato de o acionista negociar, para obter vantagem ilegítima para si ou para outrem, em prejuízo de outros acionistas, o voto nas deliberações de assembleia geral. **2.** *Direito comercial.* Permissão legal de acordo de acionistas sobre o exercício do direito de voto na assembleia geral, desde que não lese os interesses da sociedade por ações nem confira vantagens indevidas ou ilícitas aos acionistas. Esse acordo, devidamente formalizado e apresentado à companhia, deverá ser arquivado em sua sede e observado por aquela.

NEGOCIAÇÃO HABITUAL. *Direito do trabalho.* Constitui justa causa de rescisão do contrato do trabalho por parte do empregador quando seu empregado exerce atividade empresarial, ou efetua operação mercantil, que implique desvio de clientela ou concorrência desleal, ou que seja prejudicial ao serviço, lesando a empresa.

NEGOCIAÇÕES PRELIMINARES. *Direito civil.* Tratativas, ou seja, conversações, entendimentos e reflexões sobre a oferta até encontrar-se uma solução satisfatória. Os futuros contratantes tão somente formulam hipóteses, indagam sobre a mútua situação econômico-financeira, mas nada realizam. As negociações preliminares, feitas numa fase pré-contratual, nada mais são do que conversações prévias, sondagens e estudos sobre os interesses de cada contratante, tendo em vista o contrato futuro, sem que haja qualquer obrigatoriedade ou vinculação jurídica entre os participantes. Todavia, é preciso esclarecer que, apesar da falta de obrigatoriedade, pode gerar responsabilidade civil para os que delas participam no campo da culpa aquiliana. Portanto, apenas na hipótese de um dos participantes criar, no outro, a expectativa de que o negócio será celebrado, levando-o a despesas, a não contratar com terceiro ou a alterar planos de sua atividade imediata, e, depois, desistir, injustificada e arbitrariamente, causando-lhe sérios prejuízos, terá, por isso, a obrigação de ressarcir todos os danos.

NEGÓCIO BILATERAL. *Direito civil.* Aquele em que a declaração volitiva emanada de duas ou mais pessoas dirige-se em sentido contrário, podendo ser "simples", quando concederem benefício a uma das partes e ônus à outra (doação, depósito gratuito), e "sinalagmático", quando conferirem vantagens e obrigações a ambos os sujeitos (compra e venda, locação etc.).

NEGÓCIO FIDUCIÁRIO. *Direito civil.* Ato pelo qual se realiza a transmissão de uma coisa, de um direito para garantir ou resguardar certos interesses, estabelecendo-se a obrigação de o adquirente efetuar sua devolução ao alienante, uma vez atendido aquele fim. São figuras negociais fiduciárias: a) a venda e compra com fins de garantia, em que as partes aceitam uma garantia, sem que haja dação em pagamento. Quanto à transferência da propriedade, não extingue, ela, a dívida, mas apenas garante seu pagamento, para que, após esse fato, haja retrocessão da coisa fiduciada ao fiduciante; b) a venda com fins de administração, que ocorre quando o proprietário de uma coisa, não tendo condições de administrá-la, transfere a titularidade de direitos sobre esse bem para uma pessoa, que vai administrá-lo até realizar a finalidade proposta, restituindo, depois, a coisa fiduciada; c) a venda para recomposição de patrimônio, em que o proprietário de um patrimônio onerado transfere-o para pessoa capaz de livrá-lo do ônus, para, depois de alcançado esse objetivo, recobrar esse patrimônio livre e desimpedido; d) a venda e compra com reserva de domínio, como no caso, por exemplo, em que o devedor, dono de um carro, transfere-o ao credor, que o adquire com reserva de domínio. O credor fica com a propriedade fiduciária do automóvel, que continua a ser utilizado pelo devedor.

NEGÓCIO JURÍDICO. *Direito civil.* É o poder de autorregulação dos interesses que contém a enunciação de um preceito, independentemente do querer interno (Bülow). É uma norma concreta estabelecida pelas partes.

NEGÓCIO RECEPTÍCIO. *Direito civil.* Aquele que, para se perfazer, requer que o outro contratante tenha ciência da vontade declarada, como, por exemplo, revogação de mandato.

NEGÓCIO UNILATERAL. **1.** *Direito civil.* Aquele em que o ato volitivo provém de um ou mais sujeitos, desde que estejam na mesma direção, colimando um único objetivo (testamento, codicilo, renúncia, promessa de recompensa, título ao portador). Subdivide-se em receptício, se os seus efeitos só se produzirem após o conhecimento da declaração pelo destinatário (concentração na obrigação alternativa), e não receptício, se sua efetivação independer do endereço a certo destinatário (renúncia da herança). **2.** *Direito internacional público.* Declaração de vontade de um Estado que produz efeitos jurídicos, como a denúncia, pela qual um Estado desliga-se de um tratado, e a renúncia, pela qual um Estado abandona, expressamente, um direito ou territórios.

NEOLIBERALISMO. *Economia política.* Teoria que admite a intervenção estatal na economia para equilibrar os interesses sociais com os particulares.

NEPOTISMO. **1.** *Direito administrativo.* Favorecimento de parentes de certos políticos ou governantes, por meio de nomeação a cargos públicos ou distribuição de favores ou empregos, facilitando-lhes a ascensão social. **2.** *História do direito.* Influência excessiva que sobrinhos ou outros familiares dos papas exerciam na administração da Igreja.

NETO. **1.** *Direito civil.* Filho do filho ou da filha em relação aos avós, sendo, quanto a estes, descendente masculino em segundo grau. **2.** *Direito comparado.* Cavaleiro que leva as ordens nas touradas aristocráticas. **3.** *Direito comercial.* Líquido, em oposição ao bruto. **4.** *Direito agrário.* Ramo axilar que advém em razão da brotação antecipada de uma das gemas secundárias.

NEUTRALIDADE. *Direito internacional público.* **1.** Situação de um Estado que não participa nas hostilidades ou no conflito armado existente entre países beligerantes, nele não intervindo, exceto para a paz. **2.** Condição jurídica em que, na comunidade internacional, se encontram os países alheios a um conflito bélico entre dois ou mais Estados (Mosconi, Von Grünigen, Hammarskjöld e Sico).

NEUTRALISMO. *Direito internacional público.* **1.** Teoria que não aceita que, em tempo de paz, uma nação venha a participar de alianças militares. **2.** Estado de neutralidade de um Estado, que não se alinha por nenhum bloco ideológico ou econômico, nos conflitos existentes entre outros países (Geraldo Magela Alves).

NEUTRO. **1.** *Direito internacional público.* Diz-se do país que não interfere num conflito armado nem dá assistência a qualquer dos beligerantes. **2.** *Direito processual.* Que não adere a nenhum dos litigantes, ficando imparcial.

NEW LINE FACTOR. *Direito comercial.* **1.** Modalidade contratual, também designada *new style factor*, pela qual deixa de haver compra e venda de mercadorias, pois a empresa faturizada encarrega-se de cobrar, assumindo todos os riscos, as faturas do seu cliente, mediante a utilização de várias técnicas financeiras especializadas, bastante próximas da atividade bancária. Compreende as seguintes modalidades: *conventional factoring, maturity factoring, import-export factoring, non notification factoring, undisclosed factoring, commercial financing, equipment financing, leasing, hire-purchase financing, inventory financing, rediscounting, real estate mortgage financing* e *confirming* (Newton de Lucca e Bianchi). **2.** Aquela faturização em que o faturizador, além da cobrança de faturas, incumbe-se de outras atividades em benefício do faturizado mediante o emprego de técnicas financeiras (Newton de Lucca).

NEXO CAUSAL. **1.** *Direito civil.* Relação existente entre a ação e o dano para que se configure a responsabilidade civil. **2.** *Direito penal.* Relação que se estabelece entre a ação delituosa e a causa de agir, de tal sorte que o resultado final apenas poderá ser imputado a quem lhe der causa (Geraldo Magela Alves). **3.** ***Filosofia geral.*** Relação de causa e efeito.

NIDAÇÃO. ***Direito civil.*** Tipo de guarda em que os filhos têm uma residência fixada e os pais se alternam conforme o período da guarda. O mesmo que aninhamento ou guarda nidação.

NIDAÇÃO DO OVO. ***Medicina legal.*** Implantação do óvulo fecundado no endométrio (Croce e Croce Jr.).

NINFOMANIA. ***Medicina legal.*** Excessiva e incontrolável excitação sexual da mulher, levando-a para o abuso de conjunções carnais, sem que haja satisfação de sua sexualidade. Tal estado patológico é também designado furor uterino, uteromania, andromania, histeromania ou metromania.

NÍVEL DE VIDA. ***Sociologia geral*** e ***sociologia jurídica.*** **1.** Padrão de vida. **2.** Condição real de vida de um povo. **3.** Conjunto de bens e serviços de que um indivíduo ou um grupo social dispõe para a satisfação de suas necessidades vitais básicas. **4.** Poder aquisitivo.

NÍVEL SOCIAL. ***Sociologia geral.*** Categoria social determinada pelas diferenças existentes entre as classes em razão da profissão, do gênero de vida e dos recursos financeiros ou materiais.

NOJO. **1.** ***Direito processual.*** Período em que não se deve citar o réu por motivo de falecimento ou doença grave de cônjuge ou companheiro, descendente ou ascendente de primeiro grau ou irmão. **2.** ***História do direito.*** Dano; prejuízo. **3.** ***Direito administrativo.*** Período de oito dias em que o funcionário público pode faltar ao serviço em razão de luto pelo óbito de cônjuge, ou companheiro ou parente muito próximo, como descendente, ascendente ou irmão. **4.** ***Direito do trabalho.*** Período de dois dias em que o empregado pode deixar de comparecer ao trabalho, sem prejuízo do salário, por motivo de falecimento de cônjuge, ou companheiro, ou parente próximo (pai, mãe, filho ou irmão).

NÔMADE. ***Sociologia jurídica*** e ***direito internacional privado.*** Povo ou tribo que, por ser errante, não tem sede fixa.

NOME. ***Direito civil.*** **1.** Sinal exterior pelo qual se designa, se individualiza e se reconhece a pessoa no seio da família e da sociedade. Dois são os elementos constitutivos do nome: o prenome, próprio da pessoa, e o nome de família ou sobrenome, comum a todos os que pertencem a uma certa família, e, às vezes, tem-se o agnome, que é o sinal distintivo que se acrescenta ao nome completo (Filho, Júnior, Neto, Sobrinho) para diferenciar parentes que tenham o mesmo nome, não sendo usual, no Brasil, a utilização de ordinais para distinguir membros da mesma família, como, por exemplo, Marcos Ribeiro Segundo. **2.** Reputação; fama.

NOMEAÇÃO. **1.** ***Direito administrativo.*** Ato administrativo formal pelo qual o Poder Público nomeia alguém para um determinado cargo ou função pública. **2.** Na ***linguagem jurídica*** em geral é: a) ato ou efeito de nomear pessoa para o exercício de uma função; b) indicação de alguém pelo nome; chamamento; c) discriminação ou indicação de alguma coisa pelo nome, individualizando-a.

NOMEAÇÃO À AUTORIA. ***Direito processual civil.*** Ato pelo qual o réu, que possui em nome de outrem a coisa demandada, invoca o nome do verdadeiro proprietário ou possuidor indireto, para que ele seja citado pelo autor como réu, por ser o verdadeiro integrante da relação jurídico-processual. É uma intervenção de terceiro pela qual o possuidor direto traz para o processo o proprietário ou possuidor indireto do bem litigioso (Marcus Cláudio Acquaviva), desse modo afastando de si as consequências da demanda. Todavia, o réu pode deixar de invocá-lo, arguindo ilegitimidade de parte, mas poderá responder pelas perdas e danos se não demonstrar a má-fé do autor. Com isso, evita-se que o autor seja obrigado a propor uma nova ação em caso de extinção do processo em razão de ilegitimidade de parte.

NOMEAÇÃO EFETIVA. ***Direito administrativo.*** Nomeação de funcionário público para o exercício de cargo isolado ou de carreira em razão de ter sido aprovado num concurso público.

NOMEAÇÃO INTERINA. ***Direito administrativo.*** Nomeação de funcionário público para ocupar um cargo vago deixado pelo seu ocupante efetivo ou um cargo vago na classe inicial da carreira, para o qual não haja pessoa legalmente habilitada, ou para substituir, temporariamente, outro servidor ocupante efetivo de cargo isolado, em seu impedimento.

NOMEADA. **1.** Reputação. **2.** Celebridade. **3.** Fama. **4.** Pessoa cujo nome aparece numa nomeação.

NOME DE EMPRESA. ***Direito comercial.*** **1.** Nome que uma pessoa natural ou jurídica adota para realizar sua atividade econômica organizada, dirigida à produção e circulação de bens, e serviços e para distinguir-se de outra. É o nome do empresário, individual ou coletivo, que o identifica no giro dos negócios mercantis. **2.** Nome empresarial sob o qual o empresário, a empresa individual de responsabilidade limitada e a sociedade empresária exercem suas atividades e se obrigam nos atos a elas pertinentes.

NOMEN JURIS. ***Locução latina.*** Nome de direito; designação; identificação intelectual; denominação legal.

NOME VOCATÓRIO. ***Direito civil.*** Aquele pelo qual a pessoa é mais conhecida entre colegas de trabalho, vizinhos, amigos etc.

NOMINAL. 1. ***Direito cambiário*** e ***direito comercial.*** Diz-se do cheque ou título de crédito em que se declara o nome do seu proprietário ou favorecido. **2.** ***Economia política.*** Valor convencional inscrito numa moeda ou num papel-moeda diverso do valor real ou efetivo. **3.** Na ***linguagem jurídica*** em geral, pode designar: a) o que não é real; b) o que se faz nomeando; c) relativo ao nome; d) o que só existe em nome; e) a chamada feita nome por nome.

NOMINATIVO. 1. ***Direito civil, direito comercial*** e ***direito cambiário.*** Diz-se do título de crédito ou ação que menciona o nome do beneficiário, favorecido ou proprietário. **2.** Nas ***linguagens comum*** e ***jurídica,*** pode ter o sentido de: a) o que encerra nome; b) o que tem nome; c) o que vem denominado.

NON ADIMPLETI CONTRACTUS. ***Expressão latina, direito civil*** e ***direito processual civil.*** Exceção processual pela qual o réu se opõe ao autor que exige o cumprimento de uma prestação, alegando que este não cumpriu a contraprestação respectiva.

NON AEDIFICANDI. ***Locução latina*** e ***direito civil.*** Diz-se da servidão em que o proprietário do prédio serviente não pode edificar em favor do prédio dominante.

NON BIS IN IDEM. ***Expressão latina.*** Não duas vezes na mesma coisa; não se deve punir alguém duas vezes pela mesma falta.

NON DOMINUS. ***Locução latina.*** Não dono; aquele que não é o proprietário da coisa.

NON LIQUET. ***Locução latina.*** Não está claro; não esclarecido. Declaração que era feita, na era romana, pelo juiz de que não podia decidir o litígio ante a obscuridade da lei, o que hoje está vedado legalmente.

NORA. 1. ***Direito civil.*** Parentesco por afinidade, estabelecido pelo casamento ou união estável, de uma mulher com os pais de seu marido ou companheiro. É, portanto, a esposa ou companheira do filho em relação aos pais dele. **2.** ***Direito agrário.*** a) Poço de onde se tira água por meio de um engenho; b) oliveira pequena.

NORMA. ***Teoria geral do direito.*** **1.** Preceito de direito. **2.** Padrão de comportamento. **3.** Fórmula abstrata do que deve ser. **4.** Modelo. **5.** Ação que se dirige a fim previsto.

NORMA AGENDI. ***Locução latina.*** **1.** Norma de agir. **2.** Direito objetivo. **3.** Norma de ação, norma de conduta.

NORMA ESPECIAL. *Vide* LEI ESPECIAL.

NORMA FUNDAMENTAL. ***Direito constitucional.*** **1.** Carta Magna. **2.** Constituição de um país.

NORMA GERAL. *Vide* LEI GERAL.

NORMA JURÍDICA. ***Teoria geral do direito.*** É o imperativo autorizante (Goffredo Telles Jr.). É imperativa porque regula o comportamento humano, e autorizante porque autoriza que o lesado pela sua violação exija do órgão competente o seu cumprimento ou a reparação do mal causado.

NORMA MATRIZ DE INCIDÊNCIA. ***Direito tributário.*** Norma de conduta que disciplina a relação do Estado com seus súditos, tendo em vista contribuições pecuniárias. Concretizando-se os eventos descritos na hipótese, deve ser a consequência, e esta, por sua vez, prescreve uma obrigação patrimonial. Nela encontramos a pessoa obrigada a cumprir uma prestação em dinheiro. Daí o dever ser modalizado. É o esquema lógico de representação formal da norma de incidência, conforme seu substrato constitucional, tendo como ponto de partida o binômio hipótese de incidência e base de cálculo (Paulo de Barros Carvalho).

NORMA MORAL. ***Teoria geral do direito.*** É a que tem por fim provocar um comportamento, sem, porém, autorizar o emprego de coação para a obtenção de seu cumprimento. É uma norma autônoma, por ter como fonte a própria natureza humana e por regular a vida interior, compelindo o homem, se ele quiser, à objetivação do bem individual; logo, o sujeito é autolegislador. Só será válida a norma moral se o próprio sujeito a aceitar como obrigatória.

NORMA PROGRAMÁTICA. ***Direito constitucional.*** Aquela em que o constituinte não regula diretamente os interesses ou direitos nela consagrados, limitando-se a traçar princípios a serem cumpridos pelos Poderes Públicos (Legislativo, Executivo e Judiciário) como programas das respectivas atividades, pretendendo unicamente a consecução dos fins sociais pelo Estado. Tem eficácia jurídica porque: a) impede que o legislador comum edite normas em sentido oposto ao direito assegurado pelo constituinte; b) impõe um dever político ao órgão com competência normativa; c) informa a concepção estatal ao indicar suas finalidades sociais e os valores objetivados pela sociedade; d) condiciona a atividade discricionária da Administração e do Judiciário; e) serve de diretriz teleológica para a interpretação e a aplicação jurídica (subsunção, integração e correção); f) estabelece direitos subjetivos por impedir comportamentos antagônicos a ela.

NORMAS GERAIS DE DIREITO TRIBUTÁRIO. ***Direito tributário*** e ***direito constitucional.*** Aquelas que definem não só os tributos e as espécies tributárias, dispondo sobre seus respectivos fatos geradores, bases de cálculo e contribuintes, como também obrigação, lançamento, crédito, prescrição e decadência tributários, dando adequado tratamento ao ato cooperativo praticado pelas sociedades cooperativas. Além disso, são as que dispõem sobre conflitos de competência entre entidades tributantes e regulam as restrições constitucionais impostas ao poder de tributar.

NORMATIVISMO JURÍDICO. ***Filosofia do direito.*** Também designado de "normativismo lógico" ou "racionalismo dogmático". Para essa doutrina fundada por Hans Kelsen, a ciência jurídica conserva a mais absoluta neutralidade em face do conteúdo das normas. Objetivando uma pureza metódica, submeteu a ciência jurídica a uma dupla depuração, que retirou de seu âmbito qualquer análise de aspectos valorativos e fáticos ligados ao direito e constituindo como seu objeto específico a norma jurídica. A ciência do direito deve expor sistematicamente as normas, mediante o emprego do método normológico, que, pela imputação, liga um fato condicionante a um condicionado. Pela imputação o jurista ergue o sistema e estabelece as relações entre normas superiores e inferiores, mediante um procedimento finito, que torna possível referir os comandos a um centro unificador: a norma hipotética fundamental, que fornece o fundamento de validade, constituindo a unidade na pluralidade de normas, sendo um pressuposto gnoseológico ou uma condição lógico-transcendental posta pelo jurista para tornar possível a pesquisa científico-jurídica, que considera o direito como um sistema de normas válidas. A estrutura lógica desse sistema é piramidal, pois a ciência jurídica estabelece uma hierarquia, uma relação de subordinação, de modo que a norma do escalão inferior harmonize-se com a que lhe for imediatamente superior, que lhe dá validade. A ciência do direito é normativa porque tem a função de conhecer e descrever normas, mediante uma proposição jurídica.

NORMA VÁLIDA. ***Teoria geral do direito.*** Aquela que foi elaborada por órgão competente em obediência aos procedimentos legais.

NOTA. **1.** ***Direito registrário.*** a) Registro das escrituras dos tabeliães; b) função de notário. **2.** ***Direito internacional público.*** Documento diplomático, contendo comunicação oficial que o governo de um país faz a outro, sobre assunto de interesse recíproco. **3.** ***Economia política.*** a) Papel-moeda; b) moeda-papel; c) papel que representa a moeda. **4.** ***Direito comercial.*** Relação da mercadoria adquirida pela clientela, com designação do preço, quantidade e espécie. Modalidade de valor mobiliário que é a *nota comercial*, emitida pela Sociedade Anônima, Sociedade Limitada e Sociedade Cooperativa. É um título de crédito não conversível em ações, de livre negociação e representativo de promessa de pagamento em dinheiro emitido exclusivamente sob a forma escritural por meio de instituições autorizadas a prestar serviço de escrituração pela CVM. **5.** ***Direito administrativo.*** a) Comunicação escrita relativa aos serviços públicos; b) comunicado aos funcionários. **6.** Na ***linguagem jornalística***, notícia resumida sobre um acontecimento. **7.** Em *música*, é o sinal representativo de um som e da sua duração. **8.** Na ***linguagem escolar***, valor dado pelo professor ao avaliar os trabalhos ou provas dos alunos. **9.** ***Direito autoral.*** a) Observação feita no final de um livro, na margem ou na parte inferior de suas páginas; b) aditamento a alguma parte do texto de uma obra. **10.** Na ***linguagem comum:*** a) apontamento; b) sinal com que se marca um trecho de livro; c) aquilo que distingue algo; d) observação; e) conhecimento; f) reputação; nomeada; g) reparo; h) defeito; erro; i) pequeno escrito ou comentário; j) sinal de lembrança para que não se esqueça algo; k) característica de um sujeito. **11.** Na ***linguagem contábil:*** a) apontamento de operações que devem ser contabilizadas; b) ficha de lançamento.

NOTA DE BAGAGEM. ***Direito aeronáutico*** e ***direito comercial.*** Documento que, no contrato de transporte, é entregue pelo transportador ao passageiro, para que este possa, ao desembarcar no local de destino, reaver o que lhe pertence.

NOTA DE CULPA. ***Direito processual penal.*** Documento entregue pela autoridade policial ao acusado preso em flagrante, contendo a razão determinante de sua prisão, o nome do condutor e das testemunhas. Com isso o acusado cientifica-se da acusação que lhe é feita. Ao recebê-la, deverá assinar um recibo, mas, se não puder ou não quiser fazê-lo, ela será firmada por duas testemunhas.

NOTA DE EXPEDIÇÃO. ***Direito comercial.*** **1.** Relação que o empresário faz da mercadoria que envia ao comprador. **2.** Conhecimento de transporte.

NOTA DIPLOMÁTICA. ***Direito internacional público.*** Documento que contém uma comunicação oficial entre representantes de duas nações.

NOTA FISCAL. ***Direito tributário*** e ***direito comercial.*** Documento exigido pela legislação fiscal que comprova uma compra, com indicação do preço, e serve de controle ao Fisco de toda e qualquer operação realizada pela empresa-contribuinte que constitua fato gerador de tributo ou tenha relevância para a fiscalização tributária.

NOTA FRIA. ***Direito tributário.*** É a emitida com o escopo de tornar legítima uma irregularidade, como mercadoria de procedência desconhecida ou adquirida sem nota na sua origem ou operação que vise cobrir um ilícito tributário. Sua emissão constitui crime fiscal.

NOTA PROMISSÓRIA. ***Direito cambiário.*** Título de crédito em que o emitente se compromete a pagar certa quantia pecuniária, em determinada data, a uma pessoa natural ou jurídica (tomador ou beneficiário) ou à sua ordem.

NOTA REVERSAL. ***Direito internacional público.*** **1.** Documento em que um Estado obtém de outro certa concessão, decorrente de tratado assinado por ambos. **2.** Acordo ou documento diplomático em que os países fazem concessões recíprocas.

NOTÁRIO. ***Direito registrário.*** **1.** Tabelião de notas. **2.** Oficial público que exara atos autênticos, escrituras ou instrumentos públicos ou transcreve em seus livros de nota todos os atos jurídicos. **3.** É aquele que tem a função de: a) formalizar juridicamente a vontade das partes; b) intervir nos atos e negócios jurídicos a que as partes devam ou queiram dar forma legal ou autenticidade, autorizando a redação ou redigindo os instrumentos adequados, conservando os originais e expedindo cópias fidedignas de seu conteúdo; c) autenticar fatos.

NOTÍCIA. **1.** Na ***linguagem jurídica*** em geral: a) anúncio; b) informação; c) apontamento; d) noção; conhecimento; e) exposição sucinta, escrita ou verbal, sobre determinado assunto; f) o que é público; g) instrumento probatório que registra a realização de um ato jurídico. **2.** Na ***linguagem jornalística,*** é a divulgação de um acontecimento por meio de órgão de comunicação: televisão, rádio ou imprensa.

NOTIFICAÇÃO. **1.** ***Direito internacional público.*** a) Ato governamental comunicando a outra potência a ocupação de um território, um bloqueio econômico etc.; b) ato pelo qual o agente diplomático anuncia sua chegada ao país em que é acreditado; c) ato formal por meio do qual um Estado declara ratificação, aceitação, aprovação ou adesão aos termos de um tratado plurilateral (Othon Sidou). **2.** ***Direito processual civil.*** a) Medida cautelar nominada com a qual se cientifica o requerido para que pratique ou deixe de praticar certo ato, sob pena de sofrer os ônus estabelecidos em lei (Othon Sidou); b) ato judicial pelo qual se dá conhecimento a uma pessoa de fato que é de seu interesse, para que possa fazer uso das medidas que lhe são asseguradas legalmente. Por exemplo, notificação ao credor hipotecário da penhora do bem hipotecado; c) ato judicial para a validade de um ato; d) ato que se dirige àquele que não está litigando em juízo, dando-lhe conhecimento do que deve fazer. **3.** Na ***linguagem jurídica*** em geral: a) forma de participar a alguém alguma resolução; b) atividade dirigida a pôr algo em conhecimento de alguém; c) ato de fazer chegar ao destinatário uma declaração de vontade. **4.** ***Direito tributário.*** Um dos modos de efetivar o lançamento, convocando alguém para pagar tributo.

NOTIFICAÇÃO EXTRAJUDICIAL. Participação de um fato dirigida a uma pessoa, de qualquer forma, sem se socorrer de ato de serventuário da justiça.

NOTIFICAÇÃO JUDICIAL. ***Direito processual civil.*** **1.** Medida de caráter preventivo destinada a evitar responsabilidade, prover a conservação e ressalva de direitos ou manifestar qualquer intenção de modo formal. Consiste na manifestação escrita do protesto, em petição dirigida ao magistrado. Tal notificação, além de interromper a prescrição, constitui o devedor em mora nas obrigações sem prazo assinado. **2.** Comunicação judicial de um preceito feita a alguém para que pratique ou deixe de praticar determinado ato, por exemplo, para que entregue um imóvel ou não perturbe o sossego da vizinhança.

NOTITIA CRIMINIS. ***Locução latina.*** **1.** Notícia do crime ou informação sobre ele. **2.** ***Direito penal.*** Comunicação informal recebida pela autoridade policial, pelo órgão do Ministério Público ou pelo juiz da ocorrência de um crime.

NOTÓRIA ESPECIALIZAÇÃO. ***Direito administrativo.*** Causa excludente de licitação para efeito de contratação de serviços técnicos, desde que haja comprovação da alta capacidade e especialização do profissional ou da empresa, e em razão de ser seu trabalho essencialmente o mais adequado para atender aos interesses da Administração Pública. Considera-se de notória especialização o profissional ou a empresa cujo conceito no campo de sua especialidade, decorrente de desempenho anterior, estudos, experiências, publicações, organização, aparelhamento, equipe técnica ou outros requisitos relacionados com suas atividades, permite inferir que o seu trabalho é o mais adequado à plena satisfação do objeto do contrato.

NOTORIEDADE. **1.** Estado daquilo que é por todos, ou pela maioria, conhecido. **2.** Qualidade de notório. **3.** O que é do domínio público. **4.** Verdade reconhecida pela voz pública. **5.** Publicidade. **6.** "Qualidade de certos fatos tão geralmente conhecidos e indiscutíveis que, para exigir para eles a prática da prova, não se aumentaria um pequeno grau que fosse a convicção que o juiz e as partes devem ter de sua verdade" (Piero Calamandrei).

NOVAÇÃO. ***Direito civil.*** Especial meio extintivo de obrigações, por ser o ato que cria uma nova, destinada a pôr fim à precedente, substituindo-a. Não extingue uma obrigação preexistente para criar outra nova, mas apenas gera uma nova relação obrigacional para findar a anterior. Sua intenção é criar para extinguir. A novação é, simultaneamente, causa extintiva e geradora de obrigações. É realmente duplo o conteúdo essencial desse instituto: um extintivo, atinente à antiga obrigação, e outro gerador concernente à nova. Ocorre uma substituição, pois a nova obrigação substitui a anterior.

NOVAÇÃO OBJETIVA. *Direito civil.* Dá-se quando há alteração no objeto da relação obrigacional ou, em outras palavras, quando ocorre mutação do objeto devido entre as mesmas partes. Essa novação poderá ocorrer: a) se houver modificação na natureza da prestação, por exemplo, se o credor de uma obrigação de dar concordar em receber do devedor uma prestação de fazer; b) se mudar a *causa debendi*, por exemplo, se um indivíduo dever a outro certa soma de dinheiro e, no respectivo vencimento, convencionarem as partes que a importância devida seja convertida em uma renda vitalícia.

NOVAÇÃO SUBJETIVA. *Direito civil.* É a que ocorre quando o novo devedor sucede ao antigo, ficando este quite com o credor, ou quando, em virtude de nova obrigação, outro credor é substituído ao antigo, ficando o devedor quite com este.

NOVATIO LEGIS. *Locução latina.* **1.** Espécie de conflito de normas no tempo em que a lei posterior é mais favorável a uma situação jurídica, sendo, por isso, retroativa. Se lhe for desfavorável, será irretroativa (Othon Sidou). **2.** Renovação da lei.

NOVATIO LEGIS IN MELLIUS. *Expressão latina.* Espécie de conflito de leis penais no tempo em que a lei nova, sem operar a descriminalização, é mais favorável ao criminoso, podendo, por isso, retroagir.

NOVATIO LEGIS IN PEJUS. *Expressão latina.* Modalidade de conflito de normas penais no tempo em que uma lei posterior, por ser mais severa, agrava a situação do delinquente, não retroagindo por tal motivo.

NOVIDADE LEGAL. *Direito de propriedade industrial.* Invenção que, segundo a lei, é considerada nova se não for compreendida pelo estado da técnica, que se constitui por tudo que foi tornado acessível ao público, seja por uma descrição escrita ou oral, seja por uso ou qualquer outro meio, inclusive conteúdo de patentes no Brasil e no exterior antes do depósito do pedido de patente.

NOVIDADE RELATIVA. *Direito de propriedade industrial.* Requisito para registro de marca que não é idêntica ou não constitui imitação ou reprodução parcial de marca alheia registrada. A marca deverá ser nova apenas no que concerne a produtos ou serviços concorrentes.

NOXAL. **1.** *Direito romano.* a) Referente a prejuízo; b) prejudicial. **2.** *Direito processual civil.* Ação de perdas e danos.

NUA PROPRIEDADE. *Direito civil.* Propriedade despida do *usus, fructus* e *abutendi* que tem o proprietário da coisa sobre a qual se instituiu um usufruto, que o excluiu do pleno gozo, sobre ela. Essa propriedade está, portanto, limitada por um ônus de direito real sobre a coisa alheia de fruição.

NUBENTE. *Direito civil.* **1.** Noivo ou noiva. **2.** Aquele que está para casar. **3.** O que se está habilitando, legalmente, para convolar núpcias.

NULIDADE ABSOLUTA. *Direito civil.* Penalidade que, ante a gravidade do atentado à ordem jurídica, consiste na privação da eficácia jurídica que teria o negócio, caso fosse conforme a lei, de maneira que um ato negocial que resultar em nulidade será como se nunca tivesse existido desde sua formação, pois a declaração de sua invalidade produzirá efeito *ex tunc*. É nulo o ato negocial inquinado de vícios essenciais, não podendo ter, obviamente, qualquer eficácia jurídica. Por exemplo, quando lhe faltar algum elemento essencial, ou seja, se for praticado por pessoa absolutamente incapaz, se tiver objeto ilícito, impossível ou indeterminável; quando o motivo determinante, comum a ambas as partes, for ilícito; se não se revestir da forma prescrita em lei ou preterir alguma solenidade imprescindível para sua validade; quando, apesar de ter elementos, essenciais, for praticado com infração à lei, e quando a lei taxativamente o declarar nulo ou proibir-lhe a prática, sem cominar sanção de outra natureza. O negócio jurídico simulado é nulo, mas subsistirá o que se dissimulou, se válido for na forma e na substância.

NULIDADE DA SENTENÇA. *Direito processual.* Ineficácia de sentença que: a) não contiver relatório, os fundamentos de fato e de direito e o dispositivo em que o juiz solucionou a questão *sub judice*; b) for imprecisa; c) não estiver limitada à decisão invocada pelo autor, uma vez que o magistrado decidiu *extra petita, ultra petita* ou *citra petita*; d) apenas aprecie parte do pedido; e) for pronunciada por juiz absolutamente incompetente.

NULIDADE DE PLENO DIREITO. *Direito civil.* **1.** *Vide* NULIDADE ABSOLUTA. **2.** Aquela que é pronunciada pela lei, por ter havido preterição de uma formalidade essencial à existência do ato jurídico.

NULIDADE DO REGISTRO DE IMÓVEIS. *Direito registrário.* Invalidade do registro provocada pelo interessado, para que o Judiciário se manifeste, declarando-a. A ação de nulidade absoluta ou relativa do registro imobiliário é aquela em que o interessado pleiteia judicialmente a declaração de invalidade do assento levado a efeito em desacordo com as normas jurídicas ou do título, com reflexos no registro, que dele foi feito. Nulo ou anulado o registro, entendido amplamente como registro *stricto sensu*, matrícula e averbação, por sentença definitiva, nenhum assento posterior nele baseado poderá ter subsistência, por ser imprescindível, ante o princípio da continuidade e o encadeamento lógico dos registros. Se se anular uma matrícula, registros e averbações que a ela se seguirem ficarão atingidos e terão de ser cancelados. Todavia, se a nulidade declarada for parcial, não lesará a parte que permaneceu válida, se desta for separável.

NULIDADE RELATIVA. *Vide* ANULABILIDADE.

NULIDADE SANÁVEL. 1. ***Direito civil.*** Aquela que decorre de ato anulável, que é aquele que pode ser confirmado ou suprido pelo interessado, restabelecendo sua validade. **2.** ***Direito processual.*** O relator poderá, constatada uma eventual irregularidade processual, no recurso de apelação, determinar a realização de diligência para saná-la e só então prosseguir-se-á o julgamento da apelação.

NULLA POENA SINE LEGE. ***Expressão latina.*** Nenhuma pena sem lei.

NULLUM CRIMEN SINE LEGE. ***Expressão latina.*** Não há crime sem lei.

NUMERÁRIO. ***Economia política.*** **1.** Dinheiro disponível. **2.** Moeda cunhada. **3.** Relativo a dinheiro. **4.** Dinheiro de contado.

NÚMERO LEGAL. ***Ciência política, direito civil*** e ***direito comercial.*** Quantidade de pessoas, prevista em lei ou no estatuto, que deve estar presente para a legalização de um ato ou de uma assembleia. Trata-se do *quorum* para funcionamento de uma reunião e tomada de deliberações.

NUMERUS APERTUS. ***Locução latina.*** Número aberto ou ilimitado; princípio da atipicidade.

NUMERUS CLAUSUS. ***Locução latina.*** Número limitado, que não admite acréscimos; princípio da tipicidade.

NUNCUPAÇÃO. ***Direito civil.*** **1.** Ato pelo qual o testador nomeia de viva voz seu herdeiro ou legatário, perante duas testemunhas, que devem escrever sua vontade, por estar empenhado em combate ou ferido em campo de batalha. **2.** Casamento realizado *in extremis vitae momentis*, sem as formalidades de praxe, ante a urgência do caso. **3.** Declaração verbal e solene da vontade, perante testemunhas.

NUNCUPATIVO. ***Direito civil.*** **1.** Testamento militar feito de forma verbal. **2.** Casamento feito sem as formalidades legais, ante o fato de um dos nubentes estar à morte. **3.** O que é formalizado por nuncupação.

NÚPCIAS. ***Direito civil.*** **1.** Casamento. **2.** União legal entre homem e mulher, segundo as formalidades legais, formando uma sociedade conjugal.

NU-PROPRIETÁRIO. ***Direito civil.*** Dono de um bem gravado de usufruto, que faz jus à substância da coisa, tendo apenas a nua propriedade, despojada de poderes elementares. Conserva o conteúdo do domínio, o *jus disponendi*, que lhe confere a disponibilidade do bem nas formas admitidas legalmente, mantendo a condição jurídica de senhor da coisa.

OAB. Sigla da Ordem dos Advogados do Brasil, corporação que: a) alberga todos os advogados nela inscritos, submetendo-os ao Código de Ética Profissional, reprimindo seus erros profissionais e aplicando as penalidades cabíveis; b) zela, por ser um órgão de classe, por uma categoria organizada; c) exerce serviço público federal e goza de imunidade tributária total em relação a seus bens, rendas e serviços; d) organiza a assistência judiciária para atender às pessoas carentes; e) defende a Constituição, a ordem jurídica do Estado Democrático de Direito, os direitos humanos e a justiça social e pugna pela boa aplicação das leis, pela rápida administração da justiça e pelo aperfeiçoamento da cultura e das instituições jurídicas; f) promove, com exclusividade, a representação, a defesa, a seleção e a disciplina dos advogados em toda a República Federativa do Brasil.

ÓBITO. 1. *Direito civil.* a) Morte; b) falecimento; c) passamento. 2. *Direito registrário.* Certidão ou extrato fornecido pelo oficial de registro, comprovando a morte de uma pessoa.

OBJEÇÃO DE CONSCIÊNCIA. *Direito constitucional* e *direito civil.* Recusa de praticar atos, opondo-se às leis que contrariarem a liberdade de crença ou de opinião.

OBJETO DA RELAÇÃO JURÍDICA. *Teoria geral do direito.* Objeto sobre o qual recai o direito do sujeito ativo. O poder do sujeito passa a incidir sobre um objeto imediato, que é a prestação devida pelo sujeito passivo, por ter a permissão jurídica de exigir uma obrigação de dar, fazer ou não fazer, e sobre um objeto mediato, que é o bem móvel, imóvel ou semovente sobre o qual recai o direito, devido à permissão que lhe é dada por norma de direito de ter alguma coisa como sua, abrangendo, ainda, os seus modos de ser (vida, nome, liberdade, honra etc.).

OBLAÇÃO. 1. *Direito civil.* a) Doação de bem móvel; b) dádiva; c) oferta contratual. 2. *Direito canônico.* a) Oferenda feita pelos fiéis à Igreja; b) parte da missa entre o final do evangelho ou o credo e a Consagração.

OBLATO. 1. *Direito civil.* Destinatário da proposta do contrato, que deve aceitá-la ou não. É o aceitante da proposta. 2. *História do direito.* a) Criança que era dada pelos seus pais para efetuar serviços numa ordem religiosa; b) leigo que se oferecia para servir a uma comunidade religiosa. 3. *Direito canônico.* Membro de ordem religiosa que, sem perder seu caráter de leigo, professa o voto de oblação, ou seja, de obediência ao seu superior, fazendo doação de seus bens à comunidade.

OBRA ANÔNIMA. *Direito autoral.* 1. Trabalho que não indica o nome de seu autor por sua vontade. 2. Obra de autor desconhecido.

OBRA COLETIVA. *Direito autoral.* É a criada por iniciativa, organização e responsabilidade de uma pessoa natural ou jurídica, que a publica sob seu nome ou marca e que é constituída pela participação de diferentes autores, cujas contribuições se fundem numa criação autônoma.

OBRA DE DOMÍNIO PÚBLICO. *Direito autoral.* É a que pertence ao domínio comum ou ao patrimônio da coletividade, em virtude de: a) haver decorrido setenta anos depois da morte de seu autor, cessando, então, o direito de seus herdeiros de reproduzir a obra; b) seu autor já falecido não ter deixado sucessores; c) ser seu autor desconhecido; d) ter sido publicada em país que não participe de tratado a que tenha aderido o Brasil e que não confira ao autor de obra aqui publicada o mesmo tratamento que dispensa ao autor sob sua jurisdição. Urge lembrar que a paternidade da obra é perpétua ou perene, apenas os direitos patrimoniais da obra são suscetíveis de exploração econômica pelo público ao cair em seu domínio.

OBRA DERIVADA. *Direito autoral.* Criação autônoma que advém de adaptação de obra originária. É a que, constituindo criação intelectual nova, resulta da transformação de obra originária.

OBRA EM COLABORAÇÃO. *Direito autoral.* Aquela cuja produção é feita, em comum, por dois ou mais autores.

OBRA INÉDITA. *Direito autoral.* Aquela que ainda não foi publicada.

OBRA INTELECTUAL. *Direito autoral.* 1. Obra de engenho. 2. Obra literária, artística e científica amparada pelo direito do autor, abrangendo, portanto, as criações do espírito, expressas por qualquer meio ou fixadas em qualquer suporte, tangível ou intangível, conhecido ou que se invente no futuro, tais como: a) os textos de obras literárias, artísticas ou científicas; b) as conferências, alocuções, sermões e outras obras da mesma natureza; c) as obras dramáticas e dramático-musicais; d) as obras coreográficas e pantomímicas, cuja execução cênica se fixe por escrito ou por outra qualquer forma; e) as composições musicais, tenham ou não letra; f) as obras audiovisuais, sonorizadas ou não, inclusive as cinematográficas; g) as obras fotográficas e as produzidas por qualquer processo análogo ao da fotografia; h) as obras de desenho, pintura, gravura, escultura, litografia e arte cinética; i) as ilustrações, cartas geográficas e outras obras da mesma natureza; j) os projetos, esboços e obras plásticas concernentes à geografia, engenharia, topografia, arquitetura, paisagismo, cenografia e ciência; k) as adaptações, traduções e outras transformações de obras originais, apresentadas como criação intelectual nova; l) os programas de computador; m) as coletâneas ou compilações, antologias, enciclopédias, dicionários, bases de dados e outras obras que, por sua seleção, organização ou disposição de seu conteúdo, constituam uma criação intelectual. Tais obras são protegidas como direito autoral.

OBRA MULTIMÍDIA. *Direito autoral* e *direito virtual.* Obra eletrônica que reúne, quando colocada de modo usual em informática, um conjunto de textos, de imagens fixas ou animadas ou de música, acessível num disco compacto, que requer um computador para que o usuário possa dela ter conhecimento (Pierre Yves Gautier).

OBRA PÚBLICA. *Direito administrativo.* **1.** É a realizada mediante o desempenho de agentes públicos e operários contratados por dia, sob a direção e supervisão da Administração Pública. Esta adquire, com seus recursos, o material necessário e recruta mão de obra, mediante contrato de fornecimento, de trabalho e locação de serviço. **2.** É a executada por pessoa alheia à Administração, que celebra com o Estado contrato de empreitada, recebendo uma remuneração pela sua realização ou proporcional ao trabalho executado, respondendo pela execução integral do serviço contratado. **3.** Aquela cuja execução é entregue pela Administração a uma pessoa, que fica com o dever de gerir o serviço público que dela decorrer, recebendo dos futuros usuários uma tarifa como remuneração, em vez de receber do Estado uma retribuição ao seu término (Adilson Abreu Dallari; José Cretella Jr.).

OB-REPÇÃO. **1.** *Direito penal.* a) Obtenção de alguma coisa mediante emprego de manobra astuciosa ou ardilosa; b) artimanha; c) ato praticado para ocultar a verdade e obter algum despacho ou medida judicial que de modo lícito não seria consentida. **2.** *Direito civil.* a) Dolo; b) simulação; c) fraude. **3.** *Direito canônico.* Exposição de motivos falsos para obter uma graça do Ordinário diocesano ou da Santa Sé.

OBRIGAÇÃO. **1.** *Direito civil.* a) Relação jurídica, de caráter transitório, estabelecida entre devedor e credor e cujo objeto consiste numa prestação pessoal econômica, positiva ou negativa, devida pelo primeiro ao segundo, garantido-lhe o adimplemento por meio de seu patrimônio (Washington de Barros Monteiro); b) relação transitória de direito que nos constrange a dar, fazer ou não fazer alguma coisa economicamente apreciável, em proveito de alguém que, por ato nosso, de alguém conosco juridicamente relacionado ou em virtude de lei, adquiriu o direito de exigir de nós essa ação ou omissão (Clóvis Beviláqua); c) relação jurídica que consiste num dever de prestação patrimonial do devedor ao credor (Dernburg); d) vínculo de direito que nos obriga a dar, fazer ou não fazer alguma coisa para outrem (Pothier e Lacerda de Almeida); e) cláusula contratual pela qual uma das partes se compromete a fazer algo; f) instrumento pelo qual alguém se obriga a efetuar o pagamento de um débito ou a cumprir um contrato; g) dívida. **2.** Na *linguagem comum*, é o vínculo que liga um sujeito ao cumprimento de dever imposto por normas morais, religiosas, sociais ou jurídicas. **3.** Na *linguagem jurídica* em geral: a) documento que comprova um dever assumido; b) título de dívida amortizável do Estado ou de companhias mercantis; c) imposição; d) encargo; dever. **4.** *Direito agrário.* Prática nefasta para o trabalhador rural, como o é, por exemplo, o costume que tem o morador (trabalhador rural que reside nas terras com o consenso do seu proprietário) e o foreiro (arrendatário de terras) de prestar, durante alguns dias, ao dono da terra serviços gratuitos.

OBRIGAÇÃO ALIMENTÍCIA. *Direito civil.* Dever legal que tem o alimentante de prestar alimentos ao alimentando que não tem condições de prover sua subsistência.

OBRIGAÇÃO ALTERNATIVA. *Direito civil.* É também designada "obrigação disjuntiva", por conter duas ou mais prestações com objetos distintos, da qual o devedor se libera com o cumprimento de uma só delas, mediante escolha sua ou do credor. Por exemplo, se o sujeito passivo se obrigar a construir uma piscina ou a pagar quantia equivalente ao seu valor, alforriar-se-á do vínculo obrigacional se realizar uma dessas prestações.

OBRIGAÇÃO CARTULAR. *Direito cambiário.* É a contida num título, que representa o direito ao crédito, materializando-o.

OBRIGAÇÃO COM EFICÁCIA REAL. *Direito civil.* Aquela que, sem perder seu caráter de direito a uma prestação, transmite-se e é oponível a terceiro que adquira direito sobre determinado bem. Por exemplo, a locação quando oponível ao adquirente da coisa locada.

OBRIGAÇÃO CUMULATIVA. *Direito civil.* Também denominada "obrigação conjuntiva" ou "comum", é uma relação obrigacional múltipla por conter duas ou mais prestações de dar, de fazer ou de não fazer, decorrentes da mesma causa ou do mesmo título, que deverão realizar-se totalmente, pois o inadimplemento de uma envolve o seu descumprimento total. Assim, a oferta de uma delas origina um inadimplemento parcial, visto que o credor não está obrigado a receber uma sem a outra. O devedor só se quitará fornecendo todas as prestações. Por exemplo, obrigação do promitente vendedor que se compromete a entregar o lote compromissado e a financiar a construção que nele será erguida. Quem contrair esse tipo de obrigação terá de satisfazer as várias prestações como se fossem uma só.

OBRIGAÇÃO DE CONTRIBUIR. *Direito civil.* É a que, constituindo uma espécie de obrigação de dar, rege-se pelas normas que a regulam e pelas alusivas à prestação pecuniária. Por exemplo, a que tem o condômino de concorrer, na proporção de sua parte, para as despesas de conservação ou divisão da coisa.

OBRIGAÇÃO DE DAR COISA CERTA. *Direito civil.* Aquela em que seu objeto é constituído por corpo certo e determinado, estabelecendo entre as partes da relação obrigacional um vínculo em que o devedor deverá entregar ao credor uma coisa individuada, por exemplo, o iate "Cristina" ou o quadro "x" de Portinari. É também designada "obrigação específica".

OBRIGAÇÃO DE DAR COISA INCERTA. *Direito civil.* Relação obrigacional em que o objeto, indicado de forma genérica no seu início, vem a ser determinado mediante ato de escolha, por ocasião de seu adimplemento. Sua prestação é indeterminada, porém suscetível de determinação, por ser indicada pelo gênero e quantidade e em razão de seu pagamento ser precedido de um ato preparatório de escolha, que a individualizará, momento em que a obrigação de dar coisa incerta transmudar-se-á em prestação de coisa certa. Por exemplo, obrigação de entregar cinquenta exemplares de uma obra ou cem sacas de café.

OBRIGAÇÃO DE FAZER. *Direito civil.* É aquela que vincula o devedor à prestação de um serviço ou ato positivo, material ou imaterial, seu ou de terceiro, em benefício do credor ou de terceira pessoa. Tem por objeto qualquer comportamento humano, lícito e possível, do devedor ou de outra pessoa à custa daquele, seja a prestação de trabalho físico ou material (p. ex., o de podar plantas, construir uma piscina etc.), seja a realização de serviço intelectual, artístico ou científico (p. ex., o de escrever um livro, compor uma música etc.), seja, ainda, a prática de certo ato que não configura execução de qualquer trabalho (p. ex., o de locar um imóvel, prometer determinada recompensa, reforçar uma garantia, renunciar a uma herança etc.).

OBRIGAÇÃO DE GARANTIA. *Direito civil.* É a que tem por conteúdo a eliminação de um risco que pesa sobre o credor, reparando as consequências advindas da realização daquele. Constituem exemplos dessa obrigação a do segurador, fiador etc.

OBRIGAÇÃO DE MEIO. *Direito civil.* É aquela em que o devedor se obriga tão somente a usar de prudência e diligência normais na prestação de certo serviço para atingir um resultado, sem, contudo, comprometer-se a obtê-lo. Por exemplo, obrigação decorrente do contrato de prestação de serviços profissionais pelo médico ou pelo advogado.

OBRIGAÇÃO DE NÃO FAZER. *Direito civil.* É aquela em que o devedor assume o compromisso de se abster de algum ato, que poderia praticar livremente se não se tivesse obrigado para atender interesse jurídico do credor ou de terceiro, por exemplo, a de não construir muro além de certa altura, para não interceptar a vista de um vizinho. Caracteriza-se, portanto, pela abstenção de um ato por parte do devedor em benefício do credor ou de terceiro. É uma obrigação negativa, visto que o devedor se conserva numa situação omissiva, pois a prestação negativa a que se comprometeu consiste numa privação ou num ato de tolerância, entendida esta como abstenção de resistência ou oposição, que poderia exercer se não houvesse a obrigação. Seria, por exemplo, o caso do proprietário que, suportando atividade alheia, obriga-se para com o vizinho a não lhe impedir a passagem sobre o seu terreno.

OBRIGAÇÃO DE RESTITUIR. *Direito civil.* Aquela que não tem por escopo a transferência de propriedade, destinando-se apenas a proporcionar temporariamente o uso, a fruição ou a posse direta da coisa. Caracteriza-se por envolver uma devolução, como, por exemplo, a que incide sobre o locatário, o comodatário, o depositário, findo o contrato, dado que o devedor deverá restituir a coisa que o credor já tenha direito de propriedade por título anterior à relação obrigacional. Há tão somente uma cessão de posse da coisa ao devedor. Assim, se este, vencido o prazo, não a devolver ao credor, cometerá esbulho, competindo ao titular da posse a ação de reintegração, enquanto pela Lei do Inquilinato o proprietário poderá valer-se da ação de despejo, para obter a desocupação.

OBRIGAÇÃO DE RESULTADO. *Direito civil.* É aquela em que o credor tem o direito de exigir do devedor a produção de um resultado, sem o qual haverá o inadimplemento da relação obrigacional. Essa obrigação só será considerada adimplida com a efetiva produção do resultado colimado. Por exemplo, a decorrente do contrato de transporte, uma vez que o transportador se compromete a conduzir os passageiros ou as mercadorias, sãos e salvos, do ponto de embarque ao de destino.

OBRIGAÇÃO DE SOLVER DÍVIDA EM DINHEIRO. *Direito civil.* É a que abrange prestações especiais que consistem não só em dinheiro (p. ex., o pagamento do preço, na compra e venda, ou do aluguel, no contrato de locação), mas também em composição de perdas e danos (quando não puder ser exequível pela espécie estipulada no contrato) e pagamento de juros.

OBRIGAÇÃO DIVISÍVEL. *Direito civil.* É aquela cuja prestação é suscetível de cumprimento parcial, sem prejuízo de sua substância e de seu valor. Trata-se de divisibilidade econômica e não material ou técnica. Havendo multiplicidade de devedores ou credores em obrigação divisível, esta presumir-se-á dividida em tantas obrigações, iguais e distintas, quantos forem os credores ou devedores. Por exemplo, se "A", "B" e "C" devem a "D" R$ 300.000,00, o débito será partilhado por igual entre os três devedores, de forma que cada um deverá pagar ao credor a quantia de R$ 100.000,00. Da mesma forma, se "A" deve a "B", "C" e "D" a quantia de R$ 60.000,00, deverá pagar a cada um de seus credores R$ 20.000,00.

OBRIGAÇÃO FACULTATIVA. *Direito civil* e *direito comparado.* Também designada "obrigação com faculdade alternativa" (Enneccerus, Kipp e Wolff) ou "obrigação com faculdade de substituição do objeto" (Sílvio de Salvo Venosa), é aquela em que, não tendo por objeto senão uma só prestação, é permitido por lei ou contrato ao devedor substituí-la por outra, para facilitar-lhe o pagamento. Somente uma prestação encontra-se vinculada, permanecendo *in obligatione* e *in solutione*; a outra fica *in facultate solutionis*, pois o devedor a pagará apenas se preferir essa maneira de cumprir a relação obrigacional, desde que não esteja em mora. Por exemplo, se alguém, por contrato, obrigar-se a entregar cinquenta sacas de arroz, dispondo que, se lhe convier, poderá substituí-las por R$ 500,00, ficará com o direito de pagar ao credor coisa diversa do objeto do débito.

OBRIGAÇÃO FUNGÍVEL. *Direito civil.* Aquela que, por não ser personalíssima, pode ser cumprida pelo devedor ou por terceiro.

OBRIGAÇÃO ILÍQUIDA. *Direito civil.* É aquela incerta quanto à sua quantidade e que se torna certa pela liquidação, que é o ato de fixar o valor da prestação momentaneamente indeterminada, para que ela possa ser cumprida; logo, sem a liquidação dessa obrigação, o credor não terá possibilidade de cobrar seu crédito.

OBRIGAÇÃO INDIVISÍVEL. *Direito civil.* É aquela cuja prestação só pode ser cumprida por inteiro, não comportando sua cisão em várias obrigações parceladas distintas, pois, uma vez cumprida parcialmente a prestação, o credor não obtém nenhuma utilidade ou apenas a que não representa a parte exata da que resultaria do adimplemento integral. A indivisibilidade da obrigação pode ser: a) física, se a prestação for indivisível física ou materialmente, por não poder ser fracionada em prestações homogêneas, cujo valor seja proporcional ao todo. Por exemplo, a obrigação de restituir coisa alugada, exibir um documento; b) legal, se a prestação for indivisível em virtude de disposição legal que, por motivos variáveis, impeça sua divisão, embora seja naturalmente divisível. Por exemplo, a obrigação concernente às ações de sociedade anônima em relação à pessoa jurídica; c) convencional, se a indivisibilidade da prestação advier da vontade das partes, apesar de ser materialmente divisível. Por exemplo, contrato de conta corrente, em que os créditos escriturados fundem-se num todo; contrato em que dois vendedores de açúcar obrigam-se a entregar, por inteiro, numa só partida, a uma refinaria de açúcar, 10.000 toneladas desse produto; d) judicial, quando a indivisibilidade da prestação é proclamada pelos tribunais, como ocorre, por exemplo, com a obrigação de indenizar nos acidentes de trabalho.

OBRIGAÇÃO INFUNGÍVEL. *Direito civil.* Aquela cuja prestação só pode ser realizada pelo próprio devedor, por ser *intuitu personae*.

OBRIGAÇÃO LÍQUIDA. *Direito civil.* Aquela que é certa quanto à sua existência e determinada quanto ao seu objeto. Este é certo e individuado; logo, sua prestação é relativa a coisa determinada quanto à espécie, quantidade e qualidade. É expressa por um algarismo, que se traduz por uma cifra.

OBRIGAÇÃO NATURAL. *Direito civil.* Aquela em que o credor não pode exigir do devedor uma certa prestação, embora, em caso de seu adimplemento espontâneo ou voluntário, possa retê-la a título de pagamento e não de liberalidade. Por exemplo, a obrigação de pagar dívida de jogo.

OBRIGAÇÃO POR ATO ILÍCITO. *Direito civil.* Obrigação de indenizar, ou de reparar o dano moral ou patrimonial, que é consequência do ato ilícito. É de ordem pública o princípio que obriga o autor direto ou indireto do ato ilícito a se responsabilizar pelo prejuízo que causou ao lesado, indenizando-o. Os bens do responsável pelo ato ilícito ficarão sujeitos à reparação do dano causado, e, se a ofensa tiver mais de um autor, todos responderão solidariamente pela reparação, por meio de seus bens, de tal maneira que ao titular da ação de indenização caberá a opção entre acionar apenas um ou todos ao mesmo tempo. Essa obrigação recebe a denominação *responsabilidade civil contratual*, se advier da falta ou da demora de cumprimento de um contrato, ou *extracontratual*, se se fundar na violação de um dever legal.

OBRIGAÇÃO PRINCIPAL. *Direito civil.* Aquela existente por si, abstrata ou concretamente, sem qualquer sujeição a outras relações jurídicas. Por exemplo, a do vendedor, que se obriga, ao alienar um bem, a entregá-lo ao comprador. É também chamada obrigação direta e obrigação primitiva.

OBRIGAÇÃO *PROPTER REM*. *Direito civil.* Aquela que recai sobre uma pessoa por força de um determinado direito real, permitindo sua liberação pelo abandono do bem. A sua força vinculante manifesta-se conforme a situação do devedor ante uma coisa, seja como possuidor, seja como titular do domínio. É obrigação *propter rem*: a do condômino de contribuir para a conservação da coisa comum; a do adquirente de um imóvel hipotecado de pagar o débito que o onera, se o quiser liberar; a do proprietário de coisa incorporada ao patrimônio histórico e artístico nacional de não destruí-la, de não realizar obras que lhe modifiquem a aparência. Encontra-se na zona fronteiriça entre os direitos reais e pessoais, visto que por um lado vincula o titular de um direito real e por outro tem caracteres próprios do direito de crédito, consistindo num liame entre sujeito ativo e passivo, sendo que este último deverá realizar uma prestação positiva ou negativa. Vincula-se a um direito real, objetivando uma prestação devida ao seu titular. É também designada de obrigação *ob rem*.

OBRIGAÇÃO REAL. *Direito civil.* **1.** Obrigação *propter rem*. **2.** Obrigação com eficácia real. **3.** Aquela que visa cumprir a prestação, em uma garantia real, na qual se substitui a prestação se não for cumprida (De Plácido e Silva).

OBRIGAÇÃO SOLIDÁRIA. *Direito civil.* É aquela resultante de lei ou da vontade das partes, em que, havendo multiplicidade de credores ou de devedores, ou de uns e outros, cada credor terá direito à totalidade da prestação, como se fosse o único credor, ou cada devedor estará obrigado pelo débito todo, como se fosse o único devedor.

OBRIGAÇÃO TRIBUTÁRIA. *Direito tributário.* **1.** Obrigação *ex lege*, fundada no *jus imperii*, que tem por objeto uma prestação pecuniária exigível pela Fazenda Pública, a título de tributo, do contribuinte, conforme sua capacidade contributiva. **2.** Poder jurídico por força do qual o Estado (sujeito ativo) pode exigir de um particular (sujeito passivo) uma prestação positiva ou negativa (objeto da obrigação), nas condições definidas pela lei tributária (causa da obrigação) (Rubens Gomes de Souza).

OBRIGAÇÃO VALUTÁRIA. *Direito civil.* É a obrigação cujo pagamento é estipulado para ser pago em moeda estrangeira.

OBRIGAÇÃO VENCIDA. *Direito civil.* Aquela que se venceu, podendo ser exigida.

OBRIGAÇÃO VINCENDA. *Direito civil.* Aquela que ainda não se venceu.

OBRIGADO. **1.** Aquele que se obrigou por convenção. **2.** Aquilo que decorre de imposição legal. **3.** Coagido. **4.** Sujeito passivo de uma obrigação. **5.** Devedor.

OBRIGATORIEDADE DA LEI. *Teoria geral do direito.* Vigor normativo, ou seja, a qualidade do preceito legal relativa à sua força vinculante, pois não haverá, então, como subtrair-se ao seu comando após sua publicação. A publicação é o ato pelo qual a lei é levada ao conhecimento de todos os que lhe devam obediência, tornando-se obrigatória. A obrigatoriedade, portanto, supõe a publicação, sendo que a lei só a adquirirá após a *vacatio legis*.

OBSCENIDADE. *Direito penal.* **1.** Qualidade do que é obsceno. **2.** Lascívia. **3.** Ato, dito ou coisa obscena. **4.** Ultraje público ao pudor e à decência. **5.** Torpeza sexual. **6.** Impudicícia. **7.** Ofensa à moral pública.

OBSTRUCIONISMO. *Ciência política.* Sistema dos que, pertencendo à minoria parlamentar, praticam a obstrução política para impedir a aprovação de medidas desejadas pela maioria.

OCCASIO LEGIS. *Locução latina.* **1.** Ocasião da lei. **2.** Momento em que a lei foi elaborada.

OCIOSIDADE CRIMINAL. *Direito penal.* **1.** Vadiagem habitual. **2.** Ato de não trabalhar por vagabundagem.

OCORRÊNCIA. **1.** *Direito penal* e *direito processual penal.* a) Fato policial; b) livro ou boletim onde, na delegacia, são registrados os acontecimentos delituosos sob sua jurisdição, que constituem base para a formação do inquérito policial. **2.** Nas *linguagens comum* e *jurídica* pode ter o significado de: a) acontecimento fortuito; b) acaso; c) ato de ocorrer; d) ocasião; e) concurso de duas coisas ou de fatos que se registram no mesmo momento; concorrência; f) circunstância; g) encontro.

ÓCULO DE LUZ. *Direito civil.* Abertura oval ou circular feita em paredes de prédio para permitir a penetração de luz natural, desde que não seja maior de dez centímetros de largura por vinte de comprimento.

OCULTAÇÃO. **1.** *Direito penal* e *direito processual.* Ato ou efeito de ocultar fato, pessoa ou coisa, causando dano às diligências policiais e processuais. **2.** *Direito civil.* a) Ato de esconder defeitos da coisa, que pode dar origem aos efeitos relativos aos vícios redibitórios; b) encobrimento de impedimento matrimonial. **3.** *Direito tributário.* Sonegação.

OCUPAÇÃO. **1.** *Direito civil.* Modo de aquisição originário da propriedade de coisa móvel ou semovente, sem dono, por não ter sido apropriada ou por ter sido abandonada, desde que tal apropriação não seja defesa por lei. A ocupação apresenta-se sob três formas: a) ocupação propriamente dita, que tem por objeto seres vivos e coisas inanimadas (*res nullius*). Suas principais manifestações são a caça e a pesca; b) a descoberta que é relativa a coisas perdidas; c) o achado de tesouro, concernente à coisa achada. **2.** ***Direito militar.*** Ato de ocupar temporariamente uma praça, um forte ou um país, em razão de leis marciais. **3.** ***Direito do trabalho.*** a) Ofício; profissão; b) emprego. **4.** ***Direito internacional público.*** a) Apropriação por um país de território vacante, não constituído em Estado nem sujeito a uma soberania; b) conquista. **5.** ***Direito administrativo.*** Intervenção estatal em negócio privado para atender a interesse coletivo.

OCUPAÇÃO TEMPORÁRIA. ***Direito administrativo.*** **1.** Utilização, por parte do Poder Público, mediante indenização, durante tempo limitado, de terrenos não edificados e vizinhos a imóveis desapropriados por ocasião da construção ou realização de obras públicas. **2.** Subtração da posse de um bem particular pelo Estado, a favor de alguém, com ou sem indenização, por tempo determinado, por motivos de utilidade pública, necessidade pública ou interesse social (Renato Alessi e Zanobini) ou por razões de urgência como inundação, incêndio, interdição de prédio em ruínas, isolamento para evitar propagação de doenças contagiosas (José Cretella Jr.).

OCUPANTE. **1.** Aquele que se encontra na posse de terras públicas. **2.** O que se apossa. **3.** Ocupador. **4.** Aquele que ocupa imóvel rural, explorando-o mediante o exercício de atividade agrária. **5.** Aquele que se apodera de coisa abandonada ou não pertencente a ninguém.

OEA. ***Direito internacional público.*** Sigla da Organização dos Estados Americanos, a qual, sediada em Washington, congrega todos os Estados americanos que, em 1948, ratificaram a Carta de Bogotá, emendada em 1967 em Buenos Aires. A OEA tem por objetivo fomentar a solidariedade entre os Estados americanos, fortalecendo sua colaboração, e assegurar a paz do continente.

OFENDÍCULA. ***Direito civil, direito constitucional*** e ***direito penal.*** Meio defensivo usado para proteger a posse ou a propriedade imóvel. Qualquer meio para defesa de um bem de eventual ameaça, por exemplo, ponta de lança em grades de residências, cacos de vidro sobre muros, cercas com arame eletrizado, alarme que emite sinal sonoro ou libera gases nocivos etc.

OFENDIDO. ***Direito civil*** e ***direito penal.*** **1.** Prejudicado. **2.** Injuriado; difamado; caluniado. **3.** Ultrajado em sua honra. **4.** Aquele que sofreu dano físico, patrimonial ou moral, tendo o direito de pedir sua reparação. **5.** Lesado. **6.** Aquele que recebeu a ofensa.

OFENSA. ***Direito civil*** e ***direito penal.*** **1.** Lesão. **2.** Dano físico ou moral. **3.** Injúria, calúnia ou difamação. **4.** Ultraje. **5.** Transgressão à norma. **6.** Agravo infligido à integridade física ou moral de uma pessoa ou a bens ou a direitos alheios.

OFERTA. **1.** ***Direito canônico.*** Retribuição de certos atos litúrgicos. **2.** ***Direito civil.*** a) Proposta contratual; policitação; declaração receptícia de vontade, dirigida por uma pessoa a outra (com quem pretende celebrar um contrato), por força da qual a primeira manifesta sua intenção de se considerar vinculada, se a outra parte aceitar (Orlando Gomes e Gaudemet); declaração dirigida a outrem, visando com ele contratar, de modo que basta o seu consentimento para concluir o acordo (Von Tuhr); b) ação de oferecer; c) promessa; d) ato mediante o qual a corretora ou o operador especial apregoa ou registra a intenção de comprar ou vender valores mobiliários. **3.** ***Direito comercial.*** Produto exposto a preço menor, para atrair freguesia. **4.** ***Direito processual civil.*** Lanço na arrematação. **5.** ***Direito administrativo.*** Proposta do preço que se oferece na licitação. **6.** ***Economia política.*** Diz-se da maior ou menor existência de determinado produto ou serviço no mercado.

OFERTA AO PÚBLICO. ***Direito administrativo, direito civil*** e ***direito comercial.*** **1.** Negócio jurídico em que o aceitante não é identificado, por serem utilizados anúncios de jornais, cartazes, catálogos, letreiros, tabelas de preços, exibição de mercadorias em vitrinas com ficha indicativa de preço etc. sobre liquidações em lojas, feiras, exposições, leilões, licitações para contratação de serviços e obras, incluindo tomada de preços e concorrência pública, e contratos por adesão. **2.** Proposta que comporta reservas, como disponibilidade de estoques, ressalva quanto à escolha da outra parte e ao prazo moral da aceitação, em virtude da indeterminação do oblato. Vale como proposta obrigatória quando contiver os elementos essenciais do contrato. Há vários contratos que se formam mediante ofertas ao público, como, por exemplo, o contrato por adesão, o realizado por licitação e a exposição de objetos em lojas com ficha indicativa de preço. Constitui, ainda, tipo peculiar de oferta ao público, o que resulta do progresso técnico, com a adoção de aparelhos automáticos, nos quais a mercadoria é exposta e é fixado o preço, formando-se o contrato com a introdução de moeda numa ranhura. O aparelho automático é que representa o proponente, e o público é o oblato. O anonimato do destinatário cessa com a sua aceitação. Urge lembrar que, no mercado de capitais, a oferta pública dar-se-á na subscrição pública de ações, na constituição das sociedades anônimas, ou nos aumentos de capital, geralmente por meio de contratos específicos com instituições financeiras, como o de lançamento de ações ao mercado denominado *underwriting*, de obrigações (debêntures) ou de ofertas públicas de compras e ações.

OFERTA E PROCURA. ***Economia política.*** Binômio que rege a economia na seara da troca mercantil (Othon Sidou).

OFFICE-BOY. *Locução inglesa.* Aquele que faz pequenas tarefas internas ou externas para um escritório ou empresa.

OFFSHORE. *Termo inglês.* **1.** Local no exterior onde se efetuam investimentos isentos de tributação. **2.** Paraíso fiscal (Luiz Fernando Rudge). **3.** Sociedade empresária constituída e estabelecida no exterior, mediante a aquisição de participação societária em sociedade com sede em outro país, e seu capital social é representado por ações ao portador (Fábio Ulhoa Coelho).

OFICIAL DE DILIGÊNCIAS. *Direito processual.* Oficial de justiça, ou melhor, auxiliar de justiça que deve proceder às diligências necessárias, ordenadas pelo juiz ou que lhe forem atribuídas por lei, ao andamento e julgamento das causas, e dar cumprimento às ordens judiciais, ou seja, às citações, intimações, lavra de certidões etc., no âmbito da circunscrição judiciária a que pertence. Incumbir-lhe-á: fazer pessoalmente, e sempre que possível na presença de duas testemunhas, as citações, prisões, penhoras, arrestos e mais diligências próprias do seu ofício, certificando no mandado o ocorrido, com menção de lugar, dia e hora; executar as ordens do juiz a que estiver subordinado; entregar, em cartório, o mandado, logo depois de cumprido; estar presente às audiências e coadjuvar o juiz na manutenção da ordem, e efetuar avaliações, quando for o caso; certificar, em mandado, proposta de autocomposição apresentada por qualquer das partes, na ocasião de realização de ato de comunicação que lhe couber.

OFICIAL DE JUSTIÇA. *Vide* OFICIAL DE DILIGÊNCIAS.

OFICIAL DE REGISTRO. *Direito registrário.* **1.** Tabelião; notário. **2.** Servidor titular de um ofício de registro público; serventuário público que tem a seu cargo os registros: imobiliário; de títulos e documentos; de pessoas jurídicas; de nascimentos e óbitos.

OFICIAL JUDICIÁRIO. *Direito processual.* Serventuário público que exerce um ofício de justiça, desempenhando função de auxiliar da justiça ou com esta intimamente ligada. Por exemplo, escrivão, distribuidor, contador, avaliador, oficial de registro, tabelião, partidor, leiloeiro, oficial de cartório de casamento, oficial de justiça.

OFICIAL PÚBLICO. Todo titular de ofício público, judicial ou não, como: notário, oficial de registro imobiliário ou de registro civil, tabelião cartorário, oficial de registro de títulos e documentos, tradutor juramentado, agente de leilões, testamenteiro judicial, serventuário da justiça, depositário público etc.

OFÍCIO. **1.** Nas *linguagens jurídica* e *comum* significa: a) função; cargo ou emprego; b) profissão; ocupação habitual; c) arte manual ou mecânica; d) incumbência; e) alcofa onde os sapateiros têm a ferramenta; f) o que se deve fazer por obrigação. **2.** *Direito administrativo* e *direito civil.* Participação ou comunicação em forma de carta expedida por autoridades, secretarias, associações sobre questões ou assuntos relativos ao serviço público ou particular. **3.** *Direito processual.* O que deve ser feito pelo juiz por iniciativa própria, por dever do cargo, ou por órgão do Poder Judiciário. **4.** *Direito registrário.* a) Serviço notarial feito por delegação do Poder Público; b) tabelionato; cartório. **5.** *Direito canônico.* a) Conjunto de orações e cerimônias; b) benefício sem jurisdição; c) hora canônica.

OFICIOSO. **1.** *Direito administrativo.* a) Diz-se do ato que não é oficial, logo dele não advém nenhum compromisso; b) diz-se do comunicado emanado de órgão governamental, que não tem caráter oficial; c) aquilo que é executado sem cunho oficial, mas sob proteção do Poder Público; d) jornal que, não sendo oficial, mostra-se como porta-voz do governo, por estar ligado a ele ou sob sua influência. **2.** Na *linguagem comum* quer dizer: a) gracioso; gratuito; b) serviçal; c) desinteressado; d) particular.

OITIVA. *Direito processual.* **1.** Ato de ouvir as testemunhas ou a parte. **2.** Diz-se da informação transmitida por ouvir dizer.

OLD LINE FACTORING. *Direito comercial.* **1.** Modalidade de *factoring*, na qual inexiste compra e venda de mercadorias, pois a empresa faturizadora assume o risco da cobrança das faturas emitidas pelo seu cliente, sendo o seu papel de natureza financeira. Comporta três modalidades: *conventional factoring, maturity factoring* e *import-export factoring*. **2.** Faturização ao estilo antigo. **3.** *Vide* FACTORING TRADICIONAL. **4.** *Expressão inglesa.* Dá-se quando o faturizador, por ter função financeira, encarrega-se somente da cobrança das faturas do faturizado. Abrange a faturização convencional, a de vencimento e a de importação e exportação (Newton de Lucca). Trata-se, portanto, da faturização ao estilo antigo.

OLIGARQUIA. *Ciência política.* **1.** Governo em que o poder fica concentrado em mãos de uma classe aristocrática ou de alguma família, ou, ainda, de um pequeno grupo de pessoas pertencentes ao mesmo partido. **2.** Predomínio de uma facção na direção dos negócios públicos. **3.** Usurpação à soberania do povo, uma vez que o poder oligárquico advém da violência ou da riqueza. **4.** Regime político em que o grupo governante busca, arbitrariamente, a consecução de seus próprios interesses, agindo em seu benefício.

OLIGOFRENIA. *Medicina legal.* Distúrbio cerebral ocorrido durante a gestação ou nos primeiros anos de vida de uma criança, que pode causar Síndrome de Down, prejudicando seu desenvolvimento mental, atrasando-o ou tornando-o incompleto.

OLIGOPÓLIO. 1. ***Economia política.*** a) Competição entre um pequeno número de grandes vendedores que possibilita que cada um preveja as consequências das alterações feitas por um deles no preço da mercadoria ou produto ou na quantidade da oferta global; b) condição do mercado em que atua um número reduzido de vendedores para atender a uma demanda de compradores ou usuários (Othon Sidou). **2.** ***Direito comercial.*** Dá-se quando relativamente a um número restrito de empresas não haja condições de efetiva concorrência entre elas num determinado ramo de negócio ou de prestação de serviços (Tércio Sampaio Ferraz Jr.).

OMBUDSMAN. **1.** ***Termo sueco.*** a) Comissário do Parlamento; atendente de queixas; ouvidor; b) abreviação de *justitie-ombudsmen*. **2.** ***História do direito, direito comparado*** e ***ciência política.*** Instituto criado em 1713 na Suécia; órgão público especial, com livre trânsito nos três poderes estatais, incumbindo-se de controlar a administração, com o escopo de proteger as liberdades públicas e de zelar pelo cumprimento da lei, tutelando, assim, os cidadãos. É adotado por vários países como garantia contra abusos ou arbítrios do Judiciário e da Administração Pública, salvaguardando a liberdade, a propriedade e a segurança dos cidadãos, por agir sempre em prol do interesse da coletividade, ao conhecer de suas reclamações contra a injustiça e as distorções de autoridades administrativas. **3.** ***Direito administrativo*** e ***ciência política.*** a) Instituto autônomo vinculado ao Poder Legislativo, que tem por escopo controlar a administração e defender os direitos fundamentais do cidadão; b) instituição de origem escandinava que visa fiscalizar e controlar a administração pública, para proteger o cidadão (Paulo M. de Campos Petroni); c) órgão público que tem por escopo ouvir reclamações da coletividade sobre outros órgãos.

OMISSÃO. 1. ***Direito penal.*** Abstenção de um ato ou de cumprir um dever legal; não realização da conduta exigida pela lei, sem a qual o resultado não teria ocorrido, gerando a responsabilidade criminal por ter sido a causa de um delito. **2.** ***Teoria geral do direito.*** Lacuna. **3.** ***Direito civil.*** a) Aquilo que se omitiu; b) ato ou efeito de omitir que, causando dano moral e/ou patrimonial, gera responsabilidade civil.

OMISSÃO DE SOCORRO. ***Direito penal.*** Ato de deixar de prestar assistência ou de não pedir socorro à autoridade pública, estando-se diante de quem está em perigo ou corre risco de vida, punido com detenção ou multa.

OMISSO. 1. Nas ***linguagens comum*** e ***jurídica*** é: a) faltoso; b) negligente; c) em que há falta; d) não previsto; e) esquecido. **2.** ***Direito administrativo.*** Diz-se do funcionário público que não toma as providências necessárias para o bom funcionamento dos serviços públicos.

ONERAÇÃO. ***Direito civil.*** Ato de impor ônus ou sujeitar um bem a algum gravame ou encargo.

ONERAÇÃO FRAUDULENTA DE COISA PRÓPRIA. ***Direito penal.*** Crime que consiste em dar em garantia coisa própria inalienável, gravada de ônus ou litigiosa, punível com reclusão e multa.

ONEROSIDADE EXCESSIVA. ***Direito civil.*** Causa de resolução contratual decorrente da superveniência de casos extraordinários e imprevisíveis por ocasião da formação do contrato de trato sucessivo ou a termo, que o tornam, de um lado, demasiadamente pesado para um dos contratantes, gerando a impossibilidade subjetiva de sua execução, e acarretam, de outro, lucro desarrazoado para outra parte. É motivo de resolução e revisão do contrato, por se considerar subentendida a cláusula *rebus sic stantibus*, correspondente à fórmula de que o vínculo obrigatório ficará subordinado ao estado de fato vigente à época de sua estipulação. Tal cláusula e a teoria da imprevisão foram recepcionadas pelo atual Código Civil, atendendo ao princípio da equivalência objetiva das prestações.

ONEROSO. ***Direito civil.*** **1.** Pesado. **2.** Que impõe ônus real ou encargo. **3.** Estar onerado. **4.** Diz-se do contrato que estipula vantagens e obrigações recíprocas para os contratantes, como, por exemplo, a compra e venda, a locação. Deveras, o contrato oneroso é aquele que traz vantagem para ambos os contratantes, pois estes sofrem um sacrifício patrimonial, correspondente a um proveito almejado. Por exemplo, na locação de coisa, o locatário paga o aluguel para poder usar e gozar do bem, e o locador entrega objeto que lhe pertence para receber aquele pagamento.

ONTOLOGIA JURÍDICA. ***Filosofia do direito.*** Parte da filosofia jurídica que se ocupa com o problema da essência do direito, investigando-o, para chegar a defini-lo e precisar seu conceito.

ONU. ***Direito internacional público.*** Sigla da Organização das Nações Unidas, criada em 1945 e sediada em Nova York, que abrange quase todos os países, por ser uma associação de Estados, e que tem por objetivo a manutenção da paz mundial; o desenvolvimento das relações amistosas entre as várias potências; a cooperação na solução de questões internacionais de caráter econômico, social, cultural e humanitário; a promoção do respeito aos direitos humanos e às liberdades fundamentais.

ÔNUS. **1.** *Direito civil.* a) Encargo; obrigação; dever; b) subordinação de um interesse próprio a outro interesse próprio (Othon Sidou); c) gravame. **2.** *Direito tributário.* a) Imposto; b) tributo.

ÔNUS DA PROVA. *Direito processual.* Obrigação de provar, que compete a quem afirmar os fatos ou a quem fizer as alegações e não a quem negar a existência do fato. Logo, o ônus da prova incumbe ao autor, quanto ao fato constitutivo do seu direito; ao acusador, quanto ao crime; e ao réu, quanto à existência do fato impeditivo, modificativo ou extintivo do direito do autor, demonstrando que das afirmações do autor não decorrem os efeitos por ele pretendidos.

ÔNUS REAIS. *Direito civil.* São obrigações que limitam a fruição e a disposição da propriedade. Representam os direitos reais sobre a coisa, móvel ou imóvel, prevalecem *erga omnes* e revestem-se do atributo da sequela. São obrigações de realizar, periódica ou reiteradamente, uma prestação que recaem sobre o titular da coisa; logo, vinculam-se ao bem que servirá de garantia ao seu adimplemento. Grava, portanto, o bem, sem atender propriamente a pessoa que o possui. São ônus reais: a servidão predial, a enfiteuse, o usufruto, o uso, a habitação, a concessão de uso especial para fins de moradia, a concessão de direito real de uso, a superfície, a hipoteca, o penhor, a anticrese e a alienação fiduciária.

OPÇÃO. **1.** *Direito civil.* a) Contrato preliminar unilateral, em que ambos os interessados anuem para sua realização; porém, só gera deveres para um deles. Na opção convenciona-se que um dos interessados terá preferência para a realização do contrato, caso resolva celebrá-lo. Como contrato unilateral, gera obrigações a uma das partes, ao passo que a outra terá liberdade de efetuar ou não o contrato, conforme suas conveniências. É um contrato preliminar unilateral, visando um *contrahere* futuro. Poderá ser feito de dois modos: estabelecido num contrato autônomo, ou pactuado como cláusula de outro contrato, por exemplo, ao se conceder ao locatário, no contrato de locação, o direito de tornar efetiva a aquisição do imóvel dentro de determinado prazo. Na opção, o direito de adquirir é potestativo, visto que o seu titular, dentro do prazo fixado, pode exigir a venda do imóvel, sendo apenas um direito pessoal, consubstanciando-se numa obrigação de fazer, que gerará, se não cumprida, a indenização das perdas e danos; b) prerrogativa de escolher entre duas ou mais prestações, preferindo uma delas; c) direito preferencial para efetuar certo ato jurídico ou para escolher dois ou mais modos de exercer seus direitos; d) preempção; e) livre escolha. **2.** *Direito do trabalho.* Declaração escrita do empregado, dando preferência ao regime do FGTS. **3.** *Direito comercial.* Operação de bolsa de valores a termo, que pode ser desfeita, pagando a parte desistente o prêmio à outra. Tal venda com opção ocorre se um dos operadores (comprador ou vendedor) se reservar o direito de cancelar o contrato ou dele desistir, antes do termo, liberando-se se pagar a soma previamente estipulada.

OPE LEGIS. *Locução latina.* Por efeito legal; por força da lei.

OPEN FACTORING. *Direito comercial.* Contrato em que a empresa de *factoring* financia o negócio, encarregando-se, aditivamente, das cobranças.

OPERAÇÃO DE BOLSA. *Direito comercial.* Contrato concluído, com a mediação de corretor, no local e nas horas de pregão na Bolsa, tendo por objeto valores ou mercadorias nela admitidas à negociação e à cotação, podendo ser à vista ou a termo, que, por sua vez, será firme, com opção, reporte ou deporte (Carvalho de Mendonça).

OPERAÇÃO DE CRÉDITO. **1.** *Direito cambiário.* a) Negócio em que o credor transfere a propriedade de um bem seu ao devedor, o qual se obriga a restituir, dentro de certo prazo, coisa equivalente. Tal operação baseia-se na confiança da solvabilidade do devedor (Sérgio Carlos Covello); b) aquela que tem por objeto o dinheiro e os títulos-valores, com o fim de levantar ou suprir numerário, para atender às necessidades financeiras de um estabelecimento comercial, civil ou público (De Plácido e Silva). **2.** *Direito bancário.* Empréstimo feito por banco e desconto de título.

OPERÁRIO. *Direito do trabalho.* **1.** Empregado. **2.** Obreiro; aquele que exerce ofício ou arte, sob as ordens de alguém, mediante percepção de salário. **3.** Trabalhador. **4.** Relativo a trabalho. **5.** Aquele que realiza trabalhos manuais, mecânicos ou intelectuais.

OPINIÃO PÚBLICA. **1.** *Sociologia geral.* a) Convergência de opiniões no seio de uma coletividade sobre um determinado fato; b) juízo adotado e exteriorizado por um grupo social ou por várias sociedades, ou, ainda, por uma camada social. **2.** *Ciência política.* a) Manifestação dos julgamentos e dos pareceres dos indivíduos sobre seus interesses comuns (Hegel); b) juízo de valor adotado pela coletividade sobre um assunto de interesse público; c) manifestação da vontade popular sobre matéria relativa aos destinos da nação.

OPINIO JURIS. *Locução latina.* Opinião jurídica; opinião do direito.

OPINIO NECESSITATIS. *Locução latina* e *teoria geral do direito.* Elemento interno do costume, que é a convicção da necessidade de ser a norma consuetudinária cumprida.

OPOENTE. ***Direito processual civil.*** **1.** Terceiro prejudicado que entra na lide para defender seu direito, interpondo oposição; embargante. **2.** Parte ativa na oposição. **3.** Oponente.

OPONENTE. **1.** ***Direito processual civil.*** O mesmo que OPOENTE. **2.** Na ***linguagem jurídica*** **em geral:** a) o que se opõe para impedir a realização de um ato; b) aquele que procura demonstrar a razão pela qual não se deve praticar um ato.

OPONIBILIDADE. ***Direito processual civil.*** Ação ou exceção idônea para, resguardando direitos, frustrar a pretensão de outrem.

OPOR. **1.** ***Direito processual civil.*** a) Embargar; b) interpor, em juízo, uma oposição contra pretensão de outrem. **2.** Na ***linguagem jurídica:*** a) impugnar; b) resistir; c) objetar; d) apresentar impedimento; e) contrastar; f) ser contrário a alguma coisa ou ideia.

OPORTUNIDADE. **1.** Qualidade de oportuno. **2.** Conveniência. **3.** Ocasião favorável ou própria. **4.** Circunstância indicada como apropriada. **5.** Momento propício. **6.** Ensejo.

OPOSIÇÃO. **1.** ***Ciência política.*** a) Opinião de grupos sociais ou de partidos políticos contrária ao governo ou ao regime político vigente no país; b) fiscalização legal e permanente dos governantes exercida por minorias políticas (Marcus Cláudio Acquaviva); c) partido de resistência contra o governo; d) ato que se opõe ao governo para paralisar sua ação ou para retirá-lo do poder; e) lado da assembleia legislativa onde ficam os parlamentares pertencentes aos partidos políticos contrários ao governo; f) discordância parlamentar contra ato governamental que contrarie princípio de um partido político; g) conjunto de pessoas ou grupos que pretendem alcançar objetivos contrastantes com os visados pelos detentores do poder político ou econômico (Zucchini, Friedrich e Hofstadter). **2.** ***Retórica jurídica.*** Antítese que reúne duas ideias que, aparentemente, são contraditórias. **3.** ***Lógica jurídica.*** a) Discordância de proposições, que tendo o mesmo sujeito e o mesmo predicado, diferem em qualidade ou quantidade; b) contradição entre dois termos. **4.** ***Direito processual civil.*** a) Impedimento legal oposto ao cumprimento de um processo; b) modo pelo qual terceiro prejudicado intervém no processo para defender seu direito contra pretensão alheia; c) procedimento especial pelo qual alguém pode objetivar, no todo ou em parte, coisa ou direito sobre o qual controvertem autor e réu, deduzindo pretensão contra eles. Para ajuizar oposição, alguns requisitos são exigidos: existência de litispendência; dedução pelo opoente, concomitantemente, de pretensão contra autor e réu; diferença entre os fundamentos de seu pedido e os do pedido do autor; competência do Juiz da causa, relativamente à matéria, para julgar a oposição; dedução anterior à sentença de primeiro grau (Nelson Nery Jr. e Rosa Mª de A. Nery). **5.** Na ***linguagem jurídica*** em geral: a) ato de contrapor-se; b) ato de opor-se; c) impedimento à prática de um ato; d) caráter do que é oposto; e) resistência; luta; f) antitético; g) contraste entre duas coisas contrárias. **6.** ***Direito de propriedade intelectual.*** Intervenção do interessado no registro de patente ou marca, com o escopo de impedir o pedido feito em prejuízo de um privilégio seu assegurado legalmente.

OPPORTUNO TEMPORE. ***Locução latina.*** **1.** No devido tempo. **2.** No tempo oportuno. **3.** No prazo legal ou convencional.

OPRESSÃO. **1.** ***Ciência política.*** a) Tirania exercida contra o povo; b) estado daquele que vive sob a tirania do poder; c) atuação governamental que impede o exercício das liberdades públicas. **2.** ***Direito civil.*** Ato de coagir ou de exercer coação material ou psíquica. **3.** Na ***linguagem jurídica:*** a) ato de cercear ou reprimir; b) ação violenta para impedir que a vontade de outrem prevaleça; c) ato de subjugar; d) atentado à liberdade. **4.** ***Medicina legal.*** Dificuldade de respirar.

OPTIONAL CONCILIATION. ***Direito internacional privado.*** Conciliação voluntária, em que qualquer das partes pode solicitar os ofícios da Comissão Administrativa da Câmara de Comércio Internacional, para solucionar a questão, mediante uma composição amigável proposta pela comissão de conciliação, que, sendo aceita tal composição, redigirá uma ata, que será registrada e subscrita pelas partes contratantes e pelos membros da comissão.

ORALIDADE. ***Direito processual.*** **1.** Procedimento verbal ou oral. **2.** Sistema processual em que há predominância da palavra falada para tudo quanto o processo possa prescindir de documentação (Othon Sidou), convertendo-se em termo escrito, para sua fixação nos autos. Por exemplo, no depoimento testemunhal, nos esclarecimentos dos peritos e assistentes técnicos, prestados na audiência de instrução e julgamento etc.

ORÇAMENTO. ***Direito financeiro.*** **1.** Ação ou efeito de orçar. **2.** Cálculo dos gastos que se terão para a realização de obras e serviços públicos. **3.** Cálculo prévio da receita e da despesa do Estado e válido para um período anual ou plurianual discutido e aprovado pelos representantes do povo. **4.** Previsão da receita e fixação da despesa para determinado exercício financeiro (Marcus Cláudio Acquaviva). **5.** Estimativa, por antecipação, do custo de obras ou serviços. **6.** Ato de aprovação prévia das receitas e despesas públicas.

ORDÁLIO. *História do direito.* Processo usado, na era medieval, que consistia em submeter ambos os litigantes a duras provas ou a testes de resistência, como exposição a animais ferozes, ingestão de substância idônea para produzir alterações físicas ou psíquicas, combate corpo a corpo, banho em água fervente, marcação com ferro em brasa etc., a fim de averiguar a inocência ou a culpa do acusado, esperando que a intervenção divina beneficiasse aquele que tivesse razão no conflito. A parte inocente sairia ilesa dessa prova. Tratava-se do juízo de Deus.

ORDEM CRONOLÓGICA DOS PROCESSOS. *Direito processual civil.* É a que deve ser seguida pelos juízes para evitar esquecimento de algum deles, salvo os casos previstos em lei e as prioridades concedidas a pessoas idosas e com doenças graves.

ORDEM DE PAGAMENTO. 1. *Direito bancário.* Autorização dada por alguém para que certa importância seja paga a quem de direito. 2. *Direito cambiário.* a) Cheque; b) letra de câmbio; c) título de crédito negociável e transferível por endosso. 3. *Direito comercial.* Determinação expedida por um banqueiro ou empresário a seu correspondente, agente ou banco para pagamento de certa soma em dinheiro a outrem. 4. *Direito financeiro.* Despacho de autoridade administrativa competente autorizando, ao aprovar uma conta, o pagamento de uma despesa.

ORDEM DE PREFERÊNCIA. 1. *Direito processual civil.* Prioridade de alguns créditos sobre outros em face da penhora de bens do devedor insolvente ou do empresário falido. 2. *Direito civil.* Posição de cada credor de devedor comum, conforme a natureza de seus créditos, assegurada pelas garantias ou privilégios recebidos por lei ou por convenção.

ORDEM DE VOCAÇÃO HEREDITÁRIA. *Direito civil.* É a relação preferencial, estabelecida pela lei, das pessoas que são chamadas a suceder o finado (Silvio Rodrigues). Consiste na distribuição dos herdeiros em classes preferenciais, baseada em relações de família e de sangue, exceção feita ao Estado, cujos direitos se fundam na vida social politicamente organizada. Assim, pela lei brasileira, a sucessão legítima defere-se na ordem seguinte: aos descendentes; aos ascendentes; ao cônjuge sobrevivente; mas se houver descendentes, em concorrência com eles, salvo se casado com o falecido no regime da comunhão universal, ou no da separação obrigatória de bens, ou se, no regime da comunhão parcial, o autor da herança não houver deixado bens particulares; e havendo ascendentes, com eles concorrerá; ou aos colaterais até o quarto grau. Não havendo herdeiro sucessível, nem companheiro, como sucessor irregular será chamado o Município, o Distrito Federal ou a União. O companheiro (sucessor regular) participa da sucessão do outro, quanto aos bens adquiridos onerosamente na vigência da união estável, nas condições seguintes: se concorrer com filhos comuns, terá direito a uma quota equivalente à que por lei for atribuída ao filho; se concorrer com descendentes só do autor da herança, tocar-lhe-á metade do que couber a cada um daqueles; se concorrer com outros parentes sucessíveis, terá direito a um terço da herança; não havendo parentes sucessíveis, terá direito à totalidade da herança.

ORDEM ECONÔMICA. *Direito constitucional.* Estrutura jurídica ordenadora do sistema econômico (André R. Tavares).

ORDEM EXTERNA. *Direito internacional público.* 1. Complexo de normas reguladoras dos direitos e deveres dos diversos países e organismos internacionais, com a finalidade de alcançar o bem comum. 2. Ordem pública internacional, que é o conjunto de normas e princípios que regem as relações jurídicas entre Estados soberanos e pessoas de diferentes nacionalidades, formando a consciência jurídica e moral dos povos civilizados.

ORDEM HIERÁRQUICA. 1. Escala de graus do poder e da autoridade, subordinados uns aos outros, estabelecendo a disciplina e as relações de obediência. 2. Graduação de poder de mando dentro de uma organização jurídica, política, administrativa, militar etc., determinante da subordinação funcional e jurisdicional entre funcionários e membros da entidade, conforme suas classes e categorias (De Plácido e Silva).

ORDEM INTERNA. 1. *Teoria geral do direito.* Conjunto de normas e instituições jurídicas imprescindíveis para o bom funcionamento dos serviços públicos, da organização estatal e da disciplina das relações entre as pessoas e delas com o Estado. É também designada "ordem nacional" e "ordem pública interna" ou "ordem jurídica interna". É, portanto, o complexo de normas vigentes num país. 2. *Direito administrativo.* Determinação escrita de uma autoridade administrativa competente, dirigida a seus subordinados, dispondo sobre as diretrizes internas de organização que devem ser por eles acatadas e cumpridas.

ORDEM JURÍDICA. *Teoria geral do direito.* Conjunto de normas estabelecidas pelo poder político competente, que se impõem e regulam a vida social de um dado povo em determinada época. É, portanto, o conjunto de normas emanadas de autoridades competentes vigorantes num dado Estado. Tais normas abrangem: a Constituição do país, as leis complementares, as leis ordinárias, as leis delegadas, medidas provisórias, decretos legislativos, resoluções, decretos regulamentares, despachos, estatutos, regimentos, portarias, contratos, testamentos, sentenças ou decisões judiciais, costumes e doutrina. Com essas normas possível será obter o equilíbrio social, impedindo a desordem, os ilícitos e os crimes, procurando proteger a saúde e a moral pública, resguardando os direitos e a liberdade das pessoas. Pode-se dizer, seguindo a esteira de Miguel Reale, que o direito é uma ordenação heterônoma das relações sociais, baseada numa integração normativa de fatos e valores. Trata-se do ordenamento jurídico.

ORDEM LEGAL. 1. ***Teoria geral do direito.*** a) Conjunto de normas emanadas do Poder Legislativo; b) complexo de normas que devem ser observadas por todos para resguardar a convivência social. **2.** ***Direito administrativo.*** Determinação de uma autoridade competente, dirigida aos seus subordinados, que a devem acatar, pois seu conteúdo está conforme aos ditames da lei.

ORDEM PÚBLICA. 1. ***Teoria geral do direito.*** Conjunto de normas essenciais à convivência nacional; logo não comporta classificação em ordem pública interna ou em ordem pública internacional, mas tão somente a de cada Estado. Sem embargo, autores existem, como Despagnet, que vislumbram três categorias de leis de ordem pública: a) a compreensiva de instituto e leis que interessam à consciência jurídica e moral de todos os povos civilizados, como as alusivas ao casamento e ao parentesco em linha reta; b) a que engloba leis tidas como aplicação de verdadeiros princípios da moral e da boa organização social; c) a referente às disposições imperativas inspiradas em considerações de ordem regional. As duas primeiras categorias são de ordem pública internacional, e a terceira, de ordem pública interna. A ordem pública é um limite ao foro ou à manifestação da vontade individual, às disposições e convenções particulares (ordem pública interna), ou à aplicação do direito estrangeiro, às leis, atos e sentenças de outro país (ordem pública internacional). Logo, a diferença entre ordem pública interna e internacional está tão somente nos meios de sua defesa. **2.** ***Direito administrativo.*** Conjunto de condições essenciais a uma vida social conveniente, fundamentado na segurança das pessoas e bens, na saúde e na tranquilidade pública (Othon Sidou).

ORDEM SOCIAL. 1. ***Sociologia geral.*** a) Conjunto de normas que regem a mútua dependência dos homens e dos grupos sociais ou as interações sociais; b) complexo de instituições inter-relacionadas de uma determinada sociedade. **2.** ***Direito constitucional.*** Conjunto de normas que tem como base o primado do trabalho e como objetivo o bem-estar e a justiça sociais, ocupando-se da seguridade social, da educação, da cultura, do desporto, da ciência e tecnologia, da comunicação social, do meio ambiente, da família, da criança, do adolescente, da pessoa idosa e dos índios. Com isso tem por escopo fixar as bases da sociedade e da estabilidade das relações sociais.

ORDENAÇÕES. ***História do direito.*** Compilações de leis outrora adotadas como obrigatórias, em Portugal, constituindo-se em leis gerais do Reino. As Ordenações do Reino foram as Afonsinas, as Manuelinas e as Filipinas.

ORDENAMENTO JURÍDICO. *Vide* ORDEM JURÍDICA.

ORGANISMO GENETICAMENTE MODIFICADO (OGM). ***Medicina legal* e *biodireito.*** Organismo cujo material genético (*ADN/ARN*) foi modificado por alguma técnica de engenharia genética. *Vide* ADN e ARN.

ORGANISMO INTERNACIONAL. ***Direito internacional público.*** **1.** Instituição formada por Estados soberanos, por meio de tratado, sendo, em regra, ligada à ONU. **2.** Sistema ou estrutura organizada composta por países e/ou agências intergovernamentais que exercem funções específicas de caráter diplomático, político, administrativo, entre outros. **3.** Sociedade entre Estados, dotada de personalidade jurídica internacional, constituída por meio de um tratado, com finalidade de buscar interesses comuns pela permanente cooperação entre seus membros. **4.** Pessoa jurídica de direito público externo, regulamentada pelo direito internacional (ONU, FAO, UNESCO, OEA etc.).

ORGANIZAÇÃO CRIMINOSA. ***Direito penal.*** **1.** Promoção da cooperação no crime por aquele que é seu autor intelectual, uma vez que tem a ideia da prática criminosa e a iniciativa de sua realização (Damásio E. de Jesus). A elaboração do plano de atividade criminosa faz com que a pena seja agravada em relação ao agente, autor intelectual que dirige a atividade dos demais, controlando a execução do delito. **2.** Associação clandestina organizada para realizar ações criminosas (Geraldo Magela Alves). **3.** Crime consistente na associação de quatro ou mais pessoas estruturalmente ordenada e caracterizada pela divisão de tarefas, ainda que informalmente, com o escopo de obter, direta ou indiretamente, vantagem de qualquer natureza, mediante a prática de infrações penais cujas penas máximas sejam superiores a 4 anos ou que sejam de caráter transnacional.

ORGANIZAÇÃO INTERNACIONAL DO TRABALHO (OIT). ***Direito internacional público.*** Organismo criado em 1919 pelo Tratado de Versalhes que tem por escopo melhorar as condições de trabalho, tendo em vista a justiça social.

ORGANIZAÇÃO JUDICIÁRIA. ***Direito processual.*** **1.** Conjunto de normas relativas à formação, hierarquia, composição, direitos, deveres e competência dos órgãos judiciários e dos auxiliares do juízo em cada Estado, formando o Código de Organização Judiciária (COJ), que se adapta ao Estatuto da Magistratura. **2.** Constituição e disposição dos órgãos judiciários, principais e auxiliares, num organismo apto a atingir a sua finalidade (Moacyr Amaral Santos). **3.** Conjunto de normas sobre a criação de tribunais e cargos de juízes e de seus respectivos auxiliares, bem como sobre a investidura nesses cargos, os direitos e deveres de seus ocupantes ou titulares e as suas atribuições (José Frederico Marques). **4.** Conjunto de normas disciplinadoras do Poder Judiciário, dispondo sobre criação e desdobramento de comarcas, juizados e tribunais, bem como a distribuição de juízes e funcionários da justiça. **5.** Composição de órgãos judiciários, adotando o princípio do duplo grau de jurisdição, abrangendo Supremo Tribunal Federal, Superior Tribunal de Justiça, Tribunais Regionais Federais e juízes federais, Tribunais e juízes do Trabalho, Tribunais e juízes eleitorais, Tribunais e juízes militares, Tribunais e juízes dos Estados e do Distrito Federal e Territórios.

ORGANIZAÇÃO NÃO GOVERNAMENTAL (ONG). ***Direito civil.*** Entidade organizada por particulares para atender a um interesse público (saúde, assistência social, educação etc.), que pode ser constituída sob a forma de associação ou de fundação. Para atuar com parceria com o Poder Público deverá qualificar-se junto ao Ministério da Justiça como Organização da Sociedade Civil de Interesse Público (OSCIP).

ORGANIZAÇÕES DA SOCIEDADE CIVIL DE INTERESSE PÚBLICO (OSCIPS). ***Direito civil.*** São as pessoas jurídicas de direito privado, sem fins lucrativos, cujos objetivos sociais e normas estatutárias atendem aos requisitos legais, que não distribui, entre os seus sócios ou associados, conselheiros, diretores, empregados ou doadores eventuais excedentes operacionais, brutos ou líquidos, dividendos, bonificações, participações ou parcelas do seu patrimônio, auferidos mediante o exercício de suas atividades, e os aplica integralmente na consecução do respectivo objeto social. Tal qualificação, observado o princípio da universalização dos serviços, no respectivo âmbito de atuação das organizações, somente será conferida às pessoas jurídicas de direito privado, sem fins lucrativos, cujos objetivos sociais tenham pelo menos uma das seguintes finalidades: a) promoção da assistência social; b) promoção da cultura, defesa e conservação do patrimônio histórico e artístico; c) promoção gratuita da educação e da saúde; d) promoção da segurança alimentar e nutricional; e) defesa, preservação e conservação do meio ambiente e promoção do desenvolvimento sustentável; f) promoção do voluntariado; g) promoção do desenvolvimento econômico e social e combate à pobreza; h) experimentação, não lucrativa, de novos modelos socioprodutivos e de sistemas alternativos de produção, comércio, emprego e crédito; i) promoção de direitos estabelecidos, construção de novos direitos e assessoria jurídica gratuita de interesse suplementar; j) promoção da ética, da paz, da cidadania, dos direitos humanos, da democracia e de outros valores universais; k) estudos e pesquisas, desenvolvimento de tecnologias alternativas, produção e divulgação de informações e conhecimentos técnicos e científicos que digam respeito às atividades acima mencionadas. São as que recebem uma nova regulamentação jurídica, como as pessoas de direito privado sem fins lucrativos, que integram o denominado *Terceiro Setor*, ao ser qualificadas, pelo Poder Público, como organizações da sociedade civil de interesse público (OSCIP) e poderem com ele relacionar-se por meio de parceria.

ÓRGÃO. **1.** ***Medicina legal.*** a) Parte do corpo humano que exerce função específica; b) conjunto de tecidos condicionados a uma determinada função, por exemplo, rim (João Baptista de Oliveira e Costa Jr.). **2.** ***Direito administrativo.*** a) Instituição legalmente organizada com incumbência de exercer determinada função administrativa; b) pessoa investida, por lei ou por norma estatutária, no poder de representar uma entidade pública. **3.** Nas ***linguagens comum*** e ***jurídica:*** a) instrumento para o desempenho de uma função ou para conseguir alguma coisa; b) meio empregado para execução de uma coisa; c) parte de uma sociedade que realiza determinada função; d) centro autônomo institucionalizado de formação e manifestação de vontade de uma pessoa jurídica (Paulo Matos Peixoto); e) elemento que se insere na organização da pessoa jurídica com vista a sua atuação; f) instituição organizada por norma para pôr em funcionamento certa ordem de serviços; g) pessoa ou grupo de pessoas encarregadas de exercer as funções cometidas às pessoas jurídicas de direito público ou de direito privado; h) executor dos objetivos que devem ser atingidos pela instituição, e das funções que lhe são inerentes (De Plácido e Silva); i) publicação, pessoa ou coisa de que se pode servir para tornar conhecida uma ideia ou uma vontade; j) intermediário. **4.** Na ***linguagem de imprensa*** designa jornal e revista, publicados diária ou periodicamente, que representam um partido político ou uma classe (De Plácido e Silva). **5.** ***Direito civil*** e ***biodireito.*** Parte do corpo humano suscetível de ser doado para fins terapêuticos, mediante realização de transplante.

ÓRGÃO COLEGIADO. Aquele que desempenha suas atividades pela atuação conjunta dos membros que o integram, logo suas decisões só podem ser tomadas pela vontade da maioria.

ÓRGÃO PÚBLICO. *Ciência política.* Unidade que age em nome do Estado para a consecução dos fins comuns (Othon Sidou).

ORIFÍCIO DE ENTRADA. *Medicina legal.* Lesão no corpo causada por entrada de projétil de arma de fogo, menor que o orifício de saída, salvo raras exceções. Seja qual for a distância do tiro, o orifício de entrada apresenta uma orla de contusão e uma de enxugo, tendo, ainda, nos tiros próximos, zonas de tatuagem, de esfumaçamento e de chamuscamento (A. Almeida Jr., João Baptista de Oliveira e Costa Jr.).

ORIFÍCIO DE SAÍDA. *Medicina legal.* Lesão no corpo provocada pela saída do projétil de arma de fogo, que pode apresentar forma irregular ou aspecto de fenda, e trazer fragmentos de tecidos orgânicos. É maior que o orifício de entrada, não apresenta orla de contusão nem orla de enxugo e, muito menos, zona de tatuagem. Nele o complexo epiderme-derme é evertido de dentro para fora; a bala se enxuga na face profunda da derme e não em sua face superficial (A. Almeida Jr., João Baptista de Oliveira e Costa Jr.).

ORIGINAL. **1.** *Direito autoral.* a) Primeira redação de uma obra científica ou literária; b) texto manuscrito, digitado ou datilografado de que outro é cópia; manuscrito de uma obra ou de qualquer composição a ser editada; c) diz-se da obra resultante de criação de seu autor. **2.** Nas *linguagens comum* e *jurídica:* a) relativo à origem; b) fora do comum: aquilo que não se assemelha a nada; c) natural; primitivo; d) excêntrico; e) que não é copiado nem reproduzido; f) que não foi dito ou feito à imitação de outrem; g) extraordinário; h) que tem caráter próprio. **3.** *Direito civil* e *direito registrário.* a) Texto primitivo de um instrumento público ou particular, que não é cópia; b) escrito que neutralizou o ato jurídico ou o contrato; c) primeira reprodução do que consta dos assentos de livros notariais, dos termos ou das escrituras lavradas pelo cartório.

ORIGINALIDADE. **1.** *Direito autoral.* a) Qualidade de original; b) conjunto de caracteres próprios de uma obra intelectual, que a distingue das demais (Carlos Alberto Bittar). **2.** *Medicina legal* e *direito processual penal.* Qualidade subjetiva do depoimento testemunhal, que é dada por sua contribuição pessoal, ou melhor, de sua cultura, educação, nível intelectual etc. (Claparède e Duprè).

ORLA DE CONTUSÃO. *Medicina legal.* Mancha situada ao redor do orifício de entrada, causada por um projétil de arma de fogo, que apresenta escoriação, contusão e coloração escura. Tem valia para indicar a direção em que o disparo foi feito.

ORLA DE ENXUGO. *Medicina legal.* Elemento de vizinhança que caracteriza o orifício de entrada, produzido, na pele, por projétil de arma de fogo ao se enxugar nas bordas da ferida, limpando-se dos resíduos de pólvora, ferrugem, graxa, fragmentos de indumentária etc. (Croce e Croce Jr.; A. Almeida Jr., João Baptista de Oliveira e Costa Jr.).

ORTOTANÁSIA. *Medicina legal.* **1.** Diz-se da morte natural, que ocorreu normalmente. **2.** Supressão dos recursos médicos empregados para a manutenção artificial da vida, deixando-se o paciente morrer (Paulo Matos Peixoto). É a suspensão de procedimentos que prolonguem artificialmente a vida do doente incurável em fase terminal, para evitar seu sofrimento, desde que seja esta a sua vontade ou, nos casos em que não possa responder por si mesmo, a de seus representantes legais. **3.** Ajuda dada pelo médico ao processo natural da morte (Jorge de Figueiredo Dias). **4.** Morte no seu tempo certo (Gafo). **5.** *Vide* EUTANÁSIA PASSIVA.

OSCILAÇÃO. *Direito comercial.* **1.** Variação do preço, que pode se referir à alta ou à baixa. **2.** Alternativa de alta e baixa na cotação de valores ou mercadorias, nos mercados ou nas bolsas.

OTÁRIO. *Direito penal.* **1.** Vítima do estelionato chamado conto do vigário. **2.** Ingênuo, simplório ou tolo, que se deixa facilmente enganar, constituindo uma presa fácil ao estelionatário.

OUTORGA. **1.** *Direito civil.* a) Autorização; b) consenso; c) permissão para uma pessoa praticar certo ato, sem a qual não seria válido; d) concessão de poderes por meio de mandato. **2.** *Ciência política* e *direito constitucional.* a) Concessão legal dada por aquele que, pela força, é detentor do poder, para legitimá-lo. Forma típica de expressão do poder constituinte originário, que consiste no ato de estabelecer uma Constituição pela declaração unilateral do agente desse poder, entregando-a ao povo, recomendando sua obediência. É uma autolimitação do agente revolucionário, ou do poder constituinte (Manoel Gonçalves Ferreira Filho); b) ato de o governante de um país impor-lhe uma Constituição, sem sujeitá-la a qualquer aprovação de uma Assembleia Constituinte.

OUTORGA CONJUGAL. *Direito civil.* Autorização dada por um cônjuge a outro, exceto se o regime for o de separação absoluta de bens, para que este possa: a) alienar ou gravar de ônus real os bens imóveis; b) pleitear, como autor ou réu, acerca desses bens ou direitos; c) prestar fiança ou aval; d) fazer doação, não sendo remuneratória, de bens comuns, ou dos que possam integrar futura meação.

OUTORGA JUDICIAL. ***Direito civil* e *direito processual civil.*** Consentimento dado pelo juiz a alguém para a realização de certo ato jurídico, em suprimento ao que foi negado injustamente por quem devia ter dado tal autorização. Essa outorga judicial supre o consenso negado, por isso deve-se no ato a ser praticado fazer menção deste fato, anexando-se a ele a competente autorização, sem a qual não será válido.

OUTSOURCING. ***Direito empresarial.*** Terceirização que abrange a transferência total de certos setores da empresa a terceiro, para reduzir custos ou ampliar os benefícios da especialização.

OVERBOOKING. **1.** ***Termo inglês.*** a) Fora do livro; b) além da cota. **2.** ***Direito aeronáutico.*** Costume de empresas de transporte aéreo que, para evitar prejuízo, vendem uma quantidade de bilhetes de passagem acima do número de assentos existentes nos aviões, prevenindo-se, assim, de eventuais desistências de passageiros na hora de viajar.

OVERPRICE. **1.** ***Termo inglês.*** Acima do preço. **2.** ***Direito comercial.*** a) Pagamento acima do que está expresso na nota fiscal, burlando tabelamento ou o Fisco; b) diferença obtida pelo corretor além do preço fixado, que só é legítima se pactuada, no contrato de corretagem, pelos contratantes.

OVERRULING. ***Termo inglês.*** Revogação de um precedente judicial por outro.

PACIENTE. 1. ***Medicina legal.*** a) Doente; b) aquele em que se pratica intervenção cirúrgica; c) o que vai ser examinado por médico. **2.** ***Direito penal.*** a) vítima; b) aquele em favor de quem se impetra *habeas corpus*; c) aquele que sofre a condenação; réu ou agente do crime. **3.** ***Direito civil.*** a) Aquele que suporta ou tolera algo ou a execução de alguma coisa; b) Vítima de coação. **4.** Na ***linguagem comum:*** a) aquele que vai sentir os efeitos de uma ação praticada por outrem; b) perseverante; c) calmo; d) que tem paciência.

PACIENTE TERMINAL. ***Medicina legal*** e ***biodireito.*** Aquele que não pode mais ser salvo, por encontrar-se em estado irreversível, portanto, à beira da morte.

PACOTE. 1. ***Ciência política.*** Conjunto de medidas ou de normas para superar questões políticas, econômicas ou administrativas. **2.** ***Direito comercial.*** a) Modo de se fazer embalagem; embrulho; b) pequeno volume contendo mercadorias ou produtos. **3.** Na *gíria policial*: a) trapaça; b) engano; c) conto do vigário.

PACTA SUNT SERVANDA. ***Aforismo jurídico.*** Os pactos devem ser observados.

PACTO. 1. ***Direito internacional público.*** Tratado relativo a organismos internacionais ou regionais sobre matéria de interesse comum, como, por exemplo, o Pacto de Renúncia à Guerra de 1928, o Pacto da Liga das Nações, o Pacto de Varsóvia etc. **2.** ***Direito civil.*** a) Contrato; b) ajuste; convenção; c) estipulação entre duas ou mais pessoas para efetivar um ato negocial; d) cláusula especial ou adjeta a certos contratos, como, por exemplo, o pacto de retrovenda que se liga à compra e venda.

PACTO ANTENUPCIAL. ***Direito civil.*** Contrato solene, de conteúdo patrimonial, firmado pelos nubentes antes do casamento, dispondo sobre o regime de bens que vigorará entre eles durante a vigência do matrimônio. Só pode ser estipulado, sob pena de nulidade, por escritura pública; e para valer contra terceiro deve ser assentado, após o casamento, no Registro de Imóveis do domicílio dos cônjuges, pois somente assim terão publicidade e serão conhecidos de terceiro.

PACTO COMISSÓRIO. 1. ***História do direito.*** Cláusula especial inserida no contrato de compra e venda, pela qual os contratantes anuíam que a venda se desfizesse, caso o comprador deixasse de cumprir suas obrigações no prazo estipulado. Logo, a venda estava sob condição resolutiva, só se aperfeiçoando se, no prazo estipulado, o comprador pagasse o preço ou se, no prazo de dez dias seguintes ao vencimento do prazo de pagamento, o vendedor demandasse o preço; assim, se ele preferisse exigir o preço, não poderia exercer ação resolutória. **2.** ***Direito civil.*** Cláusula vedada legalmente pela qual se autoriza credor pignoratício, anticrético ou hipotecário a ficar com o objeto dado em garantia, se o débito vencido não for pago.

PACTO COMPROMISSÓRIO. 1. ***Direito civil.*** Ajuste em que as partes se comprometem a realizar ou celebrar um contrato futuro. Trata-se do pacto *de contrahendo*, pelo qual se assume a obrigação de contratar em certo momento e em determinadas condições, criando o contrato preliminar uma ou várias obrigações de fazer, mesmo quando o contrato definitivo originar a obrigação de dar. Há quem o designe como contrato preliminar, pré-contrato ou contrato preparatório. **2.** *Vide* CLÁUSULA COMPROMISSÓRIA.

PACTO *DE CONTRAHENDO.* 1. ***Direito civil.*** Pacto compromissório. **2.** ***Direito internacional público.*** Tratado ou acordo preliminar em que se firma um começo de ajuste, ou seja, uma obrigação de efetuar convenção posterior sobre determinado assunto. Tal acordo não é vinculante, pois as potências não são obrigadas a chegar à conclusão do acordo (Hildebrando Acioli).

PACTO DE CONVIVÊNCIA. ***Direito civil.*** Contrato de convivência firmado entre companheiros estipulando normas relativas a questões pessoais ou econômicas, regendo mútuos interesses. Esse contrato pode ser alterado a qualquer tempo.

PACTO *DE NON CEDENDO.* 1. ***Direito civil.*** Cláusula que veda a cessão do direito ou do crédito a que se refere o contrato em que se insere. **2.** ***Direito comercial.*** Cláusula do pacto social que proíbe a cessão de cotas ou ações a pessoas estranhas à sociedade.

PACTO SUCESSÓRIO. ***Direito civil.*** Aquele que tem por fim dispor dos bens de um dos pactuantes ou de terceiros para depois de sua morte. Está vedado em lei, pois ela não admite que seja objeto de contrato herança de pessoa viva. Essa proibição é absoluta, embora alguns autores apontem duas exceções: contrato antenupcial, em que os nubentes podem dispor a respeito da recíproca e futura sucessão e partilha de bens, entre os descendentes, feita pelos pais por ato *inter vivos*. No nosso entender só a partilha por ato *inter vivos* pode ser considerada uma exceção, por corresponder a uma sucessão antecipada.

PACTUM DE CONTRAHENDO CUM TERTIO. **1.** ***Direito internacional público.*** Acordo preliminar concluído por um Estado, comprometendo-se a efetivar um acordo final sobre a mesma questão. **2.** ***Direito civil.*** Promessa em que uma das partes assume perante outra a obrigação de celebrar um contrato com terceiro, caso este venha a querer tal celebração (Ana Prata).

PACTUM DE QUOTA LITIS. *Locução latina.* Pacto que fixa honorários de advogado no ganho obtido no processo.

PACTUM PRAELATIONES. *Locução latina.* Pacto de preferência.

PACTUM SCELERIS. **1.** *Locução latina.* Pacto do crime. **2.** *Direito penal.* Acordo entre coautores para a prática de uma ação criminosa.

PADRÃO DE VIDA. Diz-se da quantidade de bens e serviços que uma pessoa, com certa renda, consome.

PADRÃO-OURO. *Economia política.* Sistema monetário no qual o ouro serve de lastro para emissão de papel-moeda, logo a autoridade monetária se obriga a converter o papel-moeda apresentado em ouro (Geraldo Magela Alves).

PADRASTO. **1.** *Direito civil.* Parentesco por afinidade que liga o indivíduo aos filhos do leito anterior de sua mulher ou companheira. É a relação de parentesco que se estabelece entre os filhos de uma viúva ou companheira e a pessoa com quem convolou novas núpcias ou firmou união estável. **2.** *Direito militar.* Obra de defesa militar.

PADRONIZAÇÃO. **1.** *Sociologia geral.* Qualquer processo de controle social tendente a uniformizar as formas de comportamento ou de outros elementos de cultura material ou não material. **2.** *Direito comercial.* a) Estabelecimento de um padrão uniforme para todos os tipos de fabricação em série, mediante o emprego de um único modelo industrial; b) uniformização dos produtos industriais pertencentes ao mesmo gênero ou a um só tipo; c) adoção de normas uniformes que igualam o modo de execução de serviço e a forma dos atos a ele relativos, traçando modelos ou tipo (De Plácido e Silva); d) uniformização dos tipos de fabricação em série, reduzindo-os a um modelo ou padrão único. **3.** Nas *linguagens comum* e *jurídica* em geral: a) estandardização; b) ato ou efeito de padronizar.

PAGAMENTO. **1.** *Direito civil.* a) Execução satisfatória da obrigação, ou seja, solução, adimplemento, resolução, implemento, cumprimento; b) adimplemento, que é o modo direto ou indireto da extinção da obrigação, incluindo não só a efetivação exata da prestação daquilo que forma o objeto de obrigação, como também a novação, a compensação, a confusão, a imputação, a remissão de dívida etc.; c) meio direto e voluntário de extinguir a obrigação; execução voluntária e exata, por parte do devedor, da prestação devida ao credor, no tempo, forma e lugar previsto no título constitutivo; d) modo de satisfação do interesse do credor de certa obrigação, exaurindo-lhe qualquer pretensão (Barbero); e) satisfação de prestação pecuniária, extinguindo o débito; f) cumprimento efetivo de uma obrigação exigível, pela realização da prestação, extinguindo o vínculo jurídico, gerando satisfação do credor e liberação do devedor; g) quinhão que nas partilhas cabe ao herdeiro ou condômino; h) exoneração obrigacional mediante cumprimento da prestação devida. **2.** *Direito administrativo.* Folha que menciona a remuneração dos funcionários públicos. **3.** *Direito tributário.* Entrega pelo contribuinte à Fazenda Pública de uma soma pecuniária ou algo equivalente, extinguindo a obrigação tributária.

PAGAMENTO ANTECIPADO. *Direito civil* e *direito comercial.* Aquele feito antes do vencimento da dívida, ou seja, do termo certo a vencer-se.

PAGAMENTO À VISTA. *Direito civil.* Aquele feito em dinheiro no ato contratual.

PAGAMENTO DIRETO. *Direito civil.* Execução voluntária e exata, por parte do devedor, da prestação devida ao credor, no tempo, forma e lugar previstos no título constitutivo.

PAGAMENTO INDEVIDO. **1.** *Direito civil.* É uma das formas de enriquecimento ilícito, por decorrer de prestação feita por alguém com o intuito de extinguir obrigação erroneamente pressuposta, gerando ao *accipiens*, por imposição legal, o dever de restituir, uma vez estabelecido que a relação obrigacional não existia, tinha cessado de existir ou que o devedor não era o *solvens* ou o *accipiens* não era o credor. O pagamento indevido é o feito, espontaneamente, por erro, como o efetuado pelo *solvens*, convencido de que deve pagar, ou o levado a efeito por quem não é devedor, mas pensa sê-lo, ou a quem se supõe credor. **2.** *Direito administrativo.* Modalidade de quase contrato administrativo cuja obrigação decorre de fato voluntário e lícito, independentemente de qualquer acordo entre as partes. Gera obrigações àquele que recebeu o pagamento não devido, que, então, deve restituí-lo à administração ou ao administrado. Por exemplo, pensão que se paga a funcionário que não tinha direito a ela; estipêndio excessivo pago a funcionário irregularmente promovido; diferença de câmbio indevidamente exigida de importador, para obter liberação alfandegária (Waline; José Cretella Jr.).

PAGAMENTO INDIRETO. *Direito civil.* É o que se opera, se ocorrem determinadas circunstâncias, por modos especiais ou indiretos de pagamento, tais como: pagamento por consignação, pagamento com sub-rogação, imputação do pagamento, dação em pagamento, novação, compensação, transação, compromisso, confusão e remissão de dívidas.

PAGAMENTO *PORTABLE.* *Direito civil.* Aquele que, por estipulação contratual, deve ser feito pelo devedor no domicílio do credor.

PAGAMENTO PORTÁVEL. *Vide* PAGAMENTO PORTABLE.

PAGAMENTO *QUÉRABLE*. ***Direito civil.*** Aquele que deve ser efetuado no domicílio do devedor, salvo se as partes convencionarem diversamente ou se o contrário dispuserem as circunstâncias, a natureza da obrigação ou a lei. É aquele que, à falta de indicação expressa em contrário, só pode dar-se no domicílio do devedor.

PAGAMENTO QUESÍVEL. *Vide* PAGAMENTO QUÉRABLE.

PAI. **1.** ***Direito civil.*** a) Parente masculino de primeiro grau da linha ascendente; b) genitor; c) adotante; d) aquele que anuiu na inseminação artificial heteróloga de sua mulher, assumindo a filiação da criança assim gerada. **2.** ***Direito autoral.*** Criador de obra literária artística ou científica. **3.** ***Direito romano.*** Chefe da família que, além de exercer um poder unificador da família, participava do exercício da soberania nacional.

PAÍS. ***Ciência política.*** **1.** Nação. **2.** Pátria. **3.** Região; terra. **4.** Território que é habitado pelos cidadãos de um Estado; povo e território por ele ocupado não constituído em Estado, por lhe faltar soberania. **5.** Espaço territorial em que o Estado exerce sua soberania. **6.** Soma de habitantes que têm direito de voto e constituem a classe política dirigente (De Plácido e Silva).

PAÍS ACREDITADO. ***Direito internacional público.*** Aquele autorizado e reconhecido por um Estado para nele estabelecer-se por meio de sua representação diplomática.

PAÍS ACREDITANTE. ***Direito internacional público.*** Aquele que autoriza e reconhece o estabelecimento de um outro Estado em seu território, por meio da respectiva representação diplomática.

PANEM ET CIRCENSIS. ***Expressão latina.*** Empregada para criticar: a) os costumes do povo romano que, na Antiguidade, pedia pão e circo; b) governante que distrai o povo com futilidade, com o intuito de encobrir inércia e corrupção (Othon Sidou).

PANFLETO. ***Ciência política.*** Folheto contendo assuntos políticos, em estilo violento.

PAPEL DE CRÉDITO. ***Direito cambiário.*** Título de crédito; ordem de pagamento que representa um crédito em operação mercantil ou financeira. Por exemplo, a nota promissória, a letra de câmbio e a duplicata.

PAPEL-MOEDA. ***Economia política.*** Papel com um valor representativo, estabelecido pelo governo para servir de moeda. É o título emitido pelo Estado, com curso forçado, sem prazo e resgatável pelo governo a qualquer momento.

PAPEL PÚBLICO. **1.** ***Direito administrativo.*** Documento público. **2.** ***Direito penal.*** É, para efeito de garantia contra falsificação, qualquer papel de emissão legal ou aquele emitido para efeito de arrecadação de renda pública, depósito ou caução por que o Poder Público seja responsável, bem como vale-postal, bilhete ou conhecimento de transporte de empresa administrada pelo governo (Othon Sidou).

PAPILA. ***Medicina legal.*** Pequena saliência da derme dos dedos, que formam desenhos digitais, ou de uma mucosa.

PAPILOSCOPIA. ***Medicina legal.*** Estudo da identificação humana pelas papilas epidérmicas (José Lopes Zarzuela).

PAR. **1.** Na ***linguagem jurídica*** em geral: a) casal; b) igual ou semelhante; c) o que pode ser dividido por dois. **2.** ***História do direito.*** Cada um dos vassalos principais de um senhor feudal; grão-vassalo do rei. **3.** ***Direito comparado.*** Membro da Câmara Alta ou da Câmara dos Lordes na Inglaterra. **4.** ***Economia política.*** a) Diz-se do câmbio de moeda que fica inalterável, no que atina à equivalência da moeda em função do título, peso e metal precioso (Othon Sidou); b) valor atribuído a uma moeda em relação a outra, no mercado do câmbio, em face do peso de metal precioso, que as constitui (De Plácido e Silva); c) igualdade entre o valor dado à moeda ou a qualquer outro título e àquele em que é cotado. Se a cotação estiver abaixo do valor nominal, diz-se que está abaixo do par, se estiver acima daquele valor, diz-se que está acima do par (De Plácido e Silva). **5.** ***Direito internacional*** e ***direito bancário.*** Igualdade de câmbio entre dois países. **6.** ***Direito comercial.*** Título cujo valor na Bolsa é o nominal.

PARAESTATAL. ***Direito administrativo.*** **1.** Qualidade de determinada entidade, criada por lei, que, apesar de não ser parte integrante da Administração Pública, com ela colabora na prestação de serviços que promovem o bem-estar social e atendem ao interesse da coletividade. Trata-se de pessoa jurídica de direito privado, entidade da Administração indireta, que exerce atividade correlata à dos órgãos públicos, goza de autonomia e tem patrimônio próprio e competência específica para a realização de atividades, obras ou serviços de interesse coletivo, sob normas e controle do Estado (Hely Lopes Meirelles). **2.** Ente autárquico (Miguel Reale).

PARAFISCAL. ***Direito tributário.*** **1.** Tributo que nivela preços ou riquezas e reestrutura a economia. **2.** Contribuição para custear encargos que não são próprios da Administração, mas que interessa ao Poder Público ver desenvolvidos (Othon Sidou e Fanucchi).

PARAFISCALIDADE. ***Direito tributário.*** **1.** Cisão entre competência tributária e capacidade tributária ativa. O sujeito ativo passa a ser credor do tributo, ficando compelido a aplicar o produto arrecadado no desempenho de atividade de interesse público (Eduardo M. F. Jardim). **2.** Qualidade ou condição de parafiscal. **3.** É a atribuição, pelo titular da competência tributária, mediante lei, de capacidade tributária ativa, a pessoas públicas ou privadas (que tenham fins públicos) diversas do ente imposto, que, por vontade dessa mesma lei, passam a dispor do produto arrecadado, para a consecução dos seus objetivos (Roque Antonio Carrazza).

PARÁGRAFO. *Teoria geral do direito.* Disposição secundária de um artigo de lei que contém modificações, esclarecimentos e exemplificações, complementando e dividindo a disposição principal.

PARALISAÇÃO DE TRABALHO. *Direito do trabalho.* **1.** Interrupção ou suspensão do contrato de trabalho. **2.** Greve. **3.** Paralisação da empresa pelo empregador (*lock-out*).

PARAMILITAR. *Ciência política.* Organização particular armada, devidamente adestrada, com caracteres similares às Forças Armadas, mas que a estas não pertence, que presta serviços a sistema político não democrático. Tal corporação é proibida no Brasil.

PARCEIRO. **1.** Na *linguagem jurídica* em geral: a) o que tem parceria; b) sócio; c) par; d) companheiro; e) aquele com quem se joga; f) cointeressado num negócio; g) quinhoeiro; aquele que tem parte; h) participante do contrato de parceria. **2.** *História do direito.* Aquele que dava ou recebia a herdade para ser explorada às meias, às terças, às quartas etc. **3.** *Direito agrário.* Aquele que, comprovadamente, tem contrato de parceria agrícola ou pecuária com o proprietário de terra ou detentor da posse e desenvolve atividade agrícola, pastoril ou hortifrutigranjeira, partilhando o lucro conforme o ajuste.

PARCELAMENTO DO SOLO. *Direito civil, direito agrário* e *direito urbanístico.* **1.** Loteamento. **2.** Divisão do imóvel urbano ou rural em porções autônomas, designadas lotes, contendo abertura de vias e logradouros públicos.

PARCERIA AGRÍCOLA. *Direito agrário.* Contrato agrário que tem por objeto o uso temporário de imóvel rural, com a finalidade de nele serem exercidas atividades de exploração e produção vegetal, repartindo-se os frutos resultantes entre os contratantes. Essa atividade de produção visa obter gêneros vegetais consumidos pelo homem, não incluindo a formação de pastagens e forrageiras, plantios de árvores para o corte, beneficiamento de madeiras e a exploração de plantas nativas.

PARCERIA AGROINDUSTRIAL. *Direito agrário.* Contrato agrário que objetiva a cessão de uso de imóvel rural ou de maquinaria e implementos, tendo por finalidade a produção agrícola, pecuária, ou florestal ou a exploração de bens vitais e sua transformação para a venda, partilhando-se entre os contratantes os riscos do empreendimento e os lucros na proporção estabelecida no contrato, dentro dos limites e condições legais. Transformam-se os produtos cultivados em novos produtos.

PARCERIA EXTRATIVA. *Direito agrário.* Contrato agrário que visa a cessão do uso do imóvel ou de animais de qualquer espécie, com o objetivo de ser exercida atividade extrativa de produto agrícola, animal ou florestal. Nessa atividade extraem-se certos produtos da natureza, sem alterar-lhes os caracteres ou a substância, por exemplo, cultivo de seringueiras para extração do látex, de árvores para colheita de frutos, criação de gado para extração de leite etc.

PARCERIA MARÍTIMA. *Direito comercial* e *direito marítimo.* Ajuste em que, para arcar com o ônus da construção e manutenção do navio, conjugam-se esforços, quotizando-se interessados e possibilitando a exploração comercial da embarcação, que, então, lhes pertencerá *pro indiviso.* Deste contrato decorre uma sociedade *sui generis*, destituída de personalidade jurídica, sendo, portanto, uma sociedade de fato, típica de direito marítimo.

PARCERIA MISTA. *Direito agrário.* Contrato agrário em que a cessão integral ou parcial do imóvel rural tem por objeto atividade que abranja mais de uma das modalidades de parceria rural definidas em lei: agrícola, pecuária, agroindustrial e extrativa animal ou vegetal.

PARCERIA PECUÁRIA. *Direito agrário.* Contrato de parceria rural que tem por objeto a cessão de animais para cria, recria, invernagem e engorda, mediante partilha proporcional dos riscos, frutos ou lucros havidos.

PARCERIA PÚBLICO-PRIVADA. *Direito administrativo.* É o contrato administrativo de concessão, na modalidade patrocinada ou administrativa. *Concessão patrocinada* é a concessão de serviços públicos ou de obras públicas, quando envolver, adicionalmente à tarifa cobrada dos usuários, contraprestação pecuniária do parceiro público ao parceiro privado. *Concessão administrativa* é o contrato de prestação de serviços de que a Administração Pública seja a usuária direta ou indireta, ainda que envolva execução de obra ou fornecimento e instalação de bens. Na contratação de parceria público-privada serão observadas as seguintes diretrizes: a) eficiência no cumprimento das missões de Estado e no emprego dos recursos da sociedade; b) respeito aos interesses e direitos dos destinatários dos serviços e dos entes privados incumbidos da sua execução; c) indelegabilidade das funções de regulação, jurisdicional, do exercício do poder de polícia e de outras atividades exclusivas do Estado; d) responsabilidade fiscal na celebração e execução das parcerias; e) transparência dos procedimentos e das decisões; f) repartição objetiva de riscos entre as partes; g) sustentabilidade financeira e vantagens socioeconômicas dos projetos de parceria.

PARCERIA REGIONALIZADA. *Direito agrário.* Negócio jurídico que se apresenta sob a forma de carta-recibo, firmada pelo obrigado, com ou sem testemunhas, servindo de prova de um acordo sinalagmático, oneroso, aleatório, consensual e de execução diferida. Trata-se do "Fica", que pode abranger compra e venda de gado bovino a entregar ou adiantamento ou empréstimo em dinheiro a ser pago em gado ao preço corrente na data do vencimento.

PARECER. 1. *Direito administrativo.* Ato administrativo unilateral mediante o qual o órgão técnico-consultivo emite opinião jurídica, administrativa ou técnica sobre questões ou projetos submetidos a seu pronunciamento (Landi, Potenza e José Cretella Jr.). 2. *Teoria geral do direito* e *direito processual.* a) Opinião escrita ou verbal emitida por jurista sobre pontos controvertidos de certo assunto, analisando-o juridicamente e apresentando uma solução, que pode ser juntada aos autos do processo; b) voto; c) modo de ver expresso por membro do Ministério Público; d) respostas de médico-legistas sobre questões relativas a crimes. 3. Nas *linguagens comum* e *jurídica:* a) feição, aparência, aspecto geral; b) ter semelhança com alguém ou alguma coisa; c) ser provável; d) causar boa ou má impressão; e) opinião técnica sobre um assunto; f) juízo; g) conselho; h) esclarecimento; i) manifestação de pensamento; j) resultado de uma consulta feita a especialista. 4. *Direito comercial.* Declaração dos membros do Conselho Fiscal de uma empresa sobre: a fiscalização feita em atos dos administradores; a verificação do cumprimento das obrigações estatutárias e legais; o relatório anual da administração e as demonstrações financeiras do exercício social (Luiz Fernando Rudge).

PAREDE-MEIA. *Direito civil.* Parede comum que pertence a ambos os proprietários de prédios vizinhos, até prova em contrário, por ser colocada nos seus limites precisos, elevando-se até os telhados. Cada proprietário pode dela usar até o meio de sua espessura. Trata-se da parede a meio.

PARENTESCO. 1. *Sociologia jurídica.* Relação entre pessoas, baseada em ascendência comum, real ou suposta, ou em certa forma de afinidade, que liga um dos cônjuges ou companheiro aos parentes do outro. 2. Na *linguagem comum:* a) semelhança; b) conexão. 3. *Direito civil.* a) Qualidade de parente; b) relação vinculatória existente não só entre pessoas que descendem umas das outras ou de um mesmo tronco comum até o quarto grau, mas também entre o cônjuge ou companheiro e os parentes do outro, entre adotante e adotado e entre aquele, que anuiu na inseminação artificial heteróloga de sua mulher, e o filho assim gerado.

PARENTESCO CIVIL. *Direito civil.* É o que se refere à adoção, estabelecendo um vínculo entre adotante e adotado, que se estende aos parentes de um e de outro, salvo para efeito de impedimento matrimonial.

PARENTESCO EM LINHA COLATERAL. *Direito civil.* É o parentesco natural que vincula pessoas que, provindo de tronco comum, não descendem umas das outras, como, por exemplo, irmãos, tios, sobrinhos e primos. Esse parentesco em linha oblíqua ou transversal não é infinito, uma vez que não vai, perante nosso direito, além do quarto grau, pois há presunção de que, após esse limite, o afastamento é tão grande que o afeto e a solidariedade não mais servem de apoio às relações de direito. O parentesco na linha transversal pode ser: a) igual, quando, entre o antepassado comum e os parentes considerados, a distância em gerações é a mesma. Por exemplo, entre irmãos, porque a distância que os separa do tronco ancestral comum, em número de gerações, é igual; b) desigual se a distância não for a mesma, por exemplo, o que ocorre entre tio e sobrinho, porque são diversas as distâncias que os separam do tronco comum, ao mesmo tempo pai de um e avô do outro; o antepassado comum separa-se por duas gerações do parente-sobrinho e por uma só do parente-tio; c) dúplice, quando dois irmãos casam-se com duas irmãs. Assim, os filhos dessas uniões serão parentes colaterais em linha duplicada, ou seja, duplamente primos (Orlando Gomes, Washington de Barros Monteiro e Caio M. S. Pereira).

PARENTESCO EM LINHA RETA. *Direito civil.* É o parentesco natural em que as pessoas estão ligadas umas às outras por um vínculo de ascendência e descendência. A linha reta é ascendente ou descendente conforme se encare o parentesco, subindo-se da pessoa a seu antepassado ou descendo-se sem qualquer limitação; por mais afastadas que estejam as gerações serão sempre parentes entre si pessoas que descendem umas das outras. São parentes na linha ascendente o pai, o avô, o bisavô etc., e, na linha descendente, o filho, o neto, o bisneto etc. Na linha reta, que vai até o infinito, o grau de parentesco é contado pelo número de gerações, ou seja, de relações existentes entre o genitor e o gerado. Tantos serão os graus quantas forem as gerações: de pai a filho, um grau; de avô a neto, dois; de bisavô a bisneto, três etc. Cada geração representa um grau.

PARENTESCO POR AFINIDADE. *Direito civil.* É o fixado por determinação legal, sendo o liame jurídico estabelecido entre um consorte, ou companheiro, e os parentes consanguíneos do outro nos limites impostos por lei, desde que decorra de matrimônio válido, ou união estável, pois concubinato impuro ou mesmo casamento putativo não têm o condão de gerar afinidade. Na linha reta, tem-se a afinidade entre sogro e nora, sogra e genro, padrasto e enteada, madrasta e enteado. São, portanto, afins em primeiro grau. Por exemplo, em razão de casamento, ou união estável, alguém poderá ser afim em primeiro grau com a filha e a mãe da mulher a que se uniu, caso em que aquela será sua enteada e esta sua sogra. Em segundo grau, na linha reta, o marido, ou companheiro, será afim com os avós de sua mulher, ou companheira, e esta com os avós de seu marido, ou companheiro, porque na linha reta não há limite de grau. Na linha colateral, o parentesco por afinidade não vai além do segundo grau, existindo tão somente com os irmãos do cônjuge ou convivente; assim, com o casamento uma pessoa torna-se afim com os irmãos do cônjuge ou convivente. Cunhados serão parentes por afinidade em segundo grau, mas entre marido e mulher ou entre companheiros não há parentesco algum nem por afinidade (Tarragato, Orlando Gomes, Scialoja, Washington de Barros Monteiro, Cunha Gonçalves e Bassil Dower).

PARENTESCO POR CONSANGUINIDADE. *Direito civil.* Também designado parentesco natural ou por cognação, é o vínculo entre pessoas descendentes de um mesmo tronco ancestral, portanto, ligadas umas às outras pelo mesmo sangue. Por exemplo, pai e filho, dois irmãos, dois primos etc.

PARENTESCO SOCIOAFETIVO. *Direito civil.* É o baseado em laços de afetividade, como, por exemplo, o estabelecido entre o marido, que anui na inseminação artificial heteróloga de sua mulher, e o filho assim havido ou o decorrente da relação entre adotante e adotado.

PARÈRE. *Direito internacional privado.* Atestado fornecido pelas câmaras de comércio ou pelos sindicatos profissionais para prova do costume ou uso comercial.

PARIDADE. 1. *Direito cambiário.* Estado do câmbio ao par. **2.** *Direito do trabalho* e *direito administrativo.* Igualdade de remuneração entre níveis idênticos de atividades funcionais distintas (Othon Sidou). **3.** *Direito constitucional.* a) Igualdade; b) qualidade de igual.

PARLAMENTAR. 1. *Ciência política.* a) Congressista; b) membro do Poder Legislativo; c) relativo ao governo ou a regime que adota o parlamentarismo. **2.** *Direito internacional público.* a) Reunião dos delegados de potências inimigas para fazer negociações, chegando a um acordo ou procurando uma solução, em casos de conflito ou guerra; b) oficial enviado pelo chefe das Forças Armadas para tratar de assuntos alusivos à guerra ou para entabular condições para a rendição etc. **3.** Nas *linguagens comum* e *jurídica:* a) negociar; b) falar; c) entrar em negociação para chegar a um acordo.

PARLAMENTARISMO. *Ciência política.* Regime político de governo em que o gabinete, composto dos Ministros de Estado, liderados pelo primeiro-ministro, é o responsável, por ter a chefia do governo, perante o parlamento, que, por seu intermédio, dirige a nação e faz cumprir as normas constitucionais. Nesta forma de governo há a dominação política do parlamento. É o sistema em que a direção dos negócios públicos pertence ao chefe de Estado e ao parlamento, que age por meio do gabinete e por ele se responsabiliza (Pinto Ferreira).

PARLAMENTO. 1. *História do direito.* Antiga assembleia dos grandes, na França. **2.** *Ciência política* e *direito constitucional.* a) Conjunto das duas câmaras (o Senado e a Câmara dos Deputados) que exercem o Poder Legislativo. Trata-se do Congresso Nacional; b) corpo colegiado de legisladores que representa o povo; c) assembleia que elabora leis; Assembleia Legislativa.

PARQUE FLORESTAL. *Direito ambiental.* Área florestal reservada por ato do Poder Público com o escopo de resguardar a natureza, conciliando a proteção integral da flora, da fauna e da beleza natural, com utilização para fins educacionais, recreativos e científicos.

PARQUE NACIONAL. *Direito ambiental.* Região repleta de belezas e riquezas naturais, protegida e custodiada pelo Poder Público, para conservar a flora e a fauna em estado nativo e formar pontos de excursões, com objetivos científicos, educacionais e recreativos. Tem como objetivo básico a preservação de ecossistemas naturais de grande relevância ecológica e beleza cênica, possibilitando a realização de pesquisas científicas e o desenvolvimento de atividades de educação ambiental, de recreação em contato com a natureza e de turismo ecológico.

PARRICÍDIO. 1. *Direito penal.* a) Ato de matar o próprio pai; b) homicídio praticado pelo filho contra seus pais. É o crime que consiste no ato de matar pai, mãe ou qualquer ascendente, tendo, por isso, pena agravada. **2.** *Direito romano.* Ato de assassinar qualquer parente próximo.

PARTE. 1. *Direito civil.* a) Porção de um todo; b) o que cada voz ou instrumento deve executar numa peça; c) papel que cabe ao ator numa representação; d) contratante; e) quinhão hereditário; f) participação; g) fração condominial. **2.** ***Direito autoral.*** Divisão de uma obra. **3.** ***Direito processual civil.*** a) Litigante, seja ele autor ou réu; sujeito ativo ou passivo na relação jurídico-processual; b) pessoa com quem outra está em contestação. **4.** ***Direito processual penal.*** a) Queixa; b) denúncia. **5.** ***Direito administrativo.*** a) Indiciado em processo administrativo; b) concorrente. **6.** ***Direito do trabalho.*** Reclamante ou reclamado na Justiça Trabalhista. **7.** ***Direito comercial.*** Cota.

PARTE ABSTRATA. ***Direito civil.*** Parte ideal ou ficta, que é a não concreta, sendo uma *fictio juris*. Por exemplo, aquela que tem cada condômino na coisa comum, à qual se pode atribuir um valor, permanecendo, porém, em estado de indivisão. É uma fração abstrata e não determinada na coisa comum indivisa.

PARTE IDEAL. *Vide* PARTE ABSTRATA.

PARTE ILEGÍTIMA *AD CAUSAM*. ***Direito processual civil.*** **1.** Aquela que não tem interesse econômico ou moral para propor ou contestar ação. **2.** A que não tem capacidade de ser parte.

PARTE ILEGÍTIMA *AD PROCESSUM*. ***Direito processual civil.*** **1.** Aquela que não tem capacidade de estar em juízo. **2.** Quem está inabilitado para a prática de atos processuais válidos.

PARTE INTEGRANTE. ***Direito civil.*** Bem acessório que, unido ao principal, forma com ele um todo, sendo desprovida de existência material própria, embora mantenha sua identidade. Por exemplo, a lâmpada de um lustre.

PARTENOGÊNESE. ***Medicina legal*** e ***biodireito.*** *Vide* CLONAGEM.

PARTICIPAÇÃO. **1.** ***Direito civil.*** Ato jurídico em sentido estrito que consiste em uma declaração para ciência ou comunicação de intenção ou fato, tendo, portanto, por escopo produzir *in mente alterius* um evento psíquico. Tem, necessariamente, destinatário, pois o sujeito pratica o ato para dar conhecimento a outrem de que tem certo propósito ou de que ocorreu determinado fato. Por exemplo, intimação, interpelação, notificação, oposição, aviso, confissão, denúncia, convite etc. (Messineo e Orlando Gomes). **2.** ***Direito comercial.*** Forma de sociedade não personificada, como a em conta de participação, na qual o sócio ostensivo age, em seu nome individual e sob sua própria e exclusiva responsabilidade, em proveito comum, pois os demais sócios participam dos resultados. **3.** Nas ***linguagens comum*** e ***jurídica:*** a) ato ou efeito de participar; b) ato de tomar parte; c) ato de integrar; d) aviso; e) comunicação; f) ação de intervir; g) contribuição; h) ato de receber quinhão numa partilha. **4.** ***Filosofia geral.*** a) União da parte com o todo e do ser finito com o infinito; b) ligação do individual e do universal na consciência e do ser absoluto e do eu no ato livre (Lavelle); c) relação dos seres sensíveis com as ideias e a relação que têm entre si as que não se excluem (Platão); d) modo de pensamento, comum nos povos de civilização inferior, segundo o qual os seres não formam senão um só e mesmo ser e podem ser tomados uns pelos outros, num grande número de casos (Lévy-Bruhl).

PARTIDA. **1.** ***Direito comercial.*** a) Lote de mercadorias; quantidade maior ou menor de mercadorias da mesma espécie, destinadas ao comércio, recebidas ou expedidas; b) quantidade definida de matéria-prima, material de embalagem ou produto, obtido em um único processo, cuja característica essencial é a homogeneidade; c) lançamento ou registro completo de uma operação mercantil no livro *Diário*. **2.** ***Direito desportivo.*** a) Competição desportiva entre duas pessoas ou dois grupos; b) ensaio feito pelos corredores antes da largada; c) largada. **3.** ***Direito marítimo.*** Fato de o navio deixar o porto para, em rota normal, tocar no porto de escala. **4.** Na ***linguagem comum,*** ato de partir.

PARTIDO POLÍTICO. ***Ciência política*** e ***direito civil.*** Associação civil ou pessoa jurídica de direito privado que deve ter seu estatuto registrado, mediante requerimento ao cartório competente do Registro Civil das Pessoas Jurídicas da Capital Federal e ao Tribunal Superior Eleitoral, para arregimentar membros que, defendendo seu programa e seus princípios políticos, venham a alcançar o poder por meio das eleições. São registrados no Tribunal Superior Eleitoral: Partido do Movimento Democrático Brasileiro (PMDB); Partido Trabalhista Brasileiro (PTB); Partido Democrático Trabalhista (PDT); Partido dos Trabalhadores (PT); Democratas (DEM); Partido Comunista do Brasil (PC do B); Partido Socialista Brasileiro (PSB); Partido da Social Democracia Brasileira (PSDB); Partido Trabalhista Cristão (PTC); Partido Social Cristão (PSC); Partido da Mobilização Nacional (PMN); Partido Republicano Progressista (PRP); Partido Popular Socialista (PPS); Partido Verde (PV); Partido Trabalhista do Brasil (PT do B); Partido Progressista (PP); Partido Socialista dos Trabalhadores Unificado (PSTU); Partido Comunista Brasileiro (PCB); Partido Renovador Trabalhista Brasileiro (PRTB); Partido Humanista na Solidariedade (PHS); Partido Social Democrata Cristão (PSDC); Partido da Causa Operária (PCO); Partido Trabalhista Nacional (PTN); Partido Social Liberal (PSL); Partido Republicano Brasileiro (PRB); Partido Socialismo e Liberdade (PSOL); Partido da República (PR); Partido Social Democrático (PSD); Partido Pátria Livre (PPL); Partido Ecológico Nacional (PEN); Partido Republicano da Ordem Social (PROS); Solidariedade (SD); Partido Novo (NOVO); Rede Sustentabilidade (REDE) e Partido da Mulher Brasileira (PMB).

PARTIDOR. ***Direito processual civil.*** Funcionário público encarregado de fazer cálculos e elaborar plano de partilha judicial de bens hereditários, de acordo com o despacho de sua deliberação, que deve ser homologado pelo juiz.

PARTILHA. 1. ***Direito civil.*** a) Repartição de bens de uma herança, determinando os quinhões dos herdeiros, após separar a meação do cônjuge sobrevivente, se houver. Observando-se: a máxima igualdade possível quanto ao valor, a natureza e a qualidade dos bens; a prevenção de litígios futuros e a máxima comodidade dos coerdeiros, do cônjuge ou do companheiro; b) divisão de imóvel comum em quinhões distintos e proporcionais ao direito de cada um dos condôminos; c) divisão de coisa móvel. **2.** ***Direito comercial*** e ***direito do trabalho.*** Repartição de lucros empresariais entre sócios e empregados.

PARTILHA AMIGÁVEL. ***Direito civil.*** **1.** Divisão de bens em frações, de comum acordo entre os interessados, devidamente homologada pelo órgão judicante. Essa partilha amigável de coisa comum é feita por escritura pública, na qual intervêm todos os condôminos, desde que maiores e capazes. **2.** Repartição de bens da herança feita por acordo unânime de herdeiros maiores e capazes, por meio de escritura pública, termo nos autos do inventário ou escrito particular homologado pelo juiz. **3.** Partilha consensual extrajudicial dos bens do *de cujus* feita por herdeiros capazes e concordes, mediante escritura pública, desde que não haja testamento e estejam devidamente assistidos por advogado comum ou advogados de cada um deles. Essa escritura servirá de título hábil para o registro imobiliário. **4.** Partilha de bens feita, ao término do casamento, pelos ex-cônjuges, de comum acordo, perante o juiz ou o notário.

PARTILHA EM VIDA. ***Direito civil.*** Disposição de bens feita por uma pessoa por meio de doação ou testamento, desde que não lese a legítima de seus herdeiros necessários, se houver. Logo, pode abranger parte ou a totalidade de seus bens. É o ato pelo qual alguém, observando as condições legais, distribui seus bens entre seus herdeiros por ato *inter vivos* ou testamento.

PARTILHA EXTRAJUDICIAL. *Vide* PARTILHA AMIGÁVEL, n. 3.

PARTILHA JUDICIAL. ***Direito civil*** e ***direito processual civil.*** **1.** Aquela que compete ao Poder Judiciário, após a ouvida das partes, distribuindo bens entre os interessados ou a quem de direito. A partilha ocorre, portanto, quando não há acordo entre os condôminos ou quando um deles é incapaz, cabendo, então, ao Judiciário decidir as questões e as dúvidas levantadas pelos interessados. **2.** Aquela que é feita no inventário por ordem do juiz, sendo obrigatória quando os herdeiros divergirem, ou se algum deles for menor ou incapaz, e facultativa entre capazes. Essa partilha procura a perfeita igualdade quantitativa e qualitativa entre os sucessores do *de cujus*, atendendo os direitos e interesses de todos, principalmente dos incapazes. Com a deliberação da partilha competirá ao partidor organizar-lhe o esboço, observando nos pagamentos a seguinte ordem: dívidas atendidas; meação do consorte; cota disponível, quinhões hereditários, a começar pelo coerdeiro mais velho.

PARTILHA TESTAMENTÁRIA. ***Direito civil.*** Aquela que é feita por alguém por meio da distribuição de seus bens entre os herdeiros, por qualquer uma das formas de testamento previstas em lei, tendo eficácia jurídica somente após o óbito do testador.

PARTO ANÔNIMO. ***Direito da criança e do adolescente.*** a) Ato de abandonar filho recém-nascido em rua, mas em local onde haja possibilidade de sua salvação; b) ato de colocar criança em berço aquecido, em janela de hospital, com sensores que avisam enfermeiros e médicos do fato, para que seja colocada em uma família. É permitido nos EUA, França, Bélgica, Itália, Áustria e Luxemburgo.

PARTO SUPOSTO. 1. ***Medicina legal.*** Parto simulado, para fingir nascimento que não houve; aquele que, na verdade, não ocorreu. **2.** ***Direito penal.*** Crime contra o estado de filiação, que consiste em dar parto alheio como próprio, punido com reclusão; se, porém, for praticado por motivo nobre, a pena será de detenção.

PASSAGEIRO. 1. ***Direito comercial.*** a) Viajante; b) aquele que efetua contrato de transporte de pessoas por via terrestre, fluvial, marítima ou aérea; c) veículo que transporta pessoas; d) aquele que está sendo transportado, ao ponto de destino, mediante pagamento do bilhete de passagem; e) no Rio Grande do Sul, é o barqueiro ou balseiro que transporta pessoas de uma margem a outra do rio; f) todo aquele que, não fazendo parte da tripulação nem sendo profissional não tripulante prestando serviço profissional a bordo, é transportado pela embarcação; g) pessoa que efetuou pagamento de bilhete de passagem para viajar entre portos, em uma embarcação devidamente inscrita e licenciada no órgão público competente para a finalidade de transporte de pessoas. Inclui-se também como passageiro pessoa autorizada pelo comandante da embarcação a viajar sem pagamento de taxas, devendo constar a sua presença nos registros oficiais da embarcação; h) qualquer pessoa física, transportada ou a ser transportada em aeronave, com o consentimento do transportador, exceto membro da tripulação, tripulantes extras e inspetor de aviação civil. **2.** Nas ***linguagens comum*** e ***jurídica:*** a) efêmero;

b) o que dura pouco; c) transitório; d) local por onde passa muita gente.

PASSAGEM DE CABOS E TUBULAÇÕES. ***Direito civil.*** Restrição legal pela qual o proprietário deve tolerar, mediante recebimento de indenização que atenda, também, à desvalorização da área remanescente, a passagem, por seu imóvel, de cabos e tubulações e outros condutos subterrâneos de serviços de utilidade pública, em proveito de proprietários vizinhos.

PASSAGEM FORÇADA. ***Direito civil.*** Direito que tem o proprietário, usufrutuário, usuário ou enfiteuta de prédio rústico ou urbano que se encontra naturalmente encravado em outro, sem saída para a via pública, nascente ou porto, de reclamar do vizinho que lhe deixe passagem, fixando-se a esta judicialmente o rumo, quando necessário. Por outro lado, o proprietário do prédio por onde se estabelece tal passagem tem direito de receber uma indenização cabal, a título de compensação pelos prejuízos e incômodos que terá de passar.

PASSAPORTE. 1. ***Direito administrativo*** e ***direito internacional privado.*** a) Documento de identificação, de propriedade da União, exigível de todos os que pretendam realizar viagem internacional, salvo nos casos previstos em tratados, acordos e outros atos internacionais. É documento oficial, pessoal e intransferível emitido pela autoridade estatal e entregue em comodato a alguém devidamente identificado, concedendo licença para o livre trânsito em nações estrangeiras que lhes permita o ingresso em seu território, que pode ser: diplomático, oficial, comum e para estrangeiro. Não pode ser usado sem a assinatura ou impressão digital do titular e não terá validade se contiver rasura ou emenda. Os passaportes brasileiros classificam-se nas categorias: diplomático; oficial; comum; para estrangeiro; e de emergência. Os passaportes diplomático e oficial serão expedidos pelo Ministério das Relações Exteriores, no território nacional; e pelas missões diplomáticas ou repartições consulares brasileiras, no exterior, e terão prazo de validade de até dez anos, podendo este ser reduzido a critério do Ministério das Relações Exteriores, tendo em conta a natureza da função ou a duração da missão dos seus titulares. Os passaportes comum e para estrangeiro serão expedidos pelo Departamento de Polícia Federal, no território nacional; e pelas missões diplomáticas ou repartições consulares brasileiras, no exterior. É, portanto, uma carteira internacional de identidade; b) licença concedida pelo Estado para que o navio mercante possa viajar. **2.** ***Direito comparado.*** Imposto cobrado, na França, pela alfândega, de navio estrangeiro para que possa sair do porto. **3.** ***Direito alfandegário.*** Documento que comprova a identidade do navio.

PASSIVO. 1. ***Direito militar.*** Defesa que o povo opõe aos ataques aéreos do inimigo. **2.** ***Direito comercial.*** a) Conjunto de débitos, encargos e deveres de uma empresa, opondo-se, portanto, ao ativo; b) total de saldos credores das contas escrituradas em livros empresariais. **3.** ***Direito civil.*** a) O que se deve pagar; b) soma de dívidas exigíveis que pesam sobre um patrimônio; c) parte negativa de dado patrimônio. **4.** Na ***linguagem jurídica*** em geral: a) obrigações a pagar, sejam decorrentes de tributos, salários, prestações de serviços etc.; b) inerte; c) quem não age ou reage; d) aquele que sofre uma ação; e) quem presta obediência cega a outrem; f) aquele que não se produz por esforço ativo.

PASSIVO A DESCOBERTO. Na ***linguagem contábil,*** designa aquele que é maior do que o ativo, apresentando um déficit, pois, para cobri-lo, não há fundos disponíveis.

PASSIVO CIRCULANTE. 1. ***Direito tributário.*** Conjunto das obrigações vencíveis no exercício seguinte, por exemplo, debêntures, provisão para imposto sobre a renda, impostos a recolher etc. (Eduardo M. F. Jardim). **2.** Na ***linguagem contábil,*** diz-se da soma de obrigações suscetíveis de cobrança a curto prazo.

PASTA. 1. ***Ciência política.*** a) Cargo ou ofício de Ministro de Estado; b) ministério que integra o Poder Executivo; c) função do Ministro de Estado; d) secretaria de Estado. **2.** Na ***linguagem comum:*** a) carteira de papelão própria para guardar papéis; b) massa.

PATENTE. 1. ***Direito de propriedade industrial.*** Título correspondente a invenção, de modelo de utilidade, de desenho industrial, que assegura ao seu autor a sua propriedade e o seu uso exclusivo por determinado espaço de tempo. **2.** ***Direito militar.*** a) Título que corresponde ao posto ocupado pelo servidor público militar; b) posto militar. **3.** ***Direito comercial.*** Contribuição paga pelos sócios novos de uma sociedade, em benefício dos antigos. **4.** ***Direito civil.*** Diploma de membro de uma confraria. **5.** Na ***linguagem comum:*** a) evidente; claro; sem sofisma; b) franco; c) aberto; acessível; d) positivo.

PATERNIDADE. 1. ***Direito civil.*** a) Vínculo jurídico entre pai e filho; b) qualidade do que é pai. **2.** ***Direito autoral.*** Qualidade de autor de obra literária, artística ou científica.

PATERNIDADE SOCIOAFETIVA. ***Direito civil.*** **1.** Aquela baseada na afetividade existente entre uma pessoa e o companheiro de seu genitor. **2.** Vínculo institucional de filiação existente entre o concebido por meio de inseminação artificial heteróloga e o marido de sua mãe, que nela consentiu. **3.** Relação entre adotante e adotado. **4.** Parentesco por afinidade entre padrasto e enteado.

PATI. ***Direito civil*** e ***direito administrativo.*** Tolerância de uma atividade alheia.

PÁTRIA. ***Ciência política.*** **1.** Terra natal; país onde se nasce. **2.** País de origem. **3.** Nação à qual se pertence como cidadão. **4.** Local onde floresce uma ciência ou arte.

PATRIARCADO. **1.** ***Sociologia geral.*** a) Regime ou forma de organização social em que a chefia da família era exercida pelo pai, ou patriarca, detentor do poder absoluto, havendo exclusão da mulher na vida pública; b) dignidade de patriarca. **2.** ***Direito canônico.*** Diocese administrada ou dirigida por patriarca.

PATRIMÔNIO. **1.** ***Direito civil.*** Complexo das relações jurídicas de uma pessoa que tenham valor econômico (Clóvis Beviláqua). Incluem-se no patrimônio: a posse, os direitos reais, as obrigações e as ações correspondentes a tais direitos. O patrimônio abrange direitos e deveres redutíveis a dinheiro, consequentemente, nele não estão incluídos os direitos de personalidade, os pessoais entre cônjuges, os oriundos do poder familiar e os políticos. **2.** ***Direito comercial.*** Conjunto de bens e direitos de um empresário (individual ou coletivo) que têm valor econômico.

PATRIMÔNIO MÍNIMO. *Vide* MÍNIMO EXISTENCIAL.

PATRIMÔNIO GENÉTICO. ***Direito ambiental.*** Informação de origem genética, contida no todo ou em parte de espécime vegetal, fúngico, microbiano ou animal, em substâncias provenientes do metabolismo de seres vivos e de extratos obtidos de organismos vivos ou mortos, encontrados em condições *in situ*, inclusive domesticados, ou mantidos em coleções *ex situ*, desde que coletados em condições *in situ*, no território nacional, na plataforma continental ou na zona econômica exclusiva.

PATRIOTISMO. ***Ciência política.*** **1.** Sentimento de amor à pátria, ao seu solo, às suas tradições, à sua cultura e à sua integridade. **2.** Qualidade de quem é patriota.

PATROCÍNIO. **1.** ***Direito processual.*** a) Defesa de interesses, em juízo, exercida por um advogado; b) atuação de um advogado na defesa da causa de seu constituinte. **2.** ***Direito romano.*** Defesa e proteção dos interesses dos plebeus feitas pelos patrícios. **3.** Na ***linguagem comum:*** a) proteção; b) auxílio; c) amparo. **4.** ***Direito desportivo.*** a) Transferência gratuita, em caráter definitivo, ao proponente, de numerário para realização de projetos desportivos e paradesportivos, com finalidade promocional e institucional de publicidade; b) cobertura de gastos ou utilização de bens, móveis ou imóveis, do patrocinador, sem transferência de domínio, para a realização de projetos desportivos e paradesportivos, pelo proponente. **5.** ***Direito administrativo.*** Apoio financeiro concedido por órgão ou entidade integrante do Poder Executivo Federal a projetos de iniciativa de terceiros, com o objetivo de divulgar atuação, fortalecer conceito, agregar valor à marca, incrementar vendas, gerar reconhecimento ou ampliar relacionamento do patrocinador com seus públicos de interesse. Devem ser estimulados patrocínios que: promovam acessibilidade de pessoas idosas ou com deficiência aos espaços onde se realizam eventos ou aos produtos patrocinados; preservem o meio ambiente, mediante uso de materiais reciclados e redução de emissão de gases poluentes; inovem o desenvolvimento regional e a geração de emprego e renda para a população local.

PATROCÍNIO INFIEL. ***Direito penal.*** **1.** Crime contra a administração da justiça perpetrado por advogado ou procurador que, faltando ao dever e à ética profissional, lesa, em juízo, o interesse de seu constituinte, punido com detenção e multa. **2.** Conduta dolosa e consciente de advogado que consiste em trair dever profissional, prejudicando o seu constituinte.

PATROCÍNIO SIMULTÂNEO. ***Direito penal.*** Trata-se de tergiversação, ou seja, do crime contra a administração da justiça, que consiste no fato de o advogado ou procurador judicial defender na mesma causa, simultânea ou sucessivamente, os interesses das partes contrárias, punido com detenção e multa.

PATRONATO. **1.** ***Direito romano.*** Direito do patrão em relação ao cliente. **2.** ***Direito processual.*** *Vide* PATROCÍNIO. **3.** ***Direito da criança e do adolescente.*** Estabelecimento onde se abrigam e educam menores abandonados. **4.** ***Direito do trabalho.*** a) Qualidade de empregador; classe dos patrões; b) regime de trabalho assalariado, em função do patrão (Marcus Cláudio Acquaviva).

PATRONÍMICO. ***Direito civil.*** **1.** Regime no qual o filho recebe o sobrenome ou o apelido de família de seu pai. **2.** Derivado do sobrenome do pai. **3.** Nome designativo da linhagem. **4.** Relativo ao apelido de família do pai ou da mãe, do adotante ou do padrasto ou madrasta. **5.** Nome que vem do pai. **6.** Apelido de família. **7.** Nome materno seguido do paterno. **8.** Nome que indica a origem da pessoa. **9.** Apelido de família de um cônjuge adotado pelo outro. **10.** Apelido de família do companheiro usado pela mulher que com ele vive uma união estável.

PAUTA. **1.** ***Direito alfandegário.*** a) Tarifa aduaneira; b) relação das mercadorias importadas sujeitas a tributação. **2.** ***Direito processual.*** Rol dos feitos e das datas de seus julgamentos. **3.** ***Direito comercial.*** a) Lista das cotações da Bolsa afixada no edifício onde esta funciona; b) relação de medidas ou de questões a serem discutidas numa assembleia societária. **4.** ***Ciência política.*** Ordem do dia, isto é, relação dos projetos de lei e das matérias a serem submetidas a votação ou discussão dos membros de uma Câmara, Assembleia Legislativa etc. **5.** ***Direito administrativo.*** Ordem do dia que deve ser observada num órgão público colegiado. **6.** Na ***linguagem comum:*** a) regra ou modelo que deve ser seguido na execução de algo; b) relação dos assuntos a serem tratados numa reunião; c) golpe de navalha.

PAVILHÃO. **1.** ***Ciência política.*** Bandeira de um país. **2.** ***Direito internacional privado.*** Símbolo da nacionalidade da embarcação ou da aeronave. **3.** ***Direito internacional público.*** Poder marítimo de uma nação. **4.** ***Direito civil.*** Pequena construção, em regra isolada, de um edifício ou prédio principal.

PEÇAS DE INFORMAÇÃO. **1.** ***Direito processual penal.*** Representações, documentos, certidões, cópias de peças processuais, declarações ou quaisquer informações que, mesmo sem o inquérito policial, possibilitam a caracterização da materialidade e da autoria do crime, servindo de base à propositura da ação penal (Damásio E. de Jesus e Tourinho Filho). **2.** ***Direito processual civil.*** Elementos de convicção nos quais o membro do Ministério Público se baseia para propor a ação civil pública, imputando a alguém a responsabilidade pelo risco de lesão ou a própria prática de lesão a interesses difusos ou coletivos (Hugo Nigro Mazzilli).

PECULATO. ***Direito penal.*** Crime de malversação praticado por funcionário público que se apropria, indevidamente, de dinheiro ou bens móveis confiados à sua guarda e posse, em razão do seu ofício, em proveito próprio ou de terceiro, ou que se vale de sua influência para desviá-los. Trata-se do peculato-tipo, que é crime contra a Administração Pública, punido com reclusão e multa.

PECÚLIO. **1.** ***Direito civil.*** a) Reserva de dinheiro acumulado com o esforço de trabalho e com economia; b) patrimônio. **2.** ***História do direito.*** a) Moeda corrente; b) conjunto de bens doados ou deixados aos filhos-famílias como auxílio matrimonial; c) coleção de apontamentos jurídicos feita por alguém para uso próprio; d) patrimônio de filho menor, destinado por seus pais, à maneira do dote (De Plácido e Silva). **3.** ***Direito previdenciário.*** a) Indenização devida em caso de morte ou invalidez provocadas por acidente de trabalho; b) prestação devida ao segurado que se incapacitar para o trabalho antes do término do período de carência para a aposentadoria (Othon Sidou); c) capital segurado pagável por morte do segurado, sob forma de capital fixo, corrigível ou não (Luiz Fernando Rudge); d) acúmulo de economias para uso futuro (Luiz Fernando Rudge). **4.** Na ***linguagem comum:*** a) coleção valiosa; b) conjunto de apontamentos ou notícias relativas a uma especialidade ou assunto; c) complexo de conhecimentos sobre uma matéria.

PEDAGIADO. ***Direito de trânsito.*** Advém do verbo "pedagiar" e do substantivo "pedágio", descrevendo situações ou objetos que envolvem a cobrança de taxa pela utilização de vias terrestres de transporte.

PEDÁGIO. **1.** ***História do direito.*** Tributo pago pela passagem por uma ponte. **2.** ***Direito tributário.*** a) Taxa paga pelo uso de estradas para satisfazer despesas de conservação realizadas pelo Poder Público; b) posto fiscal situado em estradas para cobrança daquela taxa. **3.** Na ***gíria,*** é a quantia paga por delinquentes a policiais para que estes não os prendam.

PEDIDO. **1.** ***Direito processual civil.*** a) Petição inicial; b) formulação da pretensão do autor; c) um dos elementos da ação, que é o objeto do processo; d) expressão da pretensão; e) o que se pede em juízo; dedução da pretensão em juízo (Moacyr Amaral Santos); f) formulação do bem jurídico que o autor procura obter com a ação, isto é, com a pretensão jurisdicional pleiteada (José Frederico Marques). **2.** ***Direito comercial.*** a) Proposta de compra e venda mercantil; b) documento em que se faz a encomenda de mercadorias, contendo as condições da compra e venda mercantil. **3.** ***História do direito.*** Tributo cobrado pelos senhores de terra arrendada de seu vassalo. Constituía uma *finta* lançada *per capita* (De Plácido e Silva). **4.** Na ***linguagem jurídica*** em geral: a) requerimento; b) encomenda; c) solicitação; d) ato de pedir.

PEDIDO ALTERNATIVO. ***Direito processual civil.*** Aquele em que se formulam duas ou mais pretensões, para que se conceda uma delas, quando pela natureza da obrigação o devedor puder cumprir a pretensão de mais de um modo.

PEDIDO ALTERNATIVO SUBSIDIÁRIO. ***Direito processual civil.*** **1.** Aquele em que se formula mais de um pedido em ordem sucessiva, pleiteando-se o acolhimento de um, que é o principal, e, se isso não for possível, que se acate o outro, que é o subsidiário. **2.** É chamado de pedido de cumulação alternativa por subsidiariedade, de cumulação sucessiva, subsidiário ou sucessivo, pois ocorre quando um pedido é prejudicial a outro, ou seja, quando o segundo pedido só pode ser considerado e apreciado, judicialmente, após a cognição do primeiro. Há quem o designe de cumulação eventual, como o faz Chiovenda, pois um dos pedidos é formulado na eventualidade de ser o anterior repelido.

PEDIDO CUMULADO. *Direito processual civil.* Reunião de pretensões num só processo, apresentadas a um só magistrado, contra o mesmo réu, desde que o procedimento seja idêntico. Por exemplo, pedido de investigação de paternidade cumulado com petição de herança.

PEDIDO DE EXPLICAÇÕES. *Direito processual penal.* Medida cautelar facultativa preparatória da ação penal alusiva a crimes contra a honra, inclusive os cometidos por meio da imprensa, para esclarecimento das afirmações feitas ou de sua equivocidade, averiguando-se a real intenção do suposto ofensor e obtendo-se até mesmo sua retratação e consequente satisfação da vítima, tornando inútil o ajuizamento da ação penal (Rogério Lauria Tucci).

PEDIDO DE VISTA. *Direito processual civil.* É o conferido ao relator ou outro juiz, participante de turma julgadora de órgão colegiado, que não se sentir habilitado a dar seu voto de imediato, para solicitar vista dos autos, pelo prazo de 10 dias, para examinar o recurso ou ação objeto do julgamento.

PEDOFILIA. *Medicina legal.* Desvio sexual caracterizado pela atração por crianças, levando o paciente a praticar com elas atos libidinosos.

PEGADA. 1. *Medicina legal.* Sinal ou vestígio deixado pelos pés, que pode servir de subsídio valioso na descoberta do autor do crime e no esclarecimento do delito. **2.** *Direito desportivo.* Lance feito, no futebol, pelo arqueiro numa defesa, apanhando a bola nas mãos.

PEITA. 1. *História do direito.* Tributo pago pelos que não eram fidalgos. **2.** *Direito penal.* a) Suborno; b) ato de pagar ou presentear alguém para corrompê-lo ou suborná-lo.

PELEGO. 1. *Direito do trabalho.* Aquele que se infiltra no meio trabalhista para obter vantagem pessoal, atuando como falso líder sindical, como intermediário entre empregado e empregador (Marcus Cláudio Acquaviva). **2.** *Direito agrário.* Pele de carneiro com a lã, que se costuma usar entre o lombo do cavalo e a sela, para amaciar o assento.

PENA. 1. *Direito penal.* Sanção restritiva de liberdade ou pecuniária aplicada pelo Poder Judiciário a quem praticar contravenção ou crime. **2.** *Direito civil.* a) Sanção pecuniária imposta ao autor de um ato ilícito; b) multa contratual; c) prisão civil imposta a depositário infiel e àquele que não cumpriu o dever de pagar pensão alimentícia. **3.** *Direito autoral.* a) Designação dada a escritores; b) estilo ou modo de escrever; c) composição de obras literárias; d) obra de escrita. **4.** *Direito agrário.* Cada asa do rodízio do moinho. **5.** *Direito tributário.* Multa fiscal. **6.** *Direito administrativo.* a) Punição a funcionário faltoso; b) modo de repressão pelo Poder Público. **7.** *Direito marítimo.* Parte da vela latina fixada no penol do caranguejo. **8.** Nas *linguagens comum* e *jurídica:* a) bico da caneta; cálamo; b) órgão que cobre o corpo das aves; c) punição; castigo; d) sofrimento; e) contrariedade; desgosto; f) piedade; compaixão; g) tristeza; h) esforço; trabalho difícil; i) fadiga; j) correção; k) expiação de falta cometida; l) reparação de dano moral ou patrimonial causado.

PENA ALTERNATIVA. *Direito penal.* Mecanismo de execução penal pelo qual se estabelece a quem não é reincidente, nem dado a ato violento, como punição, a prestação de serviços à comunidade ou a entidades públicas, o pagamento de multa, a restrição parcial ao exercício de direitos e uma indenização à vítima (Afonso Celso F. de Rezende).

PENA-BASE. *Direito penal.* Aquela que, fixada em lei, contém o mínimo e o máximo da cominação, cuja aplicação depende do critério do juiz ao efetuar a individualização da pena, levando-se em conta atenuantes, agravantes, circunstâncias do crime, causas de aumento e diminuição, reincidência etc. A pena-base é o ponto de partida para o cálculo da graduação da sanção a ser imposta ao condenado.

PENA CIVIL. *Direito civil* e *direito processual civil.* Sanção prevista em lei como reprovação à violação de um dever legal ou contratual. Por exemplo, indenização por perdas e danos, perda ou suspensão do poder familiar, exclusão da herança por indignidade, perda de direito sobre o bem sonegado, pagamento de juros moratórios e de multa contratual e prisão civil ao devedor de alimentos e ao depositário infiel.

PENA DE CONFESSO. *Direito processual civil.* É a aplicada pelo órgão judicante em caso de revelia.

PENA DE DETENÇÃO. *Direito penal.* Pena privativa da liberdade aplicável a crimes menos graves; logo, o condenado não está sujeito a um período inicial de isolamento diurno e noturno e tem direito de escolher o trabalho obrigatório que fará na prisão.

PENA DE PRISÃO SIMPLES. *Direito penal.* Pena privativa da liberdade, imposta àquele que praticou alguma contravenção penal, que deve ser cumprida sem rigor penitenciário, com maior possibilidade de tempo livre, em estabelecimento ou seção especial de prisão comum, em regime semiaberto ou aberto.

PENA DE RECLUSÃO. *Direito penal.* Pena privative da liberdade, aplicada em casos de delitos de maior gravidade, devendo, por isso, o condenado ficar sujeito, no período inicial, ao isolamento diurno e noturno e ao trabalho obrigatório escolhido pela direção do presídio.

PENA DISCIPLINAR. *Direito administrativo.* Sanção administrativa imposta pela autoridade competente, em processo administrativo, ao funcionário público que cometer falta disciplinar, na forma de repreensão, destituição, disponibilidade, suspensão, cassação de aposentadoria, multa etc.

PENA EXPULSÓRIA. *Direito administrativo.* Pena disciplinar que afasta, para proteger o serviço público, o funcionário de seu cargo, como demissão, aposentadoria compulsória e disponibilidade.

PENA POLÍTICA. *Ciência política.* É a aplicável a quem cometer crime político. Por exemplo, cassação do cargo eletivo ou do mandato parlamentar, suspensão dos direitos políticos, perda da nacionalidade etc.

PENA PRIVATIVA DE LIBERDADE. *Direito penal.* Aquela que segrega o condenado do convívio social, como a de prisão simples, reclusão e detenção, levando-o a viver, temporariamente, num estabelecimento carcerário, onde, recolhido, cumprirá a pena.

PENA RESTRITIVA DE DIREITOS. *Direito penal.* **1.** Aquela que resulta da pena principal, como perda de função pública, publicação de sentença e interdição temporária de direito. **2.** Substitutiva da pena privativa da liberdade, que se aplica na forma de prestação de serviços à comunidade ou a entidades públicas. **3.** Limitação de fim de semana. **4.** Prestação pecuniária. **5.** Perda de bens e valores.

PENDÊNCIA. **1.** *Direito processual.* a) Demanda; litígio; b) questão a ser solucionada judicialmente; c) estado do que está esperando uma decisão judicial; d) tempo durante o qual uma questão judicial está correndo em juízo. **2.** Na *linguagem jurídica* em geral: a) desavença; b) qualidade do que está pendente; c) estado do que ainda não atingiu seu fim.

PENHOR. *Direito civil.* Direito real que consiste na tradição de uma coisa móvel ou mobilizável, suscetível de alienação, realizada pelo devedor ou por terceiro ao credor, a fim de garantir o pagamento do débito.

PENHORA. *Direito processual civil.* **1.** Execução judicial de bens do devedor para pagamento do débito, satisfazendo o direito do credor. A penhora observará, preferencialmente, a seguinte ordem: a) dinheiro, em espécie ou em depósito ou aplicação em instituição financeira; b) títulos de dívida pública da União, Estados e Distrito Federal com cotação em mercado; c) títulos e valores mobiliários com cotação em mercado; d) veículos de via terrestre; e) bens imóveis; f) bens móveis em geral; g) semoventes; h) navios e aeronaves; i) ações e quotas de sociedades simples empresárias; j) percentual do faturamento de empresa devedora; k) pedras e metais preciosos; l) direitos aquisitivos derivados de promessa de compra e venda e de alienação fiduciária em garantia; m) outros direitos. Na *execução de crédito* com garantia *hipotecária, pignoratícia* ou *anticrética*, a penhora recairá, preferencialmente, sobre a coisa dada em garantia; se a coisa pertencer a terceiro garantidor, será também este intimado da penhora. **2.** Ato pelo qual são apreendidos e depositados tantos bens do devedor quantos bastem para a segurança da execução (Gabriel José R. de Rezende Filho).

PENHORA *ON-LINE*. **1.** *Direito processual trabalhista.* Trata-se do BACEN Jud, que é o programa referente a ordens de bloqueio e desbloqueio de verbas para causas trabalhistas, que diminuiu a lentidão na execução dos processos, dando-lhes maior praticidade, por permitir o recebimento do crédito e por dar rapidez à cobrança dos créditos tributários. Tal programa apenas encaminha uma ordem judicial aos bancos; logo, não há acesso ao extrato bancário nem quebra de sigilo. **2.** *Direito tributário.* Se o devedor tributário, citado, não pagar nem apresentar bens à penhora no prazo legal e não forem encontrados bens penhoráveis, o juiz determinará a indisponibilidade de seus bens e direito por meio eletrônico, comunicando todos os órgãos e entidades que promovem registros de transferência de bens e as autoridades supervisoras do mercado bancário e do mercado de capitais, afim de que, no âmbito de suas atribuições, façam cumprir a ordem judicial. **3.** *Direito processual civil.* Ato pelo qual o juiz da execução obtém, por via eletrônica, não só o bloqueio, junto ao Banco Central, de depósitos bancários ou de aplicações financeiras mantidas pelo executado, como também informação sobre a disponibilidade do saldo a penhorar.

PENHOR AGRÍCOLA. *Direito agrário.* Direito real que grava culturas. Podem ser objeto de penhor agrícola: colheitas pendentes ou em vias de formação; frutos armazenados ou acondicionados para venda; madeiras das matas preparadas para o corte, em toras ou já serradas e lavradas; lenha cortada ou carvão vegetal; máquinas e instrumentos agrícolas; animais de serviço ordinário de estabelecimento agrícola. O prazo do penhor agrícola não pode ser superior ao da obrigação garantida. Sua prorrogação, inclusive decorrente de prorrogação da obrigação garantida averbada no registro respectivo, deve ser mencionada, no contrato, e, embora vencido, permanece a garantia enquanto subsistirem os bens que a constituem, sendo que nos contratos de financiamento de café o prazo máximo é de quatro anos.

PENHOR CONVENCIONAL. *Direito civil.* Direito real de garantia resultante de acordo de vontade entre credor e devedor, pelo qual este dá a posse de coisa móvel àquele para assegurar o crédito.

PENHOR DE CRÉDITO. *Direito civil.* Aquele em que o credor oferece seu direito de crédito como garantia real de dívida que vier a contrair. O penhor desse direito recai num crédito ordinário.

PENHOR DE DIREITOS. *Direito civil.* Direito real de garantia que incide em direitos. Podem ser objeto do penhor de direitos: as ações de sociedades anônimas; as ações de companhias de seguro; as ações de companhias aeronáuticas; as cotas de capital de bancos de depósito; as patentes de invenção; os direitos autorais; os direitos de crédito etc.

PENHOR DE TÍTULO DE CRÉDITO. *Direito civil.* É o que tem por objeto o próprio título de crédito em que se documenta o direito. O direito de crédito materializa-se ao incorporar-se no documento. Seu objeto é, portanto, o documento representativo do crédito (coisa corpórea) e não os respectivos direitos (coisas incorpóreas), caso em que se teria o penhor de direitos.

PENHOR DE VEÍCULOS. *Direito civil.* É o que, para garantir débito, recai sobre veículos empregados em qualquer espécie de transporte (de pessoas ou de mercadorias) ou condução por via terrestre, pelo prazo de dois anos, prorrogável por mais dois, mediante instrumento público ou particular, que, para produzir efeito *erga omnes*, deve ser registrado no Cartório de Títulos e Documentos do domicílio do devedor e anotado no certificado de propriedade.

PENHOR INDUSTRIAL. *Direito civil.* É o que recai sobre: animais utilizados na indústria; máquinas e aparelhos utilizados em indústrias; bens da indústria de sal; produtos de suinocultura; animais destinados à industrialização de carnes e derivados e pescado.

PENHOR LEGAL. *Direito civil.* É o direito real de garantia decorrente de imposição legal, com o escopo de assegurar o pagamento de certas dívidas de que determinadas pessoas são credoras, e que, por sua natureza, reclamam tratamento especial. Assim, são, por exemplo, credores pignoratícios, independentemente de convenção: a) os hospedeiros, sobre bagagens e bens que seus hóspedes tiverem consigo, pelas despesas, ou consumo, realizados em seu estabelecimento; b) o locador, sobre móveis do inquilino que estiverem guarnecendo o prédio locado, pelos alugueres; c) o artista e o auxiliar teatral, sobre o material cênico da empresa teatral, pela importância de seus salários e despesas de transporte, ou seja, pelo valor das obrigações não cumpridas pelo empregador. Em todos esses casos, o credor toma posse do objeto que se encontra em poder do devedor, completando-se *in iudicio*, ou seja, pela homologação judicial do penhor pelo magistrado. Se o credor deixar de requerer tal homologação, cometerá esbulho, desde que não devolva o bem que apreendeu.

PENHOR MERCANTIL. *Direito comercial.* Aquele que garante obrigação comercial e recai sobre coisa móvel (mercadorias), que ficará sujeita ao pagamento do débito; logo, não pode incidir sobre estabelecimento empresarial, por ser imóvel, nem sobre marcas de fábrica, por serem impenhoráveis.

PENHOR PECUÁRIO. *Direito agrário.* Direito real de garantia que incide sobre animais (gado vacum, muar, cavalar, ovídeo e caprídeo) criados para as indústrias pastoril, agrícola ou de laticínios, por prazo não excedente ao da obrigação garantida, suscetível de prorrogação, desde que averbada no respectivo assento.

PENITENCIÁRIA. *Direito penitenciário.* Estabelecimento oficial onde os condenados pela justiça cumprem as penas privativas de liberdade e recebem assistência estatal para sua readaptação social.

PENSÃO. **1.** *Direito civil.* a) Cânon ou foro devido na enfiteuse; b) renda constituída em favor de alguém; c) quantia a ser paga periodicamente a uma pessoa para prover sua subsistência. **2.** *Direito administrativo.* Renda vitalícia ou temporária que o Poder Público deve pagar aos beneficiários de funcionário público falecido, aposentado ou não, correspondente ao valor mensal do provento, a partir da data do óbito. **3.** *Direito previdenciário.* Benefício a que têm direito os dependentes do segurado falecido, aposentado ou não, a partir da data do óbito ou da decisão judicial, em caso de morte presumida. **4.** *Direito comercial.* a) Estabelecimento que recebe hóspedes, sob pagamento mensal, para fornecer-lhes alojamento e comida; b) fornecimento regular de alimentos em domicílio.

PERCENTAGEM. **1.** Taxa de juro. **2.** Comissão. **3.** Gratificação. **4.** Prestação proporcional a certo lucro ou quantia. **5.** Qualidade proporcional à base de um centésimo do que se tem como referência (Othon Sidou). **6.** *Quantum* pago ou recebido na razão de um ou tantos por cento. **7.** Proporção. **8.** Alíquota fixada para cálculo de tributo.

PERDA DE UMA CHANCE. *Direito civil.* Frustração de uma oportunidade de obter um benefício, esperada pela vítima caso não houvesse o corte abrupto em decorrência de ato do lesante, que gera o dever de indenizar. Por exemplo, pintor que, impedido de expor suas obras, perde a chance de ser premiado por ato culposo do transportador de suas telas, e tem direito de receber indenização pelo prejuízo sofrido (Le Tourneau).

PERDÃO. **1.** *Direito civil.* a) Desobrigação ou remissão da dívida; b) desculpa; c) indulgência. **2.** *Direito penal* e *direito processual penal.* a) Desistência, na ação penal privada, da queixa-crime pelo ofendido; b) graça ou indulto concedido pelo chefe de Estado a um ou mais condenados, livrando-os da pena, desde que o crime por eles perpetrado seja comum; c) absolvição que resulte de perdão; d) anistia, isto é, perdão concedido pelo Legislativo a algum crime político.

PERDA OU INUTILIZAÇÃO DE MEMBRO, SENTIDO OU FUNÇÃO. *Medicina legal* e *direito penal.* Ofensa à integridade física ou à saúde da vítima que atinge os seus membros superiores ou inferiores, impossibilitando-a de se locomover ou de efetuar movimentos com os braços, ou afetando sua visão, olfato, audição, tato e paladar, ou, ainda, alguma atividade do aparelho digestivo, respiratório ou circulatório.

PERDAS E DANOS. *Direito civil.* Representam o equivalente ao prejuízo ou dano suportado pelo credor, em virtude do devedor não ter cumprido, total ou parcialmente, absoluta ou relativamente, a obrigação, expressando-se numa soma de dinheiro correspondente ao desequilíbrio sofrido pelo lesado (Caio M. S. Pereira). Para conceder indenização de perdas e danos, o magistrado deverá considerar se houve: a) dano positivo ou emergente, que consiste num déficit real e efetivo no patrimônio do credor; b) dano negativo ou lucro cessante ou frustrado, alusivo à privação de um ganho pelo credor, ou seja, ao lucro que ele deixou de auferir, em razão do descumprimento da obrigação pelo devedor; e c) nexo de causalidade entre o prejuízo e a inexecução culposa ou dolosa da obrigação por parte do devedor, pois o dano, além de ser efetivo, deverá ser um efeito direto e imediato do ato ilícito do devedor, de modo que, se o prejuízo decorrer de negligência do próprio credor, não haverá ressarcimento ou indenização por perdas e danos.

PERECIMENTO. *Direito civil* e *direito processual civil.* **1.** Extinção de um direito ou do bem que lhe servia de objeto. **2.** Prescrição. **3.** Decadência. **4.** Perempção. **5.** Falecimento. **6.** Destruição. **7.** Perda. **8.** Ato ou efeito de perecer.

PEREMPÇÃO. 1. *Direito processual civil.* Caducidade ou extinção de processo, sem resolução do mérito, quando o autor, por não promover atos e diligências que lhe competiam, abandonar a causa por mais de trinta dias, ou melhor, quando o autor der causa, por três vezes, à extinção do processo por não ter promovido as diligências, não poderá intentar a repropositura da quarta ação contra o réu com o mesmo objeto. É a perda do direito de demandar sobre o mesmo objeto. É o modo extintivo da relação processual fundado na desídia e inação do autor. Perempta a ação, o autor não pode ajuizar aquela pretensão, nem por ação autônoma, pedido incidental, contestação em ação dúplice, reconvenção ou pedido contraposto (Nelson Nery Jr. e Rosa Mª de A. Nery). **2.** *Direito processual penal.* Forma extintiva da punibilidade, em caso de ação penal privada, resultante da inércia do querelante, no que atina à movimentação processual, ou seja, por deixar de promover o andamento do processo durante trinta dias seguidos; ou não comparecer, sem motivo justificado, a qualquer ato processual a que deva estar presente; ou não formular o pedido de condenação nas alegações finais; ou pelo não comparecimento em juízo, dentro de sessenta dias, em caso de morte ou incapacidade do querelante, de pessoa habilitada a fazê-lo; ou, ainda, pela extinção da pessoa jurídica, querelante, sem deixar sucessor.

PEREMPÇÃO LEGAL. *Vide* USUCAPIÃO DE LIBERDADE.

PEREQUAÇÃO. 1. Na *linguagem jurídica* em geral, significa: a) repartição equitativa; ato de repartir igualmente uma coisa entre várias pessoas; b) distribuição por igual de quinhões ou cotas; c) partilha feita em proporções idênticas. **2.** *Direito tributário.* Ato de repartir equitativamente a cota que compete a cada contribuinte, quando não houver alíquota fixada em lei para determinado tributo.

PERFORMANCE BOND. *Direito internacional privado.* **1.** Documento emitido por banco ou companhia, que constitui uma fiança, para possibilitar o ingresso de seus clientes em certames internacionais ou para garantir a execução de serviços ou o fornecimento de material vendido ao estrangeiro. É uma garantia acessória ao contrato principal que supre o inadimplemento do devedor principal. **2.** Tipo de seguro de garantia do adimplemento contratual. Trata-se de fiança no comércio internacional. **3.** Garantia de boa execução. **4.** Pagamento para as autoridades administrativas, cujo montante pode ser recuperado quando atingidas determinadas metas por elas fixadas (Paulo Lucena de Menezes).

PERÍCIA. 1. *Direito civil* e *direito processual civil.* a) Exame e vistoria. Exame é a apreciação de alguma coisa, por meio de peritos, para esclarecimento em juízo, como, por exemplo, exame de livros; exame de sangue, na ação de investigação de paternidade; exame grafotécnico; exame médico, nas interdições. Vistoria é a mesma operação, porém restrita à inspeção ocular, muito empregada nas questões possessórias, nas demarcatórias e nas referentes aos vícios redibitórios; b) arbitramento, que é o exame pericial que tem em vista determinar o valor da coisa ou da obrigação a ela ligada, muito comum na desapropriação, nos alimentos, na indenização dos danos por atos ilícitos; c) prova destinada a levar ao juiz elementos instrutórios sobre algum fato que depende de conhecimentos especiais de ordem técnica (José Frederico Marques); d) exame técnico, feito por perito, de fato, estado ou valor do objeto litigioso; e) verificação da verdade dos fatos, por técnicos de reconhecida habilidade e competência. **2.** *Direito processual penal.* a) Meio probatório que consiste em exames os quais fornecem elementos que possibilitam ao magistrado pronunciar sua decisão; b) parecer ou laudo técnico de perito oficial ou de pessoa habilitada por concurso público, com autonomia técnica, científica e funcional, que serve para esclarecer o delito, por resultar, por exemplo, de exame de corpo de delito, direto ou indireto.

PERÍCIA MÉDICO-LEGAL. *Medicina legal.* Perícia feita por médicos-legistas, para esclarecer fatos relacionados ao crime ou a acidentes de trabalho. Por exemplo, pode-se voltar à identificação da pessoa, à verificação da idade, à classificação das lesões corporais, à constatação da prática de ato sexual, ao diagnóstico de gravidez e de sanidade mental, ao momento e à causa da morte etc.

PERICLITAÇÃO. *Direito penal.* Ato de expor uma pessoa a perigo, por ação ou omissão, ou de criar situação propícia ao dano eventual (Othon Sidou).

PERICULOSIDADE. 1. *Direito penal.* a) Qualidade de ser perigoso; b) condição daquilo que constitui perigo; c) potencialidade ou aptidão criminosa de um delinquente; d) probabilidade de que o criminoso venha a cometer novos crimes; e) condição daquele que pode colocar em risco sua vida ou a de outrem, por apresentar tendência para praticar crimes contra a pessoa ou contra a propriedade (Pedro Lazarini Neto). **2.** *Direito do trabalho.* Condição para que trabalhador que presta serviço em contato com explosivos ou inflamáveis tenha direito ao adicional de trinta por cento sobre o salário.

PERICULUM IN MORA. *Expressão latina* e *direito processual civil.* **1.** Perigo na demora. **2.** Possibilidade de concessão de liminar em mandado de segurança e em tutela provisória de urgência de natureza cautelar, por existir um fato que pode ocasionar dano irreparável, se houver demora de uma providência que venha a impedi-lo.

PERIGO. *Direito civil* e *direito penal.* **1.** Risco. **2.** Eventualidade da qual pode resultar dano. **3.** Receio de algo que possa causar perda ou deterioração da coisa ou ofensa física. **4.** Dano temido. **5.** Probabilidade da ocorrência de um fato lesivo. **6.** Ação consciente de alguém com o intuito de criar uma situação de que pode resultar dano.

PERIGO ATUAL. *Direito penal.* Perigo que está presente e prestes a causar um dano. Trata-se do perigo iminente, do mal efetivo, ou da situação em que há efetiva probabilidade da ocorrência de um dano real. Para que haja configuração de crime, basta a mera exposição a perigo.

PERIGO IMINENTE. *Vide* PERIGO ATUAL.

PERÍMETRO URBANO. *Direito de trânsito.* É o limite entre área urbana e área rural.

PERITO. *Direito processual.* **1.** Aquele que é designado pelo magistrado para, em uma demanda, efetuar exame ou vistoria. **2.** Experto. **3.** Órgão auxiliar da administração da justiça, que ajuda a formar o convencimento do juiz quando a prova do fato dependa de conhecimento técnico.

PERJÚRIO. *Direito penal.* **1.** Falso testemunho ou ato de calar a verdade, em processo judicial, policial ou administrativo, ou em juízo arbitral, que, por constituir crime contra a administração da justiça, é punível com reclusão e multa. **2.** Quebra do juramento.

PERMISSÃO. 1. *Retórica jurídica.* Figura em que o orador deixa ao ouvinte a decisão de alguma coisa. **2.** *Direito administrativo.* a) Ato unilateral pelo qual a Administração faculta precariamente a alguém a prestação de um serviço público ou defere a utilização de um bem público (Celso Antônio Bandeira de Mello); b) delegação, a título precário, mediante licitação, na modalidade de concorrência, da prestação do serviço de transporte rodoviário interestadual e internacional de passageiros, feita pela União à pessoa jurídica que demonstre capacidade para seu desempenho, por sua conta e risco, por prazo determinado; c) é a outorga, a título precário, mediante licitação, da prestação de serviços públicos feita pelo poder permitente à pessoa natural ou jurídica que demonstre capacidade para seu desempenho, por sua conta e risco. **3.** *Direito civil.* Consentimento dado por alguém para a prática de um ato por outrem. **4.** *Teoria geral do direito.* Autorização legal para que uma pessoa possa praticar um ato.

PERMISSIONÁRIO. *Direito constitucional.* Aquele que recebeu permissão para explorar serviço público ou usar bem público.

PERMUTA. 1. *Direito bancário.* Câmbio. **2.** *Direito civil.* Troca, que é o contrato pelo qual as partes se obrigam a dar uma coisa por outra que não seja dinheiro (Clóvis Beviláqua). O objeto da permuta há de ser dois bens; se um dos contratantes, em vez de dar a coisa, prestar um serviço, não se terá troca. São suscetíveis de permuta os bens que puderem ser vendidos, não sendo necessário que os bens sejam da mesma espécie ou tenham igual valor. Assim, poderão ser permutados: móveis por móveis; móveis por imóveis; imóveis por imóveis; coisa corpórea por coisa corpórea; coisa por direito; direito por direito. **3.** *Direito comercial.* Escambo ou troca mercantil, em que coisa móvel ou semovente é trocada por outra, sendo uma das partes empresário e uma das coisas destinada a revenda ou locação. **4.** *Direito administrativo.* Troca de postos ou funções públicas entre dois funcionários da mesma categoria.

PERPETUATIO LEGITIMATIONIS. *Direito processual civil.* Estabilização subjetiva da lide. Com a citação do réu válida, tornando a coisa litigiosa, não poderá haver alteração subjetiva no processo, salvo nos casos expressos em lei (Nelson Nery e Rosa Maria A. Nery).

PERPETUATIO OBLIGATIONIS. *Direito civil.* Perpetuação da obrigação; havendo perda ou deterioração da coisa devida, o devedor responsabiliza-se pelo dano causado ao credor.

PERSECUÇÃO. *Direito penal.* Ato de perseguir alguém para aplicar-lhe uma pena; perseguição.

PERSONA GRATA. *Direito internacional público.* **1.** Locução latina que, na diplomacia, aplica-se a uma pessoa designada para um cargo, que seria aceita com satisfação pelo governo estrangeiro junto ao qual seria acreditada para desempenhar suas funções. **2.** Pessoa bem-vinda.

PERSONA NON GRATA. *Direito internacional público.* Agente diplomático que não merece consideração nem aceitação do governo estrangeiro em cujo país vai servir, para que se acredite como representante da nação que o nomeou. A declaração de *persona non grata* pode ser feita antes que o diplomata chegue ao Estado onde vai servir, ou quando nele esteja instalado, tendo de vinte e quatro a quarenta e oito horas para deixar o país.

PERTENÇA. *Direito civil.* Coisa acessória destinada a conservar ou facilitar o uso do bem principal, sem ser parte integrante. É o bem que se destina de modo duradouro, ao uso, ao serviço ou ao aformoseamento de outro. Apesar de acessória, mantém sua individualidade e autonomia, tendo apenas com a principal uma subordinação econômico-jurídica, pois, sem haver qualquer incorporação, vincula-se à principal para que esta atinja suas finalidades. São pertenças todos os bens móveis ajudantes que o proprietário, intencionalmente, empregar na exploração industrial de um imóvel, no seu aformoseamento ou na sua comodidade. Por serem acessórios, acompanham a sorte da principal. Excepcionalmente, nada obsta a que se ligue, pertinencialmente, um imóvel a outro, para servi-lo na consecução de seus fins.

PERTURBAÇÃO DA ORDEM. *Direito penal.* **1.** Tumulto. **2.** Todo ato que traga intranquilidade e inquietação à coletividade, vindo a causar dano à ordem pública, o que constitui contravenção penal.

PERTURBAÇÃO DO TRABALHO. *Direito penal.* **1.** Contravenção penal que consiste em molestar trabalho alheio com gritaria, algazarra; em exercer profissão incômoda ou ruidosa, em desacordo com as prescrições legais; em abusar de instrumentos sonoros; em provocar ou não procurar impedir barulho produzido por animal de que tem a guarda, punível com prisão simples ou multa. **2.** Embaraço ao regular funcionamento do trabalho. **3.** Sabotagem.

PERVERSÃO SEXUAL. *Medicina legal.* **1.** Desvio sexual. **2.** Aberração. **3.** Ato de buscar prazer sexual em práticas alheias à cópula normal, como a necrofilia, a zoofilia, a pedofilia, o fetichismo, o masoquismo, o voyeurismo, o sadismo etc.

PESSOA IDOSA. *Vide* IDOSO.

PESSOA INCERTA. *Direito civil.* Pessoa cuja identidade não pode ser determinada, por falta ou impossibilidade de identificação.

PESSOA JURÍDICA. *Direito civil.* Unidade de pessoas naturais ou de patrimônios, que visa à consecução de certos fins, reconhecida pela ordem jurídica como sujeito de direitos e obrigações.

PESSOA JURÍDICA DE DIREITO PRIVADO. *Direito civil.* Pessoa jurídica instituída por iniciativa de particular, podendo dividir-se em: a) fundação particular, que é uma universalidade de bens, personalizada pela ordem jurídica, em consideração a um fim estipulado pelo fundador, sendo este objetivo imutável e seus órgãos servientes, pois todas as resoluções estão delimitadas pelo instituidor; b) associação, quando não há fim lucrativo ou intenção de dividir o resultado, embora tenha patrimônio, formado com a contribuição de seus membros, para a obtenção de fins culturais, educacionais, esportivos, religiosos, recreativos, morais etc.; c) sociedade simples, que visa fim econômico ou lucrativo, que deve ser repartido entre os sócios, sendo alcançado pelo exercício de certas profissões ou pela prestação de serviços técnicos; d) sociedade empresária, que visa o lucro mediante exercício de atividade econômica organizada dirigida à produção e circulação de bens e serviços; e) empresa pública, entidade dotada de personalidade jurídica de direito privado, com patrimônio próprio e capital exclusivo da União, criada por lei para a exploração de atividade econômica que o governo seja levado a exercer por força de contingência ou de conveniência administrativa; f) sociedade de economia mista, criada por lei para exploração de atividade econômica, sob a forma de sociedade anônima, cujas ações com direito a voto pertençam em sua maioria à União ou a entidade de Administração indireta; g) partido político, associação civil que visa assegurar, no interesse do regime democrático, a autenticidade do sistema representativo e defender os direitos fundamentais definidos na Carta Magna; h) empresa individual de responsabilidade limitada.

PESSOA JURÍDICA DE DIREITO PÚBLICO EXTERNO. *Direito internacional público.* Pessoa jurídica regulamentada pelo direito internacional público, abrangendo: nações estrangeiras, Santa

Sé e organismos internacionais como ONU, OEA, UNESCO, FAO etc.

PESSOA JURÍDICA DE DIREITO PÚBLICO INTERNO. *Direito administrativo.* Pessoa jurídica instituída por lei, podendo ser: a) de Administração direta, como União, Estados, Distrito Federal, Territórios e Municípios legalmente constituídos; b) de Administração indireta, abrangendo órgão descentralizado, criado por lei, com personalidade jurídica própria para o exercício de atividades de interesse público, como a autarquia, a associação pública, a agência reguladora, a agência executiva e a fundação pública, que surge quando a lei individualiza um patrimônio a partir de bens pertencentes a uma pessoa jurídica de direito público, afetando-o à realização de um fim administrativo e dotando-o de organização adequada.

PESSOA NATURAL. *Direito civil.* Ser humano considerado como sujeito de direitos e obrigações.

PETIÇÃO INICIAL. *Direito processual civil.* Ato declaratório e introdutório do processo pelo qual alguém exerce seu direito de ação, formulando sua pretensão, pretendendo a sua satisfação pela decisão judicial, uma vez que determina o conteúdo daquela decisão. Deve indicar o juiz ou o tribunal a que se dirige, a qualificação do autor e do réu, o fato e os fundamentos jurídicos do pedido, o pedido com suas especificações, o valor da causa, as provas com que se pretende demonstrar a verdade dos fatos alegados, e, além disso, conter o requerimento para citação do réu.

PETRECHO DA FALSIFICAÇÃO. *Direito penal.* Aparelho destinado a falsificar títulos ou papéis públicos, cuja fabricação, aquisição, fornecimento, posse ou guarda constitui crime contra a fé pública, punível com reclusão e multa.

PETRECHO PARA FALSIFICAÇÃO DE MOEDA. *Direito penal.* Aparelho que falsifica moeda, cuja fabricação, aquisição, fornecimento, posse ou guarda, a título gratuito ou oneroso, constitui crime contra a fé pública, punível com reclusão e multa.

PIGMALIONISMO. *Medicina legal.* Perversão sexual que leva a pessoa a satisfazer sua libido sobre estátuas, por meio de masturbação.

PILHAGEM. *Direito penal* e *direito internacional público.* **1.** Saque. **2.** Roubo praticado por tropas conquistadoras que ocupam o território inimigo.

PIRATARIA. 1. *Direito marítimo.* Pilhagem no mar. **2.** *Direito internacional público.* Saque, depredação ou apresamento de navio ou aeronave, mediante emprego de violência, para fins privados (Rezek). **3.** *Direito de propriedade intelectual* e *direito autoral.* Lesão a direito de autor, mediante reprodução, ou utilização, não autorizada, de obra intelectual.

PIROMANIA. *Medicina legal.* Prazer mórbido de provocar incêndios, muito comum em pessoas com esquizofrenia, com epilepsia, com dependência alcoólica ou que sofrem com paranoia etc.

PISO SALARIAL. *Direito do trabalho.* Valor mínimo pago como salário pela prestação de certo serviço ou pelo exercício de dada função, considerando-se a extensão, a periculosidade e a complexidade do trabalho. Os Estados e o Distrito Federal ficam autorizados a instituir, mediante lei de iniciativa do Poder Executivo, o piso salarial para os empregados que não tenham piso salarial definido em lei federal, convenção ou acordo coletivo de trabalho. Tal autorização não poderá ser exercida: a) no segundo semestre do ano em que se verificar eleição para os cargos de governador dos Estados e do Distrito Federal e de deputados estaduais e distritais; b) em relação à remuneração de servidores públicos municipais. O piso salarial poderá ser estendido aos empregados domésticos.

PLÁGIO. 1. *Direito autoral.* a) Reprodução, total ou parcial, de obra alheia, sem consentimento de seu autor ou sem indicação da fonte; b) furto literário. **2.** *Direito romano.* Venda de pessoas escravizadas, levada a efeito mediante fraude.

PLANEJAMENTO FAMILIAR. *Direito constitucional.* **1.** Direito de todo cidadão de decidir livre e responsavelmente quantos filhos quer ter, baseado em sua renda. **2.** Conjunto de ações de regulação da fecundidade que garantam direitos iguais de constituição, limitação ou aumento de prole pela mulher, pelo homem ou pelo casal, sendo proibida a utilização de qualquer tipo de controle demográfico. **3.** O planejamento familiar é parte integrante do conjunto de ações de atenção à mulher, ao homem ou ao casal, dentro de uma visão de atendimento global e integral à saúde: a) a assistência à concepção e contracepção; b) o atendimento pré-natal; c) a assistência ao parto, ao puerpério e ao neonato; d) o controle das doenças sexualmente transmissíveis; e) o controle e a prevenção do câncer cérvico-uterino, do câncer de mama e do câncer de pênis.

PLANO DE RECUPERAÇÃO JUDICIAL. *Direito falimentar.* O plano de recuperação é apresentado pelo devedor em juízo no prazo improrrogável de sessenta dias da publicação da decisão que deferir o processamento da recuperação judicial, sob pena de convolação em falência, e deve conter: a) discriminação pormenorizada dos meios de recuperação a ser empregados, e seu resumo; b) demonstração de sua viabilidade econômica; e c) laudo econômico-financeiro e de avaliação dos bens e ativos do devedor, subscrito por profissionais legalmente habilitados ou empresa especializada. O juiz ordenará a publicação de edital contendo aviso aos credores sobre o recebimento do plano de recuperação e fixando o prazo para a manifestação de eventuais objeções. O plano de recuperação judicial não poderá prever prazo superior a um ano para pagamento dos créditos derivados da legislação do trabalho ou decorrentes de acidentes de trabalho vencidos até a data do pedido de recuperação judicial.

PLANTAÇÃO. 1. ***Direito civil.*** Bem imóvel por acessão física artificial que pertence ao dono do solo. 2. ***Direito agrário.*** a) Terra cultivada; b) plantio; c) conjunto de vegetais cultivados ou plantados.

PLATAFORMA. 1. ***Ciência política.*** a) Programa eleitoral de partido político; b) programa de governo ou meta política de um candidato a cargo público eletivo; c) discurso solene em que o candidato expõe seu programa. 2. ***Direito civil.*** Eirado; terraço. 3. ***Direito comercial.*** a) Parte elevada da estação ferroviária à altura do estribo dos vagões, que facilita o embarque e desembarque de passageiros; b) estrado elevado, em um trem, apropriado para o maquinista. 4. ***Direito militar.*** Base para montagem de canhão. 5. ***Direito marítimo.*** É a instalação ou estrutura, fixa ou flutuante, destinada às atividades direta ou indiretamente relacionadas com a pesquisa, exploração e explotação dos recursos oriundos do leito das águas interiores e seu subsolo ou do mar, inclusive da plataforma continental e seu subsolo.

PLEBISCITO. 1. ***Direito romano.*** Voto obrigatório apenas para os plebeus. 2. ***Direito constitucional.*** a) Consulta feita ao eleitorado sobre matéria de grande importância política, econômica e social, aprovando-a ou rejeitando-a, expressando sua opinião, por meio de cédulas que, em regra, contêm um "sim" ou um "não"; b) é convocado com anterioridade a ato legislativo ou administrativo, cabendo ao povo, pelo voto, aprovar ou denegar o que lhe tenha sido submetido. É, portanto, aprovação ou desaprovação de um ato do governo pelo povo, que manifesta, ou não, sua confiança no detentor do poder. 3. ***Direito internacional público.*** Consulta ao povo sobre questão apresentada em um tratado ou por um organismo internacional, ou sobre a sua independência ou anexação a território de outro Estado.

PLEITO. ***Direito processual civil.*** 1. Demanda judicial. 2. Litígio. 3. Lide. 4. Disputa. 5. Decisão. 6. Controvérsia sobre conflito de interesses entre as partes.

PLENÁRIO. 1. ***Direito processual.*** Sessão de tribunal em que participam os magistrados com direito de deliberação. 2. ***Ciência política.*** Local na Câmara, Assembleia Legislativa ou Senado reservado ao conjunto de representantes ou parlamentares.

PLENIPOTENCIÁRIO. ***Direito internacional público.*** 1. Ministro de Estado responsável pelas relações exteriores, assim que investido pelo chefe de Estado ou chefe de governo naquela função especializada (Rezek). 2. Chefe de missão diplomática ou embaixador encarregado da negociação de tratado bilateral entre Estado acreditante e Estado acreditado (Rezek), tratando de assuntos do interesse de ambos. 3. Agente diplomático, investido de plenos poderes, que tem a missão permanente de representar o governo de seu país junto ao de uma nação alienígena.

PLENO DIREITO. ***Teoria geral do direito.*** Direito que independe, por determinação legal, para produzir efeitos jurídicos de julgamento ou sentença judicial.

PLURIPARTIDARISMO. ***Ciência política* e *direito constitucional.*** 1. Aquilo que existe em um país o qual possui diversos partidos políticos. 2. Existência de um número razoável de partidos (Acquaviva).

PODER CONSTITUÍDO. ***Ciência política* e *direito constitucional.*** 1. Poder que emana do povo, conferindo a seus representantes o exercício de cargos eletivos. 2. Poder constituinte derivado.

PODER CONSTITUINTE DERIVADO. ***Ciência política* e *direito constitucional.*** Aquele que faz a revisão ou a reforma dos textos constitucionais, dentro dos limites de sua competência.

PODER CONSTITUINTE ORIGINÁRIO. ***Ciência política* e *direito constitucional.*** Poder que cria o Estado ao elaborar sua Carta Magna, mediante atuação ilimitada; ao fixar a forma de governo; ao definir as funções e competência dos Poderes Executivo, Legislativo e Judiciário, estabelecendo as diretrizes e os limites ao exercício daquelas competências públicas; e ao garantir os direitos individuais fundamentais do ser humano e do cidadão.

PODER DE AGIR. 1. Qualidade legal para agir em razão de um direito próprio ou de um poder de representação. 2. Direito de praticar atos necessários à defesa de interesses legítimos ou de executar negócios em nome de outrem (De Plácido e Silva).

PODER DE IMPÉRIO. ***Direito administrativo.*** 1. Poder coercitivo que dá suporte ao Estado. 2. Poder estatal sobre coisas em seu território (R. Reis Friede).

PODER DE POLÍCIA. ***Direito administrativo.*** 1. Em sentido amplo, é a atividade estatal de condicionar a liberdade e a propriedade, ajustando-as aos interesses coletivos (Celso Antônio Bandeira de Mello). 2. Em sentido estrito, é o conjunto de intervenções da Administração tendentes a impor, à livre ação dos particulares, a disciplina exigida pela vida em sociedade (Jean Rivero). 3. Poder reservado ao Estado, oriundo de sua própria autoridade, para, por meio de seus agentes, preservar a segurança pública, manter não só a ordem social, política e econômica, como, também, a moralidade e a justiça, mesmo que seja necessário interferir na seara dos direitos e liberdades individuais, restringindo-os ou condicionando-os, por ser indispensável para a consecução de seus fins e dos interesses coletivos, e para a promoção do bem-estar social.

PODER-DEVER. *Ciência política.* Autoridade emanada da cidadania e concentrada no eleitorado, para manifestar-se no exercício da soberania popular (Othon Sidou).

PODER DISCRICIONÁRIO. 1. *Ciência política.* Poder exercido pelo governante que se arroga no direito de legislar. 2. *Direito administrativo.* a) Poder legal de executar a autoridade própria de um cargo ou função pública; b) poder de livre apreciação, concedido pela lei ao funcionário ou à Administração Pública, seguindo seu ponto de vista ou seu querer, em prol do interesse público; c) poder de editar atos administrativos discricionários. 3. *Direito processual.* a) Poder dado pela lei ao magistrado de decidir qual a pena aplicável ao caso *sub judice*, dentro da moldura legal, mediante uma valoração objetiva; b) poder de adequar o direito, quando houver omissão normativa ou quando a sua eficácia apresentar sintomas de inadaptabilidade em relação à realidade fático-social e aos valores positivos, mantendo-o vivo; c) poder de selecionar, mediante o emprego dos vários processos interpretativos, a melhor entre as várias soluções que a lei comporta, optando sob o prisma da utilidade social e da justiça, sem ultrapassar os limites de sua jurisdição.

PODER ECONÔMICO. *Economia política.* 1. Domínio mercadológico mediante imposição de normas, comum no regime de economia capitalista liberal (liberalismo e neoliberalismo), sendo que a lei reprimirá o abuso desse poder quando este dominar o mercado, eliminar a concorrência e aumentar, arbitrariamente, os lucros. 2. Recurso econômico público ou privado (Geraldo Magela Alves). 3. Capacidade de exercer atividade econômica.

PODER EXECUTIVO. *Direito constitucional.* Órgão do Poder Público que tem a missão constitucional de governar o país, administrar os negócios públicos, zelar pela execução das leis, defender a nação externa e internamente e assegurar o funcionamento dos serviços públicos. No nível nacional, o governo é exercido pelo presidente da República; no estadual, pelos governadores; e no municipal, pelos prefeitos.

PODER FAMILIAR. *Direito civil.* Conjunto de direitos e obrigações, quanto à pessoa e aos bens do filho menor não emancipado, exercido, conjuntamente e em igualdade de condições, por ambos os pais, para que possam desempenhar os encargos que a norma jurídica lhes impõe, tendo em vista o interesse e a proteção do filho.

PODER JUDICIÁRIO. *Direito constitucional.* Um dos três Poderes do Estado, incumbido de aplicar, contenciosamente, as normas jurídicas a casos concretos, solucionando pendências, garantindo a observância do direito, assegurando a soberania da justiça e da inviolabilidade dos direitos individuais garantidos constitucionalmente, e exercendo o controle da constitucionalidade das leis. É, portanto, o órgão incumbido da administração da justiça, quando provocado pelos interessados.

PODER LEGISLATIVO. *Direito constitucional.* Órgão coletivo com independência funcional que, como representante do povo, está incumbido de elaborar, discutir e aprovar leis. É exercido, na União, pelo Congresso Nacional, composto do Senado e da Câmara dos Deputados; nos Estados, pelas Assembleias Legislativas; e, nos Municípios, pela Câmara Municipal.

PODER PÚBLICO. *Direito administrativo.* 1. Administração Pública. 2. Conjunto de órgãos incumbidos da consecução do fim do Estado e do exercício das funções públicas. 3. Poder estatal enquanto entidade soberana. 4. Poder emanado do povo diretamente ou por meio de seus representantes por ele eleitos mediante sufrágio direto, universal, periódico e secreto.

POLIANDRIA. *Direito comparado* e *direito penal.* Matrimônio de uma mulher com vários homens, muito comum no matriarcado.

POLÍCIA. *Direito administrativo.* 1. Segurança pública. 2. Conjunto de normas que garantem a segurança da coletividade. 3. Corporação governamental que deve manter a ordem pública, prevenir e descobrir crimes, fazendo respeitar as leis e garantindo a integridade física ou moral das pessoas. 4. Guarda policial ou membro daquela corporação. 5. Profilaxia.

POLÍCIA TÉCNICA. *Direito processual penal.* Departamento policial especializado na investigação técnico-científica, em medicina legal, em criminologia, procurando prestar auxílio à justiça criminal ao esclarecer fatos criminosos, descobrindo, mediante provas, os motivos e as circunstâncias dos delitos e seus autores.

POLICITAÇÃO. *Vide* OFERTA.

POLICITANTE. *Direito civil.* Ofertante; proponente.

POLÍGRAFO. *Vide* DETECTOR DE MENTIRAS.

POLIGAMIA. *Direito penal* e *direito comparado.* Casamento de um homem com várias mulheres sucessiva ou concomitantemente; patriarcado.

POLÍTICA. *Ciência política.* 1. O que é de boa política. 2. Relativo ao Estado e ao governo. 3. Referente à vida coletiva de um grupo organizado de homens. **4.** Arte ou ciência de governar. **5.** Ciência da organização e administração dos países e da direção dos negócios públicos internos ou externos, em prol do bem comum. **6.** Arte de influenciar o modo de governo de um partido, aliciando eleitores, movimentando a opinião pública. **7.** Urbanidade. **8.** Conjunto de objetivos de um programa de ação governamental ou empresarial que condicionam sua execução (Luiz Fernando Rudge).

POLÍTICA DE ARMANEZAMENTO DE DADOS, DOCUMENTOS E ARQUIVOS DO CONSELHO FEDERAL DE CONTABILIDADE (PADDA). *Direito contábil.* Se aplica a todos os conselheiros, empregados, estagiários, prestadores de serviços e, quando aplicável, a terceiros e a quaisquer outras pessoas que prestem serviços ao CFC e que tenham acesso a qualquer documento, arquivo e meio de informação e comunicação, obrigando-os ao cumprimento de suas diretrizes para manuseio, tratamento, controle, proteção das informações e conhecimentos produzidos, armazenados ou transmitidos pelos sistemas de informação ou por meio de outros recursos. Tem o objetivo de estabelecer as melhores práticas para o manuseio e o armazenamento de documentos não digitais e arquivos digitais do CFC.

POLÍTICA ECONÔMICA. *Economia política.* Teoria e prática da direção econômica de uma nação, que procura, oficialmente, efetivar algumas mudanças na economia, relativas à produção, circulação e distribuição de riquezas, para a consecução de certos fins e obter o seu saneamento.

POLÍTICA SALARIAL. *Direito do trabalho.* Política que procura caracterizar o salário mínimo, seu reajustamento e os critérios de sua determinação quantitativa e de sua fixação qualitativa.

POLÍTICO. *Ciência política.* **1.** O que exerce atividade política ou pública. **2.** O que trata de política. **3.** O que se refere a negócios públicos. **4.** Referente à arte de governar ou ao governo. **5.** O que é hábil em negócios de administração pública. **6.** Cortês.

POLUIÇÃO. *Direito ambiental.* **1.** Polução. **2.** Ato ou efeito de poluir, degradando o ar, as águas, o solo e o ambiente em geral, prejudicando a saúde, a segurança e o bem-estar do ser humano ou causando dano à fauna e à flora (Antônio Chaves). **3.** Presença de elementos exógenos em um determinado meio, de molde a lhe deteriorar a qualidade ou lhe ocasionar perturbações, tornando-o inadequado a uma dada utilização (Fábio Nusdeo). **4.** Ação ou resultado dessa presença, que consiste em manchar, conspurcar ou alterar substancialmente as características naturais de um determinado objeto ou bem (Marco Aurélio Greco). **5.** Degradação da qualidade ambiental, resultante de atividade que, direta ou indiretamente: a) prejudique a saúde, a segurança e o bem-estar da população; b) crie condições adversas às atividades sociais e econômicas; c) afete desfavoravelmente a biota; d) afete as condições estéticas ou sanitárias do meio ambiente; e) lance matéria ou energia em desacordo com os padrões ambientais estabelecidos.

PONTO. 1. *Direito processual.* Assunto trazido à discussão ou debate judicial, para que, depois de demonstradas suas razões e fundamentos, possa servir de objeto à decisão do magistrado. **2.** *Direito administrativo* e *direito do trabalho.* a) Livro no qual funcionários e operários registram sua chegada e saída da repartição pública do emprego; b) avaliação do merecimento, analisando-se títulos, dos que, em um concurso, pretendem cargos públicos. **3.** *Direito comercial.* a) Subdivisão de tipos utilizada pelos classificadores de café e outros produtos agrícolas de exportação; b) local onde os táxis ficam estacionados aguardando passageiros; c) lugar onde são vendidas as mercadorias; d) fundo de comércio; e) local onde se situa estabelecimento empresarial, ao qual sua clientela se dirige; f) sede dos negócios empresariais; g) local do início de uma viagem; h) parada obrigatória, durante o percurso, para que viajantes e tripulação descansem e se alimentem. **4.** *Medicina legal.* a) Cada um dos segmentos de material que compõem uma sutura; b) pequeno adesivo colocado numa ferida para estancar o sangue e unir a pele. **5.** *Direito marítimo.* Cálculo de latitude e longitude que determina o local onde se encontra o navio. **6.** *Direito civil.* a) Aquele que, no teatro, em voz baixa, repete as falas, para que os atores não se enganem durante a representação; b) andamento de um negócio jurídico. **7.** Nas *linguagens comum* e *jurídica,* pode ter o sentido de: a) nome de vários pontos utilizados em bordados ou tapeçarias; b) valor convencional atribuído às cartas de baralho em certos jogos; c) unidade de contagem em determinados jogos; d) cada uma das pequenas impressões em relevo que formam os caracteres do alfabeto braile; e) som breve que, com outro mais prolongado, constitui, no alfabeto morse, os elementos básicos para a formação de letras ou sinais convencionais. **8.** Na *linguagem escolar,* diz-se da matéria de prova, exame ou concurso que foi sorteada.

POOL. *Termo inglês.* **1.** Fusão parcial de empresas para que possam ter o domínio mercadológico de certos produtos. **2.** Contrato entre empresas para execução conjunta de uma atividade dirigida à obtenção de um fim comum, partilhando os lucros e as perdas. **3.** União de acionistas para fazer valer seus direitos. **4.** Fundo comum criado por diversas empresas, para aquisição de mercadorias em maior quantidade, açambarcando o indispensável para, baixando o preço, derrotarem os concorrentes. **5.** Grupo de instituições financeiras formado para determinado fim. **6.** Grupo de companhias de seguro formado para diluir riscos, compartilhando prêmios e resultados econômicos (Luiz Fernando Rudge).

PORTARIA. 1. ***Direito canônico.*** a) Porta principal de convento; b) vestíbulo ou átrio de convento. **2.** ***História do direito.*** Cargo ou ofício de porteiro. **3.** ***Direito administrativo.*** Norma geral que órgão superior (desde o Ministério até uma simples repartição pública) edita para ser observada por seus subalternos. Veicula comando administrativo geral e especial, servindo, ainda, para designar funcionários para o exercício de funções menores, para abrir sindicâncias e para inaugurar procedimentos administrativos. **4.** Na ***linguagem jurídica*** em geral, é o vestíbulo de um estabelecimento onde há pessoa encarregada de receber documento a ser protocolado ou correspondência e prestar informações.

PORTA-VOZ. ***Direito administrativo.*** Aquele que transmite as palavras ou opiniões alheias.

PORTE DE ARMAS. ***Direito penal.*** Ato de conduzir, fora de casa ou de dependência desta, arma, como pistola, revólver, punhal, o que constitui crime, apenado com detenção e multa, se não for autorizado pela autoridade competente ou estiver em desacordo com determinação legal.

PORTO. ***Direito marítimo.*** **1.** Pequena baía ou área territorial, natural ou artificial, protegida das fortes correntes ou de grandes ondas, que serve de abrigo seguro e ancoradouro de embarcações, facilitando o embarque e desembarque de cargas e passageiros. **2.** É o atracadouro, o terminal, o fundeadouro ou qualquer outro local que possibilite o carregamento e o descarregamento de carga.

PORTO FRANCO. 1. ***Direito alfandegário*** e ***direito internacional privado.*** Aquele em que é permitido, por lei, o comércio internacional, livre de tarifas ou direitos aduaneiros sobre todas ou parte das mercadorias transportadas pelas embarcações que nele atracam. Trata-se do porto livre, ao qual foi concedida franquia fiscal. **2.** ***Direito internacional público.*** Aquele ao qual navios de todas as bandeiras têm acesso.

PÓS-DATA. 1. ***Direito civil.*** Data falsa de um documento colocada após sua redação para simular a data verdadeira. Trata-se de simulação relativa objetiva, suscetível de invalidar o ato. **2.** ***Direito processual civil.*** Diz-se do instrumento particular que, havendo dúvida ou impugnação entre os litigantes, pode ser provado por todos os meios admissíveis em direito. **3.** ***Direito penal.*** Crime de falsidade ideológica consistente em alterar a verdade sobre a data da realização do ato ou do documento público ou particular com o escopo de prejudicar direito, criar obrigação ou alterar a verdade sobre fato juridicamente relevante, punido com reclusão e multa. Mas se o agente for funcionário público, que comete o crime prevalecendo-se do cargo, ou se a falsificação ou alteração de data for de assentamento de registro civil, aumenta-se a pena de sexta parte. **4.** ***Direito bancário*** e ***direito cambiário.*** Diz-se da data colocada em cheque, posterior ao seu preenchimento, ou ao dia em que foi assinado, para que ele só seja pago quando for apresentado naquela data. A função natural do cheque é ser um meio de pagamento à vista; entretanto, muitas pessoas vêm, reiterada e ininterruptamente, emitindo-o não como uma mera ordem de pagamento, mas como garantia de dívida, para desconto futuro, na convicção de que esse procedimento não constitui crime. Tal costume de emitir cheque pós-data, baseando em hábito da época, realizado constante e uniformemente e na convicção de que se trata de um sucedâneo da letra de câmbio ou de uma promessa de pagamento, tem sido aceito inclusive por magistrados.

POSITIVISMO. ***Teoria geral do direito*** e ***filosofia do direito.*** **1.** Conjunto das doutrinas sociológicas de Augusto Comte ou das ligadas ou similares a elas. **2.** Teoria que arreda o direito natural, procurando reconhecer tão somente o direito positivo, no sentido de direito vigente e eficaz em determinada sociedade, limitando assim o conhecimento científico-jurídico ao estudo das legislações positivas, consideradas como fenômenos espaciotemporais.

POSSE. ***Direito civil.*** **1.** Poder imediato ou direto, que tem a pessoa, de dispor fisicamente de um bem com a intenção de tê-lo para si e de defendê-lo contra a intervenção ou agressão de quem quer que seja. Logo, por esta teoria subjetiva de Savigny, adotada pelo nosso Código Civil, dois são os elementos constitutivos da posse: o *corpus*, que é o elemento material, que se traduz no poder físico sobre a coisa, e o *animus rem sibi habendi*, ou *animus domini*, consistente na intenção de exercer sobre a coisa o direito de propriedade. **2.** Diz-se dos acordos socialmente definidos firmados por indivíduos ou grupos, reconhecidos por estatutos legais ou costumes relativos ao conjunto de direitos e obrigações sobre a propriedade, ocupação, acesso ou uso de uma unidade de área particular ou de seus recursos associados, como árvores individuais, espécies de plantas, recursos hídricos ou minerais etc.

POSSE *A NON DOMINO*. ***Direito civil.*** É a daquele que não é o proprietário da coisa, nem está munido do título de domínio.

POSSE CLANDESTINA. *Direito civil.* Detenção da coisa feita às ocultas de quem interessa conhecê-la, utilizando-se, portanto, de meios ilícitos.

POSSE DE BOA-FÉ. *Direito civil.* Aquela em que o possuidor ignora o vício ou obstáculo que lhe impede a aquisição da coisa ou do direito possuído. O possuidor está convicto de que a coisa realmente lhe pertence, ignorando que está prejudicando direito alheio. O possuidor com justo título (contendo vício ou irregularidade) tem por si só presunção *juris tantum* de boa-fé, salvo prova em contrário, ou quando a lei expressamente não admite esta presunção.

POSSE DE ESTADO DE CASADO. *Direito civil.* Prova indireta do casamento pela situação em que se encontram as pessoas de sexo diverso que vivam notória e publicamente como marido e mulher, isto é, "coabitando, apresentando-se juntos, nas relações públicas e privadas, como esposos legítimos, tendo casa e economia comuns, e sendo havidos nesta qualidade pelo público" (Cunha Gonçalves). Daí exigir tal situação os seguintes requisitos: a) *nomen*, a mulher deve usar o nome do marido; b) *tractatus*, ambos devem tratar-se, ostensivamente, como casados; c) *fama*, a sociedade deve reconhecer sua condição de cônjuges. Essa prova, diz Silvio Rodrigues, vale para comprovar indiretamente casamento de pessoas falecidas, em benefício da prole; para eliminar dúvidas entre provas a favor ou contra o matrimônio e para sanear eventuais falhas de forma no respectivo assento.

POSSE DE ESTADO DE FILHO. *Direito civil.* Situação de uma pessoa que é considerada por todos como filho daquele que a reconhece como tal, dando-lhe proteção, educação e sustento.

POSSE DE FUNCIONÁRIO. *Direito administrativo.* Ato solene pelo qual aquele que vai desempenhar cargo público aceita-o, passando a ocupá-lo, pois com sua aceitação completa a sua nomeação, tornando-o funcionário, ante o vínculo que o liga ao Estado.

POSSE DIRETA. *Direito civil.* É a daquele que detém materialmente a coisa, tendo sua guarda, uso ou administração, em razão de contrato, uma vez que não é seu proprietário. É a exercida pelo locatário, usufrutuário etc.

POSSE INDIRETA. *Direito civil.* Advinda da cessão do uso do bem pelo seu proprietário que, então, não exercita diretamente a posse sobre ele, o qual se encontra em poder de outrem. É a do proprietário que permitiu a outrem a posse da coisa em razão de um contrato. Por exemplo, o locador de um imóvel tem a sua posse indireta e o locatário, a direta; no usufruto, o usufrutuário tem o uso e gozo da coisa frutuária, tendo a posse direta porque a detém materialmente, já o nu-proprietário tem a indireta porque concedeu ao primeiro o direito de possuí-la, conservando apenas a nua-propriedade, ou seja, a substância da coisa.

POSSE INJUSTA. *Direito civil.* É a que se reveste de alguns vícios, ou seja, de violência, de clandestinidade ou de precariedade.

POSSEIRO. *Direito civil.* **1.** Detentor ou ocupante de terras, particulares ou públicas, sem ter título legítimo, mas sem clandestinidade ou má-fé. **2.** Compossuidor de coisa indivisa, que é seu ocupante; cabecel da posse. **3.** Ocupante de prédio, sem que haja clandestinidade ou má-fé. **4.** Intruso que de má-fé usurpou terras alheias.

POSSE JUSTA. *Direito civil.* Aquela que não é violenta, uma vez que não se a adquire pela força física ou violência moral; nem clandestina, por não se estabelecer furtivamente; nem precária, por não se originar de abuso de confiança.

POSSE MANSA E PACÍFICA. *Direito civil.* Aquela que tem sido respeitada por todos, não havendo qualquer perturbação ou contestação por parte de terceiro, sendo um dos requisitos legais para a aquisição da propriedade por usucapião. Trata-se da posse exercida sem oposição.

POSSE NATURAL. *Direito civil.* Mera detenção da coisa por quem não tem o *animus possidendi*, uma vez que, achando-se em relação de dependência econômica ou de vínculo de subordinação para com outro, conserva a posse em nome deste e em cumprimento de ordens ou instruções suas. Logo, o fâmulo da posse, o detentor dependente ou servidor da posse não tem direito de invocar a proteção possessória, uma vez que, neste caso, afastado está o elemento econômico da posse.

POSSE NOVA. *Direito civil.* É a posse de menos de ano e dia.

POSSE PRECÁRIA. *Direito civil.* Origina-se do abuso de confiança por parte de quem recebe a coisa com o dever de restituí-la.

POSSE *PRO LABORE*. *Direito civil.* Posse traduzida em trabalho criador, quer se concretize na construção de uma morada, quer se manifeste em investimentos de caráter produtivo ou cultural. Essa posse qualificada, também denominada *posse-trabalho*, é enriquecida pelo valor laborativo, pela realização de serviços produtivos ou obras e pela construção de uma residência. Pode dar origem à desapropriação judicial, hipótese em que a restituição do bem de raiz é convertida pelo órgão judicante em justa indenização, de modo que o proprietário reivindicante, em vez de rever a coisa, diante do interesse social, receberá, em dinheiro, o seu justo valor. Mas, além disso, reduz os prazos da usucapião extraordinária e ordinária.

POSSE-TRABALHO. *Vide* POSSE PRO LABORE.

POSSE VELHA. *Direito civil.* A que data de mais de ano e dia.

POSSUIDOR. *Direito civil.* **1.** Aquele que tem a detenção física da coisa, como proprietário ou como se o fosse. **2.** Quem está na posse de algum bem ou direito.

POSTULAÇÃO EM JUÍZO. *Direito processual civil.* **1.** Provocação, feita pelo interessado ou seu representante legal, da máquina judiciária, por meio de direito de ação, pedindo a satisfação de uma pretensão mediante petição inicial. **2.** Pedido feito em juízo para defender direitos de alguém.

POSTURAS. *Direito administrativo* e *ciência política.* Conjunto de normas emanadas pela Câmara Municipal que estabelecem o comportamento a ser observado, fixando penas e multa, cuidando de atividades mercantis, de questões alusivas a transportes urbanos, de construções e de qualquer questão de peculiar interesse do Município.

POVO. **1.** *Direito constitucional.* a) Um dos três elementos essenciais do Estado, consistente no conjunto de pessoas para as quais se destina um ordenamento jurídico (Manoel Gonçalves Ferreira Filho); b) conjunto de cidadãos que têm o exercício dos direitos políticos; c) totalidade de pessoas nacionais ou estrangeiras domiciliadas num dado território; conjunto de habitantes de um país; d) complexo de pessoas vinculadas, juridicamente, a um país, em razão de nacionalidade ou cidadania. **2.** Nas *linguagens comum* e *jurídica,* tem o sentido de: a) multidão; b) grande número de pessoas. **3.** *Sociologia jurídica.* a) Sociedade composta de vários grupos locais, que ocupam território delimitado, tendo consciência da semelhança que existe entre seus membros, que têm homogeneidade cultural; b) conjunto de indivíduos que constituem uma nação, tribo ou raça; c) plebe.

PRAÇA. **1.** *Direito comercial.* a) Área mercantil; b) conjunto de estabelecimentos empresariais e bancários de uma cidade; c) totalidade de empresários existentes numa localidade; d) comércio da cidade; e) mercado; f) feira; g) Bolsa de Mercadorias e de Valores. **2.** *Direito administrativo.* Local público bem espaçoso e ajardinado que tem por objetivo possibilitar o recreio coletivo, sendo bem público de uso comum do povo. **3.** *Direito militar.* a) Soldado sem patente; b) alistamento militar; c) fortaleza; d) cerco. **4.** *Direito processual civil.* a) Arrematação em venda judicial por meio de leilão eletrônico ou presencial em sentido amplo, de coisa imóvel ou móvel; b) antiga arrematação de coisa imóvel, pois não há mais a dualidade entre praça (para bens imóveis) e leilão (para móveis). O termo "leilão" abrange, atualmente, as duas formas de venda pública de outrora: leilão e praça; c) edital que avisa o público, com antecedência, da arrematação de bens penhorados, sob pena de torná-la nula.

PRÁTICO. **1.** *Direito militar.* Oficial sem curso que pela sua prática conseguiu passar pelos postos de hierarquia militar. **2.** *Filosofia geral.* a) O que convém à ação; relativo à ação; b) utilitário; c) diz-se do interesse material, visando obter dinheiro ou subir na carreira; d) o que é engenhoso; e) procedimento adaptado à consecução de um fim; f) aquele que sabe administrar de maneira eficaz e econômica e ter em relação às coisas uma visão direta de sua situação (Lalande); g) o que determina o comportamento, prescrevendo o que deve ser; h) ético (Baldwin e Stout); i) próprio para ser adaptado ao uso efetivo. **3.** *Direito marítimo.* É o profissional aquaviário não tripulante que presta serviços de praticagem embarcado. Auxiliar técnico de navegação que exerce praticagem. Piloto que conhece zonas fluviais ou marítimas difíceis à navegação e, por isso, é chamado pelo capitão para conduzir a embarcação nas áreas de seu conhecimento. Ao prático competirá a execução das seguintes tarefas: direção da navegação de praticagem; manobra das embarcações e serviços correlatos, nas fainas de fundear, suspender, atracar, desatracar e mudar de fundadouro; serviço de amarração e desamarração, quando se tratar de porto não organizado. **4.** Nas *linguagens comum* e *jurídica,* pode ter o sentido de: a) aquele que exerce profissão liberal sem ser diplomado; b) hábil na prática de determinadas atividades úteis; c) experiente; exercitado; d) versado.

PRAXE. **1.** *Direito canônico.* Prática de determinado ato de virtude que se impõe, no convento ou seminário, a seminaristas pelo padre espiritual. **2.** *Filosofia do direito* e *teoria geral do direito.* a) Uso estabelecido; b) complexo de normas decorrentes da experiência e dos usos e costumes, fixando o procedimento a ser seguido na execução de atos jurídicos; c) pragmática; d) prática da aplicação das leis, instituída pelo uso, formulando o método a ser seguido. **3.** *Direito administrativo.* Conjunto de normas de conduta a serem seguidas, sem caráter obrigatório, pelos órgãos administrativos em suas relações com os administrados, advindas de decisões de superiores hierárquicos ou da rotina dos serviços públicos.

PRAXE FORENSE. *Direito processual.* **1.** Método estabelecido de conduzir processos ou quaisquer atos forenses. **2.** Conjunto de normas provenientes de usos e costumes locais, imprescindíveis para a execução de atos processuais, por não afetarem a essência da lei processual. **3.** Ritual processual a ser seguido na prática de atos em juízo.

PRAZO. **1.** *Direito civil.* a) Lapso temporal compreendido entre o termo inicial e o termo final de uma relação jurídica, com exclusão do dia em que começa e inclusão da data do vencimento; b) espaço de tempo convencionado para a realização de ato ou negócio jurídico ou para produção de seus efeitos. Trata-se da estipulação do dia em que começa ou se extingue a eficácia do negócio jurídico; c) termo inicial e termo final de um certo período de tempo; d) lapso temporal durante o qual não se pode exigir o adimplemento de uma obrigação; e) enfiteuse; f) bem enfitêutico; g) prazo legal para fazer valer a pretensão à prestação oriunda de descumprimento de lei ou de obrigação; h) prazo legal ou convencional para exercer um direito potestativo. **2.** ***Direito comercial.*** Intervalo entre a prestação presente e a futura ou entre empréstimo e pagamento. **3.** ***Direito administrativo.*** Espaço de tempo concedido pela autoridade administrativa. **4.** ***Direito processual.*** a) Tempo concedido pelo magistrado, por justo impedimento alegado, ao interessado após o escoamento do lapso temporal que lhe havia sido conferido por lei; b) período de tempo outorgado pelo órgão judicante para que alguém possa recorrer em defesa de seu direito. **5.** ***Direito penal.*** Período em que se inclui o dia do seu começo e se exclui o do seu final. **6.** ***Direito tributário.*** Espaço de tempo para que o contribuinte efetue o pagamento do tributo.

PRAZO DE FAVOR. **1.** ***Direito civil.*** Aquele concedido ao devedor pelo credor, por tolerância ou graciosamente, após o vencimento do tempo avençado para o adimplemento da obrigação. Tal prazo, apesar de admitido pelo uso geral, não obsta a compensação. **2.** ***Direito processual civil.*** Aquele do qual a parte pode renunciar, por ser estabelecido a seu favor.

PRAZO DE VALIDADE. ***Direito do consumidor.*** Data-limite para a utilização de um produto farmacêutico ou alimentício definida pelo fabricante, com base nos seus respectivos testes de estabilidade, mantidas as condições de armazenamento, com garantia das especificações de qualidade e transporte estabelecidas pelo mesmo.

PREÂMBULO. **1.** ***Direito autoral.*** a) Prefácio; b) introdução de um livro. **2.** ***Direito constitucional*** e ***teoria geral do direito.*** a) Parte preliminar onde se anuncia ou justifica a promulgação de uma norma; b) relatório que antecede uma lei ou decreto; c) exposição de motivos. **3.** ***Direito civil.*** Exposição explicativa do instrumento de um contrato, antes de se enunciarem suas cláusulas; onde se anotam os nomes dos contratantes e sua qualificação, ou os esclarecimentos que forem necessários.

PRECEITO. **1.** ***Teoria geral do direito.*** a) Norma jurídica; b) norma que deve ser observada e seguida. **2.** ***Direito processual.*** Norma imposta judicialmente a uma pessoa para que faça ou deixe de fazer algo. **3.** ***Direito canônico.*** Norma imposta pela Igreja aos fiéis, para que a cumpram sob pena de culpa leve ou grave.

PRECLUSÃO. ***Direito processual civil.*** **1.** Encerramento do processo ou perda do exercício de ato processual em razão de inação da parte litigante que deixou de praticar certo ato dentro do prazo legal ou judicial, impedindo que o processo se inicie ou prossiga. **2.** Perda de um direito subjetivo processual pelo seu não uso no tempo e no prazo devidos.

PREÇO. **1.** ***Filosofia geral.*** a) Valor ideal (Bouglé); b) valor econômico. **2.** ***Direito comercial.*** a) Valor em dinheiro de uma mercadoria ou serviço; b) custo. **3.** Nas ***linguagens comum*** e ***jurídica*** em geral, tem a acepção de: a) recompensa; b) punição; castigo; c) o que se obtém em troca de algo; d) apreço; e) valor; f) importância; g) consideração. **4.** ***Direito civil.*** Soma em dinheiro que o comprador paga ao vendedor em troca da coisa adquirida. Porém, nada obsta que seja pago com coisas representativas de dinheiro ou a ele redutíveis, como cheque, duplicata, letra de câmbio, nota promissória, títulos de dívida pública. Além da pecuniariedade, o preço deverá ter: a) seriedade, indicando firme objetivo de se constituir numa contraprestação relativamente ao dever do alienante de entregar a coisa vendida, de modo que não denuncie qualquer simulação absoluta ou relativa; não pode ser fictício nem irrisório; b) certeza, pois deve ser certo ou determinado para que o comprador possa efetuar o pagamento devidamente. O preço, em regra, é fixado pelos contratantes no ato de contratar. A taxação do preço pode ser deixada a um terceiro que é o mandatário escolhido pelos contratantes, de tal sorte que sua estimação equivalerá à determinação do preço pelas próprias partes. O preço também poderá ser determinável, se se deixar, por exemplo, a sua fixação à taxa do mercado, ou da Bolsa, em tal dia e lugar. Se a cotação variar na mesma data, prevalecerá o valor médio do mercado nesse dia. O preço pode, ainda, ser fixado por tarifamento, realizado por intervenção da autoridade pública, que impõe o preço do objeto ou estabelece o limite máximo.

PREÇO CORRENTE. ***Direito civil*** e ***direito comercial.*** **1.** É o preço de mercado em certo dia e hora, derivado de uma cotação realizada, hipótese em que se tem *preço corrente do dia.* **2.** É o fixo que decorre de tarifa ou cotação certa, não sujeita a mutação, caso em que se configura o *preço corrente fixo.* **3.** É o determinado pela verificação da média entre os preços mais baixos e mais elevados ocorridos em dado momento; trata-se, então, do *preço corrente médio.*

PREÇO DE CUSTO. ***Direito comercial.*** **1.** É o preço efetivo ou real do produto, incluindo insumos e valores incorporados ao bem, matéria-prima, mão de obra, energia elétrica, despesas havidas e lucro. **2.** Aquele em que não há nenhum lucro. **3.** Valor pecuniário pago para a produção ou aquisição da coisa.

4. É o preço total da fatura, com o valor de despesas com embalagem, transporte e seguro da mercadoria adquirida, se tais dispêndios não estiverem computados no preço da aquisição (De Plácido e Silva).

PREÇO DE MERCADO. ***Direito civil*** **e** ***direito comercial.*** Trata-se do preço corrente do dia. *Vide* PREÇO CORRENTE, n. 1.

PRECONCEITO. 1. ***Direito constitucional.*** Atividade condenada pela Carta Magna consistente em tratar desigualmente aqueles que pertencem a raça, cor ou religião diversa. **2.** ***Direito penal.*** Ato condenável e punível consistente em discriminar uma pessoa em razão de raça, cor, etnia, religião ou procedência nacional. Se esse ato consistir em injúria, a pena cabível será reclusão e multa. Além disso, é crime: a) praticar, induzir ou incitar a discriminação ou preconceito de raça, cor, etnia, religião ou procedência nacional, inclusive por meios de comunicação social ou publicação de qualquer natureza; b) fabricar, comercializar, distribuir ou veicular símbolos, emblemas, ornamentos, distintivos ou propaganda que utilizem a cruz suástica ou gamada, para fins de divulgação do nazismo. Tal delito é punido com reclusão e multa. **3.** ***Sociologia jurídica.*** Atitude condicionada emocionalmente, baseada em opinião, determinando simpatia ou antipatia para com pessoas ou grupos sociais. **4.** Nas ***linguagens comum*** **e** ***jurídica*** em geral, pode ter o sentido de: a) superstição que obriga alguém a praticar ou a omitir certos atos; b) opinião formada antes de obter conhecimentos adequados; c) opinião desfavorável concebida antecipadamente, sem razão, independente de experiência.

PRÉ-CONTRATO. ***Direito internacional privado.*** **1.** É aquele que decorre de negociações prolongadas, de acordos parciais feitos pelas partes em que alguns pontos do negócio devem ser solucionados ulteriormente. **2.** *Vide* CONTRATO PRELIMINAR.

PREÇO VIL. ***Direito civil.*** Preço irrisório ou muito abaixo do valor do bem. Como não corresponde à realidade, não há venda, ante a grande diferença entre o valor da coisa e o preço estipulado, convertendo-se em doação.

PRÉDIO DOMINANTE. ***Direito civil.*** Aquele em prol do qual se estabelece uma servidão, podendo exercer algum direito real sobre o prédio serviente.

PRÉDIO ENCRAVADO. ***Direito civil.*** Aquele que, por não possuir saída própria para via pública, nascente ou porto, tem direito a uma passagem forçada pelos imóveis contíguos. *Vide* PASSAGEM FORÇADA.

PRÉDIO INFERIOR. ***Direito civil.*** É o que se situa abaixo de outro, sendo, por isso e em razão da declividade, obrigado a receber as águas que deste fluem, e por ele passam.

PRÉDIO SERVIENTE. ***Direito civil.*** É aquele que está gravado por uma servidão. Seu uso está restrito em benefício do prédio dominante que pertence a proprietário diverso.

PRÉDIO SUPERIOR. ***Direito civil.*** É o prédio que, por estar situado em posição mais elevada que outro, as águas que por ele passarem correrão, forçosamente, pelo prédio que lhe ficar abaixo.

PREEMPÇÃO. ***Direito civil.*** Pacto adjeto à compra e venda em que o adquirente de móvel ou imóvel passa a ter o dever de ofertá-lo ao vendedor, para que este use de seu direito de prelação em igualdade de condições, se for vendê-lo ou dá-lo em pagamento.

PREENCHIMENTO DE LACUNAS. ***Teoria geral do direito.*** **1.** Emprego, pelo magistrado, quando deparar com lacuna normativa, ontológica ou axiológica, de mecanismos complementares do direito, que consistem na analogia, costume, princípios gerais do direito e equidade, para elaborar sua norma individual aplicável ao caso *sub judice*, colmatando a lacuna encontrada. **2.** Integração da lacuna pelo magistrado, que não pode furtar-se a uma decisão, para chegar a uma solução adequada. **3.** Permissão para o desenvolvimento aberto do direito, dirigido metodicamente, pelo órgão judicante, sempre que se apresentar uma lacuna, cobrindo o vácuo normativo mediante analogia, costume, princípios gerais do direito e equidade, para encontrar a norma aplicável ao caso concreto, dentro dos marcos jurídicos, emitindo a norma individual completante, que solucionará o caso *sub judice* e vinculará ambos os litigantes.

PREFEITO. 1. ***Direito administrativo.*** Chefe do Poder Executivo no Município, que o administra e governa. **2.** ***Direito canônico.*** Superior de ordem ou de uma comunidade religiosa, que deve dirigi-la. **3.** ***Direito romano.*** a) Era o magistrado encarregado do Poder Judiciário num Município com poderes para administrar livremente seus negócios internos; b) era o eleito por comício popular ou nomeado pelo pretor urbano, como administrador de uma localidade sujeita à jurisdição, situada em outra cidade.

PREFEITURA MUNICIPAL. ***Direito administrativo.*** **1.** Sede da Administração municipal, que está sob a direção de um prefeito eleito pelo povo. **2.** Órgão incumbido de exercer a função administrativa no âmbito do Poder Público municipal (Adilson de Abreu Dallari).

PREFERÊNCIA. 1. ***Direito civil.*** a) *Vide* CLÁUSULA DE PREEMPÇÃO OU DE PREFERÊNCIA; b) primazia concedida legalmente para assegurar que determinados direitos sejam atendidos antes dos outros; c) vantagem que coloca alguma pessoa ou coisa em primeiro lugar, favorecendo-a ao dar-lhe prioridade em relação a outra, devido à situação em que se encontra ou o direito em que se funda; d) privilégio ou direito real instituído em favor do titular de um crédito, para que seja pago em primeiro lugar, preterindo os demais; e) direito de, preço por preço, haver certas coisas antes de outras pessoas. **2.** Nas *linguagens comum* e *jurídica*, em geral, pode significar: a) predileção ou ação de preferir uma coisa ou pessoa em relação a outra; b) prioridade; c) primazia; d) prelação.

PREFEITURA MUNICIPAL. *Direito administrativo.* **1.** Sede da Administração municipal, que está sob a direção de um prefeito eleito pelo povo. **2.** Órgão incumbido de exercer a função administrativa no âmbito do poder público municipal (Adilson de Abreu Dallari).

PREGÃO. **1.** *Direito processual civil.* a) Notícia dada, publicamente, por oficial de justiça ou pelo porteiro dos auditórios forenses ou aviso dado, por eles, às partes, por ordem judicial, no começo ou no decorrer das audiências públicas, para que tenham conhecimento de alguma deliberação dos órgãos judicantes; b) anúncio em voz alta dos bens levados em venda pública por meio de leilão e dos lances ofertados para arrematação dos bens. **2.** *Direito comercial.* Modo pelo qual os corretores da Bolsa proclamam as ofertas negociais. **3.** *Direito administrativo.* Modalidade de licitação em que a disputa pelo fornecimento de bens ou serviços comuns é feita em sessão pública, por meio de propostas de preços escritas e lances verbais, e, inclusive, mediante o uso de recurso de tecnologia de informação.

PREJUDICIAL. **1.** *Direito processual civil.* a) Ação cível que, para ser solucionada, depende de decisão em ação criminal; b) ação em que se discutem questões alusivas ao Estado ou à família; c) ação acessória que deve ser julgada, preliminarmente, por exercer influência decisiva no mérito da causa principal; d) diz-se da questão resultante de ações conexas, sendo uma delas a principal; e) o que se refere a julgamento antecipado que procura qualificar a questão incidente que se deu no curso da demanda, cuja solução afeta a decisão da questão principal; f) questão, que, no conceito de direito material, reclama decisão anterior à do mérito, requerendo verificação de um fato, cuja apreciação é condição indispensável àquele julgamento, por isso deve ser discutida numa ação independente. **2.** *Direito processual penal.* Diz-se da ação penal cuja solução fica na dependência da ação cível. **3.** Nas *linguagens comum* e *jurídica*, em geral, tem o significado de: a) o que produz dano; lesivo; b) o que torna algo inválido; c) o que retira a eficácia; d) pernicioso; e) nocivo; f) maléfico.

PREJUÍZO. **1.** *Direito processual.* a) Ação de prejulgar; b) proferir prejulgado. **2.** Na *linguagem jurídica*, em geral, pode ter o significado de: a) dano moral e/ou patrimonial; b) ofensa física; c) destruição; perda; d) desfalque; e) desequilíbrio econômico; f) diminuição de valor; g) desvantagem; h) perda de lucro; i) preconceito; j) juízo antecipado.

PREJULGADO. **1.** *Direito processual civil.* a) Pronunciação prévia solicitada pelo magistrado, ao dar seu voto ao tribunal, sobre a interpretação do direito, quando houver divergência a seu respeito ou for diversa da dada pela outra turma ou câmara ou câmaras cíveis reunidas, para ser seguida no julgamento do recurso em andamento. O julgamento, tomado pelo voto da maioria absoluta dos membros integrantes do tribunal, poderá ser, a critério do tribunal, objeto de súmula, constituindo precedente de uniformização da jurisprudência. Todavia, não terá força obrigatória; b) que se prejulgou. **2.** *Direito do trabalho.* Enunciado que contém o pronunciamento prévio, de natureza interpretativa de direito em tese, do Tribunal Superior do Trabalho, com o escopo de uniformizar a jurisprudência.

PRELEGADO. *Direito civil.* **1.** Legado com que o testador contempla um dos coerdeiros ou seu herdeiro necessário. **2.** Legado prévio que, por ser puro e simples, deve ser entregue ao legatário antes da partilha.

PRELO. *Direito autoral.* Obra prestes a ser publicada.

PREMEDITAÇÃO. **1.** *Direito penal.* Intenção dolosa do agente de perpetrar o crime, depois de haver, durante certo prazo, refletido, antes de o consumar. **2.** Nas *linguagens comum* e *jurídica*, em geral, quer dizer: a) ato ou efeito de premeditar; b) planejamento e deliberação anteriores à prática de um ato.

PRÊMIO. **1.** *Direito do trabalho.* a) Remuneração adicional que, além do salário, é paga ao empregado dedicado e eficiente; b) gratificação; c) comissão; d) abono. **2.** *Direito civil* e *direito comercial.* a) Taxa devida pelo segurado ao segurador pelo risco por este assumido, a qual é paga na entrega da apólice ou em prestações periódicas, para que obtenha direito à indenização por ocasião do sinistro; trata-se do preço ajustado entre seguradora e segurado para que este possa receber a indenização do sinistro (Teixeira de Freitas). É, portanto, a soma que o segurado paga à seguradora, como compensação da responsabilidade por ela assumida pelos riscos (Clóvis Beviláqua); b) valor correspondente a cada um dos pagamentos destinados ao custeio do seguro; c) ágio em subscrição de ações por ocasião do aumento de capital das companhias (Luiz Fernando Rudge); d) lucro ou juros auferidos em uma aplicação financeira (Luiz Fernando Rudge). **3.** *Direito marítimo.* Lucro que, no contrato de câmbio marítimo, estipula-se em benefício do emprestador. **4.** *Direito comercial.* a) Diferença entre a taxa de emissão de debêntures e o preço do reembolso; b) lucro. **5.** *Direito civil.* a) Recompensa prometida pela prestação de um serviço ou pela vitória em concurso; b) o que se paga ao testamenteiro como retribuição ao cumprimento de seu encargo; c) taxa ou percentagem, admitida legalmente, em caso de empréstimo em dinheiro ou de mútuo feneratício; d) juro de dinheiro emprestado, baseado na taxa legal; e) objeto de rifa designado pela sorte; f) dinheiro atribuído a quem pertence o bilhete de loteria sorteado. **6.** *Direito processual civil.* Gratificação devida ao depositário pela guarda da coisa. **7.** *Direito desportivo.* a) Medalha ou percentual pecuniário que se dá aos atletas ou equipes que vencerem os torneios ou competições; b) gratificação concedida a atleta pelo seu bom desempenho na atividade desportiva. **8.** *Direito administrativo.* a) Licença especial ou licença-prêmio a que faz jus o funcionário que atender a certos requisitos; b) computação em dobro do tempo de licença especial para fins de aposentadoria, se o funcionário não a gozou; c) dinheiro a que fazem jus os vencedores da loteria esportiva. **9.** *Direito tributário.* Estímulo ou incentivo fiscal. **10.** Nas *linguagens comum* e *jurídica,* em geral, significa: a) distinção conferida como recompensa dos méritos de uma pessoa, ou pelos seus atos morais, científicos ou culturais, ou pelos relevantes serviços prestados; b) o que se ganha em razão de sorteio.

PREMONITÓRIA. **1.** *Direito civil* e *direito processual civil.* a) Diz-se da autorização judicial indispensável à prática de certos atos jurídicos; b) diz-se da notificação que antecede uma ação. **2.** *Direito registrário.* Diz-se da prenotação acauteladora, requerida previamente. *Vide* PRENOTAÇÃO.

PRENOME. *Direito civil.* Nome individual ou próprio da pessoa natural que vem antes do apelido de família ou do sobrenome, distinguindo os membros de uma mesma família.

PRENOTAÇÃO. *Direito registral.* **1.** Ato ou efeito de prenotar. **2.** Anotação prévia e provisória que assegura a presunção de prioridade em favor daquele que apresenta o documento para a matrícula ou o título que depende de registro público, desde que seja lançada pelo oficial no Livro n. 1. (Protocolo) ou livro de entrada do oficial do registro. O lançamento do título no Protocolo é, portanto, um direito do apresentante, que é a parte interessada no registro. Trata-se da anotação premonitória.

PRÉ-OCUPAÇÃO. *Direito civil.* **1.** Diz-se do prédio que foi ocupado antecipadamente; anterioridade de ocupação do imóvel. **2.** Critério para averiguar se é normal ou anormal o exercício de um direito de vizinhança, com que se verifica quem chegou primeiro ao local; exerce influência sobre a tolerância que se deve ter em relação a um uso preexistente. Todavia, não se pode aceitá-lo absolutamente, pois a anterioridade da ocupação não tem o condão de paralisar toda propriedade nova, sujeitando o que chega posteriormente a se conformar com tudo, hipótese em que se teria uma servidão e não restrição ao direito de vizinhança.

PREPOSIÇÃO. **1.** *Direito civil.* Contrato pelo qual o preponente indica ou designa alguém para, na qualidade de preposto, prestar-lhe serviços permanentes, mediante remuneração. Tal contrato pressupõe o mandato. **2.** *Direito comercial.* Contrato pelo qual o empresário admite alguém em seu estabelecimento, para gerir seus negócios, cumprir determinadas obrigações e assumir certo cargo, em seu nome, por sua conta e sob suas ordens.

PREPOSTO. **1.** *Direito civil.* a) Mandatário com encargos permanentes; b) locador ou prestador de serviço, investido no poder de representação de seu patrão ou preponente; c) aquele que, no contrato de preposição, se obriga a cumprir uma obrigação ou a prestar serviço, sob as ordens do preponente, que remunera os seus serviços. **2.** *Direito comercial.* Aquele que dirige negócio, na seara empresarial, por incumbência de outrem, que é o preponente. **3.** *Direito do trabalho.* a) Empregado que representa, em juízo, o empregador, desde que tenha conhecimento do fato; b) aquele que, estando devidamente credenciado ou munido de carta de preposição e tenha conhecimento dos fatos, venha a representar o empregador em juízo.

PREQUESTIONAMENTO. *Direito processual civil.* **1.** Requisito — condição para interposição dos recursos extraordinário e especial ou para o acesso ao Supremo Tribunal Federal ou Superior Tribunal de Justiça. **2.** Debate anterior à decisão recorrida das partes para, tornando controvertido um ponto, provocar manifestação de tribunal sobre questão federal ou constitucional. **3.** Manifestação expressa do tribunal sobre um assunto. **4.** Soma da postulação das partes, seguida de manifestação a respeito do tribunal. **5.** Questionamento antes do julgamento (Theotonio Negrão). **6.** Exigência que serve para instrumentalizar o conhecimento da questão constitucional ou federal pela decisão recorrida, decorrendo, assim, de manifestação do princípio dispositivo e do efeito devolutivo, perante a instância inferior. Não é requisito para interposição dos recursos extraordinário e especial, por ser, na verdade, mera decorrência do princípio dispositivo e do efeito devolutivo, em relação ao recurso que provoca a manifestação do tribunal *a quo,* sobre questão constitucional ou federal (José Miguel Garcia Medina).

PRESCRIÇÃO. **1.** *Teoria geral do direito.* a) Ordem expressa; b) preceito normativo; c) maneira pela qual se dá a aquisição de um direito ou a liberação de uma obrigação, pela inação do titular do direito ou credor da obrigação, durante um lapso temporal previsto legalmente; d) sanção adveniente, oriunda da inércia do titular à pretensão; e) modo extintivo da pretensão, que tolhe o direito de ação (em sentido material) como o de exceção, visto que o meio de defesa de direito material deve ser exercido no mesmo prazo em que prescreve a pretensão. **2.** ***Direito civil*** e ***direito processual civil.*** a) Exceção oposta ao exercício da ação (em sentido material) com o objetivo de extinguir a pretensão; b) extinção de uma pretensão, em virtude da inércia de seu titular, durante certo lapso de tempo. **3.** ***Direito penal*** e ***direito processual penal.*** a) Perda do direito de punir pelo decurso do tempo (Magalhães Noronha); b) renúncia estatal do direito de punir o criminoso pela infração, ante o decurso do tempo predeterminado em lei (Basileu Garcia); c) impossibilidade de o Estado concretizar a pretensão punitiva, em face da desnecessidade criada pelo decurso do tempo (Andrés A. Balestra); d) extinção da punibilidade, por não ter o órgão competente se manifestado, dentro do prazo legal, contra o criminoso (Paulo Matos Peixoto); e) decurso do tempo legal, que vem a extinguir o direito à ação penal ou os efeitos da condenação; f) extinção da responsabilidade criminal do acusado, por já se encontrar findo o prazo legal da punição, que lhe fora imposta por sentença judicial. **4.** ***Direito do trabalho.*** Perda do direito de pleitear reparação de qualquer ato que venha a infringir a legislação trabalhista, em razão do decurso do prazo legal, computado a partir do término do contrato de trabalho ou da lesão do direito. **5.** ***Direito tributário.*** Extinção da obrigação tributária pelo fato de a Fazenda Pública ter perdido o direito de cobrar o tributo, por ter ficado inerte pelo prazo de cinco anos, contado da data da sua constituição definitiva. **6.** ***Medicina legal.*** Receita médica.

PRESCRIÇÃO INTERCORRENTE. **1.** ***Direito administrativo*** e ***direito processual.*** a) É a admitida pela doutrina e jurisprudência, surgindo após a propositura da ação. Dá-se quando, suspensa ou interrompida a exigibilidade, o processo administrativo ou judicial fica paralisado por incúria da Fazenda Pública (Eduardo M. F. Jardim). Logo, essa prescrição seria um modo de sancionar a negligência da Fazenda; b) ocorre quando o autor, por exemplo, o credor exequente, por desídia, não dá sequência ao processo, voltando, então, a fluir o prazo prescricional, como sanção à inércia processual, a partir do último ato do processo que o interrompeu, por culpa do autor. Se o processo se imobilizou por deficiência do serviço forense, por manobra maliciosa do réu, ou devedor, ou por qualquer motivo alheio ao autor, não haverá prescrição intercorrente. Se ocorrer imobilização processual por ato culposo do credor, o devedor poderá requerer, nos próprios autos, o decreto da prescrição intercorrente. A prescrição intercorrente observará o mesmo prazo de prescrição da pretensão, observadas as causas de impedimento, de suspensão e de interrupção previstas no Código Civil e o disposto na lei processual; c) é a que se dá quando a ação rescisória permanece paralisada por mais de dois anos (Nelson Nery Jr. e Rosa Mª de A. Nery). **2.** ***Direito processual trabalhista.*** a) É a que ocorre, segundo a Súmula 327 do STF, na Justiça Trabalhista, na fase da execução, que por culpa do interessado não é promovida, causando paralisação do processo, logo, contra ele deve e pode ser contado o prazo prescricional próprio (Osiris Rocha). Em contrário a Súmula n. 114 do TST; b) dá-se quando o exequente inicia a execução, que fica paralisada, porque não se encontra o devedor ou os bens ou por ter havido falha no serviço de secretaria (Iara A. Cordeiro Pacheco).

PRESCRIÇÃO PENAL. ***Direito penal.*** **1.** Extinção do direito de processar aquele que cometeu o delito ou de aplicar a pena ao condenado, condicionada ao decurso de um período de tempo. **A contagem do prazo prescricional inicia-se com o recebimento da denúncia e não a partir da data em que o crime foi cometido.** **2.** Extinção do *jus puniendi* do Estado pelo decurso continuado de um lapso temporal previsto em lei, salvo as causas impeditivas ou interruptivas por ela consignadas.

PRESCRIÇÃO TRABALHISTA. ***Direito do trabalho*** e ***direito constitucional.*** Perda da ação pelo empregado, quanto aos créditos resultantes das relações de trabalho, se ficar inerte: a) durante cinco anos, se trabalhador urbano, até o limite de dois anos após a extinção do contrato; b) até dois anos após a extinção do contrato, se trabalhador rural.

PRESIDÊNCIA DA REPÚBLICA. ***Direito administrativo.*** Conjunto de órgãos que prestam assessoria direta e dão consulta ao presidente da República. A Presidência da República é constituída, essencialmente, pela Casa Civil, pela Secretaria Geral, pela Secretaria de Relações Institucionais, pelo Gabinete Pessoal, pela Secretaria de Comunicação Social, pelo Gabinete de Segurança Institucional e pela Secretaria de Assuntos Estratégicos.

PRESIDENCIALISMO. ***Ciência política*** e ***direito constitucional.*** Sistema ou regime de governo republicano onde não há subordinação entre os Poderes Executivo, Legislativo e Judiciário, sendo as chefias de Estado e de governo exercidas pelo presidente da República, eleito para um determinado período, que nomeia ou demite à sua vontade os ministros de Estado, orientando a vida política nacional. Por ser independente da maioria do Congresso, o presidente da República não pode ser destituído de seu cargo por moção de desconfiança.

PRESIDENTE DA REPÚBLICA. *Ciência política* e *direito constitucional.* Chefe do Poder Executivo que, eleito pelo povo, é auxiliado pelos Ministros de Estado.

PRESÍDIO. 1. *Direito penitenciário.* a) Estabelecimento prisional ou carcerário público; b) penitenciária; c) prisão fortificada e guarnecida militarmente, onde são cumpridas as penas impostas em virtude de prática de crime militar ou político ou de crime comum grave. 2. *Direito militar.* a) Ação de defender uma praça; b) guarnição militar colocada em certo local para defendê-lo; c) praça de guerra; d) prisão numa praça de guerra; e) prisão militar. 3. *Direito comparado.* Comitê executivo permanente que, nos países comunistas, tem amplos poderes para dirigir os seus negócios interiores e exteriores.

PRESILHA EXTERNA. *Medicina legal.* Numa impressão digital, no sistema dactiloscópico de Vucetich, é a figura em que um só delta situa-se à esquerda do observador do dactilograma.

PRESILHA INTERNA. *Medicina legal.* É, na impressão digital, segundo a classificação de Vucetich, a presença de um só delta à direita do observador do dactilograma.

PRESO. 1. *Direito penal* e *direito processual penal.* a) Aquele que, por ter sido condenado a pena de prisão, está encarcerado em estabelecimento prisional; b) aquele que não tem liberdade para ausentar-se de determinado sítio; c) aquele que está privado de sua liberdade individual, estando recolhido numa prisão; d) aquele que foi detido ou capturado por policial. 2. Nas *linguagens comum* e *jurídica,* em geral, pode ter o sentido de: a) sem liberdade de ação; b) tolhido; c) fixo; d) ligado, atado.

PRESTAÇÃO DE CONTAS. 1. *Direito administrativo.* Ato pelo qual os responsáveis por uma gestão (governadores, prefeitos, diretores, secretários, tesoureiros etc.) demonstram as despesas feitas para atender a uma finalidade pública. Trata-se da apresentação documentada feita pelos administradores públicos sobre o emprego de verbas destinadas ao atendimento do interesse público. 2. *Direito civil* e *direito processual civil.* Ato pelo qual aquele que age em nome de outrem (tutor, curador, inventariante, mandatário, testamenteiro etc.), gerindo seus negócios e bens, justifica as despesas feitas durante sua administração ou gestão.

PRESTAÇÃO DE SERVIÇOS À COMUNIDADE. 1. *Direito da criança e do adolescente.* Realização de tarefas gratuitas de interesse geral pelo menor infrator, por um período não superior a seis meses, conforme suas aptidões, em entidades assistenciais ou em programas comunitários ou governamentais, aos sábados, domingos e feriados ou em dias úteis desde que não o prejudique em seus estudos ou no seu trabalho diário normal. 2. *Direito penal.* Pena restritiva de direito consistente na atribuição ao condenado, conforme sua aptidão, de tarefas gratuitas junto a entidades assistenciais, hospitais, escolas, orfanatos e outros estabelecimentos congêneres, em programas comunitários ou estatais, durante oito horas semanais, aos sábados, domingos e feriados ou em dias úteis desde que não haja prejuízo à sua jornada normal de trabalho.

PRESTAÇÃO DE SERVIÇOS DE ATIVOS VIRTUAIS. *Direito virtual.* O ativo virtual vem a ser representação digital de valor que pode ser negociada ou transferida por meios eletrônicos e utilizada para realização de pagamentos ou com propósito de investimento. Considera-se prestadora de ativos virtuais a pessoa jurídica que executa, em nome de terceiros, pelo menos um dos serviços de ativos virtuais, entendidos como: troca entre ativos virtuais e moeda nacional ou moeda estrangeira; troca entre um ou mais ativos virtuais; transferência de ativos virtuais; custódia ou administração de ativos virtuais ou de instrumentos que possibilitem controle sobre ativos virtuais; participação em serviços financeiros e prestação de serviços relacionados à oferta por um emissor ou venda de ativos virtuais.

PRESUNÇÃO. 1. *Direito civil* e *direito processual civil.* É a ilação tirada de um fato conhecido para provar ou demonstrar outro desconhecido. É a consequência que a lei ou o magistrado tiram, tendo como ponto de partida o fato conhecido para chegar ao fato ignorado. 2. *Direito canônico.* Conjetura provável de uma coisa incerta (Paulo Matos Peixoto). 3. *Filosofia geral.* a) Raciocínio pelo qual se supõe, sendo a matéria de fato, uma conclusão provável, ainda que incerta; b) ação de presumir, confiando demasiadamente em suas faculdades mentais; c) ato de admitir uma afirmação como verdadeira até prova em contrário; d) inferência baseada na probabilidade. 4. Na *linguagem comum* designa: a) vaidade; b) afetação; c) orgulho.

PRESUNÇÃO ABSOLUTA. *Direito civil* e *direito processual civil.* É a estabelecida por lei como verdade indestrutível, sendo também designada *juris et de jure.* É aquela que não pode ser ilidida, pois a norma a considera como verdade legal, não admitindo prova contrária ao fato presumido.

PRESUNÇÃO COMUM. *Direito civil* e *direito processual civil.* É a deixada ao critério e prudência do magistrado, que se funda naquilo que ordinariamente acontece. O juiz para tanto se baseia em indício ou circunstância havida no decorrer do processo. O indício é tão somente o ponto de partida de onde, por inferências ou deduções, o magistrado estabelece alguma presunção. Tal presunção resulta da experiência e da convicção do órgão judicante, uma vez que decorre da própria natureza dos fatos e não do texto legal. Denomina-se também presunção de fato "simples", "judicial" ou *hominis*. Todavia, o órgão judicante não deve aceitá-la senão quando se trate de fatos graves, precisos e concordantes. É admitida dentro dos mesmos limites em que se permite a prova testemunhal, excluídos os casos em que tal prova não seja possível. Contra a presunção comum pode valer, desde que concludente, a prova testemunhal.

PRESUNÇÃO *HOMINIS*. *Vide* PRESUNÇÃO COMUM.

PRESUNÇÃO *JURIS ET DE JURE*. *Vide* PRESUNÇÃO ABSOLUTA.

PRESUNÇÃO *JURIS TANTUM*. ***Direito civil* e *direito processual civil*.** É também denominada presunção condicional ou relativa. Ocorre quando a lei estabelece um fato como verdadeiro até prova em contrário.

PRESUNÇÃO RELATIVA. *Vide* PRESUNÇÃO JURIS TANTUM.

PRESUNÇÃO SIMPLES. *Vide* PRESUNÇÃO COMUM.

PRESSUPOSIÇÃO. 1. ***Direito civil.*** a) Condição cuja evolução não se completou; uma limitação da vontade que não se desenvolveu até se tornar condição. O cumprimento do encargo é uma forma de pressuposição (Clóvis Beviláqua), pois se o donatário não o cumprir, a doação pode ser revogada. Condição cujo desenvolvimento não atingiu a finalidade pretendida; b) elemento subentendido de certos contratos e que, por isso, não decorre da declaração da vontade (Cunha Gonçalves). Por exemplo: se o credor empresta dinheiro, com ou sem prazo, há pressuposição de que o mútuo está baseado na solvência do devedor. Mas tal instituto não foi acolhido pelo direito brasileiro; c) condição não desenvolvida que pode autolimitar o efeito de negócio, pois quem declara vontade sob pressuposição, quer produção de efeito se persistir um certo estado de coisa. **2.** ***Direito comparado.*** Teoria germânica criada por Windscheid, atualmente quase abandonada, segundo a qual a não concretização de uma convicção do contratante, que constituiu o motivo determinante da efetivação contratual, permite-lhe a resolução contratual ou a sua modificação. Essa teoria foi retomada com o nome de *base do negócio*. **3.** ***Filosofia geral.*** a) Prenoção; b) ato mental decisório pelo qual se admite um pressuposto; c) o que se considera concedido no início de uma investigação, demonstração ou discussão (Lalande).

PRETENSÃO. 1. ***Direito processual civil.*** Invocação pelo titular de um direito violado, da prestação que lhe é devida, em juízo, exigindo sua tutela jurisdicional. Trata-se do pedido ou objeto da ação em sentido material exarado na petição inicial. **2.** Na ***linguagem comum*** quer dizer: a) vaidade; b) jactância; c) aspiração infundada.

PREVARICAÇÃO. 1. ***Direito penal.*** Crime funcional punido com detenção e multa, consistente no fato de o funcionário público retardar ou deixar de cumprir suas funções para a satisfação de seus próprios interesses. **2.** ***Direito civil.*** Adultério; quebra do dever de fidelidade conjugal. **3.** ***Direito romano.*** a) Ato daquele que, após ter acusado alguém, fazia um conluio com ele para obter sua absolvição; b) ato do *advocatus* que traía a causa, passando para o lado do réu, e prejudicando o autor, seu constituinte. **4.** Na ***linguagem jurídica*** em geral, pode significar: a) não cumprimento de um dever de ofício por má-fé ou improbidade; b) afirmação que perverte ou desvia a verdade; c) ato de revelar segredo de justiça ou de secretaria; d) abuso de confiança; e) ato de o magistrado prolatar decisão manifestadamente injusta; f) conivência de advogado com a parte contrária.

PREVENÇÃO. 1. ***Direito militar.*** Serviço de prontidão. **2.** ***Direito processual civil* e *direito processual penal.*** Critério para determinar a competência de um magistrado perante outro igualmente competente, pelo simples fato de ter tido conhecimento da causa antes dele. Logo, o juiz que conhecer da causa, em primeiro lugar, terá sua jurisdição preventa. A prevenção apenas assegura a competência de um magistrado que já era competente. Como diz Plácido e Silva, a prevenção decorre do primeiro conhecimento da causa. **3.** Na ***linguagem jurídica*** em geral, pode ter, ainda, o significado de: a) aviso prévio; b) precaução; c) ato ou efeito de prevenir; d) preconceito.

PREVENTA. ***Direito processual.*** **1.** Diz-se da jurisdição em que um juiz competente firma sua competência por ter tomado conhecimento da causa antes de outro magistrado igualmente competente. **2.** Diz-se da competência firmada por prevenção.

PREVENTIVA. 1. Na ***linguagem jurídica*** em geral, é medida necessária para o exercício de algum direito. **2.** ***Direito penal.*** Diz-se da prisão determinada por motivo de segurança, quando o indiciado revela periculosidade, ou quando se presume que ele poderá frustrar ou obstar a ação da justiça. **3.** ***Direito processual civil.*** Medida cautelar que objetiva evitar um prejuízo ou ressalvar um direito.

PREVIDÊNCIA PRIVADA. ***Direito previdenciário.*** **1.** Instituição de planos de benefícios similares ou complementares às atividades da previdência social, que se dá mediante contribuição de interessados, de empregadores ou de ambos. Sua execução se dá por entidades fechadas ou abertas (Othon Sidou). **2.** Complexo de vantagens sociais suplementares, garantidas aos assalariados por instituições que estão fora do esquema oficial do seguro social (Dupeyroux). **3.** É a previdência complementar, ou seja, sistema de complemento das aposentadorias do serviço público, recebida por trabalhadores, desde que eles tenham contribuído para esta modalidade de previdência (Luiz Fernando Rudge).

PREVIDÊNCIA SOCIAL. *Direito previdenciário.* **1.** Conjunto de benefícios ou medidas públicas para cobrir certos riscos normais de existência ou que acarretem aumento de despesas, contribuindo para seu financiamento, protegendo e amparando o trabalhador e o funcionário e suas famílias, nos casos de velhice, prisão, morte, invalidez, doença, desemprego involuntário, por meio de aposentadorias e assistência médico-hospitalar e pensão a seus herdeiros. **2.** Contribuição que tem por fim garantir aos seus beneficiários meios indispensáveis de manutenção por motivo de incapacidade, desemprego involuntário, idade avançada, tempo de serviço, encargos familiares e de reclusão ou morte daqueles de quem dependiam economicamente.

PRIMEIRA INSTÂNCIA. *Direito processual.* Corresponde ao atual primeiro grau de jurisdição; fase em que se inicia uma ação que vai até a prolação da sentença; trata-se do juízo singular.

PRIMEIRAS DECLARAÇÕES. *Direito civil* e *direito processual civil.* São as feitas pelo inventariante no início do processo de inventário, dentro de vinte dias contados da data em que prestou compromisso, que serão reduzidas a termo, por constituir a base do processo de divisão da herança. Deverão conter: identificação dos herdeiros; relação completa e individuada de todos os bens do espólio que estavam no domínio e posse do *auctor successionis* ao tempo de seu óbito, situados no Brasil ou no estrangeiro, e dos alheios que nele forem encontrados, designando seus proprietários, se conhecidos; tais bens, apesar de mencionados nas declarações preliminares, estão excluídos do inventário.

PRINCÍPIO CONSTITUCIONAL. *Direito constitucional.* Norma, explícita ou implícita, que determina as diretrizes fundamentais dos preceitos da Carta Magna, influenciando sua interpretação. Por exemplo, o princípio da isonomia, o da função social da propriedade etc.

PRINCÍPIO DA AMPLA DEFESA. *Direito processual* e *direito constitucional.* Aquele pelo qual está assegurada a amplitude da defesa dos litigantes em processos judiciais e administrativos.

PRINCÍPIO DA ANTERIORIDADE. **1.** *Direito tributário.* É aquela norma constitucional que subordina a cobrança ou exigência do tributo a ser objeto de lei votada no exercício anterior (Othon Sidou). É o que impõe à lei que venha a instituir ou a aumentar tributo a sua entrada em vigor antes do início do exercício financeiro em que se pretende cobrar aquele tributo. Logo, desapareceu no ordenamento jurídico o princípio da anualidade, pois a lei instituidora ou majoradora de tributo pode ser aplicada no ano seguinte, apesar de não haver específica autorização orçamentária (Paulo de Barros Carvalho). **2.** *Direito penal.* É o que exige lei anterior que defina o crime e a pena, pois não há crime sem lei *anterior* que o defina, nem pena sem *prévia* imposição legal.

PRINCÍPIO DA AUTOEXECUTORIEDADE. *Direito administrativo.* **1.** É aquele segundo o qual a Administração Pública executa seus próprios atos, sem que haja necessidade de algum título executório prévio, conferido judicialmente. **2.** Aquele pelo qual os atos administrativos, sem prévio título executório, produzem efeitos jurídicos assim que forem editados.

PRINCÍPIO DA AUTONOMIA DA VONTADE. *Direito civil.* É aquele que confere aos contratantes o poder de autorregulamentação de seus interesses, desde que se submetam às normas jurídicas, e seus fins não contrariem o interesse geral, de tal sorte que a ordem pública e os bons costumes constituam limites à liberdade contratual. Envolve, além da liberdade de criação do contrato, a de contratar ou não contratar; de escolher o outro contratante, embora às vezes a pessoa do outro contratante seja insuscetível de opção; de fixar o conteúdo do contrato, escolhendo qualquer uma das modalidades contratuais reguladas por lei (contratos típicos ou nominados), introduzindo cláusulas ou alterações que melhor se coadunem com seus interesses e com as peculiaridades do negócio; ampliando ou restringindo os efeitos do vínculo contratual, ou adotando novos tipos contratuais, distintos dos modelos previstos pela ordem jurídica, conforme as necessidades do negócio jurídico, dando origem, assim, aos contratos atípicos ou inominados.

PRINCÍPIO DA CONCENTRAÇÃO. *Direito processual civil.* **1.** É aquele segundo o qual se deve concentrar o processo, eliminando fases e providências desnecessárias ou dispensáveis (Geraldo Magela Alves). **2.** Norma pela qual, ante a oralidade processual, o processo deve desenvolver-se numa só audiência contínua, que poderá ter prosseguimento em dia próximo, ante a impossibilidade de concluir a instrução, o debate e o julgamento num só dia, para que, pela imediatidade e identidade do órgão judicante, este possa, ao prolatar a sua decisão, manter vivas as provas colhidas (Othon Sidou).

PRINCÍPIO DA CONSERVAÇÃO. **1.** *Direito civil.* Aquele pelo qual se deve preservar ato ou negócio jurídico válido e eficaz. **2.** *Direito processual civil.* Princípio pelo qual o ato processual, para que possa alcançar seu objetivo, deve ter validade e eficácia. 3. *Teoria geral do direito.* Princípio pelo qual o intérprete deve, em sua exegese ou interpretação do ato negocial, procurar conservá-lo, evitando, sempre que possível, a declaração de sua nulidade.

PRINCÍPIO DA ECONOMIA PROCESSUAL. *Direito processual.* Aquele pelo qual se deve conseguir o máximo com um mínimo de tempo.

PRINCÍPIO DA ESPECIALIDADE. 1. *Teoria geral do direito.* É aquele que, desdobrando-se do princípio da isonomia, propugna o tratamento desigual do que é desigual, fazendo-se as diferenciações exigidas fática e axiologicamente. 2. *Direito administrativo.* a) Aquele pelo qual cada pessoa jurídica de direito público tem, ante a divisão de trabalho, fins próprios que não pode deixar de cumprir; b) aquele pelo qual só se pode usar o patrimônio, os meios técnicos e o pessoal para a consecução do fim específico para o qual foram criados (Massami Uyeda).

PRINCÍPIO DA ETICIDADE. *Direito civil* e *direito constitucional.* É o que se funda no respeito à dignidade humana, dando prioridade à boa-fé subjetiva e objetiva, à probidade e à equidade.

PRINCÍPIO DA ISONOMIA. *Vide* IGUALDADE JURÍDICA.

PRINCÍPIO DA MOTIVAÇÃO. *Direito administrativo.* Aquele que impõe à Administração Pública o dever de expor as razões de fato e de direito pelas quais expediu o ato ou tomou a providência adotada, justificando-a (Celso Antônio Bandeira de Mello). Constitui uma forma expressa na Constituição de controle da atividade administrativa, pois sem ela não se poderia aferir a legalidade ou ilegalidade, a justiça ou injustiça de uma decisão administrativa (Lúcia Valle Figueiredo).

PRINCÍPIO DA OPERABILIDADE. *Direito civil.* É o que confere ao julgador maior elastério, para que, em busca de solução mais justa, a norma, que, contendo cláusulas gerais ou conceitos indeterminados, possa, na análise de caso por caso, ser efetivamente aplicada, com base na valoração objetiva, vigente na sociedade atual (Miguel Reale).

PRINCÍPIO DA ORALIDADE. *Direito processual.* Aquele segundo o qual o processo deve realizar-se verbalmente, sendo subsidiado no uso da forma escrita apenas no que atina ao preparo da ação, à prova documental etc.

PRINCÍPIO DA RESERVA LEGAL. *Direito penal.* 1. É o que estabelece que não há crime, nem pena, sem lei anterior que o preveja. 2. É o da legalidade que constitui uma garantia político-jurídica do cidadão ao exigir que a lei elaborada pelo Congresso Nacional seja conforme a Constituição Federal, determinando o crime e a pena que lhe é cabível. Com isso vem a considerar a lei como a única fonte formal do direito penal; consequentemente, por esse princípio está vedada a interpretação extensiva e a utilização da analogia, salvo quando beneficiar o réu.

PRINCÍPIO DA SOCIALIDADE. *Direito civil.* O que prestigia os valores coletivos, colocando os individuais em segundo plano (Miguel Reale).

PRINCÍPIO DO DESENVOLVIMENTO SUSTENTÁVEL. *Direito ambiental.* Aquele que norteia a política ambiental, uma vez que, como salienta a Comissão Mundial sobre Meio Ambiente, requer que o desenvolvimento atenda às necessidades presentes, sem comprometer a capacidade das futuras gerações de efetivarem suas próprias necessidades (Celso A. P. Fiorillo, Marcelo A. Rodrigues e Luiz A. David Araújo).

PRINCÍPIO DO LIVRE CONVENCIMENTO DO JUIZ. *Direito processual.* É aquele que preconiza a liberdade do magistrado para, ao decidir o caso *sub judice*, seguir livremente sua convicção, valendo-se de fatos e provas apresentadas em juízo; para tanto é usual a citação das opiniões de juristas insignes, daqueles que pela sua obra transmitem maior credibilidade, em pareceres nos processos, em fundamentações de decisões. Trata-se do argumento *ab auctoritatem*, que é um *topos* de qualidade, porque é o prestígio da pessoa invocada que garante a tese que se sustenta, podendo ser, contudo, um *topos* de quantidade, quando um grande número de opiniões for invocado para defender a tese adotada.

PRINCÍPIO DO POLUIDOR-PAGADOR. *Direito ambiental.* Princípio que, para evitar a ocorrência de dano ao meio ambiente, impõe sanções penais e administrativas ao poluidor (pessoa natural ou jurídica), independentemente do dever de indenizar ou reparar os danos causados (Celso A. P. Fiorillo e Marcelo A. Rodrigues).

PRINCÍPIO DO RESPEITO À DIGNIDADE HUMANA. *Direito constitucional.* Paradigma da ordem jurídica do Estado Democrático de Direito e cerne de todo ordenamento jurídico. A pessoa humana e sua dignidade constituem o fundamento e fim da sociedade e do Estado, sendo o valor que prevalecerá na aplicação do direito e sobre qualquer tipo de avanço científico e tecnológico. Há uma imposição de limites ao legislador e ao operador do direito, reconhecendo-se que o respeito ao ser humano em todas as suas fases evolutivas (antes de nascer, no nascimento, no viver, no sofrer e no morrer) só é alcançado se se estiver atento à sua dignidade.

PRINCÍPIO GERAL DE DIREITO. *Teoria geral do direito.* É fonte subsidiária do direito, por ser de diretriz para a colmatação de lacunas. Norma de valor genérico que orienta a compreensão do direito, em sua aplicação e integração.

PRINCÍPIO *VOLUNTAS SPECTANDA*. *Direito civil.* É o que rege a interpretação do testamento, requerendo a determinação precisa da verdadeira intenção do testador, mediante a aplicação de normas interpretativas, fazendo com que o sentido subjetivo prevaleça sobre o objetivo, para que se possa respeitá-lo como ato de última vontade, que produz efeitos *post mortem*.

PRISÃO. *Direito penal* e *direito processual penal.* **1.** Ato ou efeito de prender. **2.** Pena privativa da liberdade, imposta pelo poder competente, que deve ser cumprida na cadeia. **3.** Estabelecimento que recolhe os condenados que devem cumprir pena restritiva da liberdade. **4.** Cativeiro. **5.** Estado de quem se encontra preso. **6.** Medida judicial, de caráter punitivo, restritiva da liberdade de locomoção (Marcus Cláudio Acquaviva). **7.** Ato de prender alguém em flagrante delito ou por ordem escrita e fundamentada do juiz em decorrência de sentença condenatória transitada em julgado ou, no curso da investigação ou do processo, em virtude de prisão temporária ou preventiva.

PRISÃO-ALBERGUE. *Direito penal.* Medida restritiva da liberdade, pela qual o condenado de bom comportamento, durante o dia, trabalha fora do estabelecimento penal, devendo permanecer à noite em local público destinado ao cumprimento de pena privativa de liberdade, em regime aberto, e da pena de limitação de fim de semana, situado em centro urbano, não contendo, ainda, quaisquer obstáculos contra a fuga.

PRISÃO CAUTELAR. *Direito processual penal.* **1.** Medida proposta por alguns doutrinadores, consistente numa ordem de prisão provisória dada pela autoridade competente, com imediata comunicação do juiz, acompanhada das razões da detenção, ante a presença de indícios suficientes da autoria do delito, com o escopo de apurar os fatos. **2.** É a destinada a garantir medidas judiciais a serem tomadas posteriormente (Marcus Cláudio Acquaviva). **3.** Também denominada preventiva, é a que decorre de flagrante, pronúncia ou sentença condenatória recorrível, qualquer que seja o delito de que se acusa o réu e que tem por base o *fumus boni juris* e o *periculum in mora*, sendo decretada como garantia da ordem pública, por conveniência da instrução criminal ou para assegurar a aplicação da lei penal, se houver prova da existência do crime e indícios suficientes de sua autoria (Dirceu A. Dias Cintra Jr.).

PRISÃO CIVIL. *Direito constitucional, direito civil* e *direito processual civil.* É a decretada pela autoridade judicial para compelir, por meio de restrição da liberdade de locomoção, o devedor a cumprir obrigação alimentícia, e o depositário infiel a devolver o bem depositado, ressarcindo os danos oriundos de seu inadimplemento. O devedor de pensão alimentícia pode ser condenado a até sessenta dias, e em se tratando de alimentos provisórios, pelo prazo de um a três meses de prisão, e o depositário infiel, por prazo não excedente a um ano. Há súmula vinculante (a de n. 25 do STF) entendendo ser ilícita a prisão civil do depositário infiel.

PRISÃO EM FLAGRANTE. *Direito processual penal.* É a efetuada pela autoridade policial, ou por qualquer pessoa do povo, contra aquele que está cometendo delito, ou quando, após sua prática, pelos claros vestígios de o ter perpetrado, é surpreendido no mesmo local, ou é perseguido, quando foge, pelo clamor público (De Plácido e Silva). Considera-se em flagrante delito, suscetível de ser preso, quem está cometendo a infração penal, quem acaba de cometê-la, quem for perseguido, logo após, pela autoridade, pelo ofendido ou por qualquer pessoa, em situação que faça presumir ser autor do delito, ou for encontrado, logo depois, com armas, instrumentos, objetos ou papéis que façam presumir ser ele o autor da infração.

PRISÃO ESPECIAL. *Direito processual penal.* É aquela em que, por causa da função exercida, da posição ocupada, da profissão ou de serviços prestados pelo preso, há regalia de tratamento especial e o privilégio de ficar em local diverso da prisão comum, livre de contato com os criminosos, até a condenação definitiva. Após a sentença definitiva, perde tal regalia e cumpre a pena em igualdade de condições com os demais condenados.

PRISÃO ILEGAL. *Direito processual penal.* Aquela imposta sem as formalidades legais, ou oriunda de abuso de poder, privando alguém de sua liberdade pessoal, sem que haja justa causa. Logo, cabível será o *habeas corpus*, que é o instituto de direito processual constitucional hábil para defender a liberdade de locomoção violada ou ameaçada por ato ilegal ou inconstitucional de autoridade pública.

PRISÃO PREVENTIVA. *Direito processual penal.* Pena privativa da liberdade individual, decretada judicialmente em qualquer fase do inquérito policial ou da instrução criminal, desde que haja prova da existência do delito e indícios de sua autoria pelo acusado de descumprimento de obrigação imposta por força de outras medidas cautelares ou, ainda, no curso da ação penal. É imposta no interesse da justiça, como garantia de ordem pública e econômica, por conveniência da instrução criminal ou para assegurar a aplicação da lei penal. Será admitida a decretação de prisão preventiva: nos crimes dolosos punidos com pena privativa de liberdade máxima superior a quatro anos; condenação por outro crime doloso, em sentença transitada em julgado; nos crimes de violência doméstica e familiar contra mulher, criança, adolescente, pessoa idosa, enfermo ou pessoa com deficiência, para garantir a execução das medidas protetivas de urgência; em caso de dúvida sobre a identidade civil da pessoa ou quando esta não fornecer elementos suficientes para esclarecê-la, devendo o preso ser colocado imediatamente em liberdade, após a identificação, salvo se outra hipótese recomendar a manutenção da medida. Decisão que decretar, substituir, denegar prisão preventiva será sempre motivada. É determinada quando não for cabível a sua substituição por outra medida cautelar. Trata-se de uma prisão provisória, imprescindível para assegurar a aplicação da lei penal, em certos casos. Haverá substituição da prisão preventiva por prisão domiciliar da mulher gestante ou que for mãe ou responsável por crianças ou pessoas com deficiência.

PRISÃO SIMPLES. *Direito penal.* É a pena privativa da liberdade pessoal, aplicável em caso de contravenção penal e cumprida, sem rigor penitenciário, em regime semiaberto ou aberto, por prazo não superior a cinco anos. O condenado fica separado daqueles que cumprem pena de reclusão ou detenção, e lhe será facultativo o trabalho, se a pena cominada não for superior a quinze dias.

PRIVACIDADE. **1.** *Direito constitucional.* a) Intimidade, que constitui um direito da personalidade, cuja inviolabilidade está garantida constitucionalmente; b) direito de ficar em paz ou de estar só (Cooley); c) direito do respeito à vida privada, com o mínimo de ingerências exteriores (Urabayen); d) direito de a pessoa conduzir, como lhe aprouver, as manifestações de foro íntimo como o *modus vivendi*, relações afetivas e familiares, hábitos, segredos, planos, pensamentos etc. (Eliana F. Neme). **2.** *Direito civil.* É a pretensão do indivíduo, de grupos ou instituições de decidir, por si, quando, como e até que ponto uma informação sobre eles pode ser comunicada a outrem (Alain Westen).

PRIVILÉGIO. **1.** Na *linguagem jurídica* em geral, é: a) o ato de conferir algum benefício especial ou prerrogativa a alguém; b) vantagem ou imunidade especial gozada por certa pessoa; medida de exceção disposta, em caráter exclusivo, em prol de uma pessoa; direito próprio e exclusivo de uma pessoa, conferido por lei; direito excepcional; c) permissão concedida a alguém para exercer algum direito com exclusividade; benefício legal; d) prerrogativa; e) posição de superioridade oriunda de uma desigual distribuição do poder econômico ou político; f) exceção ao direito comum em benefício de alguém. **2.** *História do direito.* Patente. **3.** *Ciência política.* Discriminação feita em regime monárquico em favor da classe aristocrática, com exclusão do povo. **4.** *Direito canônico.* *Lex privata favorabilis*, isto é, norma particular favorável.

PRIVILÉGIO CREDITÓRIO. *Direito civil.* **1.** Direito, previsto legalmente, conferido a um credor para receber seu crédito em primeiro lugar, havendo vários credores que pretendam receber seus créditos ao mesmo tempo e o patrimônio do devedor comum for insuficiente ao pagamento integral de todos (Mário Luiz Delgado Regis). **2.** Título legal de preferência, que pode ser: a) especial, compreensivo de bens sujeitos, por lei, ao pagamento do crédito que visa favorecer; b) geral, abrangendo todos os bens não sujeitos a crédito real ou privilégio especial. O privilégio conferido a certo crédito visa garantir ao seu titular a preferência no pagamento em relação aos credores quirografários do devedor comum.

PROBIDADE ADMINISTRATIVA. *Direito administrativo.* Integridade no agir que deve ter aquele que está no exercício do serviço público.

PROCEDÊNCIA. **1.** *Direito processual civil.* a) Qualidade da demanda bem fundada no mérito; b) fundamento legal e oportunidade do que se pede ou se requer a uma autoridade judicial ou administrativa (De Plácido e Silva); c) acolhimento, total ou parcial, pelo magistrado do pedido do autor; d) resolução do mérito da causa; e) qualidade procedente de uma ação ou recurso; f) instituição que originou o documento. **2.** *Direito comercial.* a) Origem das mercadorias; b) ponto de partida de mercadorias ou produtos importados; praça de onde saíram os bens importados.

PROCEDIMENTO. **1.** *Direito processual.* a) Processo; b) ação judicial intentada; c) conjunto de normas relativas ao modo de agir em juízo; d) trâmite da ação; soma de atos processuais que se realizam, ordenada e sucessivamente, para a solução da lide; e) modo de desenvolvimento do processo em busca da solução final do litígio; f) forma material com que o processo se realiza em cada caso concreto (José Frederico Marques). **2.** Na *linguagem comum*, designa: comportamento; maneira como uma pessoa se comporta em suas relações sociais. **3.** *História do direito.* Decisão que julgava procedente o pedido para que fosse recebido.

PROCEDIMENTO COMUM. *Direito processual civil.* Rito-padrão estabelecido por lei para as ações que não seguem o procedimento especial. Aplica-se subsidiariamente aos demais procedimentos especiais e ao processo de execução, em casos de lacuna, p. ex. Tal procedimento normal apresenta as seguintes fases: a postulatória, a probatória, a decisória e a executória. A decisão definitiva da lide passa pelo total conhecimento do processo, do *meritum causae*, dos fatos, das provas, permitindo ampla discussão entre autor e réu.

PROCEDIMENTO ESPECIAL. ***Direito processual civil.*** Aquele que, ante a natureza do direito material controvertido, não segue o rito do procedimento comum, apresentando menos formalidades e maior celeridade. P. ex., ação de consignação em pagamento; ação de dissolução parcial de sociedade; ação de família; ação possessória etc.

PROCEDIMENTO SUMÁRIO. 1. ***Direito processual penal.*** Rito processual simplificado, próprio do processo penal e da contravenção penal. **2.** ***História do direito.*** Aquele que, substituindo o antigo procedimento sumaríssimo, caracterizava-se pela simplificação dos atos processuais e pelo trâmite concentrado, para que se tenha uma rápida ou breve solução de causa urgente ou de pequena importância. Observava-se o procedimento sumário: nas causas cujo valor não exceder sessenta vezes o salário mínimo; nas causas, qualquer que seja o valor: a) de arrendamento rural e de parceria agrícola; b) de cobrança ao condômino de quaisquer quantias devidas ao condomínio; c) de ressarcimento por danos em prédio urbano ou rústico; d) de ressarcimento por danos causados em acidente de veículo de via terrestre; e) de cobrança de seguro, relativamente aos danos causados em acidente de veículo, ressalvados os casos de processo de execução; f) de cobrança de honorários dos profissionais liberais, ressalvado o disposto em legislação especial; g) de revogação da doação por ingratidão; h) nos demais casos previstos em lei. Pela lei processual vigente, que extinguiu o procedimento sumário, quando a norma remeter àquele procedimento, observar-se-á o rito dos Juizados Especiais Cíveis.

PROCEDIMENTO SUMARÍSSIMO. 1. ***História do direito.*** Era o rito seguido, no processo civil, para causas simples de pequeno valor, hoje substituído pelo procedimento sumário, que está adstrito a prazos mais curtos, e à simplificação de atos dispensando certas solenidades, e dando ao processo andamento mais breve. **2.** ***Direito processual penal.*** Rito para o conhecimento de questões em sede dos Juizados Especiais Criminais. **3.** ***Direito processual trabalhista.*** Rito para conhecer dissídios individuais cujo valor não exceda a quarenta vezes o salário mínimo vigente na data do ajuizamento da reclamação, exceto se da demanda for parte a Administração Pública direta, autárquica e fundacional.

PROCESSAMENTO. 1. ***Direito processual.*** a) Ato de processar; b) organização de um processo; c) instauração de processo contra alguém. **2.** ***Direito comercial.*** Preparação de algo para fins industriais ou mercantis, sujeitando-o a um processo especial. **3.** ***Direito bancário.*** Conjunto de procedimentos que antecedem a liquidação e, quando for o caso, a compensação.

PROCESSO. 1. ***Medicina legal.*** Marcha das lesões ou dos sintomas de uma moléstia. **2.** ***Filosofia geral.*** Sequência de fenômenos que apresentam certa unidade. **3.** ***Sociologia geral.*** Sucessão sistemática de mudanças numa direção definida. **4.** ***Direito processual.*** a) Conjunto de atos necessários e que devem ser praticados numa ordem preestabelecida, para esclarecimento da controvérsia e para obtenção de uma solução jurisdicional para o caso *sub judice*; b) forma que, segundo os preceitos legados, a ação toma no seu curso; forma estabelecida pela lei para tratar das causas em juízo (Cândido de Oliveira Filho); c) processamento; d) conjunto de peças imprescindíveis à instrução do juízo; instrução judicial da causa; e) complexo de princípios e normas alusivos à administração da justiça; f) autos em que se materializam os atos processuais; g) é o documento ou o conjunto de documentos que exige um estudo mais detalhado, bem como procedimentos expressos por despacho, pareceres técnicos, anexos ou, ainda, instruções para pagamento de despesas, devendo ser protocolado e autuado pelos órgãos autorizados a executar tais procedimentos. **5.** Nas ***linguagens comum*** e ***jurídica,*** pode significar: a) ação de prosseguir; b) ordem sequencial; ação progressiva; c) ato de proceder; d) concatenação de fenômenos; e) decurso; f) série de ações que ocorrem de certo modo; g) conjunto de documentos atinentes a um negócio.

PROCESSO ADMINISTRATIVO. ***Direito administrativo.*** **1.** É o promovido pela Administração Pública, baseado em inquérito administrativo para apuração das irregularidades praticadas pelo funcionário no exercício de sua atividade funcional. **2.** Conjunto de providências orientadas por autoridade administrativa para investigar fato ou denúncia sobre conduta ou ocorrência danosa ao serviço público. **3.** No âmbito da Administração Federal direta e indireta, é o que visa, em especial, a proteção dos direitos dos administrados e ao melhor cumprimento dos fins da Administração. A Administração Pública obedecerá, dentre outros, aos princípios da legalidade, finalidade, motivação, razoabilidade, proporcionalidade, moralidade, ampla defesa, contraditório, segurança jurídica, interesse público e eficiência.

PROCESSO ADMINISTRATIVO DA DÚVIDA. ***Direito registrário.*** Jurisdição administrativa que se inicia com o exame formal dos títulos apresentados pelo Oficial do Registro de Imóveis, e que culmina no julgamento da dúvida pelo magistrado. Só o interessado pode requerer o levantamento da dúvida ao oficial do registro, e nesse processo apenas se poderá examinar a legalidade, ou não, do título que foi apresentado para ser levado a assento. Se o oficial deparar com alguma irregularidade sanável, levará o fato ao conhecimento do apresentante do título, indicando por escrito a exigência a ser satisfeita. Se o interessado não se conformar com a exigência do oficial, o título, a seu requerimento e com a declaração de dúvida, será remetido pelo oficial ao juízo competente para dirimi-la. A dúvida é um pedido de natureza administrativa, formulado pelo Oficial do Registro Imobiliário, a requerimento do apresentante do título, para que o magistrado se pronuncie sobre a legalidade da exigência feita, relativamente a um instrumento ou a vários documentos, decidindo se é ou não indispensável ao registro pretendido.

PROCESSO CIVIL. *Direito processual civil.* **1.** É o que versa sobre matéria de direito civil e de direito comercial, sendo o instrumento hábil para obter a prestação jurisdicional do Estado. **2.** Conjunto de ritos, das fases procedimentais e de atos praticados em juízo para a solução judicial de questões cíveis ou mercantis. **3.** Relação jurídico-processual que, por provocação do interessado, se estabelece em juízo entre as partes litigantes e o juiz e demais intervenientes, para fazer valer uma pretensão não penal, de conformidade com a lei processual civil. **4.** Diz-se do ramo do direito público interno que rege a organização, as funções do Poder Judiciário e o processo, isto é, a operação por meio da qual se obtém a composição ou solução de lides, litígios ou conflitos de interesses surgidos nas atividades civis, mercantis, administrativas etc. **5.** Complexo de normas e atos imprescindíveis para a aplicação judicial de normas na decisão de controvérsias de direito privado.

PROCESSO DE CONHECIMENTO. *Direito processual civil.* É aquele em que a controvérsia existente entre autor e réu é apresentada ao órgão judicante para que a conheça e a qualifique juridicamente, prolatando uma sentença sobre o *meritum causae*, baseado nos arrazoados e nas provas apresentadas, e conferindo o direito entre pretensões contestadas.

PROCESSO DE EXECUÇÃO. *Direito processual civil.* Processo independente do processo de conhecimento, pelo qual se pede a efetivação de um direito reconhecido em título executivo judicial ou extrajudicial.

PROCESSO DO TRABALHO. *Direito processual trabalhista.* **1.** Conjunto de normas relativas às ações trabalhistas. **2.** Complexo de atos processuais que visa tratar de questões específicas às relações empregatícias, apresentar solução dos conflitos de trabalho, conciliar e julgar os dissídios individuais e os atinentes ao cumprimento de convenções coletivas de trabalho, mesmo quando ocorrerem entre sindicatos ou entre sindicato de trabalhadores e empregador.

PROCESSO ELEITORAL. *Direito eleitoral.* Conjunto de atos que se inicia com a instalação da mesa receptora, visando coletar votos, e termina com o encerramento da eleição, seguindo-se o lacre da urna, a lavratura da ata e a remessa da urna e dos documentos do ato eleitoral à Junta Eleitoral (Walter C. Swensson).

PROCESSO FALIMENTAR. *Direito falimentar.* Conjunto de procedimentos ou atos, com prazos peremptórios e contínuos, dirigidos à declaração da falência do empresário ou da sociedade empresária, compreendendo três etapas: a) etapa pré-falencial, que se abre com a petição inicial de falência, indo até a sentença declaratória de falência; b) etapa falencial, que vai dessa sentença até o encerramento da falência ou liquidação, cujo objetivo é realizar o ativo apurado e pagar o passivo; c) reabilitação do devedor falido, extinguindo-se sua responsabilidade civil e penal, possibilitando sua volta à mercancia ou à atividade econômica organizada para a produção ou circulação de bens ou serviços (Fábio Ulhoa Coelho).

PROCESSO INCIDENTAL. *Direito processual.* É aquele processo acessório que aparece no decorrer de uma causa principal em razão da ocorrência de um incidente ou fato imprevisto, por exemplo, arguição de falsidade documental. Esse processo incidental pode ser promovido dentro do próprio processo principal em curso ou em autos apartados, em apenso ou juntados àquele principal. Suspende-se, então, o processo principal até que se resolva o incidental, visto que consubstancia incidente que com ele se relaciona.

PROCESSO LEGISLATIVO. *Direito constitucional.* Conjunto de normas que regem o procedimento a ser seguido pelo órgão competente, especificando os atos infraconstitucionais preordenados (iniciativa, discussão, votação, sanção ou veto, promulgação e publicação) a serem realizados na elaboração das leis.

PROCESSO PENAL. *Direito processual penal.* **1.** É aquele referente à matéria criminal, ocupando-se com a atuação jurisdicional do direito penal, as atividades da polícia judiciária, os órgãos respectivos e seus auxiliares (Magalhães Noronha). Forma preestabelecida que torna possível a *persecutio criminis* e a atuação do *jus puniendi* do Estado. **2.** Instrumento apropriado para a composição de litígios penais, uma vez que abrange um conjunto de atos imprescindíveis para a movimentação da ação do Poder Judiciário para reunir provas, constituir culpa, impor penas àquele que cometeu o delito. **3.** Ramo do direito público interno, que rege a organização e as funções do Poder Judiciário e a operação por meio da qual se opera a aplicação das normas penais ao caso *sub judice* pelo Estado ao solucionar as lides oriundas de infrações da lei penal.

PROCLAMAS DE CASAMENTO. **1.** *Direito civil.* a) Pregão de casamento civil; b) edital de casamento. O oficial do Registro Civil, à vista dos documentos exigidos por lei, apresentados pelos nubentes, lavra os proclamas de casamento, mediante edital, afixando-os durante quinze dias em local ostensivo do edifício onde se celebram os casamentos, ou os publica em jornal, para que se possa opor os impedimentos matrimoniais. **2.** ***Direito canônico.*** Publicação solene de anúncio de casamento religioso a ser realizado, em local apropriado para conhecimento dos fiéis, avisando aos que souberem de impedimento, para que o denuncie.

PROCRASTINAÇÃO. **1.** Ato de procrastinar; postergação. **2.** Adiamento. **3.** Demora indevida ou injustificável. **4.** Qualificação jurídica da conduta daquele que atua com má-fé, em juízo, convencido de não ter razão, com ânimo de prejudicar o adversário ou terceiro, ou criar obstáculos ao exercício do seu direito (Couture).

PROCURAÇÃO. ***Direito civil.*** **1.** Instrumento do mandato, contendo as especificações dos poderes conferidos ao mandatário para que este, em seu nome, pratique atos extrajudiciais ou judiciais ou administre interesses. **2.** Instrumento pelo qual uma pessoa, natural ou jurídica, outorga a outrem poder de representação (Pontes de Miranda). **3.** Instrumento do mandato com representação por ser ato pelo qual alguém investe outrem dos poderes representativos. **4.** Negócio jurídico na medida em que é um ato volitivo, firmado numa declaração, que constitui preceito de autonomia privada destinado à regulamentação de uma situação de interesses (Fernando Crespo Allue).

PROCURADOR. **1.** ***Direito civil.*** a) Mandatário; b) o que age como representante do mandante em juízo ou fora dele. **2.** ***Direito comercial.*** Empregado de estabelecimento mercantil que efetua cobrança das dívidas de sua clientela. **3.** ***Direito processual.*** Advogado que, munido de procuração *ad judicia*, representa a parte litigante em juízo. **4.** ***Direito administrativo.*** Mandatário que representa judicial ou extrajudicialmente o Estado, o Município, a autarquia e fundação pública.

PRODIGALIDADE. ***Direito civil.*** **1.** Afeidomia. **2.** Caráter de pródigo. **3.** Ato de efetuar, habitualmente, gastos excessivos, que torna a pessoa incapaz de administrar seu patrimônio. **4.** Dissipação desordenada de bens; desbaratamento da fortuna. **5.** Liberalidade profusa e injustificada, que constitui razão para a interdição daquele que assim age, impedindo-o de administrar seu patrimônio.

PRÓDIGO. ***Direito civil.*** Pessoa relativamente incapaz, por ser aquele que, comprovada, habitual e desordenadamente, dilapida seu patrimônio, fazendo gasto excessivo. Com sua interdição e consequente nomeação de curador, privado está dos atos que possam comprometer seus bens, não podendo, sem a assistência de seu curador, alienar, emprestar, dar quitação, transigir, hipotecar, agir em juízo e praticar, em geral, atos que não sejam de mera administração. Todos os demais atos da vida civil poderão por ele ser validamente praticados, como: casamento; a fixação do domicílio do casal; a autorização para que seus filhos menores contraiam matrimônio. É, portanto, aquele que por sua prodigalidade se torna incapaz , sem estar assistido por curador, de administrar seu patrimônio.

PRO DIVISO. **1.** Locução latina que indica a divisão de uma propriedade entre seus vários donos. **2.** Divisível.

PRODUÇÃO. **1.** ***Direito autoral.*** a) Contrato pelo qual o autor confere a empresário o direito de fixação da obra pelos meios de reprodução, para possibilitar sua exploração econômica (Carlos Alberto Bittar); b) obra literária ou artística. **2.** ***Economia política*** e ***direito comercial.*** a) Ato ou efeito de produzir; fabricação; manufatura; b) quantidade de mercadoria produzida; c) obtenção, por meio do trabalho conjugado ao capital e à técnica, de bens comerciais ou de matérias-primas destinadas ao mercado; d) soma de bens produzidos; e) porção de riquezas obradas industrialmente ou extraídas da natureza; f) processo que, por meio de técnicas adequadas, ordena recursos disponíveis, com o escopo de criar produtos ou serviços econômicos. **3.** ***Direito processual.*** a) Ação de produzir provas em juízo; b) apresentação, num processo, de razões jurídicas em defesa de um direito. **4.** ***Medicina legal.*** a) Desenvolvimento de um sintoma mórbido; b) hipertrofia de um tecido normal.

PRODUTIVIDADE. **1.** ***Economia política.*** a) Rendimento de uma atividade econômica em função de tempo, capital, área, pessoal e outros fatores de produção; b) relação entre a quantidade de produção e a de recurso usado em certo processo produtivo (Paulo Matos Peixoto). **2.** ***Direito agrário.*** Maior quantidade de bens rurais produzida numa unidade de predeterminada área (Felipe Meira Aguiar). **3.** ***Direito do trabalho.*** Capacidade que tem o empregado de oferecer bons resultados em sua atividade laborativa. **4.** ***Direito administrativo.*** Capacidade de produção do servidor público.

PRODUTO. **1.** ***Direito civil.*** Utilidade que se pode retirar da coisa, alterando sua substância, com a diminuição da quantidade até o esgotamento, porque não se reproduz periodicamente. Por exemplo: metal precioso de uma mina; petróleo de um poço; pedra de uma pedreira. **2.** ***Direito autoral.*** Resultado de um trabalho intelectual. **3.** ***Direito comercial.*** O que é produzido pela indústria. **4.** ***Economia política.*** a) Resultado útil, advindo do trabalho humano; b) o que resulta de uma operação econômica. 5. *Medicina legal.* Tecido anormal que se desenvolve no organismo. 6. ***Direito do consumidor.*** a) Bem móvel ou imóvel, material ou imaterial, colocado no mercado para atender o consumidor; b) mercadoria ou serviço. 7. Na *linguagem financeira* é a soma pecuniária obtida numa operação ou negócio (De Plácido e Silva).

PROFANAÇÃO DE SEPULTURA. *Direito penal.* Crime contra o respeito aos mortos, consistente em violar sepultura ou urna funerária, punido com reclusão e multa.

PROFISSÃO LIBERAL. *Direito do consumidor* e *direito civil.* 1. Atividade técnica ou intelectual exercida, com autonomia e independência e sem vínculo hierárquico ou de subordinação, por pessoa detentora de diploma universitário, como a profissão de advogado, médico, arquiteto, engenheiro etc. 2. Atividade lucrativa por conta própria, que não tenha natureza mercantil nem industrial (Ana Prata).

PROGENITOR. *Direito civil.* 1. Ascendente. 2. Pai. 3. Antepassado. 4. Avô.

PROGRAMA EMERGENCIAL DE RENEGOCIAÇÃO DE DÍVIDAS DE PESSOAS FÍSICAS INADIMPLENTES – DESENROLA BRASIL. *Direito bancário.* Tem por objetivo incentivar a renegociação de dívidas de natureza privada de pessoa físicas inscritas em cadastros de inadimplentes para reduzir seu endividamento e facilitar a retomada do acesso ao mercado de crédito.

PROGRESSÃO. 1. Sucessão. 2. Marcha em frente. 3. Desenvolvimento por graus ou progressivo. 4. Mudança de um regime de execução penal para outro menos severo, por exemplo, do regime fechado para o semiaberto, observando-se o cumprimento de certo tempo da pena, o bom comportamento do condenado e o exame criminológico (Afonso Celso F. de Rezende).

PROGRESSIVIDADE. 1. Nas *linguagens comum* e *jurídica,* significa: caráter do que é progressivo. 2. *Direito tributário.* a) Existência de alíquotas diferençadas, que vão se tornando mais altas na medida em que a base tributável o for (Eduardo M. F. Jardim); b) progressividade fiscal ou extrafiscal das alíquotas tributárias. A fiscal é a inerente ao próprio tributo, inserido dentro de um sistema carregado de preocupação social. A extrafiscal visa promover os vários valores constitucionais; logo ela pode ser: a) realizadora desses valores; b) instrumento de planejamento urbano, pois a Constituição Federal prevê a progressividade no tempo do IPTU para reforçar e sancionar a política urbana municipal (Geraldo Ataliba).

PROIBIÇÃO. *Teoria geral do direito.* 1. Ato ou efeito de proibir. 2. Vedação, legal ou convencional, da prática de um certo ato. 3. O que é defeso por lei. 4. Aquilo que não é permitido. 5. Impedimento para que se faça algo. 6. Interdição. 7. Preceito legal ou cláusula contratual que não permite a efetivação de algum ato.

PROIBIÇÃO DA DENEGAÇÃO DA JUSTIÇA. *Direito processual civil.* Vedação ao órgão judicante de abster-se de julgar, alegando lacuna ou obscuridade da lei. O juiz está obrigado a decidir todo e qualquer litígio, não se eximindo de sentenciar ou de despachar; logo, havendo lacuna, deve recorrer à analogia, aos costumes e aos princípios gerais de direito.

PROIBIÇÃO DO *NON LIQUET.* *Vide* PROIBIÇÃO DA DENEGAÇÃO DA JUSTIÇA.

PROJETO DE LEI. *Teoria geral do direito, ciência política* e *direito constitucional.* 1. Proposta escrita, em texto articulado, em regra precedida de exposição de motivos, que dá início ao processo legislativo, apresentada à mesa da câmara legislativa por quem tem a iniciativa, ou melhor, o poder de propor direito novo, sobre determinado assunto, para ser discutida e deliberada em plenário e convertida em lei. 2. Proposta do texto legal a ser submetida à aprovação do Poder Legislativo.

PROJETO GENOMA HUMANO (PGH). *Biodireito.* Mapeamento e sequenciamento do genoma humano para possibilitar identificação de genes e diagnóstico e tratamento de doenças genéticas.

PRO LABORE. 1. *Locução latina.* Pelo trabalho. 2. *Direito administrativo.* Qualificativo da gratificação a que tem direito o servidor público que vier a prestar serviço extraordinário. Essa gratificação é paga por hora de trabalho antecipado ou prorrogado. 3. *Direito civil* e *direito comercial.* a) Denominação da posse produtiva; b) diz-se do *quantum* pago ao sócio ou diretor de empresa pela atividade nela desenvolvida. Tal verba é computada como despesa geral do estabelecimento empresarial. 4. *Direito do trabalho.* a) Gratificação pelo trabalho (Othon Sidou); b) ganho percebido como compensação do trabalho realizado (De Plácido e Silva).

PROLAÇÃO. 1. *Direito processual.* a) Ato ou efeito de proferir sentença, decisão judicial ou despacho; b) pronunciamento da sentença. 2. *Direito constitucional* e *teoria geral do direito.* Promulgação da lei. 3. Na *linguagem jurídica* pode, ainda, ter o sentido de: a) adiamento; b) ato de dar publicidade.

PROLE. *Direito civil.* 1. Descendência. 2. Conjunto de filhos. 3. Geração.

PROLE COMUM. *Direito civil.* 1. Conjunto de filhos nascidos de pais comuns. 2. Filhos de um mesmo casal (De Plácido e Silva).

PROLETARIADO. 1. ***Direito do trabalho*** **e** ***sociologia jurídica.*** a) Classe operária; camada social composta de pessoas que recebem salários pelo seu trabalho; b) estado permanente de assalariado (Juárez Bezerra); estado de proletário. **2.** ***Ciência política.*** Grupo social formado por trabalhadores dependentes que recebem salário, em troca do trabalho prestado, daquele que detém a propriedade dos meios de produção e controla a sua prestação de trabalho (Paolo Ceri).

PROMESSA. 1. Na ***linguagem comum,*** pode ter o sentido de: a) voto; b) compromisso futuro, verbal ou escrito; c) ato ou efeito de prometer; d) declaração pela qual alguém se obriga a fazer ou a não fazer algo; e) aquilo que se promete; coisa prometida; f) o que dá motivo para esperança. **2.** ***Direito civil.*** Declaração da intenção de realizar certo negócio jurídico ou contrair uma obrigação em futuro próximo.

PROMESSA DE RECOMPENSA. ***Direito civil.*** Declaração de vontade, feita mediante anúncio público, pela qual alguém se obriga a gratificar quem se encontrar em certa situação ou praticar determinado ato, independentemente do consentimento do eventual credor. A promessa de recompensa obriga quem emite a declaração de vontade desde o instante em que ela se torna pública, independentemente de qualquer aceitação, visto que se dirige a pessoa ausente ou indeterminada, isto é, anônima, que se determinará no momento em que se preencherem as condições de exigibilidade da prestação. A pessoa que reunir a condição proposta poderá exigir o cumprimento da obrigação; assim, quem oferecer, publicamente, a recompensa estará obrigado a pagá-la.

PRO MISERO. ***Locução latina.*** A favor do necessitado.

PROMITENTE. 1. Aquele que promete ou faz a promessa. **2.** Devedor na promessa, por ter assumido a obrigação de realizar ou de não realizar algo.

PROMOÇÃO. 1. ***Direito comercial.*** Campanha de propaganda; impulso publicitário de um produto ou serviço. **2.** ***Direito processual.*** Requerimento do Ministério Público, juntado aos autos, para que se proceda a certos atos judiciais ou se cumpra uma diligência. **3.** ***Direito administrativo.*** Acesso, por antiguidade ou merecimento, de funcionário público efetivo à classe imediatamente superior do quadro a que pertence, percebendo todas as vantagens inerentes ao cargo. **4.** ***Direito do trabalho.*** Elevação do empregado a uma categoria imediatamente superior à sua. **5.** ***Direito militar.*** Ato administrativo que tem por fim básico a ascensão seletiva aos postos e graduações superiores, com base nos interstícios de cada grau hierárquico.

PROMOÇÃO POR ANTIGUIDADE. 1. ***Direito militar.*** É aquela que se baseia na precedência hierárquica de um graduado sobre os demais de igual graduação, dentro da mesma qualificação militar de sargento (QMS), conforme estabelecido pelo comandante do Exército. **2.** ***Direito processual.*** Promoção de entrância para entrância por antiguidade, caso em que o tribunal só poderá recusar juiz mais antigo pelo voto fundamentado de dois terços de seus membros, conforme procedimento próprio e assegurada ampla defesa, repetindo-se a votação até fixar-se a indicação.

PROMOÇÃO POR MERECIMENTO. 1. ***Direito militar.*** É aquela que se baseia no conjunto de qualidades e atributos que distinguem o graduado entre seus pares e que, uma vez quantificados em documento hábil — ficha de promoção —, passa a traduzir sua capacidade de ascender hierarquicamente. **2.** ***Direito processual.*** Promoção de entrância para entrância por merecimento que pressupõe dois anos de exercício na respectiva entrância e integrar o juiz a primeira quinta parte da lista de antiguidade desta, salvo se não houver com tais requisitos quem aceite o lugar vago. A aferição do merecimento será conforme o desempenho e pelos critérios objetivos de produtividade e presteza no exercício da jurisdição e pela frequência e aproveitamento em cursos oficiais ou reconhecidos de aperfeiçoamento.

PROMOTOR DE JUSTIÇA. ***Direito processual*** **e** ***direito constitucional.*** Membro do Ministério Público que tem por função fiscalizar a correta aplicação da lei, dar impulso à ação penal pública e zelar pelos interesses privados indisponíveis (Othon Sidou e José Afonso da Silva).

PROMOTOR ELEITORAL. ***Direito eleitoral.*** Membro do Ministério Público local que atua junto ao juízo encarregado do serviço eleitoral de cada zona. Na inexistência de promotor nessas condições, ou havendo impedimento ou recusa justificada, o procurador-geral de justiça do Estado indicará ao procurador regional eleitoral o substituto a ser designado (Hugo Nigro Mazzilli).

PROMULGAÇÃO DA LEI. ***Direito constitucional.*** É o ato pelo qual o Poder Executivo autentica a lei, atestando sua existência, ordenando sua aplicação e cumprimento, uma vez que passa a pertencer ao ordenamento jurídico. A promulgação, no processo legislativo, sucede à sanção ou à recusa do veto.

PRONTUÁRIO. 1. ***Direito processual penal.*** a) Ficha policial onde se registram os crimes e contravenções penais praticados por uma pessoa, qualificando-a; b) cadastro onde se registram, em ordem, os dados informativos sobre os delitos perpetrados por alguém; c) antecedentes criminais de uma pessoa; d) registro da vida carcerária do sentenciado, durante todo o tempo em que cumpriu a pena, que acompanha o relatório enviado ao Conselho Penitenciário para efeito de concessão do livramento condicional. **2.** *Direito administrativo.* a) Fichário que contém apontamentos ordenados e classificados, relativos a certas informações sobre fatos ou pessoas que devam ser logo encontradas; b) cadastro ou registro que constitua uma fonte de informações imediata sobre os fatos anotados; c) pasta ou cadastro que contém os dados da vida funcional do servidor público, como data de ingresso, promoções, cargos, gratificações, férias etc. **3.** Nas *linguagens comum* e *jurídica*, pode ter o sentido de: a) livro que contém indicações ou informações úteis; b) local onde são guardados objetos que possam ser necessários a qualquer momento; c) arquivo médico, em papel ou informatizado, contendo toda a documentação sobre dados biomédicos, prescrição terapêutica, relatórios de enfermagem, da anestesia e da cirurgia e os resultados de exames do paciente, tendo por objetivo facilitar a manutenção e o acesso às informações durante o atendimento ou tratamento.

PRONÚNCIA. *Direito penal* e *direito processual penal.* **1.** Decisão interlocutória em que o juiz presidente do Tribunal do Júri, ante as provas colhidas, reconhecendo a existência do fato e a suposição da autoria do acusado, remete o réu a julgamento. Como diz Hermínio Alberto Marques Porto, é uma decisão interlocutória de preparação à sentença final do juiz presidente do Tribunal do Júri. Com sua prolação encerra-se a fase de formação de culpa, e o processo é encaminhado ao Tribunal do Júri para a solução do mérito da causa. **2.** Decisão que declara o dispositivo legal em cuja sanção julgar o réu incurso, a ponto de recomendar sua prisão ou expedir ordens necessárias para sua captura. **3.** Ato judicial pelo qual o juiz, convencido da materialidade do fato e da existência dos indícios suficientes de autoria ou de participação, declara o dispositivo legal em que julgar incurso o acusado; especifica as circunstâncias qualificadoras e as causas de aumento de pena; arbitra o valor da fiança, sendo afiançável o crime para concessão ou manutenção da liberdade provisória; decide, motivamente, no caso de manutenção, revogação ou substituição da prisão ou medida restritiva de liberdade anteriormente decretada e tratando-se de acusado solto, sobre a necessidade de decretação da prisão ou imposição de quaisquer medidas legais.

PROPAGANDA. **1.** *Direito comercial* e *direito do consumidor.* a) Técnica de criar opinião pública que constitui uma forma remunerada de difusão de ideias, produtos, mercadorias ou serviços por parte de um anunciante identificado; b) conjunto de formas de publicidade que divulgam, por meio de anúncios, mercadorias, produtos ou serviços, despertando o interesse do consumidor pela sua aquisição ou uso. **2.** Na *linguagem jurídica* em geral: a) é a disseminação de doutrinas, ideias político-sociais ou fatos por meio de comunicação, com o intuito de influenciar a opinião alheia; b) difusão deliberada e sistemática de mensagens que visam criar nos destinatários uma imagem, positiva ou negativa, de objetos, pessoas, instituições, produtos, acontecimentos etc. (Sani, Lasswell e Leites). **3.** *Direito autoral.* Produção publicitária, como *outdoor, jingle, slogan, filmlet,* cartaz, filme etc., cujo criador merece proteção jurídica na utilização econômica de sua obra.

PROPINA. **1.** *Direito do trabalho.* Pequena quantia pecuniária que se dá a um empregado; gratificação. **2.** *Direito civil.* a) Gorjeta; b) joia que um novo sócio paga a uma associação ao ser admitido. **3.** *História do direito.* *Quantum* que era pago pelo doutorado a cada mestre que assistia ao seu doutoramento. **4.** *Direito administrativo.* Ato vedado ao servidor público, que consiste em receber, direta ou indiretamente, em razão de suas funções, alguma vantagem indevida para praticar, omitir ou retardar algum ato de suas atribuições. **5.** Na *linguagem médica*, é a prescrição ou administração de medicamento (De Plácido e Silva).

PROPOSIÇÃO JURÍDICA. *Filosofia do direito* e *lógica jurídica.* Descrição de uma norma jurídica. Juízo que contém uma enunciação sobre a norma jurídica. Fruto de ato de conhecimento, que tem origem científica, sendo uma criação epistemológica (Hans Kelsen).

PROPOSITURA. **1.** *Direito processual civil.* Ato que dá início a uma ação judicial, para fazer valer uma pretensão. **2.** Na *linguagem jurídica* em geral, pode ter o sentido de: a) ato ou efeito de propor alguma coisa; b) o que se propõe; c) oferta; d) condição que se propõe para que se possa chegar a um acordo; e) argumento.

PROPOSTA CONTRATUAL. *Direito civil.* **1.** Declaração receptícia de vontade, dirigida por uma pessoa a outra, com quem pretende celebrar um contrato, por força da qual a primeira manifesta sua intenção de se considerar vinculada, se a outra parte aceitar (Orlando Gomes e Gaudemet). **2.** Declaração dirigida a outrem, visando com ele contratar, de modo que basta o seu consentimento para concluir o acordo (Von Tuhr). **3.** Manifestação da vontade de uma parte contratante, que solicita a vontade acorde da outra parte (Clóvis Beviláqua).

PROPOSTA DA LEI. *Direito constitucional.* Projeto de lei que é apresentado por quem tem a iniciativa à discussão, deliberação e aprovação do Poder Legislativo.

PROPRIEDADE. **1.** Na *linguagem jurídica* em geral, pode ter o sentido de: a) qualidade do que é próprio; b) o que é próprio de alguma coisa, distinguindo-a de outra; característica do que é próprio; c) qualidade especial; d) uso certo de palavras em relação ao que se pretende exprimir. **2.** ***Direito civil.*** a) O que pertence a uma pessoa; b) imóvel rural ou urbano; bem de raiz; c) relação jurídica de apropriação de um bem corpóreo ou incorpóreo; d) poder que se exerce sobre coisas; e) direito que tem uma pessoa de tirar diretamente da coisa toda a sua utilidade jurídica (Tito Fulgêncio); f) poder assegurado pelo grupo social à utilização dos bens da vida psíquica e moral (Clóvis Beviláqua); g) direito real que vincula à nossa personalidade uma coisa corpórea sob todas as suas relações (Lacerda de Almeida); h) direito que a pessoa natural ou jurídica tem, dentro dos limites normativos, de usar, gozar e dispor de um bem, corpóreo ou incorpóreo, bem como de reivindicá-lo de quem injustamente o detenha; i) é o direito, excludente de outrem, que dentro dos limites do interesse público e social submete juridicamente a coisa corpórea, em todas as suas relações (substância, acidentes e acessórios), ao poder da vontade do sujeito, mesmo quando injustamente esteja sob a detenção física de outrem (R. Limongi França); j) é o direito real exercido de modo absoluto, exclusivo e, em geral, perpétuo (Cunha Gonçalves). **3.** ***Direito comercial.*** Estabelecimento empresarial.

PROPRIEDADE COMUM. ***Direito civil.*** **1.** Condomínio. **2.** Copropriedade indivisa, em que uma coisa pertence aos condôminos, cabendo a cada um deles igual direito, idealmente, sobre o todo e cada uma de suas partes (Caio M. da Silva Pereira). Concede-se a cada condômino uma quota ideal qualitativamente igual da coisa e não uma parcela material desta. É possível que os coproprietários venham a realizar a divisão do bem, pondo fim ao estado de comunhão.

PROPRIEDADE FIDUCIÁRIA. ***Direito civil.*** **1.** É a gravada com fideicomisso, por ser resolúvel após o decurso de um certo tempo, ou ocorrendo a morte do fiduciário, passando, então, ao fideicomissário. **2.** Propriedade resolúvel de coisa móvel infungível que o devedor, com escopo de garantia, transfere ao credor. Constitui-se com o assento do contrato no Registro de Títulos e Documentos do domicílio do devedor, ou, em se tratando de veículos, na repartição competente para o licenciamento, fazendo-se a anotação no certificado de registro. **3.** Propriedade de caráter temporário transferida pelo devedor ao credor, com a finalidade de garantir uma dívida. Quitado o empréstimo, opera-se automaticamente a revogação da fidúcia, com a consequente consolidação da propriedade plena em nome do devedor, sendo que, quando ocorre a inadimplência contratual por parte do devedor, ter-se-á a consolidação da propriedade plena em nome do credor fiduciário (Luiz Fernando Rudge).

PROPRIEDADE INDUSTRIAL. **1.** ***Direito empresarial.*** Estabelecimento industrial. **2.** ***Direito de propriedade industrial.*** a) Conjunto de direitos que recaem sobre invenções trazidas à indústria para sua exploração econômica; b) relação jurídica que vincula o invento ao seu autor; c) é a que tem por objeto as patentes de invenção, os modelos de utilidade, os desenhos industriais, as marcas de fábrica ou de comércio, as marcas de serviço, o nome empresarial, as indicações geográficas e a repressão da concorrência desleal. **3.** ***Direito agrário.*** É a que incide sobre produtos manufaturados ou naturais oriundos de indústria agrícola ou extrativa.

PROPRIEDADE INTELECTUAL. ***Direito autoral*** e ***direito de propriedade industrial.*** É a resultante de um direito imaterial decorrente de trabalho intelectual como o de o autor utilizar suas obras literárias, artísticas e científicas, patentes de invenções, marcas etc. Trata-se da propriedade imaterial.

PROPRIEDADE PLENA. ***Direito civil.*** **1.** Propriedade alodial. **2.** Propriedade perfeita que se dá quando todos os seus elementos constitutivos se acham reunidos na pessoa do proprietário, ou seja, quando seu titular pode usar, gozar e dispor do bem de modo absoluto, exclusivo e perpétuo, bem como reivindicá-lo de quem, injustamente, o detenha. Trata-se da propriedade consolidada ou propriedade pura.

PROPRIEDADE RESOLÚVEL. ***Direito civil.*** É a que encontra, no seu título constitutivo, uma razão de sua extinção, ou seja, as próprias partes ou a lei estabelecem uma condição resolutiva. É o que se dá no fideicomisso, com a propriedade do fiduciário, na doação, com cláusula de reversão, e na retrovenda, com o domínio do comprador. É aquela que no próprio título de sua constituição encerra o princípio que a tem de extinguir, realizada a condição resolutória, ou vindo o termo extintivo, seja por força da declaração de vontade, seja por determinação da lei (Clóvis Beviláqua). É também designada propriedade revogável.

PROPRIETÁRIO. **1.** ***Direito civil.*** a) Titular do direito de usar, gozar e dispor de uma coisa e de reavê-la de quem a detiver injustamente; b) dono do bem; c) o que tem a propriedade. **2.** ***Direito administrativo.*** Ocupante efetivo do cargo público. **3.** ***Direito marítimo.*** Pessoa natural ou jurídica cuja propriedade da embarcação é registrada em seu nome na autoridade marítima e, quando legalmente exigido, no Tribunal Marítimo.

PRO RATA. ***Locução latina.*** **1.** Em proporção (calculada quantitativamente); proporcionalmente. Abreviação de *pro rata parte*. **2.** Método de cálculo do prêmio do seguro com base nos dias de vigência contratual, se o contrato se der por período inferior a um ano (Luiz Fernando Rudge).

PRORROGAÇÃO. 1. Dilação. 2. Adiamento. 3. Ato de tornar um prazo estabelecido mais longo; aumento de tempo. 4. Extensão de um cargo. 5. Ampliação de uma atribuição. 6. Ato de ampliar uma relação jurídica que já devia ter expirado.

PRORROGAÇÃO DA COMPETÊNCIA. *Direito processual civil.* Fenômeno processual pelo qual a competência pode ser alterada pela vontade das partes ou pela conexão de causas, tornando competente um juiz incompetente para determinado processo que refoge de sua jurisdição (José Frederico Marques). É a ampliação da competência do juiz para que ele possa conhecer uma questão que, por razão especial, é levada à sua presença.

PRO SOLUTO. *Locução latina.* A título de pagamento; para o pagamento.

PRO SOLVENDO. *Locução latina.* O que deve ser pago; "para pagar"; destinado ao pagamento de débito; em pagamento; recebimento por conta da dívida.

PROSTITUIÇÃO. *Direito penal.* 1. Comércio carnal. 2. Crime consistente em entregar-se à prática do ato sexual, habitual e profissionalmente, satisfazendo a lascívia alheia, mediante uma prefixada remuneração pecuniária imediata.

PROTEÇÃO JURÍDICA. *Direito civil* e *direito processual civil.* 1. Conjunto de atos conservatórios previstos em lei para resguardar direitos de seu titular, como: protesto; retenção; arresto; sequestro; caução fidejussória ou real; interpelações judiciais para constituir devedor em mora, quando esta não resulta de cláusula expressa na convenção, ou de termo estipulado com esse escopo, ou de notificação extrajudicial. 2. Direito de movimentar a máquina judiciária, propondo uma ação judicial para proteger um direito subjetivo, fazendo cessar a sua violação, desde que haja interesse econômico ou moral. 3. Conjunto de instrumentos (meios legais) de que o titular dispõe para defender, preventivamente, o seu direito, impedindo sua violação, que podem ser: extrajudiciais, como arras, fiança, cláusula penal etc., ou judiciais, como interdito proibitório, ação de dano infecto etc.

PROTELAÇÃO. 1. Ato ou efeito de protelar. 2. Adiamento; procrastinação. 3. Retardamento ou demora no cumprimento de uma obrigação.

PROTESTO. 1. *Direito processual civil.* Declaração formal feita em petição dirigida ao juiz, com o objetivo de prevenir responsabilidade, prover a conservação e ressalva de seus direitos, e de requerer que se intime a quem de direito. Trata-se de modalidade de tutela provisória de urgência de natureza cautelar. 2. *Direito comercial.* a) Modo interruptivo de prescrição, havendo protesto judicial; b) ato formal e solene pelo qual se prova a inadimplência e o descumprimento de obrigação originada em títulos e outros documentos de dívida. Tem natureza probatória por evidenciar que o devedor não cumpriu aquela sua obrigação no prazo e na forma devidos. 3. *Direito cambiário.* a) Ato pelo qual alguém, que devia pagar uma letra de câmbio, duplicata ou nota promissória, se declara responsável pelas despesas e prejuízos causados por não tê-lo feito no vencimento; b) é o ato pelo qual se positiva o inadimplemento de uma obrigação cambial, caracterizando a *mora debitoris*; c) ato formal praticado por oficial público, pelo qual se prova que um título cambial não foi aceito nem pago no dia do vencimento (Luiz Fernando Rudge). 4. Nas *linguagens comum* e *jurídica* em geral, quer dizer: a) declaração formal e pública pela qual se reclama contra a ilegalidade de uma coisa ou se exprime a contrariedade pelo que se tem feito; b) protestação; c) declaração pública de uma opinião; d) resolução inabalável; e) promessa de fazer algo. 5. *Direito notarial.* Medida extrajudicial ou ato formal do oficial do Cartório de Protestos de Títulos, que visa prevenir responsabilidade, prover a conservação e ressalva de direitos, ou manifestar qualquer intenção de modo formal (Othon Sidou), provando ter sido a cambial apresentada ao sacado ou ao aceitante, e a falta de aceite ou de pagamento (Waldemar Ferreira). 6. *Direito internacional público.* Declaração pública feita por um país de que não considera legítimo ato praticado por outro, com a finalidade de resguardar-se de alguma consequência, prevenindo-se dos pedidos de reparação que possam advir (Othon Sidou).

PROTOCOLO. 1. *Direito internacional público.* a) Conjunto de atos cerimoniais ou de regras de etiqueta que são observados nas recepções oficiais a representantes diplomáticos ou a chefes de Estado; b) documento internacional que pode significar tratado (Convenção) que altera ou modifica outro Tratado. Por exemplo, o Protocolo de Buenos Aires, de 1967, que modificou a Carta da OEA, de 1948; ato que contém acordo a que chegam os negociadores de um Tratado; ato final de uma conferência internacional; grandes convenções, como o Protocolo de Genebra, de 1924; ou, ainda, complemento a um Tratado; c) registro das deliberações tomadas numa conferência ou deliberação diplomática e anotadas em ata de reunião. 2. *Direito administrativo.* a) Conjunto de formalidades a serem observadas em certas cerimônias públicas; b) formulário que regula atos públicos; c) registro dos atos públicos; d) autenticação de entrega de um documento feita, numa repartição pública, por um protocolista. 3. *Direito registrário.* Livro n. 1 onde são feitas as anotações dos títulos que, diariamente, são apresentados pelos interessados, salvo dos que o forem só para exame e cálculo das custas. O lançamento de um título no

Protocolo é um direito do apresentante, que é a parte interessada no registro; logo, o oficial é mero receptor dos documentos. A escrituração do protocolo pode ser feita não só pelo oficial titular e seu substituto legal, mas também por qualquer escrevente auxiliar devidamente credenciado, ou seja, designado pelo oficial e seu substituto, e autorizado pelo juiz-corregedor permanente, possibilitando-se, assim, que seja encerrada diariamente. **4.** ***História do direito.*** a) Folha de papel pregada, na antiguidade romana, em cartas ou títulos, contendo indicações sobre sua identificação; b) selo usado pelos romanos em papel onde os atos públicos eram registrados. **5.** ***Direito comercial.*** a) Plano de incorporação de uma ou mais sociedades por outra, contendo as condições em que ela vai efetuar-se; b) caderno onde se registram as correspondências expedidas por uma firma e os recibos dos destinatários. **6.** ***Direito processual civil.*** a) Livro onde são registrados a entrada e saída de documentos, fatos e deliberações ocorridas numa reunião, documentando-os; b) registro de audiências realizadas nos tribunais.

PROTUTOR. 1. ***Direito civil.*** a) Aquele que, sem preencher as condições de tutor, administra os negócios do menor e exerce as funções próprias da tutela; b) curador especial nomeado pelo juiz quando colidirem os interesses do pai com os do filho menor; c) aquele que, sendo órgão complementar, é nomeado pelo magistrado para finalização dos atos do tutor, mediante gratificação módica arbitrada judicialmente. Exerce sua função com zelo e boa-fé, informando o juiz não só sobre o bom andamento do exercício da tutela, como também da ocorrência de atos de má-administração, de descuido ou malversação dos bens do tutelado, sob pena de responder solidariamente pelos danos causados. **2.** ***História do direito.*** Espécie de gestor de negócio que, na Roma antiga, de boa-fé, administrava, sem ser tutor do menor, seus negócios.

PROVA. 1. ***Filosofia geral.*** a) Operação mental que, convincentemente, leva a inteligência ao conhecimento da verdade de uma proposição; b) raciocínio ou apresentação de fato que afasta dúvidas (Lalande); c) o que estabelece a verdade por demonstração; d) aquilo que confirma a veracidade de um fato. **2.** ***Direito civil.*** Conjunto de meios empregados para demonstrar, legalmente, a existência de negócios jurídicos (Clóvis Beviláqua), tais como: confissão; atos processados em juízo; documentos públicos e particular; ata notarial; testemunhas; presunção; exames e vistorias; arbitramento; inspeção judicial. **3.** ***Direito processual.*** a) Elemento legal e moralmente legítimo, idôneo para a apuração da verdade dos fatos alegados em juízo, determinante da convicção ou do convencimento do magistrado; b) demonstração da existência do fato em que se baseia o direito do postulante, e da veracidade do que se alega como fundamento do direito que se defende ou contesta; c) afirmação negativa ou positiva do fato contestado, de cuja demonstração depende a certeza do alegado (De Plácido e Silva); d) meio de demonstrar o direito subjetivo em juízo; e) soma dos meios produtores da certeza (Mittermayer). **4.** ***Direito de propriedade industrial.*** Experiência ou ensaio que verifica os resultados de um invento. **5.** ***Direito comercial.*** a) Experimentação de mercadoria vendida *ad gustum*; b) degustação de substância alimentar. **6.** ***Direito desportivo.*** Competição entre atletas que buscam uma classificação. **7.** Na ***linguagem tipográfica,*** impressão tirada de uma composição para averiguar seus erros e providenciar sua emenda ou correção. Designa-se prova de *paquet* (pedaço de composição corrida) e de página. **8.** ***Medicina legal.*** Investigação da existência de uma substância no organismo ou de uma lesão. **9.** Na ***linguagem comum*** quer dizer: a) sinal; b) competência; c) exame; d) experiência; e) provação.

PROVA ABSOLUTA. ***Direito processual.*** Aquela que, por não admitir contrariedade, não pode ser destruída nem impugnada. Por exemplo, a que se baseia na presunção *juris et jure* ou na fundada em fato notório. Tal prova é irrefutável ou indestrutível, não podendo ser ilidida.

PROVA CONJECTURAL. ***Direito processual.*** Prova presuntiva baseada em presunções que devem ser comprovadas por prova direta. Trata-se da prova indireta.

PROVA DIRETA. ***Direito processual.*** É a decorrente de uma relação íntima com o fato probando, por se referir a ele, como, por exemplo, o depoimento testemunhal, o documento de confissão de dívida. É designada também de prova natural.

PROVA EMPRESTADA. ***Direito processual.*** É aquela que, apesar de sua proteção ter-se dado num processo, foi transladada para outro (Geraldo Magela Alves).

PROVA INDIRETA. *Vide* PROVA CONJECTURAL.

PROVA PRÉ-CONSTITUÍDA. ***Direito processual.*** Diz-se daquela que foi, antecipada ou previamente, formada pelo interessado, por determinação legal ou para garantia de sua segurança, por meio, por exemplo, de documento firmado anteriormente, antes do início da demanda, apresentado-se juntamente com a petição inicial.

PROVEITO. 1. ***Direito comercial.*** Lucro. **2.** Na ***linguagem comum,*** pode ter o sentido de: a) melhoramento; b) acréscimo econômico; c) ganho; d) vantagem imaterial ou material; e) benefício; f) adiantamento; g) interesse; h) utilidade.

PROVENTO. 1. ***Direito comercial.*** Lucro obtido nos negócios empresariais. **2.** ***Direito do trabalho.*** Ganho que se obtém em razão do trabalho que se está exercendo ou que já se exerceu (Othon Sidou); salário. 3. Na *linguagem comum*, pode ter o sentido de: a) rendimento; b) proveito. 4. *Direito administrativo*. Remuneração percebida pelo servidor público inativo, esteja ele aposentado ou em disponibilidade (Adilson Abreu Dallari).

PROVIMENTO. 1. *Direito processual*. a) Despacho de petição ou requerimento; b) ato pelo qual o órgão judicante *ad quem* acolhe recurso, aceitando as razões apresentadas por quem o interpôs; c) ato de autoridade judiciária que, na qualidade de corregedor-geral da justiça ou presidente de tribunal, estabelece normas administrativas disciplinadoras da prestação da atividade jurisdicional ou baixa instruções para fazer correição ou para serem cumpridas pelos juízes e servidores do juízo. 2. *Direito administrativo*. a) Nomeação ou promoção de alguém para cargo público; b) autorização ou licença para desempenhar determinada função pública. 3. Na *linguagem jurídica*, pode ter o sentido de: a) instrução geral e normativa expedida pelo Conselho Federal da OAB, para cumprimento de seu Estatuto e dos fins almejados pelo órgão, relativos à matéria de interesse da classe dos advogados, e para regulamentação do exame de ordem; b) ação ou efeito de prover; c) provisão; abastecimento; d) víveres; e) cautela; f) medida ordenada a título de providência; g) providência.

PROVISÃO. 1. *Economia política*. a) Abundância de coisas necessárias, destinadas ao uso futuro; b) abastecimento de bens proveitosos ou necessários. 2. *Direito civil*. a) Víveres; b) o que é necessário para a subsistência de alguém; alimentos; c) prestação alimentícia. 3. *Direito cambiário* e *direito bancário*. Soma líquida devida pelo banco ao correntista para ser consumida por meio de cheque (Othon Sidou). 4. *Direito comercial*. a) Reserva de valores ou de dinheiro; b) fundo de reserva; c) fundo disponível; d) importância pecuniária tirada antecipadamente do total dos lucros empresariais para atender a uma eventualidade surgida; e) estoque de mercadorias. 5. *Direito administrativo*. a) Providência; b) ordem; c) documento oficial no qual o governo confere cargo, autoriza o exercício de uma atividade ou expede instrução. 6. *Direito internacional público*. Carta pela qual o governo de um país autoriza o cônsul a desempenhar suas funções diplomáticas junto a governo estrangeiro (José Náufel).

PROXENETISMO. *Direito penal*. 1. Rufianismo, que é o ato pelo qual se tira proveito de prostituição alheia, participando diretamente dos lucros obtidos pela prostituta ou fazendo-se sustentar por ela, no todo ou em parte. Aumentar-se-á a pena se: a) a vítima for menor de dezoito anos e maior de quatorze; b) o criminoso for ascendente, padrasto, madrasta, irmão, enteado, cônjuge, companheiro, tutor ou curador, preceptor ou empregador da vítima ou pessoa que assumiu a obrigação de cuidar, proteger e vigiar a vítima; c) o crime for cometido mediante violência, grave ameaça, fraude ou outro meio que impeça ou dificulte a livre manifestação da vontade da vítima. 2. Prática do lenocínio, que consiste em manter local destinado a encontros lascivos, ou em viver à custa do ganho obtido por prostitutas. 3. Atividade ou qualidade de proxeneta.

PSEUDO-INTERSEXUALIDADE. *Medicina legal*. Anomalia nas glândulas genitais ou nos órgãos genitais externos, fazendo com que seus portadores exibam, no todo ou em parte, conformação semelhante à do sexo oposto ao das glândulas genitais de que são portadores (A. Almeida Jr., João Baptista de Oliveira e Costa Jr.).

PSEUDÔNIMO. *Direito autoral*. 1. Nome literário ou artístico. 2. Nome suposto ou falso, adotado por um autor em suas obras ou por um artista para ocultar sua verdadeira identidade ou seu nome civil.

PSICOLOGIA CRIMINAL. *Psicologia forense*. 1. É o estudo das condições psíquicas do criminoso e do modo pelo qual nele se origina e se processa a ação delituosa (Aníbal Bruno). 2. Ciência voltada ao estudo da personalidade do delinquente.

PSICOSE MANÍACO-DEPRESSIVA. *Medicina legal*. 1. Psicopatia em que à excitação se sucede a depressão, com intervalos de lucidez (Marcus Cláudio Acquaviva). 2. Doença mental grave, também designada loucura cíclica, por apresentar ciclos alternados de mania e de depressão, fazendo, por exemplo, que a pessoa com essa condição tenha planos ambiciosos e explosões de raiva, exija agressivamente atenção, expressando seus desejos sem cessar, apresente erotismo acentuado, alcoolismo, toxicomania, excesso de amor-próprio, irritabilidade, tendência suicida, insônia, perda de peso etc.

PSICOSE PUERPERAL. *Medicina legal*. Distúrbio mental que pode se manifestar após o parto, no período que vai da dequitação (descolamento e expulsão da placenta) à volta do organismo materno às condições pré-gravídicas (Briquet), levando a mulher ao infanticídio, matando seu próprio filho.

PUBERDADE. *Direito civil* e *medicina legal*. 1. Qualidade de púbere. 2. Idade de dezesseis anos para a mulher e para o homem, em que a lei permite as núpcias ante o fato de tornar a pessoa apta para a procriação. 3. Adolescência. 4. Maturidade sexual que, na mulher, se caracteriza pela menstruação, e, no homem, pela presença de espermatozoides maduros no líquido espermático.

PÚBERE. ***Direito civil* e *medicina legal*.** Estado ou qualidade daquele que atingiu a puberdade, tornando-se adulto.

PUBLICAÇÃO DA LEI. ***Direito constitucional*.** Fase do processo legislativo que consiste na inserção do texto da lei nova no órgão de imprensa oficial, visando torná-la pública, possibilitando seu conhecimento pela comunidade e pelos destinatários. A publicação da novel lei no *Diário Oficial da União*, por comunicar sua existência a quem se dirige, é condição da sua eficácia.

PUBLICIDADE. 1. ***Direito comercial* e *direito do consumidor*.** a) Qualquer forma de divulgação de mensagens, por meio de anúncio, para influenciar o consumidor a adquirir produtos ou a usar serviços; b) atividade empresarial pela qual se procura fazer com que o consumidor tenha interesse pela aquisição ou pelo uso de certos produtos ou serviços anunciados por meio de mensagens escritas ou orais, utilizando-se, ainda, de *marketing* ou de *teaser*; c) forma de comunicação que envolve problemas de concorrência desleal e de defesa do consumidor; d) diz-se da agência especializada na arte e técnica publicitárias; e) técnica para vender produto ou serviço; dar imagem favorável a uma empresa ou marca. **2.** ***Direito autoral*.** Contrato feito com o escopo de obter não só criações publicitárias (*jingles*, *outdoors*, filmes, *filmlets*, *slides*, *slogans*, cartazes), que assumem feições de obra literária, artística e científica, embora destinadas a apontar produtos ou serviços ao público consumidor, como também autorização específica para seu aproveitamento econômico, ressalvando ao seu criador os direitos autorais. Para tanto, nesse contrato devem ser inseridas cláusulas protetoras dos direitos autorais, para regerem relações entre o anunciante e a agência, a agência e o criador, a agência e a produtora de fonogramas ou de filmes, estipulando a verba publicitária e fixando-a proporcionalmente em função do custo da campanha, sem olvidar o respeito ao direito à imagem. **3.** ***Economia política*.** Meio de comunicação de massa que visa obter fins econômicos. **4.** ***Direito processual civil*.** Princípio que constitui corolário da oralidade e requer que o ato processual se realize a portas abertas, e que seja permitido o livre acesso de qualquer pessoa aos cartórios dos juízos e secretarias dos tribunais para consultar autos ou obter certidões ou cópias das peças processuais. Os atos processuais são públicos, correndo em segredo de justiça apenas aqueles em que o exigir o interesse público e os que disserem respeito a casamento, filiação, separação, alimentos e guarda de menores. **5.** ***Direito registrário*.** Efeito constitutivo conferido pelo Estado por meio de seu órgão competente, não só das mutações da propriedade imobiliária e da instituição de ônus reais sobre bem de raiz, tornando-as conhecidas de todos para garantir a segurança das operações realizadas com o imóvel, como também de todas as operações realizadas pelos oficiais de Registro Público. **6.** Na ***linguagem jurídica***, pode, ainda, ter o sentido de: a) qualidade do que é público; b) divulgação de informações sobre pessoas, ideias ou instituições pelo uso de veículos normais de comunicação; c) ato de divulgar um fato para que se torne notório e público; d) ato de tornar algo de conhecimento geral; e) na presença de todos.

PUBLICIDADE ABUSIVA. ***Direito do consumidor*.** É a que constitui um atentado aos valores básicos da comunidade. Publicidade discriminatória, de qualquer natureza, que: incita à violência, explora o medo ou a superstição, se aproveita da deficiência de julgamento e experiência da criança, explorando sua inocência, desrespeita valores ambientais, ou que é capaz de induzir o consumidor a se comportar de forma prejudicial ou perigosa à sua saúde ou segurança.

PUBLICIDADE ENGANOSA. ***Direito do consumidor*.** Qualquer modalidade de informação publicitária, inteira ou parcialmente falsa, ou, por qualquer outro modo, capaz de induzir em erro o consumidor a respeito da natureza, caracteres, qualidade, quantidade, propriedades, origem, preço e quaisquer outros dados sobre produtos e serviços. Tal prática está legalmente proibida.

PUBLICIZAÇÃO DO DIREITO. ***Direito administrativo* e *teoria geral do direito*.** Interferência estatal no âmbito do direito privado.

***PUFFING*.** ***Termo inglês*.** Direito do consumidor. Peça publicitária em que o fabricante ou fornecedor de serviços se autoavalia como sendo o melhor naquilo que faz, como meio de convencer o consumidor.

PUNCTAÇÃO. ***Direito civil*.** Minuta ou documento escrito que contém alguns pontos constitutivos do conteúdo do contrato (cláusulas ou condições), sobre os quais já chegaram a um acordo, para que sirva de modelo ao contrato que depois realizarão, mesmo que nem todos os detalhes tenham sido acertados. Não há, ainda, qualquer vínculo jurídico entre as partes. Somente quando se obtiver o completo acordo sobre todos os pontos essenciais da relação contratual é que surgirá o contrato; portanto, acordos parciais que forem, eventualmente, estabelecidos carecem de valor e obrigatoriedade, embora possa surgir, excepcionalmente, havendo dano, a responsabilidade civil para os que deles participam, não no campo da culpa contratual, mas no da aquiliana.

PUNIÇÃO. 1. Ação e efeito de punir o infrator da norma. **2.** Sanção imposta pelo poder competente em caso de violação de norma jurídica. **3.** Condenação.

PURGAÇÃO DA MORA. *Vide* EMENDA DA MORA.

QUADRILHA. 1. ***História do direito.*** a) Companhia de guerreiros a cavalo; b) circunscrição sujeita à inspeção de oficial de justiça, nomeado pela câmara, para um período de três anos. **2.** ***Direito agrário.*** No sul do Brasil, é o pequeno lote de cavalos mansos e de pelos diferentes, que segue a égua-madrinha. **3.** ***Direito comparado.*** Grupo de toureiros, comandados, na Espanha, por um espada. **4.** ***Direito penal.*** Bando de mais de três malfeitores, dirigidos por um chefe, que se reúnem para praticar crimes, como assalto, roubo e latrocínio. **5.** Na ***linguagem comum,*** é a turma de pares que executam diversas danças.

QUADRO GERAL DOS CREDORES. ***Direito falimentar.*** O quadro geral de credores, assinado pelo juiz e pelo administrador judicial, menciona a importância e a classificação de cada crédito na data do requerimento da recuperação judicial ou da decretação da falência, e é juntado aos autos e publicado no órgão oficial, no prazo de cinco dias, contado da data da sentença que houver julgado as impugnações.

QUALIFICAÇÃO. 1. Nas ***linguagens jurídica*** e ***comum*** quer dizer: a) ação ou efeito de qualificar ou de fornecer dados concernentes à própria identidade, estado civil, profissão, domicílio etc.; b) atribuição de nome, qualidade ou título a algo; determinação das qualidades de alguma coisa ou pessoa; c) aptidão ou habilitação para algum cargo, profissão ou emprego; qualidade relativa à competência ou capacitação; d) requisito que constitui condição para obter algum privilégio. **2.** ***Direito eleitoral.*** a) Processo de alistamento eleitoral; b) identificação do candidato a eleitor. **3.** ***Direito processual.*** Identificação pormenorizada das partes litigantes, do ofendido, do acusado e das testemunhas e apuração dos impedimentos porventura existentes e das relações de parentesco, amizade ou inimizade ou de dependência com as partes e interesse na causa. **4.** ***Direito penal.*** Determinação da natureza e das circunstâncias em que se deu infração da lei penal, para graduar a pena a ser imposta ao condenado. **5.** ***Direito internacional privado.*** Operação pela qual o órgão judicante, antes de prolatar a decisão, averigua, mediante a prova feita, qual a instituição jurídica correspondente ao fato interjurisdicional provado. Determinação da natureza jurídica de uma relação jurídica para solucionar, com base na *lex fori,* questão de conflito de leis no espaço, apontando qual o elemento de conexão tido como conveniente para indicar a lei substantiva aplicável ao fato interjurisdicional, que, quanto: a) à pessoa, será a nacionalidade, o domicílio, o local da constituição da pessoa jurídica etc.; b) à coisa móvel ou imóvel, será a lei da situação, do local do registro, ou da matrícula; do lugar do destino, se coisa em trânsito etc.; c) ao ato, será a lei do delito, da celebração, cumprimento ou execução do contrato, da efetiva prestação de serviço para o contrato de trabalho; d) à ação, será a lei do tribunal onde corre o feito. A qualificação do elemento de conexão só pode ser fornecida pela *lex fori,* por constituir o momento interpretativo da norma de direito internacional privado do *forum,* uma vez que o fato sempre gravitará para determinada jurisdição.

QUANTIA LÍQUIDA. ***Direito civil.*** Soma pecuniária certa quanto à sua existência e determinada quanto ao seu objeto, não se subordinando a qualquer mutação, por ser definitiva.

QUANTI MINORIS. **1.** ***Locução latina.*** Ação pela qual o comprador de coisa adquirida com vício redibitório pretende obter a redução do seu preço, proporcionalmente ao defeito encontrado. **2.** ***Direito processual civil.*** Ação apropriada, movida pelo adquirente, para obter a redução do preço do objeto que contém vício redibitório. Tal ação é também designada ação estimatória, uma vez que por ela se reclama que o preço do bem seja reduzido proporcionalmente àquilo em que defeito oculto o depreciou.

QUANTUM. ***Termo latino.*** **1.** Soma de dinheiro. **2.** Quantia indeterminada. **3.** Termo usado para designar certa quantidade determinada. **4.** O que é suscetível de quantidade.

QUASE CRIME. ***Direito penal.*** a) Tentativa inidônea; b) ato não tipificado criminalmente que revela periculosidade do agente, o qual, por isso, deve ficar submetido à medida de segurança (Marcus Cláudio Acquaviva).

QUASE USUFRUTO. ***Direito civil.*** Usufruto impróprio, que é o que recai sobre bens consumíveis ou fungíveis. É denominado quase usufruto, porque sua natureza não corresponde à essência do instituto, que requer que o usufrutuário não tenha a disposição da substância da coisa, a qual fica pertencendo ao nu-proprietário; consequentemente, não pode dar-se usufruto de coisas fungíveis ou consumíveis. No usufruto próprio há apenas utilização e fruição de coisa alheia; no impróprio, o usufrutuário adquire a propriedade da coisa, sem o que não poderia consumi-la ou aliená-la, devolvendo, por ocasião do término do usufruto, coisa equivalente em gênero, quantidade e qualidade, ou, sendo impossível o seu valor, pelo preço corrente ao tempo da restituição. No quase usufruto não há simultaneidade de sujeitos (usufrutuário e nu-proprietário); há, tão somente, um titular, o usufrutuário, que consome o bem, ressalvando-se ao nu-proprietário o direito de reclamar o equivalente ou o seu valor correspondente.

QUEBRA. 1. ***Direito comercial*** e ***direito falimentar.*** a) Falência; b) peso do veículo, que efetua transporte, sem carga; c) desconto no peso de uma mercadoria; aquilo que se dá a mais para compensar eventual perda de peso; d) mercadoria que se dá a mais, em caso de compra de grande vulto, para agradar ao comprador. **2.** Na *linguagem jurídica*, em geral, significa: a) não cumprimento do dever assumido; b) desfalque; perda; c) interrupção; d) fratura; ruptura; e) perda de peso por secagem.

QUEBRAMENTO DA FIANÇA. *Direito processual penal.* Inadimplemento voluntário e injustificado pelo criminoso afiançado dos deveres que lhe foram impostos ou por ele assumidos, que rescinde a fiança e, por consequência, decreta-se a sua prisão. Tal ocorrerá, por exemplo, se o réu: não comparecer, quando intimado, perante a autoridade, para atos do inquérito, da instrução criminal e para julgamento; praticar ato de obstrução ao andamento do processo; descumprir medida cautelar imposta cumulativamente com a fiança; resistir injustificadamente à ordem judicial; praticar nova infração penal dolosa.

QUEDA DO GABINETE. *Ciência política, direito constitucional* e *direito comparado.* É, no regime parlamentarista, a renúncia ou demissão coletiva dos ministros que integram o governo, quando a maioria parlamentar vota moção de desconfiança ou rejeita a de confiança (Manoel Gonçalves Ferreira Filho).

QUEIXA-CRIME. *Direito processual penal.* **1.** Exposição circunstanciada do fato criminoso feita, a uma autoridade competente, pela própria vítima ou por quem tiver a qualidade de representá-la, concluindo pelo pedido de condenação do delinquente como incurso em lei penal (João Mendes). **2.** Peça inicial da ação penal privada, correspondendo à denúncia na ação penal pública (Marcus Cláudio Acquaviva). **3.** Ato formal de se acusar alguém em ação penal privada (Othon Sidou). **4.** É o ato processual pelo qual o particular, tratando-se de crime de ação penal privada, formaliza a acusação.

QUERELA. **1.** *Direito penal* e *direito processual.* a) Em sentido estrito designa: queixa ou acusação; b) em sentido amplo: denúncia em juízo; libelo. **2.** *Direito romano.* a) Protesto de alguma coisa com o escopo de impedir a decadência de uma exceção (*querela non numeratae pecuniae*); b) acusação sobre fato contrário à lei, em razão da qual a autoridade judicial tomava as medidas necessárias. Por exemplo: a que se fazia em relação a testamentos iníquos (*querela inofficiosi testamenti*) (De Plácido e Silva).

QUESITO. **1.** Na *linguagem jurídica*, em geral, quer dizer: a) requisito; b) problema; c) questão sobre a qual se pede o esclarecimento ou parecer de alguém; questão proposta; d) ponto que exige uma resposta. **2.** *Direito processual civil.* Questão formulada por itens pelas partes, pelo órgão de Ministério Público e magistrado ao perito, ou assistente, para a instrução da causa em assuntos técnico-científicos (Othon Sidou). **3.** *Direito processual penal.* a) Ponto relativo ao fato que se pretende esclarecer, contido no arrazoado ou libelo pedindo opinião ou parecer jurídico; b) questão formulada pela autoridade competente ou pelas partes ao perito que vai proceder ao exame de corpo de delito ou efetuar a perícia criminal para que esclareça circunstância ou pontos controvertidos que interessam à acusação ou à defesa; c) cada pergunta proposta pelo presidente do Tribunal do Júri sobre questões de fato aos jurados habilitados para o julgamento (Othon Sidou). Os quesitos são formulados na seguinte ordem, indagando sobre: materialidade do fato; autoria ou participação; se o acusado deve ser absolvido; se existe causa de diminuição de pena alegada pela defesa; se há circunstância qualificadora ou causa de aumento de pena reconhecidas na pronúncia ou em decisões posteriores que julgaram admissível a acusação.

QUESITO SUPLEMENTAR. *Direito processual civil.* **1.** É o formulado após o prazo legal mas antes que se processe a perícia ou a diligência (De Plácido e Silva). **2.** É o formulado pelas partes durante a diligência para substituir perito inidôneo, pouco hábil ou faltoso (Marcus Cláudio Acquaviva).

QUESTÃO. **1.** *Ciência política.* Pendência em cuja solução muitos países têm interesse. **2.** *Direito processual.* a) Assunto controvertido cuja solução compete ao órgão judicante; b) dúvida compreendida na pretensão ou na contestação; c) ponto duvidoso de fato ou de direito a ser solucionado pelo juiz no processo; d) motivo da demanda ou do litígio; e) controvérsia trazida a juízo para ser submetida, tendo em vista seu esclarecimento, a uma discussão judicial; f) conflito de interesses submetido à apreciação do magistrado. **3.** Nas *linguagens comum* e *jurídica*, pode ter o sentido de: a) indagação; b) interrogatório; c) tese; d) busca; e) dissidência; f) tema em discussão; g) problema; h) exame de um processo; i) demanda; litígio. **4.** *Filosofia geral.* Ato linguístico que consiste em enunciar quer uma função proposicional, quer uma *lexis*, denotando que se pede a alguém para completá-la no primeiro caso e afirmá-la ou negá-la no segundo caso.

QUESTÃO ABERTA. *Teoria geral do direito.* **1.** Diz-se daquela para a qual não se encontrou uma solução definitiva. **2.** Aquela sujeita a discussão (Geraldo Magela Alves).

QUESTÃO DE ALTA INDAGAÇÃO. **1.** *Filosofia do direito.* Investigação das causas definitivas e não secundárias dos fenômenos jurídicos como: origem do direito; razões da delinquência; discussão da legalidade diante da legitimidade etc. (Sílvio de Macedo). **2.** *Filosofia geral* e *direito processual.* a) Aquela cuja solução depende de exame profundo e acurado e de ampla discussão e comprovação; b) é aquela que para ser desvendada requer provas e diligências mais complexas, que devem ser produzidas em forma regular.

QUESTÃO DE DIREITO. ***Direito processual.*** **1.** Matéria levantada pelos litigantes que para ser solucionada requer a interpretação de norma jurídica pelo órgão judicante. **2.** Aquela onde se discute apenas matéria jurídica, sendo uma questão de interpretação judicial da norma a ser aplicada ao caso *sub judice*.

QUESTÃO DE FATO. **1.** ***Direito processual.*** Aquela que diz respeito às provas sobre existência ou inexistência de um comportamento ou acontecimento relacionado, direta ou indiretamente, com a demanda, ou de situações ou circunstâncias que, por gerarem direitos e deveres, interessem ao pleito, devendo por isso ser esclarecidas. **2.** ***Direito administrativo.*** Motivo do ato administrativo, que lhe dá suporte material e está inserido na competência discricionária do administrador (Othon Sidou), sendo fundamento jurídico da legalidade ou do mérito (oportunidade ou conveniência).

QUESTÃO INCIDENTAL. ***Direito processual.*** Alegação sobre incompetência, ilegitimidade ou falsidade, feita por um dos litigantes no curso da demanda, resolvida de pronto pelo órgão judicante por meio de decisão interlocutória, para que o processo continue, sob pena de nulidade.

QUESTÃO PRECLUSA. ***Direito processual civil.*** Aquela que não pode mais ser apreciada ou discutida no curso da demanda.

QUESTÃO PREJUDICIAL. **1.** ***Direito processual civil.*** a) *Vide* EXCEÇÃO PREJUDICIAL; b) controvérsia de direito material que, além de antecedente lógico da decisão da causa, pode ser objeto de ação autônoma (Othon Sidou); c) aquela cuja solução é imprescindível para a decisão de uma outra, que é a principal. É a que deve ser decidida antes da questão principal da causa, por ser relevante ou decisiva na solução do litígio. **2.** ***Direito processual penal.*** a) Exceção que suspende o julgamento de um crime ou contravenção, até a verificação de um fato anterior, cuja apreciação é condição indispensável àquele julgamento (Faustin Hélie); b) questão que reclama decisão anterior à do mérito (Cardoso de Melo); c) antecedente lógico-jurídico do crime que pode ser discutido numa ação independente; d) questão jurídica que é pressuposto da decisão da controvérsia principal posta em juízo, no curso da ação penal, que ficará suspensa desde que verse sobre estado civil das pessoas, até que no cível seja a controvérsia dirimida, sem prejuízo da inquirição das testemunhas e de outras provas de natureza urgente. **3.** ***Direito administrativo.*** É a que deve ser submetida a outra ordem de jurisdição (Rivero), logo o juiz da ação principal deve sobrestar sua decisão e esperar a de outro magistrado (Vedel). Por exemplo: questão de apreciação da legalidade do ato administrativo (Waline). **4.** Na ***linguagem jurídica*** em geral, pode significar: a) a que prejudica; b) a que torna ineficaz; c) a que anula; d) a que prejulga; e) a que se antepõe a outra questão, para torná-la inefetiva.

QUESTÃO PRELIMINAR. **1.** ***Direito processual civil.*** a) É a que antecede a matéria de mérito em contestação ou em petição de recurso, ou em decisão judicial, com a finalidade de regularizar o processo e que deve ser decidida com precedência, pois pode impedir o julgamento final (Othon Sidou); b) questão analisada e decidida relativamente ao desenvolvimento regular do processo. Trata-se da questão prévia, que constitui um incidente sobre o processo ou sobre sua validade e que, por isso, deve ser examinada em primeiro lugar (Marcos Afonso Borges). **2.** ***Direito administrativo.*** Questão acessória que pode ser decidida pelo próprio juiz da ação principal (Rivero; Vedel). Por exemplo: a decidida pelo Tribunal de Contas, ao julgar as contas dos responsáveis pelos bens públicos (José Cretella Jr.).

QUINHÃO. ***Direito civil.*** **1.** Parcela da distribuição de um todo dividido que cabe a cada um; porção cabível a cada condômino na divisão da coisa comum. **2.** Cota-parte a que cada quinhoeiro tem direito por força de lei ou de partilha. **3.** Parte da herança cabível a cada herdeiro, na partilha

QUINTO CONSTITUCIONAL. ***Direito processual* e *direito constitucional.*** Maneira de preenchimento de vagas nos tribunais, consistente em quatro quintos para a classe de juízes e um quinto para a dos membros do Ministério Público e a dos advogados, sendo que para as últimas classes há revezamento: em cada dez vagas, uma é preenchida por membro do Ministério Público e a outra por advogado, indicados em lista sêxtupla pelos órgãos de representação das respectivas classes. Recebidas as indicações, o tribunal formará lista tríplice, enviando-a ao Poder Executivo, que, nos vinte dias subsequentes, escolherá um de seus integrantes para nomeação. O membro do Ministério Público deverá ter mais de dez anos de carreira e o advogado, notório saber jurídico, reputação ilibada e mais de dez anos de efetiva atividade profissional.

QUITAÇÃO. **1.** ***Direito civil.*** a) Prova do pagamento da dívida mediante recibo ou devolução do título; b) documento em que o credor, ou seu representante, reconhecendo ter recebido o pagamento do seu crédito, exonera o devedor da obrigação; c) recibo de pagamento; d) liberação de um débito. **2.** ***Direito tributário.*** Prova do pagamento dos impostos pelo contribuinte, que se faz pela expedição de certidão negativa fornecida pela repartição pública competente.

QUOCIENTE ELEITORAL. ***Direito eleitoral.*** Resultado da divisão do número de votos válidos apurados pelo de lugares a serem preenchidos em cada circunscrição eleitoral, desprezando-se a fração quando inferior a meio e contada como um, se superior (Othon Sidou).

QUOCIENTE PARTIDÁRIO. ***Direito eleitoral.*** Resultado da divisão do número de votos válidos sob a mesma legenda pelo quociente eleitoral (Walter Cruz Swensson; Othon Sidou).

QUORUM. **1.** ***Termo latino.*** a) Dos que; dos quais; b) número legal de membros cuja presença é imprescindível para dar validade às deliberações e votos de um órgão colegiado ou assembleia (Pinto Ferreira; Eugène Pierre). **2.** ***Direito civil*** e ***direito comercial.*** Número mínimo indispensável de pessoas presentes para funcionamento ou aprovação de uma deliberação social de pessoa jurídica de direito privado ou de uma assembleia de condôminos.

QUOTA. **1.** ***Direito civil.*** a) Cota, porção determinada ou quinhão cabível a cada condômino na divisão da coisa comum; b) parte ideal de uma massa indivisa expressa por uma fração, correspondente a cada condômino; c) contribuição que cada um deve dar para a consecução de um fim; d) parcela de uma prestação que deve ser satisfeita periodicamente; e) fração ideal da herança cabível a cada herdeiro; f) legítima do herdeiro necessário. **2.** ***Direito comercial.*** a) Importância com que cada sócio entra para o capital social; b) conjunto de direitos e deveres dos sócios, decorrentes do contrato de sociedade; c) fração ideal do patrimônio líquido do fundo de investimento (Luiz Fernando Rudge). **3.** ***História do direito.*** a) Nota concisa feita pelo advogado no corpo dos autos do processo; breve requerimento não articulado que, mediante termo de vista, era escrito pelo advogado no ventre dos autos, a bem da sua justiça; b) oferecimento de defesa não articulada; c) apontamento interlinear ou marginal nos autos; d) advertência do juiz que, como corregedor, escrevia e rubricava à margem dos autos e livros a título de advertência para emenda ou remissão; e) nota da importância do salário lançada pelo serventuário à margem do ato praticado; f) nota marginal escrita pelo serventuário em autos, papéis avulsos ou livros de cartório; g) número ou letra com que se classificam as peças de um processo (Capitant). **4.** ***Direito processual.*** Nota concisa no corpo dos autos feita pelo desembargador, ao transmitir os autos ao revisor, depois de vistos. **5.** ***Direito constitucional*** e ***direito tributário.*** Quinhão recebido pelas pessoas jurídicas de direito público de administração direta no produto de arrecadação de impostos.

QUOTA LITIS. *Vide* COTA LITIS.

QUOTISTA. *Vide* COTISTA

QUOTIZAÇÃO. ***Direito comercial.*** **1.** Contribuição obtida por meio de arrecadação para a formação do capital social. **2.** Ato ou efeito de quotizar. **3.** Quota-parte de cada um numa despesa comum e nos lucros da empresa.

RACISMO. 1. ***Direito penal.*** a) Teoria defensora da superioridade de uma raça humana sobre as demais; b) crime inafiançável e imprescritível consistente em fazer discriminação racial, sujeito a pena de reclusão; c) segregacionismo; tipo de preconceito conducente à segregação de determinadas minorias étnicas; d) ação ou qualidade de pessoa racista; e) discriminação e perseguição contra determinadas raças (Matteucci). **2.** ***Sociologia geral.*** a) Conjunto de caracteres físicos, morais e intelectuais que distinguem certa raça; b) apego à raça.

RAMO. 1. ***Teoria geral do direito.*** a) Parte especial de uma ciência jurídica; b) gênero de atividades. **2.** ***Direito civil.*** a) Descendência; b) representante de cada família do mesmo tronco; c) lote de coisas arrematadas em leilão. **3.** ***Direito agrário.*** Galho de árvore ou planta. **4.** ***Direito comercial.*** a) Estabelecimento no qual se vende vinho; taberna; b) cada uma das divisões na natureza do comércio explorado; especialização na atividade empresarial.

RASURA. Ato de riscar letras ou de introduzir outra, num documento, alterando seu texto.

RATIFICAÇÃO. 1. ***Direito civil.*** a) Confirmação ou ato de tornar válido um ato anulável desde a sua formação, resguardados os direitos de terceiro; b) ato jurídico pelo qual uma pessoa faz desaparecer os vícios dos quais se encontra inquinada uma obrigação contra a qual era possível provar-se por via de nulidade ou de rescisão (Serpa Lopes); c) aprovação formal necessária para que um negócio anulável tenha validade; d) aprovação de ato praticado por pessoa que não estava autorizada. **2.** ***Direito administrativo.*** Ato de autoridade competente confirmando outro, anteriormente praticado por seus funcionários ou delegados, aprovando-o ou sanando vício existente.

RATIFICAÇÃO DE TRATADO INTERNACIONAL. 1. ***Direito internacional público.*** Ato formal pelo qual a parte contratante exprime sua aceitação à outra, por meio de depósito ou troca de instrumentos. **2.** ***Direito constitucional.*** Ato interno pelo qual o Legislativo aprova e autoriza o tratado, possibilitando ao Executivo condição para a realização da ratificação internacional, se esta for necessária, ou estabelece a legalidade sob o prisma constitucional da participação estatal num tratado que não necessita de ratificação internacional. **3.** ***Direito administrativo.*** Ato administrativo pelo qual o chefe de Estado, após a aprovação do Congresso Nacional, confirma o tratado firmado em seu nome ou no do Estado aceitando o convencionado pelo representante diplomático ou agente signatário.

RATIO DECIDENDI. ***Locução latina.*** **1.** Razão de decidir; fundamento da decisão. **2.** Princípio de direito com base no qual o caso é decidido (Deflorian). **3.** Regra de direito, expressa ou implicitamente, tratada pelo juiz como um passo necessário para alcançar sua conclusão, conforme sua linha de raciocínio (Robert Cross).

RATIO LEGIS. ***Locução latina.*** Razão da lei; razão legal.

RATIONE LOCI. ***Locução latina.*** Em razão do lugar ou da circunscrição judiciária competente.

RATIONE MATERIAE. ***Locução latina.*** Em razão da matéria.

RATIONE PERSONAE. ***Locução latina.*** Em razão da pessoa.

RAZÃO. 1. ***Direito comercial.*** a) Livro de escrituração comercial ou classificador de contas, onde é lançado o resumo do débito e do crédito contidos no livro Diário, servindo-lhe de índice; b) nome pelo qual o empresário ou a sociedade empresária exerce suas atividades e assina os atos a elas concernentes. Trata-se do nome empresarial. **2.** ***Direito civil.*** Denominação de sociedades simples, associações e fundações. **3.** ***Filosofia geral.*** a) Procedência; b) fundamento objetivo e inteligível; princípio universal que faz com que uma coisa seja o que é; c) legitimidade; d) capacidade de percepção, distinguindo o verdadeiro do falso, estabelecendo juízos e relações entre fatos; raciocínio discursivo; entendimento; e) pressuposto; f) princípio *a priori* (Kant), independente da experiência; g) causa; h) argumento; i) faculdade de bem julgar.

RAZÃO DE ESTADO. ***Direito administrativo*** **e** ***ciência política.*** **1.** Prevalência do interesse público que influi nos atos governamentais. **2.** Ato de governo levado a efeito em função do decisionismo do Estado que, apesar de extravasar a competência estabelecida em lei, se torna legítimo devido ao estado de necessidade (Othon Sidou). **3.** Decisão arbitrária do Poder Executivo que o leva à prática de um ato político, para atender a um interesse do Estado (José Cretella Jr.).

RAZÃO SOCIAL. 1. ***Direito comercial.*** a) Nome empresarial; b) firma com que uma sociedade empresária é registrada no Registro de Empresas Mercantis para o exercício de suas atividades econômicas organizadas para a produção e a circulação de bens e serviços. **2.** ***Direito civil.*** Denominação de sociedade simples, associação e fundação.

REABILITAÇÃO. 1. Na ***linguagem comum*** quer dizer: a) ato ou efeito de ser reabilitado; b) recuperação do crédito; c) restituição do bom conceito de que alguém, anteriormente, desfrutava; d) recuperação financeira; e) restituição da licença ou habilitação específica para o exercício da atividade profissional, em caso de perda ou suspensão; f) reaquisição da saúde; g) devolução das qualidades perdidas. **2.** ***Direito falimentar.*** Ato pelo qual o magistrado declara que o empresário está livre dos efeitos da falência, reintegrando-o em seus direitos. **3.** ***Direito processual penal.*** a) Cessação dos efeitos de uma sanção penal; b) restabelecimento do condenado na situação em que se encontrava antes da ocorrência do erro judiciário.

READMISSÃO. 1. ***Direito administrativo.*** Ato administrativo discricionário admitindo reingresso ao serviço público de funcionário exonerado ou afastado, desde que não haja qualquer ressarcimento de prejuízos e inconveniência para a Administração. Equivale, portanto, a uma nova nomeação. **2.** ***Direito do trabalho.*** Nova contratação de antigo empregado ou reingresso de trabalhador afastado do emprego, computando-se, no tempo de serviço, os períodos, mesmo que não contínuos, em que trabalhou anteriormente na empresa, exceto se houver sido despedido por falta grave, recebido indenização legal ou se aposentado espontaneamente.

REAL. 1. ***Economia política.*** Unidade monetária brasileira. **2.** ***História do direito.*** a) Antiga moeda portuguesa; b) unidade convencional monetária, cujo plural era réis, que vigorava no Brasil e em Portugal, que não tem qualquer relação com o atual real. **3.** ***Direito civil.*** a) Diz-se do direito que se caracteriza como uma relação entre o homem e a coisa, que se estabelece diretamente e sem intermediário, contendo, portanto, três elementos: o sujeito ativo, a coisa e a inflexão imediata do sujeito ativo sobre a coisa; b) o que é relativo à coisa ou a um direito que incide sobre uma coisa. **4.** Nas ***linguagens comum*** e ***jurídica***, em geral, pode ter a acepção de: a) efetivo; b) material; c) presente; d) concreto e existente; e) régio. **5.** ***Direito comparado.*** a) Relativo a país governado por um rei; b) referente à realeza ou ao rei. **6.** ***Direito processual civil.*** Ação que tem por objeto bem móvel ou imóvel (De Plácido e Silva). **7.** ***Filosofia geral.*** a) O que se opõe ao aparente; b) aquilo que é atual; c) definição que consiste em dizer o que uma coisa ou realidade é; d) definição descritiva que, utilizada pela ciência natural, é aquela que, na falta dos caracteres essenciais, enumera os caracteres exteriores mais marcantes de uma coisa, para permitir distingui-la de todas as outras; e) objeto que tem existência espaciotemporal, por estar na experiência sensível. **8.** Em ***sentido figurado*** significa: a) notável; b) nobre; c) superior; d) excelso.

REALIZAÇÃO DO ATIVO. 1. ***Direito falimentar.*** Conversão em dinheiro dos bens, direitos e ações da massa falida para pagar seus credores.

REALIZAÇÃO DO CAPITAL. ***Direito civil*** e ***direito comercial.*** Pagamento do capital, em bens ou dinheiro, pelos sócios de uma sociedade, conforme o que estiver avençado no contrato social.

REASSUNÇÃO. ***Direito administrativo.*** Ato ou efeito de o funcionário reassumir cargo público por ele ocupado do qual se afastou em razão de férias, inquérito administrativo etc.

REBELIÃO. 1. ***Ciência política.*** a) Resistência pela força à autoridade ou à ordem jurídica; b) movimento popular que se opõe à ação do governo ou que pretende modificar as instituições. **2.** ***Direito penitenciário.*** Movimento coletivo de presidiários para, por exemplo, provocar fuga em massa. **3.** Na ***linguagem jurídica*** em geral, significa: a) revolução; b) motim; c) insurreição; d) conjunto de rebeldes.

RECALL. **1.** ***Termo inglês.*** Revogação. **2.** ***Ciência política*** e ***direito comparado.*** a) Remédio outorgado aos eleitores dos EUA para que, por meio de uma eleição especial, votem na substituição de um titular dos poderes do Estado, antes do término do prazo para o qual foi eleito, em razão de prática de ato censurável, revogando, assim, seu mandato (Othon Sidou); b) revogação de mandato de funcionários eletivos outorgado pelo povo; c) meio usual nos EUA pelo qual o eleitorado pode obrigar magistrado a aplicar norma inconstitucional, por haver decidido pela sua constitucionalidade; d) voto destituinte, muito usado nos Estados Unidos. Se o governante, na esfera municipal, estadual ou federal, não cumprir seus deveres, os eleitores, pela maioria, poderão destituí-lo do cargo.

RECÂMBIO. ***Direito cambiário.*** **1.** Segunda operação de câmbio derivada do ressaque. Trata-se da nova emissão de um título de crédito à vista, após o protesto do primeiro não resgatado, feita pelo portador e sacado sobre um dos coobrigados. **2.** Segunda permuta de moedas alusiva a uma operação anterior. **3.** Soma cambial do novo saque (De Plácido e Silva). **4.** Direito que tem o portador de uma letra de câmbio não resgatada e protestada de reaver a quantia devida, acrescida de juros moratórios e das despesas havidas.

RECEITA. 1. Na ***linguagem jurídica,*** em geral, pode ter o sentido de: a) quantia integrante de um patrimônio; b) soma pecuniária recebida. **2.** ***Direito comercial.*** a) Entrada ou recebimento de dinheiro que constitui o crédito da conta; b) resultado de vendas à vista ou de prestações de serviços levadas a efeito em certo período. **3.** ***Direito de propriedade industrial.*** Fórmula de produto industrial. **4.** ***Medicina legal.*** a) Fórmula prescritiva de medicamento, indicando sua composição; b) papel contendo prescrições escritas de um médico.

RECEITA EXTRAORDINÁRIA. 1. Rendimento incerto ou eventual, resultante do fortuito, como, por exemplo, de herança ou multa. **2.** Rendimento previsto, oriundo de operação, que visa cobrir déficit do orçamento. Por exemplo: cobrança de débitos; venda de bens (De Plácido e Silva).

RECEITA FISCAL. ***Direito tributário.*** Renda tributária oriunda da arrecadação de impostos, taxas, contribuição de melhoria.

RECEITA ORDINÁRIA. **1.** Provento de fontes estabelecidas em lei. **2.** Diz-se da receita comum oriunda de recursos normais. **3.** É a que abrange as receitas tributária, industrial e patrimonial. **4.** É a proveniente da cobrança de tributos.

RECEITA PÚBLICA. ***Direito financeiro.*** **1.** Entrada que, integrando-se no patrimônio público sem quaisquer reservas, condições ou correspondência no passivo, vem acrescer o seu vulto, como elemento novo e positivo (Aliomar Baleeiro). **2.** É a que advém da arrecadação de rendas de várias fontes previstas no orçamento. **3.** Ativo do orçamento de uma pessoa jurídica de direito público, que compreende o total dos bens disponíveis para fazer frente à sua economia. **4.** Ingresso de dinheiro nos cofres públicos (Celso Bastos). **5.** Conjunto de recursos monetários de que o Estado dispõe para cobrir suas despesas durante um exercício financeiro (José Náufel).

RECENSEAMENTO. **1.** Operação que visa, para fins de estatística, averiguar o número exato de fatos, animais, coisas ou pessoas, numa dada época e em determinado lugar. **2.** Arrolamento de animais ou de pessoas. **3.** Censo.

RECEPÇÃO DE NORMA. ***Direito constitucional.*** Revitalização ou acolhimento de leis infraconstitucionais por uma nova Carta Constitucional, por serem compatíveis a ela, apesar de a antecederem.

RECEPTAÇÃO. ***Direito penal.*** Crime punido com reclusão e multa que consiste no fato de alguém adquirir, receber, transportar, conduzir ou ocultar, em proveito próprio ou alheio, coisa que sabe ser produto de crime ou influir terceiro de boa-fé a adquiri-la, recebê-la ou ocultá-la. Trata-se da receptação dolosa.

RECEPTAÇÃO PRIVILEGIADA. ***Direito penal.*** Crime a que, sendo o receptador criminoso primário, o magistrado, em consideração às circunstâncias, pode deixar de aplicar a pena de detenção ou multa, desde que a receptação seja culposa; se for dolosa, sendo de pequeno valor a coisa, poderá substituir a pena de reclusão pela de detenção, diminuí-la de um a dois terços ou, ainda, aplicar somente a multa.

RECEPTAÇÃO QUALIFICADA. ***Direito penal.*** **1.** Crime de aquisição dolosa pelo receptador de bens e instalações do patrimônio da União, Estado, Município, empresa concessionária de serviços públicos ou sociedade de economia mista, apenado com reclusão e multa em dobro. **2.** Ato de adquirir, receber, transportar, conduzir, ocultar, ter em depósito, desmontar, montar, remontar, vender, expor à venda, ou de qualquer forma utilizar, em proveito próprio ou alheio, no exercício de atividade empresarial, coisa que deve saber ser produto de crime punido com reclusão e multa.

RECESSÃO. ***Economia política.*** Período em que ocorre a estagnação ou descompasso da economia, caracterizando-se pelo aumento do desemprego e pelo declínio da produção e das vendas. Se este estado perdurar por longo tempo ter-se-á a depressão.

RECESSO. **1.** Na ***linguagem jurídica***, em geral, é: a) suspensão temporária das atividades desenvolvidas por órgãos colegiados; b) folga; c) paralisação de atividade para descanso; d) local afastado e oculto. **2.** ***Direito comercial.*** a) Direito do acionista de retirar-se da sociedade (Geraldo Magela Alves); b) suspensão de atividades mercantis ou industriais (De Plácido e Silva).

RECIBO. **1.** ***Direito civil.*** Documento que materializa a quitação. **2.** ***Direito comercial*** e ***direito do trabalho.*** Documento assinado pelo credor que atesta o pagamento de uma quantia pecuniária ou a entrega de algum objeto. **3.** Na ***gíria*** tem o sentido de revide.

RECIPROCIDADE. **1.** ***Sociologia geral.*** Relação social entre pessoas ou grupos que de um lado implica deveres e do outro, direitos e retribuições, dentro de uma escala de valores ou de um padrão aprovado socialmente. **2.** Na ***linguagem jurídica***, em geral, pode ter o sentido de: a) característica ou condição do que é recíproco; b) correspondência mútua; c) igualdade de direitos ou de obrigações; d) qualidade do que estabelece condições mútuas. **3.** ***Direito civil.*** Qualidade do contrato bilateral, que gera obrigações para ambos os contratantes, pois cada um deles é credor e devedor um do outro. **4.** ***Filosofia geral.*** Título dado à categoria da comunidade, isto é, à ação recíproca entre agente e paciente (Kant). **5.** ***Direito internacional público.*** Implica troca ou correspondência, no que concerne aos benefícios concedidos pela legislação, inclusive previdenciária, dos países envolvidos nos acordos celebrados. **6.** ***Lógica jurídica.*** Argumento que se funda no estabelecimento de uma relação de simetria entre duas situações (Sudatti).

RECLAMAÇÃO. **1.** Na ***linguagem jurídica***, em geral, designa: a) protesto; b) reivindicação de algum direito; c) pedido para que uma autoridade competente tome providências relativas a uma ilegalidade ou injustiça; d) queixa; e) pedido de restituição de alguma coisa pertencente ao reclamante. **2.** ***Direito processual*** e ***direito constitucional.*** a) Recurso interposto pelo interessado ou pelo Ministério Público, de conhecimento do Supremo Tribunal Federal ou do Superior Tribunal de Justiça, para garantir a competência e a autoridade das decisões do tribunal. Com isso cessam os efeitos de decisão exorbitante ou determinam-se medidas apropriadas para a preservação daquela competência (Othon Sidou); b) é a ação judicial que pode revestir-se de caráter incidental quando ajuizada no curso da lide principal que ensejou o ajuizamento da providência judicial. É uma ação autônoma se se tratar de insurgência contra ato administrativo violador de súmula vinculante. Tem por finalidade preservar a competência e garantir a autoridade das decisões do Supremo Tribunal Federal (Luciano Ferreira Leite). **3.** ***Direito processual do trabalho.*** a) Ato escrito ou verbal pelo qual o empregado, ou o empregador, na qualidade de reclamante, ingressa em juízo, pessoalmente, por meio de representantes ou de sindicatos, ou ainda por intermédio da Procuradoria Regional da Justiça do Trabalho, contra o reclamado, pleiteando a satisfação de um direito ou a reparação de um direito lesado em face da legislação trabalhista; b) pleito que o contratado faz ao contratante ou a terceiros a título de reembolso de despesas ou custos não incluídos no preço contratual original. A reclamação ocorre, por exemplo, por atrasos causados pelo contratante, erros nas especificações ou desenhos, litígios sobre alterações no trabalho contratado.

RECLUSÃO. ***Direito penal.*** É a pena privativa da liberdade pessoal do condenado, mais severa ou rigorosa por haver um período inicial de isolamento noturno e diurno. Tal pena é aplicada a delitos mais graves, podendo ser cumprida em regime: a) fechado em estabelecimento de segurança máxima ou média; b) semiaberto, em colônia agrícola, industrial ou estabelecimento similar; c) aberto, em casa de albergado.

RECOMENDAÇÃO. **1.** Conselho, advertência, aviso, indicação, documento que atesta a experiência de um profissional. **2.** ***Direito público.*** Meio extrajudicial usado por órgãos públicos, por exemplo, Tribunal de Contas, Ministério Público, concessionária de serviço público, com o escopo de orientar, alertar ou instar autoridades a tomarem certas providências, a corrigirem irregularidades ou a cumprirem normas legais ou constitucionais. Não tem força coercitiva, o destinatário a acata voluntariamente para evitar sanções legais ou processos judiciais.

RECONCILIAÇÃO. **1.** ***Direito processual civil.*** a) Restabelecimento da sociedade conjugal; b) consecução de um acordo entre as partes litigantes, visando compor a lide, total ou parcialmente (Moacyr Amaral Santos). Trata-se da transação; c) nova conciliação; d) manifestação dos cônjuges separados de fato, restabelecendo a vida em comum. **2.** ***Direito processual penal.*** Promoção de entendimento entre autor e réu durante o processo ou julgamento dos crimes contra a honra que tem por efeito o arquivamento dos autos, pondo fim ao processo, acarretando extinção da punibilidade do querelado, em razão da lavratura de termo de desistência da queixa por parte do promovente da ação penal. **3.** ***Direito canônico.*** a) Solenidade eclesiástica que reintegra um convertido no seio da Igreja; b) nova consagração de uma igreja, ou localidade, que havia sido profanada. **4.** ***Direito internacional público.*** Adaptação de um ato jurídico internacional bilateral aos termos de um tratado no que houver divergência. **5.** ***Direito do consumidor*** e ***direito comercial.*** Procedimento que tem por objetivo fazer uma comparação nas diferentes etapas de produção de um lote de produto, entre a quantidade real de produção e a quantidade teórica estabelecida.

RECONDUÇÃO. **1.** ***Ciência política*** e ***direito eleitoral.*** Reeleição. **2.** ***Direito administrativo.*** a) Continuação num cargo, além do período estabelecido, prorrogando seu exercício; b) despacho que faz com que um funcionário estável retorne ao mesmo cargo por ele anteriormente ocupado, conservando os mesmos direitos que tinha. **3.** ***Direito civil.*** a) Novo contrato com o mesmo artista para representação teatral seguinte; b) continuação de um contrato por tempo determinado, revigorando, mantendo as mesmas cláusulas; prorrogação contratual nas mesmas condições em que o contrato se firmou.

RECONHECIMENTO FALSO. ***Direito penal.*** Crime de falsidade documental que consiste em reconhecer, como verdadeira, no exercício de função pública, firma ou assinatura que não o seja, punido com reclusão e multa.

RECONSIDERAÇÃO. **1.** ***Direito administrativo.*** Direito que tem o servidor público ou interessado de pedir a reforma da decisão superior que o prejudicou por meio da própria autoridade que a tomou. **2.** ***Direito processual.*** Ato pelo qual uma autoridade judiciária altera, a pedido do interessado, despacho ou decisão anterior, reexaminando o caso, dando-lhe nova solução. A mesma autoridade suspende a execução do ato que, anteriormente, ordenou, ao emitir nova decisão ou novo despacho modificando-o, desde que não haja preclusão *pro judicato*. Por exemplo, como não há mais agravo interno para atacar decisão de relator, o agravante deverá pedir ao relator a reconsideração da decisão. **3.** Na ***linguagem comum,*** significa: a) arrependimento; b) ato ou efeito de reconsiderar.

RECONSTITUIÇÃO DE CRIME. ***Direito processual penal.*** Diligência consistente na reprodução que, simuladamente, uma autoridade competente faz de uma ação criminosa, para averiguar, durante o inquérito policial, a possibilidade de ter sido ele levado a efeito de certa maneira, esclarecendo dúvidas sobre determinadas circunstâncias materiais do crime, desde que não se contrarie a moral e a ordem pública.

RECONVENÇÃO. ***Direito processual civil.*** **1.** Ação incidente movida, no curso da demanda, pelo réu, que, tomando a ofensiva, invoca um novo pedido contra o autor, por haver conexão com a ação principal e com o fundamento da defesa. **2.** Modo de exercício do direito de ação, sob forma de contra-ataque do réu contra o autor, dentro de processo já iniciado, ensejando processamento simultâneo com a ação principal, a fim de que o juiz resolva as duas ações na mesma sentença (Nelson Nery Jr. e Rosa Mª de A. Nery).

RECORRENTE. **1.** ***Medicina legal.*** Diz-se da moléstia que reaparece após haver desaparecido. **2.** ***Direito processual.*** Aquele que, tendo sido vencido numa ação, interpõe recurso contra uma decisão judicial, pleiteando a sua nulidade ou a alteração total ou parcial de seu teor.

RECORRIDO. ***Direito processual.*** **1.** Aquele contra quem se interpôs um recurso. **2.** Diz-se do juízo *a quo* de cuja decisão se recorreu para o tribunal *ad quem*. **3.** O que é objeto de recurso.

RECRUTAMENTO. **1.** ***Direito militar.*** a) Inscrição anual de jovens que atingem a idade para prestar o serviço militar obrigatório; b) conjunto de recrutas; c) alistamento militar. **2.** Na ***linguagem jurídica*** em geral, é o aliciamento de pessoas para certas finalidades.

RECUPERAÇÃO EXTRAJUDICIAL. ***Direito falimentar.*** Consiste na possibilidade concedida ao devedor em situação crítica de convocar seus credores para oferecer-lhes forma de composição para pagamento dos valores devidos (Manoel Justino Bezerra Filho). É um procedimento concursal preventivo que contém uma fase inicial de livre contratação e uma etapa final de homologação judicial. Visa impedir a instauração do processo falimentar.

RECUPERAÇÃO JUDICIAL. ***Direito falimentar.*** Tem por objetivo viabilizar a superação da situação de crise econômico-financeira do devedor, a fim de permitir a manutenção da fonte produtora, do emprego dos trabalhadores e dos interesses dos credores, promovendo, assim, a preservação da empresa, sua função social e o estímulo à atividade econômica.

RECURSO. **1.** ***Direito processual civil*** e ***direito processual penal.*** a) Meio legal ou remédio processual de que dispõe o vencido em uma demanda, ou aquele que se julgue prejudicado para, recorrendo a tribunal superior, obter a reforma, total ou parcial, de uma decisão recorrível, ou sua anulação, invocando um novo pronunciamento judicial sobre a questão *sub judice* que venha a defender ou preservar seu direito, que foi violado, ameaçado ou não reconhecido pela sentença; b) ato ou efeito de recorrer a tribunal superior. São cabíveis os seguintes recursos: apelação, agravo de instrumento, agravo interno; embargos de declaração; recurso ordinário; recurso especial; recurso extraordinário; agravo em recurso especial ou extraordinário; embargos de divergência. **2.** Nas ***linguagens comum*** e ***jurídica,*** pode ter a acepção de: a) pedido de auxílio ou de proteção a alguém; b) o que é empregado para vencer um obstáculo ou dificuldade encontrada; c) meio para a consecução de um fim; d) o que serve para proteção ou preservação de um direito.

RECURSO ADESIVO. ***Direito processual civil.*** Forma de interposição de recurso de apelação, recurso extraordinário e recurso especial se: houver sucumbência recíproca; o recorrido não interpôs recurso principal; seja o de apelação, recurso ordinário ou extraordinário. Para que o adesivo seja julgado pelo mérito é preciso que: o recurso principal seja conhecido e o adesivo preencha os requisitos de admissibilidade (Nelson Nery Jr. e Rosa Mª de A. Nery).

RECURSO ESPECIAL. ***Direito processual*** e ***direito constitucional.*** **1.** Recurso dirigido ao Superior Tribunal de Justiça para reexame de causas decididas, em única ou última instância, pelo Tribunal Regional Federal ou pelos Tribunais dos Estados, do Distrito Federal e Territórios, quando a decisão recorrida: a) contrariar tratado ou lei federal, ou negar-lhe vigência; b) julgar válido o ato de governo local contestado em face de lei federal; c) der a lei federal interpretação divergente da que lhe haja atribuído outro tribunal. **2.** Recurso que tem por objetivo o controle pelo STJ da legalidade de julgado local, tendo em vista a busca pela tutela da autoridade e da unidade da lei federal, assegurando a uniformidade de interpretação (Maria Cecília P. Cury).

RECURSO EXTRAORDINÁRIO. ***Direito constitucional*** e ***direito processual.*** Recurso interposto ao Supremo Tribunal Federal contra acórdão que, em causa decidida em única ou última instância, quando a decisão recorrida contrariar norma constitucional; declarar inconstitucionalidade de tratado ou lei federal; ou julgar válida lei ou ato de governo local contestado em face da lei federal. Tem por objetivo precípuo preservar o comando constitucional violado. Não tem sido admitido, pelo Superior Tribunal Federal, no caso de violação indireta de comando constitucional, para prestigiar a divisão de tarefas entre a Corte Maior e Tribunais Superiores, que têm a função de interpretar a legislação infraconstitucional federal. Mas é cabível recurso extraordinário contra decisão proferida por juiz de primeiro grau nas causas de alçada, ou por turma recursal de juizado especial cível e criminal.

RECURSO ORDINÁRIO. **1.** ***Direito do trabalho.*** Impugnação, no prazo de oito dias, de decisão de Vara do Trabalho em dissídio individual, e de decisão definitiva dos Tribunais Regionais em processos de sua competência originária, quer nos dissídios individuais, quer nos dissídios coletivos, buscando sua reforma. **2.** ***Direito constitucional*** e ***direito processual.*** Remédio cabível, dirigido ao: 1. Supremo Tribunal Federal para que julgue: a) *habeas corpus*, mandado de segurança, *habeas data* e mandado de injunção decididos em única instância pelos Tribunais Superiores, se denegatória a decisão; e b) crime político. 2. Superior Tribunal de Justiça para julgar: a) *habeas corpus* e mandados de segurança decididos em única instância pelos Tribunais Regionais Federais ou pelos tribunais dos Estados, do Distrito Federal e Territórios, quando denegatória a decisão; e b) processos em que forem partes Estado estrangeiro ou organismo internacional, de um lado, e, de outro, município ou pessoa residente ou domiciliada no País.

RECURSO PENAL. *Direito processual penal.* É o admitido pela lei processual penal para que haja reexame da matéria penal, como: recurso em sentido estrito, apelação, embargos de declaração, protesto por novo júri, revisão, recurso extraordinário, carta testemunhável, recurso ordinário e recurso especial.

RECURSO *PER SALTUM*. *Direito processual civil.* Instrumento de agilização da justiça, diminuindo o grave inconveniente da multiplicidade de recursos, por permitir que se salte um grau de jurisdição, ou de mais de um, caso se pretenda buscar, diretamente, no Supremo Tribunal Federal o respaldo da sua jurisprudência. Com isso, pode-se eliminar uma apelação, um recurso especial, um recurso extraordinário, e, eventualmente, dois agravos de instrumento. Tem por objetivo manter a sentença como está, ou seja, de conformidade com a orientação dominante do Supremo Tribunal. É uma especial modalidade de processamento de um recurso, fazendo com que este (apelação ou agravo) salte um grau de jurisdição para obter o apoio da jurisprudência dominante no tribunal superior, desde que não haja discussão de matéria fática, sendo controvertida a questão de direito (José Eduardo Carreira Alvim).

RECURSO TRABALHISTA. *Direito do trabalho.* É aquele cabível para obter reexame de decisão sobre matéria trabalhista como: recurso ordinário, embargos, recurso de revista, agravo de petição, agravo de instrumento, revisão e recurso extraordinário (Amador Paes de Almeida).

REDESCONTO. *Direito cambiário.* **1.** Operação pela qual um banco desconta em outro, mediante endosso, o título de crédito, que descontou um favor de um cliente, com o escopo de obter vantagem na diferença da taxa de juros que recebeu sobre a que pagou (Othon Sidou). **2.** Instrumento estatal de controle de crédito, pelo qual o Banco Central fornece numerário para os estabelecimentos bancários pelo desconto de títulos de crédito (José Tadeu de Chiara).

REDISTRIBUIÇÃO. **1.** *Direito processual.* Ato de distribuir os feitos, novamente, no mesmo juízo ou em outro. **2.** *Direito administrativo.* Ato de deslocar funcionário público para o quadro de pessoal de outro órgão, com o fim de atender às necessidades do serviço, de reorganização, extinção ou criação daquele órgão (Othon Sidou), pagando-se-lhe vencimentos idênticos, uma vez que será mantido no mesmo cargo.

REDUÇÃO DE ALIMENTOS. *Direito civil* e *direito processual civil.* Diminuição judicial do *quantum* da pensão alimentícia a pedido do interessado, provando que houve empobrecimento do alimentante ou melhoria de vida do alimentado. Assim, se houver alteração na situação financeira de quem a paga ou na de quem a recebe, o interessado pode pleitear a redução de alimentos.

REDUÇÃO DE CLÁUSULA PENAL. *Direito civil.* Diminuição judicial de cláusula penal, para evitar enriquecimento sem causa, que se opera quando: a) o valor de sua cominação exceder ao do contrato principal; e b) houver cumprimento parcial da obrigação, hipótese em que se terá redução proporcional da pena estipulada para o caso de mora ou de inadimplemento.

REDUÇÃO DE LIBERALIDADES. *Direito civil* e *direito processual civil.* Direito do herdeiro necessário de reduzir as liberalidades efetuadas pelo *auctor successionis* mediante atos *inter vivos* ou *causa mortis*, que desfalcaram sua legítima hereditária, por terem excedido, em valor, a quota disponível do *de cujus*.

REDUÇÃO DE SALÁRIO. *Direito do trabalho* e *direito constitucional.* Diminuição de salário vedada constitucionalmente, salvo se estipulada em acordo ou convenção coletiva de trabalho. O acordo coletivo de redução de salário deve ser apreciado pela Delegacia Regional do Trabalho (Acquaviva).

REELEIÇÃO. *Ciência política, direito constitucional* e *direito eleitoral.* **1.** Ato ou efeito de proceder a uma nova eleição. **2.** Recondução a cargo eletivo ocupado no período imediatamente anterior à eleição (Walter Cruz Swensson). **3.** Ato de reeleger uma pessoa para o mesmo cargo ou mandato eletivo que vinha exercendo. **4.** Ato de reeleger para um único período subsequente o presidente da República, os governadores de Estado e do Distrito Federal e os prefeitos e quem os houver sucedido ou substituído no curso dos mandatos.

REENDOSSO. *Direito cambiário.* Novo endosso do título feito por quem já o havia endossado, para reingressar na cadeia de sua transmissão (Othon Sidou).

REENVIO. *Direito internacional privado.* Diz-se da teoria também chamada devolução ou retorno, que procura a resolução dos conflitos de qualificação de relações jurídicas, ou melhor, dos que surgem entre as próprias normas de direito internacional privado, uma vez que a de um Estado estabelece a competência do direito de outro país, e a deste último ordena que se aplique o direito do primeiro Estado ou de um terceiro. O reenvio é o modo de interpretar a norma de direito internacional privado, mediante substituição da lei nacional pela estrangeira, desprezando o elemento de conexão apontado pela ordenação nacional, para dar preferência à indicada pelo ordenamento alienígena.

REFÉM. 1. ***Direito internacional público.*** Pessoa que fica em poder do inimigo para assegurar a efetivação de um tratado ou acordo, ou a troca de vantagens, ou a prática de um ato, ou a abstenção de represália. **2.** ***Direito penal.*** Aquele que fica em poder do criminoso como garantia de uma promessa.

REFERENDO. 1. ***Direito administrativo.*** a) Assinatura de ministro de Estado após a do presidente da República, em documento por este expedido, dando-lhe autenticidade; b) chancela de um ato. **2.** ***Ciência política.*** a) Decisão tomada pelo povo; b) direito que têm os cidadãos de emitir sua opinião sobre questões de interesse geral; c) é convocado com posterioridade ao ato legislativo ou administrativo, cumprindo ao povo a respectiva ratificação ou rejeição. **3.** ***Direito internacional público.*** Mensagem pela qual o agente diplomático, dirigindo-se ao seu governo, pede instruções sobre negociações que vão além do poder que lhe foi outorgado.

REFORÇO DA GARANTIA. ***Direito civil.*** Ato para aumentar ou refazer a garantia exigida, que se mostrou insuficiente, oferecendo bens, cujos valores possam cobrir o *quantum* do débito.

REFORMA. 1. ***História do direito.*** Movimento político-religioso que, no século XVI, deu origem ao protestantismo. **2.** ***Direito militar.*** Afastamento do serviço ativo nas Forças Armadas, concedido a militar, sem prejuízo de seus vencimentos e com promoção para o posto imediato, por incapacidade física ou por tempo de serviço. **3.** ***Ciência política.*** Emenda; revisão de texto constitucional. **4.** ***Direito comercial.*** Substituição de um título vencido por outro de igual natureza. **5.** ***Sociologia geral.*** Movimento social que tem por escopo alterar as condições de vida, fazendo modificações político-sociais, sem que haja destruição dos usos existentes na localidade. **6.** ***Direito administrativo.*** Ato pelo qual a Administração Pública corrige ato, sanando seus vícios, mantendo a parte que não foi atingida pela ilegalidade. **7.** Nas ***linguagens comum*** e ***jurídica***, pode ter o sentido de: a) alteração; b) reparação; c) restauração; d) melhoramento; e) nova organização. **8.** ***Direito processual.*** a) Modificação de despacho ou sentença feita pelo próprio magistrado, prolator ou pelo de instância superior (De Plácido e Silva); b) emenda de cálculo ou de partilha feita no processo de inventário (José Náufel).

REFORMA AGRÁRIA. ***Direito agrário, direito administrativo*** e ***direito constitucional.*** **1.** Conjunto de normas dirigidas à obtenção de um racional e maior aproveitamento socioeconômico do cultivo da terra, aumentando sua produtividade, e à melhor distribuição da terra e de renda agrícola, atendendo aos reclamos dos princípios de justiça social e de função social da propriedade, consagrados constitucionalmente. Para atender a essas finalidades, é permitida a desapropriação por interesse social, para fins de reforma agrária, de imóvel improdutivo que não esteja cumprindo sua função social, para assentamento de ruralistas sem terra, mediante pagamento de prévia e justa indenização em títulos da dívida agrária, com cláusula de preservação do valor real, resgatáveis no prazo de até vinte anos, a partir do segundo ano de sua emissão. **2.** Instrumento jurídico que, tendo em vista o cumprimento da função social da propriedade territorial rural, se destina a corrigir, pela via expropriatória, a distorção fundiária que se configura, quer na apropriação e manutenção de latifúndios, quer na ociosidade da terra (Paulo Guilherme de Almeida). **3.** Revisão da estrutura agrária de um país com o escopo de obter, com mais igualdade, uma distribuição da terra e uma renda agrícola.

REFORMA CONSTITUCIONAL. ***Direito constitucional.*** Revisão constitucional que modifica texto relativo à estrutura do país (Othon Sidou), adaptando-o às novas necessidades, segundo o estabelecido pela própria Constituição, ou seja, após cinco anos de sua promulgação, e pelo voto da maioria absoluta dos membros do Congresso Nacional, em sessão unicameral.

REFORMA DE ESTATUTO SOCIAL. ***Direito comercial.*** Alteração do estatuto pela vontade da maioria dos sócios ou acionistas, mesmo que não agrade à minoria. Aquele que divergir da alteração do contrato social pode conformar-se ou retirar-se da sociedade, obtendo o reembolso do *quantum* correspondente ao valor de suas ações ou ao seu capital, na proporção do último balanço aprovado ou com fundamento em balanço especialmente levantado na data do recesso, por força de estipulação contratual. Essa alteração estatutária pode ser feita por escritura pública ou particular, independentemente da forma de que se reveste o ato constitutivo, e dá origem ao chamado contrato modificativo, por não implicar constituição de nova sociedade (Amador Paes de Almeida, Fran Martins, Egberto L. Teixeira e Rubens Requião).

REFORMATIO IN MELLIUS. ***Direito processual penal.*** Reforma da decisão pelo Tribunal, melhorando a situação do réu.

REFORMATIO IN PEJUS. ***Direito processual.*** Reforma da sentença que piora a situação do recorrente.

Urge lembrar que isso não é admitido no processo penal se apenas o réu apelou da sentença. No processo civil, tendo sido ambos os litigantes parcialmente vencidos, mas só um recorre para obter decisão mais favorável, seria injusto piorar sua situação em benefício do adversário que havia se conformado com a sentença (Moacyr Amaral Santos).

REFÚGIO. 1. ***Direito internacional público.*** Asilo. **2.** ***Direito penal.*** a) Crime de favorecimento pessoal, que consiste em ajudar criminoso a fugir da ação de autoridade pública; b) local onde se esconde o criminoso. **3.** ***Direito de trânsito.*** Parte da via, devidamente sinalizada e protegida, destinada ao uso de pedestres durante a sua travessia.

REGIÃO METROPOLITANA. ***Direito constitucional, direito urbanístico*** e ***direito administrativo.*** Aglomeração urbana e microrregião instituída pelo Estado federado mediante lei complementar. A região metropolitana constitui-se por agrupamentos de municípios limítrofes, que têm a finalidade de integrar a organização, o planejamento e a execução de funções públicas de interesse comum.

REGIME ABERTO. ***Direito penal*** e ***direito penitenciário.*** É aquele que permite o cumprimento da pena em casa de albergado ou em estabelecimento apropriado. Este regime está baseado na autodisciplina e senso de responsabilidade do condenado, que poderá, fora do estabelecimento e sem vigilância, trabalhar, frequentar curso ou exercer outra atividade autorizada, recolhendo-se durante o período noturno e nos dias de folga.

REGIME DE BENS DO CASAMENTO. ***Direito civil.*** Conjunto de normas aplicáveis às relações e interesses econômicos resultantes do matrimônio. Regem, portanto, as relações patrimoniais entre marido e mulher, sob a feição de regime: de comunhão parcial, de comunhão universal, de participação final nos aquestos e de separação de bens (legal ou convencional).

REGIME DE DEDICAÇÃO EXCLUSIVA. ***Direito administrativo.*** Aquele em que há impedimento do exercício de profissão, por funcionário ou empregado, em outra entidade pública, empresa pública ou sociedade de economia mista.

REGIME DE EXCEÇÃO. ***Ciência política.*** **1.** Forma de governo de emergência, resultante de golpe de Estado ou de revolução. **2.** Governo ditatorial.

REGIME FECHADO. ***Direito penal*** e ***direito penitenciário.*** Regime penitenciário onde a pena deve ser cumprida em estabelecimento de segurança máxima ou média, conforme o grau de periculosidade do criminoso.

REGIME JURÍDICO-TRIBUTÁRIO. ***Direito tributário.*** **1.** Conjunto de princípios, normas e categorias, que informam o funcionamento do instituto jurídico do tributo (Geraldo Ataliba). **2.** Conjunto de normas e princípios disciplinadores de competência tributária da instituição, arrecadação, cobrança e fiscalização dos tributos, do lançamento, das relações fático-econômicas delineadoras da capacidade contributiva, dos fins fiscais e extrafiscais da imposição, da execução fiscal etc.

REGIMENTO. 1. ***Direito militar.*** Corpo de tropas que, em regra, está sob o comando de um coronel. **2.** ***Medicina legal.*** Período que vai do parto até o pronto restabelecimento da parturiente. **3.** ***Direito administrativo.*** Complexo de preceitos que regem o modo de exercício de um cargo público, o funcionamento de um órgão da Administração Pública ou repartição pública. **4.** ***Direito civil.*** Conjunto de normas regulamentadoras de uma corporação, instituição, estabelecimento de ensino etc. **5.** ***Direito processual.*** Conjunto de normas que disciplinam o funcionamento e as atividades ou os serviços internos dos tribunais.

REGIME PENITENCIÁRIO. ***Direito penitenciário.*** Complexo de normas que disciplinam a maneira de execução da pena privativa de liberdade, a internação em estabelecimentos carcerários, a integração social do criminoso, a administração do presídio, o trabalho obrigatório no recinto prisional, o salário a que o preso tem direito, o seguro contra acidentes em trabalho, assistência social etc.

REGIME POLÍTICO. ***Ciência política.*** **1.** Conjunto de normas relativas à organização de um país ou povo, e delegação do poder feita pelo povo a um regente, seja ele presidente da República, Primeiro Ministro ou Monarca. **2.** Modo efetivo pelo qual se opera o exercício do poder em um dado Estado (Georges Burdeau), a escolha dos governantes, a estrutura e a limitação do governo (Duverger). **3.** Conjunto de instituições que regem a luta pelo poder e seu exercício e a prática dos valores que animam aquelas instituições (Lucio Levi).

REGIME REPUBLICANO. ***Ciência política.*** Aquele em que o poder pertence ao povo, que elege o Parlamento, o qual o representa, periodicamente, e o chefe do Executivo, que exerce mandato temporário.

REGIME SEMIABERTO. ***Direito penal*** e ***direito penitenciário.*** Aquele em que o condenado cumpre a pena privativa de liberdade em colônia agrícola, industrial ou estabelecimento similar, sendo-lhe admissível o trabalho externo e a frequência a cursos supletivos profissionalizantes, de instrução de segundo grau ou superior.

REGIME UNITÁRIO. ***Ciência política.*** Aquele, vigorante em Estados que não adotam o federalismo, em que há um só governo com autoridade exclusiva sobre todo o território do país, cujas províncias constituem meras divisões administrativas, sem qualquer autonomia.

REGISTRO AUXILIAR. *Direito registrário.* Livro 3 que visa assento de atos que, atribuídos ao Registro Imobiliário, não se relacionam diretamente com imóvel matriculado. Neste livro registram-se: emissão de debêntures; cédulas de crédito rural, de crédito industrial, de crédito à exportação e de crédito comercial, sem prejuízo do registro da hipoteca cedular; convenções de condomínio; penhor de máquinas e de aparelhos utilizados na indústria, instalados e em funcionamento, com os respectivos pertences ou sem eles; convenções antenupciais; contratos de penhor rural; títulos que a requerimento do interessado forem registrados no seu inteiro teor; transcrição integral da escritura de instituição do bem de família; tombamento definitivo de imóvel.

REGISTRO CIVIL. *Direito registrário.* **1.** Registro público relativo ao assento de fatos da vida da pessoa natural, como: nascimento, casamento, óbito, emancipação, interdição, ausência. Tem por finalidade provar a situação jurídica do registrado, tornando-a conhecida de todos. **2.** Cartório onde se fazem assentamentos de nascimentos, óbitos, casamentos etc.

REGISTRO DE EMPREGADOS. *Direito do trabalho.* Assento obrigatório para o empregador, de seus empregados, em livro, ficha ou sistema eletrônico, conforme instrução do Ministério do Trabalho e Emprego, contendo: identificação do empregado, com número e série da Carteira de Trabalho e Previdência Social, ou Número de Identificação do Trabalhador; data de admissão e demissão; cargo ou função; remuneração e forma de pagamento; local e horário de trabalho; concessão de férias; identificação da conta vinculada do FGTS e da conta do PIS/Pasep; acidente de trabalho e doença profissional, quando tiverem ocorrido. Esse registro deve estar sempre atualizado.

REGISTRO DE IMÓVEIS. *Direito registrário.* Poder legal de agentes do ofício público para efetuar todas as operações relativas a bens imóveis e a direitos a eles condizentes, promovendo atos de escrituração, assegurando aos requerentes a aquisição e o exercício do direito de propriedade e a instituição de ônus reais de fruição, garantia ou de aquisição. Com isso, o assentamento dá proteção especial à propriedade imobiliária, por fornecer meios probatórios fidedignos da situação do imóvel, do ponto de vista da respectiva titularidade e dos ônus reais que o gravam, e por revestir-se de publicidade, que lhe é inerente, tornando os dados registrados conhecidos de terceiros. É, na verdade, o ato primordial da aquisição da propriedade imobiliária *inter vivos*, pois o contrato, a título oneroso ou gratuito, apenas produz efeitos pessoais. Somente a intervenção estatal, realizada pelo oficial do Cartório Imobiliário, conferirá direitos reais, a partir da data em que se fizer o assentamento do imóvel. Antes do registro, o alienante continuará a ser o proprietário e responderá pelos encargos do prédio. Na sucessão hereditária, a propriedade do sucessor independerá de registro, mas este terá obrigatoriedade para pôr termo ao estado de indivisão, para assegurar a disponibilidade do imóvel e para manter o princípio da continuidade dos registros sucessivos. Tríplice é a finalidade legal do registro imobiliário, pois serve como garantia de autenticidade, segurança e eficácia dos assentos de atos jurídicos *inter vivos* ou *mortis causa*, constitutivos, declaratórios, translativos e extintivos de direitos reais sobre imóveis, preservando-lhes a confiabilidade. Da análise do direito registrário imobiliário, podem-se delinear cinco sistemas registrários: a) o comum, que é o geral e obrigatório; b) o Torrens, que, por ser facultativo e excepcional, é um sistema registrário especial, podendo ser requerido apenas para imóveis rurais; c) o rural, feito pelo INCRA; d) o especial, de imóveis rurais adquiridos por estrangeiros; e e) o de propriedade pública da União, Estados e Municípios. Em todas essas modalidades registrárias, há uma finalidade comum de revestir os bens imóveis e os direitos a eles relativos de formalidades especiais, mediante interferência estatal, garantindo-os e controlando-os.

REGISTRO DE TÍTULOS E DOCUMENTOS. *Direito notarial.* **1.** Transcrição de instrumentos particulares para que possam produzir efeitos perante terceiros. **2.** Cartório que tem a incumbência de efetuar a transcrição, obrigatória ou facultativa, de títulos e documentos e de contratos relativos a bens móveis para atestar sua autenticidade e sua eficácia em relação a terceiros. É também designado "registro mobiliário". **3.** Aquele que visa dar publicidade e autenticidade aos fatos jurídicos instrumentados.

REGISTRO FISCAL. *Direito tributário.* **1.** Inscrição ou cadastro de estabelecimento empresarial na repartição fiscal federal, estadual ou municipal arrecadadora, para fins de lançamento e cobrança de tributos. **2.** Anotação, em livros autenticados pelo Poder Público, de operações alusivas a pessoas físicas ou jurídicas, relacionadas com a incidência de tributos (Dávio A. Prado Zarzana). **3.** Livro autenticado pelo Poder Público, onde se fazem lançamentos de operações atinentes à incidência tributária (Dávio A. Prado Zarzana).

REGISTRO GERAL. **1.** *Direito registrário.* Livro n. 2 que, por se destinar à matrícula dos imóveis e ao registro ou averbação de atos indicados pela lei especial e não atribuídos ao Livro n. 3, que é o registro auxiliar, não pode conter qualquer lançamento por certidão ou observação. A escrituração do Livro n. 2 obedecerá às seguintes normas: a) cada imóvel deve ter matrícula própria, que será aberta por ocasião do primeiro registro; b) a matrícula deve preencher os seguintes requisitos: o número de ordem; a data; a identificação e a caracterização do imóvel; o nome, domicílio e nacionalidade do proprietário; o número do registro anterior, ou, em se tratando de imóvel oriundo de loteamento, o número do assento do loteamento; c) o registro no Livro n. 2 exige os seguintes requisitos: data; nome do transmitente, ou do devedor, e do adquirente, ou credor, com a respectiva qualificação; o título da transmissão ou do ônus, com exceção de testamento, que não é título que enseje registro de transmissão; a forma do título, sua procedência e caracterização; assim, por exemplo, está vedado o registro de cessão, enquanto não registrado o respectivo compromisso de compra e venda; o valor do contrato, da coisa ou da dívida; o prazo desta; as condições e mais especificações, inclusive os juros, se houver. **2.** ***Direito notarial.*** a) Cartório que tem competência para efetuar diversos tipos de registro; b) livro onde se fazem assentos de várias naturezas (De Plácido e Silva).

REGISTRO NACIONAL DE DEFESA DO CONSUMIDOR (RNDC). ***Direito do consumidor.*** Aquele onde se inscrevem, junto ao Departamento de Proteção e Defesa do Consumidor (DPDC), da Secretaria de Direito Econômico do Ministério da Justiça, entidades privadas, sociedades simples e associações, para servir em defesa dos direitos do consumidor, integrando o Sistema Nacional de Defesa do Consumidor.

REGISTRO PÚBLICO. ***Direito notarial*** e ***direito registrário.*** **1.** Repartição onde se efetuam assentos relativos à vida civil, mercantil ou política de pessoas físicas ou jurídicas (Laudelino Freire). **2.** Designação dada aos serviços registrários, instituídos legalmente, para dar segurança, publicidade, validade, eficácia e autenticidade a atos jurídicos, como: registro público de empresas mercantis; registro civil de pessoas naturais e jurídicas; registro imobiliário; registro de títulos e documentos. **3.** Assento oficial destinado a protocolizar atos e fatos de natureza civil, alusivos às pessoas naturais e jurídicas, a títulos, documentos e imóveis.

REGISTRO PÚBLICO DE EMPRESAS MERCANTIS. ***Direito registrário*** e ***direito comercial.*** É o exercido em todo o território nacional, de forma sistêmica, por órgãos federais e estaduais, com as seguintes finalidades: a) dar garantia, publicidade, autenticidade, segurança e eficácia aos atos jurídicos das empresas mercantis submetidos a registro na forma da lei; b) cadastrar as sociedades empresariais nacionais e estrangeiras em funcionamento no País e manter atualizadas as informações pertinentes; c) assentar contratos ou alterações contratuais de sociedade que envolva sócio incapaz, desde que atendidos os seguintes pressupostos: não exercício da administração da sociedade pelo sócio incapaz; total integralização do capital social; assistência do sócio relativamente incapaz e representação do sócio absolutamente incapaz por seus representantes legais; d) proceder à matrícula dos agentes auxiliares do comércio, bem como ao seu cancelamento. Os atos das organizações destinadas à exploração de qualquer atividade econômica com fins lucrativos, compreendidas as firmas do empresário e as das sociedades empresárias, independentemente de seu objeto, são arquivados no Registro Público de Empresas Mercantis, salvo as exceções previstas em lei. Os serviços do Registro Público de Empresas Mercantis são exercidos, em todo o território nacional, de modo uniforme, harmônico e interdependente, pelo Sistema Nacional de Registro de Empresas Mercantis (SINREM), composto pelos seguintes órgãos: a) Departamento Nacional do Registro do Comércio, órgão central do SINREM, com funções supervisora, orientadora, coordenadora e normativa, no plano técnico, e supletiva, no plano administrativo; b) as Juntas Comerciais, como órgãos locais, com funções executora e administradora dos serviços de registro.

REGISTRO *STRICTO SENSU*. ***Direito registrário.*** Ato subsequente à matrícula do imóvel. Com a individualização do imóvel, passa-se ao registro *stricto sensu*. Seria o registro não só dos atos geradores de aquisição ou transmissão da propriedade, tendo por objeto escrituras de compra e venda, permuta, desapropriação etc. como também dos atos que onerarem ou restringirem o direito de propriedade sobre o imóvel, como: hipoteca, anticrese, locação de prédio com cláusula de vigência, em caso de alienação do imóvel locado, usufruto, compromisso irretratável de compra e venda; penhora, arresto e sequestro de bens. O registro, portanto, é o lançamento efetuado sob a matrícula do bem de raiz, dos atos geradores do domínio e dos que impõem ônus ou estabelecem direitos reais de fruição, de garantia ou de aquisição, restringindo a propriedade imobiliária. Podem ser feitos vários registros do imóvel, partindo-se de sua matrícula, desde que baseados em um título causal. À medida que forem surgindo fatos novos relativos ao bem de raiz, a sua matrícula original sofrerá alterações, mas seu número será mantido. O registro compreende os atos que, anteriormente, abrangiam a transcrição dos títulos de transmissão ou de declaração da propriedade imobiliária, e a inscrição dos títulos constitutivos de ônus reais. Será titular do direito apenas aquele em cujo nome estiver transcrita a propriedade imóvel, ou inscrito o ônus real que recair sobre o bem de raiz. Tecnicamente, não há mais a distinção entre transcrição e inscrição.

REGISTRO TORRENS. ***Direito registrário.*** Especial sistema registrário de propriedade imóvel rural que, mediante sentença transitada em julgado, confere um direito incontestável a quem o fizer, por tornar-se portador de um certificado ou de um título de matrícula que o protege de ulteriores impugnações; por haver presunção *juris et de jure* de certeza de que nenhuma ação pode atingi-lo, exceto a rescisória. Tal registro tem como caracteres: obrigatoriedade para terras devolutas; instituição de processo expurgativo da propriedade, já que o título do domínio que recair sobre o imóvel, que se pretende matricular, será previamente submetido a um processo expurgativo, examinando-se seus elementos materiais e formais, e acautelando-se também direitos de terceiros e publicidade real e não pessoal; vinculação ao princípio da legalidade ou da fé pública; unicidade do título; mobilização da propriedade imobiliária; facilidade de obtenção de créditos a curto prazo; pagamento de taxa de seguro ou de fundo de garantia.

REGRA DE DIREITO. **1.** ***Teoria geral do direito.*** a) Norma jurídica, segundo alguns autores; b) princípio geral de direito, no sentido de comando normativo. **2.** ***Lógica jurídica.*** Proposição jurídica formulada pela ciência do direito, sendo um enunciado sobre a norma jurídica que atesta sua validade, constituindo o sentido de um ato do pensar. Trata-se da formulação lógica que da norma é feita pelo jurista enquanto tal.

REGRA *IN DUBIO PRO MATRIMONIO*. ***Direito civil.*** É aquela em que na hipótese de impugnação à posse do estado de casado, houver dúvidas entre as provas pró e contra a celebração do casamento, que se apresentaram contraditórias, dever-se-á admitir sua existência, se os consortes, cujo casamento se impugna, vivem ou viveram na posse do estado de casados.

REGRA TÉCNICA. **1.** ***Teoria geral do direito.*** É a que se firma pela experiência ou arte com o escopo de indicar o modo mais idôneo para atingir um dado resultado na execução de um trabalho profissional. **2.** ***Direito penal.*** Causa determinante do aumento da pena se o homicídio e a lesão corporal culposos advierem de inobservância de regra de profissão, arte ou ofício.

REGULAÇÃO DE AVARIA GROSSA. ***Direito comercial*** e ***direito processual civil.*** Procedimento de repartir despesas havidas com a avaria grossa (p. ex., coisa alijada para salvação comum; cabos, mastros, velas deliberadamente partidos ou cortados para salvar carga ou navio; resgate da tripulação mandada ao mar em serviço do navio ou carga, por ter sido aprisionada ou retida; despesas de quarentena etc.) entre o proprietário do navio e o da carga nele transportada. Visa a apuração da quota com que os que se beneficiariam com as medidas de salvação em proveito de todos hão de compensar os que sofreram o prejuízo para esse resultado útil, de modo a equiparar o dano entre todos, proporcionalmente ao interesse de cada um (Hugo Simas, Nelson Nery Jr. e Rosa Mª de A. Nery).

REGULAMENTO. **1.** ***Direito administrativo.*** a) Norma administrativa expedida, por meio de decreto ou instrução, pelo chefe do Poder Executivo, pelo Ministro, Secretário de Estado, Secretário de Municípios, na esfera de suas atribuições ou competências, para que haja execução de leis a serem aplicadas pela Administração Pública. É um ato normativo, unilateral, inerente à função administrativa, que, especificando os mandamentos de uma lei não autoaplicável, cria normas jurídicas gerais (Roque Antônio Carrazza); b) norma jurídica geral, abstrata e impessoal, estabelecida pelo Poder Executivo da União, dos Estados e Municípios, para desenvolver uma lei, minudenciando suas disposições, facilitando sua execução ou aplicação. Logo, não pode ampliar ou reduzir o conteúdo da lei que regulamenta, pois lhe é vedado inovar a ordem jurídica, ou seja, criar novo direito ou dever; c) conjunto de preceitos disciplinadores do funcionamento de um órgão da Administração Pública; d) ato administrativo normativo, veiculado por decreto, expedido no exercício da função regulamentar, contendo disposições, dirigidas aos subordinados do editor, disciplinando o modo de aplicação das leis, cuja execução lhe incumbe (Geraldo Ataliba). **2.** ***Direito constitucional.*** Ato normativo unilateral inerente à função administrativa que, especificando os mandamentos de uma lei não autoaplicável, cria normas jurídicas gerais (Roque Antônio Carrazza). **3.** ***Teoria geral do direito.*** Regimento de uma corporação.

REINCIDÊNCIA. **1.** ***Direito penal.*** Recidiva; prática de novo crime por aquele que já foi anteriormente condenado, revelando sua periculosidade e determinando a agravação da pena. A reincidência penal não pode ser considerada como circunstância agravante e, simultaneamente, como circunstância judicial. **2.** ***Direito tributário.*** Nova incidência de um imposto sobre a mesma matéria tributável.

REINGRESSO. **1.** ***Direito do trabalho.*** Readmissão de empregado. **2.** ***Direito administrativo.*** Retorno de servidor público às funções ou ao lugar de onde estava afastado.

REINQUIRIÇÃO. *Direito processual.* Ato de interrogar novamente quem já havia se submetido a uma inquirição.

REIPERSECUTÓRIA. *Direito processual civil.* Ação para obtenção de imóvel em razão de obrigação assumida pelo réu. É a oriunda de relação de direito pessoal, que tem por fim a aquisição de um direito real ou o esclarecimento de dúvidas sobre uma coisa. Por exemplo, a ação anulatória de compra e venda de um imóvel, não cumulada com a reivindicação do prédio vendido, ou ação que pretende compelir o réu a cumprir compromisso de compra e venda de imóvel por não poder reclamar a adjudicação compulsória.

REITOR. 1. *Direito canônico.* Superior de convento de religiosos. 2. *Direito educacional.* Autoridade máxima em uma universidade.

REITORIA. *Direito educacional.* 1. Sala ou repartição do reitor. 2. Jurisdição de reitor. 3. Dignidade de reitor.

REIVINDICAÇÃO. 1. *Direito processual civil.* Ação apropriada para reclamar o direito de propriedade perdido. 2. *Direito falimentar.* Direito que tem o alienante de, em caso de falência, reter a mercadoria vendida até receber o pagamento do preço. 3. *Direito de propriedade industrial.* Parte do processo de registro de propriedade industrial onde se descrevem as particularidades da inovação, estabelecendo-se os direitos do reivindicante e impondo-lhes os limites que forem necessários.

RELAÇÃO *EX LOCATO*. *Direito civil* e *direito comercial.* É aquela que decorre de contrato de locação, vinculando, obrigacionalmente, locador e locatário.

RELAÇÃO JURÍDICA. *Teoria geral do direito.* 1. Vínculo entre pessoas, em razão do qual uma pode pretender um bem a que outra é obrigada (Del Vecchio). 2. É a que indica a respectiva posição de poder de uma pessoa e de dever da outra, ou seja, poder e dever estabelecidos pelo ordenamento jurídico para a tutela de um interesse (Santoro-Passarelli). 3. Relação entre normas, ou seja, entre o dever jurídico e o direito reflexo que lhe corresponde, sendo este último o dever jurídico, isto é, a própria norma jurídica; não há, na realidade, nenhuma relação entre o dever jurídico e o direito reflexo (Kelsen). 4. Relação entre uma pessoa e uma coisa (direito real); entre duas pessoas (direito pessoal); entre uma pessoa e determinado lugar (domicílio) (Von Tuhr). 5. Relação social regulada pelo direito objetivo (Francisco dos Santos Amaral Neto).

RELAÇÃO JURÍDICA OBRIGACIONAL. *Direito civil.* Vínculo pelo qual o credor pode reclamar do devedor certa prestação de dar, de fazer ou de não fazer.

RELAÇÃO JURÍDICA PROCESSUAL. *Direito processual.* 1. Relação que se forma entre autor e réu (Kohler). 2. Relação que existe entre autor-juiz e juiz-réu (Hellwig). 3. Relação que se constitui entre as partes (autor e réu) e juiz (Bullow). 4. Vínculo decorrente da instauração do processo.

RELAÇÕES EXTERIORES. 1. *Direito administrativo.* Órgão ou Ministério que controla toda a atividade diplomática e consular do país. 2. *Direito internacional público.* a) Objeto da diplomacia; b) atividade estatal ligada ao convívio com outras nações, para atender a interesses comuns.

RELATIVAMENTE INCAPAZ. *Vide* INCAPACIDADE RELATIVA.

RELATOR. 1. Na *linguagem jurídica* em geral: a) defensor e expositor de uma tese em universidade ou congresso; b) aquele que faz um relatório; c) o que apresenta por escrito parecer sobre um projeto de lei para ulterior deliberação. 2. *Direito processual.* Magistrado, integrante de um tribunal, incumbido de relatar o feito, por escrito, após estudá-lo, para orientar seus pares no julgamento do caso.

RELATÓRIO. 1. Na *linguagem jurídica* em geral: a) narração verbal ou escrita de um fato; b) exposição escrita sobre um projeto de lei, apresentando argumentos a favor ou contra sua aprovação. 2. *Direito administrativo.* a) Descrição minuciosa sobre fato ocorrido na gerência de Administração Pública; b) terceira fase do processo administrativo, que consiste em uma indicação da lei violada, e exposição pormenorizada do fato pela Comissão Processante, que é remetida ao órgão que vai julgar o caso, baseado no critério da conveniência e oportunidade (José Cretella Jr.). 3. *Direito civil* e *direito comercial.* Exposição circunstanciada das atividades de uma sociedade simples ou empresária. 4. *Ciência política.* Explanação dos trabalhos de uma comissão parlamentar ou assembleia. 5. *Direito processual penal.* Resumo feito pelo juiz, após o interrogatório do réu, do processo que será julgado pelo júri. 6. *Direito processual.* a) Parte inicial da sentença que qualifica as partes, expõe o pedido e a defesa e contém o resumo dos fundamentos apresentados; b) exposição escrita feita pelo relator do processo, após a análise do caso, que será apreciado pelo tribunal.

RELAXAMENTO DE PRISÃO. *Direito processual penal.* 1. Ato de colocar indiciado em liberdade, quando o inquérito policial não terminar no prazo de dez dias, desde que ele tenha sido preso em flagrante, ou preventivamente, contado o prazo, nesta hipótese, a partir do dia em que se executou a ordem de prisão, ou no prazo de trinta dias, quando estiver solto, mediante fiança ou sem ela. 2. Trata-se da soltura ou suspensão de uma pena ou prisão quando: a) se verificar que o acusado praticou o ato em legítima defesa, estado de necessidade, estrito cumprimento do dever legal, e exercício regular do direito; b) o réu se livra solto, em caso de infração que não for isolada, cumulativa ou alternativamente cominada com pena privativa de liberdade ou com pena que, no máximo, não excede a três meses; c) couber fiança, sendo a infração punida com detenção ou prisão simples.

RELICITAÇÃO. ***Direito processual civil.*** **1.** Ato ou efeito de licitar novamente. **2.** Nova licitação. **3.** Ato pelo qual um licitante vem a cobrir o valor de um lanço que fez em hasta pública.

RELOTAÇÃO. ***Direito administrativo.*** Remoção de funcionário do cargo que ocupa para outro idêntico em outra repartição pública (José Cretella Jr. e Themístocles Brandão Cavalcanti).

RELOTEAMENTO. ***Direito urbanístico* e *direito agrário.*** Remanejamento de loteamentos urbanos ou rurais feito por firmas especializadas, alterando o projeto, refazendo-o, em razão de imposição legal, econômica, ambiental ou administrativa (Fernando Pereira Sodero).

REMÉDIO CONSTITUCIONAL. ***Direito constitucional.*** Instrumento jurídico-processual que tem por fim garantir os direitos fundamentais, como o *habeas corpus*, *habeas data*, mandado de injunção, mandado de segurança, ação popular e ação civil pública (Cláudio P. de Souza Neto).

REMÉDIO JURÍDICO. **1.** Meio lícito utilizado para fazer atuar o direito objetivo e restabelecer a ordem jurídica. **2.** Medida que tem por escopo a composição de interesses conflitantes. **3.** Meio previsto em norma jurídica para reparar um dano.

REMEMBRAMENTO. **1.** ***Direito agrário.*** Processo que tem por escopo a correção dos efeitos negativos da pulverização ou dispersão de terras agricultáveis. Tal processo denomina-se também "reagrupamento da propriedade fundiária" (J. Motta Maia). **2.** ***Direito registrário.*** Reunião de dois ou mais prédios para fixação de seus limites.

REMESSA. **1.** ***Direito comercial.*** a) Partida de mercadoria; b) envio de mercadoria. **2.** ***Direito cambiário.*** Ato pelo qual o detentor da letra de câmbio a envia ao local de pagamento. **3.** ***Direito bancário.*** Ato de remeter soma em dinheiro para crédito em conta corrente. **4.** Na ***linguagem jurídica*** em geral, pode significar: a) ato ou efeito de enviar; b) objeto que foi remetido.

REMETENTE. **1.** Aquele que envia algo. **2.** Expedidor. **3.** A pessoa natural ou jurídica, indicada no conhecimento individual de carga, emitido pela empresa de transporte expresso internacional, que envia remessa expressa a destinatário em outro país.

REMIÇÃO. *Vide* RESGATE.

REMIDO. **1.** ***História do direito.*** Alforriado; pessoa escravizada que foi libertada do cativeiro. **2.** ***Direito civil.*** a) Bem resgatado ou liberado de ônus real; b) associado ou sócio que está isento de pagar contribuições, por ter pago de uma só vez uma quantia, durante um lapso temporal, ou por ter obtido certo número de pontos como representante da associação em competições desportivas.

REMISSÃO. **1.** ***Direito civil.*** Perdão. **2.** ***Direito da criança e do adolescente.*** Ato de o Ministério Público, antes de iniciado o procedimento judicial para apuração do ato infracional praticado por menor, conceder indulgência, como forma de exclusão do processo, atendendo não só às circunstâncias e consequências do fato ao contexto social, bem como à personalidade do adolescente e sua maior ou menor participação no ato infracional. **3.** ***Medicina legal.*** Melhora temporária havida no curso de uma moléstia. **4.** ***Direito autoral.*** Fórmula usada pelo autor que remete o leitor a um texto legal, a um verbete, a uma citação, a um índice, a uma nota etc.

REMISSO. **1.** ***Direito administrativo.*** Funcionário público que, por inércia ou negligência, deixa de recolher valores ao cofres do Estado (José Cretella Jr.). **2.** ***Direito penal.*** Aquele que pratica desfalque, desviando bens que estão sob sua responsabilidade. **3.** ***Direito civil.*** Beneficiário do perdão; aquele que foi perdoado.

REMOÇÃO. **1.** ***Direito administrativo.*** Ato pelo qual se opera o deslocamento de um funcionário público de uma repartição para outra, no âmbito do quadro a que pertence, a pedido seu ou de ofício, não havendo mudança de cargo. **2.** ***Direito civil.*** a) Ato de destituir curador ou tutor; b) exoneração; c) substituição de uma pessoa investida em algum múnus público, designando-se outra.

REMUNERAÇÃO. **1.** ***Direito do trabalho.*** a) Pagamento esporádico a que faz jus o empregado, apesar de não estar incluído no salário, por ter sido ajustado no contrato trabalhista (Othon Sidou); b) salário; c) totalidade dos pagamentos efetuados pelo empregador, periodicamente, ao empregado, incluindo salário, comissão, prêmio, abono, gratificação, diárias para viagem, adicionais, gorjetas etc. (Amauri Mascaro Nascimento). **2.** ***Direito administrativo.*** Vencimento de funcionário público. **3.** ***Direito militar.*** Soldo. **4.** ***Direito civil.*** a) Contraprestação de locação de serviços; b) aluguel; c) renda.

RENDA. **1.** ***Economia política.*** O que se acrescenta a um patrimônio, por ter sido por ele produzido periodicamente. **2.** ***Direito agrário.*** Aluguel de terra; produto rural ou de propriedade agrária que é objeto de contrato de arrendamento. **3.** ***Direito tributário.*** Remuneração líquida obtida, em atividade econômica ou profissional, por pessoa natural ou jurídica no ano anterior, sujeita ao imposto sobre a renda. **4.** ***Direito civil.*** a) Produto anual ou mensal de propriedade urbana e de bens móveis; b) pensão; c) prestação em dinheiro que alguém recebe, periodicamente, daquele a quem, para esse efeito, entregou capital (Clóvis Beviláqua). **5.** ***Direito bancário.*** Juro oriundo da aplicação de capital. **6.** ***Direito financeiro.*** a) Receita; b) o que é recebido pelo erário em razão de taxas, impostos, emolumentos, multas etc.

RENDEIRO. 1. ***Direito agrário.*** Arrendatário; aquele que arrenda imóvel rural. **2.** ***Direito civil.*** Devedor da renda; censuário. **3.** ***Direito comercial.*** Fabricante ou vendedor de rendas. **4.** ***História do direito.*** Arrematante de determinadas rendas tributárias, por concessão especial do Poder Público.

RENDIÇÃO. 1. ***Direito militar*** e ***direito internacional público.*** Ato ou efeito de capitular, submetendo-se ao adversário vencedor, ou de dar-se por vencido. **2.** ***História do direito.*** Resgate.

RENDIMENTO. 1. ***Direito do trabalho.*** a) Remuneração pelo trabalho assalariado; b) produtividade de um operário em uma empresa. **2.** ***Direito comercial.*** a) Resultado do trabalho de uma empresa, em unidades de operação; b) efeito útil de máquina industrial; c) lucro. **3.** ***Direito tributário.*** Totalidade do que o contribuinte do imposto sobre a renda percebeu durante o ano-base, para efeito de tributação. **4.** ***Direito civil.*** Fruto civil como aluguel, renda percebida pela aplicação do capital, juro, foro etc. **5.** ***Direito militar.*** Ato ou efeito de render-se. **6.** ***Medicina legal.*** Luxação de osso. **7.** ***Direito financeiro.*** Receita percebida pelo Poder Público. **8.** ***Direito agrário.*** Frutos e produtos advindos de exploração agropecuária ou de indústria extrativa vegetal ou animal. **9.** ***Direito administrativo.*** Vencimento, soldo e pensão, pagos pelo erário. **10.** ***Direito bancário.*** Produto de uma aplicação financeira (Luiz Fernando Rudge).

RENDIMENTO BRUTO. Totalidade de uma renda sem desconto ou dedução de despesas.

RENDIMENTO LÍQUIDO. Renda já amortizada ou que sofreu deduções para atender a pagamento de despesas.

RENDIMENTO TRIBUTÁVEL. ***Direito tributário.*** **1.** Rendimento sujeito à incidência de tributo. **2.** Rendimento bruto sobre o qual recai o Imposto de Renda, abrangendo produto do trabalho, do capital, de pensões, de proventos etc.

RENDU DELIVERED. ***Direito internacional privado.*** Venda no destino, que abrange as vendas que abarcam negócios efetuados por via aérea, terrestre ou marítima, em que o risco da mercadoria correrá por conta do vendedor até que esta seja entregue ao comprador.

RENDU DROITS ACQUITTÉS. ***Direito internacional privado.*** Cláusula que é própria da venda no destino, mas em local convencionado dentro do país de importação, de modo que o vendedor assumirá os encargos oriundos da importação da mercadoria, transferindo o risco e a propriedade com a entrega da mercadoria vendida, já tendo sido paga a alfândega pelo vendedor.

RENDU FRONTIÈRE. ***Direito internacional privado.*** Cláusula inserida na venda no destino pela qual o vendedor terá o dever de entregar a mercadoria, pondo-a à disposição do comprador, no local de entrega convencionado na fronteira, na data avençada contratualmente, fornecendo ao comprador um certificado de armazenamento, um bônus de entrega ou outro documento hábil para que o comprador possa retirar a mercadoria que lhe foi entregue, suportando nesse período todos os riscos e as despesas em que a mercadoria incorrer, inclusive custos de carregamento, de manutenção e de alfândega, impostos internos, taxas sobre bens de consumo, taxa de estatística, licença de exportação, frete, embalagem, operações de verificação e descarregamento no ponto-fronteira.

RENOVAÇÃO DA AÇÃO. 1. ***Direito processual civil.*** Ato de o autor intentar, de novo, a ação, em caso de extinção do processo, sem resolução do mérito, salvo quando o magistrado acolher a alegação de perempção, de litispendência ou de coisa julgada. **2.** ***Direito processual penal.*** Novo exercício da ação penal em caso de rejeição de denúncia ou queixa, desde que promovida por parte legítima ou satisfeita a condição que faltou anteriormente.

RENTING. ***Termo inglês.*** Arrendamento feito diretamente com o fabricante, dispensando-se o intermediário, por dizer respeito a produtos de grande aceitação no mercado, embora tendam a se tornar obsoletos em pouco tempo, como, por exemplo, certos artigos eletrônicos, computadores, eletrodomésticos, equipamentos técnicos etc. É o contrato a que se liga a cláusula de assistência técnica aos bens alugados, não sendo necessário o pacto de reserva do direito de opção para a compra dos bens. Mas nada obsta que haja cláusula contratual possibilitando que o locatário adquira o bem no final da locação. É uma locação a curto prazo, em que o locador se obriga a dar assistência técnica e transporte, além de arcar com o ônus do seguro. Tal contrato pode ser rescindido a qualquer tempo pelo arrendatário, desde que haja aviso prévio.

RENÚNCIA. 1. Desistência de algum direito ou ao seu exercício. **2.** Ato voluntário pelo qual alguém abre mão de alguma coisa ou direito próprio. **3.** Perda voluntária de um bem ou direito.

RENÚNCIA ABDICATIVA. ***Direito civil.*** Cessão gratuita, pura e simples de herança feita indistintamente a todos os coerdeiros.

RENÚNCIA TRANSLATIVA. *Direito civil.* Renúncia em que o cedente desiste de seu quinhão hereditário em favor de certa pessoa, devidamente individualizada. Trata-se da aceitação da herança e de sua alienação, mediante doação, à pessoa indicada, de sua cota hereditária.

REPARAÇÃO. 1. Ato ou efeito de reparar o dano patrimonial ou moral causado a outrem. **2.** Retratação, desdizendo ofensas. **3.** Indenização. **4.** Renovação. **5.** Reforma. **6.** Restauração. **7.** Ato de conservar a coisa. **8.** Restabelecimento da coisa ao estado anterior.

REPARAÇÃO ESPECÍFICA. *Direito civil.* Reparação que consiste em fazer com que as coisas voltem ao estado que teriam se não houvesse ocorrido o evento danoso. É a reposição ao *statu quo ante* ou reparação *in natura*.

REPARAÇÃO *IN NATURA*. *Vide* REPARAÇÃO ESPECÍFICA.

REPARAÇÃO POR EQUIVALENTE. *Direito civil.* Indenização entendida como remédio sub-rogatório, de caráter pecuniário, do interesse atingido. Tal reparação jurídica se traduz por pagamento do equivalente em dinheiro. Compensa-se o prejuízo sofrido em razão do dano.

REPARTIÇÃO. 1. *Economia política.* a) Distribuição conforme a proporção da contribuição de cada um dos fatores de produção, cuja totalidade constitui a "renda nacional"; remuneração pela participação no processo produtivo; b) conjunto de normas relativas à remuneração dos fatores de produção, ou seja, do trabalho, do capital, da matéria-prima e da organização; c) pagamento de transferência, correspondente às subvenções, pensões, aposentadorias, benefícios previdenciários etc. (Ana Maria Ferraz Augusto). **2.** *Direito civil.* a) Partilha; b) rateio; c) distribuição das partes de um todo a quem de direito; d) divisão do bem em partes iguais, salvo se condicionada à proporção dos direitos de cada proprietário; e) quinhão. **3.** *Direito administrativo.* a) Órgão administrativo; b) secretaria onde se trata de negócio público. **4.** *Direito comercial.* a) Operação pericial pela qual se avalia avaria comum, calculando a soma ou cota que cada parte deve pagar ou receber a título de indenização; b) rateio de avarias grossas.

REPASSE. 1. *Direito agrário.* a) Última colheita de algodão; b) catação dos frutos caídos de um cafezal como profilaxia contra a broca-do-café; c) ato de montar um cavalo, antes de adquiri-lo, para averiguar suas qualidades; d) ato de montar uma cavalgadura, após ser domada, verificando se ela obedece ao freio. **2.** *Direito cambiário.* Operação de câmbio. **3.** *Direito financeiro.* Transferência, total ou parcial, de um crédito orçamentário para uma unidade administrativa subordinada (Othon Sidou). **4.** *Direito bancário.* Operação de crédito entre agente financeiro e mutuário, com recursos decorrentes da operação de empréstimo. **5.** *Direito administrativo.* Instrumento administrativo por meio do qual a transferência dos recursos financeiros se processa por intermédio de instituição ou agente financeiro público federal, atuando como mandatário da União.

REPATRIAÇÃO. *Direito internacional privado.* **1.** Ato de regressar à pátria. **2.** Ato pelo qual o Consulado assegura, às expensas do Estado, a volta de soldado, indigente ou marinheiro que se encontra sem recurso no exterior.

REPERCUSSÃO GERAL DAS QUESTÕES CONSTITUCIONAIS. *Direito processual.* Requisito obstativo de conhecimento de recursos extraordinários e respectivos agravos perante o STF. É um requisito de admissibilidade dos recursos extraordinários junto ao STF, que pode ser recusado pela manifestação de pelo menos 2/3 de seus membros.

REPETIÇÃO DO INDÉBITO. 1. *Direito civil.* a) Direito do lesado de exigir o que pagou a mais por erro ou boa-fé; b) devolução da quantia paga indevidamente por aquele que a recebeu, ante a proibição do enriquecimento sem causa. **2.** *Direito do consumidor* e *direito processual civil.* Ação judicial pela qual o consumidor que foi cobrado indevidamente pleiteia a repetição do indébito, por valor igual ao dobro do que pagou em excesso, acrescido de juros e correção monetária.

REPORT. *Termo inglês.* **1.** Operação de Bolsa em que o investidor compra título à vista para revendê-lo a termo ao mesmo vendedor, especulando na alta (Othon Sidou). **2.** Diferença entre a cotação à vista e a cotação a termo de determinados valores, na Bolsa, quando a segunda é superior à primeira. **3.** Laudo.

REPOSIÇÃO. 1. Na *linguagem jurídica* em geral, é: a) ato ou efeito de repor; b) restituição; c) retorno ao estado anterior. **2.** *Direito administrativo.* Devolução feita ao erário, pelo servidor público, de determinado *quantum*, em razão de recebimento indevido ou de indenização indevida, em parcelas mensais não superiores à décima parte de sua remuneração.

REPOUSO SEMANAL REMUNERADO. *Direito do trabalho.* Descanso de um dia por semana, em regra aos domingos, assegurado ao trabalhador, salvo se houver necessidade ou conveniência pública.

REPRESÁLIA. *Direito internacional público.* Medida coercitiva tomada por um país ofendido em razão de atos lesivos praticados por outro, com o objetivo de impor a este respeito ao seu direito ou ao de seus súditos, forçando, ainda, a reparação dos danos que causou. É, portanto, a resposta coercitiva a um ilícito internacional.

REPRESENTAÇÃO. **1.** ***Direito civil.*** a) Ato pelo qual o representante legal age em nome do absolutamente incapaz nos atos da vida civil; b) ato ou efeito de o mandatário representar mandante; c) convocação legal para suceder em lugar de outro herdeiro, parente mais próximo do finado, mas anteriormente premorto, ausente ou incapaz de suceder no instante em que se abre a sucessão. **2.** ***Direito autoral.*** Contrato entre o autor de uma obra intelectual e um empresário, pelo qual este último, mediante remuneração a ser paga ao primeiro, recebe autorização para explorar comercialmente a obra, apresentando-a em espetáculo ou audição pública. **3.** ***Direito administrativo.*** a) Quantia ou verba reservada ao custeio de despesas no exercício de cargo público. Tal verba é acrescida aos vencimentos do funcionário; b) denúncia de ato administrativo ilegal (Geraldo Magela Alves); c) petição de alguém que visa, em um processo administrativo, defender direito subjetivo contra abuso de autoridade (Jessé Torres Pereira Jr.). **4.** ***Direito processual penal.*** a) Manifestação da vontade do cônjuge, ascendente, descendente ou irmão do ofendido morto ou declarado ausente para instaurar inquérito policial ou promover a ação penal pública condicionada; b) queixa apresentada à autoridade policial pela vítima ou por seu representante legal, dando origem à denúncia nos crimes de ação pública. **5.** ***Ciência política.*** a) Ato de exercer o poder legislativo em nome da nação; b) conjunto de parlamentares componentes das assembleias eleitas de um país democrático representativo; c) delegação, feita pelo povo, de seus poderes, por meio do voto, àqueles que forem eleitos para exercer em seu nome as funções dos órgãos eletivos. **6.** ***Direito comercial.*** Contrato pelo qual pessoa natural ou jurídica se obriga, mediante retribuição, a realizar certos negócios, em zona determinada, com caráter de habitualidade, em favor e por conta de outrem, sem subordinação hierárquica. Trata-se da agência ou representação comercial. **7.** Na ***linguagem jurídica*** em geral, designa, ainda, reclamação escrita contra qualquer fato dirigida à autoridade competente. **8.** ***Filosofia geral.*** a) Ato pelo qual se faz ver um objeto presente ao intelecto (Taine e Renouvier); b) ato de representar ou pensar uma matéria, organizando-a em categorias (Hamelin); c) fato de representar coisa ou pessoa (Leibniz); d) fantasia intelectual ou sensível (Aristóteles); e) apreensão sensível; f) ideia (Locke e Hume); g) apreensão geral, conceitual ou intuitiva (Kant). **9.** ***Psicologia forense.*** a) Apreensão de um objeto presente; b) reprodução, na consciência, de percepção passada; recordação; c) antecipação de acontecimento futuro; d) imaginação; e) alucinação (José Ferrater Mora). **10.** ***Direito previdenciário.*** É o documento pelo qual uma autoridade ou órgão do Poder Público, ao tomar ciência de irregularidade praticada no âmbito da entidade fechada de previdência complementar ou de seus planos de benefícios, comunica o fato à Secretaria de Previdência Complementar em relatório circunstanciado, para registro e apuração.

REPRESENTAÇÃO COMERCIAL. *Vide* AGÊNCIA COMERCIAL.

REPRESENTAÇÃO CONVENCIONAL. ***Direito civil.*** Trata-se da representação negocial, contratual ou voluntária, constituída por mandato, no qual o mandante confere poderes ao mandatário para que este, em seu nome, pratique atos ou administre interesses. É o mandante quem contrai as obrigações e adquire os direitos como se tivesse participado pessoalmente no negócio jurídico.

REPRESENTAÇÃO DA PARTE. ***Direito processual civil.*** Capacidade postulatória; ofício do advogado habilitado que postula em juízo em nome de seu constituinte, defendendo seus interesses na relação processual.

REPRESENTAÇÃO DIRETA. ***Direito civil.*** **1.** Trata-se da representação própria, por ser aquela em que o representante ou mandatário age em nome do representado ou mandante. **2.** É a representação direta em que aparece, nas relações com terceiros, como parte no negócio o interessado e não o representante pessoalmente (Eduardo Espínola).

REPRESENTAÇÃO INDIRETA. ***Direito civil.*** Representação de interesses ou representação mediata, que se dá quando o representante, nas relações com terceiros, age em seu próprio nome e por conta do representado, para atender a interesses deste. Nesta hipótese, o mandante não pode acionar o que contratou com o mandatário nem este contra o mandante, uma vez que o procurador ficará diretamente obrigado para com aquele com quem contratou, como se o negócio efetuado fosse seu. O vínculo obrigacional se deu entre mandatário e terceiro com quem contratou; logo, este só pode responsabilizar o próprio mandatário em caso de inadimplemento. O mandante pode acionar o mandatário infiel, que, aceitando procuração, veio a efetivar negócio em seu próprio nome, auferindo vantagens para si mesmo.

REPRESENTAÇÃO LEGAL. ***Direito civil.*** Representação necessária, por decorrer de imposição legal em razão da incapacidade absoluta do representado para a prática de atos da vida civil. Assim sendo, o absolutamente incapaz é representado pelos pais ou tutor em todos os atos jurídicos, ante a impossibilidade de poder, por si só, reger sua pessoa, prover seu próprio interesse e administrar seus bens.

REPRESENTAÇÃO ORGÂNICA. ***Direito civil.*** Dá-se quando um sujeito, pela função do órgão externo, atua no âmbito de uma pessoa jurídica ou de uma sociedade de fato ou não personificada, investido do poder de manifestar, perante outrem, uma vontade contratual que é a da entidade (Guido Alpa).

REPRESENTAÇÃO SUBSEQUENTE. *Direito processual.* Representação estabelecida após o ato praticado pelo representante em caso de urgência sem procuração *ad judicia*, que deverá ser, então, exibida dentro de quinze dias.

REPRISTINAÇÃO. *Teoria geral do direito.* Restauração eficacial de norma revogada, que só é possível se houver expressa disposição normativa nesse sentido.

REPRODUÇÃO HUMANA ASSISTIDA. *Biodireito e medicina legal.* Manipulação em laboratório de componentes genéticos da fecundação, que pode dar-se por inseminação artificial homóloga ou heteróloga, inoculando-se, na mulher, sêmen do marido ou de terceiro, ou por ectogênese ou fertilização *in vitro*, que pode ser homóloga, se feita com componentes genéticos advindos do casal, ou heteróloga, se com material fertilizante de terceiro (sêmen do marido e óvulo de outra mulher; sêmen de terceiro e óvulo da esposa; sêmen e óvulo de estranhos), cujo embrião pode ser implantado no útero da esposa ou de terceira pessoa. A inseminação artificial processa-se mediante o método GIFT (*Gametha Intra Fallopian Transfer*), por ser fecundação *in vivo*, ou seja, inoculação do sêmen na mulher sem que haja qualquer manipulação externa de óvulo ou de embrião. A fertilização *in vitro* concretiza-se pelo método ZIFT (*Zibot Intra Fallopian Transfer*), que consiste na retirada do óvulo da esposa ou de outra mulher para fecundá-la na proveta, com sêmen do marido ou de outro homem, para depois introduzir o embrião no seu útero ou no de outra.

REPÚBLICA. **1.** *Direito civil.* Local onde mora um grupo de estudantes. **2.** *Ciência política.* a) Forma de governo em que os cargos políticos são preenchidos periodicamente, mediante eleição do povo (Marcus Cláudio Acquaviva); b) governo em que o poder, temporário, em esferas essenciais do Estado, pertence ao povo ou a um parlamento que o representa (Celso Bastos); c) coisa pública; d) forma de governo pela qual o povo exerce sua soberania por meio de representantes por ele eleitos por um prazo determinado (Thomas Cooley); e) tipo de governo, fundado na igualdade formal das pessoas, em que os detentores do poder político exercem-no em caráter eletivo, representativo, transitório e com responsabilidade (Roque Antônio Carrazza).

REPÚBLICA FEDERATIVA. *Ciência política.* **1.** Diz-se daquela que tem o território dividido em subestados, províncias ou Estados federados, que, por sua vez, podem subdividir-se em Municípios, tendo, a União, a soberania nacional (José Náufel). **2.** Conjunto de Estados-membros reunidos em uma Federação, compondo o Estado soberano.

REPUTAÇÃO. **1.** Na *linguagem jurídica* em geral, tem o sentido de: a) fama; b) renome; c) opinião pública sobre as qualidades de uma pessoa; d) bom ou mau nome. **2.** *Direito penal.* Fama que uma pessoa tem em razão de seus méritos profissionais ou éticos, cuja difamação imputando-lhe fato ofensivo constitui crime, apenável com detenção e multa (Othon Sidou). **3.** *Direito comercial.* a) Avaliação da qualidade de uma mercadoria; b) estimação da mercadoria pelo maior preço.

REQUERIMENTO. **1.** Ato ou efeito de requerer algo judicial ou extrajudicialmente. **2.** Petição. **3.** Ato pelo qual se solicita, a uma autoridade, a tomada de alguma providência, a execução de alguma coisa ou a satisfação de algum interesse ou pretensão.

REQUISIÇÃO ADMINISTRATIVA. *Direito administrativo e direito civil.* Ato pelo qual o Estado, em proveito de um interesse público, constitui alguém, de modo unilateral e autoexecutório, na obrigação de prestar-lhe um serviço ou ceder-lhe, transitoriamente, o uso de uma coisa, obrigando-se a indenizar os prejuízos que tal medida efetivamente acarrete ao obrigado (Celso Antônio Bandeira de Mello).

RESCINDÊNCIA. **1.** Rescisão. **2.** Ato de rescindir algo. **3.** Dissolução contratual. **4.** Ruptura de contrato em que houve lesão (Orlando Gomes).

RESCISÃO. **1.** Retirada da eficácia jurídica de um ato, um contrato ou uma sentença. **2.** Cessação de uma relação jurídica contratual. **3.** Rompimento de convenção.

RES DERELICTAE. *Locução latina.* Coisa abandonada.

RES DUBIA. *Locução latina.* Coisa duvidosa.

RESERVA DE DOMÍNIO. *Direito civil.* Cláusula estipulada em contrato de compra e venda, em regra de coisa móvel infungível, em que o vendedor reserva para si a sua propriedade e a posse indireta até o momento em que se realize o pagamento integral do preço. É muito comum esse pacto nas vendas a crédito, com investidura do adquirente, desde logo, na posse direta do objeto alienado, subordinando-se a aquisição do domínio à solução da última prestação. Trata-se de condição suspensiva, em que o evento incerto e futuro é o pagamento integral do preço; suspende-se a transmissão da propriedade até que se tenha o implemento da condição. Efetuado o pagamento integral do preço ajustado, a transferência do domínio opera-se automaticamente. Logo, se o preço não é pago integralmente, o comprador não adquire a propriedade, e o vendedor pode optar entre a reclamação do preço e a recuperação da coisa por meio de ação de reintegração de posse.

RESERVA DE USUFRUTO. *Direito civil.* Cláusula imposta por lei à doação universal para que ela tenha validade. Logo, não vale a doação de todos os bens, sem reserva de renda suficiente para a subsistência do doador. A adoção da reserva de usufruto como condição de validade da doação universal visa proteger a pessoa do doador, assegurando-lhe meios de subsistência, uma vez que o usufruto se caracteriza por sua vinculação à pessoa, sendo proibida sua alienação a terceiros e não se transmitindo por morte do usufrutuário a seus herdeiros. Assim sendo, morto o titular, extinguir-se-á o usufruto.

RESERVA FLORESTAL. *Direito ambiental.* Gleba que, além de ficar sob a fiscalização do Poder Público, é destinada à conservação da fauna e da flora de uma região. Tal área fica fora do comércio ou da derrubada de matas, mas permite-se o corte de certas árvores, desde que haja autorização do governo e para fins científicos.

RESERVA LEGAL. 1. *Direito comercial.* a) Fundo de reserva a que, por lei, estão obrigadas a ter as sociedades anônimas; b) parcela do lucro líquido obtido por uma sociedade empresária destinada, por lei, ao pagamento de despesas previstas ou imprevistas, para compensar prejuízos ou para fazer frente a perdas que, porventura, possam advir. Com isso, assegura-se a integridade do capital social. **2.** *Direito ambiental.* a) Proibição legal de desmatamento ou de exploração de área florestal situada nas regiões Norte e Centro-Oeste, em sua parte norte, por compreender a floresta nativa da Bacia Amazônica; b) área florestal de, no mínimo, 20% de cada propriedade, onde não é permitido o corte raso, e que deve ser averbada à margem da matrícula do imóvel no Registro de Imóveis competente, sendo vedada a alteração de sua destinação, nos casos de transmissão a qualquer título ou de desmembramento da área. Nas propriedades onde a cobertura arbórea se constitui de fitofisionomias florestais, como na Amazônia Legal, não é admitido o corte raso em, pelo menos, 80% dessas tipologias florestais, que, ouvido o Conselho Estadual do Meio Ambiente, poderá ser reduzido para até 50%; c) área localizada no interior de uma propriedade ou posse rural, correspondente a 80% das florestas, 35% de cerrado, 20% de campos gerais, se localizada na Amazônia Legal, e 20% se situada nas demais regiões do país, com a função de assegurar o uso econômico de modo sustentável dos recursos naturais do imóvel rural, auxiliar a conservação e reabilitação dos processos ecológicos e promover a conservação da biodiversidade e o abrigo e proteção de fauna silvestre e flora nativa. **3.** *Direito constitucional.* a) Previsão constitucional para que certos direitos e obrigações, pela sua relevância, somente possam ser criados, alterados ou extintos por ato legislativo (José Carlos Francisco); b) reserva de que ninguém pode ser obrigado a fazer ou deixar de fazer algo, senão em virtude de lei. **4.** *Direito penal.* Reserva que prevê que não há crime sem lei anterior que o defina nem pena sem prévia cominação legal.

RESERVA MENTAL. *Direito civil* e *direito comparado.* Emissão de uma intencional declaração não querida em seu conteúdo, tampouco em seu resultado, pois o declarante tem por único objetivo enganar o declaratário. Por exemplo, no ato de emprestar dinheiro a alguém que pretende suicidar-se, não se tem por escopo efetivar o contrato de mútuo, mas ajudar aquela pessoa, enganando-a. Na reserva mental, o agente quer algo e declara, conscientemente, coisa diversa, para, eventualmente, poder alegar o erro em seu proveito, enganando o outro contratante, sendo ineficaz, por não atingir a validade do negócio jurídico. Para Nelson Nery Jr., a reserva mental apresenta dois elementos constitutivos: a declaração não querida em seu conteúdo e o propósito de enganar o declaratário ou mesmo terceiro alheio ao ato negocial. É, portanto, a celebração de um ato negocial, sem que haja a *intentio* de se obrigar ou de criar direito, pois o declarante apenas procura iludir aquele a quem se dirige. Designa-se, também, "reserva íntima" ou "reticência".

RESERVA PARTICULAR DO PATRIMÔNIO NATURAL (RPPN). *Direito ambiental.* Área de domínio privado que deve ser especialmente protegida, por iniciativa de seu proprietário, mediante reconhecimento do Poder Público, por ser considerada de relevante importância pela sua biodiversidade, ou pelo seu aspecto paisagístico, ou, ainda, por suas características ambientais que justifiquem ações de recuperação. A RPPN tem por objetivo a proteção dos recursos ambientais representativos da região e pode ser utilizada para o desenvolvimento de atividades de cunho científico, cultural, educacional, recreativo e de lazer, que devem ser autorizadas ou licenciadas pelo órgão responsável pelo reconhecimento da RPPN e executadas de modo a não comprometer o equilíbrio ecológico ou colocar em perigo a sobrevivência das populações das espécies ali existentes, observada a capacidade de suporte da área. Somente é permitido no interior da RPPN a realização de obras e de infraestrutura que sejam compatíveis e necessárias às atividades acima mencionadas. A área é reconhecida como Reserva Particular do Patrimônio Natural por iniciativa de seu proprietário e mediante portaria do Instituto Brasileiro do Meio Ambiente e dos Recursos Naturais Renováveis (Ibama), na esfera federal.

RESERVA TÉCNICA. *Direito civil.* Reserva constituída com parte das rendas auferidas ou dos prêmios recebidos pelas sociedades de seguros terrestres e marítimos para garantia da execução das responsabilidades assumidas por elas, abrangendo os riscos não expirados e os sinistros não liquidados (De Plácido e Silva). É, portanto, o fundo constituído pela seguradora para garantir suas operações. Tal reserva poderá ser levantada com a extinção do contrato, com o pagamento da indenização, ou sem pagamento, por exemplo, pela ocorrência da prescrição.

RESGATE. 1. ***Direito civil.*** a) Remição; liberação do bem garantido do ônus real (hipoteca, por ex.); b) extinção de dívida, pelo seu pagamento. 2. ***História do direito.*** a) Alforria; libertação de pessoa escravizada; b) quantia que era paga para libertar pessoa escravizada; c) local onde, por dinheiro, se libertavam os cativos ou as mercadorias. 3. ***Direito administrativo.*** Encampação. 4. ***Direito cambiário.*** Direito que tem o responsável pelo título cambial de pagá-lo antes do vencimento. 5. ***Direito comercial.*** Ato de pagar o valor das ações societárias para sua retirada de circulação (Geraldo Magela Alves). 6. ***Direito previdenciário.*** É o direito garantido aos segurados e beneficiários de, durante o período de diferimento e na forma regulamentada, retirar os recursos da provisão matemática de benefícios a conceder. Instituto que faculta ao participante o recebimento de valor decorrente do seu desligamento do plano de benefícios. O exercício do resgate implica a cessação dos compromissos do plano administrado pela entidade fechada de previdência complementar em relação ao participante e seus beneficiários. 7. ***Direito bancário.*** Recebimento total ou parcial dos recursos investidos (Luiz Fernando Rudge). 8. ***Direito penal.*** Remição, ou seja, declaração do juiz da execução, ouvidos o Ministério Público e a defesa da compensação de parte do tempo da pena do condenado em regime fechado ou semiaberto por trabalho ou estudo à razão de: a) um dia de pena a cada doze horas de frequência escolar – atividade de ensino fundamental, médio, inclusive profissionalizante, ou superior, ou, ainda, de requalificação profissional, divididas, no mínimo, em três dias; b) um dia de pena a cada três dias de trabalho. O tempo a remir em função das horas de estudo será acrescido de um terço no caso de conclusão do ensino fundamental, médio ou superior durante o cumprimento da pena, desde que certificada pelo órgão competente do sistema de educação. Se o condenado estiver cumprindo pena em regime aberto ou semiaberto ou em liberdade condicional poderá remir, pela frequência a curso de ensino regular ou de educação profissional, parte do tempo de execução da pena ou do período de prova, observada a contagem acima indicada no item *a* e neste item *b*. Havendo falta grave, o juiz poderá revogar até um terço do tempo remido, recomeçando a contagem a partir da data da infração disciplinar. O tempo remido será computado como pena cumprida.

RESIDÊNCIA. 1. ***História do direito.*** Sindicância sobre o procedimento de um funcionário no desempenho de sua função. 2. ***Direito civil.*** a) Local em que alguém habita, com intenção de permanecer, mesmo que dele se ausente temporariamente. É a moradia em caráter permanente ou transitório; b) trecho de linha férrea que fica sob a responsabilidade civil de um engenheiro durante sua construção e para efeito de sua conservação. 3. ***Direito administrativo.*** Habitação do funcionário no local onde desempenha seu ofício, que é um dos deveres que lhe são exigidos. 4. ***Direito internacional privado.*** Elemento de conexão autônomo que constitui a sede real da pessoa, por ser sua habitação estável ou até mesmo ocasional (Haroldo Valladão).

RESIDÊNCIAS INCLUSIVAS. ***Biodireito.*** Unidades de oferta do serviço de acolhimento do Sistema Único de Assistência Social (SUAS), localizadas em áreas residenciais da comunidade, com estruturas adequadas, que possam contar com apoio psicossocial para o atendimento das necessidades da pessoa acolhida, destinadas a jovens e adultos com deficiência, em situação de dependência, que não dispõem de condições de autossustentabilidade e com vínculos familiares fragilizados ou rompidos.

RESÍDUOS. 1. ***Filosofia geral.*** a) Método de investigação científica que exclui de um efeito a quantidade resultante de leis já conhecidas, para reduzir o fenômeno a uma espécie de resíduo, que será examinado para descobrir sua explicação ou sua lei. Isola-se um fato para o examinar (Herschel e Whewell); b) método de investigação científica que consiste em isolar dado fato para aplicar uma regra lógica que possibilite provar uma relação de causalidade entre dois fenômenos (Mill). 2. ***Direito civil.*** a) *Vide* CURADOR DE RESÍDUOS; b) sobras; bens remanescentes; c) diz-se dos bens remanescentes de legado que, em caso de falecimento do legatário, devem ser entregues à pessoa indicada pelo testador; d) produtos da venda de imóveis ou que estavam em poder de testamenteiros; e) penas pecuniárias sofridas pelos testamenteiros; f) bens legados para atender a obras pias (De Plácido e Silva). 3. ***Direito comercial.*** Saldos de contas a pagar ou a receber (De Plácido e Silva). 4. ***Direito ambiental.*** São materiais e substâncias resultantes do ciclo de produção e consumo, aos quais se deve proceder à coleta, ao tratamento e à disposição final, com a finalidade de reduzir os riscos sanitários e ambientais que implicam a sua permanência no ambiente.

RESILIÇÃO. ***Direito civil.*** Modo extintivo de contrato por vontade de uma ou de ambas as partes, por motivos que variam conforme seus interesses, podendo ser bilateral (distrato) ou unilateral (renúncia, revogação, denúncia).

RES INTER ALIOS ACTA. *Expressão latina.* Coisa realizada entre terceiros.

RESISTÊNCIA ATIVA. *Direito penal.* Oposição a um ato legal pela força, mediante violência

RES JUDICATA. *Locução latina.* Coisa julgada.

RES NULLIUS. *Locução latina.* Coisa de ninguém.

RESOLUÇÃO. 1. *Direito civil.* a) Dissolução do vínculo contratual, que se dá por inadimplemento voluntário ou involuntário do contrato ou por onerosidade excessiva; b) extinção de direito real; c) ato ou efeito de resolver-se ou de desligar-se. **2.** *Ciência política* e *direito administrativo.* a) Determinação transitória emanada por secretário ou ministro de Estado; b) ato da Administração ou da Assembleia deliberando ou disciplinando determinado assunto; c) deliberação que estabelece uma medida. **3.** *Medicina legal.* Desaparecimento de uma inflamação ou tumor sem que tenha havido alguma cirurgia. **4.** *Direito tributário.* Norma administrativa emitida pelo Conselho de Política Aduaneira para alterar alíquota do imposto sobre importação (Eduardo Marcial Ferreira Jardim). **5.** *Psicologia forense.* Decisão voluntária. **6.** *Lógica jurídica.* a) Operação pela qual um todo se decompõe em suas partes; b) operação pela qual se pode decompor uma proposição em proposições mais simples da qual é consequência (Lalande). **7.** *Direito constitucional.* Deliberação que tem força de lei ordinária, por advir de uma das Câmaras, do Poder Legislativo ou do próprio Congresso Nacional sobre assuntos do seu peculiar interesse, como questões concernentes à licença ou perda de cargo por deputado ou senador; à fixação de subsídios; à determinação de limites máximos das alíquotas do Imposto sobre Operações Relativas à Circulação de Mercadorias, por proposta de iniciativa do presidente da República ou de um terço dos senadores. É aprovada por maioria absoluta de seus membros e não tem sanção, sendo promulgada pela mesa do Senado, que ordena sua publicação.

RES PETITA. **1.** *Locução latina.* Coisa pedida; pedido. **2.** *Direito processual civil.* Objeto da pretensão do autor.

RESPONSABILIDADE AQUILIANA. *Direito civil.* Responsabilidade extracontratual ou delitual que resulta de inadimplemento normativo, ou melhor, da prática de um ato ilícito por pessoa capaz ou incapaz, visto que não há vínculo anterior entre as partes, por não estarem ligadas por uma relação obrigacional ou contratual. A fonte dessa responsabilidade é a inobservância da lei, ou a lesão a um direito, sem que entre o ofensor e o ofendido preexista qualquer relação jurídica.

RESPONSABILIDADE CIVIL. *Direito civil.* Aplicação de medidas que obriguem alguém a reparar dano moral e/ou patrimonial causado a terceiro em razão de ato do próprio imputado, de pessoa por quem ele responde, ou de fato de coisa ou animal sob sua guarda, ou, ainda, de simples imposição legal. A responsabilidade civil requer prejuízo a terceiro, particular ou Estado, de modo que a vítima poderá pedir reparação do dano, traduzida na recomposição do *statu quo ante* ou em uma importância em dinheiro.

RESPONSABILIDADE CIVIL DO ESTADO. *Direito administrativo.* Obrigação que tem o Estado de reparar economicamente os danos lesivos à esfera juridicamente garantida de outrem e que lhe sejam imputáveis em decorrência de comportamentos unilaterais, lícitos ou ilícitos, comissivos ou omissivos, materiais ou jurídicos (Celso Antônio Bandeira de Mello). Tal responsabilidade civil, nas relações entre Estado e administrado, funda-se ora na teoria do risco administrativo, em razão de comportamentos comissivos e omissivos danosos, caso em que será objetiva. Mas há, ainda, quem entenda que pode haver responsabilidade civil subjetiva do Estado por danos causados por omissão do agente, interpretando, restritivamente, a palavra *ato,* constante do art. 43 do Código Civil, tomando-a no sentido de *agir,* que resulta de uma ação e não no de uma omissão. Logo, em intercorrências omissivas, o lesado deverá provar a alegada falta diante de um dever jurídico de atuar, o que caracteriza comportamento culposo da administração, gerando a aplicação da teoria subjetiva. A responsabilidade será subjetiva nas relações entre Estado e funcionário, pois o direito de regresso do Estado contra o agente faltoso está condicionado à culpa ou ao dolo deste (Oswaldo Aranha Bandeira de Mello e Celso Antônio Bandeira de Mello).

RESPONSABILIDADE COMPLEXA. *Direito civil.* Responsabilidade que só pode ser vinculada indiretamente ao responsável, não se conformando, portanto, com o princípio geral de que o homem apenas é responsável pelos prejuízos causados diretamente por ele e por seu fato pessoal. Compreende duas modalidades: a) a responsabilidade por fato alheio, desde que o causador do dano esteja sob a direção de outrem, que, então, responderá pelo evento lesivo; b) a responsabilidade pelo fato de coisas animadas ou inanimadas que estiverem sob guarda de alguém, que se responsabilizará pelos prejuízos causados. Trata-se, portanto, da responsabilidade indireta que promana de ato de terceiro vinculado ao agente, ou de fato de animal ou de coisa inanimada sob sua guarda.

RESPONSABILIDADE CONTRATUAL. *Direito civil.* Responsabilidade que decorre de inexecução de negócio jurídico bilateral ou unilateral. Resulta, portanto, de ilícito contratual, ou seja, de falta de cumprimento ou de mora no cumprimento da obrigação assumida. É uma infração a um dever especial estabelecido pela vontade dos contratantes; por isso, decorre de relação obrigacional preexistente e pressupõe capacidade para contratar. Baseia-se no dever de resultado, o que acarretará a presunção da culpa pela inexecução previsível e evitável da obrigação nascida da convenção prejudicial à outra parte. O ônus da prova, na responsabilidade contratual, competirá ao devedor, que deve provar, ante o inadimplemento, a inexistência de sua culpa ou a presença de qualquer excludente do dever de indenizar.

RESPONSABILIDADE CRIMINAL. *Direito penal.* Responsabilidade que pressupõe lesão aos deveres de cidadãos para com a sociedade, acarretando um dano social determinado pela violação de norma penal, exigindo, para restabelecer o equilíbrio, a aplicação de uma pena ao lesante. É a que decorre da prática de contravenção penal ou de crime comissivo ou omissivo pelo agente imputável que for chamado a responder por ela penalmente, arcando com as consequências jurídicas de seu ato, incorrendo nas sanções previstas na lei penal. O lesante suporta a respectiva repressão. Denomina-se, também, "responsabilidade penal".

RESPONSABILIDADE DIRETA. *Direito civil.* Responsabilidade que ocorre quando o agente responde por ato próprio, que causou dano a alguém. Trata-se da responsabilidade simples.

RESPONSABILIDADE FISCAL. *Direito tributário.* **1.** Responsabilidade por infração da legislação tributária, independentemente da intenção do agente ou do responsável e da efetividade, natureza e extensão dos efeitos do ato, salvo disposição de lei. **2.** Responsabilidade que tem, o oficial, em razão de sua atividade, pelo recolhimento de tributos que incidirem sobre os atos relacionados com o exercício de sua função, praticados por ele ou perante ele. **3.** Responsabilidade pessoal pelos créditos correspondentes e obrigações tributárias, oriundas de atos praticados com excesso de poder ou infração de lei. **4.** Incumbência que recai sobre o sujeito passivo no que atina ao adimplemento da obrigação tributária (Eduardo Marcial Ferreira Jardim) ou ao pagamento de penalidade pecuniária.

RESPONSABILIDADE *IN CONTRAHENDO*. *Direito civil.* Responsabilidade aquiliana que surge, apesar da falta de obrigatoriedade das negociações preliminares, para os que delas participarem, quando, por exemplo, um dos participantes criar no outro a expectativa de que o negócio será celebrado, levando este a despesas, a não contratar com terceiro ou a alterar planos de sua atividade imediata, e depois desistir, injustificada e arbitrariamente, causando-lhe sérios prejuízos, tendo, por isso, a obrigação de ressarcir todos os danos. Essa responsabilidade pré-contratual dá certa relevância jurídica aos acordos preparatórios, fundada no princípio de que os interessados na celebração de um contrato deverão comportar-se de boa-fé, já que todo aquele que, por ação ou omissão, culposa ou dolosa, causar prejuízo a outrem fica obrigado a reparar o dano.

RESPONSABILIDADE INDIRETA. *Vide* RESPONSABILIDADE COMPLEXA.

RESPONSABILIDADE OBJETIVA. *Direito civil.* Responsabilidade fundada no risco, sendo irrelevante a conduta culposa ou dolosa do causador do dano, uma vez que bastará a existência do nexo causal entre o prejuízo sofrido pela vítima e a ação do agente para que surja o dever de indenizar.

RESPONSABILIDADE PATRIMONIAL. *Direito civil.* Responsabilidade em que o credor tem à sua disposição, como garantia do adimplemento da obrigação, o patrimônio do devedor. Assim, embora a obrigação objetive uma prestação pessoal do devedor, na execução por inadimplemento desce-se aos seus bens, pois o credor vai buscar, no seu patrimônio, o *quantum* necessário à satisfação do crédito e à composição do dano causado. Daí a grande importância desta responsabilidade patrimonial, a ponto de haver quem afirme que a obrigação é uma relação entre dois patrimônios, de forma que o caráter de vínculo entre duas pessoas, sem jamais desaparecer, vem perdendo sua importância e seus efeitos. A obrigação funda-se no fato de o devedor obrigar-se a realizar uma prestação ao credor; essa autovinculação é expressão da responsabilidade patrimonial do promitente, nela descansando a confiança que o credor lhe tem (Washington de Barros Monteiro, Larenz, Ferrara, Serpa Lopes, Orlando Gomes e Gaudemet).

RESPONSABILIDADE PRÉ-CONTRATUAL. *Direito civil.* **1.** Sanção de obrigações resultantes do simples fato de se estabelecerem negociações contratuais (Westermann). **2.** Responsabilidade por culpa *in contrahendo* oriunda do comportamento de má-fé de um dos contraentes, no curso das tratativas, que venha a causar dano à outra parte (Salvatori Rasi). **3.** Responsabilidade por ruptura arbitrária e intempestiva de negociações, contrariando o consenso dado na sua elaboração, de tal modo que a outra parte, se soubesse que corria o risco de uma retirada repentina, não teria tomado as medidas anotadas (Antônio Chaves). **4.** *Vide* RESPONSABILIDADE IN CONTRAHENDO.

RESPONSABILIDADE SUBJETIVA. *Direito civil.* É a que encontra sua justificativa na culpa ou dolo por ação ou omissão, lesiva a determinada pessoa.

RESPONSABILIDADE SUBSIDIÁRIA. 1. *Direito civil* e *direito comercial.* Responsabilidade que recai sobre garantias que somente são exigidas quando a principal é insuficiente. Por exemplo, os bens particulares dos sócios constituem responsabilidade secundária, pois apenas irão à execução se os bens sociais executados não forem suficientes. **2.** *Direito civil.* É a de pessoa incapaz que lesar outrem, pois deverá, tendo recursos econômicos, indenizar, equitativamente, os prejuízos que causou, se o seu responsável não tiver obrigação de fazê-lo ou se não tiver meios suficientes para tanto. O magistrado, contudo, poderá condenar o lesante incapaz ao pagamento de uma indenização equitativa. E poderá haver até mesmo a exclusão dessa indenização se ela vier a privar o incapaz lesante e os que dele dependerem dos meios necessários à sua subsistência.

RESPONSABILIDADE SUCESSÓRIA. 1. *Direito tributário.* Hipótese de transferência do espólio ao cônjuge-meeiro sobrevivente, ao adquirente de coisa móvel ou imóvel, ou da responsabilidade relativa aos tributos devidos pelo sucedido que recaem sobre aquele bem, não alcançando, portanto, as multas impostas em razão de descumprimento de obrigação tributária. O mesmo ocorre com a pessoa jurídica advinda de fusão, transformação ou incorporação, que passará a ser responsável pelo tributo devido pela sucedida (Eduardo M. Ferreira Jardim). **2.** *Direito civil.* Privilégio legal concedido aos herdeiros do *de cujus* de só responder pelos encargos até as forças do acervo hereditário.

RESSAQUE. *Direito cambiário.* **1.** Ato pelo qual o portador de letra protestada, pela emissão de segunda letra de câmbio contra o sacador, obtém o embolso da quantia devida. **2.** Novo saque, baseado na letra não paga. **3.** Recâmbio.

RESSARCIMENTO. *Direito civil.* **1.** Reparação de dano moral e/ou patrimonial causado a outrem. **2.** Indenização. **3.** Pagamento das perdas e danos. **4.** Satisfação da obrigação de reparar prejuízo.

RESSEGURO. *Direito civil.* Operação de transferência de riscos de uma cedente (seguradora) para um ressegurador. Seguro mediato, ou seja, uma obrigação assumida entre a seguradora e o órgão ressegurador; logo, não há vínculo entre o segurado e o órgão ressegurador. A companhia seguradora contrai um seguro com órgão ressegurador para cobrir-se de uma parcela do risco assumido, diminuindo sua responsabilidade na garantia dada a certos clientes de pagar altas somas, ocorrendo o sinistro. Ao partilhar os riscos, procura tornar menos onerosa a sua responsabilidade em contrato de seguro de grande vulto. A operação de resseguro constitui privilégio do IRB – Brasil Resseguros.

RESTAURAÇÃO DE AUTOS. *Direito processual civil.* Recomposição de autos extraviados ou perdidos, no todo ou em parte.

RETALIAÇÃO. 1. *História do direito.* Imposição da lei de talião. **2.** Na *linguagem jurídica,* em geral: a) represália; b) revide provocando dano idêntico ao sofrido; c) vingança. **3.** *Direito internacional público.* Represália por parte de um país a prática ofensiva do comércio internacional que viole acordo comercial; provoque desequilíbrio no prazo de pagamento; desorganize política internacional de preço ou ofereça produto a preço de *dumping* (Luiz Fernando Rudge).

RETENÇÃO. 1. *Direito penal.* a) Cárcere privado; b) apropriação indébita; c) sonegação; d) crime contra economia popular consistente em alguém conservar em seu poder mercadoria destinada ao consumo do povo (Othon Sidou). **2.** *Direito civil.* Meio direto de defesa que a lei, excepcionalmente, concede ao possuidor de boa-fé para conservar em seu poder coisa alheia além do momento em que a deveria devolver, como garantia de pagamento das despesas feitas com o bem. Permite que o possuidor se oponha à restituição do bem até ser pago, o que se justifica em razão da equidade, que não se compraz com o fato de o possuidor devolver o bem para somente depois ir reclamar o que lhe é devido. **3.** *Medicina legal.* Acúmulo de substâncias em vasos ou cavidades de onde, normalmente, são evacuadas. **4.** *Direito de trabalho.* Ato de reter carteira de trabalho para anotação. **5.** *Direito previdenciário.* Desconto do valor da prestação no ato do pagamento do benefício.

RETIFICAÇÃO. 1. Correção de um ato escrito para sanar alguma omissão, equívoco ou erro, inclusive de grafia. **2.** Emenda. **3.** Modificação num artigo de jornal.

RETIRADA. 1. *Direito militar.* a) Marcha da tropa em fuga ou para se afastar do inimigo após um combate que lhe foi desfavorável; b) abandono do campo de luta do inimigo sem oferecer resistência (De Plácido e Silva). **2.** *Direito comercial.* a) Quantia em dinheiro que os sócios retiram do caixa, mensalmente, para fazer frente às suas despesas pessoais, ordinárias ou extraordinárias; b) saída voluntária de sócio que não mais deseja permanecer na sociedade. **3.** *Direito agrário.* a) Migração de sertanejo do Nordeste, na época da seca, em busca de um local melhor no Sul ou no Norte do País; b) mudança de manada de gado, por ocasião da seca nordestina, para outra fazenda da região onde haja água e pasto. **4.** *Direito* *bancário*. Saque; quantia que, por meio de cheque, é sacada da conta bancária. **5.** ***Direito financeiro***. Saída de títulos do ambiente Tesouro Direto, mediante débito destes Títulos na Conta da CBLC no SELIC e baixa do registro em Conta de Custódia.

RETI-RATIFICAÇÃO. ***Direito notarial.*** Ato pelo qual, numa escritura pública, o interessado e as partes, concomitantemente, confirmam e corrigem as declarações contidas em documento anterior (Othon Sidou).

RETOMADA. ***Direito processual civil.*** Reaquisição da posse direta do prédio locado, mediante ação de despejo.

RETOMBO. **1.** ***Direito notarial.*** Arquivamento de documentos e livros encerrados ou findos, feito pelo escrivão em seu cartório. **2.** ***Direito agrário.*** Ato de reconstituir limites de uma propriedade agrícola, pecuária, agroindustrial ou extrativa.

RETORNO. **1.** *Vide* REENVIO. **2.** ***Direito marítimo.*** a) Viagem de volta feita pelo navio; b) parte do cabo que passa por meio das papoias e em cuja manobra se usa maior número de braços. **3.** ***Direito administrativo.*** Volta do funcionário público à função de que fora suspenso ou afastado. **4.** Na ***linguagem jurídica*** em geral: a) devolução do excesso; b) regresso; c) volta; d) torna; e) o que se dá em troca do que se recebeu; f) valor equivalente dado para igualar o do objeto trocado; g) reversão. **5.** ***Direito comercial.*** a) Carga trazida por um meio de transporte, em particular, do navio ao regressar ao ponto de partida em caso de fretamento de ida e volta; b) parte dos lucros líquidos a que têm direito os sócios de uma cooperativa. **6.** ***Direito cambiário.*** Nota de despesa que acompanha o ressaque (Othon Sidou). **7.** ***Direito de trânsito.*** Movimento de inversão total de sentido da direção original de veículos.

RETORSÃO. **1.** ***Direito internacional privado.*** Conjunto de normas que são aplicadas, como represália de legislação idêntica, aos súditos de nação estrangeira. **2.** ***Direito internacional público.*** a) Ato lícito, pouco amistoso, com que um Estado soberano responde a igual procedimento por parte de outro (Rezek); b) ato pelo qual um país, fazendo uso de meios lícitos e pacíficos, revida a atitude de outro em relação a si, empregando as mesmas medidas. Trata-se, como pondera Clóvis Beviláqua, da aplicação da Lei de Talião na seara internacional. **3.** ***Lógica jurídica.*** É a autofagia, ou seja, técnica consistente em fazer com que o argumento defendido se volte contra a própria tese do defensor (Perelman e Sudatti).

RETORSÃO IMEDIATA. ***Direito penal.*** Ato de o ofendido injuriado responder, ao ofensor, imediatamente, com outra injúria, caso em que o magistrado poderá deixar de aplicar pena.

RETRAÇÃO. **1.** ***Medicina legal.*** Encurtamento de um órgão ou tecido. **2.** ***Economia política.*** Retraimento que se opera nos negócios mercantis ou nas atividades empresariais por haver menor procura do que oferta (Othon Sidou). **3.** Nas ***linguagens comum*** e ***jurídica:*** a) afastamento; b) diminuição.

RETRATAÇÃO. **1.** ***Direito civil*** e ***direito penal.*** Ato pelo qual, antes da pronúncia da sentença, o ofensor publicamente desdiz declaração comprometedora por ele feita, satisfazendo o ofendido. **2.** ***Direito civil.*** a) Retirada do consentimento dado pelos pais para o casamento de filho menor, até a celebração do ato nupcial; b) desistência da aceitação da herança, admitida outrora, desde que não lesasse credores do herdeiro; c) anulação de renúncia à herança, permitida pelo Código Civil de 1916, em razão de erro, dolo ou coação; d) retirada de uma proposta pelo proponente arrependido, antes da resposta do aceitante ou simultaneamente a ela; e) ato pelo qual alguém desiste de um negócio jurídico, obstando a produção de seus efeitos jurídicos; f) ato de fazer novo trato. **3.** ***Direito do trabalho.*** Ato pelo qual o empregado que optou pelo FGTS anula sua opção, vinculando-se ao regime da estabilidade (Othon Sidou). **4.** Na ***linguagem jurídica*** em geral: a) revogação; b) reconsideração; c) destruição de efeitos jurídicos; d) arrependimento. **5.** ***Direito processual.*** Declaração desdizendo outra, feita anteriormente, no mesmo processo.

RETROATIVIDADE DA LEI. ***Teoria geral do direito.*** Aplicação imediata da lei nova às relações nascidas sob a vigência da anterior e que ainda não se aperfeiçoaram ou a todos os efeitos de fatos anteriores a ela desde que não ofenda ato jurídico perfeito, direito adquirido e coisa julgada. Logo, o requisito *sine qua non* para que uma lei nova possa retroagir é o respeito ao direito adquirido, ato jurídico perfeito e coisa julgada.

RETROATIVIDADE DE LEI POSTERIOR MAIS BENIGNA. ***Direito penal.*** Aplicação imediata e incondicional da norma penal a fato pretérito quando extinguir ou reduzir pena ou, ainda, quando deixar de considerar tal fato como crime. Há retroatividade da lei penal que decretar pena mais branda do que a anterior ou inocentar ato tido como passível de pena. A norma que for favorável ao agente só pode ser aceita no âmbito do direito penal em virtude do primordial princípio *nulla poena sine lege*, em homenagem à *humanitatis causa*.

RETROCESSÃO. **1.** ***História do direito.*** Direito pessoal que proporcionava ao ex-proprietário perdas e danos, quando o expropriante não lhe oferecia o bem pelo mesmo preço da desapropriação e quando desistia de aplicá-lo a uma finalidade pública. **2.** ***Direito administrativo*** e ***direito civil.*** a) Direito do ex-proprietário de reivindicar o bem expropriado, pelo seu preço atual, exercendo seu direito de preferência, se não foi aplicado à finalidade pública; b) operação de transferência de riscos de resseguro de resseguradores para resseguradores ou de resseguradores para sociedades seguradoras locais. **3.** ***Medicina legal.*** a) Retraimento do cóccix por ocasião do parto; b) cessação temporária do trabalho de parto, quando este se dá antes do termo normal da gravidez. **4.** ***Direito civil.*** a) Cessão de parte dos riscos assumidos por uma seguradora a outra, que também lhe cede parcela dos prêmios cobrados, proporcionalmente aos riscos transferidos (De Plácido e Silva); b) operação feita pelo ressegurador consistente na cessão de parte das responsabilidades por ele aceitas a outro ressegurador (Luiz Fernando Rudge).

RETROSSEGURO. ***Direito civil.*** Retrocessão, ou melhor, operação pela qual o ressegurador coloca seus excedentes junto a outros seguradores no mercado interno ou externo (Sílvio de Salvo Venosa). É um novo resseguro feito pelo ressegurador.

RETROVENDA. ***Direito civil.*** Cláusula adjeta à compra e venda pela qual o vendedor se reserva o direito de reaver, em certo prazo, o imóvel alienado, restituindo ao comprador o preço, mais as despesas por ele realizadas, inclusive as empregadas em melhoramentos do imóvel.

RÉU. **1.** ***Direito processual civil.*** Aquele contra quem se propõe uma ação judicial. **2.** ***Direito processual penal.*** a) Aquele contra quem se apresentou denúncia ou queixa pela prática de crime; b) acusado; denunciado.

RÉU CONFESSO. ***Direito processual civil.*** **1.** Aquele que admite a veracidade do fato contrário ao seu interesse, mas favorável ao do autor. **2.** Aquele que, intimado a prestar depoimento em juízo, não comparece ou, comparecendo, se recusa a depor (Othon Sidou).

RÉU PRIMÁRIO. ***Direito processual penal.*** Acusado que, por não ter sofrido nenhuma condenação anterior, pode deixar de ser punido com prisão e, além disso, a apelação da sentença absolutória não obsta que seja colocado, de imediato, em liberdade.

RÉU REINCIDENTE. ***Direito processual penal.*** Acusado que, por ter praticado novo crime, após o trânsito em julgado de sentença que o condenou por delito anterior, pode ter sua pena agravada.

REVEL. ***Direito processual.*** **1.** Réu que deixa o processo correr à revelia. **2.** Réu citado que não comparece em juízo para cumprir a citação e defender-se. Contra o revel que não tenha patrono nos autos, correrão os prazos independentemente de intimação, a partir da publicação de cada ato decisório. O revel poderá intervir no processo em qualquer fase, recebendo-o no estado em que se encontrar.

REVELIA. **1.** ***Direito processual civil.*** a) Contumácia; b) não comparecimento de qualquer dos litigantes ou de ambos em juízo; c) em sentido estrito, descumprimento da citação pelo réu, deixando de apresentar sua contestação dentro do prazo legal; contumácia do réu. **2.** ***Direito do trabalho.*** Confissão quanto à matéria de fato, se o reclamante ou reclamado não atender ao pregão, arquivando-se a reclamação se o reclamante não comparecer pessoalmente à audiência e na ausência imotivada do reclamado, este é declarado revel e confesso. **3.** ***Direito processual penal.*** Não comparecimento do acusado, intimado judicialmente, a juízo para o início do processo instaurado contra ele (De Plácido e Silva). **4.** ***Direito tributário.*** a) Omissão do contribuinte citado que deixa de defender-se em recurso ou processo administrativo ou judicial, fazendo com que surja a presunção da veracidade do fato alegado pela parte contrária ou do contido na decisão (Eduardo M. Ferreira Jardim); b) descumprimento pela Fazenda Pública dos prazos legais (Cruz e Tucci e Eduardo M. Ferreira Jardim).

REVENDA. ***Direito comercial.*** **1.** Operação mercantil em que o empresário adquire mercadorias para tornar a vendê-las, com o objetivo de obter lucro. **2.** É a atividade de venda a varejo de combustíveis, lubrificantes e gás liquefeito envasado, exercida por postos de serviços ou revendedores, na forma das leis e regulamentos aplicáveis.

REVERSÃO. **1.** ***Direito administrativo.*** a) Retorno de funcionário inativo, aposentado ou reformado, ao serviço de que se afastou; b) volta à atividade de servidor aposentado por invalidez, quando junta médica o considerar habilitado para o exercício do mesmo cargo que anteriormente ocupava. **2.** ***Direito civil.*** a) Diz-se da cláusula inserida em contrato de doação estipulando, expressamente, que os bens doados voltem ao patrimônio do doador, se ele sobreviver ao donatário. Tal cláusula opera como uma condição resolutiva, de cujo implemento resulta a restituição do bem doado, mas os frutos pertencerão ao donatário; b) devolução da coisa ao domínio do antigo proprietário; c) retorno ao estado anterior. **3.** ***Direito do trabalho.*** a) Volta do empregado à situação de emprego ou ao cargo imediatamente anterior, em razão do mesmo contrato empregatício, após ter ocupado e exercido algum cargo de confiança ou cargo diverso do que exercia em substituição eventual ou temporária, ou, ainda, interinamente em missão; b) retorno do empregado ao trabalho no cargo outrora ocupado após afastamento em virtude de doença, gestação etc. **4.** ***Direito previdenciário.*** É o retorno à atividade de servidor aposentado: 1) por invalidez, quando junta médica oficial declarar insubsistentes os motivos da aposentadoria; encontrando-se provido o cargo, o servidor exercerá suas atribuições como excedente, até a ocorrência de vaga; ou 2) no interesse da administração, desde que: a) tenha solicitado a reversão; b) a aposentadoria tenha sido voluntária; c) estável quando na atividade; d) a aposentadoria tenha ocorrido nos cinco anos anteriores à solicitação; e) haja cargo vago; tal servidor somente terá os proventos calculados com base nas regras atuais se permanecer pelo menos cinco anos no cargo. A reversão far-se-á no mesmo cargo ou no cargo resultante de sua transformação. O tempo em que o servidor estiver em exercício será considerado para concessão da aposentadoria. O servidor que retornar à atividade por interesse da administração perceberá, em substituição aos proventos da aposentadoria, a remuneração do cargo que voltar a exercer, inclusive com as vantagens de natureza pessoal que percebia anteriormente à aposentadoria. **5.** ***Direito comercial.*** Alteração de rumo numa tendência de preços definida (Luiz Fernando Rudge).

REVEZAMENTO. ***Direito do trabalho.*** **1.** Substituição alternada de uma pessoa ou coisa por outra, em turno, para que não haja interrupção de atividade laborativa. Considera-se ilícita a alteração da jornada e do horário de trabalho dos empregados que trabalhem em regime de turnos ininterruptos de revezamento, salvo mediante convenção ou acordo coletivo de trabalho. **2.** Ato ou efeito de revezar, para descanso alternado. **3.** Jornada de trabalho em que o empregado presta serviço por turnos, com o objetivo de evitar interrupção do funcionamento da empresa.

REVISÃO. **1.** ***Direito do trabalho.*** Processo pelo qual se pede ao tribunal que julgou o dissídio coletivo o reexame da decisão, após um ano de sua vigência, que estabeleceu as condições de trabalho, por ter havido alteração das circunstâncias que as impuseram, tornando-as inaplicáveis ou injustas. **2.** ***Direito autoral.*** a) Correção de provas tipográficas; b) análise atenta e minuciosa de uma obra para emendá-la, corrigi-la ou aperfeiçoá-la; c) corpo de revisores de uma editora; d) função de revisor; e) local onde trabalham os revisores. **3.** ***Ciência política.*** Exame de uma lei com o escopo de modificá-la, revogá-la ou confirmá-la. **4.** ***Direito processual civil.*** a) Novo exame de um caso por um magistrado de tribunal superior, antes de ser submetido a julgamento, em razão de um recurso interposto da decisão prolatada. É, portanto, exame a que é submetido o relatório apresentado pelo juiz relator; b) reexame judicial de um contrato para atualizar suas cláusulas ou adaptá-las às necessidades presentes. **5.** ***Direito processual penal.*** Ação destinada a corrigir decisão judicial de que já não caiba recurso (Vicente de Azevedo e Paulo de Azevedo); é o equivalente penal da ação rescisória civil, que visa reparar erro judiciário (José Frederico Marques). Trata-se da revisão de processo criminal findo para reexaminá-lo, admitida quando: a) a sentença condenatória for contrária ao texto expresso da lei penal ou à evidência dos autos; b) a sentença condenatória se fundar em depoimentos, exames ou documentos comprovadamente falsos; c) após a sentença, se descobrirem novas provas da inocência do condenado ou de circunstância que determine ou autorize diminuição especial da pena.

REVISOR. **1.** ***Direito processual civil.*** Juiz de tribunal superior que examina o processo submetido a julgamento em razão de recurso, após o juiz relator, opinando sobre ele. **2.** ***Direito comercial.*** Encarregado de conferir bilhetes de passagem. **3.** ***Direito do trabalho.*** a) Aquele que revê provas tipográficas ou originais destinados à composição; b) censor de livros; c) jornalista profissional que revê a grafia das provas tipográficas da matéria jornalística (Othon Sidou); redator-revisor. **4.** ***Direito autoral.*** Aquele que revê um texto.

REVOGAÇÃO. **1.** ***Teoria geral do direito.*** a) Ação ou efeito de revogar; b) cessação da existência da norma obrigatória. Assim sendo, ter-se-á permanência da lei quando, uma vez promulgada e publicada, começa a obrigar indefinidamente até que outra a revogue. A data da cessação da eficácia de uma lei não é a da promulgação ou publicação da lei que a revoga, mas a em que a lei revocatória se tornar obrigatória. A revogação é o gênero que contém duas espécies: a *ab-rogação*, que é a supressão total da norma anterior, por ter a nova lei regulado inteiramente a matéria, ou por haver entre ambas incompatibilidade explícita ou implícita; a *derrogação*, que torna sem efeito uma parte da norma; logo a norma derrogada não perde sua vigência, pois somente os dispositivos atingidos é que não mais terão obrigatoriedade. **2.** ***Direito civil.*** Ato pelo qual o sujeito de um negócio jurídico resolve, unilateralmente, fazer cessar a relação jurídico-negocial.

REVOGAÇÃO EXPRESSA. ***Teoria geral do direito.*** É aquela em que a norma revogadora declara qual a lei que está extinta em todos os seus dispositivos ou aponta os artigos que pretende retirar.

REVOGAÇÃO TÁCITA. ***Teoria geral do direito.*** É a que se dá quando houver incompatibilidade entre a lei nova e a antiga, pelo fato de que a nova passa a reger parcial ou inteiramente a matéria tratada pela anterior, mesmo que nela não conste a expressão "revogam-se as disposições em contrário" por ser supérflua. Trata-se da revogação indireta que não deve ocorrer, por haver lei complementar requerendo que cláusula de revogação deverá enumerar, expressamente, as leis ou disposições legais revogadas.

RIFA. 1. *Direito civil* e *direito penal.* Contrato aleatório pelo qual se sorteia um objeto por meio de bilhetes numerados. Se não for autorizada legalmente, constitui contravenção penal. 2. *Direito civil.* a) Documento, cujo número foi premiado, pelo qual o emitente se obriga a entregar o objeto sorteado a quem lho apresentar como seu detentor; b) sorteio de objeto por meio de cupom numerado previamente.

RIGIDEZ. 1. *Medicina legal.* Tensão do colo uterino, opondo-se à saída do feto. 2. Na *linguagem comum:* a) qualidade de rígido; b) austeridade; c) severidade de princípios.

RIGIDEZ CADAVÉRICA. *Medicina legal.* Retração ou endurecimento muscular após o óbito, que se dá por força de paulatinas modificações físico-químicas por que passa o organismo, possibilitando a determinação da hora da morte.

RISCO. 1. *Direito civil* e *direito comercial.* a) Possibilidade da ocorrência de um perigo ou sinistro causador de dano ou de prejuízo, suscetível de acarretar responsabilidade civil na sua reparação; b) medida de danos ou prejuízos potenciais, expressa em termos de probabilidade estatística de ocorrência e de intensidade ou grandeza das consequências previsíveis; c) relação existente entre a probabilidade de que uma ameaça de evento adverso ou acidente determinados se concretize com o grau de vulnerabilidade do sistema receptor a seus efeitos; d) conjunto de riscos enfrentados pelas sociedades, como, por exemplo, os de mercado, de crédito, legal, de subscrição e operacional; e) evento súbito e involuntário que causa dano patrimonial e/ou moral contra o qual se faz contrato de seguro; f) medida, quantitativa ou qualitativa, da gravidade de um dano potencial e da probabilidade de sua ocorrência; g) probabilidade de perda ou ganho numa decisão de investimento (Luiz Fernando Rudge). 2. *Direito ambiental* e *biodireito.* Possibilidade de promoção de evento negativo, cientificamente fundamentada, para a saúde humana e animal, os vegetais, outros organismos e o meio ambiente, decorrente de processos ou situações envolvendo organismo geneticamente modificado e seus derivados.

RISCO ADMINISTRATIVO. *Direito administrativo.* Princípio pelo qual a Administração Pública é responsável, objetivamente, por ato lesivo a terceiro praticado por seus funcionários, independentemente de averiguação de sua culpabilidade.

RITO. 1. *Direito processual.* a) Procedimento legal pelo qual se exteriorizam os atos processuais; b) conjunto de atos processuais estabelecidos legalmente, que devem ser seguidos para o exercício de uma ação, a solução de uma causa ou para a execução de diligências. 2. *Direito civil.* a) Conjunto de formalidades para a realização de um ato ou negócio válido; b) conjunto de fórmulas e práticas empregadas na maçonaria. 3. *Direito canônico.* Conjunto de cerimônias e fórmulas do culto. *Vide* PROCEDIMENTO.

RIXA. *Direito penal.* 1. Crime contra a pessoa consistente em briga acompanhada de vias de fato ou violências físicas recíprocas, punida com detenção ou multa (Damásio E. de Jesus). 2. Luta desordenada ou tumulto, envolvendo troca de agressões entre três ou mais pessoas, em que os lutadores visam a todas indistintamente.

RODÍZIO. 1. *Direito do trabalho.* Revezamento entre os empregados para que, cada qual em seu turno, efetue os serviços da empresa, não sobrecarregando ninguém. 2. *Direito eleitoral* e *ciência política.* Sistema de descarga de votos, para eleger candidatos de um partido, impedindo que outro eleja os seus. Visa impossibilitar a representação das minorias, com a substituição alternada dos nomes dos candidatos nas cédulas eleitorais (De Plácido e Silva). 3. *Direito de trânsito.* Revezamento entre carros conforme o número da placa em centro urbano, em certos dias da semana, para evitar engarrafamento e aliviar o tráfego.

ROGADO. *Direito processual.* Diz-se da autoridade a quem se dirigiu uma carta rogatória.

ROGANTE. *Direito processual.* Diz-se da autoridade judicial que expediu a carta rogatória.

ROGO. 1. *História do direito.* Antigo tributo equivalente a jeira. 2. Na *linguagem jurídica,* em geral: a) pedido; b) diz-se da assinatura feita por alguém em documento, juntamente com duas testemunhas, a pedido e em lugar daquele que não pode ou não sabe escrever.

ROSA DO TIRO. *Medicina legal.* Aspecto da lesão provocada por grãos de chumbo disparados por arma de fogo a certa distância. Como cada chumbo produz uma ferida, o conjunto delas recebe o nome de rosa do tiro (Paulo Matos Peixoto).

ROSTO DOS AUTOS. *Direito processual.* Capa do processo, contendo os dados identificadores da causa e o órgão no qual ela tramita (Othon Sidou).

ROTULAGEM DE ALIMENTOS PRODUZIDOS COM ORGANISMO GENETICAMENTE MODIFICADO. *Direito ambiental* e *direito do consumidor.* Informação em rótulos de que alimentos embalados, destinados ao consumo humano, contêm ou são produzidos com organismo geneticamente modificado (OGM), acima do limite de 4%. Tais rótulos deverão ter caracteres de fácil visualização.

ROUBO. *Direito penal.* **1.** Crime consistente em subtrair coisa móvel alheia, para si ou para outrem, mediante grave ameaça ou violência a pessoa, ou depois de havê-la, por qualquer meio, reduzido à impossibilidade de resistência, punido com reclusão e multa. Trata-se de roubo próprio. **2.** Conjunto de bens roubados.

ROUBO IMPRÓPRIO. *Direito penal.* Crime em que o agente, após a subtração da coisa, emprega grave ameaça ou violência contra a vítima, para assegurar a impunidade do crime ou a detenção da coisa para si ou para terceiro.

ROUBO PRÓPRIO. *Vide* ROUBO.

ROUBO QUALIFICADO. *Direito penal.* Subtração de coisa alheia: a) exercendo violência ou ameaça com emprego de arma; b) com o concurso de duas ou mais pessoas; c) se a vítima está em serviço de transporte de valores e o agente conhece tal circunstância; d) sendo veículo automotor que venha a ser transportado para outro Estado ou para o exterior; e) se o agente mantém a vítima em seu poder, restringindo sua liberdade. Tal delito é punido com reclusão e multa, aumentando-se a pena de um terço até metade.

ROYALTY. *Termo inglês.* **1.** Valor que se cobra pelo uso de patente de invenção, marca de indústria ou comércio e assistência técnica, científica ou administrativa de origem estrangeira (Othon Sidou). **2.** É a compensação financeira devida pelos concessionários de exploração e produção de petróleo, gás natural ou outro hidrocarboneto e paga mensalmente, com relação a cada campo, a partir do mês em que ocorrer a respectiva data de início da produção, vedada qualquer dedução.

RUBRICA. **1.** *História do direito.* a) Título de capítulos de direito civil e canônico que eram impressos em vermelho; b) letra ou linha inicial de capítulos de antigos códices que eram escritos com tinta vermelha; c) terra vermelha usada para fazer o sangue estancar. **2.** *Direito canônico.* Preceito contido em nota, escrita em vermelho, em breviário ou missal, dirigida aos sacerdotes na recitação de orações litúrgicas. **3.** *Direito autoral.* Indicação do movimento dos artistas, que se faz em letra menor, em obra ou peça teatral. **4.** *Teoria geral do direito.* Ementa de uma lei, resumindo seu conteúdo. **5.** *Direito civil* e *direito processual.* a) Assinatura simplificada ou abreviada que tem o mesmo valor da que é feita por extenso (Othon Sidou); é muito usada para autenticar cada folha dos documentos ou das peças processuais; b) firma especial utilizada para apor visto ou dar autenticidade.

RUFIANISMO. *Vide* PROXENETISMO.

RUFIÃO. *Direito penal.* **1.** Criminoso que tira proveito de prostituição alheia participando diretamente dos lucros obtidos pela prostituta ou fazendo-se sustentar por ela, no todo ou em parte. **2.** Proxeneta.

RUMOR PÚBLICO. *Direito penal.* Boato impreciso do povo, que não constitui prova ou indícios, mas que pode levar à suspeita da prática de algum crime por alguém, por ser quase que equivalente à notoriedade.

SABER JURÍDICO. 1. Conhecimento jurídico; cultura jurídica. 2. Conhecimento da técnica forense. 3. Conhecimento teórico e prático do direito.

SABOTAGEM. 1. *Direito penal.* Crime contra a organização do trabalho punido com reclusão e multa, cometido por aquele que, dolosamente, impede ou dificulta o curso normal do trabalho, ou, ainda, danifica o estabelecimento industrial, comercial ou agrícola ou instrumentos ou coisas nele existentes úteis à produção. 2. Na *linguagem comum,* diz-se de qualquer ato secreto ou resistência passiva contra causa a que se deve cooperar.

SACAR. *Direito cambiário* e *direito bancário.* 1. Emitir título de crédito. 2. Passar uma ordem de pagamento. 3. Fazer saque. 4. Retirar dinheiro de conta de poupança ou de conta corrente (Luiz Fernando Rudge).

SADISMO. *Medicina legal.* Perversão sexual que leva a pessoa a sentir prazer ao infligir sofrimento físico ou moral a outrem, em regra seu parceiro, torturando-o. Trata-se da algolagnia ativa.

SADOMASOQUISMO. *Medicina legal.* Perversão sexual que leva a pessoa a obter a satisfação erótica pela dor infligida no parceiro e em si mesma, sendo uma associação do sadismo ao masoquismo. Com isso o paciente, para obter prazer, precisa ser flagelado e flagelar o parceiro, por apresentar, concomitantemente, as duas perversões sexuais: algolagnia ativa (sadismo) e passiva (masoquismo).

SAISINE. *Termo francês.* Princípio pelo qual os herdeiros recebem a posse e a propriedade dos bens do *de cujus* no instante de sua morte, independentemente de qualquer formalidade.

SALÁRIO. *Direito do trabalho.* Remuneração paga pelo empregador ao empregado, como contraprestação do serviço que lhe prestou.

SALÁRIO-FAMÍLIA. 1. *Direito previdenciário.* Quantia, paga junto com o salário, devida mensalmente ao segurado empregado, exceto o doméstico, e ao segurado trabalhador avulso, proporcional ao número de filhos até quatorze anos de idade ou inválido, abrangendo, ainda, enteados e menores sob guarda ou tutela. As cotas do salário-família serão pagas ao(à) segurado(a) junto com o salário mensal ou com o último pagamento relativo ao mês, quando esse não for mensal. O direito ao salário-família cessa automaticamente: a) por morte do filho ou equiparado, a contar do mês seguinte ao do óbito; b) quando o filho ou equiparado completar quatorze anos de idade, salvo se inválido, a contar do mês seguinte ao da data do aniversário; c) pela recuperação da capacidade do filho ou equiparado inválido, a contar do mês seguinte ao da cessação da incapacidade; d) pelo desemprego do segurado. 2. *Direito administrativo* e *direito previdenciário.* Observa Geraldo Magela Alves que é devido também ao servidor ativo ou inativo por dependente econômico (cônjuge, companheiro, filho e enteado até vinte e um anos, estudante até vinte e quatro anos, inválido de qualquer idade, menor de vinte e um anos que viva em companhia do servidor, mãe e pai sem economia própria).

SALÁRIO MÍNIMO. *Direito do trabalho* e *direito constitucional.* Contraprestação mínima, fixada por lei, nacionalmente unificada, que deve ser paga, mensal e diretamente, pelo empregador ao empregado, para atender as suas necessidades vitais e as de sua família como moradia, alimentação, educação, saúde, lazer, vestuário, higiene, transporte e previdência social, com reajustes periódicos que lhe preservem o poder aquisitivo, sendo vedada sua vinculação para qualquer fim.

SALÁRIO-UTILIDADE. *Direito do trabalho.* 1. Fornecimento de refeição ao empregado a preço irrisório, não excedente a 20% do salário contratual, atendendo ao Programa de Alimentação do Trabalhador. 2. Vale-refeição fornecido ao empregado. 3. Fornecimento de habitação ao empregado, cujo valor não pode exceder a 25% do salário contratual.

SALDO. 1. Na *linguagem contábil,* é a diferença entre o crédito e o débito. 2. *Direito comercial.* a) Conta que restabelece o equilíbrio entre a receita e a despesa; b) restante de determinada partida de mercadoria de um estoque para ser vendida por preço inferior ao anterior.

SALDO ATIVO. É o saldo credor, isto é, aquele em que o crédito é superior ao débito. Quantia que o credor tem a receber. Trata-se do saldo positivo.

SALDO CREDOR. *Vide* SALDO ATIVO.

SALDO DEVEDOR. Trata-se do saldo negativo ou passivo, por ser aquele em que a soma do débito é maior do que a do crédito. É a quantia que deve ser paga pelo devedor. Constitui o excesso da despesa em relação à receita, em um orçamento.

SALDO PASSIVO. *Vide* SALDO DEVEDOR.

SALUBRIDADE. *Direito do trabalho.* Conjunto de condições favoráveis à saúde dos empregados.

SALVAÇÃO PÚBLICA. *Direito administrativo* e *direito constitucional.* Emprego de medidas que removam algum perigo ou mal que ameace a população como: intervenção policial para manutenção da ordem; desapropriação por utilidade ou necessidade pública ou interesse social; decretação de estado de sítio; expulsão de estrangeiro nocivo à ordem interna; repressão ao abuso do poder econômico que vise à dominação dos mercados, à eliminação da concorrência e ao aumento arbitrário de lucros etc.

SALVO-CONDUTO. 1. *Direito internacional privado.* Documento que, em certas circunstâncias, substitui o passaporte. **2.** *Direito internacional público.* a) Documento que possibilita ao seu portador o livre trânsito, em zona de beligerância, sem risco de prisão; b) autorização escrita de chefe militar, concedendo, em caso de guerra, a alguém o direito de transitar pelo território ocupado por suas tropas; c) documento de viagem, de propriedade da União, expedido pelo Ministério da Justiça, destinado a permitir a saída do território nacional daquele que, no Brasil, obtiver asilo diplomático concedido por governo estrangeiro. **3.** *Direito processual penal.* Documento, assinado pelo juiz, ordenando *habeas corpus* em favor de uma pessoa para frustrar ameaça de violência ou coação ilegal.

SALVO CONFIRMAÇÃO. *Direito comercial.* Venda em que a execução do contrato depende da vontade do vendedor (viajante, agente, comissário etc.), subordinando-se à sua aprovação, para garantia do risco de não se conhecer o comprador ou do risco de que seu representante o tenha contratado sem saber se existem ou não mercadorias disponíveis. O comprador fica preso à declaração de sua vontade e o vendedor reserva-se o poder de aprovar ou não as condições estipuladas por seu representante. Esse tipo de contrato é comum, nas vendas efetivadas por concessionários, revendedores, representantes comerciais autônomos, que atuam como *nuntius*, colhendo as propostas ou pedidos, encaminhando-os ao vendedor, que as aceitará, ou não (Waldirio Bulgarelli).

SALVO VENDA. *Direito comercial.* Venda que consiste numa proposta liberatória do vendedor, por não pretender ficar vinculado, após certo período de tempo, à resposta do possível comprador, que poderá ser negativa. Com tal cláusula, o vendedor libera-se para realizar a venda, vinculando-se à proposta feita apenas durante determinado prazo; após este desvincula-se, podendo, então, vender a outro a mesma mercadoria. Com a estipulação da cláusula salvo venda, não precisa o vendedor comunicar a revogação ao comprador, pois ela se dará no momento em que houver a segunda venda a terceiro (Waldirio Bulgarelli).

SANÇÃO. 1. *Teoria geral do direito.* a) Medida legal que pode vir a ser imposta, pelo Poder competente, por quem foi lesado pela violação da norma jurídica a fim de fazer cumprir a norma violada, de fazer reparar o dano causado ou de infundir respeito à ordem jurídica (Goffredo Telles Jr.); b) prêmio ou castigo que tem por escopo assegurar a observância ou a violação da norma. **2.** *Direito constitucional.* Fase do processo legislativo em que se dá a manifestação volitiva sobre o projeto de lei ou a aquiescência a ele do Executivo, que pode ser expressa, quando se manifesta por despacho, ou tácita, quando este se omite, deixando que se esgote o prazo constitucional de quinze dias, sem decisão. Com a sanção, o projeto transforma-se em lei, que é promulgada pelo Executivo imprimindo-lhe obrigatoriedade. É, portanto, o ato pelo qual o Poder Executivo vem confirmar o projeto aprovado pelo Legislativo, transformando-o em lei. **3.** *Direito internacional público.* Medida coercitiva adotada, em regra, de comum acordo por vários países contra outro que viola norma internacional, para forçá-lo a cumpri-la, consistente na represália, bloqueio, medida econômica, limitação nas relações comerciais etc. **4.** *Direito administrativo.* Pena disciplinar imposta a funcionário público faltoso.

SANÇÃO CIVIL. *Direito civil.* É a que decorre de violação de norma civil, como nulidade absoluta ou relativa de ato jurídico, perda ou suspensão de poder familiar, pagamento de multa contratual ou de juros moratórios, indenização de perdas e danos, restituição ao estado anterior, prescrição, decadência etc.

SANÇÃO DIRETA. *Direito civil.* **1.** Medida punitiva que obriga o devedor a cumprir a prestação assumida. **2.** Aquela que firma disposição em virtude do que o titular do direito ofendido investe diretamente sobre o bem para assegurar seu direito, ou sobre a pessoa para que esta cumpra sua obrigação (De Plácido e Silva).

SANÇÃO DISCIPLINAR. *Direito administrativo.* **1.** Pena disciplinar. **2.** Medida tomada pela administração pública contra servidor faltoso, que não cumpriu seu dever ou infringiu leis ou regulamentos. Por exemplo: advertência, repreensão, multa, suspensão, disponibilidade, demissão etc.

SANÇÃO INDIRETA. *Direito civil.* **1.** Multa aplicada ao devedor que descumprir obrigação de fazer ou não fazer. Trata-se da *astreinte*. **2.** Imposição do pagamento de perdas e danos quando for impossível determinar ao devedor o cumprimento da obrigação por ele assumida. **3.** Pagamento de indenização quando não for possível atuar sobre o objeto do direito ofendido (De Plácido e Silva).

SANÇÃO PENAL. *Direito penal.* É a prevista em lei em caso de conduta ilícita, consistente na prática de crime ou contravenção penal para recompor a situação antijurídica e recuperar o agente. Por exemplo: reclusão, detenção, prisão simples, multa, perda de bens e valores, prestação de serviços à comunidade ou a entidades públicas, interdição temporária de direitos e limitação de fim de semana. Trata-se da sanção repressiva.

SANÇÃO PREMIAL. *Teoria geral do direito.* É a que resulta de ato meritório, constituindo um prêmio ou recompensa a quem realiza algo a mais, opcionalmente oferecido pelo preceito normativo, por exemplo, redução do valor do tributo a quem o pagar antecipadamente, ou a quem cumpre o dever legal.

SANÇÃO PROCESSUAL. *Direito processual.* É a prevista em norma processual como condenação a custas, honorários advocatícios, absolvição da instância, revelia, preclusão dos prazos, pena de confesso, retirada da sala de audiência de quem se porta inconvenientemente etc.

SANEAMENTO DO PROCESSO. *Direito processual civil.* Termo final para que o autor possa, com o consenso do réu, alterar o pedido ou a causa de pedir (Nelson Nery Jr. e Rosa Mª de A. Nery). Ato pelo qual se resolve questões processuais (formais) pendentes, para que o processo efetivamente se concentre no mérito.

SAPONIFICAÇÃO CADAVÉRICA. *Medicina legal.* Período da putrefação do cadáver no qual se opera a transformação dos seus tecidos em adipocera, que é substância amarelada similar ao sabão. Essa saponificação tem interesse médico-legal por permitir a identificação do cadáver, uma vez que conserva não só seus caracteres fisionômicos e dactiloscópicos, como também os vestígios de violência de que foi vítima (José Lopes Zarzuela).

SAQUE. **1.** *Direito cambiário.* a) Emissão de ordem de pagamento; b) ato de emitir título de crédito contra uma outra pessoa. **2.** *Direito internacional público.* Apropriação pelas tropas, durante a guerra, de bens situados no território inimigo ocupado por elas. **3.** *Direito desportivo.* Ato de colocar, no voleibol e no tênis, a bola em movimento. **4.** *Direito penal.* Saqueio. **5.** *Direito bancário.* Retirada de dinheiro da conta corrente (Luiz Fernando Rudge).

SATÉLITE. **1.** *Ciência política.* a) Entidade política sob a influência de uma potência maior e mais poderosa; b) subordinado de pessoa importante; c) guarda-costas. **2.** *Medicina legal.* a) Lesão menor do que outra que lhe fica perto; b) nervo ou veia que acompanha uma artéria. **3.** *Direito administrativo* e *direito urbanístico.* Área suburbana que, economicamente, está na dependência de uma metrópole. **4.** *Direito comercial.* Loja menor, designada também "magnética" de *shopping center,* que usufrui dos benefícios das lojas de departamento (lojas-âncoras), as quais, por serem ponto de atração de público, impelem clientela à loja satélite. **5.** *Direito internacional público.* País que se encontra em condição de sujeição e dependência política, econômica e militar em relação a outro (Ostellino). **6.** *Direito espacial.* Objeto colocado na órbita terrestre.

SATISFAÇÃO DE LASCÍVIA MEDIANTE PRESENÇA DE CRIANÇA OU ADOLESCENTE. *Direito penal.* Ato de praticar, na presença de alguém menor de 14 anos, ou induzi-lo a presenciar, conjunção carnal ou outro ato libidinoso, a fim de satisfazer lascívia própria ou de outrem; punido com reclusão, de dois a quatro anos.

SAÚDE PÚBLICA. *Direito administrativo.* **1.** Conjunto de atividades técnico-científicas voltadas à proteção da saúde da comunidade, pelo esforço organizado do Poder Público, que tem o dever de: prevenir moléstias, promover e melhorar o nível de saúde física e mental do povo, saneando o meio ambiente, controlando doenças contagiosas, tomando medidas de proteção e recuperação coletiva da saúde, organizando serviços médicos, assegurando um padrão de vida adequado à manutenção da saúde, permitindo não só a participação da comunidade na gestão, fiscalização e acompanhamento das ações e serviços de saúde, mas também a participação da iniciativa privada na assistência à saúde. **2.** Estado de sanidade da população.

SEÇÃO. **1.** *Direito administrativo.* a) Cada uma das subdivisões de uma repartição pública; b) parte de um órgão público, a que se atribui uma atividade ou função especial; c) serviço realizado em trecho do itinerário de linha do serviço de transporte, com fracionamento do preço de passagem. **2.** *Direito comercial.* a) Cada subdivisão correspondente a certo serviço em uma empresa; b) porção de percurso no itinerário de empresa de transporte coletivo com fracionamento do preço da passagem; c) serviço realizado em trecho de itinerário de linha, com fracionamento do preço de passagem. **3.** *Direito autoral.* a) Divisão ou subdivisão de obra literária, científica ou artística; b) parte distinta e permanente de uma publicação periódica, na qual se trata de certo assunto. **4.** *Direito militar.* a) Quarta parte de um esquadrão; b) parte componente de uma companhia de metralhadoras. **5.** *Direito civil.* a) Cada uma das partes em que um todo foi seccionado; b) subdivisão de uma corporação científica, associação etc. **6.** *Teoria geral do direito.* Subdivisão de um capítulo na composição do texto legislativo.

SECRETARIA. **1.** *Direito administrativo.* a) Conjunto de repartições públicas alusivas a um setor da administração dos Estados; b) órgão da administração direta que auxilia o chefe do Poder Executivo. **2.** *Direito do trabalho.* Ofício do secretário. **3.** *Direito civil* e *direito comercial.* a) Departamento encarregado do expediente de uma pessoa jurídica de direito privado; b) soma de atribuições confiadas a um secretário, por exemplo, datilografia ou digitação, efetivação de comunicações internas, elaboração de atas, arquivamento de papéis etc.

SECULAR. **1.** *Ciência política.* O que diz respeito ao Estado, em contraposição ao que pertence à Igreja. **2.** *Direito civil.* Leigo; laico. **3.** *Direito canônico.* Religioso que não pertence a uma ordem monástica. **4.**

Nas *linguagens comum* e *jurídica:* a) referente a século; b) que ocorre de século em século; c) ano em que termina o século.

SECURITÁRIO. **1.** *Direito civil.* Relativo a seguro. **2.** *Direito do trabalho.* a) Empregado de companhia de seguro, ou aquele que exerce atividades alusivas ao ramo de seguros; b) atuário.

SEDE. **1.** *Direito canônico.* a) Dignidade de bispo, arcebispo ou pontífice, que tem jurisdição em algum ponto; b) Sé. **2.** *Direito comercial.* Local onde uma empresa ou estabelecimento tem sua matriz ou ponto central de sua administração e de suas atividades negociais. **3.** *Direito civil.* a) Centro de atividades de uma pessoa física, ou ponto ou local escolhido não só para exercer ou praticar atos ou negócios jurídicos, mas também para responder pelas obrigações assumidas; b) domicílio civil; c) centro de atividades de uma associação, de uma sociedade simples ou de uma fundação particular. **4.** *Medicina legal.* a) Sensação da necessidade de beber; b) região onde se opera a realização de certa ordem de fenômenos fisiológicos; c) desejo; d) ânsia; aflição. **5.** *Direito administrativo.* a) Domicílio da pessoa jurídica de direito público; b) lugar onde um governo está estabelecido; c) todo o território do Município e dos Municípios vizinhos, quando ligados por frequentes meios de transporte, dentro do qual se localizam as instalações de uma Organização, militar ou não, onde são desempenhadas as atribuições, missões, tarefas ou atividades cometidas ao militar, podendo abranger uma ou mais organizações militares (OM) ou guarnições. **6.** *Direito processual.* Local onde se reúne um tribunal ou onde se exerce uma jurisdição.

SEDIÇÃO. *Ciência política.* **1.** Revolta. **2.** Tumulto popular que causa perturbação na ordem pública. **3.** Insurreição ou levante contra o poder constituído ou legítimo. **4.** Rebelião.

SEGREDO DE JUSTIÇA. *Direito processual.* Proibição legal de publicidade de certos atos processuais, em casos excepcionais, para resguardar interesse público e para não constranger os interessados em processos relativos a casamento, filiação, separação dos cônjuges etc., de modo que precisam ser executados em particular.

SEGREDO PROFISSIONAL. *Direito civil* e *direito penal.* Fato de que alguém teve ciência em razão do exercício de sua profissão ou cargo ocupado, e que não pode ser revelado a outrem.

SEGUNDA HIPOTECA. *Direito civil.* Hipoteca que se constitui, mediante novo título, sobre imóvel já garantido por hipoteca devidamente registrada, em favor do mesmo ou de outro credor. Trata-se da sub-hipoteca ou hipoteca de bem hipotecado, que pode dar-se desde que o valor do imóvel exceda o da obrigação garantida pela anterior, para que possa pagar o segundo credor hipotecário com o remanescente da excussão da primeira hipoteca, reconhecendo-lhe a preferência, relativamente aos credores quirografários.

SEGUNDA INSTÂNCIA. *Direito processual.* Segundo grau de jurisdição; juízo de segundo grau que abrange os tribunais que apreciam os recursos.

SEGURADO. **1.** *Direito civil.* a) Bem que está no seguro; b) aquele que, em troca do risco assumido pela seguradora, paga no contrato de seguro o prêmio; c) aquele que institui seguro em benefício próprio ou de terceiro; d) pessoa física sobre a qual se procederá a avaliação do risco e se estabelecerá o seguro. **2.** *Direito previdenciário.* Aquele que contribui, como beneficiário, para o sistema de previdência social. É considerado como segurado obrigatório da previdência social: a) como *empregado*: o que presta serviço à empresa, em caráter não eventual ou transitório; brasileiro ou estrangeiro domiciliado e contratado no Brasil para trabalhar como empregado em sucursal ou agência de empresa nacional no exterior; o que presta serviço no Brasil a missão diplomática ou consulado; o brasileiro que trabalha no exterior para a União em organismos internacionais dos quais o Brasil seja membro; b) como *empregado doméstico*, o que presta serviço contínuo em residências; c) como *empresário*: o titular de firma individual; o diretor não empregado; o membro de conselho de administração de sociedade anônima; o sócio solidário; o sócio de indústria; e o sócio cotista que participe da gestão ou receba remuneração pelo serviço prestado; d) como *trabalhador autônomo*, aquele que sem relação de emprego preste serviço em caráter eventual a empresa, ou exerça atividade econômica urbana por conta própria; e) como *equiparado a trabalhador autônomo*: pessoa física que explore atividade agropecuária, pesqueira, ou extrativa de minerais; sacerdotes e membros de ordem religiosa; empregado de organismo internacional em funcionamento no Brasil; brasileiro civil que preste serviço no exterior em organismo internacional de que o Brasil seja membro; f) como *trabalhador avulso*, aquele que preste, sem vínculo empregatício, serviço urbano ou rural a várias empresas; g) como *segurado especial*: parceiro; meeiro; arrendatário rural; garimpeiro (Geraldo Magela Alves).

SEGURADOR. *Direito civil.* **1.** Aquele que se obriga, no contrato de seguro, a pagar a indenização, se ocorrer o sinistro, suportando o risco assumido. **2.** Sociedade anônima ou cooperativa que tem autorização do governo federal para atuar no ramo securitário.

SEGURANÇA DO DIREITO. *Direito processual civil.* Garantia legal que tem o titular do direito de usar de ações judiciais para defendê-lo contra atos lesivos de terceiros.

SEGURANÇA DO ESTADO. ***Direito constitucional* e *direito militar*.** Garantia dada pelas Forças Armadas às instituições do Estado, protegendo-as contra quaisquer violências.

SEGURANÇA INTERNA. 1. ***Direito constitucional* e *ciência política*.** a) Segurança da Nação resultante da ação de todos os cidadãos em um Estado de Direito, fundada na legitimidade do poder (Bobbio, Max Weber e Lipset). Compete ao Conselho de Defesa Nacional, órgão de consulta do presidente da República, resolver assuntos relacionados com a soberania nacional e a defesa do Estado democrático ao: opinar sobre a decretação do estado de defesa, do estado de sítio e da intervenção federal; sobre as declarações de guerra e de celebração da paz; propor critérios e condições de utilização de áreas indispensáveis à segurança do território nacional; e opinar sobre seu efetivo uso, especialmente na faixa de fronteira e nas relacionadas com a preservação e a exploração dos recursos naturais de qualquer tipo; estudar, propor e acompanhar o desenvolvimento de iniciativas necessárias a garantir a independência nacional e a defesa do Estado democrático; b) defesa do país e de suas instituições contra ameaças internas ou externas, assegurando a soberania nacional, a integridade territorial e nacional, a democracia, o desenvolvimento e a paz social. **2.** ***História do direito*.** Diz-se do crime que atentava a existência e funcionamento das instituições estatais, ou do ato que se dirigia contra a forma de governo, o funcionamento dos poderes políticos e o livre exercício dos direitos dos cidadãos (Pierre Bouzart). Tratava-se do crime contra a ordem político-social.

SEGURANÇA JURÍDICA. 1. *Vide* SEGURANÇA DO DIREITO. **2.** ***Direito administrativo*.** Princípio que requer a manutenção dos atos administrativos que geram direitos (José Cretella Jr.). **3.** ***Teoria geral do direito*.** a) Princípio geral de direito mantido pelas regras de regulagem do sistema: "não se pode deixar de obedecer comando do poder público, alegando sua invalidade", inferidas dedutivamente do princípio da presunção *juris tantum* da veracidade e legitimidade dos atos do Poder Público, e "deve-se respeitar o caso julgado", que é o princípio da coisa julgada pelo qual, tendo havido decisão judicial definitiva, para prestigiar o órgão judicante que a prolatou, se garantirá a impossibilidade de sua reforma e a sua executoriedade, pois terá força vinculante para as partes, devido a presunção absoluta (*jure et de jure*) de veracidade e licitude, absorvendo, portanto, a possível inconstitucionalidade que, porventura, tiver (Carlos Ayres Britto). As regras de calibragem, na lição de Ferraz Jr., conferindo à norma inconstitucional a mesma eficácia do preceito válido, estabelecem que seu destinatário não poderá subtrair-se ao seu vínculo; b) possibilidade de prever os efeitos asseguradores de direitos e garantias individuais ou coletivos que o direito comunica à conduta humana (Eduardo M. Ferreira Jardim); c) princípio que decorre do da determinabilidade das leis e do da proteção da confiança, consubstanciado na existência de normas estáveis e previsíveis quanto aos seus efeitos (Canotilho); d) garantia da aplicação objetiva da lei, de maneira que as pessoas possam saber quais são as suas obrigações e seus direitos (Emílio Fernandez Vasquez).

SEGURANÇA NACIONAL. 1. *Vide* SEGURANÇA INTERNA. **2.** ***Ciência política*.** a) Complexo de instituições que visam não só a garantia da integridade e soberania da nação contra violência estrangeira, como também o respeito às normas e à ordem interna (De Plácido e Silva); b) conjunto de medidas assecuratórias da consecução dos objetivos nacionais contra antagonismos internos e externos, preservando a segurança interna e externa do país (Paulo Matos Peixoto).

SEGURANÇA PÚBLICA. ***Ciência política* e *direito constitucional*.** Dever do Estado, direito e responsabilidade de todos, que é exercido para a preservação da ordem pública e da incolumidade das pessoas e do patrimônio, por meio da polícia federal, polícia ferroviária federal, polícia rodoviária federal, polícias civis, polícias militares e corpos de bombeiros militares.

SEGURO. 1. ***Direito civil*.** a) Contrato pelo qual uma das partes (segurador) se obriga para com outra (segurado), mediante o pagamento de um prêmio previsto contratualmente, a garantir-lhe interesse legítimo relativo a pessoa ou a coisa e a indenizá-la de dano decorrente de riscos futuros; b) indenização paga pela companhia seguradora ao segurado, havendo prejuízo oriundo do risco por ela assumido. **2.** Na ***linguagem jurídica*** em geral, pode significar: a) livre de perigo; b) que oferece segurança; c) firme; d) estável; e) que está garantido. **3.** ***Direito internacional público*.** Salvo-conduto.

SEGURO COLETIVO. ***Direito civil*.** Trata-se do seguro em grupo, que é feito concomitantemente por vários segurados. É frequente o seguro de vida em grupo, pelo qual as pessoas têm por escopo aumentar a renda em certas circunstâncias, como após a aposentadoria, e com o evento morte, relativamente aos beneficiários.

SEGURO DE CRÉDITO. ***Direito comercial* e *direito internacional privado*. 1.** Seguro de coisa feito com o escopo de cobrir dano causado por fato do creditado, em operação mercantil na seara interna ou internacional (Othon Sidou). **2.** Técnica de garantia que, na França, é fornecida pela Companhia Francesa de Seguro para o Comércio Exterior, que assume, por conta do Estado, o serviço público de seguro de crédito, garantindo a boa execução das operações de comércio exterior, ao segurar os créditos de exportadores relativamente aos riscos de fabricação e de crédito, embora não possa garantir o pontual pagamento ao exportador (Konder Comparato).

SEGURO DE DANO. *Direito civil.* **1.** Contrato feito para garantir pagamento de indenização ao segurado, havendo ocorrência do sinistro. **2.** Visa garantir dano sofrido pelo bem, mediante prêmio ajustado, pagando a seguradora uma indenização, que não pode ser superior ao valor do interesse segurado no momento do sinistro.

SEGURO DE FIANÇA LOCATÍCIA. *Direito civil* e *direito comercial.* Garantia do contrato de locação de imóvel urbano que consiste no pagamento de uma taxa, correspondente a um prêmio mensal ou anual, que se ajustar, tendo por fim garantir o pagamento de certa soma ao locador. Garante-se, mediante o prêmio, o pagamento de prejuízos oriundos do inadimplemento do locatário em relação à locação do imóvel. Pelo seguro de fiança locatícia o inquilino paga mensalmente uma quantia à Companhia Seguradora, para que ela pague indenização, cobrindo possíveis e eventuais prejuízos ao locador.

SEGURO DE PESSOA. *Direito civil.* **1.** É o que tem por objeto a pessoa do segurado; por exemplo, seguro de vida própria ou alheia e das faculdades humanas; seguro contra acidentes pessoais etc. **2.** É o que garante, mediante o prêmio anual que se ajustar, o pagamento de certa soma a determinada pessoa, por morte, incapacidade ou acidente do segurado, podendo estipular igualmente o pagamento dessa soma ao próprio segurado, ou terceiro, se aquele sobreviver ao prazo de seu contrato. Abrange o seguro de vida, o seguro contra acidente do trabalho e o contra acidentes pessoais.

SEGURO DE RESPONSABILIDADE CIVIL. **1.** *Direito civil.* Contrato pelo qual se transferem ao segurador, mediante prêmio estipulado, as consequências de danos causados a terceiros, pelos quais o segurado possa responder civilmente. O seguro de responsabilidade garante uma obrigação, relegando para plano secundário o problema da culpa e o da procura do responsável, pondo-se em primeiro lugar a questão do dano e da completa satisfação econômica do lesado, consagrando o princípio da responsabilidade objetiva. Constitui, como diz Antunes Varela, uma forma de socialização do risco, pois o encargo da indenização, em lugar de incidir somente sobre o responsável, abrange todos os segurados, que encontram, na distribuição equitativa do risco operada pelo segurador, a compensação para a contraprestação certa, mas moderada, a que se obrigam por força do contrato. **2.** *Direito administrativo* e *direito internacional privado.* Contrato que prevê a cobertura para garantir a liquidação de danos causados aos passageiros e seus dependentes, em virtude de acidente quando da realização da viagem em veículos que operam os serviços de transporte rodoviário interestadual e internacional coletivo de veículos obrigatoriamente discriminados nas respectivas apólices.

SEGURO-DESEMPREGO. *Direito do trabalho.* Benefício que tem por fim prover a assistência temporária do trabalhador desempregado em virtude de dispensa sem justa causa e auxiliá-lo na busca de emprego, promovendo ações integradas de orientação, recolocação e qualificação profissional. Será concedido ao trabalhador desempregado por um período máximo variável de três a cinco meses, que foi ampliado para cinco a sete meses para os demitidos a partir de 1º dezembro de 2008, de forma contínua ou alternada, a cada período aquisitivo, cuja duração será definida pelo Conselho Deliberativo do Fundo de Amparo ao Trabalhador (CODEFAT).

SEGURO DE VIDA. *Direito civil.* É aquele que tem por fim garantir, mediante o prêmio anual que se ajustar, o pagamento de certa soma a determinada pessoa, por morte do segurado, podendo estipular-se, igualmente, o pagamento dessa soma ao próprio segurado, ou terceiro, se aquele sobreviver ao prazo do seu contrato. Se a liquidação somente se operar por morte, o prêmio poderá ser ajustado por prazo limitado ou por toda a vida do segurado, sendo lícito aos contratantes, durante a vigência do contrato, substituir, de comum acordo, um plano por outro, feita a indenização de prêmios que a substituição exigir. Será lícito, ainda, fazer o seguro de modo que só tenha direito a ele o segurado, se chegar a certa idade, ou for vivo a certo tempo.

SEGURO OBRIGATÓRIO DE DANOS PESSOAIS CAUSADOS POR VEÍCULOS AUTOMOTORES DE VIA TERRESTRE, OU POR SUA CARGA A PESSOAS TRANSPORTADAS OU NÃO (SEGURO DPVAT). *História do Direito.* Era aquele a que todo proprietário de veículo sujeito a registro e licenciamento, na forma estabelecida no Código de Trânsito Brasileiro (CTB), estava obrigado, tendo por fim cobrir danos pessoais causados por veículos automotores (automóveis, táxis, ônibus, micro-ônibus, lotação, motocicletas, motonetas, ciclomotores, máquinas de terraplanagem, camionetas tipo *pick up*, caminhões, reboques etc.). A cobertura desse seguro não abrangia: danos pessoais resultantes de radiações ionizantes ou de combustível nuclear; multas e fianças impostas ao condutor ou proprietário do veículo ou despesas oriundas de ações ou processos criminais; acidentes ocorridos fora do território nacional. Houve tentativa frustrada de substituí-lo pelo SPVAT.

SELF-LEASING. *Direito comparado* e *história do direito*. Operação entre empresas ligadas ou coligadas. Pode assumir duas formas: uma em que as empresas vinculadas têm as posições de arrendador, arrendatário e vendedor, e outra em que o arrendador é o fabricante e cede o bem em arrendamento (*lessor manufacture*). Tal modalidade de *leasing* foi abolida no Brasil.

SELIC (SISTEMA ESPECIAL DE LIQUIDAÇÃO E DE CUSTÓDIA). *Direito bancário* e *direito financeiro*. **1.** É um sistema informatizado que se destina à custódia de títulos escriturais de emissão do Tesouro Nacional e do Banco Central do Brasil, bem como ao registro e à liquidação de operações com os referidos títulos. As operações registradas no SELIC são liquidadas por seus valores brutos em tempo real. Sua taxa é estipulada pelo Comitê de Política Monetária do Banco Central (COPOM). **2.** É o destinado ao registro de títulos e depósitos interfinanceiros por meio de equipamento eletrônico de teleprocessamento, em contas gráficas abertas em nome de seus participantes, bem como ao processamento, utilizando-se o mesmo mecanismo, de operações de movimentação, resgates, ofertas públicas e respectivas liquidações financeiras. **3.** É a taxa de juros que o governo cobra em média pelos empréstimos bancários.

SELO HOLOGRÁFICO. *Direito cartorário*. Garantia de autenticidade e total segurança do registro de documentos, na qual se utilizam elementos químicos e raio *laser*, para obter uma tridimensionalidade da imagem e adicional de autodestruição, que deixa evidente qualquer violação, falsificação ou fraude. E, além disso, não há como reproduzir a imagem holográfica por qualquer meio de impressão, fotocópia etc.

SELO NACIONAL. *Direito administrativo* e *direito constitucional*. Símbolo da República que é utilizado para autenticar atos de governo e diplomas ou certificados expedidos por estabelecimentos oficiais de ensino (Obemor P. Damasceno e Othon Sidou).

SELO POSTAL. *Direito administrativo*. Pequeno papel adesivo ou estampa produzida por máquina, colocados em correspondências ou encomendas expedidas pelo correio, para franqueá-las, comprovando-se o pagamento do serviço postal.

SEMIRRESPONSABILIDADE. *Direito penal*. Estado em que se encontram algumas pessoas com debilidade mental menos grave, que não lhes retira totalmente a capacidade de querer e entender. Por isso, a lei penal apenas lhes impõe, se cometerem algum delito, a medida de segurança, ou lhes diminui a pena. O agente semirresponsável responde pelo crime com pena atenuada ou medida de segurança (Damásio E. de Jesus).

SENADO FEDERAL. *Ciência política* e *direito constitucional*. **1.** Uma das duas casas legislativas que formam o Congresso Nacional, compostas de representantes dos Estados-membros da Federação e do Distrito Federal, eleitos pelo voto popular direto. **2.** Edifício destinado à reunião dos senadores. **3.** Câmara Alta nos países que adotam o bicameralismo.

SENADOR. **1.** *Direito constitucional* e *ciência política*. Membro do Senado com mandato eletivo por quatro anos. **2.** *Direito agrário*. No Rio Grande do Sul, é o cavalo muito velho. **3.** *História do direito*. Vereador da Câmara Municipal.

SENHORIO DIRETO. *Direito civil*. Proprietário do bem enfitêutico que transferiu o domínio útil ao enfiteuta. Tem o domínio direto, que recai sobre a substância do imóvel, abstraindo de suas utilidades, que são objeto do enfiteuta.

SENHORIO ÚTIL. *Direito civil*. Domínio útil do enfiteuta, que lhe permite usufruir do bem enfitêutico, desde que não lhe destrua a substância; pode tirar dele todas as vantagens que forem de seu interesse, percebendo-lhe os frutos e rendimentos, dentro dos limites estabelecidos pela lei, mediante pagamento do foro.

SENTENÇA. *Direito processual*. **1.** Resposta do magistrado ao pedido das partes (Enrico Tullio Liebman). **2.** Decisão judicial. **3.** Julgamento do tribunal; acórdão. **4.** Ato de prestação da tutela jurisdicional (Chiovenda). **5.** Ato de juiz singular que põe termo ao processo, decidindo ou não o mérito da causa (Othon Sidou). **6.** Solução dada à questão *sub judice* ou à causa por juiz competente.

SENTENÇA ABSOLUTÓRIA. *Direito processual penal*. Ato judicial que declara a improcedência da acusação feita ao réu, absolvendo-o, uma vez que reconhece sua inculpabilidade. O juiz: a) mandará, se for o caso, pôr o réu em liberdade, ordenará a cessação das medidas cautelares e provisoriamente aplicadas e aplicará a medida de segurança, se for cabível.

SENTENÇA *CITRA PETITA*. *Direito processual civil*. Decisão em que o magistrado não atende a todas as questões suscitadas, nem julga a reconvenção, decidindo aquém do pedido, sendo, por isso, nula (Rita Gianesini).

SENTENÇA CONDENATÓRIA. **1.** *Direito processual civil*. Aquela que, além de declarar o direito violado, impõe o dever de reparação (José da Silva Pacheco), servindo de título executivo. **2.** *Direito processual penal*. Aquela que, ao reconhecer a culpa do acusado, impõe-lhe a pena prevista em lei.

SENTENÇA CONSTITUTIVA. *Direito processual civil*. **1.** Decisão que cria, altera ou extingue relação jurídica (Pontes de Miranda). **2.** É a que cria novo estado jurídico entre as partes, modificando ou extinguindo uma anterior situação, de fato ou de direito (Othon Sidou).

SENTENÇA DECLARATÓRIA. *Direito processual civil.* É aquela que fixa a certeza sobre a existência, ou não, da relação jurídica ou do direito subjetivo material pretendido pelo autor, ou sobre a autenticidade, ou não, de documento (Alfredo Buzaid, Pontes de Miranda, Ada Pellegrini Grinover e De Plácido e Silva).

SENTENÇA ESTRANGEIRA. *Direito processual* e *direito internacional privado.* Sentença prolatada por juiz ou tribunal de país estrangeiro, que depende, para ser executada e produzir efeito no Brasil, de homologação do Superior Tribunal de Justiça, após ser submetida ao juízo de delibação, ou seja, a processo e julgamento limitados ao exame de requisitos extrínsecos, ou melhor, da competência, da regularidade da citação e do respeito da ordem pública nacional, não havendo, portanto, qualquer exame do mérito.

SENTENÇA EXECUTIVA. *Direito processual civil.* É a prolatada em ação executiva de sentença de título extrajudicial ou em ação executiva em que se pede ao Estado a incursão na esfera patrimonial do executado para retirar bens ou valores (José da Silva Pacheco).

SENTENÇA *EXTRA PETITA*. *Direito processual civil.* Aquela que excede ao pedido do autor, julgando fato alheio à causa e decidindo coisa diversa do pleiteado. Como é nula, em seu lugar outra deverá ser prolatada.

SENTENÇA FINAL. *Direito processual.* É a prolatada no final do processo, extinguindo-o com ou sem resolução do mérito.

SENTENÇA FIRME. *Direito processual.* Aquela que transitou em julgado, não comportando interposição de recurso para reformá-la. Trata-se da sentença irrecorrível.

SENTENÇA *INFRA PETITA*. *Vide* SENTENÇA CITRA PETITA.

SENTENÇA RESCINDENDA. *Direito processual civil.* Aquela sentença de mérito que, transitada em julgado, é suscetível de ser submetida a uma ação rescisória, para que se a anule, uma vez que infringe norma.

SENTENÇA RESCINDENTE. *Direito processual civil.* Decisão do tribunal que, em uma ação rescisória, rescinde a sentença por ela atacada, proferindo novo julgamento.

SENTENÇA *ULTRA PETITA*. *Direito processual civil.* Aquela que vai além do pedido, podendo ser corrigida para enquadrar-se no *quantum* pedido (Rita Gianesini e Moacyr Amaral Santos).

SEPARAÇÃO CONSENSUAL EXTRAJUDICIAL. *Direito civil.* É aquela, observados os requisitos legais e quanto ao prazo de um ano de casamento, realizada por escritura pública pelo casal, não havendo filhos menores ou incapazes, desde que nela se incluam disposições relativas à descrição e à partilha dos bens comuns, à pensão alimentícia e ao acordo quanto à retomada pelo cônjuge de seu nome de solteiro ou à manutenção do nome adotado quando se deu o casamento, O tabelião, ou autoridade consular, apenas lavrará tal escritura se os cônjuges estiverem assistidos por advogado comum ou advogados de cada um deles, ou por defensor público cuja qualificação e assinatura constarão do ato notarial ou consular. Essa escritura independerá de homologação judicial e constituirá título hábil para o registro civil e o registro de imóveis. As normas que a regem podem perder sua eficácia social ante a reforma constitucional, que não mais exige prévia separação e o prazo de carência de um ano, contando daquela escritura para requerer divórcio.

SEPARAÇÃO DE FATO. *Direito civil.* **1.** Estado de cônjuges que, expressa ou tacitamente, vivem separados (Capitant). **2.** Ato pelo qual consortes passam a viver separados por iniciativa comum ou de um deles, não regularizando sua situação legalmente (Piragibe Magalhães e Tostes Malta). **3.** Cessação ou ruptura da vida em comum dos cônjuges, que passam, por mútuo consenso ou por vontade de um deles, a viver em locais distintos.

SEPARAÇÃO DE PODERES. *Direito constitucional.* **1.** Divisão funcional de poderes. **2.** Princípio constitucional pelo qual os Poderes Executivo, Legislativo e Judiciário são independentes, mas harmônicos entre si. Constitui um expediente técnico para limitar os poderes e garantir as liberdades políticas. Cada Poder exerce sua função por meio de órgãos próprios.

SEPARAÇÃO JUDICIAL. *Vide* AÇÃO DE SEPARAÇÃO JUDICIAL.

SEQUESTRO. **1.** *Direito penal.* Crime hediondo que consiste na privação ilegal da liberdade de uma pessoa, retendo-a em local isolado até receber uma vantagem a título de preço do resgate. Se o sequestro durar mais de quinze dias, se o sequestrado for ascendente, descendente, cônjuge ou companheiro do agente, menor de dezoito ou maior de sessenta anos, ou se o crime for cometido com fins libidinosos, ou, ainda, resultar à vítima grave sofrimento físico ou moral haverá aumento de pena. **2.** *Direito processual civil.* a) É a apreensão judicial de um bem determinado, objeto da lide (Marcus Cláudio Acquaviva); b) depósito de coisa litigiosa; c) tutela provisória de urgência de natureza cautelar nominada que visa a retirada de bens do seu proprietário para garantir o direito do requerente, caso sua pretensão seja atendida na ação principal. **3.** *Medicina legal.* Parte necrosada em um osso, que se separa da porção não atingida.

SEQUESTRO-RELÂMPAGO. *Direito penal.* Ato pelo qual a vítima fica em poder do criminoso, por algumas horas, para que este se apodere de joias, relógio, celular, dinheiro e cartão bancário, cuja senha obriga-a a fornecer para realizar saque em caixa eletrônico. Se o crime for cometido mediante restrição de liberdade da vítima, e essa condição for necessária para obter vantagem econômica, a pena será a de reclusão, além da multa. E se resultar lesão corporal ou morte agravar-se-á a pena.

SERVENTUÁRIO DE JUSTIÇA. *Direito processual.* Aquele que exerce ofício e é considerado como auxiliar da justiça. É o que serve em qualquer dos ofícios de justiça, exercendo atividades forenses, como o escrivão, o oficial de justiça, o avaliador, o porteiro de auditório etc.

SERVIÇO ATIVO. 1. *Direito administrativo.* Atividade funcional que se opõe à inatividade em razão de reforma ou aposentadoria (De Plácido e Silva). **2.** *Direito do trabalho.* a) Exercício permanente e efetivo do empregado contratado; b) período durante o qual o empregado desempenha sua ocupação. **3.** *Direito militar.* É o prestado por militar pertencente ao quadro efetivo das Forças Armadas.

SERVIÇO DE ATENDIMENTO AO CONSUMIDOR – SAC. *Direito do consumidor.* Serviço de atendimento realizado por diversos canais integrados fornecedores de serviços regulados com a finalidade de dar tratamento às demandas dos consumidores, tais como informação, dúvida, reclamação, contestação, suspensão ou cancelamento de contratos e de serviços.

SERVIÇO EXTRAORDINÁRIO. *Direito constitucional* e *direito do trabalho.* É o realizado fora do horário normal do serviço ou além da jornada semanal de quarenta e quatro horas. Por esse serviço o empregado tem direito a um adicional de, no mínimo, cinquenta por cento.

SERVIÇO INTERNO. 1. *Direito do trabalho.* É o exercido dentro do estabelecimento comercial, industrial, bancário etc. **2.** *Direito administrativo.* Atividade realizada dentro da repartição pública.

SERVIÇO MILITAR. *Direito militar.* **1.** Incorporação obrigatória às Forças Armadas, ou dever legal que têm os brasileiros que atingirem dezoito anos de se alistarem para adestramento nas armas e serviço nas Forças Armadas pelo período legal estabelecido. As mulheres e os eclesiásticos ficam isentos do serviço militar obrigatório em tempo de paz, sujeitos, porém, a outros encargos que a lei lhes atribuir. **2.** Atividade exercida, em caráter efetivo, por militares nas Forças Armadas. **3.** Serviço a que está obrigado todo brasileiro do sexo masculino maior de dezoito anos e o naturalizado brasileiro e o por opção a partir da data em que recebam o certificado de naturalização ou da assinatura do termo de opção.

SERVIÇO NOTURNO. *Direito constitucional* e *direito do trabalho.* Atividade laboral exercida entre as 22 horas de um dia e as 5 horas do dia seguinte, com remuneração superior à do período diurno, tendo, pelo menos, um acréscimo de vinte por cento sobre a hora diurna. E, além disso, a hora do trabalho noturno será computada como de 52 minutos e 30 segundos.

SERVIÇO PÚBLICO. *Direito administrativo.* **1.** Atividade de oferecimento de utilidade ou comodidade material fruível diretamente pelos administrados, prestada pelo Estado ou por quem lhe faça as vezes, sob um regime de direito público instituído pelo Estado em favor dos interesses que houver definido como próprios no sistema normativo (Celso Antônio Bandeira de Mello). **2.** Conjunto de atividades estatais voltadas à consecução do bem-estar da coletividade e à realização do fim do Estado, executadas por órgãos de administração direta e indireta e, ainda, por entidades privadas, sob o regime de concessão ou permissão, por meio de licitação. **3.** Complexo de meios, do pessoal e do material, com os quais a Administração Pública desempenha sua tarefa (Félix Moreau). **4.** Atividade prestada pelo Estado ou por quem lhe fizer as vezes, oferecendo, direta ou indiretamente, utilidade ou comodidade material ou imaterial aos administrados (Eduardo M. Ferreira Jardim). **5.** Atividade ou comodidade material fruível diretamente pelo usuário, que possa ser remunerado por meio de taxa ou preço público, inclusive tarifa.

SERVIÇO SALARIADO. *Direito do trabalho.* **1.** Atividade decorrente de contrato de trabalho, baseado no salário. **2.** Aquele prestado pelo empregado mediante salário.

SERVIÇO SOCIAL. 1. *Sociologia geral.* a) Atividade técnica que visa a prevenção ou a eliminação de desajustamentos pessoais e grupais, melhorando as condições sociais; b) ciência e arte que visa diminuir ou solucionar os problemas humanos, trazendo o bem-estar; c) arte de adaptar o homem à sociedade, e esta ao homem (Simone Paré). **2.** *Direito previdenciário.* Atividade que visa esclarecer os beneficiários sobre seus direitos sociais e o modo de exercê-los, procurando estabelecer uma interação entre a vida societária e a garantia previdenciária, com a participação do beneficiário não só na implementação como também no fortalecimento da política da Previdência Social, em articulação com as associações de classe (Geraldo Magela Alves). Cabe-lhe, ainda, conceder prioridade aos segurados em benefício por incapacidade temporária e atenção especial aos aposentados e pensionistas. Para assegurar o efetivo atendimento dos usuários utiliza-se de intervenção técnica, assistência de natureza jurídica, ajuda material, recursos sociais, intercâmbio com empresas e pesquisa social, inclusive mediante celebração de convênios, acordos ou contratos. E, além disso, deve considerar a universalização da Previdência Social, prestar assessoramento técnico aos Estados e municípios na elaboração e implantação de suas propostas de trabalho. **3.** *Direito administrativo.* Atividade voltada para a elevação do nível de vida da comunidade social, mediante prestação de assistência, com o escopo de mitigar a miséria, reajustar a pessoa às condições normais de existência e impedir os males sociais (Othon Sidou).

SERVIÇO TÉCNICO. *Direito do trabalho.* Aquele dependente de conhecimento especializado, científico ou artístico, de profissionais devidamente habilitados.

SERVIDÃO ADMINISTRATIVA. *Direito administrativo.* **1.** Direito real de gozo, de natureza pública, instituído sobre imóvel de propriedade alheia, com base em lei, por entidade pública ou por seus delegados, em favor de um serviço público ou de um bem afetado a um fim de utilidade pública (Maria Sylvia Zanella Di Pietro). **2.** Ônus real pelo qual a propriedade é afetada por lei ou por injunção específica da Administração, decorrente de seu *jus imperii*, impondo um *pati*, isto é, uma obrigação de suportar, em prol da utilidade pública, proporcionando um desfrute direto, parcial, do próprio bem (singularmente fruível pela Administração ou pela coletividade em geral). A servidão administrativa é indenizável sempre que implicar real declínio da expressão econômica do bem ou subtrair de seu titular a fruição de alguma utilidade. Por exemplo, passagem de fios elétricos e de aquedutos sobre imóveis particulares; instalação de placas indicativas de ruas nos imóveis particulares; trânsito sobre bens privados; tombamento de bens em favor do patrimônio histórico (Celso Antônio Bandeira de Mello).

SERVIDÃO AMBIENTAL. *Direito ambiental.* Mediante anuência do órgão ambiental competente, o proprietário rural pode instituir servidão ambiental, pela qual voluntariamente renuncia em caráter permanente ou temporário, total ou parcialmente, a direito de uso, exploração ou supressão de recursos naturais existentes na propriedade. Essa servidão não é aplicável às áreas de preservação permanente e de reserva legal. A limitação ao uso ou exploração da vegetação da área sob servidão instituída em relação aos recursos florestais deve ser, no mínimo, a mesma estabelecida para a reserva legal. A servidão ambiental deve ser averbada no registro de imóveis competente. Na hipótese de compensação de reserva legal, a servidão deve ser averbada na matrícula de todos os imóveis envolvidos. Não se pode, durante o prazo de vigência da servidão ambiental, alterar a destinação da área, nos casos de transmissão do imóvel a qualquer título, de desmembramento ou de retificação dos limites da propriedade.

SERVIDÃO APARENTE. *Direito civil.* É a que se mostra por obra ou sinal exterior que seja visível e permanente. Por exemplo, a servidão de aqueduto.

SERVIDÃO CONTÍNUA. *Direito civil.* Aquela que subsiste e se exerce independentemente de ato humano direto, embora seu exercício possa interromper-se. Por exemplo, servidão de passagem de água, de energia elétrica, de iluminação ou ventilação.

SERVIDÃO CONVENCIONAL. *Direito civil.* É a que resulta da vontade das partes, exteriorizada em contratos e testamentos (Orlando Gomes).

SERVIDÃO DESCONTÍNUA. *Direito civil.* Aquela que requer ação humana para o seu exercício e funcionamento. Por exemplo, a de trânsito; a de tirar água de prédio alheio, que se realiza pela circunstância de ir alguém à fonte, rio, poço ou lago para trazê-la; a de pastagem (Caio Mário da Silva Pereira).

SERVIDÃO INTERNACIONAL. *Direito internacional público.* Conjunto de direitos que um país, em virtude de convenção ou tratado, pode, em seu benefício, exercer no território de outro. Por exemplo, de servidão de passagem de aviões sobre território alienígena, ou de estabelecer bases militares em território de outra nação, ou, ainda, o de pescar em mar territorial de outro Estado.

SERVIDÃO LEGAL. *Direito civil.* Aquela que advém de imposição legal (p. ex., a de passagem forçada); por isso é restrição à propriedade, similar à servidão, que constitui, na verdade, limitação legal ao direito de vizinhança, para dirimir contendas entre vizinhos.

SERVIDÃO NÃO APARENTE. *Direito civil.* Aquela que não se revela externamente, por exemplo, a servidão *altius non tollendi*, ou seja, a de não construir além de certa altura; a de caminho (*servitus itineris*), que consiste, meramente, no transitar por prédio alheio.

SERVIDÃO PREDIAL. *Direito civil.* Direito real de gozo sobre imóveis que, em virtude de lei ou pela vontade das partes, se impõe sobre o prédio serviente em benefício do dominante. Daí a necessidade dos seguintes requisitos apontados por Orlando Gomes para sua configuração: a) existência de um encargo, que pode consistir em obrigação de tolerar certo ato ou de não praticar algo, por parte do possuidor do prédio serviente; porém tal ônus é imposto ao prédio e não à sua pessoa; b) incidência de encargo em um prédio em benefício de outro; c) a propriedade desses prédios deve ser de pessoas diversas. A servidão predial, portanto, decorre de lei ou de convenção, consistindo em encargo que um prédio sofre em favor de outro, para o melhor aproveitamento ou utilização do prédio beneficiado (Caio Mário da Silva Pereira, Ruggiero e Maroi).

SESSÃO CONJUNTA. *Ciência política.* **1.** Reunião feita por dois ou mais órgãos para deliberar questão de interesse comum. **2.** Reunião das duas Casas do Congresso Nacional para, sob a presidência da mesa do Senado, inaugurar a sessão legislativa anual; elaborar o regimento comum e regular a criação de serviços comuns às duas Casas; receber o compromisso do presidente e do vice-presidente da República e conhecer do veto e sobre ele deliberar.

SESSÃO PLENA. *Direito processual.* Sessão a que se convocam todos os membros de um tribunal, de uma assembleia ou de qualquer órgão colegiado para discutir assunto relevante.

SEVÍCIAS. **1.** *Direito penal.* a) Maus-tratos físicos ou morais; b) crueldade; c) tortura física ou psíquica; d) ato desumano; e) violência. **2.** *Direito civil.* a) Ato de maltratar física ou psiquicamente o outro cônjuge, que pode dar origem às ações de separação judicial litigiosa – cujas normas poderão vir a perder eficácia social – e de reparação civil por dano moral; b) castigo imoderado imposto a filho que pode fazer com que o pai venha a perder o poder familiar.

SEXOLOGIA FORENSE. *Medicina legal.* Estudo da sexualidade humana, da conduta sexual e de suas implicações jurídicas, visando a solução de problemas médico-legais relacionados ao sexo (Hélio Gomes e Bonnet). Abrange a: a) himenologia forense, ao analisar questões médico-legais alusivas ao casamento; b) obstetrícia forense, ao se ater aos problemas médico-legais relativos à fecundação, gestação, parto, aborto, infanticídio, investigação de maternidade e de paternidade; c) erotologia forense, se se circunscrever às perversões sexuais, delitos sexuais, exposição e perigo de contágio venéreo, prostituição etc. (José Lopes Zarzuela).

SIGILO. **1.** *Direito penal.* Segredo que não pode ser revelado, em razão de profissão ou ofício, sob pena de punição criminal. **2.** *Direito do trabalho.* Segredo da empresa que não pode ser violado pelo empregado, sob pena de rescisão do contrato de trabalho por justa causa. **3.** *Direito civil.* Segredo de conhecimento restrito a pessoas credenciadas; proteção contra revelação não autorizada. **4.** *Direito comercial.* Proibição, oriunda de lei, de revelar assunto confidencial relativo a nomes e operações de clientes, salvo se houver autorização escrita destes ou ordem judicial.

SILÊNCIO ADMINISTRATIVO. *Direito administrativo.* **1.** Ausência de resposta a algum pedido feito a órgão público, no exercício do direito de petição; circunstância que, após trinta dias, autoriza ter como rejeitada aquela postulação, sendo, então, cabível o emprego de medidas judiciais (Othon Sidou). **2.** Inércia da Administração Pública, que pode causar dano ao administrado que solicitou o seu pronunciamento positivo ou negativo sobre certa questão.

SILÊNCIO DO ACUSADO. *Direito processual penal.* Direito que tem o acusado de ficar calado durante o interrogatório, sem que tal ato seja tido como confissão.

SILÊNCIO DO CONTRATO. *Direito civil.* Ausência de cláusula relativa a prazo ou a um dever ou direito dos contratantes, que requer integração contratual, para preencher a lacuna encontrada no contrato, complementando-o por meio de norma supletiva, emitida pelo Poder Judiciário.

SILÊNCIO ELOQUENTE DA LEI. *Teoria geral do direito.* Trata-se do *beredtes Schweigen*, que no direito alemão caracteriza-se pela opção do legislador em excluir, intencionalmente, certo fato do comando legal (Zeno Veloso; Larenz).

SILVÍCOLA. *Direito civil.* Índio sujeito a regime tutelar estabelecido em leis e regulamentos especiais, o qual cessará à medida que se adaptar à civilização do País.

SÍMBOLOS NACIONAIS. *Direito constitucional.* Imagens que constituem as representações de uma nação, como a bandeira, o hino nacional, o escudo de armas ou o selo oficial.

SÍMBOLO TRANSGÊNICO. *Direito ambiental.* Símbolo que compõe a rotulagem de alimentos e ingredientes alimentares destinados ao consumo humano ou animal embalados como nos vendidos a granel ou *in natura*, que contenham ou sejam produzidos a partir de organismos geneticamente modificados, tendo a seguinte apresentação: 

SIMPLES ADMINISTRAÇÃO. *Direito civil.* Administração que deve ser exercida sem ultrapassar os limites de cuidar e conservar os bens alheios, e de dirigir os negócios do administrado, não podendo, por exemplo, alienar, gravar de ônus reais, salvo se houver necessidade e mediante autorização judicial.

SIMULAÇÃO. **1.** *Direito civil.* a) É a declaração enganosa da vontade, visando produzir efeito diverso do ostensivamente indicado (Clóvis Beviláqua); b) intencional desacordo entre a vontade interna e a declarada, no sentido de criar, aparentemente, um negócio jurídico que, de fato, não existe, ou então ocultar, sob determinada aparência, o negócio realmente querido (Washington de Barros Monteiro); c) é um vício social em que as partes têm a intenção de iludir alguém por meio de uma falsa aparência que encobre a verdadeira feição do negócio jurídico, que, por isso, é nulo, mas subsistirá o que se dissimulou, se válido for na substância e na forma. Haverá simulação nos negócios jurídicos quando: aparentarem conferir ou transmitir direitos a pessoas diversas daquelas às quais realmente se conferem, ou transmitem; contiverem declaração, confissão, condição ou cláusula não verdadeira; os instrumentos particulares forem antedatados, ou pós-datados. **2.** *Medicina legal.* Ato de fingir-se doente ou desequilibrado mental para obter vantagem.

SIMULAÇÃO ABSOLUTA. *Direito civil.* Acordo simulatório em que as partes pretendem que o negócio não produza nenhum efeito, pois não há intenção de realizar ato negocial algum. Os contratantes fingem uma relação jurídica que, na verdade, inexiste. Por exemplo, emissão de títulos de crédito, que não representam qualquer negócio, feita pelo marido a um amigo, antes da separação ou divórcio, para prejudicar a mulher na partilha de bens.

SIMULAÇÃO RELATIVA. *Direito civil.* Aquela que resulta no intencional desacordo entre a vontade interna e a declarada. Dá-se quando alguém, sob a aparência de um negócio fictício, pretende realizar outro que é o verdadeiro, diverso, no todo ou em parte, do primeiro. Há dois contratos, um aparente e um real, sendo este o que é verdadeiramente querido pelas partes e, por conseguinte, o que se oculta de terceiros.

SIMULAÇÃO RELATIVA OBJETIVA. *Direito civil.* Aquela que é relativa à natureza do negócio pretendido, ao objeto ou a um dos elementos contratuais. Será objetiva se o negócio contiver declaração, confissão, condição ou cláusula não verdadeira. É o que se dá com a doação de cônjuge adúltero ao seu cúmplice, efetivada mediante compra e venda, em virtude de prévio ajuste entre doador e beneficiário, em detrimento do cônjuge e herdeiros do doador.

SIMULAÇÃO RELATIVA SUBJETIVA. *Direito civil.* É aquela em que a parte contratante não é o indivíduo que tira proveito do negócio. Esse sujeito aparente é designado como testa de ferro, presta-nome ou homem de palha. O ato negocial não é levado a efeito pelos contratantes, mas por uma interposta pessoa. É aquela em que o negócio aparenta conferir ou transmitir direitos a pessoa diversa a quem se confere ou transmite. Por exemplo, é o que ocorre na venda realizada a terceiro para que ele transmita a coisa a um descendente do alienante, a quem se tem a intenção de transferi-la desde o início.

SINAIS DE MORTE. *Medicina legal.* Conjunto de evidências que possibilitam diagnosticar a realidade e a cronologia da morte, tais como: *facies* cadavérica, imobilidade, relaxamento dos esfíncteres, cessação da circulação, parada respiratória, resfriamento, livores cadavéricos etc.

SINALAGMÁTICO. *Direito civil.* **1.** Contrato em que as partes contratantes têm obrigações recíprocas, sendo simultaneamente credor e devedor um do outro. **2.** Instrumento contratual (De Plácido e Silva).

SINDICALISMO. *Direito do trabalho.* **1.** Movimento social que propugna que os sindicatos operários devem ser a base da administração social e industrial (Ostergaard). **2.** Ação militante de sindicatos operários (Ostergaard). **3.** Sistema de organização operária por meio de sindicatos (De Plácido e Silva). **4.** Teoria dos sindicatos. **5.** Doutrina que preconiza a ascendência dos sindicatos à direção dos órgãos administrativos do Estado (De Plácido e Silva). **6.** Ação coletiva que pretende proteger e melhorar o nível de vida dos que vendem a sua força-trabalho (Allen).

SINDICÂNCIA. **1.** *Direito civil.* Função de síndico de condomínio. **2.** Na *linguagem jurídica* em geral, é o procedimento sumário que visa buscar informações sobre fatos que se pretende apurar. **3.** *Direito administrativo.* Conjunto de atos mediante os quais a Administração Pública, por meio de uma comissão, faz investigações, colhendo informações em cumprimento de ordem superior, para obtenção de prova sobre determinado fato anômalo no serviço público, podendo dar origem a um inquérito administrativo para apuração de responsabilidade funcional do funcionário público.

SINDICATO. *Direito constitucional* e *direito do trabalho.* **1.** Associação civil que visa a defesa dos direitos e interesses coletivos ou individuais da categoria econômica ou profissional específica, inclusive em questões jurídicas ou administrativas. Aos empregados da entidade sindical aplicam-se os preceitos das leis de proteção do trabalho e de previdência social, inclusive o direito de associação em sindicato. **2.** Associação para fins de estudo, defesa e coordenação dos interesses econômicos e profissionais de todos os que, como empregadores, empregados, agentes ou trabalhadores autônomos, ou profissionais liberais, exerçam, respectivamente, a mesma atividade ou profissão ou atividades ou profissões similares ou conexas.

SÍNDICO. **1.** *História do direito.* a) Procurador comum de corporações, universidades, cortes etc.; b) administrador de uma massa falida, havendo falência, designado pelo magistrado, em regra, entre os maiores credores do falido (Othon Sidou). **2.** *Direito administrativo.* Encarregado da sindicância; sindicante. **3.** *Direito civil.* Aquele que é eleito para defender os interesses do condomínio em edifício de apartamento. **4.** Na *linguagem jurídica* em geral, é: a) aquele incumbido de zelar pelos interesses de uma associação; de uma classe; b) encarregado de administrar e tomar as providências necessárias em certos setores de atividades.

SINECURA. 1. *Direito do trabalho.* a) Emprego ou cargo rendoso e de pouco trabalho; b) emprego cujas funções não são exercidas. **2.** *Direito administrativo.* a) Cargo público concedido por nepotismo, em troca de favores de ordem política (Marcus Cláudio Acquaviva); b) emprego do protegido político, bem remunerado e sem nenhum encargo (De Plácido e Silva); c) toda atividade rendosa exercida negligentemente, por ter sido obtida sem esforço graças à influência de terceira pessoa.

SINISTRO. *Direito civil.* **1.** Evento previsto no contrato de seguro que, acontecendo, gera para a seguradora obrigação de indenizar o segurado (Antonio Penteado Mendonça). **2.** Fato danoso. **3.** Infortúnio. **4.** Acontecimento imprevisto ou eventual que coloca em perigo a integridade da pessoa ou da coisa (De Plácido e Silva). **5.** Risco, enquanto objeto do contrato de seguro. **6.** Ocorrência do risco coberto, durante o período de vigência do plano de seguro. **7.** Acidente de trabalho e doença profissional que gera responsabilidade civil.

SISTEMA CIENTÍFICO-JURÍDICO. *Teoria geral do direito* e *filosofia do direito.* **1.** Conjunto de enunciados decorrentes de uma operação lógica do jurista, que procura estabelecer um nexo entre os elementos do direito, de forma a dar-lhes, de acordo com certas regras, uma certa unidade de sentido. A função do cientista do direito não é a mera transcrição de normas, fatos e valores, já que estes não se agrupam em um todo ordenado, mas sim a descrição e a interpretação científica, que consistem, fundamentalmente, na determinação das consequências e efeitos produzidos por esses elementos do direito. **2.** Sistema descritivo que contém enunciados cognoscitivos do direito emitidos pela ciência jurídica (Paulo de Barros Carvalho).

SISTEMA DECADACTILOSCÓPICO DE VUCETICH. *Medicina legal.* Processo de identificação humana que se baseia na presença de um certo número de acidentes nas cristas papilares dos dez dedos das mãos (José Lopes Zarzuela).

SISTEMA DE FREIOS E CONTRAPESOS. *Ciência política.* Aquele baseado na separação de poderes, o qual é um expediente técnico que, além de limitar os poderes, garante as liberdades políticas, protegendo o cidadão contra a tirania do poder, por estar ligado ao controle do exercício do poder pelo povo.

SISTEMA DE GOVERNO. *Ciência política.* **1.** Forma de organização político-social do Estado, que pode ser parlamentarista ou presidencialista. **2.** Modo de exercício do poder governamental. **3.** Sistema de órgãos que têm a função de governar o Estado. **4.** Conjunto de normas e princípios de ordem política que estabelecem a forma de governo de um Estado pelo qual é organizado e dirigido (De Plácido e Silva).

SISTEMA DO DIREITO POSTO. *Filosofia do direito.* **1.** Conjunto de normas positivas. **2.** Sistema prescritivo.

SISTEMA DO PROTOCOLO INTEGRADO. *Direito processual.* Aquele que assegura ao interessado a comodidade de apresentar ato processual em qualquer comarca, ou em foro diverso daquele por onde tramitar a ação, sem correr o risco da intempestividade, se a petição der ingresso fora do prazo no protocolo competente, pois se considera como data da interposição a de entrega da peça no protocolo unificado. Mas urge lembrar que, nos tribunais em que não houver norma regimental prevendo a unificação dos serviços de protocolo, só valerá ato processual protocolizado no órgão competente, não se aceitando como data a do protocolo feito em outra comarca.

SISTEMA ECONÔMICO. *Economia política.* **1.** Aquele que tem por escopo a adaptação das necessidades humanas aos obstáculos inerentes a um meio determinado, por meio de um mecanismo especial apropriado para assegurar, no espaço e no tempo, a uniformidade das satisfações de desejos daquele que pertence àquele meio (Nogueira de Paula). **2.** Conjunto de princípios disciplinadores dos meios de produção de bens e sua destinação social. **3.** Complexo de normas que firmam a política econômica. **4.** Maneira de exercer atividades econômicas, determinada pelo sustento, pelo lucro, pela organização e pela técnica (Sombart).

SISTEMA FINANCEIRO. *Direito financeiro.* **1.** Método apropriado para a reunião e ordenação dos bens estatais, voltadas à produção de utilidades que venham a satisfazer as necessidades gerais da coletividade. **2.** Segmento do sistema econômico que visa assegurar recursos para seu desenvolvimento equilibrado (Othon Sidou). **3.** Complexo de normas relativas à política financeira do Estado, instituindo meios para obtenção de recursos para prover as necessidades do Estado, levando em conta a possibilidade econômica do povo (De Plácido e Silva).

SISTEMA FINANCEIRO DA HABITAÇÃO. *Direito financeiro.* Conjunto de instituições pertencentes ao Sistema Financeiro Nacional, voltadas à promoção de construção e aquisição da casa própria ou moradia, mediante pagamento de aluguel pelas classes menos favorecidas. A Caixa Econômica deverá financiar a construção de conjuntos habitacionais (casas ou apartamentos) para ulterior aquisição ou locação para fins residenciais.

SISTEMA INTEGRADO DE RECUPERAÇÃO DE ATIVOS (SIRA). *Direito financeiro.* Conjunto de instrumentos, mecanismos e iniciativas destinados a facilitar a identificação e a localização de bens e de devedores, bem como a constrição e a alienação de ativos.

SISTEMA PENITENCIÁRIO. *Direito penitenciário.* **1.** Aquele que visa separar os presos totalmente ou apenas à noite, admitindo durante o dia o trabalho em comum (Laudelino Freire). **2.** Sistema de cumprimento da pena em um estabelecimento prisional. **3.** Conjunto organizado de normas, de pessoal apto, de meios apropriados (edificações, aparelhagem etc.), para a execução das penas e medidas de segurança (Armida B. Miotto). **4.** Conjunto organizado de serviços destinados à execução penal, tendo por meta a regeneração dos condenados, readaptando-os à vida social.

SISTEMAS MONODACTILARES. *Medicina legal.* Aqueles que possibilitam o arquivamento das impressões dígito-papilares dos dez dedos da pessoa identificada (José Lopes Zarzuela).

SISTEMAS PLANTARES. *Medicina legal.* Processos de identificação humana que têm como base as impressões das plantas dos pés. Na perícia das impressões plantares consideram-se as impressões papilares, caso em que se analisam as cristas e sulcos papilares levando-se em conta o tipo plantar, o subtipo e os pontos característicos, e as impressões plantares, propriamente ditas, ou pegadas, que são as impressões deixadas por pés calçados ou descalços sobre o solo mole (José Lopes Zarzuela).

SISTEMA *TIME-SHARING* DA PROPRIEDADE. *Direito civil.* Multipropriedade mobiliária ou imobiliária, que constitui uma relação jurídica de aproveitamento econômico de uma coisa, móvel ou imóvel, repartida em unidades fixas de tempo, de modo que vários titulares possam, cada qual a seu turno, utilizar-se dela com exclusividade e de modo perpétuo (Gustavo Tepedino). Para Elvino Silva Filho é uma nova forma de condomínio horizontal, em que a unidade autônoma do edifício é de propriedade de várias pessoas, mas o exercício desse direito é aferido em função do tempo. Daí denominá-la propriedade temporária. Mas há autores, como Emanuele Caló e Tommaso Antonio Corda, que a consideram como propriedade cíclica; outros, como Marina Petrone, consideram-na como propriedade com conteúdo limitado por certa utilidade temporal da *res*. E, ainda, há jurista que a denomina propriedade dividida e condomínio *pro diviso* (Juan Rocca Guillamon). É muito comum em locais de lazer, constituindo uma espécie de condomínio, em que cada cotitular usa do bem em certo período anual. É denominada na Itália *proprietà spazio-temporale*, em Portugal, *direito real de habitação periódica*, e na Argentina, *propriedad de tiempo compartido*.

SITUAÇÃO JURÍDICA. **1.** *Teoria geral do direito.* a) Direito adquirido (Paul Roubier); b) noção que substitui, segundo autores empiristas como Bentham, Léon Duguit e Lundstedt, o direito subjetivo. A situação jurídica, para Léon Duguit, é um fato sancionado pela norma jurídica, hipótese em que se tem a situação jurídica objetiva, ou a situação dentro da qual se encontra um pessoa beneficiada por certa prerrogativa ou obrigada por determinado dever, caso em que se tem situação jurídica subjetiva. Com isso Duguit converte o direito subjetivo a uma situação fatual juridicamente garantida; c) condição ou estado de pessoas ou de coisas, em relação a outras, conforme o estabelecido em lei, resultante de fato gerador de vínculo jurídico (De Plácido e Silva). **2.** *Direito processual.* Relação de direito material que constitui objeto de processo (James Goldschimidt).

SMART CARD. *Direito virtual.* **1.** Cartão inteligente. **2.** Diz-se do microprocessador capaz de armazenar dinheiro escritural carregado no cartão, e acessado por programa de computador que possibilita efetuar transações comerciais e pagamentos, debitando automaticamente o saldo existente (Luiz Fernando Rudge).

SOBERANIA DO POVO. *Ciência política.* **1.** Direito que tem o povo de autogovernar-se, escolhendo seus representantes, seus governantes e o governo. **2.** Princípio segundo o qual todo poder emana do povo, e em seu nome é exercido.

SOBERANIA INTERNACIONAL. *Direito internacional público.* Poder em que os países da comunidade internacional exercem, por meio de seus organismos, para a consecução da paz, da segurança e do bem comum (Othon Sidou).

SOBERANIA NACIONAL. *Ciência política.* **1.** Na lição de Massimo Severo Giannini, no âmbito interno, corresponde à efetividade da força pela qual as determinações da autoridade são observadas e tornadas de observância incontornável mesmo mediante coação; no âmbito externo, em um sentido negativo, indica a não sujeição a determinações de outros centros normativos. **2.** Aquela que, atribuída ao Estado, pertence ao próprio povo, constituído em nação (De Plácido e Silva). **3.** Conjunto de poderes que constituem a nação politicamente organizada (Clóvis Beviláqua).

SOBRENOME. *Vide* APELIDO DE FAMÍLIA.

SOBREPARTILHA. *Direito civil.* Partilha adicional que vem a ser uma nova partilha de bens que, por razões fáticas ou jurídicas, não puderam ser divididos entre os titulares dos direitos hereditários. É uma outra partilha que sobrevém à partilha, correndo nos mesmos autos do inventário (Hamilton de Moraes), pondo um fim à indivisão, atendendo à realidade dos fatos ou do direito se: a) houver na herança bens remotos da sede do juízo do inventário; b) o bem for litigioso, porque sua partilha será ato puramente aleatório, sendo, portanto, conveniente ao interesse público deixá-lo para a sobrepartilha; c) apresentar dificuldade ou morosidade na liquidação dos bens, para que não se atrase a partilha de outros do acervo hereditário, ou, então, para evitar que uma rápida liquidação prejudique os herdeiros; d) houver sonegação de bens por algum herdeiro seu inventariante, em virtude de dolo ou de ignorância, ante a obrigação de trazê-los a inventário; e) forem descobertos outros bens após a partilha da herança. Por exemplo, se se desconhecia que havia maior número de alqueires de terras do que o que se partilhou, procede-se à correção mediante sobrepartilha; f) existir reserva de bens para pagamento de credores que perderam ou não propuseram ação de cobrança; g) houver saldo do produto da venda de bens, separados para o pagamento do passivo. É objeto de sobrepartilha todo e qualquer bem de espólio que deveria ter sido partilhado e não o foi.

SOBRESSALÁRIO. *Direito do trabalho.* **1.** Importância salarial paga em época especial e sob formas próprias (Osiris Rocha). **2.** Percentual incidente sobre o salário devido ao empregado pelas horas suplementares trabalhadas (Othon Sidou).

SOBRESTAMENTO. **1.** *Direito processual civil.* a) Suspensão do processo; b) paralisação temporária do processo (Egas Dirceu Moniz de Aragão, Hélio Tornaghi e Pontes de Miranda); c) interrupção da ação ou do andamento do processo em caso de haver possibilidade de decisões conflitantes no processo civil e no penal até o trânsito em julgado da sentença criminal decidindo questão prejudicial (Nelson Nery Jr. e Rosa Mª de A. Nery); d) não prosseguimento de uma diligência; e) suspensão de tramitação de recurso. **2.** *Direito processual penal.* Faculdade atribuída ao juiz de suspender o processo havendo prejudicialidade externa, até que seja julgada a questão prejudicial no processo penal (Barbi).

SOBRINHO. *Direito civil.* Filho de irmão ou de irmã, sendo parente em linha colateral de terceiro grau em relação aos tios.

SOCIALISMO. **1.** *Economia política.* a) Doutrina que preconiza a transformação do regime social, principalmente da propriedade, para melhorar as condições dos trabalhadores; b) teoria que prega a propriedade coletiva dos meios de produção e a organização de uma sociedade sem classes; c) sistema que realiza o controle dos meios de produção, limitando a propriedade privada, dando-lhe função social, procurando a transformação da sociedade capitalista em socialista, mediante o emprego de processos graduais, sem o recurso da violência armada (Pinto Ferreira); d) concepção doutrinária segundo a qual não se pode contar com o livre jogo das iniciativas e dos interesses individuais, em matéria econômica, para assegurar uma ordem social satisfatória, e que julga possível e desejável substituir a organização liberal pela planejada, conducente a resultados mais equitativos e favoráveis ao desenvolvimento do ser humano (Lalande); e) regime social que se baseia na propriedade coletiva dos meios de produção (terras, indústrias etc.) e dos meios de troca (comércio, bancos, transportes etc.), na administração desses meios pela comunidade, em benefício de todos os seus membros, e na distribuição da riqueza de conformidade com o trabalho de cada um (Paulo Matos Peixoto); f) sistema político-social que tem por escopo substituir a ordem econômico-social, fundada no individualismo, por outra em que o Estado modifica as condições de vida no interesse da coletividade (De Plácido e Silva). **2.** *Ciência política.* a) Sistema político que organiza a sociedade baseado nessa doutrina; b) programa político das classes trabalhadoras que requer que o direito de propriedade seja fortemente limitado; os principais recursos econômicos estejam sob o controle das classes trabalhadoras; a gestão de tais recursos promova a igualdade social pela intervenção dos poderes públicos (Pianciola).

SOCIALIZAÇÃO. **1.** *Sociologia geral* e *sociologia jurídica.* a) Ato ou efeito de socializar; b) processo assimilativo pelo qual o indivíduo se integra à sociedade, adaptando-se ao seu modo de ser e aos seus valores; c) desenvolvimento do sentimento do nós nos indivíduos associados, e o seu crescimento na capacidade e vontade de cooperar (Ross); d) educação que tem início na infância e cessa com a morte da pessoa; e) extensão, por lei, de vantagens ou benefícios particulares à sociedade inteira (Laudelino Freire); f) nacionalização. **2.** *Direito administrativo.* Expropriação de bens particulares, inclusive de indústrias, transferindo-os para o domínio do Estado, para que este, no interesse da coletividade, os explore (De Plácido e Silva).

SOCIEDADE ANÔNIMA. *Direito comercial.* Sociedade em que o capital social é integralmente dividido por ações, sendo que os acionistas responderão pelo valor das que subscreveram ou adquiriram. É pessoa jurídica de direito privado, de natureza comercial, tendo capital dividido em ações, sob uma denominação, limitando-se a responsabilidade dos acionistas ao preço de emissão das ações subscritas ou adquiridas. Constituindo-se uma sociedade de capital com finalidade lucrativa, a sua denominação pode designar um nome de fantasia ou a de seu fundador, acompanhado do aditivo S/A, facultada a designação do objeto social. Três são as espécies de sociedade anônima: a) a companhia aberta, se os valores mobiliários de sua emissão puderem ser negociados em bolsa ou mercado de balcão; b) a companhia fechada, se não tiver autorização para lançar os títulos de sua emissão no mercado de capitais, obtendo recursos entre os próprios acionistas; c) a pequena companhia, que não sendo integrante de grupo de sociedades, deve ter menos de vinte acionistas e patrimônio líquido inferior ao valor nominal de vinte mil BTNs (hoje TR).

SOCIEDADE COLETIVA. *Direito comercial.* Sociedade em nome coletivo ou com firma na qual todos os sócios, pertencentes a uma única categoria, respondem solidária e ilimitadamente pelas obrigações sociais, de modo que seus bens particulares podem ser executados por débitos da sociedade, se o quinhão social for insuficiente para cobrir as referidas dívidas. Mas nada obsta, não havendo prejuízo de sua responsabilidade perante terceiros, que os sócios convencionem limitar entre si a responsabilidade de cada um pelas obrigações sociais. Todos os sócios terão a possibilidade de administrar a sociedade, se não houver designação de gerente no contrato social.

SOCIEDADE COLIGADA. *Direito comercial.* **1.** É a resultante da relação que se estabeleceu entre duas ou mais sociedades anônimas, em que uma participa com dez por cento ou mais do capital da outra, sem contudo controlá-la (Othon Sidou). Serão coligadas as *sociedades por ações* nas quais a investidora tenha influência significativa, que será presumida se for titular de vinte por cento ou mais do capital votante da investida. Considera-se que haverá tal influência significativa se a investidora for detentora ou exercer o poder de participar nas decisões das políticas financeira ou operacional da investida, sem, contudo, controlá-la. **2.** É a que resulta de relação estabelecida entre duas ou mais sociedades submetidas ao mesmo controle por participarem do mesmo grupo econômico. **3.** É aquela que, em suas relações de capital, é controlada, filiada ou de simples participação.

SOCIEDADE CONJUGAL. *Direito civil.* É a estabelecida entre marido e mulher, em razão de casamento civil ou de casamento religioso com efeitos civis, sendo regida por normas de direito civil.

SOCIEDADE CONTROLADA. *Direito comercial.* Aquela que, ante o fato de a maioria do seu capital, representado por ações ou quota, se encontrar em poder da controladora, não tem o poder de decidir nas deliberações sociais e eleger os administradores. É, portanto, a sociedade de cujo capital outra sociedade possua a maioria dos votos nas deliberações dos quotistas ou da assembleia geral e o poder de eleger a maioria dos administradores (*holding pura*) ou cujo controle esteja em poder de outra (*holding* mãe, p. ex.) mediante ações ou quotas possuídas por sociedades ou sociedades por esta já controladas.

SOCIEDADE CONTROLADORA. *Direito comercial.* Aquela que, por ser detentora do controle acionário de uma ou mais sociedades controladas, tem o poder de decisão nas deliberações sociais, e o de eleger os administradores.

SOCIEDADE DE CAPITAL. *Direito comercial.* Sociedade empresária organizada em função dos bens que formam o capital social, como a sociedade anônima, a sociedade em comandita por ações e a sociedade limitada.

SOCIEDADE DE ECONOMIA MISTA. *Direito administrativo* e *direito comercial.* Entidade dotada de personalidade jurídica de direito privado, criada por lei para exploração de atividade econômica, sob a forma de sociedade anônima, cujas ações com direito a voto pertencem em sua maioria à União ou à entidade da Administração indireta.

SOCIEDADE DE PESSOAS. *Direito comercial.* Aquela em que os sócios se escolhem mutuamente, considerando-se a idoneidade moral e econômica, e havendo predominância do *intuitu personae* sobre o *intuitu pecuniae*, no seu funcionamento. É aquela em que a pessoa do sócio, como diz Fran Martins, tem papel preponderante não só na constituição como também durante a vida da pessoa jurídica; logo, a morte ou incapacidade de um reflete na sociedade, gerando, em regra, sua dissolução parcial, com diminuição do capital, visto que a sua quota não é livremente cessível, por estar sujeita a certos condicionamentos estabelecidos no pacto social, que estipula as proibições atinentes à transferência de quotas. São sociedades de pessoas: a em nome coletivo, a de capital e indústria, a em comandita simples.

SOCIEDADE EM COMANDITA POR AÇÕES. *Direito comercial.* Aquela em que o capital social é dividido em ações, respondendo os sócios (comanditários e comanditados) pelo preço das ações subscritas ou adquiridas; além disso há responsabilidade subsidiária, solidária e ilimitada dos diretores ou gerentes (sócios comanditados), nomeados por prazo indeterminado, pelas obrigações sociais. Possui uma só espécie de sócio, e os gerentes podem ser demitidos por deliberação de acionistas que representem dois terços do capital social. Rege-se pelas normas relativas à sociedade anônima.

SOCIEDADE EM COMUM. *Direito civil.* É a não personificada, constituída de fato por "sócios" para o exercício de atividade produtiva e para repartir os resultados obtidos, mas, apesar disso, o contrato social não foi inscrito. Trata-se da sociedade de fato ou da irregular. Há responsabilidade solidária e ilimitada dos sócios pelas obrigações sociais, porém seus bens particulares não poderão ser executados por dívidas da sociedade, senão depois de executados os bens sociais.

SOCIEDADE EM CONTA DE PARTICIPAÇÃO. *Direito comercial.* Aquela que explora uma atividade negocial sob a firma individual de um dos participantes, apresentando sócio ostensivo, que se obriga perante terceiros, e sócios ocultos, que só se obrigam perante o sócio ostensivo. Não é pessoa jurídica, nem tem autonomia patrimonial, nem firma ou razão social. O gerente, que é o sócio ostensivo, usa de sua firma individual, efetivando os negócios em seu próprio nome, adquirindo direitos e assumindo deveres. Tal sociedade não possui nem mesmo sede ou domicílio especial, nem pode ser declarada falida, pois somente o sócio ostensivo pode incorrer em falência. É também designada "sociedade oculta".

SOCIEDADE EM NOME COLETIVO. *Vide* SOCIEDADE COLETIVA.

SOCIEDADE EMPRESÁRIA. *Direito comercial.* Aquela em que o capital e o fim lucrativo são essenciais à sua constituição, por exercer atividade econômica organizada para a produção e circulação de bens e serviços; como está sujeita à falência, tem direito à recuperação judicial e extrajudicial; além disso, pode ter seu contrato de locação renovado compulsoriamente.

SOCIEDADE ESTRANGEIRA. *Direito internacional privado.* Pessoa jurídica de direito privado, constituída no exterior, que obedece às formalidades legais que lhe dão existência. A lei do local de sua constituição determina a apreciação no *forum* da sua criação, funcionamento e dissolução. A nacionalidade da pessoa jurídica é conferida pela ordem jurídica estatal de sua constituição, pouco importando a nacionalidade dos sócios, o local de sua sede social ou o centro de exploração de suas atividades. A pessoa jurídica estrangeira, constituída de conformidade com a lei do lugar onde nasceu (*lex loci actus*), será tida como válida em outros Estados que a reconhecerem e a admitirem como sujeito de direito. Se a sociedade estrangeira conservar a sede no exterior, exercendo atividade no Brasil, desde que não contrarie a nossa ordem social, aqui mantendo ou não filial, sucursal, agência ou estabelecimento, poderá efetivar atos negociais no Brasil, recorrer aos tribunais brasileiros, mas haverá necessidade de autorização governamental e de aprovação de seu estatuto social ou ato constitutivo pelo governo federal brasileiro.

SOCIEDADE FILIADA. *Direito comercial.* Sociedade de cujo capital uma sociedade participa com dez por cento do capital de outra, sem controlá-la. É um tipo de sociedade coligada.

SOCIEDADE LIMITADA. *Direito comercial.* Aquela em que a responsabilidade de cada sócio é restrita ao valor de suas quotas, mas todos respondem solidariamente, em relação a terceiros, pela integralização do capital social, dividido em quotas iguais e desiguais. Se, como ensina Villemor do Amaral, o capital não estiver integralizado, os sócios deverão integralizá-lo, para que se fixe a responsabilidade solidária de todos, que é limitada ao capital social, real e efetivamente realizado. Só há, portanto, responsabilidade solidária dos sócios pelo *quantum* que faltar para complementar o capital social, ou melhor, pelo montante do capital social ainda não integralizado, em qualquer hipótese e não apenas na falência.

SOCIEDADE LIMITADA UNIPESSOAL. *Direito comercial.* Nova designação da antiga EIRELI, que se transformará em sociedade limitada unipessoal, na ausência de 2 ou mais sócios, independentemente de qualquer alteração em seu ato constitutivo. *Vide* EIRELI.

SOCIEDADE NÃO PERSONIFICADA. *Direito comercial.* Aquela que não tem seu ato constitutivo inscrito no Registro competente. Por exemplo, sociedade em comum e sociedade em conta de participação.

SOCIEDADE PERSONIFICADA. *Direito civil* e *direito comercial.* Pessoa jurídica de direito privado, com existência distinta da de seus membros, por ter inscrito seu ato constitutivo no Registro das Pessoas Jurídicas, se simples, e no Registro Público de Empresas Mercantis, se empresária. Não abrange a sociedade de fato nem a irregular.

SOCIEDADE SIMPLES. *Direito civil.* É aquela em que o capital e o fim lucrativo ou econômico não constituem elementos essenciais, por não se entregar à atividade empresarial ou econômica. É a pessoa jurídica que visa fim econômico ou lucrativo, que deve ser repartido entre sócios, sendo alcançado pelo exercício de certas profissões ou pela prestação de serviços técnicos. Essa sociedade pode revestir qualquer uma das formas estabelecidas nas leis comerciais, com exceção da anônima, pois, qualquer que seja o seu objeto, a sociedade anônima será sempre empresária, e reger-se-á pelas leis especiais. A sociedade simples não possui forma predeterminada, e pode ter fim econômico ou não.

SOCIETAS CRIMINIS. *Direito penal.* Associação transitória de delinquentes para a prática de uma determinada ação criminosa; sociedade criminosa.

SOCIETAS SCELERIS. *Direito penal.* Associação permanente de criminosos, que forma uma organização destinada a praticar crimes, por exemplo, a Máfia.

SÓCIO. *Direito civil* e *direito comercial.* **1.** Aquele que faz parte de uma sociedade simples ou empresária. **2.**

Membro de uma associação. **3.** Aquele que se associa a outrem para explorar uma atividade econômica ou não. **4.** Parceiro.

SÓCIO DISSIDENTE. ***Direito comercial.*** Aquele que não concorda com as deliberações tomadas pela maioria societária, podendo, se quiser, retirar-se *ad libitum* da sociedade, e receber seus haveres.

SÓCIO EXCLUÍDO. ***Direito comercial.*** Aquele que, por vontade própria ou por deliberação social, é excluído da sociedade, não podendo mais participar dela.

SÓCIO FALECIDO. ***Direito comercial.*** Aquele cuja morte, na vigência do contrato social, opera a dissolução parcial da sociedade, salvo estipulação estatutária em contrário, admitindo o ingresso de seu herdeiro na empresa.

SÓCIO LIQUIDANTE. ***Direito comercial.*** Aquele que recebeu dos demais sócios ou do contrato social incumbência de proceder à liquidação da sociedade, realizando o ativo e pagando o passivo (Waldirio Bulgarelli). Se tal tarefa for entregue a estranho, este denomina-se liquidatário.

SOCIOLOGIA JURÍDICA. ***Sociologia jurídica.*** **1.** Ciência que, por meio de métodos e técnicas de pesquisa empírica, visa estudar as relações recíprocas existentes entre a realidade social e o direito, abrangendo as relações jurídicas fundamentais, as camadas sedimentares ou níveis da realidade jurídica, a tipologia jurídica dos grupos particulares e das sociedades globais, a ação da sociedade sobre o direito e a atuação do direito sobre a sociedade. Em suma, estuda como se forma e transforma o direito, verificando qual é sua função no seio da coletividade e como influi na vida social, sem ter a preocupação de elaborar normas e de interpretar as que vigoram numa dada sociedade. **2.** Estudo do direito como forma de vida social (Sinzheimer). **3.** Ciência que estuda o fenômeno jurídico como um fato social ou como consequência de uma realidade social (De Plácido e Silva). **4.** Investigação da realidade social total em função do direito, estudando as relações recíprocas existentes entre tal realidade social total e o direito (Cláudio Souto). **5.** Pesquisa do direito vivo (Ehrlich).

SÓCIO REMANESCENTE. ***Direito comercial.*** Aquele que continua numa sociedade, havendo óbito ou retirada dos outros. Se se tratar de sociedade com dois sócios, o remanescente a conduzirá até encontrar novo sócio ou liquidá-la (Waldirio Bulgarelli). Todavia, hodiernamente, não há permissão de criação de sociedade unipessoal. Se vários forem os sócios, será lícita a estipulação de que a sociedade continue com os herdeiros do falecido ou apenas com os sócios remanescentes, sendo que nesta última hipótese os herdeiros do falecido terão direito à partilha do que houver, quando ele faleceu, mas não participarão nos lucros e perdas ulteriores, que não forem consequência direta dos atos anteriores ao óbito.

SÓCIO REMISSO. ***Direito comercial.*** **1.** Aquele quotista inadimplente, que está em mora para com a sociedade por quotas de responsabilidade limitada, por não haver pago, no tempo devido, o *quantum* do capital social a que estava obrigado estatutariamente, podendo ser, por isso, dela excluído. **2.** *Vide* SÓCIO EXCLUÍDO.

SODALÍCIO. **1.** ***Direito civil.*** a) Associação; agremiação sem fim especulativo; b) sociedade de pessoas que vivem juntas ou em comum (Aurélio Buarque de Holanda Ferreira); c) confraria. **2.** ***Direito processual.*** Órgão colegiado ou tribunal.

SOFTWARE. ***Direito virtual*** e ***direito autoral.*** **1.** É o *logiciél* relativo aos programas de computação e aos sistemas de informação com as respectivas instruções, constituindo-se em manifestações intelectuais que, sob forma de planos, projetos ou fórmulas, alimentam as máquinas, sendo criações da inteligência devidamente registradas no Instituto Nacional da Propriedade Industrial (INPI) e por isso protegidas pelo **direito autoral.** **2.** Programa seguido pelo computador para realizar suas tarefas. **3.** É a expressão de um conjunto organizado de instruções em linguagem natural ou codificada, contida em suporte físico de qualquer natureza, de emprego necessário em máquinas automáticas de tratamento de informação, dispositivo, instrumentos ou equipamentos periféricos, baseados em técnica digital ou análoga, para fazê-los funcionar de modo e para fins determinados. **4.** Programa necessário para executar certa tarefa no computador (Amaro Moraes e Silva Neto).

SOGRO. ***Direito civil.*** Pai de um dos cônjuges, ou companheiros, que, em relação ao outro, é parente por afinidade em linha reta em primeiro grau.

SOLARIUM. **1.** ***Direito romano.*** Contribuição paga por quem construía em terreno alheio. **2.** ***Direito civil.*** a) Cânon superficiário; b) quantia pecuniária devida pelo superficiário ao fundieiro, se a concessão da superfície for onerosa.

SOLDO. **1.** ***Direito militar.*** Remuneração a que tem direito o servidor público militar. **2.** ***História do direito.*** a) Moeda de ouro, da antiguidade romana; b) antiga moeda portuguesa, em ouro, prata ou cobre.

SOLIDARIEDADE. **1.** Na ***linguagem jurídica*** em geral: a) Qualidade de solidário; b) estado em que duas ou mais pessoas assumem igualmente as responsabilidades de uma empresa ou negócio, obrigando-se todas por uma ou uma por todas; c) mutualidade de interesses; d) por inteiro; e) dependência recíproca. **2.** ***Sociologia geral.*** a) Condição grupal que resulta da comunhão de atitudes, fazendo com que o grupo seja sólido e resistente às forças exteriores; b) dever moral de assistência entre os membros de uma mesma sociedade, enquanto considerados como um todo. **3.** ***Direito civil.*** Existência numa mesma obrigação de multiplicidade de credores ou de devedores, ou de uns e outros, onde, em virtude de lei ou contrato, cada credor tem direito à totalidade da prestação, como se fosse o único credor, ou cada devedor está obrigado pelo débito todo como se fosse o único devedor. Logo, o credor, havendo solidariedade, pode exigir de qualquer dos codevedores a dívida por inteiro, e o adimplemento da prestação por um dos devedores libera todos ante o credor comum.

SOLTURA. 1. ***Direito processual penal.*** Ato ou medida da autoridade competente que ordena que se coloque o preso em liberdade. Trata-se do alvará ou mandado de soltura. **2.** ***Medicina legal.*** Diarréia. **3.** Nas ***linguagens comum*** e ***jurídica:*** a) ato ou efeito de soltar; b) destreza; c) licenciosidade; d) interpretação; explicação.

SOLVE ET REPETE. **1.** ***Aforismo jurídico.*** Pague e depois reclame; pague e retome; primeiro pague e depois peça a devolução (se tal pagamento foi indevido). **2.** ***Direito civil.*** Cláusula que torna a exigibilidade da prestação imune a qualquer pretensão contrária do devedor. Tal cláusula apresenta-se como uma renúncia à exceção do contrato não cumprido, pois ao convencioná-la o contratante abre mão da *exceptio non adimpleti contractus*. **3.** ***Direito tributário.*** a) Locução empregada para indicar que o contribuinte só pode discutir o que considera indevido, após o pagamento do tributo, reclamando restituição; b) aquele que foi injustamente multado ou tributado deverá pagar para depois recorrer, pleiteando devolução.

SOLVÊNCIA. ***Direito civil*** e ***direito processual civil.*** **1.** Estado do patrimônio do devedor que é capaz de satisfazer os direitos creditórios, por conter bens suficientes para o pagamento das dívidas contraídas. **2.** Qualidade de solvente.

SOLVENS. ***Termo latino.*** **1.** Qualquer interessado juridicamente no pagamento do débito como: devedor, fiador, coobrigado, herdeiro, outro credor do devedor, adquirente de imóvel hipotecado e até mesmo terceiro não interessado juridicamente que pagar débito em nome e por conta do devedor, por ter interesse moral, como é o caso do pai que paga dívida do filho. **2.** Aquele que cumpre a obrigação assumida.

SONEGAÇÃO DE BENS. ***Direito civil.*** Ocultação dolosa de bens que devam ser inventariados ou levados à colação (Itabaiana de Oliveira).

SONEGAÇÃO DE CORRESPONDÊNCIA. ***Direito penal.*** Crime, punido com detenção ou multa, consistente em se apossar indevidamente de correspondência alheia impedindo que chegue ao seu destinatário.

SONEGAÇÃO DE INCAPAZ. ***Direito penal.*** Crime que consiste no ato de deixar de entregar, sem justa causa, menor de dezoito anos ou interdito a quem o reclamar legalmente.

SONEGAÇÃO DO ESTADO DE FILIAÇÃO. ***Direito penal.*** Crime pelo qual o agente deixa em asilo ou instituição assistencial filho próprio ou alheio, ocultando sua filiação ou, ainda, atribuindo-lhe outra.

SONEGAÇÃO FISCAL. ***Direito tributário.*** **1.** Crime que consiste em: a) prestar declaração falsa ou omitir, total ou parcialmente, informação que deva ser dada a agentes das pessoas jurídicas de direito público interno, com a intenção de eximir-se, total ou parcialmente, do pagamento de tributos, taxas e quaisquer adicionais devidos por lei; b) inserir elementos inexatos ou omitir rendimentos ou operação de qualquer natureza em documentos ou livros exigidos pelas leis fiscais, com a intenção de exonerar-se do pagamento de tributos devidos à Fazenda Pública; c) alterar faturas ou quaisquer documentos relativos a operações mercantis com o propósito de fraudar a Fazenda Pública; d) fornecer ou emitir documentos graciosos ou alterar despesas, majorando-as, com o objetivo de obter dedução de tributos devidos à Fazenda Pública, sem prejuízo das sanções administrativas cabíveis; e) exigir, pagar ou receber para si ou para o contribuinte beneficiário da paga qualquer percentagem sobre a parcela dedutível ou deduzida do imposto sobre a renda como incentivo fiscal. **2.** Fraude contra o Fisco (Othon Sidou). **3.** Evasão do imposto por meios dolosos (De Plácido e Silva). **4.** Falta de pagamento do tributo devido. **5.** Ato de apresentar declaração fiscal inexata para lesar o Fisco. **6.** Ação ou omissão dolosa que impede ou retarda, no todo ou em parte, o conhecimento por parte do Fisco, da ocorrência do fato gerador (Marcus Cláudio Acquaviva).

SONEGADOS. ***Direito civil*** e ***direito processual civil.*** **1.** Bens do espólio subtraídos do inventário pelo herdeiro, testamenteiro ou inventariante, por não terem sido trazidos à colação ou descritos. **2.** Pena imposta àquele que ocultar bens da herança, com o escopo de prejudicar herdeiros, impedindo que o monte partível alcance sua integralidade. Se o sonegador for o herdeiro, ele perde o direito sobre o bem sonegado, que será restituído ao espólio e partilhado entre os outros coerdeiros. E, se o bem sonegado não estiver mais em seu poder, o sonegador deverá pagar o seu valor mais as perdas e danos. Se o sonegador for o inventariante, herdeiro do autor da herança, perde o direito sobre o bem sonegado e sofre a remoção do cargo. Se não for sucessor do *de cujus* apenas incorre na destituição da inventariança. Se o sonegador for o testamenteiro, além de ser destituído da testamentaria, perde o direito à vintena e será removido também do cargo inventariante. **3.** Ação acessória movida, no foro do inventário, por herdeiro ou credores da herança provando que o bem sonegado pertence ao espólio, requerendo sua devolução ou seu valor correspondente, mais perdas e danos, se alienado.

SORTEIO. 1. ***Direito civil.*** a) Ato ou efeito de sortear; b) extração de números de rifa ou loteria; c) processo de escolha de pessoa pela sorte. **2.** ***Direito comercial.*** Disposição de coisas segundo suas cores, qualidades e preços. **3.** ***História do direito.*** Processo que selecionava pela sorte pessoas para cargo público. **4.** ***Direito processual penal.*** Processo usado para escolher, por sorte, os sete jurados, componentes do Tribunal do Júri, dentre as vinte e cinco pessoas convocadas, que formarão o Conselho de Sentença, permitindo-se à defesa e à acusação recusar até três dos sorteados, cada uma, sem qualquer justificativa da recusa.

STALKING. ***Termo inglês*** e ***direito penal.*** Forma de violência na qual alguém invade repetidamente a esfera de privacidade da vítima, empregando táticas de perseguição (Fabíola de M. C. F. Laguna), punido com reclusão e multa.

STANDARD **JURÍDICO.** ***Teoria geral do direito.*** **1.** Critério básico de avaliação de conceitos jurídicos indefinidos e variáveis no tempo e no espaço (R. Limongi França). **2.** Regra que concede ao aplicador uma certa margem de apreciação, dando-lhe o poder de discricionariedade. **3.** Critério avaliativo de relações jurídicas concretas que exprime a conduta social média e deriva da lei ou da jurisprudência (Gerd Willi Rothmann). **4.** Conduta média da pessoa que atua como referencial para a decisão judicial sobre fatos novos não previstos na lei (Marcus Cláudio Acquaviva).

STARTUPS. ***Direito empresarial.*** São empresas recém-criadas que têm por escopo desenvolver novos produtos e serviços, aprimorando-os com estratégia de *marketing*, com tecnologia e com pouca burocracia, gerando valor para os clientes, apresentando grandes possibilidades de crescimento exponencial por ofertar soluções práticas a certos problemas, facilitando a vida das pessoas (p. ex., Amazon).

STATU QUO ANTE. ***Expressão latina.*** Na situação em que se encontrava anteriormente.

STRICTO SENSU. ***Locução latina.*** **1.** Em sentido estrito, rigoroso ou preciso. **2.** Entendimento restrito.

SUBAFRETAMENTO. ***Direito marítimo.*** Contrato que pode ocorrer, havendo fretamento total, quando o afretador subfreta a terceiro, que utilizará a nau fretada, visando conseguir lucro com a diferença entre o frete cobrado e o que pagará ao fretador.

SUBARRENDAMENTO. ***Direito agrário.*** Contrato pelo qual o arrendatário transfere a outrem, total ou parcialmente, os direitos e obrigações do arrendamento de imóvel rural. Novo arrendamento.

SUBCONCESSÃO. ***Direito administrativo.*** Contrato em que o concessionário transfere ao subconcessionário o desempenho do serviço público concedido, desde que autorizado, prévia e expressamente, pela pessoa jurídica de direito público da administração direta (concedente).

SUBCONTRATAÇÃO. ***Direito civil.*** Transferência da posição contratual, feita por uma das partes a terceiro, sem desvincular-se do contrato. A sublocação é, por exemplo, uma subcontratação.

SUBDELEGACIA. ***Direito processual penal.*** **1.** Repartição policial subordinada a uma delegacia. **2.** Cargo ou função de subdelegado.

SUBEMPREITADA. ***Direito civil.*** Cessão total ou parcial do contrato de empreitada, desde que não seja *intuitu personae*, que se dará quando o empreiteiro contratar sob sua responsabilidade, com outra pessoa, no todo ou em parte, a execução da obra de que se encarregar, com anuência do comitente. O empreiteiro responde pela má execução e contra ele pode o comitente reclamar, porque suas obrigações subsistem.

SUB-HIPOTECA. *Vide* SEGUNDA HIPOTECA.

SUB JUDICE. ***Locução latina.*** **1.** Sob julgamento. **2.** Causa sobre a qual o magistrado ainda não julgou. **3.** Questão pendente de julgamento ou que ainda não foi decidida. **4.** Em juízo.

SUBLOCAÇÃO. ***Direito civil*** e ***direito comercial.*** **1.** Contrato de locação que se efetiva entre o locatário de um bem e terceiro (sublocatário), com a prévia permissão do locador, que, participando de uma primeira relação jurídica *ex locato* (contrato de locação), se vincula a uma segunda (contrato de sublocação), tendo-se em conta, nas duas, o mesmo objeto locado (Rogério Lauria Tucci e Álvaro Villaça Azevedo). **2.** Concessão do gozo parcial ou total da coisa locada por parte de quem é, por sua vez, locatário dela mesma (Andrea Tabet).

SUBMERSÃO. 1. ***Medicina legal.*** Asfixia mecânica provocada por afogamento, em razão de acidente, suicídio ou assassinato. **2.** ***Direito agrário.*** Abatimento do casco do cavalo, em consequência de pancada. **3.** Nas ***linguagens comum*** e ***jurídica:*** a) derrota; b) soçobro; c) perdição.

SUBPREFEITURA. ***Direito administrativo.*** **1.** Divisão administrativa da prefeitura. **2.** Órgão que dirige serviços de uma circunscrição municipal que está sob a dependência de uma prefeitura. **3.** Repartição onde o subprefeito exerce suas funções.

SUB-ROGAÇÃO CONVENCIONAL. ***Direito civil.*** É a que resulta de acordo de vontade entre o credor e terceiro ou entre o devedor e terceiro, desde que tal convenção seja contemporânea do pagamento, e expressamente declarada, pois, se o pagamento é um ato liberatório, a sub-rogação não se presume.

SUB-ROGAÇÃO LEGAL. *Direito civil.* É a imposta por lei, que contempla vários casos em que terceiros solvem dívida alheia, conferindo-lhes a titularidade dos direitos do credor ao incorporar, em seu patrimônio, o crédito por eles resgatado (Silvio Rodrigues e A. Henri).

SUB-ROGAÇÃO PESSOAL. *Direito civil.* Substituição de uma pessoa por outra, que terá os mesmos direitos e ações daquela. É, portanto, a substituição, nos direitos creditórios, daquele que solveu obrigação alheia ou emprestou a quantia necessária para o pagamento que satisfez o credor. Efetivado o pagamento por terceiro, o credor fica satisfeito e não mais tem o poder de reclamar do devedor o adimplemento da obrigação; porém, como o devedor não solveu o débito, continua a ter o dever de prestá-lo ante o terceiro solvente, alheio à relação negocial primitiva, até que o pagamento de sua parte extinga o liame obrigacional.

SUB-ROGAÇÃO REAL. *Direito civil.* Substituição de uma coisa por outra com os mesmos ônus e atributos. O elemento subjetivo permanece o mesmo; substitui-se necessariamente a coisa, objeto de uma relação jurídica que sobre ela criou uma destinação certa, quando, por qualquer razão, ela não puder desempenhar sua finalidade. Por exemplo, se a coisa dada em garantia se perder, esta se sub-rogará na indenização do seguro, ou no ressarcimento do dano, em benefício do credor.

SUBSCRIÇÃO. **1.** Aposição de assinatura num instrumento público ou particular. **2.** Ação ou efeito de subscrever. **3.** Relação de pessoas que assinam um documento em que se menciona o *quantum* com que se inscrevem para um ato de beneficência. **4.** Soma oferecida pelo subscritor. **5.** Promessa de tomar exemplares de uma obra a ser publicada, por um preço convencionado. **6.** Assinatura de periódicos. **7.** Prospecto apresentado ao público, convidando-o a tomar títulos de empréstimo lançados no mercado, para qualquer fim de interesse público. **8.** Contribuição mediante capitalização de créditos ou subscrição em dinheiro ou bens para formar ou aumentar o capital de uma sociedade por ações (Luiz Fernando Rudge).

SUBSÍDIO. **1.** *Direito constitucional* e *direito administrativo.* a) Remuneração paga pelo Estado aos membros dos Poderes Legislativo e Executivo; b) subvenção paga, em dinheiro, pelo governo a certos setores da produção agrícola e agroindustrial para controlar o preço ou incentivar a exportação (Geraldo Magela Alves e Othon Sidou). **2.** Na *linguagem jurídica* em geral: a) auxílio; benefício; b) *quantum* pecuniário subscrito para obra pia ou de interesse público; c) adjutório. **3.** *Direito internacional público.* Quantia que, em razão de tratado, o Estado dá a uma potência aliada. **4.** *Economia política.* Recurso financeiro que possibilita o crescimento de um setor econômico.

SUBSOLO. *Direito civil, direito administrativo* e *direito constitucional.* **1.** Parte inferior ao solo em sua profundidade pertencente ao proprietário do solo, que, quanto às minas, jazidas e energia hidráulica incorpora-se ao patrimônio da União, para efeito de sua exploração ou aproveitamento; todavia, está garantida ao dono do solo a participação nos resultados da lavra. O titular da propriedade imobiliária não pode impedir que perfurem o subsolo, para instalação de metrô, por exemplo, nem obstar a efetivação de obras que se efetuem a uma determinada profundidade que não cause risco para sua incolumidade, principalmente quando feitas em benefício do interesse social. Quanto aos demais casos, como construção de porões, garagem subterrânea, por exemplo, o dono do solo será também o do subsolo. **2.** Construção abaixo do rés-do-chão (Laudelino Freire). **3.** O que se encontra abaixo da superfície arável do solo.

SUBSTABELECIMENTO COM RESERVA DE PODERES. *Direito civil.* Aquele em que o mandatário se faz substituir por terceiro, sem renunciar ao mandato, reservando todos ou alguns dos poderes do mandato, para reassumi-los quando quiser. Assim sendo, tanto o substabelecente como o substabelecido mantêm-se no mandato como mandatário e submandatário (De Plácido e Silva).

SUBSTABELECIMENTO SEM RESERVA DE PODERES. *Direito civil.* Substituição definitiva do mandatário pelo substabelecido, pois aquele, ao lhe transferir todos os poderes sem reservá-los para si, não mais poderá reassumir, uma vez que se operou um novo mandato. Todavia o mandatário, apesar de ter renunciado ao mandato, responderá pelas obrigações deste, se não notificar o mandante de que houve substabelecimento.

SUBSTÂNCIA DA COISA. *Direito civil.* **1.** Elemento natural ou legal que constitui a essência da coisa. **2.** Matéria de que a coisa se compõe. **3.** Natureza econômica. **4.** Destino ou finalidade da coisa.

SUBSTÂNCIA DO ATO NEGOCIAL. *Direito civil.* Conjunto de elementos necessários ou essenciais à existência e à validade do ato ou negócio jurídico. Tais elementos podem ser gerais, se comuns à generalidade dos negócios jurídicos, dizendo respeito à capacidade do agente, ao objeto lícito e possível e ao consentimento dos interessados, e particulares, peculiares a determinadas espécies por serem concernentes à sua forma.

SUBSTITUIÇÃO HEREDITÁRIA. *Direito civil.* Disposição testamentária na qual o disponente chama uma pessoa para receber, no todo ou em parte, a herança ou o legado, na falta ou após o herdeiro ou legatário nomeado em primeiro lugar, ou seja, quando a vocação deste ou daquele cessar por qualquer causa.

SUBSTITUIÇÃO HEREDITÁRIA COMPENDIOSA. *Direito civil.* Misto de substituição vulgar e de substituição fideicomissária. É a que se verifica na hipótese em que o testador dá substituto ao fiduciário ou ao fideicomissário, prevendo que um ou outro não queira ou não possa aceitar a herança ou o legado.

SUBSTITUIÇÃO HEREDITÁRIA FIDEICOMISSÁRIA. *Direito civil.* Instituição de herdeiro ou legatário, designado fiduciário, com a obrigação de, por sua morte, a certo tempo ou sob condição preestabelecida, transmitir a uma outra pessoa, chamada fideicomissário, a herança ou o legado. Se incidir o fideicomisso em bens determinados ter-se-á fideicomisso particular e se assumir o aspecto de uma herança, abrangendo a totalidade ou uma quota-parte do espólio, será fideicomisso universal. A substituição fideicomissária somente se permite em favor dos não concebidos ao tempo de morte do testador. Se, ao tempo do óbito do autor da herança, já houver nascido o fideicomissário, adquirirá este a nua-propriedade dos bens fideicomitidos, convertendo-se em usufruto o direito do fiduciário.

SUBSTITUIÇÃO HEREDITÁRIA ORDINÁRIA. *Vide* SUBSTITUIÇÃO HEREDITÁRIA VULGAR.

SUBSTITUIÇÃO HEREDITÁRIA RECÍPROCA. *Direito civil.* É aquela em que o testador, ao instituir uma pluralidade de herdeiros ou legatário, os declara substitutos uns dos outros, para o caso de qualquer deles não querer ou não poder aceitar a liberalidade (Itabaiana de Oliveira).

SUBSTITUIÇÃO HEREDITÁRIA VULGAR. *Direito civil.* Também designada de substituição hereditária ordinária. Consiste na expressa indicação da pessoa que deve ocupar o lugar do herdeiro ou legatário, que não quer ou não pode aceitar a liberalidade, havendo presunção de que a substituição foi determinada para as duas alternativas, ainda que o disponente tenha se referido a uma delas no testamento público, particular ou cerrado. Pode ser singular, se se tiver um só substituto ao herdeiro ou legatário, ou coletiva, se vários forem os substitutos indicados simultaneamente.

SUBSTITUIÇÃO PROCESSUAL. *Direito processual civil.* **1.** Ato pelo qual uma pessoa, nas hipóteses admitidas legalmente, litiga em juízo em nome próprio em defesa de direito alheio (Waldemar Mariz de Oliveira Jr.). **2.** Alteração do réu e autor no curso do processo (Geraldo Magela Alves). **3.** Substituição, total ou parcial, da decisão impugnada em recurso, pelo acórdão que julga o mérito do recurso, quando: em caso de *error in judicando* ou *in procedendo* for negado provimento ao recurso ou, na hipótese de *error in judicando* for dado provimento ao recurso (Nelson Nery Jr. e Rosa Mª de A. Nery).

SUBSUNÇÃO. **1.** *Filosofia geral.* Ato ou efeito de subsumir. **2.** *Teoria geral do direito.* Ato de o aplicador do direito enquadrar um fato individual em um conceito abstrato normativo a ele pertinente. **3.** *Lógica jurídica.* a) Proposição que enuncia a operação de subsumir; b) raciocínio pelo qual se verifica se o fato reproduz a hipótese contida na norma jurídica (Acquaviva).

SUBVENÇÃO. *Direito administrativo* e *direito financeiro.* **1.** Auxílio pecuniário concedido, permanente ou eventualmente, pelo Poder Público a entidades beneficentes para que cumpram seus objetivos ou a certos setores econômicos para garantia da estabilidade dos preços de determinados produtos (Othon Sidou). **2.** Subsídio. **3.** Quantia pecuniária que é dada como ajuda. **4.** Destina-se a cobrir despesas de custeio das entidades públicas ou privadas. As subvenções são sempre transferências correntes e destinam-se a cobrir despesas de custeio operacional das entidades para as quais são feitas as transferências, como aluguel, folha de salários e conservação de bens. Em última análise, servem para a manutenção e operação de serviços prestados pela entidade subvencionada (Silvio Luis Ferreira da Rocha). **5.** Uma soma em dinheiro que se entrega periodicamente ou em sua totalidade e que tem por objeto facilitar o funcionamento da obra ou estabelecimento privado que persegue uma finalidade de interesse geral (Gaston Jèze). **6.** Subsídio que se outorga às pessoas públicas subordinadas ou a instituições privadas, eventualmente pessoas físicas, para a execução de atividades necessárias ao interesse público (Roberto Dromi).

SUCESSÃO. **1.** *Sociologia geral.* Processo pelo qual um grupo social é substituído por outro. **2.** *Direito civil.* a) Aquisição *ope legis* da posse da herança pelos herdeiros legítimos ou testamentários, com a abertura da sucessão, tomando o lugar do *de cujus*, continuando sua posse, com os mesmos caracteres (vícios ou qualidades); b) em sentido amplo, é o modo derivado de aquisição do domínio, indicando o ato *inter vivos* pelo qual alguém sucede a outrem, investindo-se, total ou parcialmente, nos direitos que lhe pertenciam; c) em sentido restrito, é a transferência, total ou parcial, de herança, por morte de alguém, a um ou mais herdeiros; d) bens, direitos ou encargos transmitidos a outrem; e) prole; descendência; f) ato ou efeito de suceder por ato *inter vivos* ou *causa mortis*. **3.** Na ***linguagem jurídica:*** a) conjunto de coisas ou acontecimentos que ocorrem em determinada ordem; b) sequência de pessoas que se substituem; c) seguimento; d) continuação; relação de continuidade; e) o que se segue; f) o que se coloca em lugar de algo; g) substituição; h) transmissão de bens de direitos ou obrigações de uma pessoa a outra; i) ato de suceder. **4.** ***Direito comercial.*** a) Ato pelo qual uma empresa ou um empresário, ao adquirir um estabelecimento, continua os negócios anteriores, substituindo o proprietário anterior (De Plácido e Silva); b) efeito produzido pelas operações de incorporação, fusão ou cisão, em que direitos e obrigações relativas a um produto ou conjunto de produtos são transferidos, em caráter singular ou universal, de uma pessoa jurídica para outra. **5.** ***Ciência política.*** Ato de assumir, em definitivo, a função ou cargo de um governante, em razão de vaga. **6.** ***Filosofia geral.*** Relação entre diferentes termos entre os quais se estabelece uma ordem (Lalande). **7.** ***Direito ambiental.*** Mudanças progressivas na composição de espécies e na estrutura (nos diversos estratos) da floresta causadas por processos naturais (sem interferência humana) ao longo do tempo.

SUCESSÃO *AB INTESTATO*. *Direito civil.* Sucessão legítima, que resulta de lei, operando-se quando o *de cujus* não deixa testamento ou quando este é nulo, anulável ou caduco, operando-se a transmissão da herança conforme a ordem de vocação hereditária. É aquele que se apresenta como um testamento tácito ou presumido do *de cujus*, que não dispôs, expressamente, de seus bens, conformando-se com o fato de que seu patrimônio passe a pertencer às pessoas enumeradas em lei (Demolombe).

SUCESSÃO A DOIS TÍTULOS. *Direito civil.* Sucessão daquele que recebe bens da herança, concomitantemente, a título universal, como herdeiro, e a título singular, como legatário. Pode ele renunciar integralmente à herança, conservando o legado, ou vice-versa; podendo também repudiar ou aceitar a ambos.

SUCESSÃO ANÔMALA. *Direito civil.* **1.** Sucessão do Município ou Distrito Federal, se a herança estiver localizada nas respectivas circunscrições, ou da União, se situada em território federal, na falta de descendente, ascendente, cônjuge sobrevivente, ou companheiro, e de parente colateral sucessível até o quarto grau, desde que haja sentença declarando vacância dos bens, por não serem herdeiros. Tal sucessão é anômala ou irregular porque se afasta do tipo comum de sucessão. **2.** Situação em que duas pessoas são chamadas, do modo sucessivo, em tempos diferentes, para receber herança, como se dá no fideicomisso. **3.** Aquela em que alguém herda por direito de representação, por direito de acrescer e por substituição vulgar, ante o fato de alguém não poder ou não querer aceitar herança. **4.** Aquela em que os bens doados voltam ao patrimônio do doador, se este sobreviver ao donatário. Trata-se do caso de doação com cláusula de reversão.

SUCESSÃO A TÍTULO SINGULAR. *Direito civil.* É a que se dá quando o testador transfere ao beneficiário apenas objetos certos e determinados. Nessa espécie de sucessão é o legatário que sucede ao *de cujus* em bens ou direitos determinados ou individuados, ou em fração do patrimônio devidamente individuada, sub-rogando-se de modo concreto, na titularidade jurídica de determinada relação de direito, sem representar o falecido, pois não responde pelas dívidas e encargos da herança, já que sucede apenas *in rem aliguam singularem*.

SUCESSÃO A TÍTULO UNIVERSAL. *Direito civil.* Aquela que se opera quando houver transferência da totalidade ou de parte indeterminada da herança, tanto no seu ativo como no passivo, para o herdeiro do *de cujus*. O herdeiro é, portanto, chamado a suceder no todo ou numa quota-parte do patrimônio do *de cujus*, sub-rogando-se, abstratamente, na posição do falecido, como titular da totalidade ou de parte ideal daquele patrimônio.

SUCESSÃO LEGÍTIMA. *Vide* SUCESSÃO AB INTESTATO.

SUCESSÃO LEGITIMÁRIA. *Direito civil.* É a sucessão necessária, que se dá quando o *de cujus* deixa descendente, ascendente ou cônjuge, que são seus herdeiros necessários, tendo direito, por força de lei, à legítima, que constitui a metade da herança. Consequentemente, o testador só poderá dispor da metade da herança.

SUCESSÃO POR CABEÇA. *Direito civil.* Aquela em que a herança é dividida em tantas partes iguais quantos forem os herdeiros que, em igualdade de grau de parentesco com o *de cujus*, concorrem a ela desde o momento da abertura da sucessão (Pinto Ferreira).

SUCESSÃO POR ESTIRPE. *Direito civil.* Aquela em que a herança é partilhada por estirpe quando a desigualdade de graus de parentesco com o *de cujus* verifica-se desde o instante da abertura da sucessão, relativamente aos descendentes do herdeiro pré-morto, por direito de representação, recebendo a sua parte como se ele vivo estivesse (Hermenegildo de Barros e Carlos Maximiliano).

SUCESSÃO TESTAMENTÁRIA. *Direito civil.* Aquela em que a transmissão hereditária se opera por ato de última vontade, revestido de solenidade requerida por lei, prevalecendo as disposições normativas naquilo que for *ius cogens*, bem como no que for omisso o testamento. Denomina-se também "sucessão voluntária".

SUCUMBÊNCIA. *Direito processual civil.* 1. Ônus que recai sobre a parte vencida numa ação de pagar os honorários de advogado da parte vencedora e às custas ou despesas processuais. 2. Ato de sucumbir, ou seja, de sair vencido numa ação (Geraldo Magela Alves).

SUCURSAL. 1. *Direito canônico.* Igreja que se encarrega dos ofícios e cerimônias que não possam ser levados a efeito pela matriz. 2. *Direito comercial.* a) Em sentido estrito, é o estabelecimento que se subordina a outro, uma vez que foi criado para expandir os seus negócios. Embora seu gerente tenha certa autonomia, deve seguir a orientação dada pelo estabelecimento principal (matriz) sobre negócios importantes; b) filial; c) agência.

SUFRÁGIO DIRETO. *Ciência política* e *direito constitucional.* Aquele em que o próprio eleitor, sem qualquer intermediário, por meio de voto, escolhe nominalmente seus representantes ou governantes, elegendo senadores, deputados, vereadores, prefeito, governador e presidente da República.

SUFRÁGIO INDIRETO. *Ciência política.* Eleição pelos cidadãos de delegados que, por sua vez, sendo eleitores de segundo grau, formarão o Colégio Eleitoral que elegerá os governantes ou aqueles que irão ocupar cargos eletivos em outra eleição.

SUFRÁGIO UNIVERSAL. *Ciência política.* Aquele sistema que não impõe ao exercício do direito de votar nenhum requisito, restrição ou condição, salvo a incapacidade civil ou suspensão dos direitos políticos. Todo cidadão civilmente capaz e que não esteja suspenso dos seus direitos políticos pode votar, escolhendo candidatos para ocupar cargos eletivos.

SUICÍDIO. *Direito penal.* 1. Ato voluntário de tirar a própria vida. 2. Morte resultante, direta ou indiretamente, de um ato, positivo ou negativo, realizado pela vítima, que sabia dever produzir esse resultado (Durkheim). 3. Autocídio; autoquíria.

SUICÍDIO ASSISTIDO. *Medicina legal* e *biodireito.* Auxílio médico, vedado juridicamente, a paciente com doença incurável que deseja suicidar-se. Por exemplo, o que decorre de ato pelo qual o médico prescreve pílula letal a paciente terminal para que este possa se matar quando quiser, evitando maior sofrimento. É proibido porque pode induzir alguém, que não quer morrer, a dar um fim em sua vida, por ser vulnerável. Tal prática é legal em Oregon (EUA).

SUI GENERIS. *Locução latina.* Do seu gênero; peculiar; especial.

SUI JURIS. 1. *Locução latina.* a) Direito próprio; b) do seu direito; c) ser senhor de si. 2. *Direito civil* e *direito romano.* a) Aquele que tem poder de autodeterminação, por ser independente de outrem, já que é maior e capaz e está em pleno exercício de seus direitos civis; b) aquele que tem capacidade jurídica, tendo aptidão para praticar, por si, os atos da vida civil.

SUJEITO ATIVO. 1. *Direito civil.* a) Titular do direito subjetivo de ter ou de fazer o que a norma jurídica não proíbe; b) credor; c) aquele que é capaz de exercer um direito. 2. *Direito penal.* Autor do delito. 3. *Direito tributário.* a) Credor da obrigação tributária; aquele que pode exigir o pagamento de tributos; b) pessoa jurídica que é titular da competência para exigir o cumprimento da obrigação tributária ou para o exercício do poder de tributar. 4. *Direito previdenciário.* É o Instituto Nacional do Seguro Social (INSS), autarquia federal dotada de personalidade jurídica de direito público, que tem a competência para exigir o pagamento das contribuições sociais previdenciárias ou das penalidades pecuniárias, bem como o cumprimento das obrigações acessórias decorrentes da legislação. É o credor da obrigação previdenciária.

SUJEITO DE DIREITO. 1. *Direito civil.* Pessoa natural ou jurídica que seja titular de direitos subjetivos ou destinatária de deveres jurídicos. 2. *Economia política.* a) É, na qualidade de sujeito ativo, o empresário, assalariado, poupador, consumidor e, na qualidade de sujeito passivo, a sociedade como um todo ou o conjunto de agentes privados (Geraldo Vidigal); b) agente de mercado (Eros Grau); c) empresa (Eros Grau).

SUJEITO PASSIVO. 1. *Direito civil.* a) Devedor; b) aquele de quem se pode exigir o cumprimento de uma prestação de dar, de fazer ou de não fazer; c) aquele sobre quem recai um direito de outrem; d) quem tem o dever jurídico de satisfazer o objeto da obrigação. 2. *Direito penal.* a) Vítima do delito; b) aquele que sofreu ofensa física ou patrimonial suscetível de imposição de sanção penal ao ofensor. 3. *Direito tributário.* Pessoa natural ou jurídica de quem se pode exigir o pagamento de tributo como contribuinte, quando tiver relação pessoal e direta com a situação que constitui o respectivo fato gerador ou como responsável quando, sem revestir a condição de contribuinte, sua obrigação resulta de disposição legal. 4. *Direito previdenciário.* É o contribuinte ou a pessoa responsável pelo pagamento de contribuições sociais previdenciárias ou de penalidades pecuniárias, bem como pelo cumprimento das obrigações acessórias decorrentes da legislação.

SULCO DE ENFORCAMENTO. *Medicina legal.* Depressão provocada no pescoço, abaixo do maxilar, pelo laço de enforcamento. Sua largura e profundidade dependem do tipo de laço empregado, peso do corpo e do tempo de duração da suspensão do corpo; sua disposição será transversal se houve suspensão incompleta do corpo, por ter a vítima ficado inclinada, tendo apoio nos pés, joelhos etc., e oblíqua, se tal suspensão da vítima for completa (Paulo Matos Peixoto), por não ter tido qualquer apoio inferior.

SULCO DE ESTRANGULAMENTO. *Medicina legal.* Depressão profunda, uniforme e transversal ou horizontal que se apresenta ao redor de todo o pescoço, pela constrição do laço de estrangulamento, provocada não pelo peso do corpo da vítima, mas pela mão do agressor, máquina em movimento, roda de veículo etc. Tal sulco pode ser único, duplo ou múltiplo (João Baptista de Oliveira e Costa Jr. e Paulo Matos Peixoto).

SULCO EQUIMÓTICO. *Medicina legal.* Marca, no pescoço, deixada pelo laço de estrangulamento ou enforcamento, que apresenta equimose.

SÚMULA. **1.** *Direito processual.* a) Conjunto de teses jurídicas reveladoras da jurisprudência predominante no tribunal, traduzida em forma de verbetes sintéticos numerados (Nelson Nery Jr.); b) resumo de decisão judicial colegiada (Othon Sidou); c) ementa reveladora da orientação jurisprudencial de um tribunal para casos análogos (Marcus Cláudio Acquaviva); d) ementa de sentença ou acórdão (De Plácido e Silva); e) tradução de orientação da jurisprudência predominante do tribunal (José de Moura Rocha). **2.** Nas *linguagens comum* e *jurídica*: a) sumário; b) resumo; c) índice; d) explicação breve do teor de um texto. **3.** *Direito autoral.* Título de um conjunto de obras que versam, resumidamente, sobre partes de uma ciência ou de pontos principais de uma teoria. **4.** *Direito desportivo.* Papel no qual atletas participantes de uma competição assinam o próprio nome e que fica, para fins regulamentares, arquivado na entidade oficial.

SÚMULA VINCULANTE. *Teoria geral do direito.* Aquela que, emitida pelo Supremo Tribunal Federal após reiteradas decisões uniformes sobre um mesmo assunto, torna obrigatório seu cumprimento pelos demais órgãos do Poder Judiciário e pela administração pública de todas as esferas federativas (André Ramos Tavares).

SUPERFÍCIE. *Direito civil.* **1.** O que se eleva ou se encontra acima do solo, como, por exemplo, construções ou plantações, e que até prova em contrário se presume pertencente ao dono do solo. **2.** Direito real de fruição sobre coisa alheia pelo qual o proprietário concede, por tempo determinado, gratuita ou onerosamente, a outrem o direito de construir, ou plantar, em seu terreno, mediante escritura pública devidamente assentada no Registro Imobiliário.

SUPERINTENDÊNCIA DE SEGUROS PRIVADOS (SUSEP). *Direito administrativo.* Entidade autárquica, vinculada ao Ministério da Fazenda, dotada de personalidade jurídica e patrimônio próprio, tem por finalidade, na qualidade de executora da política traçada pelo Conselho Nacional de Seguros Privados (CNSP), exercer as atribuições legais a ela fixadas.

SUPERIOR INTERESSE DA CRIANÇA E DO ADOLESCENTE. *Direito civil.* Princípio norteador de controle do exercício do poder familiar e da fixação do direito de guarda e de visita, em caso de separação e divórcio, por conter elementos conducentes ao bom desenvolvimento educacional, à integridade moral, física e psíquica da prole. Esse princípio é norma cogente em razão da ratificação da Convenção Internacional dos Direitos da Criança da ONU, mediante decreto, e tem em vista não só o interesse e o bem-estar dos filhos, como também as relações de afetividade e o respeito à sua dignidade mediante a proteção de seus direitos da personalidade, consagrados constitucionalmente.

SUPERIOR TRIBUNAL DE JUSTIÇA. *Direito processual* e *direito constitucional.* **1.** Tribunal superior composto de, no mínimo, trinta e três ministros, com competência para processar e julgar, originariamente: a) nos crimes comuns, os governadores dos Estados e do Distrito Federal e, nestes e nos de responsabilidade, os desembargadores dos Tribunais de Justiça dos Estados e do Distrito Federal, os membros dos Tribunais de Contas dos Estados e do Distrito Federal, os dos Tribunais Regionais Federais, dos Tribunais Regionais Eleitorais e do Trabalho, os membros dos Conselhos ou Tribunais de Contas dos Municípios e os do Ministério Público da União que oficiem perante tribunais; b) os mandados de segurança e os *habeas data* contra ato de ministro de Estado ou do próprio tribunal; c) os *habeas corpus*, quando o coator ou o paciente for qualquer das pessoas mencionadas no item *"a"*, ou quando o coator for ministro de Estado, ressalvada a competência da Justiça Eleitoral; d) os conflitos de competência entre quaisquer tribunais ou entre tribunal e juízes a ele não vinculados e entre juízes vinculados a tribunais diversos; e) as revisões criminais e as ações rescisórias de seus julgados; f) a reclamação para a preservação de sua competência e garantia da autoridade de suas decisões; g) os conflitos de atribuições entre autoridades administrativas e judiciárias da União ou entre autoridades judiciárias de um Estado e administrativas de outro, ou do Distrito Federal, ou entre as deste e da União; h) o mandado de injunção, quando a elaboração da norma regulamentadora for atribuição de órgão, entidade ou autoridade federal, da Administração direta ou indireta, excetuados os casos de competência do Supremo Tribunal Federal e dos órgãos da Justiça Militar, da Justiça Eleitoral, da Justiça do Trabalho e da Justiça Federal; i) a homologação de sentenças estrangeiras e a concessão de *exequatur* às cartas rogatórias. **2.** Julgar em recurso ordinário: a) os *habeas corpus* decididos em única ou última instância pelos Tribunais Regionais Federais ou pelos tribunais dos Estados, do Distrito Federal e Territórios, quando a decisão for denegatória; b) os mandados de segurança decididos em única instância pelos Tribunais Regionais Federais ou pelos tribunais dos Estados, do Distrito Federal e Territórios quando denegatória a decisão; c) as causas em que forem partes Estado estrangeiro ou organismo internacional, de um lado, e, de outro, Município ou pessoa residente ou domiciliada no País. **3.** Julgar, em recurso especial, as causas decididas, em única ou última instância, pelos Tribunais Regionais Federais ou pelos tribunais dos Estados, do Distrito Federal e territórios, quando a decisão recorrida: a) contrariar tratado ou lei federal, ou negar-lhes vigência; b) julgar válido ato de governo local contestado em face de lei federal; c) der a lei federal interpretação divergente da que lhe haja atribuído outro tribunal. **4.** Órgão integrante do Poder Judiciário nacional ao qual se atribui não só a uniformização e interpretação da lei federal, mas também a garantia de sua aplicação (Dirley da Cunha Junior).

SUPER SIMPLES. *Direito tributário.* Tratamento tributário que substituiu o Simples Federal, facilitando o cumprimento das obrigações tributárias por unificar oito tributos (IRPJ, CSLL, PIS/PASEP, COFINS, INSS/Patronal, IPI, ICMS e ISS), recolhidos mensalmente mediante documento único de arrecadação, por dispensar o pagamento da contribuição devida a entidades privadas de serviço social vinculadas ao sistema sindical e por conceder parcelamento de dívidas relativas a tributos incluídos no sistema especial, de responsabilidade da microempresa ou empresa de pequeno porte e de seu titular ou sócio, oriundas de fatos geradores havidos até 31 de janeiro de 2006, em cento e vinte vezes (Duarte Garcia, Caselli Guimarães e Terra).

SUPLENTE. *Direito eleitoral.* **1.** O mais votado entre os não eleitos. **2.** Substituto. **3.** O que já está escolhido para suprir a falta de outro parlamentar no cumprimento de seus deveres, em certas ocasiões.

SUPREMO TRIBUNAL FEDERAL. *Direito constitucional* e *direito processual.* A mais alta corte de justiça do País, composta por onze ministros, com a função precípua de ser a guardiã da Constituição Federal, com competência para: 1. processar e julgar, originariamente: a) ação direta de inconstitucionalidade por ação ou omissão; b) o Presidente da República, o Vice-Presidente, os membros do Congresso Nacional, os ministros e o Procurador-Geral da República, nas infrações penais comuns; c) os membros dos Tribunais Superiores, os do Tribunal de Contas da União e os chefes de missão diplomática de caráter permanente, nas infrações penais comuns e nos crimes de responsabilidade; d) o *habeas corpus*, sendo paciente qualquer das pessoas acima arroladas; o mandado de segurança e o *habeas data* contra atos do Presidente da República, das Mesas da Câmara dos Deputados e do Senado Federal, do Tribunal de Contas da União, do Procurador-Geral da República e do próprio Supremo Tribunal Federal; e) o litígio entre Estado estrangeiro ou organismo internacional e a União, o Estado, o Distrito Federal ou o Território; f) as causas e os conflitos entre a União e os Estados, a União e o Distrito Federal, ou entre uns e outros, inclusive as respectivas entidades da administração indireta; g) a extradição solicitada por Estado estrangeiro; h) o *habeas corpus*, quando o coator ou o paciente for tribunal, autoridade ou funcionário cujos atos estejam sujeitos diretamente à jurisdição do Supremo Tribunal Federal, ou se trate de crime sujeito à mesma jurisdição em uma única instância; i) a revisão criminal e a ação rescisória de seus julgados; j) a reclamação para a preservação de sua competência e garantia da autoridade de suas decisões; k) a execução de sentença nas causas de sua competência originária, facultada a delegação de atribuições para a prática de atos processuais; l) a ação em que todos os membros da magistratura sejam direta ou indiretamente interessados, e aquela em que mais da metade dos membros do tribunal de origem estejam impedidos ou sejam direta ou indiretamente interessados; m) os conflitos de competência entre o Superior Tribunal de Justiça e quaisquer tribunais, entre Tribunais Superiores, ou entre estes e qualquer outro tribunal; n) o pedido de medida cautelar das ações diretas de inconstitucionalidade; o) o mandado de injunção, quando a elaboração da norma regulamentadora for atribuição do Presidente da República, do Congresso Nacional, da Câmara dos Deputados, do Senado Federal, das Mesas de uma dessas casas legislativas, do Tribunal de Contas da União, de um dos Tribunais Superiores ou do próprio Supremo Tribunal Federal; p) as ações contra o Conselho Nacional de Justiça e contra o Conselho Nacional do Ministério Público; **2. apreciar pedidos de arquivamento por atipicidade de conduta;** 3. julgar, em recurso ordinário: a) o *habeas corpus*, o mandado de segurança, o *habeas data* e o mandado de injunção decididos em única instância pelos tribunais superiores, se denegatória a decisão; b) o crime político; 4. julgar, mediante recurso extraordinário, as causas decididas em única ou última instância, quando a decisão recorrida: a) contrariar dispositivo constitucional; b) declarar a inconstitucionalidade de tratado ou lei federal; c) julgar válida a lei ou ato de governo local contestado em face da Carta Magna; d) julgar válida lei local contestada em face de lei federal.

SUPRESSIO. ***Termo latino.*** **1.** Ato de o titular do direito, em razão de sua inércia, abstendo-se de seu exercício, não mais poder exercê-lo, por ser esse procedimento contrário ao princípio da boa-fé (Carlyle Popp), visto que gera a crença na outra parte de que tal direito não será exercido. Perda de um direito para uma parte contratante em razão de não tê-lo exercido durante um certo tempo e, por isso, não mais poderá exercê-lo sem contrariar a boa-fé, pois de sua inércia surgiu o direito subjetivo da outra contratante de realizar ato diverso do pactuado. Tal conduta é inadmissível ante o princípio da boa-fé objetiva. **2.** *Vide* item 2 do verbete VERWIRKUNG.

SUPRIMENTO. **1.** ***Direito processual civil.*** Ato pelo qual o magistrado supre a incapacidade absoluta ou relativa, o consentimento ou a autorização de alguém, para validar atos nos casos previstos em lei. **2.** Na ***linguagem jurídica,*** em geral: a) ato de suprir; b) preenchimento; c) ato ou efeito de remediar ou de completar algo; d) diligência para preencher uma formalidade ou atender a uma exigência necessária à validade de certo ato, sanando um defeito, para que ele se revalide (De Plácido e Silva); e) auxílio; f) o que serve para satisfazer necessidades; g) ato de dar o que se faz necessário (Pedro Nunes). **3.** ***Direito comercial.*** Abastecimento; aquisição de mercadorias que faltam para completar um estoque.

SURRECTIO. ***Termo latino.*** **1.** Exercício reiterado de uma situação jurídica, ou de conduta admitida pela parte contrária, que, objetivamente, cria um estado de confiança na excelência do direito e, subjetivamente, a necessidade de exercê-lo de boa-fé (Carlyle Popp). **2.** Nascimento de um direito subjetivo em razão de inércia da contraparte. **3.** ***Direito civil.*** Criação de um direito subjetivo para a parte adversa, oriunda de conduta reiterada do outro contratante, que gerou a expectativa que seria mantida inalterada. Do comportamento de uma parte ao longo do tempo surge para outra um direito não convencionado anteriormente, que se estabiliza no futuro (Sâmea Luz Mansur; Judith Martins-Costa).

SURSIS. **1.** ***Termo francês.*** a) Suspensão; b) dilação; prorrogação. **2.** ***Direito processual penal.*** Suspensão condicional da execução da pena.

SUSCITAÇÃO. **1.** Nas ***linguagens comum*** e ***jurídica:*** a) instigação; b) sugestão. **2.** ***Direito processual.*** a) Ato de arguir impedimento alusivo a um ato judicial ou a alguém (Othon Sidou); b) arguição de incompetência.

SUSPEIÇÃO. **1.** ***Direito processual.*** a) Suspeita a respeito da imparcialidade judicial; b) fato de o magistrado estar impedido de, num determinado processo, exercer sua função; c) exceção que pode ser oposta contra o juiz que preside a causa, o órgão do Ministério Público, as testemunhas, os assistentes técnicos, o perito, o serventuário da justiça e o intérprete. **2.** Na ***linguagem jurídica,*** em geral, designa: a) suspeita; b) opinião desfavorável relativamente a certas pessoas; c) imputação de certa qualidade, que gera desconfiança suscetível de justificar alguma prevenção contra o suspeito (De Plácido e Silva).

SUSPEITO. **1.** ***Direito processual.*** a) Sujeito passivo da suspeição (Othon Sidou); b) indiciado; suposto autor de um crime; c) aquele que é passível de suspeição; d) aquele de cuja parcialidade se desconfia, ante a presença de motivos legais suscetíveis de influenciar seu modo de agir em relação à parte no decorrer do processo. **2.** Na ***linguagem jurídica,*** em geral, é: a) o que infunde dúvidas; b) de quem há suspeita; c) aquele cujas boas qualidades e integridade moral são duvidosas; d) perigoso; e) que inspira cuidado; f) que se supõe falso ou inexistente; g) que parece apresentar defeito ou vício. **3.** ***Medicina legal.*** Local onde se desconfia que existam casos de epidemia.

SUSPENSÃO. **1.** ***Retórica jurídica.*** Figura em que o orador, tendo por algum tempo o ouvinte em expectação, vem a afirmar algo maior ou menor do que o esperado. **2.** ***Filosofia geral.*** a) Ato que consiste na abstenção de um julgamento para conquistar algo ou ataraxia (Renouvier); b) argumento ou lugar-comum pelo qual o céptico sustenta a necessidade de uma pausa (Lalande). **3.** ***Medicina legal.*** Amenorreia; interrupção da menstruação. **4.** ***Direito administrativo.*** Pena imposta a funcionário afastando-o, temporariamente, do exercício de sua função, com perda de vencimento, por ter cometido alguma infração disciplinar. Essa sanção disciplinar não pode exceder a noventa dias. **5.** Na ***linguagem jurídica,*** em geral: a) ato ou efeito de suspender; b) interrupção do curso de alguma coisa; c) descontinuação; d) pausa momentânea; e) paralisação temporária de alguma atividade; f) estado do que se acha suspenso ou dependurado.

SUSPENSÃO COLETIVA DE TRABALHO. ***Direito do trabalho.*** **1.** Greve do empregador, que vem a paralisar o trabalho. Trata-se do *lock-out*. **2.** Paralisação do trabalho por parte dos empregados, que resolvem entrar em greve para fazer reivindicações trabalhistas.

SUSPENSÃO CONDICIONAL DA PENA. ***Direito processual penal.*** *Sursis*, ou seja, medida pela qual o magistrado determina o sobrestamento da execução da pena privativa da liberdade, dentro dos limites legais e ante motivos que o levam a presumir que o condenado não mais irá praticar ato criminoso.

SUSPENSÃO CONDICIONAL DO PROCESSO. *Direito processual penal.* Sobrestação do processo penal concedida pelo juiz, por um período de prova de um a dois anos, a favor daquele réu primário, com bons antecedentes, que cometeu infração criminal, cuja pena não seja superior a três anos de prisão, impondo-lhe, todavia, alguns deveres como reparar o dano causado à vítima, realizar alguma obra social etc. Se o beneficiário não cumprir a obrigação que lhe foi imposta durante o período probatório, reinicia-se o processo (Aluízio de Arruda).

SUSPENSÃO DO PROCESSO. *Direito processual civil.* Paralisação do processo: a) pela morte ou perda da capacidade processual de qualquer das partes, de seu representante legal ou de seu procurador; b) pela convenção das partes; c) quando for oposta exceção de incompetência do juízo, da câmara ou do tribunal, bem como de suspeição ou impedimento do juiz; d) quando a sentença de mérito: depender do julgamento de outra causa, ou da declaração da existência ou inexistência da relação jurídica, que constitua o objeto principal de outro processo pendente; não puder ser proferida senão depois de verificado determinado fato, ou de produzida certa prova, requisitada a outro juízo; tiver por pressuposto o julgamento de questão de estado, requerido como declaração incidente; e) por motivo de força maior; f) pelo recebimento da exceção, até que seja julgada; g) se for suscitado o incidente de falsidade.

SUSTENTAÇÃO ORAL DE RECURSO. *Direito processual civil.* Exposição oral a que tem direito tanto o recorrente como o recorrido pelo prazo improrrogável de quinze minutos cada um, sustentando as razões do recurso e resumindo em suas alegações o objeto da demanda perante o tribunal *ad quem*, reforçando assim os argumentos já expendidos.

SWAP. *Direito bancário.* **1.** Permuta financeira. **2.** Operação consistente na troca dos resultados financeiros decorrentes da aplicação de taxas ou índices sobre ativos ou passivos utilizados como referenciais. Tais operações de *swap* referenciadas em ouro, taxas de câmbio, taxas de juros e índices de preços são realizadas no mercado de balcão, por bancos múltiplos com carteira comercial ou de investimento, sociedades corretoras de títulos e valores mobiliários, por conta própria ou de terceiros. Por exemplo, se uma empresa tiver sua receita em dólares e uma dívida em marcos alemães, temendo a desvalorização da moeda norte-americana ou uma alta da moeda alemã, poderá, por meio de operação de *swap*, intermediada por uma instituição financeira, trocar a moeda ou até mesmo o indexador contratual para impedir qualquer perda eventual. É, portanto, uma operação simultânea de compra e venda de câmbio que representa mútuo financiamento em moeda estrangeira de uma parte e em moeda nacional de outra. **3.** Contrato de permuta de posições de câmbio, com assunção de obrigações financeiras ofertadas em pregão, pelo mercado de derivados (Hilário de Oliveira).

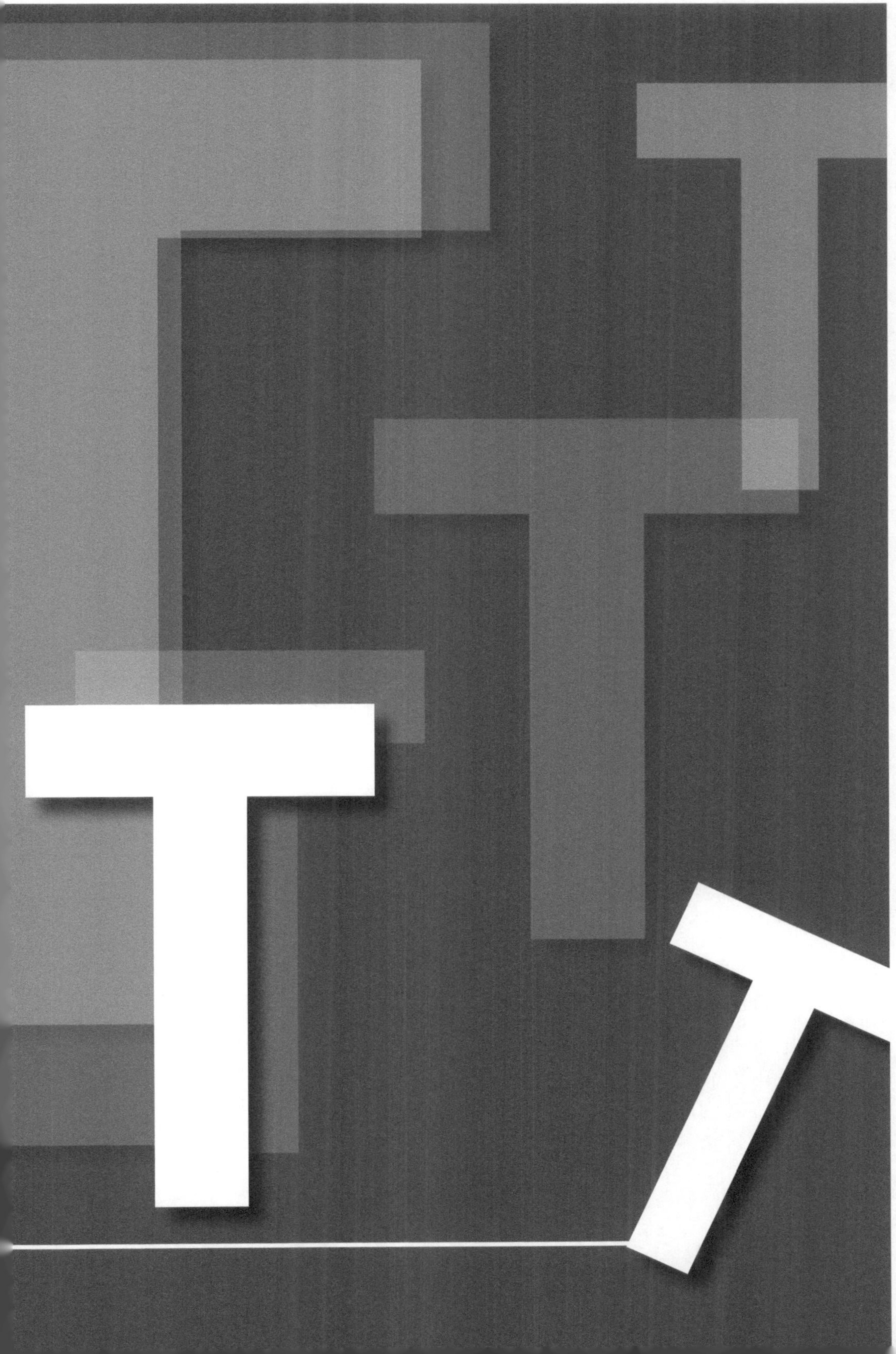

TABELAMENTO DE PREÇOS. *Economia política.* Medida governamental oficial que visa bloquear preços, estabilizando-os no mercado, e tutelar o consumidor, ao fixar o custo das mercadorias.

TABELIÃO. *Direito notarial.* **1.** Notário. **2.** Oficial público que está encarregado da lavratura de atos para dar-lhes autenticidade e fé pública.

TALÃO DE CHEQUES. *Direito bancário.* É o fornecido pelo banco àquele que tenha conta corrente, para que possa retirar dinheiro do depósito. Tal talão, devidamente numerado, contém, além do cheque, o canhoto, onde são registrados a quantia retirada, a data, o nome do beneficiário, o saldo anterior e o atual. O canhoto serve, como diz Sérgio Carlos Covello, para controle, podendo constituir meio probatório apenas excepcionalmente para demonstrar a legitimidade do título circulante.

TANATOFILIA. *Medicina legal.* **1.** Psicose que leva o paciente a ter paixão mórbida por tudo o que for relacionado com a morte. **2.** Excitação sexual da pessoa pelo cadáver (Bonnet). **3.** Necrofilia. **4.** Vampirismo, ou seja, sucção de pessoa falecida para atingir orgasmo (Epaulard). **5.** Necrossadismo, ou melhor, mutilação de cadáver, acompanhada ou não de canibalismo, para alcançar prazer sexual (Epaulard).

TANATOGÊNESE. *Medicina legal.* Investigação das causas da morte.

TANATOPSIA. *Medicina legal.* Necropsia; dissecação ou exame do cadáver para averiguar a causa da morte.

TAPAGEM. **1.** *Direito agrário.* a) Barragem feita no rio para prender peixes destinados à pesca; b) tapume feito com varas, no rio, para apanhar peixe; c) pesca nas camboas e esteiras cercando-as com redes para apanhar o peixe que entrou na enchente. **2.** *Direito civil.* a) Tapume; b) direito que tem o proprietário de prédio urbano ou rural de cercá-lo ou murá-lo, para impedir o acesso de pessoas ou animais, ou assinalar os limites entre prédios contíguos, desde que observe as disposições regulamentares e não cause dano ao vizinho.

TAPUME COMUM. *Direito civil.* Sebe viva, cerca de arame ou madeira, vala ou banqueta, ou quaisquer outros meios de separação dos terrenos contíguos, que impeçam a passagem de animais de grande porte, como gado vacum, cavalos e muar.

TAPUME ESPECIAL. *Direito civil.* Cerca que visa impedir passagem de animais de pequeno porte, como aves domésticas, cabritos, porcos e carneiros, detendo-os nos limites da propriedade.

TARIFA. **1.** *Direito alfandegário.* Tabela de direitos a que se sujeitam as mercadorias importadas e exportadas. **2.** *Direito tributário* e *direito administrativo.* a) Quantia paga ao Estado pelo usuário pela utilização de serviço público (Othon Sidou); b) tabela de valores cobrados pelo correio por correspondência e volumes remetidos. **3.** *Direito comercial.* a) Tabela de preços de transporte de carga ou de passageiros; b) catálogo de mercadorias com os respectivos preços; c) preço fixado para o serviço, por passageiro, obtido da multiplicação do coeficiente tarifário pela extensão do percurso. **4.** *Economia política.* Registro indicativo do valor corrente da moeda.

TAUTOLOGIA. *Lógica jurídica.* **1.** Erro lógico que, como progresso do pensamento, apresenta uma repetição em termos diferentes. É, portanto, a repetição de um mesmo pensamento em diversas formas, como diz Ferrater Mora. **2.** Proposição idêntica, em que o sujeito e o predicado são um só conceito (Keynes). **3.** Sofisma que consiste na demonstração de uma tese, repetindo-a com outras palavras, e que constitui uma espécie de petição de princípio (Lalande). **4.** Proposição complexa que permanece verdadeira apenas em razão de sua forma, qualquer que seja o valor de verdade das proposições que a compõem (Wittgenstein). **5.** Fórmula da lógica sentencial, provada por meio do método da tabela da verdade (Ferrater Mora).

TAXA. **1.** *Direito constitucional* e *direito tributário.* a) Tributo vinculado cuja hipótese de incidência é sempre atuação qualquer do Estado, atual ou potencial, direta e imediatamente referida ao obrigado (Geraldo Ataliba); b) *quantum* a ser pago a título de remuneração dos serviços públicos prestados diretamente pelo Estado (Capitant e Themístocles Cavalcanti); c) tributo instituído pela União, pelos Estados, pelo Distrito Federal e pelos Municípios em razão do poder de polícia ou da utilização efetiva e potencial de serviços públicos específicos e divisíveis prestados ao contribuinte ou colocados à sua disposição. **2.** *Direito processual.* Quantia estipulada para pagamento de custas processuais. **3.** *Direito publicitário.* Percentagem cobrada pela agência sobre os gastos feitos pelo anunciante a título de compensação de seus serviços. **4.** Na *linguagem jurídica* em geral: limite ou proporção fixados, em regra, em percentagem.

TAXA DE ARMAZENAGEM. *Direito comercial* e *direito alfandegário.* **1.** Quantia que o armazém-geral ou a alfândega cobra pela demora na retirada de mercadorias, passando do prazo convencionado. **2.** Valor que deve ser pago pelo depósito de mercadoria em armazém-geral. Trata-se do preço da estadia, também designado taxa de depósito (De Plácido e Silva).

TAXA DE CÂMBIO. *Direito cambiário.* Valor de uma moeda estrangeira para fins de compra e venda.

TAXA DE JUROS. *Direito civil.* Percentagem estabelecida em favor do credor como compensação ou rendimento da quantia que possui e que está em mãos do devedor (De Plácido e Silva), a título de empréstimo, por exemplo.

TAXA DE OCUPAÇÃO. *Direito civil* e *direito administrativo.* Prestação pecuniária anual que ocupante de imóvel de União deve pagar pelo uso do terreno de domínio da União, correspondente a dois por cento do valor do domínio pleno de terreno, excluídas as benfeitorias, anualmente atualizado pela Secretaria de Patrimônio da União.

TAXA DO MERCADO. *Direito comercial.* Fixação do preço das mercadorias, produtos ou serviços conforme o valor mercadológico, em um dado momento.

TAXA JUDICIÁRIA. *Direito processual.* Custa judicial cobrada pela prática de atos judiciais ou pelos serviços, peculiares ao Judiciário, prestados durante todo o processo.

TAXA SINDICAL. *Direito do trabalho.* Contribuição sindical, ou seja, quantia que empregados e empregadores devem pagar aos sindicatos para que estes, formando o fundo sindical, possam dar-lhes assistência ou auxílio.

TÉCNICA FORENSE. *Direito processual.* **1.** Complexo de preceitos e praxes processuais segundo as quais se desenvolve o andamento do processo nos diferentes juízos. É, como diz André Franco Montoro, um conjunto de meios adequados para conduzir uma ação em juízo. **2.** Prática judiciária ou prática processual.

TÉCNICA JURÍDICA. *Teoria geral do direito.* **1.** Conjunto de preceitos que orientam a formulação do direito e a sua aplicação. **2.** Conjunto de meios destinados a transportar o dado racional e experimental, com vistas a tornar prática e eficiente a norma jurídica em um dado meio social (Breth de la Gressaye e Laborde-Lacoste). **3.** É, nas palavras de Pontes de Miranda, o conjunto de meios para procurar e fixar normas jurídicas (técnica legislativa) ou interpretá-las e aplicá-las (técnica exegético-executória). **4.** Conjunto de normas destinadas à efetiva realização do direito em determinado meio social (André Franco Montoro). **5.** Processo de pesquisa do justo, segundo o direito vigente (Kohler).

TECNOLOGIA. 1. Conhecimento de leis e de recursos naturais para uso em benefício do progresso da humanidade. **2.** Sistema de conhecimento técnico (Geraldo Magela Alves). **3.** Estudo de processos técnicos voltados à arte ou indústria para obter o desenvolvimento da civilização. **4.** Conjunto de técnicas. **5.** Teoria de uma técnica (Goblot). **6.** Conjunto de processos específicos aplicáveis às artes e ofícios em geral. Constitui-se de conhecimentos ou experiências, de cunho secreto, que se aplicam a atividades econômicas, designados como *know-how* (Carlos Alberto Bittar). **7.** Aplicação de conhecimentos científicos à produção e comercialização de bens e serviços. **8.** *Teoria geral do direito.* Função da ciência dogmática, enquanto pensamento conceitual, vinculado ao direito posto, instrumentalizando-se a serviço da ação sobre a sociedade. O pensamento tecnológico fecha-se à problematização de seus pressupostos para que possa criar condições para a ação, ou seja, para a decidibilidade de conflitos juridicamente definidos. Com isso, a decidibilidade de conflitos é o problema central da ciência dogmática do direito, cujos enunciados têm natureza criptonormativa, deles decorrendo consequências programáticas de decisões, pois devem prever que, com seu auxílio, um determinado problema social seja solucionado sem exceções perturbadoras (Tércio Sampaio Ferraz Jr. e Viehweg).

TECNOLOGIA ASSISTIVA. *Direito civil.* **1.** Ajuda técnica. **2.** Produtos, equipamentos, dispositivos, recursos, metodologias, estratégias, práticas e serviços que objetivem promover a funcionalidade, relacionada à atividade e à participação da pessoa com deficiência ou com mobilidade reduzida, visando a sua autonomia, independência, qualidade de vida e inclusão social.

TELECOMUNICAÇÃO. *Direito das comunicações.* **1.** Serviço de transmissão, emissão ou recepção de sinais, imagens, escritos, sons ou informações de qualquer natureza por meio de fios, eletricidade, rádio ou outro processo eletromagnético. **2.** Sistema de comunicação a distância feita por satélite, telefone, telégrafo, radiotelegrafia etc. (De Plácido e Silva). **3.** Área tecnológica que se ocupa das comunicações entre grandes distâncias, usando, para tanto, satélites artificiais, telefones etc. **4.** É a transmissão, emissão ou recepção por fio, radioeletricidade, meios ópticos ou qualquer outro processo eletromagnético, de símbolos, caracteres, sinais, escritos, imagens, sons ou informações de qualquer natureza.

TELEMÁTICA. *Direito virtual.* **1.** Tecnologia que abrange o *fax*, que transmite imagens por via telefônica; o *modem*, que requer modulação, ao converter a informação digital que sai de um computador em sinais que viajam pela linha telefônica, e desmodulação, ao realizar processo inverso quando esses sinais chegarem ao outro computador. Pelo *modem* (*modulation* e *demodulation*) podem-se conectar computadores distantes por uma linha telefônica; o videotexto, que possibilita consultar dados (como, por exemplo, horário e preço de passagens; acesso à conta bancária; encomenda de produtos etc.) por linha telefônica, televisor equipado com um decodificador apropriado ou por placa de microcircuitos instalada no computador. **2.** Procedimento da elaboração das informações a distância e movimento de circulação automática dos dados informativos, que ocorrem no diálogo com os calculadores eletrônicos, utilizando os terminais inteligentes, capazes de receber e transmitir (Frosini).

TELEOLOGIA JURÍDICA. *Filosofia do direito.* Estudo dos fins do direito ou dos fenômenos jurídicos.

TEMOR REVERENCIAL. *Direito civil.* **1.** Sentimento de respeito. **2.** Receio de causar desgosto a quem se deve obediência e respeito, e que só vicia ato negocial se acompanhado de violência ou ameaça (Clóvis Beviláqua), caso em que se configura a coação.

TEMPESTIVIDADE. Qualidade do que é oportuno ou do que se efetivou dentro do prazo convencional ou legal.

TEMPO DE SERVIÇO. **1.** *Direito do trabalho.* a) Período compreendido entre a admissão do empregado e certa data, a que está vinculado à empresa, que é computado para obtenção de determinados benefícios; b) aquele que fica entre o início e o término do contrato de trabalho. **2.** *Direito administrativo.* Lapso temporal em que o servidor público efetivamente exerceu suas funções, no qual se computam: a prestação de serviço às Forças Armadas; ausência justificada; férias; exercício de cargo em comissão ou função no governo; estudo no exterior; participação em programa de treinamento, júri, serviço eleitoral, mandato eletivo, competição desportiva nacional ou internacional etc. (Geraldo Magela Alves).

TEMPO DO PAGAMENTO. *Direito civil.* **1.** Instante em que se deve pagar o débito, visto que ele só é exigível quando se vencer. **2.** Dia do vencimento. **3.** Momento em que o pagamento pode ser reclamado. **4.** Prazo moral, não havendo fixação do momento para cumprimento da obrigação. **5.** Dia do implemento da condição, se se tratar de obrigação condicional.

TEMPO INTEGRAL. *Direito administrativo.* **1.** Aquele relativo à função exercida pelo servidor público, que o impede de ocupar, cumulativamente, outra atividade pública ou privada. **2.** Período em que o funcionário desempenha suas funções dentro do horário imposto pela Administração Pública por ser o correspondente ao seu regime jurídico.

TEMPUS REGIT ACTUM. **1.** *Expressão latina.* A época rege o ato. **2.** *Direito internacional privado.* Elemento de conexão que subordina o negócio, quanto à sua formalidade extrínseca, à lei vigente à época em que se efetivou.

TENÇA. **1.** *Direito civil.* Pensão alimentícia, geralmente em dinheiro, paga periodicamente pelo Estado, por pessoa de direito público ou privado, para assegurar a subsistência de alguém. **2.** *História do direito.* Pensão vitalícia que era dada aos cavaleiros pelo rei, como reconhecimento dos serviços prestados.

TENTATIVA DE CRIME. *Direito penal.* Execução iniciada de um crime, que não chega a se consumar por circunstâncias alheias à vontade do agente. Por tal tentativa, salvo disposição em contrário, pode ser imposta ao agente a pena correspondente ao delito consumado, diminuída de um a dois terços.

TEORIA. **1.** *Filosofia geral.* a) Especulação; conhecimento especulativo; b) ciência; c) recurso idôneo para apreender estruturas, mediante emprego de hipóteses, conceitos e relações funcionais entre variáveis relevantes (Euryalo Canabrava); d) conjunto de princípios e leis fundamentais que servem para relacionar ou para dirigir uma ordem de fenômenos necessários ao conhecimento de uma ciência ou arte (De Plácido e Silva); e) construção hipotética; opinião de um cientista ou filósofo sobre uma questão controvertida (Lalande); f) o que é objeto de uma concepção metódica, sistematicamente organizada, e dependente, por consequência, na sua forma, de certas decisões ou convenções científicas que não pertencem ao senso comum (Duhem); g) opinião sistematizada; h) conhecimento científico que é um saber metodicamente fundado, demonstrado e sistematizado. **2.** *Lógica.* a) Conjunto de teses que formam um todo sistemático (Régis Jolivet); b) hipótese confirmada e aceita por cientistas, mas sujeita a alteração, conforme as novas descobertas havidas. **3.** *História do direito.* Na Grécia antiga, era a embaixada que o Estado enviava para representá-lo nos jogos esportivos ou para consultar oráculos.

TEORIA DA APARÊNCIA. *Direito cambiário.* Doutrina segundo a qual quem subscreve título de crédito faz uma declaração unilateral criativa de uma aparência de direito em favor do portador. A lei, para proteger o portador, obriga o emitente a cumprir o declarado (Othon Sidou).

TEORIA DA CAUSA MADURA. *Direito processual civil.* Possibilidade de o tribunal julgar de ofício o mérito da causa, se a sentença de primeiro grau for terminativa. Para tanto a causa deve versar sobre questão de direito e estar em condições de imediato julgamento. Com esse atende-se ao princípio da celeridade e da razoável duração do processo.

TEORIA DA CONCREÇÃO JURÍDICA. *Filosofia do direito.* É a que estabelece uma correlação entre norma, fato e valor, visando a uma solução, ou decisão, que, além das exigências legais, atenda aos fins socioeconômicos e axiológicos do direito (Miguel Reale).

TEORIA DA EMPRESA. *Direito comercial.* É a que amplia o campo do direito comercial, nele incluindo, além dos atos de comércio, a prestação de serviço, fazendo com que a empresa seja entendida como a exploração econômica da produção ou circulação de bens ou serviços (Fábio Ulhoa Coelho).

TEORIA DA IMPREVISÃO. *Direito civil.* Moderna doutrina jurídica que deixou de ser norma consuetudinária, e, passando a ser norma legal, com o novo Código Civil, admite, em casos graves, a possibilidade de revisão judicial dos contratos, quando a superveniência de acontecimentos extraordinários e imprevisíveis, por ocasião da formação dos pactos, torna sumamente onerosa a relação contratual, gerando a impossibilidade subjetiva de se executarem esses contratos. Se o vigente Código Civil admite a resolução do contrato por onerosidade excessiva, permitida está a revisão contratual e a judicial. É, portanto, imprescindível uma radical, violenta e inesperada modificação da situação econômica e social, para que se tenha revisão do contrato, que se inspira na equidade e no princípio do justo equilíbrio entre os contratantes. Uma das aplicações da revisão judicial do contrato é a cláusula *rebus sic stantibus*, que corresponde à fórmula: *contractus qui habent tractum sucessivum et dependentium de futuro rebus sic stantibus intelliguntur*, isto é, nos contratos de trato sucessivo ou a termo, o vínculo obrigatório entende-se subordinado à continuação daquele estado de fato, vigente ao tempo da estipulação.

TEORIA DA RECIPROCIDADE. *Direito internacional privado.* Aquela segundo a qual só se concede direito, conferido ao nacional, a estrangeiro, se o Estado a que ele pertencer também outorgar a estrangeiro igual direito.

TEORIA DA TIPICIDADE. *Direito penal.* Aquela que encerra o princípio da legalidade no direito penal de que não há crime nem pena se não estiver previsto em lei. Logo, uma ação considerada punível deve, antes de ser antijurídica e imputável a título de culpa *lato sensu*, ser típica, ou seja, corresponder ao delito-tipo previsto na lei penal (Ernst Belling).

TEORIA DO ESTATUTO JURÍDICO DO PATRIMÔNIO MÍNIMO. *Direito civil.* Doutrina pela qual o ordenamento jurídico deve assegurar um mínimo de patrimônio para que a pessoa possa assegurar sua existência com dignidade (Luiz Edson Fachin).

TEORIA DO RISCO PROFISSIONAL. *Direito do trabalho* e *direito civil.* É a que propugna a responsabilidade do empregador pelos danos advindos de riscos resultantes da atividade profissional de seus empregados, no exercício do trabalho, provocando, direta ou indiretamente, lesão corporal, perturbação funcional ou doença que determine morte, perda total ou parcial, permanente ou temporária da capacidade para o trabalho.

TEORIA DOS ATOS PRÓPRIOS. *Teoria geral do direito.* Aquela que, desenvolvendo o princípio geral de direito fundado na boa-fé e na lealdade de comportamento, sanciona como inadmissível toda pretensão lícita mas, objetivamente, contraditória, com o respeito à própria conduta anterior realizada pelo mesmo sujeito (Maria J. Mendez Costa e Diez-Picazo). Por exemplo, se se impugnar fecundação heteróloga consentida, estar-se-á agindo deslealmente, uma vez que houve deliberação comum dos consortes, decidindo que o filho deveria nascer. Tal comportamento, apesar de ser eticamente repugnante, não é, juridicamente, ilícito, porque nenhum ato voluntário poderá sê-lo se não for, expressamente, proibido por lei; deverá prevalecer como princípio de segurança às relações jurídicas, importando compromisso vinculante entre cônjuges de assumir paternidade e maternidade, mesmo com componentes genéticos estranhos. Dá-se, assim, prevalência ao elemento institucional e não ao biológico.

TEORIA GERAL DO DIREITO. *Teoria geral do direito.* É, enquanto teoria positiva de todas as formas de experiência jurídica, isto é, aplicável aos vários campos do saber jurídico, uma ciência da realidade jurídica, que busca seus elementos na filosofia do direito e nas ciências jurídicas auxiliares, como a sociologia do direito e a história jurídica, para, estudando-os, tirar conclusões sistemáticas que servirão de guia ao jurista e até mesmo ao sociólogo ou ao historiador do direito, sem as quais não poderiam atuar cientificamente. A teoria geral do direito elabora noções comuns a todas as ordens jurídico-positivas, por estudar as condições necessárias ao fenômeno jurídico, independentemente de tempo e lugar. Ao fixar tais noções jurídicas mais gerais constitui-se verdadeiro denominador comum para o estudo dos diversos ramos do direito.

TEORIA GERAL DO ESTADO. *Direito constitucional* e *teoria geral do Estado.* **1.** É o estudo do Estado sob todos os aspectos, incluindo a origem, a organização, o funcionamento e as finalidades, compreendendo-se no seu âmbito tudo que se considere existindo no Estado e influindo sobre ele (Dalmo de Abreu Dallari). **2.** Ciência especulativa e racional do Estado, como estrutura teórica do direito constitucional (Othon Sidou). **3.** É a estrutura teórica do direito constitucional, servindo de introdução ao estudo do direito público (A. Machado Pauperio). **4.** Ciência do Estado (Lourival Vilanova).

TEORIA TRIDIMENSIONAL DO DIREITO. *Filosofia do direito.* É a criada por Miguel Reale que, ante a triplicidade dos aspectos do fenômeno jurídico (fato, valor e norma), afirma que a ciência jurídica deve estudar as normas sem abstrair os fatos e os valores presentes e condicionantes no seu surgimento, e os supervenientes ao seu advento. Miguel Reale designa de tridimensionalidade específica do direito, reclamando aquela integração em correspondência com os problemas complementares da validade social, da validade ética e da validade técnico-jurídica, esclarecendo, ainda, que, quando se procuram combinar os três pontos de vista unilaterais (sociologismo jurídico, moralismo jurídico e normativismo abstrato), configura-se a tridimensionalidade genérica do direito. A ciência do direito é uma ciência histórico-cultural e compreensivo-normativa, por ter por objeto a experiência social na medida e enquanto esta, normativamente, se desenvolve em função de fatos e valores para a realização ordenada da convivência humana.

TERAPIA GÊNICA. *Biodireito.* Visa a transferência de informação genética, ou melhor, de genes, de um organismo para outro para curar ou diminuir distúrbios, moléstias genéticas ou não genéticas.

TERCEIRIZAÇÃO. *Direito empresarial.* Direito de contratar terceiro para melhor atingir o objetivo social. A terceirização pode abranger tanto o *outsourcing* (transferência total de certos setores da empresa a terceiros) como o *multisourcing* (segmentação de terceirização de um departamento da empresa entre várias empresas), tendo por escopo a redução de custos e a ampliação dos benefícios da especialização. Com a terceirização, a empresa reduz não só o quadro de pessoal, a massa salarial e os encargos trabalhistas, como também os custos fixos e operacionais e os preços de consumo; aumenta sua produtividade; e provoca uma mutação na sua estrutura organizacional. A empresa passa a se concentrar em suas atividades essenciais, terceirizando as não essenciais, como as de segurança, transporte, limpeza, alimentação, processamento de dados, serviços médicos etc. Assenta-se na parceria entre empresário e trabalhador especializado, que efetua atividades-meio, agilizando, com isso, suas atividades afins.

TERCEIRO ADQUIRENTE. *Direito civil.* **1.** Aquele que adquire bem sujeito ao pacto de retrovenda. **2.** Aquele que, de má-fé, veio a adquirir objeto de negócio litigioso. **3.** Adquirente de coisa que foi objeto de contrato anterior.

TERCEIRO ÁRBITRO. *Direito civil* e *direito processual civil.* Árbitro desempatador indicado para solucionar empate ou divergência entre os dois árbitros nomeados.

TERCEIRO DE BOA-FÉ. *Direito civil.* Aquele que participa, posteriormente, de um negócio jurídico, ignorando qualquer vício anterior que o macula.

TERCEIRO INTERESSADO. *Direito civil* e *direito processual civil.* **1.** Aquele que tem interesse jurídico, econômico ou moral. **2.** Aquele que, não sendo o devedor, paga o débito, sub-rogando-se em todos os direitos do credor, visto que tal pagamento não produz a extinção da dívida, se não perante o credor primitivo, de modo que, ante o devedor principal, o débito subsistirá em razão de sub-rogação outorgada por lei àquele que, sendo obrigado com outro ao cumprimento de prestação, tenha interesse em solvê-la por estar sujeito a ser compelido coativamente ao pagamento do débito, por intermédio do Poder Judiciário. Por exemplo, fiador, adquirente do imóvel hipotecado, credor do devedor etc., enfim todos os que, indiretamente, fazem parte do vínculo obrigacional. **3.** Aquele que sofre um dano em seu direito em razão de sentença.

TERCEIRO INTERVENIENTE. *Direito processual civil.* Aquele que, sem ser originariamente autor ou réu, passa a integrar o processo em oposição a ambos (Othon Sidou) ou na qualidade de litisconsorte, para defender direitos e interesses que lhe são próprios.

TERCEIRO NÃO INTERESSADO. *Direito civil.* **1.** É aquele que não está vinculado à relação obrigacional existente entre credor e devedor, nada tendo, portanto, a temer se o devedor for inadimplente, embora possa ter interesse de ordem moral, como é o caso do pai que paga débito do filho, de uma pessoa que cumpre obrigação de um amigo etc. Se o terceiro não interessado solver a dívida em nome e por conta do devedor, será considerado representante seu, podendo ser reembolsado do que despendeu. Mas, se o fizer por simples liberalidade, não pode reaver o que pagou. E, se pagar o débito em seu próprio nome, terá direito de ser reembolsado do que pagou, por meio de ação de *in rem verso*; porém, não se sub-roga nos direitos do credor. **2.** Interveniente por honra (Othon Sidou).

TERCEIRO PREJUDICADO. **1.** *Direito processual civil.* Aquele que, apesar de ser alheio à demanda, e não ter relação com a coisa julgada, é afetado pela decisão judicial que atinge desfavoravelmente sua posição jurídica, podendo, por isso, interpor recurso. **2.** *Direito civil.* Aquele que sofre qualquer prejuízo em um contrato entre duas pessoas, quando o objeto deste versar sobre algo que se ligue ao seu legítimo interesse.

TERGIVERSAÇÃO. **1.** *Direito penal.* Patrocínio infiel de advogado que simultaneamente defende ambas as partes, no mesmo processo ou em ações conexas. **2.** Na *linguagem comum*: a) evasiva; b) desculpa; c) ato de interpretar, forçando o sentido da palavra, adulterando-o.

TERMO. **1.** *Lógica jurídica.* a) Conceito que é representado por sua expressão verbal; b) um dos elementos simples entre os quais se estabelece uma relação lógica; assim, em um juízo, seria o sujeito e o predicado;

em um silogismo, o maior, o menor e o médio; c) meio linguístico para manifestar o pensamento; d) último elemento lógico daqueles em que se decompõe a argumentação (Goffredo Telles Jr.). **2.** *Direito civil.* a) Limite; marco divisório; b) dia em que começa ou se extingue a eficácia do negócio jurídico; c) estado em que se encontra um negócio; d) declaração aposta em contrato para determinar quando se inicia ou cessa a produção de seus efeitos jurídicos; cláusula contratual que subordina a eficácia negocial a acontecimento futuro e certo. **3.** *Direito processual.* a) Instrumento no qual certos atos processuais são formalizados; auto; b) menção escrita nos autos, pela qual o escrivão regulariza o processo; c) declaração ou registro, feito pela autoridade competente, nos autos, de algum ato que deva ficar indelével; d) circunscrição judiciária abaixo da comarca, sob a jurisdição de um juiz ou de um pretor. **4.** *Direito administrativo.* Evento futuro e certo do qual depende o exercício ou a extinção de um direito, ou a partir do qual se inicia ou cessa a eficácia do ato administrativo.

TERMO CERTO. *Direito civil.* Aquele que se dá quando se estabelece uma data do calendário, dia, mês e ano, ou se fixa um certo lapso de tempo. É também designado termo determinado.

TERMO DE AUDIÊNCIA. *Direito processual civil.* Termo que, sob ditado do juiz, e lavrado pelo escrivão, deve documentar por escrito e resumidamente não só todos os atos ocorridos na audiência de instrução e julgamento, como também despachos e sentença, se esta for prolatada no ato. Trata-se do auto de audiência.

TERMO DE CONCILIAÇÃO. 1. *Direito processual civil.* Aquele que tem lugar quando os litigantes chegam a um acordo sobre direito patrimonial, fazendo uma transação, ou se se conciliam em causas relativas à família. Esse instrumento vale como sentença e deve ser lavrado pelo escrivão, assinado pelas partes e homologado pelo magistrado. **2.** *Direito do trabalho.* Na Justiça Trabalhista, é o registro da decisão conciliatória.

TERMO DE CONCLUSÃO. *Direito processual.* Aquele pelo qual o escrivão certifica que fez os autos conclusos ao magistrado para despacho ou sentença (Geraldo Magela Alves).

TERMO DE DESENTRANHAMENTO. *Direito processual.* Aquele em que o escrivão certifica a retirada de peça dos autos processuais.

TERMO DE GARANTIA. *Direito comercial* e *direito do consumidor.* Instrumento formal e padronizado que complementa o contrato de compra e venda ou de prestação de serviço, conferindo garantia temporária ao bem vendido ou pelo serviço prestado (Othon Sidou).

TERMO DE INVENTARIANÇA. *Direito civil* e *direito processual civil.* Primeiras declarações do inventariante reduzidas a termo, que deve conter: a) nome, estado civil, idade e domicílio do autor da herança, dia e lugar em que faleceu e se deixou testamento, prova relativa ao seu nome, ao seu casamento ou à filiação e, ainda, a prova dos herdeiros, porventura exigida pelo juiz; b) nome, estado civil, idade e residência dos herdeiros, e, havendo cônjuge supérstite, o regime de bens do casamento; c) qualidade dos herdeiros e grau de seu parentesco com o inventariado; d) relação completa e individuada de todos os bens do espólio que estavam no domínio e posse do *auctor successionis* ao tempo de seu óbito, situados no Brasil ou no estrangeiro, e dos alheios que nele forem encontrados, designando seus proprietários, se conhecidos. Tais bens, apesar de mencionados nas declarações preliminares, estão excluídos do inventário.

TERMO FINAL. *Direito civil.* É também designado *dies ad quem*, termo extintivo ou resolutivo, por determinar a data da cessação dos efeitos do ato negocial.

TERMO HÁBIL. *Direito processual civil.* Período em que se pode praticar determinado ato processual ou executar alguma diligência.

TERMO IMPLÍCITO. *Direito civil.* É o resultante da própria natureza do ato, uma vez que decorre, conforme o tempo necessário, para a prática de um ato ou o adimplemento da obrigação. Trata-se do termo tácito (De Plácido e Silva).

TERMO INCERTO. *Direito civil.* Aquele que se refere a um acontecimento futuro, que ocorrerá em data indeterminada.

TERMO INICIAL. *Direito civil.* É também denominado *dies a quo* ou suspensivo, por fixar o momento em que a eficácia do negócio jurídico deve iniciar, retardando o exercício do direito. Não suspende a aquisição do direito, que surge imediatamente, mas que só se torna exercitável com a superveniência do termo.

TERMO ITERATIVO. *Direito processual.* É o alusivo ao andamento do feito, assinalando-se por atos lavrados pelo escrivão, como anotação, audiência, vista, juntada, conclusão (Marcus Cláudio Acquaviva).

TERMO JUDICIAL. *Direito processual.* **1.** É o constante do auto do processo. **2.** Aquele que, apesar de determinado legalmente, se inicia na data assinada pelo juiz para a audiência (Marcus Cláudio Acquaviva).

TERMO LEGAL. 1. *Direito processual.* Aquele que é imposto por lei, mas seus efeitos dependem de um ato judicial, como a citação e a intimação, cuja data de realização marca o início de seus efeitos (Marcus Cláudio Acquaviva). **2.** *Direito civil.* É o determinado por preceito legal.

TERMO NOS AUTOS. ***Direito processual.*** Assento autêntico feito nos autos do processo, pelo escrivão, para neles fazer constar a realização de certos atos, fatos ou diligências.

TERMOS COMERCIAIS. *Vide INCOTERMS.*

TERRA DEVOLUTA. ***Direito administrativo.*** **1.** É o bem imóvel pertencente aos Estados ou à União em áreas reservadas (faixas de fronteira etc.) que ainda não são objeto de registro. **2.** Terra que, constituindo patrimônio de pessoa jurídica de direito público, não se destina a uso público.

TERRA NUA. ***Direito agrário.*** Aquela que não contém cultura nem benfeitoria.

TERRENO AFORADO. ***Direito civil.*** Aquele em que, por ser objeto de enfiteuse, o domínio útil do seu proprietário passa para o enfiteuta, mediante pagamento de uma pensão anual.

TERRENO DE MARINHA. **1.** ***Direito administrativo e direito civil.*** Bem público dominial pertencente à União, banhado pela água do mar ou dos rios navegáveis, e se estendendo até à distância de 33m para a parte térrea, tomando-se como base o preamar médio de 1.831m para o interior da terra banhada pelo mar. Abrange: a) o situado no continente, na costa marítima e nas margens dos rios e lagoas, até onde se faça sentir a influência das marés; e b) o que contorna as ilhas situadas em zonas onde se faça sentir a influência das marés. Obs.: a influência das marés é caracterizada pela oscilação periódica de 5cm, pelo menos, do nível das águas, que ocorra em qualquer época do ano. **2.** Aquele que se forma natural ou artificialmente ao lado do mar ou rio, em segmento ao terreno de marinha, pertencendo, então, à União (Othon Sidou).

TERRENO RESERVADO. ***Direito administrativo.*** **1.** Aquele terreno destinado a uso especial para atender a fins de defesa e necessidade pública (De Plácido e Silva). **2.** Terreno pertencente ao Estado federativo, que se situa à margem de rio navegável, fora do alcance das marés, compreendido em uma faixa de terra de 15m, para dentro da terra, contados do ponto médio das enchentes ordinárias (De Plácido e Silva). Trata-se de terreno marginal.

TERRENO VAGO. ***Direito civil.*** Aquele imóvel inaproveitado e abandonado pelo seu proprietário.

TERRITORIALIDADE. ***Direito internacional privado.*** **1.** Princípio pelo qual a norma aplica-se no território do Estado, inclusive ficto, como embaixadas, consulados, navios de guerra, onde quer que se encontrem, navios mercantes em águas territoriais ou em alto-mar, navios estrangeiros, menos os de guerra, em águas territoriais, aeronaves no espaço aéreo do Estado, assemelhando-se a posição das aeronaves de guerra à dos barcos de guerra. Esse princípio regula também o regime de bens e obrigações, já que se aplica a *lex rei sitae* para qualificar bens e reger as relações a eles concernentes — embora haja aplicação da lei do domicílio do proprietário, quanto aos bens móveis que ele trouxe, ou se se destinarem a transporte para outros lugares —, a norma *locus regit actum*, que rege as obrigações que se sujeitam às normas do país em que se constituírem, bem como a prova de fatos ocorridos em país estrangeiro. **2.** Limitação da força da lei ao território da nação que a editou. **3.** Condição do que se compreende no território de um Estado. **4.** O que está sob a jurisdição de um Estado.

TERRITORIALIDADE MODERADA. ***Direito internacional privado.*** Doutrina adotada no Brasil, que alberga, concomitantemente, os princípios: a) da territorialidade, no que atina ao território ficto, ao regime de bens e obrigações; b) da extraterritorialidade, admitindo aplicação de norma estrangeira no Estado ao adotar a *lex domicilii* para reger questões relativas ao começo e fim da personalidade, ao nome, à capacidade das pessoas, ao direito de família e sucessões, à competência da autoridade judiciária, desde que não haja ofensa à soberania nacional, à ordem pública e aos bons costumes.

TERRITÓRIO. **1.** ***Direito administrativo.*** a) Região que está sob a administração de uma autoridade; b) área na qual o Estado exerce o poder de império. **2.** ***Direito processual.*** Jurisdição. **3.** ***Ciência política e direito constitucional.*** a) Elemento geográfico do Estado (Pablo Lucas Verdu); b) porção da superfície da Terra delimitada por fronteiras naturais ou convencionais, pertencente a uma nação que sobre ela exerce sua soberania. Abrange o solo, o subsolo, os rios, os lagos, o mar territorial, as águas adjacentes, os golfos, as baías, os portos e o espaço aéreo; c) extensão da superfície terrestre ocupada por um povo, servindo de lugar para a fixação de uma coletividade política (De Plácido e Silva); d) região que, por não conter número suficiente para constituir um Estado, pode ser considerada um território federal, administrado pela União. Pessoa jurídica de direito público interno, com capacidade administrativa e de nível constitucional, ligada à União, tendo nesta a fonte de seu regime jurídico infraconstitucional (Michel Temer). A norma constitucional permite a criação de outros territórios por meio de lei complementar.

TERRITÓRIO FICTO. ***Direito internacional público.*** Aquele que, por ficção jurídica, é reconhecido como parte integrante de um país, por exemplo: navio e aeronave de guerra, onde estiverem; navio mercante em alto-mar; aeronave mercantil sobrevoando além do espaço aéreo de uma nação estrangeira; prédios das embaixadas e legações em Estado alienígena.

TERRITÓRIO FLUTUANTE. ***Direito internacional público.*** Aquele que abrange as águas que banham o território de um país; o espaço aéreo superposto a este; os navios de guerra, onde se encontrarem; os navios mercantes em águas territoriais e em alto-mar, abrigados sob a bandeira da nação a que pertencem.

TERRORISMO. 1. ***Direito constitucional*** e ***direito penal.*** Ação que, para alcançar objetivo político, usa de grande violência, chegando a lançar bombas. **2.** ***Ciência política.*** a) Sistema de governo que impõe à força seus processos, sem respeitar os direitos dos cidadãos; b) subversão; c) ato violento de resistência ao poder instituído; d) emprego intencional e sistemático de meios que provoquem terror junto aos detentores do poder, ao próprio governo ou a uma Administração Pública, e até a dirigentes empresariais (Levasseur).

TERTIUM NON DATUR. ***Expressão latina.*** **1.** A terceira possibilidade não se apresenta. **2.** Alternativa na qual não há margem para mediação. **3.** Princípio do terceiro excluído. **4.** Proposição verdadeira ou falsa, sem outra possibilidade.

TESOURARIA. 1. Local onde se guarda ou administra valores de uma instituição. **2.** Escritório onde se realizam transações monetárias; caixa. **3.** Seção de repartição onde o tesoureiro exerce suas funções, e onde se procede à arrecadação de valores e se efetuam pagamentos. **4.** Cargo ou ofício de tesoureiro.

TESOURO. 1. ***Direito civil.*** Depósito antigo de moedas ou coisas preciosas, oculto, de cujo dono não haja memória. **2.** ***Direito administrativo.*** a) Erário; b) repartição pública onde os valores são recolhidos ou arrecadados. **3.** ***Direito autoral.*** Coleção de escritos de bons autores. **4.** Na ***linguagem comum***: a) grande fortuna; riqueza; b) local onde valores são guardados; c) fonte; d) repositório de informações valiosas, importantes ou úteis; e) aquele a quem se tem grande afeição; f) soma de haveres. **5.** ***Direito canônico.*** Relíquia da Igreja.

TESOURO NACIONAL. ***Direito administrativo.*** **1.** Erário. **2.** Órgão da Administração Pública que está incumbido da gestão de valores públicos. **3.** Fazenda Pública que arrecada tributos e administra os negócios financeiros da União. **4.** Fisco.

TESTADA. 1. ***Direito civil.*** a) Parte de terreno ou prédio que confina com o logradouro público (rua, estrada, avenida, praça etc.); b) extensão de qualquer um dos lados do terreno em relação a outra coisa; c) lateral de prédio. **2.** Na ***linguagem comum***: a) pancada com a testa; b) erro; c) tolice; asneira.

TESTA DE FERRO. 1. ***Direito civil.*** a) Interposta pessoa; b) presta-nome; c) homem de palha; d) aquele que se apresenta em um ato negocial de outrem, para manter este no anonimato (Othon Sidou); e) aquele que se responsabiliza por ato ou negócio jurídico alheio; f) parte contratante que não é aquela que vai tirar proveito do negócio, por ser o sujeito aparente, que apenas efetua, ficticiamente, um ato negocial para outrem, fazendo com que este aparente conferir ou transferir direitos a pessoa diversa a quem se confere ou se transmite. Por exemplo, é o que sucede na venda realizada a um terceiro para que ele transmita o bem a um descendente do vendedor, a quem se tem a intenção de transferi-lo desde o início (Caio Mário da Silva Pereira); entretanto, tal simulação só se efetivará quando se completar com a transmissão dos bens ao real adquirente. **2.** ***Direito comercial.*** Pessoa que se encontra na gerência de um estabelecimento apenas para constar, pois, na verdade, o negócio pertence a quem gere a atividade empresarial.

TESTADOR. 1. ***Direito civil.*** Aquele que dispõe, por testamento, no todo ou em parte, de seu patrimônio para depois de sua morte. **2.** Na ***linguagem comum***: a) que serve para testar; b) que aplica teste. **3.** ***História do direito.*** Proprietário de testada.

TESTAMENTARIA. ***Direito civil.*** **1.** Conjunto de funções que se enfeixam na pessoa do testamenteiro, constituindo o estatuto deste, seu complexo de direitos e deveres (Washington de Barros Monteiro). É um instituto *sui generis* e autônomo, regido por normas peculiares e próprias, dado que o testamenteiro tem seu campo de ação delimitado pela vontade do testador, sendo mero agente da execução da vontade do *auctor successionis*. É um encargo imposto pelo testador a quem confia, para que fiscalize o cumprimento de seu ato de última vontade, quando ele não mais existir, constituindo um *munus* de ordem privada. **2.** Instituto complementar à herança testamentária, por meio do qual se confere a uma ou mais pessoas (testamenteiro) um complexo de direitos e obrigações, de modo a proporcionar-lhe meios para fazer cumprir a vontade do *de cujus*, expressa no testamento (R. Limongi França). **3.** Administração dos bens deixados em testamento pelo testamenteiro. **4.** Cargo de testamenteiro.

TESTAMENTEIRO. ***Direito civil.*** **1.** Executor do testamento. **2.** Pessoa encarregada de dar cumprimento às disposições de última vontade do autor de herança, exercendo os poderes que lhe forem conferidos e as obrigações impostas pelo testador, contanto que não ultrapasse os limites legais.

TESTAMENTO. ***Direito civil.*** Ato personalíssimo universal, gratuito, solene e revogável, pelo qual alguém, segundo norma jurídica, dispõe, no todo ou em parte, de seu patrimônio para depois de sua morte, ou determina providências de caráter pessoal ou familiar (José Lopes de Oliveira).

TESTAMENTO ABERTO. ***Direito civil.*** **1.** Aquele que, contrapondo-se ao testamento cerrado, pode ser testamento público ou solene, particular, hológrafo ou privado. **2.** É o escrito pelo testador, ou por outrem a seu rogo, sem instrumento de aprovação (Gouveia Pinto). **3.** Identifica-se, segundo alguns autores, com o testamento particular.

TESTAMENTO AERONÁUTICO. *Direito civil.* Aquele testamento especial que é feito a bordo de aeronave, durante uma viagem, de forma similar ao testamento público ou cerrado, perante comandante da aeronave, ou pessoa por ele designada e duas testemunhas. O comandante deverá entregá-lo à autoridade administrativa do primeiro aeroporto nacional, contra recibo averbado no diário de bordo. Permite-se-lhe a aplicação de normas de testamento marítimo.

TESTAMENTO CERRADO. *Direito civil.* Também designado testamento místico ou secreto. É o escrito com caráter sigiloso, feito e assinado pelo testador ou por alguém a seu rogo, e completado por instrumento de aprovação lavrado pelo oficial público na presença de duas testemunhas idôneas. Apresenta a grande vantagem do caráter sigiloso, por guardar segredo do conteúdo do texto até a sua abertura; antes disso, apenas o testador conhece seu teor. Contém dois elementos: a cédula testamentária, escrita pelo testador ou por alguém a seu rogo, e o auto de aprovação, lavrado pelo oficial público para assegurar a autenticidade do ato.

TESTAMENTO DE EMERGÊNCIA. *Direito civil.* É aquele que, em caso excepcional, extraordinário ou emergencial (desastre, sequestro, epidemia, inundação, internação em UTI, ou qualquer circunstância em que o testador esteja em situação anormal e em risco de perder a vida), declarado na cédula, o testamento particular escrito de próprio punho e assinado pelo testador, sem testemunhas, poderá ser confirmado a critério de juiz (Zeno Veloso). É um testamento particular excepcional (forma simplificada de testamento particular) de que poderá lançar mão o testador que se encontrar numa situação inusitada.

TESTAMENTO ESPECIAL. *Direito civil.* É o permitido tão somente a certas pessoas, colocadas em circunstâncias particulares, designadas em lei. É, portanto, aquele testamento de exceção, que tem forma privilegiada devido a certas circunstâncias extraordinárias ou à posição de quem o faz. São especiais os testamentos militares, marítimos e a bordo de aeronave.

TESTAMENTO HOLÓGRAFO. *Vide* TESTAMENTO PARTICULAR.

TESTAMENTO INOFICIOSO. *Direito civil.* Aquele em que o testador, tendo herdeiro necessário, dispõe de mais da metade disponível, prejudicando a legítima daquele herdeiro.

TESTAMENTO MARÍTIMO. *Direito civil.* É a declaração da última vontade feita pelo tripulante ou passageiro a bordo dos navios nacionais, de guerra ou mercantes, em viagem no mar ou em prolongado percurso fluvial ou lacustre (Itabaiana de Oliveira). Há uma forma de testamento marítimo semelhante à do testamento público, que ocorrerá se o testamento for lavrado e redigido pelo comandante do navio, ou escrivão de bordo, conforme as declarações do testador, perante duas testemunhas idôneas, escolhidas entre os passageiros, que presenciarão todo o ato e assinarão o instrumento logo após o testador, e, se este não puder escrever, assinará por ele uma das testemunhas, declarando que o faz a rogo. Mas se pode ter testamento marítimo similar ao testamento cerrado quando o testador, ou pessoa a seu rogo, vem a redigir o ato de última vontade, entregando-o em seguida ao comandante do navio ou escrivão de bordo, na presença de duas testemunhas, que reconheçam e entendam o testador, declarando este no mesmo ato ser seu testamento o escrito que apresenta. O comandante, ou escrivão, uma vez recebido o testamento, certifica, logo abaixo do escrito, todo o ocorrido, datando e assinando o auto de aprovação com o testador e as testemunhas. O comandante o entregará às autoridades administrativas do primeiro porto nacional, contra recibo averbado no diário de bordo.

TESTAMENTO MILITAR. *Direito civil.* É a declaração de última vontade feita por militares e demais pessoas (médicos, repórteres, engenheiros, telegrafistas, capelães etc.) a serviço das Forças Armadas em campanha, dentro ou fora do país, ou em praça sitiada ou com as comunicações interrompidas, não havendo tabelião ou seu representante legal. Comporta três formas: a) a correspondente ao testamento público, que requer que sua redação seja feita pela autoridade militar ou de saúde, perante duas ou três testemunhas, que o assinarão junto com o testador; se este não puder assinar, uma das testemunhas o fará por ele; b) a similar ao testamento particular ou cerrado, se for escrito e assinado pelo testador e por ele apresentado aberto ou cerrado, na presença de duas testemunhas, ao auditor ou oficial de patente que lhe faça as vezes nesse mister, que anotará em qualquer parte dele o local e a data de sua apresentação; tal nota deverá ser assinada por testemunhas; c) a nuncupativa, se o militar, ou a pessoa a ele equiparada que estiver em combate, ou que venha a ser ferida no campo de batalha, puder testar, verbalmente, perante duas testemunhas, que deverão escrever suas declarações e apresentá-las, depois de as assinar, ao auditor; esse testamento perderá sua eficácia se o testador não vier a falecer na guerra ou se convalescer do ferimento.

TESTAMENTO OLÓGRAFO. *Vide* TESTAMENTO HOLÓGRAFO.

TESTAMENTO ORDINÁRIO. *Direito civil.* Aquele que pode ser adotado por qualquer pessoa capaz e em qualquer condição, como ocorre com o testamento público, cerrado e particular.

TESTAMENTO PARTICULAR. *Direito civil.* Testamento aberto ou hológrafo que é escrito e assinado pelo próprio testador, e lido em voz alta perante três testemunhas idôneas, que também o assinam.

TESTAMENTO PÚBLICO. *Direito civil.* É o lavrado pelo tabelião em livro de notas, de acordo com a declaração de vontade do testador, exarada verbalmente, em língua nacional, perante o mesmo oficial e na presença de duas testemunhas idôneas e desimpedidas.

TESTAMENTO VITAL. *Vide* DIRETIVAS ANTECIPADAS DE VONTADE DE PACIENTE.

TESTAMENTO VIVO. *Biodireito.* **1.** Documento com decisões de uma pessoa sobre seu tratamento médico e suas eventuais consequências, que passará a valer quando o seu autor não mais puder manifestar sua vontade, por estar inconsciente ou em estado comatoso (Santosuosso). **2.** Forma de autodeterminação preventiva, ou seja, ato de manifestação volitiva em caso de possível e futura incapacidade (Paulo Roberto G. Ferreira).

TESTEMUNHA. *Direito civil* e *direito processual.* **1.** Aquela que, ao assistir a certo ato jurídico negocial, atesta a sua veracidade ou autenticidade, firmando-o, mesmo que seja pessoa com deficiência, mediante uso de recurso de tecnologia assistiva ou ajuda técnica. **2.** Aquela que certifica a verdade de um ato ou fato. **3.** Quem presencia um fato ou declara algo que ouviu dizer. **4.** Aquela que, por não estar impedida legalmente e por ter conhecimento sobre um fato controvertido ou de algo a ele relacionado, é chamada a juízo para prestar depoimento. **5.** Aquela que afirma ou nega um fato, a ser comprovado judicialmente. **6.** Pessoa distinta dos sujeitos processuais que, convocada na forma da lei, por ter conhecimento do fato ou ato controvertido entre as partes, depõe sobre este em juízo, para atestar sua existência (Moacyr Amaral Santos).

TESTEMUNHA CERTIFICADORA. *Direito civil* e *direito notarial.* Aquela que, ao assinar um documento ou contrato, certifica, perante notário ou oficial público, não só a autenticidade e a veracidade de um ato jurídico ou documento, cuja feitura presenciou, mas também a identidade dos que comparecem ao ato para assiná-lo. É a que assiste, como diz Custodio de Azevedo Bouças, à outorga de um instrumento escrito, subscrevendo-o com as partes. É designada também de testemunha instrumentária.

TESTEMUNHA INFORMANTE. *Direito processual penal.* Aquela que depõe sem assumir qualquer compromisso de honra de dizer a verdade, por ser parente do acusado ou da vítima, por ser menor de dezesseis anos, ou pessoa com deficiência mental.

TESTEMUNHA INSTRUMENTÁRIA. *Vide* TESTEMUNHA CERTIFICADORA.

TESTEMUNHA PEITADA. *Direito processual.* É a testemunha subornada, ou melhor, contratada para prestar declarações sobre fato que desconhece ou conforme a vontade de outrem, adulterando a verdade (Custodio de Azevedo Bouças).

TESTEMUNHA SUSPEITA. *Direito processual.* **1.** É aquela cujo testemunho não merece credibilidade ou fé em juízo apesar de ser capaz e de não estar impedida, por exemplo, amiga íntima ou inimiga da parte, ou pessoa que não tem condição de prestar depoimento imparcial. **2.** Aquela que, por seu comportamento, vida pregressa ou outros motivos, não é digna de fé, ou que, por apresentar inidoneidade, faz diminuir a credibilidade do depoimento (João Batista Lopes).

TESTEMUNHO. *Direito processual.* **1.** Ato ou efeito de testemunhar. **2.** Depoimento testemunhal feito em juízo afirmando ou negando o fato controvertido cuja prova se pretende produzir, podendo dar-se, em certos casos, por meio de videoconferência ou outro recurso tecnológico de transmissão de sons e imagens em tempo real, permitida a presença de defensor e podendo ser realizado, inclusive, durante a audiência de instrução e julgamento. **3.** Declaração prestada sobre fato de que se tem conhecimento. **4.** Conteúdo do depoimento feito pela testemunha.

TESTIFICAÇÃO. *Direito civil* e *direito processual.* **1.** Ato de atestar ou testemunhar algo. **2.** Ato de prestar depoimento testemunhal em juízo. **3.** Ato de comprovar um fato. **4.** Ato de dar autenticidade a outro ato.

TETO SALARIAL. *Direito do trabalho.* Valor mais alto de salário que pode ser pago pelo exercício de determinada função ou pela prestação de certo serviço (Othon Sidou).

TEXTO LEGAL. *Teoria geral do direito.* Conjunto de palavras escritas contidas num preceito legal ou normativo que constituem o seu conteúdo.

TIMBRE. **1.** Selo. **2.** Marca. **3.** Carimbo. **4.** Chancela. **5.** Sinal característico que autentica documento ou papel.

TIME-CHARTER. *Direito marítimo.* **1.** Cessão de uso do navio, mediante contrato de ajuste, feita pelo armador, que se responsabiliza pelo serviço de equipagem e pelo provimento do necessário para a expedição marítima, sem obrigação de transporte. **2.** Fretamento contratado por tempo. É também designado *trip charter* e a gestão náutica é da responsabilidade do fretador, e a comercial, do afretador (Fábio Ulhoa Coelho).

TIO. **1.** *Direito civil.* Parente colateral em terceiro grau, irmão do pai ou da mãe, em relação aos filhos destes. **2.** *Direito comparado.* Medida itinerária japonesa.

TIO-AVÔ. *Direito civil.* Parente colateral de quarto grau, irmão do avô ou da avó em relação aos netos destes.

TIPICIDADE. 1. *Teoria geral do direito.* Nota de que o fato individual apresenta o geral determinado no conceito normativo abstrato, podendo ser nele enquadrado por subsunção. 2. *Direito penal.* Qualidade de um fato real que reúne os elementos da definição legal de um delito. 3. *Direito tributário.* Adequação do fato à norma, donde o surgimento da obrigação tributária se condiciona ao evento da subsunção. Trata-se da plena correspondência entre o fato jurídico tributário (fato gerador) e a hipótese de incidência tributária (Eduardo Marcial Ferreira Jardim).

TIPO. 1. *Direito penal.* Conjunto de elementos constitutivos do crime (Geraldo Magela Alves), definidos legalmente. 2. *Filosofia geral.* a) Modelo determinante da forma de uma série de objetos dele derivados; b) ser concreto, real ou imaginário que representa uma classe de seres (Lalande); c) o que pode ser tido como amostra; d) esquema geral da estrutura; e) símbolo que representa coisa figurada; f) conjunto de um grande número de caracteres que formam um todo orgânico e cuja reunião não pode ser explicada pelo acaso, isto é, pelo concurso de causas que não estão encadeadas e subordinadas umas às outras (Cournot). 3. Nas *linguagens comum* e *jurídica*: a) o que serve de modelo; b) padrão; c) pessoa singular ou excêntrica. 4. Na *linguagem tipográfica,* é a matriz de letra ou letra fundida ou gravada em metal, destinada a trabalho de imprensa (De Plácido e Silva). 5. *Direito comercial.* a) Forma, qualidade ou condição preestabelecida para classificação de produtos ou mercadorias (De Plácido e Silva); b) conjunto de características de um produto agrícola de exportação, indicativas de sua qualidade. 6. *Direito alfandegário.* Cada classe de mercadoria admitida no comércio, segundo a qual os direitos de alfândega são pagos (Laudelino Freire). 7. *Medicina legal.* a) Forma fundamental, comum a todos os indivíduos da mesma espécie; b) conjunto de caracteres próprios de uma raça; c) ordem em que aparecem e se desenvolvem os sintomas de uma moléstia. 8. Em *gíria,* é a pessoa pouco respeitável. 9. *Teoria geral do direito.* Meio de designação dos elementos da hipótese de fato e forma de apreensão e exposição de relações jurídicas (Larenz).

TIPOLOGIA LEGAL. *Teoria geral do direito.* Conhecimento da constituição gramatical das leis e da forma como se deve entender as palavras nela usadas (Othon Sidou).

TIPOS FUNDAMENTAIS DE VUCETICH. *Medicina legal.* São os representados por meio de símbolos: arco (A-1); presilha interna (I-2); presilha externa (E-3); verticilo (V-4). As letras (A, I, E, V) representam os tipos fundamentais dos polegares, e os algarismos (1, 2, 3, 4), os tipos fundamentais dos demais dedos (indicador, médio, anular e mínimo). O X representa o dedo que contém cicatriz, e o 0 (zero), a amputação. Os fatores determinantes desses tipos fundamentais são a direção das linhas nucleares e a posição do delta (José Lopes Zarzuela).

TIRAGEM. *Direito autoral.* Total de exemplares de uma edição de obra literária ou científica. É o número de exemplares editados; logo, numa edição pode haver várias tiragens.

TIRANIA. *Ciência política.* 1. Governo legítimo, mas cruel, por ser injusto. 2. Governo que não respeita os princípios constitucionais. 3. Opressão. 4. Ditadura. 5. Exercício despótico do poder; despotismo. 6. Governo sem legitimidade exercido, arbitrariamente, por um homem ou por um grupo, atentando contra os princípios democráticos. 7. Forma autocrática do exercício do poder político (Marcus Cláudio Acquaviva).

TIRO DE GUERRA. *Direito militar.* Escola do soldado que obtém a caderneta de reservista do Exército sem servir nos regimentos do governo.

TITULAR. 1. *Direito desportivo.* Atleta efetivo de uma equipe ou quadro esportivo. 2. *Direito administrativo.* a) Chefe de um ministério; b) ocupante oficial ou efetivo de um cargo público; c) aquele que dirige uma Secretaria de Estado. 3. *Direito civil.* a) Sujeito ativo de um direito; b) credor de uma obrigação. 4. *Direito autoral.* Criador de obra artística, literária ou científica. 5. Na *linguagem jurídica* em geral: a) intitular, dar nome a algo; b) atribuir um título honorífico, universitário ou jurídico; c) registrar em livro; d) professor que rege, em caráter efetivo, uma disciplina numa universidade, após ter sido aprovado em concurso de títulos e provas. 6. *Direito comparado.* Que possui título de nobreza. 7. *Direito notarial* e *direito registrário.* São os: a) tabeliães de notas; b) tabeliães e oficiais de registro de contratos marítimos; c) tabeliães de protesto de títulos; d) oficiais de registro de imóveis; e) oficiais de registro de títulos e documentos e civis das pessoas jurídicas; f) oficiais de registro civis das pessoas naturais e de interdições e tutelas; g) oficiais de registro de distribuição.

TITULAR DA FIRMA. *Direito comercial.* 1. Sócio que, numa sociedade simples ou empresária, empresta seu nome para compor a firma ou razão social. 2. Sociedade que desenvolve atividade empresarial. 3. Empresário que exerce atividade econômica organizada para produção e circulação de bens e serviços, com intuito de comercializá-los ou que investe capital, visando lucro, exercendo profissão intelectual de natureza científica, literária ou artística, com concurso de colaboradores ou auxiliares para organizar e realizar projetos de engenharia, espetáculos artísticos, congressos científicos, certames desportivos etc. Para tanto, é titular de firma individual inscrita no Registro Público de Empresas Mercantis.

TÍTULO. 1. ***Teoria geral do direito.*** a) Subdivisão de Código; b) fundamento jurídico; c) documento que autoriza o exercício de um direito ou função. **2.** ***Direito autoral.*** a) Nome ou expressão que distingue e individualiza qualquer publicação ou obra literária, artística ou científica; b) conjunto de palavras que, no alto de um capítulo, seção de livro, artigo, periódico ou notícia, especifica o assunto nele tratado. **3.** ***Direito civil.*** a) Instrumento público ou particular que autentica ou comprova a aquisição de um direito; b) denominação de fatos, instituições ou coisas para distingui-los de outros; c) axiônio ou elemento secundário que identifica pessoa natural com título nobiliárquico (conde, duque); título eclesiástico (padre, cardeal, bispo); qualificativo de dignidade oficial (prefeito, senador, juiz); título acadêmico ou científico (mestre, doutor); d) ato ou fato jurídico hábil para a aquisição ou transferência do direito (Clóvis Beviláqua); e) causa que, exteriormente, preenche os requisitos legais necessários à transferência de algum direito (R. Limongi França); f) fato de que se origina o direito para o sujeito ativo e a obrigação para o sujeito passivo de uma relação jurídica (João Mendes). **4.** ***Direito comercial* e *direito cambiário.*** a) Papel negociável ou circulável; b) rótulo; c) letreiro. **5.** ***Direito administrativo.*** a) Merecimento que leva à promoção; b) denominação que define a pessoa em razão de sua função ou cargo; c) certificado que atesta a investidura de função. **6.** ***Sociologia jurídica.*** Qualificação que exprime uma relação social ou posição social. **7.** ***Economia política.*** Proporção de metal precioso encontrada na moeda. **8.** Nas ***linguagens comum* e *jurídica*:** a) reputação; b) pretexto; c) intuito; d) motivo; e) denominação honorífica que define alguém em razão de sua nobreza; dignidade nobiliária; f) inscrição para distinguir algo; g) diploma ou certificado que atesta grau de cultura; h) denominação científica.

TÍTULO AO PORTADOR. ***Direito civil* e *direito cambiário.*** Documento pelo qual seu emitente se obriga a uma prestação a quem lho apresentar como seu detentor.

TÍTULO À ORDEM. ***Direito civil* e *direito cambiário.*** Aquele em que o *reus credendi* é nomeado, mas com possibilidade de efetuar-se sua transferência por endosso, ou seja, mediante mera aposição de assinatura no verso do título.

TÍTULO AQUISITIVO. ***Direito civil.*** **1.** Instrumento público ou particular que comprova ato ou negócio jurídico dirigido à aquisição de um bem. **2.** Causa jurídica da aquisição de um direito, respaldada no modo de adquirir (Othon Sidou). **3.** Ato causal da transmissão da propriedade, gerador de uma obrigação de entregar a coisa alienada e o fundamento da tradição ou da transcrição.

TÍTULO CAMBIÁRIO. ***Direito cambiário.*** **1.** Aquele que integra a cambial como nota promissória e letra de câmbio (Waldirio Bulgarelli). **2.** Papel que gera direitos e obrigações, sendo que sua transmissibilidade é proporcionada pelo próprio instrumento representativo. Por exemplo: letra de câmbio, nota promissória, cheque, duplicata e *warrant* (Othon Sidou).

TÍTULO DA DÍVIDA AGRÁRIA. ***Direito agrário, direito administrativo* e *direito constitucional.*** **1.** Aquele destinado à indenização de quem teve imóvel rural desapropriado, cujo volume total é fixado, anualmente, pelo orçamento público. **2.** Título que objetiva captar recursos para execução de medidas voltadas à promoção da reforma agrária e política agrícola (Luiz Fernando Rudge). **3.** Emitido pelo Tesouro Nacional para tornar viável o pagamento de indenizações àqueles que sofrem desapropriação de suas terras por interesse social, para fins de reforma agrária.

TÍTULO DA DÍVIDA PÚBLICA. ***Direito financeiro.*** Título emitido pelo Poder Público para atender aos compromissos oriundos de empréstimo ou para antecipação de receita. Tem a finalidade de: a) provisão do Tesouro Nacional de recursos necessários para cobertura de seus déficits explicitados nos orçamentos ou para realização de operações de crédito por antecipação de receita, respeitados a autorização concedida e os limites fixados na Lei Orçamentária, ou em seus créditos adicionais; b) aquisição pelo alienante, no âmbito do Programa Nacional de Desestatização (PND), de bens e direitos, com os recursos recebidos em moeda corrente ou permuta pelos títulos e créditos recebidos por alienantes; c) troca por Bônus da Dívida Externa Brasileira, de emissão do Tesouro Nacional, que foram objeto de permuta por dívida externa do setor público, registrada no Banco Central do Brasil, por meio do *Brazil Investment Bond Exchange Agreement*; d) troca por títulos emitidos em decorrência de acordos de reestruturação da dívida externa brasileira, a exclusivo critério do Ministro de Estado da Fazenda; e) troca, na forma disciplinada pelo Ministro de Estado da Fazenda, o qual estabelecerá, inclusive, seu limite anual, por títulos emitidos em decorrência de acordos de reestruturação da dívida externa para utilização em projetos voltados às atividades de produção, distribuição, exibição e divulgação, no Brasil e no exterior, de obra audiovisual brasileira, preservação de sua memória e da documentação a ela relativa, aprovados pelo Ministério da Cultura, bem como mediante doações ao Fundo Nacional da Cultura (FNC); f) permuta por títulos do Tesouro Nacional em poder do Banco Central do Brasil; g) permuta por títulos de responsabilidade do Tesouro Nacional ou por créditos decorrentes de securitização de obrigações da União, ambos na forma escritural, observada a equivalência econômica.

TÍTULO DECLARATÓRIO. 1. *Direito civil.* a) O que declara a autenticidade de um documento; b) aquele que constata a existência ou inexistência de um direito ou de uma relação jurídica. 2. *Direito processual civil.* Sentença judicial homologatória ou declaratória que não confere direito. 3. *Direito internacional privado.* Certificado que declara a qualidade de brasileiro a estrangeiro, que se submeteu a processo de naturalização (De Plácido e Silva).

TÍTULO DE CRÉDITO. *Direito civil* e *direito cambiário.* 1. Manifestação unilateral da vontade do agente, materializada em um instrumento, pela qual ele se obriga a uma prestação determinada, independentemente de qualquer ato de aceitação emanado de outro agente (Caio Mário da Silva Pereira). 2. Documento necessário para se exercer o direito literal e autônomo nele mencionado ou contido (Cesare Vivante). 3. Aquele que representa valor em dinheiro ou operação de crédito suscetível de circulação (Paulo Matos Peixoto). 4. Documento representativo de obrigação pecuniária (Fábio Ulhoa Coelho). 5. Papel que formaliza um direito a haver determinado interesse traduzido em dinheiro e que, nominativo ou ao portador, pode circular por ser capaz de realizar de imediato ou a prazo certo o seu valor (Othon Sidou). 6. Aquele que é entregue pelo devedor ao credor, representativo da relação de direito que se estabeleceu entre eles (Otávio Mendes). 7. Documento formalizado e transmissível, que representa uma operação de crédito ou valor. 8. Escrito comprobatório de uma obrigação de dar certa quantia de dinheiro.

TÍTULO DE DÉBITO. *Direito cambiário.* Documento que materializa a quantia a ser paga pelo devedor, representando um crédito para outrem, que é o credor.

TÍTULO DE ELEITOR. *Direito eleitoral.* Documento que atesta alistamento eleitoral, habilitando o cidadão a exercer o direito de voto.

TÍTULO DE ESTABELECIMENTO. *Direito comercial.* Denominação pela qual se distingue um estabelecimento de outro (Darcy Arruda Miranda Júnior), possibilitando que seja conhecido pelo público em suas atividades empresariais.

TÍTULO DE INVESTIMENTO. *Direito cambiário.* Título de crédito impróprio destinado a captar recursos pelo emitente. Por exemplo: letra imobiliária emitida pelo agente do Sistema Financeiro da Habitação para conseguir recursos para financiamento de casa própria; certificado de depósito bancário emitido por banco de investimento de natureza privada, para depósito com prazo superior a dezoito meses (Fábio Ulhoa Coelho).

TÍTULO DE NOMEAÇÃO. *Direito administrativo.* Documento pelo qual a autoridade competente nomeia alguém, investindo-o no exercício de um cargo ou função pública.

TÍTULO EXECUTIVO EXTRAJUDICIAL. *Direito processual civil.* Aquele que, por disposição legal, tem força executiva por reconhecer um direito. Pode ser, segundo José da Silva Pacheco, cambial (letra de câmbio, nota promissória, debênture, cheque, duplicata); garantia real (hipoteca, caução, penhor, anticrese); imobiliário (crédito decorrente de aluguel, renda, encargo de condomínio, foro e laudêmio); fiscal (certidão de dívida ativa da Fazenda Pública); processual (crédito de serventuário de justiça, de perito, de intérprete ou tradutor; custas, emolumento, honorário advocatício aprovado pelo magistrado em sentença judicial); instrumento público ou particular assinado pelo devedor e por duas testemunhas, bem como seguro de vida em caso de morte e de acidentes pessoais de que resulte morte ou incapacidade; instrumento de transação referendado pelo Ministério Público, pela Defensoria Pública, pela Advocacia Pública e pelos advogados dos transatores ou por conciliador ou mediador credenciado por tribunal etc. É designado também título executivo contratual ou negocial.

TÍTULO EXECUTIVO JUDICIAL. *Direito processual civil.* Aquele que, resultando de pronunciamento anterior de órgão jurisdicional, reconhece um direito, possibilitando sua efetivação ou autorizando a penhora dos bens do devedor. Constitui título executivo judicial: a sentença proferida no processo civil que reconheça a existência de obrigação de fazer, não fazer, entregar coisa ou pagar quantia; a sentença penal condenatória transitada em julgado; a sentença homologatória de conciliação ou de transação, ainda que inclua matéria não posta em juízo; a sentença arbitral; o acordo extrajudicial, de qualquer natureza, homologado judicialmente; a sentença estrangeira, homologada pelo Superior Tribunal de Justiça; o formal e a certidão de partilha, exclusivamente em relação ao inventariante, aos herdeiros e aos sucessores a título singular ou universal.

TÍTULO HÁBIL. *Direito civil.* Título justo que é idôneo para produzir os efeitos jurídicos pretendidos.

TÍTULO NÃO À ORDEM. *Direito cambiário.* O que não pode ser pago senão ao titular indicado, estando vedada a sua transferência (Amador Paes de Almeida).

TÍTULO NOMINATIVO. ***Direito cambiário* e *direito civil*.** É o que contém uma declaração receptícia de vontade dirigida a pessoa identificada, sendo a prestação por esta exigível; logo, o credor da obrigação é a pessoa em cujo favor se emite a declaração, sendo que esta pode investir outra na sua titularidade por meio de normas atinentes à cessão de crédito, exceto se houver cláusula proibitiva. Se não indicar o nome da pessoa beneficiada, este deve estar inscrito no livro de registro de emitente. Sua transferência se dá após registro em livro próprio.

TÍTULO PRECÁRIO. ***Direito civil*.** Aquele que a qualquer momento pode cessar, uma vez que por ele se concede posse relativa a um bem que deve ser devolvido assim que reclamado pelo transmitente. Por ele a pessoa recebe a coisa com o dever de restituí-la.

TÍTULO PROTESTADO. ***Direito cambiário*.** Título de crédito que é levado a cartório para que se lavre o auto de protesto por falta ou recusa, total ou parcial, de pagamento ou de aceite.

TÍTULO SINGULAR. ***Direito civil*.** **1.** Sucessão que se dá quando o testador transfere ao beneficiário apenas objetos certos e determinados. **2.** Aquele em que a aquisição e a transmissão se limitam a certos direitos ou bens, como se dá na doação, na compra e venda etc. **3.** Sucessor que adquire um ou vários direitos determinados.

TÍTULO UNIVERSAL. ***Direito civil*.** **1.** Sucessão em que há transferência da totalidade ou de parte indeterminada da herança, tanto no seu ativo como no passivo, para o herdeiro do *de cujus*. **2.** Sucessor que recebe a totalidade dos bens ou quota ideal. **3.** Aquele no qual há transmissão de todo o patrimônio ou de parte ideal dele.

TITULUS ADQUIRENDI. ***Direito civil*.** Contrato translativo do domínio, não no sentido de operar sua transferência, mas no de ser o ato causal da transmissão da propriedade gerador de um dever de entregar o bem alienado e o fundamento da tradição ou da transcrição. Por exemplo: o contrato de compra e venda serve como *titulus adquirendi* por ser título hábil à aquisição da propriedade, que só se dá com a tradição e o registro imobiliário, conforme a coisa adquirida seja móvel ou imóvel.

TOCAIA. **1.** ***Direito penal*.** Emboscada para assassinar alguém, surpreendendo-o, dando origem ao crime de homicídio qualificado. **2.** ***Direito agrário*.** No Norte, é o poleiro de galinhas.

TOGA. ***Direito processual*.** **1.** Magistratura. **2.** Veste talar, de cor negra, que os magistrados usam ao exercer suas funções jurisdicionais.

TOGADO. ***Direito processual*.** **1.** Que usa toga. **2.** Magistrado, concursado ou o do quinto constitucional, que possui título de bacharel em ciências jurídicas e sociais. **3.** Pertencente à magistratura.

TOMADA DE DECISÃO APOIADA. ***Direito civil*.** Processo pelo qual uma pessoa (apoiado) com deficiência elege pelo menos duas pessoas idôneas (apoiadores), de sua confiança, com as quais tenha vínculo (de parentesco ou afetividade), para prestar-lhe apoio na tomada de decisão sobre atos da vida civil, fornecendo-lhes os elementos e informações necessários para que possa exercer sua capacidade.

TOMADOR. **1.** ***Direito cambiário*.** a) Beneficiário da cambial; b) aquele a cujo favor o sacador emitiu o título de crédito; c) aquele a quem se passa uma ordem de pagamento, para que a ele se pague a soma fixada no título; d) aquele a quem se deve pagar o valor constante na cambial. **2.** ***Direito civil*.** a) Mutuário; b) aquele a quem se empresta uma quantia pecuniária. **3.** ***Direito comercial*.** Subscritor de ações ou títulos emitidos pelas sociedades empresárias. **4.** Na ***gíria***, ladrão.

TOMBADO. **1.** ***Direito civil* e *direito administrativo*.** Móvel ou imóvel de que se fez tombo, por ser sua conservação de interesse público, quer por sua vinculação a fatos históricos, quer por seu excepcional valor arqueológico, etnográfico, bibliográfico ou artístico. **2.** ***Direito marítimo*.** Navio inclinado sobre um costado. **3.** ***Direito agrário*.** O que se derrubou.

TOMBAMENTO. **1.** ***Direito civil* e *direito administrativo*.** Restrição administrativa ao direito de propriedade realizada pelo Estado, em face do interesse da cultura e da proteção do patrimônio histórico e artístico nacional, proibindo demolição ou modificação de prédios tidos como monumentos históricos e exigindo que seus reparos obedeçam à sua caracterização. O tombamento é ato administrativo ou um instrumento para proteger móveis ou imóveis dotados de valor histórico-cultural, sem que haja transferência do domínio; o Poder Público indenizará o proprietário que com isso vier a sofrer prejuízo econômico. Tais bens não estão propriamente fora do comércio; sua alienabilidade é restrita, não podendo ser livremente transferidos de uma pessoa a outra, sem autorização e inscrição. Não podem sair do país, nem ser demolidos ou alterados. Seus proprietários não perdem o domínio pelo registro em livro próprio, mas têm o seu exercício restrito, não tendo plena liberdade de alienação. **2.** ***Direito registrário*.** Operação material de registrar o bem tombado em livro próprio, descrevendo-o pormenorizadamente.

TOMBO. **1.** ***Direito registrário*.** Ato de registrar o tombamento no Livro n. 3 do Registro Imobiliário que outrora era o Livro do Tombo. **2.** ***Direito agrário*.** a)

Inventário de terras, com as devidas confrontações, rendas, direitos e encargos (Morais e Silva); b) cadastro de terras. **3.** ***Direito administrativo.*** Registro de bens ou de fatos peculiares a uma região (Othon Sidou) e que têm valor histórico, artístico ou paisagístico.

TONTINA. ***Direito civil.*** **1.** Associação de natureza beneficente que se baseia na duração da vida humana, sendo que o capital do falecido associado passa, por rateio, para os sobreviventes (Othon Sidou). Dá-se quando, sem intenção lucrativa, determinadas pessoas, mediante operação aleatória mercantil, colocam em comum bens ou dinheiro para que os rendimentos ou capitais dos que premorrerem acresçam aos dos associados sobreviventes. É, portanto, modalidade de seguro de vida, consistente na exclusão dos segurados originários em razão da sobrevivência do último deles. **2.** É um empréstimo dado por anuidades vitalícias com o benefício de sobrevivência (Borges).

TÓPICA. ***Filosofia do direito.*** Modo típico de raciocínio jurídico que, segundo Theodor Viehweg, procede por questionamentos sucessivos, apresentando uma relação "pergunta-resposta". Trata-se de uma técnica de pensar por problemas, que tem sua origem na retórica, ocupando-se das aporias jurídicas. A arte de descobrir premissas, os pontos de vista, ou *topoi*, que irão presidir a solução dos concretos problemas da vida. É a teoria dos lugares-comuns, vale dizer, das classes gerais, nas quais podem ser encontrados todos os possíveis argumentos, permitindo a eleição do mais convincente ou adequado e o reforço da argumentação.

TORPE. **1.** ***Direito penal.*** a) Obsceno; b) ignóbil; sórdido; c) repugnante; d) imoral. **2.** Na ***linguagem comum***, significa: a) o que não tem habilidade; b) entorpecido; c) acanhado.

TORPEZA. ***Direito penal.*** **1.** Infâmia. **2.** Procedimento ignóbil. **3.** Impudicícia. **4.** Qualidade do que é torpe. **5.** Ato vergonhoso, imoral ou desonesto.

TORTURA. **1.** ***História do direito.*** a) Suplício do condenado; b) sofrimento físico e moral infligido ao acusado para obter sua confissão ou alguma informação. **2.** ***Direito penal.*** Ato criminoso de submeter a vítima a um grande e angustioso sofrimento provocado por maus-tratos físicos ou morais. Assim, constitui crime de tortura: a) constranger alguém com emprego de violência ou grave ameaça, causando-lhe sofrimento físico ou mental com o fim de obter informação, declaração ou confissão da vítima ou de terceira pessoa; para provocar ação ou omissão de natureza criminosa; em razão de discriminação racial ou religiosa; b) submeter alguém, sob sua guarda, poder ou autoridade, com emprego de violência ou grave ameaça, a intenso sofrimento físico ou mental, como forma de aplicar castigo pessoal ou medida de caráter preventivo; c) causar, intencionalmente, dor ou sofrimentos agudos, físicos ou mentais, a uma pessoa que esteja sob a custódia ou o controle do acusador; este termo não compreende a dor ou os sofrimentos resultantes unicamente de sanções legais, inerentes a essas sanções ou por elas ocasionados; d) omitir-se em face dessas condutas, acima descritas, quando tinha o dever de evitá-las ou apurá-las.

TOTALITÁRIO. **1.** ***Ciência política.*** a) Governo onde um grupo detém em suas mãos todo o poder de administração, não aceitando a existência de outro partido político que não seja o de seus dirigentes, fazendo com que os interesses e direitos individuais prevaleçam sobre os da coletividade; b) sistema político que submete os cidadãos ao controle de um Estado autocrático e dirigido por um partido único; c) ditadura pessoal ou de grupo; d) o que se opõe ao individualismo. **2.** Nas ***linguagens comum*** e ***jurídica***: a) o que contém a totalidade de partes; b) que exclui parcelamento ou divisão.

TOXICOLOGIA FORENSE. ***Medicina legal.*** Ciência que analisa os aspectos médico-legais dos efeitos nocivos dos tóxicos sobre os seres humanos.

TOXICOMANIA. ***Medicina legal.*** **1.** Hábito ou vício de, para obter sensações agradáveis e anômalas, intoxicar-se com entorpecentes (ópio, cocaína, morfina etc.). **2.** Impulsão irresistível e patológica ao uso regular e excessivo de tóxicos. **3.** Dependência psíquica de drogas entorpecentes (Othon Sidou).

TOXICOMANÍACO. **1.** ***Medicina legal.*** a) Viciado em drogas ou em entorpecentes; b) aquele que apresenta toxicomania; c) aquele que, por ação de tóxicos, apresenta diminuição da capacidade de discernir, depressão mental ou desequilíbrio que pode levar à sua interdição; d) o que diz respeito à toxicomania. **2.** ***Direito civil.*** Pessoa viciada em tóxico, que, por ter discernimento reduzido, é considerada, se houver interdição, relativamente incapaz.

TOXICÔMANO. *Vide* TOXICOMANÍACO.

TOXIFRENIA PROFISSIONAL. ***Medicina legal*** e ***medicina do trabalho.*** Intoxicação sofrida por aquele que, por ocupação habitual, manipula composto de chumbo, morfina, éter, sulfato de carbono etc., o que o leva a ter perturbações de ordem psíquica ou física.

TRABALHADOR. **1.** ***Direito do trabalho.*** a) Empregado; b) operário; c) aquele que está subordinado a um empregador, em razão de contrato trabalhista, que gera vínculo empregatício. **2.** ***Direito agrário.*** Aquele que presta serviços agropecuários. **3.** Nas ***linguagens comum*** e ***jurídica***: a) aquele que trabalha; b) ativo; c) o que gosta do trabalho; d) aquele que, por esforço físico ou mental, desempenha uma profissão.

TRABALHADOR ASSALARIADO. ***Direito do trabalho.*** Aquele que, em razão de contrato de emprego, exerce sua atividade laborativa por conta do empregador, que lhe paga salário.

TRABALHADOR AUTÔNOMO. ***Direito do trabalho.*** Aquele que presta serviço de natureza urbana ou rural, em caráter eventual, sem vínculo de subordinação, a uma ou mais empresas sem relação de emprego, uma vez que exerce atividade por conta própria.

TRABALHADOR AVULSO. ***Direito do trabalho.*** **1.** Aquele que presta, eventualmente, serviço ao empregador, a quem está subordinado e de quem recebe um salário. **2.** Aquele que presta serviços a várias empresas, sem qualquer vínculo empregatício, por intermédio da entidade de classe a que está vinculado (Acquaviva). **3.** Aquele que, sindicalizado ou não, presta serviço de natureza rural ou urbana, sem vínculo empregatício, a diversas empresas, com intermediação obrigatória do sindicato da categoria (somente quando houver intermediação do sindicato na área rural).

TRABALHADOR DOMÉSTICO. ***Direito do trabalho.*** Aquele que, continuamente, presta serviços numa residência, tendo os mesmos direitos do trabalhador rural ou urbano, como os de receber salário mínimo, 13º salário, repouso semanal remunerado, férias, licença-maternidade, licença-paternidade, aviso-prévio, aposentadoria etc.

TRABALHO. **1.** ***História do direito.*** Na Grécia antiga, era um castigo. **2.** ***Direito do trabalho.*** a) Conjunto de atividades humanas, intelectuais ou braçais que geram uma utilidade; b) ofício; c) emprego; d) tarefa; e) objeto de um contrato trabalhista; f) ato ou efeito de trabalhar. **3.** ***Economia política.*** a) Atividade produtiva, dirigida a um fim econômico; b) bem de ordem econômica, que é protegido pelo direito. **4.** ***Direito constitucional.*** Direito e dever social assegurado a todos para que tenham uma vida digna. **5.** ***Direito autoral.*** Obra literária ou artística. **6.** ***Direito civil*** e ***direito comercial.*** a) Exame, discussão e deliberação de uma corporação ou pessoa jurídica de direito privado; b) discussão ou deliberação para solucionar algo. **7.** ***Psicologia forense.*** Ação pela qual o homem atua, segundo normas sociais, sobre uma matéria, com o escopo de transformá-la. **8.** Na ***gíria***: a) roubo; b) assalto; c) execução de um ato delituoso.

TRABALHO DO MENOR. ***Direito constitucional*** e ***direito do trabalho.*** É o exercido por menor entre quatorze e dezesseis anos, desde que não seja noturno, perigoso ou insalubre. Quem tiver menos de quatorze anos pode trabalhar apenas como aprendiz.

TRABALHO IMATERIAL. ***Direito de propriedade industrial, direito autoral*** e ***direito do trabalho.*** Aquele em que o empregado loca seu conhecimento, advindo, portanto, do esforço da inteligência, podendo ser: literário, artístico ou científico. É a criação intelectual protegida pelo direito autoral, direito de propriedade industrial e direito do trabalho.

TRABALHO MATERIAL. ***Direito do trabalho.*** Aquele que requer pouco uso de inteligência por parte do empregado, uma vez que se baseia na força física. Abrange o braçal, mecânico ou manual.

TRABALHO TEMPORÁRIO. ***Direito do trabalho.*** Aquele que, transitoriamente, é prestado, com intermediação de empresa de trabalho temporário, a uma empresa tomadora de serviço para substituir empregado permanente ou executar serviço extraordinário.

TRADENS. ***Termo latino.*** **1.** Aquele que transfere algo a outrem. **2.** O que opera a tradição.

TRADIÇÃO. **1.** ***Direito civil.*** a) Modo aquisitivo derivado da posse, que é a entrega ou a transferência da coisa, sendo que, para tanto, não há necessidade de expressa declaração de vontade; basta que haja a intenção, por parte daquele que opera a tradição e daquele que recebe a coisa, de efetivar tal transmissão; b) modo derivado de aquisição e da propriedade de coisa móvel, que consiste na sua entrega ao adquirente, com a intenção de lhe transferir o domínio, em razão de título translativo de propriedade. **2.** ***Teoria geral do direito.*** a) Transmissão de costumes verificados em épocas diversas de pessoa a pessoa, no decorrer do tempo; b) doutrina ou costume conservados num povo por transmissão de geração a geração; c) o que é, vivamente, transmitido numa sociedade pela palavra, pela escrita ou pelo modo de agir.

TRADIÇÃO *BREVI MANU*. ***Direito civil.*** Dá-se quando o possuidor de uma coisa em nome alheio passa a possuí-la como própria.

TRADIÇÃO EFETIVA. ***Direito civil.*** É a tradição material ou real, ou seja, a que se manifesta pela entrega real do bem, como sucede quando o vendedor passa ao comprador a coisa vendida. É a entrega de mão a mão.

TRADIÇÃO FICTA. ***Direito civil.*** Também chamada de tradição simbólica ou tradição virtual, é uma forma espiritualizada da tradição, substituindo-se a entrega material do bem por ato indicativo do propósito de transmitir posse ou pela entrega de coisa que represente a transferida. Por exemplo, será suficiente ao possuidor de um apartamento entregar suas chaves a outrem para que haja transferência de posse daquele imóvel.

TRADIÇÃO *LONGA MANU*. ***Direito Civil.*** Aquela em que não é preciso que o adquirente ponha a mão na própria coisa, como uma fazenda de grande extensão, para ser tido como possuidor; basta que ela esteja à sua disposição.

TRADUÇÃO. 1. ***Direito autoral.*** a) Obra traduzida; b) ato ou efeito de transladar obra escrita de um idioma para outro; c) versão. 2. ***Teoria geral do direito.*** Interpretação.

TRADUTOR JURAMENTADO. *Vide* TRADUTOR PÚBLICO.

TRADUTOR PÚBLICO. ***Direito processual.*** Aquele que, em caráter oficial, faz tradução de documento, que tem fé pública, podendo ser juntada nos autos, acompanhada do texto original, para comprovar contrato ou fato nele instrumentado.

TRÁFEGO. 1. ***Direito comercial.*** a) Comércio; b) transporte de mercadorias; c) troca; d) fato econômico que tem por escopo um trato comercial. 2. ***Direito de trânsito.*** a) Trânsito de pedestres e veículos em vias públicas; b) circulação entre pontos diferentes. 3. Em *propaganda*, é o caminho percorrido pelo anúncio, que vai de sua criação até sua publicação.

TRAFICANTE. 1. ***Direito penal.*** a) Aquele que pratica ato de comércio ilícito; b) aquele que introduz mercadoria contrabandeada; c) mercador de pessoas ou de entorpecentes. 2. ***Direito comercial.*** Empresário; comerciante; industrial.

TRÁFICO. 1. ***Direito penal.*** Transação fraudulenta ou ilícita que tem por objeto mercadoria contrabandeada, pessoas, entorpecentes e trabalhadores. 2. ***Direito comercial.*** Mercancia; comércio; atividade empresarial.

TRÁFICO DE INFLUÊNCIA. ***Direito penal.*** 1. Exploração de prestígio. 2. Ato de solicitar, exigir, cobrar, obter, para si ou para outrem, vantagem ou promessa de vantagem, a pretexto de influir em ato praticado por funcionário público no exercício da função. Tal crime é punido com reclusão, de dois a cinco anos, e multa. A pena é aumentada da metade se o agente alega ou insinua que a vantagem é também destinada ao funcionário.

TRÁFICO INTERNACIONAL DE PESSOAS PARA FINS DE EXPLORAÇÃO SEXUAL. ***Direito penal.*** 1. Importação e exportação de pessoas para o exercício da prostituição ou comércio da luxúria, vendendo-as por exemplo a dono de bordel, a cáften, a proxeneta etc. (De Plácido e Silva). 2. Ato de promover ou facilitar a entrada, no território nacional, de alguém que nele venha a exercer a prostituição ou outra forma de exploração sexual, ou a saída de alguém que vá exercê-la no estrangeiro, punido com reclusão. 3. Ato de agenciar, aliciar ou comprar a pessoa traficada, assim como, tendo conhecimento dessa condição, transportá-la, transferi-la ou alojá-la. Tal crime é punido com reclusão (itens 1, 2 e 3), mas a pena é aumentada da metade se: a) a vítima é menor de 18 anos; b) a vítima, por enfermidade ou deficiência mental, não tem o necessário discernimento para a prática do ato; c) se o agente é ascendente, padrasto, madrasta, irmão, enteado, cônjuge, companheiro, tutor ou curador, preceptor ou empregador da vítima, ou se assumiu, por lei ou outra forma, obrigação de cuidado, proteção ou vigilância; ou d) há emprego de violência, grave ameaça ou fraude. E, se o crime é cometido com o fim de obter vantagem econômica, aplica-se também multa.

TRÁFICO INTERNO DE PESSOAS. ***Direito penal.*** 1. Ato de promover ou facilitar o deslocamento de alguém dentro do território nacional para o exercício da prostituição ou outra forma de exploração sexual, punido com reclusão. 2. Ato de agenciar, aliciar, vender ou comprar a pessoa traficada, assim como, tendo conhecimento dessa condição, transportá-la, transferi-la ou alojá-la. E a pena é aumentada da metade se: a) a vítima é menor de 18 anos; b) a vítima, por enfermidade ou deficiência mental, não tem o necessário discernimento para a prática do ato; c) se o agente é ascendente, padrasto, madrasta, irmão, enteado, cônjuge, companheiro, tutor ou curador, preceptor ou empregador da vítima, ou se assumiu, por lei ou outra forma, obrigação de cuidado, proteção ou vigilância; ou d) há emprego de violência, grave ameaça ou fraude. E se o crime é cometido com o fim de obter vantagem econômica, aplica-se também multa. 3. É o recrutamento, o transporte, a transferência, o alojamento ou o acolhimento de pessoas, recorrendo à ameaça ou uso da força ou a outras formas de coação, à fraude, ao engano, ao abuso de autoridade ou à situação de vulnerabilidade ou à entrega ou aceitação de pagamentos ou benefícios para obter o consentimento de uma pessoa que tenha autoridade sobre outra para fins de exploração. A exploração incluirá, no mínimo, a exploração da prostituição de outrem ou outras formas de exploração sexual, o trabalho ou serviços forçados, escravatura ou práticas similares à escravatura, a servidão ou a remoção de órgãos.

TRAIÇÃO. 1. ***Direito militar.*** a) Crime que consiste no fato de um nacional tomar armas contra o próprio país ou Estado aliado; b) prestação de serviço, num estado de guerra entre potências, nas Forças Armadas, contra a segurança externa de seu país; c) crime contra a segurança interna da nação; d) atentado de lesa-pátria; e) revelação de segredo militar; f) fornecimento de plano de defesa, prejudicando a própria nação. 2. ***Direito penal.*** a) Emboscada; b) ação criminosa praticada com meios enganosos, retirando da vítima qualquer possibilidade de defesa; c) ato torpe de entregar ou denunciar alguém. **3.** *Direito civil.* Quebra do dever de fidelidade conjugal. **4.** Nas *linguagens comum* e *jurídica*: a) perfídia; b) contravenção à fé jurada; c) deslealdade; d) insidiosidade; e) aleivosia; f) abuso de confiança; g) intriga. **5.** *Direito agrário.* No Mato Grosso, é o mutirão organizado por um fazendeiro para ajudar vizinho em dificuldade no trabalho agrícola.

TRAMITAÇÃO. *Direito processual.* **1.** Seguimento da ação judicial. **2.** Conjunto de atos, medidas ou diligências previstas legalmente para o andamento do processo. **3.** Ação de seguir os trâmites legais. **4.** Forma processual a ser seguida. **5.** Marcha do processo de acordo com as disposições legais. **6.** É a movimentação do processo de uma unidade à outra, interna ou externa, por meio de sistema próprio.

TRANCAMENTO. **1.** *Direito processual.* Ato pelo qual se põe termo ao andamento do processo ou se dá por concluído o efeito de qualquer diligência. **2.** Nas *linguagens comum* e *jurídica*: a) ato ou efeito de trancar; b) cessação; c) paralisação; d) fechamento; e) encerramento.

TRANSAÇÃO. **1.** *Direito civil.* a) Negócio jurídico bilateral, pelo qual as partes interessadas, fazendo-se concessões mútuas, previnem ou extinguem obrigações litigiosas ou duvidosas. É, portanto, uma composição amigável entre interessados sobre seus direitos, em que cada qual abre mão de parte de suas pretensões, fazendo cessar as discórdias. É uma solução contratual da lide, pois as partes são levadas a transigir pelo desejo de evitar um processo cujo resultado eventual será sempre duvidoso; b) ato ou efeito de transigir. **2.** *Direito comercial.* Ato negocial mercantil envolvendo compra e venda, mútuo etc. **3.** *Direito tributário.* Forma extintiva da obrigação tributária que na verdade é incompatível com o regime jurídico tributário, já que a criação e extinção de tributos se subordinam à edição de atos administrativos vinculados (Eduardo Marcial Ferreira Jardim). **4.** Na *gíria*, é negócio duvidoso ou ilícito.

TRANSAÇÃO EXTRAJUDICIAL. *Direito civil.* É a levada a efeito ante um litígio iminente, evitado, preventivamente, mediante convenção dos interessados que, fazendo concessões recíprocas, resolvem as controvérsias, por meio de escritura pública, se a lei reclamar essa forma, ou particular, nos casos em que a admitir.

TRANSAÇÃO JUDICIAL. *Direito processual civil.* É a composição amigável realizada no curso de um processo, recaindo sobre direitos contestados em juízo e que deve ser feita: a) por termo nos autos, assinado pelos transigentes e homologado pelo juiz; b) por escritura pública, nas obrigações em que a lei exige, ou particular, nas em que ela a admite. Tal escritura é juntada aos autos e, em seguida, haverá homologação judicial. Essa transação substitui a decisão que o magistrado proferiria se a causa chegasse ao fim.

TRANSLATIO IUDICII. *Direito processual.* Representa a valorização da razoável duração do processo e diz respeito à remessa dos autos para o prosseguimento da causa perante o órgão competente, com conservação dos atos processuais praticados perante órgão incompetente.

TRANSEXUALIDADE. *Medicina legal* e *psicologia forense.* **1.** Cisão entre o sexo morfológico e o psicológico (Philip Solomon e Vernon D. Patch). **2.** Sentimento que uma pessoa de determinado sexo manifesta no sentido de pertencer ao sexo oposto, ficando obcecada pela ideia de alterar sua conformação sexual para poder viver com a aparência conforme à imagem que tem de si mesma (Benjamin e Gutheil). **3.** Convicção de se pertencer ao sexo oposto (Breton, Frohwirt e Pottiez). **4.** Incongruência de gênero em que a pessoa não se conforma com o seu sexo.

TRANSFERÊNCIA. **1.** *Direito civil.* a) Ato pelo qual se transmitem bens ou direitos a outrem; b) troca ou permuta; c) substabelecimento do mandato; d) substituição nos direitos creditórios; e) cessão de débito, de crédito ou de contrato. **2.** *Direito administrativo.* a) Deslocamento do serviço público para outro cargo efetivo, da mesma denominação ou padrão, pertencente a quadro de pessoal diverso, de órgão ou instituição do mesmo Poder; b) forma de provimento de cargo público que se dá a pedido do interessado ou *ex officio*; c) movimentação de petróleo, derivados ou gás natural em meio ou percurso considerado de interesse específico e exclusivo do proprietário ou explorador. **3.** *Direito do trabalho.* a) Ato vedado ao empregador quanto ao empregado, salvo anuência deste e desde que, por exemplo, acarrete mudança de seu domicílio ou haja real necessidade do serviço. Havendo transferência, as despesas correm por conta do patrão; b) ação ou efeito de transferir empregado. **4.** *Direito comercial.* Transporte de algo de um local a outro. **5.** *Psicologia forense.* a) Estabelecimento de relações afetivas com pessoas; b) relação psicoafetiva que, positiva ou negativamente, se estabelece entre o terapeuta e o paciente (Croce e Croce Jr.).

TRANSFORMAÇÃO. **1.** Nas *linguagens comum* e *jurídica* em geral: a) ato ou efeito de transformar; b) reforma; c) modificação; alteração; d) atribuição a algo de uma forma ou aspecto diferente; e) nova conformação. **2.** *Lógica jurídica.* a) Cada uma das formas assumidas por uma proposição sem que haja modificação em seu sentido; b) substituição de uma proposição por outra equivalente; c) reversibilidade

(Ladd-Franklin); d) inferência imediata em que pode ocorrer subalternação não reversível (Wundt). **3.** ***Direito comercial.*** a) Operação pela qual uma sociedade de determinada espécie passa a pertencer a uma outra, sem que haja sua dissolução ou liquidação mediante alteração em seu estatuto social e quadro societário, regendo-se, então, pelas normas que disciplinam a constituição e inscrição de tipo societário em que se converteu; b) operação que transforma um produto, dando-lhe a feição de um novo produto. **4.** ***Direito civil.*** Especificação.

TRANSFORMAÇÃO DE REGISTRO. ***Direito comercial*** e ***direito registrário.*** É a operação pela qual a sociedade, a empresa individual de responsabilidade limitada ou o empresário individual altera o tipo jurídico, sem sofrer dissolução ou liquidação, obedecidas as normas reguladoras da constituição e do registro da nova forma a ser adotada. Tal transformação não abrange as sociedades anônimas, as sociedades simples e as cooperativas. Apenas a sociedade em condição de unipessoalidade poderá ter seu registro transformado para empresário individual, independentemente do decurso do prazo de cento e oitenta dias, desde que não realizada a liquidação decorrente da dissolução.

TRANSGÊNICO. ***Biodireito*** e ***direito ambiental.*** Diz-se do que é geneticamente modificado por via de combinação genética. P. ex., a soja transgênica, resistente ao herbicida glifosato, tem um gene da bactéria *agrobacterium* s.p.p., que, inserido pelo seu DNA, permite que a planta continue viva após a plantação ter sido pulverizada com o referido herbicida.

TRANSIGIR. 1. ***Direito civil.*** Fazer transação. **2.** ***Direito processual civil.*** a) Terminar uma desavença; b) pôr fim a uma demanda, fazendo concessões recíprocas. **3.** Nas ***linguagens comum*** e ***jurídica***: a) conciliar; b) ceder; c) condescender; d) ser a favor, após ter sido contra; e) concluir um ajuste, negociar; f) renunciar; g) fornecer mercadorias; h) despachar mercadorias.

TRÂNSITO. 1. ***Direito de trânsito.*** a) Tráfego de veículos; movimentação e imobilização de veículos, de animais e de pedestres em vias públicas ou estradas; b) ato ou efeito de passar; c) trajeto; d) utilização das vias por pessoas, veículos e animais, isolados ou em grupos, conduzidos ou não, para fins de circulação, parada, estacionamento e operação de carga ou descarga; e) em condições seguras, é o trânsito um direito de todos e dever dos órgãos e entidades componentes do Sistema Nacional de Trânsito, a estes cabendo, no âmbito das respectivas competências, adotar as medidas destinadas a assegurar esse direito. **2.** ***Direito civil.*** a) Passagem; b) óbito. **3.** ***Direito alfandegário.*** a) Passagem de mercadorias de um Estado a outro, ou de uma cidade a outra, sem pagar direito de entrada; b) mercadoria que, por não se destinar ao consumo local, se encontra apenas de passagem. **4.** ***Direito processual.*** a) Andamento do processo; b) desenvolvimento de uma ação ou processo. **5.** ***Direito administrativo.*** a) Período que se concede a funcionário público que retorna ao lugar de origem, após servir em outro, e assume o seu cargo; b) situação em que se encontra o servidor público civil ou militar, transferido para outro local, enquanto não chegar ao seu destino (De Plácido e Silva). **6.** ***Direito agrário.*** Instrumento usado pelo agrimensor para medir ângulos horizontais.

TRÂNSITO EM JULGADO. ***Direito processual.*** **1.** Estado da decisão judicial irrecorrível por não mais estar sujeita a recurso, dando origem à coisa julgada. **2.** Imodificabilidade da decisão devido à preclusão dos prazos recursais. **3.** Efeito de transitar em julgado.

TRANSMISSÃO *CAUSA MORTIS*. 1. ***Direito civil.*** Transferência e aquisição de bens, direitos ou deveres fundada em herança ou legado. **2.** ***Direito tributário.*** Imposto que deve ser pago assim que for encerrado o inventário e que tem como fato gerador a aquisição de bens do espólio pelos herdeiros do *de cujus*. O Fisco só pode cobrar tal imposto baseado nos valores do instante do óbito.

TRANSMISSÃO *INTER VIVOS*. 1. ***Direito civil.*** Transferência de direitos ou de bens que se dá entre pessoas vivas, por meio de compra e venda, doação etc. **2.** ***Direito tributário.*** Imposto sobre doação.

TRANSPLANTE. 1. Na ***linguagem jurídica*** em geral, transplantação. **2.** ***Medicina legal*** e ***biodireito.*** a) Ato de transferir a alguém órgão ou tecido de pessoa viva ou cadáver, para salvar-lhe a vida, melhorar seu estado ou obter sua cura; b) é a transferência de células, tecidos ou órgãos vivos de um doador a um receptor com a intenção de manter a integridade funcional do material transplantado no receptor. Seu grande limitador é a rejeição, a qual pode ser mediada por reação celular e/ou humoral. O uso de drogas imunossupressoras tem por objetivo o controle desse fator.

TRANSPORTE. 1. ***Psicologia forense.*** Manifestação arrebatadora ou violenta de uma paixão. **2.** Na ***linguagem contábil***, soma que se passa, em um livro de contas, de uma coluna a outra para juntar-se a diversas parcelas. **3.** ***Direito militar.*** a) Veículo usado para transportar munições, material bélico ou gêneros de primeira necessidade para um exército em campanha; b) navio ou avião apropriado para transportar tropas. **4.** ***Direito comercial.*** a) Contrato em que uma pessoa ou empresa se obriga, mediante retribuição, a transportar, de um local para outro, pessoas ou coisas animadas ou inanimadas, por via terrestre, aquaviária, ferroviária ou aérea. Celebra-se entre o transportador e a pessoa que vai ser transportada (viajante ou passageiro) ou quem entrega o objeto (remetente ou expedidor). O destinatário, ou consignatário, a quem a mercadoria deve ser expedida não é contratante, embora, eventualmente, tenha alguns deveres e até mesmo direitos contra o transportador; b) ato ou efeito de transportar; c) condução; d) deslocação de coisas ou pessoas em veículos apropriados. **5.** ***Direito das comunicações.*** Comunicação de notícias por meio de telefone, televisão, rádio, telégrafo etc. **6.** ***Direito administrativo.*** a) Movimentação de petróleo e seus derivados ou gás natural em meio ou percurso considerado de interesse geral; b) aquele em que empresas públicas ou privadas transportam muitas pessoas, contra pagamento de uma quantia fixa, seguindo determinado itinerário. Trata-se do transporte coletivo.

TRANSPORTE DE NOTÍCIAS. ***Direito das comunicações.*** **1.** É o que se efetiva por intermédio de correios e telégrafos. **2.** Transmissão ou comunicação por meio de telefone, rádio, televisão etc.

TRANSPORTE INTERMODAL. ***Direito comercial.*** Aquele em que a mercadoria é transportada mediante o emprego de duas ou mais modalidades de transporte (rodoviária, ferroviária e depois por marítima ou aérea). Tal transporte avançou tecnologicamente com o uso de *containers*, com a especialização de navios porta-*containers* e dos terminais portuários, vindo a servir como instrumento de apoio à política ativa do comércio exterior.

TRANSPORTE MODAL. ***Direito comercial.*** Aquele em que se utiliza apenas um meio de transporte, ou seja, quando a mercadoria é transportada desde o embarque até o destino por via aérea, rodoviária, ferroviária, fluvial ou marítima.

TRAPICHE. **1.** ***Direito comercial.*** a) Armazém onde mercadorias desembarcadas ou a serem embarcadas são guardadas; b) depósito de mercadorias a serem importadas ou exportadas construído nas proximidades dos portos; c) entreposto ou depósito de mercadorias em trânsito. **2.** ***História do direito.*** Pequeno engenho usado para moer frutos ou sementes oleaginosas para deles extrair o sumo ou o azeite. **3.** ***Direito agrário.*** No Nordeste, é o pequeno engenho de açúcar que produz rapadura e melaço.

TRASLADO. **1.** ***Direito registrário.*** Cópia extraída pelo oficial público ou tabelião de instrumento ou documento lavrado no seu livro de notas. **2.** ***Direito autoral.*** a) Cópia de escrito; b) reprodução. **3.** ***Direito comercial.*** Transporte. **4.** ***Direito civil.*** Mudança de um lugar para outro. **5.** ***Direito processual civil.*** Cópia de peça do processo original feita pelo escrivão a pedido dos litigantes, do juiz ou do órgão do Ministério Público.

TRATADO INTERNACIONAL. ***Direito internacional público.*** **1.** Fonte de direito internacional público, juntamente com os costumes internacionais e os princípios gerais de direito. Equivale a um contrato entre Estados signatários. Dentre os termos empregados como sinônimos de tratado e convenção, podem-se citar: pacto e carta, protocolo, declaração, compromisso, concordata (tratado diplomático), *modus vivendi*, nota reversal, acordo entre cavalheiros, acordo preliminar, entente e deliberação. **2.** Acordo formal concluído entre sujeitos de direito internacional público, destinado a produzir efeitos jurídicos (Rezek), e se versar sobre direitos humanos, sendo aprovado, em cada Casa do Congresso Nacional, em dois turnos, por três quintos dos votos dos respectivos membros, será equivalente a emenda constitucional.

TRAUMATISMO. ***Medicina legal, medicina do trabalho*** e ***psicologia forense.*** **1.** Estado mórbido resultante de lesão grave, que pode ser provocada, por exemplo, por acidente de trabalho ou ato criminoso. **2.** Forte abalo mental que pode dar origem a uma neurose. **3.** Trauma.

TRAVEJAMENTO. ***Direito civil.*** **1.** Vigamento. **2.** Conjunto de traves usadas na construção de prédios. **3.** Ato de pôr traves em cima de algo. **4.** Madeiramento.

TRAVELLER'S CHECKS. **1.** ***Locução inglesa.*** Cheques viajantes, ou seja, os usados no comércio bancário, para proporcionar facilidade ao cliente em viagens no exterior. **2.** ***Direito bancário*** e ***direito cambiário.*** Ordens de pagamento das importâncias neles consignadas (Fran Martins). Aqueles que os adquirirem podem descontá-los em bancos de outras praças, identificando-se com a aposição de uma segunda assinatura, que deverá ser idêntica à primeira.

TRAVESTISMO. ***Psicologia forense.*** Tendência mórbida, voluntária ou involuntária, de pessoa homossexual ou não, de vestir indumentos do sexo oposto, assumindo gestos e condutas peculiares a este (Hirschfeld), como meio de obter autoerotismo ou heteroerotismo ou para atender a um impulso neurótico, ou não, de assim se exibir publicamente. Desvio narcisista ou fetichista muito comum no homem.

TRÉPLICA. **1.** ***Direito processual penal.*** Resposta da defesa à réplica do acusador, no Tribunal do Júri. Trata-se da segunda defesa ou ressustentação de uma defesa, desde que haja réplica do órgão acusatório. **2.** ***Direito de propriedade industrial.*** Refutação escrita, feita pelo impugnante de pedido de patente ou de registro de marca, àquilo que foi alegado pelo interessado em sua réplica à oposição ou ao recurso (José Náufel).

TRESPASSE. *Vide* ALIENAÇÃO DE ESTABELECIMENTO.

TRIBUNAL. 1. Órgão coletivo pertencente ao Poder Judiciário que tem a incumbência de apreciar, em grau de recurso, as decisões dos juízes. Esse órgão é composto de número variável de magistrados, que exercem suas funções agrupados em câmaras ou turmas. **2.** Local onde os processos são apreciados e julgados. **3.** Jurisdição.

TRIBUNAL ADMINISTRATIVO. *Direito comparado.* Aquele que, composto por juízes não pertencentes ao Poder Judiciário, é encarregado, em certos países, como na França, de conhecer causas em que a Administração Pública é parte, prolatando decisão que faz coisa julgada (Othon Sidou). Sua jurisdição é administrativa.

TRIBUNAL ARBITRAL. *Direito processual, direito internacional privado e direito internacional público.* **1.** Juízo arbitral. **2.** Órgão composto por árbitros nomeados pelas partes e confirmados pela corte de arbitragem da Câmara de Comércio Internacional, que, por sua vez, indicará um terceiro, que presidirá o tribunal. Esses juízes arbitrais têm poder para julgar certas questões, decidindo-as e prolatando a sentença arbitral. É o tribunal de arbitragem.

TRIBUNAL DE CONTAS. *Direito constitucional.* Órgão técnico colegiado e auxiliar direto do Poder Legislativo que tem a função de controlar externamente a administração financeira e fiscalizar o orçamento. Não só analisa as contas e a aplicação do dinheiro público como também julga e apura a responsabilidade dos incumbidos de sua guarda, sendo, por isso, uma instituição administrativo-política de auditoria e julgamento.

TRIBUNAL DE JUSTIÇA. *Direito processual.* Órgão colegiado de segundo grau da justiça estadual, sediado na capital de cada Estado, composto por desembargadores, sendo um quinto de suas vagas preenchido por membros do Ministério Público Estadual e por advogados, indicados pelo órgão de classe em lista sêxtupla e nomeados pelo governador do Estado, e competente para julgar além dos recursos de matéria cível ou criminal, cuja apreciação competia aos extintos tribunais de alçadas: a) na *seção de direito privado*, os recursos das decisões oriundas de ações relativas às seguintes matérias: 1) direitos de autor e outros direitos da personalidade; 2) fundações, sociedades simples e empresárias, associações, entidades civis, comerciais e religiosas; 3) família, concubinato (união estável) e sucessões; 4) domínio, posse e direitos reais sobre coisa alheia, salvo quando se trate de desapropriação; 5) obrigações de direito privado em geral, ainda que oriundas de contrato do qual o Estado participe, ou de prestação de serviços que haja autorizado, delegado, permitido, ou concedido; 6) responsabilidade civil extracontratual, salvo a do Estado; 7) recuperação, anulação ou substituição de título ao portador; 8) patentes, marcas, denominações sociais e atos da Junta Comercial; 9) falência e recuperação judicial e extrajudicial; 10) insolvência civil fundada em título executivo judicial; 11) registros públicos em geral; 12) alienação judicial relacionada com matéria da própria seção; b) na *seção de direito público*, em grau de recurso, decisões advindas de ações relativas: 1) a concursos públicos, servidores públicos em geral e questões previdenciais; 2) controle e cumprimento de atos administrativos; 3) licitações e contratos administrativos; 4) desapropriações; 5) ensino; 6) contribuições sindicais; 7) responsabilidade civil do Estado, inclusive as decorrentes de apossamento administrativo e desistência de ato expropriatório; 8) ações e execuções de natureza fiscal ou parafiscal, de interesse da Fazenda do Estado ou de autarquias estaduais; 9) ação popular; c) na *seção criminal*, recursos de decisões decorrentes de: 1) ações penais relativas a crimes sujeitos a pena de reclusão, exceto delitos contra o patrimônio; 2) crimes contra o patrimônio apenas quando ocorra o evento morte; 3) infrações penais envolvendo tóxicos ou entorpecentes; 4) crimes falimentares; 5) crimes comuns e de responsabilidade de prefeitos. Compete à Seção Criminal, com a participação da maioria absoluta de seus membros: 1) processar e julgar os mandados de segurança contra atos de seus grupos; 2) julgar: a) os embargos declaratórios opostos a seus acórdãos; b) os agravos regimentais das decisões do 2º Vice-Presidente, na função de juiz preparador, em matéria da competência que exceda à dos grupos. Compete a cada Grupo Criminal: 1) processar e julgar: a) os mandados de segurança contra atos de suas câmaras e respectivos juízes, inclusive do presidente da seção, na função de preparador; b) as revisões criminais de sentenças e acórdãos; 2) julgar: a) os embargos declaratórios a seus acórdãos; b) os agravos regimentais das decisões de seus juízes relatores ou do vice-presidente preparador.

TRIBUNAL DO JÚRI. *Direito processual penal.* **1.** Tribunal popular composto por juízes leigos (jurados) e presidido por um juiz de carreira, com competência para julgar crimes consumados ou tentados de: homicídio simples e qualificado; induzimento, instigação ou auxílio a suicídio; infanticídio e aborto. É o colegiado que compreende vinte e cinco jurados, dos quais sete serão sorteados para compor o Conselho de Sentença em cada sessão de julgamento, e o juiz-presidente, que irão decidir, com base no fato apresentado, pela absolvição ou condenação do acusado de ter praticado crime doloso contra a vida. **2.** *Vide* JÚRI.

TRIBUNAL ELEITORAL. *Direito eleitoral.* Órgão encarregado de administrar a Justiça Eleitoral, que é composta pelo Tribunal Superior Eleitoral, pelos Tribunais Regionais Eleitorais, pelos juízes eleitorais e pelas juntas eleitorais.

TRIBUNAL INTERNACIONAL. *Direito internacional público.* Aquele que é organizado pelos países para resolver controvérsias a eles afetas. Por exemplo, o Tribunal de Arbitragem, a Corte Internacional de Justiça etc.

TRIBUNAL MILITAR. *Direito militar.* Espécie de tribunal de exceção que tem competência para apreciar e julgar questões e crimes de natureza militar definidos em lei. São órgãos da Justiça Militar o Superior Tribunal Militar e os tribunais e juízes militares.

TRIBUNAL REGIONAL DO TRABALHO (TRT). *Direito processual* e *direito do trabalho.* É o composto de, no mínimo, sete juízes, recrutados, quando possível, na respectiva região, e nomeados pelo presidente da República dentre brasileiros com mais de trinta e menos de sessenta e cinco anos, sendo: a) um quinto dentre advogados com mais de dez anos de efetiva atividade profissional e membros do Ministério Público do Trabalho com mais de dez anos de efetivo exercício; b) os demais, mediante promoção de juízes do trabalho por antiguidade e merecimento, alternadamente. Em São Paulo, por exemplo, compete exclusivamente ao Tribunal Regional do Trabalho da 2ª Região processar, conciliar e julgar os dissídios coletivos nos quais a decisão a ser proferida deva produzir efeitos em área territorial alcançada, em parte, pela jurisdição desse mesmo tribunal e, em outra parte, pela jurisdição do Tribunal Regional do Trabalho da 15ª Região.

TRIBUNAL REGIONAL ELEITORAL (TRE). *Direito eleitoral.* Órgão de segunda instância da Justiça Eleitoral, existente na capital de cada Estado e no Distrito Federal, composto: a) mediante eleição, pelo voto secreto, de dois juízes dentre os desembargadores do Tribunal de Justiça e de dois magistrados, dentre juízes de direito, escolhidos pelo Tribunal de Justiça; b) de um juiz do Tribunal Regional Federal com sede na Capital do Estado ou no Distrito Federal, ou, não havendo, de juiz federal, escolhido, em qualquer caso, pelo Tribunal Regional Federal respectivo; c) por nomeação, pelo presidente da República, de dois juízes dentre seis advogados de notável saber jurídico e idoneidade moral, indicados pelo Tribunal de Justiça. Tem competência para apreciar, dentre outras, questões relativas a registro de partidos políticos, crimes eleitorais etc., e julgar recursos interpostos de atos e decisões prolatadas por juízes e juntas eleitorais.

TRIBUNAL REGIONAL FEDERAL (TRF). *Direito processual.* Órgão da Justiça Federal composto de sete juízes, no mínimo, recrutados, quando possível, na respectiva região e nomeados pelo presidente da República, sendo um quinto dentre advogados com mais de dez anos de efetiva atividade profissional e membros do Ministério Público Federal com mais de dez anos de carreira, e os demais mediante promoção de juízes federais com mais de cinco anos de exercício, por antiguidade e merecimento. Compete-lhe processar e julgar, originariamente: a) os juízes federais da área de sua jurisdição, incluídos os da Justiça Militar e da Justiça do Trabalho, nos crimes comuns e de responsabilidade, e os membros do Ministério Público da União, ressalvada a competência da Justiça Eleitoral; b) as revisões criminais e as ações rescisórias de julgados seus ou dos juízes federais da região; c) os mandados de segurança e os *habeas data* contra ato do próprio tribunal ou de juiz federal; d) os *habeas corpus*, quando a autoridade coatora for juiz federal; e) os conflitos de competência entre juízes federais vinculados ao tribunal. Tem, além disso, competência para julgar, em grau de recurso, as causas decididas pelos juízes federais e pelos juízes estaduais no exercício da competência federal da área de sua jurisdição.

TRIBUNAL SUPERIOR DO TRABALHO (TST). *Direito processual* e *direito do trabalho.* Órgão colegiado máximo da Justiça do Trabalho, com jurisdição em todo o território nacional e competência para apreciar e julgar questões trabalhistas em única ou em última instância. Compõe-se de vinte e sete ministros, escolhidos dentre brasileiros com mais de trinta e cinco e menos de sessenta e cinco anos, nomeados pelo presidente da República, após aprovação pela maioria absoluta do Senado Federal, sendo: um quinto dentre advogados com mais de dez anos de efetiva atividade profissional e membros do Ministério Público do Trabalho com mais de dez anos de efetivo exercício, e os demais dentre juízes dos Tribunais Regionais do Trabalho, oriundos da magistratura da carreira, indicados pelo próprio Tribunal Superior.

TRIBUNAL SUPERIOR ELEITORAL (TSE). *Direito eleitoral* e *direito processual.* Órgão colegiado, sediado no Distrito Federal, que tem jurisdição em todo o território nacional e competência para conhecer e julgar questões de matéria eleitoral e de organização e funcionamento dos partidos políticos. Compõe-se de, no mínimo, sete membros, escolhidos: a) mediante eleição, pelo voto secreto, três juízes dentre os ministros do Supremo Tribunal Federal e dois juízes dentre os ministros do Superior Tribunal de Justiça; b) por nomeação do presidente da República, dois juízes dentre seis advogados de notável saber jurídico e idoneidade moral, indicados pelo Supremo Tribunal Federal.

TRIBUTAÇÃO. *Direito tributário.* **1.** Ato ou efeito de tributar. **2.** Imposição de tributo. **3.** Ação estatal de exigir tributos para obter recursos (Geraldo Ataliba).

TRIBUTO. 1. Na *linguagem comum*, homenagem. **2.** *Direito romano.* Imposto a que estavam sujeitas as províncias romanas. **3.** *Direito internacional público.* a) Contribuição devida, em caso de guerra, pelo Estado vencido; b) aquilo que é pago por um Estado vassalo a outro em sinal de dependência. **4.** *Direito tributário.* a) Obrigação tributária *ex lege* que tem como sujeito ativo uma pessoa jurídica de direito público, como sujeito passivo uma pessoa subordinada a seu poder e por objeto a transferência de uma soma em dinheiro, ou melhor, é a obrigação jurídica pecuniária, *ex lege*, que se não constitui em sanção de ato ilícito, cujo sujeito ativo é uma pessoa pública, e cujo sujeito passivo é alguém nessa situação posto pela vontade da lei, obedecidos os desígnios constitucionais, explícitos ou implícitos (Geraldo Ataliba); b) prestação pecuniária que o Estado, ou um ente por ele autorizado, exige dos sujeitos econômicos que lhe estão submetidos (Blumenstein); c) pelo Código Tributário Nacional, é toda prestação pecuniária compulsória, em moeda ou cujo valor nela se possa exprimir, que não constitua sanção de ato ilícito, instituída em lei e cobrada mediante atividade administrativa plenamente vinculada, na forma de imposto, taxa e contribuição de melhoria, cada qual com sua destinação específica; d) receita derivada que o Poder Público, com base no seu poder fiscal, arrecada, segundo o previsto em lei, do patrimônio particular do contribuinte com o escopo de atender às despesas da administração e custear os serviços públicos.

TRIBUTOS DIRETOS. *Direito tributário.* Aqueles em que o próprio contribuinte suporta o encargo do gravame, por exemplo, o imposto sobre a renda (Eduardo M. Ferreira Jardim).

TRIBUTOS ESTADUAIS. *Direito tributário.* Aqueles que são instituídos pelos Estados e Distrito Federal em razão de competência que lhes foi outorgada por norma constitucional, como, por exemplo: a) impostos sobre: transmissão *causa mortis* e doação de quaisquer bens e direitos; operações relativas a circulação de mercadorias e sobre prestações de serviços de transporte interestadual e intermunicipal e de comunicação, ainda que as operações e as prestações se iniciem no exterior; propriedade de veículos automotores; b) taxas; e c) contribuições de melhoria.

TRIBUTOS FEDERAIS. *Direito tributário.* São os instituídos pela União em razão de competência constitucional, como: a) impostos sobre importação de produtos estrangeiros, exportação de produtos nacionais ou nacionalizados, renda e proventos de qualquer natureza, produtos industrializados, operações de crédito, câmbio e seguro, ou relativas a títulos ou valores mobiliários, propriedade territorial rural e grandes fortunas; b) taxas; c) contribuições de melhoria; e d) contribuições sociais.

TRIBUTOS INDIRETOS. *Direito tributário.* Os que repercutem em terceira pessoa, como o IPI ou o ICMS, pois o contribuinte desses impostos (industrial ou comerciante) repassa o ônus tributário para o adquirente (Eduardo M. Ferreira Jardim).

TRIBUTOS MUNICIPAIS. *Direito tributário.* Aqueles que, por competência conferida pela Carta Magna, são instituídos pelos Municípios, como: a) impostos sobre propriedade predial e territorial urbana, transmissão *inter vivos*, a qualquer título, por ato oneroso, de bens imóveis, por natureza ou acessão física, e de direitos reais sobre imóveis, exceto os de garantia, bem como cessão de direitos e sua aquisição, e serviços de qualquer natureza; b) taxas; c) contribuições de melhoria.

TRIBUTOS PROGRESSIVOS. *Direito tributário.* Aqueles que têm alíquotas diferençadas, que se tornam mais altas na medida em que a base tributável também o for. Por exemplo, imposto sobre a renda (Eduardo M. Ferreira Jardim).

TRIBUTOS PROPORCIONAIS. *Direito tributário.* São os que têm alíquota fixa incidente sobre determinada base tributável. Por exemplo, imposto de comércio exterior e IPI (Eduardo M. Ferreira Jardim).

TRIBUTOS REGRESSIVOS. *Direito tributário.* Aqueles cujas alíquotas diferençadas tornam-se mais reduzidas na medida em que a base tributável seja mais elevada (Eduardo M. Ferreira Jardim).

TRIPLICATA. 1. *Direito comercial.* Reprodução de duplicata mercantil ou de prestação de serviço, em hipótese de perda ou extravio. **2.** *Direito cambiário.* Terceira cópia de um título cambial ou de um documento.

TRIPULAÇÃO. 1. *Direito marítimo.* Conjunto de pessoas embarcadas que prestam serviços num navio, como comandante, oficiais da marinha mercante, marinheiros, médicos, cozinheiros, copeiros, garçons, criados de quarto etc. **2.** *Direito aeronáutico.* Pessoal com habilitação para o exercício de funções a bordo de aeronaves, durante o voo, como o comandante, o comissário, o rádio-operador etc.

TRUSTE. *Direito comercial* e *economia política.* **1.** *Holding.* **2.** Cartel. **3.** *Pool.* **4.** Organização econômico-financeira de empresas agrupadas que está sujeita a um centro decisório comum com o escopo de monopolizar o mercado e restringir a concorrência, controlando a produção e a venda de certos produtos e fixando diretrizes alusivas à sua distribuição e ao seu preço. **5.** É a combinação financeira que agrupa sob direção única várias empresas que perdem completamente sua independência (Henri Guitton).

TURBAÇÃO DA POSSE. ***Direito civil*** **e** ***direito processual civil.*** **1.** Ato que embaraça o livre e normal exercício da posse, haja ou não dano, tenha ou não o turbador melhor direito sobre a coisa (Orlando Gomes). **2.** Ato ilegítimo que estorva o exercício da posse e dá o direito ao possuidor turbado de propor a ação de manutenção de posse.

TURBATIO SANGUINIS. **1.** ***Locução latina.*** Confusão de sangue. **2.** ***Direito civil.*** Causa suspensiva de celebração de casamento ou impedimento matrimonial impediente ou proibitivo, para evitar *confusio sanguinis*, na hipótese de segundas núpcias, que degeneraria no conflito de paternidade. Por isso proíbe-se o casamento de viúva ou de mulher cujo matrimônio se desfez até dez meses depois do começo da viuvez ou da dissolução do vínculo conjugal, salvo se antes de findo esse prazo der à luz algum filho ou provar a inexistência de gravidez. A lei requer que a mulher que se encontre nas condições acima mencionadas, sob pena de ter de se casar em regime de separação de bens, aguarde a expiração daquele prazo antes de contrair novo casamento, pois incerta seria a paternidade do filho nascido no sétimo mês do segundo matrimônio, realizado três meses depois da morte do primeiro marido.

TURISMO. ***Direito comercial.*** **1.** Agência que desempenha atividades para incentivo e promoção do deslocamento temporário da pessoa física, individualmente ou em grupo, de seu domicílio para outro local de seu país ou para o exterior, com fins recreativos, culturais, sociopolíticos, religiosos, industriais, comerciais ou econômicos. **2.** Realização de viagens de recreio, por meio de excursões. **3.** Processo que visa deslocar, transitoriamente, pessoas de um local a outro e que pode constituir fator de desenvolvimento social e econômico. **4.** Conjunto de turistas.

TURN KEY. ***Direito comercial.*** *Vide* COMMERCIAL ENGINEERING.

TURNO. **1.** ***Direito do trabalho.*** a) Ordem usada para o revezamento no desempenho de uma tarefa, sem haver solução de continuidade; b) cada período da jornada diária de trabalho realizado em turnos ininterruptos de revezamento, que não pode exceder seis horas, salvo negociação coletiva de trabalho. **2.** ***Direito eleitoral.*** Cada etapa do processo de votação para eleição de candidatos de certos cargos eletivos, que se dá quando o candidato mais votado não consegue a maioria absoluta dos votos válidos. No primeiro turno tem-se uma votação para a qual concorrem todos os candidatos e, no segundo, apenas os dois primeiros colocados do turno anterior, desde que o mais votado não tenha alcançado a maioria absoluta. **3.** ***Direito desportivo.*** Etapa em que, na disputa de um campeonato, cada atleta ou equipe enfrenta uma vez os demais concorrentes. **4.** Na *linguagem escolar*, é cada período em que o estabelecimento funciona com diferentes grupos de alunos.

TUTELA. ***Direito civil.*** Instituto de caráter assistencial que tem por escopo substituir o poder familiar. Protege o menor não emancipado e seus bens, se seus pais faleceram ou foram suspensos ou destituídos do poder familiar, dando-lhe assistência e representação na órbita jurídica, ao investir pessoa idônea (tutor) nos poderes imprescindíveis para tanto. A tutela é, portanto, um complexo de direitos e obrigações conferido pela lei a um terceiro, para que administre os bens e proteja a pessoa de um menor que não se ache sob o poder familiar.

TUTELA ANTECIPADA. **1.** ***História do direito processual civil.*** Segundo Rosa Maria de Andrade Nery e Nelson Nery Jr., era a providência que tinha natureza jurídica de execução *lato sensu*, com o objetivo de entregar ao autor, total ou parcialmente, a própria pretensão deduzida em juízo ou os seus efeitos. Tinha caráter satisfativo, pois o autor não pretendia evitar o dano decorrente da demora, mas obter, ainda que provisoriamente, a satisfação do direito. Tal tutela podia ser revogada ou modificada a qualquer tempo, em decisão fundamentada. **2.** ***Direito processual civil.*** a) Tutela provisória fundamentada em urgência contemporânea à propositura da ação requerida antes do processo e não incidentalmente, que visa uma decisão de mérito exequível provisoriamente, antes do cumprimento de todos os trâmites procedimentais, possibilitando que, liminarmente, haja concessão total ou parcial do direito material. Para tanto, são necessários prévio requerimento da parte interessada, prova inequívoca, convencimento da verossimilhança das alegações e risco da irreparabilidade do prejuízo. A decisão concessiva de tutela antecipada será estável se não houver interposição de recurso (agravo de instrumento), extinguindo-se o processo; b) Técnica processual que visa a distribuição isonômica do ônus do tempo no processo, permitindo sua adequação a partir da urgência em prover ou da evidência do direito postulado em juízo (Daniel Mitidiero).

TUTELA CAUTELAR. ***Direito processual.*** **1.** Conjunto de medidas processuais que garantem o resultado do processo de cognição ou de execução (Geraldo Magela Alves). **2.** Visa assegurar, de imediato, a eficácia do processo, protegendo o direito substancial apenas indiretamente (Ada Pellegrini Grinover) ou o resultado do processo.

TUTELA DA EVIDÊNCIA. ***Direito processual civil.*** Tutela provisória fundamentada em evidência, concedida independentemente da demonstração de perigo de dano ou de risco ao resultado útil do processo quando: ficar caracterizado o abuso do direito de defesa ou o manifesto propósito protelatório da parte; as alegações de fato puderem ser comprovadas apenas documentalmente e houver tese firmada em julgamento de casos repetitivos ou em súmula vinculante; se tratar de pedido reipersecutório fundado em prova documental adequada do contrato de depósito, caso em que será decretada a ordem de entrega do objeto custodiado, sob cominação de multa; a petição inicial for instruída com prova documental suficiente dos fatos constitutivos do direito do autor, a que o réu não oponha prova capaz de gerar dúvida razoável. O direito do requerente é tão óbvio que pode ser reconhecido de imediato pelo órgão judicante.

TUTELA DATIVA. *Direito civil.* É a que decorre de decisão judicial, pois, na falta de tutor testamentário ou legítimo, ou quando estes forem excluídos, escusados ou removidos da tutela, o juiz do lugar em que o menor vivia com os pais — ou do inventário, se deixarem bens que estão sendo inventariados — nomeia tutor àquele. A nomeação judicial recai sobre pessoa estranha, idônea e que resida no domicílio do menor.

TUTELA DE URGÊNCIA. *Direito processual civil.* Tutela provisória fundada na urgência, concedida se houver elementos que evidenciem a probabilidade do direito e o perigo de dano ou o risco ao resultado útil do processo. Requer *periculum in mora* e *fumus boni iuris*. Pode ser efetivada mediante arresto, sequestro, assolamento de bens, registro de protesto contra alienação de bem ou qualquer outra medida idônea para assegurar um direito.

TUTELA DOCUMENTAL. *Direito civil.* Nomeação de tutor a filho menor, havendo justo motivo, pelos pais, em conjunto ou separadamente, por meio de documento autêntico (escritura pública ou instrumento particular com firma reconhecida). O tutor nomeado regerá a pessoa e bens do tutelado após o óbito, ou em caso de incapacidade superveniente, dos seus pais.

TUTELA ESPECÍFICA. *Direito processual civil.* Ação que tem por objetivo obter o resultado decorrente de obrigação de fazer ou de não fazer. É empregada: nas ações coletivas, inclusive ambientais; no Estatuto da Criança e do Adolescente; na execução para entrega de coisa na fase executiva de título extrajudicial; na tutela antecipada envolvendo entrega de coisa; na execução de obrigação de fazer e não fazer; na tutela antecipada etc. (William Santos Ferreira). Para sua efetivação o juiz poderá, *ex officio*, determinar medidas como: imposição de multa por tempo de atraso, busca e apreensão, remoção de pessoas e coisas, desfazimento de obras e impedimento de atividade nociva, se necessário com requisição de força policial. *Vide* TUTELA INIBITÓRIA.

TUTELA INIBITÓRIA. *Direito processual civil.* **1.** Forma de tutela preventiva que visa impedir de modo imediato a violação de um direito ou a sua continuação. Requer o perigo da prática do ilícito ou de sua repetição, logo o dano não é pressuposto seu. A ação inibitória é um corolário de um princípio geral de prevenção (Luiz Guilherme Marinoni, Sérgio Martins Rston). **2.** Objetiva inibir certa conduta para prevenir ocorrência do ilícito (Ada Pellegrini Grinover). Observa Marinoni que a inibitória é admitida em virtude da necessidade de prevenção, derivada da inadequação da tutela do tipo repressivo para algumas situações do direito material. Pode tornar-se necessária sempre que se apresentar insuficiente a reintegração ou reparação de direito. **3.** É a que visa impedir, de forma imediata e definitiva, a violação de um direito material da parte. Pode ser ação inibitória positiva (obrigação de fazer) ou negativa (obrigação de não fazer), ou para tutela (obrigação de dar coisa certa ou incerta) e é preventiva e tem eficácia mandamental (Nelson Nery Jr., Spadoni e Marinoni).

TUTELA IRREGULAR. *Direito civil.* Aquela na qual não há propriamente uma nomeação, na forma legal, de modo que o suposto tutor zela pelo menor e por seus bens como se estivesse legitimamente investido de ofício tutelar. Deve ser regida como gestão de negócios.

TUTELA LEGÍTIMA. *Direito civil.* É a que se dá na falta da testamentária ou da documental, ou melhor, é a deferida pela lei, na ordem nela preestabelecida, tendo sempre em vista o superior interesse do menor.

TUTELA PROVISÓRIA. *Direito processual civil.* Abrange a concessão, antecedente ou incidental, de medidas aptas a acautelar ou satisfazer direito controvertido. Pode ser fundada na urgência ou evidência.

TUTELA TESTAMENTÁRIA. *Direito civil.* É a instituída em virtude de nomeação pelo pai ou mãe de tutor a filho menor, por ato de última vontade (testamento ou codicilo), havendo justo motivo, desde que tenha o poder familiar.

TUTOR. *Direito civil.* **1.** Aquele que tem o encargo de dirigir a pessoa e administrar bens de menor que não está sob o poder familiar do pai ou da mãe, zelando pela sua criação, educação e haveres. Exerce, portanto, um múnus público, imposto pelo Estado, para atender a um interesse coletivo, possibilitando a efetivação do dever estatal de guardar e defender órfãos. **2.** Aquele que exerce a tutela, em virtude de lei, testamento ou determinação judicial.

TUTORIA. *Direito civil.* **1.** Conjunto de direitos e deveres do tutor. **2.** Encargo da tutela. **3.** Período de tempo em que o tutor exerce a tutela.

U

UBI HOMO, IBI JUS. *Expressão latina.* Onde está o homem, está o direito.

UBI SOCIETAS, IBI JUS. *Brocardo latino.* Onde há sociedade, há direito.

ULTIMA RATIO. *Locução latina.* **1.** Última razão. **2.** Argumento decisivo. **3.** Razão conclusiva. **4.** Explicação final.

ÚLTIMAS DECLARAÇÕES. *Direito civil.* Declarações finais do inventariante, complementando as primeiras, feitas após o laudo das avaliações dos bens do espólio e da resolução das impugnações suscitadas.

ULTIMATO. *Direito internacional público.* **1.** Comunicado feito por um comandante militar a outro em condição de inferioridade, durante as operações bélicas, pedindo a imediata rendição, sob pena de empregar meios mais violentos para consegui-la. **2.** Documento no qual uma potência pede a outra explicações ou garantia sobre uma questão ou faz uma proposta, impondo as últimas condições por ela exigidas e um prazo para tanto, sob pena de, não sendo atendida, romper relações diplomáticas, declarar estado de guerra ou empregar meios violentos como represália. **3.** Último aviso, preliminar à declaração de guerra.

ÚLTIMA VONTADE. *Direito civil.* **1.** Vontade exarada para concluir um ato negocial. **2.** Ato volitivo que o testador manifesta no testamento ou no codicilo.

ULTRAJE PÚBLICO AO PUDOR. *Direito penal.* **1.** Prática de ato obsceno em local público ou exposto ao público. **2.** Importação, exportação, aquisição ou ato de ter a guarda, para fins de comércio, distribuição ou exposição pública, de escrito, desenho, pintura, estampa ou qualquer objeto obsceno.

ULTRATIVIDADE DA LEI. *Teoria geral do direito.* Eficácia da norma, mesmo já revogada. Aplicação da lei, após a cessação de sua vigência, a casos que se constituíram sob sua égide. Trata-se da eficácia residual.

ULTRA VIRES HEREDITATIS. **1.** *Locução latina.* Além das forças da herança. **2.** *Direito civil.* Encargo da herança superior às suas forças e a que o herdeiro não responde.

ULTRA VIRES SOCIETATIS. **1.** *Locução latina.* Além do conteúdo da sociedade. **2.** *Direito comercial.* Teoria que veda, na sociedade anônima, a prática pela administração de atos sociais que saiam dos limites contidos no estatuto como objeto social.

UNÂNIME. **1.** O que resulta de acordo comum. **2.** Aprovação geral; o que foi acertado por todos, sem exceção. **3.** Que tem a mesma opinião de outrem; opinião comum sobre algo. **4.** Sem oposição.

UNDERWRITING. *Termo inglês* e *direito comercial.* Contrato prévio entre os fundadores e as instituições financeiras intermediárias, escritórios de consultores técnico-jurídicos etc., que, conjuntamente, fazem a operação de tomada de toda a emissão, destinada à oferta pública, encarregando-se de procedimentos regulamentares, de publicidade e lançamento ou distribuição no mercado de capitais, de valor superior a quinze mil vezes o salário mínimo vigente no País. É, portanto, o consórcio para lançamento público de títulos ou valores mobiliários no mercado de capitais.

UNESCO. *Direito internacional público.* Sigla da Organização das Nações Unidas para Educação, Ciência e Cultura, criada em 1946, ligada à ONU e sediada em Paris. Esse organismo especializado, que visa a paz mundial e a segurança internacional, mediante a colaboração da sociedade internacional, tem como atribuições: a) tratar das questões sobre educação, ciência e cultura; b) fomentar o mútuo entendimento entre os povos; c) difundir a cultura e promover a educação do povo.

UNIÃO. **1.** *Direito constitucional.* a) Pessoa jurídica de direito público interno da Administração direta, dotada de poder central, autonomia no âmbito interno do país e soberania na ordem internacional, na qual representa o Brasil; b) Federação brasileira; c) Estado brasileiro; d) nação em suas relações com os Estados federados que a compõem; e) organização política dos poderes nacionais (Clóvis Beviláqua); f) agrupamento de Estados-membros da Federação submetido a um governo central. **2.** *Direito civil.* a) Associação; b) sociedade; c) vida em comum entre homem e mulher; companheirismo; união estável ou concubinato puro; d) casamento. **3.** Nas *linguagens comum* e *jurídica:* a) conexão; b) acordo; c) convergência; d) coligação; e) ato ou efeito de unir; f) adesão; g) reunião; h) concórdia; paz; bom entendimento; i) junção; ligação; j) grupo de pessoas que visam a mesma finalidade. **4.** *Direito internacional público.* a) Aliança; b) pacto; c) liga. **5.** *Teoria geral do Estado.* Confederação. **6.** *Psicologia forense.* Ligação afetiva e intelectual da pessoa com o objeto desejado, amado ou compreendido. **7.** *Filosofia geral.* Estado de dois ou mais seres diferentes que constituem um só todo, sob qualquer relação (Lalande, Malebranche e Descartes). **8.** *Direito do trabalho.* Contrato coletivo de trabalho (Duguit).

UNIÃO DE ESTADOS. **1.** *Direito internacional público.* a) Protetorado; b) comunidade jurídica internacional, como a ONU; c) liga; d) reunião de Estados soberanos por força de tratado ou para defender interesses comuns (De Plácido e Silva). **2.** *Teoria geral do Estado.* Confederação de Estados para tratar de interesses comuns, sem que percam sua soberania.

UNIÃO DE POSSES. *Direito civil.* Soma do tempo de posse do atual possuidor com o de seus antecessores que se dá na hipótese de sucessão singular (compra e venda, doação, dação ou legado), ou melhor, quando o objeto adquirido constitui coisa certa ou determinada. O adquirente, nessa aquisição da posse a título singular, constitui para si uma nova posse, embora a receba de outrem. Isso ocorre porque a posse do sucessor singular é pessoal, nascendo, portanto, desligada da posse do alienante. O adquirente está autorizado a unir, se quiser, ou se lhe convier, sua posse à do seu antecessor. Em regra, o direito de somar posses visa a aquisição da propriedade pela usucapião.

UNIÃO ESTÁVEL. *Direito civil* e *direito constitucional.* União respeitável entre homem e mulher que revela intenção de vida em comum, tem aparência de casamento e é reconhecida pela Carta Magna como entidade familiar. É a convivência duradoura, pública e contínua, de um homem e uma mulher, estabelecida com objetivo de constituição de família desde que não haja impedimento matrimonial. Assim, podem formar essa entidade familiar: solteiros, viúvos, divorciados, separados judicial ou extrajudicialmente, ou de fato. Tem havido entendimento doutrinário e jurisprudencial que admite a união homoafetiva como entidade familiar.

UNIDADE NACIONAL. *Direito constitucional.* **1.** Integridade nacional, ou seja, união de Estados-membros de uma Federação. **2.** Integridade político-territorial decorrente da união dos Estados numa Federação.

UNIFICAÇÃO DE PENAS. *Direito penal.* Ato pelo qual o magistrado aplica a pena de um só dos crimes, se idênticas, ou a mais grave, se diversas, aumentada, em qualquer caso, de um sexto a dois terços, se houver a prática de mais de um delito da mesma espécie pelo agente, que, ante as circunstâncias de tempo e lugar, deve ser considerado como continuação do primeiro.

UNIFORMIZAÇÃO DE JURISPRUDÊNCIA. *Teoria geral do direito.* Ato pelo qual o tribunal transforma em súmula a interpretação fundamentada de seus pares, contida em decisões judiciais que versam sobre determinada questão controvertida. Esse fenômeno da uniformização das decisões judiciais, por força da norma processual e das súmulas dos tribunais superiores, faz com que a jurisprudência seja uma fonte jurídica valiosa, inclusive no preenchimento das lacunas. A atividade jurisprudencial é uma fonte do direito consuetudinário, pois a uniformização dá azo à positivação do costume judiciário.

UNITÁRIO. **1.** Nas *linguagens comum* e *jurídica* em geral: a) que é um só; b) que se refere a unidade; c) o que é unido. **2.** *Ciência política.* Partidário do unitarismo. **3.** *Direito constitucional* e *teoria geral do Estado.* a) Estado que tem governo centralizado; b) governo único.

UNITIZAÇÃO. *Direito comercial.* Acondicionamento de volumes de menor dimensão numa só unidade de carga, para facilitar seu transporte (Othon Sidou).

UNIVERSALIDADE DE BENS. **1.** *Direito administrativo.* Fundação pública que surge quando a lei individualiza um patrimônio a partir de bens pertencentes à pessoa jurídica de direito público, afetando-o à realização de um fim administrativo e dotando-o de organização adequada. **2.** *Direito civil.* Fundação particular, personalizada pela ordem jurídica, em consideração a um fim estipulado pelo fundador, sendo este objetivo imutável e seus órgãos servientes, pois todas as resoluções estão delimitadas pelo instituidor.

UNIVERSALIDADE DE DIREITO. *Direito civil.* É a constituída por bens singulares, corpóreos ou incorpóreos e heterogêneos, a que a norma jurídica, com o intuito de produzir certos efeitos, dá unidade, como, por exemplo, o patrimônio, a massa falida, a herança e o fundo de negócio.

UNIVERSALIDADE DE FATO. *Direito civil.* Conjunto de bens singulares, corpóreos e homogêneos, ligados entre si pela vontade humana para a consecução de um fim. Por exemplo, uma biblioteca, um rebanho e uma galeria de quadros. É denominada também universalidade do homem.

UNIVERSALIDADE DE PESSOAS. *Direito civil.* Conjunto de pessoas que apenas coletivamente gozam de certos direitos e os exercem por meio de uma vontade única, por exemplo, as associações e as sociedades simples ou empresárias (Clóvis Beviláqua).

UNIVERSIDADE. **1.** *Direito civil.* Universalidade de coisas de fato ou de direito. **2.** *Direito educacional*: a) instituição voltada ao ensino superior; b) conjunto de faculdades; c) corpo docente e discente de escola superior; d) conjunto de prédios onde funcionam as faculdades.

UNIVERSITAS BONORUM. *Direito civil.* Patrimônio personalizado destinado a um fim que lhe dá unidade, por exemplo, a fundação. É uma universalidade de bens.

UNIVERSITAS PERSONARUM. *Vide* UNIVERSALIDADE DE PESSOAS.

UNÍVOCO. *Teoria geral do direito.* **1.** Termo que tem o mesmo significado se aplicado em realidades distintas. **2.** O que apenas admite uma interpretação. **3.** O que é da mesma natureza.

URBANISMO. 1. Nas *linguagens comum* e *jurídica:* a) delicadeza; b) arte de civilizar ou embelezar cidades; c) arquitetura urbana. 2. *Direito urbanístico.* a) Ciência e arte que busca o desenvolvimento das cidades, preservando seu ambiente e procurando, por meio de recursos técnicos, melhorar a posição das vias de circulação dos meios de transporte, dos edifícios, inclusive históricos, das obras públicas e das habitações, para proporcionar o bem-estar da população (Mazzarolli, Giannini, Fragola, Martini, Morbidelli, Self, Granelle e Baschwitz); b) utilização racional da cidade e do solo, tendo por escopo o bem-estar público (Alastruey); c) conjunto de medidas estatais destinadas a organizar os espaços habitáveis (áreas em que se exerce as funções sociais: habitação, trabalho, circulação, recreação), propiciando melhores condições de vida ao homem na comunidade (Hely Lopes Meirelles); d) organização dos espaços habitáveis que visa a realização da qualidade de vida humana (José Afonso da Silva); e) ciência que cuida das aglomerações humanas e da organização territorial, visando a melhoria das condições de vida do homem na sociedade (Adilson de Abreu Dallari); f) planejamento, remodelação e embelezamento de edifícios, ruas e praças, bem como a sua adaptação ao aumento demográfico (Marcus Cláudio Acquaviva); g) conjunto de providências técnico-jurídicas alusivas a higiene, proteção ambiental, administração, fornecimento de serviços públicos, arquitetura ou operações materiais que tem por fim desenvolver ordenadamente aglomerações populacionais e atender às necessidades públicas; h) arte de tornar a vida urbana mais agradável (Lúcia Valle Figueiredo). 3. *Sociologia jurídica.* Fenômeno sociopolítico da atração urbana exercida sobre a população rural.

URBANIZAÇÃO. *Direito urbanístico.* 1. Ciência ou técnica de edificar ou desenvolver ordenadamente uma cidade. 2. Ato ou efeito de urbanizar. 3. Processo pelo qual a população urbana cresce em proporção superior à população rural, podendo gerar desorganização social, desemprego, problemas de higiene e saneamento básico etc. (José Afonso da Silva).

URNA ELETRÔNICA. *Direito eleitoral* e *direito virtual.* É a que contém recursos que, mediante assinatura digital, permitam o registro digital de cada voto e a identificação da urna em que foi registrado, resguardando o anonimato do eleitor.

USO. 1. *Direito civil.* a) Direito real de fruição sobre coisa alheia que, a título gratuito ou oneroso, autoriza uma pessoa a retirar daquela, temporariamente, todas as utilidades para atender as suas próprias necessidades e as de sua família; b) desmembramento da propriedade pelo qual o proprietário ou o titular do *jus utendi* podem tirar dela todos os serviços que ela pode prestar, sem modificação em sua substância; c) fato de servir-se de um bem conforme a sua destinação; d) utilidade direta e material da coisa (Clóvis Beviláqua). 2. Nas *linguagens comum* e *jurídica:* a) ato ou efeito de usar; b) moda; c) costume; d) hábito local; e) emprego do que está à disposição de alguém; f) emprego particular de palavras ou frases em harmonia com o que a maioria das pessoas segue.

USO IMPRÓPRIO. *Direito civil.* Aquele que não atende à destinação específica do bem, indo além de sua finalidade.

USO NOCIVO DA PROPRIEDADE. *Direito civil.* Mau uso da propriedade, ultrapassando os limites impostos à zona de garantia de cada um ao retirar da coisa suas vantagens, prejudicando vizinhos em sua segurança, sossego e saúde.

USO NORMAL DA PROPRIEDADE. *Direito civil.* Aquele que é regular por não ultrapassar os limites da normalidade.

USO PRÓPRIO. *Direito civil.* 1. Utilização da coisa conforme sua destinação e finalidade. 2. Uso de prédio locado para nele morar pelo locador, cônjuge, companheiro ou descendente, que notifica a retomada do imóvel.

USOS E COSTUMES. 1. *Direito civil* e *direito comercial.* Práticas habituais de empresários em uma localidade ou praça que se incorporam ao direito consuetudinário, constituindo-se em uma forma de comportamento coletivo e fonte subsidiária do direito civil e do direito comercial. 2. *Direito agrário.* Normas consuetudinárias vinculadas à atividade agrária de determinada região.

USUÁRIO. 1. *Direito civil.* Aquele em proveito de quem se cedeu o uso do bem, gravando-o de ônus real, e que por isso pode dele retirar suas utilidades, uma vez que tem o direito de uso de coisa alheia. 2. *História do direito.* Era a pessoa escravizada de que se tinha apenas o uso, mas não a propriedade. 3. *Direito administrativo.* Utente, ou seja, cidadão que se utiliza dos bens ou serviços públicos (Marcello Caetano). 4. *Direito previdenciário.* Órgão e servidor público, empregado, agente público, consultor, estagiário, entidade não governamental ou empresa privada que utilize, de forma autorizada, informações da Previdência Social.

USUCAPIÃO. *Direito civil.* 1. Modo de aquisição da propriedade e de outros direitos reais (usufruto, uso, habitação, servidão predial) pela posse prolongada da coisa com a observância dos requisitos legais. Tem por fundamento a consolidação da propriedade, dando juridicidade a uma situação de fato: a posse unida ao tempo. **2.** Prescrição aquisitiva de propriedade de coisa móvel ou imóvel.

USUCAPIÃO ADMINISTRATIVA. *Direito civil.* Pedido de reconhecimento extrajudicial de usucapião, sem prejuízo da via jurisdicional, processado perante o cartório de registro de imóveis da comarca da situação do imóvel usucapiendo, a requerimento do interessado, representado por advogado, instruído com: ata notarial lavrada pelo tabelião, atestando o tempo de posse do requerente e seus antecessores; planta e memorial descritivo assinado por profissional legalmente habilitado; certidões negativas dos distribuidores da comarca da situação do imóvel e do domicílio do requerente; justo título ou quaisquer outros documentos que demonstrem a origem, a continuidade, a natureza e o tempo da posse, tais como pagamento de impostos e taxas que incidirem sobre o imóvel. O oficial do registro promoverá a publicação de edital em jornal de grande circulação, para ciência de terceiros interessados, que poderão manifestar-se em 15 dias. Não havendo tal manifestação, realizadas todas as diligências e achando-se em ordem a documentação com inclusão de concordância expressa dos titulares de direitos reais e de outros direitos registrados ou averbados na matrícula do imóvel usucapiendo e na matrícula dos imóveis confinantes, o oficial do registro assentará a aquisição do imóvel com as descrições apresentadas.

USUCAPIÃO DE LIBERDADE. *Direito civil.* Extinção da hipoteca convencional após a decorrência do prazo de trinta anos de sua inscrição sem que haja renovação, não mais se admitindo qualquer prorrogação. Trata-se da perempção legal. Há liberação do imóvel onerado pelo discurso desse lapso de tempo. Escoado tal prazo, a hipoteca cessa de produzir seus efeitos, mesmo que os interessados o queiram, exceto a constituição de nova hipoteca, por novo título e nova inscrição.

USUCAPIÃO ESPECIAL RURAL. *Direito civil* e *direito constitucional.* Também designada de usucapião constitucional rural, usucapião especial ou *pro labore*, por encontrar sua justificação no fato de o usucapiente haver tornado, com seu trabalho, produtiva a terra, tendo nela sua morada. Para que se concretize a aquisição de terras por esse meio, será preciso que: a) o ocupante não seja proprietário de imóvel rural ou urbano, visto que esse instituto tem por escopo, atendendo a fins sociais, outorgar o domínio a quem, não possuindo propriedade, cultivou terra alheia abandonada, tornando-a produtiva com seu trabalho; b) a posse por ele exercida *animus domini* seja ininterrupta e sem oposição por cinco anos; c) o ocupante da área de terra rural a tenha tornado produtiva com seu trabalho agrícola, pecuário, agroindustrial etc.; d) o usucapiente tenha nela sua moradia habitual, isto porque o fim social perseguido pelo preceito constitucional, ao contemplar essa modalidade de usucapião, foi estimular a fixação do homem no campo; e) a área que se pretende usucapir não seja superior a 50 hectares; e f) a terra objeto dessa forma de usucapião não seja pública.

USUCAPIÃO ESPECIAL URBANA. *Direito civil* e *direito constitucional.* É aquela admitida pela Constituição Federal para atender aos reclamos de uma política urbana, pois o solo urbano não deve ficar sem aproveitamento adequado, reconhecendo, a quem o utilizar, desde que não seja imóvel público e que tenha a dimensão de até 250 m^2, mesmo não sendo seu, a possibilidade de adquirir-lhe o domínio, se não for proprietário de outro imóvel urbano ou rural e se tiver exercido sua posse, ininterruptamente, por cinco anos, sem oposição, destinando-o a sua moradia ou de sua família. Há uma presunção *juris et de jure* de boa-fé, não se exigindo prova de justo título. Somente será preciso comprovar a posse ininterrupta e pacífica, exercida com *animus domini*; o decurso do prazo de cinco anos; a dimensão da área (até 250 m^2); a moradia e o fato de não ser proprietário de nenhum imóvel urbano ou rural. Além disso, será imprescindível a transcrição no registro imobiliário da sentença judicial que declare a aquisição da propriedade pelo usucapiente. É também designada de usucapião urbana, usucapião *pro misero*, usucapião especial individual em imóvel urbano, usucapião social urbana e usucapião constitucional urbana. O título de domínio será conferido ao homem ou à mulher, ou a ambos, independentemente do estado civil. Esse direito não será reconhecido ao mesmo possuidor mais de uma vez. O herdeiro legítimo continua, de pleno direito, a posse de seu antecessor, desde que já resida no imóvel por ocasião da abertura da sucessão. As áreas urbanas com mais de 250 m^2, ocupadas por população de baixa renda para sua moradia, por cinco anos, ininterruptamente e sem oposição, onde não for possível identificar os terrenos ocupados por cada possuidor, são susceptíveis de serem usucapidas coletivamente, desde que os possuidores não sejam proprietários de outro imóvel urbano ou rural. O possuidor pode, para o fim de contar o prazo exigido, acrescentar sua posse à de seu antecessor, contanto que ambas sejam contínuas. A *usucapião especial coletiva de imóvel urbano* será declarada pelo juiz, mediante sentença, a qual servirá de título para registro no Cartório de Registro de Imóveis. Na sentença, o juiz atribuirá igual fração ideal de terreno a cada possuidor, independentemente da dimensão de terreno que cada um ocupe, salvo hipótese de acordo escrito entre os condôminos, estabelecendo frações ideais diferenciadas. O condomínio especial constituído é indivisível, não sendo passível de extinção, salvo deliberação favorável tomada por, no mínimo, dois terços dos condôminos, no caso de execução de urbanização posterior à constituição do condomínio. As deliberações relativas à administração do condomínio especial serão tomadas por maioria de votos dos condôminos presentes, obrigando também os demais, discordantes ou ausentes. Na pendência da ação de usucapião especial urbana, ficarão sobrestadas quaisquer outras ações, petitórias ou possessórias, que venham a ser propostas relativamente ao imóvel usucapiendo. São partes legítimas para a propositura da ação de usucapião especial urbana: a) o possuidor, isoladamente ou em litisconsórcio originário ou superveniente; b) os possuidores, em estado de composse; c) como substituto processual, a associação de moradores da comunidade, regularmente constituída, com personalidade jurídica, desde que explicitamente autorizada pelos representados. Na ação de usucapião especial urbana é obrigatória a intervenção do Ministério Público. O autor terá os benefícios da justiça e da assistência judiciária gratuita, inclusive perante o Cartório de Registro de Imóveis. A usucapião especial de imóvel urbano poderá ser invocada como matéria de defesa, valendo a sentença que a reconhecer como título para registro no Cartório de Registro de Imóveis. Na ação judicial de usucapião especial de imóvel urbano, o rito processual a ser observado é o sumário.

USUCAPIÃO EXTRAORDINÁRIA DE IMÓVEIS. *Direito civil.* Aquisição de imóvel pela posse pacífica, ininterrupta, exercida com *animus domini*, durante quinze anos, havendo presunção *juris et de jure* de boa-fé e justo título, que não só dispensam a exibição de documento, como também proíbem que se demonstre sua inexistência. O usucapiente só terá de provar sua posse. A sentença judicial declaratória da aquisição do domínio por usucapião, que constitui o título, deve ser levada ao registro imobiliário. Todavia, o prazo reduzir-se-á a dez anos se o possuidor houver estabelecido no imóvel a sua morada habitual, ou nele realizado obras ou serviços de caráter produtivo.

USUCAPIÃO EXTRAORDINÁRIA DE MÓVEIS. *Direito civil.* Aquisição do domínio de coisa móvel pela posse ininterrupta e pacífica, pelo decurso do prazo de cinco anos, sem que haja justo título e boa-fé.

USUCAPIÃO FAMILIAR. *Direito civil.* É o concedido àquele que exercer, por dois anos ininterruptamente e sem oposição, posse direta, com exclusividade, sobre imóvel urbano de até 250 m^2, cuja propriedade divida com ex-cônjuge ou ex-companheiro que abandonou o lar, utilizando-o para sua moradia ou de sua família. Essa pessoa adquirir-lhe-á o domínio integral, desde que não seja proprietário de outro imóvel urbano ou rural. E tal direito não será reconhecido ao mesmo possuidor mais de uma vez.

USUCAPIÃO ORDINÁRIA DE IMÓVEL. *Direito civil.* Aquisição da propriedade de imóvel desde que se apresentem os seguintes pressupostos: a) posse mansa, pacífica e ininterrupta, exercida com a intenção de dono; b) o decurso de tempo de dez anos; c) justo título, ainda que este contenha algum vício ou uma irregularidade, bem como boa-fé, ou seja, ignorância desses obstáculos ou defeitos que obstam sua aquisição; d) sentença judicial que lhe declare a aquisição do domínio, pois, embora o usucapiente já tenha o seu direito assentado em título preexistente, nada lhe impede de mover ação de usucapião para apagar dúvidas e tornar límpido seu direito, caso em que a sentença deve ter assento no registro imobiliário. Será de cinco anos tal prazo, se o imóvel houver sido adquirido onerosamente, com base no registro constante do respectivo cartório, cancelado posteriormente, desde que os possuidores nele tiverem estabelecido a sua morada, ou realizado investimentos de interesse social e econômico.

USUCAPIÃO ORDINÁRIA DE MÓVEIS. *Direito civil.* Aquisição da propriedade de coisa móvel quando alguém a possuir como sua, ininterruptamente e sem oposição, durante três anos. Para que se configure tal espécie de usucapião, não basta a mera posse; esta terá de ser contínua e pacífica, exercida com *animus domini* que tenha por base justo título e boa-fé.

USUFRUTO. 1. *Direito civil.* a) Direito real conferido a alguém de retirar, temporariamente, de coisa alheia os frutos e utilidades que ela produz, sem alterar-lhe a substância. O proprietário, ao deferir a posse direta de seu bem, móvel ou imóvel, ao usufrutuário para que este dele desfrute, perde o *jus utendi* e o *jus fruendi*, mas não perde a substância, o conteúdo de seu direito de propriedade que lhe fica na nua-propriedade; b) usufruição; c) ato ou efeito de usufruir. **2.** *Direito processual civil.* Direito real de fruição sobre bem móvel ou imóvel do executado, concedido pelo juiz ao exequente, quando o reputar menos gravoso ao executado e eficiente para o recebimento do crédito. Decretado o usufruto, o executado perde o gozo do bem, até que o exeqüente seja pago do principal, juros, custas e honorários advocatícios. Tal usufruto terá eficácia, tanto em relação ao executado como a terceiro, a partir da publicação da decisão que o conceda.

USUFRUTO CONVENCIONAL. ***Direito civil.*** É aquele em que o direito de gozar e usar, temporariamente, dos frutos e das utilidades de uma coisa alheia advém de um ato jurídico *inter vivos*, unilateral ou bilateral (p. ex., um contrato), ou de um ato jurídico *causa mortis* (p. ex., um testamento), ou ainda de usucapião, desde que observados os pressupostos legais. O usufruto convencional possui duas formas: a) alienação, que se dá quando o proprietário concede, mediante atos *inter vivos* ou *causa mortis*, o usufruto a um indivíduo, conservando a nua-propriedade; b) retenção, que ocorre quando o dono do bem, somente mediante contrato, cede a nua-propriedade, reservando para si o usufruto.

USUFRUTO DEDUCTO. ***Direito civil.*** Doação com reserva de usufruto.

USUFRUTO LEGAL. ***Direito civil.*** É o instituído por lei em benefício de determinadas pessoas, como, por exemplo, o do pai ou o da mãe sobre os bens dos filhos menores; o do cônjuge sobre os bens do outro quando lhe competir tal direito.

USUFRUTO TESTAMENTÁRIO. ***Direito civil.*** É o direito real de gozar e usar, temporariamente, dos frutos e das utilidades de coisa alheia que advém de ato jurídico *causa mortis*.

USUFRUTUÁRIO. ***Direito civil.*** Aquele que tem direito de usufruto, possuindo o *jus utendi* e o *jus fruendi*, ou seja, o uso e gozo da coisa alheia, explorando-a economicamente, retirando frutos e utilidades. É também designado usufruidor.

USURA. **1.** ***Economia política.*** Desgaste de uma riqueza em virtude de seu uso. **2.** ***Direito penal.*** a) Cobrança de juros excessivos pelo capital mutuado; b) especulação ilícita que consiste em cobrar juros sobre empréstimo de dinheiro por taxa acima da estabelecida legalmente.

USURÁRIO. ***Direito penal.*** **1.** Agiota; onzenário. **2.** Aquele que empresta dinheiro cobrando juros ilícitos ou extorsivos. **3.** Quem empresta com usura. **4.** Em que há usura.

USURPAÇÃO. ***Direito penal.*** Crime pelo qual o agente, sem título legítimo, se apossa de bem que, por direito, pertence a outrem.

UTENTE. **1.** ***Direito civil.*** Aquele que usa; usuário; titular do direito de uso. **2.** ***Direito administrativo.*** O cidadão que usa de bens públicos ou da prestação de serviços públicos (Marcello Caetano).

UTILIDADE PÚBLICA. **1.** ***Direito administrativo*** e ***direito civil.*** a) Fundamento da desapropriação que abrange as seguintes hipóteses: segurança nacional; defesa do Estado; socorro público em caso de calamidade; salubridade pública; aproveitamento industrial de minas e jazidas; das águas e da energia hidráulica; assistência pública, obras de higiene e decoração; casas de saúde; abertura, conservação e melhoramento de vias ou logradouros públicos; funcionamento dos meios de transporte coletivo; preservação e conservação dos monumentos históricos e artísticos; construção de edifícios públicos, monumentos e cemitérios; criação de estádios, aeródromos ou campos de pouso para aeronaves; reedição e divulgação de obras ou inventos de natureza científica, artística ou literária etc.; b) maneira de ser daquilo cujo fim o governo reconhece como de interesse da coletividade e ao qual, por isso, concede certas vantagens. **2.** ***Direito civil.*** Associação que, pelos serviços socioassistenciais ou educacionais prestados gratuita e desinteressadamente à coletividade, faz jus a subsídios ou auxílios financeiros governamentais, desde que haja declaração de sua utilidade pública federal, estadual ou municipal, considerando preenchidas as rígidas condições que lhe são impostas, ficando, então, sujeita ao controle e à contínua fiscalização da Administração Pública competente, que vão muito além do mero poder de polícia. **3.** ***Direito penal.*** Objeto do crime contra a incolumidade pública que consiste em atentar contra a segurança ou o funcionamento de serviço de água, luz, força ou calor, punido com reclusão e multa. Para sua configuração basta qualquer ato atentatório a serviço de utilidade pública. **4.** ***Direito ambiental.*** Abrange: a) as atividades de segurança nacional e proteção sanitária; b) as obras essenciais de infraestrutura destinadas aos serviços públicos de transporte, saneamento e energia, declaradas pelo Poder Público federal ou dos Estados; c) demais obras, planos, atividades ou projetos em resolução do Conselho Nacional do Meio Ambiente (Conama).

UTILITARISMO. **1.** ***Ciência política.*** a) Sistema de ética normativa; b) sistema que conjuga o justo com o útil, com o escopo de valorizar o interesse como maior princípio do direito e da moral (Geraldo Magela Alves); c) teoria que faz do útil o princípio de todos os valores, na ordem do conhecimento e da ação (Lalande). **2.** ***Economia política.*** a) É a teoria que defende a expropriação coativa e a socialização dos meios de produção, assim como a abolição do mercado livre em favor de um sistema de economia planejada, que são medidas legítimas e obrigatórias quando conduzem a consequências melhores em relação a qualquer outra alternativa (Pontara); b) doutrina cujo valor supremo é a utilidade.

UTILIZAÇÃO DE DINHEIRO PÚBLICO. ***Direito penal.*** Crime de peculato, punido com reclusão ou multa, que consiste no fato de funcionário público apropriar-se de valor ou dinheiro, público ou particular, em razão do cargo ou de desviá-lo, em proveito próprio ou alheio.

UTI POSSIDETIS. **1.** ***Locução latina.*** a) Interdito para proteção de posse de terras e construções; b) como possui agora; c) na condição em que se encontra. **2.** ***Direito internacional público.*** a) Princípio que prestigia a posição do possuidor efetivo de um espaço territorial contestado (Rezek). Visa a proteção do possuidor de imóvel contra pretensões de terceiros; b) acordo feito entre países beligerantes de manter, cessando as hostilidades, a situação vigente, no instante do acordo, para os territórios ocupados (Marcus Cláudio Acquaviva); c) princípio pelo qual prevalece a melhor posse provada de imóvel, havendo confusão de limites; d) fórmula diplomática que estabelece o direito de um país a um território, tendo por base a sua ocupação pacífica.

UTOPIA. ***Ciência política.*** **1.** Projeto irrealizável. **2.** O que, por estar fora da realidade, não pode realizar-se mesmo no futuro. **3.** O que não pode existir concretamente. **4.** Local imaginário onde o povo vive feliz, em completa harmonia, em razão das instituições ideais (Thomas Morus). É a descrição de uma sociedade supostamente perfeita em todos os sentidos. **5.** Plano teórico do governo, que, por calcular tudo para obter a completa felicidade de todos, é impossível de concretizar-se na prática. **6.** Ideal político-social impossível de se realizar. **7.** Mentalidade que pressupõe não só estar em contradição com a realidade presente, mas também romper os liames da ordem existente. É uma ideologia revolucionária que se realiza na ação dos grupos sociais (Karl Manheim).

UXÓRIA. ***Direito civil.*** **1.** Outorga dada pela mulher para que o marido possa efetuar, validamente, certos atos jurídicos. **2.** Qualidade de ato oriundo da mulher casada.

VACÂNCIA. 1. ***Direito civil.*** a) Estado da coisa que não se encontra ocupada; b) estado de bens jacentes não reclamados por ninguém dentro de um prazo legal. 2. ***Direito administrativo*** e ***direito do trabalho.*** a) Cargo vago ou que está sem ocupante; b) período de tempo em que um cargo ou emprego não está preenchido.

VACATIO CONSTITUTIONALIS. ***Direito constitucional.*** Período temporal intercalar desde a publicação da Constituição até sua entrada em vigor. Por exemplo, o de dois meses, no Brasil, quando a Carta Magna de 24 de janeiro de 1967 foi publicada para entrar em vigor em 15 de março desse mesmo ano.

VACATIO LEGIS. 1. ***Locução latina.*** Vacância da lei. 2. ***Teoria geral do direito.*** Intervalo entre a data da publicação da lei e sua entrada em vigor. Com o término da *vacatio legis* inicia-se a obrigatoriedade da lei nova. Antes do decurso da *vacatio* a lei nova não tem efetiva força obrigatória nem autoridade imperativa, mesmo que promulgada e publicada, por ainda estar em vigor a lei antiga. Por exemplo, o Código Civil, promulgado a 11 de janeiro de 2002, com início de vigência estabelecida para 11 de janeiro de 2003.

VADE MECUM. ***Locução latina.*** 1. Vai comigo. 2. Livro que, por conter noções indispensáveis e essenciais, é consultado amiúde, fazendo com que o consulente o traga sempre consigo, por lhe servir de guia. 3. Repertório sistematizado de legislação de pronta consulta (Othon Sidou).

VADIAGEM. ***Direito penal.*** Contravenção penal que consiste na circunstância de alguém, tendo aptidão para o trabalho, entregar-se à ociosidade, abstendo-se de prover sua subsistência de modo lícito.

VAGINISMO. ***Medicina legal.*** Contração involuntária e espasmódica dos músculos da vagina, podendo, ante a dor que causa, impedir o ato sexual, vindo a constituir caso de impotência feminina *coeundi* e, consequentemente, de nulidade relativa do casamento.

VALE. 1. ***História do direito.*** Nome que era dado ao governador árabe de território espanhol. 2. Na ***linguagem comum,*** planície que se situa entre montanhas. 3. ***Direito comercial.*** a) Documento de dívida a qual se pode suprir com mercadoria; b) escrito que atesta o recebimento adiantado de uma quantia em dinheiro ou de mercadoria. 4. ***Direito do trabalho.*** Adiantamento de salário descontado no pagamento.

VALIDAÇÃO. 1. ***Filosofia do direito.*** a) Ato que torna algo válido, possibilitando a produção de efeitos jurídicos; b) ato de dar vigor ou força; c) conjunto de formalidades que levam à legalização ou legitimação de um ato. 2. ***Direito civil.*** Ato de sanar negócio jurídico anulável. 3. ***Direito administrativo.*** Ação de corrigir um ato administrativo. 4. ***Direito do consumidor.*** Validação é um processo estabelecido por evidências documentadas que comprovam que uma atividade específica apresenta conformidade com as especificações predeterminadas e atende aos requisitos de qualidade.

VALIDADE. 1. ***Filosofia geral.*** Qualidade do que é válido. 2. ***Direito civil.*** Qualidade do ato ou negócio jurídico que se realizou atendendo aos requisitos exigidos por lei.

VALOR ARBITRADO. ***Direito civil.*** 1. Preço fixado por avaliação de árbitros. 2. Taxação de preço por terceiro, que não será um avaliador da coisa, mas um mandatário escolhido pelos contratantes, que não quiseram ou não puderam determinar o preço, de tal sorte que sua estimação equivalerá à determinação do preço pelos próprios contratantes, tornando-o por isso, obrigatório.

VALOR ATUAL. 1. Preço corrente. 2. Preço da coisa fixado com base na taxa do mercado. 3. Valor da letra de câmbio quando é descontada, representado pela diferença entre seu valor nominal e o do desconto (De Plácido e Silva).

VALOR DA CAUSA. ***Direito processual civil.*** 1. Importância pecuniária que representa a pretensão do autor deduzida em juízo e para determinar a competência dos juízes e a do rito do processo (Pontes de Miranda), e, além disso, serve como critério para a sucumbência, ou seja, para a fixação dos honorários advocatícios do vencedor e da taxa judiciária. 2. Apreciação econômica da causa para determinar a alçada (Acquaviva).

VALOR DE AFEIÇÃO. ***Direito civil.*** É a estimativa que se dá a bem pelo seu valor real que, por envolver lembranças ou o apreço de certas pessoas, é insuscetível de aferição econômica, uma vez que integra o âmbito da intimidade. O valor de afeição não pode ultrapassar o preço comum da coisa.

VALOR DE MERCADO. ***Direito comercial.*** 1. Valor venal. 2. Valor que, conforme a lei da oferta e da procura, um bem pode ser comercializado. 3. Valor de cotação em Bolsa (Luiz Fernando Rudge).

VALORES IMOBILIZADOS. ***Direito comercial.*** São os que integram o ativo fixo, como os representados por capitais aplicados em bens que, de imediato, são insuscetíveis de venda ou de transformação em dinheiro, não estando, portanto, em giro comercial (De Plácido e Silva), uma vez que servem, permanentemente, às atividades empresariais; por exemplo, máquinas.

VALOR ESTIMADO. Cálculo de preço de um bem sobre o qual não há estipulação de um *quantum* certo nem base para determinar um valor real, que é, então, dado por estimativa do interessado.

VALOR NOMINAL. **1.** ***Economia política.*** Valor que, por convenção, é dado, na cunhagem, à moeda para atender às necessidades determinadas pelo comércio. **2.** ***Direito cambiário.*** É a quantia certa e determinada expressa num título de crédito que deve ser paga. **3.** ***Direito comercial.*** Valor da correspondência efetiva da parcela de capital social que a ação de sociedade anônima representa.

VALOR REAL. **1.** Na ***linguagem jurídica,*** em geral, é o valor da própria coisa, considerada em si mesma, independentemente de qualquer avaliação feita pelo arbítrio ou convenção das partes. **2.** ***Economia política.*** É o conferido à moeda com base no metal, sem considerar o indicado na cunhagem.

VALOR VENAL. **1.** Valor da venda do objeto. **2.** Preço que o bem pode alcançar no mercado. **3.** Valor mercantil.

VANTAGEM. **1.** Benefício. **2.** Proveito obtido por alguém em razão de ato jurídico oneroso ou gratuito. **3.** Melhoria. **4.** Lucro. **5.** Qualidade do que está superior ou adiante. **6.** Utilidade. **7.** Prioridade. **8.** Bom resultado.

VARA. **1.** ***Direito desportivo.*** Pau fino e comprido usado, no atletismo, no salto em altura. **2.** ***História do direito.*** a) Antiga medida de comprimento que equivalia a 1,10m; b) açoite como punição; c) antiga insígnia de vereador, que era um bastão contendo as armas do Município, e do juiz, com as armas da Nação pintadas no alto. **3.** ***Direito agrário.*** Manada de porcos. **4.** ***Direito processual.*** a) Cargo ou função de juiz; b) autoridade judicial; c) cada divisão de uma jurisdição, na comarca onde há mais de um juiz; d) órgão de primeiro grau numa mesma comarca. **5.** ***Direito administrativo.*** Cargo em que se exerce uma autoridade. **6.** ***Direito processual trabalhista.*** Órgão do primeiro grau judicial singular que decide questões trabalhistas, sem qualquer representação classista, composta por juízes de fato, que foi excluída de nosso direito.

VASECTOMIA. ***Medicina legal.*** Esterilização masculina mediante cirurgia para ressecção bilateral do canal deferente, que, impedindo a passagem de espermatozóides, traz a impotência *generandi* (José Lopes Zarzuela).

VENALIDADE. ***Direito penal.*** **1.** Qualidade de venal ou daquele que se deixa subornar. **2.** Ato praticado por quem se deixa corromper, favorecendo alguém, no exercício de deveres funcionais, com o objetivo de obter proveito ou dádiva.

VENCIDO. **1.** Nas ***linguagens comum*** e ***jurídica:*** a) quem sofreu derrota; b) persuadido. **2.** ***Direito processual.*** a) Voto cujo fundamento foi rejeitado num julgamento; b) o autor ou réu que perdeu numa demanda; c) julgado que vai subsidiar o acórdão (Othon Sidou).

VENCIMENTO. **1.** ***Direito administrativo.*** Remuneração a que tem direito o servidor público. **2.** ***Direito civil.*** a) Término do prazo para solver uma obrigação, tornando-a exigível pelo credor; b) último dia em que se deve cumprir a obrigação assumida; c) termo final. **3.** ***Direito cambiário.*** Expiração do prazo para pagamento de uma letra de câmbio. **4.** ***História do direito.*** Nas Ordenações, era a evicção, tomada como evento ou chegada.

VENCIMENTO ANTECIPADO DA DÍVIDA. ***Direito civil.*** Reclamação do cumprimento do débito antes do prazo de seu vencimento pelo credor se: a) executado o devedor, abrir concurso creditório; b) os bens do devedor, hipotecados, empenhados ou dados em anticrese, forem penhorados em execução por outro credor; c) as garantias reais ou fidejussórias dadas pelo devedor cessarem ou forem insuficientes e se o devedor, intimado, se negar a reforçá-las.

VENDA A CONTADO. ***Direito comercial*** e ***direito civil.*** Venda a dinheiro; pagamento do preço, imediatamente, no ato da tradição da coisa pelo vendedor; logo, não se confunde com venda à vista, que permite o pagamento do preço em prazo exíguo, em regra, trinta dias.

VENDA *AD CORPUS*. ***Direito civil.*** Alienação do imóvel pelo vendedor como corpo certo e determinado, não se podendo exigir implemento da área, pois, se o bem é individuado, o comprador o adquiriu pelo conjunto e não em atenção à área declarada, que assume caráter meramente enunciativo. Assim, pouco importará para o negócio jurídico se tem maior ou menor número de hectares, visto que não foi uma área o objeto do contrato, mas uma gleba caracterizada por suas confrontações, divisas, localização, área, denominação, como, por exemplo, o Rancho Santa Maria ou a Fazenda Palmeiras. Na venda *ad corpus* o preço é global, sendo pago pelo todo, abrangendo a totalidade do imóvel vendido, de modo que a referência às dimensões não descaracteriza esse tipo de venda, por não ter a função de condicionar o preço.

VENDA A DESCOBERTO. ***Direito comercial.*** Aquela em que o vendedor se compromete, por não possuir a mercadoria vendida, a vendê-la e a entregá-la dentro do prazo avençado.

VENDA *AD MENSURAM*. ***Direito civil.*** É aquela em que se determina a área do imóvel vendido, estipulando-se o preço por medida de extensão. A especificação precisa da área do imóvel é elemento indispensável, pois ela é que irá determinar o preço total do negócio. O preço é fixado tendo por base cada unidade ou a medida de cada alqueire, hectare, metro quadrado ou metro de frente, como, por exemplo, quando o alienante diz: "Vendo 200 alqueires de terra a tanto o metro quadrado". Se o comprador verificar que o imóvel não corresponde às dimensões da escritura, pode exigir o complemento da área por meio da ação ordinária, denominada *ex empto*. E, se for impossível complementar a área, pode optar entre a rescisão contratual e o abatimento proporcional do preço.

VENDA CASADA. *Direito penal* e *direito do consumidor.* Crime contra a economia popular que consiste em condicionar a venda de certo produto à de outro de maior procura; por exemplo, a venda de leite a quem levar pão.

VENDA COMPLEXA. *Direito comercial.* É a que ocorre quando, na execução do contrato, há uma decomposição de várias vendas conexas e dependentes da que lhes deu origem (Waldirio Bulgarelli), como sucede com o contrato de assinatura e o de fornecimento.

VENDA CONTRA DOCUMENTOS. *Direito internacional privado.* É a que, decorrendo de usos e costumes, é muito usual nas vendas internacionais, ligando-se à técnica de pagamento denominada crédito documentado (Waldirio Bulgarelli). Substitui-se a tradição da coisa pela entrega de seu título representativo.

VENDA EM CONSIGNAÇÃO. O mesmo que CONTRATO ESTIMATÓRIO.

VENDA JUDICIAL. *Direito processual civil.* **1.** É a alienação que se dá em razão de ordem judicial, sob a forma de leilão público. **2.** Venda feita, com autorização judicial, por intermédio de particular. **3.** Venda judicial de bens penhorados depositados em juízo ou cuja alienação deve ser feita, por lei, mediante leilão, efetuado por leiloeiro público, ou pelo porteiro dos auditórios forenses, ou por oficial de justiça indicado para esse fim, a quem der maior lanço, que não pode ser inferior ao preço estipulado judicial e previamente.

VENENO. **1.** *Medicina legal.* a) Substância animal, vegetal ou química que pode causar a morte ou provocar graves distúrbios funcionais; b) produto tóxico; c) toda substância que, atuando química ou bioquimicamente sobre o organismo, lesa a integridade corporal ou a saúde do indivíduo, ou lhe produz a morte (A. Almeida Jr. e João Baptista de Oliveira e Costa Jr.). **2.** Nas *linguagens jurídica* e *comum:* a) o que é suscetível de produzir corrupção moral; b) má interpretação dada a um fato inocente; c) maledicência.

VÊNIA CONJUGAL. *Direito civil.* Outorga do marido ou da mulher, legitimando a prática de certos atos ou negócios, principalmente dos que envolvem imóveis.

VERBA. **1.** *Direito civil.* a) Manifestação da vontade expressa em cada cláusula de instrumento público ou particular; b) cada uma das disposições testamentárias; c) anotação; apontamento; d) consignação de soma pecuniária. **2.** *Direito tributário.* Tributo pago por verba (Othon Sidou). **3.** *Direito financeiro.* a) Soma destinada ao pagamento de uma despesa; b) renda pública. **4.** Na *linguagem jurídica* em geral: a) quantia em dinheiro; b) palavra oral.

VEREADOR. *Ciência política.* **1.** Membro da Câmara Municipal, eleito pelo povo, encarregado da elaboração das leis municipais alusivas aos interesses peculiares da comunidade. **2.** Edil. **3.** Representante do povo na Câmara Municipal (Othon Sidou).

VEREDICTO. **1.** *Direito processual penal.* Decisão do Conselho de Sentença do Júri, no que atina à inocência ou à culpabilidade do acusado. **2.** Na *linguagem jurídica*: a) ato judicial terminativo do processo; b) decisão judicial; c) opinião autorizada; d) pronunciamento sobre qualquer matéria; e) o que se declara como verdade; f) parecer.

VERIFICAÇÃO DA CONTA. **1.** *Direito falimentar.* Exame pericial de livros empresariais do devedor, do credor ou de ambos para prova de alguma obrigação justificadora da falência. **2.** Na *linguagem jurídica,* em geral, exame de uma conta para averiguar sua exatidão.

VERIFICAÇÃO DA MORTE. *Medicina legal.* Comprovação da ocorrência do óbito mediante presença de sinais abióticos imediatos (perda da consciência, ausência de sensibilidade, parada respiratória e cardíaca, palidez da pele, relaxamento dos esfíncteres etc.), consecutivos (livores cadavéricos, rigidez muscular, resfriamento do corpo) e transformativos (putrefação, mumificação, saponificação e maceração) (José Lopes Zarzuela).

VERIFICAÇÃO DA PERICULOSIDADE. *Direito processual penal.* Apuração de fatos que possam evidenciar se o deliquente é perigoso, ou não, tais como seus antecedentes, as circunstâncias do crime, os motivos que o levaram a perpetrá-lo etc.

VERIFICAÇÃO DE CRÉDITOS. **1.** *Direito falimentar.* Procedimento pelo qual o juiz da falência ou recuperação judicial ou extrajudicial, após a análise das declarações de crédito das impugnações feitas pelos interessados, dos laudos periciais e do parecer do órgão do Ministério Público, admite, classifica ou exclui créditos. **2.** *Direito processual civil.* Na declaração judicial de insolvência, é o procedimento no qual os credores intimados devem alegar suas preferências, indicando fraudes, falsidades de débitos etc.

VEROSSIMILHANÇA. 1. Qualidade de verossimilhante. **2.** Possibilidade de um fato não provado ser verdadeiro. **3.** Probabilidade.

VERWIRKUNG. *Termo alemão.* **1.** Criação jurisprudencial cujo efeito consiste na paralisação do exercício de um direito como meio de sancionar conduta torpe ou desleal (Bohemer). **2.** *Supressio* ou perda de um direito associado, pela lei, a determinados comportamentos do seu titular (Judith Martins-Costa; A.M. Menezes Cordeiro). **3.** *Vide SUPRESSIO.* **4.** Forma de caducidade de direitos que ocorre quando o titular do direito permite que surja e se fortaleça na outra parte a impressão do que não mais exercerá seu direito (Larenz).

VESTE TALAR. *Direito processual.* **1.** Veste especial utilizada em sessão solene por magistrado, advogado e pelo representante do Ministério Público. **2.** Toga.

VESTÍGIO. *Medicina legal.* **1.** Marca ou sinal deixado. **2.** Pegada. **3.** Elemento material encontrado no local ou no instrumento do crime, que pode provar a sua autoria ou a culpabilidade do acusado. **4.** Tudo que o criminalista consegue observar e aproveitar para fins de criminalística (Anuschat).

VETO. 1. *Ciência política* e *direito constitucional.* Oposição ou recusa do Executivo ao projeto de lei por inconstitucionalidade, podendo ser total, se atingir todos os dispositivos; ou parcial, se abranger apenas certas disposições. Se o Executivo vetar o projeto, este volta ao Legislativo, que poderá aceitar ou rejeitar o veto. Se o acatar, finda-se o processo legislativo; se o recusar por maioria qualificada, o projeto volta ao titular da função executiva para promulgá-lo. O veto, portanto, apenas alonga o processo legislativo, impondo a reapreciação do projeto pelos parlamentares. **2.** *Direito internacional público.* Voto negativo de um membro permanente do Conselho de Segurança da ONU, no que diz respeito a questões de natureza não processual (Othon Sidou). **3.** *Termo latino.* Eu proíbo.

VEXATA QUAESTIO. *Locução latina.* **1.** Argumento acompanhado de longa discussão. **2.** Questão debatida e não resolvida. **3.** Questão controvertida. **4.** Problema crucial. **5.** Questão de impossível solução.

VIA DE DIREITO. *Direito processual.* Meio legal para fazer valer, judicialmente, uma pretensão.

VIAGEM. *Direito comercial.* **1.** Rota ou caminho que se percorre para chegar a algum lugar. **2.** Percurso entre o ponto de partida e o de chegada. **3.** Navegação aérea, fluvial ou marítima.

VIAJANTE. 1. *Direito comercial.* a) Representante de empresas que viaja a vários lugares, ofertando as mercadorias; b) caixeiro-viajante; c) viajante do comércio; vendedor ambulante; d) aquele que está viajando; e) passageiro e tripulante em viagem. **2.** *Direito do trabalho.* Trabalhador que viaja por profissão.

VIA PARTICULAR. *Direito civil.* Caminho situado em imóvel particular, que pode ser objeto de servidão de passagem.

VIAS DE FATO. *Direito penal.* **1.** Atos de violência empregados contra uma pessoa. **2.** Agressões físicas. **3.** Contravenção penal em que há ofensa física, sem lesão corporal, como, por exemplo, bofetada, empurrão etc. (Acquaviva), punida com prisão simples e multa, sendo que a pena aumentará de um terço até a metade se a vítima for maior de sessenta anos.

VIA URBANA. *Direito de trânsito.* Ruas, avenidas, vielas, ou caminhos e similares abertos à circulação pública, situados na área urbana, caracterizados principalmente por possuírem imóveis edificados ao longo de sua extensão.

VICE-GOVERNADOR. *Ciência política.* Aquele que, eleito juntamente com o governador, o substitui em seus eventuais impedimentos, assumindo o governo temporariamente.

VICE-PRESIDENTE DA REPÚBLICA. *Ciência política.* Aquele que é eleito juntamente com o Presidente da República, para auxiliá-lo, substituí-lo em seus eventuais impedimentos e sucedê-lo em hipótese de vaga.

VICE-REITOR. *Direito educacional.* Aquele que, sendo de categoria imediatamente inferior à de reitor, exerce juntamente com ele suas funções.

VICIADO. 1. *Direito penal.* a) Falsificado; b) adulterado; c) corrupto. **2.** *Direito civil.* a) Objeto que apresenta vício ou defeito; b) ato jurídico nulo ou anulável. **3.** *Medicina legal.* a) Toxicômano; b) aquele que faz uso de entorpecente, causando dependência física ou psíquica. **4.** *Direito do consumidor.* Que tem vício aparente ou oculto.

VÍCIO. 1. *Direito civil.* a) Defeito do negócio jurídico que o torna anulável; b) imperfeição ou falha apresentada no objeto da relação jurídica; c) deterioração. **2.** *Direito administrativo.* Irregularidade do ato administrativo. **3.** *Direito comercial.* Avaria. **4.** *Lógica jurídica.* O que invalida um pensamento (Renouvier). **5.** *Medicina legal.* a) Deformidade; b) defeito físico; c) hábito de usar entorpecente, de fumar ou de consumir bebidas alcoólicas; d) degenerescência moral que leva o paciente a praticar, habitualmente, atos indecorosos, condenáveis ou censuráveis. **6.** *Direito penal.* Libertinagem.

VÍCIO APARENTE. *Direito do consumidor.* Defeito de produto ou serviço facilmente perceptível, que confere ao consumidor o direito de efetuar reclamação, dentro do prazo decadencial de trinta dias, se não durável, ou de noventa dias, se durável, contado da data da entrega efetiva do produto ou do término da execução do serviço. Mas se o vício causar dano à incolumidade física do consumidor, o prazo prescricional será de cinco anos, contado do conhecimento do dano e da identificação da autoria.

VÍCIO DE CONSENTIMENTO. *Direito civil.* Defeito do negócio jurídico que o torna anulável em razão da vontade exteriorizada pelo agente não corresponder com aquela que quer manifestar. Esse vício é o erro, o dolo, a lesão, o estado de perigo ou a coação, que se funda no desequilíbrio da atuação volitiva, relativamente à sua declaração. É um vício que adere à vontade, penetrando-a, aparecendo sob forma de motivo, forçando a deliberação e estabelecendo divergência entre a vontade real, ou não permite que esta se forme (Clóvis Beviláqua). Há desavença entre a vontade real e a declarada.

VÍCIO DE FORMA. *Direito civil.* **1.** Falta de observância dos requisitos formais exigidos por lei para a validade de um ato jurídico. **2.** Defeito do ato por descumprimento de formalidade extrínseca requerida por lei.

VÍCIO DE FUNDO. *Direito civil.* O não cumprimento das exigências legais atinentes à substância do ato jurídico. Por exemplo: incapacidade do agente, ilicitude ou impossibilidade do objeto etc.

VÍCIO DE QUALIDADE. *Direito do consumidor.* Defeito que torna o produto ou serviço impróprios ao consumo ou lhe diminui o valor.

VÍCIO DE QUANTIDADE. *Direito do consumidor.* Defeito em que o conteúdo do produto é menor que o indicado no recipiente, embalagem, rotulagem ou mensagem publicitária. Neste caso, pode o consumidor exigir alternativamente e à sua escolha: o abatimento proporcional do preço; a complementação do peso ou medida; a substituição do produto por outro da mesma espécie, marca ou modelo, sem os aludidos vícios; e a restituição imediata da quantia paga, monetariamente atualizada, sem prejuízo de eventuais perdas e danos.

VÍCIO OCULTO. **1.** *Direito do consumidor.* Defeito do produto que não pode ser percebido com a diligência ordinária do consumidor, que, então, terá direito de reclamação dentro do prazo decadencial de trinta dias, se não durável, ou de noventa dias, se durável, computado no instante em que evidenciar a falha. Mas se tal vício lesar a incolumidade física do consumidor, o prazo prescricional será de cinco anos, contado do conhecimento do dano e da identificação da autoria. **2.** *Direito civil.* Vício redibitório.

VÍCIO REDIBITÓRIO. *Direito civil.* Falha ou defeito oculto, existente na coisa alienada, objeto de contrato comutativo ou de doação gravada com encargo, não comum às congêneres, que a torna imprópria ao uso a que se destina ou lhe diminui sensivelmente o valor, de tal modo que o ato negocial não se realizaria se esse defeito fosse conhecido, dando ao adquirente ação para redibir o contrato ou para obter abatimento do preço.

VÍCIO SOCIAL DO NEGÓCIO JURÍDICO. *Direito civil.* Ocorre quando se tem uma vontade que funciona normalmente, havendo até correspondência entre a vontade interna e sua manifestação; entretanto, ela desvia-se da lei ou da boa-fé, infringindo o direito e prejudicando terceiros, sendo, por isso, o negócio jurídico, que assim se apresentar, nulo ou anulável. A simulação e a fraude contra credores constituem vícios sociais que comprometem a ordem jurídica pela afronta à lisura, à honestidade e à regularidade.

VIDA PRIVADA. **1.** *Direito civil.* Vida particular da pessoa que gera o direito à intimidade, que é um dos direitos fundamentais do ser humano. **2.** *Ciência política.* Viver de homem público que não faz parte de suas atividades políticas.

VIDEOCONFERÊNCIAS. **1.** *Direito virtual.* São as feitas com câmeras conectadas à Internet, permitindo que vários usuários tenham uma conversação em tempo real usando som e imagem. **2.** *Direito processual penal.* Recursos tecnológicos que aperfeiçoam o sistema processual penal, podendo consistir, por exemplo, no interrogatório por videoconferência, que, segundo alguns autores, violaria direitos fundamentais do acusado por ferir o princípio da ampla defesa, que abrange o direito à defesa técnica, a ser desenvolvida por profissional habilitado, e o direito à autodefesa, em suas vertentes: direito à audiência e direito de presença. Outros as defendem, entendendo que nada obsta que o acusado seja interrogado a distância, havendo fundado receio de comprometimento da eficiência do processo. O uso da tecnologia explica-se por razões de segurança pública colocada em risco pela transferência de presos ou, ainda, se o processo pela sua complexidade requer participação a distância para evitar atraso no seu andamento. Essas videoconferências não ferem preceitos constitucionais, pois a Carta Magna e os tratados internacionais não exigem interação física réu-julgador (Flávio Eduardo Turessi, Fábio R. Bechara, Claudia F. Mac Dowel).

VIGÊNCIA. *Teoria geral do direito.* **1.** Em sentido lato, é a validade formal de uma norma, significando que ela foi elaborada por órgão competente em obediência aos procedimentos legais. A vigência não é uma qualidade própria da norma, pois ela não é válida em si por depender de sua relação com outra, reveladora da competência do órgão emissor e do processo para a sua elaboração. **2.** Em sentido estrito, é a existência específica da norma em determinada época, caracterizando o preceito normativo que rege relações sociais aqui e agora. É o âmbito temporal de validade normativa. O conceito de vigência, em sentido estrito, está relacionado com o de eficácia, uma vez que da existência (vigência) da norma depende a produção de seus efeitos. **3.** Qualidade de vigente.

VIGÊNCIA TEMPORÁRIA. *Teoria geral do direito.* Vigência determinada da norma jurídica, pelo simples fato de seu elaborador ter fixado o tempo de sua duração. Por exemplo, a lei orçamentária, que fixa a despesa e a receita nacional pelo período de um ano; aquela que concede favor fiscal durante dez anos às indústrias que se estabelecerem em determinadas regiões; ou a que subordina sua duração a um fato: guerra, calamidade pública etc. Normas desse tipo desaparecem do cenário jurídico com o decurso do prazo estabelecido.

VIGENTE. *Teoria geral do direito.* **1.** Que vige. **2.** Que está em vigor.

VIGILÂNCIA. **1.** Nas *linguagens comum* e *jurídica*: a) diligência; b) cuidado; c) qualidade de vigilante; d) estado de quem vigia; e) precaução. **2.** *Direito administrativo.* a) Direito-dever do Estado não só de adotar medidas preventivas que venham a manter e garantir a ordem, a segurança, a saúde e a economia pública, mas também de assegurar o cumprimento de suas tarefas (Othon Sidou; Otto Mayer); b) fiscalização exercida pelo Estado sobre as entidades descentralizadas, nos limites estabelecidos pela lei (Rivero).

VIGOR NORMATIVO. *Teoria geral do direito.* Qualidade da norma relativa à sua força vinculante, pois não haverá como subtrair-se ao seu comando. O vigor decorre da vigência da norma, uma vez que sua obrigatoriedade só surge com seu nascimento, perdurando enquanto a norma tiver existência específica. É preciso não olvidar, ainda, que uma norma não mais vigente, por ter sido revogada, poderá continuar vinculante, tendo vigor para casos anteriores à sua revogação, produzindo seus efeitos, ante o fato de que se deve respeitar o ato jurídico perfeito, o direito adquirido e a coisa julgada. Pode suceder, ainda, que uma norma inválida, por ter sido elaborada por órgão incompetente, e tecnicamente impossibilitada de atuar, por não ser vigente, possa ter vigor, sendo convalidada *a posteriori*.

VILIPÊNDIO A CADÁVER. *Direito penal.* Crime contra o sentimento de respeito aos mortos, punido com detenção e multa, que consiste em ultrajar o cadáver ou suas cinzas.

VILIPÊNDIO PÚBLICO DE ATO OU OBJETO DE CULTO. *Direito penal.* Crime punido com detenção ou multa, que consiste em aviltar ou ultrajar, publicamente, cerimônia e prática religiosa e objeto sagrado de devoção pela religião e, como relíquia, imagens de santos, cálice etc. (Damásio E. de Jesus).

VINCENDO. *Direito civil.* **1.** O que está para vencer. **2.** O que, ainda, não se venceu. **3.** Não vencido.

VÍNCULO SOCIAL. *Direito comercial* e *direito civil.* Trata-se da *affectio societatis*, que é a união estabelecida entre sócios, que compõem uma sociedade simples ou empresária, para a consecução do objetivo social.

VINDICAÇÃO. **1.** *História do direito.* Vingança. **2.** *Direito processual civil.* a) Reivindicação de propriedade; b) postulação em juízo; c) reclamação judicial; d) pedido.

VINGANÇA PRIVADA. **1.** *História do direito.* a) Aplicação da Lei de Talião; b) justiça privada exercida, no antigo direito germânico, pelo grupo (Sippe) que recebeu a ofensa a um de seus membros, por parte de estranho ou de algum deles (Othon Sidou). **2.** *Direito civil.* a) Legítima defesa da posse; b) desforço imediato, pelo qual o esbulhado pode restituir-se, por sua própria força, à posse do bem.

VINTENA. **1.** *Direito civil.* Prêmio legal a que tem direito o testamenteiro, em remuneração pelos serviços prestados, desde que não seja herdeiro ou legatário, por não ser gratuito o exercício da testamentaria. Se o *quantum* da vintena não tiver sido fixado pelo próprio testador, o juiz arbitrá-lo-á conforme a importância da herança líquida, na base um a cinco por cento, e as maiores ou menores dificuldades do encargo, deduzindo-se, obviamente, as dívidas do finado e as despesas funerárias. E, se houver herdeiro necessário, estimar-se-á a vintena apenas sobre a porção disponível, a fim de não prejudicar a legítima. Se os débitos absorverem toda a herança, o testamenteiro receberá a vintena assim mesmo, sendo arbitrada pelo magistrado. Quanto ao seu *quantum*, será tirado do monte, sendo pago excepcionalmente pelos credores. A vintena será paga em dinheiro, sendo ilícito seu pagamento com os bens do espólio, salvo se se tratar de testamenteiro meeiro. **2.** *História do direito.* a) Tributo de um por vinte ou da vigésima parte do rendimento ou produção; b) laudêmio, ou seja, um vigésimo do valor da venda do bem aforado que devia ser entregue ao senhorio direto; c) povoado de vinte casais; d) juiz que tinha jurisdição naquele povoado.

VIOLAÇÃO. **1.** Ofensa a norma jurídica que dá origem à aplicação de uma sanção ao infrator pelo poder competente. **2.** Atentado a um direito alheio. **3.** Infração à lei ou ao contrato. **4.** Desrespeito a uma coisa. **5.** Profanação. **6.** Devassa.

VIOLAÇÃO SEXUAL MEDIANTE FRAUDE. *Direito penal.* Crime contra a liberdade sexual da pessoa, punido com reclusão, consistente em ter conjunção carnal ou praticar outro ato libidinoso, mediante fraude ou outro meio que impeça ou dificulte a livre manifestação da vontade da vítima. Se o crime for cometido para obter vantagem econômica aplica-se também a multa.

VIOLÊNCIA. 1. Intervenção física voluntária de um indivíduo ou grupo contra outro, com o escopo de torturar, ofender ou destruir (Mario Stoppino). **2.** Ato de constranger, física ou moralmente, uma pessoa para obrigá-la a efetuar algo contra sua vontade. **3.** Força; emprego ilegal da força. **4.** Opressão. **5.** Qualidade de violento. **6.** Tirania. **7.** Ação violenta. **8.** Alteração danosa do estado físico da pessoa ou do grupo. **9.** Irascibilidade. **10.** Coação física ou moral.

VIOLÊNCIA DIRETA. *Direito penal.* Aquela que atinge física e imediatamente a vítima.

VIOLÊNCIA DOMÉSTICA E FAMILIAR. *Direito penal.* **1.** Lesão corporal praticada contra ascendente, descendente, irmão, cônjuge ou companheiro, ou com quem conviva ou tenha convivido, ou, ainda, prevalecendo-se o agente das relações domésticas, de coabitação ou de hospitalidade, punido com detenção, de seis meses a um ano. Tal pena aumentará um terço se do ato advier morte, perigo de vida, incapacidade laborativa, aceleração de parto, enfermidade incurável, aborto, deformidade permanente etc. **2.** Qualquer ação ou omissão baseada no gênero que lhe cause morte, lesão, sofrimento físico, sexual ou psicológico e dano moral ou patrimonial no âmbito: a) da unidade doméstica, compreendida como o espaço de convívio permanente de pessoas, com ou sem vínculo familiar, inclusive as esporadicamente agregadas; b) da família, compreendida como a comunidade formada por indivíduos que são ou se consideram aparentados, unidos por laços naturais, por afinidade ou por vontade expressa; c) de qualquer relação íntima de afeto, na qual o agressor conviva ou tenha convivido com a ofendida, independentemente de coabitação. A violência doméstica e familiar contra a mulher constitui uma das formas de violação dos direitos humanos.

VIOLÊNCIA INDIRETA. *Direito penal.* É aquela que altera o ambiente físico em que a vítima se encontra, para forçá-la a realizar algo. Por exemplo, fechamento de todas as saídas de local em que ela está (Mario Stoppino).

VIOLÊNCIA MORAL. *Direito penal* e *direito civil.* Emprego de meios intimidativos, como grave ameaça para levar a vítima a realizar o que não quer.

VIOLÊNCIA SEXUAL. *Direito penal.* Ato violento, físico ou psíquico, praticado contra a vítima para constrangê-la à conjunção carnal, dando origem, se consumado, ao estupro, ou ao atentado violento ao pudor, quando resultar em atos libidinosos (Paulo Matos Peixoto).

VIOLENTA EMOÇÃO. *Direito penal.* Forte e súbito abalo psíquico que, perturbando o discernimento, leva a pessoa à prática do delito, sendo justificável a atenuação da pena que lhe é cabível.

VISITA CONJUGAL. *Direito penitenciário.* Visita íntima permitida ao cônjuge ou companheiro de pessoa presa, em sua cela ou em local destinado a isso, para relação sexual.

VIS MAJOR. *Locução latina.* Força maior.

VISTA DOS AUTOS. 1. *Direito processual.* a) Diligência em que os autos são levados ao conhecimento dos interessados para que possam defender-se ou impugnar algo; b) ato pelo qual o advogado recebe os autos processuais para deles tomar ciência ou para pronunciamento. **2.** *Direito administrativo.* Direito público subjetivo do indiciado em processo administrativo de ter conhecimento dos autos (José Cretella Jr.).

VISTO DE TURISTA. *Direito administrativo.* Autorização dada a estrangeiro para viagem de recreação ao Brasil, vedando-lhe o exercício de qualquer atividade remuneratória.

VISTORIA. 1. *Direito processual civil.* a) Inspeção ocular necessária para comprovar fato relativo ao estado da coisa, muito empregada nas questões possessórias, nas demarcatórias e nas referentes ao vícios redibitórios; b) ato pelo qual o juiz, por meio de peritos, certifica-se, ocularmente, dos fatos controvertidos (Hugo Simas); c) fixação descritiva do local ou da coisa litigiosa com intuito probatório, determinando seu estado. **2.** *Direito civil.* Inspeção feita por perito para avaliar as condições do risco a ser segurado.

VISTORIA *AD PERPETUAM REI MEMORIAM.* *Direito processual civil.* É a que se dá, preventivamente, em processo cautelar, ante o fundado receio de desaparecimento de algum fato que precisa ser comprovado.

VISTO TEMPORÁRIO. *Direito administrativo.* Autorização dada a um estrangeiro para entrar e permanecer, temporariamente, no território nacional, por se encontrar em negócios, estudos, missão cultural ou na condição de profissional a serviço do governo brasileiro (Othon Sidou).

VITALICIEDADE. *Direito constitucional.* Garantia especial conferida pela Carta Magna aos magistrados para permanecer no cargo, do qual só pode ser afastado senão por meio de sentença judicial transitada em julgado ou quando atingir a idade prevista para a aposentadoria compulsória.

VÍTIMA. 1. *História do direito.* Pessoa ou animal que era imolado em oferenda a uma divindade. 2. *Direito civil.* Ofendido que sofreu dano moral e/ou patrimonial suscetível de reparação civil. 3. *Direito penal.* a) Sujeito passivo do crime; b) aquele contra quem se perpetrou o delito ou contravenção. 4. *Na linguagem comum:* aquele que sofre o resultado funesto de seus atos, dos de outrem ou do acaso.

VÍTIMA FATAL. *Direito civil* e *direito penal.* A que for declarada morta no próprio local do acidente ou do assalto, ou que venha a falecer posteriormente em decorrência direta dos ferimentos que tenha sofrido nesses eventos.

VÍTIMA IMPRUDENTE. *Vide* VÍTIMA PROVOCADORA.

VÍTIMA INOCENTE. *Direito penal.* Aquela que não deu motivo para o crime (Geraldo Magela Alves) nem teve participação na ação delituosa.

VÍTIMA PROVOCADORA. *Direito penal.* Aquela que colabora, com sua imprudência, no fim almejado pelo agente (Mendelsohn).

VITIMOLOGIA. 1. *Psicologia forense.* a) Estudo científico da personalidade da vítima e de sua influência para a motivação e consumação do delito (Geraldo Magela Alves); b) ciência da vítima. 2. *Direito penal.* Disciplina que estuda a influência exercida pela vítima na prática do crime (Acquaviva).

VITRIOLAGEM. 1. *Direito penal.* Crime consistente em jogar, dolosamente, substância corrosiva em alguém para desfigurar seu rosto ou para causar deformação sexo-erótica. 2. *Medicina legal.* a) Queimadura produzida por ácido ou cáustico; b) lesão cutânea ou visceral causada por substância corrosiva.

VIUVEZ. *Direito civil.* Estado de viúvo ou viúva.

VIVA VOZ. *Direito civil.* 1. Palavra pronunciada pelo próprio interessado ao manifestar sua vontade. 2. Palavra oral. 3. Palavra falada.

VIZINHANÇA. *Direito civil.* 1. Qualidade do que é vizinho. 2. Situação do que é contíguo ou limítrofe. 3. Conjunto de pessoas que habitam lugares vizinhos. 4. Relação entre vizinhos. 5. Contiguidade. 6. Proximidade. 7. Direito que impõe restrições ao exercício de propriedade para conciliar interesses de vizinhos.

VOIEURISMO. *Medicina legal.* Aberração sexual em que o paciente atinge o orgasmo pela simples contemplação de pessoas desnudas do sexo oposto, em telas, revistas etc.

VOLUNTÁRIO. 1. *Direito militar.* Aquele que, por sua própria vontade, se alista no exército. 2. *Direito agrário.* Cavalo que está sempre pronto para marchar, sem precisar ser estimulado. 3. *Direito civil.* a) O que se faz espontaneamente, por vontade própria, sem qualquer constrangimento; b) que se resulta de um ato volitivo; c) que tem vontade; d) ato executado com liberdade.

VOLUNTAS LEGIS. *Locução latina.* Intenção da lei; vontade da lei.

VOLUNTAS LEGISLATORIS. *Locução latina.* Vontade do legislador.

VONTADE. 1. Faculdade de querer, de fazer ou deixar de fazer algo. 2. Processo de volição. 3. Impulso para agir. 4. Deliberação livre. 5. Perseverança no querer. 6. Pretensão. 7. Intenção; propósito. 8. Necessidade física ou moral. 9. Desejo.

VONTADE EXPRESSA. *Direito civil.* É a manifestada por escrito ou verbalmente ou por gestos inequívocos, como, por exemplo, os dos surdos-mudos (Sílvio de Macedo), que venham a revelar a real *intentio.*

VONTADE PRESUMIDA. *Direito civil.* 1. É aquela que se pode inferir da prática de determinados atos reputados por lei como formadores de sua manifestação (De Plácido e Silva). 2. Aceitação predeterminada pela lei, pois a não manifestação em contrário tem eficácia jurídica, desde que esteja prevista em lei (Sílvio de Macedo).

VONTADE TÁCITA. *Direito civil.* 1. É a oriunda do silêncio ou da abstenção de um ato (Sílvio de Macedo). 2. É a resultante da prática de um ato que, indiretamente, indique a intenção daquele que o praticou (De Plácido e Silva).

VOTAÇÃO. 1. *Direito eleitoral.* a) Recolhimento de votos; b) fase do processo eleitoral que consiste no ato ou efeito de votar; c) conjunto dos votos obtidos num pleito (De Plácido e Silva). 2. *Direito civil* e *direito comercial.* a) Conjunto dos votos dados numa sociedade simples ou empresária; b) manifestação da vontade sobre um fato.

VOTAÇÃO NOMINAL. *Direito civil* e *direito comercial.* É a que se faz, por escrito ou oralmente, por chamada, indicando-se o nome do votante.

VOTAÇÃO POR ACLAMAÇÃO. *Direito civil* e *direito comercial.* Manifestação coletiva que, numa assembleia, toma uma deliberação por meio de gestos, levantando o braço em caso de aprovação.

VOTAÇÃO SECRETA. *Direito eleitoral.* É aquela que se efetiva por meio do escrutínio ou do sufrágio secreto, em que cada votante deposita seu voto em urna.

VOTAÇÃO UNÂNIME. *Direito civil* e *direito comercial.* Votação sem divergência (Geraldo Magela Alves).

VOTO. 1. ***Direito eleitoral, direito civil* e *direito comercial*.** a) Exercício do sufrágio; b) modo de manifestar a vontade numa deliberação coletiva; c) ato do eleitorado para escolher aquele que vai ocupar certo cargo ou exercer uma função; d) meio pelo qual os eleitores selecionam, formalmente, os candidatos; e) opinião individual. **2.** ***Direito canônico.*** a) Promessa solene feita, livre e deliberadamente, a Deus, ao abraçar a vida religiosa; b) oferenda em gratidão a uma graça recebida; c) súplica a Deus.

VOTO ABERTO. Trata-se do voto a descoberto ou ostensivo em que o votante manifesta-se verbalmente ou por escrito em cédula contendo seu nome. No Congresso tal voto pode ser exercido: a) em cédula, com o nome do votante; b) em painel eletrônico, onde o nome do votante torna-se ostensivo; c) mediante chamada nominal; d) simbolicamente, caso em que vários votantes manifestam-se ostensiva e simultaneamente (Othon Sidou).

VOTO DE DESEMPATE. ***Direito processual, direito civil* e *direito comercial*.** É aquele que compete ao Presidente de órgão colegiado, ou seja, de tribunal, de assembleia, de sociedade ou de entidade, para fins de desempate. É também chamado voto de minerva ou de qualidade, ou, ainda, voto preponderante.

VOTO DIRETO. ***Direito eleitoral.*** Aquele em que o eleitor, diretamente, por meio de voto, escolhe o candidato de sua preferência.

VOTO DISTRITAL. ***Direito eleitoral.*** **1.** Aquele tomado em função da unidade política subdividida, sendo o resultado da apuração autônomo, para que a representatividade seja mais autêntica (Othon Sidou). **2.** Aquele em que o eleitor elege representante de atuação circunscrita ao seu distrito eleitoral (Marcus Cláudio Acquaviva).

VOTO FACULTATIVO. ***Direito eleitoral.*** Aquele não exigido por lei, que dispensa sua obrigatoriedade a maiores de setenta anos, aos maiores de dezesseis e menores de dezoito anos e aos analfabetos.

VOTO NO EXTERIOR. ***Direito eleitoral.*** Aquele exercido pelo eleitor que se encontra no estrangeiro, na mesa eleitoral que funciona embaixada ou Consulado Geral de seu país, para eleger o presidente e o vice-presidente da República. A urna será enviada ao Brasil, onde os votos serão apurados.

VOTO OBRIGATÓRIO. ***Direito eleitoral.*** Aquele a que o eleitor está obrigado, não podendo, por ocasião das eleições, escusar-se de votar, desde que maior de dezoito e menor de setenta anos, sem justa causa, sob pena de receber sanção pecuniária (multa) pelo seu não comparecimento às urnas.

VOTO SECRETO. ***Direito eleitoral.*** É o que se dá mediante escrutínio, não podendo ser conhecido de terceiros seu conteúdo e o nome do votante que o proferiu.

VOTO SINGULAR. 1. ***Direito eleitoral.*** Aquele em que o eleitor só tem direito a um único sufrágio. **2.** ***Direito comercial* e *direito civil*.** Aquele em que o eleitor só tem direito a um voto, pouco importando o número de ações que tiver na sociedade, o valor com que entrou para o capital social ou sua posição na sociedade.

VOTO VENCEDOR. ***Direito processual.*** É o aceito e acompanhado pela maioria dos magistrados componentes de órgão colegiado.

VOTO VENCIDO. ***Direito processual.*** É aquele bem fundamentado, dado em separado pelo membro de órgão judicante de tribunal, que diverge da opinião dos demais. É o voto contrário à maioria dos deliberantes, trazendo argumentos diversos aos dos votos vencedores.

VOZ PÚBLICA. 1. Rumor público. **2.** Aquela opinião popular ou comum que se forma a respeito de certo fato, tornando-o notório, ou relativamente à fama de uma pessoa. **3.** Aquela relativa ao que é de conhecimento de todos, fazendo com que o processo de comunicação perca sua individualização e se integre no processo de massificação (Sílvio de Macedo). **4.** Fama corrente. **5.** O que todos comentam e transmitem de pessoa a pessoa (José Naufel). **6.** Boato. **7.** Opinião pública.

VULNERABILIDADE. 1. Na ***linguagem comum***: qualidade de vulnerável. **2.** ***Medicina legal, biodireito* e *psicologia forense*.** Estado de pessoa que, por qualquer razão, tenha a sua capacidade de autodeterminação reduzida, principalmente no que se refere ao consentimento livre e esclarecido para participar de uma pesquisa que a envolva. São vulneráveis, por causas *biológicas*, as crianças, as pessoas com deficiência e as pessoas hospitalizadas; *sociais*, os soldados e os prisioneiros; e *políticas*, os imigrantes ilegais e os refugiados políticos (Maria Carolina S. Guimarães e Sylvia C. Novaes). **3.** ***Direito ambiental.*** Grau de suscetibilidade e incapacidade de um sistema, em função de sua sensibilidade, capacidade de adaptação, e do caráter, magnitude e taxa de mudança e variação de clima a que está exposto, de lidar com os efeitos adversos da mudança do clima, entre os quais a variabilidade climática e os eventos extremos.

Ww

WAREHOUSE. *Termo inglês.* **1.** Armazém. **2.** Área destinada à guarda de mercadorias. **3.** Local coberto, onde os materiais ou produtos são recebidos, classificados, estocados e expedidos (James G. Heim).

WARRANT. **1.** *Termo inglês.* a) Garantia; b) mandado; c) procuração. **2.** *Direito comercial* e *direito cambiário.* Título de crédito nominativo, com cláusula à ordem, transmissível por endosso em preto ou em branco e negociável. Emitido juntamente com o conhecimento de depósito pelos armazéns-gerais em favor daquele que deposita mercadorias em seus depósitos, como garantia pignoratícia sobre aquelas mercadorias. Trata-se do *warrant* de depósito, que é o documento apropriado para transferência da mercadoria armazenada. O *warrant* confere ao seu portador o direito real de penhor sobre as mercadorias depositadas e nele especificadas. É o instrumento de penhor sobre tais mercadorias.

WARRANTAGEM. *Direito cambiário.* **1.** Efetuação de *warrant,* emitindo título e colocando-o em circulação. **2.** Garantia pignoratícia dada por meio do *warrant.* **3.** Ato ou efeito de garantir, por meio de *warrant,* o crédito de mercadorias, depositadas em armazéns-gerais ou empresas similares.

WEB. *Direito virtual.* Onde se localiza o conteúdo gráfico da Internet, ou seja, as *homepages* (Amaro Moraes e Silva Neto).

WEBMASTER. *Termo inglês* e *direito virtual.* **1.** Responsável pela administração de *sites* que estão na Rede Mundial (Afonso Celso F. de Rezende). **2.** Responsável técnico pela guarda e pelo conteúdo das informações do *Website.* **3.** Profissional especializado que presta serviços informáticos para manter o *site* em funcionamento, atualizando-o, conforme os interesses do seu proprietário.

WET LEASE. *Direito aéreo.* Contrato efetivado por duas companhias aéreas, que tem por objetivo a locação de aeronave acompanhada de tripulação. A locadora, além de alugar o avião, fornecerá a tripulação que conduzirá a aeronave e terá a responsabilidade pela manutenção (Bernardi).

WITH PARTICULAR AVERAGE (WPA). *Direito internacional privado.* Garantia no seguro de mercadorias no transporte marítimo que cobre os riscos de avaria comum e os sinistros resultantes do risco marítimo ou de força maior.

WORLD WIDE WEB (WWW). *Direito virtual.* **1.** Grande rede mundial de computadores. **2.** É o serviço disponível mais popular na Internet, por permitir o acesso e a visualização de textos, imagens e sons, sendo que sua *interface* gráfica é muito adequada para o intercâmbio de documentos multimídia. Esse serviço permite a obtenção de informações em qualquer parte do mundo.

WRIT. *Termo inglês.* **1.** Mandado. **2.** Instituto que visa à garantia e defesa de direitos privados ameaçados ou violados pelo Poder Público. **3.** Ordem escrita. **4.** Medida impetrada. **5.** Ordem judicial determinando que entidade pública ou privada faça ou se abstenha de fazer algo, por ter violado um direito ou praticado abuso de poder (Othon Sidou).

WRIT OF CERTIORARI. *Direito comparado.* **1.** Nos países de *common law,* é o remédio apropriado para rever ato administrativo ou decisão de uma autoridade administrativa, com o escopo de anulá-la ou invalidá-la (Goodnow). **2.** Para Othon Sidou, é o instituto que visa à verificação do ato administrativo quanto à aplicabilidade e interpretação da lei e a capacidade funcional do agente.

WRIT OF INJUNCTION. *Direito comparado.* Nos países de *common law,* é a ordem judicial que serve para impedir ou vedar execução de ato ou lei que venha a violar um direito coletivo (Othon Sidou).

WRIT OF MANDAMUS. **1.** *Direito comparado.* É a ordem judicial escrita que, em países de *common law,* obriga uma autoridade a: a) executar dever previsto em norma, mas cujo exercício depende de regulamentação legal; b) fazer o que se negou; c) cumprir dever de ofício, restaurando direito lesado (Arnoldo Wald). **2.** *Direito constitucional* e *direito processual.* Mandado de injunção.

***WRITS* CONSTITUCIONAIS.** *Direito constitucional.* Remédios jurídicos previstos na Carta Magna para a defesa de lesão a direito individual por ato ou omissão ilegal ou inconstitucional. Por exemplo: mandado de segurança, mandado de injunção, *habeas corpus, habeas data* e ação popular.

WRONGFUL BIRTH. *Direito comparado.* Ação de responsabilidade civil comum nos EUA e na Europa movida pelos pais de criança doente contra médico que, culposamente, não os informou da moléstia, retirando-lhes a opção de abortar dentro de prazo permitido pela lei (Silvia Mota).

WRONGFUL LIFE. *Direito comparado.* Ação permitida nos EUA e na Europa para que a própria criança enferma exija reparação civil por erro médico que a condenou a uma vida sofrida e limitada (Silvia Mota).

X x

XARÁ. *Direito civil.* **1.** Homônimo. **2.** Pessoa que tem o mesmo nome.

XELIM. *Direito comparado.* Moeda inglesa, de prata, equivalente à vigésima parte da libra esterlina.

XENOFOBIA. *Medicina legal.* Aversão mórbida ao que é estrangeiro, em razão de um exacerbado patriotismo.

XEROCÓPIA. Cópia de documento feita por processo mecânico de reprodução gráfica a seco.

Y

YARD. *Termo inglês.* **1.** Jarda que equivale a 91,4 m. **2.** Quintal. **3.** Pátio. **4.** Depósito de material (José Cretella Jr.).

YIELD. *Termo inglês.* Taxa de retorno de um investimento de capital (Luiz Fernando Rudge).

YIELD TO MATURITY. *Locução inglesa.* Taxa de juros que iguala o fluxo de caixa do título até o vencimento ao seu preço de mercado (Luiz Fernando Rudge).

YOUTUBE. *Direito virtual. Site* de entretenimento que disponibiliza vídeos (Manuella Santos).

Z
Z

ZEALOUS WITNESS. *Locução inglesa.* **1.** Testemunha que é parcial ao depor. **2.** Testemunha tendenciosa que favorece, indevidamente, uma das partes (Marcus Cláudio Acquaviva).

ZELADOR. 1. *Direito do trabalho.* Empregado que toma conta de um prédio de apartamentos. **2.** Na *linguagem comum:* a) aquele que protege algo, fazendo cumprir regulamentos ou ordens; b) aquele que está investido do poder de tutela de direitos e obrigações (Dávio A. Prado Zarzana). **3.** *Direito administrativo.* Empregado fiscal do município.

ZELO. 1. *Direito administrativo.* Atenção ou diligência que o agente público deve ter no exercício de suas funções. **2.** Nas *linguagens comum* e *jurídica:* a) cuidado; b) dedicação; c) desvelo; d) empenho.

ZOLLVEREIN. *Direito internacional público.* União aduaneira pela qual países limítrofes, sem quebrar sua soberania, celebram acordo para não exigirem direitos alfandegários sobre as mercadorias estrangeiras que neles entrarem para permanência limitada ou sobre as que forem importadas e exportadas de um para outro. Por exemplo: a Benelux, firmada entre Bélgica, Holanda e Luxemburgo.

ZONA. 1. Nas *linguagens comum* e *jurídica:* a) região; b) área ou faixa circundante; c) divisão de área feita para atender a certa finalidade; d) conjunto de terrenos. **2.** Na *gíria,* rua ou área em que, numa cidade, encontra-se estabelecido o meretrício. **3.** *Direito administrativo:* a) divisão administrativa; b) parte do território onde determinada jurisdição é exercida ou que está sujeita a regime especial (De Plácido e Silva); c) faixa de terra vinculada ao Poder Público.

ZONA COMERCIAL. *Direito administrativo.* Área que, na repartição territorial do município, ficou reservada ao comércio.

ZONA CONTÍGUA. 1. *Vide* ÁGUAS CONTÍGUAS. **2.** *Direito internacional público.* Faixa marítima que se estende das doze milhas de jurisdição plena às vinte e quatro milhas marítimas, onde o Brasil pode tomar medidas para evitar violação às leis aduaneiras, fiscais, de imigração ou sanitárias (Othon Sidou).

ZONA COSTEIRA BRASILEIRA. *Direito marítimo.* Considerada patrimônio nacional, corresponde ao espaço geográfico de interação do ar, do mar e da terra, incluindo seus recursos renováveis ou não, abrangendo uma faixa marítima e uma faixa terrestre, com os seguintes limites: a) *faixa marítima*: espaço que se estende por doze milhas náuticas, medido a partir das linhas de base, compreendendo, dessa forma, a totalidade do mar territorial; b) *faixa terrestre*: espaço compreendido pelos limites dos municípios que sofrem influência direta dos fenômenos ocorrentes na zona costeira.

ZONA DE CHAMUSCAMENTO. *Medicina legal.* Área do corpo onde a pele, juntamente com os pelos, nos tiros muito próximos, foi queimada por gases superaquecidos ou grânulos de pólvora.

ZONA DE CONTORNO. *Medicina legal.* É aquela que surge em caso de tiro dado a pequena distância, como: a de chamuscamento, a de esfumaçamento e a de tatuagem. A presença dessa zona de contorno e o seu aspecto dependem não só da distância, mas também da arma e da qualidade da munição. Com um revólver de percussão central, calibre 7 e pólvora negra, obtém-se chamuscamento de no máximo 20 cm, esfumaçamento de 30 cm e tatuagem de 40 cm. Com um revólver similar, mas de calibre 9 e pólvora negra, a zona de chamuscamento chega a 25 cm, a de esfumaçamento, a 30 cm e a de tatuagem, a 60 cm (A. Almeida Jr. e João Baptista de Oliveira e Costa Júnior).

ZONA DE DEFESA DO PAÍS. *Direito internacional público.* Faixa de fronteira, isto é, área contígua aos limites nacionais com os de outros Estados, considerada essencial à segurança do país e aos seus interesses financeiros.

ZONA DE ESFUMAÇAMENTO. *Medicina legal.* Área coberta de fuligem advinda de pólvora queimada que se apresenta em volta do orifício de entrada do projétil de arma de fogo, cobrindo a zona de tatuagem, em caso de tiro a pequena distância. Há um depósito superficial de grânulos e poeiras, facilmente removido por lavagem.

ZONA DE FRONTEIRA. *Vide* ZONA DE DEFESA DO PAÍS.

ZONA DE GUERRA. *Direito internacional público* e *direito militar.* É tanto a que é ocupada pelas Forças Armadas para assegurar a posse do território conquistado ou por tática de guerra como aquela onde se dão as operações militares (De Plácido e Silva).

ZONA DE LIVRE CÂMBIO. *Direito internacional público.* Zona *off-shore*, ou zona financeira livre, onde há redistribuição de recursos financeiros oriundos de vários países para financiar governo, entidade pública ou particular, projeto ou programa de desenvolvimento socioeconômico (Luiz Felizardo Barroso).

ZONA DE PRATICAGEM. *Direito marítimo.* É a área geográfica delimitada pelo representante nacional da autoridade marítima (Direito de Portos e Costas – DPC), dentro da qual se realizam os serviços de praticagem por pessoal altamente qualificado, devido às peculiaridades locais, que exigem experiência e conhecimento da região.

ZONA DE SEGURANÇA NACIONAL. *Direito constitucional.* Área considerada indispensável à segurança do País.

ZONA DE TATUAGEM. *Medicina legal.* Área que, em caso de tiro dado a pequena distância, apresenta-se na pele, contendo grânulos de pólvora incrustados. Essa zona de contorno permite determinar a distância e direção do tiro, pois terá um diâmetro tanto menor e seus grânulos se apresentarão tanto mais acumulados quanto mais próxima do alvo estiver a arma, no instante do tiro (A. Almeida Jr., João Baptista de Oliveira e Costa Jr.).

ZONA ELEITORAL. *Direito eleitoral.* Cada divisão de circunscrição eleitoral, que se encontra sob a jurisdição de um juiz eleitoral.

ZONA FISCAL. *Direito alfandegário.* Zona de vigilância aduaneira, onde a circulação de mercadoria alienígena sujeita-se a medidas de controle fiscal.

ZONA FRANCA. *Direito tributário* e *direito alfandegário.* Região submetida a regime administrativo especial ou a tratamento aduaneiro privilegiado, onde, por convenção internacional, há livre comércio de mercadorias estrangeiras, sem incidência de tributo, observados os limites fixados em ato administrativo, como, por exemplo, o local onde estão os *free shops* nos aeroportos internacionais ou a cidade de Manaus. Nesta zona estão permitidas as operações de importação e exportação com a finalidade de obter seu desenvolvimento.

ZONA NEUTRA. *Direito internacional público.* Aquela que está, mesmo em caso de guerra, livre de qualquer influência externa e da ação das Forças Armadas de outras nações (De Plácido e Silva).

ZONA URBANA. *Direito administrativo.* **1.** Território do Município que está dentro do perímetro urbano. **2.** Área de edificação contínua (Geraldo Magela Alves). **3.** Área citadina.

ZONEAMENTO. 1. *Direito administrativo.* Divisão da cidade, fundada no poder de polícia, em zonas ou circunscrições não só para a imposição de normas disciplinadoras das edificações e de restrições à propriedade privada como também para o estabelecimento da destinação precípua de cada uma, atendendo ao interesse coletivo e à melhoria das condições de bem-estar da população. **2.** *Direito agrário.* Determinação de áreas prioritárias ou regiões críticas que requerem a tomada de certas medidas para que venham a exercer sua função social, como, por exemplo, a reforma agrária, colonização, programa de desbravamento etc.

ZOOERASTIA. *Medicina legal.* Relação erótica entre ser humano e animal, sem envolver o ato sexual (Pellegrini).